भारतीय उच्च शिक्षा के पांच दशक

भारतीय उच्च शिक्षा के पांच दशक

फ़िलिप जी. अल्ट्बाख़ के निबंधों का संकलन

संपादन

पवन अग्रवाल

SAGE | bhasha

Los Angeles | London | New Delhi
Singapore | Washington DC | Melbourne

Originally Published in 2012 in English by
SAGE Publications India Pvt Ltd as *A Half-Century of Indian Higher Education: Essays by Philip G. Altbach*

This edition published in 2018 by

SAGE | bhasha

SAGE Publications India Pvt Ltd
B1/I-1 Mohan Cooperative Industrial Area
Mathura Road, New Delhi 110 044, India
www.sagepub.in

SAGE Publications Inc
2455 Teller Road
Thousand Oaks, California 91320, USA

SAGE Publications Ltd
1 Oliver's Yard, 55 City Road
London EC1Y 1SP, United Kingdom

SAGE Publications Asia-Pacific Pte Ltd
3 Church Street
#10-04 Samsung Hub
Singapore 049483

Published by Vivek Mehra for SAGE Publications India Pvt Ltd, typeset in 11/11.5 pt Kruti Dev 10 by AG Infographics, Delhi and printed at Repro India Ltd., Mumbai.

ISBN: 978-93-528-0446-7 (PB)

Translator: Kuldeep N. Seth
SAGE Team: Syed Husain Naqvi, Vinayak Dubey

विषय–सूची

फ़िलिप जी. अल्ट्बाख़

फ़िलिप जी. अल्ट्बाख़, एस.जे. विश्वविद्यालय के जे. डोनाल्ड मोनन पीठ में प्रोफेसर एवं अमेरिका के बोस्टन स्थित सेंटर फॉर इंटरनेशनल हायर एजुकेशन में लिंच स्कूल ऑफ एजुकेशन के निदेशक हैं। वह 2004–06 के लिए न्यू सेंचुरी स्कॉलर्स इनीशिएटिव ऑफ फुलब्राइट प्रोग्राम के प्रतिष्ठित विद्वान नेतृत्वकर्ता तथा 2010 में भारत में केरल सरकार के विद्वान स्कॉलर रह चुके हैं। वह स्टेट युनिवर्सिटी ऑफ न्यूयॉर्क–बफेलो तथा युनिवर्सिटी ऑफ विस्कॉन्सिन–मैडिसन के प्रोफेसर तथा हार्वर्ड विश्वविद्यालय के लेक्चरर भी रह चुके हैं। वह स्टैनफोर्ड युनिवर्सिटी, द *इंस्टीटुट डे साइंसेज पॉलिटीक,* पेरिस, तथा भारत के मुम्बई विश्वविद्यालय के अतिथि प्रोफेसर भी रह चुके हैं। अल्ट्बाख़ भारत, मलेशिया एवं सिंगापुर में एक फुलब्राइट विद्वान भी रह चुके हैं। उन्हें जापान सोसाइटी फॉर द प्रोमोशन ऑफ साइंस, द जर्मन एकेडमिक एक्सचेंज सर्विस (DAAD) एवं अन्य संस्थानों द्वारा पुरस्कृत किया गया है तथा वे ताईवान सरकार के साथ एक वरिष्ठ विद्वान की हैसियत से जुड़े रहे हैं। वह युनिवर्सिटी ऑफ हाँगकाँग में ऑनवेल फेलो भी रहे हैं। वह शंघाई जिआओ टाँग युनिवर्सिटी की इंटरनेशनल एडवाइजरी काउंसिल ऑफ द ग्रेजुएट स्कूल ऑफ एजूकेशन नामक संस्था के सभापति, तथा मॉस्को, रूस स्थित नेशनल रिसर्च युनिवर्सिटी–हायर स्कूल ऑफ इकोनॉमिक्स की अंतर्राष्ट्रीय परामर्शदात्री समिति के सदस्य, तथा पेकिंग युनिवर्सिटी स्थित इंस्टीट्यूट ऑफ हायर एजूकेशन के अतिथि प्रोफेसर हैं।

अल्ट्बाख़ कॉर्नेगी फाउंडेशन फॉर द एडवान्समेंट ऑफ टीचिंग के एक वरिष्ठ सहयोगी रह चुके हैं तथा उन्होंने *रिव्यू ऑफ हायर एजूकेशन, कंपरेटिव एजूकेशन रिव्यू,* तथा *एजूकेशन पॉलिसी* नामक पत्रिकाओं का संपादन भी किया है। जमील सलमी के साथ सहसंपादित उनकी नवीनतम पुस्तक का शीर्षक है : *द रोड टू एकेडमिक एक्सलेंसः द मेकिंग ऑफ वर्ल्ड–क्लास रिसर्च युनिवर्सिटीज।* उन्होंने *टर्मायल एंड ट्रांजिशन : द इंटरनेशनल इंपरेटिव इन हायर एजूकेशन, कंपरेटिव हायर एजूकेशन, स्टूडेंट पॉलिटिक्स इन अमेरिका* जैसी अन्य पुस्तकों की रचना भी की है। उन्होंने इंटरनेशनल हैंडबुक ऑफ हायर एजुकेशन सहसंपादित की है। हाल ही प्रकाशित

उनकी अन्य पुस्तकें हैं : *वर्ल्ड क्लास व्लर्डवाइडः ट्राँसफॉर्मिंग रिसर्च युनिवर्सिटीज इन एशिया एंड लैटिन अमेरिका, लीडरशिप फॉर वर्ल्ड–क्लास युनिवर्सिटीज : चैलेन्जेस फॉर डेवलपिंग कंट्रीज,* तथा *ट्रेंड्स इन ग्लोबल हायर एजूकेशन : ट्रैकिंग एन एकेडेमिक रिवॉल्यूशन।*

प्रोफेसर अल्ट्बाख़ ने 1966 में इंडियन हायर एजूकेशन विषय पर अपनी पीएच.डी. युनिवर्सिटी ऑफ शिकागो से संपन्न की थी, और उसी समय से वह भारत में उच्चतर शिक्षा सम्बन्धी मुद्दों पर लेखन करते रहे हैं।

प्रस्तावना

फ़िलिप जी. अल्ट्बाख़ उच्च शिक्षा के क्षेत्र में अपने योगदानों के लिए व्यापक तौर पर जाने जाते हैं। समकालीन अंतर्राष्ट्रीय उच्च शिक्षा के क्षेत्र में उनका योगदान ऐसा है कि संपूर्ण विश्व में समकालीन उच्च शिक्षा का कोई शोधकर्ता अल्ट्बाख़ के शोधकार्य को संदर्भित किए बिना अपना कार्य पूरा नहीं कर सकता। एक शिक्षाविद् के रूप में, अल्ट्बाख़ में भारत के प्रति सदैव से ही एक जोश भरा रहा है, और यह जोश उनके द्वारा भारतीय उच्च शिक्षा पर लिखे गए उन असंख्य लेखों में सदैव ही प्रतिबिंबित होता रहा है जिनके द्वारा नई अंतर्दृष्टियाँ एवं विचार प्रस्तावित किए गए हैं। इस प्रयास में वह गत पाँच दशकों के दौरान भारतीय उच्च शिक्षा में घटित विभिन्न परिवर्तन सम्बन्धी प्रक्रियाओं की एक बेहतर तस्वीर प्रस्तुत करनेऔर इसी आधार पर एक वैश्विक परिप्रेक्ष्य से हमारी समझ को गहरा कर पाने में सफल रहे हैं।

भारतीय उच्च शिक्षा में सर्वाधिक आश्चर्यजनक योगदानों में से एक के साथ अल्ट्बाख़ एक सच्चे अपूर्व व्यक्तित्व हैं। स्वतंत्रताप्राप्ति के उपरांत भारतीय उच्च शिक्षा में हुई प्रगतियों का अध्ययन करने वाले एक शिक्षाविद् के रूप में अल्ट्बाख़ एक विशेषज्ञ हैं। मैं ऐसे किसी भी दूसरे विद्वान को नहीं जानता जो दशकों से भारतीय उच्च शिक्षा के प्रति योगदान करता रहा हो। उनके अनगिनत योगदानों में से एक, जिसे मैं सबसे अधिक पसंद करता हूँ, है भारतीय उच्च शिक्षा से सम्बन्धित विभिन्न समकालीन मुद्दों पर उनकी अद्वितीय अंतर्दृष्टि। *द हिन्दू* में उनके लिखे गए लेख भारतीय उच्च शिक्षा में रुचि रखने वाले प्रत्येक व्यक्ति के लिए अनिवार्य रूप से पठनीय हैं।

प्रोफेसर अल्ट्बाख़ ने भारतीय उच्च शिक्षा प्रणाली के अध्ययन के एक नए मार्ग को खोल दिया है। उनके शोधकार्य एवं लेखों ने भारतीय उच्च शिक्षा प्रणाली को अकादमिक विश्व में अपनी उपस्थिति का अनुभव करवाने का सामर्थ्य प्रदान करने में सहायता दी है। भारतीय उच्च शिक्षा में उनके प्रचुर योगदान से कोई भी यह समझ सकता है कि अपने दिलचस्प दृष्टिकोणों के द्वारा वह सदैव ही धारा के विरुद्ध चलते रहे हैं। उनके विश्लेषण हमेशा ही शैक्षिक विकास के एकीकृत विचार पर आधारित रहे हैं, जिसके द्वारा उच्च शिक्षा प्रणाली के विकास में राज्य की भूमिका को सशक्त किए जाने पर ध्यान केन्द्रित किया गया है। इसके कारण वह भारतीय उच्च शिक्षा पर एक अनुकरणीय शोधकर्ता का ऐसा उदाहरण बन चुके हैं जो स्वतंत्रता प्राप्ति के बाद के भारत में विश्वविद्यालयों एवं कॉलेजों, अकादमिक पेशे, प्रकाशन, छात्र राजनीति इत्यादि जैसे विषयों पर एक स्पष्ट विश्लेषणात्मक मस्तिष्क के साथ लेखन कर सकता है।

भारत पर अल्ट्बाख़ द्वारा किया गया कार्य उच्च शिक्षा के क्षेत्र में नीति–संगत शोध को प्रोत्साहित किए जाने के महत्व का एक उत्कृष्ट उदाहरण स्थापित करता है। उच्च शिक्षा एवं शोध में, विशेषतौर पर उभरते हुए ज्ञान, समाज एवं अर्थव्यवस्था के संदर्भ में सहभागिता, प्रासंगिकता, गुणवत्ता इत्यादि पर चिंताओं ने भारतीय संदर्भ में उच्च शिक्षा पर शोध को प्रगतिशील रूप से महत्वपूर्ण बना दिया है।

विगत पाँच दशकों के दौरान, देश की उच्च शिक्षा के क्षेत्र में आधारभूत संक्रमण प्रक्रियाएं जारी हैं। अनेक उपलब्धियों के बावजूद देश में उच्च शिक्षा पर वास्तविक शोधकार्य बहुत ही सीमित रहा है। प्रासंगिक आयु वाली जनसंख्या का एक बहुत बड़ा भाग अभी भी इस प्रणाली के बाहर ही है। ऐसे संस्थानों का सदैव ही अभाव रहा है जो इन संदर्भों पर विचार कर सकें। अतः, उच्च शिक्षा पर शोध को प्रोत्साहित करना देश

में इसकी दोषपूर्ण स्थिति को सामान्य करने का एक महत्वपूर्ण साधन है। ऐसी कोई भी पहल देश में एक समृद्धकारी तथा अद्यतन अधिगम एवं शोध का वातावरण प्रस्तुत करेगी। चूंकि उच्च शिक्षा के परिदृश्य में अंतर्राष्ट्रीय स्तर पर परिवर्तन आते रहे हैं तथा ज्ञान के सृजन एवं प्रसार में संस्थानों की एक बड़ी श्रृंखला संलिप्त होती है, अतः मैं शक्तिशाली रूप से अनुभव करता हूँ कि भारतीय उच्च शिक्षा प्रणाली की भविष्य की भूमिका को परिभाषित किए जाने में किसी भी अन्य बात की अपेक्षा उच्च शिक्षा सम्बन्धी मामलों से सम्बन्धित विभिन्न मुद्दों पर शोध करना अधिक महत्वपूर्ण है। इससे हमारी प्रणाली की शक्ति एवं कमजोरी का एक अनुमान हासिल हो सकेगा। यह सुधार करने तथा उभरती हुई माँगों के साथ अनुकूलन करने हेतु भी अनिवार्य है।

देश में उच्च शिक्षा नीति एवं अभ्यास में सुधार करने के उद्देश्य से हमें उन सामान्य नीतिगत मुद्दों पर शोध का समर्थन करने की आवश्यकता है, जो समानता सम्बन्धी मुद्दों, संस्थागत संगठन, एवं देश के शासन को प्रभावित करते हैं। हमें विश्व के अलग–अलग भागों में मौजूद वर्तमान उच्च शिक्षा प्रणालियों का सतत् अवलोकन करते रहने की भी आवश्यकता है, न केवल उन्नत देशों में मौजूद वर्तमान प्रणालियों का वरन् चीन एवं दक्षिण कोरिया, सिंगापुर इत्यादि जैसे छोटे देशों द्वारा स्थापित किए गए उत्कृष्ट उदाहरणों का भी, जहाँ उच्च शिक्षा नीति एवं अभ्यास को शोध एवं नवाचार के साथ रणनीतिक रूप से सम्बद्ध कर दिया गया है। इसके अलावा, शिक्षा प्रणाली पर अद्यतन एवं गुणवत्तायुक्त आँकड़े उपलब्ध कराने के लिए एक संस्थागत व्यवस्था भी स्थापित करने की आवश्यकता है।

भविष्य में हमारी अर्थव्यवस्था की प्रतिस्पर्धात्मकता व्यापक तौर पर नवाचारों पर निर्भर करेगी तथा विद्वत्ता (स्कॉलरशिप) की एक बड़ी मात्रा ने यह प्रदर्शित कर दिया है कि इस प्रक्रिया में उच्च शिक्षा की केन्द्रीय भूमिका है। अतः यह अत्यंत महत्पवूर्ण है कि हम अपनी भविष्य की पीढी को किस प्रकार शिक्षित करते हैं। तमाम उपलब्धियों के बावजूद शोध तथा उच्च शिक्षा पर अध्ययनों के मामले में देश पतन की ओर जा रहा है। अतः, हमें उच्च शिक्षा पर अध्ययनों को प्रोत्साहित करने हेतु एक राष्ट्रीय शोध रणनीति अवश्य ही तैयार करनी चाहिए। निश्चित रूप से, यह एक बहुत बड़ी चुनौती है। किन्तु मैं आशावादी हूँ। देश की 12वीं पंचवर्षीय योजना के द्वारा इस रणनीति को पहले ही मान्यता प्रदान की जा चुकी है और उच्च शिक्षा नीति एवं अभ्यास में शोध सम्बन्धी बड़े बुनियादी ढाँचे का निर्माण किए जाने के महत्व को रेखांकित किया जा चुका है। हालांकि, भौतिक एवं मानवीय, दोनों प्रकार की समुचित सुविधाओं के बिना हम आगे नहीं बढ़ सकते। अतः, यह सुनिश्चित करना आवश्यक है कि हमारे विश्वविद्यालयों में ऐसा वातावरण उपलब्ध कराया जाए जो सर्वाधिक संभव श्रेष्ठतम परिणामों को प्रदान करने वाला एक नया मंच प्रदान करता हो। आज के परस्पर सम्बद्ध विश्व में तीव्र गति से परिवर्तित हो रही तकनीक इस प्रक्रिया को सहज बना देती है।

यही वह संदर्भ है जिसमेंहमें वास्तव में प्रोफेसर अल्ट्बाख़ के योगदानों की प्रशंसा करनी चाहिए जिन्होंने भारतीय उच्च शिक्षा में अध्ययनों के लिए न केवल एक उदाहरण एवं नए मानकों को स्थापित किया है बल्कि हमें यह भी सिखाया है कि भारतीय उच्च शिक्षा में अनेक अभेद्य मार्गों की खोज किस प्रकार की जाए। यह पुस्तक विगत पाँच दशकों के दौरान भारतीय उच्च शिक्षा में शोध करने और परिवर्तनों का अभिलेखन करने पर व्यय किए गए एक करियर को अनेक रूपों में इंगित करने वाला एक शीर्षस्थ शिलालेख है।

डॉ. नरेन्द्र जाधव
पूर्व सदस्य, योजना आयोग, भारत सरकार

भूमिका

भारतीय उच्च शिक्षा पर फिलिप अल्ट्बाख़ के लेखन उन विभिन्न मुद्दों पर एक मूल्यवान अंतर्दृष्टि उपलब्ध कराते हैं जिनका सामना विगत पाँच दशकों के दौरान भारतीय उच्च शिक्षा प्रणाली के द्वारा किया जाता रहा है। भारतीय उच्च शिक्षा पर उनके शोधपत्रों एवं लेखों, जो विभिन्न पुस्तकों, पत्रिकाओं, सामयिक पत्रिकाओं, तथा समाचारपत्रों में प्रकाशित होते रहे हैं, ने न सिर्फ उन्हें भारतीय उच्च शिक्षा के एक जाने–माने विशेषज्ञ के रूप में स्थापित कर दिया है बल्कि इस क्षेत्र से सम्बन्धित असंख्य अध्ययनों को भी प्रेरणा प्रदान की है।

प्रस्तुत संकलन अल्ट्बाख़ द्वारा 1970 के दशक के प्रारंभ से लेकर अभी तक लिखे गए 34 मौलिक निबंधों को एक अकेली पुस्तक में संकलित करता है। इस पुस्तक द्वारा नीति से अभ्यास, भारतीय उच्च शिक्षा के परिवर्तनशील भू–परिदृश्य, ज्ञान सृजन एवं वितरण, अकादमिक पेशे, वैश्वीकरण, अकादमिक प्रकाशन, कैंपस राजनीति, एवं भारतीय तथा चीनी प्रणालियों पर तुलनात्मक अध्ययनों तक की विस्तृत श्रृंखला को एकसाथ समेटा गया है। एक साथ मिलकर ये निबंध स्वतंत्रता प्राप्ति के बाद भारत में हुए उच्च शिक्षा के विकास का एक सरल किन्तु मनोरंजक शैली में विस्तृत सिंहावलोकन प्रदान करते हैं और इस क्षेत्र में अल्ट्बाख़ की स्थाई प्रतिबद्धता की पुष्टि करते हैं।

इस पुस्तक को सात मुख्य खंडों में व्यवस्थित किया गया है : (*i*) उच्च शिक्षा एवं आधुनिकीकरण, (*ii*) अकादमिक पेशा, (*iii*) क्षेत्रीय मुद्दे एवं चुनौतियाँ, (*v*) भारत में प्रकाशन, (*vi*) कैंपस राजनीति, तथा (*vii*) भारत एवं चीन : एक तुलनात्मक विश्लेषण। प्रत्येक खंड का प्रारंभ एक ऐसे प्रख्यात शिक्षाविद् के एक संक्षिप्त निबंध के साथ किया गया है जिन्हें आज की भारतीय शिक्षा की वास्तविकताओं की गहरी समझ है। विभिन्न खंडों के अंतर्गत ये निबंध भारतीय उच्च शिक्षा की समकालीन वास्तविकताओं के संदर्भ में अल्ट्बाख़ के विचारों एवं विश्लेषणों को प्रतिबिंबित करते हैं। ये निबंध इस पुस्तक की दैदीप्यमान अनुवृद्धियाँ हैं।

पहला खंड उच्च शिक्षा एवं आधुनिकीकरण पर आधारित है। इस खंड के आठ निबंध देश में उच्च शिक्षा की स्थिति पर एक अंतर्दृष्टि प्रदान करते हैं। इनमें से कुछ निबंध संस्थानों, जिनमें विश्वविद्यालय एवं कॉलेज दोनों शामिल हैं, को सामाजिक, राजनीतिक एवं ऐतिहासिक संदर्भों में रखते हैं और समाज एवं विकास के पैटर्नों के साथ उनके सम्बन्धों पर चर्चा करते हैं। शिक्षा के सामाजिक लक्ष्यों को आधुनिकीकरण एवं राष्ट्रनिर्माण के साथ जोड़ते हुए ये निबंध उन अवसरों एवं चुनौतियों पर दृष्टि डालते हैं जिनका सामना 21वीं सदी की ज्ञान की दौड़ में भारतीय उच्च शिक्षा को करना पड़ रहा है। इस खंड के अंतिम निबंध, जिसका सहलेखन नारायन जयराम द्वारा किया गया है, में अल्ट्बाख़ आगामी वर्षों में भारत के जनसांख्यिकीय लाभांश का लाभ उठाने के महत्त्व को रेखांकित करते हैं।

अकादमिक पेशे पर आधारित द्वितीय खंड में दो निबंध हैं। इस खंड में, अल्ट्बाख़ भारत में अकादमिक पेशे से जुड़े विभिन्न मुद्दों तथा एक आधुनिक बन रहे एवं तीव्रगति से परिवर्तित हो रहे समाज में इसकी भूमिका का परीक्षण करते हैं। इस अध्ययन का मुख्य उद्देश्य एक व्यक्ति के रूप में अपर्याप्त आय, गिरते हुए सामाजिक स्तर इत्यादि के साथ शिक्षकों की उभयभावी भूमिका को सामने लाना है।

क्षेत्रीय मुद्दों एवं चुनौतियों पर आधारित तृतीय खंड में पाँच निबंधों को शामिल किया गया है और यह कुछ ऐसे मुद्दों को सामने लाता है जिनपर क्षेत्रीय अथवा स्थानीय रूप ध्यान केन्द्रित किए गए हैं, किन्तु व्यापक तौर पर ये संपूर्ण प्रणाली को प्रभावित कर सकते हैं।

चौथा खंड, जो वैश्वीकरण तथा मुक्तद्वार नीति पर आधारित है, में चार निबंध शामिल किए गए हैं और ये अल्ट्बाख़ के कुछ सर्वाधिक नवीनतम कार्यों को शामिल करते हैं जैसे–भारत में विदेशी विश्वविद्यालयों का प्रवेश, विश्व–स्तरीय विश्वविद्यालयों की स्थापना एवं भारत के लिए वैश्विक अकादमिक क्रांति के प्रभाव। इन सबकी पूर्ति मासीफिकेशन, गुणवत्ता आश्वासन, जवाबदेही, सूचना एवं संचार प्रौद्योगिकी का विकास, परिवर्तनशील शोध वातावरण एवं अन्यान्य के द्वारा की गई है।

पाँचवां खंड, जिसमें पाँच निबंध हैं, भारत में प्रकाशन पर आधारित है और यह देश में ज्ञान सृजन एवं वितरण पर किए गए सर्वाधिक मेधावी एवं अग्रणी अध्ययनों में से कुछ को शामिल करता है। यह खंड बौद्धिक एवं शैक्षिक जीवन में प्रकाशन उपक्रम की भूमिका से सम्बन्धित विषयों की एक श्रृंखला पर चर्चा करता है, जिसमें क्षेत्रीय भाषाई प्रकाशनों, पुस्तकों के प्रकाशन एवं वितरण में विदेशी संलिप्तता, अकादमिक प्रकाशन एवं कुछ विशिष्ट मामलों के अध्ययनों को शामिल किया गया है।

छठवाँ खंड कैंपस राजनीति पर आधारित है। इसमें सात निबंध शामिल हैं जो 1960 के दशक के बाद के छात्र आंदोलन के सामाजिक एवं शैक्षिक संदर्भ का एक चौंकाने वाला विश्लेषण प्रदान करते हैं। अपनी विशिष्ट शैली में लिखे गए इस खंड के लेखों में देश में राजनीतिक छात्र आंदोलन एवं युवा संस्कृति के परिवर्तन पर प्रकाश डाला गया है। राजनीति में छात्रों की भागीदारी की आमूल परिवर्तनवादी दिशा और क्षेत्रीय विविधताओं का परीक्षण करते हुए यह खंड इस विषय का एक अंतर्राष्ट्रीय नजरिया प्रदान करता है और भारतीय उच्च शिक्षा में इस प्रवृत्ति के बारे में कुछ व्यापक सामान्यीकरणों की पहचान करने का प्रयास करता है।

इस पुस्तक का सातवाँ एवं अंतिम खंड भारत एवं चीन : एक तुलनात्मक विश्लेषण पर आधारित है। इस खंड के तीन निबंध इन दोनों ही देशों में उच्च शिक्षा एवं शोध के विकास का एक व्यापक एवं तुलनात्मक विश्लेषण प्रदान करते हैं। यह खंड अकादमिक पेशे एवं अकादमिक संस्कृति, शोध–केन्द्रित कार्यक्रमों, पहुँच एवं समानता सम्बन्धी चुनौतियों, निजी प्रावधानों इत्यादि से सम्बन्धित भारतीय एवं चीनी अनुभवों पर भी चर्चा करता है।

पुस्तक का समापन अल्ट्बाख़ द्वारा भारत की उच्च शिक्षा सम्बन्धी चुनौतियों पर लिखे गए एक निबंध एवं मासीफिकेशन तथा इसके अप्रत्याशित परिणामों पर उनके साथ किए गए एक साक्षात्कार के साथ होता है। इस पुस्तक के प्रति अल्ट्बाख़ के ये दोनों मौलिक योगदान अत्यंत महत्वपूर्ण हैं। इनके द्वारा भारतीय उच्च शिक्षा में हाल ही की प्रगति पर उनके विचारों को स्पष्ट रूप से शामिल किया गया है। अंत में, मैंने भारतीय उच्च शिक्षा के भविष्य, जैसा कि मैं इसे देखता हूँ, पर एक संक्षिप्त निबंध का योगदान किया है। एक कट्टर आशावादी के रूप में मैं भारतीय उच्च शिक्षा में हाल की प्रगति पर अपने विचार प्रस्तुत कर रहा हूँ और यह विश्वास रखता हूँ कि अपनी असंख्य चुनौतियों के बावजूद भारत की उच्च शिक्षा परिवर्तन के सही मार्ग पर अग्रसर है।

पवन अग्रवाल

परिचय

फ़िलिप जी. अल्ट्बाख़

मोहनदास करमचंद गाँधी एवं अहिंसा में दिलचस्पी के साथ मैंने 1961 में एक स्नातक विद्यार्थी के रूप में शिकागो विश्वविद्यालय में दक्षिण एशियाई सभ्यता क्रम विषय का चयन किया था। भारत में मेरी रुचि सामाजिक चिंतन पर शिकागो समिति के प्रोफेसर एडवर्ड शिल्स के साथ अध्ययन करने के बाद और गहरी हो चुकी थी। शिल्स की भारत में गहरी रुचि थी और उन्होंने भारतीय बुद्धिजीवियों पर अंतर्दृष्टि से परिपूर्ण एक पुस्तक लिखी थी। बाद में, लगभग 1963 के आसपास, जब एक शोध निबंध का शीर्षक चुनने की बात आई, और मिशीगन विश्वविद्यालय द्वारा प्रशासित एक कार्यक्रम से फेलोशिप की सहायता के साथ भारत जाना संभव हो पाया, तब मैंने मुम्बई जाने का चयन किया ताकि मैं छात्र राजनीतिक आंदोलन का अध्ययन कर सकूँ। भारत के विदेश मंत्रालय ने इस विषय पर अध्ययन करने हेतु अनुमति प्रदान करने में अपना समय लिया, किन्तु अंततः अनुमति प्राप्त हो गई। इस विषय में मेरी रुचि घरेलू स्तर पर छात्र राजनीति में मेरी खुद की संलिप्तता, तथा मेरे इस विश्वास के कारण उत्पन्न हुई थी कि उच्च शिक्षा शोध एवं समझ के लिए एक महत्वपूर्ण क्षेत्र है।

अपने अकादमिक प्रशिक्षण के कारण अपने विषय सम्बन्धी अपने मूल्यवान अल्पज्ञान किन्तु भारतीय समाज एवं राजनीति की एक समुचित समझ के साथ मैंने 1964 में भारत में कदम रखा था। चूंकि छात्र आंदोलन पर कोई जानकारी उपलब्ध नहीं थी, अतः मैं पूरी तरह से अंधेरे में हाथ–पैर मार रहा था। मैं मुम्बई विश्वविद्यालय के समाज विज्ञान विभाग के साथ सम्बद्ध होने में सफल रहा और प्रो. ए.आर. देसाई सहित वहाँ के उत्कृष्ट परामर्शदाताओं से लाभान्वित हुआ। मैंने ऐतिहासिक स्रोतों की खोज प्रारंभ की, जिसमें *बॉम्बे क्रॉनिकल* के पिछले अंकों का अध्ययन करना भी शामिल था। मुझे इसके वृहदाकार जिल्दबंद खंडों की प्राप्ति एलफिनस्टोन कॉलेज के पीछे स्थित महाराष्ट्र राज्य पुराभिलेख विभाग से हुई थी, और इसे वहाँ के कर्मचारियों के द्वारा वास्तव में जमीन पर पटक दिया गया था जिससे धूल का बादल उठ गया था। इससे भी अधिक महत्वपूर्ण यह रहा कि मैं छात्र आंदोलन के कई ऐसे पुराछात्रों का साक्षात्कार करने में सफल रहा जो मुम्बई में स्वतंत्रता संग्राम के दौरान सक्रिय रहे थे।

मेरी रुचि स्वतंत्रता आंदोलन में छात्रों की भूमिका से आगे निकल कर मुम्बई में 1960 के दशक के छात्र संगठनों में प्रवेश कर चुकी थी, और मैंने अपने शोध निबंध में समकालीन समूहों को शामिल करने का फैसला कर लिया। मैंने सक्रिय रूप से वामपंथी से लेकर दक्षिणपंथी छात्र नेताओं के साक्षात्कार किए, छात्रों की गतिविधियों का परीक्षण करने हेतु अनेक कॉलेजों का भ्रमण किया, और 1960 के दशक की उच्च शिक्षा की एक समझ हासिल की। मुझे भारी आश्चर्य हुआ कि विद्वानों द्वारा मुश्किल से ही अध्ययन किए गए विषय में रुचि रखने वाले अमेरिका से आए किसी युवा स्नातक छात्र के लिए दरवाजे हमेशा खुले हुए मिले। मैंने नागपुर में अखिल भारतीय विद्यार्थी परिषद् के राष्ट्रीय सम्मेलन तथा राजनीतिक वर्णक्रम के सभी हिस्सों के समूहों की अनेक अन्य सभाओं में भी भाग लिया। जब मैंने अपना शोधकार्य पूरा किया और मैं

भारत छोड़ने वाला था तभी स्वतंत्रता संग्राम के पुराछात्रों के एक समूह ने उनकी कहानी को बयान करने के लिए मेरा धन्यवाद करते हुए मेरे लिए एक स्वागत समारोह की मेजबानी की। मेरा शोध निबंध शिकागो विश्वविद्यालय के समक्ष प्रस्तुत किया गया और इसका प्रकाशन *स्टूडेंट पॉलिटिक्स इन बॉम्बे* शीर्षक से 1968 में एशिया पब्लिशिंग हाउस द्वारा किया गया।

1964 में भारत में मेरे प्रवास के दौरान मेरी मुलाकात *इकोनॉमिक वीकली,* जो बाद में *इकोनॉमिक एंड पॉलिटिकल वीकली* हो गया था, के संस्थापक संपादक सचिन चौधरी से हुई जिसके परिणामस्वरूप उस प्रतिष्ठित प्रकाशन के साथ 40 वर्षों का सम्बन्ध स्थापित हो गया। मैंने समाचार सारांशों एवं संपादकीयों का लेखन किया, तथा भारतीय पाठकों की रुचियों वाले *इकोनॉमिस्ट* तथा अन्य अंतर्राष्ट्रीय प्रकाशनो के लेखों के सारांश तैयार किए। इस अभ्यास ने मुझे सारगर्भित ढंग से तथा समयबद्ध तरीके से लिखने का मूल्यवान प्रशिक्षण प्रदान किया। ये ऐसे कौशल थे जो मेरे करियर के दौरान अमूल्य सिद्ध हुए हैं। बाद में, जब मैं भारत वापस आया, तब मैंने कृष्ण राज के साथ कार्य किया जो *इकोनॉमिक एंड पॉलिटिकल वीकली* के संपादक के रूप में सचिन चौधरी का स्थान ले चुके थे।

मेरे अकादमिक करियर की शुरुआत शिक्षाशास्त्र तथा भारतीय अध्ययन के एक सहायक प्रोफेसर के रूप में विस्कोन्सिन विश्वविद्यालय, अमेरिका से हुई थी, जहाँ मैं भारतीय शिक्षा के सम्बन्ध में शिक्षण प्रदान कर रहा था। मैं 1968 में एक फुलब्राइट रिसर्च प्रोफेसर के रूप में मुम्बई वापस आया, एक बार फिर से मुम्बई विश्वविद्यालय के सामाजिक विज्ञान विभाग से सम्बद्ध हुआ। इस बार, मेरा शोध उच्च शिक्षा पर केन्द्रित था और मैंने अनेक कॉलेजों में समय व्यतीत करते हुए तथा एक बार फिर से अनेकों अकादमिक सहयोगियों के सहयोग से प्रचुर रूप से लाभान्वित होते हुए मुम्बई विश्वविद्यालय तथा इससे सहबद्ध कॉलजों की संस्कृति पर शोधकार्य किया। मेरे शोध का परिणाम एक लघु पुस्तक थी जिसका शीर्षक था *द युनिवर्सिटी इन ट्रांजिशनः एन इंडियन केस स्टडी* तथा 1972 में इसका प्रकाशन क्रमशः भारत में लालवानी पब्लिशिंग हाउस तथा अमेरिका में सेंकेनमैन द्वारा किया गया था। इसके अलावा, मैंने छात्र राजनीति सक्रियतावाद से सम्बन्धित अनेक पुस्तकों का संपादन भी किया जिनमें *टर्मायल एंड ट्रांजिशन : हायर एजूकेशन एंड स्टूडेंट पॉलिटिक्स इन इंडिया* (लालवानी पब्लिशिंग हाउस, 1968; एवं बेसिक बुक्स न्यूयॉर्क, 1968) भी शामिल हैं।

मुम्बई प्रवास के दौरान *इकोनॉमिक एंड पॉलिटिकल वीकली* के मेरे कार्य के भाग के रूप में और कभी–कभार *टाइम्स ऑफ इंडिया* के लिए भी लिखने, और साथ ही साथ अनेक भारतीय प्रकाशकों के साथ मेरे संपर्कों के कारण मेरी रुचि भारतीय प्रकाशन उद्योग तथा इसकी कार्यप्रणाली में जाग्रत हो गई। इसपर किए गए शोध का प्रकाशन *पब्लिशिंग इन इंडिया : एन एनालिसिस* शीर्षक से हुआ जिसे दिल्ली स्थित ऑक्सफोर्ड यूनिवर्सिटी प्रेस ने 1975 में प्रकाशित किया था। मैंने मराठी भाषा में प्रकाशन पर किए गए एक वृत्त अध्ययन का भी लेखन किया था।

भारतीय उच्च शिक्षा पर मेरे कार्य को भारत में मेरे सहयोगियों से भरपूर शक्ति प्राप्त हुई थी तथा इसमें विशेषतौर पर सुमा चिटनिस एवं अमरीक सिंह द्वारा दिया गया सहयोग शामिल था। बाद में ये दोनों जन प्रतिष्ठित उप–कुलपति एवं उच्च शिक्षा के शोधकर्ता बने। 1979 में सुमा चिटनिस के साथ मिलकर मैंने *द इंडियन एकेडमिक प्रोफेसन* का सह–संपादन किया था। 1993 में चिटनिस तथा मैंने *हायर एजूकेशन*

रिफार्म इन इंडिया : एक्सपीरिएंस एंड पर्सपेक्टिव्स का सह–संपादन किया जो विश्व बैंक द्वारा वित्तपोषित शोधकार्य पर आधारित थी। अमरीक सिंह के साथ मैंने *द हायर लर्निंग इन इंडिया* का सह–संपादन किया; यह 1974 में प्रकाशित उच्च शिक्षा में सर्वप्रथम विश्लेषणों में से एक था। मैंने विस्कोन्सिन विश्वविद्यालय में एक फुलब्राइट स्कॉलर के रूप में अमरीक सिंह की तथा बुफैलो में न्यूयॉर्क स्टेट युनिवर्सिटी में एक फुलब्राइटर के रूप में सुमा चिटनिस की मेजबानी की जहाँ मैंने 1975 से 1994 तक शिक्षा प्रदान की थी।

1964 तथा 1970 के दशक के मध्य मैं लगभग हर साल भारत की यात्रा करता रहा था। 1980 के दशक तक मेरी अकादमिक रुचि भारत पर कुछ कम केन्द्रित थी, और मैं यहाँ बहुत अधिक यात्राएं करने में सक्षम नहीं था, यद्यपि मैंने *इकोनॉमिक एंड पॉलिटिकल वीकली* के एवं अन्य प्रकाशनों के लिए कभी–कभार लिखना जारी रखा था।

2010 में, केरल सरकार के निमंत्रण पर, मैं भारत, विशेषतौर पर केरल वापस आया जहाँ मैंने पूरे राज्य में सघन रूप से व्याख्यान प्रस्तुत करते हुए कई सप्ताह व्यतीत किए।

मुझे संदेह है कि मैं ही एक ऐसा इकलौता अमेरिकी शोधकर्ता हो सकता हूँ जिसने एक अर्द्धशताब्दी के समय के लिए भारतीय उच्च शिक्षा में पर्याप्त रूप से सतत् रुचि को कायम रखा है। निश्चित रूप से यह सत्य है कि कुछ गैर–भारतीय विद्वानों ने भी इस विषय में सतत् रुचि बनाए रखी है। गत अनेक दशकों के दौरान मैंने भारतीय उच्च शिक्षा से सम्बन्धित भारत तथा पश्चिम की अनेक पत्रिकाओं एवं समाचारपत्रिकाओं में असंख्य लेखों का योगदान किया है। मैं *द हिन्दू* में 'संपादकीय के विपरीत' लिखे गए अनेक लेखों के माध्यम से भारतीय उच्च शिक्षा के सम्बन्ध में जारी बहसों में योगदान कर पाने में समर्थ होने के लिए उनका विशेषतौर पर आभारी हूँ।

अनेक वर्षों से मैंने भारत की माध्यमिकोत्तर शिक्षा में भारी विस्तार होते हुए देखा है, यद्यपि मैं यह देख कर निराश हुआ हूँ कि कुल मिलाकर इस प्रणाली की गुणवत्ता में सुधार नहीं हुआ है, और शायद इसमें गिरावट ही आई है। मैं इस प्रणाली के कुछ हिस्सों से प्रभावित हूँ, जिनमें कुछ प्रतिष्ठित कॉलेज भी शामिल हैं जिन्होंने समस्त विपरीत परिस्थितियों के बावजूद गुणवत्ता के उच्च स्तर को बनाए रखा है, और निश्चित रूप से इसमें भारतीय प्रौद्योगिकी संस्थान (आईआईटी) तथा उससे सम्बद्ध विशेषज्ञताप्राप्त संस्थान भी शामिल हैं। भारत की वृहदाकार उच्च शिक्षा प्रणाली की दुखती रग हैं अधिकांश परंपरागत विश्वविद्यालय तथा उनके साथ सम्बद्ध असंख्य स्नातक कॉलेज। ''डीम्ड'' विश्वविद्यालयों और ऐसे ही निजी माध्यमिकोत्तर संस्थानों के प्रसार ने बड़ी हद तक इस प्रणाली को समग्र रूप से कमजोर बना दिया है। मैंने लगभग एक अर्द्धशताब्दी तक भारतीय उच्च शिक्षा के साथ अपनी संलिप्तता को बहुत अधिक महत्व प्रदान किया है और मैं आशा करता हूँ मैंने भारतीय उच्च शिक्षा की समस्याओं और संभावनाओं की व्यापाक समझ में योगदान दिया है।

भारतीय उच्च शिक्षा पर फिलिप जी. अल्टूबाख़ द्वारा लिखित पुस्तकें :

- Philip G. Altbach. *Student Politics in Bombay*. Bombay: Asia Publishing House, 1968.
- Philip G. Altbach, ed. *Turmoil and Transition: Higher Education and Student Politics in India*. New York: Basic Books; Bombay: Lalvani Publishing House, 1968.
- Philip G. Altbach. *The University in Transition: An Indian Case Study*. Cambridge, MA: Schenkman, 1972.

- Amrik Singh and Philip G. Altbach, eds. *The Higher Learning in India*. Delhi: Vikas Publishing House, 1974.
- Philip G. Altbach. *Publishing in India: An Analysis*. Delhi: Oxford University Press, 1975.
- Suma Chitnis and Philip G. Altbach, eds. *The Indian Academic Profession: Crisis and Change in the Teaching Community*. Delhi: Macmillan, 1979.
- Philip G. Altbach, Denzil Saldanha, and Jeanne Weiler. *Education in South Asia: A Select Annotated Bibliography*. New York: Garland; Delhi: Vistaar, 1987.
- Suma Chitnis and Philip G. Altbach, eds. *Higher Education Reform in India: Experience and Perspectives*. New Delhi: SAGE Publications, 1993.

खंड 1

उच्च शिक्षा और आधुनिकीकरण

उच्च शिक्षा में आधुनिकीकरण की चुनौतियाँ

फ़ज़ल रिज़वी

भारतीय उच्च शिक्षा के प्रति प्रोफेसर अल्ट्बाख़ फ़िलिप जी. अल्ट्बाख़ की रुचि का इतिहास 1960 के दशक तक जाता है। भारत के सम्बन्ध में उन्होंने अपना सर्वप्रथम लेखन एक स्नातक छात्र के रूप में किया था और, कई वर्षों के दौरान, उन्होंने उन तरीकों पर निगाह रखी हुई है जिनके द्वारा भारत की सार्वजनिक नीतियों ने आकार ग्रहण करने और उच्च शिक्षा की प्रणाली का विस्तार करने का प्रयास किया है। उन्होंने भारत द्वारा पहुँच एवं समानता, शैक्षणिक गुणवत्ता एवं शोध प्रदर्शन, तथा वित्तपोषण एवं शासन जैसे मुद्दों को सम्बोधित करने की दिशा में किए गए विभिन्न प्रयासों का परीक्षण किया है। अपने अनेक पत्रों के द्वारा उन्होंने भारत की संस्थागत सुधार सम्बन्धी रणनीतियों की तुलना अन्य देशों की रणनीतियों के साथ की है ताकि भारत द्वारा उच्च शिक्षा के सुधार में सामना की जा रही विशिष्ट चुनौतियों की एक समझ प्रदान की जा सके। उनकी अनेक अंतर्दृष्टियों ने न केवल पूरे विश्व के विद्वानों की भारतीय उच्च शिक्षा की जटिलताओं की प्रशंसा करने में सहायता की है बल्कि भारत के अंदर नीतिगत विश्लेषण, नियोजन एवं मूल्यांकन में भी योगदान दिया है।

प्रोफेसर अल्ट्बाख़ के विश्लेषण का केन्द्र है आधुनिकीकरण की धारणा। उन्होंने यह स्पष्ट करने का प्रयास किया है कि भारत के विश्वविद्यालयों ने किस प्रकार से आधुनिक बनने के प्रयास किए हैं और उनके द्वारा भारत की अर्थव्यवस्था, राजनीति, तथा समाज के आधुनिकीकरण के लिए अपने उत्तरदायित्व की व्याख्या किस प्रकार की गई है। ''हायर एजूकेशन एंड माडर्नाइजेशन'' शीर्षक से अपने पत्र में अल्ट्बाख़ (1974) तर्क देते हैं कि विकासशील देशों में आधुनिकीकरण के अनेक मार्ग हैं, परंतु उनमें महत्वपूर्ण है उच्च शिक्षा। ऐसा इसलिए है क्योंकि ऐसा उच्च शिक्षा के द्वारा ही हो सकता है कि नागरिकों में राष्ट्रीय एकता की एक समझ विकसित हो सके, वे आधुनिक उद्योगों के लिए आवश्यक प्रशिक्षण अर्जित कर सकें, और ऐसे शिक्षकों एवं प्रशासकों को शिक्षित किया जा सके जो आधुनिक दृष्टिकोण एवं तकनीकों का प्रसार कर सकते हों। अल्ट्बाख़ का मत है कि उच्च शिक्षा पर ध्यान केन्द्रित किए बिना कोई भी आर्थिक एवं सामाजिक प्रयास राष्ट्रीय विकास एवं प्रगति के उद्देश्यों को हासिल करने हेतु पर्याप्त नहीं हो सकता।

प्रोफेसर अल्ट्बाख़ इस अध्ययन को मान्यता देते हैं कि आधुनिकीकरण एक उच्च प्रतिस्पर्धा वाला विचार है। इसके बावजूद वह बराबर से संतुष्ट हैं कि हाशिए पर अंतरों के बावजूद आधुनिकीकरण के प्रयासों द्वारा ऐसी नीतियों एवं अभ्यासों की माँग की जाती है जो किसी समाज को औद्योगिकरण, शहरीकरण, तथा नौकरशाहीकरण की ओर प्रेरित करते हैं। इस तरीके से, आधुनिकीकरण अवधारणात्मक रूप से पश्चिम

में पहले व्यक्त किए जा चुके वैचारिक स्वरूपों से बँधा हुआ है। अल्ट्बाख़ का कथन है कि बुनियादी ढाँचे, पाठ्यक्रम, तथा भारत सहित अधिकांश विकासशील देशों, जहाँ भारतीय उच्च शिक्षा प्रणाली की औपनिवेशिक विरासत उत्तर–औपनिवेशिक राष्ट्रवादी आकांक्षाओं के बावजूद भी व्यापक तौर पर अक्षुण्ण बनी रही है, में विश्वविद्यालयों के उन्मुखीकरण में कहीं पर भी ऐसा और अधिक स्पष्ट नहीं है। वास्तव में, भारत में विश्वविद्यालयीय शिक्षा व्यक्तिवाद, धर्मनिरपेक्षता, तार्किकता, और, कुछ कम सीमा तक, महानगरीयवाद के मूल्यों पर जोर डालना जारी रखे हुए है। अंततः, विकास का इसका दृष्टिकोण, ज्ञान सृजन एवं प्रसार की पश्चिमी परंपराओं का अनुकरण करने वाला, बना रहना जारी है।

आधुनिकीकरण की यह मानदंडात्मक समझ प्रोफेसर अल्ट्बाख़ के भारतीय उच्च शिक्षा सम्बन्धी अधिकांश लेखनों में अंतर्निहित है, भले ही इसका उल्लेख स्पष्ट तौर पर न किया गया हो। वास्तव में, हाल के वर्षों में, उन्होंने व्यापकतौर पर उस सीमा तक लेखन किया है जहाँ तक भारतीय विश्वविद्यालय अपने उन आधुनिकतावादी आदर्शों को भी पूरा कर पाने में विफल रहे हैं जो भारतीय शिक्षा प्रणाली के पास आज मौजूद हैं। उदाहरणार्थ, 2006 में *विल्सन क्वार्टर्ली* में प्रकाशित एक लेख में अल्ट्बाख़ दर्ज करते हैं कि जहाँ भारत आज उभरती हुई अर्थव्यवस्थाओं में अग्रणी श्रेणियों में शामिल है, वहीं इसके विश्वविद्यालय एवं कॉलेज अतीत के दलदल में फंसे हुए हैं और संभव है कि उल्टी दिशा में जा रहे हों।

यहाँ तक जब भारत ज्ञान–प्रधान सेवाओं में अंतर्राष्ट्रीय व्यापार के माध्यम से विश्व की सर्वाधिक तीव्रगति से विकसित हो रही अर्थव्यवस्था बनने का आनंद ले रहा है, वहीं इसके विश्वविद्यालयों एवं कॉलेजों की गुणवत्ता गिरती जा रही है। अल्ट्बाख़ भारत द्वारा अपने विश्वविद्यालयों में पर्याप्त शोध संस्कृति की अभाव तथा शिक्षा की खराब गुणवत्ता के बावजूद अंतर्राष्ट्रीय अर्थव्यवस्था में सफल होने के विरोधाभास की ओर इशारा करते हैं।

प्रोफेसर अल्ट्बाख़ का तर्क है कि जहाँ भारतीय उच्च शिक्षा प्रणाली का हाल ही के दशकों में तीव्रगति से विकास हुआ है वहीं अनेकानेक भारतीय छात्रों, जिनके पास अब उच्च शिक्षा तक पहुँच उपलब्ध है, को उस प्रकार का बौद्धिक प्रशिक्षण नहीं प्रदान किया जा रहा है जिसकी उन्हें अंतर्राष्ट्रीय अर्थव्यवस्था में कामयाब होने के लिए आवश्यकता है। उन्हें नए ज्ञान के प्रमुख सर्जक एवं उपयोगकर्ता बनने के लिए आवश्यक महत्वपूर्ण एवं सर्जनात्मक कौशल के बिना बस सामान्य रोजगार के लिए ही भली–भांति तैयार किया जा रहा है। अंत में, अल्ट्बाख़ जोर देते हैं कि भारतीय उच्च शिक्षा प्रणाली अपनी पुरानी विधियों वाली अकादमिक परंपराओं में फंसी रहना सहन नहीं कर सकती, बल्कि शायद चीन, दक्षिण कोरिया एवं सिंगापुर के उदाहरणों का अनुकरण करते हुए इसे अपने संस्थानों का आधुनिकीकरण करने की आवश्यकता है। यदि विश्वविद्यालयों को विश्व के सर्वश्रेष्ठ विश्वविद्यालयों के साथ सफल प्रतिस्पर्धा करने की क्षमता विकसित करनी है तो भारत सरकार को उच्च शिक्षा सम्बन्धी अपने बजट, जो वर्तमान में 2 प्रतिशत से भी कम है, को दोगुना करने की आवश्यकता है।

प्रोफेसर अल्ट्बाख़ इस अध्ययन को मान्यता प्रदान करते हैं कि निवेश का एक अपर्याप्त स्तर, जिसे इसके पुस्तकालयों की खराब गुणवत्ता, सूचना प्रौद्योगिकी, प्रयोगशालाओं एवं कक्षाओं में स्पष्ट रूप से देखा जा सकता है, ही भारतीय उच्च शिक्षा के द्वारा सामना की जाने वाली एकमात्र चुनौती नहीं है। वास्तविक सुधारों के प्रति अन्य बाधाओं की एक शृंखला भी मौजूद है। इनमें प्रशासन की पुरानी पड़ चुकी विधि, छात्रों के प्रवेश तथा कर्मचारियों की नियुक्ति में भ्रष्टाचार के साथ–साथ विश्वविद्यालयों

तथा उनके सहबद्ध कॉलेजों के साथ सहबद्धता एवं जवाबदेही सम्बन्धी ढाँचे की प्रभावहीनता आदि शामिल हैं। और व्यापक तौर पर, अल्ट्बाख़ ने भारतीय संघवाद की उन दुविधाओं पर भी टिप्पणी की है, जो भारत के विश्वविद्यालयों एवं कॉलेजों की बड़ी संख्या के निधिकरण एवं प्रशासन को अत्यधिक राजनीति उन्मुख प्रांतीय सरकारों की अनिश्चितताओं के हवाले कर देता है।

इन सभी चुनौतियों के बावजूद, प्रोफेसर अल्ट्बाख़ को विश्वास है कि भारत के पास एक विश्वस्तरीय उच्च शिक्षा प्रणाली विकसित कर सकने की अवशेष क्षमता मौजूद है, कम से कम इसलिए क्योंकि यह अपने तथाकथित जनसांख्यिकीय लाभांश, जिसमें इसकी कार्यकारी जनसंख्या का आधा भाग युवाओं (15–34 वर्ष) का है, इसके अंग्रेजी–भाषी मध्यवर्ग, और इसके अंतर्राष्ट्रीय प्रवासी नेटवर्क जैसी अनेक महत्वपूर्ण स्थितियों के कारण लाभदायक स्थिति में है। उच्च शिक्षा प्रणाली को आधुनिक बनाने के लिए वह जवाबदेही एवं स्वायत्तता के एक समुचित मिश्रण के साथ–साथ स्पष्ट तौर पर विभेदीकृत अकादमिक प्रणााली विकसित किए जाने; सुनियोजित एवं कार्यान्वित प्रबंधकीय सुधार किए जाने; तथा ईमानदारीपूर्ण भर्ती, चयन, एवं छात्रों को शिक्षा प्रदान किए जाने के साथ–साथ वास्तविक प्रतिभा–आधारित नियुक्ति एवं पदोन्नति सम्बन्धी नीतियाँ अपनाए जाने एवं सतत् वित्तीय सहयोग सहित एक विशिष्ट परिस्थितियों एवं संसाधनों के संयोजन की सिफारिश करते हैं। इसके अलावा, उच्च शिक्षा में एक अंतर्राष्ट्रीय पावरहाउस बनने की भारत की स्पष्ट प्रचुर क्षमता का दोहन करने के लिए अल्ट्बाख़ जोर देते हैं कि भारत को ऐसे एक दर्जन से भी अधिक बहुग्राही विश्वविद्यालय खोलने की आवश्यकता है जो सभी जगह उच्च शिक्षा को प्रभावित कर रही अंतर्राष्ट्रीय प्रक्रियाओं के साथ और अधिक सृजनात्मक रूप से संलिप्त होते हुए अंतर्राष्ट्रीय प्रतिस्पर्धा करने में सक्षम हों। भारतीय उच्च शिक्षा में जिन नीतिगत सुधारों की तात्कालिक आवश्यकता है उनसे सम्बन्धित प्रोफेसर अल्ट्बाख़ के अवलोकन अत्यन्त शिक्षाप्रद हैं। हालांकि, बात जब इन सुधारों के चारो ओर मौजूद गहन वैचारिक बहसों की आती है तो उनका विश्लेषण अपेक्षाकृत कम स्पष्ट हो जाता है। इनमें से अनेक बहसों का ध्यान स्वयं आधुनिकीकरण की धारणा पर ही केन्द्रित है। अविजित पाठक (2006) ने यह सुझाते हुए कि आधुनिकता के प्रति भारतीय संस्थानों की प्रतिक्रिया जटिल एवं विविधितापूर्ण रही है, भारतीय आधुनिकता की जटिल प्रक्षेपवक्र के सम्बन्ध में अर्थपूर्ण लेखन किया है। उन्होंने तर्क दिया है कि जहाँ भारतीय विश्वविद्यालय सदैव ही आधुनिकीकरण के इच्छुक रहे हैं, वहीं उन्होंने इसके मुख्य आदर्शों एवं उपलब्धियों को सार्वभौमिक बनाने से इंकार कर दिया है। उदाहरणार्थ, औपनिवेशिक काल में जब भारतीय विश्वविद्यालयों को अंग्रेजों से विरासत में प्राप्त आधुनिकता सम्बन्धी विचारों को अपनाना अनिवार्य था, तब भी अनेकों भारतीय विद्वानों ने इसका सामना किया था और औपनिवेशिक आधुनिकीकरण के साथ सम्बद्ध दमनकारी प्रयासों की आलोचना की थी। तथापि, उनका प्रगतिवादी राष्ट्रवादी एजेंडा आधुनिकीकरण के प्रमुख दावों के साथ कभी भी मेल नहीं खाता था।

वास्तव में, स्वयं भारतीय संविधान को ही भारत की उन सामूहिक उत्तर–औपनिवेशिक आकांक्षाओं के एक मूर्त रूप में देखा जाना चाहिए जिनके द्वारा गणराज्यवाद, व्यक्तिगत अधिकारों, एवं सामाजिक कल्याण तथा न्याय के प्रति प्रतिबद्धता के साथ धर्मनिरपेक्षता, तथा साथ–साथ भारत की अनेक विशिष्ट परंपराओं के आधुनिक मूल्यों के समाधान के प्रयास किए गए थे। अतः, इसमें आश्चर्य नहीं है कि आधुनिकीकरण के साथ सम्बद्ध महत्व को भारतीय समुदाय के द्वारा पूरी तरह से कभी भी साझा नहीं किया गया है। उदाहरण के लिए आधुनिकीकरण का अम्बेडकर का दृष्टिकोण गैरसमझौतावादी था

जिसकी जड़ें समानता, स्वतंत्रता, और भाईचारे के जानकारी प्रदान करने वाले मूल्यों में गहरी जमी हुईं थीं। उनके लिए, आधुनिकता को भारत में एक ऐतिहासिक भूमिका निभाने, जाति पदानुक्रम से लड़ने और जनसामान्य को स्वतंत्रता प्रदान करने के लिए मशीनरी, तकनीक, तथा विज्ञान को लागू करने की आवश्यकता थी। यह विचार गाँधी की आधुनिकीकरण की आलोचना से काफी विपरीत था। गाँधी का नैतिक एवं आध्यात्मिक दृष्टिकोण परंपरा के महत्व को रेखांकित करता था। और जहाँ भारत के प्रथम प्रधानमंत्री, जवाहरलाल नेहरू, ने विज्ञान एवं तकनीक का समारोह विकास की भाषा के रूप में मनाया, वहीं उन्होंने इसे पदानुक्रमिक ढाँचों से मुक्त एक नए भारत के लिए एक बंधनमुक्त खोज की दिशा में निर्देशित किया, भले ही उन्होंने अपने दार्शनिक दृष्टिकोण में इन प्रतिस्पर्धी सूत्रों के संपूर्ण समाधान का प्रबंध न किया हो, तथापि उन्होंने भारतीय सभ्यता की परंपराओं और रहस्यों में मूल्यों पर भी दृष्टि डाली।

आर्थिक एवं सामाजिक विकास की प्रक्रियाओं में भारतीय विश्वविद्यालयों की भूमिका से सम्बन्धित अधिकांश विवादों को परिभाषित करते हुए आधुनिकता के राजनीतिक अर्थ पर की जाने वाली ये बहसें समकालीन भारत में कायम हैं। जैसा कि एंथोनी गिड्डेन्स (1991) तर्क प्रस्तुत करते हैं, वैश्वीकरण के वर्तमान युग में ये विशेषतौर पर विशेषतासूचक हैं, क्योंकि वैश्वीकरण अपने आप में आधुनिकता की एक तार्किक परिणिति है। आधुनिकता के समान ही वैश्वीकरण भी प्रकृति में अंतर्निहित रूप से सार्वभौमिक हैः यह किन्हीं सीमाओं को नहीं जानता और इसकी तकनीकें क्षेत्रीय सीमाओं से आगे तक जाती हैं। भारत में, वैश्वीकरण से सम्बन्धित अधिकांश बहसें तथा, निहितार्थ द्वारा, आधुनिकीकरण सीमा के अर्थों में वहाँ तक जुड़े हुए हैं जहाँ तक यह पश्चिमीकरण के एक अन्य रूप का प्रतिनिधित्व करते हैं, और इसीलिए स्थानीय सांस्कृतिक परंपराओं के लिए बड़े खतरे प्रस्तुत करते हैं। उदाहरण के लिए, भारत में अतिराष्ट्रवादी दल अपनी राजनीतिक पहचान का निर्माण विदेश–विरोधी दृष्टिकोण के आधार पर करते हैं, जिसके साथ सभी ऐसी आधुनिक वस्तुओं का त्याग करना जुड़ा होता है जिनमें प्रायः वे सभी वस्तुएं शामिल होती हैं जिन्हें उनके द्वारा पश्चिमी विज्ञान एवं तकनीक के रूप में देखा जाता है। उनका तर्क है कि भारत को अपनी उत्तर–औपनिवेशिक आकांक्षाओं का संरक्षण करने के लिए इसके संस्थानों को विदेशी आगतों का अवश्य ही प्रतिरोध करना चाहिए और उन्हें खारिज करना चाहिए। उदाहरणार्थ, यह विचार भारत में विदेशी विश्वविद्यालयों के प्रवेश की संभावनाओं के घोर विरोध में स्पष्ट दिखाई देता है।

इसके विपरीत, जो लोग अंतर्राष्ट्रीय अर्थव्यवस्था में भारत की भागीदारी के पक्षधर हैं वे वैश्वीकरण को भारतीय लोगों के सृजनात्मक कौशल एवं नवाचार क्षमता के प्रदर्शन का एक अवसर मानते हैं। उदाहरण के लिए, वे भारतीय अर्थव्यवस्था के वैश्वीकरण को आधुनिकता की दिशा में किया गया एक बड़ा प्रयास मानते हैं। उनके अनुसार, विचारों का अंतर्राष्ट्रीय आदान–प्रदान भारत के प्रमुख संस्थानों, जिसमें उच्च शिक्षा भी शामिल है, के सुधार हेतु एक महत्वपूर्ण संसाधन है। उनका तर्क है कि वैश्वीकरण में भारतीय विश्वविद्यालयों को उन सुधारों की दिशा में कार्य करने में सहायता प्रदान करने की क्षमता विद्यमान है जो लंबे समय से उनके हाथ नहीं आ सके हैं। ज्ञान सृजन, प्रसार, एवं उपयोग की प्रक्रियाओं में अंतर्राष्ट्रीय स्तर पर होने वाले भूकंपीय परिवर्तनों के सदंर्भ में उच्च शिक्षा प्रशासन के नए अभ्यास अब उभर रहे हैं। ये अभ्यास उच्च शिक्षा में एक अंतर्राष्ट्रीय बाजार के उभरने की ओर इशारा करते हैं। भारतीय वैश्वीकरणवादी लोग जोर दे रहे हैं कि भारतीय विश्वविद्यालयों को इन प्रवृत्तियों को समझने, अंतर्राष्ट्रीय बाजार में पूरी तरह से सहभागिता करने, और तदनुसार ही भारतीय उच्च शिक्षा में

नए स्वरूपों की कल्पना एवं क्रियान्वयन करने की आवश्यकता है, संभवतः अंतर्राष्ट्रीय सहयोग के द्वारा।

ये अत्यन्त ही जटिल बहसें हैं जिन्होंने भारतीय उच्च शिक्षा में सुधार की प्राथमिकताओं के सम्बन्ध में एक राजनीतिक समाधान तक पहुँचने के कार्य को कठिन बना दिया है। इनके द्वारा भारत में आधुनिकता एवं भारतीय समाज के आधुनिकीकरण में उच्च शिक्षा की भूमिका के सम्बन्ध में राजनीतिक मतों का ध्रुवीकरण कर दिया गया है। किन्तु यह ध्रुवीकरण कुछ गहन कष्टदायी गलतफहमियों पर टिका हुआ है, जिसमें आधुनिकीकरण एवं पश्चिमीकरण के विचारों को समन्वित किए जाने की मूर्खता भी शामिल है। अमृत्य सेन ने अपनी पुस्तक *द आर्गूमेंटेटिव इंडियन* (2005) में यह प्रदर्शित कर दिया है कि आधुनिकीकरण किस प्रकार से पश्चिमीकरण को समाप्त कर देता है और 18वीं शताब्दी के ज्ञानोदय ने किस प्रकार से अरब, चीन, भारत तथा अन्य देशों के लोगों द्वारा गणित एवं विज्ञान में पहले ही किए जा चुके कार्यों की ओर बड़ी सीमा तक सभी का ध्यान आकर्षित कर लिया है। वास्तव में, स्वतंत्र चिंतन एवं वैज्ञानिक तार्किकता तथा आलोचना सदैव से ही भारतीय विद्वत परंपरा का एक भाग रही है। यह गलत धारणा भी बना दी गई है कि वैश्वीकरण अनिवार्य रूप से भारतीय परंपराओं के प्रति एक खतरा है, और इसे अवश्य ही नवउदारवाद के प्रिज्म के माध्यम से देखा जाना चाहिए और इसकी किसी भी संभावना में भारतीय उच्च शिक्षा प्रणाली को बहुत अधिक लाभ प्रदान करने की क्षमता मौजूद नहीं है।

वास्तव में, भारत के लिए आधुनिकता के एक ऐसे विशिष्ट भारतीय स्वरूप की कल्पना कर पाना संभव होना चाहिए जो समुदाय के प्रति अपनी प्रतिबद्धता का परित्याग किए बिना ही व्यक्तिगत स्वतंत्रता की भावना को महत्व प्रदान करता हो, जो वैज्ञानिक तार्किकता और धर्म दोनों का ही समारोह मनाता हो। भारतीय विश्वविद्यालयों के लिए यह संभव होना चाहिए कि वे अंतर्राष्ट्रीय बाजारों के असममित तर्क को स्वीकार किए बिना ही विदेशी विश्वविद्यालयों के साथ सहयोग करें। भारतीय उच्च शिक्षा के लिए यह संभव होना चाहिए कि ऐसे प्रशासनिक सुधारों की दिशा में काम करते हुए, जो भारतीय सांस्कृतिक परंपराओं तथा सद्विचारों पर आधारित हों, भले ही उनकी उत्पत्ति कहीं की भी हो, अपने पाठ्यक्रम एवं अध्यापन विज्ञान के आधुनिकीकरण की खोज को त्यागे बिना नवउदारवादी प्रशासन के कुछ सर्वाधिक हानिकारक पहलुओं को खारिज कर दें। वास्तव में, शायद अधिक महत्वाकांक्षी तरीके से, भारत के लिए यह संभव होना चाहिए कि वह सहयोग के पैटर्नों की दिशा में पारस्परिकता, आदान–प्रदान, एवं वास्तविक सहयोग के सिद्धांतों पर आधारित उच्च शिक्षा की उभरती हुई वास्तुकला के मार्गदर्शन करने का प्रयास करे।

संदर्भ

Altbach, Philip G. 1976. Higher education and modernization: the Indian case. In *Main currents in Indian sociology*, vol. 1. New Delhi: Vikas Publishing House Pvt. Ltd.

Giddens, A. 1991. *After modernity*. Cambridge: Polity Press.

Pathak, A. 2006. *Modernity, globalization and identity*. New Delhi: Aakar Press.

Sen, A. 2005. *The argumentative Indian*. New Delhi: Penguin.

1

भारतीय उच्च शिक्षा का स्थाई संकट

Quest
Vol 60 (January–March), 1969
pp. 28–34

फ़िलिप जी. अल्ट्बाख़

भारत स्थाई संकटों का देश है। भारतीय तथा विदेशी दोनों ही प्रेक्षक क्षेत्रवाद, सम्प्रदायिकता एवं जाति जैसी विभाजनकारी प्रवृत्तियों की ओर इशारा करते हैं। इसके बावजूद काम कमोबेश पहले की तरह जारी रहता प्रतीत होता है। किसी भी क्रांतिकारी उथल–पुथल का अनुभव नहीं हो रहा है, और देश यथासंभव अपना रखरखाव कर पा रहा है। भारतीय विश्वविद्यालय के अलावा संकट और यथास्थिति के संयोजन का ऐसा कोई अन्य नाटकीय उदाहरण मौजूद नहीं है। मुश्किल से ही कोई सप्ताह गुजरता है जब कोई सरकारी अधिकारी अथवा उप–कुलपति शिक्षा प्रणाली में भारी परिवर्तन किए जाने की माँग न करता हो। इसके बावजूद, एक शताब्दी से विश्वविद्यालय पूरी तरह से अपरिवर्तित ही रहे हैं। जैसा कि शायद हिन्दू धर्म में भी है, भारतीय विश्वविद्यालयों के बुनियादी ढाँचे में बहुत कुछ जोड़ा जा चुका है, परंतु इसमें से हटाया बहुत कम गया है। निश्चित रूप से, परिणाम शैक्षिक अराजकता है, किन्तु यह अराजकता ही है जो कार्य करती प्रतीत होती है, और जो, इसके अलावा, इस प्रणाली का समुचित उपयोग करने वाले लोगों की भली–भांति सेवा कर रही है।

I

विश्वविद्यालयों का अस्तित्व शून्य में स्थित नहीं है। वे अनिवार्य रूप से उन समाजों के साथ बँधे हैं जिसके वे एक भाग हैं। यहाँ तक कि मध्यकालीन यूरोपीय विश्वविद्यालय, जो अत्यधिक असम्बद्ध और आध्यात्मिक प्रतीत होते थे, भी पुरोहितों तथा नौकरशाहों को प्रशिक्षण दिए जाने के एक प्रमुख तत्व हुआ करते थे। आधुनिक विश्व में विश्वविद्यालयों ने अपने समाजों में एक ऐसा महत्व अर्जित कर लिया है जिसके बारे में पहले के समय में सोचा ही नहीं गया था, और अमेरिकी शब्द 'मल्टीवर्सिटी' एक ऐसे संस्थान को इंगित करता है जो राष्ट्रीय जीवन का मुख्य केन्द्र हो। उन्नत औद्योगिक देशों में तकनीकी प्रगति के लिए शोध एवं प्रशिक्षण देने के अर्थ में विश्वविद्यालय इतने महत्वपूर्ण बन चुके हैं कि उन्हें उनके समाजों के प्रमुख संस्थानों के रूप में स्वीकार किया जाने लगा है।

आधुनिक समाजों में विश्वविद्यालयों ने अनेक महत्वपूर्ण सामाजिक कार्यों को अपना लिया है। वे न केवल उन्नत समाजों के ऊपरी स्तरों के लिए प्रगतिशील रूप से जटिल एवं विस्तृत प्रशिक्षण प्रदान करते हैं, बल्कि सर्वाधिक उन्नत समाजों के अभिजात वर्गों के लिए एक भर्ती एवं समाजीकरण एजेन्सी के रूप में भी कार्य करते हैं। यहाँ तक कि वर्ग–आधारित विश्वविद्यालय प्रणाली के अंतिम गढ़ों में से एक, इंग्लैण्ड में भी मध्यवर्गीय छात्रों की एक बढ़ती हुई संख्या विश्वविद्यालयों में प्रवेश ले रही है। आधुनिक

विश्वविद्यालयों के सर्वाधिक महत्वपूर्ण कार्यों में से एक है शोध के क्षेत्र में कार्य करना। उच्च शिक्षा संस्थानों से आशा की जाती है कि वे विभिन्न क्षेत्रों में ज्ञान को आगे बढ़ाएं, और विज्ञान की प्रगति के क्षेत्र में इनका विशेष महत्व है। यह विश्वविद्यालय का सापेक्षिक तौर पर नया कार्य है, जिसका प्रारंभ 19वीं शताब्दी के मध्य में हुआ था जब जर्मनी के विश्वविद्यालय शोध का केन्द्र बन गए थे और उनके द्वारा जर्मनी के वैज्ञानिक नेतृत्व पर कब्जा कर लिया गया था। इस नए कार्य ने अधिकांश औद्योगिककृत देशों में जबरदस्त महत्व अर्जित कर लिया है। अंततः, विश्वविद्यालयों से शासक अभिजात वर्ग को प्रशिक्षित एवं समाजिक बनाने की अपेक्षा की जाती है। यह कार्य उन समाजों में विशेषतौर पर महत्वपूर्ण है जो लोकतंत्र का पालन करते हैं तथा जिनमें अभिजातवर्ग की भर्ती अनेक प्रकार के सामाजिक वर्गों से की जाती है।

पश्चिम के उन्नत देशों में विश्वविद्यालयों के विकास का भारत के लिए एक विशेष महत्व है क्योंकि भारतीय विश्वविद्यालयों की नकल पश्चिम से ही की गई है और बुनियादी तौर पर उनके द्वारा पश्चिमी संगठनात्मक एवं बौद्धिक पैटर्नों का ही अनुसरण किया जाता है। इसके अलावा, उच्च शिक्षा का भारत के सामाजिक, राजनीतिक एवं आर्थिक विकास में अनिवार्यतः एक महत्वपूर्ण भूमिका अदा करना आवश्यक है, यद्यपि कि निश्चित रूप से यह वह रामबाण नहीं है जिसका दावा कुछ शिक्षाविदों तथा अनेक राजनीतिज्ञों के द्वारा किया जाता रहता है। यह कौतूहलपूर्ण है कि तैयारशुदा रूप से उपलब्ध दो ब्रिटिश विश्वविद्यालयीय पैटर्नों, जिसे 19वीं शताब्दी में भारत में अनुप्रयुक्त किया गया हो सकता है, में से यह लंदन विश्वविद्यालय था जिसने एक मॉडल प्रदान किया था। लंदन, उपयोगितावादी मध्यवर्गीय विश्वविद्यालय, अभिजातीय एवं बौद्धिक ऑक्सब्रिज पैटर्न की तुलना में एक अधिक उपयोगी मॉडल सिद्ध हुआ। उच्च शिक्षा से ऐसे भारतीय बौद्धिक वर्ग को प्रशिक्षित करने की अपेक्षा नहीं की गई थी जो अंततः अंग्रेजों को इस उपमहाद्वीप से बाहर का रास्ता दिखा दे, बल्कि उनसे ब्रिटिश 'राज' के लिपिकीय कार्य के लिए आवश्यक मध्य स्तरीय श्रमशक्ति प्रदान करने की अपेक्षा की गई थी।

आधुनिक भारतीय विश्वविद्यालय सरकार और विश्वविद्यालय के बीच इसी घनिष्ठ सम्बन्ध के आधार पर ही विकसित हुए हैं। स्वतंत्रताप्राप्ति के बाद की भारतीय उच्च शिक्षा एक ओर विश्वविद्यालय एवं सरकार के बीच घनिष्ठ सम्बन्धों के एक अजीब संयोजन को प्रस्तुत करती है, वहीं दूसरी ओर इसका विकास अनियोजित एवं यादृच्छिक तरीके से हुआ है। ऐसा नहीं है कि उच्च शिक्षा के लिए पर्याप्त नियोजन का अभाव रहा है, उच्च शिक्षा पर काम करने वाले सरकारी आयोगों ने विभिन्न प्रकार की असंख्य रिपोर्टें प्रस्तुत की हैं, किन्तु इन योजनाओं एवं सिफारिशों को लागू करने के लिए न तो इच्छाशक्ति रही है और न ही संसाधन उपलब्ध कराए गए हैं।

विश्वविद्यालयों की संख्यात्मक वृद्धि अत्यंत प्रभावशाली रही है। भारत की विश्वविद्यालय प्रणाली अब पूरे विश्व में अमेरिका तथा सोवियत संघ के बाद तीसरी सबसे बड़ी प्रणाली है, और जनसंख्या के बड़े भागों को प्रगतिशील रूप से उच्च शिक्षा उपलब्ध कराई भी जा चुकी है। किन्तु इसी के साथ–साथ विश्वविद्यालयों की प्रगति वस्तुतः दिशाहीन रही है। अधिकांश कॉलेजों की स्थापना निजी पहल के द्वारा की गई है जिनका समग्र शिक्षा योजना से कोई सम्बन्ध नहीं है। एक बार अस्तित्व ग्रहण कर लेने के बाद विश्वविद्यालयों के लिए यह कठिन हो जाता है कि वे कॉलेजों की नीति को प्रभावित कर सकें अथवा किसी ऐसे कॉलेज को बंद कर सकें जो विश्वविद्यालय के मानकों को पूरा न करता हो। उच्च शिक्षा में सुधार करने के प्रयासों की प्रकृति

तदर्थ रही है, और किसी ने भी विश्वविद्यालयों में संरचनात्मक परिवर्तनों अथवा एक बुनियादी दिशा, जैसे नामांकन तथा संस्थानों के सतत् विस्तार की प्रवृत्ति की दिशा में परिवर्तन किए जाने की वकालत नहीं की है। यहाँ तक कि भारतीय प्रौद्योगिकी संस्थान (आईआईटी) की स्थापना भी विज्ञान की शिक्षा में सुधार के किसी कार्यक्रम के साथ नहीं की गई थी। परिणामस्वरूप, आईआईटी अपने स्वयं के उच्च मानकों को बनाए रखने में तो सक्षम रहे हैं, किन्तु समग्र विश्वविद्यालयीय स्थिति पर इसका कोई वास्तविक प्रभाव नहीं पड़ा है।

निःसंदेह यह बहुत ही कठिन है कि उच्च शिक्षा के लिए एक समग्र दिशा प्रदान कर दी जाए अथवा कोई अर्थपूर्ण दिशानिर्देश सुझा दिए जाएं। आखिरकार, शिक्षा राज्य का एक विषय है, और उच्च शिक्षा पर कार्य करने के लिए बड़ी संख्या में सरकारी एजेन्सियाँ मौजूद हैं। अपने ह्रासमान आर्थिक प्रतिफलों के बावजूद कॉलेज शिक्षा की जबरदस्त माँग है, विशेषतौर पर जनसंख्या में मौजूद नए मुखर हो रहे और राजनीतिक रूप से क्षमतावान उन तत्वों के द्वारा जिन्हें अतीत में उच्च प्रशिक्षण नहीं मिला। अतः, आवश्यक वित्तीय आबंटनों के बावजूद न्यूनतम प्रतिरोध का मार्ग रहा है विश्वविद्यालय प्रणाली का वास्तव में अनियोजित विस्तार करना। और 1947 से ही भारत इस मार्ग का अनुसरण करता रहा है।

II

भारत में उच्च शिक्षा से सम्बन्धित सभी चर्चाओं में राजनीति महत्वपूर्ण घटक होती है। विश्वविद्यालयों के विस्तार के पीछे निहित मुख्य कारण राजनीतिक रहा है। विस्तार के लिए समूहों के द्वारा दबाव डाले गए हैं, स्थानीय राजनीतिज्ञों ने कॉलेजों को अपने परिचालन के आधार के रूप में प्रयुक्त किया है, और शैक्षिक राजनीतिज्ञों ने अपने साम्राज्य का विस्तार करने की इच्छा पाल रखी है। विश्वविद्यालयीय शिक्षा को कहीं पर भी सीमित किए जाने की वकालत करना राजनीतिक आत्महत्या करने के बराबर है, और प्रोफेसर एवं उप–कुलपति भी विधायकों अथवा मंत्रियों की तुलना में राजनीतिक आत्महत्या से अधिक प्रतिरक्षित नहीं हैं। यह कहना कि भारतीय उच्च शिक्षा पर राजनीतिक विचारों का भारी प्रभाव है इसपर हमला करने जैसा नहीं है, बल्कि सरल रूप से एक महत्वपूर्ण बिंदु की ओर इशारा करना है। सभी देशों के विश्वविद्यालय व्यापक समाज के राजनीतिक विचारों के प्रति संवेदनशील होते हैं, तथा कुछ देशों में, जैसे कि सोवियत संघ में, राजनीतिक पहलू प्रायः अकादमिक पर भारी पड़ जाते हैं। पश्चिम की प्रमुख विश्वविद्यालय प्रणालियाँ, जिनका भारत ने अनुकरण करने का प्रयास किया है, विशेषतौर पर ग्रेट ब्रिटेन की, विगत कई वर्षों के दौरान स्वयं को राजनीति से सुरक्षित करने और एक बड़े स्तर तक की अकादमिक स्वतंत्रता को बनाए रखने में सफल एवं सक्षम रहीं हैं। हालांकि, भारतीय विश्वविद्यालय ऐसी प्रतिरक्षा का निर्माण कर पाने में असफल रहे हैं। आंशिक तौर पर यह अक्षमता इस तथ्य के कारण रही है कि विश्वविद्यालयों को अपनी उत्तरजीविता के लिए पर्याप्त मात्रा में सरकारी सहायता हासिल करना आवश्यक होता है तथा उन्हें कमी की अर्थव्यवस्था में काम करना होता है, तथा आंशिक तौर पर इस तथ्य के कारण कि यहाँ कभी भी विश्वविद्यालयों के लिए अकादमिक स्वतंत्रता की सशक्त परंपराए मौजूद नहीं रही हैं।

भारत सहित अनेक देशों में अकादमिक स्वतंत्रता के विरुद्ध कार्य करने वाला एक अन्य कारक है प्रगतिशील रूप से महत्वपूर्ण वह भूमिका जिसे राष्ट्रीय जीवन में विश्वविद्यालयों को निभाना होता है। जब ब्रिटेन और अमेरिका में विश्वविद्यालय अभिजात्यों के लिए स्कूलों को समाप्त कर रहे थे और देश की राजनीतिक एवं आर्थिक

संरचना में उनका कोई बड़ा स्थान नहीं था, तब एक बड़ी अकादमिक स्वायत्तता की अनुमति दिया जाना संभव था, सिर्फ इसलिए क्योंकि विश्वविद्यालय गौण संस्थान थे। चूंकि पश्चिम में विश्वविद्यालय और अधिक महत्वपूर्ण बन चुके हैं, अतः उन्होंने स्वयं को बढ़ते हुए सरकारी दबाव के अधीन पाया है। अमेरिकी छात्र अब दंडमुक्ति के साथ हिंसा नहीं कर सकते, जब कभी भी कोई छात्र असंतोष होता है तो संलिप्त विश्वविद्यालय पर राष्ट्रीय ध्यान एवं दबाव केन्द्रित हो जाता है। अधिकांश देशों में विश्वविद्यालयों में बड़ी मात्रा में प्रदान की जाने वाली सरकारी धनराशि अपने साथ कुछ स्तर तक की सरकारी जाँचें भी लेकर आती है। फ्रांसीसी राजनेता क्लेमैंसौ को संक्षेप में उद्धृत किया जाए तो उच्च शिक्षा इतनी महत्वपूर्ण हो चुकी है कि इसे मात्र शिक्षकों पर नहीं छोड़ा जा सकता।

भारत अकादमिक स्वायत्तता के क्षेत्र में विशेषतौर पर दुर्भाग्यशाली है, क्योंकि भारतीय विश्वविद्यालयों की स्थापना सरकारों के द्वारा विशिष्ट प्रयोजनों से की गई थी, और ये राष्ट्रीय जीवन के किनारे पर बिना किसी अबाधित विकास की अवधि से होकर नहीं गुजरे हैं। प्रारंभ से ही, अंग्रेजों के पास भारत में उच्च शिक्षा के लिए कहीं विशिष्ट कार्य मौजूद थे, उन्हें अपने प्रशासनिक पदों के लिए माध्यमिक स्तर की श्रमशक्ति को प्रशिक्षित करना था।

स्वतंत्रताप्राप्ति के बाद की अवधि उच्च शिक्षा एवं राजनीति के बीच की एक सतत् एवं समृद्ध सम्बन्धों की अवधि रही है। यह लगभग एक सिद्धांत रहा है कि राजनीति विकासशील देशों में समाज के अधिकांश पहलुओं का एक महत्वपूर्ण हिस्सा रही है, और विश्वविद्यालय निश्चित रूप से इस राजनीतिकरण से बचे नहीं रहे हैं। राजनीति से प्रतिरक्षा की शक्तिशाली परंपराओं के बिना, और वास्तव में राजनीतिक जीवन में विश्वविद्यालय के छात्रों एवं अन्य लोगों के संलिप्त होने की दिशा में स्वतंत्रता संग्राम के दौरान निर्मित शक्तिशाली प्रवृत्तियों के साथ यह स्वाभाविक ही रहा है कि उच्च शिक्षा को अत्यधिक राजनीतिक होना चाहिए।

विश्वविद्यालयों का राजनीतिक उन्मुखीकरण स्वयं को अनेक तरीकों से प्रकट करता है। सर्वप्रथम और शायद सर्वाधिक महत्वपूर्ण यह है कि विश्वविद्यालय एवं सरकार के बीच एक घनिष्ठ सम्बन्ध मौजूद है। वास्तव में, विश्वविद्यालय राज्य सरकारों की संताने हैं। कुलपति, सामान्यतौर पर राज्य का राज्यपाल होता है, और एक मुख्य प्रशासनिक अधिकारी के रूप में उप–कुलपति राज्य द्वारा नियुक्त किया जाता है। विश्वविद्यालय की निधियों तथा कॉलेजों के वित्तपोषण का एक वृद्धिशील भाग राज्य सरकारों से प्राप्त होता है। सरकारी अधिकारियों द्वारा विश्वविद्यालय के मामलों में पर्याप्त रुचि लेना भी स्वाभाविक ही रहा है। यह भी उतना ही स्वाभाविक है कि राज्य के स्तर पर राजनीति की शैली एवं सत्व को विश्वविद्यालयों में भर दिया जाए। उस्मानिया विश्वविद्यालय के उप–कुलपति की नियुक्ति से सम्बन्धित विवाद, जिसने सरकार को विश्वविद्यालय के शिक्षण कर्मचारियों के एक वर्ग के विरुद्ध खड़ा कर दिया था, और कुछ नहीं बस इस प्रवृत्ति का एक सर्वाधिक सजीव उदाहरण है। चूंकि विश्वविद्यालय राज्य का एक अंग है, और यह निधियों के बड़े व्यय एवं प्रतिष्ठा का एक बड़ा स्रोत भी है, अतः इसने एक राजनीतिक संस्था के रूप में महत्व ग्रहण कर लिया है।

अनेक देशों में विश्वविद्यालय स्थानीय एवं राष्ट्रीय प्रतिष्ठा एवं शक्ति का स्रोत बन चुके हैं। भारत में, कॉलेज एवं विश्वविद्यालय भी स्थानीय क्षेत्रों में राजनीतिक शक्ति को स्रोत बन चुके हैं। आखिरकार, कोई भी कॉलेज प्रायः एक महत्वपूर्ण स्थानीय संस्थान होता है जो किसी नियत इलाके में अनेक सर्वश्रेष्ठ शिक्षित व्यक्तियों को रोजगार प्रदान करता है। किसी कॉलेज के नियंत्रण का अर्थ है महत्वपूर्ण संरक्षण, न केवल चपरासी

से प्रोफेसर तक के रोजगार प्रदान करने के अर्थों में, बल्कि प्राथमिकतापूर्ण प्रवेश प्रदान किए जाने तथा व्यक्तियों एवं परिवारों की सामाजिक गतिशीलता के अर्थों में भी। अतः, अनेक कॉलेजों की स्थापना या तो ऐसे राजनीतिज्ञों के द्वारा की गई है जिनकी रुचि एक ठोस स्थानीय शक्ति का आधार निर्मित करने में है, अथवा ऐसे व्यापारियों के द्वारा जो आंशिक तौर पर परोपकारी उद्देश्यों से प्रेरित हैं और आंशिक तौर पर अपने समुदाय में अपने प्रभाव में वृद्धि करने में रुचि रखते हैं। दोनों ही मामलो में, कॉलेजों के निधिकरण का उद्देश्य प्राथमिक तौर पर शैक्षणिक नहीं है, तथा संस्थान के शैक्षणिक पहलुओं का दुष्प्रभावित होना निश्चित है। यह भी सत्य है कि विश्वविद्यालयों के लिए कॉलेजों को सम्बद्धता से इंकार करना यदि असंभव नहीं तो भी कठिन अवश्य हो चुका है। विश्वविद्यालय पर किसी कॉलेज को सम्बद्ध करने अथवा किसी नए संस्थान की स्थापना की अनुमति प्रदान करने हेतु डाले गए स्थानीय दबाव बहुत जबरदस्त और आमतौर पर बहुत भारी होते हैं। परिणामस्वरूप, पर्याप्त वित्तीय समर्थन अथवा भौतिक सुविधाओं के बिना ही अनेक क्षेत्रों में कॉलेजों की स्थापना कर दी गई है, और इस क्षेत्र में भविष्य के शैक्षिक विकास के बारे में बहुत ही कम विचार किया गया है।

III

विश्वविद्यालय विकास एवं शिक्षा नीति के प्रति उच्च शिक्षा के राजनीतिकरण के कुछ प्रमुख निहितार्थ रहे हैं। यदि शैक्षिक मुद्दों पर की जाने वाली सार्वजनिक बहसें किसी प्रकार का संकेत हैं तो ऐसा भी प्रतीत होगा कि राजनीतिकरण की दिशा में जारी वर्तमान प्रवृत्ति को विपरीत दिशा में पलटना असंभव होगा। कॉलेजों एवं विश्वविद्यालयों का सतत् विस्तार भारत में शैक्षिक गैर–नीति में राजनीतिक विचारों का एक प्रमुख पहलू है। जहाँ विश्वविद्यालय अनुदान आयोग से लेकर नीचे तक के लगभग सभी टिप्पणीकार सहमत हैं कि इस अव्यवस्थित विस्तार को अवश्य ही रोका जाना चाहिए, वहीं आँकड़े इंगित करते हैं कि कॉलेजों एवं छात्रों की नामाकंन संख्या में वृद्धि होना बेरोकटोक जारी है। एक अलाभकारी एवं शैक्षिक रूप से निम्नस्तरीय के रूप में सार्वभौमिक तौर पर पहचाने जा चुके 100 से भी कम छात्रों का नामांकन करने वाले कॉलेज उन विश्वविद्यालयों द्वारा बिना किसी नियंत्रण के अपना संचालन जारी रखे हुए हैं जिन्हें शैक्षिक स्तरों का अभिभावक माना जाता है। यह अकल्पनीय प्रतीत होता है कि ऊपर चर्चा किए जा चुके विस्तार की दिशा में पड़ रहे दबाव को ध्यान में रखते हुए अनियोजित विस्तार पर एक प्रभावी रोक लगाई जा सकती है। और यदि उच्च शिक्षा के लिए उपलब्ध सीमित वित्तीय एवं मानवीय संसाधनों को संस्थानों की बढ़ती हुई संख्या पर व्यय कर दिया गया तो स्तरों का गिरना अपरिहार्य हो जाएगा।

भारत में शिक्षा नीति सम्बन्धी चर्चा की दिशा का एक अन्य पहलू है विश्वविद्यालयों में शिक्षा के माध्यम के प्रश्न पर लंबी बहस का जारी रहना। जहाँ भाषा के प्रश्न ने प्रेस और अन्य माध्यमों में अंतहीन परिचर्चा को बढ़ावा दिया है वहीं इन बहसों में से कुछ इस मुद्दे से सम्बन्धित विश्लेषणात्मक चिंतन पर आधारित रही हैं, और कुछ टिप्पणीकारों ने बौद्धिक रूप से एक सुसंगत तर्क को जीवित रखा है। अभी तक की जा चुकी बहसों में, डॉ. त्रिगुण सेन, केन्द्रीय शिक्षा मंत्री, की स्थिति भी अस्पष्ट हो चुकी है। यहाँ तक कि मुम्बई जैसे निष्पक्ष एवं तर्कसंगत शहर, जो स्वयं के विश्वबंधुत्व पर गर्व करता है, के विश्वविद्यालय में शिक्षा के माध्यम से जुड़ी चर्चाएं क्षेत्रवाद और विचारों के एक सामान्य धुँधलेपन से घिरी रही हैं। मुम्बई विश्वविद्यालय के द्वारा स्थिति के अध्ययन के लिए अनेक समितियों का गठन किया गया, जिसकी शुरुआत सबसे पहले 1955 में हुई, और सभी समितियाँ समस्या के प्रति एक अलग दृष्टिकोण के साथ प्रस्तुत हुईं।

कौतूहलपूर्ण बात है कि इन समितियों के अधिकांश निष्कर्ष तत्कालीन सरकारी नीतियों के अनुरूप रहे थे, और समस्याओं में से एक यह थी कि स्वयं सरकार ने अपनी नीतियों में अनेक बार परिवर्तन कर दिए थे।

निश्चित रूप से, निर्णय वैकल्पिक नीतियों की चर्चा के प्रकार की परवाह किए बिना ही लिए जाते हैं। अधिकांश उत्तरी भारत में बी.ए. स्तर तक के कॉलेजों में हिन्दी को शिक्षा तथा परीक्षा के माध्यम के रूप में अपनाया जा चुका है, और अब कला सम्बन्धी विषयों में इसे एम.ए. के स्तर तक बढ़ाया जा रहा है। लखनऊ विश्वविद्यालय द्वारा हिन्दी को परीक्षा का इकलौता माध्यम बनाने के हाल ही के एक निर्णय पर प्रेस द्वारा कुछ टिप्पणियाँ की गई हैं, किन्तु इस बात पर ध्यान नहीं दिया गया है कि इससे एक अत्यन्त महत्वपूर्ण एवं संभवतः प्रवृत्ति–निर्धारक निर्णय को आकर्षित किए जाने की आशा की जा सकती है। अन्य क्षेत्रों में, कॉलेजों में क्षेत्रीय भाषाओं के उपयोग की दिशा में कदम उठाए जा रहे हैं, यद्यपि एकबार फिर से ऐसा बिना किसी पूर्ण एवं गंभीर चर्चा के ही किया जा रहा है। विश्वविद्यालयों को भाषा के प्रश्न पर कार्यवाही अवश्य करनी चाहिए, और प्रायः संस्थान के अंदर और बाहर से पड़ने वाला राजनीतिक दबाव पूर्ण बहस का स्थान ले लेता है।

भारतीय विश्वविद्यालयों में राजनीति अन्य तरीकों, जो सांसारिक अधिक होते हैं, से भी एक भूमिका निभाती है। जहाँ राजनीति संस्थान के कामकाज पर हावी हो जाती है, जैसा कि कई बार इलाहाबाद और उस्मानिया विश्वविद्यालयों और अभी हाल ही में बनारस हिन्दू विश्वविद्यालय में घटित हो चुका है, वहाँ विश्वविद्यालय का कामकाज ठप हो जाता है। किन्तु ये नियम के अपवाद हैं और विश्वविद्यालयों एवं कॉलेजों के लिए सामान्यतौर पर यह संभव है कि वे निर्णयन के अनेक पहलुओं में राजनीतिक साजिशों एवं विचारों के बिना भी काम करें। स्थानीय कॉलेज एवं विश्वविद्यालय की स्थितियों में राजनीति का अभिलेखन असंभव है, आंशिक तौर पर इसलिए क्योंकि राजनीतिक विचारों का पैमाना बहुत बड़ा है और आंशिक तौर पर इसलिए क्योंकि शोध मात्र कुछ स्थानों पर ही संपन्न किए गए हैं। परंतु कॉलेज का प्रत्येक शिक्षक इन सामान्यीकरणों को अपने अनुभवों से अभिलिखित कर सकता है। अनेक क्षेत्रों में प्रवेश के मामले में राजनीतिक (एवं क्षेत्रीय तथा साम्प्रदायिक) हस्तक्षेप, बोर्ड ऑफ स्टडीज, परीक्षक नियुक्त किए जाने, एवं विश्वविद्यालय के अन्य पदों पर नियुक्ति में राजनीतिक दबाव अपवाद के बजाय नियम अधिक बन चुके हैं। अधिकांशतः, विश्वविद्यालयीय राजनीति का सम्बन्ध व्यापक वैचारिक अथवा राष्ट्रीय मुद्दों से नहीं, बल्कि स्थानीय और प्रायः संकीर्ण प्रश्नों से ही होता है। जैसा कि मायरॉन वीनर ने स्पष्ट किया है, कमियों वाले समाज में दुर्लभ संसाधनों के आबंटन अत्यन्त महत्वपूर्ण हो जाते हैं, और विश्वविद्यालय कर्मी भी शैक्षिक जगत के बाहर के अपने अपेक्षाकृत कम आदर्शवादी समझे जाने वाले समकक्षियों की तुलना में इस सामान्यीकरण से बच नही सके हैं।

IV

कोई भी पूछ सकता है कि वर्तमान स्थिति को किस प्रकार सुधारा जा सकता है? निश्चित रूप से रचनात्मक शैक्षिक परिवर्तन के लिए प्रमुख घटक है परिवर्तन के लिए *इच्छाशक्ति,* तथा शैक्षिक प्रणाली के सभी स्तरों पर समुचित निर्णय लिए जाने की योग्यता। किसी को यह भी ज्ञात होना चाहिए कि परिवर्तन किस प्रकार करना है तथा प्रणाली के किन पहलुओं में परिवर्तनों अथवा सुधारों की आवश्यकता है। यहाँ तक कि इस क्षेत्र में भी, भारतीय उच्च शिक्षा प्रणाली को न केवल शोध के अपरिष्कृत आँकड़ों की बल्कि किसी समाज विज्ञानी के विस्तृत विश्लेषण की भी आवश्यकता है।

दुर्भाग्यवश, उच्च शिक्षा के विभिन्न पहलुओं से सम्बन्धित शोधों का यदि अभाव नहीं भी रहा हो तो भी उनकी संख्या बहुत कम रही है। यह उत्सुकतापूर्ण है कि शिक्षाविद् अपने ही संस्थानों का परीक्षण करने में बहुत सुस्त रहे हैं, विशेषतौर पर जब इस बात को लेकर व्यापक सहमति है कि सुधार वांछनीय है भले ही उन्हें लागू करना कठिन क्यों न हो।

यह स्पष्ट है कि उच्च शिक्षा से सम्बन्धित पर्याप्त जानकारी के बिना प्रभावी निर्णयन असंभव होता है। विश्वविद्यालयों से सम्बन्धित कुछ जानकारियाँ उपलब्ध हैं—हम जानते हैं कि कितने छात्र कॉलेजों में उपस्थिति हो रहे हैं, हम जानते हैं कि अनेक संस्थानों में 'अपव्यय' की खौफनाक दरों के बारे में जानकारी है, और हम नामाकंनों तथा संस्थानों की वृद्धि के बारे में भी जानते हैं। परंतु उच्च शिक्षा से सम्बन्धित लगभग संपूर्ण अज्ञानता वाले क्षेत्रों की संख्या इससे कहीं अधिक विस्तृत है। भारत में विश्वविद्यालयीय शिक्षा से सम्बन्धित आँकड़ों के इस कहीं चौंकाने वाले अभाव के कारणों की पहचान करना कठिन नहीं है। अधिकांश पश्चिम देशों में विश्वविद्यालयों पर शोध अभी बस प्रारंभ ही किए गए हैं, और शिक्षाविद् ज्ञात रूप से अपने ही संस्थान पर शोध करने के प्रति हिचकिचा रहे हैं। उदाहरणार्थ, अब जबकि विश्वविद्यालयों की अपेक्षा अमेरिकन श्रमिक आंदोलन के विषय में बहुत कुछ ज्ञात हो चुका है। भारत में भी विश्वविद्यालयों की ओर से जनता के समक्ष अंदरूनी बातों को उजागर करने में संकोच किया जा रहा है। कुछ लोगों का सोचना है कि अप्रिय अथवा विवादास्पद रहस्योद्‌घाटनों के जोखिम उठाए जाने से बेहतर है कि सभी प्रकार की जाँचों से बचते रहा जाए। और, वास्तव में, विश्वविद्यालयों में जहाँ कहीं सतर्क जाँचें की भी गई हैं वहाँ परिणाम कुछ लोगों के लिए लज्जाजनक ही रहे हैं। इसके अलावा, अभी भी मिथक यह बना हुआ है कि भारत में विश्वविद्यालय राजनीति से परे हैं, यद्यपि ऊपर की जा चुकी अधिकांश चर्चा के द्वारा इंगित किया जा चुका है कि मामला स्पष्ट रूप से ऐसा नहीं है।

विश्वविद्यालयोन्मुख शोध कार्य के समक्ष आने वाली समस्याओं में से कुछ का सामना भारत में किए जाने वाले शोध के द्वारा भी किया जाता है। ये समस्याएं, जिनपर हाल ही में डॉ. खुराना के नोबल पुरस्कार के मामले में प्रकाश डाला गया था, पर प्रेस में विस्तारपूर्वक चर्चाएं की जा चुकी हैं यद्यपि ऐसा प्रतीत होता है कि स्थिति में परिवर्तन के लिए बहुत कम प्रयास ही किए गए हैं। निश्चित रूप से भारतीय विश्वविद्यालयों की सर्वाधिक गंभीर आलोचनाओं में से एक है इसके नौकरशाही ढाँचे का ऊपर से नीचे तक प्रायः दमघोंटू होना। ढाँचे की यह बात कॉलेज के विभाग के बारे में उतनी ही सच है जितनी कि किसी प्रयोगशाला के बारे में। ऐसी स्थिति में, विभाग अथवा प्रयोगशाला अध्यक्ष की स्थिति, अथवा कॉलेज के प्रधानाचार्य की स्थिति, जो अपने छोटे से राज्य का राजा होता है, निर्विरोध होती है और अक्सर यह युवा शिक्षण सदस्यों के लिए अत्यन्त दमघोंटू होती है। इसके अलावा, कॉलेज के स्तर पर शोध पर अथवा यहाँ तक कि सृजनात्मक विचारों पर या तो बहुत कम अथवा किसी प्रकार का जोर नहीं दिया जाता। ऐसा लगभग असंभव होता है कि शोध के लिए शिक्षण से समय निकाला जाए और परास्नातक शोध फेलोशिप तो अत्यन्त ही दुर्लभ हैं। विश्वविद्यालय के विभागों में स्थिति बेहतर है, किन्तु शिक्षकों की एक छोटी सी संख्या ही वहाँ मौजूद है। और, निश्चित रूप से, शोध के लिए वित्तीय संसाधनों के अभाव की अपरिहार्य समस्या तो मौजूद है ही।

भारत में विश्वविद्यालयों अथवा किसी भी अन्य विषय पर उच्च गुणवत्तायुक्त अकादमिक शोध के द्वारा सामना की जा रही समस्याओं में से जो सर्वाधिक न्यून नहीं

है वह यह तथ्य है कि मात्र गिने–चुने अपवादों को छोड़कर भारतीय उच्च शिक्षा शोध उन्मुख नहीं रही है। अनेक विषयों में, यहाँ तक कि परास्नातक शिक्षा भी सृजनात्मक शोधकार्य के बजाय पुस्तकों की विषयवस्तु के पुनर्प्रस्तुतीकरण की ओर उन्मुख है। इसके साथ–साथ, अनेक सामाजिक क्षेत्रों में प्रणाली सम्बन्धी प्रशिक्षण की मात्रा बहुत ही कम है, जिसका अपरिहार्य परिणाम यह है कि छात्र शोध का मूल्यांकन करने अथवा प्रभावी शोध परियोजनाओं की खोज करने में असमर्थ रह जाते हैं। यदि अमेरिकी विश्वविद्यालय की विशिष्टता "प्रकाशित करो या छोड़ दो" की आचारसंहिता की है तो भारतीय विश्वविद्यालय हर किसी को एक न्यूनतम स्तर तक बचाए रखने के विचार पर आधारित है चाहे उसका प्रदर्शन कैसा भी क्यों न हो। जहाँ अमेरिकी मॉडल को निश्चित रूप से जितना हो सके उतनी तेजी से आगे बढ़ाया जा सकता है, जैसा कि कुछ अमेरिकी विश्वविद्यालयों में किया गया है, वहीं प्रकाशित शोध पर अधिक जोर दिए जाने का भारतीय कॉलेजों एवं विश्वविद्यालयों में निश्चित रूप से स्वागत किया जाएगा। इसके साथ–साथ, परास्नातक शिक्षा को छात्रों को प्रणाली सम्बन्धी तथा मौलिक प्रशिक्षण प्रदान करने तथा उपलब्ध सर्वाधिक अद्यतन पुस्तकों के उपयोग का प्रयास करना चाहिए। यह सामाजिक विज्ञानों के मामले में उतना ही सत्य है जितना कि प्राकृतिक विज्ञानों के मामले में।

V

भारत में उच्च शिक्षा से सम्बन्धित अनुपलब्ध जानकारियों की मात्रा चौंकाने वाली है। उदाहरणार्थ, हम छात्र आबादी की सामाजिक उत्पत्तियों, अथवा अनेक वर्षों के दौरान छात्र आबादी के संयोजन में आ चुके परिवर्तनों के सम्बन्ध में बहुत कम जानकारी रखते हैं। ग्रामीण इलाकों एवं निम्न मध्यवर्गीय पृष्ठभूमि से कॉलेजों में पहली बार प्रवेश करने वाले छात्रों का एक भारी प्रभाव पड़ा है, किन्तु इस प्रभाव की प्रकृति तथा निहितार्थों की एक स्पष्ट समझ का अभाव बना हुआ है। भारतीय छात्र विश्वविद्यालय के संस्थान की एक समझ की कुंजी है, और अपने अधिकार में वह निश्चित रूप से महत्वपूर्ण है, फिर भी उसकी मात्रा लगभग अज्ञात है।

प्रोफेसर समुदाय इससे भी अधिक गुमनाम है। क्या वे बस पुरुष और महिलाएं हैं जो विश्वविद्यालयों में लगभग 20 लाख छात्रों को शिक्षा दे रहे हैं? कॉलेज एवं विश्वविद्यालय के शिक्षकगण जनसंख्या में सर्वाधिक मुखर एवं सुशिक्षित समूह का गठन करते हैं, एक ऐसा समूह जो संभावित राजनीतिक महत्व रखता है और राष्ट्रीय विकास की एक क्षमता से युक्त होता है। अपने संस्थानों तथा देश के राजनीतिक एवं सामाजिक जीवन के प्रति उनका दृष्टिकोण छात्रों के लिए महत्वपूर्ण हो सकता है, और अपने आपमें तथा स्वयं के लिए महत्वपूर्ण होता है। इसके बावजूद, प्रोफेसर समुदाय के गिने चुने अध्ययन ही किए गए हैं।

यदि बुनियादी नीतिगत निर्णयों को तर्कसंगत निर्णयों पर आधारित होना है तो ये कुछ ऐसे क्षेत्र हैं जिनपर तत्काल सावधानीपूर्वक शोध किए जाने आवश्यकता है। यह सत्य है कि अच्छा शोध कर पाना सहज नहीं है–इसके लिए पहल और बौद्धिक ताकत की आवश्यकता होती है। इसके लिए प्रणालीगत परिष्करण और अच्छा काम करने की इच्छा की भी आवश्यकता होती है। शोध पर धन की लागत भी आती है, किन्तु कई प्रकार के सुनियोजित शोध में लगने वाली धनराशि आश्चर्यजनक रूप से बहुत छोटी होती है, विशेषतौर पर उन विशाल धनराशियों की तुलना में जिन्हें प्रायः व्यर्थ की शैक्षिक परियोजनाओं पर अपव्यय कर दिया जाता है। किसी को भी अमेरिकी

कंप्यूटर बग का शिकार बनने की आवश्यकता नहीं है; छोटे, सावधानीपूर्वक चुने गए नमूनों और सापेक्षिक तौर पर विश्लेषण की प्राथमिक विधियों का उपयोग करते हुए भी गंभीर शोध संपन्न किए जा सकते हैं। सर्वेक्षण शोध और कुछ नहीं बल्कि उच्च शिक्षा में शोध के लिए समाज विज्ञानियों के उपकरणों में से एक है। हालांकि, विश्वविद्यालयों पर किए जाने वाले शोध को वास्तव में प्रभावी होने के लिए इसे विश्वविद्यालयों और सरकार में बैठे नीति–निर्धारकों से सरकारी और गैर–सरकारी दोनों ही से प्रोत्साहन अवश्य प्राप्त होने चाहिए।

VI

शोध, अंतर्दृष्टि से चाहे कितना भी परिपूर्ण क्यों न हो, समस्याओं का समाधान नहीं कर सकता; यह केवल समाधानों की ओर इशारा कर सकता है। अतः, भारत में उच्च शिक्षा के भविष्य पर किसी भी चर्चा की राजनीति की ओर वापसी अपरिहार्य है, और विश्वविद्यालयों एवं कॉलेजों तथा समाज के बीच के सम्बन्ध, जो और सबकुछ के अलावा सिर्फ दम घोंटने वाला ही प्रतीत होता है। क्या परिवर्तन की कोई इच्छा मौजूद है, और यदि ऐसी कोई इच्छा मौजूद है तो क्या यह संभव है कि भारतीय वास्तविकता के संदर्भ में इन परिवर्तनों को लागू किया जा सके?

तस्वीर निश्चित रूप से पूर्णतः निराशाजनक नहीं है। कुछ सृजनात्मक चिंतन किए जा रहे हैं, और कुछ शैक्षिक संस्थानों ने नवाचारों को लागू करने और मानकों को ऊँचा उठाने के लिए आश्चर्यजनक सफलता के साथ प्रयास भी किए हैं। भारतीय प्रौद्योगिकी संस्थान (आईआईटी) भारत के कुछ सर्वश्रेष्ठ प्रतिभाशाली छात्रों के लिए उच्च–गुणवत्तायुक्त तकनीकी शिक्षा प्रदान करने के अर्थों में सफल रहे हैं। परंतु विभिन्न आईआईटी की शोध क्षमता का अभी तक पर्याप्त उपयोग नहीं किया जा सका है। कुछ आईआईटी में मानविकी और सामाजिक विज्ञानों में हाल ही में किए गए नवाचार भविष्य के लिए आशा का संचार करते हैं। यदि और कुछ नहीं तो प्रौद्योगिकी संस्थानों ने सिद्ध कर दिया है कि यदि पर्याप्त संसाधन उपलब्ध कराए जाएं और यदि नामांकनों को सावधानीपूर्वक नियंत्रित किया जाए तो उच्चतम गुणवत्ता के शैक्षिक संस्थानों को बनाए रखना संभव है। बहुत से कॉलेजों के द्वारा विभिन्न प्रकार के प्रयोग आजमाए गए हैं और यह प्रदर्शित किया गया है कि पर्याप्त प्रयासों के साथ स्तरों को बनाए रखा जा सकता है। परंतु ये संस्थान भी स्वीकार करते हैं कि इसके लिए उन्हें प्रायः बहुत कड़े संघर्ष करने पड़ते हैं। शिक्षा आयोग की सिफारिशों में से कुछ, विशेषतौर पर अलग–अलग कॉलेजों को स्वायत्तता प्रदान किए जाने के क्षेत्र में, से आशाएं भी की जा सकती हैं।

किन्तु कुल मिलाकर आशावादी होने के कारण बहुत कम ही हैं। विश्वविद्यालय सुधारों से सम्बन्धित अनेकानेक राजनीतिक समस्याएं, जिनमें से कुछ पर ऊपर चर्चा की जा चुकी है, परिवर्तन के प्रति एक बड़ी बाधा बनी हुई हैं। कॉलेज शिक्षा की सतत् रूप से जारी माँग तथा इस माँग को रोक पाने में सरकारी अधिकारियों की असमर्थता के कारण ऐसी कल्पना करना असंभव प्रतीत होता है कि निकट भविष्य में कॉलेजों की संख्या में हो रही वृद्धि को रोका जा सकेगा। जबतक ऐसे मुद्दों, जैसे भाषा का प्रश्न आदि पर तुरंत ही पर्याप्त शोध नहीं किए जाते, और चर्चा का संपूर्ण वातावरण परिवर्तित नहीं हो जाता, ऐसा असंभव है कि इस महत्वपूर्ण विषय पर तर्कसंगत चर्चा हो सकेगी, अथवा शैक्षिक रूप से ठोस निर्णय लिए जा सकेंगे।

भारतीय विश्वविद्यालयों के स्थाई संकट के बीच यह प्रणाली अपना कार्य करना और विकसित होना जारी रखे हुए है। छोटे–मोटे व्यवधानों को छोड़कर विश्वविद्यालयों

के द्वारा डिग्रियाँ प्रदान करना जारी है, जो, स्नातको के लिए रोजगार की भीषण समस्याओं के बावजूद, उनके लिए उपयोगी हैं जो इसे हासिल कर लेते हैं। वास्तव में, यदि कोई हाल ही के पेरिस एवं पश्चिमी बर्लिन को पंगु बना देने वाले छात्र आंदोलनों के साथ सर्वाधिक अस्थिर भारतीय विश्वविद्यालयों की तुलना करे तो उसे पता लगेगा कि भारतीय स्थिति इस तथ्य के बावजूद आश्चर्यजनक रूप से शांत है कि भारत में स्थितियाँ कहीं अधिक प्रतिकूल हैं। कुल मिलाकर, ऐसी संभावना है कि कोई व्यापक शैक्षिक सुधार नहीं किए जाने वाले हैं, और यह कि इसी के साथ–साथ यह प्रणाली सामान्य तौर पर अपने संचालन को जारी रखेगी। यथास्थिति आशावादी होने के लिए बहुत अधिक कारण नहीं प्रदान करती, किन्तु जैसा कि पहले उल्लेख किया जा चुका है, भारतीय विश्वविद्यालय समाज के उन तत्वों की सेवा कर रहे हैं जिनके हाथों में राजनीतिक और आर्थिक शक्ति है।

2

विश्वविद्यालय सुधार की समस्याएं[1]

The Higher Learning in India
Amrik Singh and Philip G. Altbach (eds)
Vikas Publishing House Pvt Ltd (Delhi), 1974
pp. 331–352

फ़िलिप जी. अल्ट्बाख़

जहाँ यह तर्क दिया जा सकता है कि भारत के विश्वविद्यालयों के द्वारा भारतीय समाज को सफलतापूर्वक मूल्यवान सेवाएं प्रदान की गई हैं, क्योंकि वे सामाजिक गतिशीलता के एक महत्वपूर्ण मार्ग रहे हैं और उनके द्वारा भारत की आधुनिक अर्थव्यवस्था के लिए आवश्यक कुशल श्रमशक्ति को प्रशिक्षित किया गया है, वहीं अधिकांश प्रेक्षक सहमत हैं कि भारतीय विश्वविद्यालयों में एक बड़ी जाँच एवं मरम्मत की आवश्यकता है। भारत में 'विश्वविद्यालय संकट' की प्रकृति तो समाचारपत्रों के एक सरसरी निगाह द्वारा किए गए अध्ययन से भी स्पष्ट हो जाती है। अकादमिक जीवन के व्यवधान एक महामारी हैं, शिक्षा के गिरते हुए स्तरों के प्रति असंतोष मौजूद है, परीक्षा प्रणाली लड़खड़ा चुकी है, सुविधाओं के आवश्यकता से अधिक विस्तार ने भारी मात्रा में शिक्षित श्रमशक्ति की बेरोजगारी उत्पन्न कर दी है, और विश्वविद्यालय गुटबाजी तथा वैचारिक राजनीति में उलझ गए हैं। इसके साथ–साथ, अतीत में सरकारी आयोगों और अन्य के द्वारा विश्वविद्यालयों को परिवर्तित करने के प्रयास बिना किसी विशेष सफलता के ही किए गए हैं।

हमने "सुधार" को विश्वविद्यालयों अथवा कॉलेजों में अकादमिक वातावरण के पहलुओं में सुधार करने के लक्ष्य वाले नियोजित परिवर्तनों के रूप में परिभाषित किया है। भारत में, ये परिवर्तन सामान्यतौर पर सरकारी आयोगों अथवा समितियों के द्वारा सुझाए गए हैं, यद्यपि कई बार उनकी उत्पत्ति अन्य स्त्रोतों से हुई होती है। चर्चा का ध्यान "मुख्यधारा" विश्वविद्यालयों, अर्थात् ऐसे विश्वविद्यालय जो मौलिक "लंदन मॉडल" का अनुसरण करते हैं और जो भारत के माध्यमिकोत्तर छात्रों के कोई 90 प्रतिशत भाग का नामांकन करते हैं, पर ही केन्द्रित रहता है। नए संस्थान, जैसे प्रौद्योगिकी संस्थानों एवं विभिन्न शोध संस्थानों, सर्वाधिक नवाचारी रहे हैं, किन्तु वे विश्वविद्यालय की मुख्यधारा के बाहर बने हुए हैं, निश्चित रूप से इसलिए क्योंकि पुराने संस्थान परिवर्तन के प्रति अनिच्छुक अथवा असमर्थ रहे हैं।

यद्यपि सुधार एवं नियोजन परस्पर सम्बद्ध हैं (अथवा होना चाहिए) तथापि इस निबंध का सम्बन्ध किसी बड़ी सीमा तक शैक्षिक नियोजन की समस्याओं से निपटने का नहीं है। जैसा कि नोट किया जाएगा, भारत में उच्च शिक्षा में नियोजन न तो बहुत अधिक व्यापक ही रहे हैं और न ही सफल, यद्यपि किसी भी प्रकार से यह स्पष्ट नहीं है कि कोई भी दीर्घकालिक शैक्षिक नियोजन किसी भी समाज में प्रभावी हो सकता है अथवा नहीं।[2] प्रस्तुत निबंध भारत में विश्वविद्यालय सुधार की प्रक्रियाओं और समस्याओं का विश्लेषण करता है। किसी संस्थान विशेष में स्थिति का उदाहरण प्रस्तुत करने हेतु,

एक केस स्टडी के रूप में मुम्बई विश्वविद्यालय पर प्रकाश डाला जा रहा है।[3] इस निबंध का प्रयोजन भारतीय उच्च शिक्षा की उपलब्धियों की अवमानना करने का नहीं है, न ही यह दावा करने का है कि इसने भाररतीय समाज में कोई उपयोगी भूमिका नहीं निभाई है; इसके बजाय यह स्वयं विश्वविद्यालयों के द्वारा पहचान की गई समस्याओं और उन्हीं के द्वारा प्रस्तावित समाधानों पर ध्यान केन्द्रित करता है।

भारतीय उच्च शिक्षा हाल ही वर्षों में हुई तीव्र प्रगति एवं छात्रों तथा, कुछ सीमा तक, शिक्षकों के भारी असंतोष के बावजूद संगठनात्मक स्थिरता के एक जिज्ञासु संयोजन का प्रदर्शन करती है। भारतीय उच्च शिक्षा का ढाँचा औपनिवेशिक अतीत में डूबा हुआ है। शुरुआती चार विश्वविद्यालयों की स्थापना अंग्रेजों के द्वारा 1857 में की गई थी, और उसके बाद स्थापित होने वाले संस्थानों ने भी उन्हीं जैसे संगठनात्मक पैटर्न को अपनाया है। यह पैटर्न लंदन विश्वविद्यालय के पैटर्न को प्रतिबिंबित करता है, और हाल की समय तक इसका अर्थ था कि भारतीय विश्वविद्यालय स्वयं के अल्प बौद्धिक जीवन के साथ व्यापकतौर पर सहबद्धता प्रदान करने एवं परीक्षा संपन्न करवाने वाले निकाय हैं।[4] जैसा कि अंग्रेजों द्वारा परिभाषित किया गया था, शुरुआती भारतीय विश्वविद्यालयों का प्रयोजन सरकारी नौकरशाही में मध्यस्तरीय पदों पर भर्ती करने के लिए कर्मचारियों को प्रशिक्षित करने का था। अतः, इस प्रणाली के द्वारा अंग्रेजी में निपुणता हासिल करने, औपनिवेशिक सरकारी मशीनरी के कामकाज की समझने, और औपनिवेशिक शासन के प्रति सामान्य निष्ठा उत्पन्न करने पर जोर दिया गया था। पाठ्यक्रम व्यापकतौर पर मानववादी था जिसमें विज्ञान एवं अनुप्रयुक्त विषयों पर बहुत कम ध्यान दिया गया था। औपनिवेशिक शिक्षा का लाभ उठाने वाले लोग वे थे जो भारत के एक बहुत छोटे से शहरी मध्यवर्ग से सम्बन्धित थे और इस ओर इसलिए आकर्षित हुए थे क्योंकि इसके द्वारा उन्हें सामाजिक गतिशीलता और सरकार में प्रतिष्ठापूर्ण रोजगार प्रस्तावित किए गए थे। जहाँ प्रशासन तथा पाठ्यक्रम के ढाँचे में कुछ परिवर्तन आ चुके हैं, वहीं भारत में उच्च शिक्षा का बुनियादी पैटर्न, जिसे 19वीं शताब्दी के मध्य में निर्धारित किया गया था, अभी भी वैसा का वैसा ही है।

नियोजनकर्ताओं एवं सरकारी आयोगों द्वारा समय–समय पर दी जाने वाली दलीलों, कि अनियंत्रित विस्तार के शिक्षा, भौतिक सुविधाओं, तथा स्नातकों के लिए रोजगार पर नकारात्मक प्रभाव पड़ेंगे, के बावजूद भारतीय उच्च शिक्षा के द्वारा भारी संख्यात्मक वृद्धि देखी गई है।[5] 1947 से पहले की अवधि में वृद्धि मामूली थी: 1901 में 23,000 नामांकन हुए थे जो 1946 में बढ़कर 2,25,000 हो गए।[6] हालांकि, 1961 से 1971 के बीच छात्रों की संख्या 9,80,000 से बढ़कर 27,00,000 हो गई। विश्वविद्यालयों ने शहरी आबादी (भारत की कुल आबादी का 20 प्रतिशत) के सभी वर्गों के लिए प्रगतिशील रूप से अपने दरवाजे खोल दिए हैं, और हाल ही में इन्हें ग्रामीण युवाओं के लिए भी खोल दिया गया है। अधिकांश नौकरियों के लिए एक अकादमिक डिग्री का होना अनिवार्य हो गया है। अतः, जहाँ शिक्षा का मूल्य परिवर्तित हो चुका है, वहीं अधिकांश कॉलेजों के द्वारा प्रस्तावित पाठ्यक्रमों में औपनिवेशिक अवधि के बाद से कोई परिवर्तन नहीं किया गया है।

संक्षेप में, भारतीय उच्च शिक्षा पिछली एक–चौथाई शताब्दी के दौरान अनुवृद्धि द्वारा ही विकसित हुई है, और इसके लिए या तो विभिन्न पंचवर्षीय योजनाओं में सरकार द्वारा परिभाषित व्यापक समाज की आवश्यकताओं अथवा अकादमिक समुदाय की इच्छाओं पर आधारित स्पष्ट नियोजनों की मात्रा बहुत कम रही है। बल्कि, वर्तमान विश्वविद्यालय प्रणाली पर और अधिक पर्तें चढ़ा दी गई हैं और कभी–कभार उच्च

शिक्षा में समग्र बुनियादी परिवर्तन किए बिना ही नए एवं नवाचारी संस्थानों को स्थापित कर दिया जाता है। पाठ्यक्रम सम्बन्धी परिवर्तनों के अर्थों में यह उतना ही सत्य है जितना कि ढाँचागत परिवर्तन और विकास के सम्बन्ध में। कला एवं विज्ञान सम्बन्धी मुख्य पाठ्यक्रमों में विशेष परिवर्तन नहीं हुए हैं, बल्कि नए विषयों को जोड़ दिया गया है और समय–समय पर पाठ्यक्रम को अद्यतन कर दिया गया है। कुछ अपवादों को छोड़कर बुनियादी पुनर्विचार अथवा परिवर्तन नहीं हुए हैं। आर्थिक एवं सामाजिक विकास के आधार के रूप में नियोजन के प्रति भारत सरकार की प्रतिबद्धता के बावजूद विश्वविद्यालयों का विकास एक *अहस्तक्षेप नीति* वाले तरीके से हुआ है।

स्वतंत्रताप्राप्ति के समय से ही उच्च शिक्षा "बाजार की माँग", राजनीतिक दबाव, एवं अन्य बाहरी प्रभावों के प्रत्युत्तर में विकसित हुई है। विश्वविद्यालयों के विभिन्न खंडों पर सरकारी रिपोर्टों एवं सरकारी आयोगों के कुछ प्रभाव पड़े हैं, परंतु ये मुख्य रूप से विकास अथवा दिशा का निर्धारण नहीं कर सके हैं। इस प्रवृत्ति की पुष्टि ग्लायन वुड के मैसूर में निजी कॉलेजों के किए गए अध्ययन द्वारा की जा चुकी है जो यह प्रदर्शित करता है कि शैक्षिक विस्तार के लिए सरकारी नीति के बजाय निजी पहल एवं सार्वजनिक माँग अधिक उत्तरदायी थी।[7] कुछ उदाहरणों में क्षेत्रीय एवं अन्य दबावों के द्वारा नए विश्वविद्यालयों की स्थापना को आदेशित किया गया था। संक्षेप में, उच्च शिक्षा के द्वारा नियोजन का प्रतिरोध किया गया है, जो नियोजनकर्ताओं की दलील, कि विस्तार को एक मंद एवं और व्यवस्थित गति से आगे बढ़ना चाहिए, के बावजूद हुई इसकी सतत् वृद्धि से प्रमाणित होता है। उच्चशिक्षा के अधिकांश स्थापित संस्थानों के अंदर सुधार प्रायः ही संभव नहीं रहे हैं। विश्वविद्यालय के अंतर्गत शक्तिशाली समूहों, जैसे शिक्षक, कालेज के न्यासीगण एवं प्रबंधन, विश्वविद्यालय प्रशासक, और कभी–कभी छात्रों ने सुधारों का प्रायः विरोध किया है क्योंकि उन्हें भय है कि कोई भी नवाचार उनकी स्थिति एवं आजीविका दोनों के लिए खतरा उत्पन्न कर सकता है। ऐसा कोई भी परिवर्तन, जो स्थापित अकादमिक नौकरी के लिए कहीं दूर से भी खतरा हो सकता हो, का शक्तिपूर्वक प्रतिरोध किया जाता है क्योंकि नौकरी पाना कठिन है और रोजगार सुरक्षा के प्रति एक बड़ी प्रीमियम रखी जाती है। अतः, स्थापित विश्वविद्यालयों के लिए परिवर्तन करना अत्यधिक कठिन रहा है और अधिकांश नवाचार, ढाँचे एवं पाठ्यक्रम दोनों के ही अर्थों में, नए संस्थानों में ही लागू किए गए हैं।

ऐतिहासिक संदर्भ

अपने अप्रभावशाली रेकार्ड के बावजूद भारत में शैक्षिक सुधार एवं नियोजन सम्बन्धी प्रयासों का एक लंबा इतिहास रहा है। एक अर्थ में, 1857 में कोलकाता, मुम्बई तथा मद्रास में की गई सर्वप्रथम तीन विश्वविद्यालयों की स्थापना सुधार की आवश्यकता को प्रतिबिंबित करती है। अनेक शिक्षाविदों ने अनुभव किया था कि 19वीं शताब्दी में भारत में न्यूनतम गुणवत्ता को सुनिश्चित करने के किसी भी उपाय के बिना होने वाला कॉलेजों का प्रसार दुर्भाग्यशाली था। ब्रिटिश–शैली वाली उच्च शिक्षा की माँग बढ़ती जा रही थी और इस माँग को पूरा करने के लिए निजी भारतीय हितधारक कॉलेजों की स्थापना कर रहे थे। अतः, विश्वविद्यालयों की स्थापना कॉलेज शिक्षा पर नियंत्रण बनाए रखने और यह सुनिश्चित किए जाने के साथ की गई थीं कि न्यूनतम स्तरों को पूरा किया जाए। सर्वाधिक शुरुआती अवधि में, विश्वविद्यालयों द्वारा परीक्षण एवं निरीक्षण सम्बन्धी कार्यों की पूर्ति की गई। भारतीय उच्च शिक्षा का आगे का इतिहास कॉलेजों की

निरंतर बढ़ती हुई संख्या में प्रशासनिक नियंत्रण तथा न्यूनतमक अकादमिक स्तरों को बनाए रखने के प्रयासों के इतिहास का है। अतः, सुधारों, जिनके लक्ष्य विश्वविद्यालयों के केन्द्रीकृत अधिकारों का ह्रास करना था, और जिनमें से अनेक का ध्यान इसी दिशा में केन्द्रित भी रहा है, को कड़े प्रतिरोध का सामना करना पड़ा है।

विश्वविद्यालय शिक्षा पर सर्वप्रथम बड़ी आधिकारिक जाँच 1882 में भारतीय शिक्षा आयोग के अधीन संपन्न की गई थी। हालांकि, आयोग ने विश्वविद्यालयों के कामकाज के सम्बन्ध में कुछ सिफारिशें की थीं। आंशिक तौर पर माध्यमिक शिक्षा के एक विस्तार के कारण कॉलेजों में प्रवेश की माँग करने वाले छात्रों की संख्या में 1882 के बाद से पर्याप्त वृद्धि हुई क्योंकि सरकारी और निजी दोनों ही क्षेत्रों में रोजगार के अवसर खुल चुके थे। 1902 के भारतीय विश्वविद्यालय आयोग ने विश्वविद्यालयों के द्वारा सामना की जाने वाली समस्याओं पर कार्य किया और लंदन विश्वविद्यालय को भारतीय विश्वविद्यालय संगठन के आधार के रूप में जारी रखने को उचित ठहराते हुए विश्वविद्यालय प्रशासन में परिवर्तनों की सिफारिश कर दी। किसी भी बुनियादी सुधार को प्रस्तावित नहीं किया गया था। 1902 का आयोग विश्वविद्यालय अधिनियम, 1904 का आधार बना, जिसने विश्वविद्यालय प्रशासन को सुचारु बनाया और विश्वविद्यालय स्तर पर शिक्षण को मजबूत किया। तथापि, आयोग एवं अधिनियम अधिकांश उच्च शिक्षा की दिशा अथवा प्रकृति को प्रभावित कर पाने में विफल रहे। उदाहरणार्थ, स्तर को ऊँचा उठाने के एक प्रयास में मुम्बई विश्वविद्यालय के साथ सम्बद्ध कॉलेजों की संख्या, जो 1902 में 192 थी, घटकर 1912 में 170 हो गई। हालांकि, 1922 तक यह बढ़कर 207 हो चुकी थी।[8] आयोग ने जोर दिया कि शिक्षण के स्तर में सुधार करना चाहिए और वास्तव में शिक्षण से सुधार की आशा भी की जा रही थी, यद्यपि कि वार्षिक परीक्षाओं में असफलताओं की दर ऊँची बनी रही। पहली बार, औपनिवेशिक प्रशासन द्वारा विश्वविद्यालयों को भारी अनुदान प्रदान करना प्रारंभ किया गया और 1904 के अधिनियम के पश्चात् उच्च शिक्षा में गंभीर रुचि व्यक्त की गई।

भारतीय उच्च शिक्षा के सर्वाधिक महत्वपूर्ण दस्तावेजों में से एक था कोलकाता विश्वविद्यालय आयोग की 1917 की रिपोर्ट। माइकल सैडलर की अध्यक्षता में आयोग ने कोलकाता विश्वविद्यालय से परे उच्च शिक्षा पर एक प्रभाव डाला था,[9] यद्यपि स्वयं कोलकाता में ही इसका प्रभाव नगण्य था। उदाहरणार्थ, मुम्बई विश्वविद्यालय ने यह जानने के लिए एक समिति नियुक्त कर दी कि कोलकाता की सिफारिशों को उनके यहाँ किस प्रकार लागू किया जा सकता है। इस समिति द्वारा कई सुझाव दिए गए और मुम्बई प्रांत में माध्यमिक शिक्षा को न्यून और सुधार की आवश्यकता वाली घोषित कर दिया गया। यद्यपि इसकी रिपोर्ट 1921 में प्रस्तुत की गई थी, तथापि 1924 में विश्वविद्यालय सुधार समिति के नियुक्ति होने तक इसपर कोई कार्यवाही नहीं की गई। अन्य बातों के साथ–साथ इस रिपोर्ट के द्वारा मुम्बई विश्वविद्यालय को एक कारपोरेट पहचान प्रदान किए जाने तथा तकनीकी शिक्षा को मजबूत किए जाने का आह्वान किया गया था। एक लंबी समयावधि के उपरांत सब तो नहीं किन्तु कुछ सिफारिशों को लागू कर दिया गया। यद्यपि, कोलकाता विश्वविद्यालय आयोग का मुख्य प्रभाव विश्वविद्यालयों में बुनियादी परिवर्तन लाने के बजाय विश्वविद्यालयों के विस्तार को प्रोत्साहित करने वाला था।

विश्वविद्यालय सुधार की दिशा में स्वतंत्रताप्राप्ति के बाद का पहला सबसे बड़ा प्रयास था 1948–49 में विश्वविद्यालय शिक्षा आयोग का गठन करना।[10] आयोग के द्वारा अनेक सिफारिशें की गईं, जिनमें से एक सर्वाधिक महत्वपूर्ण यह थी कि विश्वविद्यालय शिक्षा इंटरमीडिएट स्कूली अध्ययन के तुरंत बाद प्रारंभ कर दी जानी चाहिए न कि मैट्रीकुलेशन

के बाद, और यह कि विश्वविद्यालय का पाठ्यक्रम तीन वर्षों का होना चाहिए। (ऐसा ही प्रस्ताव तीस वर्षों पहले कोलकाता विश्वविद्यालय आयोग द्वारा प्रस्तुत किया जा चुका था।) भारत के अनेक भागों में, त्रि–वार्षिक कॉलेज पाठ्यक्रम को नीतिगत रूप से अपना लिया गया है (यद्यपि मुम्बई विश्वविद्यालय ने अपने चार–वर्षीय कार्यक्रम को जारी रखा हुआ है और इंटरमीडिएट कॉलेजों की स्थापना से इंकार कर दिया है)। आयोग द्वारा यह सुझाव भी दिया गया कि कॉलेजों में अमेरिकी पैटर्न पर सामान्य शिक्षा को लागू करना चाहिए, और इसने स्नातक शिक्षा पर भारत के विकास के प्रति प्रासंगिक नए ज्ञान का सृजन करने के एक साधन होने के रूप में जोर दिया। आयोग ने कृषि शिक्षा के विकास पर जोर दिए जाने के साथ स्नातक एवं पेशेवर प्रशिक्षण सुविधाओं के विस्तार की भी सिफारिश की। इसने शिक्षकों के वेतनों में सुधार का आह्वाहन किया और सुझाव दिया कि उन्हें उन्हीं के समकक्ष शिक्षित सरकारी कर्मचारियों के बराबर रखा जाना चाहिए। परीक्षा प्रणाली का सुधार (इसमें कोई बड़ा परिवर्तन नहीं) का आग्रह उसी प्रकार किया गया था जैसे कि विश्वविद्यालयों में शिक्षा के माध्यम के रूप में किसी एक भारतीय भाषा (प्राथमिकतापूर्वक हिन्दी) को अपनाए जाने का। अंततः, आयोग ने ब्रिटिश मॉडल पर आधारित एक विश्वविद्यालय अनुदान आयोग की सिफारिश की, जिसे शिक्षा हेतु आवश्यक निधियों की व्यवस्था करने तथा उच्च शिक्षा को सकारात्मक, किन्तु गैर–सरकारी दिशानिर्देश प्रदान करने के लिए स्थापित करना था।

इस बात में बहुत कम संदेह है कि यह आयोग भारत में उच्च शिक्षा सुधार हेतु किए गए विविध आधिकारिक प्रयासों की दिशा में सर्वाधिक व्यापक और सर्वाधिक सफल रहा था–और इसकी सफलताएं सीमित थीं। उच्च शिक्षा के महत्व पर इसके जोर, और संगत क्षेत्रों में विस्तार की आवश्यकता को निश्चित रूप से पूरा कर लिया गया था, यद्यपि उस तरीके से नहीं जैसा कि आयोग ने आग्रह किया था। आयोग द्वारा प्राथमिकता न दिए गए क्षेत्रों में निरपेक्ष संख्याओं के अर्थों में सबसे अधिक वृद्धि के साथ विस्तार प्रत्येक क्षेत्र में कर लिया गया। एक विश्वविद्यालय अनुदान आयोग (यूजीसी) की स्थापना कर दी गई और इसने उसके बाद से उच्च शिक्षा में एक महत्वपूर्ण भूमिका अदा की है। इस तथ्य के बावजूद कि यूजीसी के पास अपनी सिफारिशों को लागू कर पाने हेतु राजनीतिक अधिकार उपलब्ध नहीं रहे हैं, इसने विश्वविद्यालयों में नए कार्यक्रमों के लिए धनराशियाँ उपलब्ध करवाई हैं और सीमित क्षेत्रों में स्तरों को बनाए रखने में सहायता प्रदान की है। देश के अनेक भागों में त्रि–वार्षिक डिग्री पाठ्यक्रम अपना लिए गए और ग्रामीण विश्वविद्यालयों की स्थापना कर दी गई। किन्तु आयोग की अनेक अन्य सिफारिशों को या तो लागू नहीं किया गया अथवा उनपर विशेष ध्यान नहीं दिया गया। शिक्षकों के वेतनों में '60 के दशक के उस समय तक कोई प्रशंसनीय सुधार नहीं किया गया था जबतक शिक्षा आयोग (1964–66) ने इसपर कार्यवाही के लिए पुनः जोर नहीं डाला। शिक्षा के भाषाई माध्यम में हिस्सों–टुकड़ों में अत्यन्त मंद गति से परिवर्तन किए गए। हिन्दी मात्र हिन्दीभाषी क्षेत्रों में ही शिक्षा का माध्यम है और अन्य स्थानों पर इसपर बहुत ही कम ध्यान दिया गया है। भारत के अनेक सर्वश्रेष्ठ विश्वविद्यालयों जैसे–मुम्बई, दिल्ली, कोलकाता एवं उस्मानिया आदि में सभी स्तरों पर अंग्रेजी को ही कायम रखा गया है। सामान्य शिक्षा को मात्र कुछ संस्थानों में ही अपनाया गया था और इसने कभी भी अधिक महत्व हासिल नहीं किया है।

भारत की शिक्षा समस्याओं की सर्वाधिक हाल में की गई पूर्ण–स्तरीय जाँच को 1964 में शिक्षा आयोग द्वारा अपनाया गया था।[11] इसके द्वारा दिए गए अनेक सुझाव चिह्नित रूप से पहले के जाँच समूहों के सुझावों से मिलते–जुलते थे। शिक्षकों के वेतनों में सुधार, परीक्षाओं के सुधार, अकादमिक प्रशासन को सुचारु बनाया जाना, और

ऐसे ही अन्य विषयों पर दोनों रिपोर्टों में चर्चा की गई थी। शिक्षा के माध्यम पर की जा रही चर्चा का ध्यान हिन्दी से हटकर क्षेत्रीय भाषा पर चला गया, इस प्रकार इसमें संलिप्त राजनीतिक वास्तविकताओं की पहचान हो गई, किन्तु यह संकेत दे दिया गया कि भाषा का प्रश्न किसी प्रकार से हल होने वाला नहीं है। शिक्षा आयोग ने कुछ नए सुधार प्रस्तावित कर दिए। उदाहरणार्थ, इसने सिफारिश की कि बड़ी संख्या में "प्रमुख विश्वविद्यालयों" की पहचान की जाए और उन्हें पर्याप्त संसाधन प्रदान किए जाएं ताकि वे अंतर्राष्ट्रीय विद्वत्ता के स्तर पर कार्य कर सकें और शेष अकादमिक समुदाय के लिए मार्गदर्शन प्रदान कर सकें। इसने स्वायत्तशासी कॉलेजों का सुझाव दिया ताकि उच्च स्तरीय कॉलेज विश्वविद्यालयों के केन्द्रीय परीक्षण ढाँचे के अधीन बने रहने के बजाय अपने पाठ्यक्रमों एवं परीक्षाओं पर नियंत्रण हासिल कर सकें।

पहली बार किसी सरकारी आयोग ने उच्च शिक्षा के महान विस्तार की आलोचना की थी और यह पहचान की थी कि अकादमिक स्तर खराब हो रहे थे और यह कि श्रमशक्ति एवं अन्य आवश्यकताओं के लिए पर्याप्त योजनाए नहीं बनाई गई हैं। आयोग ने विस्तार को सीमित किए जाने और स्थितियों में सुधार किए जाने सम्बन्धी विस्तृत सिफारिशों की एक शृंखला प्रस्तुत कर दी। कॉलेजों की स्थापना अत्यन्त सावधानीपूर्ण नियोजन के बाद ही की जानी थी; छोटे कॉलेजों को बंद करना था, विस्तार अथवा विलय करना था; तथा वित्तीय संसाधनों को उपयोग स्तरों में सुधार हेतु करना था।

उच्च शिक्षा पर शिक्षा आयोग का एक सीमित प्रभाव पड़ सका है, और इसकी अधिकांश सिफारिशों की उपेक्षा कर दी गई है।[12] इसकी सर्वाधिक उल्लेखनीय उपलब्धि शिक्षकों के लिए वेतन में वृद्धि करवाना रहा है, एक ऐसा कार्य जिसे विश्वविद्यालय अनुदान आयोग की सहायता तथा केन्द्र सरकार द्वारा प्रदत्त निधियों से पूरा किया गया। आयोग ने राज्य एवं स्थानीय स्तरों पर शिक्षा में नियोजन के सम्बन्ध में चिंतन को भी प्रोत्साहित किया और इसका परिणाम अनेक प्रांतीय शैक्षिक योजनाओं के रूप में प्रकट हुआ। परंतु आयोग की प्रमुख सिफारिशों का अनुसरण नहीं किया गया है। उदाहरणार्थ, "प्रमुख विश्वविद्यालय" अवधारणा तुरंत ही उन अनेक अकादमिक अधिकारियों के हमले का शिकार हो गई जिन्हें भय था कि उनके अपने संस्थान प्रमुख विश्वविद्यालयों के रूप में नहीं चुने जा सकेंगे। इसे एक अभिजातीय विचार बताते हुए भी इसपर हमला किया गया और यह राजनीतिक रूप से विवादास्पद सिद्ध हो गया और इसीलिए इसे त्याग दिया गया। "स्वायत्तशासी कॉलेज" का विचार भी स्थानीय स्तर पर ऐसी ही आलोचनाओं का शिकार हो गया। कॉलेजों के अधिकारियों, जिन्होंने महसूस किया कि उनके पास स्वायत्तशासी के रूप में चुने जाने का एक सुअवसर उपलब्ध है, इस विचार का समर्थन किया जबकि अन्य ने समर्थन नहीं किया। और निश्चित रूप से, बड़ी संख्या वाले अप्रतिष्ठित कॉलेजों का बहुमत था और स्वायत्तशासी कॉलेजों की स्थापना नहीं की जा सकी। उच्च शिक्षा के विस्तार पर आयोग का लगभग कोई प्रभाव नहीं था, और इसकी सिफारिश, कि नामाकंनों में राष्ट्रीय स्तर पर प्रतिवर्ष 10 प्रतिशत से अधिक की वृद्धि नहीं होनी चाहिए, की उपेक्षा कर दी गई। देश के अधिकांश भागों में नए कॉलेजों के लिए नियोजन की प्रभावकारिता में भी कोई उल्लेखनीय वृद्धि दर्ज नहीं की गई है।

यहाँ उद्धृत किए गए महत्वपूर्ण दस्तावेजों के साथ–साथ विश्वविद्यालय अनुदान आयोग भारतीय उच्च शिक्षा में उन्नति एवं सुधार के लिए विभिन्न प्रस्तावों को सक्रियतापूर्वक प्रोत्साहित करता रहा है। यूजीसी की रिपोर्टों का लक्ष्य विश्वविद्यालयों को अपनी स्वयं की योजना बनाने के लिए मार्गदर्शन प्रदान करने तथा आयोग के द्वारा उच्च शिक्षा को वित्तीय एवं तकनीकी सहायता प्रदान करने के खुद के कार्यक्रमों

को तैयार करना रहा है। यूजीसी ने विश्वविद्यालयों और राज्य सरकारों को सुधार सम्बन्धी अपने स्वयं के कार्यक्रम अपनाने के लिए प्रोत्साहित करने के भी प्रयास किए हैं, और वित्तीय संसाधनों के साथ ऐसे कार्यक्रमों की सहायता भी की है। एजेन्सी अकादमिक पुस्तकालयों में सुधार के प्रति चिंतित रही है और इसने कॉलेजों तथा विश्वविद्यालयों दोनों के अकादमिक पुस्तकालयों के सुधार के लिए पर्याप्त मात्रा में धनराशियाँ समर्पित की है। यूजीसी के सर्वाधिक महत्वपूर्ण कार्यक्रमों में से एक रहा है अनेक विश्वविद्यालयों में उन्नत अध्ययन केन्द्रों की स्थापना करना। इस कार्यक्रम के अंतर्गत यूजीसी ने ऐसे विभिन्न अकादमिक विभागों की पहचान की है जो उन्हें विशिष्ट महसूस होते हैं और उन्हें उन्नत अध्ययन के केन्द्रों के रूप में नामित कर दिया गया है। यूजीसी ने अकादमिक प्रशासन के उन अध्ययनों को प्रायोजित किया है जिनका उद्देश्य विश्वविद्यालयों को अपने प्रशासनिक ढाँचे में सुधार करने हेतु प्रोत्साहित करना है।[13] शैक्षिक एवं राजनीतिक संस्थान के एक अंग के रूप में यह आश्चर्यजनक नहीं है कि विश्वविद्यालय अनुदान आयोग ने उच्च शिक्षा में व्यापक परिवर्तनों के लिए दबाव नहीं डाला है। इसने अनेक व्यावहारिक तरीकों से विश्वविद्यालयों की सहायता की है, किन्तु यह अपनी ही अत्यन्त मामूली सुधार योजनाओं को लागू करवाने हेतु जोर डालने में अनिच्छुक और असमर्थ दोनों ही रही है।[14]

एक केस अध्ययन के रूप में मुम्बई विश्वविद्यालय

यह खंड 1947 के बाद से भारतीय उच्च शिक्षा की प्रगति को संक्षेप में रेखांकित करता है। यह अनुमानों और सुधारकर्ताओं एवं नियोजनकर्ताओं की इच्छाओं तथा अकादमिक प्रगति के बीच के बड़े अंतराल पर जोर देता है। मुम्बई विश्वविद्यालय इस प्रवृत्ति का एक उदाहरण प्रस्तुत करता है। उदाहरणार्थ, 1902 के विश्वविद्यालय अधिनियम द्वारा मुम्बई के ढाँचे को परिवर्तित कर दिया गया था किन्तु 10 वर्षों बाद ही 1912 में विश्वविद्यालय ने शिक्षण के लिए उत्तरदायित्व प्राप्त कर लिया और अपने स्नातक विभागों का विनम्रतापूर्वक विस्तार भी कर लिया। अगला बड़ा कदम था 1921 में विश्वविद्यालय सुधार पर एक समिति को नियुक्त करना, जिसे व्यापकतौर पर 1917 के कोलकाता विश्वविद्यालय आयोग के प्रत्युत्तर में गठित किया गया था। समिति के द्वारा की गई सिफारिशों में शामिल थीं विश्वविद्यालय के प्रशासनिक ढाँचे को सुचारु बनाया जाना और उसका लोकतंत्रीकरण करना, एक केन्द्रीय परिसर स्थापित करना, बी.ए. तथा बी.एससी. डिग्रियों के लिए एक 4–वर्षीय पाठ्यक्रम स्थापित करना, और विश्वविद्यालय के तकनीकी कार्यक्रमों का सशक्तीकरण करना। अनुक्रमिक दशक के दौरान इन सिफारिशों में से अनेक पर कार्यवाही की गई। समिति ने मुम्बई विश्वविद्यालय में किसी प्रकार के बड़े प्रशासनिक बदलाव नहीं किए, और यद्यपि कि विश्वविद्यालय के वैज्ञानिक एवं तकनीकी पहलुओं में किए जाने वाले प्रस्तावित पाठ्यक्रमों को सशक्त किया गया था तथापि पाठ्यक्रम में कोई मौलिक परिवर्तन नहीं किया गया था।

1928 के विश्वविद्यालय अधिनियम ने संस्थान के ढाँचे में भारी परिवर्तन कर दिए। इसने स्नातक शिक्षा को सशक्त बनाया विभिन्न गैर–विश्वविद्यालयीय हितधारक समूहों के प्रतिनिधियों को शामिल करने के लिए शासी सभा का विस्तार करने तथा विभिन्न विधायी निकायों के निर्वाचित सदस्यों की संख्या में वृद्धि करने के द्वारा संस्थान की विधायी प्रक्रियाओं को परिवर्तित कर दिया। अकादमिक प्रशासन में सुधार के अगले बड़े प्रयास 1953 तक नहीं किए गए। और 1953 का अधिनियम अनिवार्य रूप से 1971 तक लागू रहा।

जहाँ मुम्बई में अकादमिक ढाँचे के शीर्ष पर मामूली परिवर्तन घटित हो रहे थे, वहीं सतह पर पर्याप्त प्रगति कर ली गई। कॉलेज शिक्षा का विस्तार अत्यन्त तीव्र गति से हुआ और विशेषज्ञताप्राप्त संस्थानों के नए प्रकारों को विश्वविद्यालय के अधिकारक्षेत्र के अधीन ले आया गया। मुम्बई में कॉलेज के नामांकनों, जो 1927 में 29 सम्बद्ध कॉलेजों में कुल 11,056 थे, 1953 में बढ़कर 79 कॉलेजों में 41,829 तक पहुँच चुके थे।[15] अनेक क्षेत्रों में स्नातक विभागों की स्थापना कर दी गई थी और स्वयं विश्वविद्यालय के द्वारा भी बढ़ते हुए शिक्षण उत्तरदायित्व को ग्रहण कर लिया गया था (यद्यपि ऐसा मुख्यतः स्नातक स्तर तक ही था)। कॉलेजों के बड़े विस्तार निजी अथवा स्थानीय पहलों के परिणाम थे; स्वयं विश्वविद्यालय के द्वारा इसके लिए किसी प्रकार की योजना अथवा समन्वयन नहीं प्रदान किया गया था। विश्वविद्यालय सम्बद्धता के मानकों को निर्धारित करता है और वार्षिक आधार पर अभ्यर्थियों का परीक्षण करता है, किन्तु इससे परे यह कॉलेजों की प्रगति अथवा विकास में लगभग कोई भूमिका नहीं निभाता। सम्बद्ध कॉलेजों के पाठ्यक्रम, दिशानिर्देशन, एवं प्रशासन के साधनों में 1900 से 1947 के बीच की अवधि के दौरान बहुत मामूली परिवर्तन हुए थे। आधिकारिक रिपोर्टों में से कुछ का सम्बन्ध कॉलेजों से था, तथा विश्वविद्यालय द्वारा कॉलेज स्तर पर नियोजन एवं सुधार को एक प्रमुख उत्तरदायित्व नहीं माना गया था।

स्वतंत्रताप्राप्ति के बाद की अवधि में पहले की दशकों की तुलना में और अधिक तीव्र गति से परिवर्तन विकास हुए। मुम्बई के नामांकन 1957 के 34,000 से बढ़कर 1968 में 77,000 हो गए। विश्वविद्यालय मुम्बई स्थित मुख्य परिसर से सैंकड़ों मील दूर स्थित कॉलेजों के प्रभारी संस्थान से परिवर्तित होकर मात्र वृहत्तर मुम्बई क्षेत्र में स्थित कालेजों के साथ एक संघीय विश्वविद्यालय में परिवर्तित कर दिया गया। स्वतंत्रताप्राप्ति के बाद की अवधि की विशेषता मुख्यरूप से बढ़ते हुए नामांकन थे और, दीर्घ–कालिक नीति निर्धारण हेतु किए गए विभिन्न प्रयासों के बावजूद विश्वविद्यालय के अधिकारियों के पास यह कहने के लिए कुछ खास उपलब्ध नहीं था कि मुम्बई में उच्च शिक्षा किस प्रकार विकसित हुई थी। मुम्बई विश्वविद्यालय के विस्तार के अधिकांश भाग का श्रेय एक मुखर मध्यवर्ग को दिया जा सकता है जिसने सामाजिक गतिशीलता में उत्थान के लिए अकादमिक डिग्रियों की माँग प्रस्तुत की थी।

मुम्बई विश्वविद्यालय के द्वारा न्यूनतम नियंत्रित विस्तार का एकमात्र क्षेत्र स्नातक शिक्षा का था। स्नातक विभागों का विस्तार '50 और '60 के दशकों में किया गया था और बड़ी संख्या में नए विभाग जोड़ दिए गए थे। कॉलेज स्तर पर बड़े पैमाने पर विस्तार किए गए और यहाँ विश्वविद्यालय द्वारा लगभग किसी नियंत्रण का उपयोग नहीं किया गया। उप–शहरी क्षेत्रों में कला एवं विज्ञान कॉलेजों की संख्यावृद्धि असाधारण थी, और अनेक विशेषज्ञताप्राप्त कॉलेज, विशेषतौर पर कामर्स कॉलेज स्थापित कर दिए गए। इन सभी कॉलेजों की स्थापना ऐसे इलाकों के प्रगतिशील भारतीयों के द्वारा उच्च शिक्षा तक पहुँच की माँग द्वारा निर्देशित थी जिनमें इन्हें स्थापित किया गया था और जहाँ विभिन्न निजी समूहों के पास निधियाँ उपलब्ध थीं। एक बार किसी कॉलेज के योजना के चरण तक पहुँच जाने के बाद विश्वविद्यालय के द्वारा उसकी सहबद्धता को रोक पाना लगभग असंभव हो गया, भले ही ये संस्थान सुविधाओं तथा शिक्षण कर्मचारियों के मामले में घटिया ही क्यों न रहे हों। कॉलेज की सहबद्धता की माँग कर रहे समूहों के द्वारा डाले जाने वाले राजनीतिक एवं अन्य दबावों को सहन किया जा रहा था और विश्वविद्यालय सामान्यतौर पर लड़ाई बढ़ाने के इच्छुक नहीं थे। 1957 तथा 1970 के बीच सहबद्ध कॉलेजों की संख्या 31 से बढ़कर 62 हो चुकी थी। कॉलेज शिक्षा के लिए कभी भी किसी भी मास्टर योजना का प्रयास नहीं किया गया था और

शहर में कॉलेजों के विस्तार अथवा उच्च शिक्षा पर इस विस्तार से पड़ने वाले प्रभावों के सम्बन्ध में विश्वविद्यालय अथवा सरकारी अधिकारियों के द्वारा सार्वजनिक तौर पर बहुत कम चिंताएं व्यक्त की गई थीं।

मुम्बई विश्वविद्यालय द्वारा हाल ही के वर्षों में सामना किए गए अनेक अन्य मुद्दे भी संस्थान में निर्णयन की प्रकृति तथा प्रभावी अकादमिक नियोजन की कठिनाईयों के बारे में कुछ संकेत प्रदान करते हैं। भाषाई मुद्दा उच्च शिक्षा के लिए विशेषतौर पर विस्फोटक रहा है, तथा मुम्बई जैसे बहुभाषी एवं महानगरीय शहर में एक विशेष चिंता का कारण रहा है। मुम्बई विश्वविद्यालय द्वारा 1950 से ही भाषा के मुद्दे पर विचार किया जाता रहा है, किन्तु यह इसपर निर्णय ले पाने में असफल रहा है। 1955 में मुम्बई में अपनाए जाने वाले शिक्षा के माध्यम पर एक समिति का गठन किया गया था और, भारी विचार–विमर्श के पश्चात्, इसने जोरदार तरीके से सिफारिश की थी कि हिन्दी को विश्वविद्यालय के लिए शिक्षा के इकलौते माध्यम के रूप में अपना लिया जाए; इस परिवर्तन की प्रक्रिया को 1960 में प्रारंभ करते हुए 10 वर्षों की अवधि में पूरा करना था।[16] इस समिति की सिफारिशें राधाकृष्णन रिपोर्ट से प्रभावित थीं, किन्तु आगामी वर्षों में मुम्बई की राजनीतिक स्थिति में भारी परिवर्तन हो गए और शिक्षा के माध्यम के रूप में हिन्दी के विचार को त्याग दिया गया। एक पृथक मराठी–भाषी राज्य के लिए किए गए आंदोलन का परिणाम अंततः 1960 में महाराष्ट्र के गठन के रूप में प्रकट हुआ। शहर और राज्य में मराठी भाषी तत्वों ने मराठी को शिक्षा का माध्यम बनाए जाने हेतु दबाव डाला। हालांकि, मुम्बई की बड़ी संख्या वाले गुजराती–भाषी अल्पसंख्यकों ने अन्य अल्पसंख्यक समूहों के साथ मिलकर इसका जोरदार विरोध किया। मुम्बई के समृद्धशील व्यावसायिक जीवन में प्रवेश करने की तैयारी कर रहे छात्रों ने व्यापक तरीके से अंग्रेजी को ही शिक्षा का माध्यम बनाए रखने की इच्छा व्यक्त की, क्योंकि रोजगार के लिए कड़ी प्रतिस्पर्धा में इसे अधिक प्रतिष्ठा प्राप्त थी।

परिणामस्वरूप, विश्वविद्यालय के लिए किसी निर्णय पर पहुँच पाना असंभव हो गया और भाषाई प्रश्न, बिना समाधान के, अकादमिक चर्चाओं की पृष्ठभूमि में ढकेल दिया गया। अंग्रेजी ही शिक्षा का इकलौता माध्यम बनी रही। राष्ट्रीय स्तर पर एक लोकप्रिय नारे "त्रिभाषा फार्मूले" (क्षेत्रीय भाषा, हिन्दी एवं अंग्रेजी) की उत्पत्ति के साथ ही मुम्बई विश्वविद्यालय ने भाषा के प्रश्न पर एकबार फिर से विचार किया। विगत कुछ वर्षों के दौरान उप–कुलपति गजेन्द्रगडकर के नेतृत्व में मुम्बई विश्वविद्यालय एक आमसहमति पर पहुँच चुका थाः छात्रों के पास अनेक विकल्प थे कि वे किस भाषा में परीक्षा देने के इच्छुक हो; वे अंग्रेजी, हिन्दी, मराठी अथवा गुजराती में से किसी का भी चयन कर सकते थे। कॉलेजों के द्वारा इन भाषाओं में कक्षाएं संपन्न की जा रही थीं। यह नीति मुम्बई के समुदाय में विभिन्न तत्वों के बीच एक समझौता है। मुम्बई में छात्रों की बहुसंख्यक आबादी गुजराती है, जो गुजरातियों की संपत्ति एवं व्यावसायिक स्थितियों को प्रतिबिंबित करती है, जबकि पढ़ाने वाले अधिकांश शिक्षक मराठी भाषी हैं। अंग्रेजी में पढ़ाई जारी रखने के इच्छुक छात्रों की संख्या भी बहुत बड़ी है। राजनीतिक कारणोंवश राज्य सरकार ने शिक्षा एवं सरकार के समस्त पहलुओं में मराठी के उपयोग के लिए दबाव डाला हुआ है। अतः, मुम्बई विश्वविद्यालय ने उन विभिन्न तत्वों को संतुष्ट करने के प्रयास किए हैं जो भाषाई प्रश्न पर कोई–न–कोई स्थिति बनाए रखते हैं। 1971 में एक नए फार्मूले को लागू करना निर्धारित है, अभी से इसकी सफलता का आकलन कर पाना असंभव है।

भाषा के प्रश्न पर मुम्बई विश्वविद्यालय की प्रतिक्रिया निर्णयन प्रक्रिया में संलिप्त तत्वों के संयोजन को इंगित करती है। इसमें हिन्दी को अपनाए जाने का पक्ष लेने

वाले राष्ट्रीय प्रभाव और बाद में क्षेत्रीय भाषाओं को शिक्षा प्रणाली के आधार के रूप में स्वीकार करने वालों की कुछ भूमिका थी। हालांकि, मुख्य ताकतें थीं राज्य सरकारें, महाराष्ट्र में तत्कालीन राजनीतिक स्थिति, और विश्वविद्यालय की अंदरूनी राजनीति। मुम्बई विश्वविद्यालय महाराष्ट्र का इकलौता ऐसा विश्वविद्यालय है जिसने कॉलेज स्तर पर मराठी को नहीं अपनाया है। यह इस संस्थान के पास उपलब्ध व्यापक अधिकारों और स्वायत्तता को इंगित करता है। यद्यपि, मुम्बई में भाषा का प्रश्न स्पष्ट तौर पर एक राजनीतिक प्रतिक्रिया है तथा विभिन्न समाधानों के अकादमिक गुणों को इस चर्चा में अर्थपूर्ण तरीके से शामिल नहीं किया गया है। भाषा के सम्बन्ध में मुम्बई में सक्रिय राजनीतिक प्रक्रियाओं के प्रकारों को अन्य भारतीय विश्वविद्यालयों में इस मुद्दे की एक संपूर्ण शृंखला के रूप में देखा जा सकता है।

स्थानीय निर्णयन का एक अंतिम उदाहरण मुम्बई के साथ–साथ अन्य भारतीय विश्वविद्यालयों में अकादमिक नीति से टकराने वाली ताकतों का नमूना पेश करता है। द्वितीय विश्वयुद्ध के दौरान मुम्बई के अनेक कॉलेजों ने अंशकालिक उच्च शिक्षा का प्रयोग करने तथा कार्यरत् युवा वर्ग के लोगों के लिए शिक्षा का अवसर प्रदान करने के प्रयास में नौकरीशुदा अनेक छात्रों के लिए अंशकालिक पाठ्यक्रम प्रारंभ कर दिए थे। जैसा कि उन्हें सम्बोधित किया जाने लगा था, "प्रातःकालीन कॉलेज" छात्रों के बीच लोकप्रिय और इनके संचालन करने वाले कॉलेजों के लिए वित्तीय रूप से लाभदायक सिद्ध हुए क्योंकि इसके द्वारा सुविधाओं का विस्तार किए बिना ही नामांकनों को दोगुना करना संभव हो गया था। हालांकि, विश्वविद्यालय प्रशासन प्रातःकालीन कॉलेजों के सम्बन्ध में कभी भी उत्साहपूर्ण नहीं रहा, और 1960 में प्राचार्य जी.डी. पारिख के नेतृत्व में इसे बंद किए जाने पर विचार करना प्रारंभ कर दिया गया। विश्वविद्यालय के द्वारा एक रिपोर्ट जारी कर दी गई जिसमें तर्क दिया गया था कि कॉलेजों के पास उपलब्ध स्तर अपर्याप्त थे और इन्हें बंद कर दिया जाना चाहिए।[17] संघर्ष की रेखाएं खिंच चुकी थीं, और प्रातःकालीन कॉलेजों के उन्मूलन पर किए जाने वाले संघर्ष को मुम्बई के समाचारपत्रों में व्यापक प्रचार प्राप्त हुआ था।

कुछ कॉलेजों (अधिकांश अधिक प्रतिष्ठित कॉलेजों जो प्रातःकालीन कक्षाएं संचालित नहीं कर रहे थे) तथा विश्वविद्यालय की शासी सभा के कुछ सदस्यों एवं सिंडिकेट के समर्थन के साथ प्राचार्य ने तर्क दिया कि या तो प्रातःकालीन कक्षाओं को समाप्त कर दिया जाए अथवा उनमें भारी परिवर्तन किए जाएं ताकि छात्रों को अपनी डिग्रियाँ प्राप्त करने में और अधिक समय व्यतीत करना पड़े। प्रातःकालीन कॉलेजों के प्रतिरक्षकों ने तर्क दिया कि वे नौकरीशुदा वर्ग के छात्रों के लिए सामाजिक गतिशीलता के प्राथमिक माध्यम थे, यह कि पाठ्यक्रम पर्याप्त था, और यह कि प्रातःकालीन कॉलेज छात्रों ने विश्वविद्यालय की वार्षिक परीक्षाओं में अन्य छात्रों के समान ही प्रदर्शन किए थे। प्रातःकालीन कॉलेजों की प्रतिरक्षा उन कॉलेजों के प्रधानाचार्यों एवं संस्थान को संचालित करने वाले अधिकारियों, विश्वविद्यालय के विधायी निकायों के कुछ सदस्यों, और शहर के अनेक राजनीतिक नेताओं के द्वारा की गई। कॉलेजों के मुख्य समर्थकों में से एक, शासी सभा के एक सदस्य और प्राचार्य के एक दीर्घकालिक विरोधी ने शिक्षा मंत्री और राज्य सरकार पर दबाव डाला, और कुछ आरोप–प्रत्यारोप के बाद प्रातःकालीन कॉलेजों की प्रतिरक्षा में खड़े हो गए। आंशिकतौर पर, यह संघर्ष प्राचार्य के समर्थकों और विरोधियों के बीच का संघर्ष बन गया। अंतिम परिणाम के तौर पर प्राचार्य और विश्वविद्यालय की पराजय हुई: एक समझौता हो गया जिसमें प्रातःकालीन कॉलेजों को बनाए रखा गया, किन्तु इनका समय बदल कर सायंकालीन कर दिया गया और उनके कार्यक्रमों को सशक्त बनाया गया। इस मामले में शिक्षामंत्री का प्रातःकालीन कॉलेजों की प्रतिरक्षा में किया गया हस्तक्षेप निर्णायक रहा।

अन्य भारतीय विश्वविद्यालयों के समान ही मुम्बई विश्वविद्यालय ने भी स्वतंत्रताप्राप्ति के बाद की अवधि के दौरान अपना मार्ग निर्धारित करने में राजनीतिक, सामाजिक एवं आर्थिक दबावों के प्रति प्रतिक्रिया की है। राजनीतिक रूप से मुखर तत्वों ने सतत् विस्तार हेतु दबाव डाला है और सरकारी उकसावे के साथ संस्थान ने प्रतिक्रिया भी की है। भाषा एक अनसुलझी समस्या सिद्ध हुई है, और विश्वविद्यालय इस मामले को ऊपरी स्तरों पर हल कर लिए जाने तक एक स्पष्ट स्थिति अपनाने से बचता रहा है। मुम्बई में, कॉलेजों तथा विश्वविद्यालय दोनों में ही अकादमिक नियोजन की प्रक्रिया इन एवं अन्य *तदर्थ* प्रभावों के अधीन रही है और सामान्यतः बहुत अधिक सफल नहीं रही है। जैसा कि मुम्बई का यह विश्लेषण इंगित करता है, विश्वविद्यालय प्रत्यक्ष और अभिन्न रूप से राजनीति में संलिप्त रहा है। यह औद्योगीकृत देशों की अपेक्षा कम सुरक्षित रहा है। निर्णयन के दौरान अकादमिक नियोजन के व्यापक निहितार्थों पर प्रायः विचार नहीं किया जाता है।

सुधार की संभावनाएं

भारत में शैक्षिक सुधार एवं नियोजन के प्रयास निष्प्रभावी क्यों रहे हैं? औद्योगिकपूर्व समाजों में उच्चशिक्षा को व्यापक सामाजिक समस्याओं के साथ घनिष्ठ रूप से जोड़ा जाता है। राज्य इसे मान्यता देता है और भारत में लगभग सभी विश्वविद्यालयों की संचालन निधियाँ छात्रों के शुल्कों से हासिल नहीं की जातीं; यह राज्य अथवा केन्द्र सरकार के स्रोत से प्राप्त होती हैं जिसके लिए वे शिक्षा को श्रमशक्ति के प्रशिक्षण और सामाजिक, आर्थिक, और राजनीतिक विकास सम्बन्धी समस्याओं के लिए रामबाण औषधि के रूप में देखते हैं। उदाहरणार्थ, भारतीय लोगों ने अपने विश्वविद्यालयों से विविधतापूर्ण भाषाई एवं धार्मिक समूहों में से एक राष्ट्र के निर्माण करने की अपेक्षा की है।

तानाशाह देशों की तुलना में एक लोकतांत्रिक विकासशील देश में उच्च शिक्षा को अधिक दबावों का सामना करना पड़ता है। राजनीतिक ढाँचा कुछ स्तर तक सार्वजनिक राय तथा जनसंख्या के मुखर वर्गों की माँगों से प्रभावित होता है। शिक्षित भारतीय लोग विशेषतौर पर आग्रहपूर्ण रहे हैं कि उच्च शिक्षा शहरी मध्यवर्ग के साथ–साथ ग्रामीण क्षेत्रों से आने वाले युवाओं की बड़ी संख्या के लिए भी उपलब्ध होनी चाहिए। यह दबाव निजी स्रोतों के साथ–साथ सरकार से और अधिक शैक्षिक सुविधाएं प्रदान करने हेतु की जाने वाली राजनीतिक माँगों के जरिए होने वाली नए कॉलेजों की स्थापना में व्यक्त हो चुका है। सरकार को इन माँगों का विरोध कर पाना कठिन प्रतीत होता है, विशेषतौर पर जब कॉलेज शिक्षा उपलब्ध करा पाना बहुत अधिक महँगा न हो। भारतीय मध्यवर्ग ने अभी तक यह महसूस नहीं किया है कि विश्वविद्यालयों का बढ़ता हुआ आकार और शिक्षित बेरोजगार लोगों के बढ़ते हुए अनुपात में सीधा सम्बन्ध है, और यह कि स्नातकों की अति–आपूर्ति दीर्घकाल में संभवतः उनकी आवश्यकताओं की पूर्ति नहीं कर सकेगी। मुखर जनता से पड़ने वाले दबाव जारी हैं और सरकार, अलग–अलग स्तरों तक, उच्च शिक्षा को सहायता प्रदान किए जाने अथवा कम–से–कम इसके विस्तार की अनुमति दिए जाने के द्वारा प्रत्युत्तर दे रही है। जब अकादमिक अधिकारी विरोध करते हैं, तो सामान्यतौर पर सरकार द्वारा अपने मत को स्वीकार न किए जाने के कारण वे अधिक प्रभावी नहीं होते।

भारत अभावों से भरा एक समाज है। अनेक परियोजनाओं, जो धनराशियों और कुशल श्रमशक्ति के लिए प्रतिस्पर्धा कर रही हैं, के लिए संसाधन अपर्याप्त हैं। इस

स्थिति को ध्यान में रखते हुए, उच्च शिक्षा में मात्रात्मक वृद्धि एवं गुणात्मक सुधार दोनों को संभव बनाने हेतु न तो धन उपलब्ध है और न ही शिक्षित शिक्षक। चूंकि निर्णय, यदि गलती से ले भी लिया गया हो, तो मात्रात्मक विस्तार की दिशा में ही रहा है, अतः यह आश्चर्यजनक नहीं है कि शिक्षा, पुस्तकालय एवं अन्य सुविधाओं, तथा वेतनों का स्तर अपर्याप्त हो। शिक्षण के पेशे का विस्तार भी ठीक उतना ही महत्वपूर्ण है–1961–62 में 54,853 से 1969–70 में 1,04,494। इसका यह अर्थ रहा है कि अत्यधिक शिक्षित और अभिप्रेरित कॉलेज शिक्षक सामान्यतः अनुपलब्ध हैं और शिक्षण के पेशे की अकादमिक तैयारी में कुछ स्तर तक की गिरावट आ चुकी है। इसके अलावा, सर्वश्रेष्ठ शिक्षित लोग खराब होते हुए हालातों और सापेक्षिक तौर पर कम वेतन के कारण कॉलेज शिक्षण की ओर आकर्षित नहीं होते।[18] अकादमिक पदों पर सर्वाधिक योग्य व्यक्तियों की नियुक्ति के अभाव में संपूर्ण विश्वविद्यालय प्रणाली की समग्र गुणवत्ता और दिशा दुष्प्रभावित होती है।

अभावों के समाज का एक महत्वपूर्ण प्रभाव भारतीय विश्वविद्यालय की स्वयं को अनुकूलित करने एवं सुधारने की योग्यता पर भी पड़ता है। भारत में नौकरियाँ सार्वभौमिक तौर पर दुर्लभ हैं और एक सुनिश्चित पद का महत्व बहुत अधिक होता है। इसका अर्थ यह है कि कॉलेज शिक्षकों एवं विश्वविद्यालय के शिक्षकों की एक बहुसंख्यक आबादी किसी भी ऐसी नीति को अपनाने अथवा उसकी सिफारिश करने में हिचकिचाहट का अनुभव करती है जो उनके रोजगार के लिए खतरा बन सकती हो। इसके साथ–साथ, शिक्षकों एवं अन्य विश्वविद्यालयीय तथा कॉलेज कर्मचारियों की नियुक्ति में भी प्रायः राजनीतिक उलटफेर होते हैं, क्योंकि प्रत्येक नियुक्ति ऐसे अनेक व्यक्तियों के लिए एक महत्वपूर्ण मामला होता है जो सहजतापूर्वक अन्य किसी लाभदायक पद को नहीं खोज सकते। सभी जगह अकादमिक प्रणाली कुख्यात रूप से रूढ़िवादी है और मंद गति से परिवर्तनशील है, किन्तु भारत में इस सामान्य प्रवृत्ति में अधिकांश लोगों के द्वारा अपने रोजगार को जोखिम में डालने की इच्छा न रखने के कारण वृद्धि हो जाती है। और नीति में किसी भी अर्थपूर्ण नवाचार अथवा परिवर्तन के साथ अकादमिक ढाँचे में किसी–न–किसी के लिए कुछ जोखिम तो संलिप्त होता ही है।

भारतीय विश्वविद्यालयों का ढाँचा एवं परंपराएं बड़ी सीमा तक अकादमिक परिवर्तन को बाधित करती हैं। भारतीय विश्वविद्यालय का ढाँचा, जिसे औपनिवेशिक मॉडल से नकल किया गया है, इतना केन्द्रीकृत है कि अनेक स्तरों पर लिए गए निर्णयों को संस्थान के शीर्ष स्तरों से होकर गुजरना पड़ता है। कॉलेजों के पास स्वयं के लिए निर्णय लेने के बहुत कम अधिकार उपलब्ध हैं और विश्वविद्यालय अभी भी केन्द्रीकृत और असाधारण रूप से नौकरशाही वाले संस्थान हैं। निर्णयों को विश्वविद्यालय प्रशासन और विधायी निकायों दोनों के अनेक स्तरों से होकर गुजरना आवश्यक है, और निचले स्तरों के पास अधिकार बहुत कम हैं, एक ऐसी स्थिति जो कुंठा की भावना को और गहन बनाती है। प्रायः, नवाचार एवं परिवर्तन में रुचि रखने वाले लोग नौकरशाही वाले ढाँचे तथा प्रणाली में मौजूद बाधाओं से कुंठित हो जाते हैं और सुधार के लिए किए गए कुछ असफल प्रयासों के पश्चात् उदासीन हो जाते हैं। विशेषतौर पर अकादमिक ढाँचे के अंदर शक्तिशाली व्यक्तियों का अस्तित्व कठिन समस्याएं पैदा करता है। उदाहरणार्थ, कॉलेज के प्रधानाचार्य की भूमिका कॉलेज स्तर पर एक परिवर्तन के लिए प्रमुख होती है।[19] प्रधानाचार्य के पास अपने कॉलेज के अकादमिक जीवन का लगभग पूर्ण नियंत्रण मौजूद होता है और, यदि वह नए विचारों अथवा नवाचारों का इच्छुक न हो तो परिवर्तन होने की संभावना बहुत कम हो जाती है। शिक्षण कर्मचारियों को कॉलेज

पर बहुत कम नियंत्रण रहता है और प्रायः उनकी रोजगार सुरक्षा भी बहुत कम होती है। इसी प्रकार, विश्वविद्यालय स्तर पर, उप–कुलपति, प्राचार्य (कुछ संस्थानों में), तथा रजिस्ट्रार विशेषतौर पर शक्तिशाली होते हैं। जहाँ शीर्ष विश्वविद्यालय अधिकारी अपने अधिकारों का उपयोग तानाशाहीपूर्ण तरीके से करते हैं, जैसा कि आम बात है, वहाँ परिवर्तन यदि असंभव नहीं तो कठिन अवश्य है। विश्वविद्यालयों के विधायी ढाँचे–शासी सभा, सिंडिकेट, अकादमिक परिषदें, एवं ऐसे ही अन्य निकाय–न केवल जटिल एवं मंदगति वाले हैं, बल्कि कॉलेज अथवा विश्वविद्यालय स्तर पर प्रायः इनपर किसी वरिष्ठ प्रशासनिक अधिकारी का प्रभुत्व स्थापित होता है। विश्वविद्यालय अनुदान आयोग जैसे प्रतिष्ठित एवं भली–भांति वित्तपोषित आयोगों एवं एजेन्सियों की विश्वविद्यालयों के संचालन पर भारी प्रभाव डाल पाने में असफलता विश्वविद्यालयीय ढाँचों की आरोपित प्रकृति को इंगित करती है।

भारतीय उच्च शिक्षा पर बाहरी प्रभावों का प्रश्न जटिल है। एक ओर, विश्वविद्यालयों के अनेक प्रवक्ताओं ने शक्तिशाली तर्क दिए हैं कि अकादमिक स्वतंत्रता में वृद्धि की जानी चाहिए।[20] दूसरी ओर, कुछ का तर्क है कि सरकार को विश्वविद्यालय नीति को नहीं प्रभावित करना चाहिए और अकादमिक लक्ष्यों को निर्धारित करने में एक प्रमुख भूमिका रखनी चाहिए। भारत में सरकार–विश्वविद्यालय सम्बन्धों की समस्याओं में से एक, जिसका अकादमिक सुधारों पर एक प्रभाव पड़ता है, सरकार के वे विभिन्न स्तर हैं जिनके पास उच्च शिक्षा और विशिष्ट विश्वविद्यालयों पर कुछ अधिकार मौजूद हैं। भारतीय संविधान में उच्च शिक्षा एक "समवर्ती" विषय है; इसका अर्थ है कि केन्द्र सरकार (मुख्यतः विश्वविद्यालय अनुदान आयोग के द्वारा) तथा राज्य दोनों ही अकादमिक मामलों में सीधे संलिप्त हैं। विश्वविद्यालयों पर अधिकारों का एक बड़ा भाग राज्यों के पास है क्योंकि विश्वविद्यालयीय निधियों के सर्वाधिक बड़े भाग की आपूर्ति उनके द्वारा ही की जाती है। कुलपति, जिसके पास व्यापक तौर पर औपचारिक कार्य ही होते हैं किन्तु जिसके पास कुछ अवशिष्ट शक्तियाँ उपलब्ध होती हैं, सामान्यतः उस राज्य का राज्यपाल होता है जहाँ विश्वविद्यालय स्थित हो, और अनेक क्षेत्रों में उप–कुलपति की नियुक्ति मात्र राज्य के शिक्षा मंत्रालय की स्वीकृति से ही की जाती है।

राज्य सरकारें विश्वविद्यालयों के साथ अलग–अलग तरीके से व्यवहार करती हैं–कुछ राज्यों में राजनीतिज्ञ अकादमिक मामलों तथा विश्वविद्यालयों के अंदरूनी कामकाज में सक्रियतापूर्वक संलिप्त हैं। इसका एक बढ़िया उदाहरण है बिहार राज्य जहाँ अधिकांश विश्वविद्यालयों का अत्यधिक राजनीतिकरण हो चुका है और वे हतोत्साहित हैं। बिहार की प्रकट रूप से गैर–राजनीतिक विश्वविद्यालय निधिकरण एजेन्सी और राज्य लोक सेवा आयोग, जिसे अवश्य ही शैक्षिक नियुक्तियाँ करनी चाहिए, सीधे–सीधे राजनीति में संलिप्त रहा है।[21] अन्य राज्य समग्र मार्गदर्शन प्रदान किए जाने से ही संतुष्ट हैं किन्तु वास्तविक प्रशासन को स्वयं संस्थानों पर ही छोड़ देते हैं। केन्द्र सरकार के पास भी विश्वविद्यालयों पर कुछ अधिकार उपलब्ध हैं और यूजीसी जैसी केन्द्रीय एजेन्सियों एवं राज्य सरकारों की इच्छाएं प्रायः उन विश्वविद्यालय अधिकारियों के बीच टकराव उत्पन्न कर देती हैं जिन्हें उन तत्वों को अनिवार्यतः संतुलित करना चाहिए जो उनसे टकरा रहे हों।

हाल ही के वर्षों में अकादमिक निर्णयों का राजनीतिकरण करना भी उच्च शिक्षा में सरकारी एजेन्सियों की भूमिका से सम्बन्धित है। ऐसा पूर्ववर्ती चर्चा से स्पष्ट है, किन्तु इसके बावजूद भी यह गंभीर विचार करने हेतु महत्वपूर्ण है। जैसा कि नोट किया जा चुका है, अनेक स्तरों, जिनमें उप–कुलपति से लेकर विश्वविद्यालयों एवं कॉलेजों के

कार्यालयों के लिपिक भी शामिल हैं, पर की जाने वाली अकादमिक नियुक्तियाँ अनेक राज्यों में राजनीतिक समीक्षा एवं संलिप्तता हेतु खुली रहती हैं। ऐसी संलिप्तता कॉलेजों और विश्वविद्यालयों के स्तरों और मनोबल को कम कर देती है। कर्मचारियों को नियुक्त किए जाने सम्बन्धी निर्णयों में राजनीतिक हस्तक्षेप वाले मामलों की संख्या बहुत बड़ी और भली–भांति अभिलिखित है। अन्य निर्णयों में सरकारी संलिप्तता भी स्पष्ट है तथा यह भारत में संभव सुधारों की प्रकृति एवं प्रकार पर प्रभाव रखती है। कॉलेज अथवा यहाँ तक कि नए विश्वविद्यालय परिसर के लिए स्थानों का चयन मात्र सरकारी परामर्श के बाद ही किया जाता है। शिक्षा के माध्यम जैसे विषय पर अकादमिक निर्णय राजनीतिक रूप से आवेशित मुद्दे बन जाते हैं।

भारतीय उच्च शिक्षा का राजनीतिकरण आंतरिक राजनीति के साथ गुँथा हुआ है। अनेक मामलों में, आंतरिक गुटबाजी ने अकादमिक संस्थानों को अलग–थलग कर दिया है और यदि सुधार अथवा नवाचार का उल्लेख न किया जाए तो सामान्य विश्वविद्यालयीय जीवन को पूर्णतः असंभव बना दिया है। इस प्रकार के स्थानीय राजनीतिक बाधाओं के अधिक सुविदित मामलों में इलाहाबाद एवं बनारस हिन्दू विश्वविद्यालयों के मामले शामिल हैं।[22] कभी–कभी आंतरिक राजनीति का आधार जाति, भाषा, धर्म, अथवा अकादमिक कर्मचारियों अथवा छात्रों के गुटों की धार्मिक सम्बद्धताएं भी होती हैं। अन्य मौकों पर ये किसी विशिष्ट उप–कुलपति अथवा डीन की कार्यवाहियों पर आधारित होती है। लगभग सभी मामलों में, दुर्लभ नौकरी अथवा संसाधनों को पकड़े रहने की समस्या संलिप्त होती है। इस सबका अर्थ है कि लगभग प्रत्येक निर्णय विवादों के ऐसे वातावरण में लिया जाता है जिसके अंतर्गत अकादमिक विचारों की प्रायः ही उपेक्षा कर दी जाती है। प्रायः किसी भी प्रश्न का परिणाम विभिन्न गुटों को संतुष्ट करने वाला एक समझौता करना होता है, किन्तु इसमें अर्थपूर्ण परिवर्तन का अभाव रहता है।

भारतीय विश्वविद्यालयों में नियोजन और सुधार की असफलता से ही सम्बन्धित है व्यापक समाज में नियोजन की सीमित सफलता। यद्यपि भारत दो दशकों तक समाजवादी सिद्धांतों पर आधारित एक नियोजित समाज की अवधारणा के प्रति प्रतिबद्ध रहा है और इसने कई पंचवर्षीय योजनाओं का मसौदा तैयार किया और उन्हें आंशिक तौर पर लागू भी किया है, तथापि सामान्यतौर पर यह स्वीकार किया जाता है कि नियोजन सम्बन्धी समग्र प्रयास सभी स्तरों पर सफल नहीं रहे हैं। शिक्षा विभिन्न पंचवर्षीय योजनाओं की उल्लेखनीय असफलताओं में से एक रही है। विस्तार किया तो गया है किन्तु यह सदैव ही नियोजनकर्ताओं द्वारा वकालत की गई दिशाओं में नहीं रहा है। वर्तमान समय में विश्वविद्यालयीय स्नातकों की भारी बेरोजगारी ही इस असफलता की स्वीकारोक्ति है। स्वयं अकादमिक संस्थानों ने भी नियोजनकर्ताओं के लक्ष्यों को बहुत गंभीरतापूर्वक नहीं अपनाया है और योजनाओं के गैर–अनुपालन के लिए बहुत कम पारितोषिक (अथवा दंड) प्रदान किए गए हैं। भारत में, इस क्षेत्र में शिक्षा के उल्लेखनीय रूप से खराब रेकार्ड के साथ संयोजित सामाजिक एवं आर्थिक नियोजन के साथ जुड़ी कुल समस्याएं अकादमिक परिवर्तनों और सुधारों की कठिनाइयों को और अधिक समझने योग्य बना देती हैं।

अंतिम कारण, जो यह स्पष्ट करने में सहायक है कि क्यों भारतीय विश्वविद्यालय परिवर्तनों के इतने विरोधी रहे हैं, का सम्बन्ध किसी विशिष्ट भारतीय स्थिति से होने के बजाय अकादमिक प्रणाली की सामान्य प्रकृति से जुड़ा हुआ है। विश्वविद्यालय परिवर्तन के प्रति दुःसाध्य होने हेतु बदनाम हैं, तथा अकादमिक सुधार की समस्या ने विश्वविद्यालय तथा सरकार के अधिकारियों को समान रूप से किंकर्तव्यविमूढ़ कर रखा था,

विशेषतौर पर 1960 के उथल–पुथल भरे दशक के दौरान। इस तथ्य, कि अनेकों समाजों में अकादमिक लोग संस्थागत परिवर्तन के प्रति अपने दृष्टिकोणों में उल्लेखनीय रूप से रूढ़िवादी हैं, ने अकादमिक सुधार में एक बड़ी बाधा उत्पन्न कर दी है।[23] भारतीय अकादमिक लोग अपने विदेशी समकक्षियों से जरा भी अलग नहीं हैं, भारत में इसके साथ बस नौकरी अथवा सावधानीपूर्वक एकत्रित किए गए राजकोषीय अथवा अन्य संसाधनों को खोने का भय जैसे अनेक तत्वों को जोड़ दिया जाता है। संपूर्ण विश्व में विश्वविद्यालय के ढाँचे स्थायित्व एवं परिवर्तन का विरोध करने हेतु निर्मित किए गए हैं। अधिकांश विश्वविद्यालय वयोवृद्ध लोगों के शासन के सिद्धांत पर कार्य करते हैं, जिसमें वरिष्ठ शिक्षकों के पास भारी मात्रा में अधिकार उपलब्ध होते हैं। इस मामले में भारत भी किसी प्रकार से अलग नहीं है और शायद कहीं अधिक वयोवृद्ध शासनोन्मुख है, क्योंकि इसे हिन्दू परंपराओं द्वारा बल प्राप्त होता है। विश्वविद्यालय के संगठनात्मक ढाँचे मंद गति से आगे बढ़ने हेतु जाने जाते हैं तथा इस विचार पर आधारित होते हैं कि किसी भी बड़े परिवर्तन के पहले एक आमसहमति, कम–से–कम वरिष्ठ शिक्षकों तथा प्रशासकों की, अवश्य हासिल कर ली जानी चाहिए। पुनः, भारत बहुत कुछ अंतर्राष्ट्रीय मानकों के अनुरूप है और वास्तव में अधिकांश अन्य देशों के विश्वविद्यालयों की तुलना में कहीं अधिक जटिल तरीके से संरचित किया गया है। अधिकांश देशों में अकादमिक सुधारों पर की गई टिप्पणियों से यह स्पष्ट है कि सामान्यतः विश्वविद्यालय स्वयं ही परिवर्तन के अग्रणियों में शामिल नहीं होते; इस मामले में भारत भी अपवाद नहीं है। अनेक यूरोपीय देशों तथा अमेरिका में छात्रों के दबावों के कारण विश्वविद्यालय सुधार के लिए माँगें उत्पन्न हुई हैं और कभी–कभी इन्हें परिणाम भी हासिल हुए हैं। सामान्यतः भारत में मामला ऐसा नहीं रहा है; यहाँ छात्र "अनुशासनहीनता" प्रायः छिटपुट होती है और मुश्किल से ही रचनात्मक सुधारों की ओर निर्देशित होती है। संक्षेप में, भारतीय विश्वविद्यालय अंतर्राष्ट्रीय स्तर पर विश्वविद्यालयों पर नजर रखने की रूढ़िवादी प्रवृत्तियों से पीड़ित हैं, और कुछ मामलों में वे अन्य देशों के अपने समकक्षियों की तुलना में कहीं अधिक रूढ़िवादी हैं।

तब, भारत में अकादमिक सुधारों और नियोजन के लिए क्या संभावनाएं हैं? शैक्षिक नियोजन तथा अकादमिक सुधार के प्रश्नों को एक दूसरे से अलग करना आवश्यक है। प्रभावी नियोजन, विशेषतौर पर दीघकालिक आधार पर, एक अत्यधिक कठिन प्रक्रिया है तथा कुछ देशों में यह प्रभावी भी रही है। अतः, इसमें जरा भी आश्चर्य नहीं है कि भारत को स्वतंत्रताप्राप्ति के बाद की अवधि में पूरी तरह से सफल नही होना चाहिए। अतः, विश्वविद्यालय सुधार एक कहीं अधिक व्यावहारिक संभावना है।

सुधारों की आवश्यकता पर एक आम सहमति है, और परिवर्तनों की आवश्यकता वाली विश्वविद्यालय प्रणाली के विशिष्ट पहलुओं में से कुछ के प्रति भी सहमति है। इस लेख में इनमें से अनेक तत्वों पर चर्चा की जा चुकी है। फिर भी, अर्थपूर्ण सुधारों, चाहे जितने मामूली क्यों न हों, के द्वारा भारतीय संदर्भ में कठिनाइयों का अनुभव करना अवश्यसंभावी है। अकादमिक समीकरण में सभी शक्तिशाली तत्व सुधार एवं परिवर्तन के विरोध में व्यूहरचना किए हुए हैं। शायद मुख्य आशा यह है कि यदि अकादमिक प्रणाली के अंदर कार्यरत् कुछ उन दूरदर्शी व्यक्तियों को छूट और संसाधन प्रदान किए जाते हैं तो बहुत छोटे पैमाने पर संपन्न किए गए सफल नवाचारों का कुछ प्रभाव अन्य स्थानों पर पड़ सकता है। अतः, स्वायत्तशासी कॉलेजों तथा उन्नत अध्ययन केन्द्रों की अवधारणा अत्यन्त उपयोगी है। कुल मिलाकर, सरकार तथा अन्य बाहरी अधिकारियों तथा स्वयं विश्वविद्यालयों दोनों के सम्बन्ध में भारत में उच्च शिक्षा

का ऐतिहासिक विकास आशावादी होने के बहुत सारे कारण नहीं प्रदान करता, न ही वर्तमान राजनीतिक परिस्थिति ऐसा करती है।

टिप्पणियाँ

1. लेखक की अनुमति से *Comparative Education Review* (16 June 1972), pp. 251–266 से पुनर्मुद्रित। यह पत्र ड्यूक युनिवर्सिटी सिंपोजियम ऑन एजूकेशन एंड डेवलपमेंट इन साउथ एशिया, नवम्बर 1971 के लिए तैयार किया गया था। इसके कुछ भाग Joseph DiBona, ed., *Education and Development in South Asia* (Durham, North Carolina: Duke University, South Asia Monograph No. 13, 1972) में दिखाई देते हैं। मैं इस पत्र के अनेक केन्द्रीय बिन्दुओं को सुझाने हेतु विशेषतौर पर डॉ. अमरीक सिंह, सचिव, इंटर–युनिवर्सिटी बोर्ड ऑफ इंडिया, का आभारी हूँ तथा गैल केली का भी जिन्होंने संपादकीय सहायता प्रदान की है।
2. यह कि शैक्षिक नियोजन कठिन है और प्रायः विकसित और विकासशील समाजों दोनों में ही असफल प्रयास सिद्ध होता है, को साहित्य में वहन किया गया है। विशेषतौर पर देखें Jan Tinbergen, *Development Planning* (New York: McGraw-Hill, 1967)।
3. मुम्बई विश्वविद्यालय के एक और अधिक विस्तृत विश्लेषण के लिए देखें Philip G. Altbach, *The University in Transition: An Indian Case Study*, (Cambridge, Mass.: Schenkman Publishing Co., 1972)।
4. भारत में उच्च शिक्षा की उत्पत्तियों की चर्चा के लिए देखें Eric Ashby, *Universities: British, Indian, African* (Cambridge: Harvard University Press, 1968)।
5. उच्च शिक्षा के विस्तार को सीमित करने हेतु सर्वाधिक हाल की, तथा सर्वाधिक प्रभावशाली दलीलों में से एक कोठारी आयोग द्वारा प्रस्तुत की गई थी। देखें *Report of the Education Commission: 1964–66: Education and National Development* (New Delhi: Ministry of Education, 1966)।
6. भारत में उच्च शिक्षा के विकास सम्बन्धी एक बुनियादी तथ्यात्मक विवरण के लिए देखें Philip G. Altbach, "Higher Education in India," in Barbara Burn, *et at., Higher Education in Nine Countries* (New York: McGraw-Hill, 1971), pp. 317–344।
7. Glynn Wood, "Planning University Reform—An Indian Case Study", *Comparative Education Review,* 16(2); June 72, pp. 268–281।
8. S. R. Dongerkery, *A History of the University of Bombay, 1857–1957* (Bombay: University of Bombay Press, 1957), p. 51। यह पुस्तक मुम्बई विश्वविद्यालय के विकास का सर्वाधिक उपयुक्त सारांश प्रदान करती है।
9. Calcutta University Commission, 1917–1919, *Recommendations of the Commission,* Part II (Calcutta: Superintendent, Government Printing *Press,* 1919)।
10. देखें *Report of the University Education Commission, 1948–1949,* Volume I (Delhi: Ministry of Education, Government of India, 1950)।
11. *Report of the Education Commission, 1964–66: Education and National Development,* New Delhi: Ministry of Education, 1966, pp. 274–443।
12. शिक्षा आयोग की *रिपोर्ट* पर काफी विश्लेषण किए गए हैं। विशेषतौर पर देखें Amrik Singh, "The Education Commission and After," *Asian Survey*, 9 (October, 1969): 776–780, and Amrik Singh, "Higher Education in the Seventies," *Quest,* 72 (September-October, 1971): 71–81। *एशियन सर्वे* के अक्टूबर 1969 के अंक में प्रकाशित अन्य लेख भी आयोग की *रिपोर्ट* के पहलुओं पर चर्चा करते हैं।

13. विभिन्न विषयों पर सक्षमतापूर्वक किए गए यूजीसी अध्ययनों की एक बड़ी संख्या मौजूद है। कुछ अधिक दिलचस्प अध्ययनों के लिए देखें *Report of the Committee on Governance of Universities and Colleges* (New Delhi: University Grants Commission, 1971); *Report on Examination Reform* (New Delhi: University Grants Commission, 1962); *Medium of Instruction: A Report* (New Delhi: University Grants Commission, 1961); and *Report on Standards of University Education* (New Delhi: University Grants Commission, 1965)। इसके साथ–साथ, विभिन्न विषयों, जैसे समाजविज्ञान, इतिहास, गणित एवं अन्य पर यूजीसी की रिपोर्टें इन विषयों तथा भारतीय उच्च शिक्षा में उनकी स्थिति के सम्बन्ध में उपयोगी सूचनाएं प्रदान करती हैं। यूजीसी भारतीय विश्वविद्यालयों से सम्बन्धित सर्वाधिक सटीक सांख्यकीय सूचनाएं भी प्रदान करता है।
14. विश्वविद्यालय अनुदान आयोग के कुछ गिनचुने विश्लेषण ही उपलब्ध हैं। ऐसे ही एक विश्लेषण के लिए देखें Amrik Singh, "The Reconstituted UGC," *Economic and Political Weekly*, 5 (August 15 1970):1377–1381।
15. S. R. Dongerkery, *op. cit.*, p. 97।
16. *Report of the Committee on the Medium of Instruction to be Adopted in the Bombay University* (Bombay: University of Bombay Press, 1955), pp. 31–32।
17. G. D. Parikh, *Reorganization of Undergraduate Teaching in Arts* (Bombay: University of Bombay Press, 1961)।
18. देखें Edward Shils, "The Academic Profession in India", *Minerva, 7* (Spring 1969), pp. 345–372।
19. Philip G. Altbach, "Bombay Colleges," *Minerva,* 8 (October 1970), pp. 526–529।
20. बढ़ी हुई स्वायत्तता के लिए स्थिति के एक उत्कृष्ट वर्णन हेतु देखें S. R. Dongerkery, *University Autonomy in India* (Bombay: Lalvani, 1967)।
21. बिहार पर ध्यान केन्द्रित करने वाली भारतीय उच्च शिक्षा के राजनीतिकरण की एक संवेदनशील चर्चा के लिए देखें Amar Kumar Singh, "Academic Politics and Student Unrest," in P. G. Altbach, ed., *Turmoil and Transition* (New York: Basic Books, 1969), pp. 204–240।
22. इन दोनों संस्थानों पर और अधिक जानकारी के लिए देखें, Joseph DiBona, *Conflict and Change in the Indian University* (Durham: Duke University Program in Comparative Studies on Southern Asia, 1969) on Allahabad University and *Report of the Banaras Hindu University Review Committee* (New Delhi: Ministry of Education, Government of India, 1968)।
23. अमेरिकी स्थिति के विश्लेषण के लिए देखें, Seymour Martin Lipset, "The Politics of Academia," in D. C. Nichols, ed., *Perspectives on Campus Tensions* (Washington, D.C.: American Council on Education, 1970), pp. 85–118।

3

उच्च शिक्षा एवं आधुनिकीकरणः भारत का मामला

Main Currents in Indian Sociology, Vol. I: Contemporary India
Giri Raj Gupta (ed.)
Vikas Publishing House Pvt Ltd (New Delhi, Bombay,
Bangalore, Kanpur), 1976
pp. 201–220

फ़िलिप जी. अल्टबाख़

विकासशील देशों में आधुनिकीकरण के अनेकों तरीके हैं, किन्तु उच्च शिक्षा लगभग सभी सामाजिक–आर्थिक नियोजनों में एक मुख्य घटक है। आर्थिक प्रणाली अथवा राजनीतिक संगठन के प्रति ध्यान दिए बिना विश्वविद्यालय को आधुनिकीकरण की प्रक्रिया में महत्वपूर्ण समझा जाता है। उच्च शिक्षा से अनेक कार्य करने की अपेक्षा की जाती है–इसे बुनियादी राष्ट्रीय एकता से वंचित देशों में राष्ट्रीयता की भावना उत्पन्न करना चाहिए; इसे आधुनिक उद्योग के लिए आवश्यक उन्नत तकनीकी प्रशिक्षण प्रदान करना चाहिए; इसे ऐसे शिक्षकों एवं कृषि विशेषज्ञों को शिक्षित करना चाहिए जो ग्रामीण क्षेत्रों में आधुनिक दृष्टिकोणों एवं तकनीकों का प्रसार कर सकें; इसे राष्ट्रों को विचारों के वैश्विक बाजारों में प्रतिस्पर्धा में समर्थ बनाना चाहिए; और विश्वविद्यालय को राष्ट्रीय प्रतिष्ठा उपलब्ध करानी चाहिए। इसी के साथ–साथ, विश्वविद्यालय एवं उनके छात्रों से सत्तारूढ़ व्यवस्था के प्रति निष्ठावान होने, विकास सम्बन्धी योजनाओं में इच्छापूर्वक भागीदारी करने, तथा सामान्यतौर पर अकादमिक स्वतंत्रता के परंपरागत मानदंडों पर ध्यान दिए बिना सरकारी आदेशों का अनुसरण करने की आशा की जाती है। उच्च शिक्षा से की जाने वाली माँगों में से कुछ तो असंभव होती हैं, अन्य विरोधाभासी होती हैं, और सभी को हासिल कर पाना कठिन होता है।

आधुनिकीकरण एवं उच्च शिक्षा के बीच के सम्बन्धों को चारों ओर से घेरे रखने वाले अत्यधिक विश्वासों के बावजूद विकासशील देशों में विश्वविद्यालयों के द्वारा तात्कालिक आधुनिकीकरण को सुनिश्चित नहीं किया जा सका है। अथवा, कम–से–कम, यह सिद्ध हो चुका है कि नियोजनकर्ताओं अथवा राजनीतिज्ञों की सनकों के अनुकूल बनाए जाने हेतु विश्वविद्यालयों में हेरफेर नहीं किया जा सकता, और यह कि बौद्धिक उपक्रम एक ऐसा नाजुक पौधा है जिसे शत्रुता की मिट्टी में रोपना और पोषित करना कठिन होता है। प्रौद्योगिकी के युग में वे अधिकांश समाजों के बौद्धिक एवं आर्थिक दोनों ही जीवनों में एक मुख्य तत्व बन चुके हैं। औद्योगिक रूप से उन्नत अनेक देशों में वैज्ञानिक शोध का एक बड़ा भाग विश्वविद्यालयों की प्रयोगशालाओं में संपन्न किया जाता है, और उच्च शिक्षा संस्थान आर्थिक विकास में प्रत्यक्ष योगदान करते हैं। विकासशील देशों में भी विश्वविद्यालयों की भूमिका ऐसी ही महत्वपूर्ण है किन्तु उसका विश्लेषण करना कठिन है। यह यही भूमिका है जिसका अन्वेषण इस निबंध में किया जा रहा है।

अनेक लोगों के लिए आधुनिकीकरण के अनेक अर्थ होते हैं। अकादमिक विश्लेषकों के पास आधुनिकीकरण की विस्तृत परिभाषाएं उपलब्ध हैं जबकि सरकारी अधिकारी अपने दृष्टिकोण में कहीं अधिक व्यावहारिक होने की प्रवृत्ति रखते हैं। सर्वप्रथम, आधुनिकीकरण एक पश्चिमी अवधारणा है जिसका लगभग हमेशा ही अर्थ होता है किसी समाज की ऐसी दिशा में की जाने वाली प्रगति जो किसी औद्योगिकी व्यवस्था तथा एक नौकरशाही आधारित सामाजिक ढाँचे को संभव बनाती हो। सामान्यतः, आधुनिकीकरण का अर्थ है शहरीकरण का मापन करना, संवाद के कुछ उपलब्ध साधनों के साथ एक राष्ट्रीय सरकार का होना, पश्चिमी प्रशासनिक एवं पाठ्यक्रम की रेखा पर आधारित शैक्षिक प्रणाली का मौजूद होना, तथा पश्चिमी सामाजिक व्यवस्था से जुड़े अन्य पहलुओं की दिशा में की गई प्रगति। यहाँ तक कि ऐसे विकासशील देश, जो जानबूझकर पश्चिमी मॉडलों को निरस्त करते हैं, भी इन मामलों में से अनेक में उन्नत यूरोपीय शक्तियों से मिलती–जुलती प्रवृत्ति रखते हैं। अतः, आधुनिकीकरण अवधारणात्मक रूप से पश्चिमी राजनीतिक एवं सामाजिक स्वरूपों से बँधा हुआ है, और इस कारक को अवश्य ही ध्यान में रखा जाना चाहिए। जैसा कि नोट किया जाएगा, आधुनिकीकरण एवं पश्चिमीकरण के बीच का सामान्य संपर्क संगठन, पाठ्यक्रम, एवं विश्वविद्यालयों के दिशानिर्देशन तक फैला हुआ है।

हम भारत के विशिष्ट संदर्भ में विकासशील देशों में उच्च शिक्षा एवं आधुनिकीकरण के बीच के सम्बन्धों से सम्बन्धित धारणाओं में से कुछ का परीक्षण करेंगे। यह स्पष्ट है कि यदि आधुनिक समाज के एक प्रमुख क्षेत्र में विश्वविद्यालयों को अपनी सर्वाधिक प्रभावकारी भूमिका निभानी है तो, जैसा कि अन्य विकासशील देशों में है, भारत में उच्च शिक्षा एवं आधुनिकीकरण के सम्बन्ध में व्यापकतौर पर धारित अनेक धारणाओं का कुछ परीक्षण अवश्य करना चाहिए। जिस प्रकार से आधुनिकीकरण से सम्बन्धित अनेक सिद्धांत और इसके विभिन्न तरीके मौजूद हैं ठीक उसी प्रकार से उच्च शिक्षा की भूमिका और इसके प्रभाव को लेकर अनेक अलग–अलग धारणाएं भी मौजूद हैं। हालांकि, भारत में सार्वजनिक जीवन के विभिन्न पहलुओं के प्रति विश्वविद्यालयों के योगदान से सम्बन्धित विशिष्ट आँकड़े, तथा उच्च शिक्षा की प्रगति और वर्तमान स्थिति से सम्बन्धित सापेक्षिक जानकारियाँ बहुत ही कम मात्रा में उपलब्ध हैं। अधिकांश हिस्से के लिए बुनियादी सांख्यकीय सूचनाएं तो उपलब्ध हैं किन्तु आँकड़ों की व्याख्या अथवा विश्लेषण के लिए एक पर्याप्त रूपरेखा प्रदान करने के बहुत कम प्रयास किए गए हैं। और संभावना यह है कि अन्य अनेक विकासशील देशों की तुलना में भारत बुनियादी आँकड़ों और गंभीर विश्लेषण दोनों में ही बेहतर स्थिति में है।

हालांकि, इस विषय पर कुछ कार्य करने हेतु प्रासंगिक अध्ययनों का पूर्ण अभाव है। अतः, प्रस्तुत निबंध आधुनिकीकरण तथा सामान्यतौर पर भारतीय समाज में उच्च शिक्षा की भूमिका के विश्लेषण का एक पहला प्रायोगिक कदम है। इस निबंध का बुनियादी तर्क यह है कि जहाँ उच्च शिक्षा भारत के आर्थिक, सामाजिक, एवं राजनीतिक विकास में एक महत्वपूर्ण कारक है, वहीं इसकी भूमिका परोक्ष कारकों तथा विश्वविद्यालय की अपनी प्रकृति दोनों द्वारा ही सीमित है। जहाँ उच्च शिक्षा को विकास सम्बन्धी योजनाओं में निहित राजनीतिक अथवा आर्थिक मान्यताओं से परे राष्ट्रीय विकास की योजना का एक स्पष्ट अंग होना चाहिए, वहीं विश्वविद्यालय को विशिष्ट नियोजन तंत्रों के साथ बहुत घनिष्ठतापूर्वक सम्बद्ध नहीं किया जा सकता। ऐसी घनिष्ठ सम्बद्धता स्वयं विश्वविद्यालयों के लिए निष्प्रभावी तथा दीर्घकाल में हानिकारक दोनों ही है।

उच्च शिक्षा को प्रायः ही त्वरित विकास की रामबाण औषधि के रूप में देखा जाता रहा है। कम–से–कम भारतीय मामले में यह सच नहीं रहा है। स्वतंत्रताप्राप्ति के बाद

से विश्वविद्यालयों का नाटकीय विस्तार हुआ है, और सभी स्तरों पर भारी धनराशियाँ व्यय की गई हैं। फिर भी, प्रभावशाली लाभों के बावजूद, उच्च शिक्षा देश को आधुनिक बनाने में विफल रही है। वास्तव में, कुछ मामलों में, उच्च शिक्षा प्रणाली ने स्थिति को और अधिक कठिन बना दिया है। लगभग सभी क्षेत्रों में स्नातकों का अति–उत्पादन, भाषाई समस्या का गहरा जाना, तथा राज्य एवं विश्वविद्यालयों की सामयिक भागीदारी तथा स्थानीय राजनीति ने आधुनिकीकरण की प्रगति में सहायता नहीं की है।

II

किसी भी समाज में विश्वविद्यालय की ऐतिहासिक पृष्ठभूमि इसकी भूमिका के निर्धारण में सहायता प्रदान करती है। वास्तव में, किसी भी देश में विश्वविद्यालय, कम–से–कम कुछ स्तर तक, उच्च शिक्षा के अंतर्राष्ट्रीय इतिहास से प्रभावित होते हैं। मध्यकालीय युगों में पेरिस में सबसे पहले विकसित अकादमिक मानदंड लगभग प्रत्येक विश्वविद्यालय में एक भूमिका निभाते हैं, यद्यपि हाल के वर्षों के दौरान उच्च शिक्षा के परंपरागत पैटर्नों में से अनेक टूटते भी रहे हैं। निश्चित रूप से विश्वविद्यालय भी इसका अपवाद नहीं है। भारत में उच्च शिक्षा की जड़ें इस उपमहाद्वीप पर ब्रिटिश औपनिवेशिक नीति में गहराई तक जमीं हुई हैं, और लगभग एक शताब्दी से विश्वविद्यालयों को आधुनिकीकरण या एक स्वतंत्र राष्ट्र के संचालन को सँभाल सकने योग्य एक प्रशिक्षित कैडर के जागरूक सृजन के साथ अधिक कुछ करने की आवश्यकता ही नहीं थी। वास्तव में, 1857 के भारतीय सैन्य विद्रोह के पश्चात् ब्रिटिश लोगों ने जाग्रत होकर आश्चर्य किया कि क्या उन्हें उस उच्च शिक्षा में कुछ कटौती करनी चाहिए जिसके साथ उनके द्वारा विद्रोह के कुछ प्रोत्साहन को जोड़ा गया था। जहाँ भारत में विश्वविद्यालयों में कोई विशेष कटौतियाँ नहीं की गई थी, वहीं विद्रोह के अनुभव का प्रभाव कुछ ब्रिटिश अफ्रीकी उपनिवेशों में उच्च शिक्षा के विस्तार को सीमित किए जाने के रूप में सामने आया था।

सर्वाधिक प्रारंभिक अवधि में उच्च शिक्षा के सम्बन्ध में अंग्रेजों के पास कोई नीति नहीं थी, तथा कुछ मिशनरियों एवं कुछ रुचि रखने वाले भारतीय लोगों के प्रयास ही कॉलेजों की मंद गति से प्रगति का कारण बने। हालांकि, मैकॉले के 1832 के शिक्षा पर प्रसिद्ध स्मरणार्थ लेख के बाद अंग्रेजों के द्वारा अंग्रेजी माध्यम से शिक्षा दिए जाने पर आधारित एक यूरोपीय शैली का नीतिगत विस्तार किया गया। भारत में सिविल सेवाओं के लिए प्रशिक्षित प्रशासकों की आवश्यकता के साथ नेतृत्व के एक दूसरे निष्ठावान स्तर का सृजन किए जाने की इच्छा तथा व्यावसायिक चिंताओं ने अंग्रेजों को उच्च शिक्षा के विस्तार में सक्रिय रुचि लेने हेतु प्रेरित किया। अंग्रेजों के पास भारत में उच्च शिक्षा का पोषण करने के अनेक उद्देश्य थे, जिसमें मिशनरी जोश, एक अभिजात्य वर्ग का आधिपत्य, परोपकारिता, एवं अन्य उद्देश्य शामिल थे, किन्तु इनमें से किसी भी उद्देश्य में स्वशासन हेतु सक्षम तकनीकी रूप से प्रशिक्षित किसी भी आबादी को तैयार करना शामिल नहीं किया गया था।

स्वदेशी आबादी की इच्छाओं को अंग्रेजों की शैक्षणिक प्राथमिकताओं की सूची में बहुत ऊपरी स्थान नहीं प्राप्त था, और वास्तव में जब भारतीय लोगों ने बढ़ती हुई संख्या में यूरोपीय शैली वाली उच्च शिक्षा की माँग करना प्रारंभ किया तो नए संस्थानों की स्थापना की अधिकांश पहलें उन्हीं लोगों को करनी पड़ी थी। 19वीं एवं 20वीं शताब्दियों के अधिकांश भाग के दौरान मध्यवर्गीय भारतीय लोग तकनीकी रूप से प्रशिक्षित कैडर के विकास के बजाय अपने स्वयं के सामाजिक उत्थान तथा अपनी बढ़ती हुई रोजगार गतिशीलता के बारे में अधिक चिंतित थे। शिक्षित भारतीय लोगों के पूर्वाग्रह इस मामले में अंग्रेजों के समान ही थे कि उनमें ऐसे वैज्ञानिक पेशों के लिए प्रशिक्षण प्राप्त करने,

जिनके लिए तुरंत कुछ रोजगार उपलब्ध थे, की अपेक्षा मानववादी शिक्षा के लिए एक सशक्त माँग तथा सिविल सेवाओं एवं अन्य सरकारी नौकरशाही पदों में प्रवेश पाने की एक सामान्य इच्छा मौजूद थी।

स्वाभाविक रूप से जन्में शैक्षिक संस्थानों का संगठनात्मक ढाँचा भी अंग्रेजों तथा, कुछ कम सीमा तक, छोटे पश्चिम–शिक्षित भारतीय आबादी के पूर्वाग्रहों तथा शैक्षिक विचारों को प्रतिबिंबित करता है। 1858 में विश्वविद्यालयों की स्थापना के पहले स्थापित किए गए शुरुआती कॉलेज इंगलिश पब्लिक स्कूलों अथवा छोटे कॉलेजों के समान ही थे। इन छोटे संस्थानों एवं कॉलेजों का लक्ष्य भारतीय आबादी का एक चुना हुआ तत्व था। पाठ्यक्रम में अंग्रेजी पैटर्नों का अनुसरण किया गया था और मानववादी अध्ययनों पर अत्यधिक जोर दिया गया था। शिक्षा सामान्यतः अंग्रेजी माध्यम द्वारा प्रदान की जाती थी और शिक्षा के भारतीय संदर्भ के प्रति बहुत कम ध्यान दिया जाता था। भारतीय छात्र अंग्रेजी के शास्त्रीय ग्रंथ पढ़ते थे किन्तु भारतीय ग्रंथों की पूर्ण उपेक्षा करते थे। यहाँ तक कि विज्ञान की प्रारंभिक कक्षाओं में जोर यूरोपीय जीवविज्ञान एवं वनस्पति विज्ञान पर दिया जाता था, और उष्णदेशीय विषयों को सामान्यतः शामिल नहीं किया जाता था। अतः, शुरुआती भारतीय कॉलेजों का लक्ष्य अंग्रेजी पैटर्न में "जेंटलमैन" पैदा करने का था, यद्यपि कि कुछ अपवादों के रूप में मानक उस समय के इंग्लैण्ड में पाए जाने वाले मानकों से कमजोर थे।

भारत में विश्वविद्यालयों की स्थापना, जो 1858 में की गई थी, के द्वारा उच्च शिक्षा को व्यवस्थित किया गया और इसके विस्तार को अत्यधिक प्रोत्साहित किया गया। हालांकि, विश्वविद्यालयों के द्वारा शिक्षा प्रणाली में कोई विशेष परिवर्तन नहीं किए गए। बुनियादी तौर पर पाठ्यक्रम पहले जैसा ही रहा, तथा शिक्षा प्रणाली के परंपरागत मूल सिद्धांत समझे जाने वाले कॉलेजों के संगठन में कुछ परिवर्तन कर दिए गए। विश्वविद्यालयों की स्थापना के द्वारा एक ऐसी परीक्षा प्रणाली को स्थापित कर दिया गया जिसके द्वारा भौगोलिक रूप से छितरे हुए कॉलेजों को थोड़ा–बहुत एकजुट किया गया और उच्च शिक्षा प्रणाली को एक "जमीन" प्रदान कर दी गई। किन्तु इनके द्वारा बुनियादी तौर पर प्रणाली का एकीकरण नहीं किया गया, क्योंकि विश्वविद्यालय सबसे पहले मात्र परीक्षा लेने वाले निकाय थे और उनके शिक्षण एवं शोध कार्यक्रम उतने महत्वपूर्ण नहीं थे।

जैसा कि कॉलेजों के मामले में था, विश्वविद्यालयों का पैटर्न भी ब्रिटिश मॉडल वाला ही था, जैसा कि लंदन विश्वविद्यालय का था। यह अनुभव किया गया कि लंदन मॉडल, जिसके द्वारा अनेकों छितरे हुए कॉलेजों एवं संस्थानों को एक छत्र के नीचे लाया गया था, भारत के लिए सर्वाधिक उपयुक्त होगा। पुनः, जैसा कि कॉलेजों के मामले में था, लंदन मॉडल की नकल इस संदर्भ में पूरी तरह से नहीं की गई थी कि भारतीय विश्वविद्यालयों का नियोजन राजधानी के विश्वविद्यालय की शिक्षा के स्तर तक के लिए नहीं किया गया था। भारतीय विश्वविद्यालयों के बजट छोटे थे, प्रशासन हेतु क्षेत्र व्यापक थे, पुस्तकालय तथा प्रयोगशाला सम्बन्धी सुविधाएं अत्यन्त सीमित थीं, और इस प्रकार उन्होंने भारी कमियों के साथ कार्य किए। जहाँ पश्चिमी शैली वाले संस्थानों की नकल की गई और उनके संगठनात्मक पैटर्नों को उपनिवेशों पर लागू कर दिया गया, वहीं अनेक मामलों में आयातों के मानक एवं परंपराएं हस्तांतरण की प्रक्रिया में विलीन हो गए थे।[1] जैसा कि कॉलेजों के मामले में था, भारत में विश्वविद्यालयों की मंशा आधुनिकीकरण अथवा स्वशासन की किसी भी प्रक्रिया में योगदान करने की नहीं थी। इस प्रणाली में अंतर्निहित थी "धीरे–धीरे नीचे रिसने" वाली शिक्षा की अवधारणा, जिसमें पश्चिमी शैली की उच्च शिक्षा के लाभ एक बहुत

छोटी अल्पसंख्या को प्रदान किए जाएंगे, जिनपर बाद में जनसामान्य के बीच ज्ञान के प्रसार के लिए भरोसा किया जाएगा।

भारत में ऐसे ब्रिटिश शैक्षिक प्रयासों को इस संदर्भ में "सांस्कृतिक साम्राज्यवाद" के एक प्रकार के रूप में देख पाना संभव है कि शिक्षा प्रणाली के प्रमुख उद्देश्य भारत में ब्रिटिश शासन और इसकी आवश्यकताओं से सीधे जुड़े हुए थे। यहाँ तक कि प्रारंभिक शैक्षिक प्रयासों में शक्तिशाली मिशनरी तत्व अपनी असंदिग्ध परोपकारिता के बावजूद भारतीय आवश्यकताओं की अपेक्षा बाहरी कारकों (इस मामले में ईसाई धर्म) से अधिक सम्बन्धित थे। किन्तु, ऐसी नीति तथा स्वतंत्रताप्राप्ति के पूर्व की उच्च शिक्षा प्रणाली की सीमाओं के बावजूद विश्वविद्यालयों ने देश में स्वतंत्रता तथा कुछ आधुनिकीकरण के लिए स्थितियाँ उत्पन्न करने में सहायता प्रदान की थी।

स्वतंत्रता आंदोलन तथा एक स्वतंत्र भारत के लिए आधार का निर्माण करने में विश्वविद्यालयों तथा कॉलेजों के द्वारा भारी योगदान किए गए थे। संभवतः सर्वाधिक महत्वपूर्ण यह था कि विश्वविद्यालयों द्वारा राष्ट्रवादी नेताओं को प्रशिक्षित किया गया था और उन्हें एक बुनियादी विचारधारा तथा व्यावहारिक राजनीतिक अनुभव प्रदान किए गए थे। प्राचीन यूरोपीय राष्ट्रवादी चिंतकों, जैसे मेत्सिनी तथा गारिबाल्दि के विचारों को विश्वविद्यालयों के माध्यम से भारत में प्रवेश उसी प्रकार प्राप्त हुआ था जैसे कि बाद के फैबियाई समाजवाद एवं मार्क्सवाद के विचारों को, जो कि भारत में राष्ट्रवादियों के बीच प्रभावशाली थे। यहाँ तक कि गाँधी जैसे राष्ट्रवादी, जिन्होंने राष्ट्रवादी आंदोलन की परंपरागत भारतीय जड़ों पर जोर दिया था, भी पश्चिमी शैली वाली उच्च शिक्षा तथा भारत में कॉलेज के अपने अनुभवों से सशक्त रूप से प्रभावित थे। इसके साथ–साथ, विश्वविद्यालयों ने प्रशिक्षित श्रमशक्ति का एक ऐसा बुनियादी संग्रह प्रदान किया जो अंग्रेजों से सरकार की बागडोर अपने हाथों में लेने में सफल रहा था। नई भारतीय सरकार के लिए सुप्रशिक्षित लोकसेवक उपलब्ध थे और वैज्ञानिक तरीके से प्रशिक्षित व्यक्तियों का एक छोटा सा गुट विकासशील औद्योगिक एवं वैज्ञानिक संस्थानों को सेवा प्रदान करने हेतु तैयार था। सार्वभौमिक विचारों पर दिए जाने वाले अपने विचारों तथा सामान्यतौर पर कुछ–कुछ शहरी बौद्धिक समुदाय के साथ मिलकर विश्वविद्यालयीय शिक्षा ने जाति एवं क्षेत्रीय निष्ठाओं को तोड़ने का प्रयास किया। राष्ट्रीय एकता की एक भावना को, कम–से–कम भारत में छोटे पश्चिमी शैली शिक्षित समुदाय के बीच, विकसित कर दिया गया था।

इस प्रकार, जहाँ भारत में औपनिवेशिक शिक्षा की विरासत एक उभरते हुए राष्ट्र पर अपने प्रभावों के मामले में मिली–जुली सी रही, वहीं विश्वविद्यालयों द्वारा राष्ट्रवाद के लिए वैचारिक आधार के साथ–साथ ऐसी प्रशिक्षित श्रमशक्ति भी प्रदान की गई जो एक स्वतंत्र राष्ट्र के संचालन के कार्यभार को ग्रहण कर सकती थी। उच्च शिक्षा ने अंग्रेजों को भारत में मात्र एक छोटे से प्रशासनिक कैडर के साथ एक शताब्दी से भी अधिक समय तक शासन करने की अनुमति प्रदान की थी, किन्तु अंतिम विश्लेषण के तौर पर इसने ब्रिटिश उपनिवेशवाद के पतन का बीज बोने में भी सहायता की थी।

III

स्वतंत्रताप्राप्ति के उपरांत उच्च शिक्षा का विस्तार एक अप्रत्याशित दर पर हुआ है, तथा भारत में यह सरकार एवं जनता के लिए एक बड़ा मुद्दा रहा है। वास्तव में, भारत की विश्वविद्यालयीय स्तर पर शैक्षणिक विस्तार की दर पूरे विश्व में सर्वाधिक ऊँची दरों में से एक रही है, तथा अब भारत पूरे विश्व में अमेरिका तथा सोवियत संघ के बाद तीसरी सबसे बड़ी शिक्षा प्रणाली बन चुका है। विस्तार न केवल परंपरागत विश्वविद्यालयों तथा

कला एवं विज्ञान कॉलेजों में हुआ है बल्कि उच्च शिक्षा के विविधीकरण में योगदान करने वाले पूरी तरह से नए प्रकार के संस्थानों के रूप में भी हुआ है। यदि सिर्फ अकादमिक संस्थानों की ही बात न की जाए तो विभिन्न राष्ट्रीय प्रयोगशालाओं को स्थापित करना प्रभावशाली रहा है और इसने भारत में शोध तथा वैज्ञानिक क्षमताओं में वृद्धि की है। तकनीकी संस्थानों की स्थापना, विशेषतौर पर भारतीय प्रौद्योगिकी संस्थानों की, ने भी शिक्षित भारतीय लोगों को उन्नत वैज्ञानिक एवं तकनीकी प्रशिक्षण प्रदान किए जाने में सहायता प्रदान की है।

हालांकि, भारतीय उच्च शिक्षा का आधार कला एवं विज्ञान कॉलेज ही रहे हैं जहाँ छात्रों की एक बड़ी संख्या प्रवेश लेती है। (कुल छात्र संख्या का 40 प्रतिशत कला कॉलेजों में जबकि 32 प्रतिशत विज्ञान कॉलेजों में प्रवेश लेता है।) इन कॉलेजों का विस्तार व्यापकतौर पर निजी पहलों के परिणामस्वरूप हुआ है, और ऐसे कॉलेज आज उन अर्द्ध–शहरी क्षेत्रों में विद्यमान हैं जो पहले उच्च शिक्षा से कटे हुए थे। अपने प्रभावशाली मात्रात्मक विस्तार के बावजूद ये कॉलेज गुणवत्ता के अर्थों में स्तरों को ऊँचा नहीं रख सके हैं। उनके पाठ्यक्रम बुनियादी तौर पर आधुनिक नहीं बनाए गए हैं, और पाठ्यपुस्तकें एवं शिक्षण विधियाँ भी पुरानी ही बनी हुई हैं। अनेकों क्षेत्रों में, शिक्षा की माध्यम भाषा को अंग्रेजी से बदलकर क्षेत्रीय भाषा कर दिया गया है, परंतु ऐसा परिवर्तन ''भारतीय'' पाठ्यक्रम में किसी परिवर्तन अथवा अन्य सुधारों के साथ नहीं किया गया है। वास्तव में, जैसे–जैसे कॉलेजों का विस्तार हुआ है, अपने द्वारा दिए जाने वाले जोर के मामले में वे अपेक्षाकृत कम ''राष्ट्रवादी'' हो गए हैं और इस प्रकार राष्ट्रनिर्माण की प्रक्रिया में उनकी संलिप्तता भी कम हो गई है। छात्र निकाय के संयोजन के साथ–साथ भाषा का स्थानीयकरण का अर्थ भी यह रहा है कि विश्वबंधुत्ववाद, जो पहले कॉलेजों की विशेषता थी, का कुछ अंश समाप्त हो चुका है। परिणामस्वरूप, यह भली–भांति संभव है कि प्रतिभा का संचरण, जिसने शहरों में क्षेत्रवाद के कम–से–कम किसी अंश को समाप्त किया है, समाप्त हो जाएगा।

उच्च शिक्षा की अभी तक हो चुकी प्रगति की अधिकांश प्रेरणा आबादी के उन तत्वों से सीधे प्रकट हुई है जो कॉलेजों की विस्तारित सुविधाओं का उपयोग करने के इच्छुक रहे हैं। अतः, शैक्षिक प्रणाली ने बाजार द्वारा प्रस्तुत माँग के प्रति प्रतिक्रिया की है, और बड़े स्तर तक जिस प्रकार की शिक्षा उपलब्ध कराई गई है, वह ग्राहकों की माँग के अनुरूप रही है। इसके विस्तार को प्रभावी रूप से सीमित करने अथवा इसका मार्गदर्शन करने सम्बन्धी सरकारी प्रयास बहुत अधिक सफल नहीं रहे हैं। चूंकि सभी स्तरों पर शिक्षा राज्य का विषय है, जिसमें केन्द्र को अत्यन्त मामूली हस्तक्षेप की अनुमति होती है, अतः, नियंत्रण करना कहीं अधिक कठिन रहा है। इस तथ्य, कि शैक्षिक प्रणाली के द्वारा सार्वजनिक दबाव के प्रति प्रतिक्रिया की गई है, का अर्थ है कि दबाव की प्रकृति के द्वारा भारी मात्रा में परिवर्तन की दिशा का निर्धारण किया गया है। भारतीय परिवार कॉलेज की किसी भी डिग्री को सामाजिक उन्नति एवं रोजगार प्राप्त करने में चरम कठिनाईयों की विशिष्टता वाले एक समाज में रोजगार की एक आवश्यकता के रूप में देखते हैं। इसके साथ–साथ, कम–से–कम ऊँची जातियों के बीच शिक्षा परंपरागत रूप से एक उच्च स्थिति रखती है और इससे उन्नत प्रशिक्षण के लिए माँग में और अधिक वृद्धि होती है।

जैसे–जैसे कॉलेजों ने आबादी के विभिन्न स्तरों के छात्रों की बड़ी संख्या के लिए अपने दरवाजों को खोला है, वैसे–वैसे अधिकांश संस्थानों के द्वारा विविधतापूर्ण सामाजिक वर्गों और आर्थिक पृष्ठभूमियों वाले छात्रों की अपेक्षाकृत बड़ी संख्या को समायोजित करने में सक्षम होने के लिए आवश्यक परिवर्तन भी किए गए हैं। इस

समायोजन का परिणाम लगभग सार्वभौमिक तौर पर शिक्षा के स्तरों में गिरावट आने का रहा है। विश्वविद्यालयीय परीक्षाओं के स्तरों में वैसी ही गिरावट आई है जैसी कि कॉलेज शिक्षा के सामान्य स्तरों में। कॉलेज शिक्षण, जो भारत में कभी भी अच्छे पारिश्रमिक वाला पेशा नहीं रहा है, में सापेक्षिक पारिश्रमिक के मामले में गिरावट आई है और यह अपनी कुछ प्रतिष्ठा भी गवाँ चुका है। इसका अर्थ यह रहा है कि यदि विकल्प उपलब्ध होंगे तो शिक्षित स्नातक कॉलेज प्रशिक्षण के अलावा किसी दूसरे पेशे का चयन कर लेंगे। परिणामस्वरूप, शिक्षण कर्मचारियों की गुणवत्ता गिर चुकी है, और शिक्षित स्नातकों को शिक्षण के रोजगार में प्रवेश करने के लिए संतुष्ट करना निरंतर कठिन होता जा रहा है। भारत में कॉलेजों में उपलब्ध स्थानों की संख्या में होने वाला विस्तार, शिक्षा की माध्यम भाषा के रूप में क्षेत्रीय भाषाओं को अपनाया जाना, तथा निम्न मध्यवर्ग तथा यहाँ तक कि कुछ श्रमिकों एवं किसानों की आकांक्षाओं के स्तर में होने वाली एक सामान्य वृद्धि भी उच्च शिक्षा के विस्तार की माँग का कारण रही है, और इसने विस्तार की प्रकृति को आकार प्रदान किया है।

जिस प्रकार से उच्च शिक्षा अपने विस्तार एवं विकास के मामले में बाजार की माँग के अनुरूप प्रतिक्रिया करती रही है ठीक वैसे ही विश्वविद्यालयों ने भी उद्योग एवं सरकार की आवश्यकताओं के प्रति प्रतिक्रिया की है और नए विषयों एवं विशेषज्ञताओं को जोड़ा है। जहाँ परंपरागत कला एवं विज्ञान विषयों ने आकार एवं भौगोलिक विस्तार के संदर्भ में अपनी प्रभुत्वशाली स्थिति को कायम रखा है, वहीं नए विषयों पर भी पर्याप्त ध्यान दिया गया है, औद्योगिक संस्थाओं ने प्रायः विश्वविद्यालयों से सम्बद्ध शोध संस्थानों के वित्तपोषण किए हैं और अनेक प्रकार से उनकी सहायता की है। इन प्रयोगशालाओं में से कुछ, जैसे अहमदाबाद टेक्सटाइल इंडस्ट्री रिसर्च एसोसिएशन का संस्थान, ने विद्वत्ता के उच्च स्तरों को हासिल कर लिया है। ये संस्थान प्रायः उन्नत परास्नातक छात्रों के लिए प्रशिक्षण प्रदान करते हैं तथा उद्योग के लिए प्रत्यक्ष रूप से प्रासंगिक शोधकार्यों में भी सहायता प्रदान करते हैं। सरकारी पहल ने भी विश्वविद्यालयों के अंदर ही नए संस्थानों और विशेषज्ञताओं की स्थापना में सहायता प्रदान की है। विश्वविद्यालय अनुदान आयोग ने विभिन्न स्तरों पर तकनीकी एवं वैज्ञानिक शिक्षा को सहायता प्रदान की है। विदेशी सरकारों ने भी कुछ प्रेरणा और धनराशियाँ उपलब्ध कराई हैं। अमेरिकी लोगों ने अहमदाबाद तथा कोलकाता में उन प्रबंधन संस्थानों की स्थापना में महत्वपूर्ण भूमिका निभाई थी जो आज भारतीय उद्योग में वैज्ञानिक प्रबंधन लागू किए जाने के लिए महत्वपूर्ण बन चुके हैं। कुछ गिने–चुने शोध संस्थान, जिनका सम्बन्ध सहकारिता प्रबंधन से लेकर उत्खनन तथा धातुविज्ञान के साथ है, भी स्थापित किए जा चुके हैं, और इनमें से अनेक ने उच्च अकादमिक स्तरों को हासिल कर लिया है।

किन्तु बुनियादी तथ्य यही बना हुआ है कि भारत में उच्च शिक्षा का विस्तार किसी भी योजना के अनुसार नहीं किया गया है और न ही इसके अधिकांश भाग का सीधा सम्बन्ध आधुनिक बन रही आर्थिक एवं सामाजिक प्रणाली की आवश्यकताओं से ही रहा है। और चूंकि कोई योजना रही ही नहीं है, अतः, संभावना यह है कि उच्च शिक्षा ने उतना योगदान नहीं किया है जितना कि यह कर सकती थी; और निश्चित रूप से इसके योगदानों के कोई बड़े लक्ष्य अथवा दिशा नहीं रही है। जैसा कि अन्य स्थानों पर नोट किया जा चुका है, विश्वविद्यालयों पर स्वतंत्रता प्राप्ति के पश्चात् की राधाकृष्णन रिपोर्ट से लेकर हाल ही की शिक्षा आयोग की रिपोर्ट जैसी विभिन्न आधिकारिक रिपोर्टों के प्रभाव न्यूनतम ही रहे हैं। प्रमुख कार्यक्रमों के लिए धनराशियाँ प्राप्त नहीं हो रही हैं, और केन्द्र के स्तर पर ऐसे परिवर्तनों और सुधारों को लागू करने

की इच्छाशक्ति का अभाव रहा है जो संभवतः उच्च शिक्षा में किसी भी बड़े परिवर्तन के लिए आवश्यक हैं। राज्य सरकारें भी विश्वविद्यालयों से सम्बन्धित ऐसे अलोकप्रिय कदम उठाने में हिचकिचाहट से भरी रही हैं जिससे उन्हें वोटों अथवा लोकप्रिय समर्थन की हानि होती हो।

वास्तव में, जहाँ तक नियोजन की प्रभावकारिता का सम्बन्ध है, शिक्षा भारतीय समाज के अन्य हिस्सों से कोई खास अलग नहीं है। जिस प्रकार एक कुशल नियोजित अर्थव्यवस्था को लागू करना अथवा जनसंख्या को प्रभावशाली तरीके से नियंत्रित कर पाना संभव नहीं रहा है ठीक वैसे ही अधिकांश भाग के लिए उच्च शिक्षा को किसी निर्धारित दिशानिर्देश के बजाय अपनी ही दर से विस्तार करने की अनुमति प्रदान कर दी गई है। एक ऐसे समाज में, जिसके अंतर्गत निर्णयन प्रायः अनेकों प्रतिस्पर्धी समूहों के बीच समझौते और लेनदेन का विषय होता है, नियोजन का ऐसा अभाव आश्चर्यजनक नहीं है। निश्चित रूप से यह सत्य है कि शैक्षिक क्षेत्र में अनेक प्रतिस्पर्धी समूहों, जैसे विश्वविद्यालय के अधिकारी एवं शिक्षक, छात्र, सार्वजनिक संगठन एवं गुट, तथा सरकार आदि के हित निर्णय के समीकरण में अत्यन्त महत्वपूर्ण होते हैं। नामांकनों के विस्तार को सीमित करना जनता के अनेक वर्गों के बीच कड़ा विरोध उत्पन्न कर देगा। उच्च अकादमिक मानकों को लागू करना छात्रों के विरोध और यहाँ तक कि हिंसा का कारण बनेगा, और प्रायः बनता भी है; स्टॉफ के कर्मचारी, जो अपेक्षाकृत कम शिक्षित हैं, भी शांतिपूर्वक प्रणाली के उन्नयन के प्रयासों का विरोध करते हैं। विश्वविद्यालयों के अंदर नए कार्यक्रम ऐसे लंबे विचार–विमर्शों के बाद ही प्रारंभ किए जाते हैं जिनके अंतर्गत यह स्पष्ट हो चुका हो कि अकादमिक समुदाय के किसी भी विभाग अथवा तत्व को अनावश्यक हानि नहीं पहुँचेगी।

भारत में स्वतंत्रता प्राप्ति के बाद की उच्च शिक्षा का विकास आधुनिकीकरण एवं सामाजिक प्रगति के साथ किस प्रकार से सम्बन्धित रहा है? सर्वप्रथम, यह स्पष्ट है कि विश्वविद्यालय प्रणाली के उत्पादों, अर्थात्, प्रशिक्षित वैज्ञानिकों एवं तकनीशियनों ने 1947 के बाद से भारतीय उद्योग तथा विज्ञान में हुई प्रभावशाली प्रगति में एक प्रमुख भूमिका निभाई है। एक बड़ी एवं जटिल नौकरशाही में अधिकांश पदों के कार्यभार का निर्वहन विश्वविद्यालय प्रशिक्षित लोगों के द्वारा किया जा रहा है। किन्तु यह भी स्पष्ट है कि एक संस्थान के रूप में विश्वविद्यालय ने आधुनिकीकरण की प्रक्रिया अथवा भारत में राष्ट्रवाद की भावना के निर्माण में प्रत्यक्ष रूप से निर्णायक योगदान नहीं किया है। जैसा कि पहले स्पष्ट किया जा चुका है, यदि विश्वविद्यालय की गुणवत्ता एवं स्वायत्तता को कायम रखा जाना है तो प्रत्यक्ष सामाजिक एवं आर्थिक विकास में उच्च शिक्षा की संभावित भूमिकाओं की कुछ सीमाएं हैं। तथापि, संभावना यह है कि भारतीय विश्वविद्यालय अतीत की अपेक्षा इसमें कहीं अधिक प्रभावी हिस्सेदारी कर सकते थे।

भारतीय विश्वविद्यालयों ने भारतीय समाज में क्षेत्रवाद और परंपरावाद जैसी महत्वपूर्ण समस्याओं का समाधान करने में कोई उल्लेखनीय भूमिका नहीं निभाई है। कम–से–कम यह संभव है कि कुछ स्तर तक की राष्ट्रीय जागरूकता तथा संवादों के एक समुचित प्रभावकारी नेटवर्क के साथ विश्वविद्यालय समुदाय एक विभाजित राष्ट्र में राष्ट्रीय एकता की एक भावना उपलब्ध करा सकते हैं। आधुनिकीकरण अथवा राष्ट्रनिर्माण के साथ–साथ भाषाई समस्या के साथ निपटने में विश्वविद्यालयीय एवं सरकारी दोनों ही अधिकारियों द्वारा अधिक चिंता प्रदर्शित नहीं की गई है। यदि विश्वविद्यालयों ने हिन्दी को शिक्षा के माध्यम के रूप में अपना लिया होता, जैसा कि स्वयं गाँधी ने भी सुझाव दिया था, और जिसका अकादमिक समुदाय के अंदर और

बाहर से अनेक विद्वानों के द्वारा पक्ष भी लिया गया था, तो वर्तमान समय में विद्यमान भाषाई तनाव यदि समाप्त नहीं तो कम अवश्य हो चुके होते। यहाँ तक कि वर्तमान स्थिति में भी विश्वविद्यालय संवाद के एक अखिलभारतीय माध्यम की आवश्यकता पर जोर दिए जाने, अथवा कम–से–कम संवाद के साधनों के अभाव वाले प्रांतीय क्षेत्रों की एक शृंखला में भारतीय बौद्धिक समुदाय के विभाजन के विरुद्ध विरोध प्रदर्शन करने के द्वारा भाषा के प्रश्न पर अग्रणी भूमिका निभा सकते हैं।

विश्वविद्यालयों के द्वारा जातीय, धार्मिक, तथा क्षेत्रीय प्राथमिकताओं, जो भारतीय समाज को विभाजित करती हैं, के उन्मूलन की दिशा में भी कोई महत्वपूर्ण भूमिका नहीं निभाई गई है। विश्वविद्यालय इन प्रश्नों पर एक कठोर रुख अपना सकते हैं, कॉलेजों के पाठ्यक्रम में पाठ्यक्रमों को सतर्कता पूर्वक लागू कर सकते हैं, और शोध संपन्न कर सकते हैं जिससे समझ में वृद्धि होगी तथा शायद ये कदम सुधारवादी कार्यक्रमों का आधार बनेगें। इनके द्वारा इनमें से कुछ भी नहीं किया गया है, और वास्तव में विश्वविद्यालय समानता और अकादमिक स्वतंत्रता के स्तरों के प्रति अपनी सार्वजनिक प्रतिबद्धता के बावजूद भारतीय समाज के अन्य खंडों की ही भांति जातिवाद और क्षेत्रीय अंतरों में फंसे हुए हैं।

भारत के कुछ भागों में विश्वविद्यालय राजनीतिक समीकरण का एक प्रमुख कारक बने हुए हैं। छात्र विशेषतौर पर चुनावी राजनीति में सक्रिय रहे हैं, और कभी–कभी राजनीतिक संकटों की उत्पत्ति में एक प्रमुख भूमिका निभाते रहते हैं। विश्वविद्यालय के अन्य तत्व भी राजनीति में संलिप्त रहे हैं, और अकादमिक संस्थान प्रायः ही राजनीतिक गुटबाजी के दृश्य बनते रहे हैं, अथवा उनके द्वारा राजनीतिक संघर्षों की शुरुआत भी की गई है। 1965 के भाषाई विवादों में मद्रास में अकादमिक समुदाय की भूमिका राजनीतिक दृश्य में विश्वविद्यालय की प्रमुख भूमिका का एक नाटकीय उदाहरण है। भारत में चरमपंथी वाम राजनीति, जिसका प्रतिनिधित्व नक्सलवादी साम्यवादियों के द्वारा किया जाता है, कुछ स्तर तक विश्वविद्यालयों, विशेषतौर पर पश्चिम बंगाल में भी उत्पन्न हो चुकी है। अनेक बार शैक्षणिक प्रश्न राजनीतिक महत्व ग्रहण कर लेते हैं जिसमें मुद्दों के विभिन्न पक्षों की ओर से भाग लेनेवाले अकादमिक लोग भी शामिल होते हैं। केरल में शिक्षा का राष्ट्रीयकरण, विभिन्न राज्यों में भाषा सम्बन्धी प्रश्न, तथा अन्य मुद्दों ने राज्य में, तथा कभी–कभी राष्ट्रीय राजनीति में भी पर्याप्त महत्व अर्जित कर लिया है।

भारत में विश्वविद्यालयों का जारी रहने वाला राजनीतिक महत्व आधुनिकीकरण तथा राष्ट्रनिर्माण के प्रति एक योगदान है अथवा नहीं यह एक बहस करने योग्य विषय है। निश्चित रूप से, आमतौर पर एक कट्टरपंथी प्रकृति वाले "आधुनिक" विचारों, के प्रसार में विश्वविद्यालयों तथा बुद्धिजीवियों की निर्विवाद ऐतिहासिक भूमिका रही है। जैसा कि नोट किया जा चुका है, गाँधी के व्यापक जनसमाज को जीतने के प्रयासों के बावजूद भारतीय राष्ट्रवादी आंदोलन की जड़ें बौद्धिक रूप से पश्चिम–शिक्षित बुद्धिजीवियों में ही जमीं हुई थीं। राष्ट्रवादी संघर्ष के अधिकांश भाग के दौरान छात्र आंदोलन बहुत महत्वपूर्ण रहे थे, यद्यपि इस अवधि के दौरान के वास्तविक अभियानों में प्रोफेसरों के द्वारा बहुत अधिक प्रत्यक्ष भूमिकाएं नहीं निभाई गई थीं। भारत में विश्वविद्यालय–शिक्षित समुदाय द्वारा प्रसारित किए गए विचारों के प्रभाव महत्वपूर्ण रहे थे। इसमें संदेह है कि स्वतंत्रता प्राप्ति के बाद के भारत में विश्वविद्यालयों ने, कम–से–कम पहले के समान प्रत्यक्ष तरीके से, ऐसी भूमिका निभाई थी अथवा नहीं। स्वतंत्रता प्राप्ति के बाद के भारत में शक्तियाँ और अधिक फैल चुकी हैं, और शिक्षित लोगों का एक कहीं बड़ा समुदाय मौजूद है। इसके साथ–साथ, स्वयं विश्वविद्यालय भी परंपरावाद के एक समुद्र

में आधुनिक विचारों के प्रकाशस्तंभ नहीं रह गए हैं, बल्कि समाज में अन्य तत्वों के आधुनिक बन जाने के साथ ही उन्होंने अनेक परंपरागत पहलुओं को अपना लिया है।

IV

यह स्पष्ट है कि भारत में आधुनिकीकरण तथा राष्ट्रनिर्माण की प्रक्रिया में विश्वविद्यालयों के पास एक महत्वपूर्ण किन्तु प्रायः ही सीमित भूमिका उपलब्ध होती है। यह भी स्पष्ट है कि यह भूमिका डिजाइन की अपेक्षा संयोगवश अधिक होती है। उच्च शिक्षा का समाज में एक प्रमुख शक्ति बने रहना जारी है, और भारतीय विश्वविद्यालय समाज में सामाजिक लक्ष्यों तथा शिक्षा के कामकाज से सम्बन्धित विवादों के अग्रणी मोर्चे पर बने रहेंगे। इसके बावजूद, यदि अतीत कोई संकेत प्रदान करता है तो भारत में शैक्षिक नियोजन तंत्र बुनियादी तौर पर निष्प्रभावी बना रहेगा और विश्वविद्यालयीय प्रगति तथा अकादमिक जीवन की दिशा उन विभिन्न प्रभावों पर आधारित रहेंगी जिनका टकराव विश्वविद्यालयों से होगा।

नियोजन की निष्प्रभाविता के बावजूद, भारतीय समाज के लिए उच्च शिक्षा के कुछ प्रमुख निहितार्थ हैं। भारत में उच्च शिक्षा के द्वारा निभाई जाने वाली विभिन्न भूमिकाओं को पूरी तरह से समझने हेतु यह आवश्यक है कि दैनिक जीवन पर पड़ने वाले इसके प्रभावों पर चर्चा की जाए। विश्वविद्यालयों ने वह प्रशिक्षित श्रमशक्ति उपलब्ध कराई है जिसने स्वतंत्रता प्राप्ति के बाद की अवधि के दौरान भारत की तकनीकी, औद्योगिक, एवं प्रशासनिक उन्नति में सहायता प्रदान की है। उसी समय पर, इनके द्वारा प्रशिक्षित श्रमशक्ति के विभिन्न वर्गों, जैसे–वकील, इंजीनियर, और कुछ प्रकार के तकनीशियनों का भी अत्यधिक उत्पादन किया गया है। पहली डिग्रियों (बी.ए. एवं बी.एससी.) के उत्पादन द्वारा ऐसी डिग्रियों की माँगों को पीछे छोड़ दिया गया है, और परिणामस्वरूप, अनेक उच्च प्रशिक्षित व्यक्ति अल्परोजगार अथवा बेरोजगारी से ग्रसित हैं। एक बहुत बड़ा भाग देश छोड़ देता है और "प्रतिभा पलायन" के नाम से ज्ञात समूह में प्रवेश कर लेता है। यह स्पष्ट है कि शिक्षित श्रमशक्ति का यह अति–उत्पादन न केवल इसमें संलिप्त व्यक्तियों में से अनेक के लिए हानिकारक है, बल्कि शैक्षिक प्रणाली के लिए एक अनावश्यक खर्च भी है। एक "बेरोजगार प्रबुद्धवर्ग" के सृजन में राजनीतिक एवं सामाजिक असंतोष की संभावनाएं भी छिपी रहती हैं, विशेष तौर पर शहरी क्षेत्रों में, जिसका भारत के भविष्य पर भारी प्रभाव पड़ सकता है। यह स्पष्ट है कि स्नातकों के लिए रोजगार प्राप्त करने में कठिनाई भारत में छात्र असंतोष का एक प्रमुख कारण है, और इसने विश्वविद्यालयीय शिक्षण की प्रतिष्ठा को आगे और गिरा दिया है तथा इसमें संलिप्त छात्रों के लिए मनोवैज्ञानिक तथा अन्य समस्याओं को जन्म दे दिया है।

विश्वविद्यालय के अनुभवों का प्रभाव इसके छात्रों पर पड़ता है। पश्चिमी देशों में राजनीतिक जागरूकता, दृष्टिकोण परिवर्तन, एवं अन्य चरों के सदंर्भों में उच्च शिक्षा के परिणामों के अध्ययन इंगित करते हैं कि छात्रों के दृष्टिकोणों तथा मूल्यों पर उच्च शिक्षा का एक प्रभाव पड़ता है। जहाँ भारत में इससे सम्बन्धित आँकड़े बहुत कम मात्रा में उपलब्ध हैं, वहीं यह स्पष्ट प्रतीत होता है कि छात्रों पर इसका भारी प्रभाव पड़ता है। यह तथ्य कि कॉलेज " सार्वभौमिक " मानदंड पर संगठित किया जाता है–अर्थात् किसी व्यक्ति के प्रदर्शन का आकलन व्यक्तिपरक परीक्षण के आधार पर किया जाता है, जिसमें जाति, धर्म आदि का कोई महत्व नहीं होता–अत्यन्त महत्वपूर्ण है। यद्यपि कि अनेक कॉलेज सार्वभौमिक मानदंडों की शर्तहीन स्वीकार्यता में पीछे छूट जाते हैं, तथापि उनके लिए एक आदर्श मौजूद रहता है और ऐसा कोई भी आदर्श अनेकों भारतीय लोगों के लिए अनूठा होता है। संक्षेप में, उच्च शिक्षा प्रणाली आकलन के एक ऐसे मानदंड

पर आधारित है जो अनेक तरीकों से एक परंपरागत समाज की विरोधी है। ऐसा प्रतीत होगा कि व्यवहार में अनेक शिक्षित भारतीय लोग शिक्षा प्रणाली की "सार्वभौमिकता" को समझ पाने में सक्षम हैं किन्तु साथ–साथ वे अधिकांश भारतीय जीवन में परंपरावादी निहितार्थों को भी स्वीकार करते हैं। फिर भी, उनमें से अनेक का सामना सामाजिक संगठन के एक नए तरीके से हो ही जाता है।

विश्वविद्यालय के व्यक्तियों पर अन्य प्रभाव भी पड़ते हैं, जिसमें राष्ट्रीय नीति के साथ एक सम्बन्ध भी शामिल है। विकासशील देशों में, उच्च शिक्षा निरपवाद रूप से एक शहरी और शहरीकरण की घटना रही है। विश्वविद्यालयों द्वारा जिन मूल्यों को प्रदान किया जाता है वे बुनियादी तौर पर शहरी मूल्य होते हैं, और अनेक स्नातक ग्रामीण क्षेत्रों में वापस नहीं जाना चाहते, क्योंकि वो इसे उचित मानते हैं कि शहर उस जीवन शैली को बेहतर सहारा प्रदान कर सकते हैं जो उनकी शिक्षा द्वारा उन्हें हासिल हुई है। सिनेमा, पुस्तकों की दुकानें, तथा हर समय उपलब्ध समाचारपत्र एवं पत्रिकाएं जैसी साधारण वस्तुओं की मौजूदगी भी इस प्रकार के प्रभाव के उदहारण हैं। नौकरी और आय से सम्बन्धित अपेक्षाएं शैक्षिक कारकों के साथ–साथ विश्वविद्यालयीय उप–संस्कृति द्वारा भी प्रभावित होती हैं। यहाँ तक कि भारत की श्रम आधिक्य वाली अर्थव्यवस्था में भी स्नातक आशा करते हैं कि कॉलेज अथवा विश्वविद्यालय की उनकी डिग्री के परिणामस्वरूप उनकी आय एवं उससे सम्बद्ध सामाजिक स्थिति में वृद्धि हो जाएगी। किसी के द्वारा हाथों से और मस्तिष्क से किए जाने वाले कार्यों के बीच परंपरागत विभाजन को गहरा कर दिया जाता है; और इस प्रकार उच्च शिक्षा कम–से–कम आंशिकतौर पर उस बढ़ते हुए शहरी संकट में योगदान कर रही है जिसमें आज अनेक विकासशील देश स्वयं को फंसा पा रहे हैं। विश्वविद्यालयों की प्रतिष्ठा सम्बन्धी ढाँचे, जिनके द्वारा परंपरागततौर पर उदार कलाओं एवं कानून तथा लोक–प्रशासन जैसे पेशों पर जोर दिया जाता रहा है, का प्रभाव भी पैदा किए गए पेशेवर लोगों की संख्या तथा प्रकारों पर पड़ता है। सुशिक्षित माध्यमिक स्कूली शिक्षकों, कृषि तकनीशियनों एवं अनेकों महत्वपूर्ण किन्तु निम्न–स्थिति पेशों वाले लोगों के अभाव का प्रत्यक्ष सम्बन्ध उच्च शिक्षा की दिशा के साथ जुड़ा है।

उच्च शिक्षा को भारत तथा उन्नत एवं अन्य विकासशील दोनों ही तरह के देशों में सामाजिक गतिशीलता के एक प्रमुख साधन के रूप में देखा जाता है। स्वतंत्रता प्राप्ति के समय से ही उच्च शिक्षा सापेक्षिक तौर पर भारतीय आबादी के बड़े हिस्से के लिए उपलब्ध हो चुकी है। अब यह पहले की तरह मात्र उच्च शहरी एवं अत्यधिक पश्चिमीकृत परिवारों तक सीमित नहीं रह गई है। शहरों के साथ–साथ ग्रामीण क्षेत्रों में भी स्नातक शिक्षा लगभग प्रत्येक भारतीय वर्ग एवं समूह के लिए उपलब्ध हो चुकी है। यद्यपि छात्र आबादी का एक बड़ा प्रतिशत अभी भी उच्च वर्गों एवं जातियों से ही आता है, तथापि अपेक्षाकृत वंचित समूहों से आने वाले छात्रों के अनुपात में भी वृद्धि हो रही है। वांछित स्तर तक सफल न रहने के बावजूद भी अनुसूचित वर्गों एवं जातियों के युवाओं के लिए शैक्षिक अवसर उपलब्ध कराए जाने सम्बन्धी सरकारी प्रयासों के द्वारा ऐसे व्यक्तियों की गतिशीलता के लिए संभावनाएं प्रस्तुत कर दी गई हैं। भारत में जहाँ एक स्नातक डिग्री का उपयोग प्रायः रोजगार के अवसरों तक ही सीमित होता है, वहीं यह कम–से–कम एक ऐसा अवसर प्रदान करती है जो अन्यथा उपलब्ध नहीं हो सकता; और भाग्य तथा अध्यवसाय के साथ एक युवा, आंशिकतौर पर, अपनी शैक्षिक उपलब्धियों के परिणामस्वरूप अपनी सामाजिक स्थिति को ऊपर उठाने में सफल होने की आशा कर सकता है।

जैसा कि नोट किया जा चुका है, संगठन तथा, अधिकांश भाग के लिए, विषयवस्तु दोनों के ही मामलों में उच्च शिक्षा एक पश्चिमी प्रवृत्ति है। स्वतंत्रता हासिल होने के

साथ इसमें बुनियादी परिवर्तन नहीं हो सके हैं। परिणामस्वरूप, भारतीय कॉलेजों और विश्वविद्यालयों में छात्रों को जो मूल्य एवं दिशानिर्देशन प्राप्त होते हैं उनमें से अनेक की उत्पत्ति तथा विषयवस्तु पश्चिमी होती है। ऐसा हो सकता है कि आधुनिकीकरण तथा राष्ट्रनिर्माण के संदर्भ में ऐसे मूल्य सकारात्मक हों, और हालांकि किसी भी प्रकार से यह स्पष्ट नहीं है कि उनका अस्तित्व भी है और वे अत्यधिक महत्वपूर्ण हैं। निश्चित रूप से, छात्रों पर उच्च शिक्षा के प्रभाव अनेक कारकों से समाप्त हो जाते हैं, और ऐसे संकेत हैं कि भारत में विश्वविद्यालय स्नातकों में परंपरावाद के अनेक तत्वों के शेष बने रहने के कारण ये प्रभाव गंभीर रूप से सीमित हैं। जैसा कि पहले नोट किया जा चुका है, आकलन के सार्वभौमिक मानदंड के प्रति दिशानिर्देशन अकादमिक जीवन का एक अंग है। अकादमिक ज्ञान एवं जीवन के अन्य पहलुओं की दिशा में एक वैज्ञानिक दृष्टिकोण भी शैक्षिक अनुभवों का एक हिस्सा है। जाति प्रणाली, कुछ धार्मिक पहलुओं की आलोचना, एवं परंपरागत भारतीय समाज के कुछ अन्य पहलू आधुनिक समाजविज्ञान एवं अन्य विषयों में निहित हैं। स्वतंत्रता प्राप्ति के पूर्व, जब अकादमिक उप–संस्कृति छात्र समुदाय पर हावी थी और विश्वविद्यालयों में छात्रों की संख्या कम थी, तब प्रायः यह दावा किया जाता था कि उच्च शिक्षा ने अनेक लोगों की "भारतीयता" को नष्ट कर दिया है। आज मामला निश्चित रूप से ऐसा नहीं है (यदि कभी ऐसा था) किन्तु विश्वविद्यालयीय अनुभव का प्रभाव एवं इस अनुभव की "पश्चिमी" प्रकृति का महत्व एक महत्वपूर्ण विषय है और आगे अध्ययन किए जाने का आह्वाहन करता है।

उच्च शिक्षा प्रायः इस अर्थ में एक "राष्ट्रयकरण" तत्व है कि संपूर्ण भारत में विश्वविद्यालयों के ढाँचे एक समान हैं। विविधतापूर्ण समाजों में विश्वविद्यालय राष्ट्रीय संस्कृति के प्रतीक हैं, और प्रायः वे छात्रों में राष्ट्रीय निष्ठा उत्पन्न करने के अर्थों में उनपर प्रभाव डालते हैं। अनेक विकासशील देशों में विश्वविद्यालयों द्वारा अलग–अलग समूहों के व्यक्तियों को सामान्य तौर पर एक साथ लाए जाने, तथा संवाद एवं अंतःक्रियाओं की सुविधा प्रदान किए जाने के द्वारा राष्ट्रीय भावना को एक चिंगारी प्रदान की गई। भारतीय विश्वविद्यालयों ने शुरूआत से लेकर अभी हाल तक शिक्षा के माध्यम के रूप में अंग्रेजी का उपयोग किया (भारतीय उच्च शिक्षा के कुछ क्षेत्र, विशेषतौर पर परास्नातक स्तर, अभी भी अंग्रेजी में ही संचालित किए जा रहे हैं), और भाषाई तौर पर विभाजित एक देश में, कम–से–कम आबादी के शिक्षित वर्गों के बीच, एक साझा भाषा का प्रावधान अपने आप में राष्ट्रीय निष्ठा के प्रति एक महत्वपूर्ण योगदान था। स्वतंत्रता प्राप्ति के बाद के भारत में उच्च शिक्षा के क्षेत्रीयकरण ने निश्चित रूप से राष्ट्रीय एकता के एक कारक के रूप में उच्च शिक्षा के महत्व को समाप्त कर दिया है, किन्तु आज के विश्वविद्यालयीय पाठ्यक्रम राष्ट्रीय एकता पर जोर देते हैं, और उनके द्वारा राष्ट्रीय निष्ठा उत्पन्न किए जाने के प्रयास भी किए जाते हैं।

गुणात्मक रूप से कमजोर और मात्रात्मक रूप से विस्तारित हो चुके अपने भारतीय स्वरूप में उच्च शिक्षा अभी भी आधुनिकीकरण तथा राष्ट्रीय जागरूकता के उद्देश्य के प्रति महत्वपूर्ण सेवाएं प्रदान कर रही है। यह उच्चस्तरीय श्रमशक्ति के लिए प्रशिक्षण प्रदान करती है, और हालांकि आंशिक तौर पर ही सही, विश्वविद्यालय अभी भी भारत में कुछ राष्ट्रीय संस्थानों में से एक बने हुए हैं। अकादमिक समुदाय, जो स्वयं में विभाजित है और जिसके पास किसी मुख्य प्रयोजन का अभाव है, अभी भी समस्त बड़े समुदायों तथा भारत में परिवर्तन के लिए सर्वाधिक सुगमतापूर्वक एकजुट की जा सकने वाली शक्तियों में से एक है। यहाँ तक कि अत्यधिक बदनाम छात्र आबादी, जिसकी संख्या आज लगभग 20 लाख है, को यदि समुचित रूप से अभिप्रेरणा और कुशल नेतृत्व प्रदान

किया जाए तो यह सामाजिक, आर्थिक, एवं राजनीतिक विकास के लिए जारी विभिन्न योजनाओं में योगदान कर सकती है। अपने समस्त दुःस्साहसों एवं आतंकवाद के लिए नक्सलबाड़ी आंदोलन के छात्र समर्थकों की अभिप्रेरणाओं का सम्बन्ध आधुनिकीकरण एवं त्वरित सामाजिक परिवर्तन की उत्तेजना से सम्बन्धित है। निश्चित रूप से, भारतीय अकादमिक समुदाय की मनोवैज्ञानिक समस्याओं में से एक है आधुनिकीकरण सम्बन्धी योजनाओं के साथ आगे बढ़ने में इसकी विफलताओं का इतिहास। समर्पण और प्रतिबद्धता की भावना, जो स्वतंत्रता के पहले के अनेक बुद्धिजीवियों एवं छात्रों की विशेषता थी, को पुनर्जाग्रत करने हेतु पर्याप्त प्रयासों की आवश्यकता होगी।

V

तब, भविष्य का क्या होगा? प्रस्तुत निबंध के द्वारा आधुनिकीकरण में उच्च शिक्षा की किसी भी संभावित भूमिका से सम्बन्धित रूपरेखा नहीं प्रस्तुत की गई है। इसने अनेक सरल किन्तु ऐसे विचार प्रस्तुत कर दिए हैं जिनपर प्रायः भारतीय विश्वविद्यालय के समर्थकों के द्वारा चर्चा ही नहीं की जाती। सामान्य रूप से विश्वास किया जाता है कि भारत में अतीत में उच्च शिक्षा के द्वारा एक आधुनिक समाज के निर्माण में भारी योगदान किया जा चुका है किन्तु इसके द्वारा यह सबकुछ लगभग पूरी तरह से अनियोजित और अव्यवस्थित तरीके से किया गया है। एक अन्य विचार यह है कि भारत में विश्वविद्यालयों के द्वारा छात्रों को शिक्षा प्रदान करने तथा अपने शिक्षकों को शोध सुविधाएं प्रदान करने की इसकी परंपरागत भूमिका से परे इससे किसी अन्य प्रकार का लाभ उठा पाना कठिन है। एक अंतर्निहित सैद्धांतिक विचार भी मौजूद है–यह विचार कि किसी भी देश में अपने महत्व के बावजूद उच्च शिक्षा का आधुनिकीकरण की प्रक्रिया में एक सीमित उपयोग ही होता है। सरकारी अधिकारियों के लिए शायद इस बाद वाले विचार को स्वीकार कर पाना कठिन है, क्योंकि वे राष्ट्रनिर्माण की कठिन प्रक्रिया में सहायता करने के लिए उत्तेजित हैं और उच्च शिक्षा पर व्यय की जाने वाली बड़ी धनराशियों के बदले कुछ तात्कालिक परिणाम हासिल करना चाहते हैं। किन्तु यह एक बुनियादी और एक ऐसा तथ्य प्रतीत होगा जो, यदि स्वीकार कर लिया गया, विश्वविद्यालय एवं सरकार के बीच और अधिक सक्रिय सहयोग की संभावना उत्पन्न कर सकता है।

भारत में वर्तमान राजनीतिक स्थिति को ध्यान में रखते हुए इस बात की संभावना नहीं है कि सरकार अथवा कोई अन्य एजेन्सी किसी विशिष्ट प्रयोजन के लिए उच्च शिक्षा का लाभ उठा पाने, अथवा इसके विकास–पैटर्नों पर पर्याप्त प्रभाव डाल पाने में बहुत अधिक सफल हो जाएगी। जैसा कि पहले नोट किया जा चुका है, भारतीय विश्वविद्यालयों पर सार्वजनिक दबावों के अनुभव किए गए हैं, किन्तु ये दबाव प्रायः स्वयं विश्वविद्यालयों के साथ–साथ व्यापक आर्थिक तथा राजनीतिक ढाँचे के लिए भी हानिकारक रहे हैं। उच्च शिक्षा का जारी रहने वाला विस्तार स्वाभाविक रूप से इस दबाव का सर्वाधिक महत्वपूर्ण पहलू है। उच्च शिक्षा के अंतर्गत भाषा–नीति भी भारी सरकारी रुचि के साथ–साथ कुछ सार्वजनिक दबावों का भी एक क्षेत्र रही है। हाल ही के वर्षों में लिए गए भाषा सम्बन्धी बड़े निर्णयों, जैसे सर्वाधिक उच्च स्तरों को छोड़कर उच्च शिक्षा के सभी स्तरों पर क्षेत्रीय माध्यम पर दिया जाने वाला जोर, निःसंदेहात्मक रूप से स्थानीय एवं प्रांतीय स्तरों पर समझे जाने योग्य है, किन्तु दीर्घकाल में देश के अकादमिक जीवन के तानेबाने को और अधिक कमजोर कर सकता है। अतः, एक व्यावहारिक प्रश्न के रूप में, इस बात की बिल्कुल संभावना नहीं है कि विश्वविद्यालय

एवं कॉलेज स्वतंत्रता प्राप्ति के बाद की अवधि के दौरान आधुनिकीकरण में अपने द्वारा निभाई जा चुकी भूमिका से बढ़कर कोई भूमिका निभाएंगे।

हालांकि, उच्च शिक्षा की संभावित भूमिका अत्यंत महत्वपूर्ण है। ऊपर नोट की जा चुकी अंतर्निहित सीमाओं को ध्यान में रखते हुए विश्वविद्यालय अनेक क्षेत्रों में प्रभावशाली तरीके से योगदान कर सकते हैं। उच्च स्तरीय शोध एवं नियोजन की दिशा एवं आवश्यकताओं के सावधानीपूर्वक किए गए अध्ययन आवश्यकता वाले क्षेत्रों में श्रमशक्ति की आपूर्ति में सहायता कर सकते हैं। अकादमिक विकास पर एक सीमा तथा विश्वविद्यालयों में स्तरों के रखरखाव एवं सुधार पर दिया जाने वाला जोर अकादमिक प्रणाली के उत्थान में सहायक हो सकता है। विश्वविद्यालय शोध सम्बन्धी उन अंतरालों को समाप्त कर सकते हैं जो अधिकांश विकासशील देशों में विद्यमान हैं और ऐसे आँकड़े तथा विश्लेषण प्रदान कर सकते हैं जो नियोजन में सहायता प्रदान करने वाले हों। उदाहरणार्थ, भारत में जनमत सर्वेक्षण का संपूर्ण क्षेत्र अल्पविकसित है, और जो थोड़ा–बहुत किया भी गया है वह शहरी क्षेत्रों के प्रति अत्यधिक पक्षपातपूर्ण है तथा निजी शोध कंपनियों द्वारा संपन्न किया गया है। एक ऐसे देश, जो अभी भी व्यापक निरक्षरता और राजनीतिक गूंगेपन से घिरा हुआ है, में वैज्ञानिक जनमत सर्वेक्षण नियोजनकर्ताओं एवं सरकारी अधिकारियों को जनसमुदाय की इच्छाओं एवं आवश्यकताओं की एक अधिक सटीक तस्वीर प्रदान कर सकते हैं। विश्वविद्यालय एवं शोध संस्थान विकास सम्बन्धी समस्याओं के लिए महत्वपूर्ण किसानों, लघु पैमाने वाले उद्योगों, तथा भारतीय समाज के अन्य खंडो के द्वारा सामना की जा रही व्यावहारिक समस्याओं पर और अधिक शोधकार्य कर सकते हैं।

उच्च शिक्षा भारत में एकीकरण की एक महत्वपूर्ण भूमिका भी निभा सकती है। चूंकि कॉलेज एवं विश्वविद्यालय भारत के कुछ उन संस्थानों में से हैं जो पूरे देश में समान रूप से संगठित हैं और जिनके लक्ष्य साझा हैं, अतः, कम–से–कम यह कल्पना किए जाने योग्य है कि उन्हें क्षेत्रवाद, सम्प्रदायवाद, एवं धर्म के अवरोधों को तोड़ने के एक साझा कार्य में एकजुट किया जा सकता है। निश्चित रूप से, ऐसा कोई भी कार्य विशेष तौर पर एक कठिन कार्य है और इसे चुपचाप तथा विश्वविद्यालयों को प्रत्यक्ष रूप से राजनीतिक मामलों में संलिप्त किए बिना ही अपनाया जाना चाहिए। उच्च शिक्षा संस्थान भाषाई नीतियों, क्षेत्रीय एवं राष्ट्रीय अखंडता के लिए सेनानायक हो सकते हैं, और वे संवादों के लिए एक महत्वपूर्ण नेटवर्क उपलब्ध करा सकते हैं।

अनेक विकासशील देशों के लिए यह चेतावनी कि सरकार को तीव्रता से आधुनिकीकरण करने के अपने प्रयासों में उच्च शिक्षा संस्थानों की स्वायत्तता को नष्ट नहीं करना चाहिए, एक महत्वपूर्ण संदेश होगा, किन्तु भारत अकादमिक स्वायत्तता की रक्षा करने के मामले में अपेक्षाकृत अधिक सतर्क रहा है। कुछ राज्यों में उच्च शिक्षा को नियंत्रित करने के सरकारी प्रयास किए गए हैं, किन्तु सौभाग्यवश ये बस अपवाद ही रहे हैं। एक ओर समाज की आवश्यकताओं तथा आर्थिक एवं सामाजिक नियोजनकर्ताओं के बीच एक संतुलन का होना आवश्यक है तो दूसरी ओर अकादमिक नेतृत्व का होना। क्योंकि यदि विश्वविद्यालयों को आधुनिकीकरण में योगदान करना है तो उन्हें साथ–साथ अपनी उचित जिम्मेदारियों को अपनाने के लिए भी तत्पर होना चाहिए, और उनकी स्वतंत्रता में बड़ी घुसपैठों से उन्हें सुरक्षा प्रदान की जानी चाहिए। यदि ऐसा एक संतुलन हासिल कर लिया जाता है, और यदि राजनीतिक तथा अकादमिक दोनों ही अधिकारीगण आधुनिकीकरण पर लक्षित सुविचारित नीतियों को लागू करना प्रारंभ कर सकते हैं, तो उच्च शिक्षा शायद एक ऐसे सर्वाधिक महत्वपूर्ण संघर्ष में एक ऐसी भूमिका निभा सकती है जिसे विकासशील देशों को अवश्य ही अपनाना चाहिए।

टिप्पणी

1. एरिक एश्बी ने अपने वाल्यूम *Universities: British, Indian, African* (Cambridge: Harvard University Press, 1966), pp. 47–147 में संस्थानों के हस्तांतरण की प्रक्रिया की एक ठोस चर्चा की है।

संदर्भ

ALTBACH, PHILIP G.
1968 *Student Politics in Bombay.* Bombay: Asia Publishing House.

ALTBACH, PHILIP G. (ed.)
1969 *Turmoil and Transition: Higher Education and Student Politics in India.* Bombay: Lalvani Publishers.

ALTBACH, PHILIP G.
1972 *The University in Transition: An Indian Case Study.* Bombay: Sindhu Publishers.

ALTBACH, PHILIP G. (ed.)
1974 *Comparative University Reform.* Cambridge: Schenkman Publishing Company.

ASHBY, ERIC
1966 *Universities: British, Indian, African.* Cambridge: Harvard University Press.

GAUDINO, ROBERT
1965 *The Indian University.* Bombay: Popular Prakashan.

India, Ministry of Education
1966 *Report of the Education Commission, 1964–66.* New Delhi: Manager of Publications.

MCCULLY, BRUCE
1940 *English Education and the Origins of Indian Nationalism.* New York: Columbia University Press.

RUDOLPH, LLOYD and SUSANNE RUDOLPH (ed.)
1973 *Education and Politics in India.* Bombay: Oxford University Press.

SHAH, A.B.
1967 *The Great Debate: Language Policy and Higher Education.* Bombay: Lalvani Publishers.
1968 *Higher Education in India.* Bombay: Lalvani Publishers.

SHILS, EDWARD
1963 *The Intellectual Between Tradition and Modernity: The Indian Situation.* The Hague: Mouton.
1973 *The Intellectuals and the Powers and Other Essays.* Chicago: University of Chicago Press.

SINGH, AMRIK and PHILIP G. ALTBACH (eds.)
1974 *The Higher Learning in India.* New Delhi: Vikas Publishing House.

4

भारतीय उच्च शिक्षा में परिवर्तन का असमंजस

Higher Education Reform in India: Experience and Perspectives
Suma Chitnis and Philip G. Altbach (eds)
SAGE Publications (New Delhi), 1993
pp. 13–37

फ़िलिप जी. अल्ट्बाख़

किसी भी देश में उच्च शिक्षा का नियोजन और सुधार एक कठिन प्रक्रिया होती है। यह तथ्य विशेषतौर पर असाधारण नहीं है कि भारत तेजी से विस्तारित हो रही उच्च शिक्षा प्रणाली को नियंत्रित कर पाने के प्रयासों में तुलनात्मक तौर पर उल्लेखनीय रूप से असफल रहा है। प्रस्तुत निबंध भारत में विकास के पैटर्नों तथा उच्च शिक्षा में हुए परिवर्तनों पर ध्यान केन्द्रित करता है तथा भारतीय घटनाओं का एक तुलनात्मक आयाम प्रस्तुत करता है। भारत का मामला तीसरी दुनिया में विशेषतौर पर महत्वपूर्ण है क्योंकि विश्वविद्यालयों एवं कॉलेजों को विकसित किए जाने के मामले में यह सर्वाधिक प्राचीन देश है और इसलिए भी क्योंकि यह आज तीसरी दुनिया की सबसे बड़ी अकादमिक प्रणाली बन चुका है। यह तीसरी दुनिया के अन्य देशों को सबक प्रदान कर सकता है और इसी के साथ–साथ एक अंतर्राष्ट्रीय आयाम के द्वारा उच्च शिक्षा में विकास, परिवर्तन एवं सुधार सहित भारत के निजी अनुभव पर प्रकाश डाला जा सकता है।

भारत को एक तुलनात्मक संदर्भ में रखा जाना उपयुक्त होगा, केवल इसलिए नहीं क्योंकि भारत की स्थिति अनूठी नहीं है बल्कि इसलिए क्योंकि अन्य देश भारत के अनुभव से सीख हासिल कर सकते हैं। आखिरकार, भारत तीसरी दुनिया की सबसे बड़ी अकादमिक प्रणाली है–वास्तव में यह विश्व में दूसरी सबसे बड़ी प्रणाली है जिसमें 40 लाख छात्रों सहित लगभग 7,000 कॉलेज तथा 150 से भी अधिक विश्वविद्यालय मौजूद हैं। भारत तीसरी दुनिया में शोधकार्य की महाशक्ति भी है जो तीसरी दुनिया की अनुसंधान एवं विकास सम्बन्धी कुल धनराशि का लगभग 8 प्रतिशत शोध पर व्यय करती है और पुस्तकों तथा पत्रिकाओं के लेखों के अर्थों में तीसरी दुनिया के वैज्ञानिक उत्पादों के महत्वपूर्ण रूप से एक बहुत बड़े हिस्से का उत्पादन करती है।[1] भारत के पास तीसरी दुनिया की सर्वाधिक प्राचीन उच्च शिक्षा प्रणालियों में से एक मौजूद है, जिसमें 1857 के विश्वविद्यालय तथा उससे भी पुराने कॉलेज संस्थान शामिल हैं। जैसा कि एरिक एश्बी स्पष्ट कर चुके हैं, यद्यपि भारत के उच्च शिक्षा संस्थान पश्चिमी मॉडलों पर आधारित हैं और वास्तव में स्वदेशी संस्थान नहीं हैं, तथापि वे समकालीन भारत का अभिन्न अंग बन चुके हैं।[2]

गत चार दशकों के दौरान भारतीय उच्च शिक्षा में नाटकीय विकास हुआ है किन्तु यह विस्तार अनेक योजनाओं तथा इसके मार्गदर्शन करने वाले अनेक प्रस्तावों से व्यापक

रूप से अप्रभावित ही रहा है।[3] अपने माध्यमिकोत्तर विकास के लिए योजना बनाने में भारत ने तीसरी दुनिया के किसी भी देश से अधिक प्रयास किए हैं और एक दर्जन से भी अधिक ऐसे बड़े सुधार सम्बन्धी प्रस्ताव प्रस्तुत किए जा चुके हैं जो विफल रहे हैं।[4] इसी के साथ–साथ, जब उच्च शिक्षा की वृहद् योजना विफल हो चुकी है, महत्वपूर्ण रूप से सीमित किन्तु कुछ विशिष्ट सुधारों को सफलतापूर्वक लागू भी किया जा चुका है। हालांकि, ये परिवर्तन अनियंत्रित विस्तार के एक व्यापक संदर्भ में तथा उच्च शिक्षा में मानकों के व्यापक ह्रास के साथ घटित हुए हैं। आँकड़े तथा विस्तृत प्रस्ताव तो मौजूद हैं–समस्या यह है कि बड़े सुधारों के प्रस्तावों के कार्यान्वयन विफल हो चुके हैं। उच्च शिक्षा नीति सम्बन्धी साहित्य का एक विषय यह है कि अनियंत्रित विस्तार को अवश्य ही रोका जाना चाहिए। यह महत्वपूर्ण है कि कम–से–कम 1917–19 के कोलकाता विश्वविद्यालय आयोग के समय से ही अतिविस्तार की आलोचना की जाती रही है और यह उच्च शिक्षा से सम्बन्धित प्रत्येक दस्तावेज का भाग रहा है।[5] इसके बावजूद, विस्तार जारी रहा है और तीन वर्षों की अवधि के लिए नामांकनों में होने वाली वृद्धि औसतन 9 प्रतिशत प्रतिवर्ष के आसपास बनी रही है।[6]

भारतीय उच्च शिक्षा विरोधाभासों में लिपटी हुई एक पहेली सी प्रतीत होती है। उत्कृष्ट शिक्षण एवं शोध के क्षेत्र घटिया कॉलेजों के एक समुद्र से घिरे हुए हैं। सर्वश्रेष्ठ स्नातक तो अंतर्राष्ट्रीय रोजगार बाजार में सफलतापूर्वक प्रतिस्पर्धा कर लेते हैं, किन्तु अनेक स्नातकों के लिए घरेलू तौर पर बेरोजगारी एक वास्तविकता है। विद्वत्ता पर प्रायः राजनीति को वरीयता प्राप्त है और, अनेक संस्थानों में संकट ही मानदंड है। एक ऐसी प्रणाली, जो किसी समय पर अत्यधिक चयनात्मक थी, के द्वारा बड़ी संख्या के लिए अपने दरवाजे खोल दिए गए हैं, तथापि, इसी समय पर, जो एक दुर्लभ वस्तु बनी हुई है उसतक पहुँच के लिए संघर्ष हो रहे हैं और कभी–कभी हिंसा भी। अंतर्राष्ट्रीय मानकों के अनुसार, भारत अपने युवाओं के अपेक्षाकृत एक छोटे अनुपात को ही माध्यमिकोत्तर शिक्षा उपलब्ध करा रहा है, जो प्रासंगिक आयु समूह का लगभग 4.8 प्रतिशत है; जबकि अमेरिका अपने आधे और यूरोप अपने लगभग 20 प्रतिशत युवाओं को शिक्षित कर रहा है।[7] संसाधन उच्च शिक्षा सम्बन्धी असमंजस के दिल में स्थित हैं। जहाँ लगभग एक अर्द्धशताब्दी के दौरान छात्रों की संख्या में प्रतिवर्ष 9 प्रतिशत से भी अधिक की दर से वृद्धि हुई है, वहीं सरकारी व्यय 2 प्रतिशत प्रतिवर्ष की दर से बढ़ा है और वास्तव में, यदि मुद्रास्फीति के संदर्भ में आकलन किया जाए तो, प्रतिछात्र व्यय में 2.9 प्रतिशत की कमी आ चुकी है।[8] यह आश्चर्यजनक नहीं है कि इन परिस्थितियों के अंतर्गत स्तरों में भी गिरावट आ चुकी है।

जहाँ विस्तार उच्च शिक्षा की कसौटी रहा है और व्यवस्थित सुधार व्यापक तौर पर विफल रहे हैं, वहीं भारतीय उच्च शिक्षा में बहुत से परिवर्तन भी हुए हैं। अनेक विश्लेषकों ने स्पष्ट किया है कि इन परिवर्तनों में से अधिकांश नकारात्मक रहे हैं, जैसे–प्रणाली के अधिकांश भाग में गिरते हुए स्तर, छात्र राजनीति सक्रियतावाद, भ्रष्टाचार में वृद्धि और ऐसे ही अन्य परिवर्तनों के साथ इसमें कोई संदेह नहीं है कि ये निरूपण सही हैं।[9] इस बात के साक्ष्य भी मौजूद हैं कि प्रणाली में बहुत सारे सकारात्मक परिवर्तन भी हुए हैं, किन्तु वे प्रायः हाशिए पर ही रहे हैं। उदाहरणार्थ, इंजीनियरिंग एवं उससे सम्बन्धित क्षेत्रों में सर्वोच्च गुणवत्तायुक्त शिक्षा प्रदान करने के उद्देश्य से दो दशकों पहले भारतीय प्रौद्योगिकी संस्थानों (आईआईटी) की स्थापना की गई थी। आईआईटी इस कार्य में सफल रहे हैं जबकि उनके द्वारा विश्वविद्यालयों को परिवर्तित नहीं किया जा सका है; उन्होंने सिद्ध कर दिया है कि भारतीय संदर्भ में इंजीनियरिंग,

कंप्यूटर साइंस तथा सम्बन्धित क्षेत्रों में सर्वोच्च गुणवत्तायुक्त उच्च शिक्षा प्रदान करना संभव है।[10] आईआईटी के साथ–साथ कुछ अन्य लघु–पैमाने के नवाचारों ने सिद्ध कर दिया है परिवर्तन सफल भी हो सकता है। परंपरागत प्रणाली के अंतर्गत, विज्ञान एवं सामाजिक विज्ञान तथा मानविकी के विभिन्न क्षेत्रों में पाठ्यक्रम में सुधार सम्बन्धी अनेक योजनाओं की व्यापक तौर पर प्रशंसा की गई है।[11] इसी के साथ–साथ, स्थानीय पहलों के ऐसे अनेक उदाहरण भी मौजूद हैं जिनके द्वारा, समस्त बड़े विरोधों के बावजूद तथा किसी निधिकरण के बिना ही उच्च शिक्षा में सुधार किए गए हैं।

भारतीय अकादमिक प्रणाली को महत्वपूर्ण रूप से परिवर्तित नहीं किया गया है। वास्तव में, यह प्रणाली अपने खुद के एक अंदरूनी तर्क के सहारे आगे बढ़ती प्रतीत होती है, जो अर्थव्यवस्था तथा नौकरशाही के कठोर नियंत्रण से कुछ हद तक सुरक्षित होते हुए भी उससे प्रभावित रही है। वास्तव में, ऐसा भली–भांति संभव है कि उच्च शिक्षा समस्त संभावित बुरी परिस्थितियों से पीड़ित हो, क्योंकि यह केन्द्र तथा राज्य सरकारों के नौकरशाही सम्बन्धी अनेक विनियमनों के अधीन है, और उसी के साथ–साथ, तर्कसंगत नियोजन एवं प्रशासन की गुंजाइश से भी परे हैं। यह मेरा तर्क है कि शक्तियों का एक सशक्त संयोजन उच्च शिक्षा में व्यवस्थित सुधार को वास्तव में असंभव बना देता है। संभवतः यह ऐसा मामला है जिसमें बुनियादी परिवर्तन के अर्थों में उच्च शिक्षा प्रणाली सरकार के नियंत्रण से परे हैं। यह प्रणाली समाज में बाजार की शक्तियों तथा विभिन्न प्रोत्साहनों के प्रति प्रतिक्रिया करती है जिसमें विभिन्न स्तरों पर सरकार, अनेकों निर्वाचन क्षेत्रों का प्रतिनिधित्व करने वाले राजनीतिज्ञ, तथा सुसंगठित विशेष हितधारक समूह आदि शामिल हैं।[12] उच्च शिक्षा प्रणाली को नियंत्रित करने के न तो साधन मौजूद हैं (क्योंकि माध्यमिकोत्तर शिक्षा केन्द्र तथा राज्य सरकारों का संयुक्त उत्तरदायित्व है, जिसमें विश्वविद्यालय की कुल आय का लगभग 30 प्रतिशत भाग शुल्कों एवं निजी स्त्रोतों से प्राप्त होता है)[13] और न ही प्रकट रूप से ऐसा करने की कोई इच्छाशक्ति ही क्योंकि यथास्थिति से आबादी के अनेक मुखर वर्गों के हितों की पूर्ति होती है।

तुलनात्मक परिप्रेक्ष्य में भारत

विश्वविद्यालय सुधारों को लागू करने में अकेला भारत ही कठिनाईयों का सामना नहीं कर रहा है। अनेक भारतीय अपनी अकादमिक प्रणाली की जड़ें विदेशों में जमी होने तथा इसके और अधिक 'स्वदेशी' बनने में असमर्थ होने के लिए इसकी आलोचना का चुके हैं।[14] हालांकि, सत्य यह है कि तीसरी दुनिया की कोई भी अकादमिक प्रणाली पश्चिमी मॉडल का परित्याग नहीं कर सकी है। तीसरी दुनिया के अनेक अन्य हिस्सों में अकादमिक संस्थानों में बहुत कम परिवर्तन हुए हैं और भारत की अपेक्षा पश्चिमी मॉडलों एवं परपंराओं से उनके बंधन अधिक मजबूत ही हुए हैं। प्रवासी प्रोफेसरों का आना एक आम प्रवृत्ति है और विश्वविद्यालय प्रायः ही महानगरों में अपने समकक्षियों से सम्बद्ध बने रहते हैं। अपनी समस्याओं के बावजूद भारत ने तीसरी दुनिया के अधिकांश देशों की अपेक्षा एक कहीं अधिक स्वदेशी आर्थिक एवं अकादमिक बुनियादी ढाँचे का निर्माण कर लिया है। आटोमोबाइल उद्योग के साथ एक सादृश्यता यहाँ प्रासंगिक हो सकती है–जिसमें भारत द्वारा घरेलू उत्पादन एवं तकनीक पर भरोसा करने के निर्णय का अर्थ यह रहा है कि भारत के वाहन अंतर्राष्ट्रीय स्तर के बराबर नहीं हैं; फिर भी, ये स्वदेशी हैं। उच्च शिक्षा में, जहाँ अकादमिक प्रणाली पश्चिमी मॉडलों पर आधारित है,

पुस्तकों, शोधकार्य, पत्रिकाओं एवं अन्य समान मामलों में तीसरी दुनिया के अधिकांश देशों की तुलना में 'स्वदेशी विषयवस्तु' की अपेक्षाकृत बड़ी मात्रा मौजूद है। भारत की अकादमिक प्रणाली का कुछ सीमा तक अंतर्राष्ट्रीय प्रणाली पर निर्भर रहना जारी है क्योंकि अंतर्राष्ट्रीय विज्ञान के एक बड़े भाग का उत्पादन औद्योगिक देशों में ही किया जाता है। तीसरी दुनिया में उच्च शिक्षा उस अंतर्राष्ट्रीय ज्ञान प्रणाली का एक भाग बनी हुई है जिसके अंतर्गत एक महत्वपूर्ण स्तर तक की शक्ति और प्रभाव औद्योगिक देशों में मौजूद हैं। इसी कारणवश, यह आश्चर्यजनक नहीं है कि भारत के लिए पश्चिम के मानदंडों, मूल्यों और संस्थागत व्यवस्थाओं का परित्याग कर पाना कठिन रहा है।

महानगरीय भाषाएं, अधिकांशतः अंग्रेजी एवं फ्रेंच, तीसरी दुनिया के विश्वविद्यालयों में छाई हुई हैं। इसके कई कारण हैं। तीसरी दुनिया के सभी देशों में लिए गए भाषा सम्बन्धी निर्णय राजनीतिक होने के साथ–साथ शैक्षणिक भी रहे हैं। तीसरी दुनिया के बहुभाषाई देशों में किसी एक भाषा के चयन का अर्थ दूसरों को नीचा दिखाना तथा समीकरण में क्षेत्रीय प्राथमिकता के मुद्दों को प्रवेश की अनुमति प्रदान करने जैसा होता है। बहुसंख्यक भाषा वाले देशों, जिनमें निश्चित रूप से अन्य अनेक अफ्रीकी एवं कुछ एशियाई देशों के साथ भारत भी शामिल है, में विकल्प और अधिक कठिन हो जाते हैं। अफ्रीका की समस्याएं विशेषतौर पर गंभीर हैं क्योंकि बहुत छोटी–छोटी आबादियों के द्वारा अनेक स्वदेशी भाषाएं बोली जाती हैं और उनमें से कुछ तो लिखी भी नहीं जाती। उच्च शिक्षा के लिए स्वदेशी भाषाओं को अपनाए जाने से जुड़ी कुछ तकनीकी समस्याएं भी मौजूद हैं। पाठ्यपुस्तकें एवं लिखित सामग्रियाँ प्रायः उपलब्ध नहीं हैं और उन्नत वैज्ञानिक एवं शैक्षिक प्रयोजनों के लिए शब्दावलियाँ भी कभी–कभी उपलब्ध नहीं होतीं। भाषा की यथास्थिति को परिवर्तित करना भारी विवाद, जटिलता एवं प्रायः खर्चीला मामला होता है। अपेक्षाकृत ऐसे कुछ देशों, जिन्होंने किसी स्वदेशी भाषा को शिक्षा के माध्यम के रूप में अपना लिया है, के द्वारा कठिनाईयों का सामना किया गया है और वहाँ बिना किसी अपवाद के स्तरों में गिरावट आ चुकी है।[15]

भाषा के चयन के सम्बन्ध में इंडोनेशिया एवं भारत के बीच का विरोधाभास एक दिलचस्प मामला है। भाषा इंडोनेशियाई राष्ट्रवाद के कार्यक्रम का एक अभिन्न अंग थी–यह आंदोलन भाषा इंडोनेशिया नामक राष्ट्रीय भाषा के प्रति प्रतिबद्ध था। महत्वपूर्ण रूप से, यह भाषा आबादी के किसी बड़े भाग की मातृभाषा नहीं थी, किन्तु व्यापक तौर पर इसे व्यापार के लिए *सार्वजनिक भाषा* के रूप में जाना जाता था। स्वतंत्रताप्राप्ति के समय, भाषा इंडोनेशिया को उच्च शिक्षा सहित शिक्षा के माध्यम के रूप में तुरंत ही अपना लिया गया था। पर्याप्त मात्रा में पाठ्यपुस्तकों एवं अन्य लिखित सामग्रियों को उपलब्ध कराए जाने में गंभीर समस्याओं का सामना करना पड़ा था, किन्तु समय के साथ–साथ सामग्रियाँ उपलब्ध होती गईं, यद्यपि शिक्षा के उन्नत स्तरों पर कठिनाईयों का सामना करना अभी भी जारी है। भारत में, गाँधी द्वारा राष्ट्रीय भाषा के रूप में हिन्दी पर जोर दिए जाने के बावजूद स्वतंत्रता प्राप्ति के समय से ही शिक्षा के भाषा सम्बन्धी किसी भी निर्णय को लागू नहीं किया गया। शुरुआती पहलों के अर्थहीन हो जाने के बाद की भाषाई नीतियाँ विवादों और कभी–कभी सामाजिक असंतोष का शिकार हो गईं। स्वतंत्रताप्राप्ति से एक अर्द्धशताब्दी के बाद अभीतक व्यापक तौर पर स्वीकृत किसी भाषा नीति को नहीं अपनाया जा सका है और उच्च शिक्षा प्रणाली कामचलाऊ समाधानों को प्रस्तुत करती रहती है। तुलनात्मक विश्लेषण ऐसे देशों के कुछ उदाहरण प्रस्तुत करते हैं जिनके द्वारा भाषा के सम्बन्ध में जागरूक निर्णय लिए जा चुके हैं और जिन्होंने उन्हें कार्यान्वित भी कर दिया है, परंतु एक बहुत बड़ी संख्या वाले मामलों में

अभी भी भाषा भारी विवाद का विषय बनी हुई है। भाषा सम्बन्धी समस्याएं किसी भी प्रकार से तीसरी दुनिया के देशों तक ही सीमित नहीं हैं। उदाहरणार्थ, कनाडा एवं बेल्जियम में भी बहुत बहसें की जा चुकी है और भाषाई मुद्दों से सम्बन्धित असंतोष देखे जा चुके हैं तथा शिक्षा प्रणाली प्रायः ही भाषाई संघर्ष की युद्धभूमि बनी रहती है। अतः, किसी भी प्रकार से अकेला भारत ही भाषाई असमंजस से नहीं जूझ रहा है।

विशिष्ट विश्वविद्यालय सुधारों का कार्यान्वयन भी संपूर्ण विश्व में कठिन सिद्ध हुआ है। वास्तव में, सामान्य तौर पर यह सत्य है कि सफल विश्वविद्यालय सुधारों को ऊपर से (सरकारों द्वारा) कानूनी रूप दिया गया है और यह कि विश्वविद्यालय स्वयं भी सुधार के मुश्किल से ही इच्छुक रहे हैं।[16] जहाँ कहीं भी एक स्पष्ट शैक्षिक परिप्रेक्ष्य सहित केन्द्रीकृत सरकारी अधिकारी मौजूद रहे हैं, जैसा कि स्वीडन में है, वहाँ उच्च शिक्षा में महत्वपूर्ण सुधारों को कानूनी रूप प्रदान किया गया है और अकादमिक समुदाय की सशक्त आपत्तियों के बावजूद लागू भी किया गया है।[17] और स्वीडन के मामले में भी अकादमिक समुदाय सुधारों का बड़ा आलोचक रहा है और उन्हें लागू किए जाने में विलंब करवाने में सफल भी रहा था। पश्चिमी जर्मनी में 1960 के दशक के छात्र विद्रोह के परिणामस्वरूप अकादमिक समुदाय के द्वारा कानूनी कार्यवाही और अन्य दबावों के माध्यम से सुधारों के प्रभाव को सीमित कर दिया गया था। जापान एक ऐसे देश का एक अन्य उदाहरण है जहाँ परंपरागत अकादमिक ढाँचे की व्यापक आलोचना की गई है और सुधार सम्बन्धी योजनाएं प्रस्तावित की गई हैं किन्तु वास्तव में बुनियादी व्यवस्थागत सुधार में कोई सफलता हासिल नहीं की जा सकी है।[18] शायद यह महत्वपूर्ण है कि उच्च शिक्षा के व्यवस्थित सुधारों का उदाहरण ब्रिटेन में मौजूद है जहाँ थैचर सरकार ने, विश्वविद्यालयों एवं अकादमिक समुदायों के सशक्त विरोध को नजरअंदाज करते हुए, कार्यकाल समाप्त कर दिए, संस्थानों का एकीकरण कर दिया और बजटीय आबंटनों के निर्धारण के लिए आर्थिक–आधारित प्रदर्शन उपायों को लागू कर दिया और इस प्रकार विश्वविद्यालयों के निधिकरण के मुख्य माध्यम के रूप में विश्वविद्यालय अनुदान समिति से छुटकारा प्राप्त कर लिया।[19] थैचर सरकार दो बड़े उच्च शिक्षा क्षेत्रों, विश्वविद्यालयों एवं पॉलीटेक्निकों, को एक में संयोजित करने की दिशा में भी आगे बढ़ी। ये परिवर्तन सरकार की प्रत्यक्ष पहल के द्वारा एक ऐसे समय पर किए गए थे जब कंजरवेटिव दल के लोगों के पास हाउस ऑफ कॉमंस में बहुमत था और जब शिक्षा नीति पर एक स्पष्ट सरकारी आम सहमति मौजूद थी।

संपत्ति एवं आर्थिक विकास में अपने अंतरों के बावजूद भारत और अमेरिका उच्च शिक्षा सम्बन्धी सुधार के मामलों में एक रोचक तुलनात्मक बिन्दु प्रस्तुत करते हैं। दोनों ही अकादमिक प्रणालियाँ बड़ी हैं और दोनों ही विविधतापूर्ण आबादी को सेवा प्रदान करती हैं। दोनों के पास ही संस्थानों की एक बड़ी संख्या मौजूद है जो अलग–अलग अकादमिक स्तरों पर कार्य कर रहे हैं। सर्वाधिक प्रासंगिक तथ्य यह है कि दोनों के पास उच्च शिक्षा के लिए विभाजित सरकारी उत्तरदायित्व हैं, जिसमें से प्रमुख शक्ति राज्य सरकारों के पास है किन्तु शोध एवं अनेक अन्य चुनिंदा क्षेत्रों में केन्द्र सरकार एक विशाल एवं महत्वपूर्ण निजी क्षेत्र के साथ मिलकर एक महत्वपूर्ण भूमिका निभाती है। गत चार दशकों के दौरान दोनों ही देशों ने उच्च शिक्षा में भारी विस्तार का अनुभव किया है। हालांकि, इनमें से किसी ने भी अकादमिक प्रणाली के ढाँचें, कामकाज अथवा दिशानिर्देशन में कोई भी महत्वपूर्ण परिवर्तन नहीं किया है। अकादमिक प्रणाली के विभिन्न स्तर पूर्णतः स्वतंत्र रूप से संचालित होते हैं और सापेक्षिक रूप से उनके बीच बहुत कम समन्वयन किया जाता है।

अमेरिका में, छात्र ऋण तथा अनुदान जैसे क्षेत्रों तथा सकारात्मक कार्यवाही से सम्बन्धित कानून (अल्पसंख्यक समूहों तथा महिला छात्रों के नामांकन सम्बन्धी कार्यक्रमों और कॉलेजों तथा विश्वविद्यालयों में महिलाओं की भर्ती हेतु विशेष प्रयासों के कार्यक्रमों) का संघीय सरकार की नीतियों पर एक महत्वपूर्ण प्रभाव पड़ चुका है। इसके अलावा, संघीय सरकार शोधकार्य के लिए धन उपलब्ध कराने में एक प्रमुख भूमिका निभाती है। इसी प्रकार, भारत में विश्वविद्यालय अनुदान आयोग, जिसने अकादमिक पेशे के वेतनों में वृद्धि करवाने, विभिन्न क्षेत्रों में सुधार को प्रोत्साहित करने तथा उच्च शिक्षा की गुणवत्ता में सुधार लाने का कार्य किया है, के द्वारा की गई पहलों के माध्यम से केन्द्र सरकार अकादमिक नीति पर एक प्रभाव डालती है। दोनों ही देशों में, उच्च शिक्षा के उत्तरदायित्व के प्रसार के कारण तथा अधिकांश निधियों के राज्य सरकारों से प्राप्त होने के कारण केन्द्र द्वारा की गई पहलों के प्रभाव बड़ी हद तक सीमित ही रहे हैं। उदाहरण के लिए, भारत में उच्च शिक्षा के लिए केन्द्र सरकार लगभग 23 प्रतिशत धनराशि उपलब्ध कराती है जबकि शेष 77 प्रतिशत की पूर्ति राज्यों तथा अन्य संसाधनों से होती है। यह नोट करने योग्य है कि केन्द्रीय हिस्सेदारी में 1971 से 1984 के बीच गिरावट आई है जो 39 प्रतिशत से घटकर 23 प्रतिशत हो चुकी है।[20]

चूंकि राष्ट्रीय प्राथमिकताओं, जैसे बुनियादी शोध, रक्षा–सम्बन्धित शोध एवं छात्रों के लिए ऋण–प्रतिभूति के क्षेत्रों में संघ सरकार के द्वारा बहुत बड़ी धनराशि उपलब्ध कराई जाती है, अतः उच्च शिक्षा पर राष्ट्रीय नीति का एक व्यापक प्रभाव पड़ता रहा है। आगे, अमेरिकी संघीय कानून संस्थानों के द्वारा संघीय निधियों को स्वीकार कर लिए जाने के बाद विशिष्ट नीतियों के अनुपालन को अनिवार्य बनाते हैं। इसका अर्थ है कि कॉलेजों तथा विश्वविद्यालयों, जिन्होंने शोध के लिए संघीय निधियाँ हासिल की हैं अथवा जो संघीय छात्र ऋणों का उपयोग करते हैं, को सकारात्मक कार्यवाही, ऋण तक पहुँच सम्बन्धी दिशानिर्देशों, तथा अनेक अन्य नियमों का अनुसरण करना अनिवार्य होता है। संस्थानों के पास विकल्प उपलब्ध होता है कि वे संघीय कार्यक्रमों में हिस्सा न लें और इस प्रकार से उन्हें ऐसे अनेक नियमों का अनुसरण नहीं करना पड़ता। कुछ कॉलेज इन निधियों को स्वीकार नहीं करते लेकिन उनकी एक बड़ी संख्या संघीय धनराशि को स्वीकार करती है और इस प्रकार कानून के प्रति उत्तरदायी होती है।[21] यह नोट करना चाहिए कि विगत कुछ वर्षों के दौरान राष्ट्रीय सरकार की प्राथमिकताएं परिवर्तित हो चुकी हैं और उच्च शिक्षा के निधिकरण में कटौती की जा चुकी है तथा गारंटीशुदा छात्र ऋणों से सम्बन्धित विशिष्ट कानून परिवर्तित कर दिए गए हैं, जिससे इन निधियों तक पहुँच के सीमित होने के साथ–साथ आबंटनों में भी भारी कमी आ चुकी है। अमेरिकी प्रणाली के अंतर्गत, राष्ट्रीय उच्च शिक्षा नीति अपेक्षाकृत एक सीमित संख्या वाले क्षेत्रों में ही विद्यमान है, और इन क्षेत्रों में संघ सरकार के प्रभाव महत्वपूर्ण रहे हैं। परंतु इस बात को लेकर बहसें लगातार जारी रही हैं कि नीतियों का निर्धारण कहाँ पर सर्वश्रेष्ठ तरीके से होता है तथा उच्च शिक्षा की दिशा निर्धारण से सम्बन्धित अधिकार कहाँ केन्द्रित होने चाहिए।[22] बात जब उच्च शिक्षा की आती है तो विभिन्न राज्यों की नीतियाँ प्राथमिक महत्व वाली हो जाती हैं–और नीतियों में महत्वपूर्ण अंतर मौजूद हैं।

इस तुलनात्मक विश्लेषण का उद्देश्य यह स्पष्ट करना है कि राष्ट्रीय उच्च शिक्षा नीति और, उससे भी कहीं महत्वपूर्ण, नीति के कार्यान्वयन अत्यधिक विवादास्पद हैं, विशेषतौर पर इसलिए क्योंकि ये सुधार एवं नवाचार से सम्बन्धित हैं, और अनेक देशों में इनका विरोध किया गया है। यहाँ तक कि यूरोप, जिसके पास केन्द्रीकृत शिक्षा नीति

सम्बन्धी व्यववस्थाएं मौजूद हैं, में भी विश्वविद्यालय सुधार को लागू करना सहज नहीं रहा है। अतः, इसमें आश्चर्य नहीं है कि महत्वपूर्ण सुधारों के कार्यान्वयन भारतीय संदर्भ में भी कठिन रहे हैं। भारत के लिए औद्योगीकृत देशों तथा तीसरी दुनिया के अन्य देशों दोनों में ही नीतिगत कार्यान्वयन की प्रक्रिया का अध्ययन करना उपयोगी हो सकता है।

भारतीय उच्च शिक्षा की राजनीति

भारत में उच्च शिक्षा एक प्रतिस्पर्धा वाला क्षेत्र है। इसमें हर किसी का हित निहित है। जनता, और विशेषतौर पर आबादी के शिक्षित वर्ग, माध्यमिकोत्तर शिक्षा तक पहुँच को एक उच्च प्राथमिकता के रूप में देखते हैं। नामांकनों को सीमित किए जाने का भारी विरोध किया गया है और उच्च शिक्षा नीति में भारी रुचि ली जाती है। संभवतः पूरे विश्व में कहीं पर भी अकादमिक मामलों को समाचारपत्रों में इतना अधिक स्थान नहीं प्रदान किया जाता। सभी स्तर की राजनीतिक व्यवस्थाएं भी कॉलेजों और विश्वविद्यालयों से बहुत अधिक सम्बन्धित रहती हैं–उच्च शिक्षा सरकारी व्ययों के एक महत्वपूर्ण अंश पर अपना दावा रखती है। उदाहरणार्थ, शिक्षा का राज्यों के शुद्ध घरेलू उत्पाद (नेट डोमेस्टिक प्रोडक्ट) पर किए जाने वाले कुल व्यय में 4.4 प्रतिशत का हिस्सा है–और उच्च शिक्षा राज्यों के द्वारा शिक्षा पर किए जाने वाले कुल व्यय में 15.5 प्रतिशत की हिस्सेदार है।[23] आगे, राजनीतिज्ञों के लिए संरक्षण एवं प्रतिष्ठा का साधन होने के कारण अकादमिक संस्थान महत्वपूर्ण राजनीतिक संस्थान होते हैं। जो लोग अकादमिक प्रणाली के अंदर हैं वे अत्यधिक मुखर भी हैं और अकादमिक घटनाओं के प्रति चिंतित हैं। छात्र सक्रियतावाद का सम्बन्ध प्रायः उच्च शिक्षा सम्बन्धी मुद्दों तथा कॉलेज एवं विश्वविद्यालय के अंदरूनी मामलों के साथ जुड़ा होता है, यह एक ऐसी प्रवृत्ति है जो अंतर्राष्ट्रीय तौर पर पूर्णतः असाधारण है।[24] इसके अलावा अकादमिक कर्मचारियों के गहन राजनीतिक संगठन भी कुछ हद तक अनूठे हैं, जो उच्च शिक्षा में अपने परिलाभों और विशेषतौर पर रोजगार की सतर्कतापूर्वक सुरक्षा करता रहता है। हर किसी का कॉलेज अथवा विश्वविद्यालय से सम्बन्ध यहाँ तक जुड़ा होता है कि मामला जब अकादमिक नीति का हो तो ये विभिन्न शक्तिशाली समूह प्रायः ही एक–दूसरे को रद्द करने में सक्षम हो जाते हैं।

अकादमिक संस्थान डिग्रियों तथा एक अति प्रतिस्पर्धापूर्ण वातावरण में रोजगार की न्यूनतम संभावनाओं तक पहुँच प्रदान करते हैं। वे अपने आप में मुखर तथा राजनीतिक रूप से शक्तिशाली मध्यवर्गों के सदस्यों के लिए रोजगार के महत्वपूर्ण स्त्रोत हैं। वास्तव में, छोटे शहरों तथा देश के अपेक्षाकृत गरीब हिस्सों का कोई भी कॉलेज उस क्षेत्र का सबसे बड़ा और सर्वाधिक महत्वपूर्ण संस्थान हो सकता है। कॉलेज अपने प्रभारियों के संरक्षण के साधन होते हैं। डिग्री कार्यक्रमों में प्रवेश आंबटित किए जा सकते हैं और रोजगार, जो प्रोफेसर से लेकर चौकीदार तक के हो सकते हैं, प्रदान किए जा सकते हैं। कॉलेज अपने क्षेत्र में बेहद शक्तिशाली संस्थान होते हैं। वे राजनीतिक शक्ति एवं अधिकार प्रदान करते हैं। यह भारत के अभावों वाले उस समाज को प्रतिबिंबित करता है जहाँ सभी प्रकार के संसाधनों तक पहुँच के साथ संघर्ष जुड़ा हुआ है। यह सत्य है कि अकादमिक संस्थान राजनीतिक रूप से इतने अधिक आवेशित हैं कि (बहुत लोगों के लिए ये अत्यधिक महत्व रखते है) भारतीय संदर्भ में उनके लिए इसका अर्थ यह रहा है कि परिवर्तन अथवा सुधार से सम्बन्धित किसी भी आम सहमति को हासिल करना असाधारण रूप से कठिन है।

उच्च शिक्षा किसी भी समाज में एक हलचल भरा राजनीतिक मुद्दा रही है। भारत में, उच्च शिक्षा के नियोजन तथा अकादमिक समुदाय के दैनिक जीवन में राजनीतिक कारक अत्यधिक महत्वपूर्ण रहे हैं।[25] उच्च शिक्षा के प्रत्येक स्तर में राजनीतिक कारक प्रवेश कर चुके हैं और, शायद एक अप्रत्याशित सीमा तक अंतर्राष्ट्रीय स्तर पर अकादमिक निर्णयों को प्रभावित करते हैं। राजनीतिक कारक अकादमिक कर्मचारियों की नियुक्तियों, कभी–कभी छात्रों के प्रवेश, पाठ्यपुस्तकों के चयन तथा अनेकों अन्य प्रकार के मामलों में प्रवेश कर जाते हैं। चूंकि ग्रामीण क्षेत्रों से लेकर महानगरीय विश्वविद्यालयों तक के अकादमिक संस्थान दुर्लभ संसाधनों वाले प्रमुख संगठन होते हैं, अतः वे गहन राजनीतिक दबावों के अधीन होते हैं। उच्च शिक्षा की 'सामान्य' राजनीति के साथ ही सभी स्तरों के अकादमिक निर्णयों में सरकारी संलिप्तता का भारी बोझ भी जुड़ा हुआ है। राज्यों की सरकारें सर्वाधिक महत्वपूर्ण कारक हैं क्योंकि उच्च शिक्षा राज्यों का उत्तरदायित्व है, यद्यपि महत्वपूर्ण अकादमिक निर्णयों में केन्द्र सरकार भी संलिप्त होती है। राज्य सरकारों द्वारा छोटे और बड़े सभी अकादमिक मामलों में प्रायः हस्तक्षेप किए जाते रहे हैं। उदाहरणार्थ, राजस्थान सरकार ने एक ऐसा कानून पारित कर दिया जिसके द्वारा विश्वविद्यालय के कुछ निर्वाचित निकायों के स्थान सरकार द्वारा चुने गए निकायों को प्रदान कर दिए गए। एक अन्य स्तर पर, प्रोफेसरों की नियुक्ति में राज्य सरकार के अधिकारी प्रायः महत्वपूर्ण भूमिका निभाते हैं। बिहार, जो सर्वाधिक राजनीतिक राज्यों में से एक है, में अकादमिक कर्मचारियों की नियुक्तियों में हस्तक्षेप एक आम बात है। एक राज्य में तो उप–कुलपति को मात्र इसलिए निष्कासित कर दिया गया था क्योंकि वह तत्कालीन प्रधानमंत्री की आलोचना करने वाली एक पुस्तक में संलिप्त थे।[26] भारतीय उच्च शिक्षा का सर्वाधिक निचले स्तर से लेकर सर्वोच्च स्तर तक राजनीतिकरण हो चुका है तथा सरकार, अकादमिक समुदाय और कभी–कभी सार्वजनिक क्षेत्र में भी अलग–अलग और प्रायः परस्पर विरोधी राजनीतिक शक्तियों के बीच होने वाले अभिसरण का उच्च शिक्षा के सुधारों पर गहरा प्रभाव पड़ा है। भारत में, 'सामान्य' अकादमिक राजनीति को कॉलेजों तथा विश्वविद्यालयों के निर्णयन निकायों में प्रायः ही की गई बाहरी घुसपैठों द्वारा और अधिक अस्थिर बना दिया जाता है।[27]

आंतरिक प्रशासन की 'लघु राजनीति' सभी जगह संचालित होती है और प्रायः सुधारों में अवरोध उत्पन्न करती है क्योंकि प्रशासन प्रक्रिया में संलिप्त प्रमुख समूहों के बीच आम–सहमति हासिल करना कठिन होता है। भारत में, आंतरिक प्रशासन का ढाँचा असाधारण रूप से जटिल है। विश्वविद्यालयों का आंतरिक प्रशासन न केवल अधिकांश देशों में पाई जाने वाली असाधारण जटिलताओं तथा सहमति–जन्य व्यवस्थाओं के अधीन है, बल्कि अकादमिक रोजगारों तथा उच्च शिक्षा संस्थानों में प्रवेश को बहुत महत्व प्रदान किए जाने के कारण अकादमिक राजनीति और अधिक प्रतिस्पर्धापूर्ण बन चुकी है।[28] उदाहरणार्थ, जे.एन. कौल तर्क देते हैं कि स्वतंत्रता प्राप्ति के बाद की अवधि में स्वायत्तशासी आंतरिक प्रशासन की परंपरा के अभाव ने प्रभावी ढाँचों के विकास को कठिन बना दिया है। वो यह भी स्पष्ट करते हैं कि भारतीय विश्वविद्यालयों में प्रमुख अकादमिक ढाँचे, जैसे शासी सभा और अकादमिक परिषद्, जिनमें अधिकांश मामलों में 100 से भी अधिक सदस्य शामिल हैं, इतने अधिक बड़े हैं कि प्रभावी नहीं हो पाते। अपेक्षाकृत एक छोटा निकाय, अर्थात् कार्यकारी परिषद्, जिसके पास भारी अधिकार मौजूद होने की अपेक्षा की जाती है, प्रायः गुटबाजी का शिकार होता है तथा विषमतापूर्ण होता है तथा प्रायः ही उप–कुलपति का विरोधी होता है। विश्वविद्यालय के विभिन्न विभाग, जिनके पास भारी स्वायत्तता होने की अपेक्षा की जाती है, के द्वारा

कभी भी अपनी स्वयं की परंपराओं का निर्माण नहीं किया गया है, उनके कानूनी आधार कमजोर हैं और उनके द्वारा एक शक्तिशाली तथा प्रायः स्थाई अध्यक्ष वाली एक प्रणाली को कायम रखा गया है।[29] भारतीय विश्वविद्यालयों के आंतरिक प्रशासन के ढाँचे की जटिलताएं, कमजोरियाँ, और गुटबंदी निर्णायक निर्णयन को कठिन बना देती हैं और परिसर के राजनीतिकरण में योगदान करती हैं।

सुधार एक प्रमुख सरकारी चिंता है क्योंकि इसमें आवश्यक रूप से संसाधनों के आबंटन, संस्थागत एवं अन्य ढाँचों में परिवर्तन आदि को संलिप्त होते है; और यह अकादमिक प्रणाली के अंदरूनी लोगों के साथ–साथ प्रायः व्यापक जनसमुदाय को भी प्रभावित करती है। भारतीय प्रणाली में, उच्च शिक्षा को सापेक्षिक तौर पर सरकारी निकायों से बहुम कम सुरक्षा प्राप्त है–यह एक ऐसी परंपरा है जिसे औपनिवेशिक काल में प्रारंभ किया गया था।[30] अनेक औद्योगिककृत देशों की अकादमिक प्रणालियों, जो एक महत्वपूर्ण स्तर तक की स्वायत्तता का दावा करती हैं, के विपरीत भारतीय उच्च शिक्षा प्रत्यक्ष रूप से सरकारी संलिप्तता के अधीन है। सामान्यतौर पर, भारतीय संदर्भ में स्वायत्तता की परंपराओं, मानदंडों एवं कानूनी संरक्षणों का अभाव है।[31]

ढाँचागत स्कलेरोसिस (काठिन्य)

जैसा कि प्रायः स्पष्ट किया जा चुका है, भारतीय अकादमिक प्रणाली के बुनियादी ढाँचे को अंग्रेजों द्वारा स्थापित किया गया था, जिनके पास उच्च शिक्षा के विशिष्ट लक्ष्य मौजूद थे।[32] विश्वविद्यालय के सम्बद्धता की अवधारणा, अर्थात् लंदन मॉडल, जिसे भारत में लागू किया गया था, ब्रिटिश आवश्यकताओं के संदर्भ में समझे जाने योग्य थी, किन्तु स्वतंत्रताप्राप्ति के उपरांत तीव्रगति से विकसित हो रही विश्वविद्यालयीय प्रणाली के लिए यह आवश्यक रूप से सर्वोत्तम व्यवस्था नहीं थी। जिस बात ने स्थिति को और अधिक खराब कर दिया है वह यह है कि कुछ अपवादों के साथ यह प्रणाली भारतीय उच्च शिक्षा के लिए एक मानक संगठनात्मक ढाँचा बनकर रह गई है। वास्तव में इसमें परिवर्तन के लिए कोई अवसर उपलब्ध ही नहीं है। हाल ही के वर्षों के दौरान भारतीय उच्च शिक्षा के संगठनात्मक ढाँचे को 'खोलने' के लिए किए गए महत्वपूर्ण प्रयास उन हाशियों पर ही सफल रहे हैं जिनमें कुछ वैकल्पिक मॉडलों को लागू किया गया है, जैसे कृषि विश्वविद्यालय, प्रौद्योगिकी संस्थान तथा, सर्वाधिक हाल में, स्वायत्तशासी कॉलेज, किन्तु इनके द्वारा प्रणाली के बुनियादी ढाँचे को प्रभावित नहीं किया जा सका है। ऐतिहासिक अतीत का महत्व भी भारतीय उच्च शिक्षा के लिए एक भारी बोझ है, एक ऐसा बोझ जिसे मुख्यधारा वाली अकादमिक प्रणाली समाप्त कर पाने में असमर्थ रही है। हालांकि, यह भी नोट करना चाहिए कि अतीत से अलग होने अथवा यहाँ तक कि प्रणाली को महत्वपूर्ण रूप से नई दिशाओं की ओर अग्रसरित किए जाने की इच्छाशक्ति का भी अभाव रहा है।

ऐसे अनेक कारक हैं जो भारतीय उच्च शिक्षा में ढाँचागत जड़ता को प्रेरित करते हैं। इनमें शामिल हैं (क) औपनिवेशिक मॉडल के प्रभाव; (ख) सहजतापूर्वक उपलब्ध विकल्पों का अभाव; (ग) विस्तार पर अकादमिक प्रणाली का संकेन्द्रण; (घ) पर्याप्त निधियों तथा संस्थागत उत्तरजीविता की दिशा में अनुकूलन का अभाव; (ङ) व्यवस्थागत परिवर्तन के लिए निर्देशों पर आम सहमति का अभाव तथा छात्रों, अकादमिक कर्मचारियों एवं अन्य लोगों सहित विभिन्न प्रकार के क्षेत्रों में परिवर्तनों का विरोध; (च) सरकार के अनेक स्तरों पर उच्च शिक्षा के लिए उत्तरदायित्वों का प्रसार; तथा (छ) एक अत्यधिक नौकरशाहीयुक्त प्रणाली जो नवाचार के उच्च स्तरों पर जोर न देती हो।

विस्तार का वर्चस्व

स्वतंत्रता प्राप्ति के समय से विस्तार ही भारतीय उच्च शिक्षा की कसौटी रहा है। कुल छात्र संख्या, जो 1950 में 28 विश्वविद्यालयों एवं 695 कॉलेजों में 1,74,000 थी, 1989 में बढ़कर 144 विश्वविद्यालयों तथा 6,912 कॉलेजों में 39,48,000 तक पहुँच चुकी है। 40 वर्षों की अवधि के दौरान यह वृद्धि औसतन 10 प्रतिशत प्रतिवर्ष की रही है।[33] अकादमिक प्रणाली में सभी स्तरों पर विस्तार हुआ है, जिसमें परास्नातक एवं पेशेवर शिक्षा की संख्याओं में हुई वृद्धि से लेकर पूरे देश में स्नातक कला एवं विज्ञान कॉलेजों में हुआ व्यापक विस्तार भी शामिल है। यहाँ तक कि यह विस्तार छोटे शहरों एवं ग्रामीण क्षेत्रों में भी हुआ है।

विस्तार ऐसे अनेक नीतिगत बयानों और रिपोर्टों के बावजूद जारी रहा है जिनमें इंगित किया गया था कि सतत् वृद्धि आवश्यक नही है और इसका परिणाम संसाधनों का त्रुटिपूर्ण आबंटन करना होता है।[34] वास्तव में प्रत्येक सरकारी आयोग द्वारा आगे के विस्तार के विरुद्ध सिफारिश की गई है, कुछ ने तो आग्रह किया है कि नए संस्थानों को किसी भी सार्वजनिक निधि का आबंटन न किया जाए। यह भी पहचान की जा चुकी है कि अनेकों नए कॉलेजों में समुचित सुविधाओं का अभाव है तथा वे छात्रों की एक अपर्याप्त संख्या को ही प्रवेश देते हैं।[35] फिर भी, वृद्धि की दर में मात्र एक मामूली गिरावट के साथ विस्तार होना जारी है।

सच यह है कि विस्तार भारतीय समाज में शक्तिशाली ताकतों की सहायता करता है। जो लोग भारत के अत्यधिक प्रतिस्पर्धापूर्ण समाज में सामाजिक एवं आर्थिक गतिशीलता के आकांक्षी हैं वे जानते हैं कि यदि उनके पास एक माध्यमिकोत्तर डिग्री हो तो उनके लिए संभावनाएं बेहतर हो जाती हैं। शोध प्रदर्शित करते हैं कि जहाँ कला विषय में किसी स्नातक डिग्रीधारक को स्नातक उत्तीर्ण करते ही तुरंत रोजगार प्राप्त होने की संभावना कम होती है, वहीं उसे अंततः रोजगार प्राप्त हो ही जाता है। आगे, डिग्रीधारकों को उपलब्ध रोजगार का प्रकार भी चाहे माध्यमिकोत्तर शिक्षा न प्राप्त करने वालों की तुलना में सदैव बहुत अधिक पारिश्रमिक वाला न भी हो, किन्तु प्रतिष्ठापूर्ण अवश्य होता है। अतः, कॉलेजों और विश्वविद्यालयों में रिक्त स्थानों की उपलब्धता आकांक्षी मध्यवर्ग एवं ऊपर की ओर प्रगतिशील ग्रामीण एवं शहरी गरीब वर्गों के लिए एक शीर्ष प्राथमिकता होती है। विस्तार ऐसे शक्तिशाली राजनीतिक हितों की पूर्ति भी करता है जो अकादमिक संस्थानों को राजनीतिक प्रभाव एवं शक्ति के आधार के रूप में देखते हैं। भारतीय समाज की ये दोनों अत्यधिक ताकतवर शक्तियाँ उच्च शिक्षा की बढ़ी हुई गुणवत्ता में कोई दिलचस्पी नहीं रखतीं। वास्तव में, वे और अधिक कठोर मानकों का विरोध ही कर सकती हैं क्योंकि इससे उनकी प्रगति पर सीमाएं आरोपित हो जाएगीं और अकादमिक प्रणाली में और अधिक जवाबदेही लागू हो जाएगी।

विस्तार की वास्तविकता का अर्थ यह रहा है कि अकादमिक प्रणाली तथा उच्च शिक्षा से सम्बन्धित सरकारी अधिकारियों दोनों का ही अधिकांश ध्यान विस्तार से निपटने के प्रति समर्पित हो चुका है। सरकारी संसाधनों का उपयोग नए कॉलेजों और विश्वविद्यालयों को धनराशियाँ उपलब्ध कराए जाने के लिए किया जाता है। विश्वविद्यालय, जिनका उत्तरदायित्व है कि वे अपने सम्बद्ध कॉलेजों के छात्रों को डिग्रियाँ प्रदान करें, स्तरों में आगे और गिरावट के भय से और अधिक स्वायत्तता की अनुमति प्रदान करने में हिचकिचाहट से भरे रहे हैं। यह कहना निष्पक्ष है कि भारत में अकादमिक प्रणाली के बहुत बड़े भाग के संसाधनों पर विस्तार के चिंतन का प्रभुत्व

बना रहा है, जिससे बुनियादी सुधारों के लिए समय तथा संसाधनों की बहुत कम मात्रा ही शेष रह गई है।

मुख्यधारा वाली अकादमिक प्रणाली सामान्यतौर पर अंतहीन वृद्धि से निपटने सम्बन्धी कार्यों तले दबी रही है। आगे विस्तार करते रहने का दबाव डालने वाले राजनीतिक एवं अन्य दबावों के कारण यथास्थिति के परिवर्तित होने की आशा करने का कोई कारण मौजूद नहीं है। जहाँ वृद्धि दर मंद करने में कुछ सफलता प्राप्त भी हुई हैं वहीं विस्तार को रोक पाना अथवा ऐसी परिस्थितियों को उत्पन्न कर पाना पूरी तरह से असंभव प्रतीत होता है जिनके अंतर्गत संख्याओं के साथ निपटना भारत में अकादमिक संस्थानों की भारी संख्या का प्राथमिक कार्य नहीं रह जाएगा।

अकादमिक पेशा

भारतीय अकादमिक पेशा एक विशाल एवं 2,50,000 लोगों का विविधतापूर्ण समूह है, जिसमें से 80 प्रतिशत लोग विशिष्टतौर पर स्नातक स्तर के शिक्षण में संलिप्त हैं। बात जब संस्थागत परिवर्तन की आती है तो हर जगह अकादमिक समुदाय रूढ़िवादी हो जाता है और सामान्यतः इनके द्वारा सुधारों का विरोध किया जाता रहा है।[36] लगभग प्रत्येक देश में और लगभग प्रत्येक ऐतिहासिक परिस्थिति में प्रोफेसर समुदाय ने उच्च शिक्षा में परिवर्तन का विरोध किया है। भारतीय अकादमिक पेशा भी इस नियम का अपवाद नहीं है और इसके परिणामस्वरूप सुधार में महत्वपूर्ण बाधाएं रही हैं। इसकी कुछ अन्य विशेषताएं भी रहीं हैं जो अतिरिक्त समस्याएं उत्पन्न करती हैं।[37] जैसा कि इरेन गिल्बर्ट एवं एडवर्ड शिल्स ने स्पष्ट किया है, भारतीय अकादमिक समुदाय के पास स्वायत्तता की कुछ परंपराए उपलब्ध रहीं हैं जो अधीनता की मानसिकता उत्पन्न करती हैं।[38] जैसा कि नोट किया जा चुका है, भारतीय अकादमिक पेशे को उस औपनिवेशिक प्रशासन द्वारा जन्म दिया गया था जो सृजनात्मकता और शोध के बजाय निष्ठा एवं अधीनता में अधिक दिलचस्पी रखता था।

इस पेशे में पारिश्रमिक परंपरागततौर पर बहुत कम रहा है, यद्यपि हाल ही में किए गए समायोजनों, विशेषतौर पर वरिष्ठ श्रेणियों में, के द्वारा वेतनों में महत्वपूर्ण वृद्धि हो चुकी है। यह पेशा परंपरागत तौर पर आर्थिक सुरक्षा को लेकर बहुत चिन्तित रहा है यद्यपि अनेक अकादमिक लोग आज इतना अधिक वेतन अर्जित कर रहे हैं जो उन्हें भारतीय मध्यवर्ग के बीच ठोस रूप से स्थापित कर देता है। इसके बावजूद आर्थिक असुरक्षा की एक भावना विद्यमान है, शायद इसका कारण रोजगार सुरक्षा के कमजोर प्रक्रियात्मक संरक्षण तथा शक्तिशाली एवं प्रायः तानाशाही अकादमिक प्रशासन की एक परंपरा रही है, जो विशेषतौर पर स्नातक कॉलेजों में विद्यमान है। जैसे कि भारतीय मध्यवर्ग में अनेक के लिए होता है, स्थिति तथा आय में कमी आना कभी भी सच्चाई से परे नहीं होता और यही बात अकादमिक पेशे में रूढ़िवाद में योगदान करती है।[39]

यह पेशा एक महत्वपूर्ण स्तर तक संगठित भी है, और श्रमसंघों के द्वारा नीति–निर्धारकों पर अविश्वास करते हुए तथा इस भय, कि कार्य की स्थितियों में परिवर्तन उनके सदस्यों के लिए समस्याएं उत्पन्न करेंगे, के साथ लगभग हमेशा ही बड़े सुधारों का विरोध किया गया है। कुछ संस्थानों में इस पेशे का राजनीतिकरण भी हो चुका है। अकादमिक लोग प्रायः अपनी दुनिया को राजनीतिक संदर्भों में ही देखते हैं क्योंकि अकादमिक संस्थानों के प्रशासन के ढाँचे बहुत अधिक राजनीति प्रधान हैं और सभी स्तरों पर अकादमिक नियुक्तियों में राजनीतिक संलिप्तता मौजूद है। प्रायः

अकादमिक श्रमसंघ स्वयं भी संस्थागत तथा समाज दोनों के ही स्तरों पर राजनीति में संलिप्त रहते हैं। श्रमसंघ प्रायः किसी राजनीतिक दल और आंदोलन से सम्बद्ध होते हैं और कुछ सीमा तक वैचारिक अथवा कभी–कभी समाज की नस्ली अथवा जातीय राजनीति को परिसर में भी ले आते हैं। चूंकि श्रमसंघों के समाज में प्रायः राजनीतिक गठबंधन होते हैं, अतः श्रमसंघ अपनी ओर से विश्वविद्यालय से बाहर की उन शक्तियों को जुटाने में सक्षम होते हैं, जो प्रायः राज्य की विधानसभा के अंदर से अथवा लोकसभा से सम्बन्धित होती हैं। भारतीय संदर्भ में, अकादमिक श्रमसंघों को भली–भांति नहीं समझा गया है, किन्तु उच्च शिक्षा में वे एक ताकतवर शक्ति हैं–एक ऐसी शक्ति जिसका सुधार के साथ–साथ अकादमिक निर्णयन के अन्य पहलुओं पर भी एक प्रभाव होता है।

यह तथ्य कि स्नातक कॉलेजों में कार्यरत् अधिकांश शिक्षकों, जिनके पास नीति निर्धारण में वास्तव में कोई भूमिका उपलब्ध नहीं होती, ने अकादमिक उपक्रम में सहभागिता की अपनी भावनाओं को सीमित कर लिया है। महत्वपूर्ण सुधारों को लगभग हमेशा ही कार्य के स्थापित मानदंडों के प्रति एक खतरे तथा एक ऐसे संदर्भ में (कम–से–कम स्नातक कॉलेजों में) रोजगार सुरक्षा के प्रति एक संभावित खतरे के रूप में देखा जाता है जिसमें कार्यकाल प्रायः ही बहुत अधिक सुरक्षित नहीं होता। अतः, अकादमिक पेशे के समाजविज्ञान, मनोविज्ञान एवं संस्थागत स्थिति का सामान्य अर्थ यह रहा है कि वे सुधार सम्बन्धी प्रयासों के विरोधी रहे हैं।

संसाधन

भारतीय उच्च शिक्षा के पास धन की गंभीर कमी है। यहाँ तक कि तीसरी दुनिया के अनेक अन्य देशों के द्वारा उच्च शिक्षा के लिए प्रदान किए जाने वाले संसाधनों के साथ तुलना किए जाने तथा प्रतिव्यक्ति आधार पर गणना किए जाने पर भारत सापेक्षिक तौर पर बहुत पीछे रहा है। जैसा कि नोट किया जा चुका है, विस्तार का कार्य निधियों में तद्नुरूपी वृद्धि के बिना ही कर लिया गया है। फिर भी, इस बात पर व्यापक सहमति हैं कि उच्च शिक्षा को शिक्षा बजट से अपेक्षाकृत कम अनुपात में धनराशि प्राप्त होनी चाहिए।[40] यह उच्च शिक्षा की समग्र स्थिति को असाधारण रूप से कठिन बना देता है क्योंकि विस्तार को सीमित कर पाना असंभव रहा है; उसी के साथ–साथ, बढ़ी हुई संख्याओं को उपलब्ध कराए जाने हेतु संसाधन पर्याप्त नहीं हैं।

उच्च शिक्षा में नवाचारों को लागू करने के सामान्य साधन विश्वविद्यालय अनुदान आयोग के माध्यम से केन्द्र सरकार के पास उपलब्ध रहे हैं, ताकि एक सीमित अवधि के लिए विशिष्ट नवाचारों, जैसे परीक्षा सुधार अथवा पाठ्यक्रम सुधार आदि के लिए आंशिक अथवा कभी–कभी संपूर्ण धनराशि उपलब्ध कराई जा सके। ऐसी अवधि की समाप्ति पर राज्य सरकारों अथवा संस्थानों को निजी तौर पर राजकोषीय उत्तरदायित्व अवश्य ही ग्रहण कर लेना चाहिए। इस प्रणाली के अनेक निहितार्थ रहे हैं। एक यह है कि निधिकरण की अवधि समाप्त होते ही नवाचार भी समाप्त हो जाते हैं–यद्यपि उन्हें जारी रखे जाने की प्रतिबद्धताएं की जा चुकी होती हैं। नवाचारों के लिए एक अन्य पैटर्न यह है कि राज्य अथवा स्थानीय स्तर पर उनका अपर्याप्त वित्तपोषण किया जाए ताकि कुछ समय के बाद वे जीर्णता की स्थिति में पहुँच जाएं। राज्य एवं स्थानीय स्तर पर एजेन्सियाँ भी संस्थानों को दिन–प्रतिदिन जिंदा रखने तथा नवाचारों को कायम रखने में समर्थ होने के लिए निरंतर बढ़ती संख्या के दबाव के साथ सामान्यतः बहुत

अधिक चिंतित हैं, विशेष तौर पर तब जब ये परिवर्तन स्थानीय के बजाय बाहरी विचारों के परिणामस्वरूप उत्पन्न हुए हों।

हालांकि, अनेकों मौकों पर उच्च शिक्षा में महत्वपूर्ण नई पहलों को लागू करने हेतु संसाधनों की खोज की जा चुकी है। दो दशकों से भी अधिक समय पहले की गई प्रौद्योगिकी संस्थानों की स्थापना इसका एक उदाहरण है। विशिष्ट क्षेत्रों में उच्च–गुणवत्तायुक्त शिक्षा प्रदान करने के अर्थों में आईआईटी अत्यधिक सफल सिद्ध हुए हैं। परंपरागत कॉलेजों और विश्वविद्यालयों से तुलना किए जाने पर वे बहुत खर्चीले सिद्ध हुए हैं। हालांकि, सामान्यतौर पर उच्च शिक्षा की मुख्यधारा वाले क्षेत्र, अर्थात् कॉलेजों और विश्वविद्यालयों में महत्वपूर्ण सुधारों के लिए धन उपलब्ध नहीं रहा है।

उच्च शिक्षा में परिवर्तन के लिए संसाधनो के जारी किए जाने में होने वाला बिलंब इस प्रश्न पर लटका रहता है कि उच्च शिक्षा के लिए 'भुगतान कौन करे?' तिलक स्पष्ट करते हैं, भारत में शिक्षणशुल्क की हिस्सेदारी उच्च शिक्षा की कुल लागत के 10 प्रतिशत से भी कम होती है–जो 1950 के 20 प्रतिशत से भी घट चुकी है।[41] और भारतीय छात्रों द्वारा भुगतान किए गए शुल्कों का वास्तविक अर्थों में आकलन किए जाने पर यह 1950 की तुलना में अब लगभग आधा रह गया है। भारतीय उच्च शिक्षा में कुछ ऋण आधारित कार्यक्रम मौजूद हैं। यह स्पष्ट है कि सामान्यतौर पर उच्च शिक्षा के लिए और विशेषतौर पर महत्वपूर्ण सुधार के लिए संसाधनों से सम्बन्धित अनेक प्रकार के जटिल मुद्दे मौजूद हैं। जहाँ कुछ ऐसे सुधार हैं जिन्हें बिना भारी धनराशि व्यय किए ही लागू किया जा सकता है, वहीं अधिकांश व्यवस्थागत परिवर्तनों के लिए बड़ी धनराशियों की आवश्यकता है, और ऐसा असंभव प्रतीत होता है कि सरकारी संसाधन, चाहे वे केन्द्रीय हों अथवा प्रांतीय, उपलब्ध हो सकेंगे। अन्य विकल्पों पर विचार किया जा सकता है, जैसे, छात्रों के शुल्कों में वृद्धि; शिक्षा की लागत पर आधारित अधिक महत्वपूर्ण रूप से विभेदीकृत शिक्षण शुल्क; ऋण योजनाएं एवं उच्च शिक्षा संस्थानों की आय में वृद्धि के अन्य तरीके। सुधार के लिए संसाधनों का प्रश्न महत्वपूर्ण तथा चुनौतीपूर्ण दोनों ही है।

परीक्षा प्रणाली

भारतीय उच्च शिक्षा में एक शताब्दी से भी अधिक समय से आमतौर पर प्रयुक्त की जाने वाली लॉकस्टेप (lockstep) परीक्षा प्रणाली की पहचान सुधार की एक प्रमुख समस्या के रूप में की जा चुकी है।[42] परीक्षाएं पाठ्यक्रमों को आकार प्रदान करती हैं और शिक्षा की प्रकृति का निर्धारण करती हैं। वे कक्षाओं में शिक्षक की स्वायत्तता में कमी लाती हैं और नवाचार की संभावना में भारी कमी लाती हैं। इस बात की भारी आलोचना की जाती रही है कि परीक्षाएं किए गए अध्ययन का समुचित मापन नहीं करतीं।[43] परीक्षा प्रणाली के प्रशासन की समस्याओं पर भी व्यापक चर्चाएं की जा चुकी हैं–अकुशलताओं, सामयिक बेइमानी एवं प्रणाली के व्यवधान आदि के कारण संपूर्ण अकादमिक प्रणाली की भारी बदनामी हो चुकी है।

इसी के साथ–साथ, उन्हें एक ऐसी विशाल उच्च शिक्षा प्रणाली में गुणवत्ता के एक 'धरातल' को कायम रखने वाला भी बताया जाता है जिसके अंतर्गत स्तरों को कायम रखना कठिन होता है। जहाँ प्रत्येक सरकारी आयोग, जिसके द्वारा विगत 40 वर्षों के दौरान उच्च शिक्षा का परीक्षण किया जा चुका है, ने परीक्षा प्रणाली पर हमला बोला है, और विश्वविद्यालय अनुदान आयोग तथा भारतीय विश्वविद्यालय संघ के द्वारा इस

प्रणाली को सुधारने अथवा संशोधित करने के प्रयास किए जा चुके हैं, वहीं वास्तव में किया कुछ भी नहीं जा सका है। इस प्रणाली में मौजूद अनेक लोग सुधार के जोखिम उठाने के इच्छुक नहीं हैं, इस भय से कि इसका परिणाम अराजकता होगी। परीक्षा प्रणाली कुछ उन आम तत्वों में से एक है जो थोड़ी–बहुत समरूपता बनाए रखती है। यह भारतीय उच्च शिक्षा में सुधार की व्यापक समस्याओं की भी प्रतीक है। कोई भी ऐसे जोखिम उठाने का इच्छुक नहीं है जो प्रायः टूटने के कगार पर खड़ी रहने वाली अकादमिक प्रणाली में समस्याएं उत्पन्न कर सकते हों।

गत दो दशकों के दौरान सुधारों ने भारतीय उच्च शिक्षा के साथ क्या गलत है के एक प्रमुख तत्व के रूप में परीक्षा प्रणाली पर कब्जा जमा लिया है और इसे परिवर्तित करने के प्रयास किए हैं। कुछ लोगों ने 'प्रश्न बैंकों', बेहतर राष्ट्रीय पर्यवेक्षण एवं कुशलता में अन्य सुधारों का प्रस्ताव दिए जाने के द्वारा वर्तमान प्रणाली की मरम्मत करने का प्रयास किया है। एक अन्य लोकप्रिय प्रस्ताव यह रहा है कि आंतरिक आकलन की अनुमति प्रदान की जाए जिसके द्वारा शिक्षकों को आकलन की प्रक्रिया में लाया जाए और केन्द्रीकृत परीक्षा ढाँचे पर निर्भरता में कमी लाई जाए। कुछ लोगों ने तो यह तर्क देते हुए इस पूरी प्रणाली को ही समाप्त कर देने का आग्रह किया है कि परीक्षा प्रणाली भारतीय उच्च शिक्षा में समस्त नौकरशाही और भ्रष्टाचार की जड़ों में निहित है और यह कि 'बाजार की शक्तियों' को यह निर्णय करने की अनुमति प्रदान की जानी चाहिए कि बाजार में किस अकादमिक डिग्री का क्या मूल्य है।

जो कुछ भी महत्वपूर्ण है वह यह कि इनमें से कोई भी प्रस्ताव परिणाम नहीं दे सका है। यह तथ्य कि पारंपरिक प्रणाली का यह एक तत्व, जिसमें सापेक्षिकतौर पर परिवर्तन सहज प्रतीत होता है और जो हमें इस व्यापक व्यवस्थित सुधार की समस्याओं के सम्बन्ध में थोड़ा बहुत बताता है, न केवल कठिन बल्कि सुधार के प्रति असंभव भी सिद्ध हो चुका है। यह समझना कठिन नहीं है कि इस प्रणाली में परिवर्तन इतना कठिन क्यों है। यह भारत में परंपरागत अकादमिक संतुलन का एक हिस्सा है। छात्र जानते हैं कि उन्हें क्या आशा करनी चाहिए और परंपरागत परीक्षाओं को उत्तीर्ण करने में छात्रों की सहायता करने के लिए साधनों की खोज कर ली गई है। लाभदाय कोचिंग संस्थानों की सर्वव्यापकता, अतिरिक्त पारिश्रमिक अर्जित करने के एक साधन के रूप में अनेक शिक्षकों के द्वारा निजी कक्षाओं (जो अधिकांशतः औपचारिक रूप से प्रतिबंधित हैं) हेतु व्यापक तौर पर दिए जाने वाले प्रस्ताव, तथा यह तक कि भारत के कुछ भागों में संस्थागत नकल आदि ने एकसाथ मिलकर व्यवहारों तथा परीक्षा प्रणाली से सम्बन्धित अपेक्षाओं के पैटर्न निर्मित कर दिए हैं। यह प्रणाली शिक्षकों को लाभ पहुँचाती है क्योंकि वे न केवल कोचिंग के माध्यम से बल्कि परीक्षाओं के श्रेणीकरण से भी धनोपार्जन कर सकते हैं। परीक्षाओं के केन्द्रीयकृत तरीके से डिजाइन एवं श्रेणीकरण किए जाने के कारण स्वयं को भ्रष्टाचारमुक्त समझे जाने के साथ स्वयं यह प्रणाली भी पक्षपात और भ्रष्टाचार के विरुद्ध कुछ सुरक्षा प्रस्तावित करती है। यह तथ्य कि अनेक छात्र परीक्षाओं में असफल होते हैं और परिणामस्वरूप अपनी डिग्रियाँ नहीं प्राप्त कर पाते, कोई विशेष अंतर डालता प्रतीत नहीं होता। ऐसा अनुमान लगाया गया है कि विश्वविद्यालयीय परीक्षाओं में प्रतिवर्ष 20 प्रतिशत (अधिकांश विज्ञान तथा प्रौद्योगिकी क्षेत्रों में) से लेकर 60 प्रतिशत (कुछ कला एवं सामाजिक विज्ञानों के क्षेत्र में) तक छात्र असफल रहते हैं।[44] ब्रिटिश औपनिवेशिक अधिकारियों द्वारा स्थापित की गई परीक्षा प्रणाली न केवल शिक्षा प्रणाली में बल्कि संपूर्ण भारतीय समाज में भी गहरी जड़े जमाए हुए है। इसके परिवर्तन के लिए न केवल अकादमिक डिग्रियाँ प्रदान किए

जाने सम्बन्धी दृष्टिकोण को परिवर्तित करने की आवश्यकता है बल्कि, एक तरह से, बुद्धिजीवी शासन के मनोवैज्ञानिक दृष्टिकोण को भी परिवर्तित करना आवश्यक है। अनेक लोग यह मानते हुए वर्तमान प्रणाली पर विश्वास नहीं करते कि इसमें कुछ भ्रष्टाचार एवं पक्षपात घुस चुका है, किन्तु कुछ लोग पूर्णतः नई और अपरीक्षित व्यवस्था पर विश्वास करने के इच्छुक हैं।[45]

समाज एवं विश्वविद्यालय

उच्च शिक्षा भारत में अनेक भूमिकाएं निभाती है। जैसा कि पहले उल्लेख किया जा चुका है, अनेकों लोगों के लिए इसका असाधारण महत्व है और इसे प्रायः शक्तिशाली लोगों को लाभ प्रदान करने वाली विशिष्ट सामाजिक व्यवस्थाओं के प्रति महत्वपूर्ण खतरे के रूप में देखा जाता है। सामाजिक शक्तियों के नियंत्रणों एवं संतुलनों के साथ–साथ परिसर में गहन रुचि रखने वाले समूहों ने महत्वपूर्ण सुधारों में अवरोध उत्पन्न किए हैं, बल्कि, वास्तव में, इन्हें रोक दिया है। समाज की राजनीति प्रायः परिसर के संघर्षों में वृद्धि करते हुए और उच्च शिक्षा का और अधिक राजनीतिकरण करते हुए विश्वविद्यालयों से खिलवाड़ करती रही है। इसका परिणाम है सामाजिक अशांति और प्रायः इन परिवर्तनों को लागू नहीं किया जाता।

अनुसूचित जातियों एवं जनजातियों के छात्रों तथा, और अधिक हाल में, समाज के ऐसे वंचित क्षेत्रों, जिनकी पहचान भारतीय संविधान में वंचित होने के रूप में विशिष्टतौर पर नहीं की गई है, के छात्रों के लिए आरक्षण प्रदान किए जाने का अत्यधिक संवेदनशील मुद्दा उच्च शिक्षा में एक सुधार के द्वारा एक महत्वपूर्ण सामाजिक समस्या का समाधान करने के प्रयास का एक उदाहरण है। 'आरक्षण' का मुद्दा अनेक वर्षों से भारत के अनेक भागों में विस्फोटक बना रहा है। गुजरात सरकार के द्वारा आरक्षण के पात्र समूहों की संख्या का विस्तार किए जाने सम्बन्धी प्रयास बड़ी सामाजिक अशांति, हिंसा और अंततः इस मुद्दे पर राज्य सरकार के पतन का कारण रहे हैं। अन्य राज्यों ने भी व्यापक स्तर पर आरक्षण नीतियों को लागू करना प्रारंभ कर दिया है। उदाहरणार्थ, आंध्र प्रदेश के द्वारा कॉलेजों एवं विश्वविद्यालयों (साथ–साथ सरकारी नौकरशाही में भी) में ऐसे 44 प्रतिशत स्थानों की पहचान की गई है जो आरक्षण के अधीन होंगे–इनमें 14 प्रतिशत स्थान अनुसूचित जातियों, 4 प्रतिशत अनुसूचित जनजातियों, तथा 25 प्रतिशत स्थान अन्य सूचीबद्ध पिछड़ी जातियों के लिए आरक्षित होंगे।[46] विगत कुछ वर्षों के दौरान भूतपूर्व प्रधानमंत्री वी.पी. सिंह ने मंडल आयोग की सिफारिशों को लागू करने का कदम उठाया था जिसके द्वारा यह सिफारिश की गई थी कि केन्द्र सरकार को दूरगामी आरक्षण उपलब्ध कराने चाहिए, जैसे कि आंध्र प्रदेश में किए गए हैं, और यह मुद्दा राष्ट्रीय प्रमुखता का विषय बन गया था। इसमें आश्चर्य नहीं है कि मंडल आयोग की सिफारिशों को लागू किए जाने के विरुद्ध सर्वाधिक नाटकीय विरोध प्रदर्शन परिसरों से ही उत्पन्न हुए थे।[47] आरक्षण अकादमिक समुदाय के साथ–साथ छात्रों के बीच भी अलोकप्रिय है। हिंसक प्रदर्शन किए गए, विशेषतौर पर उत्तरी भारत में, और बड़ी संख्या में छात्रों ने आत्मदाह कर लिया। भारी अशांति, लोकसभा में व्यापक प्रतिकूल टिप्पणी तथा राजनीतिक प्रलोभन के पश्चात् वी.पी. सिंह के जनता दल की सरकार गिर गई–जिसने आगे इस मुद्दे के उस राजनीतिक महत्व का संकेत प्रदान कर दिया जो उच्च शिक्षा को सीधे प्रभावित करता है। चर्चा का बिन्दु यह है कि सरकारों के लिए उच्च शिक्षा की ओर दृष्टि डालते हुए व्यापक सामाजिक मुद्दों के किसी समाधान की

खोज करना असामान्य बात नहीं रही है। न ही अकादमिक समुदाय के लिए ज़ोरदार और कभी–कभी हिंसक तरीके से प्रतिक्रिया करना भी असामान्य बात रही है।

भाषा भी एक ऐसा ही मुद्दा रही है जिसके अंतर्गत सरकार द्वारा उच्च शिक्षा नीति के माध्यम से एक कठिन सामाजिक एवं राजनीतिक समस्या का समाधान करने का प्रयास किया गया है। जैसा कि एन. जयराम स्पष्ट करते हैं, भारी संघर्ष और विवाद तथा अनेकों दशकों के दौरान सुधार सम्बन्धी कई प्रस्तावों के बावजूद अभी तक भारतीय उच्च शिक्षा में शिक्षा के माध्यम के मुद्दे का कोई भी समाधान नहीं खोजा जा सका है।[48] इस समस्या को लेकर अलग–अलग राज्यों के दृष्टिकोण भी अलग–अलग हैं, जो क्षेत्रीय राजनीति तथा सांस्कृतिक कारकों को प्रतिबिंबित करते हैं और यहाँ तक कि राज्यों के अंदर स्थित विश्वविद्यालयों के बीच भी महत्वपूर्ण अंतर विद्यमान हैं। स्वतंत्रताप्राप्ति के लगभग 50 वर्षों बाद भी अंग्रेजी भारतीय उच्च शिक्षा में एक महत्वपूर्ण भाषा बनी हुई है। विज्ञान एवं तकनीकी क्षेत्रों में इसका वर्चस्व कायम है और अधिकांश क्षेत्रों में इसे 'प्रतिष्ठापूर्ण भाषा' माना जाता है। उत्तर, जो 'हिन्दी का हृदयस्थल' है, में हिन्दी ने व्यापक स्थान अर्जित कर लिया है, तथापि अन्य स्थानों पर इसे बहुत कम महत्व प्राप्त हो सका है। समय–समय पर स्कूलों और विशेषतौर पर उच्च शिक्षा में शिक्षा के माध्यम से सम्बन्धित विवादों से हिंसा फूटती रही है। सामान्यतः छात्र ही इन उग्र विरोध प्रदर्शनों के अग्रणी मोर्चे पर रहे हैं। मुद्दे जटिल और भावनात्मक हैं। कुछ अवसरों पर, 'हिन्दी साम्राज्यवाद' के रूप में देखे जाने वाले तथ्य के विरूद्ध क्षेत्रीय संस्कृति की रक्षा की जाती रही है। अन्य मामलों में, अंग्रेजी–माध्यम की यथास्थिति को क्षेत्रीय माँगों के विरुद्ध सुरक्षा प्राप्त होती रही है। इसके अलावा अन्य राज्यों में भी स्थानीय अधिकारों को सर्वोच्च माना जाता रहा है। उच्च शिक्षा में यह जटिल स्थिति न केवल राष्ट्रीय सामाजिक नीति के उपकरण के रूप में विश्वविद्यालयों के उपयोग में अर्जित एक और विफलता को प्रतिबिंबित करती है बल्कि राष्ट्रीय स्तर पर किसी बड़े सुधार को लागू करने के किसी भी प्रयास को जटिल भी बनाती है। यह आगे इंगित करती है कि गहन अनुभवकर्ताओं और प्रायः भावुक तत्वों के द्वारा परिवर्तनों का विरोध किस प्रकार किया जाता है। इन उदाहरणों का निष्कर्ष यह है कि व्यापक सामाजिक नीति को लागू करने के लिए उच्च शिक्षा का उपयोग अपरिहार्य रूप से विवादों को जन्म देता है और, सामान्यतौर पर, यह सफल नहीं रहा है। यह अन्य विशुद्ध शैक्षणिक मुद्दों तथा बहसों को भी महत्वहीन बनाता है। निश्चित रूप से, सामाजिक परिवर्तन के लिए एक उपकरण के रूप में शिक्षा का उपयोग करने वाला भारत अकेला देश नहीं है। स्कूल और विश्वविद्यालय सापेक्षिक तौर पर अधिकारविहीन संस्थान होते हैं–और किसी भी स्थिति में वे सार्वजनिक निधियों के आश्रित होते हैं। परिणामस्वरूप, वे हेरफेर के तार्किक लक्ष्य होते हैं। इसके निहितार्थ सदैव गंभीर तथा कभी–कभी अप्रत्याशित होते हैं।

इसमें संदेह नहीं है कि उच्च शिक्षा में व्यवस्थित सुधार से ऐसे ही एक विवाद का खतरा उत्पन्न होता है। वास्तव में, जनता के मुखर वर्गों के लिए किसी भी अर्थपूर्ण सुधार के कुछ निहितार्थ होते हैं और यह विभिन्न स्तरों के राजनीतिक नेताओं के लिए भी चिंता का विषय होते हैं। भारतीय उच्च शिक्षा के राजनीतिकरण को ध्यान में रखते हुए यह देख पाना कठिन है कि ऐसे सुधारों को किस प्रकार लागू किया जा सकता है। यदि अतीत कोई संकेत प्रदान करता है तो समाज के विभिन्न वर्गों से उत्पन्न होने वाली अशांति तथा प्रेस एवं सरकार में की जाने वाली अत्यधिक बहस या तो प्रस्तावित सुधारों के साथ गंभीर रूप से समझौता कर लेगी अथवा उन्हें विफल कर देगी।

चूंकि उच्च शिक्षा लगभग सभी समाजों में एक अत्यधिक महत्वपूर्ण सामाजिक संस्थान होती है, अतः यह भारी जाँच के अधीन होती है। यह सामाजिक गतिशीलता के एक मार्ग के रूप में, आधुनिक बन रहे एक समाज के लिए आवश्यक कौशल प्रदान करने के एक साधन के रूप में, अन्यथा रूप से बेरोजगार रहने वाले लोगों के लिए एक 'पड़ाव' (पार्किंग लॉट) के रूप में, राजनीतिक शक्ति के एक स्त्रोत के रूप में, और कभी–कभी व्यावसायिक उपक्रम के रूप में भी कार्य करती है। जहाँ मामला यह है कि भारत ने इसके अकादमिक मॉडल को नहीं चुना है, वहीं स्वतंत्रताप्राप्ति के बाद से परिवर्तन करने के लिए इसके पास प्रचुर मात्रा में समय उपलब्ध रहा है–और वास्तव में परिवर्तन किए भी गए हैं। भारतीय विश्वविद्यालय प्रणाली राजनीतिक, जनसांख्यिकीय एवं सामाजिक दबावों के अनुरूप विकसित हुई है। इस अर्थ में, जैसी कि यह प्रणाली आज है, यह कुछ महत्वपूर्ण सामाजिक आवश्यकताओं की पूर्ति करती है और इसकी वास्तविकताओं को प्रतिबिंबित करती है।

इन सबका मतलब क्या है?

क्या यहाँ चर्चा की गई परिस्थितियों के अंतर्गत भारतीय उच्च शिक्षा में अर्थपूर्ण व्यवस्थागत सुधार किए जाने संभव है? संभवतः नहीं। बहुत कुछ संभव है कि सामाजिक संदर्भ की जटिलता, जिसके अंतर्गत उच्च शिक्षा विद्यमान है, सुधार को असंभव बना दे। प्रस्तावों के माध्यम से सुधार करने के लिए कार्यान्वयन सम्बन्धी राजनीतिक इच्छाशक्ति तथा आवश्यक आर्थिक संसाधनों को असाधारणतौर पर शक्तिशाली होना होगा। राधाकृष्णन आयोग तथा 1964–66 के शिक्षा आयोग के विचारशील एवं मुखर प्रस्तावों को पूरी तरह से लागू नहीं किया गया था। यद्यपि इन तथा हाल ही के वर्षों के प्रस्तावों में से कुछ के द्वारा कुछ परिणाम हासिल किए जा चुके हैं, तथापि उनमें से किसी को भी व्यवस्थित नहीं माना जा सका है। उदाहरणार्थ, विश्वविद्यालय अनुदान आयोग (यूजीसी) की स्थापना की उत्पत्ति राधाकृष्णन रिपोर्ट के प्रस्तावों से ही हुई थी। यूजीसी को पूरी तरह से स्थापित किए जाने में 1949 से 1956 तक का समय लग गया था, और यह कभी भी पूरी तरह से अपने मिशन की पूर्ति नहीं कर सका है।[49] यहाँ मुद्दा यह है कि भले ही व्यवस्थित परिवर्तन पहुँच से परे क्यों न हों, उच्च शिक्षा प्रणाली में सापेक्षिक तौर पर कुछ छोटे और अर्थपूर्ण सुधारों को लागू करना तो संभव हो ही सकता है।

स्वतंत्रताप्राप्ति के समय से ही भारतीय उच्च शिक्षा का विकास अनेक संदर्भों में प्रभावशाली रहा है। उच्च शिक्षा के अति–विस्तार की आलोचना के बावजूद 30 लाख से भी अधिक छात्रों के लिए माध्यमिकोत्तर शिक्षा का प्रावधान करना और एक विकासशील समाज में माध्यमिकोत्तर शिक्षा का शहरों से आगे एक कहीं व्यापक भौगोलिक क्षेत्रों तक विस्तार करना एक महत्वपूर्ण उपलब्धि रही है–और यह एक ऐसी उपलब्धि है जिसे वर्षों के समय का भारी सामाजिक समर्थन प्राप्त रहा है। गुणवत्ता तथा उच्च शिक्षा सम्बन्धी नवीन पहलों के अर्थों में भी उपलब्धियाँ हासिल की गई हैं। अनेक आईआईटी की स्थापना तथा इंजीनियरिंग एवं सम्बन्धित क्षेत्रों में उच्च गुणवत्तायुक्त शिक्षा का विस्तार, उन्नत अध्ययन केन्द्रों के माध्यम से विश्वविद्यालयों में परास्नातक शिक्षण एवं शोध में की गई प्रगति, स्वायत्तशासी कॉलेज आंदोलन की कष्टदायी मंद प्रगति, तथा अनेकों अन्य प्रकार की पहलें यह प्रदर्शित करती हैं कि प्रगति की गई है।

भारतीय अकादमिक प्रणाली का महान शिलास्तंभ एक अर्द्धशताब्दी के दौरान निरंतर विकसित हुआ है और यह किसी बड़े परिवर्तन के संकेत नहीं प्रदर्शित करता। इसके बावजूद, हाशिए पर अत्यन्त महत्वपूर्ण परिवर्तन और विकास किए गए हैं। संभवतः यही भविष्य के सुधार का मॉडल है। अकादमिक प्रणाली का मुख्य केन्द्र, चाहे कितनी भी अपर्याप्त क्यों न हो, जिसे गुणवत्ता तथा तकनीकी विकास एवं रोजगार के अर्थों में महसूस किया जाता है, प्रकट रूप से भारतीय समाज की एक स्थाई दृढ़ता है। हालांकि, इस शिलास्तंभ के किनारों के चारों ओर परिवर्तन हो सकते हैं। और ऐसा संभव प्रतीत होता है कि गैर–विश्वविद्यालयीय क्षेत्र पर पूरी तरह से ध्यान केन्द्रित किए जाने के बजाय स्वयं अकादमिक प्रणाली में ही कुछ मामूली परिवर्तन कर दिए जाएं। वास्तव में, विश्वविद्यालयों में बोए गए सुधार के बीज ऐसे परिणाम प्रदान कर सकते हैं जो पूरी तरह से नए संस्थानों (जैसे प्रौद्योगिकी संस्थानों) को स्थापित करने के बजाय व्यापक निहितार्थों वाले होंगे।

यह विश्लेषण आशावादी है अथवा निराशावादी? संभवतः सर्वश्रेष्ठ रूप में इसे वास्तविकतावादी कहा जा सकता है। भारत में माध्यमिकोत्तर शिक्षा आधुनिक भारतीय समाज का एक असाधारण महत्वपूर्ण हिस्सा है और यह समाज की राजनीतिक एवं सामाजिक प्रणालियों से गुँथा हुआ है। इसे परिवर्तन, विकास एवं सुधार की आवश्यकता है। सुधार एवं उन्नति के लिए प्रभावशाली ढंग से योजना बनाने हेतु यह आवश्यक है कि इस बात की एक यथार्थवादी धारणा अपनाई जाए कि क्या संभव है और क्या नहीं।

टिप्पणियाँ

1. C.P.S. Chauhan, *Higher Education in India: Achievements, Failures and Strategies* (New Delhi: Ashish, 1990), p. 47. See also S.P. Gupta, *Indian Science in the Eighties and After* (Delhi: Ajanta, 1990) and Eugene Garfield, 'Science in the Third World', *Science Age* (October–November 1983), pp. 59–65.
2. Eric Ashby, *Universities: British, Indian, African* (Cambridge, Mass.: Harvard University Press, 1966), pp. 54–146.
3. इस विषय को J.N. Kaul, *Higher Education in India, 1951–71—Two Decades of Planned Drift* (Simla: Indian Institute of Advanced Studies, 1974) में भी सविस्तार स्पष्ट किया गया है।
4. C.P.S. Chauhan, *Higher Education in India: Achievements, Failures and Strategies, op. cit* and Iqbal Narain, 'Reforming Educational Administration in India: Some Observations Specifically in the Context of Higher Education', *Indian Journal of Public Administration*, 31 (July–September 1985).
5. See, most recently, 'National Policy on Education: Program of Action', *New Frontiers in Education,* 16 (July–September 1986), pp. 34–116.
6. Moonis Raza, ed., *Higher Education in India: Retrospect and Prospect* (New Delhi: Association of Indian Universities, 1991), p. 40.
7. यह नोट करना चाहिए कि भारत के लिए इन नामांकन अनुपातों के प्रति एक असहमति मौजूद है–इमने बीच 4.8 प्रतिशत से लेकर 9 प्रतिशत तक की भिन्नता है, जो उद्धरण के स्रोतों पर निर्भर करती है। देखें Moonis Raza, ed., *Higher Education in India: Retrospect and Prospect, op. cit.*, p. 32.

8. Dalip S. Swamy and Badri N. Raina, 'Subversion of Universities', *Seminar,* No. 296 (April 1984), p. 37. आँकड़े भारत सरकार के स्रोतों से उद्धृत किए गए हैं।
9. उदाहरणार्थ देखें Amrik Singh, *Redeeming Higher Education: Essays in Educational Policy* (Delhi: Ajanta Publishers, 1985) and A.P. Srivastava, *Pathology of Higher Education* (Kanpur: Reprint, 1979).
10. P.V. Indiresan and N.C. Nigam, 'The Institutes of Technology: Excellence in Peril' in this volume.
11. पाठ्यक्रम सुधार सम्बन्धी इन कार्यक्रमों–विज्ञान विषयों के लिए COSIP तथा सामाजिक विज्ञान एवं मानविकी के लिए COSHIP–को प्रारंभ किया गया था और इनका निधिकरण व्यापक तौर पर विश्वविद्यालय अनुदान आयोग द्वारा किया गया था।
12. अपनी पुस्तक *Governance of Universities: Autonomy of the University Community* (New Delhi: Abhinav, 1988), में जे.एन. कौल ने उन शक्तियों में से कुछ पर चर्चा की है जो अकादमिक प्रणाली को प्रभावित करती हैं।
13. Moonis Raza, ed., *Higher Education in India, op. cit.*, p. 134.
14. J.N. Kaul, *Governance of Universities, op. cit.*, p. 21.
15. यहाँ मलेशिया एक उदाहरण है। लगभग एक दशक पहले शिक्षा का माध्यम अंग्रेजी से बदलकर *भाषा मलेशिया* कर दिया गया था। यह परिवर्तन आमतौर पर सफल रहा था किन्तु व्यापक तौर पर यह स्वीकार किया गया था कि मानकों में गिरावट आई है और मलेशियाई वैज्ञानिक उत्पादन में महत्वपूर्ण कमी आ चुकी है। अनेक विषयों में पाठ्यपुस्तकें पर्याप्त मात्रा में उपलब्ध नहीं हैं।
16. एक यूरोपीय नजरिए के लिए देखें Ladislav Cerych and Paul Sabatier, *Great Expectations and Mixed Performance: The Implementation of Higher Education Reforms in Europe* (Stoke-on-Trent, England: Trentham Books, 1986). इन्हें भी देखें Philip G. Altbach, 'University Reform', in *International Higher Education: An Encyclopedia,* ed., P.G. Altbach (New York: Garland, 1991), pp. 261–73.
17. Olof Ruin, 'Sweden: External Control and Internal Participation—Trends in Swedish Higher Education', in *Universities, Politicians and Bureaucrats,* eds., Hans Daalder and Edward Shils (Cambridge, England: Cambridge University Press, 1982), pp. 329–64.
18. Michio Nagai, *Higher Education in Japan: Its Take-off and Crash* (Tokyo: University of Tokyo Press, 1971). See also Kazuyuki Kitamura, The Decline and Reform of Education in Japan: A Comparative Perspective', in *Educational Policies in Crisis,* eds., William Cummings et al. (New York: Praeger, 1986), pp. 153–70.
19. Robert O. Berdahl, Graeme C. Moodie and I.J. Spitzberg, Jr., eds., *Quality and Access in Higher Education: Comparing Britain and the United States* (Buckingham, England: Open University Press, 1991).
20. M.M. Ansari, 'University Finances: Determinants and Implications,' in *Higher Education in India,* ed., M. Raza, *op. cit.*, p. 135.
21. अमेरिकी संघीय नीतियों से सम्बन्धित वर्तमान मुद्दों की चर्चा के लिए देखें Samuel K. Gove and Thomas Stauffer, eds., *Policy Controversies in Higher Education* (Westport, Ct.: Greenwood Press, 1986).
22. देखें See Samuel K. Gove and Thomas Stauffer, eds., *Policy Controversies in Higher Education* (Westport, Ct.: Greenwood Press, 1986).
23. M.M. Ansari in M. Raza, ed., *Higher Education in India, op. cit.*, p. 138.

24. छात्र राजनीति सक्रियतावाद पर एक तुलनात्मक नजरिए के लिए देखें Philip G. Altbach, ed., *Student Political Activism: An International Reference Handbook* (Westport, Connecticut: Greenwood, 1989).
25. राजनीति तथा उच्च शिक्षा के बीच अंतःक्रिया के अनेक संवेदनशील अध्ययनों के लिए देखें Susanne Hoeber Rudolph and Lloyd I. Rudolph, eds., *Education and Politics in India: Studies in Organization, Society and Politics* (Cambridge, Mass.: Harvard University Press, 1972). इन्हें भी देखें–Iqbal Narain, 'Administration of Higher Education in India', in *Education and the Process of Change,* eds., Ratna Ghosh and Mathew Zachariah (New Delhi: Sage, 1987), pp. 42–63.
26. J.D. Sethi, *The Crisis and Collapse of Higher Education in India* (Delhi: Vikas, 1983), p. 19.
27. See 'The Dimensions of Governance', in *Higher Education in India: The Institutional Context,* eds., Amrik Singh and G.D. Sharma (Delhi: Konark, 1989), pp. 235–312.
28. अमेरिका में अकादमिक प्रशासन की जटिलताओं और समस्याओं की चर्चा के लिए देखें–Michael D. Cohen and James G. March, *Leadership and Ambiguity* (Boston, Mass.: Harvard Business School Press, 1986).
29. J.N. Kaul, *Governance of Universities, op. cit.*, p. 157.
30. Irene Gilbert, 'The Indian Academic Profession: The Origins of a Tradition of Subordination', *Minerva 10* (July 1972), pp. 384–411.
31. Edward Shils, *The Academic Ethic* (Chicago: University of Chicago Press, 1983).
32. Eric Ashby, *Universities: British, Indian, African* (Cambridge, Mass.: Harvard University Press, 1966), pp. 47–147, and Aparna Basu, *The Growth of Education and Political Development in India, 1898–1920* (Delhi: Oxford University Press, 1974).
33. P.V Bhaskaran Nair, *Costs and Returns of University Education* (Trivandrum: CBH Publications, 1990), p. 3.
34. Marina Pinto, *Federalism and Higher Education: The Indian Experience* (Bombay: Orient Longmans, 1984), p. x.
35. K.S. Chalam, *Finance, Costs and Productivity of Higher Education* (New Delhi: Inter India Publications, 1986), p. 31.
36. Philip G. Altbach, 'The Academic Profession' in *International Higher Education: An Encyclopedia,* ed., Philip G. Altbach (New York: Garland, 1991), pp. 23–46 and Martin Trow, ed., *Teachers and Students* (New York: McGraw-Hill, 1975).
37. भारतीय अकादमिक पेशे से सम्बन्धित साहित्य बहुत सीमित मात्रा में उपलब्ध है। उपलब्ध अध्ययनों के लिए देखें–Arun P. Bali, *College Teachers: Challenges and Responses* (New Delhi: Northern Book Centre, 1986); Andre Beteille, 'A Career in a Declining Profession', *Minerva,* 28 (Spring 1990), pp. 1–20, and Suma Chitnis and Philip G. Altbach, eds., *The Indian Academic Profession* (Delhi: Macmillan, 1979).
38. Irene Gilbert, *op. cit.*, and Edward Shils, 'The Academic Profession in India', *Minerva* 28 (Spring 1969), pp. 345–72.
39. M.V. Pylee, 'The Grievances of Teachers and their Redressal' in *Higher Education in India: The Institutional Context* (Delhi: Konark, 1989), pp. 297–309.
40. See J.B.G. Tilak, *The Political Economy of Education in India* (Buffalo, NY: Comparative Education Center, State University of New York at Buffalo, 1990).
41. Ibid., p. 45.

42. Amrik Singh, 'Examinations: The Strategy of Change' in *The Higher Learning in India,* eds., Amrik Singh and P.G. Altbach (Delhi: Vikas, 1974), pp. 291–311.
43. See A.K. Gupta, ed., *Examination Reforms: Directions, Research and Implications* (New Delhi: Sterling, 1975).
44. S.P. Gupta, *Indian Science in the Eighties and After* (Delhi: Ajanta, 1990), p. 13.
45. V. Natarajan, 'Examination Reform in Indian Universities' in *Studies in Educational Reform in India,* Vol. 4, ed., P.R. Panchamukhi (Bombay: Himalaya, 1989), pp. 301–420.
46. K.S. Chalam, *Finance, Costs and Productivity of Higher Education* (New Delhi: Inter-India Publications, 1986), p. 143.
47. Kancha Ilaiah, 'Reservations: Experience as Framework of Debate', *Economic and Political Weekly* (13 October 1990), pp. 2307–10. See also S.P. Agarwal and J.C. Aggarwal, *Education and Social Uplift of Backward Classes: Mandal Commission and After* (New Delhi: Concept Publishers, 1991).
48. N. Jayaram, 'The Language Issue in Higher Education: Trends and Issues' in this Volume.
49. R.N. Chaturvedi, *The Administration of Higher Education in India* (Jaipur: Printwell Publishers, 1989), p. 61.

5

विश्वस्तरीय उच्च शिक्षा के बगैर एक विश्वस्तरीय देशः 21वीं सदी में भारत की दुविधा

International Higher Education
Vol. 40 (Fall), 2005
pp. 18–20

फ़िलिप जी. अल्टबाख़

राष्ट्र की समृद्धि को गति प्रदान करने के उद्देश्य से भारत उच्च–तकनीकी उद्योगों, जैसे–सूचना प्रौद्योगिकी तथा जैव प्रौद्योगिकी आदि पर निर्भर करते हुए आर्थिक सफलता और आधुनिकीकरण की ओर सिर के बल दौड़ रहा है। हाल ही में भारत द्वारा की गई घोषणा, कि वह अब आगे से लाइसेंसहीन सस्ती जेनेरिक औषधियों का उत्पादन नहीं करेगा, जहाँ विश्व व्यापार संगठन की वास्तविकताओं के समक्ष घुटने टेकने जैसी है वहीं घरेलू औषधि उद्योग को बहुराष्ट्रीय संस्थाओं के साथ प्रतिस्पर्धा की चुनौती देने वाली भी है। दुर्भाग्यवश, भारत का कमजोर उच्च शिक्षा क्षेत्र इस रणनीति की दुखती रग को जन्म देता है। हाल ही के वर्षों में उच्च शिक्षा में भारत द्वारा किए गए व्यवस्थित विनिवेश ने इसे एक ऐसे सामान्य अकादमिक देश के रूप में उभारा है जिसकी विशेषता यह है कि उच्च तकनीकी विकास को बनाए रखने हेतु न तो विश्व स्तर के शोध ही किए गए हैं और न ही अनेकों अत्यधिक उच्च–प्रशिक्षित विद्वानों, वैज्ञानिकों, अथवा प्रबंधकों को ही तैयार किया जा सका है।

भारत के प्रमुख प्रतिस्पर्धी–विशेषतौर पर चीन तथा साथ ही सिंगापुर, ताईवान एवं दक्षिण कोरिया–व्यापक और विभेदीकृत उच्च शिक्षा प्रणालियों में निवेश कर रहे हैं। वे अकादमिक प्रणाली की सबसे निचली सतह वाले छात्रों की बड़ी संख्या को पहुँच प्रदान कर रहे हैं जबकि इसी के साथ–साथ ऐसे शोध–आधारित विश्वविद्यालयों की स्थापना भी कर रहे हैं जो विश्व के सर्वश्रेष्ठ संस्थानों से प्रतिस्पर्धा करने में सक्षम हैं। लंदन *टाइम्स हायर एजूकेशन सप्लीमेंट* द्वारा विश्व के 200 शीर्ष विश्वविद्यालयों हेतु किए गए श्रेणीकरण में चीन के 3, हाँगकाँग के 3, दक्षिण कोरिया के 3 तथा ताईवान के 1 एवं भारत के 1 विश्वविद्यालय (41वें क्रम पर एक भारतीय प्रौद्योगिकी संस्थान अर्थात् आईआईटी, जिसके नाम विशेष को स्पष्ट नहीं किया गया है) को शामिल किया गया है।

ये देश आने वाले युग की ज्ञान–आधारित अर्थव्यवस्थाओं में नेतृत्व हासिल करने के लिए स्वयं को तैयार कर रहे हैं। एक समय ऐसा था जब विभिन्न देश सस्ते श्रम और निम्न–तकनीकी विनिर्माण के साथ आर्थिक सफलता हासिल कर लिया करते थे। सस्ती मजदूरी अभी भी सहायता करती है, किन्तु समकालीन वृहद्स्तरीय विकास के लिए एक

परिष्कृत और कम–से–कम आंशिक रूप से ज्ञान–आधारित अर्थव्यवस्था की आवश्यकता होती है। भारत ने उस मार्ग को चुन तो लिया है किन्तु इसे अपनी सामान्यतौर पर कमजोर विश्वविद्यालय प्रणाली के अंतर्गत बड़े अवरोधों का सामना करना होगा।

उच्च शिक्षा की वास्तविकताएं

21वीं शताब्दी की ज्ञान की दौड़ में भारत के पास महत्वपूर्ण लाभ उपलब्ध हैं। इसके पास अपेक्षाकृत एक बड़ा उच्च शिक्षा क्षेत्र उपलब्ध है जो छात्रों की संख्या के मामले में चीन तथा अमेरिका के बाद विश्व का तीसरा सबसे बड़ा क्षेत्र है। यह उच्च शिक्षा एवं शोध के लिए प्राथमिक भाषा के रूप में अंग्रेजी का उपयोग करता है। इसकी अकादमिक परंपरा बहुत लंबी रही है। यहाँ अकादमिक स्वतंत्रता का सम्मान किया जाता है। ऐसे उच्च गुणवत्तायुक्त संस्थानों, विभागों, तथा केन्द्रों की संख्या बहुत छोटी है जो उच्च शिक्षा में गुणवत्तायुक्त क्षेत्र के आधार का निर्माण कर सकें। यह तथ्य, कि उच्च शिक्षा के लिए केन्द्र सरकार के बजाय राज्य सरकारें अधिक बड़े उत्तरादायित्व का निर्वहन करती हैं, एक कहीं दुष्कर ढाँचे का निर्माण करता है, किन्तु यह प्रणाली विभिन्न प्रकार की नीतियों और दृष्टिकोणों के लिए अनुमति प्रदान करती है।

फिर भी, शक्तियों की अपेक्षा कमजोरियों की संख्या बहुत अधिक है। उच्च शिक्षा में भारत अपनी कुल युवा आबादी के लगभग 10 प्रतिशत को ही शिक्षित करता है, जो अंतर्राष्ट्रीय मानकों के अनुसार प्रमुख औद्योगिकृत देशों में आधी से अधिक तथा चीन की 15 प्रतिशत आबादी के साथ तुलना किए जाने पर अभी भी एक बहुत छोटी संख्या है। भारत की अकादमिक प्रणाली के पास शीर्ष पर एक छोटा किन्तु असाधारण रूप से उच्च गुणवत्तायुक्त क्षेत्र मौजूद है, जबकि इसकी अधिकांश अकादमिक प्रणाली सर्वश्रेष्ठ रूप से मामूली गुणवत्ता वाली है। लगभग पूरे विश्व की अकादमिक प्रणालियाँ एक पिरामिड से मिलती–जुलती हैं, जिसमें शीर्ष पर एक छोटा सा स्थान तथा सतह पर एक विशालकाय क्षेत्र मौजूद रहता है। भारत का शीर्ष स्थान अत्यन्त छोटा है। इसके किसी भी विश्वविद्यालय को शीर्ष पर कोई ठोस स्थिति प्राप्त नहीं है। कुछ सर्वश्रेष्ठ विश्वविद्यालयों के पास कुछ उत्कृष्ट विभाग एवं केन्द्र उपलब्ध हैं, और उत्कृष्ट स्नातक कॉलेजों की संख्या भी बहुत छोटी है। पाँच विश्वविद्यालयों को अपनी मान्यताप्राप्त छात्रसंख्या को पूरा करने के लिए हाल ही में विश्वविद्यालय अनुदान आयोग द्वारा प्रदान किया गया बड़ा सहयोग एक विभेदीकृत अकादमिक प्रणाली को मान्यता प्रदान किए जाने तथा उत्कृष्टता को बढ़ावा दिए जाने की दिशा में उठाया गया एक कदम है। वर्तमान में, विश्वस्तरीय संस्थान, मुख्य रूप से भारतीय प्रौद्योगिकी संस्थानों (आईआईटी), भारतीय प्रबंधन संस्थान (आईआईएम) और शायद कुछ अन्य, जैसे–अखिल भारतीय आयुर्विज्ञान संस्थान तथा टाटा मूलभूत अनुसंधान संस्थान जैसे संस्थानों तक सीमित होकर रह गए हैं। एकसाथ मिलाकर ये संस्थान कुल छात्र संख्या के 1 प्रतिशत से भी कम भाग को प्रवेश प्रदान करते हैं।

मात्र कुछ अपवादों के साथ भारतीय कॉलेज और विश्वविद्यालय विशाल, अल्प–वित्तपोषित, अशासनीय संस्थान बन चुके हैं। उनमें से अनेक के परिसर जीवन में राजनीति प्रवेश कर चुकी है जो सभी स्तरों पर अकादमिक नियुक्तियों एवं निर्णयों को प्रभावित करती है। पुस्तकालयों, सूचना–प्रौद्योगिकी, प्रयोगशालाओं, तथा कक्षाओं में किया जाने वाला अल्पनिवेश सर्वोच्च गुणवत्तायुक्त शिक्षा प्रदान करने अथवा आधुनिकतम शोध में संलिप्त होने को कठिन बना देता है।

अंशकालिक शिक्षकों की संख्या में होने वाली वृद्धि तथा अनेक स्थानों पर पूर्ण–कालिक नियुक्तियों पर लगी रोक ने अकादमिक पेशे की प्रतिबद्धता और नैतिकता में आ रही गिरावट में योगदान किया है। किसी भी स्तर पर जवाबदेही के अभाव का अर्थ यह है कि शिक्षण एवं शोध सम्बन्धी प्रदर्शनों का आकलन मुश्किल से ही किया जाता है। यह प्रणाली उच्च स्तरों के प्रदर्शन करने हेतु कुछ गिने–चुने प्रोत्साहन ही प्रदान करती है। नौकरशाही की जड़ता परिवर्तन को बाधित करती है। कभी–कभी छात्र असंतोष और शिक्षक समुदाय के सामयिक आंदोलन भी सामान्य कामकाज को बाधित करते हैं, परीक्षाओं में बिलंब करते हैं और तनावों को भड़काते हैं। इसके बावजूद, सामान्यता की एक झलक के साथ संकाय प्रशासक शिक्षा प्रदान करने, परीक्षाओं में समन्वयन करने, और डिग्री प्रदान करने में सक्षम हैं।

यहाँ तक कि उच्च शिक्षा का शीर्ष स्तर भी समस्याओं का सामना करता है। प्रवेश कार्यों तथा अन्य नीतियों में परिवर्तन के लिए आईआईटी पर पड़ने वाले राजनीतिक दबावों ने सामान्यरूप से प्रभावी विद्वतशासन को खतरे में डाल दिया है जो इन संस्थानों की विशेषता रहे हैं। प्रौद्योगिकी में सुशिक्षित अनेक आईआईटी स्नातकों ने भारत में फल–फूल रहे प्रौद्योगिकी क्षेत्र में अपने कौशलों का योगदान न करने का चयन किया है। शायद उनमें से आधे अपना स्नातक अध्ययन पूरा करने के तुरंत बाद ही विदेशों में आगे की पढ़ाई के लिए देश छोड़ देते हैं–और उनमें से अधिकांश वापस नहीं आते। भारत में विज्ञान एवं प्रौद्योगिकी क्षेत्रों के 86 प्रतिशत छात्र, जो अमेरिका में डिग्री हासिल करते हैं, अपने अध्ययन के तुरंत बाद स्वदेश वापस नहीं आते। एक अन्य महत्वपूर्ण समूह, जिसके लगभग 30 प्रतिशत होने का अनुमान है, भारत में ही एम.बी.ए. की डिग्री हासिल करने का निर्णय लेते हैं क्योंकि स्थानीय वेतन अपेक्षाकृत अधिक हैं–और वे विज्ञान एवं प्रौद्योगिकी से दूर हो जाते हैं। समर्पित एवं सक्षम शिक्षकों की एक सेना आईआईटी और आईआईएम में कार्य करती है, किन्तु विदेशों तथा निजी क्षेत्र में नौकरी की लालच अकादमिक पेशे में सर्वश्रेष्ठ और सर्वोच्च प्रतिभावान लोगो को आकर्षित करना निरंतर कठिन बनाती जा रही है।

भारत में मात्र कुछ ही लोग हैं जो उच्च शिक्षा के सम्बन्ध में रचनात्मक सोच रखते हैं। उच्च शिक्षा में शोध जैसा कोई क्षेत्र उपलब्ध नहीं है। जीवंत अकादमिक प्रणालियों वाले अन्य देश आँकड़े एकत्रित करते हैं और अपने विश्वविद्यालयों पर विश्लेषणात्मक ध्यान केन्द्रित करते हैं। उच्च शिक्षा पर ध्यान केन्द्रित करने वाला कोई भी स्वतंत्र शोध अथवा नीतिगत केन्द्र मौजूद ही नहीं है। सरकार में बैठे लोगों के साथ–साथ अकादमिक नेतृत्वकर्ता उसी "पुराने ढर्रे" को जारी रखने से संतुष्ट प्रतीत होते हैं। अकादमिक संस्थान एवं प्रणालियाँ बहुत विशाल और जटिल बन चुकी हैं। उन्हें अच्छे आँकड़ों, सतर्क विश्लेषण, तथा सृजनात्मक विचारों की आवश्यकता है। चीन में, दो–दर्जन से भी अधिक उच्च शिक्षा शोध केन्द्र, तथा अनेक सरकारी एजेन्सियाँ उच्च शिक्षा नीति में संलिप्त हैं।

यह मायने क्यों रखता है?

दशकों से भारत एक वृद्धिशील औसत–दर्जे वाली शिक्षा प्रणाली के साथ जीवित रहा है। अब, जब भारत ऐसे क्षेत्रों में वैश्वीकृत अर्थव्यवस्था में प्रतिस्पर्धा करने का प्रयास कर रहा है जिसके लिए अत्यधिक प्रशिक्षित पेशेवर लोगों की आवश्यकता होती है, तब उच्च शिक्षा की गुणवत्ता प्रगतिशील रूप से महत्वपूर्ण होती जा रही है। अभी तक, भारत

की शिक्षित आबादी का विशालकाय आधार तथा कम–से–कम सामान्यतौर पर सुशिक्षित विश्वविद्यालय स्नातकों के इसके भंडार ने देश को आगे बढ़ने में सहयोग प्रदान किया है। किन्तु प्रतिस्पर्धा कड़ी है, जिसमें अन्य देश तेजी से अपने विश्वविद्यालयों और शोध सुविधाओं का उन्नयन कर रहे हैं। विशेषतौर पर चीन इस उद्देश्य के साथ अपने सर्वश्रेष्ठ विश्वविद्यालयों में सुधार करने के लिए भारी निवेश कर रहा है कि उनका एक छोटा सा समूह आगामी दशक में विश्वस्तरीय बन जाए और उसके पास अंतर्राष्ट्रीय तौर पर प्रतिस्पर्धा करने वाले शोध विश्वविद्यालयों की एक बड़ी संख्या उपलब्ध हो जाए। अन्य एशियाई देश भी विश्वस्तरीय विश्वविद्यालयों का निर्माण करने के उद्देश्य के साथ अपनी उच्च शिक्षा का उन्नयन कर रहे हैं। ताईवान, जो सूचना प्रौद्योगिकी हार्डवेयर का सबसे बड़ा डिजाइनकर्ता और उत्पादक है, एक "एशियन एमआईटी" गठित करने के लिए अपने शीर्ष प्रौद्योगिकी विश्वविद्यालयों में से अनेक के परस्पर विलय पर विचार कर रहा है।

21वीं शताब्दी की ज्ञान–आधारित अर्थव्यवस्था में सफलतापूर्वक प्रतिस्पर्धा करने के लिए भारत को पर्याप्त संख्या में ऐसे विश्वविद्यालयों की आवश्यकता है जो न केवल निर्यात के लिए प्रतिभाशाली स्नातक पैदा करते हों बल्कि बड़ी संख्या में वैज्ञानिक एवं अध्ययनशील क्षेत्रों में परिष्कृत शोध को सहयोग भी प्रदान कर सकते हों तथा कम–से–कम एक विस्तारित हो रही अर्थव्यवस्था के लिए न्यूनतम ज्ञान एवं तकनीक विकसित कर सकते हों। भारत द्वारा विश्व व्यापार संगठन के नियमों के अनुपालन के लिए जेनेरिक औषधियों के उत्पादन को रोकने हेतु हाल ही में लिया गया निर्णय देश की एक स्वतंत्र शोध क्षमता की आवश्यकता को रेखांकित करता है ताकि औषधियों सहित अन्य वैज्ञानिक उत्पादों को विकसित किया जा सके और उनके विनिर्माण एवं विपणन किए जा सकें।

सफलता के मार्ग

भारत एक ऐसी उच्च शिक्षा प्रणाली किस प्रकार विकसित कर सकता है जो इसे विकसित अर्थव्यवस्थाओं की बराबरी पर ला दे? उच्च शिक्षा में नए–नए उभर रहे निजी क्षेत्र अकादमिक प्रगति का नेतृत्व नहीं कर सकते। ऐसे अनेक सुसंपन्न एवं प्रभावशाली ढंग से प्रबंधन किए जाने वाले संस्थान मौजूद हैं जिनके स्तर पर्याप्त ऊँचे हैं, हालांकि यह स्पष्ट नहीं है कि क्या ये संस्थान दीर्घकाल तक स्वयं को बनाए रखने में समर्थ हो सकेंगे। वे प्रबंधन जैसे क्षेत्रों में सुशिक्षित स्नातक पैदा करने में सहायता कर सकते हैं, किन्तु किसी व्यापक शोध विश्वविद्यालय के लिए आधार निर्मित नहीं कर सकते। इस क्षेत्र में गुणवत्तायुक्त शिक्षा तथा विज्ञान विषयों में शोध के लिए आवश्यक सुविधाओं का निर्माण किए जाने हेतु संसाधनों का अभाव है, और न ही मुख्यधारा वाले कला एवं विज्ञान विषयों में शिक्षा प्रदान किए जाने के द्वारा पर्याप्त मात्रा में धन ही अर्जित किया जा सकता है। अधिकांश निजी संस्थान विज्ञान विषयों में उन्नत प्रशिक्षण पर ध्यान केन्द्रित ही नहीं करते।

मात्र सार्वजनिक विश्वविद्यालयों में ही असली विश्वस्तरीय संस्थान बन सकने की क्षमता विद्यमान है। सरकार के द्वारा ऐसे संस्थानों तथा राष्ट्रीय प्रमुखता वाले कार्यक्रम की पहचान पहले ही की जा चुकी है। किन्तु इन संस्थानों को पर्याप्त रूप से अथवा सतत् सहयोग नहीं प्रदान किया गया है। शीर्ष संस्थानों को सार्वजनिक संसाधनों से निरंतर वित्तपोषण की आवश्यकता बनी रहती है। अकादमिक वेतनों को इतना

पर्याप्त होना आवश्यक है कि वे उत्कृष्ट वैज्ञानिकों एवं विद्वानों को आकर्षित कर सकें। प्रतिभाशाली छात्रों के लिए फेलोशिप एवं अन्य अनुदान उपलब्ध होने चाहिए। एक अकादमिक संस्कृति, जो उन्नति के लिए विद्वतशासी मानदंडों एवं प्रतिस्पर्धा पर आधारित हो तथा शोध सम्बन्धी निधियाँ एक आवश्यक घटक हैं; उतना ही आवश्यक है स्वायत्तता का एक मिश्रण एवं जवाबदेही ताकि उत्पादकता को सुनिश्चित करने हेतु सृजनात्मक शोध किए जा सकें। विश्वस्तरीय विश्वविद्यालयों के लिए विश्वस्तरीय प्रोफेसरों तथा छात्रों, तथा उन्हें बनाए रखने एवं प्रोत्साहित करने वाली एक संस्कृति की भी आवश्यकता होती है।

भारत में स्पष्टतौर पर एक ऐसी विभेदीकृत अकादमिक प्रणाली, जिसके अंतर्गत स्पष्टतौर पर पहचान किए गए कुछ अभिजात्य संस्थान मौजूद हों जिन्हें अन्य विश्वविद्यालयों की अपेक्षा अधिक संसाधन प्राप्त होते हों, को विकसित नहीं किया गया है। बर्कले स्थित कैलीफोर्निया विश्वविद्यालय के इतने उत्कृष्ट होने के प्रमुख कारणों में से एक यह है कि कैलीफोर्निया के अन्य विश्वविद्यालयों को अपेक्षाकृत कम सहयोग प्राप्त होता है। भारत के अभिजात्य विश्वविद्यालयों को सतत् राजकीय सहयोग की आवश्यकता है–उन्हें इस बात की मान्यता प्रदान किए जाने की आवश्यकता है कि वे वास्तव में शीर्ष संस्थान हैं और तद्नुरूपी सहयोग के पात्र हैं। किन्तु उन्हें प्रभावी प्रबंधन तथा एक अकादमिक विद्वतशासन के चरित्र की भी आवश्यकता है। ऐसे वित्तपोषक संस्थान, जो संसाधनों का प्रबंध करने में असमर्थ हैं, एक अपव्ययी निवेश हैं। वर्तमान में, यदि संसाधन उपलब्ध करा भी दिए जाए तो भी ऐसे ढाँचे उपलब्ध नहीं है जो शीर्ष गुणवत्तायुक्त कार्यक्रमों के निर्माण करने एवं उन्हें कायम रखने में सक्षम हों।

उत्कृष्ट विश्वविद्यालयों के निर्माण के लिए विशिष्ट परिस्थितियों तथा संसाधनों के एक संयोजन की आवश्यकता है।

- जवाबदेही तथा स्वायत्तता के एक समुचित मिश्रण के साथ सतत् वित्तीय सहयोग।
- निजी संस्थानों सहित स्पष्टतौर पर विभेदीकृत एक ऐसी अकादमिक प्रणाली को विकसित करना जिसमें अकादमिक संस्थानों के मिशन, संसाधन और प्रयोजन अलग–अलग हों।
- प्रबंधकीय सुधार तथा प्रभावी प्रशासन को लागू करना।
- अकादमिक पेशे के लिए विद्वतशासी नियुक्तियाँ एवं पदोन्नतियाँ, तथा इसी तरह से छात्रों की कठोर एवं ईमानदारीपूर्ण भर्ती, चयन तथा शिक्षण।

भारत रातों–रात अंतर्राष्ट्रीय स्तर पर मान्यताप्राप्त शोध–उन्मुख विश्वविद्यालय निर्मित नहीं कर सकता, किन्तु इसके पास इस प्रक्रिया को प्रारंभ करने और उसे कायम रखने हेतु प्रमुख आवश्यक तत्व उपलब्ध हैं। नवीन अंतर्राष्ट्रीय अर्थव्यवस्था में पूरी तरह से भागीदारी करने के लिए भारत को ऐसे एक दर्जन अथवा और अधिक विश्वविद्यालयों को स्थापित करने की आवश्यकता होगी जो अंतर्राष्ट्रीय स्तर पर प्रतिस्पर्धा कर सकते हों। इन विश्वविद्यालयों के अभाव में भारत का पिछड़े बने रहना तय है।

6

छोटा ही शिखर पर

The Wilson Quarterly
Autumn, 2006
pp. 49–51

फ़िलिप जी. अल्ट्बाख़

भारत ने अचानक ही उभरती अर्थव्यवस्थाओं की अग्रिम पंक्ति में छलांग लगाकर विश्व को चकित कर दिया है लेकिन इसके कॉलेज और विश्वविद्यालय अभी भी भूतकाल के दलदल में फंसे हुए हैं और शायद पीछे की तरफ जा रहे हैं।

मुम्बई का प्रतिष्ठित एलफिन्सटन कॉलेज भारत की आर्थिक उन्नति द्वारा रूपांतरित एक शहर में निर्जीव–सा पड़ा है। यद्यपि मुम्बई की महान गरीबी अभी भी कष्टदायक रूप से दिखाई देती है, तथापि यह भारतीय शेयर बाजार, बालीवुड फिल्म उद्योग, तथा तेजी से विकसित हो रहे प्रौद्योगिकी क्षेत्र का एक केन्द्र भी है। फिर भी, जब मैं 40 वर्षों के अंतराल के बाद हाल ही में एलफिन्सटन वापस आया तो मैंने पाया कि कॉलेज में मुश्किल से ही कोई परिवर्तन आया है, 19वीं शताब्दी वाली इसकी असाधारण भारतीय–मुगल–जर्मन शैली वाली मुख्य इमारत में मामूली नवीनीकरण हो चुका था, इसकी कक्षाएं और पुस्तकालय बहुत कुछ वैसे ही थे जैसा मैं बहुत पहले छोड़ गया था। एलफिन्स्टन, जो भारत के सर्वाधिक प्रतिष्ठित कॉलेजों में से एक है, की स्थिति विश्व के सर्वाधिक विशाल लोकतंत्र में उच्च शिक्षा की स्थिति का एक संकेत प्रदान कर रही थी। अल्पनिवेश ने ठहराव को जन्म दे दिया है।

ठहराव अब एक ऐसा शब्द नहीं रह गया है जिसका उपयोग लोग भारत के लिए प्रतिक्रियात्मक तरीके से करते हों। 1990 के दशक के प्रारंभ से शुरु करते हुए यह देश विश्व की दूसरी सर्वाधिक तीव–गति से विकसित हो रही बड़ी अर्थव्यवस्था के रूप में प्रमुखता हासिल कर चुका है। इसके अलावा, यह चीन की भांति मुख्यतः न केवल निम्न–मजदूरी विनिर्माण के मानक साधनों के कारण बल्कि ज्ञान–प्रधान सेवा एवं सॉफ्टवेयर के प्रदानकर्ता के रूप में भी विकास कर रहा है जिसमें अंतर्राष्ट्रीय तौर पर स्वदेश विकसित इकाईयाँ, जैसे इन्फोसिस और टाटा कंसलटेंसी सर्विसेज सबसे अग्रणी हैं। हालांकि, आगामी वर्षों में प्रौद्योगिकी के ये दो दिग्गज विदेशों में हजारों की संख्या में कॉलेज स्नातकों को नियुक्तियां प्रदान करेंगे।

समस्या भारतीय विश्वविद्यालय के स्नातकों की संख्या को लेकर उतनी अधिक नहीं है जितनी कि उनकी गुणवत्ता को लेकर है। भारत के पास विश्व की तीसरी सबसे बड़ी उच्च शिक्षा प्रणाली है जिसमें 17,625 संस्थानों में 1.05 करोड़ छात्र अध्ययन कर रहे हैं। गतवर्ष, इन संस्थानों में अकेले विज्ञान एवं इंजीनियरिंग विषयों से लगभग 7 लाख स्नातक तैयार हुए। हालांकि, हाल ही में किए गए एक मतसर्वेक्षण में भारत में बहुराष्ट्रीय कंपनियों के मानव संसाधन प्रबंधकों ने कहा कि वे भारतीय स्नातकों के मात्र 10 से 25 प्रतिशत भाग को ही नियुक्तियां देने पर विचार करेंगे।

वास्तव में, विश्व की समस्त अकादमिक प्रणालियों का आकार एक पिरामिड की तरह है, जिसमें सबसे छोटा, अभिजात्य वर्ग शिखर पर है, एक बड़ा, सापेक्षिकतौर पर विकल्पविहीन मध्यवर्ग बीच में है, तथा सतह का निर्माण सामान्यतौर पर पेशा–उन्मुख माध्यमिकोत्तर संस्थानों के द्वारा किया गया है। वित्तपोषण, सरकारी सहयोग, तथा प्रबंधन के पैटर्न अनिवार्य रूप से हर क्षेत्र के लिए अलग–अलग हैं, जिसमें अभिजात्य क्षेत्र के लिए प्रति छात्र लागत सर्वाधिक है। बहुत समय पूर्व भारत ने एक ऐसे पिरामिड का चयन किया था जिसकी सतह बहुत चौड़ी तथा शिखर अत्यंत नुकीला था, और इसमें बहुत मामूली परिवर्तन ही किए गए दिखाई देते हैं। इसकी नीति उच्च शिक्षा पर कम व्यय किए जाने की और अपने धन को व्यापक आधार पर वितरित किए जाने की रही है, जिसमें सकल घरेलू उत्पाद (जीडीपी) के मात्र 0.37 प्रतिशत भाग को ही माध्यमिकोत्तर शिक्षा के लिए रखा गया है। मात्र जापान और दक्षिण कोरिया, जहाँ छात्रों की बहुत बड़ी संख्या व्यापकतौर पर बिना अनुदान वाले निजी विश्वविद्यालयों में प्रवेश लेती है, ही ऐसे देश हैं जो भारत के कम सरकारी व्यय वाले स्तरों के निकट हैं। चीन जीडीपी का 0.50 प्रतिशत व्यय करता है, जबकि अमेरिका 1.41 प्रतिशत और इंग्लैण्ड 1.07 प्रतिशत व्यय करता है। इससे भी अधिक उल्लेखनीय यह है कि उच्च शिक्षा के प्रति समर्पित भारतीय जीडीपी के हिस्से में वर्षों के दौरान मुश्किल से ही कोई परिवर्तन हुआ है।

इस दृष्टिकोण के परिणामस्वरूप, संपूर्ण भारतीय प्रणाली को सामान्यता हासिल करने के लिए भी अत्यधिक परिश्रम करना होता है। भाग्यवश, इसका शीर्ष स्तर एक हिरासत–अधीन विकास की स्थिति में फंस चुका है। विश्वस्तरीय विश्वविद्यालयों के एक महत्वपूर्ण समूह का अभाव ही संभवतः भारत की एक परिष्कृत ज्ञान–आधारित अर्थव्यवस्था का निर्माण करने की महत्वाकांक्षा की सबसे बड़ी बाधा है।

देश के उच्च शिक्षा प्रतिष्ठान के शिखर पर सात भारतीय प्रौद्योगिकी संस्थान (आईआईटी) मौजूद हैं जिन्हें इंजीनियरिंग में अपने कौशल के लिए संपूर्ण विश्व में प्रसिद्धि प्राप्त हो चुकी है, जिसके साथ पाँच प्रबंधन संस्थान, अखिल भारतीय आयुर्विज्ञान संस्थान, तथा कुछ मुट्ठी भर अन्य संस्थान जैसे भौतिक विज्ञान पर ध्यान–केन्द्रित टाटा मूलभूत अनुसंधान संस्थान, तथा टाटा सामाजिक विज्ञान संस्थान आदि भी शामिल हैं। किन्तु ये सभी संस्थान अत्यधिक विशेषीकृत हैं जिनमें एक विश्वविद्यालय के शोध तथा शिक्षण कार्यक्रमों की भरपूर धूमधाम का अभाव है। और इनका आकार भी छोटा है। सातों आईआईटी में कुल छात्रसंख्या 30,000 की है जो अमेरिका में किसी इकलौते विश्वविद्यालय परिसर के लगभग बराबर है।

अपनी समुचित ख्याति के बावजूद भी विभिन्न आईआईटी विश्वविद्यालयों की अंतर्राष्ट्रीय श्रेणी में शीर्ष के निकट नहीं प्रतीत होते हैं। (*टाइम्स हायर एजूकेशन सप्लीमेंट* की सूची के पृष्ठ 43 में इनका स्थान 50वां है।) फिर भी, उनके स्नातक विश्व में कहीं पर भी सर्वश्रेष्ठ स्नातकों से मुकाबला कर सकते हैं। अफसोस है कि यही वह विकल्प है जिसे लोग चुनना पसंद करते हैं, अर्थात्, विदेश जाना और नौकरी हासिल करना अथवा उन्नत डिग्रियों के लिए अध्ययन करना और वापस न आना। अकेले अमेरिका ही आईआईटी के लगभग 40,000 पुराछात्रों का घर बन चुका है, जिनमें से अधिकांश अत्यधिक सफल हैं। (अमेरिका सहित प्रत्येक देश में इजींनियरिंग स्नातकों की बड़ी संख्या इंजीनियरिंग में बने रहने के बजाय व्यवसाय प्रबंधन में अधिक लाभदायक नौकरियाँ हासिल कर लेती है।)

विशेषीकृत संस्थानों के अलावा भारत के विश्वविद्यालयों में कुछ उत्कृष्ट परास्नातक एवं डॉक्टरेट स्तर के अकादमिक विभाग तथा कुछ अत्यधिक उच्च स्तरों वाले स्कूल भी

मौजूद हैं–जैसे नई दिल्ली में जवाहरलाल नेहरू विश्वविद्यालय, जो कुछ उन संस्थानों में से एक है जिसे सीधे केन्द्र सरकार द्वारा प्रायोजित किया जाता है। (अधिकांश सार्वजनिक विश्वविद्यालयों का वित्तपोषण राज्य सरकारों द्वारा किया जाता है।) पूरे देश में स्नातक कॉलेजों के एक छोटे किन्तु महत्वपूर्ण समूह के द्वारा उच्च स्तरों को विकसित कर लिया गया है और वे उत्कृष्ट छात्रों को आकर्षित कर रहे हैं। किन्तु कुछ अपवादों के साथ इन स्थानों में भी आधुनिकतम उपकरणों का अभाव है जिससे वे अंतर्राष्ट्रीय स्तरों में पिछड़ रहे हैं।

भारतीय उच्च शिक्षा का विशाल आकार ग्रहण कर चुका मध्यवर्ती भाग ऐसे विश्वविद्यालयों एवं कॉलेजों से भरा पड़ा है जो सर्वश्रेष्ठतौर पर मध्यम दर्जे की शिक्षा ही प्रदान करते हैं। भारतीय–अमेरिकी शिक्षाविद् देवेश कपूर एवं सुनील खिलनानी के द्वारा प्रस्तुत सारांश के अनुसार–''खराब सुविधाएं, अत्यन्त खराब शिक्षण, कोई जवाबदेही नहीं.....एक भोंडी नकल वाली शिक्षा''। शिक्षक सदस्यों, यद्यपि उनके वेतन अच्छे–खासे हैं, के पास अधिकार तथा रोजगार सुरक्षा बहुत कम है, और अपने ही पाठ्यक्रम का निर्धारण करने में उन्हें मुश्किल से ही कोई भूमिका प्राप्त है। अध्यापन कला रट कर याद करने और ''परीक्षा के लिए शिक्षण'' पर आधारित है। देश के कुल 4.72 लाख शिक्षकों में से मात्र एक–तिहाई के पास पीएच.डी. की उपाधि है। यह मान लिया गया है कि अनेक प्रोफेसर कक्षा में नहीं आएगें; कुछ इस बात पर जोर देकर अपनी आय में वृद्धि करते हैं कि छात्रों को निजी ''कोचिंग क्लास'' में जाना चाहिए।

इसके अलावा, जैसा कि अनेक अन्य विकासशील देशों में है, उच्च शिक्षा का बहुत अधिक राजनीतिकरण हो चुका है। स्थानीय राजनीतिज्ञ छात्रों को प्रवेश देने के साथ–साथ कर्मचारियों (चपरासी से प्रोफेसर तक) के पदों पर अपने समर्थकों को भरने के लिए संरक्षण प्रदान करते हैं। अकादमिक एवं अन्य नियुक्तियों में जाति, धर्म, और अन्य कारकों पर विचार करना अत्यन्त आम बात है। संस्थान छोटे–मोटे राजनीतिक और निम्नस्तरीय भ्रष्टाचार में उलझे हुए हैं।

उच्च शिक्षा प्रणाली के दुखों का एक महत्त्वपूर्ण भाग एक ऐसे पेचीदा ढाँचे से उत्पन्न होता है जो विविधीकरण और नवाचार का दम घोटने वाला है। भारतीय संविधान के अधीन, शिक्षा मुख्य रूप से भारत के 31 राज्यों का उत्तरदायित्व है जो अधिकांश (नाममात्र का) वित्तपोषण उपलब्ध कराते हैं, हालांकि केन्द्र सरकार महत्वपूर्ण विनियामक शक्तियों का उपयोग करती है और प्रौद्योगिकी संस्थानों सहित इस प्रणाली के अनेक भागों का सीधे तौर पर वित्तपोषण करती है। भारत के अधिकांश कॉलेज कानूनी तौर पर निजी संस्थान हैं, जिनकी स्थापना धार्मिक समूहों, जातीय अथवा भाषाई समुदायों, धर्मादा न्यासों जैसी संस्थाओं के द्वारा की गई है। इनमें से मात्र 30 प्रतिशत ही को सरकारी आर्थिक सहयोग प्राप्त होता है; शेष में से अधिकांश ''गैर–सहायताप्राप्त'' हैं और शिक्षणशुल्क तथा अन्य वित्तपोषक संसाधनों पर निर्भर करते हैं। लगभग सभी कॉलेज किसी विश्वविद्यालय से सम्बद्ध हैं और शिक्षकों के वेतनों तथा प्रवेश सम्बन्धी आवश्यकताओं जैसे मामलों को शासित करने वाले विनियमनों, जिनमें स्वस्थ प्रतिस्पर्धा का दम घोटने वाला प्रभाव मौजूद होता है, के अधीन होते हैं। हालांकि, हाल के वर्षों में कुछ सर्वश्रेष्ठ कॉलेजों के द्वारा स्वतंत्र कानूनी स्थिति हासिल कर ली गई है, और सात पूर्णतः स्वतंत्र निजी विश्वविद्यालय प्रारंभ किए जा चुके हैं।

भारत की आँखें अपनी उच्च शिक्षा की बुरी स्थिति की ओर से बंद नहीं हैं। 50 वर्षों से भी अधिक समय से विभिन्न सरकारी आयोग बुद्धिमत्तापूर्ण सुधार प्रस्ताव प्रस्तुत करते रहे हैं। सबसे पहले आईआईटी का जन्म 1951 में ज्ञानोदय के एक क्षण के दौरान ही

हुआ था। किन्तु तब से कुछ खास नहीं बदला है। चुनौतियाँ बढ़ती गई हैं, धनराशि दुर्लभ हो चुकी है, और राजनीतिक इच्छाशक्ति गायब है।

सुधार में आने वाली बाधाओं का एक हतोत्साही अनुस्मरण पिछले वसंत के दौरान सामने आया। यहाँ तक कि सर्वाधिक सम्मानित राष्ट्रीय ज्ञान आयोग जब नए सुधार प्रस्तावों पर कार्यरत् था तब प्रधानमंत्री मनमोहन सिंह ने एकपक्षीय तौर पर देश की ''आरक्षण'' नीतियों में एक नाटकीय परिवर्तन की घोषणा कर दीः आईआईटी और अन्य शीर्ष संस्थानों, जिन्हें पहले ही कुल प्रारंभिक प्रवेश स्थानों के 22 प्रतिशत को पहले की अछूत जाति एवं अन्य वंचित समूहों के लिए अलग करना होता था, में इस कोटे को बढ़ाकर 50 प्रतिशत कर दिया जाएगा। इसके बाद उत्पन्न होने वाली विस्फोटक प्रतिक्रिया में आयोग के दो सदस्यों ने त्यागपत्र दे दिए जिनमें से एक ने इसे राजनीतिकरण का ''घातक जहर'' कहते हुए इसकी निंदा कर डाली। यह और भी अधिक निराशाजनक था कि सिंह, जो स्वयं भी एक भूतपूर्व शिक्षाविद् तथा विश्वस्तरीय अर्थशास्त्री हैं और जिन्हें इस कदम के बारे में भली–भांति ज्ञान रहा होना चाहिए, तथा भले ही सामाजिक असमानता को कम करने का उनका प्रकट लक्ष्य कितना भी प्रशंसनीय क्यों न रहा हो, ने भारत के शीर्ष संस्थानों की अंतर्राष्ट्रीय प्रतिस्पर्धात्मकता को नष्ट कर दिया और भारतीय उच्च शिक्षा में नाजुक प्रतिभावान प्रकृति को एक तगड़ा झटका दे दिया। प्रकट तौर पर सिंह ने अनुभव किया कि वे अपनी गठबंधन सरकार के वामपंथी सदस्यों के समक्ष घुटने टेकने हेतु बाध्य हैं। आलोचकों ने दशकों से प्रत्येक स्तर पर शिक्षा के वित्तपोषण न करने की समस्या, जिसने लगभग आधी भारतीय आबादी को अशिक्षित बना रखा है, का उपचार करने हेतु कुछ करने के बजाय इसे कुछ मुट्ठीभर अत्यधिक दर्शनीय संस्थानों के साथ छेड़छाड़ करने का उन्माद बताने में देर नहीं लगाई।

भारत भारी क्षमताओं वाला देश है, जिसके पास प्रतिभावान युवा लोगों का एक ऐसा विशाल समूह मौजूद है जो शिक्षा तथा ज्ञान अर्थव्यवस्था में भागीदारी के अवसर प्राप्त करने का इच्छुक है। तथापि, इसकी क्षमताओं का दोहन करने के लिए भारत को एक अभिजात्य, अंतर्राष्ट्रीय स्तर पर प्रतिस्पर्धात्मक उच्च शिक्षा क्षेत्र को अवश्य विकसित करना होगा क्योंकि इससे विश्वविद्यालय से लेकर प्राथमिक विद्यालयों तक की संपूर्ण शिक्षा की सामान्य गुणवत्ता में सुधार होता है। इस बात के संकेत बहुत कम हैं कि भारत का नेतृत्व आवश्यक कदम उठाने हेतु तैयार है, और हाल की घटनाएं इंगित करती हैं कि काफी समय से यह उलटी दिशा में बढ़ता रहा है। आज से एक दशक बाद एलफिन्सटन कॉलेज में आने वाला कोई आगन्तुक भारत के शेष कॉलेजों और विश्वविद्यालयों सहित इसे भी जीर्णावस्था और उपेक्षा की उसी बुरी अवस्था में पाएगा जिसमें यह आज डूबा हुआ है।

7

वेदांता विश्वविद्यालयः एक दोषपूर्ण कल्पना

The Hindu
August 29, 2007

फ़िलिप जी. अल्ट्बाख़

समकालीन वास्तविकताओं को ध्यान में रखते हुए कोई भी प्रस्तावित विश्वविद्यालय की सफलता के प्रति बहुत अधिक आशावादी नहीं हो सकता।

एक विश्वस्तरीय विश्वविद्यालय को स्थापित करने का नवीनतम भव्य तथा संभवतः अवास्तविक विचार है अनिल अग्रवाल का वेदांता विश्वविद्यालय, जिसे 2008 में ओडिशा में खोलने की योजना बनाई गई है। श्री अग्रवाल, जो एक उत्खनन पूंजीपति हैं, ने इस परियोजना के लिए प्रारंभिक तौर पर 1 अरब डॉलर निवेश करने का आश्वासन दिया है। अंतर्राष्ट्रीय वास्तुविदों को नियुक्त किया जा चुका है, राज्य के अधिकारीगण बोर्ड में शामिल हैं, और संपूर्ण विश्व से अकादमिक नेतृत्वकर्ताओं के एक समूह की नियुक्तियाँ की जा रही हैं।

विचार 1,00,000 छात्रों सहित एक विश्वविद्यालय की स्थापना किए जाने का है जो प्रमुख क्षेत्रों में डिग्रियाँ प्रदान करेगा और एक अंतरविषयी दृष्टिकोण पर बल देगा। जहाँ विश्वविद्यालय के संगठन सम्बन्धी विवरणों को जाहिर नहीं किया गया है, वहीं ऐसी मंशा है कि यह हार्वर्ड और स्टेनफोर्ड की तरह दिखाई दे। जहाँ यह सदैव ही एक अच्छा कार्य होता है कि विश्व का कोई सर्वाधिक अमीर व्यक्ति उच्च शिक्षा में रुचि ले, वहीं इस बात की संभावना नहीं है कि वेदांता विश्वविद्यालय वांछित परिणामों को हासिल कर सकेगा, भले ही श्री अग्रवाल इसपर जितनी चाहें धनराशि व्यय कर लें।

भारत में, जहाँ उच्च शिक्षा के उभरते हुए निजी क्षेत्र का एक बड़ा भाग वास्तव में लाभार्जन की ओर उन्मुख है और मुश्किल से ही कुछ अत्यधिक माँग वाले पेशेवर क्षेत्रों पर ध्यान केन्द्रित करता है, वहीं यह अच्छी बात है कि एक बड़ा उद्योगपति उच्च शिक्षा में निवेश कर रहा है।

विश्वविद्यालय के प्रति सार्वजनिक रुचि की स्पष्ट अभिप्रेरणा भी उतनी ही प्रशंसनीय है जितना कि एक ऐसे संस्थान की योजना बनाने का लक्ष्य जो मात्र व्यवसाय प्रशासन अथवा सूचना प्रौद्योगिकी ही नहीं बल्कि अनेक अन्य विषयों में भी अध्ययन प्रस्तावित करेगा। क्या प्रस्तावित विश्वविद्यालय के पास कोई अतिमहत्वपूर्ण शैक्षिक दर्शन और रणनीति मौजूद है जिससे एक विश्वस्तरीय विश्वविद्यालय के निर्माण के लक्ष्य को हासिल किया जा सकता हो? क्या धन के पीछे कोई शैक्षणिक दृष्टिकोण भी है? प्रभावशाली भौतिक सुविधाओं का निर्माण करना एक प्रारंभ तो हो सकता है किन्तु यह किसी भी प्रकार से सफलता को सुनिश्चित नहीं करता। किसी भी विश्वविद्यालय का

हृदय इसके शिक्षक अर्थात् वे प्रोफेसर होते हैं जो वास्तविक शैक्षिक कार्य करते हैं तथा जिनके पास संस्थान के कार्यक्रमों को आकार प्रदान करने के लिए स्वायत्तता की मौजूदगी आवश्यक होती है। शैक्षिक नेतृत्व भी एक आवश्यकता है–एक ऐसा नेतृत्व जिसमें बौद्धिक दृष्टिकोण के साथ–साथ एक जटिल संगठन को स्थापित करने और उसका प्रबंधन करने की योग्यता भी मौजूद हो।

वास्तविकता में एक मामूली राशि

एक अरब डॉलर बहुत बड़ी धनराशि प्रतीत होती है, किन्तु जब इसे लगभग 1,00,000 छात्रों वाले किसी विश्वविद्यालय पर व्यय किया जाता है तो वास्तव में यह एक अत्यन्त मामूली धनराशि रह जाती है। किसी को भी परिसर के निर्माण की लागत को एक बड़े शोध विश्वविद्यालय की परिचालन लागतों से अवश्य ही अलग करके देखना चाहिए।

हार्वर्ड और स्टेनफोर्ड जैसे विश्वविद्यालयों के वार्षिक बजट ही लगभग 1 अरब डॉलर के होते हैं; बड़े यूरोपीय विश्वविद्यालय उनसे कुछ कम अवश्य व्यय करते हैं किन्तु वे भी इस दौड़ में शामिल हैं। एक औसत अमेरिकी शोध विश्वविद्यालय के पास विशेषतौर पर लगभग 50 करोड़ डॉलर का परिचालन बजट तो उपलब्ध ही होता है।

संपूर्ण विश्व में किसी भी शोध विश्वविद्यालय के पास 1,00,000 अथवा उसके आसपास की संख्या में छात्र उपलब्ध नहीं हैं। विश्वस्तरीय शोध सुविधा के विचार के साथ 1890 में स्थापित किए गए शिकागो विश्वविद्यालय, जो कुछ गिने–चुने शीर्षस्थ विश्वविद्यालयों में से एक है, के पास आज 13,700 छात्र हैं, जिनमें से 4,000 स्नातक छात्र हैं और उनका वार्षिक बजट 1 अरब डॉलर से अधिक का है। इसके सबसे बड़े दानकर्ता जॉन डी. रॉकफेलर, जो उस समय विश्व के सर्वाधिक अमीर व्यक्ति थे, ने उस समय की मुद्रा के अनुसार कई अरब डॉलर व्यय कर दिए थे।

इससे भी अधिक महत्वपूर्ण यह है कि शिकागो के संस्थापक अध्यक्ष विलियम रैने हार्पर के पास विश्वविद्यालय के लिए एक ऐसा दृष्टिकोण मौजूद था जिसे लागू करने में वे सक्षम थे। पहले विचार उत्पन्न हुआ, फिर बाद में धन। सर्वाधिक वेतन तथा अकादमिक स्वतंत्रता एवं स्वायत्तता के वादे के साथ नए विश्वविद्यालय की ओर विश्व के अनेक सर्वश्रेष्ठ विद्वानों को लुभाना भी संभव था। विश्वविद्यालय अमेरिका के सर्वाधिक तीव्रगति से विकसित हो रहे शहरों में से एक में स्थित था–जो 20वीं शताब्दी के प्रारंभ से ही उभर रही प्रौद्योगिकियों का एक केन्द्र बन चुका था। 1891 में स्थापित किए गए स्टेनफोर्ड विश्वविद्यालय को परिपक्वता हासिल करने में और अधिक समय लगा था। द्वितीय विश्वयुद्ध के समय तक यह नवाचारी नेतृत्व तथा उत्तरी कैलीफोर्निया की सिलिकॉन वैली के उच्च–प्रौद्योगिकीय उद्योगों के विकसित होने से लाभान्वित होने से पूर्व एक बड़ा शोध विश्वविद्यालय नहीं बन सका था। स्टेनफोर्ड की छात्रसंख्या तथा बजट शिकागो विश्वविद्यालय के समान ही हैं।

शिकागो तथा स्टेनफोर्ड के उदाहरणों में प्रस्तावित विश्वविद्यालय के लिए अनेक सबक मौजूद हैं, उसी प्रकार भारतीय उच्च शिक्षा की वास्तविकताएं भी मौजूद हैं। 1,00,000 छात्रों को सेवा प्रदान करने का लक्ष्य वेदांता विश्वविद्यालय को बर्बाद कर देगा। वास्तव में, बर्कले स्थित कैलीफोर्निया विश्वविद्यालय, जो अमेरिका में सबसे बड़े तथा सर्वोच्च श्रेणीकृत शोध विश्वविद्यालयों में से एक है, 33,000 छात्रों को ही प्रवेश प्रदान करता है, और इसकी अधिकतम संख्या को सीमित कर दिया गया है। भारतीय प्रौद्योगिकी संस्थानों, बिड़ला विज्ञान एवं प्रौद्योगिकी संस्थान (बीआईटीएस/बिट्स) एवं

कुछ अन्य की सफलता के कारणों में एक उनके आकार का छोटा होना है। ये संस्थान उच्च स्तरों को कायम रखने और एक प्रबंधन योग्य आकार के कारण आंशिक तौर पर एक वास्तविक शैक्षिक समुदाय का गठन करने में सक्षम रहे हैं।

स्थान महत्वपूर्ण है

स्थान भी एक महत्वपूर्ण तत्व होता है। ग्रामीण ओडिशा में एक विश्वस्तरीय विश्वविद्यालय की स्थापना की कल्पना करना कठिन है। विश्व के अधिकांश प्रतिष्ठित विश्वविद्यालय या तो महानगरों के अंदर अथवा उनके आसपास ही स्थित हैं। भारत के सर्वाधिक सम्मानित प्रौद्योगिकी संस्थान भी बड़े शहरों के समीप ही स्थित हैं।

इस महानगरीय नियम के कुछ अपवाद भी हैं। अमेरिका के अनेक बड़े सार्वजनिक विश्वविद्यालयों की स्थापना 19वीं शताब्दी के ऐसे समय पर ग्रामीण क्षेत्रों में की गई थी जब अमेरिका एक कृषक समाज ही बना हुआ था। इन उदाहरणों में उरबाना–शैम्पेन स्थित इलीनोइस विश्वविद्यालय तथा पेनसिलवेनिया राजकीय विश्वविद्यालय अथवा नोवोसिबिरस्क के आसपास स्थित रूसी अकादमिक परिसर शामिल हैं। बिट्स ने पिलानी में बहुत अच्छा कार्य किया है। किन्तु ये सभी संस्थान अपनी उत्कृष्टता कायम रखने के लिए अपनी भौगोलिक पृथक्कता के विरुद्ध संघर्ष करते रहते हैं।

सामान्य से दूरस्थ स्थानों पर शिक्षाविदों के साथ–साथ छात्रों को भी आकर्षित करना तथा बौद्धिक एवं सांस्कृतिक संस्थानों को सहयोग प्रदान करना कठिन होता है। यहाँ तक कि इंटरनेट के युग में भी स्थान का अपना विशेष महत्व होता है। वास्तव में, यह तर्क दिया जा सकता है कि वैश्वीकरण के युग में, स्थान और अधिक महत्वपूर्ण हो चुका है क्योंकि सभी शीर्ष विश्वविद्यालयों को संपूर्ण विश्व से सर्वश्रेष्ठ एवं प्रतिभाशाली प्रतिभाओं को आकर्षित करना अनिवार्य बन चुका है। ऐसी संभावना कम है कि ग्रामीण ओडिशा में वेदांता विश्वविद्यालय एक महत्वपूर्ण आकर्षण बन सकेगा।

विश्वविद्यालय एक सार्वजनिक अथवा निजी संस्थान में से क्या होगा? अपवाद को छोड़ दिया जाए तो अमेरिका तथा जापान से बाहर कोई भी सफल निजी शोध विश्वविद्यालय मौजूद नहीं है। शेष सभी राज्य समर्थित सार्वजनिक संस्थान हैं। लंबे समय तक शोध विश्वविद्यालयों को कायम रखने सम्बन्धी उच्च लागत ही इसका प्रमुख कारण है। किसी परिसर के विकास तथा प्रारंभिक स्टार्ट–अप लागतों के लिए पर्याप्त धनराशि प्रदान कर दिया जाना ही पर्याप्त नहीं होता। समय के साथ–साथ प्रतिष्ठित शोध विश्वविद्यालयों को भारी वित्तीय संसाधनों की भी आवश्यकता होती है। इस सहयोग में से कुछ का सार्वजनिक स्त्रोतों से प्राप्त होना आवश्यक है। अन्य निधियों को छात्रों के शिक्षण–शुल्कों तथा प्रोफेसरों के द्वारा सार्वजनिक एवं निजी स्त्रोतों से प्राप्त किए गए शोध अनुदानों से पूरा किया जा सकता है। संपूर्ण विश्व में अनेक शोध विश्वविद्यालय सिर्फ इसलिए अपना लक्ष्य हासिल नहीं कर सके हैं क्योंकि उनके पास एक स्थाई वित्तीय समर्थन का अभाव रहा है। जहाँ 1 अरब डॉलर अथवा 3 अरब डॉलर एक बड़ा निवेश है और विश्वस्तरीय सुविधाओं की स्थापना हेतु अत्यन्त महत्वपूर्ण है, वहीं विश्वविद्यालय को कायम रखने के लिए अतिरिक्त निधियों की आवश्यकता होगी, विशेषतौर पर इसके प्रारंभ हो जाने और संचालित किए जाने के बाद के प्रारंभिक वर्षों के दौरान।

ओडिशा स्थित वेदांता एक अंतर्राष्ट्रीय विश्वविद्यालय बनेगा अथवा महत्वपूर्ण अंतर्राष्ट्रीय प्रभावों वाला एक भारतीय विश्वविद्यालय? यदि यह एक अंतर्राष्ट्रीय संस्थान

बनता है तो यह भारत के विकास में किस प्रकार योगदान करेगा? यदि यह एक भारतीय विश्वविद्यालय बनता है तो क्या इसे अधिकांश भारतीय उच्च शिक्षा को प्रभावित करने वाले नौकरशाही सम्बन्धी नियंत्रणों, छोटे–मोटे भ्रष्टाचार एवं अन्य मुद्दों का सामना नहीं करना पड़ेगा?

समकालीन वास्तविकताओं को ध्यान में रखते हुए कोई भी वेदांता की सफलता की संभावनाओं के प्रति बहुत अधिक आशावादी नहीं हो सकता। हमें आशा करनी चाहिए कि इस परियोजना का वित्तपोषण करने वाले लोगों में समस्याओं का अनुमान लगाने और सफलता की संभावना को अधिकतम बनाने की दूरदर्शिता मौजूद होगी।

8

क्या भारत जनसांख्यिकीय लाभांश अर्जित कर सकता है?

The Hindu
December 1, 2010

फ़िलिप जी. अल्ट्बाख़
एन. जयराम

हाल के समय में भारत के जनसांख्यिकीय लाभांश के सम्बन्ध में बहुत कुछ कहा जा चुका है: यह कि आज की तारीख में इसकी कार्यशील आबादी (15–59 वर्षों) में व्यापक तौर पर युवा (15–34 वर्ष) शामिल हैं, और इसके परिणामस्वरूप इसकी अर्थव्यवस्था में चीन सहित अनेक अन्य देशों की तुलना में अधिक तीव्र गति से विकास करने की क्षमता विद्यमान है। जनसांख्यिकीय विशेषज्ञों का कहना है कि विगत कई दशकों से जारी अपनी "एक–संतान" नीति के कारण चीन को शीघ्र ही बुढ़ापे का सामना करना पड़ेगा और, परिणामस्वरूप, यह कम प्रतिस्पर्धात्मक हो जाएगा। किन्तु क्या भारत अपने जनसांख्यिकीय उपहार का लाभ हासिल करने की आशा कर सकता है?

जनसांख्यिकीय वास्तविकताएं

भारत की जनगणना के अनुसार, जहाँ 14 वर्ष से कम आयु समूह में आबादी का अनुपात 1961 के 41 प्रतिशत की तुलना में 2001 में गिरकर 35.3 प्रतिशत हो चुका है (अर्थात् 5.7 प्रतिशत बिन्दु कम हुआ है), वहीं इसी अवधि के दौरान 15–59 वर्ष आयु समूह की आबादी का अनुपात 53.3 प्रतिशत से बढ़कर 56.9 प्रतिशत (अर्थात्, 3.6 प्रतिशत बिन्दुओं की वृद्धि) हो चुका है। 60 वर्षों से अधिक आयु वाले लोगों का अनुपात भी 5.6 प्रतिशत से बढ़कर 7.4 प्रतिशत (1.8 प्रतिशत बिन्दुओं की वृद्धि) हो चुका है। संपूर्ण संख्या के अर्थों में, 15–34 वर्ष आयु समूह की आबादी में होने वाली वृद्धि और भी अधिक नाटकीय है: यह 1970 की 17 करोड़ 42 लाख 60 हजार (31.79 प्रतिशत) से बढ़कर 2000 में 35 करोड़ 41 लाख 50 हजार (34.43 प्रतिशत) हो चुकी है। अनुमान है कि आबादी का युवा वर्ग 2030 में बढ़कर 48 करोड़ 48 लाख 60 हजार के सर्वोच्च आँकड़े को छू लेगा।

श्रम बाजार के लिए इस जनसांख्यिकीय तथ्य के निहितार्थ महत्वपूर्ण हैं। आधिकारिक आँकड़ों के अनुसार, भारत की श्रमशक्ति, जो 2006 में 47.2 करोड़ थी, के सन् 2011 में बढ़कर लगभग 52.6 करोड़ तथा 2031 में 65.3 करोड़ हो जाने की आशा है। यह नोट किए जाने योग्य है कि 2021 तक जनसंख्या की वृद्धि दर की तुलना में श्रमशक्ति की वृद्धि दर का ऊँचा बना रहना जारी रहेगा। इंडियन लेबर रिपोर्ट के

अनुसार, 2025 तक 30 करोड़ युवा श्रमशक्ति में प्रवेश कर लेंगे, और अगले तीन वर्षों में संपूर्ण विश्व की कुल श्रमशक्ति में भारतीयों का हिस्सा 25 प्रतिशत हो जाएगा।

संयुक्त राष्ट्रसंघ जनसंख्या प्रभाग के अनुमान दर्शाते हैं कि जहाँ पूर्ण संख्याओं में भारतीय आबादी के युवा वर्ग (15–34 वर्ष) में 2030 के बाद धीरे–धीरे कमी आना शुरु होगी, वहीं कुल आबादी के एक भाग के रूप में इसमें 2010 से ही धीरे–धीरे कमी आना प्रारंभ हो जाएगी। हालांकि, अगले तीन दशकों में यह कमी बहुत मामूली (2010 के 35.4 प्रतिशत से घटकर 2020 में 34.5 प्रतिशत, तथा 2030 में 32.4 प्रतिशत) होगी, तथापि आगामी दशकों में इसकी गति तीव्र हो जाएगी (2040 में 29.7 प्रतिशत तथा 2050 में 26.6 प्रतिशत)। फिर भी, 2050 में आबादी में 44 करोड़ 11 लाख के युवा वर्ग की एक विशाल संख्या मौजूद होगी।

चूंकि युवाओं की एक बड़ी संख्या 15 वर्ष की आयु तक ही श्रमबाजार के दरवाजे पर दस्तक देने लगती है, अतः आबादी के अपेक्षाकृत बड़े कार्यशील आयु समूह (15–59 वर्ष) के सम्बन्ध में आबादी के युवा वर्ग पर भी विचार करना होगा। संयुक्त राष्ट्रसंघ जनसंख्या प्रभाग के विश्लेषण और अनुमान इस मामले में मूल्यवान अंतर्दृष्टियाँ प्रस्तुत करते हैं। यद्यपि 15–34 वर्ष आयु समूह का प्रतिशत 2010 में अपने शिखर (35.4 प्रतिशत) पर पहुँच रहा है और उसके बाद यह धीरे–धीरे नीचे आएगा, तथापि 15–59 वर्ष आयु समूह मात्र 2035 में ही अपने शिखर (64.6 प्रतिशत) पर पहुँचेगा, और फिर अगले 15 वर्षों में 2050 तक धीरे–धीरे कम होता हुआ 61.6 प्रतिशत तक नीचे आएगा (जो अभी भी 2005 के 59.5 प्रतिशत की तुलना में मामूली रूप से ऊपर है)।

शैक्षिक घाटे

इस प्रकार जनसांख्यिकीय भविष्यवाणियाँ प्रबल और स्पष्ट हैं: यह कि जनसांख्यिकीय लाभांश लंबे समय तक जारी रहने वाला नहीं है, किसी भी स्थिति में 2050 के बाद नहीं। क्या भारत अगले एक–दो दशकों के दौरान इस जनसांख्यिकीय स्थिति का लाभ उठा सकता है और इसके फायदे हासिल कर सकता है? इसकी नीचे से ऊपर तक की खराब शिक्षा प्रणाली को ध्यान में रखते हुए कोई भी व्यक्ति इस प्रवृत्ति के सम्बन्ध में बहुत अधिक आशावादी नहीं हो सकता। स्वतंत्रताप्राप्ति के 60 वर्षों के पश्चात् भी भारत की साक्षरता दर 63 प्रतिशत के आसपास है–चीन 93 प्रतिशत पर है। भारत के स्कूलों का अधिकांश बड़ा हिस्सा खराब गुणवत्ता वाला है। शिक्षकों को अपर्याप्त तरीके से तैयार किया गया है, कमजोर तरीके से अभिप्रेरित किया गया है, कम वेतन दिया गया है, और वे प्रायः अनुपस्थित रहते हैं।

अंतर्राष्ट्रीय ज्ञान अर्थव्यवस्था में भारत की भागीदारी के लिए उच्च शिक्षा की स्थिति तो और अधिक समस्यापूर्ण है। उच्च शिक्षा प्रणाली की समग्र गुणवत्ता अंतर्राष्ट्रीय मानकों से बहुत नीची है और इसमें सुधार के कोई महत्वपूर्ण संकेत दिखाई नहीं दे रहे हैं। उच्च–तकनीक वाले नियोक्तओं की शिकायत है कि अधिकांश इंजीनियरिंग एवं अन्य स्नातक पर्याप्त रूप से प्रशिक्षित नहीं हैं और या तो उन्हें उनके नियोक्ताओं द्वारा भारी व्यय करते हुए अवश्य ही ''पुनर्शिक्षित'' करना होगा अथवा वे नियुक्त नहीं किए जा सकेंगे। बड़ी उच्च–प्रौद्योगिकी संस्थाएं, जैसे आईबीएम, इन्फोसिस तथा विप्रो आदि ने अपने शिक्षण केन्द्र खोल दिए हैं ताकि वे अपने कर्मचारियों को उत्पादक कार्यों के लिए तैयार कर सकें।

सर्वाधिक सम्मानित भारतीय प्रौद्योगिकी संस्थान (आईआईटी) तथा भारत के विश्वस्तरीय संस्थानों की एक बहुत छोटी सी संख्या प्रतिवर्ष बहुत कम संख्या में स्नातकों को तैयार करती है। इनमें से अधिकांश स्नातक नौकरी अथवा स्नातक के बाद आगे की शिक्षा के लिए तुरंत ही देश छोड़ देते हैं।

उच्च शिक्षा के विस्तार तथा उन्नयन सम्बन्धी सरकार की योजनाएं आकार तथा गुंजाइश दोनों ही मामलों में अपर्याप्त हैं। ये अव्यावहारिक भी हैं। उदाहरणार्थ, आईआईटी में पहले से ही कर्मचारियों की कमी है तथा उन्हें अपनी आवश्यकतानुसार गुणवत्तायुक्त प्रोफेसर नहीं प्राप्त हो पाते। प्रचलित "सुरक्षात्मक भेदभाव" नीति, जो शिक्षकों के पदों में से लगभग आधे भाग को स्वदेशी जातियों, वंचित जातियों और अन्य समूहों के लिए आरक्षित कर देती है, इस बात की संभावना को और भी कम कर देती है कि शीर्ष–गुणवत्तासंपन्न शिक्षकों की खोज की जा सके। नियोजन की अवस्था से गुजर रहे कुछ नए आईआईटी महानगरीय क्षेत्रों से काफी दूरी पर स्थित हैं, और सुशिक्षित शिक्षकों को वहाँ दोबारा से बसने के लिए संतुष्ट करना यदि असंभव नहीं तो कठिन अवश्य होगा।

मात्रात्मक पक्ष की ओर देखें तो वहाँ भी समस्याएं मौजूद हैं। भारत आज उच्च शिक्षा में आयु समूह के मात्र 10 प्रतिशत भाग को ही शिक्षित कर रहा है। इस 10 प्रतिशत में से भी पढ़ाई छोड़ने वालों का प्रतिशत बहुत अधिक है। एक बढ़ती हुई संख्या प्रायः निम्न–गुणवत्तायुक्त कॉलेजों एवं अन्य ऐसे संस्थानों में प्रवेश ले लेती है जो सरकार द्वारा वित्तपोषित नहीं होते, और जिनमें से कुछ शिक्षा की दुकानों अथवा डिग्री पैदा करने वाले कारखानों से अधिक कुछ भी नहीं हैं। 2015 तक भागीदारी की दर को 15 प्रतिशत तक बढ़ाए जाने की वर्तमान योजना, जो अभी अन्य उभरती हुई अर्थव्यवस्थाओं से काफी कम दिखाई देती है, 15 प्रतिशत की भागीदारी को हासिल कर पाने के लिए भी अपर्याप्त प्रतीत होती है।

भारत के पास शिक्षा में भी "बुनियादी ढाँचे" की एक वैसी ही गंभीर "समस्या" मौजूद है जैसे कि सड़कों, बंदरगाहों, सार्वजनिक परिवहन, विद्युत, इत्यादि के मामलों में है। दीर्घकालिक अपर्याप्त व्यय एवं कमजोर नियोजन किसी बिन्दु पर भारत की तीव्र गति से विकसित हो रही अर्थव्यवस्था पर परस्पर मिल जाएंगे। मानव संसाधन के अर्थों में, मात्र युवा लोगों की भारी संख्या मौजूद होना ही पर्याप्त नहीं है–इन युवा लोगों को समुचित रूप से शिक्षित किए जाने तथा उनके द्वारा नई अर्थव्यवस्था में योगदान किए जाने की भी आवश्यकता है। आखिरकार, स्विस मनोवैज्ञानिक और मनोचिकित्सक कार्ल गुस्ताव जंग (1875–1961) का कथन है: "युवावस्था का नशा बढ़ते हुए समय के साथ सदैव कम नहीं होता; कभी–कभी यह परेशानियाँ उत्पन्न कर देता है।"

खंड 2

अकादमिक पेशा

भारत में अकादमिक पेशे की क्या स्थिति है?

एन. जयराम

"गुरुओं की भूमि में, उस पेशे, जिसने अपने कर्तव्यों को ग्रहण कर लिया था, को इसके अभ्यासकर्ताओं तथा अन्य लोगों दोनों के द्वारा ही आज बहुत कम सम्मान प्रदान किया जाता है।" सूक्ति के रूप में एडवर्ड शिल्स (1969: 345) के इस कथन के साथ ही फ़िलिप जी. अल्ट्बाख़ ने 1977 में जो प्रस्तुति की थी वह संभवतः भारत में अकादमिक पेशे की दोहरी स्थिति का सर्वप्रथम प्रभावशाली विश्लेषण था (अल्ट्बाख़ 1972, 1979 भी देखें)। उसी समय से इस देश के अकादमिक पेशे में होने वाली घटनाओं में उनकी स्थाई रुचि बनी रही है। इस विषय पर एक पुस्तक (चिटनिस एवं अल्ट्बाख़ 1979) का सहसंपादन करने के अलावा, वो विगत 35 वर्षों से मुझे सामान्य तौर पर भारत में उच्च शिक्षा की प्रक्षेपपथ को, तथा विशेषतौर पर उसके अकादमिक पेशे में होने वाली घटनाओं को प्रतिबिंबित करने के लिए समझाते रहे हैं (देखें जयराम 2003, 2007, 2012; जयराम एवं शिवरामकृष्णन 1979)। और हमने इस विषय पर मिलकर कार्य भी किया है (देखे अल्ट्बाख़ एवं जयराम 2008; जयराम एवं अल्ट्बाख़ 2006)।

द इंडियन एकेडेमिक प्रोफेशन को तैयार किए जाने में अल्ट्बाख़ और उनकी सहसंपादिका सुमा चिटनिस ने अकादमिक पेशे के आगामी संकट का पूर्वानुमान लगा लिया था (चिटनिस एवं अल्ट्बाख़ 1979)। *क्राइसिस एंड चेंज इन द टीचिंग कम्युनिटी* नामक खंड के उपशीर्षक द्वारा इसपर बहुत अधिक प्रकाश डाला गया है। महत्वपूर्ण बात यह है कि इस आलोचनात्मक मूल्यांकन, जो भारत में अपनी प्रकार का पहला गंभीर प्रयास है, को चिटनिस तथा अल्ट्बाख़ के द्वारा देश में उच्च शिक्षा के अभूतपूर्व विस्तार के पहले चरण के दौरान प्रारंभ किया गया था। 1980 के दशक के मध्य तक के संरक्षित विस्तार की एक लंबी अवधि के बाद उच्च शिक्षा ने अवरूद्ध विकास तथा अनिश्चित भविष्य की एक अवधि में प्रवेश कर लिया था। कई राज्य सरकारों के द्वारा अपने विश्वविद्यालयों और कॉलेजों में रिक्त शिक्षक पदों को भरने पर एक प्रतिबंध आरोपित करने, तथा सर्वश्रेष्ठ प्रतिभाओं के वैश्वीकरण के कारण अधिक आकर्षक करियरों की ओर पलायन करने के साथ ही अकादमिक पेशे के द्वारा शायद अभी तक की सर्वाधिक तीव्र गिरावट का अनुभव किया गया था।

2006 में देश के समक्ष प्रस्तुत अपनी पहली रिपोर्ट में राष्ट्रीय ज्ञान आयोग ने देश में उच्च शिक्षा के कष्टों की पहचान "एक शांत संकट......जो बहुत गहरा है" के रूप में की थी (2007: 1)। उसी समय से, इस "शांत संकट" को सम्बोधित करने के लिए अनेक नीतिगत उपायों और कार्यवाही कार्यक्रमों की घोषणाएं की जा चुकी हैं। ये नीतियाँ और

कार्यक्रम कितने प्रभावी रूप से लागू किए जाएंगे यह इस बात से निर्धारित होगा कि क्या ब्रिक्स (ब्राजील, रूस, भारत और चीन) देशों के बीच भारत उस ''जनसांख्यिकीय खिड़की'' के लाभों को हासिल कर पाता है जो उसके लिए अगले दो दशकों या ऐसे ही समय के लिए खुली रहेगी (अल्ट्बाख़ एवं जयराम 2010)।

अकादमिक पेशा किसी भी उच्च शिक्षा प्रणाली की धुरी की कील होता है; इसीलिए, शिक्षकों की भर्ती तथा पारिश्रमिक को ध्यान में रखते हुए एक बड़ा नीतिगत सुधार किया गया है। जनवरी 2006 से शिक्षकों के वेतन में इतनी भारी वृद्धि की जा चुकी है जो एक दशक पहले अकल्पनीय थी (देखें जयराम 2003, 2012)। प्रोफेसर समुदाय अब बहुत आरामदायक स्थिति में है और और ऐसी आशा की जाती है कि रोजगार बाजार में अकादमिक पेशा एक बार फिर से आकर्षण का केन्द्र बन जाएगा। निश्चित रूप से, यह आशा गलत नहीं है क्योंकि वेतनों तथा सेवा शर्तों में होने वाले सुधार अकादमिक पेशों को पुनर्जीवित करने के लिए *आवश्यक* हैं। हालांकि, ये आगामी दशकों में उच्च शिक्षा द्वारा किए गए वादों को पूरा करने के लिए अकादमिक पेशे को विकसित और अनुकूलित करने हेतु *पर्याप्त* नहीं हैं।

प्रारंभ करने हेतु, वेतन सम्बन्धी सुधारों को पूरे देश तथा विभिन्न संस्थानों में समान रूप से लागू नहीं किया गया है। राष्ट्रीय महत्व वाले संस्थानों (जैसे भारतीय प्रौद्योगिकी संस्थान/आईआईटी) तथा केन्द्रीय विश्वविद्यालयों ने भारत सरकार के मानव संसाधन विकास मंत्रालय द्वारा स्वीकृत नए वेतनमानों और सेवा शर्तों को पूरी तरह से लागू कर दिया है। हालांकि, राज्य सरकारों ने उन्हें समान रूप से लागू नहीं किया है; तथापि उन्हें लागू किए जाने की तिथियों, बकायों के भुगतानों, सेवानिवृत्ति की आयु आदि में भिन्नताएं मौजूद हैं। वास्तव में, सेवानिवृत्ति की आयु को लेकर केन्द्र तथा राज्य सरकारों के बीच जारी गतिरोध के कारण 250 विश्वविद्यालयों और 25,000 कॉलेजों के 4,00,000 शिक्षकों को अपने वेतन के बकायों और भत्तों से वंचित होना पड़ा है (टेलीग्राफ इंडिया 2012)।

यह मानते हुए कि पूरे देश में सार्वजनिक वित्तपोषित संस्थानों ने नए वेतनमानों और सेवा शर्तों को पूरी तरह से लागू कर दिया है, तो भी सर्वश्रेष्ठ रूप से यह उन्हीं लोगों को रोक सकता है जिनके द्वारा अकादमिक जगत को छोड़कर ज्ञान अर्थव्यवस्था में अन्य स्थानों पर बेहतर पदों की खोज किए जाने की संभावनाएं हैं। रिक्त पड़े शिक्षकों के पदों को भरने के लिए शिक्षित लोगों की भारी कमी है। मानव संसाधन विकास मंत्रालय के कार्यबल की रिपोर्ट शिक्षकों की इस कमी को 54 प्रतिशत तक बताती है (टाइम्स न्यूज नेटवर्क 2011)। मानव संसाधन विकास पर बनी स्थाई समिति के अनुसार, 8 नवस्थापित आईआईटी में 60 प्रतिशत तक की शिक्षकों की कमी है (आनंद 2012)। इसके बावजूद, राज्यों के विश्वविद्यालयों और कॉलेजों की तुलना में राष्ट्रीय महत्व के संस्थान तथा केन्द्रीय विश्वविद्यालयों को उपलब्ध प्रतिभाओं में से सर्वश्रेष्ठ की प्राप्ति हो ही जाती है; वे इनमें, जहाँ उच्च शिक्षा में अधिकांश शिक्षा प्रदान की जाती है, से सर्वश्रेष्ठ शिक्षण प्रतिभाओं को भी निकाल लेते हैं। एक बार विदेशी विश्वविद्यालयों के द्वारा देश में अपने संचालन प्रारंभ कर दिए जाने के बाद तो शिक्षकों की कमी की समस्या का और अधिक गंभीर होना सुनिश्चित है।

नए वेतनमानों और सेवा शर्तों को लागू करने की सिफारिश करते समय सरकार ने गुणवत्ता के महत्व पर जोर दिया था और अकादमिक पेशे में भर्तियों तथा इसके अंदर की पदोन्नतियों के मामलों में अपेक्षाकृत कठोर दिशा निर्देश सुझाए थे। हालांकि, या तो

सरकार के द्वारा कुछ शर्तों में ढील दे दिए जाने अथवा विश्वविद्यालयों और कॉलेजों के द्वारा उन्हें रिवाज बना दिए जाने की एक प्रवृत्ति पहले से ही विद्यमान रही है। उदाहरणार्थ, डॉक्टरेट एवं राष्ट्रीय पात्रता परीक्षण (एनईटी), जोकि सहायक प्रोफेसर के पद के लिए एक पात्रता सम्बन्धी मानदंड है, के मामलों में यूजीसी दुविधाग्रस्त हो चुका है। शिक्षित अभ्यर्थियों की अनुपलब्धता के आधार पर अनेकों संस्थानों के द्वारा *तदर्थ* नियुक्तियाँ कहे जाने वाले तरीको को अपनाते हुए इस पेशे में पिछले दरवाजे से प्रवेश खोल दिए गए हैं। इसके अलावा, प्रदर्शन मूल्यांकन, जिसे लोगों ने एक कठोर गुणवत्ता नियंत्रण उपाय माना था, को पहले ही एक रिवाज बनाया जा चुका है। इससे यह आशा झूठी सिद्ध हो जाती है कि वेतनों में वृद्धि अकादमिक पेशे में बेहतर प्रतिभाओं को ला सकेगी और उच्च शिक्षा की गुणवत्ता में सुधार कर सकेगी। शिक्षकों, जो अब बढ़े हुए वेतन प्राप्त कर रहे हैं, की जवाबदेही का प्रश्न खेदजनक ढंग से अनुत्तरित ही रहा है।

विभिन्न कारणों से रिक्त पदों को भर पाने में असमर्थ रहने वाले उच्च शिक्षा संस्थान, जिनमें सार्वजनिक वित्तपोषित संस्थान भी शामिल हैं, ''अस्थाई'' प्रवक्ताओं (जिन्हें जारी रखे जाने की कोई गारंटी नहीं दी जाती), ''अंश–कालिक'' व्याख्याताओं (जो सप्ताह में घंटों की एक निर्धारित संख्या के लिए शिक्षण प्रदान करते हैं) तथा ''अतिथि'' शिक्षकों (जो कॉलेज अथवा विभाग को ''पाठ्यक्रम के भाग को पूरा करने'' में सहायता प्रदान करते हैं) के साथ अपना काम चला रहे हैं। ऐसे ही शिक्षक, जो उच्च शिक्षा के एक बड़े भाग का गठन करते हैं, अनेक राज्यों में एक स्थाई विशेषता बन चुके हैं। सिकुड़ते हुए अकादमिक जगत की समस्या से निपटने में अपनी असमर्थता के लिए धनराशि की कमी राज्य सरकारों का जाना पहचाना राग बना रहा है।

अकादमिक पेशे की गिरावट को इसके सामाजिक संयोजन के व्यापकता का साथ प्राप्त हुआ है। संरक्षात्मक भेदभाव की नीति को धन्यवाद दिया जाना चाहिए कि विगत कुछ वर्षों के दौरान आबादी के परंपरागततौर पर वंचित रहे वर्गों से सम्बन्ध रखने वाले अभ्यर्थियों का एक बड़ा वर्ग अकादमिक पेशे में प्रवेश कर चुका है। पेशे में प्रवेश करने वाले नए लोग, जो अधिकांशतः अपने समुदाय में परास्नातक शिक्षा हासिल करने वाली पहली पीढ़ी के लोग हैं, गिरावट से ग्रसित एक पेशे के लोकाचार के बारे में भ्रमित हैं।

जो कुछ भी परेशान कर देने वाला है वह यह कि प्रांतीयता उच्च शिक्षा का एक अभिन्न अंग बन चुकी है। अल्पसंख्यक समुदायों द्वारा संचालित शैक्षिक संस्थानों के द्वारा हमेशा से अपने खुद के धर्म अथवा संप्रदाय के अभ्यर्थियों को प्राथमिकता प्रदान की जाती रही है, और इसकी प्रकार से अन्य जातीय समूहों के प्रभुत्व वाले संस्थानों ने भी अपने सजातीय बंधुओं के पक्ष में पूर्वाग्रह के प्रदर्शन किए हैं। विश्वविद्यालय तथा राज्य सरकारों के द्वारा भी अपने खुद के अधिकारक्षेत्रों अथवा राज्यों से सम्बन्ध रखने वाले अभ्यर्थियों को ही पसंद किया जाता है। इससे अंतःप्रजनन को बढ़ावा मिलता है और शिक्षाविद्ों की गतिशीलता बाधित होती है।

अतः, प्रतीत होता है कि विगत चार दशकों के दौरान अकादमिक पेशे में आ रही गिरावट को न रोक पाने के लिए भारत को भारी कीमत चुकानी पड़ी है। सुधार देरी से किए गए हैं और उच्च शिक्षा की गुणवत्ता में सुधार के साथ–साथ इसके विस्तार की बहुत अधिक आशा प्रदान करने के लिए अकादमिक पेशे की तस्वीर को बदलने हेतु किए गए कार्यान्वयन बहुत मंदगति तथा आधे–अधूरे मन वाले प्रयास रहे हैं। अकादमिक पेशे की स्थिति को ध्यान में रखा जाए तो विश्वस्तरीय संस्थानों के समूह में प्रवेश करने के हमारे उच्च शिक्षा संस्थानों के सपने बस सपने ही बने रहेंगे।

संदर्भ

Altbach, Philip G. 1972. *The university in transition: An Indian case study.* Bombay: Sindhu.

———. 1977. In search of Saraswati: the ambivalence of the Indian academic. *Higher Education* 6 (May): 255–75.

———. 1979. The distorted guru: The college teacher in Bombay, In *The Indian academic profession*, eds Suma Chitnis and Philip G. Altbach, pp. 5–44. Delhi: Macmillan India Ltd.

Altbach, Philip G. and N. Jayaram. 2008. Towards creation of world-class universities. *Hindu*, October 23, Bangalore, p. 10 (republished as Altbach, Philip G. and N. Jayaram. 2009. India's effort to join 21st-century higher education. *International Higher Education* 54 [Winter, 2009]: 17–19).

———. 2010. Can India garner the demographic dividend? *The Hindu*, December 1.

Anand, Abhay. 2012. Why are the 8 new IITs in India facing faculty crunch? *India Education Review*, May 18, http://www.indiaeducationreview.com/features/faculty-shortage-8-new-iits-directors'-viewpoint (accessed July 7, 2012).

Chitnis, Suma and Philip G. Altbach, eds. 1979. *The Indian academic profession.* Delhi: Macmillan India Ltd.

Jayaram, N. 2003. The fall of the guru: The decline of the academic profession in India. In *The decline of the guru: The academic profession in developing and middle-income countries*, ed. Philip G. Altbach, pp. 199–230. New York: Palgrave Macmillan.

———. 2007. Beyond retailing knowledge: Prospect of research-oriented universities in India. In *World class worldwide: Transforming research universities in Asia and Latin America*, eds Philip G. Altbach and Jorge Balán, pp. 70–94. Baltimore: The Johns Hopkins University Press.

———. 2012. Academic salaries and career advancement: Tuning the professoriate for a knowledge economy in India. In *Paying the professoriate: A global comparison of compensation and contracts*, eds Philip G. Altbach, Liz Reisberg, Maria Yudkevich, Gregory Androushchak, and Iván F. Pacheco, pp. 155–65. New York/London: Routledge.

Jayaram, N. and Philip G. Altbach. 2006. Confucius and the guru: The changing status of the academic profession in China and India. *Journal of Educational Planning and Administration* 20, no. 4: 395–410.

Jayaram, N. and G. Sivaramakrishnan. 1979. Teachers and unionism: The organization of the academic profession. In *The Indian Academic Profession*, eds Suma Chitnis and Philip G. Altbach, pp. 105–33. Delhi: Macmillan India Ltd.

National Knowledge Commission. 2007. *Report to the Nation—2006.* New Delhi: National Knowledge Commission, Government of India.

Shils, Edward. 1969. The academic profession in India. *Minerva* 7 (Spring): 345–72.

Telegraph India. 2012. MHRD to clear arrears of State University teachers; delinks retirement age, June 4, http://www.indiaeducationreview.com/news/mhrd-clear-arrears-state-university-teachers-delinks-retirement-age (accessed July 7, 2012).

Times News Network. 2011. Higher edu short of 54% teachers. *Times of India*, August 10, Mumbai, p. 15.

9

सरस्वती* की खोजः भारतीय अकादमिक जगत की द्वैधवृत्ति

Higher Education
Vol. 6, No. 2 (May) 1977
pp. 255–275

फ़िलिप जी. अल्ट्बाख़

इस लेख का ध्यान भारत में कॉलेज शिक्षकों पर केन्द्रित है। उनकी कार्य सम्बन्धी परिस्थितियों, दृष्टिकोणों, तथा उनके संगठनात्मक परिवेश के सर्वेक्षण किए गए हैं। इस लेख के लिए मुम्बई विश्वविद्यालय के एक केस अध्ययन के द्वारा आँकड़े उपलब्ध कराए गए हैं। एक अपर्याप्त आमदनी, गिरती हुई सामाजिक स्थिति और उसके बावजूद भी पेशेवर होने के मिथ्याभिमानों के साथ एक व्यक्ति के रूप में कॉलेज शिक्षक की उभयभावी भूमिका ही इस लेख की विषयवस्तु है। भारतीय शिक्षण समुदाय से एक तीव्रगति से विस्तारित हो रही उच्च शिक्षा प्रणाली के अंतर्गत कार्य करने का आह्वाहन तो किया गया है किन्तु अपर्याप्त संसाधनों के साथ। सामान्यतौर पर, यह स्थिति शिक्षा में गिरते हुए मानकों तथा विशेषतौर पर, अकादमिक समुदाय के नैतिक पतन का कारण बन चुकी है। अकादमिक मामलों में नौकरशाही की संलिप्तता की एक परंपरा तथा एक सीमित मात्रा में अकादमिक स्वतंत्रता ने इस पेशे और प्रभावशाली शिक्षण समुदाय की प्रगति को और अधिक मंद कर दिया है।

> "गुरुओं की भूमि में, उस पेशे, जिसने अपने कर्तव्यों को ग्रहण कर लिया था, को इसके अभ्यासकर्ताओं तथा अन्य लोगों दोनों के द्वारा ही आज बहुत कम सम्मान प्रदान किया जाता है।" (शिल्स, 1969, पृष्ठ 345)

इस लेख की विषयवस्तु है उभयभाविता, तथा इसका शीर्षक है भारतीय अकादमिक पेशा। यह एक विस्तृत शीर्षक है, क्योंकि विश्वविद्यालय प्रणाली के अंतर्गत 1,56,562 शिक्षक मौजूद हैं, जिनमें से 26,569 को छोड़कर शेष सभी विश्वविद्यालयों से सम्बद्ध स्नातक कॉलेजों में कार्यरत् हैं।[1] भारत की उच्च शिक्षा प्रणाली संपूर्ण विश्व में अमेरिका तथा सोवियत संघ के बाद तीसरी सबसे बड़ी शिक्षा प्रणाली है, तथा यह 30 लाख से भी अधिक छात्रों को प्रवेश प्रदान करती है। इस प्रकार से, शिक्षण समुदाय भारतीय समाज का एक बड़ा और महत्वपूर्ण तत्व है। इसके अलावा, इसकी एक लंबी परंपरा रही है। विश्वविद्यालयों की स्थापना 19वीं शताब्दी के मध्य में की गई थी, और कुछ कॉलेज तो उससे भी पुराने हैं। अपने अधिकांश भाग के दौरान यह चर्चा उन कॉलेज शिक्षकों से सम्बन्धित रही है जो शिक्षण समुदाय की एक बहुत बड़ी संख्या का गठन करते हैं, न कि उन विश्वविद्यालयीय कर्मचारियों से जो बेहतर वेतन प्राप्त कर रहे हैं और जिनकी कार्य परिस्थितियाँ तथा एक उच्चतर पेशेवर स्थिति भी महत्वपूर्ण रूप से बेहतर है। हमारा सम्बन्ध, विशेषतौर पर, कला तथा विज्ञान कॉलेजों

के शिक्षकों के साथ है जो कुल संख्या का सबसे बड़ा भाग है। पेशेवर कॉलेजों, जैसे कानून, इंजीनियरिंग, और कुछ हद तक वाणिज्य में कर्मचारियों की स्थितियाँ तथा अनुकूलनों में प्रायः भिन्नता हो सकती है। कला और विज्ञान कॉलेजों की तुलना में ये पेशेवर संस्थान सामान्यतः एक उच्च स्तर पर कार्यसंचालन करते हैं। प्रस्तुत लेख मुम्बई विश्वविद्यालय के साथ सम्बद्ध कला और विज्ञान कॉलेजों के एक केस अध्ययन पर आधारित है, किन्तु यह शेष भारत के लिए प्रासंगिक है, क्योंकि पूरे देश में व्याप्त स्थितियों में कोई उल्लेखनीय अंतर नहीं है।[2]

तीसरी दुनिया के अनेक देशों में माध्यमिकोत्तर शिक्षक समुदाय एक महत्वपूर्ण किन्तु प्रायः जटिल सामाजिक शक्ति है। भारत जैसे देशों में, जिनकी शिक्षा प्रणाली बहुत बड़ी है, संख्यात्मक आधार पर ये बहुत शक्तिशाली हैं और भौगोलिक तौर पर बहुत फैले हुए हैं। तीसरी दुनिया के सभी देशों में यह शक्ति आबादी के राजनीतिक तथा आर्थिक तौर पर मुखर वर्गों के प्रशिक्षण के लिए उत्तरदायी है, और इस प्रकार जहाँ राजनीति अथवा सामाजिक मामलों में शिक्षक समुदाय स्वयं संलिप्त नहीं भी होता, वहाँ इसकी एक अप्रत्यक्ष भूमिका मौजूद रहती है। जहाँ विश्वविद्यालय के शिक्षकों से शोधकार्य और प्रकाशन करने की अपेक्षा की जाती है, और उनमें से अनेक देश के वैज्ञानिक एवं साहित्यिक बुद्धिजीवी हैं, वहीं कॉलेज शिक्षक सांस्कृतिक तथा राजनीतिक मामलों में प्रकाशन के माध्यम से मुश्किल से ही योगदान करते हैं। भारत तथा तीसरी दुनिया के अन्य देशों में शिक्षकों द्वारा सरकारी परामर्शदाता अथवा यहाँ तक कि मंत्रियों के रूप में सेवा प्रदान करने के लिए सार्वजनिक पदों को हासिल करने के प्रयास करना कोई असामान्य बात नहीं रही है (वर्तमान समय में श्रीमती गाँधी के मंत्रिमंडल में कम–से–कम तीन सदस्य भूतपूर्व शिक्षक हैं)। हाल ही के आपात्काल, जिसके द्वारा राजनीतिक विरोध को प्रभावी रूप से समाप्त कर दिया गया था, के समय तक प्रमुख एवं मुखर राजनीतिक कार्यकर्ताओं की एक बड़ी संख्या अकादमिक समुदाय से सम्बन्धित थी।

भारत में, शिक्षा की परंपराओं में क्षेत्रवार भारी भिन्नताएं विद्यमान हैं। महाराष्ट्र, जिसकी राजधानी मुम्बई है, में शिक्षण समुदाय परंपरागततौर पर राजनीति में संलिप्त नहीं रहा है, और विशेषतौर पर यह स्वतंत्रता संग्राम के दौरान भी सक्रिय नहीं रहा था। हालांकि, बंगाल तथा उत्तर–प्रदेश में शिक्षकों की उग्रवादिता की लंबी परंपरा रही है तथा शिक्षकगण राष्ट्रीय तथा क्षेत्रीय दोनों ही राजनीति में एवं कभी–कभी संस्थागत व्यवधान उत्पन्न करते हुए विश्वविद्यालयों की आंतरिक राजनीति में भी संलिप्त रहे हैं। भारत के ज्ञात सर्वश्रेष्ठ विश्वविद्यालयों में से एक, बनारस हिन्दू विश्वविद्यालय, में अकादमिक राजनीति के चलते कई वर्षों तक आवधिक तौर पर कामकाज बाधित होता रहा था। अकादमिक प्रणाली के स्तरों तथा अकादमिक समुदाय की राजनीतिक एवं बौद्धिक भागीदारी के अर्थों में देश के विभिन्न भागों के बीच भारी अंतर विद्यमान हैं।

तीसरी दुनिया के देशों में भी अकादमिक समुदाय एक प्रमुख बौद्धिक भूमिका निभाता है (शिल्स, 1972)। कॉलेज एवं विश्वविद्यालय ऐसी स्थितियों में अनेक बुद्धजीवियों के लिए आजीविका प्रदान करते हैं जहाँ स्वतंत्र लेखन अथवा अन्य बुद्धिजीविता–आधारित पेशों की बहुत कमी है। अनेक प्रमुख पत्रिकाएं एवं अभिव्यक्ति के अन्य साधन अकादमिक समुदाय में ही स्थित हैं। ऐसे समाजों, जिनमें बौद्धिक जीवन का ''बुनियादी ढाँचा'', जैसे मास मीडिया, प्रकाशन संस्थान, विद्वत्तापूर्ण एवं अन्य पत्रिकाएं आदि सुस्थापित नहीं हैं, वहाँ सृजनात्मक बौद्धिक कार्य के एक महत्वपूर्ण भाग के लिए अकादमिक समुदाय ही आश्रय प्रदान करता है। यहाँ तक कि यह औद्योगिककृत देशों के मामले में भी सच है, किन्तु तीसरी दुनिया में यह अधिक महत्वपूर्ण प्रतीत होता है।

अनेक देशों में स्नातक अथवा कॉलेज शिक्षकों की स्थिति कुछ–कुछ उभयभावी है, और भारत इनमें से एक हैं। छात्रों की एक बहुत बड़ी संख्या के लिए वे उच्च शिक्षा का अवतार हैं। एक अर्थ में, वे माध्यमिकोत्तर शिक्षा के लिए एक गुणवत्ता निर्धारित करते हैं। किन्तु वे बौद्धिक जीवन के अग्रणी मोर्चे पर मौजूद नहीं हैं। कॉलेज शिक्षक मुश्किल से ही "सृजनकर्ता व्यक्ति" होते हैं और वे मुश्किल से ही शोध अथवा सृजनात्मक लेखन प्रस्तुत कर पाते हैं। हालांकि, इस अर्थ में, कि वे बड़ी संख्या में छात्रों के बीच ज्ञान तथा संस्कृति का संचार करते हैं, वे पूरी तरह से बौद्धिक प्रणाली का एक भाग हैं। कॉलेज शिक्षक प्रायः इसलिए पूरी तरह से पेशेवर नहीं होते क्योंकि उनके पास अपनी कार्य परिस्थितियों के मामले में वास्तविक स्वायत्तता नहीं होती और प्रायः वे अपनी शिक्षण परिस्थितियों के प्रमुख तत्वों को नियंत्रित नहीं करते। अधिकांश विश्वविद्यालय प्रणालियों में, शोध तथा विद्वत्ता का अधिकांश बोझ उन विश्वविद्यालयीय व्यवस्थाओं में प्रोफेसरों के द्वारा वहन किया जाता है जो स्नातक अध्ययनों की संपूर्ण शृंखला प्रस्तावित करती हैं। इन संस्थानों के पास पर्याप्त शोध सुविधाएं तथा पुस्तकालय उपलब्ध होते हैं और अनेक देशों में शिक्षकों से शोध उपक्रमों में सक्रियतापूर्वक भागीदारी करने की अपेक्षा की जाती है। कॉलेज शिक्षक कहीं बीच में आते हैं, और उनकी स्थिति उभयभावितापूर्ण होती है। एक ओर, वे माध्यमिकोत्तर शिक्षा प्रणाली के एक भाग होते हैं और उनमें सामाजिक प्रतिष्ठा, भूमिकाओं, तथा आमदनी के अर्थों में विश्वविद्यालयों में मौजूद अपने सहयोगियों के समान अनेक अपेक्षाएं मौजूद होती हैं। दूसरी ओर, वे प्रायः ही शोध तथा स्नातक शिक्षण जैसे उन "प्रतिष्ठापूर्ण" कार्यों को संपन्न नहीं करते जो किसी विश्वविद्यालय शिक्षक की कसौटी हुआ करता है।

यह मेरा तर्क है कि कॉलेज का शिक्षण समुदाय स्वयं को एक विशिष्ट कठिनाईपूर्ण स्थिति में पाता है और यह कि, अनेक कारकों के परिणामस्वरूप, यह न तो पूरी तरह से एक पेशे में ही विकसित हो सका है और न ही देश के व्यापक बौद्धिक जीवन में पर्याप्त योगदान ही कर सका है। संभवतः और अधिक गंभीरतापूर्वक कहा जाए तो शिक्षण के स्तर बहुत निम्न है और शिक्षण कर्मचारियों के पास ऐसे अधिकार और इच्छाशक्ति उपलब्ध नहीं प्रतीत होते जो परिवर्तन करने तथा स्तरों में सुधार किए जाने हेतु आवश्यक हैं। कॉलेज शिक्षकों को लगता है कि उन्हें समुचित पारिश्रमिक नहीं प्राप्त होता, यह कि उन्हें अपनी कार्य–परिस्थितियों पर बहुत कम नियंत्रण हासिल है, यह कि स्वतंत्र बौद्धिक प्रयासों को पुरस्कृत नहीं किया जाता, और यह कि शिक्षा के स्तर अपर्याप्त हैं। जहाँ अनेक शिक्षक अपनी सर्वश्रेष्ठ योग्यतानुसार कार्य करते हैं और कुछ कॉलेज प्रतिबद्धता की भावना उत्पन्न करने का प्रबंध कर लेते हैं, वहीं सामान्यतौर पर शिक्षक समुदाय में स्वायत्तता की भावना बहुत कम मात्रा में मौजूद है। अधिकांश शिक्षकों के लिए कॉलेज शिक्षण एक "आह्वान" न होकर एक रोजगार भर है, और इस मामले में मामूली पारिश्रमिक वाला रोजगार है।

भारतीय उच्च शिक्षा प्रणाली में कॉलेज का स्थान महत्वपूर्ण किन्तु काफी कुछ अधीनतापूर्ण सा है। कॉलेज लगभग सभी भारतीय छात्रों की स्नातक शिक्षा के लिए उत्तरदायी हैं, और भारत में माध्यमिकोत्तर शिक्षा के लगभग 90 प्रतिशत भाग की व्यवस्था करते हैं। इस अर्थ में, वे इस प्रणाली के प्रमुख तत्व हैं। हालांकि, अधिकांश कॉलेज किसी न किसी मूल विश्वविद्यालय के साथ "सहबद्ध" हैं। इसका अर्थ यह है कि विश्वविद्यालय, जो सामान्यतः कॉलेजों से भौतिक रूप से अलग होते हैं तथा जिनका उनके साथ बहुत कम बौद्धिक संपर्क रहता है, के पास कॉलेज सम्बन्धी सुविधाओं के अर्थों में नए कॉलेजों की सहबद्धता के लिए न्यूनतम मानक ही उपलब्ध हैं।

समस्त परीक्षाओं का निर्धारण विश्वविद्यालय द्वारा किया जाता है और वही डिग्री प्रदान करता है, कॉलेजों के पास डिग्री प्रदान करने का कोई अधिकार नहीं है। विश्वविद्यालय पाठ्यक्रम को स्वीकृत करता है जिसे परीक्षाओं के साथ मेल खाने के हिसाब से डिजाइन किया गया होता है, और विश्वविद्यालयीय समितियों में भागीदारी के अलावा कॉलेजों का अपने पाठ्यक्रमों पर बहुत ही कम नियंत्रण होता है। अंततः, विश्वविद्यालय कॉलेज शिक्षकों के वेतन निर्धारित करता है और प्रायः शिक्षकों की नियुक्ति–तथा पदच्युति सम्बन्धी उपायों को कानूनी रूप प्रदान करता है। लगभग प्रत्येक कॉलेज के जीवन में विश्वविद्यालय प्रशासन की कुछ न कुछ भागीदारी अवश्य रहती है, बावजूद इस तथ्य के कि कॉलेजों के दिन–प्रतिदिन के कार्यसंचालन में इसकी भूमिका नाममात्र की ही होती है। हालांकि, कॉलेजों की भागीदारी होती है और कभी–कभी अनेक ऐसी समितियों में कॉलेजों की एक बड़ी संख्या की भागीदारी होती है जो प्रत्यक्ष तौर पर पाठ्यक्रमों तथा अन्य मामलों को प्रभावित करती हैं। उदाहरणार्थ, अध्ययन समिति में शामिल सदस्यों में से विभिन्न विषयों के सदस्य कॉलेजों से ही सम्बन्धित होते हैं। हालांकि, स्नातक कॉलेजों में शिक्षकों तथा स्वयं कॉलेजों दोनों के ही द्वारा मिलीजुली स्थिति एक सीमित अधिकार की स्थिति में योगदान करती है।

भारत तथा तीसरी दुनिया में कॉलेज शिक्षक एक विशिष्ट उभयभावितापूर्ण स्थिति में हैं। उत्पत्ति तथा अनुकूलन के मामले में अकादमिक परपंराएं व्यापक तौर पश्चिमी हैं, तथा स्वदेशी जड़ें प्रायः कमजोर हैं। परिणामस्वरूप, भूमिकाएं प्रायः ही सुस्थापित नहीं हैं। माध्यमिकोत्तर शिक्षण पेशे में पश्चिमी मॉडलों पर आधारित अपेक्षाएं विद्यमान हैं, और कभी–कभी ये एक ऐसे अतीत पर भी आधारित हैं जिसमें शिक्षा प्रणाली बहुत छोटी थी तथा मात्र अभिजात्य लोगों तक सीमित थी। स्वतंत्रताप्राप्ति के उपरांत की वास्तविकता शिक्षा प्रणाली के तीव्र विस्तार तथा कभी–कभी शिक्षा के गिरते हुए स्तर की गवाह रही है। शिक्षण पेशा तीव्र गति से परिवर्तित हो रही इस स्थिति में फंस चुका है। उनकी अपनी अपेक्षाएं व्यावसायिकता और स्वायत्तता के पश्चिमी विचारों से सम्बन्धित है, किन्तु वास्तविकता कॉलेज शिक्षकों के लिए एक अलग कार्य निर्धारित करती है–एक ऐसा कार्य जो विश्वविद्यालय की अपेक्षा माध्यमिक शिक्षा से अधिक जुड़ा होता है। इस लेख का प्रयोजन भारतीय कॉलेज शिक्षकों की वास्तविकता का वर्णन करने तथा इस वास्तविकता को भारतीय समाज के व्यापक शैक्षणिक तथा सामाजिक वातावरण में स्थापित करने का है।

भारतीय संदर्भ

भारतीय अकादमिक पेशे की उत्पत्ति अधीनता की एक परंपरा से हुई थी और यह वर्तमान समय की अधीनस्थता से ग्रसित है। कॉलेज तथा विश्वविद्यालयों को ब्रिटिश संस्थानों के नमूनों पर आधारित किया गया था, तथा ब्रिटिश औपनिवेशिक अधिकारियों की रुचि एक उच्च गुणवत्तायुक्त शिक्षा प्रणाली को स्थापित किए जाने के बजाय मध्यस्तरीय नौकरशाहों के एक विश्वस्त तथा आज्ञाकारी वर्ग को तैयार करने में अधिक थी। यहाँ तक कि प्रतिष्ठित भारतीय शैक्षिक सेवा, जो अपने विघटन के समय तक शिक्षण पेशे की धुरी की कील हुआ करती थी, भी पूर्णतः ब्रिटिश अधिकारियों के नियंत्रण के अधीन थी। नौकरशाही के नियमों का आधिपत्य था, और अनेक क्षेत्रों में अकादमिक स्वतंत्रता प्रतिबंधित थी (गिलबर्ट, 1972)।

स्वदेशी भारतीय बौद्धिक एवं अकादमिक परंपरा के पास शैली का एक तत्व भी मौजूद है जिसने एक सशक्त नवाचारी बौद्धिक जीवन के उभार को बाधित कर रखा है। आधुनिक विश्वविद्यालय प्रणाली, जिसकी स्थापना अंग्रेजों द्वारा अपने खुद के प्रयोजनों हेतु की गई थी, के द्वारा बौद्धिक पहल को प्रोत्साहित नहीं किया गया था और इसने संगठन तथा शैली दोनों ही अर्थों में ज्यों का त्यों ब्रिटिश मॉडलों का अनुसरण कर लिया था। हिन्दू बौद्धिक परंपरा भी इस नए संगठनात्मक पैटर्न में भली–भांति फिट हो गई। स्थापित पाठ्यपुस्तकों की टीकाओं तथा संकुचित विद्वत्ता पर भरोसा भारतीय विद्वत्ता में भली–भांति स्थापित था, तथा नवीन विश्वविद्यालय प्रणाली के साथ यह सुव्यस्थित ढंग से जुड़ी रही। इस "दोहरे दासत्व" ने भारतीय विद्वत्ता को बाधित कर रखा है और कुछ भारतीय अकादमिक जीवनों को एक ऐसी शैली प्रदान कर दी है जिसमें सृजनात्मकता सीमित है।

हिन्दू परिवार के समान ही अकादमिक प्रणाली पदानुक्रमिक है और यह पदानुक्रम अपेक्षाकृत कम गतिशीलता प्रदान करता है। एक बार अकादमिक जातीय प्रणाली में फिट हो जाने के बाद उसमें से निकल पाना बहुत कठिन है। एक *शूद्र*[3] कालेज शिक्षक, विशेषतौर पर किसी ग्रामीण कॉलेज में, को किसी ब्राह्मण विश्वविद्यालय के प्रोफेसर वाले *निर्वाण* तक पहुँचने का अवसर बहुत कम ही प्राप्त हो पाता है। और अकादमिक शैली के निचले स्तरों की जीवनशैली, पारिश्रमिक, तथा लोकाचार शीर्ष स्तरों से बिल्कुल अलग हैं।[4]

उच्च शिक्षा का स्नातक और परास्नातक मंडलों में किया गया जिज्ञासु भेद कॉलेज शिक्षकों की निम्न स्थिति में उसी प्रकार से योगदान करता है जैसे कि इस प्रणाली द्वारा "सहबद्ध" कॉलजों के प्रति किया जाता है। जहाँ परास्नातक स्तर पर किया जाने वाला कुछ कार्य कुछ अच्छे कॉलेजों में जारी रहता है, और मुश्किल से ही डॉक्टरेट हासिल करने वाला कोई कॉलेज शिक्षक विश्वविद्यालय के विभाग तक पदोन्नत हो पाने में सफल रहता है, वहीं इसके परिणामस्वरूप शोधकार्यों, उच्चस्तरीय शिक्षण तथा प्रतिष्ठा के मामलों में विश्वविद्यालय के विभागों और कॉलेजों के बीच की खाई अत्यन्त व्यापक बनी रहती है। विश्वविद्यालयीय शिक्षकों का शिक्षण बोझ सामान्य (प्रति सप्ताह 4 से 9 कक्षा घंटे तथा शोध का पर्यवेक्षण कार्य) होता है, वेतनमान अधिक होता है, कार्यालय सुविधाएं उपलब्ध होती हैं, और अधिकांश मामलों में कुछ सचिवीय सहायता के साथ–साथ आवास और अन्य अतिरिक्त लाभ भी उपलब्ध होते हैं। अधिकांश विश्वविद्यालय शिक्षकों के पास डॉक्टरेट की डिग्री होती है और अनेक विदेशों में प्रशिक्षण प्राप्त होते हैं। कॉलेज शिक्षक के लिए मानक डिग्री परास्नातक की होती है और वह भी प्रायः द्वितीय श्रेणी[5] के परास्नातक की।

यहाँ तक कि मुम्बई विश्वविद्यालय जैसे बड़े विश्वविद्यालय में कॉलेजों के बीच एक भारी पदानुक्रम विद्यमान है। जहाँ वेतनों को विश्वविद्यालय द्वारा अधिनियमित किया जाता है और कॉलेजों के बीच शिक्षण सम्बन्धी उत्तरदायित्वों में कोई उल्लेखनीय अंतर नहीं हैं, वहाँ एक स्पष्ट पदानुक्रम मौजूद है। प्राचीन, उच्च मध्यवर्ग अथवा उच्च वर्ग वाली पृष्ठभूमि से सम्बन्धित छात्रों को आकर्षित करने वाले तथा अंग्रेजी माध्यम के माध्यमिक स्कूलों के अनुभव से संपन्न प्रतिष्ठित कॉलेज अधिकांशतः शहर के बीचोबीच स्थित होते हैं। सुविधाएं अपेक्षाकृत बेहतर होती हैं, पुस्तकालय बड़े होते हैं, और शिक्षकों के लिए सुविधाएं और अधिक पर्याप्त होती हैं। प्रतिष्ठित कॉलेजों के शिक्षण कर्मचारियों में बेहतर शिक्षित होने की प्रवृत्ति मौजूद होती है तथा प्रायः वे उसी कॉलेज के स्नातक

भी होते हैं। मुम्बई में शेष अकादमिक समुदाय की अपेक्षा "नगर के केन्द्र में स्थित" प्रतिष्ठित कॉलेजों में शिक्षकों के बीच सामुदायिक भावना की अधिकता होती है। मुम्बई में स्थित कला, विज्ञान एवं वाणिज्य के 43 कॉलेजों में से शायद 5 को एक पृथक पहचान तथा प्रतिष्ठा का एक स्तर रखने वाला माना जा सकता है।

शिक्षण पेशे के अधिकांश अध्ययन इंगित करते हैं कि, कम से कम हाल ही के वर्षों में, कॉलेज शिक्षण एक ऐसा पेशा नहीं रह गया है जो बहुत बड़ी संख्या में अभ्यर्थियों को आकर्षित करता हो। प्रेक्षकों ने स्पष्ट किया है कि कॉलेज शिक्षकों की अकादमिक योग्यताओं में गिरावट आ चुकी है क्योंकि अधिक योग्य व्यक्ति निजी क्षेत्र अथवा सरकारी नौकरियों की ओर प्रवृत्त हो रहे हैं, जहाँ पारिश्रमिक बेहतर हैं, प्रतिष्ठा अधिक है और कार्य परिस्थितियाँ भी अधिक अनुकूल हैं। अनेक शिक्षक खुलेआम यह स्वीकार करते हैं कि अकादमिक पेशा उनकी पहली पसंद नहीं था। अकादमिक क्षेत्र के अंदर अधिक अंक प्राप्त करने वाले छात्रों के द्वारा प्रायः कला विषयों की अपेक्षा विज्ञान विषयों में अधिक प्रवेश लिए जाने की प्रवृत्ति के साथ ही कला विषयों की तुलना में विज्ञान में अधिक आकर्षण मौजूद है। परिणामस्वरूप, यह असंभव नहीं है कि बेहतर शिक्षित शिक्षक विज्ञान विषयों में ही हों।

समाजशास्त्र, अंग्रेजी, विदेशी भाषाएं, और कुछ अन्य क्षेत्र, जैसे "कला" विषय हाल ही के वर्षों में लगातार महिला उन्मुख बनते रहे हैं, क्योंकि विषयों की प्रतिष्ठा का क्रम विज्ञान से वाणिज्य के क्षेत्र की ओर गतिशील हो चुका है। ऐसा अनुमान लगाया गया है कि मुम्बई के अनेक कॉलेजों में कला विषयों में कुल छात्रों का 90 प्रतिशत तक महिलाएं हैं, जिनमें से अनेक स्नातक के बाद कोई लाभदायक रोजगार अपनाने का प्रयास नहीं करेंगी, बल्कि कॉलेज में उनका आगमन मात्र अपनी वैवाहिक संभावनाओं में सुधार करने के उद्देश्य से ही हुआ है। यह स्थिति इस बात का नाटकीय साक्ष्य प्रदान करती है कि शिक्षा प्रणाली में महिलाओं का प्रतिनिधित्व निरंतर बढ़ता जा रहा है (मुम्बई विश्वविद्यालय तथा इससे सहबद्ध कॉलेजों में प्रवेश लेने वाले 1,41,714 छात्रों में से 93,126 पुरुष तथा 48,588 महिलाएं हैं) यद्यपि महिलाओं का संकेन्द्रण ऐसे क्षेत्रों में होता प्रतीत हो रहा है जो अपेक्षाकृत कम प्रतिष्ठापूर्ण और कम लाभदायक हैं। इन क्षेत्रों में महिलाएं ही धीरे–धीरे मुख्य रूप से शिक्षण कर्मचारी बनती जा रही हैं, और इन क्षेत्रों के लिए तथा भारत में कॉलेज शिक्षण में महिलाओं की भूमिका के लिए इसके दीर्घकालिक निहितार्थ हो सकते हैं। यह नोट किया जा सकता है कि कॉलेज शिक्षण परंपरागततौर पर एक ऐसा क्षेत्र रहा है जिसने महिलाओं को आकर्षित किया है, उनकी उन्नति की गुंजाइश प्रदान की है, और जिसमें महिलाओं ने एक सक्रिय भूमिका निभाई है।

शिक्षण पेशा मुख्यतः आर्थिक कारणोंवश कम आकर्षक बना रहा है। 1954 में संकाय सदस्यों की स्थिति पर किए गए एक अध्ययन के दौरान मुम्बई विश्वविद्यालय के आधे से अधिक शिक्षकों ने साक्षात्कार में अपनी आमदनी के अपर्याप्त होने की शिकायत की थी (रिपोर्ट ऑफ द इनक्वायरी....,1954)। मुद्रास्फीति तथा यह तथ्य कि अकादमिक वेतनों को जीवनयापन लागतों के सापेक्ष नहीं रखा गया है, कॉलेज शिक्षकों का एक बड़ा भाग एक अकादमिक आमदनी पर जीवनयापन करने में कठिनाई का अनुभव करता है। आमतौर पर ऐसा अनुभव किया जाता है कि अन्य क्षेत्रों में पारिश्रमिक बेहतर हैं और इस प्रकार शिक्षण पेशा सर्वश्रेष्ठ शिक्षित आवेदकों को आकर्षित नहीं कर सकता। अनेक शिक्षक बताते हैं कि वे अपने छात्रों को अकादमिक जीवन में प्रवेश न करने की सलाह देते हैं। स्पष्टतः, आर्थिक बोझ शिक्षण पेशे पर भारी पड़ता है और एक व्यावहारिक व्यावसायिक क्षेत्र के रूप में इसकी गिरावट का यह एक महत्वपूर्ण कारण है।

मुम्बई की स्थिति

मुम्बई विश्वविद्यालय भारत के सर्वाधिक पुराने संस्थानों (1857) में से एक है तथा देश के अधिक प्रतिष्ठित विश्वविद्यालयों में शामिल है। संगठनात्मक ढाँचे के मामले में यह अधिकांश भारतीय विश्वविद्यालयों में विशिष्ट स्थान रखता है तथा देश के विशाल संस्थानों में से एक है जहाँ इसके विभिन्न विभागों और सहबद्ध कॉलजों में 1,41,000 छात्रों को प्रवेश प्राप्त है तथा कुल 4,768 शिक्षक भी हैं जिनकी बड़ी संख्या कॉलेजों में मौजूद है। विश्वविद्यालय के पास परास्नातक विभागों की पूरी श्रृंखला है, जिनमें से कुछ, जैसे कि अर्थशास्त्र तथा रसायनशास्त्र, को राष्ट्रीय ख्याति प्राप्त है। इस विश्लेषण का व्यापक सम्बन्ध सहबद्ध कॉलेजों के साथ है, मुम्बई में जिनकी कुल संख्या 73 है, जिसमें मेडिकल तथा इंजीनियरिंग संस्थान भी शामिल हैं। विश्वविद्यालय के सहबद्ध कॉलेज 70 लाख की आबादी वाले संपूर्ण महानगरीय क्षेत्र में फैले हुए हैं और अधिकांश मुख्य विश्वविद्यालय केन्द्रों से काफी दूरियों पर स्थित हैं। अधिकांश कॉलेज शिक्षक मुश्किल से ही विश्वविद्यालय परिसर अथवा पुस्तकालयों में जाते हैं और उनकी पेशेवर जिन्दगी बहुत कुछ अपने कॉलेजों तक ही सीमित है। जहाँ मुम्बई विश्वविद्यालय का उनकी अकादमिक स्थिति पर भारी प्रभाव है, वहीं वे अनुभव करते हैं कि विश्वविद्यालय भौगोलिक तथा बौद्धिक दोनों ही तरह से उनसे बहुत दूरी पर स्थित है। उनकी आशाएं–और कुंठाएं कॉलेजों पर ही केन्द्रित हैं। पाठ्यक्रम निर्धारित करने, परीक्षाओं की योजना निर्माण एवं प्रशासन करना, डिग्रियाँ प्रदान करना, कॉलेज शिक्षकों के लिए कार्य–परिस्थितियों का निर्धारण करना तथा वेतनमानों का निर्धारण करना आदि विश्वविद्यालय के उत्तरदायित्व हैं। इस प्रकार, यह कॉलेज शिक्षकों के लिए प्रत्यक्ष रूप से प्रासंगिक है किन्तु उनमें से अधिकांश अनुभव करते हैं कि विश्वविद्यालयीय शक्तियों के अधिकांश लीवर उनके नियंत्रण से परे हैं। वास्तव में, अनेक कॉलेज शिक्षक विश्वविद्यालय की नीतियों को प्रभावित कर पाने में असमर्थ होने सम्बन्धी अपनी भारी कुंठा को व्यक्त भी करते हैं। कुछ स्वयं को एक ऐसे पाठ्यक्रम द्वारा असहाय महसूस करते हैं जो कठोर है और जिसे परिवर्तित करना कठिन है। किन्तु अधिकांश विश्वविद्यालय और इसके व्यापक नियमों को स्वीकार करते तथा इन्हीं मानदंडों के अंतर्गत प्रभावी रूप से कार्य करने का प्रयास करते प्रतीत होते हैं।

कॉलेज का वातावरण

कॉलेज शिक्षकों की कार्य–परिस्थितियों का निर्धारण करते हैं और, इस प्रकार, उनके पेशेवर जीवन पर इनका प्राथमिक प्रभाव पड़ता है। जहाँ सभी कॉलेजों का विश्वविद्यालय के नियमों के अधीन कार्य करना अनिवार्य होता है, वहीं उनके बीच भारी अंतर विद्यमान हैं, और कुछ कॉलेजों के द्वारा तो अपने विशिष्ट वातावरणों का निर्माण भी कर लिया गया है। कॉलेज के समीकरण में एक प्रमुख तत्व है ''प्रबंधन'' की प्रकृति, अथवा उन व्यक्तियों का समूह जो, कारपोरेट अर्थों में, कॉलेज के लिए उत्तरदायी है। और जो संस्थान के आंतरिक प्रबंधन सम्बन्धी बुनियादी निर्णय लेते हैं, जिनमें कर्मचारियों एवं प्रशासकों की नियुक्ति एवं पदच्युति करना, सुविधाओं की प्रकृति इत्यादि जैसे मामले भी शामिल होते हैं। इन प्रश्नों पर निर्णय विश्वविद्यालय के नियमों के संदर्भ में किए जाते हैं, किन्तु कॉलेजों के प्रबंधनों के पास बहुत सारे अधिकार उपलब्ध होते हैं। अधिकांश भाग के लिए, प्रबंधन समितियाँ कॉलेजों के संस्थापकों के हितों को

प्रतिबिंबित करने वाले चिरंजीवी निकाय होते हैं। सदस्यों का सम्बन्ध प्रायः व्यावसायिक पृष्ठभूमियों से होता है और शिक्षा अथवा प्रबंधन के सम्बन्ध में उनके पास मुश्किल से ही कोई विशेषज्ञता उपलब्ध होती है। यदि इच्छा हो तो अपने कॉलेज में प्रबंधन एक ऐसा वातावरण, एक लोकाचार उत्पन्न करने में सक्षम होता है जिसका कर्मचारियों पर नकारात्मक अथवा सकारात्मक किन्तु गहरा प्रभाव पड़ता है (अल्ट्बाख़, 1972)। अधिकांश कॉलेजों का प्रबंधन सामान्यतः जाति, क्षेत्र, धर्म, अथवा भाषाई हितों को प्रतिबिंबित करने वाले ऐसे "निजी" समूहों द्वारा किया जाता है जो कॉलेज शिक्षा प्रदान करने के द्वारा अपने समुदाय की सेवा करते हैं। कॉलेजों की स्थापना राजनीतिक हितों के आधार पर अथवा कभी–कभी लाभार्जक समूहों के द्वारा भी की जाती है। मुम्बई के अधिकांश कॉलेज निजी समूहों द्वारा संचालित हैं। शहर के सर्वश्रेष्ठ कॉलेजों में से कुछ का प्रशासन रोमन कैथोलिक तथा प्रोटेस्टेंट दोनों ही ईसाई मिशनरी समितियों के द्वारा किया जाता है। जहाँ मिशनरी कॉलेज भारत के सर्वाधिक प्रतिष्ठित कॉलेजों में शामिल हैं, वहीं कुल संख्या में उनके अनुपात में कमी आ चुकी है। मात्र कुछ, जैसे मुम्बई में सेंट जेवियर, ही उच्च स्तरों को कायम रखने तथा नवाचारी कार्यक्रमों को प्रारंभ करने के मामले में एक राष्ट्रीय प्रभाव का प्रयोग करते हैं। कुछ ही कॉलेजों का प्रबंधन सीधे राज्य सरकार के द्वारा किया जाता है, और इनकी एक विशिष्ट ख्याति भी है।

अलग–अलग कॉलेजों की प्रबंधन समितियाँ शिक्षकों के जीवन के विभिन्न पहलुओं को नियंत्रित करती हैं, जैसे कि अधिकतम शिक्षण दायित्व का निर्धारण करना (विश्वविद्यालय के दिशानिर्देशों के अंतर्गत), तथा कॉलेज जीवन के अन्य पहलुओं के सम्बन्ध में विभिन्न नीतियों का निर्धारण करना। हिन्दू धर्म के रूढ़िवादी संस्करण का पालन करने वाला मुम्बई का एक कॉलेज अपने शिक्षकों पर धूमपान करने पर प्रतिबंध लगाता है और कर्मचारियों तथा छात्रों के परिधानों के सम्बन्ध में नियम बनाता है। प्रबंधन कर्मचारियों को नियुक्त भी करता है–और उन्हें पदच्युत भी करता है। अधिकांश कर्मचारियों की गपशप का सम्बन्ध प्रबंधन की नीतियों से होता है। कॉलेज का मुख्य प्रशासनिक अधिकारी प्रधानाचार्य होता है, जिसके पास कॉलेज के दिन–प्रतिदिन के कार्यसंचालन पर पर्याप्त नियंत्रण उपलब्ध होता है। प्रधानाचार्य प्रबंधन का प्रत्यक्ष प्रतिनिधि होता है, और उसे प्रबंधन के द्वारा नियुक्त किया जाता है तथा किसी भी समय पदच्युत किया जा सकता है। अधिकांश प्रधानाचार्य प्रबंधन के प्रति अपने उत्तरदायित्व से भली–भांति परिचित होते हैं, और उनके लिए कभी–कभी विश्वविद्यालयीय नीतियों के भिन्नतापूर्ण दबावों, कर्मचारियों की इच्छाओं, तथा छात्रों की माँगों तथा प्रबंधन के हितों के बीच सावधानीपूर्वक संतुलन स्थापित कर लेते हैं।

कॉलेजों का बुनियादी ढाँचा तानाशाहीपूर्ण है। कॉलेज सम्बन्धी निर्णय लेने अथवा अनेक कॉलेजों में नीति–निर्धारण में शिक्षकों (छात्रों का उल्लेख करने की आवश्यकता ही नहीं है) की भागीदारी का थोड़ा बहुत ढोंग किया जाता है। वास्तव में, विश्वविद्यालय का ढाँचा अपनी पाठ्यक्रम समिति, शासी सभा तथा सिंडिकेट, जिन सभी में शिक्षकों का न्यूनतम प्रतिनिधित्व अवश्य होता है, के माध्यम से शिक्षण समुदाय द्वारा अधिक भागीदारी करने की अनुमति प्रदान करता है। कुछ कॉलेजों ने निर्णयन में कर्मचारियों को एक भूमिका की अनुमति प्रदान करने के साधन स्थापित कर दिए हैं, किन्तु यह कोई मानदंड नहीं है। सामान्यतौर पर, कॉलेजों के अंदर की नीति प्रबंधन द्वारा निर्धारित की जाती है, जिसमें सामान्यतः प्रधानाचार्य से परामर्श करना शामिल होता है। इस निरंकुश मानदंड के अपवाद उल्लेखनीय हैं क्योंकि सामान्यतः इन कॉलेजों में उच्च मनोबल तथा व्यावसायिकता की अपेक्षाकृत शक्तिशाली भावना मौजूद होती है। ईसाई–प्रबंधन वाले

अनेक कॉलेजों, जैसे सेंट जेवियर एवं विल्सन, में कॉलेज के शासी निकायों में शिक्षकों के प्रतिनिधि मौजूद हैं। सर्वाधिक लोकतांत्रिक संस्थान हैं रुइया, पोद्दार, एवं कीर्ति कॉलेज, जिनका प्रबंधन मराठी समूहों के द्वारा किया जाता है तथा जिनमें संस्थान की आंतरिक व्यवस्थाओं का संपूर्ण नियंत्रण वास्तव में शिक्षकों के पास उपलब्ध है।

विशेषतौर पर कुशल व्यक्तियों की भारी बेरोजगारी वाली एक स्थिति के अंतर्गत भारतीय कॉलेज शिक्षकों के लिए रोजगार सुरक्षा एक प्रमुख मुद्दा है। मुम्बई में रोजगार सुरक्षा के लिए न्यूनतम औपचारिक कानूनी सुरक्षा उपलब्ध है, यद्यपि किसी भी "स्थाई" शिक्षक को निष्कासित करने हेतु विश्वविद्यालय अथवा कॉलेज अधिकारियों को प्रक्रियाओं की एक लंबी शृंखला में उलझना अनिवार्य है।[6] विश्वविद्यालय के इन नियमों के द्वारा कॉलेज शिक्षकों को पर्याप्त रोजगार सुरक्षा प्रदान की गई है, तथा मुम्बई में पदच्युत किए गए शिक्षकों की वास्तविक संख्या बहुत ही कम है। अस्थाई शिक्षकों को बिना किसी कारण पदच्युत किया जा सकता है, तथा और अधिक लचीलापन प्रदान करने के उद्देश्य से अनेकों कॉलेजों के द्वारा अस्थाई नियुक्तियों का मार्ग अपनाए जाने में वृद्धि होती जा रही है–कई अवसरों पर, सरकार अथवा विश्वविद्यालय अधिकारियों के द्वारा शिक्षकों को स्थाई न किए जाने की नीति का समर्थन किया गया है। मुम्बई विश्वविद्यालय शिक्षक संघ ने अकादमिक स्वतंत्रता तथा रोजगार सुरक्षा दोनों की अपेक्षाकृत शक्तिशाली कानूनी गारंटी दिए जाने का समर्थन किया है, यद्यपि कुछ चिंतनशील शिक्षकों का तर्क है कि ऐसे कानून शैक्षणिक मामलों में सरकार के हाथों को मजबूत करेंगे, और यह कि दीर्घकाल में विश्वविद्यालय के आंतरिक नियमों पर निर्भरता ही बेहतर रहेगी। मुम्बई में कुछ गिने–चुने शिक्षकों को ही उनके रोजगार से निष्कासित किया गया है, इस तथ्य के बावजूद वहाँ एक सामान्य धारणा मौजूद है कि रोजगार सुरक्षा और अकादमिक स्वतंत्रता दोनों को ही पर्याप्त सुरक्षा हासिल नहीं है।

कॉलेज प्रबंधन तथा इसका प्रशासनिक अवतार, प्रधानाचार्य, का कॉलेज शिक्षक पर भारी प्रभाव होता है। दिन–प्रतिदिन की कार्य–परिस्थितियाँ एक बड़ी सीमा तक प्रबंधन द्वारा उत्पन्न किए गए वातावरण से निर्धारित होती हैं। भौतिक एवं अन्य सुख–सुविधाओं का निर्धारिण प्रबंधन द्वारा किया जाता है। निर्णयन में सामान्यतः शिक्षकों की कोई भूमिका नहीं होती और उनकी स्वयं की शिक्षण समय–सारणियों के निर्धारण में उनका हस्तक्षेप सीमित ही होता है। कुछ कॉलेजों में, विभागाध्यक्ष को संस्थान के अकादमिक मामलों से सम्बन्धित अधिकांश प्रमुख विषयों पर प्रधानाचार्य के साथ परामर्श करना होता है। किन्तु अधिकांश कॉलेजों में शिक्षकों की कार्य–परिस्थितियों को प्रभावित करने वाले प्रमुख निर्णयों में से किसी में भी शिक्षण समुदाय के ऊपर से नीचे तक के किसी सदस्य की कोई संलिप्तता नहीं होती।

कॉलेज का वातावरण शिक्षण की प्रकृति तथा कुछ सीमा तक शिक्षकों के अनुकूलनों तथा दृष्टिकोणों को निर्धारित किए जाने में सहायता प्रदान करता है। सामान्यतः, मुम्बई के कॉलेज उस प्रकार का भौतिक वातावरण नहीं उपलब्ध कराते जो पेशेवर विकास तथा गुणवत्तायुक्त अकादमिक कार्य को प्रोत्साहित करता हो।[7] कॉलेज के कुछ ही शिक्षकों के पास अपने स्वयं के कार्यालय अथवा अपने स्वयं डेस्क उपलब्ध हैं। अनेकों कॉलेजों में, विभागाध्यक्ष कार्य हेतु अपने निजी स्थान होने का दावा नहीं कर सकते। विशिष्टतौर पर, शिक्षक के पास कर्मचारियों के सामान्यकक्ष में मात्र एक सीट उपलब्ध होती है जहाँ थोड़ा विश्राम करना, सहयोगियों के साथ चर्चा करना, अथवा कक्षा के लिए तैयारी, पत्रों का श्रेणीकरण आदि जैसे अकादमिक कार्य किए जा सकते हैं। और ये सामान्यकक्ष प्रायः शोरगुल से भरे हुए, कम–प्रकाशयुक्त होते हैं और सामान्यतः गंभीर

कार्य के अनुकूल नहीं होते। शिक्षकों को मुश्किल से ही ऐसा स्थान उपलब्ध होता है जहाँ वे छात्रों के साथ अनौपचारिक मुलाकात कर सकते हों, और यह दुर्लभ ही है कि कोई शिक्षक छात्रों के साथ छात्रों के जलपानगृह में उनसे घुलता–मिलता हुआ पाया गया हो। छात्रों को शिक्षकों के सामान्यकक्ष में प्रवेश की अनुमति नहीं होती।

मुम्बई के अधिकांश कॉलेजों की सामान्य सुविधाएं स्नातक छात्रों को न्यूनतम स्तर की गुणवत्ता ही प्रदान करती हैं। कुछ अपवादों को छोड़कर, कॉलेज के पुस्तकालय छोटे हैं, अव्यवस्थित हैं और शिक्षकों के शोधकार्य के लिए अपर्याप्त हैं। अध्ययन कक्ष बहुत पुराने हैं और शिक्षक–छात्र बातचीत के अवसर बहुत ही सीमित हैं। पुनः कुछ अपवादों को छोड़कर, प्रयोगशाला की सुविधाएं स्नातक विज्ञान शिक्षण के लिए न्यूनतम स्वीकार्य स्तरों वाली हैं। मुम्बई के अधिकांश कॉलेज पुरानी इमारतों में स्थित हैं जिन्हें नवीनीकरण की आवश्यकता है। अपेक्षाकृत कुछ नए कॉलेज, जो प्रायः शहर के बाहर स्थित हैं, नई इमारतों से युक्त हैं, किन्तु इन सुविधाओं का निर्माण सीमित धनराशियों के साथ करवाया गया था और ये भी बस विश्वविद्यालय अधिकारियों द्वारा सहबद्धता के लिए निर्धारित किए गए न्यूनतम मानकों को ही पूरा करते हैं।

कॉलेजों की कार्य परिस्थितियाँ भी शिक्षक समुदाय के मनोबल, अनुकूलन, और पेशागत स्तरों को सीधे प्रभावित करती हैं। मुम्बई विश्वविद्यालय के द्वारा किसी भी शिक्षक के लिए प्रतिसप्ताह 45 मिनटों वाले अधिकतम 19 व्याख्यानों का नियम बनाया गया है। अधिकांश शिक्षक इस अधिकतम सीमा के निकट अथवा इतने की पूर्ति करते हैं और इस प्रकार उनकी शिक्षण समयसारणी बहुत व्यस्ततापूर्ण होती है। कुछ विषयों में "अनुशिक्षण" शिक्षण उत्तरदायित्व का एक भाग हैं, हालांकि अधिकांश मामलों में अनुशिक्षण आम कक्षाओं की भांति ही होते हैं क्योंकि उनमें भी एक सत्र में 15 छात्र तक शामिल रहते हैं। इसी प्रकार, विज्ञान के कुछ शिक्षक प्रयोगशाला सत्रों को भी अपने शिक्षण उत्तरदायित्व में शामिल किए रहते हैं। कॉलेज शिक्षक, जो पेशेवरतौर पर महत्वाकांक्षी हैं, प्रायः अपने विषयों में परास्नातक छात्रों को शिक्षा प्रदान करने के लिए प्रयासरत् रहते हैं। जहाँ ऐसे शिक्षण के साथ कुछ मामूली वित्तीय पारिश्रमिक जुड़ा रहता है, वहीं मुख्य उद्देश्य परास्नातक शिक्षण की योग्यता रखने के परिणामस्वरूप एक उच्च वेतनमान की पात्रता हासिल करने का होता है। इस प्रकार, इसमें अतिरिक्त कार्यभार संलिप्त होने के बावजूद इन कक्षाओं में शिक्षण के अवसरों के लिए भारी प्रतिस्पर्धा विद्यमान है। यदि परास्नातक पाठ्यक्रमों के लिए प्रस्ताव प्राप्त होते हैं तो स्नातक व्याख्यानों की संख्याओं में सामान्यतः थोड़ी–बहुत कमी आ जाती है।

शिक्षण समय–सारणियों में प्रायः समुचित समन्वय नहीं होता, क्योंकि कई शिक्षक "प्रातःकालीन कॉलेजों" (जहाँ कक्षाएं प्रातः 6:40 से ही प्रारंभ हो जाती हैं और उन छात्रों के लिए होती हैं जो पूर्णकालिक रोजगार में संलिप्त हों) के साथ–साथ नियमित कॉलेज कार्यक्रम में शिक्षण प्रदान करते हैं। कई शिक्षक शिकायत करते हैं कि भारी शिक्षणकार्य के कारण नए व्याख्यान तैयार करने के लिए उनके पास बहुत कम समय उपलब्ध होता है। विभिन्न विषयों की कक्षाएं बहुत बड़ी होती हैं–प्रायः एक ही व्याख्यान में 150 छात्रों वाली, और इससे शिक्षकों तथा छात्रों के बीच की सीधी सहक्रिया बाधित होती है। शिक्षण विधियों में कुछ नवाचार किए गए हैं। आंशिकतौर पर ऐसा लॉकस्टेप पाठ्यक्रम के कारण है जो विश्वविद्यालय द्वारा स्वीकृत पाठ्यक्रम द्वारा आदेशित होता है और व्यापक केन्द्रीकृत परीक्षा प्रणाली द्वारा समर्थित होता है। अकेले शिक्षक के पास छात्रों की परीक्षा लेने के अवसर उपलब्ध नहीं होते, तथा आकलन विश्वविद्यालय–प्रशासित परीक्षाओं के जरिए प्रदान किया जाता है।

यह स्पष्ट है कि शिक्षक समुदाय के पास पेशेवर स्वायत्तता बहुत कम उपलब्ध है। कक्षाओं की समय–सारणियाँ बहुत बोझिल हैं और अकादमिक जीवन में शोधकार्य तथा गहन चिंतन के लिए प्रोत्साहन प्रदान किए जाने के बावजूद उनके लिए बहुत कम ही गुंजाइश छोड़ती हैं। सामान्यतः, समय–सारणियों पर शिक्षक सदस्यों का कोई व्यक्तिगत नियंत्रण नहीं होता, तथा किसी भी शिक्षक के पास पाठ्यक्रम अथवा अपने छात्रों के आकलन पर कोई नियंत्रण नहीं होता। अधिकांश कॉलेजों में शिक्षण गुणवत्ता का कोई भी आकलन नहीं किया जाता, और शिक्षकों को अपने शिक्षण में सुधार करने के लिए समय व्यतीत करने हेतु बहुत कम प्रोत्साहन प्रदान किए जाते हैं। शिक्षण का प्रमुख तरीका है व्याख्यान दिया जाना और इस विधि में परिवर्तन के लिए न तो कोई प्रोत्साहन ही है और न ही अधिक अवसर। वास्तव में, अनेक शिक्षक अपने छात्रों को सीधे "इमला" लिखवा देते हैं। आंशिक तौर पर ऐसा इसलिए किया जाता है क्योंकि इसके लिए शिक्षकों के द्वारा अपेक्षाकृत कम काल्पनिक प्रयासों की आवश्यकता होती है, और आंशिक तौर पर इसलिए क्योंकि अनेक स्नातक छात्र (विशेष तौर पर नए कॉलेजों, जो सीमित अकादमिक योग्यता और पृष्ठभूमियों के साथ छात्रों को आकर्षित करते हैं) माँग करते हैं कि शिक्षक वही जानकारी प्रदान करे जो स्पष्टतः समझी जा सके और परीक्षाओं के लिए उपयोगी हो।

अकादमिक वेतन पेशेवर तौर पर एक पुरस्कृत जीवन, यहाँ तक कि भारतीय शहरी मध्यवर्ग के स्तरों के अनुरूप, जीने की क्षमता भी नहीं प्रदान करते। भारत के अनेक भागों में एकसमान वेतनमान आज निरंतर परिवर्तित हो रहे हैं, और संभावना है कि इसमें कुछ सुधार हो जाएगा, विशेषतौर पर विश्वविद्यालयों में प्रणाली के ऊपरी दर्जों में शामिल लोगों के लिए। हालांकि, अधिकांश मामलों में कॉलेज शिक्षकों की आय में मामूली वृद्धि ही होगी और बुनियादी स्थिति में बहुत अधिक अंतर नहीं आएगा। मुम्बई में, कॉलेज शिक्षकों का प्रारंभिक वेतनमान 400 से 1,000 रुपयों के बीच है, जिसके साथ मुम्बई की उच्च जीवन लागत के लिए कुछ क्षतिपूर्ति भी जुड़ी हुई है।[6] वेतन ढाँचा अब ऊपर की ओर संशोधित किए जाने की प्रक्रिया के अधीन है ताकि बढ़ी हुई जीवन लागतों को पूरा किया जा सके। किसी भी कॉलेज शिक्षक, जिसके पास आय के कुछ अन्य स्रोत (प्रायः कार्यरत् पति/पत्नी) उपलब्ध हैं, के लिए यह संभव माना जाता है वह मुश्किल से अपनी आवश्यकताओं को पूरा कर पाता है और मुम्बई के मध्यवर्ग में जीवित रह पाता है। किन्तु कुछ सुविधाएं संभव हैं, और कोई भी चिकित्सा व्यय, पारिवारिक संकट, अथवा अन्य आर्थिक बाधा मुश्किलें पैदा कर सकती है।

कुछ कॉलेज शिक्षक मुक्तहस्त तरीके से जीवन जी सकते हैं। अधिकांश एक शहरी मध्यवर्गीय जीवनशैली में भागीदारी करने में सक्षम प्रतीत होते हैं, किन्तु भारी संघर्ष के साथ। अधिकांश शिक्षकों को अपने कार्यस्थल के लिए लंबी दूरियाँ तय करनी होती हैं, और वह भी प्रायः असहज परिस्थितियों में। किसी भी शिक्षक के लिए कार्यस्थल पर आने–जाने में एक घंटे का समय व्यतीत करना कोई असामान्य बात नहीं है क्योंकि अकादमिक वेतन प्रायः कॉलेजों के आसपास के महँगे पड़ोस में निवास करने की अनुमति नहीं प्रदान करते। कुछ ही शिक्षक पुस्तकें खरीद पाना वहन कर पाते हैं और कुछ मुम्बई में मौजूद बड़े पुस्तकालयों का उपयोग करते हैं। अतः, ऐसा प्रतीत होगा कि कॉलेज शिक्षक अपेक्षाकृत कम अध्ययन करते हैं, यद्यपि साक्षात्कारों से पता लगता है कि वे फिल्मों और नाटक जैसी विभिन्न सांस्कृतिक गतिविधियों में भागीदारी करते रहते हैं।

काफी कम वेतनों के साथ–साथ, कॉलेज शिक्षकों के पास वस्तुतः कोई "अतिरिक्त लाभ" उपलब्ध नहीं होते, जो उनकी आर्थिक असुरक्षा में वृद्धि करते हैं। विश्वविद्यालय

से किसी प्रकार का चिकित्सा बीमा उपलब्ध नहीं होता, मात्र एक अत्यन्त मामूली भविष्य निधि ही उपलब्ध होती है जिसमें सेवानिवृत्ति बीमा के तौर पर शिक्षक योगदान कर सकते हैं। इसके अलावा, वेतन भुगतान में बिलंब होना कोई असामान्य बात नहीं है। इन तत्वों के परिणामस्वरूप, यह स्पष्ट है कि अकादमिक पेशे की आर्थिक स्थिति बहुत कुछ किए जाने की माँग करती है, और निश्चित रूप से असुरक्षा, भय, और निम्न मनोबल तथा रोजगार प्रतिबद्धता को जन्म देती है।

मुम्बई के अधिकांश शिक्षकों के पास आय का कोई न कोई वैकल्पिक साधन मौजूद प्रतीत होता है। कुछ का सम्बन्ध धनाढ्य परिवारों से होता है और उन्हें पारिवारिक स्त्रोतों से आय प्राप्त होती रहती है। अनेकों शिक्षकों के पति/पत्नी रोजगार में हैं, और वे इस आय पर निर्भर करते हैं। ऐसे शिक्षकों की संख्या बहुत कम है जिन्हें बाहर कोई अन्य नौकरी भी करनी पड़ती है। इनमें से कुछ का सम्बन्ध तो अकादमिक जगत से होता है, किन्तु शेष अन्य प्रकार की होती हैं। अधिकांश शिक्षक विश्वविद्यालय परीक्षाओं में मूल्यांकन कार्य करते हैं, और उसके द्वारा एक मामूली अतिरिक्त आय अर्जित कर लेते हैं। कुछ शिक्षक "ट्यूशन" करते हैं, अथवा कुछ शुल्क के बदले छात्रों को निजी तौर पर पढ़ाते हैं। इन दोनों ही प्रकार की आय को विश्वविद्यालय के नियमों के द्वारा आधिकारिक स्वीकृति प्राप्त है। कुछ शिक्षक "कोचिंग कक्षाओं" अथवा निजी–उपक्रम वाले ऐसे ट्यूटोरियल स्कूलों में पढ़ाते हैं जो छात्रों को विश्वविद्यालय परीक्षाएं उत्तीर्ण करने के लिए "रटने" वाले सत्र प्रदान किए जाने के द्वारा फलफूल रहे हैं। ऐसी गतिविधियाँ विश्वविद्यालय नियमों के विरुद्ध हैं। शिक्षक "गाइड्स" का लेखन भी करते हैं जिनका छात्रों द्वारा परीक्षाओं के लिए त्वरित संदर्भ के तौर पर व्यापक उपयोग किया जाता है। जहाँ ऐसी संदर्भ–पुस्तकों का लिखा और प्रयुक्त करना दोनों ही कार्य अकादमिक दृष्टिकोण से सम्मानजनक नहीं हैं, वहीं लेखकों के लिए ये भारी आय के एक स्त्रोत हो सकते हैं। कॉलेजों के कुछ शिक्षक अपने क्षेत्रों में पाठ्यपुस्तकों का लेखन करते हैं। चूंकि प्रकाशक ऐसे लेखकों को पसंद करते हैं जिन्हें अपनी पुस्तकों के विश्वविद्यायीय पाठ्यक्रम के भाग के रूप में अपनाए जाने की आशा होती है, अतः इसमें पाठ्यक्रम समिति का एक सदस्य होना अथवा उसे किसी–न–किसी प्रकार प्रभावित करना सहायक होता है। लोकप्रिय पाठ्यपुस्तकों के लेखक अपने कॉलेज के वेतन की तुलना में रॉयल्टी के तौर पर अधिक आय अर्जित कर सकते हैं। अकादमिक जीवन से सम्बन्धित इन गतिविधियों के साथ–साथ कुछ शिक्षकों के पास ऐसे रोजगार भी उपलब्ध है जो पूरी तरह से असम्बन्धित हैं, जैसे पारिवारिक व्यवसाय में कार्य करना, व्यावसायिक संस्थाओं को परामर्श प्रदान करना, अथवा आय के अन्य संसाधन प्राप्त करना। जहाँ ऐसे शिक्षकों, जो अपने अकादमिक वेतनों के अलावा कुछ आय अर्जित करते हैं, की सटीक संख्या उपलब्ध नहीं है, वहीं संभावना यह है कि कम–से–कम मुम्बई में उनकी बड़ी संख्या के पास एक अतिरिक्त रोजगार अथवा निधियों के कोई न कोई वैकल्पिक स्त्रोत मौजूद हैं।

भारतीय अकादमिक पेशे में गतिशीलता अपेक्षाकृत कम है, और मुम्बई में भी मामला ऐसा ही है। किसी भी शिक्षक के लिए स्वेच्छापूर्वक कॉलेज से कॉलेज के बीच परिवर्तन करना आम बात नहीं है, हालांकि कनिष्ठ श्रेणी पर ऐसा उस समय करना बहुत आम बात है जब किसी शिक्षक को स्थाई नहीं किया जाता और वह किसी दूसरे कॉलेज में पद हासिल करने का प्रयास करता है। यह स्थिति एक औसत शिक्षक को एक अधिक "गतिशील" अकादमिक प्रणाली के मामले की तुलना में किसी ऐसे कॉलेज विशेष पर अधिक निर्भर बना देती है जिसमें वह कार्यरत् हो। अतः, प्रत्येक शिक्षक को अपने पद

बनाए रखने के लिए यह आवश्यक होता है कि अपने कॉलेजों के शक्तिशाली तत्वों से सम्बद्ध होने में विशेषतौर पर सावधान रहे।

कॉलेज शिक्षकों की पृष्ठभूमि, अनुकूलन, तथा प्रशिक्षण उसकी पेशेवर भूमिका के निर्धारण में सहायक होता है। स्पष्टतौर पर कॉलेज शिक्षण एक ऐसा पेशा है जो स्वतंत्रताप्राप्ति के बाद की अवधि में अपनी सामाजिक प्रतिष्ठा और आर्थिक पारितोषिकों का एक बड़ा भाग गवाँ चुका है। उच्च शिक्षा के विस्तार के साथ ही वेतन स्थिर बने रहे हैं, और शिक्षण की अभिजात्य भूमिका में गिरावट आ चुकी है। अनेक अध्ययन में साक्षात्कार किए गए कुछ शिक्षक ही इंगित करते हैं कि कॉलेज शिक्षण का चयन उनके द्वारा पहली पेशागत पसंद के रूप में किया गया है (सिन्हा 1969; चिटनिस 1969)। यह भी प्रतीत होता है कि हाल ही के वर्षों में शिक्षण समुदाय के सामाजिक वर्ग की उत्पत्ति में कमी आ चुकी है, यद्यपि मुम्बई में धनाढ्य परिवारों के कुछ व्यक्ति किसी पेशे के बजाय एक शुगल के तौर पर कॉलेज शिक्षण में प्रवेश कर रहे हैं।[9] शिक्षकों की एक बढ़ती हुई संख्या, विशेषतौर पर अपेक्षाकृत नए और कम प्रतिष्ठित कॉलेजों में, ऐसे परिवारों से आती है जो पारंपरिक रूप से शिक्षित नहीं रहे हैं, और जिनके लिए कॉलेज शिक्षण बहुत महत्वपूर्ण मामला है और उन्हें समाज में ऊपर उठाने वाला है। शिक्षण समुदाय का ऐसा वर्ग स्वयं को अत्यधिक सफल मानता है और सामान्यतः वर्तमान वेतन स्तरों के साथ संतुष्टि का अनुभव करता है। ऐसे व्यक्ति प्रायः शोध–उन्मुख नहीं होते और अपने कॉलेजों से बँधे रहते हैं। यह उल्लेख किया जा चुका है कि शिक्षक समुदाय, विशेषतौर पर कला विषयों, में महिलाओं के अनुपात में वृद्धि हो चुकी है। शिक्षणकार्य में प्रवेश करने वाली अधिकांश महिलाएं विवाहित होती हैं और उनके पारिवारिक दायित्व भी होते हैं। समयाभाव के कारण वे एक पूर्णकालिक पेशागत भूमिका अपना पाने में असमर्थ होती हैं। इन महिलाओं में से अनेक काफी समृद्ध पृष्ठभूमि वाली होती हैं और कॉलेज शिक्षण को एक रोजगार के बजाय अतिरिक्त पारिवारिक आय के साधन के रूप में देखती हैं।

अधिकांश कॉलेज शिक्षकों की शैक्षिक योग्यताएं बहुत उत्कृष्ट नहीं होतीं, और संभवतः हाल ही के वर्षों के दौरान इनमें गिरावट आ चुकी है। अनेक कॉलेज शिक्षकों के पास परास्नातक डिग्रियाँ होती है, जो व्यापक तौर पर मुम्बई विश्वविद्यालय से होती हैं। कुछ शिक्षकों के पास डॉक्टरेट उपाधि है अथवा वे, विशेषतौर पर, नगर के मुख्य प्राचीन कॉलेजों में किसी शोधकार्य की डिग्री पर कार्य कर रहे होते हैं। वर्तमान समय में, उन्नत डिग्रियों को पूरा करने के लिए प्रोत्साहन या तो नहीं हैं अथवा बहुत कम हैं, क्योंकि अतिरिक्त योग्यता से वेतन वृद्धि अथवा अन्य लाभ प्राप्त नहीं होते। आजकल कॉलेज शिक्षकों के एक उन्नत शोधकार्य डिग्री पर कार्य करने को आवश्यक बनाए जाने पर चर्चा की जा रही है। प्रायः ऐसा होता है कि कोई भी व्यक्ति, जिसने विश्वविद्यालय परीक्षा में अच्छा प्रदर्शन किया हो, विशेषतौर पर विज्ञान विषयों में, सरकार अथवा उद्योग में एक लाभदायक रोजगार प्राप्त करने में समर्थ हो जाता है, और इस प्रकार अकादमिक पेशे के लिए मात्र वही लोग शेष रह जाते हैं जो ऐसे बेहतर पदों के लिए अपनी योग्यता नहीं सिद्ध कर पाते। हाल ही के वर्षों में अकादमिक पेशे की विशेषज्ञता की सार्वजनिक छवि के साथ–साथ आंतरिक धारणा में भी स्पष्ट गिरावट आ चुकी है।

ये सभी तत्व एकसाथ मिलकर शोध एवं विद्वत्तापूर्ण कार्यों की दिशा में अनुकूलन के विरुद्ध कार्य करते हैं। शैक्षणिक पृष्ठभूमि, पारिश्रमिक ढाँचें, आंतरिक सामाजिकरण प्रक्रिया, समय एवं समयसारणी सम्बन्धी बाधाएं तथा अन्य कारकों के कारण शिक्षकों का विद्वत्तापूर्ण योगदान करने से कोई सम्बन्ध नहीं रह जाता। अधिकांश शिक्षक स्थिति

की सीमाओं तथा अपनी निजी योग्यताओं के अंदर रहते हुए अपना सर्वश्रेष्ठ प्रदर्शन करने का प्रयास करते हैं, किन्तु सामान्यतः इसमें किसी व्यापक बौद्धिक समुदाय अथवा विद्वत्तापूर्ण उपक्रम में भागीदारी करना शामिल नहीं होता।

मुम्बई का वर्तमान संकट

इस लेख के अंतिम भाग का सम्बन्ध मुम्बई में शिक्षण समुदाय की समकालीन स्थिति से सम्बन्धित है। यह स्थिति उच्च शिक्षा तथा शिक्षण पेशे से सम्बन्धित विवादों के अनेक प्रमुख तत्वों को सामने रखती है। मुम्बई संकट के अंतर्गत शिक्षकों की राजनीतिक गतिविधियों पर आपातकाल का प्रभाव, शिक्षकों की कार्य–परिस्थितियों में सुधार हेतु प्रयास, तथा अकादमिक संस्थानों का श्रमसंघीकरण आदि सभी मुद्दों पर साक्षात्कार किए गए हैं। वर्तमान में जहाँ आपातकाल के प्रतिबंधों के कारण स्थिति अधिकांशतः शांतिपूर्ण है, वहीं भारी असंतोष की संभावनाएं विद्यमान हैं। इसके अलावा कोई प्रश्न नहीं है कि शिक्षण समुदाय कष्ट में है, और यह कि अनेक कुंठाएं एवं विरोधाभास सतह के नीचे दबे पड़े हैं।

मुम्बई विश्वविद्यालय, जो परंपरागत तौर पर भारत का सर्वाधिक व्यवस्थित विश्वविद्यालय रहा है, अतीत में कर्मचारियों से सम्बन्धित मुद्दों के कारण जारी संघर्ष में संलिप्त रहा है। बुनियादी मुद्दा विश्वविद्यालय अनुदान आयोग द्वारा आदेशित उच्च वेतनमानों को विश्वविद्यालय द्वारा लागू किए जाने से सम्बन्धित है। नए वेतनमानों के द्वारा वेतनमानों के निचले स्तरों में लगभग 100 रुपए प्रतिमाह की मामूली वृद्धि होगी और वेतनमान के सर्वोच्च स्तर पर इसमें काफी वृद्धि होगी जिससे कॉलेज शिक्षकों को आय में 1,100 रुपए प्रतिमाह तक की वृद्धि प्राप्त हो सकेगी। वास्तव में, वेतन में ''महँगाई भत्ते'' (मुम्बई की उच्च जीवनयापन लागत की पूर्ति हेतु अतिरिक्त आय) के लिए समायोजन जैसे तकनीकी तत्वों तथा अन्य मामलों के कारण नए वेतनमानों का अर्थ होगा अधिकांश कॉलेज शिक्षकों के लिए वेतनों में नाटकीय वृद्धि होना–जो कि विश्वविद्यालय के परास्नातक कर्मचारियों के लिए अधिक आकर्षक होंगे। जटिल वित्तीय एवं राजनीतिक स्थिति, जिसके कारण महाराष्ट्र सरकार को वेतनवृद्धियों के एक अंश का भुगतान करना पड़ेगा, तथा इस तथ्य, कि सत्ताधारी दल में प्रभावशाली तत्वों में ऐसे ग्रामीण क्षेत्र शामिल हैं जो शहरी अकादमिक संस्थानों के वित्तीय कल्याण में कोई रुचि नहीं रखते, के कारण नए वेतनमानों को लागू किए जाने को टाल दिया गया था। सरकार के द्वारा शुरुआती वादों के बाद होने वाला यह बिलंब तथा कुछ अन्य शिकायतें एकसाथ मिलकर अकादमिक समुदाय के विरोध–प्रदर्शन का कारण बन गईं।

महाराष्ट्र सरकार के द्वारा प्रस्तावित सुधार योजना के अंतर्गत कर्मचारियों की व्यापक छँटनी की संभावना से सम्बन्धित अनिश्चितता, स्थानीय कॉलेजों से अनेक शिक्षकों को निष्कासित किया जाने जैसे मुद्दे तथा अन्य मामलों ने 1967 में स्थापित किए गए, किन्तु 1972 तथा 1973 में वास्तविक शक्ति हासिल करने वाले मुम्बई विश्वविद्यालय शिक्षक संघ (बीयूटीयू) के विकास को प्रोत्साहित कर दिया।[10] मुम्बई विश्वविद्यालय शिक्षक संघ नेतृत्व, जिसमें कॉलेज शिक्षकों की एक छोटी संख्या शामिल है, जिनमें से अधिकांश की कोई–न–कोई राजनीतिक पृष्ठभूमि है, वेतनमान सम्बन्धी मुद्दे पर भारी समर्थन जुटाने में सक्षम हो गया था। अन्य मुद्दों, जैसे कि कॉलेज शिक्षकों का यह भय कि उन्हें प्राप्त थोड़ी–बहुत रोजगार सुरक्षा इन व्यापक पैमाने पर की जाने वाली छँटनियों के कारण क्षतिग्रस्त हो जाएगी, मुम्बई विश्वविद्यालय अधिनियम के प्रस्तावित

संशोधन, तथा स्थानीय कॉलेजों द्वारा शिक्षकों को निष्कासित किए जाने हेतु उठाए गए अनेक कदमों ने बीयूटीयू की अपील में योगदान कर दिया। यह महत्वपूर्ण है कि बीयूटीयू ने "श्रमसंघ" के मुद्दों को एकजुट किया और अपना लक्ष्य हासिल करने के लिए "श्रमसंघ" की रणनीतियों का उपयोग किया।

बीयूटीयू ने रोजगार सुरक्षा के लिए कानूनी सुरक्षा उपायों को हासिल करने हेतु कार्य किया है, और शिक्षकों के लिए कार्य–परिस्थितियों को और अधिक स्पष्ट रूप से परिभाषित किया है तथा उनमें सुधार किए हैं। भारी दबाव के बाद, बीयूटीयू ने विश्वविद्यालय को संतुष्ट कर लिया कि इस नियम, कि किसी भी शिक्षक की नियुक्ति को अधिकतम दो वर्षों की परिवीक्षा अवधि के बाद स्थाई कर दिया जाए अथवा उसे निरस्त कर दिया जाए, को लागू कर दिया जाए। इस स्थिति की व्यापक उपेक्षा की गई थी और अनेक शिक्षक लंबी परिवीक्षा अवधियों के लिए कार्य करते रहते थे। इस पहल का परिणाम यह हुआ कि बड़ी संख्या में परिवीक्षा अवधि वाले शिक्षकों को नौकरी से निष्कासित कर दिया गया। यह बीयूटीयू द्वारा वांछित परिणामों के पूरी तरह से विपरीत था। इसी प्रकार, यूजीसी के वेतनमानों को लागू करने सम्बन्धी वर्तमान विवाद का एक ऐसा समाधान किया गया है जो संभवतः शिक्षकों के सर्वश्रेष्ठ हितों में नहीं है और इससे सम्बन्धित अनेक मामले अदालतों के विचाराधीन हो गए हैं।

नए एवं उन्नत वेतनमानों को लागू करने के प्रति एक अड़ियल महाराष्ट्र सरकार को बाध्य करने के उद्देश्य से बीयूटीयू ने शिक्षकों के द्वारा परीक्षाओं के मूल्यांकन कार्य के बहिष्कार करने का आयोजन कर दिया, और इस प्रकार विश्वविद्यालय के संचालन को ठप कर दिया तथा माता–पिताओं एवं अन्य लोगों के द्वारा परीक्षा परिणामों की माँग उत्पन्न कराए जाने द्वारा विश्वविद्यालय अधिकारियों पर एक भारी दबाव डाला। यूजीसी वेतनमानों को लागू किए जाने हेतु सहमत होने के लिए यह दबाव सरकार को बाध्य करने में सफल रहा। हालांकि, इस विरोध–प्रदर्शन के कुछ ही समय बाद समस्त राजनीतिक गतिविधियों पर प्रभावी रोक लगाते हुए तथा हड़तालों तथा विरोध प्रदर्शन के अन्य स्वरूपों को गैरकानूनी घोषित करते हुए प्रधानमंत्री इंदिरा गाँधी ने आपातकाल घोषित कर दिया। इस स्थिति का लाभ उठाते हुए महाराष्ट्र सरकार ने नए वेतनों के साथ अतिरिक्त शर्तों की एक शृंखला को जोड़ दिया जो बीयूटीयू तथा अधिकांश शिक्षकों को अस्वीकार्य थीं ("आचार संहिता.......," 1975)।

ये शर्तें महत्वपूर्ण हैं क्योंकि ये कुछ ऐसे मुद्दों को इंगित करती हैं जो शिक्षण पेशे के सम्बन्ध में सरकार की चिंता का विषय हैं, और यह मामला इंगित करता है कि प्रमुख नीतिगत निर्णयों के मामलों में विश्वविद्यालय पर सरकारी अधिकारियों का वर्चस्व है। वित्तीय अर्थों में संभवतः सर्वाधिक महत्वपूर्ण यह है कि शिक्षकों को परीक्षाओं के मूल्यांकन के लिए किए जाने वाले अतिरिक्त भुगतानों को नए वेतनमानों में ही शामिल कर दिया गया था। शिक्षकों से बिना पारिश्रमिक के और अपने सामान्य अकादमिक कर्तव्य के एक भाग के रूप में परीक्षा मूल्यांकन करने की अपेक्षा की गई थी। साथ ही साथ, नए वेतनमानों को स्थाई रूप से शिक्षकों को प्रदान किए जाने हेतु यह आवश्यक कर दिया गया था कि उन्हें परास्नातक से ऊपर एक अतिरिक्त शोधकार्य सम्बन्धी डिग्री हासिल करनी होगी–चाहे वह पीएच.डी. हो अथवा नव–स्थापित शोध–उन्मुख एम.फिल. की डिग्री। एक निर्धारित समयावधि के अंदर इस डिग्री को हासिल न करने वाले शिक्षकों के लिए पुराने वेतनमानों का वापस लागू कर दिया जाएगा। अत्यधिक विशिष्ट आचरण नियमों की एक ऐसी शृंखला को प्रख्यापित कर दिया गया था जो शिक्षण समुदाय को उपलब्ध सीमित अकादमिक स्वतंत्रता को प्रभावी रूप से समाप्त

करने वाली थी तथा इन नियमों के उल्लंघनों के लिए शिक्षकों को अनुशासित करने अथवा निष्कासित करने के प्रशासन के कार्य को और सरल बनाने वाली थी। मुम्बई विश्वविद्यालय के प्रशासन की स्वीकृति के साथ महाराष्ट्र के अधिकारियों ने स्थानीय परिस्थितियों (समिति की रिपोर्ट......,1973) पर विचार किए बिना शिक्षण पेशे को उन्नत और व्यवस्थित बनाए जाने सम्बन्धी यूजीसी की समस्त सिफारिशों को लागू करने का चयन कर लिया। नई शर्तों तथा वेतनमानों के परिणाम शिक्षण समुदाय के लिए स्वायत्तता में भारी कमी लाने वाले, शिक्षकों के लिए योग्यता में ऐसी वृद्धि करने वाले जिन्हें लागू करना कठिन हो, और विश्वविद्यालय के विभागों, जिन्हें प्रदान की जाने वाली परास्नातक डिग्रियों की संख्या में भारी वृद्धि करनी थी, पर पर भारी दबाव डालने वाले थे। यह सबकुछ शिक्षकों को बढ़े हुए प्रशासनिक नियमों और सीमाओं के अधीन लाने वाले थे, राजनीतिक संलिप्तता की संभावना को और अधिक सीमित करने वाले थे, और अधिकांश शिक्षकों के वेतनों में मात्र मामूली वृद्धि करने वाले थे।

शिक्षक समुदाय तथा बीयूटीयू की प्रतिक्रिया पूर्णतः नकारात्मक थी। किन्तु शिक्षकों के लिए नए नियमों के विरुद्ध एकजुट होना असंभव था, क्योंकि आपातकाल के अधीन राजनीतिक तथा श्रमसंघ की गतिविधियों को कठोरतापूर्वक नियंत्रित कर दिया गया था। पुलिस अधिकारी मामले पर चर्चा के लिए किसी भी सार्वजनिक सभा की अनुमति नहीं प्रदान कर रहे थे, और बीयूटीयू के दो शिक्षकों को आपातकालीन नियमों के अंतर्गत बिना किसी आरोप के जेल में डाल दिया गया था। नए नियमों पर रोक लगाने के लिए बीयूटीयू ने विश्वविद्यालय के विरुद्ध एक कानूनी कार्यवाही प्रारंभ कर दी, और इस लेख के लिखे जाने तक मामला अदालतों में अटका हुआ है। इस स्थिति ने शिक्षक समुदाय को हतोत्साहित और अनिवार्यरूप से अधिकारविहीन कर दिया। इसका परिणाम मुम्बई में व्यावसायिकता की प्रगति तथा अकादमिक समुदाय में प्रतिबद्धता के लिए सकारात्मक नहीं हो सकता था।

हाल ही का यह संकट शिक्षण समुदाय से सम्बन्धित अनेकों महत्वपूर्ण कारकों को स्पष्ट करता है। मुम्बई विश्वविद्यालय शिक्षक संघ मात्र ऐसे मुद्दों के लिए ही समर्थन जुटा पाने में समर्थ रहा है जिनके सम्बन्ध आर्थिक लाभों अथवा रोजगार सुरक्षा से जुड़े हैं। यह बीयूटीयू के नेतृत्व के "श्रमसंघ" वाले दृष्टिकोण में फिट बैठता प्रतीत होता है। शिक्षण समुदाय के द्वारा बीयूटीयू को शिक्षा सम्बन्धी मुद्दों के साथ स्वयं को सम्बद्ध किए जाने में अधिक रुचि नहीं ली गई है, यद्यपि अनेक शिक्षक सहमत हैं कि शिक्षा प्रणाली में भारी सुधार की आवश्यकता है। यूजीसी वेतनमानों को लागू किए जाने के लिए सरकार को बाध्य करने में बीयूटीयू की प्रभावशाली जीत के बावजूद इस संगठन को शिक्षण समुदाय से बहुत ठोस समर्थन हासिल नहीं हो सका है। वास्तव में, अनेक शिक्षक इसे विशिष्ट मुद्दों, जैसे वेतनमान आदि पर ही समर्थन प्रदान करते हैं, किन्तु इसके नेतृत्व पर विश्वास नहीं करते।

इस संकट के परिणाम अभी भी अस्पष्ट हैं। वर्तमान स्थिति को ध्यान में रखते हुए इस बात की संभावना नहीं है कि इस मामले का निपटारा शिक्षण समुदाय को संतुष्ट कर सकेगा। शिक्षकों का मनोबल क्षतिग्रस्त हो चुका है और संभव है कि शिक्षण समुदाय के पास जो थोड़ा बहुत आत्मसम्मान और स्वायत्तता शेष बची है उसमें आगे और गिरावट आ जाए। शिक्षकों के पास कम अकादमिक स्वतंत्रता उपलब्ध होगी, तथा कार्य–परिस्थितियों पर उनका नियंत्रण भी कम हो जाएगा। प्रशासकों के परिलाभों में वृद्धि हो जाएगी, और जहाँ अनेक शिक्षकों के वेतनों में कुछ स्तर तक वृद्धि हो जाएगी, वहीं परीक्षा मूल्यांकनों से होने वाली अतिरिक्त आय समाप्त हो जाएगी और अंतिम

परिणाम के तौर पर कोई महत्वपूर्ण वृद्धि नहीं हो सकेगी। इसके अतिरिक्त, महाराष्ट्र में शिक्षा प्रणाली में सरकार द्वारा लागू पुनर्गठन के परिणामस्वरूप लगभग 500 शिक्षकों को निष्कासित कर दिया गया। निष्कासित शिक्षकों में से अधिकांश अस्थाई कर्मचारी थे, और उनके लिए दूसरे पदों की खोज किए जाने के प्रयास किए जा रहे हैं।

मुम्बई का "संकट" शिक्षण समुदाय की स्थिति के अनेक तत्वों को इंगित करता है। जैसा कि भारत के अधिकांश भागों में है, मुम्बई में कॉलेज शिक्षकों के बीच कोई शक्तिशाली श्रमसंघ आंदोलन मौजूद नहीं है, यद्यपि कि कुछ विशिष्ट मामलों, जिनका सम्बन्ध सामान्यतः उनकी कार्य–परिस्थितियों अथवा वेतन आदि से होता है, पर शिक्षण समुदाय को संगठित करना संभव है। इस आम धारणा, कि शिक्षण परिस्थितियों में सुधार की आवश्यकता है तथा यह कि, वास्तव में, संपूर्ण शिक्षा प्रणाली को ही बुनियादी सुधारों की आवश्यकता है, के बावजूद इन सुधारों को लेकर कोई भी आम सहमति मौजूद नहीं है और स्थितियों के प्रत्यक्ष सुधार के लिए कोई आक्रामकता भी बहुत कम है। बीयूटीयू का नेतृत्व इस अर्थ में काफी–कुछ "वैचारिक" रहा है कि कुछ प्रमुख व्यक्तित्व राजनीतिक सक्रियतावाद में संलिप्त रहे हैं, किन्तु बीयूटीयू ने स्वयं को राजनीतिक प्रश्नों और वैचारिक मामलों से दूर ही रखा है। शिक्षण समुदाय व्यावहारिक रहा है, अपने उन्मुखीकरण में उल्लेखनीय रूप से कट्टर नहीं है, और सामाजिक अथवा शैक्षिक परिवर्तनों के प्रति बुनियादी तौर पर प्रतिबद्ध नहीं रहा है।

यद्यपि यह संभव है कि बीयूटीयू ने आपातकाल के परिणामस्वरूप एक मौन समर्थन हासिल कर लिया था, तथापि यह संगठन विवादस्पद बना रहा है। अनेक शिक्षक कुछ मुद्दों पर इसके राजनीतिक नजरिए का विरोध करते रहे हैं। कुछ अनुभव करते हैं कि बीयूटीयू आंदोलन का एक परिणाम यह रहा है कि सरकारी अधिकारियों को सीधे शैक्षिक समीकरण में ले आया गया है, और दीर्घकाल में यह अकादमिक स्वायत्तता की अवधारणा को आगे और कमजोर कर देगा। बीयूटीयू के अधिकारियों ने अकादमिक प्रणाली के अंतर्गत अपने लक्ष्यों को हासिल न कर पाने की स्थिति में सरकारी हस्तक्षेप के प्रयास करने की प्रवृत्ति दर्शाई है, और उपयोगी प्रतीत होने पर "टकराव" की रणनीतियों का उपयोग करने में हिचकिचाहट नहीं दिखाई है। किन्तु सामान्यतौर पर शिक्षण समुदाय की खराब परिस्थितियों को ध्यान में रखते हुए कोई भी समूह, जो शिक्षकों की माँगों का नेतृत्व करने का दावा करता है, भारी समर्थन का भरोसा कर सकता है, विशेषतौर पर तब जब यह अनेक अवसरों पर प्रभावी सिद्ध हो चुका है।

शैक्षिक समीकरण में सरकार की भूमिका, विशेषतौर पर राज्य के स्तर पर, महत्वपूर्ण है। हाल के वर्षों के दौरान विश्वविद्यालयीय निर्णयों में सरकारी अधिकारियों की अनौपचारिक भूमिका में वृद्धि हुई है, न केवल इसलिए क्योंकि सरकारी अधिकारियों के पास शिक्षा के लिए किए जाने वाल व्ययों पर अंतिम नियंत्रण उपलब्ध है और उन्होंने लगातार यह सुनिश्चित करने के प्रयास किए हैं कि शिक्षा प्रणाली के सभी स्तरों पर उनकी नीतियों को लागू किया जाए, बल्कि इसलिए भी क्योंकि विश्वविद्यालय के अधिकारी तथा अकादमिक प्रणाली के अंदर के अन्य लोग ऐसे मामलों पर भी सरकार का आश्रय लेने लगे हैं जिन्हें परंपरागत तौर पर विश्वविद्यालयों के अंदर ही निपटा लिया जाता था। संवैधानिक अर्थ में जहाँ विश्वविद्यालय राज्य विधानसभाओं द्वारा पारित अधिनियमों से शासित होते हैं और उसके द्वारा संस्थान के मामलों में प्रत्यक्ष सरकारी हस्तक्षेप नामुमकिन है, वहीं अनौपचारिक संलिप्तता में वृद्धि हो चुकी है। उदाहरणार्थ, विश्वविद्यालय का बजट राज्य सरकार के द्वारा एक "एकमुश्त अनुदान" के रूप में प्रदान किया जाता है, और बिना किसी सीधे हस्तक्षेप के संस्थान द्वारा इसे

व्यय किया जा सकता है। किन्तु जब सरकार ने आदेश दिया कि विश्वविद्यालय एवं कॉलेज कर्मचारियों के रिक्त पदों को न भरें, तब संस्थानों ने अपने कर्मचारियों सम्बन्धी आवश्यकताओं पर ध्यान दिए बिना ही उसका पालन कर डाला। बढ़ी हुई सरकारी संलिप्तता ने संपूर्ण अकादमिक वातावरण को रंग दिया है, हालांकि अकादमिक मामलों में सीधे हस्तक्षेप से महाराष्ट्र अपेक्षाकृत मुक्त रहा है।[11]

निष्कर्ष

भारतीय अकादमिक समुदाय, और विशेषतौर पर स्नातक कॉलेजों में शिक्षा प्रदान करने वाला बड़ा वर्ग, स्वयं को एक दुविधा में तथा सामान्यतौर पर एक अवांछनीय स्थिति में ग्रस्त पाता है। इस दुविधा के अनेक कारण हैं जिन्हें पूर्वगामी विश्लेषणों द्वारा सुझाया जा चुका है। यह निष्कर्ष कुछ ऐसे ढाँचागत तथा अन्य कारकों का संक्षेपण करेगा जो भारतीय अकादमिक जीवन के अधिकांश मामलों की वर्तमान स्थिति में योगदान करते हैं।

दासत्व की ऐतिहासिक परंपरा, जो हिन्दू बौद्धिक जीवन के अंदर बहुत शक्तिशाली रही है और जिसे भारत में ब्रिटिश औपनिवेशिक उच्च शिक्षा के इतिहास द्वारा पोषित किया गया है, सबसे बड़ा अवरोधक कारक रही है। हिन्दू बौद्धिकता के द्वारा स्थापित पाठ्यों पर आधारित एक व्युत्पन्न विद्वत्ता पर जोर दिया जाता रहा है। ब्रिटिश औपनिवेशिक नीति के द्वारा ऐसे अकादमिक संस्थानों का गठन किया गया जिनका उद्देश्य किसी सक्रिय और स्वतंत्र अकादमिक जीवन को विकसित करना नहीं था, बल्कि उनका उद्देश्य विद्वानों और विचारकों के बजाय नौकरशाहों और पेशेवर लोगों को प्रशिक्षित करना था। कॉलेजों तथा विश्वविद्यालयों के पास स्वायत्तता बहुत कम थी, तथा ऐसे शिक्षक, जो स्थापित नीतियों से बहुत दूर थे, को काम करने में कठिनाई का अनुभव करना पड़ा। जहाँ कुछ शिक्षक स्वतंत्रता आंदोलन में संलिप्त रहे थे, वहीं शायद यह आश्चर्यजनक नहीं है कि कॉलेज तथा विश्वविद्यालय शिक्षकों की एक बहुत बड़ी संख्या 1947 में स्वतंत्रता दिलाने वाली समस्त नाटकीय घटनाओं के दौरान निष्क्रिय रही थी। छात्र सक्रिय और उग्र हो रहे थे, लेकिन शिक्षक नहीं।

भारतीय उच्च शिक्षा का प्रारंभ से ही राजनीतिकरण किया जा चुका है। विश्वविद्यालयों तथा कॉलेजों की स्थापना कुछ नीतिगत उद्देश्यों को सामने रखकर की गई थीं, और ब्रिटिश युग में इन्हें नजदीकी सरकारी समीक्षा के अधीन रखा गया था। स्वतंत्रताप्राप्ति के उपरांत, अकादमिक समुदाय को भारी अकादमिक स्वतंत्रता उपलब्ध हो चुकी थी, किन्तु उच्च शिक्षा की दिशा अभी भी सार्वजनिक नीति का मामला बनी हुई थी। स्वतंत्रताप्राप्ति के बाद की अवधि के दौरान उच्च शिक्षा में बहुत तीव्र गति से विस्तार हुआ, परिणामस्वरूप इसमें भीड़ बहुत बढ़ गई, स्थितियों में गिरावट आ गई और स्नातकों की बेरोजगारी दर में वृद्धि हो गई। शिक्षकों ने इन गिरावटों तथा तीव्र गति से हो रही वृद्धि के विरुद्ध आवाज तो उठाई, लेकिन उनकी आवाज प्रभावशाली नहीं रही। विश्वविद्यालय अपने आप में भारत में उच्च शिक्षा की दिशा को कोई आकार प्रदान कर पाने में असमर्थ रहे हैं। अधिकांश निर्देश सार्वजनिक दबावों के प्रति प्रतिक्रिया करने वाले राजनीतिक नेताओं से प्राप्त होते हैं। इसमें आश्चर्य नहीं है कि इन परिस्थितियों के अंतर्गत कोई भी स्वायत्त और आत्मचेतन अकादमिक समुदाय जन्म नहीं ले सका।

कॉलेजों और विश्वविद्यालयों और विश्वविद्यालयों पर "छोटी" राजनीति का वर्चस्व रहा है और साथ–साथ वे बाहरी शक्तियों द्वारा निर्देशित होते रहे हैं। भारत में लाभदायक रोजगार के लिए की जा रही गहन प्रतिस्पर्धा, तथा एक बार किसी पद

के प्राप्त हो जाने के बाद उसे बनाए रखने की आवश्यकता द्वारा प्रेरित शिक्षकगण अपने–अपने शैक्षणिक संस्थानों के अंदर की गुटबाजीयुक्त राजनीति में संलिप्त होते रहे हैं। जहाँ मुम्बई अकादमिक राजनीति आधारित व्यवधानों से अपेक्षाकृत अधिक मुक्त रहा है, वहीं यह अज्ञात नहीं है कि भारत में कॉलेजों और विश्वविद्यालयों का संचालन गुटबाजी वाली राजनीति के कारण गंभीर रूप से बाधित होते रहे हैं। अनेक मामलों में, सृजनात्मक विद्वत्ता और शिक्षण को ऐसे अकादमिकोत्तर मामलों द्वारा सीमित कर दिया गया है जो संस्थागत वातावरण का एक भाग हैं। अभावों वाले एक समाज में तथा एक संस्थागत ढाँचे, जिसके पास व्यवहार सम्बन्धी कोई स्पष्ट नियम उपलब्ध नहीं हैं, में यह आश्चर्यजनक नहीं है कि आंतरिक राजनीति एक महत्वपूर्ण किन्तु विघटनकारी भूमिका निभाती है।

पेशागत मानदंडों के उद्भव समुचित संस्थागत और सामाजिक परिस्थितियों पर निर्भर करते हैं। भारत के अधिकांश हिस्सों में ये स्थितियाँ विद्यमान नहीं होतीं। संस्थागत स्वायत्तता अत्यन्त सीमित है और शिक्षकों, विशेषतौर पर कॉलेजों में, के पास अपनी खुद की कार्य–परिस्थितियों, शिक्षण, समय–सारणियों, अथवा दैनिक अकादमिक जीवन के अन्य तत्वों पर बहुत कम नियंत्रण उपलब्ध होता है। इस तथ्य, कि अनेक मामलों में अकादमिक पेशा सर्वश्रेष्ठ शिक्षित व्यक्तियों की भर्ती कर पाने में सफल नहीं हो सका है, का परिणाम रहा है एक ऐसा शिक्षण पेशा जो कभी–कभी विशेषतौर पर भली–भांति प्रशिक्षित नहीं किया गया होता। एक प्रमुख तत्व है कॉलेज के ढाँचे के किसी भी स्तर पर स्वायत्तता का अभाव। शिक्षक स्वाभाविक रूप से स्वयं को शिक्षण तथा अकादमिक जीवन के लिए आत्मारोपित उत्तरदायित्वों से युक्त स्वतंत्र बुद्धिजीवी मानने के बजाय एक ऐसे बड़े नौकरशाही ढाँचे का एक कर्मचारी मानते हैं जिससे वे प्रायः भयभीत रहते हैं। इसमें आश्चर्य नहीं है कि ऐसा एक वातावरण व्यावसायिकता को जन्म देने में असफल रहा है।

कॉलेजों तथा शिक्षकों दोनों की ही आर्थिक स्थितियाँ वर्तमान स्थिति में योगदान करती हैं। कॉलेजों को विश्वविद्यालय अथवा सरकारी निकायों से मात्र सीमित सहायता ही प्राप्त होती है, और वे अपनी उत्तरजीविता के लिए छात्रों के शुल्कों पर निर्भर रहते हैं। अपेक्षाकृत नवस्थापित कॉलेजों में सुविधाएं अपर्याप्त होती हैं और वे अधिक पर्याप्त शिक्षण एवं अधिगम सम्बन्धी वातावरण स्थापित कर पाने हेतु धन जुटा पाने में असमर्थ होते हैं। शिक्षण कर्मचारी को परंपरागततौर पर कम भुगतान प्राप्त होता रहा है, और मुद्रास्फीति ने उनकी आय के स्तरों में और कमी ला दी है। शहरों में, कॉलेज शिक्षकों के लिए मध्यवर्गीय शैली में जीवित रहना वास्तव में असंभव हो चुका है, यद्यपि अल्प–शहरी व्यवस्थाओं, जहाँ जीवनयापन लागत अपेक्षाकृत कम है, के अंतर्गत शिक्षकों की हालत अपेक्षाकृत बेहतर हैं। कम वेतन ने शिक्षकों को कॉलेज सम्बन्धी उत्तरदायित्वों में कमी लाते हुए और अपनी निष्ठाओं को विभाजित करते हुए अन्य रोजगार अपनाने पर बाध्य कर दिया है।

अधिकांश समाजों में कॉलेज शिक्षक रचनात्मक बुद्धिजीवी नहीं रह गए हैं। इसके बजाय, वे ''उपभोगी बुद्धिजीवी'' अर्थात् ज्ञान के हस्तांतरणकर्ता बन गए हैं जो लेखकों तथा छात्रों के लिए रचनात्मक कार्य करने के बीच भागीदारी करते हैं। अतः, भारतीय कॉलेज शिक्षकों से यह अपेक्षा करना अनुचित होगा कि वे बहुत अधिक प्रकाशन कार्य करें, और वास्तव में प्रकाशन उनके रोजगार सम्बन्धी उत्तरदायित्वों के अधिकांश भाग में शामिल भी नहीं है। फिर भी, कॉलेज शिक्षकों के लिए यह निरंतर दुर्लभ होता जा रहा है कि वे स्वयं को अपने ही अकादमिक क्षेत्रों तथा बौद्धिक जीवन की व्यापक दुनिया

में हो रही नवीनतम प्रगति के साथ अद्यतन रख सकें। और इन नवीनतम जानकारियों के बिना छात्रों को नवीनतम और सर्वाधिक उत्साहवर्द्धक ज्ञान प्रदान करना कठिन है। निश्चित रूप से, अनेक शिक्षकों के द्वारा अपनी भूमिका को गंभीरतापूर्वक लेने और बौद्धिक जीवन में भागीदारी करने के कारण एक मिली–जुली तस्वीर प्रकट होती है। परंतु ऐसा प्रतीत होगा कि शिक्षण पेशे में ऐसे लोगों की संख्या बहुत ही छोटी है।

भारतीय सामाजिक संरचना में कॉलेजों की भूमिका एक बड़े स्तर तक किसी भी शिक्षक की स्थिति और भूमिका को निर्देशित करती है। कॉलेज प्रगतिशील रूप से ग्रामीण मध्यवर्ग के साथ–साथ शहरी मध्यवर्ग और निम्न मध्यवर्ग को शिक्षा तक पहुँच प्रदान करते हुए "सामूहिक" संस्थान बन चुके हैं। कुछ अपवादों के साथ अब वे समाज में शक्ति और प्रतिष्ठा वाले पदों के लिए सिर्फ किसी "अभिजात्य" को ही प्रशिक्षित नहीं करते। इस सामाजिक स्थिति को ध्यान में रखते हुए यह आश्चर्यजनक नहीं है कि स्वयं कॉलेजों तथा उनके शिक्षकों के पास समाज में एक प्रभावशाली स्थिति उपलब्ध नहीं है। इस अर्थ में, कॉलेज शिक्षक को एक ऐसा स्थान हासिल है जो, वास्तव में, भारतीय सामाजिक संरचना में कॉलेज के कामकाज के साथ तर्कसंगत रूप से फिट बैठता है। इस स्थिति के प्रकाश में तथा भारत के 'अभावों के समाज' को ध्यान में रखते हुए किसी नाटकीय परिवर्तन की आशा करना संभवतः अयथार्थवादी होगा।

टिप्पणियाँ

* यह लेख 3–8 अगस्त, 1976 में मेक्सिको शहर में आयोजित एशिया तथा उत्तरी अफ्रीका में 30वीं अंतर्राष्ट्रीय मानवविज्ञान कांग्रेस के दौरान प्रस्तुत एक पत्र पर आधारित है। मैं पहले के एक मसौदे पर अपनी टिप्पणियां देने के लिए डॉ. सुमा चिटनिस, डॉ. शीला मॅकवे, एवं ए.बी. शाह का आभारी हूँ। सरस्वती हिंदू धर्म में ज्ञान की देवी हैं।

1. भारतीय माध्यमिकोत्तर शिक्षा प्रणाली पर एक सामान्य चर्चा के लिए देखें P. G. Altbach (1971)। भारतीय शिक्षा के सामान्य अध्ययन के लिए देखें Shils (1969), Chitnis (1969), Singh (1972), Sinha (1969)।
2. यह अध्ययन दिसम्बर 1975 में मुम्बई में संपन्न किए गए "परीक्षण" साक्षात्कारों पर आधारित है तथा उपलब्ध सहायक सामग्रियों पर चिटनिस (1969) ने अतिरिक्त सूचनाएं उपलब्ध कराई हैं। बिहार के साथ तुलना के लिए देखें सिन्हा (1969), तथा राजस्थान के साथ के लिए देखें सिंह (1972)।
3. शूद्र हिन्दू जाति व्यवस्था की सर्वाधिक निचली जाति है।
4. ब्रिटिश व्यवस्था में "परास्नातक" को अमेरिकी संदर्भ में "स्नातक" कार्य में परिवर्तित कर दिया गया। "सहबद्ध" कॉलेज ऐसे स्वतंत्र संस्थान हैं जो किसी ऐसे विश्वविद्यालय से सहबद्ध होते हैं जो छात्रों की परीक्षा लेता है, पाठ्यक्रम निर्धारित करता है, कतिपय नियमों को अधिनियमित करता है, और सामान्यतौर पर अपने साथ सहबद्ध कॉलेजों के लिए एक न्यूनतम स्तर को कायम रखता है। "सहबद्धता" की व्यवस्था भारत में स्नातक शिक्षा का मानक स्वरूप है, यद्यपि हाल ही में सर्वश्रेष्ठ कॉलेजों को वर्तमान प्रणाली के अवरोधों से स्वतंत्र किए जाने हेतु कुछ स्तर तक की स्वतंत्रता प्रदान किए जाने हेतु कुछ कदम उठाए गए हैं।
5. ब्रिटिश प्रणाली के समान ही भारतीय अकादमिक प्रणाली भी परीक्षाओं में किए गए प्रदर्शन के अनुसार विभिन्न श्रेणियों जैसे, प्रथम, द्वितीय और तृतीय वाली डिग्रियाँ प्रदान करती है।
6. स्थाईकरण, जो कि एक स्थाई कार्यकाल के समान होता है, सामान्यतः कॉलेज में दो वर्षों की सेवा अवधि पूरी कर लेने के बाद ही प्रदान किया जाता है। यह प्रबंधन द्वारा लिया गया निर्णय होता है।

7. यह नोट करना चाहिए कि सामान्यतौर पर मुम्बई के कॉलेज भारत के अन्य भागों के अधिकांश समान संस्थानों की तुलना में बेहतर स्थिति में हैं। अपेक्षाकृत छोटे शहरों में बड़ी संख्या में स्थापित किए गए कॉलेज विशेषतौर पर भौतिक सुविधाओं के मामले में कमियों से ग्रस्त हैं।
8. यह लगभग 60 से 200 डॉलर के आसपास होता है, किन्तु जीवनयापन लागत के अंतरों के कारण सटीक सहसम्बन्ध निर्धारित करना कठिन है।
9. सिंह (1972, पृष्ठ 231) स्पष्ट करते हैं कि कम–से–कम राजस्थान में जयपुर विश्वविद्यालय के अधिकांश शिक्षक शहरी उच्च जातियों और पेशेवर पृष्ठभूमियों से सम्बन्धित है।
10. बीयूटीयू से सम्बन्धित सूचनाएं इसके सदस्यों के साक्षात्कार तथा बीयूटीयू के एक कार्यकर्ता द्वारा प्रकाशित किए गए एक पत्र से प्राप्त हुई हैं। "शिक्षकों हेतु आचारसंहिता" (1975) तथा "द सेन कमेटी एंड आफ्टर" (1975) का भी अवलोकन करें।
11. भारत में राजनीति तथा उच्च शिक्षा के बीच सम्बन्धों पर चर्चा के लिए देखें रूडॉल्फ (1972)।

संदर्भ

Altbach, P. G. (1971). "Higher Education in India," in B. Burn, P. Altbach, C. Kerr and J. Perkins, *Higher Education in Nine Countries,* pp. 317–344, New York: McGraw-Hill.

Altbach, P. G. (1972). *The University in Transition: An Indian Case Study.* Cambridge, Mass.: Schenkman.

Altbach, P. G., Chitnis, S. and Kulkarni, J. (1977). *The Academic Profession in Maharashtra.* In preparation.

Chitnis, S. (1969). *The Teacher Role in the College System.* Unpublished Ph.D. Dissertation, Tata Institute of Social Sciences, Bombay.

Chitnis, S. (1974). "Teachers in Higher Education," in A. Singh and P. G. Altbach, eds., *The Higher Learning in India.* pp. 237–250. Delhi: Vikas.

"Code of Conduct for Teachers" (1975). *Economic and Political Weekly* (November 15), pp. 1754–55.

Gilbert, I. (1972). "The Indian Academic Profession: The Origins of A Tradition of Subordination," *Minerva* 10 (July), pp. 384–411.

Report of the Committee on the Governance of Universities and Colleges: Part II Teachers. (1973). New Delhi: University Grants Commission.

Report of the Inquiry on the Problems of Teachers in the University of Bombay. (1954). Bombay: University of Bombay.

Rudolph, L. and S., eds. (1972). *Education and Politics in India.* Cambridge, Mass.: Harvard University Press.

"The Sen Committee and After" (1975). *Economic and Political Weekly* (November 22), pp. 1790–1791.

Shils, E. (1969). "The Academic Profession in India," *Minerva* 7 (Spring), pp. 345–372.

Shils, E. (1972). "Toward a Modern Intellectual Community in the New States," in E. Shils, *The Intellectuals and the Powers and Other Essays,* pp. 335–371. Chicago: University of Chicago Press.

Singh, A. and Altbach, P., eds. (1974). *The Higher Learning in India.* Delhi: Vikas.

Singh, Y. (1972). "Academic Role Structure and Modernization: A Study of University Teachers," in S. Saberwal, ed., *Beyond the Village: Sociological Explorations,* pp. 195–244. Simla: Indian Institute of Advanced Study.

Sinha, B. N. (1969). *The Problems and Attitudes of University Teachers in Bihar.* Unpublished Ph.D. Dissertation, Ranchi University.

10

विरूपित गुरुः मुम्बई के कॉलेज शिक्षक[1]

The Indian Academic Profession: Crisis and Change in the Teaching Community
Suma Chitnis and Philip G. Altbach (eds)
The Macmillan Company of India Limited (Delhi), 1979
pp. 5–44

फ़िलिप जी. अल्ट्बाख़

परिचय

> गुरुओं की भूमि में उस पेशे, जिसने अपने कर्तव्यों को ग्रहण कर लिया था, को इसके अभ्यासकर्ताओं तथा अन्य लोगों दोनों के द्वारा ही आज बहुत कम सम्मान प्रदान किया जाता है।[2]

भारत में कॉलेज शिक्षक समुदाय बहुत विशाल तथा जटिल है और नाटकीय परिवर्तन से होकर गुजर रहा है। भारत में कुल 1,69,615 कॉलेज एवं विश्वविद्यालय शिक्षक हैं (जिनमें से 32,142 को छोड़कर शेष सभी स्नातक कॉलेजों में नियुक्त हैं) जो दुनिया की तीसरी सबसे बड़ी अकादमिक प्रणाली में 30 लाख से भी अधिक छात्रों को शिक्षा प्रदान करते हैं। कॉलेज शिक्षण के पेशे को उपनिवेशवाद के अधीन संगठित किया गया था और इसके द्वारा ब्रिटिश औपनिवेशिक व्यवस्था के अनेक मूल्यों को प्रतिबिंबित किया गया है।[3] औपनिवेशिक काल के दौरान उच्च शिक्षा का आकार और गुंजाइश सीमित थे, तथा शिक्षक समुदाय की स्थिति बहुत ऊँची तथा प्रतिष्ठापूर्ण थी। स्वतंत्रताप्राप्ति के उपरांत इसमें बहुत तीव्र गति से वृद्धि हुई और जहाँ समाज में उच्च शिक्षा की भूमिका का विस्तार हुआ, वहीं शिक्षक समुदाय को अपने सापेक्षिक अधिकारों, प्रतिष्ठा तथा पारिश्रमिक के मामलों में हानि उठानी पड़ी। इस युग में हुआ नाटकीय विस्तार अकादमिक पेशे की वर्तमान स्थिति और कार्य–परिस्थितियों के निर्धारण किए जाने में एक प्रमुख कारक रहा है। गुरु–परंपरा को विरासत में प्राप्त करते हुए औपनिवेशिक जड़ों से उपजा तथा तीव्र विस्तार से होकर गुजरने वाला अकादमिक पेशा आज भारतीय समाज में एक स्थिर और रचनात्मक स्थान तलाश कर रहा है। इस अध्याय के अंतर्गत ऐतिहासिक घटनाओं तथा तेजी से आधुनिक तथा परिवर्तित हो रहे समाज में इसकी भूमिका के संदर्भ में इस पेशे के प्रमुख तत्व, अर्थात् कॉलेज शिक्षकों की वर्तमान स्थिति का विश्लेषण किया जाएगा।

इस अध्याय में अनेक विषय उभर कर सामने आए हैं। एक है उभयभाविता काः अकादमिक समुदाय के पास कोई भी स्पष्ट भूमिका मौजूद नहीं है, चाहे वह समाज

में हो अथवा अकादमिक प्रणाली में। जैसे–जैसे आधुनिक भारत में एक कॉलेज डिग्री की सामाजिक स्थिति और आर्थिक उपयोगिता में गिरावट आती गई है वैसे–वैसे ही अकादमिक पेशे की स्थिति और आत्मसम्मान भी गिरता गया है। भारतीय समाज में शिक्षकों का सम्मान किया जाता है, और समुदायों में उनकी भूमिका प्रायः महत्वपूर्ण होती है, किन्तु हाल ही के वर्षों में उन्होंने बहुत कुछ खो दिया है। एक अन्य विषय अकादमिक समुदाय के अधिकारों से सम्बन्धित है। अकादमिक समुदाय अधिक वेतन और बेहतर कार्य–परिस्थितियों के लिए संघर्ष करने का प्रयास करता रहा है, और इसने कक्षाओं में तथा कॉलेजों एवं विश्वविद्यालयों के प्रशासन में एक महत्वपूर्ण तत्व के रूप में अपने अधिकारों को पुनः जमाने का प्रयास किया है। शिक्षक संघों के उद्भव तथा शिक्षकों के द्वारा राजनीतिक आंदोलनों में होने वाली वृद्धि 'अधिकारविहीन गुरुओं' के द्वारा अपनी शक्ति और अधिकार को पुनः जमाने के लिए किए गए इस प्रयास के ही हिस्से हैं। एक अर्थ में, यह विश्लेषण अधूरा है क्योंकि अकादमिक समुदाय परिवर्तन की प्रक्रिया से होकर गुजर रहा है। संख्यात्मक विस्तार मंद हो चुका है और भारत के अनेक भागों में पारिश्रमिकों में वृद्धि हो चुकी है। नई लहरें, जैसे श्रमसंघ आंदोलन आदि नए समीकरण का अभिन्न अंग बन चुकी हैं।

अकादमिक पेशे पर अभी तक की जा चुकी अधिकांश चर्चाओं के द्वारा उन अल्पसंख्यक (19 प्रतिशत) शिक्षकों पर ही ध्यान केन्द्रित किया गया है जो विश्वविद्यालयों में पढ़ाते हैं और परास्नातक पाठ्यक्रमों से सम्बन्धित हैं। ये शिक्षक अधिकांश शोधकार्यों तथा लेखनों के लिए उत्तरदायी हैं, तथा स्वाभाविक रूप से ये उन्हीं के विचार हैं जिन्हें विभिन्न विद्वत पत्रिकाओं और मास मीडिया में सर्वाधिक मुखर रूप से प्रस्तुत किया जाता है। वे कुल मिलाकर अकादमिक पेशे की राय के नेतृत्वकर्ता भी हैं। वे वरिष्ठ शिक्षक हैं, उनकी प्रतिष्ठा सर्वोच्च है, और वे सर्वाधिक वेतन अर्जित करते हैं। विश्वविद्यालय के शिक्षक दृश्य, मुखर, तथा प्रभावशाली हैं। वे एक ऐसी अकादमिक प्रणाली में *ब्राह्मण* के समान हैं जिसमें कॉलेज शिक्षकों का स्थान *शूद्र* जैसा है।[4]

इस अध्याय में विश्वविद्यालय के परास्नातक शिक्षकों को शामिल नहीं किया गया है। यह भारत में अकादमिक पदानुक्रम के निम्नतम स्तर, अर्थात्, कॉलेज पर ध्यान केन्द्रित करता है। अकादमिक प्रणाली के इस प्रमुख तत्व के सम्बन्ध में जानकारियों का उल्लेखनीय अभाव है। कॉलेज भारत में 90 प्रतिशत से अधिक छात्रों की शिक्षा के लिए उत्तरदायी हैं, और अकादमिक शिक्षकों का लगभग 80 प्रतिशत भाग कॉलेजों के द्वारा नियुक्त किया जाता है,[5] तथापि, विश्वविद्यालय की संस्कृति, मूल्यों, और मानदंडों को ही समुचित अकादमिक शैली माना जाता है। जहाँ कॉलेज शिक्षक विश्वविद्यालय के परास्नातक शिक्षकों वाली परिस्थितियों के अंतर्गत कार्य नहीं करते, वहीं उनकी तुलना प्रायः विश्वविद्यालय के शिक्षकों के साथ ही की जाती है, और ये तुलनाएं प्रतिकूल ही होती हैं। यह अध्याय तथा विश्वविद्यालय के प्रोफेसरों की तथा कॉलेज शिक्षकों की कार्य–परिस्थितियों, शैलियों, तथा अनुकूलनों के बीच अंतर करेगा ताकि कॉलेजों की स्थितियों की वास्तविकताओं को समझा जा सके।

यह समझने योग्य है कि कॉलेज शिक्षकों के मानदंड और अपेक्षाएं विश्वविद्यालयीय शिक्षकों की तुलना में अलग होंगे। यह अध्याय इनमें से कुछ मानदंडों का चित्रण करेगा और, बल्कि एक अर्थ में, कॉलेज शिक्षक समुदाय का एक चित्र तैयार करेगा।[6] अतः, यदि हमें ऐसा लगता है कि शोधकार्य की तरफ विश्वविद्यालय के शिक्षकों की अपेक्षा कॉलेज शिक्षकों का रुझान कम है तो इसमें कोई आश्चर्य नहीं होना चाहिए। कॉलेजों में एक अतिव्यस्त शिक्षण समय–सारणी और एक ऐसी पारितोषिक प्रणाली लागू है जो

इस स्थिति में शोध पर जोर दिए जाने में योगदान नहीं करती। कॉलेज शिक्षक प्रायः शोध एवं लेखन पर जोर देने वाली शिक्षा की व्यापक विचारधारा तथा जोर न देने वाली अपनी स्वयं की वास्तविकता के बीच संघर्ष का अनुभव करते हैं। यह उभयभाविता का एक तत्व है जिसे भारत में कॉलेज शिक्षण की भूमिका में देखा जा सकता है।

इस अध्याय में बार–बार सामने आने वाला विषय उभयभाविता, अर्थात्, कुछ भूमिकाओं और दृष्टिकोणों की उपयुक्तता के सम्बन्ध में भ्रम, से है जो एक ऐसा अहसास होता है कि कुछ अपेक्षाएं पूरी नहीं हो रही हैं, और एक समझ कि कॉलेज शिक्षण की वास्तविकताएं महान अकादमिक परंपराओं के लिए उपयुक्त नहीं हैं। अपर्याप्त पारिश्रमिक, खराब कार्य–परिस्थितियाँ, लक्ष्य निर्धारण तथा कार्य–सम्बन्धी गतिविधियों में स्वायत्तता का अभाव, शिक्षण तथा मूल्यांकन में नवाचार में गंभीर बाधाएं, सब एकसाथ मिलकर उभयभाविता के अनुभव में योगदान करती हैं। जहाँ कॉलेज शिक्षक एक व्यापक अकादमिक पेशे (एक पेशा, जिसका नेतृत्व विश्वविद्यालय के शिक्षकों द्वारा किया जाता है तथा जिसका अन्य देशों के शिक्षा जगत के साथ संपर्क बना रहता है) के एक भाग का गठन करते हैं, वहीं कॉलेज के वातावरण एवं लोकाचार सम्बन्धी वास्तविकताएं शिक्षक के दृष्टिकोणों तथा मूल्यों की सर्वाधिक महत्वपूर्ण निर्धारक होती हैं। प्रस्तुत निबंध इन वास्तविकताओं पर एक चर्चा तथा विश्लेषण के प्रति समर्पित है। मुम्बई विश्वविद्यालय पर एक केस अध्ययन के तौर पर विचार किया जाएगा और जहाँ यह संस्थान कुछ तरीकों से अनूठा है, वहीं यहाँ उठाए गए सामान्य मुद्दों में से अधिकांश संपूर्ण भारत–तथा वास्तव में कुछ सीमा तक तीसरी दुनिया के अन्य देशों पर भी लागू किए जाने योग्य हैं।

संदर्भ एवं बाध्यताएं

गुरु की अधोगति

परंपरागत भारतीय समाज में मजबूत रह चुकी गुरु की स्थिति आधुनिक युग में अनेक प्रकार से अवनत हो चुकी है। स्थापित मूल्यों तथा हिन्दू परंपराओं के तत्वों पर प्रश्न करना, पेशों को आधुनिक अर्थव्यवस्था के साथ सम्बद्ध करना तथा प्रतिष्ठित स्थिति से पेशों को बाहर करना, और भारत में सभी स्तरों पर शिक्षण पेशे को अपेक्षाकृत कम वित्तीय पारितोषिक प्रदान करना, जैसी सभी बातों ने गुरु की अधोगति में योगदान दिया है। नया पदानुक्रम प्रतिष्ठित स्थिति पर आधारित नहीं है बल्कि 'मूल्य', जिसे सामान्यतः आधुनिक सामाजिक–आर्थिक व्यवस्था तथा आमदनी के द्वारा परिभाषित किया जाता है, पर आधारित है। इस नए पदानुक्रम में, शिक्षक किसी भी प्रकार से शीर्ष पर नहीं है। कॉलेज शिक्षण पेशे की उभयभाविता का एक विशिष्ट भारतीय पहलू वह संघर्ष है जो गुरु के परंपरागत आदर्श तथा शिक्षण पेशे की आधुनिक वास्तविकताओं के बीच जारी है। अतः, आधुनिक कॉलेज शिक्षकों की भूमिकाओं तथा अपेक्षाओं के बीच एक खाई मौजूद है जिसका निर्माण तुलनात्मक और ऐतिहासिक परंपराओं के द्वारा किया गया है।

औपनिवेशिक अतीत एवं महानगरीय खिंचाव

अकादमिक पेशे के अंतर्राष्ट्रीय संपर्क और ऐतिहासिक परंपराएं इस पेशे में मौजूद अनेक लोगों के द्वारा अनुभव की जाने वाली उभयभाविता में योगदान करती हैं। भारतीय उच्च शिक्षा एक ऐसे औपनिवेशिक अतीत से सम्बन्धित है जो अकादमिक प्रणाली के अनेक

पहलुओं को प्रभावित करना जारी रखे हुए है। इसके साथ–साथ, विश्वविद्यालय एक अंतर्राष्ट्रीय अकादमिक प्रणाली के भाग हैं, और शिक्षकगण उन देशों के अभ्यासों और मूल्यों से अवगत हैं जो इस अंतर्राष्ट्रीय प्रणाली के केन्द्र में हैं। औपनिवेशिक अतीत, जिसके सम्बन्ध में बहुत कुछ लिखा जा चुका है, भारत में अकादमिक पेशे को कई तरीकों से प्रभावित करता है। शिक्षा के माध्यम के रूप में अंग्रेजी का उपयोग संभवतः उपनिवेशवाद का सर्वाधिक महत्वपूर्ण अवशेष है, किन्तु उच्च शिक्षा के संगठनात्मक ढाँचे, प्रणाली के लोकाचार, तथा पाठ्यक्रम सम्बन्धी विचार सभी अंग्रेजों द्वारा लागू किए गए पैटर्नों से ही सम्बन्धित हैं।[7] निश्चित रूप से यह महत्वपूर्ण है कि अंग्रेजों ने ऑक्सब्रिज के बजाय लंदन संगठनात्मक मॉडल को लागू किया था, और यह कि ब्रिटिश शिक्षा नीति का उद्देश्य भारत में प्रथम श्रेणी के विश्वविद्यालयों की स्थापना करने का नहीं बल्कि अपने लिए आवश्यक मध्य–स्तरीय लोकसेवकों को प्रशिक्षित करने का था।[8] जैसा कि इरेन गिलबट ने स्पष्ट किया है, भारतीय अकादमिक पेशे को अपने ब्रिटिश समकक्षी के समान स्वायत्तता कभी भी प्राप्त नहीं हुई, तथा प्रारंभ से ही कठोर संगठनात्मक एवं पाठ्यक्रम सम्बन्धी नियंत्रणों को लागू कर दिया गया था।[9] लगभग प्रारंभ से ही पाठ्यक्रमों, परीक्षाओं तथा अकादमिक नीति के अन्य तत्वों पर शिक्षकों की स्वायत्तता को और कम करते हुए कॉलेजों को सम्बद्धता प्रणाली के साथ बाँध दिया गया था। बुनियादी नीतियों का निर्धारण विश्वविद्यालयों द्वारा किया गया, और कॉलेजों के शिक्षकों ने निर्णयन को अपनी पकड़ के बाहर ही पाया। इस प्रकार उच्च अधिकारियों के प्रति दासत्व का लोकाचार प्रारंभ में ही विकसित हो चुका था। उदारवादी कलाओं तथा कानून में पेशेवर प्रशिक्षण की दिशा में उच्च शिक्षा का प्रारंभिक उन्मुखीकरण व्यापक तौर पर ब्रिटिश उपनिवेशवाद की विरासत के तौर पर ही घटित हुआ था, हालांकि प्रारंभिक भारतीय पहल की दिशा भी यही थी। इस प्रकार, जहाँ भारतीय लोगों ने ब्रिटिशकाल के दौरान भी उच्च शिक्षा की प्रकृति और गुंजाइश को प्रभावित किया, वहीं ऐसा कोई प्रश्न मौजूद नहीं है कि इस प्रणाली का बुनियादी उन्मुखीकरण औपनिवेशिक ताकत के द्वारा लागू किया गया था। और कॉलेजों तथा विश्वविद्यालय दोनों में ही अकादमिक पेशे को बहुत बड़े स्तर तक औपनिवेशिककाल के दौरान विकसित उन्मुखीकरणों के द्वारा आकार प्रदान किया गया था।

महानगरों का खिंचाव तो औपनिवेशिकोत्तर काल में भी शक्तिशाली बना रहा था। विश्व की अकादमिक प्रणालियों पर कुछ गिने–चुने शक्तिशाली केन्द्रों का प्रभुत्व बना रहा है, जिनका अपने आसपास के क्षेत्रों पर भारी प्रभाव रहा है। उन्नत औद्योगिक देशों में अकादमिक प्रणालियों के प्रभाव अत्यन्त शक्तिशाली हैं, तथा इन प्रणालियों के मूल्य एवं उन्मुखीकरणों का अन्य स्थानों पर भी भारी प्रभाव रहा है। ब्रिटेन तथा और अधिक हाल में अमेरिका ने स्वतंत्रताप्राप्ति के बाद के भारतीय परिदृश्य पर प्रमुख केन्द्रीय प्रभाव डाला है।[10] निश्चित रूप से, विश्वविद्यालय ऐसे पश्चिमी संस्थान हैं जिनकी उत्पत्ति यूरोप के मध्यकालीन विश्वविद्यालयों से हुई थी। अतः, यह आश्चर्यजनक नहीं है कि आधुनिक युग में भी उच्च शिक्षा को पश्चिमोन्मुख बने रहना चाहिए। सर्वाधिक महत्वपूर्ण तथ्य यह है कि अधिकांश शक्तिशाली विश्वविद्यालय बड़े देशों में ही स्थित हैं। नोबल पुरस्कार–विजेता प्रोफेसर, प्रमुख विद्वत्तापूर्ण पत्रिकाएं एवं प्रकाशक, तथा बड़ी वैज्ञानिक प्रयोगशालाएं आदि सभी औद्योगीकृत देशों में ही स्थित हैं। इसके अलावा, अनेक भारतीय शिक्षाविद् पश्चिम में अध्ययन कर चुके हैं, और वे उन ब्रिटिश तथा अमेरिकी विश्वविद्यालयों के मूल्यों को ही प्रतिबिंबित करते हैं जिनसे उन्हें प्रशिक्षण प्राप्त हुआ है।

उपनिवेशवाद की ऐतिहासिक परंपराओं तथा केन्द्रीय, औद्योगीकृत देशों के द्वारा विश्व की अकादमिक संस्कृति का समकालीन प्रभुत्व का संयोजन भारतीय अकादमिक पेशे को एक कठिन स्थिति में डाल देता है। इसकी ऐतिहासिक जड़ें प्रकृति के मामले में पश्चिमी हैं, तथा कुछ ऐसी स्वदेशी अकादमिक परंपराए भी मौजूद हैं जो आधुनिक विश्व में प्रासंगिक प्रतीत होती हैं। इसके बावजूद, भारतीय संदर्भ में पश्चिमी मानदंड हमेशा ही उपयोगी नहीं रहे हैं। अंतर्राष्ट्रीयतौर पर ज्ञात पश्चिमी मानदंड प्रतिष्ठित शोधोन्मुख विश्वविद्यालयों के होने की प्रवृत्ति से युक्त होते हैं न कि स्नातक कॉलेजों की।

भारतीय उच्च शिक्षा का व्यापक संदर्भ औद्योगीकृत देशों, विशेषकर ब्रिटेन तथा अमेरिका की अधिक केन्द्रीय अकादमिक प्रणालियों के साथ परिधीय रूप से सम्बन्धित हैं। आगे, भारतीय कॉलेज अपने आप में ही भारतीय अकादमिक जीवन–परास्नातक विश्वविद्यालय, जो शोध तथा उन्नत विद्वत्ता पर बल देते हैं, के केन्द्रों के परिधीय हैं। अतः, भारतीय कॉलेज शिक्षक एक परिधीय अकादमिक प्रणाली की परिधि में रहता है। इन परिस्थितियों के अंतर्गत, यह आश्चर्यजनक नहीं है कि मानदंडों और मूल्यों के सम्बन्ध में किसी प्रकार का भ्रम रहना चाहिए।

प्रभाव के क्षेत्र

भारत जैसे देश में शिक्षण समुदाय की समाज में एक महत्वपूर्ण स्थिति होती है, यद्यपि यह एक ऐसी भूमिका है जिसे मुश्किल से ही समझा गया है अथवा उसका विश्लेषण किया गया है। संस्थानों के रूप में विश्वविद्यालय तथा कॉलेज तीसरी दुनिया के समाजों के प्रमुख संस्थान हैं। वे समाज के आधुनिक क्षेत्र में लाभदायक और प्रतिष्ठित रोजगारों तक पहुँच प्रदान करते हैं। तार्किक चिंतन तथा बुद्धिजीवियों एवं कार्यकर्ताओं के लिए आश्रय प्रदान किए जाने के द्वारा एक उष्मायक के रूप में सेवा प्रदान करते हुए उनके द्वारा राष्ट्रवादी आंदोलनों का उद्दीपन किया गया है। स्वतंत्रता प्राप्ति के बाद की अवधि में अकादमिक संस्थानों ने तीसरी दुनिया के अनेक देशों के साथ–साथ औद्योगीकृत देशों में भी राजनीतिक असहमति के केन्द्रों के रूप में कार्य किया है। भारत में, विश्वविद्यालयों में कट्टर राजनीतिक विचारधाराओं का अनुपालन किया जाता है, और अनेक बौद्धिक एवं राजनीतिक पत्रिकाएं, जिनका प्रसार बहुत कम है किन्तु जो राजनीतिक बहस में योगदान करती हैं, इन्हीं परिसरों से जन्म लेती हैं।

कॉलेजों और विश्वविद्यालयों के शिक्षक न केवल उन लोगों को, जिनके भाग्य में राजनीतिक नेतृत्व प्रदान करना लिखा है तथा जो भारत में एक प्रमुख राजनीतिक शक्ति का गठन करते हैं, बल्कि शहरी मध्यवर्ग को भी शिक्षा प्रदान करते हैं, किन्तु शिक्षक समुदाय प्रायः ही सामाजिक तथा राजनीतिक सक्रियता में प्रत्यक्ष अथवा परोक्ष रूप से भाग लेता रहता है। कॉलेज शिक्षक अपने समुदायों के सर्वश्रेष्ठ–शिक्षित सदस्य होते हैं, और हाल ही के वर्षों में इस पेशे की प्रतिष्ठा में आने वाली गिरावट के बावजूद शिक्षाविदों को अभी भी अपने समुदायों में भारी महत्व प्राप्त है। चूंकि वे सुशिक्षित होते हैं, अतः प्रायः उनके पड़ोसियों, पारिवारिक सदस्यों तथा अन्य लोगों के द्वारा विभिन्न मुद्दों पर उनसे परामर्श लिए जाते हैं। राजनीति, सामाजिक प्रश्नों, तथा ऐसे ही अन्य विषयों से सम्बन्धित उनके विचारों को गंभीरतापूर्वक ग्रहण किया जाता है। एक अर्थ में, कॉलेज शिक्षक एक ऐसे समाज में जनमत–निर्माता होते हैं जहाँ शिक्षा और जानकारियों तक पहुँच सीमित बनी हुई है।

राजनीतिक प्रभाव

कॉलेजों तथा विश्वविद्यालयों में राजनीतिक मतभेदों के बारे में बहुत कुछ लिखा जा चुका है।[11] परिसर की राजनीति कभी–कभी व्यापक सामाजिक राजनीतिक प्रश्नों से जुड़ी होती है, और कभी–कभार अकादमिक व्यवस्था के बाहर प्रतिबिंबित होती है। कॉलेज तथा विश्वविद्यालय शिक्षक राजनीतिक मामलों में प्रायः प्रत्यक्ष भागीदारी करते हैं; सार्वजनिक पद के लिए, राजनीतिक दलों के साथ कार्य करने के लिए, तथा कभी–कभार स्वयं को राजनीतिक सक्रियतावाद में संलिप्त करने के लिए। अधिकांश कॉलेज शिक्षक राजनीति में संलिप्त नहीं होते, किन्तु उनका जो हिस्सा संलिप्त होता भी है उसका प्रभाव उसकी संख्या से बड़ा होता है और वे परिसर तथा व्यापक समुदाय दोनों को ही प्रभावित करते हैं।

भारत में शिक्षकों के राजनीतिक दृष्टिकोणों की प्रकृति का सामान्यीकरण करना कठिन है, क्योंकि ऐसे कोई अध्ययन मौजूद नहीं है जो इस विषय पर सविस्तार चर्चा करते हों। मुम्बई, जिसके लिए कुछ आँकड़े उपलब्ध हैं, में यह स्पष्ट है कि जहाँ अधिकांश शिक्षक राजनीति में सीधे भाग नहीं लेते, वहीं इसमें संलिप्त उनकी एक छोटी सी संख्या संपूर्ण राजनीतिक वर्णक्रम के आरपार फैली हुई है। अमेरिका तथा अधिकांश औद्योगीकृत देशों में राजनीतिक रूप से शिक्षक सामान्यतः केन्द्र से बायीं ओर ही होते हैं।[12] ऐसी संभावना है कि भारतीय शिक्षक भी अपने राजनीतिक दृष्टिकोणों में औसतन केन्द्र से बायीं ओर हैं क्योंकि वे समाज के इस आधुनिक क्षेत्र में बहुत अधिक संलिप्त हैं, उन्मुखीकरण में शहरी हैं, तथा सुशिक्षित हैं–जो सभी राजनीतिक उदारवाद अथवा कट्टरवाद के संकेतक हैं। हालांकि, चूंकि विश्वसनीय आँकड़े उपलब्ध नहीं हैं, अतः मात्र अटकलबाजी ही संभव है। मुख्य बिन्दु यह है कि शिक्षकों के राजनीतिक दृष्टिकोणों के उन्मुखीकरण की बात छोड़ दी जाए तो भी वे प्रायः एक आधुनिक बन रहे समाज में एक प्रभावशाली समूह का गठन करते हैं।

भारत में, शिक्षकों की राजनीतिक परंपराओं में क्षेत्रवार आधार पर भारी अंतर हैं। महाराष्ट्र में, शिक्षक समुदाय राजनीति में नाटकीय रूप से संलिप्त नहीं रहा है, यद्यपि कुछ अवसरों पर इसके द्वारा राजनीतिक रुख अपनाया जा चुका है। उदाहरणार्थ, शिक्षक संयुक्त महाराष्ट्र समिति में संलिप्त रहे थे और उनकी एक छोटी सी संख्या स्वतंत्रता संग्राम में भी संलिप्त रही थी। ऐतिहासिक तौर पर, 19वीं शताब्दी के उत्तरार्द्ध में चले सामाजिक सुधार आंदोलनों में बुद्धिजीवियों तथा शिक्षकों ने एक प्रमुख भूमिका निभाई थी। पश्चिम बंगाल तथा उत्तर प्रदेश जैसे राज्यों में शिक्षक राजनीति में कहीं अधिक सक्रिय रूप से संलिप्त रहे हैं तथा शिक्षक उग्रवादिता प्रायः काफी उच्च स्तर वाली रही है। कभी–कभी बड़े संस्थागत व्यवधान उत्पन्न करते हुए कॉलेज शिक्षक राष्ट्रीय तथा क्षेत्रीय राजनीति के साथ–साथ विश्वविद्यालयों की आंतरिक राजनीति में भी संलिप्त रहे हैं। बिहार में शिक्षक अनेक वर्षों से राज्य की राजनीति में संलिप्त रहे हैं, तथा हाल ही के वर्षों में भारतीय राष्ट्रीय राजनीति को प्रभावित करने वाले आंदोलनों में वे एक प्रमुख शक्ति थे। उत्तर भारत में विश्वविद्यालय की आंतरिक राजनीति का स्तर छिटपुट रूप से भी काफी ऊँचा है। भारत के सर्वश्रेष्ठ विख्यात एवं प्राचीन संस्थानों में से एक, बनारस हिन्दू विश्वविद्यालय, प्रायः शिक्षण कर्मचारियों के नेतृत्व में बार–बार राजनीतिक असंतोष एवं हंगामों से कंपित होता रहा है।[13] इन अकादमिक राजनीतिक आंदोलनों की शुरुआत स्थानीय परिसर से सम्बन्धित मुद्दों तथा विभिन्न राजनीतिक दलों और समाज के आंदोलनों का परिसर में प्रतिनिधित्व करने वाले अधिकांश

शिक्षकों के बीच स्पष्ट विभाजन के संयोजन के कारण हुई थी। विश्वविद्यालयों तथा कॉलेजों के संचालन में बाहरी तथा स्थानीय राजनीति को घुसाए जाने तथा व्यापक गैर–विश्वविद्यालयीय राजनीतिक आंदोलनों में शिक्षकों की राजनीतिक संलिप्तता के बीच बड़े विश्लेषणात्मक मतभेद हैं। भारत में दोनों प्रकार की संलिप्तताएं मौजूद हैं, और हाल ही के वर्षों में, शायद विशेषतौर पर श्रीमती गाँधी के आपातकाल की समाप्ति के समय से, परिसर में सामाजिक राजनीति की क्रमिक प्रविष्टि की दिशा में एक प्रवृत्ति विद्यमान रही है। प्रस्तुत निबंध में ध्यान केन्द्रित करने हेतु, मुम्बई में कॉलेज तथा विश्वविद्यालय सामान्यतः गंभीर राजनीतिक व्यवधानों से मुक्त रहे हैं, यद्यपि शिक्षण कर्मचारियों की एक छोटी सी संख्या राजनीति में सक्रियतापूर्वक संलिप्त रही है।

कॉलेज शिक्षक की भूमिका

हिन्दू परिवार के समान ही अकादमिक प्रणाली भी पदानुक्रमिक है और यह पदानुक्रम गतिशीलता को बाधित करता है। एकबार अकादमिक जातीय व्यवस्था में स्थापित हो जाने के बाद गतिशील होना कठिन हो जाता है। 'शूद्र' कॉलेज शिक्षक, विशेषतौर पर किसी ग्रामीण अथवा उपशहरी कॉलेज में, के पास 'ब्राह्मण' विश्वविद्यालय प्रोफेसर के *निर्वाण* तक पहुँच पाने का अवसर मुश्किल से ही उपलब्ध होता है। जीवनशैली, पारिश्रमिक, तथा प्रणाली के निम्नस्तरीय लोकाचार शीर्ष वाली इन सभी विशेषताओं से महत्वपूर्ण रूप से भिन्न होते हैं। जातीय सादृश्यता को यह नोट करते हुए और आगे बढ़ाया जा सकता है कि अधिकांश कॉलेज शिक्षकों के पास इस प्रणाली के किसी अलग स्तर तक गतिशील हो पाने के लिए बहुत कम इच्छा अथवा आकांक्षा मौजूद होती है। किसी न किसी तरह उनकी भूमिका स्थापित की जाती है तथा गतिशीलता न केवल अनुपलब्ध प्रतीत होती है बल्कि अकल्पनीय भी होती है। अतः, इस प्रणाली में परंपरा की वैधता है जिसे संस्तरीकृत और विविधतापूर्ण अकादमिक पदानुक्रम के शीर्ष और तलहटी के बीच के अत्यन्त महत्वपूर्ण अंतरों के द्वारा सशक्त किया गया है। जाति व्यवस्था की ही तरह, अकादमिक प्रणाली की असमानताएं आंशिक तौर पर इसकी वैधता की व्यवस्था में संलिप्त लोगों की स्वीकार्यता पर निर्भर करती है।

अनेक देशों में स्नातक अथवा कॉलेज शिक्षकों की स्थिति कुछ–कुछ उभयभावितापूर्ण है, और भारत उनमें से एक है। छात्रों की एक बड़ी संख्या के लिए वे उच्च शिक्षा का एक अवतार हैं। एक अर्थ में, वे माध्यमिकोत्तर शिक्षा की दिशा निर्धारित करते हैं। परंतु वे बौद्धिक जीवन के अग्रणी मोर्चे पर मौजूद नहीं हैं। कॉलेज शिक्षक मुश्किल से ही 'सृजनात्मक व्यक्ति' होते हैं और वे कभी–कभार ही शोधकार्य अथवा सृजनात्मक लेखन कार्य संपन्न करते हैं। हालांकि, वे पूरी तरह से बौद्धिक प्रणाली के अंग होते हैं जिसमें वे बड़ी संख्या वाले छात्रों के बीच ज्ञान और संस्कृति का प्रसार करते हैं। कॉलेज शिक्षक इस मामले में प्रायः पूरी तरह से पेशेवर नहीं होते कि उनके पास अपनी कार्य–परिस्थितियों के मामले में वास्तविक स्वायत्तता उपलब्ध नहीं होती और प्रायः अपनी शिक्षण परिस्थितियों के प्रमुख तत्वों पर उनका कोई नियंत्रण भी नहीं होता। अधिकांश विश्वविद्यालयीय प्रणालियों में, शोधकार्य और विद्वत्ता का मुख्य बोझ उन विश्वविद्यालयीय व्यवस्थाओं के प्रोफेसरों द्वारा वहन किया जाता है जो स्नातक अध्ययनों की पूरी श्रृंखला प्रस्तुत करते हैं। इन संस्थानों के पास पर्याप्त शोध सुविधाएं और पुस्तकालय उपलब्ध होते हैं तथा, अनेक देशों में, शिक्षकों से आशा की जाती है कि वे शोध उपक्रमों में सक्रिय भागीदारी करें। कॉलेज शिक्षक कहीं बीच की स्थिति में

होते हैं, और उनकी स्थिति उभयभावितापूर्ण होती है। एक ओर, वे माध्यमिकोत्तर शिक्षा प्रणाली का एक अंग होते हैं और सामाजिक प्रतिष्ठा, भूमिकाओं तथा आमदनी के अर्थों में उनमें अपने विश्वविद्यालयीय सहयोगियों वाली तमाम अपेक्षाएं विद्यमान होती हैं। दूसरी ओर, वे प्रायः ही शोध और उन्नत शिक्षण के ऐसे 'प्रतिष्ठाजनक' कार्य संपन्न ही नहीं करते जो किसी विश्वविद्यालय शिक्षक की कसौटियाँ हुआ करते हैं।

यह मेरा तर्क है कि कॉलेज शिक्षक समुदाय स्वयं को एक विशिष्ट कठिन परिस्थिति में पाता है और यह कि, अनेक कारकों के परिणामस्वरूप, यह पूरी तरह से एक पेशे में विकसित नहीं हो सका है और इसने देश के व्यापक बौद्धिक जीवन के प्रति पर्याप्त योगदान नहीं किया है। संभवतः और अधिक गंभीरतापूर्वक कहा जाए तो शिक्षण के स्तर बहुत नीचे हैं और शिक्षण कर्मचारियों के पास न तो अधिकार उपलब्ध प्रतीत होते हैं और न ही स्तरों में सुधार लाए जाने हेतु आवश्यक परिवर्तन करने की इच्छा। कॉलेज शिक्षक महसूस करते हैं कि उन्हें पर्याप्त पारिश्रमिक नहीं मिलता, कार्य–परिस्थितियों पर उनका नियंत्रण बहुत कम है, स्वतंत्र विद्वत्तापूर्ण प्रयासों को पुरस्कृत नहीं किया जाता, और शिक्षा के स्तर अपर्याप्त हैं। जहाँ अनेक शिक्षक अपनी योग्यतानुसार सर्वश्रेष्ठ कार्य करते हैं और कुछ कॉलेज प्रतिबद्धता की एक भावना उत्पन्न करने में सफल हो जाते हैं, वहीं सामान्यतौर पर शिक्षक समुदाय के बीच स्वायत्तता की भावना बहुत कम मौजूद है। अधिकांश शिक्षकों के लिए कॉलेज शिक्षण एक 'आह्वान' नहीं बल्कि एक नौकरी है।

उच्च शिक्षा में कॉलेज

भारतीय उच्च शिक्षा प्रणाली के अंतर्गत कॉलेजों का स्थान महत्वपूर्ण किन्तु कुछ–कुछ पराधीनतापूर्ण है। कॉलेज वास्तव में लगभग सभी भारतीय छात्रों की स्नातक शिक्षा के लिए उत्तरदायी हैं, और भारत में माध्यमिकोत्तर शिक्षा का लगभग 90 प्रतिशत कार्य इन्हीं के द्वारा संपन्न किया जाता है। उस अर्थ में, वे इस प्रणाली के प्रमुख तत्व हैं। हालांकि, अधिकांश कॉलेज किसी न किसी मूल विश्वविद्यालय से 'सम्बद्ध' हैं। इसका अर्थ यह है कि विश्वविद्यालय, जो भौतिक रूप से कॉलेज से पृथक है और दोनों के बीच अपेक्षाकृत बहुत कम बौद्धिक संपर्क रहता है, के पास कॉलेज सुविधाओं के अर्थों में नए कॉलेजों की सम्बद्धता के लिए न्यूनतम मानक मौजूद हैं। सभी परीक्षाओं की व्यवस्था विश्वविद्यालय करता है और वही डिग्री प्रदान करता है–कॉलेजों के पास डिग्री प्रदान करने का कोई अधिकार नहीं है। विश्वविद्यालय ही पाठ्यक्रम स्वीकृत करता है जिसे परीक्षाओं के साथ सामंजस्य स्थापित करने हेतु डिजाइन किया गया होता है तथा कॉलेजों के पास मात्र विश्वविद्यालयीय समितियों में भागीदारी के अलावा अपने पाठ्यक्रमों पर बहुत ही कम नियंत्रण उपलब्ध होता है। अंततः, विश्वविद्यालय ही कॉलेज शिक्षकों के वेतनों का निर्धारण करता है और प्रायः शिक्षकों की नियुक्तियों तथा निष्कासन सम्बन्धी कानून बनाता है। वास्तव में, इस तथ्य के बावजूद कि इसके पास कॉलेजों के दिन–प्रतिदिन संचालन में निभाने हेतु बहुत मामूली भूमिका ही उपलब्ध होती है, विश्वविद्यालय प्रशासन की कॉलेज जीवन के समस्त तत्वों में भागीदारी होती है। हालांकि, कॉलेज अनेक ऐसी समितियों में भागीदारी करते हैं, वह भी कभी–कभी बहुमत के साथ, जो पाठ्यक्रमों तथा अन्य मामलों को सीधे प्रभावित करती हैं। उदारहणार्थ, विभिन्न विषयों की अध्ययन समिति के सदस्यों का बहुमत कॉलेजों से ही सम्बन्धित होता है। किन्तु कुछ मुट्ठीभर कॉलेज शिक्षक ही विश्वविद्यालय स्तर पर प्रशासन की प्रक्रिया में संलिप्त होते हैं, और यहाँ तक कि उनका भी चयन किसी लोकतांत्रिक तरीके से

नहीं किया गया होता। समग्र स्थिति स्नातक कॉलेजों में शिक्षकों तथा स्वयं कॉलेजों के बीच एक सीमित अधिकारों की भावना को जन्म देती है। एक अर्थ में, सबकुछ कॉलेज के विरुद्ध होता है। मुम्बई में, वे एक बड़े विश्वविद्यालय का अंग हैं जो 114 सम्बद्ध कॉलेजों में तथा 23 परास्नातक विभागों में 1.56 लाख छात्रों को प्रवेश प्रदान करता है। ये कॉलेज और उनके शिक्षक भी इस प्रणाली का ही भाग हैं जिसने कभी भी उनकी स्वायत्तता अथवा स्वतंत्रता को मान्यता नहीं प्रदान की है। द्विज होने के बजाय कॉलेज शिक्षक दोहरे विकलांग हैं; एक बार एक बड़ी और प्रायः जटिल नौकरशाही प्रणाली के द्वारा तथा दोबारा उपनिवेशवाद के अधीन निर्मित ऐतिहासिक परंपराओं के द्वारा जिसने अपने अधिकांश औपनिवेशिक लोकाचारों को कायम रखा हुआ है।

शिक्षकों की निम्न स्थिति

उच्च शिक्षा का स्नातक तथा परास्नातक स्तरों में विभाजन कॉलेज शिक्षकों की निम्न स्थिति में उसी प्रकार योगदान करता है जैसे कि 'सम्बद्ध' कॉलेजों की व्यवस्था। जहाँ परास्नातक स्तर पर कुछ कार्य कुछ बेहतर कॉलेजों में जारी रहते हैं, और कोई विरला कॉलेज शिक्षक, जो डॉक्टरेट हासिल कर लेता है, विश्वविद्यालय के किसी विभाग तक पहुँचने मे सफल रहता है, वहाँ विश्वविद्यालय के विभागों–तथा इसी कारणवश, शोधकार्य, उच्च–स्तरीय शिक्षण एवं प्रतिष्ठा–तथा कॉलेजों के बीच की खाईं अत्यन्त व्यापक ही बनी रहती है। विश्वविद्यालयीय शिक्षकों के पास शिक्षण का बोझ मामूली (प्रति सप्ताह 4 से 9 कक्षा घंटे तथा शोधकार्य का पर्यवेक्षण) होता है, वेतनमान अधिक होता है, कार्यालय सुविधाएं तथा अधिकांश मामलों में सचिवीय सहायता उपलब्ध होती है, तथा प्रायः आवास तथा अन्य अतिरिक्त सुविधाएं भी प्राप्त होती हैं। विश्वविद्यालयों के अधिकांश शिक्षकों के पास डॉक्टरेट की उपाधि उपलब्ध होती है और अनेक ने विदेशों मे प्रशिक्षण प्राप्त किया होता है। कॉलेज शिक्षकों के लिए मानक डिग्री परास्नातक की होती है, और वह भी प्रायः द्वितीय श्रेणी परास्नातक की।

कॉलेज शिक्षक की पृष्ठभूमि, अनुकूलन एवं प्रशिक्षण पेशेवर भूमिकाओं का निर्धारण करने में सहायक होते हैं। कॉलेज शिक्षण स्पष्ट रूप से एक ऐसा पेशा है जो स्वतंत्राप्राप्ति के बाद की अवधि में अपनी सामाजिक प्रतिष्ठा और आर्थिक पारितोषिकों का एक बड़ा भाग गवाँ चुका है। उच्च शिक्षा का विस्तार होने के साथ–साथ वेतन स्थिर बने रहे हैं, तथा शिक्षण की अभिजात्य भूमिका में गिरावट आ चुकी है। अनेकों अध्ययनों में साक्षात्कार किए गए कुछ ही शिक्षकों ने सापेक्षिकतौर पर इंगित किया कि उन्होंने कॉलेज शिक्षण को अपनी पहली पेशेवर पसंद के रूप में चुना है।[14] यह भी प्रतीत होता है कि हाल ही के वर्षों में शिक्षण समुदाय के सामाजिक वर्ग की उत्पत्ति में कमी आ चुकी है, यद्यपि मुम्बई में धनाढ्य परिवारों के कुछ व्यक्ति किसी पेशे के बजाय एक शगल के तौर पर कॉलेज शिक्षण में प्रवेश कर रहे हैं। शिक्षकों की एक बढ़ती हुई संख्या, विशेषतौर पर अपेक्षाकृत नए और कम प्रतिष्ठित कॉलेजों में, ऐसे परिवारों से आती है जो पारंपरिक रूप से शिक्षित नहीं रहे हैं, और जिनके लिए कॉलेज शिक्षण बहुत महत्वपूर्ण मामला है और उन्हें समाज में ऊपर उठाने वाला है। शिक्षण समुदाय का ऐसा वर्ग स्वयं को अत्यधिक सफल मानता है और सामान्यतः वर्तमान वेतन स्तरों के साथ संतुष्टि का अनुभव करता है। ऐसे व्यक्ति प्रायः शोधोन्मुख नहीं होते और अपने कॉलेजों से बँधे रहते हैं। यह उल्लेख किया जा चुका है कि शिक्षक समुदाय, विशेषतौर पर कला विषयों, में महिलाओं के अनुपात में वृद्धि हो चुकी है। शिक्षणकार्य में प्रवेश करने वाली अधिकांश

महिलाएं विवाहित होती हैं और उनके पारिवारिक दायित्व भी होते हैं। समयाभाव के कारण वे एक पूर्णकालिक पेशागत भूमिका अपना पाने में असमर्थ होती हैं।

हाल ही के वर्षों में अनेक कॉलेज शिक्षकों की शैक्षिक योग्यता उत्कृष्ट नहीं रही है। अनेक कॉलेज शिक्षकों के पास द्वितीय श्रेणी की परास्नातक डिग्री उपलब्ध है जो अधिकांशतः मुम्बई विश्वविद्यालय द्वारा प्रदान की गई होती है। हाल ही के समय तक, उन्नत शैक्षणिक कार्य संपन्न करने हेतु बहुत कम प्रोत्साहन दिए जाते रहे हैं, इसीलिए डिग्रियों को कॉलेजों के द्वारा मान्यताएं नहीं प्रदान की गई थीं और उनके परिणामस्वरूप वेतनों तथा अन्य लाभों में वृद्धि भी नहीं की जा रही थी। प्रोत्साहनों के इस अभाव के बावजूद शिक्षक समुदाय के एक छोटे से भाग ने विश्वविद्यालय के परास्नातक विभागों में से किसी में एक पद, विशेषतौर पर डॉक्टोरल स्तर पर, को हासिल करने की आशा के साथ अपने उन्नत अकादमिक कार्य को जारी रखा। हाल ही में नए वेतनमानों के लागू किए जाने ने इस स्थिति को परिवर्तित कर दिया है, और यह प्रोत्साहित करता है, तथा कई मामलों में माँग करता है, कि नई वेतनमान हासिल करने वाले शिक्षकों को उन्नत डिग्रियाँ हासिल ही करनी होंगी—चाहे एम. फिल. की अथवा डॉक्टरेट की। ऐसा लगभग सुनिश्चित है कि अनेक शिक्षक नए वेतनमानों को हासिल करने के लिए परास्नातक डिग्री कार्यक्रमों में प्रवेश ले लेंगे, और परिणामस्वरूप यह नीतिगत परिवर्तन अपरिहार्य रूप से शिक्षण समुदाय के लिए कुछ व्यवधान उत्पन्न करेगा। जहाँ ये नए नियम शिक्षण पेशे की विशेषज्ञता का उन्नयन कर सकते हैं, वहीं यह कहना उचित है कि वर्तमान समय में अकादमिक पेशे की विशेषज्ञता की सार्वजनिक छवि के साथ—साथ आंतरिक धारणा बहुत ऊँची नहीं है, और हाल ही के वर्षों में इसमें गिरावट आ चुकी है।

शिक्षण पेशा मुख्य रूप से आर्थिक कारणोंवश अनाकर्षक हो चुका है। 1954 के शुरुआती समय में ही संकाय सदस्यों की स्थिति के अध्ययन के सम्बन्ध में मुम्बई विश्वविद्यालय के आधे से अधिक शिक्षकों ने साक्षात्कार में अपनी आमदनी की अपर्याप्तता की शिकायत की थी यद्यपि, जैसा कि पहले इंगित किया जा चुका है, हाल ही के समय में वेतनमानों में की गई वृद्धि ने इसे पेशे को आर्थिक रूप से अधिक आकर्षक बना दिया है।[15] इस सुधार के बावजूद, मुद्रास्फीति तथा इस तथ्य को ध्यान में रखते हुए कि अकादमिक वेतन जीवनयापन लागतों के अनुरूप नहीं रहे हैं, कॉलेज शिक्षकों का एक बड़ा भाग एक अकादमिक आमदनी पर पर्याप्त तरीके से जीवनयापन करने में कठिनाई अनुभव करने का दावा करता है। ऐसा आमतौर पर अनुभव किया जाता है कि अन्य क्षेत्रों में पारिश्रमिक बेहतर हैं और, इसीलिए, शिक्षण पेशा सर्वश्रेष्ठ योग्य आवेदकों को आकर्षित नहीं कर सकता। अनेक शिक्षक सूचित करते हैं कि वे अपने सर्वश्रेष्ठ छात्रों को अकादमिक जीवन में प्रवेश करने का परामर्श नहीं देते। स्पष्टतः, आर्थिक बोझ शिक्षण पेशे पर भारी पड़ रहा है। वेतन में हाल में होने वाली वृद्धियों से व्यापक सुधार हुए हैं, किन्तु मूल रूप से वे आर्थिक *यथास्थिति* को परवर्तित नहीं कर सकी हैं।

मुम्बई में स्थिति

एक प्राचीन विश्वविद्यालय

मुम्बई विश्वविद्यालय भारत के सर्वाधिक प्राचीन (1857) संस्थानों में से एक है तथा इसे देश के सर्वाधिक प्रतिष्ठित विश्वविद्यालयों में से एक बना हुआ है। यह अधिकांश भारतीय विश्वविद्यालयों के संगठनात्मक ढाँचे में अनूठा है और अपने विभिन्न विभागों

तथा सम्बद्ध कॉलेजों में 1.56 लाख छात्रों के नामांकनों तथा 4,800 संकाय सदस्यों, जिनमें से अधिकांश कॉलेजों में हैं, के साथ देश के सर्वाधिक बड़े संस्थानों में स्थान रखता है। इस विश्वविद्यालय में परास्नातक विभागों की एक पूरी श्रृंखला मौजूद है, जिनमें से कुछ, जैसे अर्थशास्त्र तथा रसायनशास्त्र को राष्ट्रीय ख्याति हासिल है। प्रस्तुत विश्लेषण व्यापक तौर पर सम्बद्ध कॉलेजों से सम्बन्धित है, जिनमें मेडिकल तथा इंजीनियरिंग संस्थान सहित कुल 75 कॉलेज मुम्बई में स्थित हैं। विश्वविद्यालय के सम्बद्ध कॉलेज 70 लाख की आबादी वाले संपूर्ण महानगरीय क्षेत्र में स्थित हैं तथा इनमें से अधिकांश मुख्य विश्वविद्यालय से काफी दूरियों पर स्थित हैं। स्वतंत्रताप्राप्ति के पश्चात् विश्वविद्यालय वृहत्तर मुम्बई तक ही सीमित था, किन्तु हाल ही के वर्षों में महाराष्ट्र के व्यापक क्षेत्रों को शामिल करने के लिए इसके कार्यक्षेत्र का विस्तार कर दिया गया जिससे इसकी भौगोलिक सम्बद्धता में और अधिक कमी आ चुकी है।

विश्वविद्यालय के अनेक अधिकारी तथा संकाय सदस्यों ने इस विस्तार का विरोध किया था, किन्तु राज्य के अधिकारियों ने इसका आदेश पारित कर दिया। अतः, मुम्बई विश्वविद्यालय की पहले वाली सर्वदेशीय स्थिति कमजोर हो चुकी है। यहाँ तक कि वृहत्तर मुम्बई में भी अधिकांश कॉलेज शिक्षक मुश्किल से ही विश्वविद्यालय परिसर अथवा पुस्तकालयों में जाते हैं और उनका अधिकांश पेशेवर जीवन कॉलेजों तक ही सीमित है। जहाँ मुम्बई विश्वविद्यालय अपनी अकादमिक स्थिति पर भारी प्रभाव रखता है, वहीं वे अनुभव करते हैं कि भौगोलिक के साथ–साथ बौद्धिक रूप से भी विश्वविद्यालय उनसे बहुत दूरी पर स्थित है। उनकी आशाएं–और कुंठाएं–कॉलेजों पर ही केन्द्रित हैं। विश्वविद्यालय के पास पाठ्यक्रम निर्धारित करने, परीक्षाओं की रूपरेखा तैयार करने तथा उन्हें प्रशासित करने, डिग्रियाँ प्रदान करने, कॉलेजों में शिक्षकों के लिए कार्य–परिस्थितियों का निर्णय करने तथा वेतनमानों का निर्धारण करने जैसे उत्तरदायित्व हैं। इस प्रकार, यह कॉलेज शिक्षकों के लिए प्रत्यक्ष रूप से प्रासंगिक है किन्तु अधिकांश का अनुभव है कि विश्वविद्यालयीय अधिकारों का उत्तोलक उनके नियंत्रण से बहुत दूर है। वास्तव में, अनेक कॉलेज शिक्षक विश्वविद्यालय की नीतियों को प्रभावित कर पाने में अपनी असमर्थता सम्बन्धी भारी कुंठा को व्यक्त करते हैं। कुछ स्वयं को एक ऐसे पाठ्यक्रम के द्वारा अपाहिज महसूस करते हैं जो कठोर है और जिसमें परिवर्तन करना कठिन है। किन्तु अधिकांश विश्वविद्यालय तथा इसके व्यापक नियमों को स्वीकार करते प्रतीत होते हैं और इन मानदंडों के अंदर रहते हुए प्रभावी रूप से कार्य करने का प्रयास करते हैं।

मुम्बई में कार्य और जीवनयापन सम्बन्धी परिस्थितियाँ

कॉलेज, शिक्षक की कार्य–परिस्थितियाँ निर्धारित करते हैं और, इसीलिए पेशेवर जीवन पर उनका प्राथमिक प्रभाव होता है। जहाँ सभी कॉलेजों को विश्वविद्यालयीय नियमों की परिधि के अधीन कार्य करना आवश्यक है, वहीं उनके बीच भारी अंतर विद्यमान हैं, और कुछ कॉलेज अपने विशिष्ट वातावरण का निर्माण करने में सफल हो जाते हैं। कॉलेज के समीकरण में एक प्रमुख तत्व है 'प्रबंधन' की प्रकृति, अथवा उन व्यक्तियों का समूह जो कारपोरेट अर्थों में कॉलेज के लिए उत्तरदायी हों तथा जो कर्मचारियों तथा प्रशासकों की नियुक्ति और निष्कासन, सुविधाओं की प्रकृति तथा अन्य मामलों सहित संस्थान के आंतरिक कामकाज से सम्बन्धित बुनियादी निर्णय लेते हों। इन प्रश्नों पर निर्णय विश्वविद्यालयीय नियमों के संदर्भ में लिए जाते हैं, किन्तु कॉलेजों के प्रबंधन

को पर्याप्त अधिकार दिए गए हैं। अधिकांश भाग के लिए, प्रबंधन समितियाँ कॉलेज के संस्थापकों के हितों को प्रतिबिंबित करने वाले सामान्य व्यक्तियों के स्व–स्थाई निकाय होते हैं। सदस्य प्रायः व्यावसायिक पृष्ठभूमियों से आते हैं और उनके पास मुश्किल से ही किसी भी प्रकार की शिक्षा अथवा प्रबंधन सम्बन्धी विशेषज्ञता उपलब्ध होती है। यदि इच्छुक हो तो प्रबंधन एक ऐसा वातावरण, एक शिष्टाचार निर्मित करने में समर्थ होता है जिसके कर्मचारियों पर गहरे नकारात्मक अथवा सकारात्मक प्रभाव हो सकते हैं। अधिकांश कॉलेजों का प्रबंधन 'निजी' समूहों के द्वारा किया जाता है, जो सामान्यतः जाति, क्षेत्र, अथवा भाषा सम्बन्धी ऐसे हितों को प्रतिबिंबित करते हैं जो कॉलेज शिक्षण प्रदान किए जाने के द्वारा उनके अपने समुदाय की सेवा करने का प्रयास करने वाले होते हैं। कॉलेजों की स्थापना राजनीतिक हितों तथा कभी–कभी लाभार्जक समूहों के द्वारा भी की जाती रही है। मुम्बई के अधिकांश कॉलेज निजी समूहों द्वारा संचालित किए जाते हैं। शहर के सर्वश्रेष्ठ कॉलेजों में से कुछ का प्रशासन रोमन कैथोलिक तथा प्रोटेस्टेंट दोनों ही प्रकार की ईसाई मिशनरी समितियों के हाथों में है। जहाँ मिशनरी कॉलेज भारत में सर्वाधिक प्रतिष्ठित कॉलेजों में बने हुए हैं, वहीं कुल संख्या में उनके अनुपात में कमी आ चुकी है। मात्र कुछ, जैसे मुम्बई में सेंट जेवियर्स, ही उच्च स्तरों को कायम रखने तथा नवाचारी कार्यक्रमों को प्रारंभ करने के मामले में एक राष्ट्रीय प्रभाव का प्रयोग करते हैं। कुछ ही कॉलेजों का प्रबंधन सीधे राज्य सरकार के द्वारा किया जाता है, और इनकी एक विशिष्ट ख्याति भी है। किसी कॉलेज विशेष में कुछ शिक्षकों का सम्बन्ध प्रायोजक एजेन्सियों के साथ जुड़ा होता है–उदाहरणार्थ, सिन्धियों द्वारा संचालित एक कॉलेज में कुछ शिक्षक सिन्धी ही होंगे इत्यादि; और यह कारक शिक्षण समुदाय की उभयभाविता तथा विरक्ति में वृद्धि करता है। शिक्षण कर्मचारियों के द्वारा प्रबंधन को प्रायः संकुचित दृष्टिकोण वाला अथवा पक्षपातपूर्ण माना जाता है। इस विरक्ति में इस तथ्य से और वृद्धि हो जाती है कि शिक्षक मुश्किल से ही प्रबंधन समितियों में शामिल किए जाते हैं अथवा प्रबंधन के निर्णयों में उनका कोई प्रत्यक्ष योगदान नहीं होता। अलग–अलग कॉलेजों की प्रबंधन समितियाँ शिक्षकों के जीवनों के विभिन्न पहलुओं को नियंत्रित करती हैं, जैसे अधिकतम शिक्षण प्रभार निर्धारित करना (विश्वविद्यालय के दिशानिर्देशों के अधीन), तथा कॉलेज जीवन के अन्य पहलुओं से सम्बन्धित विभिन्न नीतियाँ बनाना। हिन्दू धर्म के रूढ़िवादी संस्करण का पालन करने वाला मुम्बई का एक कॉलेज अपने शिक्षकों पर धूमपान करने पर प्रतिबंध लगाता है और कर्मचारियों तथा छात्रों के परिधानों के सम्बन्ध में नियम बनाता है।

प्रबंधन कर्मचारियों को नियुक्त भी करता है–और उन्हें पदच्युत भी करता है। अधिकांश कर्मचारियों की गपशप का सम्बन्ध प्रबंधन की नीतियों से होता है। कॉलेज का मुख्य प्रशासनिक अधिकारी प्रधानाचार्य होता है, जिसके पास कॉलेज के दिन–प्रतिदिन के कार्यसंचालन पर पर्याप्त नियंत्रण उपलब्ध होता है।[16] प्रधानाचार्य प्रबंधन का प्रत्यक्ष प्रतिनिधि होता है, और उसे प्रबंधन के द्वारा नियुक्त किया जाता है तथा किसी भी समय पदच्युत किया जा सकता है। अधिकांश प्रधानाचार्य प्रबंधन के प्रति अपने उत्तरदायित्व से भली–भांति परिचित होते हैं, और उनके लिए कभी–कभी विश्वविद्यालयीय नीतियों के भिन्नतापूर्ण दबावों, कर्मचारियों की इच्छाओं, तथा छात्रों की माँगों तथा प्रबंधन के हितों के बीच सावधानीपूर्वक संतुलन स्थापित कर लेते हैं।

कॉलेजों का बुनियादी ढाँचा तानाशाहीपूर्ण है। कॉलेज सम्बन्धी निर्णय लेने अथवा अनेक कॉलेजों में नीति–निर्धारण में शिक्षकों (छात्रों का उल्लेख करने की आवश्यकता ही नहीं है) की भागीदारी का थोड़ा बहुत ढोंग किया जाता है। वास्तव में, विश्वविद्यालय

का ढाँचा अपनी पाठ्यक्रम समिति, शासी सभा तथा सिंडिकेट, जिन सभी में शिक्षकों का न्यूनतम प्रतिनिधित्व अवश्य होता है, के माध्यम से शिक्षण समुदाय द्वारा अधिक भागीदारी करने की अनुमति प्रदान करता है। कुछ कॉलेजों ने निर्णयन में कर्मचारियों को किसी भूमिका की अनुमति प्रदान करने के साधन तो स्थापित कर दिए हैं, किन्तु यह कोई मानदंड नहीं है। सामान्यतौर पर, कॉलेजों के अंदर की नीति प्रबंधन द्वारा निर्धारित की जाती है, जिसमें सामान्यतः प्रधानाचार्य से परामर्श करना शामिल होता है। इस निरंकुश मानदंड के अपवाद उल्लेखनीय हैं क्योंकि सामान्यतः इन कॉलेजों में उच्च मनोबल तथा व्यावसायिकता की अपेक्षाकृत अधिक शक्तिशाली भावना मौजूद होती है। ईसाई–प्रबंधन वाले अनेक कॉलेजों, जैसे सेंट जेवियर्स एवं विल्सन, में कॉलेज के शासी निकायों में शिक्षकों के प्रतिनिधि मौजूद हैं। सर्वाधिक लोकतांत्रिक संस्थान हैं रुइया, पोद्दार, एवं कीर्ति कॉलेज, जिनका प्रबंधन मराठी समूहों के द्वारा किया जाता है तथा जिनमें संस्थान की आंतरिक व्यवस्थाओं का संपूर्ण नियंत्रण वास्तव में शिक्षकों के पास उपलब्ध है।

कॉलेज प्रबंधन तथा इसके प्रशासनिक अवतार, प्रधानाचार्य, का कॉलेज शिक्षकों पर भारी प्रभाव होता है। दिन–प्रतिदिन की कार्य–परिस्थितियाँ एक बड़ी सीमा तक प्रबंधन द्वारा उत्पन्न किए गए वातावरण से निर्धारित होती हैं। भौतिक एवं अन्य सुख–सुविधाओं का निर्धारण प्रबंधन द्वारा किया जाता है। निर्णयन में सामान्यतः शिक्षकों की कोई भूमिका नहीं होती और उनकी स्वयं की शिक्षण समय–सारणियों के निर्धारण में उनका हस्तक्षेप सीमित ही होता है। कुछ कॉलेजों में, विभागाध्यक्ष को संस्थान के अकादमिक मामलों से सम्बन्धित अधिकांश प्रमुख विषयों पर प्रधानाचार्य के साथ परामर्श करना होता है। किन्तु अधिकांश कॉलेजों में शिक्षकों की कार्य–परिस्थितियों को प्रभावित करने वाले प्रमुख निर्णयों में से किसी में भी शिक्षण समुदाय के ऊपर से नीचे तक के किसी सदस्य की कोई संलिप्तता नहीं होती।

कॉलेज का वातावरण शिक्षण की प्रकृति तथा कुछ सीमा तक शिक्षकों के अनुकूलनों तथा दृष्टिकोणों को निर्धारित किए जाने में सहायता प्रदान करता है। सामान्यतः, मुम्बई के कॉलेज उस प्रकार का भौतिक वातावरण नहीं उपलब्ध कराते जो पेशेवर विकास तथा गुणवत्तायुक्त अकादमिक कार्य को प्रोत्साहित करता हो। कॉलेज के कुछ ही शिक्षकों के पास अपने स्वयं के कार्यालय अथवा डेस्क उपलब्ध हैं। अनेकों कॉलेजों में, विभागाध्यक्ष कार्य हेतु अपने निजी स्थान होने का दावा नहीं कर सकते। विशिष्टतौर पर, शिक्षक के पास कर्मचारियों के सामान्यकक्ष में मात्र एक सीट उपलब्ध होती है जहाँ थोड़ा विश्राम करना, सहयोगियों के साथ चर्चा करना, अथवा कक्षा के लिए तैयारी, पत्रों का श्रेणीकरण आदि जैसे अकादमिक कार्य किए जा सकते हैं। और ये सामान्यकक्ष प्रायः शोरगुल से भरे हुए, कम–प्रकाशयुक्त होते हैं और सामान्यतः गंभीर कार्य के अनुकूल नहीं होते। शिक्षकों को मुश्किल से ही ऐसा स्थान उपलब्ध होता है जहाँ वे छात्रों के साथ अनौपचारिक मुलाकात कर सकते हों, और यह दुर्लभ ही है कि कोई शिक्षक छात्रों के साथ छात्रों के जलपानगृह में उनसे घुलता–मिलता हुआ पाया गया हो। छात्रों को शिक्षकों के सामान्यकक्ष में प्रवेश की अनुमति नहीं होती।

मुम्बई के अधिकांश कॉलेजों की सामान्य सुविधाएं स्नातक छात्रों को न्यूनतम स्तर की गुणवत्ता ही प्रदान करती हैं। कुछ अपवादों को छोड़कर, कॉलेज के पुस्तकालय छोटे हैं, अव्यवस्थित हैं और शिक्षकों के शोधकार्य के लिए अपर्याप्त हैं। अध्ययनकक्ष बहुत पुराने हैं और शिक्षक–छात्र बातचीत के अवसर बहुत ही सीमित हैं। पुनः कुछ अपवादों को छोड़कर, प्रयोगशाला की सुविधाएं स्नातक विज्ञान शिक्षण के लिए न्यूनतम

स्वीकार्य स्तरों वाली हैं। मुम्बई के अधिकांश कॉलेज पुरानी इमारतों में स्थित हैं जिन्हें नवीनीकरण की आवश्यकता है। अपेक्षाकृत कुछ नए कॉलेज, जो प्रायः शहर के बाहर स्थित हैं, नई इमारतों से युक्त हैं, किन्तु इन सुविधाओं का निर्माण सीमित धनराशियों के साथ करवाया गया था और ये भी बस विश्वविद्यालय अधिकारियों द्वारा सम्बद्धता के लिए निर्धारित किए गए न्यूनतम मानकों को ही पूरा करते हैं।

कॉलेजों की कार्य परिस्थितियाँ भी शिक्षक समुदाय के मनोबल, अनुकूलन, और पेशागत स्तरों को सीधे प्रभावित करती हैं। मुम्बई विश्वविद्यालय के द्वारा किसी भी शिक्षक के लिए प्रतिसप्ताह 45 मिनटों वाले अधिकतम 19 व्याख्यानों का नियम बनाया गया है। अधिकांश शिक्षक इस अधिकतम सीमा के निकट अथवा इतने की पूर्ति करते हैं और इस प्रकार उनकी शिक्षण समय–सारणी बहुत व्यस्ततापूर्ण होती है। कुछ विषयों में "अनुशिक्षण" शिक्षण उत्तरदायित्व का एक भाग हैं, हालांकि अधिकांश मामलों में अनुशिक्षण आम कक्षाओं की भांति ही होते हैं क्योंकि उनमें भी एक सत्र में 15 छात्र तक शामिल रहते हैं। इसी प्रकार, विज्ञान के कुछ शिक्षक प्रयोगशाला सत्रों को भी अपने शिक्षण उत्तरदायित्व में शामिल किए रहते हैं। कॉलेज शिक्षक, जो पेशेवरतौर पर महत्वाकांक्षी हैं, प्रायः अपने विषयों में परास्नातक छात्रों को शिक्षा प्रदान करने के लिए प्रयासरत् रहते हैं। जहाँ ऐसे शिक्षण के साथ कुछ मामूली वित्तीय पारिश्रमिक जुड़ा रहता है, वहीं मुख्य उद्देश्य परास्नातक शिक्षण की योग्यता रखने के परिणामस्वरूप एक उच्च वेतनमान की पात्रता हासिल करने का होता है। इस प्रकार, इसमें अतिरिक्त कार्यभार संलिप्त होने के बावजूद इन कक्षाओं में शिक्षण के अवसरों के लिए भारी प्रतिस्पर्धा विद्यमान है। यदि परास्नातक पाठ्यक्रमों के लिए प्रस्ताव प्राप्त होते हैं तो स्नातक व्याख्यानों की संख्याओं में सामान्यतः थोड़ी–बहुत कमी आ जाती है। परास्नातक शिक्षण के लिए अवसरों की एक अत्यन्त सीमित संख्या शिक्षण समुदाय की गतिशीलता की एक अन्य सीमा है।

शिक्षण समय–सारणियों में प्रायः समुचित समन्वय नहीं होता, क्योंकि कई शिक्षक "प्रातःकालीन कॉलेजों" (जहाँ कक्षाएं प्रातः 6:40 से ही प्रारंभ हो जाती हैं और उन छात्रों के लिए होती हैं जो पूर्णकालिक रोजगार में संलिप्त हों) के साथ–साथ नियमित कॉलेज कार्यक्रम में शिक्षण प्रदान करते हैं। कई शिक्षक शिकायत करते हैं कि भारी शिक्षणकार्य के कारण नए व्याख्यान तैयार करने के लिए उनके पास बहुत कम समय उपलब्ध होता है। अधिकांश विषयों की कक्षाएं बहुत बड़ी होती हैं–प्रायः एक ही व्याख्यान में 150 छात्रों वाली, और इससे शिक्षकों तथा छात्रों के बीच की सीधी सहक्रिया बाधित होती है। शिक्षण विधियों में कुछ नवाचार किए गए हैं। आंशिकतौर पर ऐसा लॉकस्टेप पाठ्यक्रम के कारण है जो विश्वविद्यालय द्वारा स्वीकृत पाठ्यक्रम से आदेशित और व्यापक केन्द्रीकृत परीक्षा प्रणाली द्वारा समर्थित होता है। अकेले शिक्षक के पास छात्रों की परीक्षा लेने के अवसर उपलब्ध नहीं होते, तथा आकलन विश्वविद्यालय–प्रशासित परीक्षाओं के जरिए प्रदान किया जाता है।

यह स्पष्ट है कि शिक्षक समुदाय के पास बहुत कम पेशेवर स्वायत्तता उपलब्ध है। कक्षाओं की समय–सारणियाँ बहुत बोझिल हैं और अकादमिक जीवन में शोधकार्य तथा गहन चिंतन के लिए प्रोत्साहन प्रदान दिए जाने के बावजूद उनके लिए बहुत कम ही गुंजाइश छोड़ती हैं। सामान्यतः, समय–सारणियों पर शिक्षक सदस्यों का कोई व्यक्तिगत नियंत्रण नहीं होता, तथा किसी भी शिक्षक के पास पाठ्यक्रम अथवा अपने छात्रों के आकलन पर कोई नियंत्रण नहीं होता। अधिकांश कॉलेजों में शिक्षण गुणवत्ता का कोई भी आकलन नहीं किया जाता, और शिक्षकों को अपने शिक्षण में सुधार करने

के लिए समय व्यतीत करने हेतु बहुत कम प्रोत्साहन प्रदान किए जाते हैं। शिक्षण का प्रमुख तरीका है व्याख्यान दिया जाना और इस विधि में परिवर्तन के लिए न तो कोई प्रोत्साहन ही है और न ही अधिक अवसर। वास्तव में, अनेक शिक्षक अपने छात्रों को सीधे ''इमला'' लिखवा देते हैं। आंशिक तौर पर ऐसा इसलिए किया जाता है क्योंकि इसके लिए शिक्षकों के द्वारा अपेक्षाकृत कम काल्पनिक प्रयासों की आवश्यकता होती है, और आंशिक तौर पर इसलिए क्योंकि अनेक स्नातक छात्र (विशेषतौर पर नए कॉलेजों, जो सीमित अकादमिक योग्यता और पृष्ठभूमियों के साथ छात्रों को आकर्षित करते हैं) माँग करते हैं कि शिक्षक वही जानकारी प्रदान करे जो स्पष्टतः समझी जा सके और परीक्षाओं के लिए उपयोगी हो।

अकादमिक वेतन, मात्र परास्नातक विभागों में शीर्ष प्रोफेसर स्तरों को छोड़कर, पेशेवरतौर पर एक भारतीय शहरी मध्यवर्ग के स्तरों के अनुरूप जीवन जीने की क्षमता भी नहीं प्रदान करते। अकादमिक समुदाय तथा राज्य सरकार के बीच चले एक लंबे संघर्ष के पश्चात् महाराष्ट्र में लागू की गई हाल ही की भारी वृद्धियाँ हाल के वर्षों में उत्पन्न मुद्रास्फीति के प्रभावों का मुकाबला तो करती हैं, किन्तु अभी भी मुम्बई जैसे महँगे शहर में मात्र मामूली रूप से ही पर्याप्त हैं। इन नए वेतनमानों की सिफारिश विश्वविद्यालय अनुदान आयोग के द्वारा मूल रूप से 1973 में की गई थी तथा विभिन्न राज्यों में इन्हें क्रमिक रूप से लागू किया जा चुका है।[17] ये उच्च शिक्षा में पारिश्रमिक सम्बन्धी नीति को व्यवस्थित करते हैं तथा ये यह व्यवस्था भी करते हैं कि रोजगार के लिए अतिविशिष्ट शर्तों के निर्धारण किए जाने के द्वारा शिक्षण कर्मचारी अपने समय के मामले में और अधिक जवाबदेह होंगे। कक्षा के घंटों का निर्धारण कर दिया गया है, उसी प्रकार कॉलेज के भवन में शिक्षक की अनिवार्य मौजूदगी के घंटे भी निर्धारित कर दिए गए हैं। अन्य शर्तों को भी इंगित कर दिया गया है। इन शर्तों से कॉलेज शिक्षक की मामूली व्यक्तिगत स्वायत्तता गंभीर रूप से कमजोर हो गई है।

नए वेतनमानों से अनेकों कॉलेज शिक्षकों की उन्नति हुई है और यह विशेषरूप से कॉलेजों तथा विश्वविद्यालयों के विभागों के वरिष्ठ श्रेणी वाले शिक्षकों के लिए लाभदायक रहा है। कनिष्ठ शिक्षक अभी भी अल्पवेतन प्राप्तकर्ता बने हुए हैं। कोई भी अकादमिक करियर अभी भी वेतन के अर्थों में निजी क्षेत्र के अधिकांश मध्यस्तरीय पेशेवर रोजगारों के साथ प्रतिस्पर्धा नहीं कर सकता, और, इस प्रकार, सर्वश्रेष्ठ शिक्षित व्यक्ति सामान्यतः शिक्षण पेशे में प्रवेश का चयन नहीं करते। ऐसे कॉलेज शिक्षक, जिसके पास आय का कोई अन्य स्त्रोत उपलब्ध हो, के लिए ऐसा संभव है कि वह मुम्बई के मध्यवर्ग में जीवित रह सके।

कुछ कॉलेज शिक्षक मुक्तहस्त तरीके से जीवन जी सकते हैं। अधिकांश एक शहरी मध्यवर्गीय जीवनशैली में भागीदारी करने में सक्षम प्रतीत होते हैं, किन्तु भारी संघर्ष के साथ। अधिकांश शिक्षकों को अपने कार्यस्थल के लिए लंबी दूरियाँ तय करनी होती हैं, और वह भी प्रायः असहज परिस्थितियों में। किसी भी शिक्षक के लिए कार्यस्थल पर आने–जाने में एक घंटे का समय व्यतीत करना कोई असामान्य बात नहीं है क्योंकि अकादमिक वेतन प्रायः कॉलेजों के आसपास के महँगे पड़ोस में निवास करने की अनुमति नहीं प्रदान करते। कुछ ही शिक्षक पुस्तकें खरीद पाना वहन कर पाते हैं और कुछ मुम्बई में मौजूद बड़े पुस्तकालयों का उपयोग करते हैं। अतः, ऐसा प्रतीत होगा कि कॉलेज शिक्षक अपेक्षाकृत कम अध्ययन करते हैं, यद्यपि साक्षात्कारों से पता लगता है कि वे फिल्मों और नाटक जैसी विभिन्न सांस्कृतिक गतिविधियों में भागीदारी करते रहते हैं।

काफी कम वेतनों के साथ–साथ, कॉलेज शिक्षकों के पास वस्तुतः कोई "अतिरिक्त लाभ" उपलब्ध नहीं होते, जो उनकी आर्थिक असुरक्षा में वृद्धि करते हैं। विश्वविद्यालय से किसी प्रकार का चिकित्सा बीमा उपलब्ध नहीं होता, मात्र एक अत्यन्त मामूली भविष्य निधि ही उपलब्ध होती है जिसमें सेवानिवृत्ति बीमा के तौर पर शिक्षक योगदान कर सकते हैं। इसके अलावा, वेतन भुगतान में बिलंब होना कोई असामान्य बात नहीं है। इन तत्वों के परिणामस्वरूप, यह स्पष्ट है कि अकादमिक पेशे की आर्थिक स्थिति बहुत कुछ किए जाने की माँग करती है, और निश्चित रूप से असुरक्षा, भय, और निम्न मनोबल तथा रोजगार प्रतिबद्धता को जन्म देती है।

मुम्बई के अधिकांश शिक्षकों के पास आय का कोई न कोई वैकल्पिक साधन मौजूद प्रतीत होता है। कुछ का सम्बन्ध धनाढ्य परिवारों से होता है और उन्हें पारिवारिक स्त्रोतों से आय प्राप्त होती रहती है। अनेकों शिक्षकों के पति/पत्नी रोजगार में हैं, और वे इस आय पर निर्भर करते हैं। ऐसे शिक्षकों की संख्या बहुत कम है जिन्हें बाहर कोई अन्य नौकरी भी करनी पड़ती है। इनमें से कुछ का सम्बन्ध तो अकादमिक जगत से होता है, किन्तु शेष का नहीं। अधिकांश शिक्षक विश्वविद्यालय परीक्षाओं में मूल्यांकन कार्य करते हैं, और उसके द्वारा एक मामूली अतिरिक्त आय अर्जित कर लेते हैं। कुछ शिक्षक "ट्यूशन" करते हैं, अथवा कुछ शुल्क के बदले छात्रों को निजी तौर पर पढ़ाते हैं। इन दोनों ही प्रकार की आय को विश्वविद्यालय के नियमों के द्वारा आधिकारिक स्वीकृति प्राप्त है। कुछ शिक्षक "कोचिंग कक्षाओं" अथवा निजी–उपक्रम वाले ऐसे ट्यूटोरियल स्कूलों में पढ़ाते हैं जो छात्रों को विश्वविद्यालय परीक्षाएं उत्तीर्ण करने के लिए "रटने" वाले सत्र प्रदान किए जाने के द्वारा फलफूल रहे हैं। ऐसी गतिविधियाँ विश्वविद्यालय नियमों के विरुद्ध हैं। शिक्षक "गाइड्स" का लेखन भी करते हैं जिनका छात्रों द्वारा परीक्षाओं के लिए त्वरित संदर्भ के तौर पर व्यापक उपयोग किया जाता है। जहाँ ऐसी संदर्भ–पुस्तकों का लिखा और प्रयुक्त करना दोनों ही कार्य अकादमिक दृष्टिकोण से सम्मानजनक नहीं हैं, वहीं लेखकों के लिए ये भारी आय के एक स्त्रोत हो सकते हैं।

कॉलेजों के कुछ शिक्षक अपने क्षेत्रों में पाठ्यपुस्तकों का लेखन करते हैं। चूंकि प्रकाशक ऐसे लेखकों को पसंद करते हैं जिन्हें अपनी पुस्तकों के विश्वविद्यायीय पाठ्यक्रम के भाग के रूप में अपनाए जाने की आशा होती है, अतः इसमें पाठ्यक्रम समिति का एक सदस्य होना अथवा उसे किसी–न–किसी प्रकार प्रभावित करना सहायक होता है। लोकप्रिय पाठ्यपुस्तकों के लेखक अपने कॉलेज के वेतन की तुलना में रॉयल्टी के तौर पर अधिक आय अर्जित कर सकते हैं। अकादमिक जीवन से सम्बन्धित इन गतिविधियों के साथ–साथ कुछ शिक्षकों के पास ऐसे रोजगार भी उपलब्ध है जो पूरी तरह से असम्बन्धित हैं, जैसे पारिवारिक व्यवसाय में कार्य करना, व्यावसायिक संस्थाओं को परामर्श प्रदान करना, अथवा आय के अन्य संसाधन प्राप्त करना। जहाँ ऐसे शिक्षकों, जो अपने अकादमिक वेतनों के अलावा कुछ आय अर्जित करते हैं, की सटीक संख्या उपलब्ध नहीं है, वहीं संभावना यह है कि कम–से–कम मुम्बई में उनकी बड़ी संख्या के पास एक अतिरिक्त रोजगार अथवा निधियों के कोई न कोई वैकल्पिक स्त्रोत मौजूद हैं।

भारतीय अकादमिक पेशे में गतिशीलता अपेक्षाकृत कम है, और मुम्बई में भी मामला ऐसा ही है। किसी भी शिक्षक के लिए स्वेच्छापूर्वक कॉलेज से कॉलेज के बीच परिवर्तन करना आम बात नहीं है, हालांकि कनिष्ठ श्रेणी पर ऐसा उस समय करना बहुत आम बात है जब किसी शिक्षक को स्थाई नहीं किया जाता और वह किसी दूसरे कॉलेज में

पद हासिल करने का प्रयास करता है। यह स्थिति एक औसत शिक्षक को एक अधिक "गतिशील" अकादमिक प्रणाली के मामले की तुलना में किसी ऐसे कॉलेज विशेष पर अधिक निर्भर बना देती है जिसमें वह कार्यरत् हो। अतः, प्रत्येक शिक्षक को अपना पद बनाए रखने के लिए यह आवश्यक होता है कि अपने कॉलेजों के शक्तिशाली तत्वों से सम्बद्ध होने में विशेषतौर पर सावधान रहे।

भारतीय कॉलेज शिक्षकों के लिए रोजगार सुरक्षा एक बुनियादी मुद्दा है, विशेषतौर पर एक ऐसे समाज में जहाँ कुशल व्यक्ति अत्यधिक बेरोजगार हैं तथा शिक्षण पेशे में रोजगार विशेषतौर पर दुर्लभ हैं। रोजगार सुरक्षा हेतु औपचारिक सुरक्षा उपाय न्यूनतम रहे हैं, यद्यपि व्यवहार में बहुत कम 'स्थाई' शिक्षकों को उनके रोजगार से निष्कासित किया गया है। महाराष्ट्र में विश्वविद्यालयों को शासित करने वाले कानूनों में किए गए हाल ही के परिवर्तनों के द्वारा ऐसे शिक्षकों के लिए और अधिक विस्तृत प्रक्रियात्मक गारंटियाँ प्रदान कर दी गई हैं जिन्हें रोजगार से हटाया जाता है, किन्तु शिकायत निस्तारण की प्रक्रिया सरकार के हाथों में ही है। इसके अलावा, चार से तीन वर्षों के डिग्री पाठ्यक्रम की ओर किया गया परिवर्तन शिक्षकों के लिए बहुत विघटनकारी रहा है, जिनमें से कुछ को उनके रोजगार से निष्कासित कर दिया गया है जबकि एक बड़ी संख्या को अपेक्षाकृत कम प्रतिष्ठित कनिष्ठ कॉलेजों में स्थानान्तरित कर दिया गया है। नया महाराष्ट्र विश्वविद्यालय अधिनियम सरकार को उच्च शिक्षा में शिक्षकों के लिए एक संहिता निर्धारित करने की भी अनुमति प्रदान करता है, तथा इस संहिता के उल्लंघन निरस्तीकरण का आधार बन सकते हैं। शिक्षक समुदाय की समग्र स्थिति भ्रमपूर्ण बनी हुई है, और इस तथ्य, कि सापेक्षिक रूप से बहुत कम शिक्षकों को निष्कासित किया गया है, के बावजूद निष्कासन का भय शिक्षक समुदाय के बीच एक शक्तिशाली मनोवैज्ञानिक शक्ति बना हुआ है।

कॉलेज प्रणाली के अंतर्गत एक 'स्थाई' तथा एक 'अस्थाई' शिक्षक के बीच भारी अंतर मौजूद है। स्थाईकरण, जो स्थाई कार्यकाल के समान है, प्रायः कॉलेज में सेवा के दो वर्ष पूरे होने के बाद प्रदान किया जाता है। यह कॉलेज के प्रबंधन के द्वारा प्रदान किया जाता है तथा इसमें विश्वविद्यालय किसी भी प्रकार से संलिप्त नहीं होता, तथा स्थाईकरण ऐसे विशिष्ट कॉलेज तक ही सीमित होता है जो उसे प्रदान करता है। किसी स्थाई शिक्षक को पदच्युत किए जाने में कॉलेज सामान्यतः हिचकिचाहट का अनुभव करते हैं क्योंकि इसके प्रक्रिया सम्बन्धी तथा राजनीतिक परिणाम भारी पड़ सकते हैं और प्रायः प्रक्रिया बहुत लंबी घसीटी जाती है। फिर भी, किसी निजी कॉलेज में एक स्थाई शिक्षक की वास्तव में कानूनी तौर पर सुरक्षित रोजगार सुरक्षा सीमित ही होती है। शिक्षकों की एक बड़ी अल्पसंख्या, जो अस्थाई हैं, के पास अपेक्षाकृत बहुत कम सुरक्षा उपलब्ध होती है तथा, वास्तव में, उन्हें बिना किसी कारण निष्कासित किया जा सकता है जिसके साथ ही उन्हें किसी प्रकार की प्रक्रियात्मक सहायता अथवा अपील की सुविधा उपलब्ध नहीं होती। हाल ही में किए गए शैक्षणिक सुधारों के कारण तेजी से परिवर्तित हो रही स्थिति में कॉलेज युवा शिक्षकों के स्थान पर दो वर्षों के बाद अन्य युवा शिक्षकों को नियुक्त करते हुए उन्हें स्थाई करने के निरंतर अनिच्छुक बने रहे हैं, और इस प्रकार एक प्रकार के अकादमिक सर्वहारा वर्ग को जन्म देते रहे हैं जो वास्तविक रोजगार सुरक्षा के बिना कॉलेज से कॉलेज भटकता रहता है। अस्थाई शिक्षकों की एक बड़ी संख्या को उस मान्यता सम्बन्धी प्रक्रिया के दौरान पदच्युत कर दिया गया था जो तीन वर्षीय डिग्री पाठ्यक्रम के साथ लागू की गई थी।

रोजगार सुरक्षा का प्रश्न हाल के वर्षों में शैक्षणिक राजनीति की एक प्रमुख शक्ति के रूप में मुम्बई विश्वविद्यालय शिक्षक संघ (बीयूटीयू) के उद्भव के प्रमुख कारणों में से एक था। बीयूटीयू के द्वारा अकादमिक स्वतंत्रता और रोजगार सुरक्षा दोनों की अपेक्षाकृत मजबूत कानूनी गारंटियाँ प्रदान करने का आग्रह किया गया था, तथा विश्वविद्यालय अधिनियम में हाल ही में किए गए संशोधन आंशिकतौर पर इसी दबाव के परिणाम थे। जहाँ प्रक्रिया सम्बन्धी सुरक्षा उपायों का विस्तार कर दिया गया है, वहीं अकादमिक मामलों में सरकारी की बढ़ी हुई संलिप्तता तथा शिक्षकों पर लागू नियंत्रणों को महत्वपूर्ण रूप से कठोर किए जाने के अर्थों में लागत अधिक रही है। यह कहना उचित है कि रोजगार सुरक्षा का प्रश्न अभी भी एक ऐसा मुद्दा बना हुआ है जो इस तथ्य के बावजूद अनेक कॉलेजों शिक्षकों को चिंतित किए हुए है कि हाल के वर्षों में मात्र कुछ मुट्ठीभर स्थाई शिक्षकों को ही निष्कासित किया गया है।

वर्तमान मुद्दे

मुम्बई के शिक्षक समुदाय को प्रभावित करने वाले हाल ही के तनावों और संकटों के द्वारा अनेकों बुनियादी मुद्दों को सामने लाया गया है। यह खंड उन सभी मुद्दों पर एक संपूर्ण चर्चा नहीं करेगा, बल्कि ऐसे अनेक महत्वपूर्ण मुद्दों पर ध्यान केन्द्रित करेगा जो इस अध्याय के पिछले खंडों में प्रस्तुत किए गए अनेक सामान्य बिन्दुओं को स्पष्ट करते हैं।

क. शिक्षक संघः मुद्दे और प्रतिक्रिया

अनेक भारतीय राज्यों में कॉलेजों तथा विश्वविद्यालयों के शिक्षकों का प्रतिनिधित्व करने वाले शक्तिशाली संघ मौजूद हैं। विशेषतौर पर पश्चिम बंगाल में शिक्षक उग्रवादिता की एक शक्तिशाली परंपरा रही है, और उत्तरी भारत में समय–समय पर प्रभावशाली संघ मौजूद रहे हैं। हाल ही के समय तक, मुम्बई में न तो कोई प्रभावशाली शिक्षक संगठन मौजूद था और न ही विश्वविद्यालय अथवा इसके अधिकांश कॉलेजों में वैचारिक अथवा गुटबाजीपूर्ण राजनीति ने प्रवेश किया था। हालांकि, 1972 से मुम्बई विश्वविद्यालय के कॉलेजों में शिक्षकों का एक सक्रिय संघ मौजूद रहा है। मुम्बई विश्वविद्यालय शिक्षक संघ (बीयूटीयू) शिक्षक समुदाय की संगठित आवाज के रूप में प्रभावशाली ढंग से कार्य करता है और, इस प्रकार, यह हाल के वर्षों में हुई प्रमुख प्रगतियों में से एक है। इस संघ के उद्भव का सम्बन्ध कुछ विशिष्ट घटनाओं से जुड़ा है जिनके द्वारा शिक्षकों को प्रभावित किया गया है, और, इस प्रकार, संघ की कोई भी चर्चा आवश्यक रूप से इन घटनाओं में कुछ के साथ जुड़ी होती है। मुम्बई में शिक्षक समुदाय कभी भी वैचारिक अथवा विश्वविद्यालय की गुटबाजीपूर्ण राजनीति में महत्वपूर्ण रूप से संलिप्त नहीं रहा है और इस अर्थ में यह वर्तमान समय में अत्यधिक गैर–राजनीतिकृत बना हुआ है। पश्चिम बंगाल अथवा उत्तर भारत वाली परंपराओं का मुम्बई में कोई अस्तित्व नहीं है। और जहाँ बीयूटीयू के कुछ कार्यकर्ता किसी न किसी राजनीतिक दल के साथ सम्बद्ध हैं, वहीं यह संघ बुनियादी तौर पर कोई वैचारिक समूह नहीं है। शिक्षक संघ आंदोलन के लिए प्रेरणाएं किसी राजनीतिक अभिप्रेरणा के बजाय उन परिस्थितियों से प्राप्त होती हैं जो अकादमिक समुदाय में विद्यमान हैं। यह देख पाना संभव है कि व्यापकतौर पर शिक्षण समुदाय में व्याप्त कठिन परिस्थितियों के प्रति एक प्रतिक्रिया के रूप में,

तथा आंशिकतौर पर, आपातकाल के पश्चात् बढ़ी हुई राजनीतिक जागरूकता के एक परिणाम के रूप में शिक्षक समुदाय का कोई अल्पसंख्यक समूह राजनीतिक रूप से अधिक संलिप्त रहा हो। शिक्षण समुदाय के द्वारा अपने लक्ष्यों को हासिल करने के लिए निरंतर सरकारी हस्तक्षेपों की प्रार्थना की जाती रही है, और ये सरकारी अधिकारियों की पैरवी करने में काफी कुशल हो चुके हैं। यह रणनीति काफी प्रभावी रही है, विशेषतौर पर हाल में, क्योंकि महाराष्ट्र सरकार शिक्षकों की माँगों में से कुछ को पूरा करने के लिए कदम उठा चुकी है। हालांकि, जैसा कि मुम्बई विश्वविद्यालय के उप–कुलपति ने स्पष्ट किया है, सरकारी सहायता के इस उपाय ने विश्वविद्यालय के मामलों में सार्वजनिक अधिकारियों के प्रवेश में वृद्धि कर दी है, और इसने अकादमिक स्वायत्तता के अत्यन्त महीन धागे को क्षतिग्रस्त कर दिया है। चूंकि सरकार ने अकादमिक समस्याओं के समाधान उपलब्ध कराए हैं, अतः उसने अनुभव किया है कि इसके पास नीति–निर्धारण और कार्यान्वयन में एक आवाज उपलब्ध होनी चाहिए।

मुम्बई के कॉलेज शिक्षकों की बुनियादी चिंता आर्थिक मुद्दों तथा रोजगार सुरक्षा से सम्बन्धित रही है। इसमें आश्चर्य नहीं है क्योंकि अकादमिक पेशे में आमदनी बहुत अच्छी नहीं है। एक ऐसे समाज, जिसमें शिक्षित व्यक्तियों के लिए रोजगार अत्यधिक प्रतिस्पर्धात्मक है, रोजगार सुरक्षा प्रमुख रूप से महत्वपूर्ण बन जाती है। इन मुद्दों के भारी महत्व के कारण अपने लक्ष्यों को हासिल करने के लिए शिक्षक वास्तव में प्रत्येक रणनीति लागू करने के इच्छुक रहे हैं। और यह तथ्य कि हिचकिचाहट के साथ ही सही, बेहतर वेतन हासिल करने के उद्देश्य से शिक्षक अपनी अकादमिक स्वतंत्रता तथा स्वायत्तता पर प्रतिबंधों को स्वीकार करने के इच्छुक थे तथा रोजगार सुरक्षा की स्थिति इन मुद्दों की प्रमुख भूमिका को स्पष्ट करती है।

इस पेशे के द्वारा सामना की जा रही चुनौतियों से सम्बन्धित एक सशक्त शिक्षक संगठन के लिए प्रोत्साहन 1960 के दशक के अंत में प्राप्त हुआ। वेतन मुद्रास्फीति का मुकाबला नहीं कर पा रहे थे, शैक्षणिक सुधारों के प्रस्ताव कॉलेज शिक्षकों के लिए संभावित रूप से धमकीयुक्त हो रहे थे, तथा बढ़ते हुए प्रवेशों की पृष्ठभूमि में कार्य–परिस्थितियों में निरंतर गिरावट आ रही थी। निजी कॉलेजों में निष्कासन का खतरा मौजूद था, तथा सरकार–संचालित कॉलेजों एवं विश्वविद्यालय के विभागों में बेहतर रोजगार सुरक्षा प्रावधानों ने कॉलेज शिक्षकों को उन्नत स्थितियों के लिए कार्य करने हेतु उत्तेजित कर दिया। 1973 में विश्वविद्यालय अनुदान आयोग (यूजीसी) की उच्च शिक्षा में शिक्षकों के लिए अधिक वेतनों तथा अकादमिक जीवन में अन्य परिवर्तन सम्बन्धी सिफारिशों ने शिक्षक समुदाय को आगे और उत्तेजित कर दिया।[18] अनेकों राज्यों के द्वारा नवीन यूजीसी–सिफारिशकृत वेतनमानों को अपना लिए जाने तथा उनके द्वारा वेतनों में पर्याप्त वृद्धि कर दिए जाने के साथ ही मुम्बई के शिक्षक अत्यधिक असंतुष्ट हो गए।

यह उपयुक्त ही है कि शिक्षण समुदाय की समस्याओं में से कुछ का संक्षेपण किया जाए, क्योंकि इन्हीं मुद्दों ने ही बीयूटीयू के संगठन तथा मुम्बई अकादमिक पेशे की बढ़ती हुई उग्रवादिता को प्रेरित किया था। तीन सरकारी रिपोर्टों को शिक्षण समुदाय के लिए समस्याजनक माना गया था। 1964 के शिक्षा आयोग की सिफारिशों का अनुसरण करते हुए अधिकांश भारतीय राज्यों ने शिक्षा के पैटर्न को पुनर्व्यवस्थित कर डाला ताकि स्नातक कॉलेजों में लगने वाले चार वर्षों के समय को घटा कर तीन वर्ष किया जा सके।[19] महाराष्ट्र उन अंतिम राज्यों में से एक था जिसने इस योजना को लागू किया, जिसे मुम्बई में '10+2+3 पैटर्न' के रूप में संदर्भित किया गया था।

नए पैटर्न के अंतर्गत, 10 वर्षों की प्राथमिक तथा माध्यमिक शिक्षा के बाद 2 वर्षों का विश्वविद्यालय–पूर्व पाठ्यक्रम पूरा करना था, जो कुछ मामलों में अमेरिका में जूनियर कॉलेजों से मिलता–जुलता था, और फिर एक तीन–वर्षीय डिग्री पाठ्यक्रम की व्यवस्था की गई थी। अपने गुणों और अन्य आधारों से इतर नई व्यवस्था के द्वारा अकादमिक पेशे में एक भारी व्यवधान उत्पन्न कर दिया गया तथा कॉलेज शिक्षकों के बीच भारी चिंता उत्पन्न कर दी गई। डिग्री पाठ्यक्रम का एक वर्ष कम हो जाने के कारण कॉलेजों में प्रवेश संख्या में गिरावट आ गई। द्विवर्षीय विश्वविद्यालय–पूर्व पाठ्यक्रम कहाँ संचालित किया जाएगा और पाठ्यक्रम की प्रकृति क्या होगी आदि शिक्षकों के बीच बहस के गर्मागर्म मुद्दे बन चुके थे। कुछ कॉलेजों ने विश्वविद्यालय–पूर्व कार्यक्रमों को लागू करने का चयन किया जबकि कुछ ने ऐसा नहीं किया। माध्यमिक स्कूलों तथा अन्य शिक्षण संस्थानों, जिन्होंने भी ऐसे कार्यक्रम लागू करने का चयन कर लिया था, के साथ प्रतिस्पर्धा का अनुभव भी किया गया। 1972 में 10+2+3 फार्मूले के वास्तविक कार्यान्वयन को प्रारंभ किए जाने के पूर्व के 5 वर्षों के दौरान सामूहिक निष्कासन की अफवाहें जोरों पर थीं। इस परिवर्तन के कारण निष्कासित किए गए शिक्षकों की वास्तविक संख्या सम्बन्धी आँकड़े उपलब्ध नहीं हैं, किन्तु अनुमान कई सौ से लेकर 600 से अधिक तक के लगाए गए हैं। इसमें सबसे गहरा आघात अस्थाई तथा युवा शिक्षकों को पहुँचा था। प्रभावित शिक्षक संख्या जो भी रही हो, यह स्पष्ट है कि छँटनी का खतरा, प्रशासन एवं संगठन में परिवर्तन, तथा पाठ्यक्रम में परिवर्तनों ने शिक्षकों के बीच भारी चिंता उत्पन्न कर दी थी। पाठ्यक्रमों में सुधार किए जाने तथा स्नातक शिक्षा की व्यवस्था में कुछ परिवर्तनों को लागू किए जाने के साथ ही 10+2+3 सुधारों के द्वारा उत्पन्न झटकों को मुम्बई में अभी भी महसूस किया जा रहा है। वे शिक्षक, जो कॉलेज–पूर्व कार्यक्रमों की ओर स्थानान्तरित हो चुके हैं, को परंपरागत कॉलेजों के अपने सहयोगियों की तुलना में कम वेतन प्राप्त हो रहा है और वे प्रायः शिक्षा भी अधिक प्रदान करते हैं। इस सुधार को लेकर शिक्षण समुदाय में भारी असंतोष है; एक ऐसा असंतोष जिसमें संभवतः परिवर्तनों के कार्यान्वयन सम्बन्धी योजना–निर्धारण में शिक्षकों की भागीदारी के अभाव ने वृद्धि कर दी है।

अब यह स्पष्ट है कि शिक्षण पेशे द्वारा आज प्राप्त किए जा रहे अधिक वेतनों को लागू करने की लंबी प्रक्रिया ने शिक्षण समुदाय में भारी चिंता उत्पन्न कर दी थी तथा यह बढ़ी हुई उग्रवादिता के लिए आंशिक तौर पर उत्तरदायी भी थी। वास्तव में, यह प्रक्रिया केन्द्रीय अधिकरण के स्तर पर सरकारी नीति, राज्य सरकार, तथा नीति से जुड़े लोगों (इस मामले में शिक्षकों) के बीच की परस्परक्रिया का एक उपयोगी अध्ययन है। गिरते हुए कथित मानकों पर, और यह महसूस करते हुए कि सर्वाधिक योग्य व्यक्ति इस पेशे में प्रवेश नहीं करेंगे, शिक्षण समुदाय के सामान्य पारिश्रमिक पर लंबे समय से एक चिंता बनी रही है। राष्ट्रीय स्तर पर इन चिंताओं का परिणाम रहा है विश्वविद्यालय अनुदान आयोग द्वारा नियुक्त एक समिति की रिपोर्ट जिसने 1973 में माध्यमिकोत्तर शिक्षण पेशे की स्थिति के सम्बन्ध में सिफारिशों की एक श्रृंखला प्रस्तुत की थी।[20] किन्तु, चूंकि शिक्षा नीति का कार्यान्वयन बुनियादी तौर पर राज्यों को उत्तरदायित्व होता है, अतः, यूजीसी की सिफारिशें अधिकांश विश्वविद्यालयों के लिए बाध्यकारी नहीं थीं। इसके बावजूद, इन सिफारिशों को अनेक राज्यों में तथा केन्द्र सरकार द्वारा सीधे प्रशासित विश्वविद्यालयों में तेजी से लागू कर दिया गया था, परंतु महाराष्ट्र समेत कई राज्यों ने अनेक कारणोंवश इसे लागू करने में देरी कर दी। महाराष्ट्र सरकार विशेषतौर पर वेतनवृद्धि के कारण राज्य के बजट पर बढ़ने वाली लागत के सम्बन्ध में चिन्तित थी,

हालांकि राज्यों को प्रोत्साहन के तौर पर केन्द्र सरकार पहले पाँच वर्षों के लिए बढ़ी हुई लागतों का बोझ उठाने हेतु प्रतिबद्ध थी।

यूजीसी की सिफारिशों का सम्बन्ध अकादमिक जीवन के अनेक क्षेत्रों से जुड़ा था, यद्यपि शिक्षण समुदाय मुख्यतः वेतन वृद्धि हेतु ही इच्छुक था, जो कि पर्याप्त थी। वास्तव में, जब शिक्षकों को सभी सिफारिशों के सम्बन्ध में जानकारी हुई तो कुछ निराशा उत्पन्न हो गई थी। यूजीसी समिति का सम्बन्ध अकादमिक पेशे की गुणवत्ता में समग्र सुधार के साथ था, न कि सिर्फ वेतनों की वृद्धि के साथ। यूजीसी ने अनुभव किया कि बढ़े हुए वेतन सुधार के एक अभिन्न अंग हैं, क्योंकि अकादमिक वेतन प्रतिस्पर्धात्मक नहीं थे, और कॉलेज शिक्षकों को अपनी आय में वृद्धि करने के लिए अन्य रोजगार प्राप्त करने हेतु बाध्य करते थे। किन्तु यूजीसी ने अन्य कदमों की भी सिफारिश कर दी। इनमें कॉलेज शिक्षण के लिए योग्यता के प्रवेश स्तर को ऊपर उठाया जाना भी शामिल था। कॉलेज के पदों हेतु परंपरागत आवश्यकता एक परास्नातक डिग्री की हुआ करती थी जिसे बढ़ाकर एम.फिल अथवा पीएच.डी. करना था। अनेक अन्य कदमों की भी सिफारिश की गई थी, जैसे कि शिक्षकों के प्रदर्शन के मूल्यांकन हेतु उपाय करना, अकादमिक कर्मचारियों की पदोन्नति को व्यवस्थित करना तथा वेतनमानों के और खुलेपन को उपलब्ध करवाया जाना ताकि शिक्षक बहुत शीघ्र ही अपने वेतनमानों के शीर्ष पर न पहुँच सकें, शिक्षकों की नियुक्ति के लिए और पेशेवर उपायों का अपनाया जाना, निजी कॉलेजों में शिक्षकों की रोजगार सुरक्षा की सुरक्षा करने के एक उपाय लागू करना इत्यादि, इत्यादि।

यूजीसी सिफारिशों के विशेषतौर पर दो विवादास्पद भाग एक सिफारिश थी कि कॉलेज शिक्षकों के लिए एक आचार संहिता स्थापित की जाए तथा शिक्षकों के लिए कार्यभार सम्बन्धी प्रावधानों का एक अपेक्षाकृत स्पष्ट विवरण तैयार किया जाए। यूजीसी के काफी ढीले–ढाले कार्यभार विवरण को महाराष्ट्र सरकार के द्वारा आवश्यकताओं के एक स्पष्ट समूह के रूप में परिवर्तित कर दिया गया जिसके द्वारा प्रत्येक सप्ताह में शिक्षकों के कॉलेज भवन में मौजूद रहने के घंटे नियत कर दिए गए, जिससे परंपरागत अवकाश अवधि छोटी हो गई और जिसके द्वारा, सामान्यतौर पर, शिक्षकों की समय–सारणी से काफी स्वायत्तता को समाप्त कर दिया गया। इन प्रस्तावों को लागू किए जाने की प्रक्रिया में सरकार तथा बीयूटीयू के बीच एक समझौता कर लिया गया, किन्तु अंतिम परिणाम वेतनवृद्धि के बदले में शिक्षकों की स्वायत्तता में एक स्पष्ट कमी का आना ही था।

आचार संहिता का प्रावधान भी स्वायत्तता तथा शिक्षण पेशे की अकादमिक स्वतंत्रता को क्षतिग्रस्त करने वाला था, और बीयूटीयू के द्वारा इसका विरोध किया गया। आचार संहिता के लिए यूजीसी की सिफारिशों में जाति, धर्म, अथवा सहयोगियों के साथ सम्बन्धों में लिंग के मुद्दों को उठाए जाने के विरुद्ध, तथा छात्रों को अन्य छात्रों, प्रशासन अथवा शिक्षकों के विरुद्ध उकसाए जाने के विरुद्ध निषेध भी शामिल थे। यूजीसी ने यह भी सिफारिश कर दी कि विश्वविद्यालयों अकादमिक निकायों, प्रशासकों, अथवा विश्वविद्यालय के अधिकारियों के निर्णयों का पालन करने से इंकार करना अनुशासनात्मक कार्यवाही का विषय होगा। अपने खुद के उन प्रस्तावित आचरण नियमों के अधीन महाराष्ट्र सरकार और भी अधिक विशिष्ट तथा क्रूर हो गई जिन्हें, महत्वपूर्ण रूप से, आपातकाल के दौरान लागू किया गया था। उदाहरणार्थ, महाराष्ट्र की सिफारिशों ने शिक्षकों पर किसी भी विश्वविद्यालयीय निकाय में व्यवधान करने अथवा विश्वविद्यालय या 'कॉलेज प्रबंधन के प्रति हानिकारक कार्यवाही' करने सम्बन्धी

किसी कार्य में संलिप्त रहने पर निषेध लगा दिया।[21] शिक्षकों को प्रधानाचार्य अथवा अन्य अधिकारियों के द्वारा सौंपे गए किसी भी कर्तव्य का पालन करने के आदेश दे दिए गए। अंततः, स्थाई शिक्षक निम्न में से किसी के लिए भी दंड के उत्तरदायी थेः दुराचरण, कर्तव्यपालन में लापरवाही, शारीरिक अथवा मानसिक अनुपयुक्तता, अक्षमता, कोचिंग कक्षाओं में भागीदारी, अथवा अन्य उल्लंघन। उल्लंघन के आधार अत्यन्त व्यापक थे तथा दंड में डाँट–फटकार से लेकर पदच्युत करना तक शामिल था। इन क्रूर उपायों को कभी भी लागू नहीं किया गया, क्योंकि बीयूटीयू का विश्वविद्यालय के साथ एक कानूनी विवाद हो गया और फिर वे एक समझौते तक पहुँचने में सफल रहे जिसके द्वारा आचार संहिता लागू किए जाने को अलग–अलग विश्वविद्यालयों पर छोड़ दिया गया। किन्तु प्रस्तावित संहिता की गंभीरता ने स्वाभाविक रूप से भारी चिंता तथा शिक्षण समुदाय की ओर से विरोध को जन्म दे दिया था।

तीन सरकारी रिपोर्टों तथा शिक्षक समुदाय के प्रति उनके निहितार्थ मुद्दों के ऐसे प्रकारों को इंगित करने वाले हैं जिनके द्वारा शिक्षकों में चिंता पैदा कर दी गई। कॉलेजों में कामकाज के दिन–प्रतिदिन के दबावों के साथ–साथ इन बाहरी तनावों ने मुम्बई में शिक्षकों के संगठन के उद्भव तथा सतत् सशक्तीकरण को प्रेरित कर दिया।

वर्तमान शिक्षक आंदोलन की जड़ें कम–से–कम 1967 जितनी पुरानी हैं, जब मुम्बई विश्वविद्यालय शिक्षक परिषद् का गठन किया गया था। यह परिषद् कई वर्षों तक मामूली गतिविधि में संलिप्त रहीं, किन्तु फिर निष्क्रिय हो गई। 1972 में, 25 प्रतिशत की मुद्रास्फीति दर तथा छँटनी के खतरों, प्रशासनिक सुधारों, तथा अन्य समस्याओं का सामना करते हुए एक नए शिक्षक संगठन का गठन किया गया। यह नया समूह, जिसे मुम्बई विश्वविद्यालय शिक्षक संघ (बीयूटीयू) कहा गया, का गठन कॉलेज शिक्षकों की एक छोटी सी संख्या द्वारा किया गया था, जिनमें से अधिकांश के पास राजनीतिक मामलों के अनुभव मौजूद थे। शिक्षकों के द्वारा सामना की जा रही कठिन परिस्थितियों के कारण बीयूटीयू को एक प्रत्युत्तरात्मक स्वर प्राप्त हो गया, और शीघ्र ही इसमें बड़ी संख्या में सदस्य शामिल हो गए। बीयूटीयू ने तुरंत ही वेतनमान के संशोधन पर जोर दिया तथा माँग की कि यूजीसी वेतनमानों, जिन्हे तब नया–नया सुझाया गया था, को मुम्बई में शीघ्रतापूर्वक लागू किया जाए। अन्य मुद्दों, जैसे शिक्षकों का यह भय कि उनकी मामूली रोजगार सुरक्षा को छँटनी की अफवाहों, विश्वविद्यालय अधिनियम के एक प्रस्तावित संशोधन, तथा स्थानीय कॉलेजों के द्वारा अलग–अलग शिक्षकों की छँटनी किए जाने सम्बन्धी अनेक कदमों से हानि पहुँचेगी, ने एकसाथ मिलकर बीयूटीयू की अपील में योगदान कर डाला। यह महत्वपूर्ण है कि अपना लक्ष्य हासिल करने के लिए बीयूटीयू ने 'श्रमसंघ' जैसे मुद्दों के समान ही एकजुटता दिखाई और 'श्रमसंघीय' रणनीतियों, जैसे धरना–प्रदर्शन तथा सरकारी अधिकारियों की पैरवी आदि के उपयोग का प्रयास भी किया।

बीयूटीयू द्वारा किए गए प्रयासों में एक था रोजगार सुरक्षा हेतु कानूनी सुरक्षा हासिल करना तथा शिक्षकों के लिए और अधिक स्पष्ट रूप से परिभाषित एवं उन्नत कार्य–परिस्थितियों को लागू करवाना। भारी दबावों के बाद बीयूटीयू विश्वविद्यालय को संतुष्ट करने में सफल रहा कि इस प्रावधान, कि कॉलेज शिक्षकों को दो वर्षों की अधिकतम परिवीक्षा अवधि के बाद या तो स्थाई किया जाए अथवा निष्कासित किया जाए, को लागू करना चाहिए। परंपरागततौर पर, अनेक कॉलेज शिक्षकों को दो–वर्षों की परिवीक्षा अवधि सीमा के बाद भी स्थाई किए बिना रोजगार में बनाए रखते थे। इस पहल का परिणाम यह हुआ कि परिवीक्षाधीन शिक्षकों की एक बड़ी संख्या को

निष्कासित कर दिया गया। यह बीयूटीयू द्वारा अपेक्षित परिणाम के पूर्णतः विरुद्ध था, और यह अल्प–वेतनभोगी, अनेक कॉलेजों में अल्पावधियों के लिए कार्य करने वाले अस्थाई शिक्षकों के एक अस्थाई समूह को जन्म देने का कारण बन गया। ऐसी व्यवस्था का लाभ कॉलेज प्रबंधनों को प्राप्त हुआ, जिन्हें कुछ वरिष्ठता वाले कर्मचारियों को अधिक वेतनों का भुगतान नहीं करना पड़ा और जिनके पास कर्मचारियों की एक छोटी संख्या रह गई जो 'उत्सर्जनीय' थी। हालांकि, बीयूटीयू को इन प्रश्नों में मामले में कुछ लाभ हासिल हुआ कि कॉलेजों में रोजगार की शर्तें गहन समीक्षा के अधीन आ गई और, सामान्यतः, इन्हें और अधिक सावधानीपूर्वक लागू किया जाने लगा।

बीयूटीयू तथा इसकी राज्य–व्यापक मूल संस्था, महाराष्ट्र फेडरेशन ऑफ युनिवर्सिटी एंड कॉलेज टीचर्स आर्गेनाइजेशन (एमएफयूसीटीओ), जो राज्य के 6 विश्वविद्यालयों तथा 628 कॉलेजों में शिक्षकों का प्रतिनिधित्व करती है, ने राज्य सरकार को यूजीसी द्वारा बढ़ाए गए वेतनों को लागू करने हेतु संतुष्ट करने में प्रमुख भूमिका निभाई। यह संघर्ष लगभग तीन वर्षों तक जारी रहा, और आपाताकाल के दौरान बाधित हुआ, जिसने सामान्य राजनीतिक जीवन को ठप कर दिया था तथा बीयूटीयू को सार्वजनिक प्रदर्शनों के द्वारा सरकार पर दबाव बनाने से दूर रखा। बीयूटीयू ने कानूनी मुकद्मों जैसी रणनीतियों का उपयोग किया जिसके द्वारा उस आचार संहिता को लागू किए जाने में देरी हुई जिसका बीयूटीयू द्वारा सरकारी अधिकारियों की पैरवी करते हुए, सामूहिक धरना–प्रदर्शन तथा पत्र–लेखन अभियानों के द्वारा भारी विरोध किया था। बीयूटीयू ने मुम्बई विश्वविद्यालय के प्रशासनिक ढाँचों के अंदर भी कार्य किया ताकि यह अपनी स्थितियों के लिए दबाव डाल सके और अपने सदस्यों के हितों की रक्षा कर सके। बीयूटीयू के कार्यकर्ता प्रमुख विश्वविद्यालयीय निकायों, जैसे शासी सभा तथा विभिन्न अकादमिक समितियों के सदस्य रह चुके हैं।

वेतनमानों तथा अकादमिक नियमों, जिन्हें उन्हीं के साथ–साथ लागू किया गया था, पर किए जाने वाले संघर्ष विश्वविद्यालय, राज्य सरकार तथा संगठित शिक्षक आंदोलन के बीच की परस्परक्रिया के महत्वपूर्ण उदाहरण हैं। 1970 के दशक के प्रारंभ में यूजीसी की सिफारिशों के तुरंत बाद की अवधि में महाराष्ट्र सरकार का दृष्टिकोण यह था कि राज्य नए वेतनमानों को लागू करना वहन नहीं कर सकता। बीयूटीयू ने बड़ी संख्या में सदस्यता को इसलिए आकर्षित कर लिया था क्योंकि शिक्षक बढ़े हुए वेतनमानों के लिए संघर्ष करने हेतु एक मंच की तलाश में थे। महाराष्ट्र के हठी अधिकारियों को नए वेतनमानों को लागू करने हेतु बाध्य करने के उद्देश्य से बीयूटीयू ने 1974 में शिक्षकों द्वारा विश्वविद्यालय की वार्षिक परीक्षाओं के मूल्यांकन का एक बहिष्कार आयोजित कर दिया, और इस प्रकार विश्वविद्यालय के प्रमुख कार्यों में से एक को ठप कर दिया तथा भारी सार्वजनिक चिंता उत्पन्न कर दी क्योंकि छात्र, अभिभावक, तथा संभावित नियोक्ता सभी परीक्षाओं के परिणामों पर निर्भर थे। यह दबाव सरकार को प्रकट रूप से बिना किसी अन्य शर्त को जोड़े यूजीसी वेतनमानों को लागू किए जाने हेतु सहमत होने पर बाध्य करने में सफल रहा। हालांकि, आंदोलन के शीघ्र बाद ही तत्कालीन प्रधानमंत्री इंदिरा गाँधी ने सभी राजनीतिक गतिविधियों पर प्रभावी रोक लगाते हुए तथा हड़ताल तथा विरोध प्रदर्शन के अन्य स्वरूपों को अवैध ठहराते हुए आपातकाल की घोषणा कर दी। इस स्थिति का लाभ उठाते हुए महाराष्ट्र सरकार ने कार्यान्वयन के काम को टाल दिया और वेतन सम्बन्धी मुद्दे के साथ अतिरिक्त शर्तें जोड़ दीं जो बीयूटीयू तथा अधिकांश शिक्षकों को अस्वीकार्य थीं।[22]

आपातकाल के दौरान महाराष्ट्र सरकार द्वारा प्रस्तावित की गई शर्तें महत्वपूर्ण हैं क्योंकि वे कुछ ऐसे मुद्दों को इंगित करती है जो शिक्षण पेशे के सम्बन्ध में सरकार की चिंताओं से जुड़ी हैं। यद्यपि कि सरकार द्वारा प्रस्तावित 'पैकेज' में आपातकाल में बाद संशोधन कर दिया गया था, तथापि यह मामला उस स्तर को इंगित करता है जिस तक महत्वपूर्ण नीतिगत निर्णयनों के अर्थों में विश्वविद्यालय पर सरकारी अधिकारियों का प्रभुत्व कायम है। वित्तीय अर्थों में, समीकरण में संभवतः सर्वाधिक महत्वपूर्ण यह है कि नए वेतनमानों को शिक्षकों को परीक्षाओं का मूल्यांकन करने के लिए किए जाने वाले अतिरिक्त भुगतानों की समाप्ति के साथ जोड़ दिया गया था। शिक्षकों से अपेक्षित था कि वे बिना पारिश्रमिक के अपने सामान्य अकादमिक कर्तव्यों के एक अंग के रूप में परीक्षाओं का मूल्यांकन करें, जिसके द्वारा ऐसी सेवाओं के लिए अतिरिक्त भुगतान की एक दीर्घकालिक परंपरा को समाप्त कर दिया गया। इसके अलावा, शिक्षकों को स्थाई तौर पर नए वेतनमानों को प्राप्त करने के लिए आवश्यक था कि वे परास्नातक से ऊपर की अतिरिक्त शोध डिग्री हासिल करें—चाहे यह पीएच.डी. हो अथवा नवस्थापित शोधोन्मुख एम.फिल डिग्री। निर्धारित अवधि के अंदर इस आवश्यकता की पूर्ति न करने वाले शिक्षकों के लिए वापस पुराने वेतनमान लागू कर दिए जाने थे।

आचरण सम्बन्धी अति विशिष्ट नियमों की एक श्रृंखला को भी लागू करना था जो शिक्षण समुदाय को उपलब्ध सीमित अकादमिक स्वतंत्रता के अनेक तत्वों को प्रभावी रूप से समाप्त कर देती तथा इन नियमों के उल्लंघनों के लिए प्रशासन के द्वारा शिक्षकों को अनुशासित किए जाने अथवा निष्कासित किए जाने को सरल बना देती। मुम्बई विश्वविद्यालय प्रशासन की स्वीकृति के साथ महाराष्ट्र सरकार के अधिकारियों ने स्थानीय परिस्थितियों पर विचार किए बना ही शिक्षण पेशे के उत्थान करने और व्यवस्थित करने हेतु यूजीसी की समस्त सिफारिशों को लागू करने का प्रयास करने का चयन कर लिया। नई शर्तों एवं वेतनमानों के संभावित परिणाम थे शिक्षक समुदाय की स्वायत्तता में कमी आना, शिक्षकों के लिए योग्यता में वृद्धि करना जिसे लागू करना कठिन रहा होता तथा जिसके द्वारा विश्वविद्यालय के विभागों पर भारी बोझ डाल दिया गया होता, जिन्हें अपने परास्नातक कार्यक्रमों में व्यापक विस्तार करने पड़े होते, और जिसके द्वारा शिक्षकों को बहुत अधिक बढ़े हुए प्रशासनिक नियमों एवं बाध्यताओं के अधीन ला दिया गया होता।

शिक्षक समुदाय तथा बीयूटीयू की प्रतिक्रिया पूरी तरह से नकारात्मक थी। हालांकि, आपातकाल के दौरान शिक्षकों के लिए यह असंभव हो गया था कि वे नए नियमों के विरुद्ध एकजुट हो सकें क्योंकि राजनीतिक तथा श्रमसंघीय गतिविधियों पर कठोर नियंत्रण लागू कर दिए गए थे और पुलिस अधिकारी मामले पर चर्चा करने के लिए किसी भी सार्वजनिक सभा तक की अनुमति नहीं प्रदान कर रहे थे। इसके अतिरिक्त, दो प्रमुख बीयूटीयू नेताओं को आपातकालीन नियमों के तहत गिरफ्तार कर कारावास में डाल दिया गया था, जिससे संगठन का नेतृत्व और अधिक कमजोर हो चुका था। जहाँ बीयूटीयू के नेताओं की गिरफ्तारी के लिए सरकार के द्वारा कोई औपचारिक कारण नहीं दिया गया था, वहीं व्यापक अनुमान यह था कि उन्हें उनकी श्रमसंघ गतिविधियों के कारण नहीं बल्कि उन विश्वविद्यालय प्रशासकों के मुखर विरोधी होने के कारण गिरफ्तार किया गया था जिन्होंने उन्हें कारावास में डालने का निवेदन किया था। बीयूटीयू ने नए नियमों को रोकने के उद्देश्य से विश्वविद्यालय के विरुद्ध कानूनी कार्यवाही प्रारंभ कर दी थी, तथा न्यायालय की कार्यवाहियों ने कार्यान्वयन को

1977 के चुनावों में इंदिरा गाँधी की पराजय के बाद आपातकाल के समाप्त होने तक बिलंबित कर दिया था।

आपातकाल के पश्चात्, शिक्षक एक बार फिर से एकजुट होने में सफल रहे और, वास्तव में, एक लंबे थोपे गए मौन के बाद राजनीतिक सक्रियतावाद फिर से जाग उठा था। कानूनी चुनौतियों के एक संयोजन, मुम्बई विश्वविद्यालय के प्रशासन में एक परिवर्तन, और बीयूटीयू तथा अन्य समूहों के भारी दबाव के परिणामस्वरूप महाराष्ट्र सरकार के साथ एक समझौता संभव हुआ, तथा 1977 के अंत में शिक्षण पेशे के लिए नए वेतनमानों को संशोधित नियमों के एक नए समूह के साथ लागू कर दिया गया। नए नियम सरकार द्वारा सुझाई गई मूल आवश्यकताओं तथा बीयूटीयू की इच्छाओं के बीच का एक समझौता हैं। सभी शिक्षकों के लिए एक उन्नत डिग्री हासिल करना आवश्यक किए जाने के बजाय शिक्षण पेशे में मात्र नई नियुक्ति प्राप्त करने वालों को ही ऐसी डिग्रियाँ प्राप्त करना आवश्यक होगा। शिक्षकों के लिए सरकार द्वारा सिफारिश किए गए अवकाश के समय में वृद्धि कर दी गई थी किन्तु इसे 12 सप्ताहों तक निर्धारित कर दिया गया था–जो परंपरागत समय में चार सप्ताहों की कटौती के बराबर था।

विशेषतौर पर आचार संहिता, जो शिक्षकों के लिए बहुत घृणास्पद थी, को नई व्यवस्था में शामिल नहीं किया गया, किन्तु सरकार ने भविष्य में किसी समय पर एक आचार संहिता निर्धारित करने के अधिकार को अपने पास सुरक्षित कर लिया। शिक्षण भार को प्रतिसप्ताह 15 कक्षा के घंटों तक निर्धारित कर दिया गया, जिसमें जूनियर कॉलेजों के शिक्षकों को अधिक शिक्षण प्रदान करना था। बीयूटीयू ने महसूस किया कि बढ़े हुए वेतनमान, तथा विशेषतौर पर यह तथ्य कि अब एक ऐसा 'सतत् वेतनमान' उपलब्ध है जो बहुत निचले स्तर पर प्रवक्ताओं को पृथक नहीं करता बल्कि उन्हें वरिष्ठता अर्जित करने के साथ अधिक वेतन प्राप्त करने की अनुमति प्रदान करता है, शिक्षकों के लिए एक बड़ा लाभ था। शिक्षकों के लिए निष्कासन से उत्पन्न खतरों हेतु प्रक्रिया सम्बन्धी अधिकारों की नई गारंटियों को भी एक लाभ के रूप में देखा गया क्योंकि नियम कॉलेज अधिकारियों को किसी भी मनमानीपूर्ण कार्यवाही की अनुमति नहीं प्रदान करते। हालांकि, अपीली तंत्र सरकारी निकाय के हाथों में ही है। कुल मिलाकर, नए नियमों को संघ के अधिकारियों के द्वारा एक उपयोगी समझौते के रूप में देखा गया, और ये सरकार के पिछले प्रस्तावों की तुलना में काफी कम कष्टदायक हैं।[23] अन्य लोगों ने स्पष्ट किया कि सामान्यतः अकादमिक मामलों में सरकार की भूमिका में भारी वृद्धि हो चुकी है, न केवल इसलिए क्योंकि समझौता हासिल करने हेतु बुनियादी वार्तालाप सरकार तथा बीयूटीयू के बीच किए गए थे, बल्कि विशेषतौर पर इसलिए क्योंकि सरकार नई व्यवस्था के अंतर्गत अकादमिक मामलों में सरकार को एक प्रमुख संवैधानिक तत्व के रूप में शामिल किया गया है।

वेतनों के मामले में संघर्ष के एक परिणामस्वरूप बीयूटीयू के द्वारा शिक्षक समुदाय के लिए एक बड़ा लाभ हासिल कर लिया गया और वर्तमान समय में यह शिक्षकों की एक सामान्य स्वीकृत आवाज बन चुका है। सरकारी कार्यालयों में इसे गंभीरतापूर्वक लिया जाता है, तथा विश्वविद्यालयीय अधिकारी हिचकिचाहटपूर्वक इसे अकादमिक समीकरण में शामिल एक तत्व के रूप में देखते हैं। कुछ कॉलेजों के प्रबंधन विशेषतौर पर बीयूटीयू से तथा सामान्यतौर पर शिक्षकों की नई उग्रवादिता से बातचीत करने में बहुत कम इच्छुक रहते हैं। स्वयं बीयूटीयू, जिसे मुम्बई के उच्च शिक्षा समीकरण में एक बड़ी राजनीतिक शक्ति के रूप में स्थापित किया गया था, बहुत शक्तिशाली संगठन नहीं

है, और शिक्षक समुदाय की निष्ठा पर इसकी पकड़ बहुत मजबूत नहीं है। अधिकांश शिक्षक इसे अपनी वैध आवाज मानने में हिचकिचाते हैं, और आधे से अधिक कॉलेज शिक्षक बीयूटीयू के सदस्य हैं–जिसके लिए वार्षिक आधार पर एक मामूली शुल्क का भुगतान करने की आवश्यकता होती है। हालांकि, कुछ शिक्षक बीयूटीयू की गतिविधियों में संलिप्त रहते हैं। संगठन का संचालन एक 15–सदस्यीय समिति के द्वारा किया जाता है, इसमें कोई पूर्णकालिक कर्मचारी मौजूद नहीं है। इसके लिए कार्यालय मुम्बई विश्वविद्यालय द्वारा उपलब्ध कराए गए हैं तथा संगठन शिक्षकों को कोई वास्तविक सेवा नहीं प्रदान करता। यह कहना उचित होगा कि संगठन कुछ ऐसे मुट्ठीभर कार्यकर्ताओं के हाथों में है जो लंबे समय से बीयूटीयू के मामलों में संलिप्त रहे हैं। ऐसा अनुमान लगाया गया है कि एक दर्जन से भी कम व्यक्ति बीयूटीयू में अधिक सक्रिय हैं। इन व्यक्तियों में से अधिकांश की किसी न किसी राजनीतिक दल में राजनीतिक सक्रियता की पृष्ठभूमि रही है, जिनमें से अधिकांश वामपंथी हैं। किन्तु, बीयूटीयू अपनी पहचान किसी विशिष्ट राजनीतिक दल के साथ स्थापित किए जाने से अभी तक सावधानीपूर्वक बचता रहा है, तथा इसी बात ने उस शिक्षक समुदाय के बीच इसकी अपील में वृद्धि कर दी है जिसके द्वारा मुम्बई में पक्षपातपूर्ण राजनीतिक पहचान से परहेज किया जाता रहा है। हालांकि, निःसंदेह ही राजनीतिक रूप से अनुभवी व्यक्तियों के एक छोटे से समूह के कठोर परिश्रम और प्रतिबद्धता ने बीयूटीयू को पर्याप्त सक्रियता के साथ कार्य करने की अनुमति प्रदान की है।

बीयूटीयू तब अधिक प्रभावी रहा है जब इसने वेतन, रोजगार सुरक्षा, तथा कॉलेज शिक्षक सदस्यों के रोजगार सुरक्षा जैसे मुद्दों पर जोर दिया है। इन मुद्दों ने बड़ी संख्या में शिक्षकों के समर्थन को आकर्षित किया है, और कभी–कभी प्रभावी रूप से अकादमिक एवं सरकारी अधिकारियों पर दबाव भी डाला है। जब कभी भी बीयूटीय द्वारा शैक्षणिक मुद्दों को उठाया गया अथवा पाठ्यक्रम अथवा शिक्षा के वर्तमान मुद्दों के सम्बन्ध में सभाएं आयोजित करने के प्रयास किए गए, तब इन सभाओं में भागीदारी अच्छी नहीं रही तथा लोगों द्वारा बहुत कम रुचि ली गई। शिक्षक समुदाय की रुचि मुख्यतः शैक्षिक अथवा बौद्धिक मामलों पर चर्चा के बजाय अपनी खुद की कार्य–परिस्थितियों से सम्बन्धित मामलों में रही प्रतीत होती है। यह तथ्य, कि शिक्षक समुदाय 75 से भी अधिक कॉलेजों में बँटा हुआ है और यह कि अनेक उपशहरी शिक्षकों को सभाओं के मुख्य स्थान मुम्बई के केन्द्र में पहुँचने के लिए भीड़भाड़ भरी लोकल ट्रेनों में दो घंटों तक का सफर करना आवश्यक हो जाता है, सभी कर्मचारियों के द्वारा लगभग अपरिहार्य रूप से भागीदारी को बहुत सीमित कर देता है। इसके साथ–साथ, मुम्बई में पेशेवर श्रमसंघों में सक्रिय संलिप्तता की कोई परंपरा मौजूद नहीं रही है और कुछ शिक्षकों के बीच राजनीतिक परंपरा बहुत ही कम है।

हाल के समय में बीयूटीयू अनेक मोर्चों पर सक्रिय रहा है। सितम्बर 1977 में जूनियर कॉलेजों में 300 शिक्षकों के लिए रोजगार सुरक्षा की माँग को लेकर एक हड़ताल का आह्वाहन किया गया था, तथा बीयूटीयू की माँगों के प्रति समर्थन को लेकर 1975 तथा 1977 में परीक्षाओं के मूल्यांकन का बहिष्कार का भी आग्रह किया गया था। संगठन के द्वारा विश्वविद्यालय के गैर–अकादमिक कर्मचारियों को भी उनके संघर्ष में समर्थन प्रदान किया गया है, और अनेक मुद्दों पर बीयूटीयू ने एमएफयूसीटीओ के साथ बहुत नजदीकी रूप से मिलकर कार्य किया है। वेतनमानों के लागू कर दिए जाने के बाद ऐसा प्रतीत होता है कि बीयूटीयू ने मुम्बई में सभी श्रेणी के शिक्षकों

के बीच अपना कुछ समर्थन खो दिया है, आंशिकतौर पर इसलिए क्योंकि सर्वाधिक नाटकीय मुद्दे का समाधान हो चुका था, और शायद इसलिए भी क्योंकि शिक्षक समझौता समाधान को लेकर बहुत अधिक उत्साहपूर्ण नहीं थे। अनेक शिक्षकों, जो संगठन को एक व्यावहारिक शक्ति तो मानते हैं किन्तु इसके सक्रिय समर्थक नहीं हैं, में बीयूटीयू के 'राजनीतिक' नेतृत्व के प्रति एक अविश्वास स्पष्ट दिखाई देता है। अतः, जहाँ बीयूटीयू को आपातकाल के दौरान तथा उसके तुरंत बाद व्यापक समर्थन हासिल हुआ था, वहीं यह संगठन आज एक चौराहे पर खड़ा हुआ है।

बीयूटीयू शिक्षक समुदाय में इकलौता पेशेवर संगठन नहीं है, यद्यपि वर्तमान समय में यह सर्वाधिक सक्रिय संगठन है। विश्वविद्यालय के परास्नातक विभागों में अकादमिक शिक्षक मुम्बई विश्वविद्यालय कर्मचारी संघ के रूप में संगठित हैं। इस संगठन के पास लगभग 150 लोगों की सदस्यता है (परास्नातक विभागों के कुल 230 शिक्षकों में से) तथा अनेक मुद्दों पर इसने बीयूटीयू के साथ सहयोग किया है। परास्नातक शिक्षकों की समस्याएं कॉलेज शिक्षकों की तुलना में बिल्कुल अलग हैं। कॉलेज के वेतनमानों की तुलना में उनके वेतनमान पर्याप्त ऊँचे हैं, तथा उनके उत्तरदायित्व भी पूर्णत भिन्न हैं। शिक्षण भार अपेक्षाकृत कम है, जिसमें प्रतिसप्ताह 6 से 9 कक्षाएं लेनी होती हैं, तथा शिक्षकों के पास शोध परियोजनाओं में मार्गदर्शन करने का उत्तरदायित्व भी है। विश्वविद्यालय के विभागों के लिए कुछ वित्तपोषण विश्वविद्यालय अनुदान आयोग से प्राप्त होता है, और इस प्रकार महाराष्ट्र सरकार पर उनकी निर्भरता काफी कुछ सीमित सी है। परास्नातक शिक्षकों से शोधकार्य और प्रकाशन प्रस्तुत किए जाने की अपेक्षा की जाती है, तथा वे प्रायः अपने शोधकार्य के लिए अनुदान हासिल कर सकते हैं, और इस प्रकार विश्वविद्यालय अधिकारियों से उन्हें अतिरिक्त स्वतंत्रता प्राप्त हो जाती है। अपनी बेहतर कार्य–परिस्थितियों तथा पेशेवर अनुकूलन के कारण परास्नातक शिक्षक संघ की गतिविधियों में बहुत अधिक सक्रिय नहीं होते, और उनका संगठन भी बीयूटीयू की अपेक्षा कम महत्वपूर्ण है।

हाल ही के वर्षों में मुम्बई में शिक्षकों के आंदोलन को मामूली सफलताएं प्राप्त हुई हैं, और अब यह अकादमिक समीकरण का एक स्थापित अंग बन चुका प्रतीत होता है। बीयूटीयू के बहुत अधिक प्रभावी न रहने का सम्बन्ध बीयूटीयू के सापेक्षिक रूप से कमजोर नेतृत्व से, तथा शिक्षक संगठन तथा उग्रवादिता की वास्तविक परंपराओं के अभाव के साथ जुड़ा हुआ है। यह प्रभावशाली उपलब्धियाँ थीं कि बीयूटीयू आपातकाल के दौरान जीवित बचे रहने में सफल रहा था तथा इससे संगठनात्मक रूप से सही–सलामत बाहर निकल आया था, तथा वह भूमिका भी जो इस संगठन ने नए वेतनमानों को हासिल किए जाने में निभाई थी जिसके लिए इसे शिक्षक समुदाय में व्यापक तौर पर मान्यता प्राप्त हुई थी।

ख. आपातकाल के प्रभाव

भारतीय राजनीतिक एवं अन्य संस्थानों पर आपातकाल के प्रभाव के सम्बन्ध में अनेक चर्चाएं की जा चुकी हैं। आपातकाल तथा शिक्षक समुदाय पर इसके प्रभाव की एक संक्षिप्त चर्चा शिक्षाप्रद हो सकती है। एक शब्द में, आपातकाल ने मुम्बई में अकादमिक समुदाय के दिन–प्रतिदिन के कार्यों को बहुत अधिक प्रभावित नहीं किया था, यद्यपि कि इसका कुछ प्रभाव पड़ा था–और कुछ सतत् निहितार्थ भी मौजूद रहे थे। आपातकाल के प्रभावों को कई श्रेणियों में विभाजित किया जा सकता है:

(1) बौद्धिक जीवन तथा पाठ्यक्रम पर प्रभावः इसका मापन करना कठिन है, किन्तु यह स्पष्ट है कि समाज विज्ञान के शिक्षकों द्वारा भारी दबावों का अनुभव किया गया। कक्षाओं में सरकार–विरोधी बयान समस्याजनक थे–और अनेक शिक्षकों ने महसूस किया कि उनके कुछ छात्र उनकी मुखबिरी कर रहे थे। सरकार अथवा सरकार की विशिष्ट नीति सम्बन्धी जोर की महत्वपूर्ण आलोचनाएं प्रकाशित नहीं की जा रही थीं तथा कक्षाओं में ऐसे मामलों पर चर्चा बहुत खतरनाक थी, यद्यपि अनेक शिक्षक ऐसा करना जारी रखे हुए थे। प्रकाशन संस्थाएं सरकारी की आलोचनात्मक पांडुलिपियों का प्रकाशन नहीं कर रही थीं, तथा सामान्यतौर पर, अभिव्यक्ति की स्वतंत्रता पर भारी प्रतिबंध लगे हुए थे। सामाजिक विज्ञान के अनेक शिक्षकों ने अनुभव किया कि वे अपने विषयों को प्रभावशाली ढंग से नहीं पढ़ा पा रहे हैं। कुछ मामलों में, तत्कालीन प्रधानमंत्री के 20–सूत्रीय कार्यक्रम के लक्ष्यों को प्रतिबिंबित करने हेतु पाठ्यक्रम में परिवर्तन कर दिए गए थे। ऐसा ही एक मामला था विधि विभाग में एक नए पाठ्यक्रम का जिसका सम्बन्ध 20–सूत्रीय कार्यक्रम से था, जिसने बाद में मुम्बई विश्वविद्यालय के उप–कुलपति को निष्कासित करवाने में सहायता की। इस विषय को समर्पित एक पाठ्यपुस्तक को उप–कुलपति टोपे द्वारा प्रायोजित किया गया था, जो स्वयं भी विधि के प्रोफेसर थे, और यह पाठ्यपुस्तक आपातकाल समाप्त होने के पश्चात् अत्यधिक आलोचना का कारण बन गई थी। आपातकाल के द्वारा अधिकांश शिक्षकों की, विशेषतौर पर कॉलेजों में, भूमिकाओं को बहुत अधिक प्रभावित नहीं किया गया था। विज्ञान तथा मानवविज्ञान सम्बन्धी अनेक विषय अप्रभावित रहे थे, तथा सरकार–विरोधी चर्चा एवं लेखन पर अभिनिषेध के अलावा, आपातकाल के दौरान कुछ अन्य प्रतिबंध लागू कर दिए गए थे। यह कहना उचित है कि अनेक शिक्षक, विशेषतौर पर सामाजिक विज्ञानों में, आपातकाल के दौरान हतोत्साहित हो चुके थे, और यह कि इन क्षेत्रों में शिक्षण तथा लेखन प्रतिबंधित हो गया था। पाठ्यक्रम तथा बौद्धिक मुद्दों पर सार्वजनिक विरोध प्रदर्शन बहुत कम हो चुके थे, तथा इन प्रतिबंधों के कारण किसी शिक्षक ने अपनी नौकरी से त्यागपत्र दिया हो, ऐसा ज्ञात नहीं है। अधिकांश अकादमिक समुदाय के लिए, सबकुछ 'सामान्य कारोबार' जैसा ही था।

(2) प्रशासन तथा संस्थागत जीवन पर प्रभावः आपातकाल के द्वारा अकादमिक अधिकारियों, विशेषतौर पर कॉलेज के प्रधानाचार्यों तथा विश्वविद्यालय के प्रशासनिक अधिकारियों के अधिकारों में भारी वृद्धि हो गई थी। जैसा कि भारतीय समाज के दूसरे क्षेत्रों में हुआ था, प्रशासनिक आधिकारियों की कार्यवाही से बहुत कम राहत ही उपलब्ध थी, और विश्वविद्यालय की सामान्य अकादमिक प्रक्रियाओं को, अनेक प्रकार से, नाकाम बना दिया गया था। विश्वविद्यालय निकायों के चुनाव स्थगित कर दिए गए थे, और शिक्षकों को अपनी शिकायतें अथवा चिंताओं को व्यक्त करने से रोक दिया गया था। विश्वविद्यालय का अकादमिक प्रशासन कुशलतापूर्वक कार्य कर रहा था क्योंकि अनेक छात्रों तथा कर्मचारियों को भय था कि, यदि वे ऐसी गतिविधियों में संलिप्त रहते हैं जिन्हें अधिकारियों की विरोधी माना जा सकता हो, उनका दमन कर दिया जाएगा। यह कहना उचित है कि जहाँ आपातकाल के दौरान विश्वविद्यालय का प्रशासन अपनी कुशलता के उच्च स्तर पर कार्यरत् था,

वहीं विश्वविद्यालय अपनी स्वायत्तता का बड़ा भाग गवाँ चुका था और शिक्षक समुदाय अपनी गतिविधियों की परिधि में सिमट कर रह गया था।

(3) आपातकाल का अलग–अलग संकाय सदस्यों पर भी कुछ प्रभाव पड़ा था। मुम्बई में शिक्षकों की एक छोटी सी संख्या को इस संपूर्ण अवधि हेतु अथवा आंशिक तौर पर कारावास में डाल दिया गया था। जैसा कि इंगित किया जा चुका है, बीयूटीयू के दो प्रमुख नेताओं को जेल में डाल दिया गया था, तथा कुछ अन्य मुट्ठीभर शिक्षकों को अधिकांशत अकादमिक जीवन से सम्बन्धित कारणों के बजाय परिसर के बाहर की उनकी राजनीतिक गतिविधियों के कारण कारावास में डाला गया था। इस प्रकार से कारावास में डाला जाना अधिकांश कॉलेज शिक्षकों में भय की भावना उत्पन्न करने के लिए पर्याप्त था। अधिकांश शिक्षकों, विशेषतौर पर समाज विज्ञान में, ने आपातकाल के द्वारा कठिनाईयों का अनुभव किया, और यहाँ तक कि अवसाद का शिकार हो गए। किन्तु इस असंतोष की सार्वजनिक अभिव्यक्ति बहुत कम थी तथा अधिकांश शिक्षक आपातकाल के दौरान सामान्य जीवन जीने में समर्थ थे। जहाँ सटीक आँकड़े उपलब्ध नहीं हैं, वहीं संभावना यह है कि अनेक शिक्षकों ने अनेक मध्यवर्गीय भारतीय लोगों के समान ही यह अनुभव करते हुए आपातकाल को सीमित समर्थन प्रदान किया कि अनुशासन में सुधार भारतीय समाज की आवश्यकता है। इस प्रकार, अधिकांश शिक्षकों पर आपातकाल के प्रत्यक्ष प्रभाव बहुत सीमित थे, तथा कम–से–कम मुम्बई में गिरफ्तार किए गए अथवा प्रत्यक्ष रूप से प्रभावित होने वाले शिक्षकों की संख्या बहुत ही छोटी थी।

आपातकाल का एक परिणाम राजनीतिक जागरूकता तथा शायद अकादमिक समुदाय की सक्रियतावाद में वृद्धि करना भी रहा हो सकता है। आपातकाल के ठीक बाद सक्रियता का स्तर बहुत ऊँचा हो गया था, और इस अवधि के दौरान बीयूटीयू विशेषतौर पर सक्रिय रहा था। शिक्षक विशेषतौर पर यह माँग करने में मुखर हो चुके थे कि सरकारी अधिकारी उनकी माँगों को पूरा करें। इसके अलावा, उप–कुलपति टोपे, जिन्हें आपातकाल को भारी समर्थन प्रदान करने वाले के रूप में देखा गया था, के विरुद्ध हो–हल्ला प्रारंभ हो चुका था जिसके परिणामस्वरूप उन्हें पदच्युत होना पड़ा। क्या मुम्बई में राजनीतिक जागरूकता एवं सक्रियता के उच्च स्तर–जिनकी कुछ राजनीतिक परंपराएं भी हैं–जारी रह सकेंगे अथवा नहीं यह देखा जाना शेष है, परंतु यह स्पष्ट है कि आपातकाल ने अनेक शिक्षकों के बीच बढ़ी हुई राजनीतिक जागरूकता उत्पन्न कर दी है।

निष्कर्ष

भारतीय अकादमिक समुदाय, और विशेषतौर पर स्नातक कॉलेजों में शिक्षा प्रदान करने वाला बड़ा वर्ग, स्वयं को एक दुविधा में तथा सामान्यतौर पर एक अवांछनीय स्थिति में ग्रस्त पाता है। इस दुविधा के अनेक कारण हैं जिन्हें पूर्वगामी विश्लेषणों द्वारा सुझाया जा चुका है। यह निष्कर्ष कुछ ऐसे ढाँचागत तथा अन्य कारकों का संक्षेपण करेगा जो भारतीय अकादमिक जीवन के अधिकांश मामलों की वर्तमान स्थिति में योगदान करते हैं।

दासत्व की ऐतिहासिक परंपरा, जो हिन्दू बौद्धिक जीवन के अंदर बहुत शक्तिशाली रही है और जिसे भारत में ब्रिटिश औपनिवेशिक उच्च शिक्षा के इतिहास द्वारा पोषित किया गया है, सबसे बड़ा अवरोधक कारक रही है। हिन्दू बौद्धिकता के द्वारा स्थापित पाठ्यों पर आधारित एक व्युत्पन्न विद्वत्ता पर जोर दिया जाता रहा है। ब्रिटिश औपनिवेशिक नीति के द्वारा ऐसे अकादमिक संस्थानों का गठन किया गया जिनका उद्देश्य किसी सक्रिय और स्वतंत्र अकादमिक जीवन को विकसित करना नहीं था, बल्कि उनका उद्देश्य विद्वानों और विचारकों के बजाय नौकरशाहों और पेशेवर लोगों को प्रशिक्षित करना था। कॉलेजों तथा विश्वविद्यालयों के पास स्वायत्तता बहुत कम थी, तथा ऐसे शिक्षक, जो स्थापित नीतियों से बहुत दूर थे, को काम करने में कठिनाई का अनुभव करना पड़ा। जहाँ कुछ शिक्षक स्वतंत्रता आंदोलन में संलिप्त रहे थे, वहीं शायद यह आश्चर्यजनक नहीं है कि कॉलेज तथा विश्वविद्यालय शिक्षकों की एक बहुत बड़ी संख्या 1947 में स्वतंत्रता दिलाने वाली समस्त नाटकीय घटनाओं के दौरान निष्क्रिय रही थी। छात्र सक्रिय और उग्र हो रहे थे, लेकिन शिक्षक नहीं।

भारतीय उच्च शिक्षा का प्रारंभ से ही राजनीतिकरण किया जा चुका है। विश्वविद्यालयों तथा कॉलेजों की स्थापना कुछ नीतिगत उद्देश्यों को सामने रखकर की गई थीं, और ब्रिटिश युग में इन्हें नजदीकी सरकारी समीक्षा के अधीन रखा गया था। स्वतंत्रताप्राप्ति के उपरांत, अकादमिक समुदाय को भारी अकादमिक स्वतंत्रता उपलब्ध हो चुकी थी, किन्तु उच्च शिक्षा की दिशा अभी भी सार्वजनिक नीति का मामला बनी हुई थी। स्वतंत्रताप्राप्ति के बाद की अवधि के दौरान उच्च शिक्षा में बहुत तीव्र गति से विस्तार हुआ, परिणामस्वरूप इसमें भीड़ बहुत बढ़ गई, स्थितियों में गिरावट आ गई और स्नातकों की बेरोजगारी दर में वृद्धि हो गई। शिक्षकों ने इन गिरावटों तथा तीव्र गति से हो रही वृद्धि के विरुद्ध आवाज तो उठाई, लेकिन उनकी आवाज प्रभावशाली नहीं रही। विश्वविद्यालय अपने आप में भारत में उच्च शिक्षा की दिशा को कोई आकार प्रदान कर पाने में असमर्थ रहे हैं। अधिकांश निर्देश सार्वजनिक दबावों के प्रति प्रतिक्रिया करने वाले राजनीतिक नेताओं से प्राप्त होते हैं। इसमें आश्चर्य नहीं है कि इन परिस्थितियों के अंतर्गत कोई भी स्वायत्त और आत्मचेतन अकादमिक समुदाय जन्म नहीं ले सका।

कॉलेजों और विश्वविद्यालयों पर "छोटी" राजनीति का वर्चस्व रहा है और साथ–साथ वे बाहरी शक्तियों द्वारा निर्देशित होते रहे हैं। भारत में लाभदायक रोजगार के लिए की जा रही गहन प्रतिस्पर्धा, तथा एक बार किसी पद के प्राप्त हो जाने के बाद उसे बनाए रखने की आवश्यकता द्वारा प्रेरित शिक्षकगण अपने–अपने शैक्षणिक संस्थानों के अंदर की गुटबाजीयुक्त राजनीति में संलिप्त होते रहे हैं। जहाँ मुम्बई अकादमिक राजनीति आधारित व्यवधानों से अपेक्षाकृत अधिक मुक्त रहा है, वहीं यह अज्ञात नहीं है कि भारत में कॉलेजों और विश्वविद्यालयों के संचालन गुटबाजी वाली राजनीति के कारण गंभीर रूप से बाधित होते रहे हैं। अनेक मामलों में, सृजनात्मक विद्वत्ता और शिक्षण को ऐसे अकादमिकोत्तर मामलों द्वारा सीमित कर दिया गया है जो संस्थागत वातावरण का एक भाग हैं। अभावों वाले एक समाज में तथा एक संस्थागत ढाँचे, जिसके पास व्यवहार सम्बन्धी कोई स्पष्ट नियम उपलब्ध नहीं हैं, में यह आश्चर्यजनक नहीं है कि आंतरिक राजनीति एक महत्वपूर्ण किन्तु विघटनकारी भूमिका निभाती है।

पेशागत मानदंडों के उद्भव समुचित संस्थागत और सामाजिक परिस्थितियों पर निर्भर करते हैं। भारत के अधिकांश हिस्सों में ये स्थितियाँ विद्यमान नहीं होतीं। संस्थागत स्वायत्तता अत्यन्त सीमित है और शिक्षकों, विशेषतौर पर कॉलेजों में, के पास

अपनी खुद की कार्य–परिस्थितियों, शिक्षण, समय–सारणियों, अथवा दैनिक अकादमिक जीवन के अन्य तत्वों पर बहुत कम नियंत्रण उपलब्ध होता है। इस तथ्य, कि अनेक मामलों में अकादमिक पेशा सर्वश्रेष्ठ शिक्षित व्यक्तियों की भर्ती कर पाने में सफल नहीं हो सका है, का परिणाम रहा है एक ऐसा शिक्षण पेशा जो कभी–कभी विशेषतौर पर भली–भांति प्रशिक्षित नहीं किया गया होता। एक प्रमुख तत्व है कॉलेज के ढाँचे के किसी भी स्तर पर स्वायत्तता का अभाव। शिक्षक स्वाभाविक रूप से स्वयं को शिक्षण तथा अकादमिक जीवन के लिए आत्मारोपित उत्तरदायित्वों से युक्त स्वतंत्र बुद्धिजीवी मानने के बजाय एक ऐसे बड़े नौकरशाही ढाँचे का एक कर्मचारी मानते हैं जिससे वे प्रायः भयभीत रहते हैं। इसमें आश्चर्य नहीं है कि ऐसा एक वातावरण व्यावसायिकता को जन्म देने में असफल रहा है।

कॉलेजों तथा शिक्षकों दोनों की ही आर्थिक स्थितियाँ वर्तमान स्थिति में योगदान करती हैं। कॉलेजों को विश्वविद्यालय अथवा सरकारी निकायों से मात्र सीमित सहायता ही प्राप्त होती है, और वे अपनी उत्तरजीविता के लिए छात्रों के शुल्कों पर निर्भर रहते हैं। अपेक्षाकृत नवस्थापित कॉलेजों में सुविधाएं अपर्याप्त होती हैं और वे अधिक पर्याप्त शिक्षण एवं अधिगम सम्बन्धी वातावरण स्थापित कर पाने हेतु धन जुटा पाने में असमर्थ होते हैं। शिक्षण कर्मचारी को परंपरागततौर पर कम भुगतान प्राप्त होता रहा है, और मुद्रास्फीति ने उनकी आय के स्तरों में और कमी ला दी है। शहरों में, कॉलेज शिक्षकों के लिए मध्यवर्गीय शैली में जीवित रहना वास्तव में असंभव हो चुका है, यद्यपि अल्प–शहरी व्यवस्थाओं, जहाँ जीवनयापन लागत अपेक्षाकृत कम है, के अंतर्गत शिक्षकों की हालत अपेक्षाकृत बेहतर हैं। कम वेतन ने शिक्षकों को कॉलेज सम्बन्धी उत्तरदायित्वों में कमी लाते हुए और अपनी निष्ठाओं को विभाजित करते हुए अन्य रोजगार अपनाने पर बाध्य कर दिया है।

अधिकांश समाजों में कॉलेज शिक्षक रचनात्मक बुद्धिजीवी नहीं रह गए हैं। इसके बजाय, वे ''उपभोगी बुद्धिजीवी'' अर्थात् ज्ञान के हस्तांतरणकर्ता बन गए हैं जो लेखकों तथा छात्रों के लिए रचनात्मक कार्य करने के बीच भागीदारी करते हैं। अतः, भारतीय कॉलेज शिक्षकों से यह अपेक्षा करना अनुचित होगा कि वे बहुत अधिक प्रकाशन कार्य करें, और वास्तव में प्रकाशन उनके रोजगार सम्बन्धी उत्तरदायित्वों के अधिकांश भाग में शामिल भी नहीं है। फिर भी, कॉलेज शिक्षकों के लिए यह निरंतर दुर्लभ होता जा रहा है कि वे स्वयं को अपने ही अकादमिक क्षेत्रों तथा बौद्धिक जीवन की व्यापक दुनिया में हो रही नवीनतम प्रगति के साथ अद्यतन रख सकें। और इन नवीनतम जानकारियों के बिना छात्रों को नवीनतम और सर्वाधिक उत्साहवर्द्धक ज्ञान प्रदान करना कठिन है। निश्चित रूप से, अनेक शिक्षकों के द्वारा अपनी भूमिका को गंभीरतापूर्वक लेने और बौद्धिक जीवन में भागीदारी करने के कारण एक मिली–जुली तस्वीर प्रकट होती है। परंतु ऐसा प्रतीत होगा कि शिक्षण पेशे में ऐसे लोगों की संख्या बहुत ही छोटी है।

भारतीय सामाजिक संरचना में कॉलेजों की भूमिका एक बड़े स्तर तक किसी भी शिक्षक की स्थिति और भूमिका को निर्देशित करती है। कॉलेज प्रगतिशील रूप से ग्रामीण मध्यवर्ग के साथ–साथ शहरी मध्यवर्ग और निम्न मध्यवर्ग को शिक्षा तक पहुँच प्रदान करते हुए ''सामूहिक'' संस्थान बन चुके हैं। कुछ अपवादों के साथ अब वे समाज में शक्ति और प्रतिष्ठा वाले पदों के लिए सिर्फ किसी ''अभिजात्य'' को ही प्रशिक्षित नहीं करते। इस सामाजिक स्थिति को ध्यान में रखते हुए यह आश्चर्यजनक नहीं है कि स्वयं कॉलेजों तथा उनके शिक्षकों के पास समाज में एक प्रभावशाली स्थिति उपलब्ध नहीं है। इस अर्थ में, कॉलेज शिक्षक को एक ऐसा स्थान हासिल है जो, वास्तव में, भारतीय

सामाजिक संरचना में कॉलेज के कामकाज के साथ तर्कसंगत रूप से फिट बैठता है। इस स्थिति के प्रकाश में तथा भारत के 'अभावों के समाज' को ध्यान में रखते हुए किसी नाटकीय परिवर्तन की आशा करना संभवतः अयथार्थवादी होगा।

टिप्पणियाँ

1. इस अध्याय के कुछ भाग फिलिप जी. अल्ट्बाख़ के 'In Search of Saraswati: The Ambivalence of the Indian Academic', *Higher Education* 6 (May 1977), pp. 245–75 से लिए गए हैं। See also Philip G. Altbach, *The University in Transition: An Indian Case Study* (Bombay: Sindhu, 1972) का भी अवलोकन करें। मैं सुमा चिटनिस, शीला मॅकवी एवं ए.बी. शाह का इस अध्याय के पहले के मसौद पर दी गई टिप्पणियों के लिए ऋणी हूँ।
2. Edward Shils, 'The Academic Profession in India', *Minerva* 7 (Spring, 1969), p. 345।
3. Irene Gilbert, 'The Indian Academic Profession: The Origins of a Tradition of Subordination', *Minerva* 10 (July 1972), pp. 384–411.
4. शिक्षा में 'जाति व्यवस्था' भारत तक ही सीमित नहीं है। अमेरिका में, जैसा कि डेविड रीजमैन ने स्पष्ट किया है, अकादमिक पेशे को एक सर्प–समान जुलूस जैसा देखा जा सकता है जिसमें सिर ही समग्र दिशा प्रदान करता है तथा शेष जुलूस उसका अनुगमन करता है। प्रतिष्ठित, शोधोन्मुख संस्थान, जैसे हार्वर्ड, एमआईटी तथा कैलीफोर्निया इस व्यवस्था के अग्रणी हैं। इसी प्रकार, ब्रिटेन में, ऑक्सफोर्ड तथा कैम्ब्रिज का अकादमिक पेशे की आत्मछवि पर वर्चस्व है यद्यपि इन विश्वविद्यालयों में इस पेशे की एक अल्पसंख्या ही कार्यरत् है। सार्वजनिक ध्यान तथा विश्लेषण का अधिकांश भाग इन अत्यधिक दृश्य संस्थानों से ही सम्बन्धित रहता है।
5. कॉलेज शिक्षकों का सर्वप्रथम संपूर्ण अध्ययन है सुमा चिटनिस का 'The Teacher Role in the College System' (unpublished Ph. D. dissertation, Bombay: Tata Institute of Social Science, 1973). यह भी देखें: Suma Chitnis, 'Teachers in Higher Education' in A. Singh and Philip G. Altbach, eds., *The Higher Learning in India* (New Delhi: Vikas, 1974), pp. 237–49.
6. अनेक देशों में अकादमिक पेशे की एक चर्चा हेतु देखें Philip G. Altbach, ed., *Comparative Perspectives on the Academic Profession* (New York: Praeger, 1977).
7. For general discussion about the impact of colonialism on education, see Philip G. Altbach and Gail P. Kelly, eds., *Education and Colonialism* (New York: Longmans, 1977).
8. See Bruce McCully, *English Education and the Origins of Indian Nationalism* (New York: Columbia University Press, 1940); and Aparna Basu, *The Growth of Education and Political Development, 1898–1920* (Delhi: Oxford University Press, 1974).
9. Irene Gilbert, op. cit. See also Edward Shils, op. cit.
10. For a more substantial discussion of the centre-periphery concept as it applies to higher education, see Philip G. Altbach, 'Servitude of the Mind?: Education, Dependency and Neocolonialism', *Teachers College Record* 79 (December 1977), pp. 187–204.
11. See, for example, 'Acapolitics: A Symposium on the Politiking in Academic Life', *Seminar,* No. 148 (December 1971), pp. 10–45.
12. See E. C. Ladd and S. M. Lipset, *The Divided Academy: Professors and Politics* (New York: McGraw-Hill, 1975) for a discussion of the political attitudes and values of American academics.

13. See Ministry of Education, *Report of the Banaras Hindu University Inquiry Committee* (New Delhi: Ministry of Education, 1962).
14. See Suma Chitnis, 'The Teacher Role in the College System', op. cit. and B. N. Sinha, 'The Problems and Attitudes of University Teachers in Bihar' (unpublished Ph. D. dissertation, Ranchi University, 1969). सिंह स्पष्ट करते हैं कि कम–से–कम राजस्थान के जयपुर विश्वविद्यालय में अधिकांश शिक्षक ऊँची जाति, शहरी एवं पेशेवर पृष्ठभूमियों से आते हैं। देखें Y. Singh, 'Academic Role Structure and Modernization: A Study of Rajasthan University Teachers' in this volume.
15. *Report of the Inquiry on the Problems of Teachers in the University of Bombay* (Bombay: University of Bombay, 1954).
16. Philip G. Altbach, *The University in Transition: An Indian Case Study* (Bombay: Sindhu, 1972).
17. University Grants Commission, *Report of the Committee on Governance of Universities and Colleges: Part II: Teachers* (New Delhi: University Grants Commission, 1973).
18. Ibid.
19. India, Ministry of Education, *Report of the Education Commission, 1964–66: Education and National Development* (New Delhi: Ministry of Education, 1966).
20. University Grants Commission, op. cit.
21. A. S. Abraham, 'Conduct Code of Varsity Teachers', *The Times of India* (13 November 1975).
22. 'Code of Conduct for Teachers', *Economic and Political Weekly* (15 November 1975),pp. 1754–5.
23. Interview with Professor Manjrekar, Secretary of the Bombay University Teachers Union, 17 October 1977.

खंड 3

क्षेत्रीय मुद्दे एवं चुनौतियाँ

उच्च शिक्षा तथा राज्यः एक असहज सम्बन्ध

एम. आनंदकृष्णन

बाध्यताओं का आविर्भाव

एक दशक से भी अधिक समय से संपूर्ण विश्व में, तथा भारत में उससे कुछ अधिक, उच्च शिक्षा अनेक प्रकार की बाध्यताओं के साथ प्रतिक्रिया करते हुए अभूतपूर्व रूपान्तरण से होकर गुजरती रही है। इनका सम्बन्ध प्रवेश के लिए बढ़ते हुए दबावों, तथा अभी तक हाशिए पर रहे जनसंख्या के विभिन्न वर्गों की नई माँगों के साथ जुड़ा है। समन्वित रूप से, स्वरूप, विषयवस्तु, शब्दावली, सुपुर्दगी, मान्यता इत्यादि के अर्थों में उच्च शिक्षा प्रणाली की प्रकृति में मौलिक परिवर्तन आ चुके हैं। इंटरनेट सुविधा तथा सर्च इंजनों के उद्भव ने उच्च शिक्षा में नए विकल्पों के द्वार खोल दिए हैं। इसके अलावा, भारत में उच्च शिक्षा के क्षेत्र, जिसपर पहले केन्द्र तथा राज्य सरकारों का वर्चस्व था, को निजी खिलाड़ियों द्वारा वृद्धिशील रूप से अपनाया जाने लगा है जिनपर सरकार के विनियामक प्रयास बहुत अर्थपूर्ण ढंग से प्रभावी नहीं रहे हैं। किसी भी स्थिति में, प्रभुत्वशाली अन्यमनस्कता उच्च शिक्षा संस्थानों तथा उनके द्वारा प्रस्तुत किए जाने वाले कार्यक्रमों की गुणवत्ता एवं विश्वसनीयता को स्थापित करना जारी रखे हुए है। इन सबमें भारत में राज्यों को इस प्रणाली की सत्यनिष्ठा को कायम रखने के लिए कठोर संघर्ष करना पड़ रहा है।

चार से भी अधिक दशकों से प्रोफेसर फ़िलिप जी. अल्ट्बाख़ ने भारतीय उच्च शिक्षा प्रणाली के उभरते हुए परिदृश्य पर अपने लेखनों और टिप्पणियों के जरिए निगाह रखी है जो नीतिगत पहलों तथा कार्यवाही सम्बन्धी कार्यक्रमों के लिए मूल्यवान संदर्भों तथा मार्गदर्शकों का काम करते हैं। अनेक संस्थान अपनी प्रतिष्ठा में वृद्धि करने में उनके विश्लेषणों तथा पर्यवेक्षण से लाभान्वित हुए हैं।

संस्थागत प्रतिष्ठा को कायम रखना

निःसंदेहात्मक रूप से भारत में बड़ी संख्या में ऐसे उच्च शिक्षा संस्थान मौजूद हैं जिन्होंने उच्च अकादमिक गुणवत्ता के साथ–साथ सत्यनिष्ठा के मामले में अपना कद और प्रतिष्ठा स्थापित कर रखी है। व्यापक तौर पर ऐसा इन संस्थानों को सतत् रूप से उपलब्ध रहे नेतृत्व के कारण संभव हो सका है। महत्व नेतृत्व की निरंतरता का है। ये सौभाग्यशाली रहे हैं कि इन्हें उच्च दक्षता एवं ईमानदारी से परिपूर्ण व्यक्ति अपने संस्थानों और कार्यक्रमों के मुखिया के रूप में प्राप्त हुए हैं, जिन्हें अपने दृष्टिकोणों को लागू करने के लिए उच्चस्तरीय स्वायत्तता भी प्रदान की गई थी। उप–कुलपतियों तथा

निदेशकों की खोज एवं चयन की उनकी प्रक्रियाएं नेतृत्वकर्ता के दूरदर्शी गुणों की पहचान किए जाने की ओर निर्देशित थीं। जो कुछ भी बराबर से महत्वपूर्ण है वह यह कि यह परंपरा निर्बाध रही है। अनेक प्रतिष्ठित संस्थानों ने अकादमिक नेतृत्वकर्ता के एक गलत चयन से ही अपने कद को छोटा कर लिया है। बराबर से महत्वपूर्ण रही है अनिश्चिताओं की अवधि से बचने की आवश्यकता जिसके परिणामस्वरूप नेतृत्वकर्ता के पद रिक्त बने रहते हैं। उच्च शिक्षा संस्थानों की संख्या में होने वाली तीव्र वृद्धि तथा उनके मुखिया बनने के लिए उपयुक्त लोगों की कमी ने चयन प्रक्रिया को प्रारंभ करने की जटिल प्रक्रियाओं के साथ मिलकर नेतृत्वकर्ता के पद को प्रायः महीनों से वर्षों तक के लिए रिक्त रहने के कारण उत्पन्न कर दिए हैं। यह स्थिति संस्थान को नीचे गिराते हुए सभी प्रकार की शरारत किए जाने के लिए उपजाऊ भूमि तैयार कर देती है। ऐसी चूकें राज्यों के साथ–साथ केन्द्र द्वारा वित्तपोषित संस्थानों में भी आम हैं।

संस्थानों को नेतृत्व के संकट से सुरक्षा प्रदान करने का दायित्व व्यापकतौर पर सरकार की सहायता से शासी परिषदों में निहित होता है। कुछ दुर्लभ अपवादों के साथ निजी तौर पर वित्तपोषित संस्थानों में अकादमिक नेतृत्व अर्थपूर्ण स्वायत्तता के अभाव से दुष्प्रभावित होता है क्योंकि निवेशकों की प्रवृत्ति संस्थागत प्रबंधन के प्रत्येक पहलू को नियंत्रित करने की होती है।

उभरता परिदृश्य

उच्च शिक्षा के उभरते परिदृश्य के मुख्य तत्वों का को निम्नलिखित प्रस्तावों के अर्थों में संक्षेपित किया जा सकता है:

1. गत दो दशकों के दौरान केन्द्र सरकार, राज्य सरकार तथा निजी क्षेत्रों में विभिन्न प्रकार के कॉलेजों, विश्वविद्यालयों, तथा विशेषज्ञतासंपन्न संस्थानों की संख्या में बहुत तीव्र गति से वृद्धि हुई है। एक सरसरी निगाह से किया गया पर्यवेक्षण प्रकट करता है कि उनमें से अधिकांश इष्टतम स्तर से कम पर कार्य कर रहे हैं। उप–इष्टतम उपयोग के कारणों के विश्लेषण के आधार पर यदि वर्तमान संस्थानों की क्षमता में पर्याप्त वृद्धि कर दी जाए तो नए संस्थानों को प्रारंभ करने की लागत से बहुत ही कम लागत पर ऐसे विस्तार के लक्ष्यों को एक महत्वपूर्ण सीमा तक पूरा किया जा सकता है।
2. ऐसे अनेक मौजूदा संस्थान हैं जिनमें विज्ञान, प्रौद्योगिकी, मानव विज्ञान, तथा सामाजिक विज्ञानों के नवीन और उभरते हुए क्षेत्रों में नवाचारी कार्यक्रम को प्रारंभ करने की क्षमता के साथ–साथ गुणवत्ता तथा कद के गुण भी मौजूद हैं। उन्हें उच्च शिक्षा के विकास में अधिक प्राथमिकता प्राप्त होनी चाहिए।
3. यद्यपि केन्द्र सरकार के द्वारा पूरे देश में विभिन्न राज्यों में आईआईटी, केन्द्रीय विश्वविद्यालयों, आईआईएसईआर, आईआईआईटी इत्यादि जैसे उच्च क्षमतावान संस्थानों को स्थापित करने की महत्वपूर्ण पहल की जा चुकी है, तथापि न केवल निधियों और कर्मचारियों की आवश्यकताओं बल्कि मात्र कुछ उल्लेखनीय अपवादों को छोड़कर राज्य सरकारों से प्राप्त होने वाले कमजोर समर्थन के कारण भी उन्हें स्वस्थ जीवन प्रदान किए जाने में होने वाली प्रगति सुस्त ही रही है।

4. अनेक नए संस्थानों को स्थापित करना न केवल बढ़ती हुई प्रवेश सम्बनधी माँगों की पूर्ति करने हेतु अपरिहार्य है बल्कि नए ज्ञान समाज के उदय के लिए भी अत्यन्त महत्वपूर्ण है। ऐसा करने में यह आवश्यक है कि वे (1) विभिन्न क्षेत्रों के बीच उपलब्ध क्षमता में गंभीर असंतुलनों को समाप्त करने; (2) विभिन्न विषयों के बीच विकास के पैटर्न में गंभीर विकृतियों को दुरुस्त करने; (3) देश के अलग–अलग क्षेत्रों की विशिष्ट आर्थिक, सामाजिक तथा तकनीकी आवश्यकताओं को सम्बोधित करने; (4) उच्च शिक्षा में प्रभावी सार्वजनिक–निजी साझेदारी को प्रोत्साहित करने; तथा (5) उच्च स्तरीय प्रतिष्ठा अर्जित करने हेतु राज्य स्तरीय संस्थानों को प्रोत्साहित करने में सहायता प्रदान करें।
5. यह सुविदित तथ्य है कि वर्तमान समय में केन्द्र द्वारा वित्तपोषित संस्थानों में राजनीतिक एवं नौकरशाही सम्बन्धी हस्तक्षेप का स्तर वास्तव में बहुत मामूली है किन्तु राज्यों द्वारा वित्तपोषित अधिकांश संस्थानों में यह बहुत भीषण है। ऐसे राज्यों में यह आवश्यक होगा कि अनुनय और मान्यता सम्बन्धी समुचित उपायों के द्वारा स्थिति में सुधार किए जाएं।
6. केन्द्र तथा अनेक राज्यों से वित्तीय सहयोग की उदारतापूर्ण उपलब्धता वाली वर्तमान परिस्थितियों के बावजूद यह मानकर नहीं चला जा सकता कि यह स्थिति सदैव विद्यमान रहेगी। उच्च शिक्षा प्रणाली की सुरक्षा के लिए एक वित्तीय सुरक्षा व्यवस्था की जबरदस्त आवश्यकता है।
7. बहुत अधिक प्रचार के बावजूद भारत में उच्च क्षमतावान निजी संस्थानों की संख्या बहुत ही कम है। शायद भारत दुनिया के कुछ उन देशों में से एक है जो शिक्षण संस्थानों के जोरशोर के साथ किए जाने वाले ऐसे विज्ञापनों में संलिप्त हैं जो प्रायः ही अतिशयोक्तिपूर्ण तथा भ्रामक दावों से भरे होते हैं। छात्रों तथा माता–पिताओं की सुरक्षा के लिए कम से कम बेईमानी तथा गलत बयानी को तो रोका ही जा सकता है।
8. गत पाँच वर्षों के दौरान उच्च शिक्षा प्रणाली के कायाकल्प तथा नवीनीकरण सम्बन्धी शैक्षिक सुधारों हेतु की गई बड़ी पहल के द्वारा बहुत अधिक आशाएं जाग्रत कर दी गई थीं। इन सुधारों की मंशा थी उच्च स्तरीय गुणवत्ता उत्पन्न करना, कदाचारों को रोकना, विश्वविद्यालय के विचार को पुनर्बहाल करना, तथा अंतर्राष्ट्रीय भागीदारी को बढ़ावा देना। क्रमशः, ऐसे सुधारों की आशाएं किसी अवधारणात्मक कमजोरी की वजह से नहीं बल्कि अनूठी भारतीय राजनीतिक प्रक्रियाओं के कारण कमजोर होती चली गईं।

संभावित रणनीति

विकसित हो रहे उच्च शिक्षा परिदृश्य की गतिशीलता के इस प्रकाश में मात्र कुछ ही विकल्प उपलब्ध हैं जो लाभदायक और प्रभावोत्पादक हैं। यह अनिवार्य है कि गत 10 वर्षों के दौरान उच्च शिक्षा के लिए प्रारंभ की गई उन नई रणनीतियों को कायम रखा जाए जिनके द्वारा इसे विकासवादी चिंतन की परिधि से निकालकर सर्वाधिक महत्वपूर्ण मुद्दा बना दिया गया था। मंद आर्थिक विकास के बावजूद उच्च शिक्षा प्रणाली को एक गैरआनुपातिक आघात नहीं लगना चाहिए।

भविष्य में हमारे अनेक प्रमुख उच्च शिक्षा संस्थानों को विश्वस्तरीय स्तर प्रदान किए जाने हेतु सहयोग, सहारे तथा प्रस्तुतीकरण की कहीं अधिक आवश्यकता महसूस की जाएगी, भले ही इस प्रयोजन के लिए कोई भी मानदंड क्यों न अपनाना पड़े। अनेक राज्य–स्तरीय संस्थानों को सहयोग प्रदान करने तथा प्रमुख स्थिति तक उनका उन्नयन करने की आवश्यकता तात्कालिक है किन्तु वैचारिक एवं संचालन सम्बन्धी बाधाओं के कारण ऐसा करना काफी कठिन है। इसके लिए राजनीतिक एवं अकादमिक स्तर पर जोरदार प्रयासों की आवश्यकता होगी।

यदि केन्द्र, राज्य तथा निजी निवेशक इसकी अंतर्राष्ट्रीय प्रतिष्ठा को कायम रखने के एक साझा राष्ट्रीय प्रयोजन की दिशा में प्रयास करने हेतु संकल्पबद्ध हो जाएं तो भारतीय उच्च शिक्षा प्रणाली के पास एक महान भविष्य उपलब्ध है।

11

मुम्बई के कॉलेज

Minerva
Vol. 8, No. 4 (October), 1970
pp. 520–541

फ़िलिप जी. अल्ट्बाख़

भारतीय विश्वविद्यालय अपने नाम से कहीं अधिक महत्वपूर्ण हैं किन्तु कुछ मामलों में ऐसा नहीं है। नाम के पीछे वास्तविकताएं मौजूद हैं। वास्तविकता हैं कॉलेज। भारत में 1967–68 में कुल 70 विश्वविद्यालय तथा 10 ''डीम्ड विश्वविद्यालय'' थे जिनमें 22,18,972 छात्रों को प्रवेश प्राप्त था; हालांकि, वास्तव में लगभग 18,86,100 अथवा 85 प्रतिशत छात्रों को विश्वविद्यालय से सम्बद्ध कॉलेजों में प्रवेश मिला हुआ था। 1967–68 में भारत के उच्च शिक्षा संस्थानों में कार्यरत् कुल 1,02,444 शिक्षकों में से 17,456 विश्वविद्यालय में कार्यरत् थे; जबकि 84,998 शिक्षक कॉलेजों में थे।[1]

1967 में मुम्बई के कुल 77,076[2] छात्रों में से 71,000 का नामांकन वृहत्तर मुम्बई के 59 सम्बद्ध कॉलेजों में किया गया था। विश्वविद्यालयों में मौजूद कुल 3,487 शिक्षकों में से 3,200 कॉलेजों की वेतनसूची में शामिल थे।[3] कुछ मामलों में स्वतंत्रता प्राप्त होने के साथ–साथ कॉलेज विश्वविद्यालय के अधिकार के अधीन आते हैं। विश्वविद्यालय के साथ सम्बद्ध होने के लिए किसी भी कॉलेज को विश्वविद्यालय द्वारा निर्धारित कतिपय मानकों को पूरा करना आवश्यक होता है; ये विश्वविद्यालय के वार्षिक निरीक्षण के अधीन होते हैं। ये अपने छात्रों को विश्वविद्यालय द्वारा प्रदान की जाने वाली डिग्रियों के लिए तैयार करते हैं; अतः परीक्षाएं विश्वविद्यालय का विशेषाधिकार हैं और ऐसा ही पाठ्यक्रम के साथ भी है। विश्वविद्यालय प्रशासन के पास कॉलेजों पर अनेकों प्रकार के पर्याप्त अधिकार भी उपलब्ध हैं। विश्वविद्यालय अनुदान आयोग तथा अन्य एजेन्सियों से प्राप्त होने वाले विभिन्न अनुदानों के लिए सामान्यतः विश्वविद्यालय की स्वीकृति प्राप्त करना अनिवार्य होता है। मात्र विश्वविद्यालय ही डिग्रियाँ प्रदान कर सकता है और मात्र यह ही निर्णय कर सकता है कि इन डिग्रियों को कौन प्राप्त कर सकता है। विश्वविद्यालय के पास कॉलेजों का निरीक्षण करने, वित्तीय खातों, अकादमिक अभिलेखों, शिक्षण कर्मचारियों तथा उनके मामलों के अन्य पहलुओं की जाँच करने का अधिकार होता है। विश्वविद्यालय कॉलेजों में प्रवेश के लिए न्यूनतम मानक निर्धारित करता है, अकादमिक कर्मचारियों के वेतन निर्धारित करता है, शिक्षण–शुल्क निर्धारित करता है, तथा सम्बद्धता के लिए प्रारंभिक स्वीकृति प्रदान करता है। पुस्तकालय में पुस्तकों के लिए, विज्ञान प्रयोगशालाओं के लिए तथा कॉलेजों की भौतिक संस्थापनाओं के अन्य पहलुओं के लिए विश्वविद्यालय के न्यूनतम मानक मौजूद हैं।

विश्वविद्यालय के पास कॉलेजों की सम्बद्धता रद्द करने का अधिकार है; यह किसी भी कॉलेज को अपना अस्तित्व समाप्त करने हेतु बाध्य कर सकता है क्योंकि कोई भी कॉलेज, जो अपने छात्रों को विश्वविद्यालय की परीक्षाओं में बैठने देने और एक विश्वविद्यालय डिग्री प्रदान करवाने में समर्थ न हो, स्वयं को छात्रों से विहीन ही पाएगा। अनेक अवसरों पर

मुम्बई विश्वविद्यालय के द्वारा सम्बद्धता समाप्त करने जैसे चरम कदम उठाए जा चुके हैं, तथा इसके द्वारा प्रायः यह माँग की जाती रहती है कि स्थाई सम्बद्धता प्रदान किए जाने के पूर्व कॉलेज प्रबंधक अपने पुस्तकालयों अथवा अन्य सुविधाओं में सुधार करें।[4] किसी भी नए कॉलेज को विश्वविद्यालय से पूर्ण अनुमोदन प्राप्त करने के पूर्व सामान्यतः कई वर्षों तक अस्थाई सम्बद्धता के साथ कार्य करना पड़ता है। आज दिनतक, मुम्बई विश्वविद्यालय ने सम्बद्धता के अपने अधिकार का उपयोग मात्र यह सुनिश्चित करने हेतु किया है कि कर्मचारियों तथा सुविधाओं सम्बन्धी इसकी न्यूनतम आवश्यकताओं को पूरा किया गया हो। यह न्यूनतम मानकों को पूरा करने में सफल रहने वाले कॉलेजों के लिए सम्बद्धता समाप्त करने के अपने अधिकार का उपयोग नहीं करता। कोई भी कॉलेज, जिसे ऐसी धमकी प्राप्त हो चुकी हो, संभवतः समुचित राजनीतिक समर्थन हासिल कर सकता है ताकि विश्वविद्यालय को ऐसे किसी भी प्रयास करने से रोका जा सके।

मुम्बई में "प्रातःकालीन कॉलेज" का मामला विश्वविद्यालय पर सरकारी दबाव का एक उदाहरण है। "प्रातःकालीन कॉलेज" वे थे जो अपना शिक्षण कार्यदिवस व्यापार एवं सरकारी कार्यालयों के खुलने के पहले ही प्रारंभ कर देते थे, ताकि ऐसे संस्थानों के कर्मचारी आगे की उच्च शिक्षा हासिल कर सकें। अकादिमक जगत में सामान्यतः ऐसा सोचा जाता था कि "प्रातःकालीन कॉलेज" बहुत संतोषजनक कार्य नहीं करते और उनकी बहुत अधिक आलोचनाएं की जा रही थीं। 1964 में जब विश्वविद्यालय प्रशासन ने प्राचार्य के नेतृत्व में "प्रातःकालीन कॉलेजों" को बंद करने तथा उसके द्वारा अकादमिक स्तर को ऊपर उठाने का निर्णय लिया तो प्रातःकालीन पाठ्यक्रम संचालित करने वाले कॉलेजों तथा इस परिवर्तन से वंचित होने वाले समूहों के प्रतिनिधियों के द्वारा तुरंत ही इसका कड़ा विरोध किया गया। उस समय प्रचारित एक ज्ञापन में व्यक्त तथ्य के अनुसार विश्वविद्यालय की स्थिति यह थी कि प्रातःकाल में अंशकालिक शिक्षण के द्वारा असहनीय रूप से निचले स्तर उत्पन्न किए जा रहे थे, और यह कि इन्हें समाप्त कर दिया जाना चाहिए।[5] कार्यक्रम के समर्थकों ने उल्लेख किया कि इसकी समाप्ति से निम्नवर्गीय छात्रों को कॉलेज शिक्षा से वंचित कर दिया जाएगा। कॉलेजों और उनके छात्रों द्वारा सरकार पर दबाव डाला गया, जिसके परिणामस्वरूप विश्वविद्यालय को अपनी योजना संशोधित करनी पड़ी। कॉलेजों के लिए यह एक जीत थी; कुछ अन्य लोग भी ऐसा ही महसूस कर रहे थे।

मुम्बई विश्वविद्यालय की प्रमुख गतिविधियों में से एक है परास्नातक शिक्षण। 1968 में, विश्वविद्यालय के पास 16 परास्नातक विभाग थे जिनमें 2,303 छात्रों को प्रवेश प्राप्त था। इसके शिक्षण विभाग हैं अनुप्रयुक्त मनोविज्ञान, रसायन प्रौद्योगिकी, अर्थशास्त्र, अंग्रेजी, विधि, राजनीति, गणित, प्रबंधन अध्ययन, भाषा–विज्ञान, पुस्तकालय विज्ञान, विदेशी भाषाएं, रसायनविज्ञान, प्राथमिक चिकित्सा विज्ञान, समाजविज्ञान, सांख्यकीय एवं संस्कृत। परास्नातक स्तर पर शिक्षण अनेक कॉलेजों के द्वारा संपन्न किया जा रहा है; हालांकि परास्नातक डिग्री शोधप्रबंध की डिग्री नहीं होती। शोधप्रबंध की डिग्रियाँ एवं प्रशिक्षण अपने आप में एक बार फिर से विश्वविद्यालय का एकाधिकार हैं।

भारत में स्नातक शिक्षण की तुलना में परास्नातक शिक्षण को अमेरिका से भी कहीं अधिक प्रतिष्ठा प्राप्त है, और मुम्बई इसका अपवाद नहीं है। विश्वविद्यालयों में नियुक्त किए गए शिक्षकों को अपेक्षाकृत अधिक वेतन प्राप्त होते हैं, उनके कार्यकाल की सुरक्षा अधिक है और कॉलेज शिक्षकों के मुकाबले उन्हें अधिक सम्मान प्राप्त होता है। इसके अलावा, विश्वविद्यालय के मामलों में विश्वविद्यालय के विभागों के सदस्यों को कुछ दखल प्राप्त है, क्योंकि विभिन्न विश्वविद्यालयीय निकायों के द्वारा उनका प्रतिनिधित्व किया जाता है तथा कॉलेजों की परीक्षाओं का निर्धारण करने में उनकी एक महत्वपूर्ण भूमिका होती है।

जहाँ मुम्बई के कुछ कॉलेज परास्नातक शिक्षा प्रदान करते हैं–सामान्यतः ऐसे क्षेत्रों में जिनमें विश्वविद्यालय के पास कोई विभाग उपलब्ध नहीं हैं, जैसे इतिहास–वहाँ परास्नातक विभागों तथा कॉलेजों के बीच के सम्बन्ध दूरी भरे हैं। विश्वविद्यालय में परास्नातक विभागों के अकादमिक शिक्षक स्वयं को अपने कॉलेज समकक्षियों से श्रेष्ठतर महसूस करते हैं और उनके बीच संपर्क बहुत ही कम होते हैं। हालांकि, कुछ क्षेत्रों, जैसे समाजविज्ञान में कॉलेज शिक्षकों तथा विश्वविद्यालय के परास्नातक विभागों के शिक्षकों के बीच काफी नजदीकी संपर्क मौजूद रहे हैं, और परिणामस्वरूप कुछ समन्वय स्थापित हो चुका है।

मुम्बई के फोर्ट क्षेत्र (शहर का केन्द्रबिन्दु) में स्थित विश्वविद्यालय का मुख्य भवन तथा इसका पुस्तकालय अधिकांश कॉलेजों के लिए बहुत दूर स्थित है। विश्वविद्यालय कर्मियों तथा कॉलेजों के छात्रों एवं शिक्षकों के बीच अधिक संपर्क नहीं हैं; बाधाएं मात्र भौतिक दूरी की ही नहीं हैं। यह सत्य है कि कॉलेज विश्वविद्यालय के केन्द्र से 25 मील की परिधि में व्यापकतौर पर छितराए हुए हैं, और कुछ लोगों को फोर्ट क्षेत्र तक पहुँचने में ढाई घंटों की यात्रा करनी पड़ती है; विश्वविद्यालय तथा कॉलेजों के बीच संपर्क की कमी को भूतपूर्व रजिस्ट्रार एवं प्राचार्य श्री एस.आर. डोंगरकेरी द्वारा किए गए एक पर्यवेक्षण में व्यक्त किया गया है। श्री डोंगरकेरी ने नौ उप–कुलपतियों के अधीन सेवा प्रदान की थी तथा अपने द्वारा की गई प्रतिभाओं की समीक्षा में वे उनमें से मात्र एक, स्वर्गीय डॉ. जॉन मथाई, का ही उल्लेख करते हैं जो कॉलेजों में जाते थे और छात्रों से बातचीत किया करते थे।[6]

स्नातक छात्रों को विश्वविद्यालय के पुस्तकालय का उपयोग करने के लिए विशिष्ट अनुमति आवश्यक है। विश्वविद्यालय तथा कॉलेज शिक्षकों का वास्तव में कोई परस्पर संपर्क नहीं है, तथा विश्वविद्यालय के विभागों में शिक्षकों का कॉलेजों में स्नातक छात्रों के साथ कोई संपर्क नहीं है। छात्रों का विश्वविद्यालय के साथ सीधा संपर्क परीक्षा के समय होता है, और उनमें से अनेक उन नियमों से अनभिज्ञ प्रतीत होते हैं जो कॉलेजों को शासित करने हेतु विश्वविद्यालय द्वारा निर्धारित किए गए होते हैं।

अधिकांश कॉलेज प्रशासन एवं शिक्षक महसूस करते हैं कि विश्वविद्यालय के अधिकार, जो स्तरों को कायम रखने हेतु चाहे जितने भी आवश्यक क्यों न हों, का उनके संस्थानों में सुधार सम्बन्धी प्रयासों पर प्रतिबंधात्मक प्रभाव होता है। तथापि, जैसा कि अपेक्षा की जा सकती है, प्रशासनिक ढाँचा सभी कॉलेजों में समरूपता लागू करता है। मुम्बई विश्वविद्यालय के साथ सम्बद्ध 59 कॉलेजों के बीच शिक्षा की गुणवत्ता, कार्य की परिस्थितियों तथा अन्य महत्वपूर्ण मामलों में भारी अंतर मौजूद हैं। मुम्बई विश्वविद्यालय के पास भारत के सर्वश्रेष्ठ कॉलेजों में से कई कॉलेज मौजूद हैं; इसके पास ऐसे कॉलेज भी हैं जिन्हें भारत में उच्च शिक्षा के न्यूनतम स्वीकार्य स्तरों के नीचे जाने के लिए भी जाना जाता है। कॉलेजों में विभिन्न प्रकार के प्रशासन और प्रबंधन, विविधतापूर्ण शैक्षिक दृष्टिकोण, तथा काफी भिन्न संस्थागत शैलियाँ भी मौजूद हैं।

कॉलेज प्रबंधन

कॉलेज का संगठनात्मक ढाँचा एक बुनियादी कारक होता है। किसी कॉलेज पर ऊपर से नीचे तक दृष्टि डालने पर सर्वाधिक महत्वपूर्ण नियंत्रक तत्व वह निकाय होता है जो, कानून के अनुसार, संस्थान का स्वामी हो। निजी तौर पर स्थापित किए गए कॉलेजों में इस निकाय को सामान्यतः प्रबंधन अथवा प्रबंध समिति के रूप में संदर्भित किया जाता

है। किन्तु यह कोई मिशनरी निकाय, अथवा कुछ मामलों में, सरकार (सारणी–I) भी हो सकती है। कॉलेज के प्रबंधन का अंतिम लक्ष्य संस्थान पर कानूनी नियंत्रण रखना होता है तथा यह इसके खर्चों एवं ऋणों तथा कर्मचारियों की नियुक्तियों, अवधारण तथा पारिश्रमिक के लिए उत्तरदायी होता है। मुम्बई के कॉलेजों के प्रबंधन निकायों की भूमिका के बीच भारी अंतर विद्यमान हैं। इनमें से कुछ संस्थान के मामलों में बहुत सक्रिय भूमिका निभाते हैं, जबकि अन्य प्रधानाचार्य, तथा कुछ उदाहरणों में, अकादमिक कर्मचारियों के लिए पर्याप्त स्वायत्तता की अनुमति प्रदान करते हैं।

तालिका 1 (क) 1967 में मुम्बई के कॉलेजों के प्रबंधन[a]

कॉलेजों के प्रबंधन के प्रकार	*संस्थानों की संख्या*
राज्य सरकार	10
मुम्बई नगर निगम	4
मिशनरी	
रोमन कैथोलिक	3
प्रोटेस्टेंट	1
निजी	–
गुजराती	15
मराठी	5
सिन्धी	4
हरिजन	3
दक्षिण भारतीय	1
सिख	1
मुस्लिम	1
अन्य	1
अज्ञात	3
कुल	52

(ख) 1967 में मुम्बई के कॉलेजों का आकार

छात्रों की संख्या	*कॉलेजों की संख्या*
300 से कम	9
301–500	4
501–1,000	9
1,001–1,500	12
1,501–2,000	6
2,001–3,000	12
योग	52

[a] इस सारणी में वृहत्तर मुम्बई में स्थित मुख्यतः कला और विज्ञान कॉलेज शामिल हैं। पहली बार 52 कॉलेजों का अन्वेषण किया गया था।

मुम्बई में, कॉलेज सामान्यतः अपनी लागतों की पूर्ति अपने शुल्कों से कर लेते हैं। (भारत के कुछ भागों में, कभी–कभी निजी समूह वित्तीय लाभ अर्जित करने की मंशा से कॉलेज स्थापित कर लेते हैं।) अतः, कम–से–कम मुम्बई में तो कॉलेज को प्रारंभ करने और इसका प्रशासन करने के उद्देश्य सामान्यतः वित्तीय प्रतिफलों से परे हैं। अधिकांश निजी कॉलेजों का संचालन ऐसे व्यवसायियों के समूहों द्वारा किया जाता है जो व्यापकतौर पर समाजसेवा से जुड़े हैं। कुछ लोग कॉलेजों को बड़ी धनराशियाँ दान देते हैं ताकि सामाजिक महत्व के किसी संस्थान को उनका नाम प्रदान किया जा सके। परिणामस्वरूप, मुम्बई के कॉलेजों के अनेक शासी निकाय शिक्षा सम्बन्धी मामलों से बहुत अधिक भिज्ञ नहीं हैं, तथा उनका अकादमिक अनुभव अत्यन्त मामूली है। कॉलेजों का नियंत्रण भारी राजनीतिक शक्ति और संरक्षण प्रदान करता है। प्रवेश में प्राथमिकताएं प्रदान की जा सकती हैं (विश्वविद्यालय के नियमों के अधीन), अथवा शिक्षण एवं अन्य पदों के लिए नियुक्तियाँ की जा सकती हैं। कॉलेज प्रायः स्थानीय तौर पर सुसम्मानित संस्थान होते हैं, और किसी भी कॉलेज का नियंत्रण किसी स्थानीय सामुदायिक मामले में प्रायः महत्वपूर्ण होता है। अतः, प्रतिष्ठा उन लोगों के लिए उपार्जित होती है जो कॉलेजों की स्थापना करते हैं और जो उनकी प्रबंध समितियों में सेवा प्रदान करते हैं।

निजी प्रबंधन समितियों के बीच अपने कॉलेजों के प्रति नीतियों में काफी अंतर हैं। उदाहरणार्थ, सौमेया कॉलेज उप–शहरी क्षेत्र में स्थित एक नया कॉलेज है; इसकी स्थापना 1960 में एक अकेले व्यक्ति (एक अमीर गुजराती व्यापारी) द्वारा की गई थी जिनकी इच्छा शिक्षा पर एक सशक्त प्रभाव डालने तथा नए कॉलेज पर अपने विचारों को थोपने की थी। परिणामस्वरूप, कॉलेज का प्रबंधन, जिसमें अधिकांशतः संस्थापक तथा उनके परिवार के सदस्य ही शामिल हैं, कॉलेज में अत्यन्त सक्रिय रुचि लेते हैं तथा प्रायः संस्थान के कर्मचारियों तथा छात्रों पर अपने शैक्षणिक एवं अन्य विचारों को थोप देते हैं। नीतिगत मामलों में कॉलेज के प्रधानाचार्य वास्तव में अधिकार–विहीन हैं, तथा शिक्षा नीति पर असहमतियों के कारण कई प्रधानाचार्य त्यागपत्र दे चुके हैं। संस्थापक धार्मिकता, धार्मिक मूल्यों तथा उचित बर्ताव का मूल्य निर्धारित करते हैं। परिणामस्वरूप, प्रार्थनाएं अनिवार्य हैं, छात्रों एवं कर्मचारियों के लिए परिधान सम्बन्धी नियम कठोर हैं, तथा कॉलेज में धूमपान पर कठोर प्रतिबंध है। नियमों का उल्लंघन करने वाले छात्रों तथा कर्मचारियों को संस्थान से तुरंत निष्कासित कर दिया जाता है। इन नीतियों के परिणाम यह हैं कि यह गुलाम कर्मचारियों वाला तथा बौद्धिक रूप से एक मरणशील कॉलेज है। ऐसी कोई व्यवस्था नहीं है कि जबतक विश्वविद्यालय के नियमों का उल्लंघन न किया गया हो प्रबंधन के अधिकारों को सीमित किया जा सके।

निजी नियंत्रण वाले ऐसे कॉलेज भी मौजूद हैं जिनमें प्रधानाचार्य अथवा प्रधानाचार्य सहित शिक्षकों के पास कॉलेज के मामलों में पर्याप्त अधिकार उपलब्ध हैं। मुम्बई के बेहतर संस्थानों में से एक, रुइया कॉलेज, का संगठनात्मक ढाँचा अनूठा है जो इसके प्रधानाचार्य एवं शिक्षकों को लगभग अद्वितीय स्वायत्तता प्रदान करता है; परिणामस्वरूप, इसके कर्मचारियों का मनोबल बहुत ऊँचा है तथा इसकी अकादमिक ख्याति बहुत अच्छी है। यह कॉलेज, जिसकी स्थापना 1937 में पुणे में मुख्यालय वाले एक सुस्थापित मराठी शैक्षणिक न्यास, *शिक्षण प्रसारक मंडली,* के द्वारा की गई थी, ''आजीवन–सदस्यता'' प्रणाली पर आधारित है। मराठी सामाजिक सेवा की 19वीं शताब्दी से ग्रहण की गई इस अवधारणा, जिसके प्रमुख उदाहरण हैं सर्वेंट्स ऑफ इंडिया सोसाइटी तथा डेक्कन एजूकेशनल सोसाइटी, का अर्थ है कि कॉलेज के

शिक्षक सदस्यों में से अनेक स्वयं को वहाँ 20 वर्षों तक शिक्षा प्रदान करने हेतु प्रतिबद्ध कर लेते हैं, और इस प्रकार "आजीवन–सदस्य" बन जाते हैं। कॉलेज का प्रशासन आजीवन–सदस्यों की समिति के द्वारा किया जाता है, जो समिति में नए सदस्यों को प्रवेश करवाने हेतु उत्तरदायी होते हैं। प्रबंधन के द्वारा कॉलेज प्रशासन के समस्त पहलुओं को परंपरागततौर पर आजीवन–सदस्यों पर छोड़ दिया गया है, जिनमें से कुछ इसके प्रबंधक मंडल के सर्वोच्च पद पर आसीन होते हैं। आजीवन–सदस्यों के पास एक सुरक्षित कार्यकाल का लाभ उपलब्ध होता है, लेकिन संस्थान के प्रति उनके काफी उत्तरदायित्व भी होते हैं तथा प्रायः उन्हें इतना वेतन नहीं दिया जाता जितना अन्य कॉलेजों में प्राप्त हो सकता है।

यह कौतूहलपूर्ण है कि रुइया कॉलेज में जहाँ "आजीवन–सदस्य" प्रणाली के द्वारा बहुत अच्छा कार्य किया गया है और शिक्षा के एक उच्च स्तर को बनाए रखा गया है, वहीं इस मॉडल का कहीं पर भी अनुकरण नहीं किया गया है। अनेक व्यक्ति, जो रुइया कॉलेज के अंदर तथा बाहर से हैं, उल्लेख करते हैं कि यह प्रणाली, जो मठवासी व्यवस्था जैसी है, स्वतंत्रताप्राप्ति के बाद के भारत में आकर्षक नहीं रह गई है। इसमें पर्याप्त गतिशीलता नहीं है, तथा किसी शैक्षिक संस्थान के लिए एक दीर्घावधि हेतु कार्य करने की प्रतिबद्धता ऐसे अनेक युवा शिक्षकों के लिए आकर्षक नहीं है जो एक माँगों से भरी एक नैतिक प्रतिबद्धता को अपनाने के अनिच्छुक हैं।

कुछ अलग उपायों द्वारा पर्याप्त स्वायत्तता बनाए रखने वाला एक अन्य कॉलेज है मिठीबाई कॉलेज, जो उप–शहरी मुम्बई में स्थित एक नया कॉलेज है। मिठीबाई कॉलेज को दो कारणोंवश शहर के अपेक्षाकृत नए तथा अल्प–प्रतिष्ठित संस्थानों के बीच बौद्धिक गुणवत्ता के लिए ख्याति प्राप्त है। सर्वाधिक महत्वपूर्ण तत्व यह है कि कॉलेज के प्रबंधन ने कॉलेज प्रशासन की समस्याओं के प्रति एक प्रबुद्ध दृष्टिकोण अपनाया है तथा अकादमिक संस्तर को पर्याप्त स्वायत्तता प्रदान की है। इसकी स्थापना गुजराती व्यापारियों द्वारा संचालित एक न्यास के द्वारा की गई थी, किन्तु सोमैया कॉलेज के प्रबंधन के पूरी तरह से विपरीत, यह न्यास कई वर्षों से स्कूलों और कॉलेजों का संचालन करता रहा है तथा अपने निदेशकों में अनेकों सुशिक्षित व्यक्तियों को सम्मिलित करता है। इसके पास एक सशक्त और कल्पनाशील प्रधानाचार्य उपलब्ध हैं जिन्होंने जोर दिया है कि कॉलेज अपनी स्वतंत्रता को कायम रखे और उन्होंने बाहरी दबावों से शिक्षकों की रक्षा की है। प्रधानाचार्य ने उच्च–शिक्षित शिक्षकों को नियुक्त करने के अपने अधिकार का उपयोग किया है और, बदले में, ऐसे शिक्षकों, जो अन्यथा रूप से किसी अप्रतिष्ठित छात्र निकाय वाले एक शहरी कॉलेज में शिक्षा प्रदान करने के इच्छुक न रहे होते, ने संस्थान के प्रति अपनी निष्ठा प्रदर्शित की है। मिठीबाई के शिक्षकों को शैक्षणिक अथवा राजनीतिक गतिविधियों में संलिप्त होने की स्वतंत्रता है, जो कि मुम्बई के कॉलेज शिक्षकों के लिए दुर्लभ है। इस नीति के परिणामस्वरूप मिठीबाई के अनेक शिक्षक मुम्बई विश्वविद्यालय शिक्षक परिषद् के संगठन में सक्रिय रहे हैं।

मुम्बई के अधिकांश कॉलेज न तो सोमैया के समान एकतंत्रीय रहे हैं और न ही रुइया अथवा मिठीबाई के समान प्रबुद्ध। प्रबंध समितियों में सामान्यतः ऐसे व्यवसायी ही शामिल होते हैं जिनका शैक्षिक अनुभव बहुत कम होता है किन्तु जो अपने संस्थानों के प्रति समर्पित होते हैं तथा अपने कॉलेजों को कुशलतापूर्वक संचालित करने का प्रयास करते हैं। वित्तीय घाटों से बचने के प्रति प्रबंधन अति सतर्क रहता है तथा इसका अधिकांश समय बजटीय मामलों में व्यतीत हो जाता है। सामान्यतः वे शिक्षकों अथवा प्रधानाचार्य पर कठोर नियम लागू करने के प्रति चिन्तित नहीं होते, यद्यपि कभी–कभी

प्रबंधन समूहों के द्वारा कुछ विशिष्ट प्रतिबंध लागू कर दिए जाते हैं। उदाहरणार्थ, गुजराती कॉलेज का प्रबंधन किसी शिक्षक के द्वारा की गई गाँधी की आलोचना को स्वीकार नहीं करेगा, और वास्तव में, ऐसे ही एक कॉलेज शिक्षक को सार्वजनिक रूप से गाँधी की आलोचना करने हेतु पदच्युत कर दिया गया था। धार्मिक समूहों द्वारा संचालित कॉलेजों की अपनी चिन्ताएं होती हैं। इसके परिणामस्वरूप सिख संचालित खालसा कॉलेज में एक *गुरुद्वारा* मौजूद है। साउथ इंडियन एजूकेशनल सोसाइटी (एसआईईएस) कॉलेज दक्षिण भारतीय छात्रों के लिए प्रावधान करता है, तथा विभिन्न ईसाई कॉलेज अपने संप्रदायों के छात्रों के लिए प्रावधान करते हैं। किन्तु सामान्यतया, कॉलेजों के लिए प्रबंधन का सीधा हस्तक्षेप दैनिक महत्व वाला नहीं है। शिक्षकों को मुश्किल से ही प्रबंध समिति के निर्देशों का ज्ञान होता है।

अधिकांश कॉलेजों की दैनिक गतिविधियों से दूरियों के बावजूद प्रबंधन का अपने संस्थानों के लिए भारी महत्व होता है। वे बुनियादी आर्थिक निर्णयों को नियंत्रित करते हैं; वे व्यापकतौर पर धन की व्यवस्था करने तथा बजट को संतुलन कायम रखने हेतु उत्तरदायी होते हैं। वे कितने भी अनभिज्ञ क्यों न हों, शैक्षणिक प्रश्नों पर उनके विचार महत्वपूर्ण होते हैं; वे विश्वविद्यालय के पाठ्यक्रम एवं परीक्षाओं के नियंत्रण सम्बन्धी संकुचित सीमाओं के अंदर रहते हुए नवाचारों का गला घोंट सकते हैं, तथा वे ऐसी नीतियों के कार्यान्वयन की माँग कर सकते हैं जिनमें बहुत कम शैक्षणिक विशेषताएं मौजूद हों। संस्थान के छात्र निकाय के विस्तार, अथवा कॉलेज के द्वारा पूर्व में न प्रस्तुत किए गए किसी पाठ्यक्रम सम्बन्धी निर्णय प्रबंधन द्वारा ही लिए जाते हैं। अनेक प्रधानाचार्यों ने टिप्पणी की है कि प्रबंध समितियों के द्वारा पुस्तकालय में पुस्तकों पर व्यय किए जाने अथवा शिक्षकों के वेतनों में वृद्धि किए जाने के बजाय किसी नई इमारत के निर्माण को स्वीकृति प्रदान किए जाने की अधिक संभावना होती है जिसे किसी अमीर संरक्षक का नाम प्रदान किया जा सके। प्रबंध समितियाँ प्रायः प्रधानाचार्य एवं वरिष्ठ शिक्षको को नए शिक्षकों की नियुक्तियों तथा कभी–कभार अयोग्य छात्रों को प्रवेश के मामले में आदेश दे सकती हैं, और प्रायः देती भी हैं।

प्रधानाचार्य

प्रधानाचार्य सीधे प्रबंध समिति के अधीन कार्य करता है। प्रधानाचार्य प्रबंधन की खुशी पर कार्य करता है, और शिक्षकों के लिए यह आवश्यक नहीं समझा जाता कि उसकी नियुक्त में वो कोई परामर्श दे सकें। वह संस्थान के संचालन के लिए प्रत्यक्षरूप से एक उत्तरदायी व्यक्ति होता है। वह प्रबंधन तथा कॉलेज के बीच संपर्क की एक कड़ी होता है तथा प्रबंधन की नीतियों को लागू करने हेतु उत्तरदायी होता है। वह कॉलेज के शैक्षणिक पदानुक्रम में एक प्रमुख व्यक्ति होता है, तथा संस्थान के वातावरण के अधिकांश भाग का निर्धारण करता है।

प्रधानाचार्य ऐसी सभी समितियों का एक सदस्य होता है जो नए शिक्षकों की नियुक्तियों की सिफारिश करती है। सामान्यतः वह विश्वविद्यालय के निकायों में कॉलेज का प्रतिनिधि होता है; वह विश्वविद्यालय अथवा सरकार के समक्ष कॉलेज का प्रतिनिधित्व करता है। वह कक्षाओं की समय–सारणी निर्धारित करने, शिक्षकों के शिक्षण भार का निर्धारण करने तथा प्रबंधन द्वारा निर्धारित सीमाओं के अंदर वित्तीय संसाधनों के आबंटन करने हेतु उत्तरदायी होता है; वह छात्रों के अनुशासन के लिए भी उत्तरदायी होता है।

पुराने तथा सुस्थापित संस्थान, जैसे सेंट जेवियर्स, एलफिन्सटन तथा विल्सन कॉलेज किसी प्रधानाचार्य विशेष की योग्यताओं पर अपेक्षाकृत कम निर्भर करते हैं, क्योंकि वे विरासत में प्राप्त परंपराओं की शक्ति के कारण गतिहीनता की स्थिति में जीवित बचे रह सकते हैं। हालांकि, अपेक्षाकृत नए संस्थानों को नेतृत्व के लिए सीधे प्रधानाचार्य पर ही निर्भर रहना पड़ता है। जहाँ प्रधानाचार्य सशक्त और कल्पनाशील है वहाँ मनोबल ऊँचा होता है तथा कॉलेज अच्छे परिणाम प्रदान करता प्रतीत होता है। जहाँ प्रधानाचार्य नेतृत्व प्रदान कर पाने में असमर्थ होता है वहाँ संस्थान ठप हो जाता है। सफल प्रधानाचार्य अन्य संस्थानों में हो रहे "प्रगतिशील" विकास के प्रति जागरूक रहने तथा कॉलेज छात्रसंघ के लिए नए विचार सुझाने, सुशिक्षित छात्रों के लिए संगोष्ठी जैसी व्यवस्थाएं करने, तथा शिक्षकों को शोध के लिए प्रोत्साहन तथा सहायता प्रदान करने जैसे कार्यों में समर्थ होते हैं। शिक्षक सदस्य भी ऐसी भावनाओं के प्रति सकारात्मक प्रतिक्रिया करते हैं जो उन्हें यह अनुभव करवाती हैं कि वे "प्रगतिशील" कार्य कर रहे हैं। किन्तु अनेक प्रधानाचार्य ऐसा नहीं कर सकते। एक कारण यह है कि प्रधानाचार्यों का चयन उनकी विद्वत्ता अथवा पहल के लिए नहीं किया गया होता, बल्कि ऐसा सोचा जाता है कि वे अधिकारों का उपयोग कर सकते हैं तथा प्रबंधन की आवाज बनने के इच्छुक हैं। उनके विवादास्पद शिक्षक रहे होने की संभावना नहीं होती, क्योंकि ऐसे व्यक्ति किसी प्रधानाचार्य के पद पर नियुक्ति के लिए आवश्यक राजनीतिक समर्थन नहीं जुटा पाते। कॉलेजों के अधिकांश प्रधानाचार्य बुनियादी तौर पर अपनी खुद की स्थिति को कायम रखने तथा एक स्थिर गति से कॉलेज को संचालित करते रहने में रुचि रखते हैं। साधारणतया इसमें कॉलेज के विभिन्न समूहों, जैसे छात्रों, शिक्षकों तथा प्रबंधन के बीच संतुलन स्थापित करना शामिल रहता है। कॉलेज के प्रधानाचार्य एक शैक्षणिक नेतृत्वकर्ता के बजाय एक मध्यस्थ और प्रबंधक बन चुके हैं।

प्रधानाचार्य का कार्य आसान नहीं होता। यदि गंभीरतापूर्वक लिया जाए तो यह पद बहुत अधिक समय खाने वाला होता है। मुम्बई में अधिकांश प्रधानाचार्य कक्षाओं में शिक्षण के साथ–साथ प्रशासक का कार्य भी करते हैं; यहाँ तक कि बढ़ी हुई आय भी उन्हें बहुत अधिक वित्तीय सुरक्षा नहीं प्रदान करती। सचिवीय कर्मचारी प्रायः अपर्याप्त ही होते हैं, और कॉलेजों के अधिकांश अधिकारी अकुशल होते हैं, जो प्रधानाचार्य के कार्य को और कठिन बना देते हैं। सिर्फ बड़े कॉलेजों में ही प्रधानाचार्य के पास एक उप–प्रधानाचार्य उपलब्ध होता है जो उसका कुछ कार्य साझा कर सकता है। विश्वविद्यालय तथा कॉलेजों दोनों में ही होने वाली सभाओं की संख्या बहुत अधिक है, जो अन्य कर्तव्यों के लिए बहुत कम समय ही छोड़ती हैं। अधिकांश प्रधानाचार्यों के पास बौद्धिक तथा अकादमिक प्रयासों के लिए स्वयं को समर्पित करने हेतु या तो समय उपलब्ध नहीं होता अथवा उनकी इच्छा नहीं रह जाती।

महाराष्ट्र राज्य के प्रबंधन वाले कॉलेजों, जैसे एलफिन्सटन तथा इस्माइल यूसुफ, में प्रधानाचार्य का पद प्रायः नियुक्ति के समय प्रांतीय शैक्षणिक सेवा के सर्वाधिक वरिष्ठ प्रोफेसर को प्रदान किया जाता है। किन्तु बिना किसी बौद्धिक विशिष्टता अथवा प्रशासनिक क्षमता वाले व्यक्ति को सरकार द्वारा नियुक्त कर दिए जाने पर भी संस्थान बहुत अधिक प्रभावित नहीं होता। किसी सरकारी कॉलेज में प्रधानाचार्य की नियुक्ति हेतु प्रयुक्त चयन–विधि यह स्पष्ट करने में सहायक हो सकती है कि इतने वर्षों के बाद भी इन कॉलेजों में इतना कम परिवर्तन क्यों हो सका है। शिक्षकों के ऊँचे स्तर संस्थान को पतन से बचाते हैं यद्यपि वे परंपरागत पैटर्न को सशक्त भी करते हैं।

परंतु कल्पनाशील नेतृत्व उच्च अकादमिक मानकों के साथ असंगत नहीं होता। विल्सन कॉलेज, जिसका सम्बन्ध एक प्रेस्बिटरी मिशनरी से है तथा जो मुम्बई के सर्वाधिक पुराने और सर्वाधिक प्रतिष्ठित कॉलेजों में से एक है, के द्वारा हाल ही के वर्षों में प्रधानाचार्य जे.डब्ल्यू. ऐरन के अधीन अनेक नवाचार किए गए हैं। शिक्षकों के लिए नियमित आधार पर संगोष्ठियों के आयोजन किए गए, शिक्षा के माध्यम के रूप में मराठी के उपयोग सम्बन्धी कुछ प्रयोग किए गए, तथा पहली बार एक छात्रों के एक संकायाध्यक्ष की नियुक्ति की गई। प्रधानाचार्य ऐरन अपने सभी शिक्षकों के बीच समान रूप से लोकप्रिय नहीं थे, किन्तु उनके सुधारों को सामान्य स्वीकृत हासिल हुई थी और वे व्यापकतौर पर सफल रहे हैं। सेंट जेवियर्स कॉलेज, जो एक जेसुइट संस्थान है, के सहायक प्रधानाचार्य ने छात्रों द्वारा शिक्षकों के मूल्यांकन सहित अनेकों परिवर्तनों को लागू किया है; इसका कनिष्ठ शिक्षकों के द्वारा बहुत अधिक समर्थन किया गया जबकि वरिष्ठ शिक्षक इस परिवर्तन के विरोधी रहे। सशक्त नेतृत्व की परंपरा तथा कॉलेज में गर्व की भावना के एक ऊँचे स्तर ने इसके मनोबल को हानि पहुँचाए बिना ही परिवर्तनों को आत्मसात् करने का सामर्थ्य प्रदान कर दिया है।

एक सशक्त अकादमिक परंपरा किसी भी कॉलेज को निष्प्रभावी प्रधानाचार्यों तथा दुस्साहसी लोगों को झेलने की योग्यता प्रदान कर देती है। इसके विपरीत, एक ऐसा कॉलेज, जिसकी कोई उल्लेखनीय अकादमिक परंपरा न रही हो, को एक उद्योगी ओर साहसी प्रधानाचार्य के द्वारा परिवर्तित किया जा सकता है। एसआईईएस कॉलेज का मामला इसका एक उत्तम उदाहरण है। सुशिक्षित प्रधानाचार्यों के एक पदारोहण द्वारा इस कॉलेज को एक ऐसा कॉलेज बना दिया गया है जो अपने अल्पकालिक अस्तित्व तथा विश्वविद्यालय परिसर से पर्याप्त दूरी पर स्थित होने के बावजूद शहर में अत्यधिक सम्मान हासिल कर चुका है। प्रधानाचार्यों को एक ऐसी प्रबुद्ध प्रबंध समिति से अत्यधिक सहायता प्राप्त हुई है जिसके पास एक स्पष्ट शैक्षणिक दृष्टिकोण मौजूद था। एक ख्याति स्थापित करने में इसकी सफलता इस बात से सिद्ध हो जाती है कि अपने यहाँ प्रवेश सम्बन्धी मानकों में यह बहुत अधिक चयनात्मक रहा है।

हालांकि, ठेठ मुम्बई कॉलेजों के पास अकादमिक रूप से सुशिक्षित और बौद्धिक रूप से कल्पनाशील प्रधानाचार्य उपलब्ध नहीं होते; इस बात की संभावना कहीं अधिक होती है कि प्रबंध समिति ऐसी हो जो संस्थान के मामलों पर नजदीकी नियंत्रण रखती हो। कई बार यह लाभदायक भी होता है, जैसा कि महान हरिजन राजनेता एवं विद्वान डॉ. बी.आर. अम्बेडकर द्वारा 1946 में स्थापित सिद्धार्थ कॉलेज के मामले में हुए अनुभव द्वारा प्रदर्शित हुआ है। सिद्धार्थ कॉलेज का प्रबंधन पीपुल्स एजूकेशन सोसाइटी के द्वारा किया जाता है जिसने महाराष्ट्र के अन्य हिस्सों में भी कॉलेजों तथा अन्य स्कूलों की स्थापना भी की है। यह आज मुम्बई के सबसे बड़े कॉलेजों में से एक है तथा कई विधि एवं वाणिज्य कॉलेज इसके साथ सम्बद्ध भी हैं।[7] पिछड़े वर्ग के छात्रों के लिए शैक्षणिक अवसरों में प्रबंधन की गहरी रुचि है, परंतु यह संकुचित मानसिकता वाला नहीं है; इसके विपरीत, यह कुशल और समुचित रूप से उदारवादी रहा है। किन्तु प्रधानाचार्य पर प्रबंध समिति का बहुत अधिक नियंत्रण है।

कॉलेज शिक्षक

मुम्बई की सर्वदेशीयता तथा कॉलेजों की भारी विविधता के परिणामस्वरूप औसत कॉलेज शिक्षक को सही रूप में वर्णित करना बहुत कठिन है।[8] शिक्षकों के बीच दो

सबसे बड़े समूह मराठियों और गुजरातियों के हैं, किन्तु मुम्बई में भारत की सर्वाधिक सर्वदेशीय शिक्षक आबादी मौजूद है, आंशिकतौर शहर में निवास करने वाले विविध समुदायों के कारण तथा आंशिकतौर पर इसलिए क्योंकि विश्वविद्यालय की भाषा अभी भी अंग्रेजी ही है और विश्वविद्यालय में विभिन्न पदों पर बाहरी लोगों का स्वागत करने की एक लंबी परंपरा मौजूद रही है। नए वेतनमानों के अनुसार आशा है कि मुम्बई कॉलेज शिक्षकों को 300 से 1,100 रुपए प्रतिमाह अतिरिक्त प्राप्त होंगे, यद्यपि जो लोग योग्य हैं और जिन्हें परास्नातक कक्षाएं संपन्न करने की अनुमति है, वे और अधिक आय अर्जित कर सकेंगे। अधिकांश शिक्षकों को विभिन्न भत्तों, जैसे, "महँगाई भत्ता" आदि से कुछ अतिरिक्त आय प्राप्त होती है। बढ़ती हुई जीवनयापन लागत तथा मुम्बई के महँगे निवास स्थानों के कारण शिक्षकों के लिए सामान्यतः अकेले अपने वेतन के सहारे अपने परिवारों के लिए पर्याप्त व्यवस्था करना कठिन हो जाता है।

शिक्षकों का एक बड़ा भाग (सटीक संख्याएं उपलब्ध नहीं हैं) अपनी आय को पूरा करने के लिए अतिरिक्त रोजगार अपना लेता है। अनेकों शिक्षकों की पत्नियाँ भी सवैतनिक रोजगार में होती हैं, जिनकी एक बड़ी संख्या माध्यमिक स्कूलों अथवा कॉलेज शिक्षकों का कार्य करती है। अकादमिक "चाँदनी" आम बात है। शिक्षकों के लिए अतिरिक्त आमदनी के सर्वाधिक आम साधनों में अतिरिक्त सहायता की आवश्यकता वाले छात्रों को निजी ट्यूशन प्रदान करना सर्वाधिक आम बात है। यद्यपि अकादमिक नियमों के अनुसार ऐसा करना प्रतिबंधित है, तथापि यह प्रथा अत्यन्त व्यापक है, और संभवतः छात्रों की बढ़ती हुई संख्या के साथ ही इसमें वृद्धि भी होती जा रही है क्योंकि वे कॉलेजों में अंग्रेजी माध्यम से शिक्षण के कारण अपनी पढ़ाई पूरी नहीं कर पाते। परीक्षक बनने के लिए भी जोरदार और कभी–कभी कपटपूर्ण प्रतिस्पर्धा होती है। एक परीक्षक बन जाने पर किसी भी शिक्षक को आलेखों को चिह्नित करने, प्रश्नों के निर्धारण करने तथा परीक्षा के साथ जुड़े अन्य कार्य करने के लिए अतिरिक्त आय प्राप्त हो सकती है। प्रायः ये पद प्रधानाचार्यों, अध्ययन समिति के सदस्यों तथा विश्वविद्यालय में प्रभावशाली पदों पर आसीन व्यक्तियों के संरक्षण का विषय होते हैं। शिक्षक "बाजार नोट्स", "गाइड्स" तथा अन्य प्रकाशनों का लेखन भी करते हैं जिन्हें छात्रों को अपनी परीक्षाओं में रटने हेतु सहायता के लिए तैयार किया गया होता है, तथा उसकी रॉयल्टियों के द्वारा वे अतिरिक्त आय अर्जित कर सकते हैं। कुछ शिक्षक पाठ्यपुस्तकों का लेखन करते हैं जिससे उनकी आय में वृद्धि हो सकती है। अपनी आय को पूरा करने के लिए कुछ शिक्षक अंश–कालिक पत्रकारों, व्यवसायियों अथवा यहाँ तक कि स्टेनोग्राफर तक का कार्य भी करते हैं।

पूरक रोजगार के प्रभाव संभवतः शिक्षण के प्रति हानिकारक होते हैं। शिक्षकों के पास व्याख्यान तैयार करने हेतु बहुत कम समय शेष रह जाता है। शिक्षक–छात्र सम्बन्ध न्यूनतम हो जाते हैं तथा आंशिकतौर पर ऐसा समय के अभाव के कारण होता है। इसके साथ–साथ, अपर्याप्त आय का अर्थ यह है कि अधिकांश कॉलेज शिक्षक पुस्तकें खरीदना वहन नहीं कर सकते, और सामान्यतः उनके पास अपने घरों में आरामदेह अध्ययन के लिए स्थान उपलब्ध नहीं होते।

भारत में सामान्यतौर पर कॉलेज शिक्षकों की कार्य–परिस्थितियाँ विश्वविद्यालयीय नियुक्तियों की तुलना में बहुत खराब हैं। औसत शिक्षक को प्रति सप्ताह 19 घंटों के व्याख्यान देने होते हैं, जो कि विश्वविद्यालय नियमों के अधीन निर्धारित अधिकतम सीमा है। कॉलेजों के बीच शिक्षण भार में कुछ अंतर हैं तथा अधिक उदार एवं संपन्न कॉलेज अधिकतम भार की माँग नहीं करते। कॉलेजों में बहुत की कम शिक्षकों के पास अपना

कमरा उपलब्ध होता है और अनेक के पास तो कॉलेज में एक डेस्क तक नहीं होती ताकि जब वे कक्षा में न हों तो अपना कुछ कार्य कर सकें। उन्हें शिक्षकों के सामान्यकक्ष का ही उपयोग करना होता है। ऐसी परिस्थितियाँ बौद्धिक कार्य पर ध्यान केन्द्रित करने को अत्यन्त कठिन बना देती हैं। छात्रों और सहयोगियों के साथ एकांत में मिलने के लिए कोई स्थान उपलब्ध नहीं होता। शिक्षण की सामान्य विधि व्याख्यान दिया जाना है, और यहाँ तक कि "संगोष्ठी" समूह भी सामान्यतः इतने अधिक बहुसंख्यक होते हैं कि शिक्षक तथा छात्र के बीच चर्चा की अनुमति नहीं देते।[9]

मुम्बई में, शायद 5 अथवा 10 प्रतिशत कॉलेज शिक्षकों के पास डॉक्टरेट उपाधि उपलब्ध है; एक बड़ी संख्या के पास परास्नातक डिग्री ही है। एक कॉलेज शिक्षक के रूप में नियुक्ति के लिए मात्र एक द्वितीय श्रेणी की परास्नातक डिग्री की आवश्यकता होती है, तथा शिक्षकगण न तो अपने पेशे के लिए सुप्रशिक्षित होते हैं और न ही सुधार के लिए उन्हें कोई शक्तिशाली प्रोत्साहन ही प्राप्त होता है। यद्यपि कुछ कॉलेज शिक्षक शिक्षण में संलिप्त रहते हुए उन्नत डिग्रियों के लिए प्रयत्नशील रहते हैं, तथापि आवश्यक भारी शिक्षण भार तथा अधिकांश कॉलेजों में शोधकार्य को मान्यता के अभाव में यह एक कठिन कार्य हो जाता है। इस तथ्य, कि अधिकांश कॉलेज शिक्षक सुप्रशिक्षित नहीं हैं और यह कि अकादमिक पेशा सर्वश्रेष्ठ योग्य व्यक्तियों को इसलिए आकर्षित नहीं करता क्योंकि अन्य जगहों पर अपेक्षाकृत सरलता से अधिक वेतन अर्जित किए जा सकते हैं, ने स्वतंत्रताप्राप्ति के बाद से अकादमिक पेशे की प्रतिष्ठा को कम कर दिया है। छात्र निरंतर रूप से अशांत हो चुके हैं और इसने शिक्षण के पतन में योगदान किया है।[10]

मेरे द्वारा साक्षात्कार किए गए कॉलेज शिक्षक अपने काम, जीवन में अपनी सामान्य स्थिति तथा शिक्षा प्रणाली से असंतुष्ट हैं। वे प्रायः ही शिक्षा के माध्यम, पुस्तकों के अभाव तथा अधिकांश कॉलेजों में सामान्यतौर पर खराब सुविधाओं के साथ जुड़ी कठिनाईयों का हवाला देते हैं। कुछ शिक्षकों का मानना था कि वे अपने छात्रों तक "सफलतापूर्वक संदेश पहुँचा रहे हैं"। अनेक ने परीक्षा प्रणाली, जो पाठ्यक्रम निर्धारित करती है और प्रत्येक शिक्षक को अपनी खुद की रुचियाँ विकसित करने के अवसर से वंचित कर देती है, के कारण अपने पंख कटे हुए महसूस किए हैं। हाल ही के वर्षों में हो चुकी वेतन वृद्धियों के बावजूद शिक्षकों के बीच नाराजगी है कि कॉलेज शिक्षकों की अपेक्षा विश्वविद्यालय के शिक्षकों को अधिक बेहतर पारिश्रमिक प्राप्त होता है।

अधिकांश शिक्षक, यहाँ तक कि वे भी जो अकादमिक पेशे के प्रति प्रतिबद्ध हैं तथा वे जो विश्वविद्यालय के निकायों के सदस्य रह चुके हैं, बेहतरी सम्बन्धी परिवर्तनों को लेकर निराश हैं। मुम्बई में कॉलेज शिक्षकों के पास कार्यकाल सम्बन्धी लगभग कोई सुरक्षा उपलब्ध नहीं है। कोई भी कॉलेज, अथवा यहाँ तक कि प्रधानाचार्य भी, किसी भी शिक्षक को "सकारण" तीन महीने की नोटिस देते हुए बर्खास्त कर सकता है। इस मामले में भारत के अन्य हिस्सों की अपेक्षा मुम्बई में स्थिति बहुत ही खराब है। किन्तु उच्च शिक्षा की सामान्य माँग के कारण एक बार किसी कॉलेज में नियुक्त हो जाने के बाद शिक्षकों को मुश्किल से ही बर्खास्त किया जाता है। तथापि, वरिष्ठ कॉलेज शिक्षकों, जो वेतनमानों के संदर्भ में सापेक्षिकतौर पर एक ऊँचाई पर पहुँच चुके हैं तथा जिन्हें उसी स्तर की कोई दूसरी नियुक्ति नहीं प्राप्त हो सकती, के लिए यह स्थिति चिंता का कारण उत्पन्न कर देती है। इसके अलावा, कुछ विषयों में मुम्बई के कॉलेजों में एक पद की खोज करना भी असंभव है। मुम्बई में कॉलेजों के बीच शिक्षकों की गतिशीलता बहुत ही कम है; किसी भी शिक्षक, विशेषतौर पर वरिष्ठ स्तर पर, के करियर में हो चुके कई परिवर्तनों को प्रबंध समितियों के द्वारा एक दोष के रूप में लिया जाता है।

कुछ कॉलेजों में युवा शिक्षकों को कुछ वर्षों से अधिक तक न रोके रखने की प्रथा मौजूद है। वित्तीय दृष्टिकोण से यह लाभदायक होता है कि किसी भी शिक्षक को कुछ वर्षों के बाद दोबारा से न नियुक्त किया जाए क्योंकि ऐसा होने पर वह विश्वविद्यालय–निर्धारित वेतनमान के बहुत ऊँचे स्तर पर पहुँच जाएगा और इस प्रकार बहुत महँगा सिद्ध होगा। परिणामस्वरूप, कई बार युवा शिक्षकों को कनिष्ठ स्तर पर ही एक से दूसरे कॉलेज के बीच तब तक घुमाते रहा जाता है जब तक कि वे कोई ऐसा पद न हासिल कर लें जिसे कायम रखने की उन्हें अनुमति प्रदान की गई हो।

मुम्बई में एक कॉलेज शिक्षक संघ

मुम्बई में कॉलेज शिक्षकों की असुरक्षित एवं सामान्यतः कठिन परिस्थितियों के प्रति एक प्रतिक्रिया के रूप में शहर के अंदर शिक्षक संघों अथवा संगठनों को सगंठित करने के छिटपुट प्रयास किए जाते रहे हैं। ये प्रयास असफल रहे हैं तथा इनमें से सर्वाधिक नवीन प्रयास, बॉम्बे यूनिवर्सिटी टीचर्स काउंसिल (बीयूटीसी), को कुछ प्रारंभिक सफलताओं के बाद कठिनाईयों का सामना करना पड़ रहा है। शिक्षक संगठनों के लिए पहल कॉलेज शिक्षकों के द्वारा ही की गई है तथा विश्वविद्यालय शिक्षकों द्वारा कभी–कभार ही ऐसा किया गया है। गत 10 वर्षों के दौरान मुम्बई में शिक्षकों को संगठित करने के छिटपुट प्रयास किए गए हैं; इनमें से कोई भी समूह एक संक्षिप्त अवधि के बाद अस्तित्व कायम नहीं रख सका है। बॉम्बे यूनिवर्सिटी टीचर्स काउंसिल (बीयूटीसी) का गठन 1967 में कॉलेज शिक्षकों द्वारा मुम्बई विश्वविद्यालय में नए वेतनमानों को निर्धारित किए जाने और उन्हें लागू किए जाने हेतु दबाव डाले जाने के उपाय के रूप में किया गया था। स्वाभाविकतौर पर इस मुद्दे में व्यापक हित संलिप्त थे और बीयूटीसी विश्वविद्यालय तथा इसके कॉलेजों के कुल 3,000 शिक्षकों में से 1,600 की सदस्यता हासिल करने में सफल रहा था। बीयूटीसी के नेतृत्वकर्ता इस सफलता से आश्चर्यचकित थे।

बीयूटीसी अपने सदस्यों के लिए उच्चतर वेतन स्तरों को हासिल करने में सफल रहा था जो शायद अन्यथा संभव नहीं हुआ हो सकता था। इसकी सफलता का श्रेय शिक्षकों के बीच समर्थन (विशेषतौर पर कला एवं विज्ञान कॉलेजों के, जहाँ इसके द्वारा शिक्षण कर्मचारियों की एक बहुसंख्या का प्रतिनिधित्व किया गया था), तथा उप–कुलपति एवं सरकार की सहानुभूति को प्रदान किया गया था। यद्यपि इनके द्वारा बीयूटीसी को मान्यता नहीं प्रदान की गई थी, तथापि वेतनमान के विषय पर विश्वविद्यालय ने इसके साथ अनौपचारिक रूप से वार्तालाप किया था। बीयूटीसी को बड़ी सफलता उस समय प्राप्त हुई जब इसने विश्वविद्यालय को सभी कॉलेज शिक्षकों के लिए 300 रुपए से 800 रुपए प्रतिमाह की एक वेतनवृद्धि को लागू करने तथा संकायों अथवा विषयों के बीच भेदभाव न करने के लिए संतुष्ट कर लिया। कॉलेज तथा विश्वविद्यालय में नियुक्त शिक्षकों के बीच के अंतर कायम रहे हैं। कॉलेज शिक्षकों, जो मात्र स्नातक छात्रों को पढ़ाते हैं तथा जो एम.ए. स्तर पर पढ़ाते हैं, के बीच भी एक अंतर बना हुआ है। इन अंतरों ने एक निश्चित मात्रा में कुछ असंतोष को बनाए रखा है।

मुम्बई विश्वविद्यालय में शिक्षक संगठन वेतन तथा कार्य–परिस्थितियों के मुद्दों में उलझे रहे हैं, और शिक्षकों द्वारा शैक्षणिक मामलों, जिनका सीधा सम्बन्ध शिक्षण परिस्थितियों में सुधार के साथ ही जुड़ा हुआ था, में बहुत कम रुचि प्रदर्शित की गई है। जब बीयूटीसी के द्वारा शिक्षण सुधार के प्रश्नों पर परिचर्चा प्रायोजित की गई तो इसमें उपस्थिति बहुत कम थी और कुछ सदस्यों ने तो शिकायत भी की कि यह

संगठन की एक उचित गतिविधि नहीं थी। वे राजनीतिक मुद्दों के प्रति भी उदासीन रहे हैं। बीयूटीसी का नेतृत्व कॉलेज शिक्षकों के कार्यकाल की बढ़ी हुई सुरक्षा हासिल किए जाने में भी मात्र सीमित उत्साह ही हासिल कर सका है। अधिकांश शिक्षक "श्रमसंघों" से यह महसूस करते हुए दूरी बनाए रखते हैं कि इससे उनकी "पेशागत" गरिमा को क्षति पहुँचेगी।

बीयूटीसी, जिसमें एक 15 सदस्यीय कार्यकारी समिति है, का अधिकांश नेतृत्व उन युवा शिक्षकों की ओर से सामने आता है जिन्हें बाहरी गतिविधियों में शिक्षण कर्मचारियों की भागीदारी की दिशा में उदारवादी दृष्टिकोण रखने हेतु जाना जाता है। कुछ प्रमुख नेतृत्वकर्ता मुम्बई में सक्रिय राजनीतिक कार्यकर्ता हैं, और कार्यकारी समिति में संयुक्त समाजवादी दल, प्रजा समाजवादी दल, जनसंघ, तथा कांग्रेस सहित गैर–दलीय व्यक्ति सदस्य के रूप में शामिल हैं। बीयूटीसी में शामिल राजनीतिक तत्वों ने संगठन पर अपने दलीय दृष्टिकोणों को थोपने के और अपने दलों की नीतियों का समर्थन करने के प्रयास नहीं किए हैं। मुम्बई के अपेक्षाकृत गैर–राजनीतिक निकायों के बीच इसकी सफलता के कारणों में से यह भी एक कारण रहा है। विश्वविद्यालय में नियुक्त मात्र कुछ शिक्षक ही बीयूटीसी के सदस्य रहे हैं, यद्यपि राजनीति विभाग के प्रोफेसर कार्यकारी समिति को सेवा प्रदान कर चुके हैं। सर्वाधिक प्रख्यात कॉलेजों तथा न्यूनतम प्रतिष्ठित संस्थानों दोनों का ही सदस्यता में प्रतिनिधित्व कम रहा है। प्रख्यात कॉलेजों के अधिकांश शिक्षकों का सोचना है कि बीयूटीसी के मामलों में सक्रिय सहभागिता से उनकी पेशागत स्थिति को क्षति पहुँचेगी। इसके अलावा, उनके वेतन और कार्य–परिस्थितियाँ सामान्यतौर पर कॉलेज शिक्षकों से बेहतर हैं। अपेक्षाकृत नए और कम सम्मानित कॉलेजों में शिक्षकों की तटस्थता को निरस्तीकरण के भय से जोड़ा जा सकता है; ऐसा भय है कि बीयूटीसी की सक्रिय सदस्यता में शिक्षक के लिए पर्याप्त जोखिम संलिप्त होता है। और भले ही जोखिम वास्तविक हो अथवा काल्पनिक, यह सक्रिय भागीदारी को रोकता है।

मुम्बई में बीयूटीसी तथा ऐसे ही अन्य समूहों का भविष्य उज्जवल नहीं है। संदर्भित कारकों तथा 50 लाख से अधिक की आबादी वाले शहरों में महान छितराव किसी भी प्रभावी संगठन को कठिन बना देता है। स्थानीय श्रमसंघों, जिन्हें सफेदपोश कर्मचारियों को संगठित करने का बहुत ही कम तथा पेशेवर लोगों के बीच कार्य का शून्य अनुभव है, के समर्थन का अभाव भी इन प्रयासों को बाधित कर देता है। बीयूटीसी का नेतृत्व सामान्यतौर पर काउंसिल की भविष्य की सफलता के प्रति तथा मुम्बई में शैक्षणिक सुधारों की संभावना के प्रति भी निराशावादी है।

कुछ केस अध्ययन

सेंट जेवियर्स, विल्सन एवं एलफिन्सटन कॉलेजः मुम्बई के सर्वाधिक प्रख्यात कॉलेजों में से गिने जाने वाले इन तीन संस्थानों में से 1827 में स्थापित किया गया एलफिन्सटन सर्वाधिक पुराना है। वास्तव में, यह शहर में सबसे पुराना कॉलेज है, जो स्वयं विश्वविद्यालय से भी पहले स्थापित किया जा चुका था। विल्सन कॉलेज की स्थापना 1832 में की गई थी, तथा सेंट जेवियर्स 1869 में स्थापित हुआ था। एलफिन्सटन कॉलेज महराष्ट्र में राज्य द्वारा संचालित 10 कॉलेजों में से एक है। सेंट जेवियर्स की स्थापना जेसुइट लोगों तथा विल्सन कॉलेज की स्थापना स्कॉटिश प्रेसबाइटेरियाई लोगों द्वारा की गई थी।

ये तीनों ही कॉलेज अपनी परंपराओं को लेकर अत्यन्त सजग हैं और अपनी अकादमिक श्रेष्ठता में विश्वास रखते हैं। वे प्रायः अपनी परंपराओं का हवाला देते हैं और उन्हें कायम रखने के प्रति चिन्तित रहते हैं। इन कॉलेजों में प्रवेश सम्बन्धी योग्यताएं मुम्बई के अन्य कॉलेजों की अपेक्षा अधिक ऊँची हैं, और वे माध्यमिक स्कूलों से सर्वश्रेष्ठ योग्य स्नातकों को आकर्षित करने में सफल रहे हैं। यह भी सच है कि माध्यमिक स्कूल प्रमाणपत्र परीक्षा में उच्च प्राप्तांकों का सम्बन्ध अध्ययन किए जा चुके विशिष्ट माध्यमिक स्कूलों से जुड़ा हुआ है और बदले में यह छात्र के परिवार की सामाजिक एवं आर्थिक स्थिति से भी सम्बन्धित होता है। मुम्बई के प्रमुख कॉलेजों के छात्रों की एक बड़ी संख्या "अंग्रेजी माध्यम" वाले माध्यमिक स्कूलों में पढ़ चुकी होती है; प्रायः उनका सम्बन्ध धनाढ्य परिवारों से होता है तथा उनकी पेशेगत महत्वाकांक्षाएं काफी ऊँची होती हैं। मात्र अंग्रेजी में सुविधा का तथ्य ही परीक्षा परिणामों में भारी अंतर ला देता है। मुम्बई में कॉलेजों में प्रवेश करने वाली छात्रों की बढ़ती हुई संख्या के पास अंग्रेजी का पर्याप्त ज्ञान नहीं है; उन्हें अपनी पाठ्यपुस्तकों तथा व्याख्यानों को समझने में कठिनाई होती है ओर वे सुसंगत रूप से लिख नहीं सकते।

जिन तीन श्रेष्ठतर कॉलेजों पर हम यहाँ चर्चा कर रहे हैं, उनमें ऐसे परिवारों के छात्रों की संख्या में वृद्धि होती रही है जिनकी अंग्रेजी की पृष्ठभूमि अथवा पुस्तकों तथा पत्रिकाओं से संपर्क बहुत ही मामूली रहे हैं। इन परिवारों में अधिकांश नवधनाढ्य गुजराती अथवा सिन्धी परिवार हैं जिनकी संस्कृति पारंपरिक है। कुछ प्रेक्षकों के अनुसार, चर्चा अधीन इन तीनों कॉलेजों में गिरावट को रोकने हेतु समझबूझकर किए गए प्रयासों के बावजूद भी शिक्षा की गुणवत्ता में थोड़ी–बहुत गिरावट आ चुकी है।

इन तीनों ही संस्थानों में शिक्षण तथा छात्र सेवाओं में नवाचार किए गए हैं किन्तु इन सभी की उत्पत्ति प्रधानाचार्य की पहल द्वारा ही हुई है; शिक्षकों द्वारा कर गई पहलें बहुत ही कम हैं। विल्सन कॉलेज हाल के अनेक प्रयोगों में संलिप्त रहा है जिनमें अकादमिक महत्व वाले विभिन्न विषयों पर शिक्षकों की नियमित संगोष्ठियाँ प्रारंभ किए जाने, मराठी भाषा को शिक्षा के माध्यम के रूप में प्रयुक्त किए जाने, तथा कॉलेज के लिए छात्रों के संकायाध्यक्ष की नियुक्ति किए जाने जैसे प्रयोग शामिल हैं। इन नवाचारों में से कोई भी संस्थान में समग्र परिवर्तन नहीं कर सका है। शिक्षकों की संगोष्ठियों की प्रशंसा शिक्षकों द्वारा परस्पर मिलने–जुलने तथा महत्वपूर्ण विषयों पर सविस्तार चर्चा करने के उत्कृष्ट माध्यम के रूप में की गई थी।[11] विल्सन कॉलेज की नवाचारी गतिविधियाँ संभवतः मुम्बई में सर्वाधिक व्यापक रहीं हैं। किन्तु इन प्रयासों की लागतों में से एक रही है शिक्षकों के बीच एक तीखा विभाजन, जिसे प्रधानाचार्य के सशक्त नेतृत्व द्वारा नियंत्रित रखा गया है।

सेंट जेवियर्स कॉलेज के द्वारा कई दशकों के दौरान कुछ छोटे–पैमाने के नवाचार किए गए हैं। 1950 के दशक में ऊर्जावान प्रधानाचार्य, फादर बालाईगुएर, की पहल पर एक कॉलेज संसद की स्थापना की गई थी, और यह कई वर्षों तक जारी रही। छोटी संगोष्ठियों के प्रयोग के प्रयास भी किए गए थे। अभी हाल में, सेंट जेवियर्स ने युवा सहायक प्रधानाचार्य की पहल पर शिक्षक कर्मचारियों में से कुछ युवा सदस्यों के समर्थन के साथ छात्रों द्वारा शिक्षकों के मूल्यांकन किए जाने की योजना प्रारंभ करने तथा स्वयं को छात्रों से जोड़ने का प्रयास किया था।

एलफिन्सटन के सुधार बहुत ही सीमित और सतर्कतापूर्ण रहे हैं। बुनियादी तौर पर छोटी संगोष्ठियाँ तथा स्नातक छात्रों के लिए अनुशिक्षण प्रदान किए जाने तक सीमित

रहते हुए एलफिन्सटन कॉलेज शिक्षा के प्रति अपने दृष्टिकोण में अपेक्षाकृत अधिक परंपरावादी बना रहा है। इसके अनुशिक्षण कार्यक्रमों को 1950 के दशक में प्रधानाचार्य एन.एल. अहमद के द्वारा प्रारंभ किया गया था। कॉलेज के अधिकांश प्रधानाचार्य नई गतिविधियों को प्रारंभ करने के प्रति बहुत अधिक चिन्तित नहीं रहे हैं; वे शिक्षा के अपने परंपरागत उच्च स्तर को बनाए रखने के अधिक इच्छुक रहे हैं।

मुम्बई के इन तीनों अग्रणी कॉलेजों में शिक्षकों की भर्ती व्यापक तौर पर अपने स्वयं के स्नातकों के बीच से की जाती रही है। ऐसा शहर के उन अधिकांश कॉलेजों के ठीक विपरीत किया जाता रहा है जो अपने शिक्षकों की शैक्षणिक पृष्ठभूमि के मामले में अधिक विजातीय रहे हैं। एलफिन्सटन कॉलेज के अंग्रेजी विभाग के कुल 11 शिक्षकों में से 7 एलफिन्सटन के ही स्नातक हैं, और अन्य विभागों में भी स्थिति भले ही इतनी स्पष्ट न हो किन्तु मिलती–जुलती सी ही है। इस कॉलेज के स्नातक तथा प्रशासक दोनों के बीच संस्थान के साथ सम्बन्ध मजबूत रहे हैं और वे उन्हें कायम रखने के उत्सुक भी हैं।

इस प्रकार इस कॉलेज के शिक्षक अन्य विश्वविद्यालयों के अपने सहयोगियों की तुलना में कुछ बेहतर प्रशिक्षित हैं और, अपनी अधिक समृद्ध पारिवारिक जड़ों के कारण बाहरी रोजगार के सम्बन्ध में बहुत अधिक चिन्ता किए बिना ही शिक्षण को अपना और अधिक समय प्रदान करने में सक्षम हैं। अधिकाधिक पर्याप्त पुस्तकालय एवं अन्य सुविधाएं भी बेहतर शिक्षा के लिए आवश्यक स्थितियाँ प्रदान करने में सहायक होती हैं। अंततः, कॉलेज की परंपराएं भी स्तरों को कायम रखने तथा छात्रों एवं शिक्षकों के बीच बौद्धिक मूल्यों के प्रति समर्पण उत्पन्न करने में एक भूमिका निभाती हैं। अधिकांश प्रेक्षकों का सोचना है कि ये परंपराएं विगत की अपक्षा कमजोर हो चुकी हैं, किन्तु अभी भी शक्तिशाली हैं।

जैसा कि भारत के अन्य भागों में है, मुम्बई के पुराने कॉलेज भी भारतीय उच्च शिक्षा के संकट से अछूते नहीं रहे हैं। हालांकि वे अपने अपेक्षाकृत कम भाग्यशाली समकक्षी संस्थानों की तुलना में अधिक सुरक्षित रहे हैं, तथापि वे इससे प्रभावित अवश्य हुए हैं। नामांकनों में वृद्धि करने हेतु प्रबंधन, सरकार तथा विश्वविद्यालय से पड़ने वाले जोरदार दबावों का अनुभव किया गया है। विश्वविद्यालय की परीक्षाओं के स्तरों में गत कई वर्षों के दौरान आने वाली सामान्य स्वीकृत गिरावट ने बेहतर कॉलेजों को भी प्रभावित किया है, क्योंकि अंततः उन्हें विश्वविद्यालय की परीक्षा प्रणाली पर ही निर्भर रहना पड़ता है। इन तीनों कॉलेजों के अनेक शिक्षकों ने शिक्षा आयोग द्वारा प्रस्तुत किए गए "स्वायत्त कॉलेजों" के प्रस्ताव का समर्थन किया है।[12] वे महसूस करते हैं कि अधिक स्वायत्तता उन्हें बेहतर योग्य छात्रों को आकर्षित करने, उन्हें बेहतर शिक्षा प्रदान करने और इस प्रकार उनकी "अभिजात्य" स्थिति को कायम रखने की अनुमति प्रदान करेगी।

मिठीबाई एवं एसआईईएस कॉलेजः नवस्थापित कॉलेजों में से अनेक अत्यन्त अल्प अवधि में ही ठोस ख्याति निर्मित कर पाने में सफल रहे हैं। इन नए, अकादमिक रूप से सफल संस्थानों की संख्या बहुत छोटी है–मुम्बई में 1950 के बाद से स्थापित किए गए 40 से भी अधिक कॉलेजों में से शायद 5 अथवा 6। यहाँ मैं उनमें से दो, मिठीबाई और एसआईईएस कॉलेजों पर चर्चा करूँगा। मिठीबाई एवं एसआईईएस (साउथ इंडियन एजूकेशन सोसाइटी) के कॉलेज मुम्बई के अलग–अलग भागों में स्थित हैं तथा उनके प्रबंधन एवं परंपराएं भी अलग–अलग हैं। दोनों के द्वारा समुचित गुणवत्ता की जो प्रतिष्ठा स्थापित की गई है उसका श्रेय उसके कल्पनाशील एवं स्वतंत्र–सोच वाले

प्रधानाचार्यों के साथ–साथ अधिकांशतः प्रबंधन को भी जाता है जिसकी अकादमिक कार्य में गंभीर रुचि रही है। मिठीबाई कॉलेज गुजरातियों द्वारा प्रबंधित संस्थान है जो विले पार्ले के बाहरी भाग में स्थित है। इसकी स्थापना 1961 में हुई थी और इसकी छात्र संख्या 1,687 की है। मिठीबाई के पहले प्रधानाचार्य मुम्बई के अन्य कॉलेजों से उत्कृष्ट शिक्षकों को लगभग एकदम से आकर्षित करने में सफल रहे और उन्होंने उन्हें समुचित स्वतंत्रता भी प्रदान की थी। कॉलेज के उप–प्रधानाचार्य भारत के अग्रणी कवियों में से एक हैं। प्रधानाचार्य ने छात्रों तथा प्रबंधन के साथ विवादों में शिक्षकों का मजबूती से समर्थन किया है, और उन्हें यह अहसास करवाया है कि बौद्धिक मामलों में खड़े होने हेतु वे अकेले नहीं हैं। छात्र निकाय अन्य उप–शहरी मध्यवर्गीय कॉलेजों के छात्र निकायों के समान ही हैं, किन्तु इसके छात्रों ने विश्वविद्यालय की परीक्षाओं में औसत से बेहतर प्रदर्शन किए हैं।

जहाँ प्रबंधन प्रधानाचार्य को अकादमिक मामलों पर पर्याप्त नियंत्रण प्रदान करने का इच्छुक रहा है, और इस प्रकार इसने शिक्षण कर्मचारियों को समुचित स्वतंत्रता प्रदान की है, वहीं इसके द्वारा बहुत प्रचुर वित्तीय सहयोग नहीं प्रदान किया गया है। भारतीय उच्च शिक्षा में प्रबंधन के लिए यह बहुत आम बात है कि वे नई इमारतों के लिए तो धनराशि एकत्रित कर लेते हैं किन्तु पुस्तकालयों के लिए नहीं। मिठीबाई कॉलेज का पुस्तकालय छोटा और अपर्याप्त ही बना हुआ है। बावजूद इस तथ्य के कि प्रधानाचार्य अपने शिक्षण कर्मचारियों को विश्वविद्यालय के अधिकतम भार से कम ही शिक्षण भार ही सौंपते हैं, शिक्षकों के द्वारा शोधकार्य को बहुत कम प्रोत्साहन अथवा सहायता प्रदान की जाती है।

एसआईईएस कॉलेज का मामला भी ऐसा ही है; यहाँ भी सशक्त प्रधानाचार्यों की एक श्रृंखला के साथ–साथ अपेक्षाकृत अधिक प्रबुद्ध प्रबंधन मौजूद रहा है जिसने अच्छे अकादमिक मानकों की ख्याति के साथ एक कॉलेज को स्थापित किए जाने की अनुमित प्रदान की है। कॉलेज की स्थापना 1961 में मुम्बई में दक्षिण भारतीय लोगों द्वारा शहर के एक ऐसे क्षेत्र में की गई थी जहाँ अधिकांशतः दक्षिण भारतीय लोग निवास करते हैं। यद्यपि कॉलेज के छात्र निकाय में मात्र एक अल्पसंख्या ही अब दक्षिण भारतीय रह गई है, तथापि प्रबंधन पर दक्षिण भारतीय लोगों का वर्चस्व है। ऐसे नए कॉलेजों, जिनकी स्थापना बहुत कम धनराशि के साथ की गई है तथा जो निरंतर ऋण में डूबे रहने के बारे में चिंता करते रहते हैं, के विपरीत इन दोनों ही मामलों में एक महत्वपूर्ण तत्व यह है कि इनके पास कॉलेज के लिए एक समुचित रूप से सुरक्षित आर्थिक आधार उपलब्ध है। न तो मिठीबाई और न ही एसआईईएस को कभी भी आसन्न दिवालिएपन का सामना करना पड़ा है, जैसा कि अपेक्षाकृत गरीब कॉलेजों के मामले में असामान्य नहीं है। 1966 में एसआईईएस में प्रवेश लेने वाले छात्रों की संख्या 2,215 थी जिसने इसे मुम्बई का एक बड़ा कॉलेज बना दिया। जैसा कि मुम्बई के अधिकांश कॉलेजों के मामले में सच है, इसके भी अनेक छात्र आसपास के मोहल्लों से ही आते हैं। उनमें अंग्रेजीभाषी, मध्यवर्गीय परिवारों से आने वाले छात्र भी शामिल हैं।

एसआईईएस के दो प्रधानाचार्य ऊर्जावान पुरुष रहे हैं जिन्होंने व्यापक शैक्षणिक प्रश्नों में भारी रुचि का प्रदर्शन किया है। उन्होंने कॉलेज के शिक्षकों की स्वतंत्रता पर बल दिया है, यद्यपि कॉलेज का संचालन वे स्वयं एक आधिकारिक तरीके से ही करते रहे हैं। कई वर्षों पूर्व एसआईईएस के प्रधानाचार्यों में से एक ने प्रबंधन के साथ विवाद होने पर त्यागपत्र दे दिया था, और तबसे ही प्रबंधन ने प्रधानाचार्यों को अपने दम पर कार्य करने हेतु प्रोत्साहित किया है और इस प्रकार ऐसी परंपराएं विकसित हो चुकी हैं

जो अब शिक्षकों को प्रबंधन के हस्तक्षेपों से कुछ सुरक्षा प्रदान करती हैं। एसआईईएस आज विश्वविद्यालय परीक्षाओं में सफलता की एक बहुत ऊँची दर का दावा करता है, और हाल के वर्षों में यह प्रवेश सम्बन्धी नीतियों में कुछ चयनात्मक बन चुका है।

न तो मिठीबाई और न ही एसआईईएस के द्वारा शिक्षण की नई विधियों का प्रयोग करने का प्रयास किया गया है। उनके प्रयास लगभग पूरी तरह से एक परंपरावादी प्रकार के एक ठोस अकादमिक संस्थान को जन्म देने का लक्ष्य रखने वाले रहे हैं।

महाराष्ट्र एवं झुनझुनवाला कॉलेजः भारत में कॉलेज स्थापित करना बहुत कठिन कार्य नहीं है। विश्वविद्यालय के विशिष्ट नियमों से सम्बन्धित सुविधाओं जैसे कक्षाओं के स्थान, पुस्तकालय तथा प्रयोगशालाओं आदि की व्यवस्था अवश्य की गई होनी चाहिए। वित्तीय संसाधनों तथा कर्मचारियों की आवश्यकताओं से सम्बन्धित नियमों की पूर्ति अवश्य की गई होनी चाहिए। सापेक्षिक रूप से इन मामूली आवश्यकताओं से परे, किसी को भी विश्वविद्यालय से मात्र मान्यता के लिए आवेदन करने तथा व्यवसाय प्रारंभ करने भर की आवश्यकता होती है। वास्तव में, स्वतंत्रताप्राप्ति के बाद से मुम्बई में उच्च शिक्षा के विस्तार का यही पैटर्न रहा है। अपने कॉलेजों में गुणवत्ता के कठोर मानकों को कायम रखने पर प्रायः जोर दी गई इच्छा के बावजूद मुम्बई विश्वविद्यालय ने स्थापित किए जा चुके कॉलेजों की संख्या अथवा प्रकार पर बहुत कम नियंत्रण का ही उपयोग किया है।

झुनझुनवाला कॉलेज, जो घाटकोपर के दूरस्थ बाहरी क्षेत्र में स्थित है, की स्थापना 1963 में एक अत्यन्त लोकप्रिय डाकिए की पहल पर की गई थी जिसका शिक्षा के मूल्य पर अत्यन्त दृढ़ विश्वास था। वह एक कॉलेज प्रारंभ करने के लिए अनेक प्रकार के स्त्रोतों से पर्याप्त धन एकत्रित कर पाने में सफल रहा था। स्वयं इस कॉलेज का नामकरण एक समृद्ध मारवाड़ी व्यवसायी के नाम से किया गया था जिन्होंने संस्थान के लिए एक बड़ी धनराशि दान में दी थी। हालांकि, कॉलेज एक दयनीय वित्तीय स्थिति में है। 1965–66 में इसकी छात्र संख्या 1,524 थी, और आज यह इससे अधिक है। कॉलेज के छात्रों में से अधिकांश, जिनका सम्बन्धी श्रमिक वर्गों वाली पृष्ठभूमियों से है, तथा जिसमें से अनेक नौकरीशुदा हैं, आसपास के मोहल्लों में ही निवास करते हैं, अथवा कॉलेज को अपने रोजगार–स्थल के समीप स्थित पाते हैं। अतः, छात्रों का एक बड़ा प्रतिशत अंशकालिक तौर पर उपस्थित होता है। झुनझुनवाला की प्रवेश सम्बन्धी आवश्यकताएं विश्वविद्यालय द्वारा अनुमोदित न्यूनतम वाली हैं, और यह स्पष्ट है कि अनेक छात्र, जो कॉलेज में उपस्थित होते हैं, अन्य स्थानों पर प्रवेश नहीं प्राप्त कर सके होते हैं।

झुनझुनवाला कॉलेज इसलिए जीवित बचा हुआ है क्योंकि यह ऐसे लोगों को सेवा प्रदान करता है जिनके पास शायद सामान्यतौर पर उच्च शिक्षा तक पहुँच उपलब्ध नहीं है; साथ ही, यह एक ऐसे क्षेत्र में स्थित है जहाँ शिक्षण सुविधाएं नाममात्र की हैं। कॉलेज की कोई बौद्धिक परंपरा नहीं है, और इसके कुछ शिक्षकों को इसकी गुणवत्ता अथवा छात्रों को आकर्षित कर सकने की इसकी क्षमता के सम्बन्ध में कई भ्रम है। इसके बावजूद, उन्हें इस बात पर गर्व है कि वे ऐसे लोगों की सेवा करते हैं जिन्हें अन्यथा रूप से उच्च शिक्षा तथा इसके द्वारा प्रस्तावित सुधारों के अवसर से वंचित कर दिया गया होता। इसके संस्थापक के विनम्र वंश के बावजूद इस कॉलेज का प्रबंधन व्यापकतौर पर व्यवसायियों के द्वारा किया जाता है जिनके पास शिक्षा में अधिक अनुभव उपलब्ध नहीं है। तथापि उन्होंने प्रबंधन के नियंत्रण तथा अकादमिक मामलों में प्रधानाचार्य की स्वायत्तता के बीच एक संतुलन स्थापित कर लिया है।

महाराष्ट्र कॉलेज एक नए तथा संघर्षरत् संस्थान का एक दूसरा उदाहरण है। यह मुम्बई में मुसलमानों द्वारा स्थापित किया गया पहला निजी कॉलेज है, और मुम्बई सेंट्रल रेलवे स्टेशन के निकट अधिकांशतः मुसलमानों की घनी आबादी वाले क्षेत्र में स्थित कुछ कॉलेजों में से एक है। महाराष्ट्र कॉलेज के दरवाजे 1968 में खोले गए थे, और वर्तमान समय में इसके पास 600 छात्र हैं। कॉलेज ने व्यापक प्रवेशों के द्वारा योगदान किए गए राजस्व का उपयोग करने के लिए तेजी से विस्तार करने के प्रयास किए हैं। इसकी स्थापना मुख्य रूप से मुम्बई के मुस्लिम समुदाय तथा विशेषतौर पर उन वर्गों, जिनके पास उच्च शिक्षा तक पहुँच उपलब्ध नहीं थी, के सेवार्थ की गई थी। इसने अधिक रूढ़िवादी मुसलमान परिवारों, जो अपनी पुत्रियों को गैर–मुस्लिम कॉलेजों में पढ़ने की इजाजत नहीं देते, से लड़कियों को आकर्षित करने के प्रयास भी किए हैं। नौकरीशुदा मुसलमान भी कुछ सीमा तक इस कॉलेज का लाभ उठाने में सफल रहे हैं जो उनके घरों और कार्यस्थलों के पास स्थित है।

महाराष्ट्र कॉलेज मात्र एक व्यक्ति की ऊर्जा और लगन का परिणाम है, एक संपन्न एवं सुशिक्षित मुसलमान बीमा अधिकारी, जो इस परियोजना को सहयोग प्रदान करने हेतु मुम्बई के मुसलमान समुदाय को राजी करने में सफल रहे थे। वित्तीय संसाधनों का प्रबंध व्यापकतौर पर समृद्ध मुसलमानों से किया गया था, एक जमीन ढूँढी गई, तथा महाराष्ट्र सरकार में एक मुसलमान मंत्री से राजनीतिक सहयोग हासिल किया गया। पर्याप्त राजनीतिक हस्तक्षेप के बिना भवन निर्माण के लिए भूमि, निर्माण सामग्रियाँ एवं सरकारी अनुमति प्राप्त करना असंभव ही रहा होता। मुम्बई के मुस्लिम वोटों की महत्वपूर्ण प्रकृति ने निःसंदेहात्मक रूप से कॉलेज की तीव्र गति से स्थापना किए जाने में सहायता प्रदान की।

प्रबंध समिति के द्वारा कॉलेज के मामलों में सक्रिय भूमिका निभाया जाना जारी है, यद्यपि कि अधिकांश अकादमिक मामलों को प्रधानाचार्य एवं उनके शिक्षक कर्मचारियों पर छोड़ दिया गया है। मुसलमान समुदाय का समर्थन आवश्यक है ताकि महाराष्ट्र कॉलेज के लिए एक मजबूत वित्तीय आधार निर्मित किया जा सके, और प्रबंध समिति एक ओर कॉलेज तथा समुदाय के बीच तो दूसरी ओर सरकार और यहाँ तक कि विश्वविद्यालय अधिकारियों के बीच संपर्क की एक कड़ी बनी रही है। यह कॉलेज की दिन–प्रतिदिन की गतिविधियों में भी एक महत्वपूर्ण भूमिका निभाती है। विज्ञान प्रयोगशालाओं एवं पुस्तकालय सुविधाओं के लिए वित्तीय व्यवस्था करना एक कठिन कार्य होता है, तथा एक सक्रिय प्रबंध समिति के बिना यह कार्य लगभग असंभव होता है।

संक्षिप्त प्रशासनिक अनुभव वाले कॉलेज के एक युवा प्रधानाचार्य कॉलेज के मजबूत मुस्लिम संपर्कों के बारे में अल्पभाषी रहे हैं। मुम्बई के अनेक मुसलमानों द्वारा महसूस की जाने वाली सामान्य असुरक्षा कॉलेज के अपेक्षाकृत रक्षात्मक दृष्टिकोण में व्यक्त होती है। इसके बावजूद, कॉलेज एक मुस्लिम संस्थान है और इसके समर्थकों एवं छात्रों को इस बात पर गर्व है। हालांकि, शिक्षक अपनी निष्ठाओं में कहीं अधिक विविधता रखते हैं। कॉलेज के मामलों के संचालन में इसे बहुत कम अधिकार प्राप्त हैं।

महाराष्ट्र कॉलेज वर्तमान समय में अकादमिक रूप से उत्कृष्ट संस्थान होने से कोसों दूर है। इसका क्षेत्र निम्नवर्ग तक सीमित है, तथा समृद्ध क्षेत्रों के मात्र कुछ ही छात्र यहाँ पढ़ने आते हैं। इसकी सुविधाएं निम्न–स्तरीय हैं तथा इसकी निधियाँ आवश्यकताओं की पूर्ति कर पाने हेतु अपर्याप्त हैं। नए कॉलेजों को आधिकारिक रूप से निरुत्साहित किए जाने का अर्थ है कि कुछ ही अनुदान उपलब्ध है, चाहे वे मुम्बई विश्वविद्यालय से हों अथवा विश्वविद्यालय अनुदान आयोग से। हतोत्साहन की यह

नीति विश्वविद्यालय के लिए कॉलेज को सम्बद्धता प्रदान करने से इंकार किए जाने हेतु पर्याप्त नहीं थी और निःसंदेहात्मक रूप से इसे सरकार के उन शक्तिशाली सदस्यों की सहायता हासिल थी जिन्होंने कॉलेज के आवेदन के समर्थन में आवाज उठाई थी। इन बाधाओं की पृष्ठभूमि के खिलाफ कॉलेज शैक्षिक प्रक्रियाओं में मौलिकता के माध्यम से स्वयं के लिए एक नाम स्थापित करने का इच्छुक नहीं है। इसकी प्रमुख कार्य है अपने अस्तित्व को बनाए रखना।

इन दोनों ही नए कॉलेजों को अपने छात्रों की संख्या में तेजी से वृद्धि करने के प्रयास अवश्य करने चाहिए, भले ही उनकी सुविधाएं बड़ी संख्या वाले छात्रों के लिए पर्याप्त हों अथवा न हों। छात्रों द्वारा भुगतान किए गए शिक्षण–शुल्क से होने वाली आय कॉलेज द्वारा उपकरण खरीदे जाने तथा अपने कर्मचारियों के वेतनों का भुगतान किए जाने हेतु आवश्यक है। परिणामस्वरूप, नाममात्र की सुविधाएं भी तनावग्रस्त हैं। योग्य छात्रों तथा शिक्षकों को आकर्षित करना एक अन्य महत्वपूर्ण समस्या है। अपेक्षाकृत अधिक विख्यात और प्रतिष्ठित कॉलेजों में प्रवेश लेने में समर्थ छात्र ऐसा ही करते हैं, और नए कॉलेजों को उन्हीं छात्रों से संतोष करना पड़ता है जिन्हें कहीं अन्य प्रवेश नहीं प्राप्त हो पाता। धाराप्रवाह अंग्रेजीभाषी पश्चिमीकृत परिवारों के बहुत कम छात्र ही इन कॉलेजों में प्रवेश लेते हैं, जो पहले से ही मौजूद भाषाई समस्या को और जटिल बना देता है। मात्र कुछ ही योग्य और अनुभवी शिक्षक किसी ऐसे नए कॉलेज में नियुक्ति पसंद करते हैं जिसकी न तो कोई प्रतिष्ठा हो और न ही स्थायित्व की कोई गारंटी। कुछ शिक्षकों को तो अन्य कॉलेजों के द्वारा उच्च वेतनमानों में तुरंत पदोन्नति दिए जाने के वादे के साथ लुभा लिया गया है, किन्तु शिक्षकों में से अधिकांश युवा अथवा ऐसे व्यक्ति ही हैं जिन्हें विभिन्न कारणोंवश कोई अन्य नौकरी नहीं प्राप्त हो सकी है।

समापन टिप्पणी

यद्यपि मुम्बई विश्वविद्यालय प्राथमिक तौर पर स्नातक छात्रों को ही प्रवेश प्रदान करता है, तथापि इसने स्नातक शिक्षा पर बहुत अधिक ध्यान नहीं दिया है। सुधार सम्बन्धी प्रोत्साहन समान्यतः स्वयं कॉलेजों से अथवा केन्द्र सरकार की संस्थाओं जैसे, विश्वविद्यालय अनुदान आयोग से प्राप्त होते रहे हैं। विश्वविद्यालय की भूमिका अधिकांशतः यह सुनिश्चित करने तक ही सीमित रही है कि कॉलेजों में न्यूनतम स्तरों को बनाए रखा जाए। विश्वविद्यालय के नियम, जिनकी कॉलेज अधिकारियों द्वारा अपने प्रभावों और नौकरशाही को सीमित किए जाने हेतु समान रूप से आलोचना की जाती रही है, न्यूनतम स्तर को कायम रखते हैं और कॉलेजों में गंभीर भ्रष्टाचार को रोकते हैं।

जैसा कि अधिकांश कॉलेज अधिकारियों एवं शिक्षकों के द्वारा माना जाता है, विश्वविद्यालय का दृष्टिकोण कॉलेजों की समस्याओं में रुचि के सामान्य अभाव और उनकी समस्याओं अथवा योजनाओं पर गंभीर रूप से विचार करने की अनिच्छा वाला है। मुम्बई विश्वविद्यालय अपने संसाधनों में से कुछ को कॉलेजों के सुधार हेतु समर्पित करता है और विश्वविद्यालय प्रशासन में कोई भी ऐसा व्यक्ति नहीं है जो कॉलेजों की सहायता करने हेतु उत्तरदायी हो। विश्वविद्यालय के अनेक अधिकारी कॉलजों के निरीक्षण करने अथवा अन्य तरीकों से नियंत्रत करने के प्रभारी हैं, किन्तु उनके उत्तरदायित्व नकारात्मक हैं। हाल ही में प्राचार्य के पद को समाप्त कर दिए जाने के द्वारा विश्वविद्यालय के ढाँचे से एक ऐसे पद को हटा दिया गया है जिसका कॉलेजों के साथ सीधा सम्बन्ध हुआ करता था।

विश्वविद्यालय के नियम एक ऐसा स्तर बनाए रखते हैं जिसके नीचे कॉलेज नहीं जा सकते, किन्तु ये नियम नवाचारों का गला घोंटने, कहीं सरल कार्यों को नौकरशाही की जटिलताओं में उलझाने, तथा शीर्ष पर अधिकारों के संकेन्द्रण की प्रवृत्ति रखते हैं। इसके अलावा, जहाँ कॉलेजों के साथ अपने व्यवहार में भला और ईमानदार बनने वाला विश्वविद्यालय प्रायः अकुशल रहता है। इसके कर्मचारियों की संख्या बहुत छोटी है तथा वे कुशलतापूर्वक संगठित भी नहीं हैं।[13] परिणामस्वरूप, कॉलेजों को प्रभावित करने वाले निर्णयों में प्रायः अत्यधिक बिलंब होता है।

मुम्बई के कॉलेज भारतीय समाज की अनेक समस्याओं को साझा करते हैं। भारत में क्षेत्रवाद एवं भाषाई टकराव बहुत गंभीर हैं और मुम्बई जैसे सर्वदेशीय एवं विविधीकृत शहर में भी इनका कदापि अभाव नहीं है। किसी विशिष्ट क्षेत्रीय अथवा धार्मिक समूह द्वारा स्थापित किए गए कॉलेजों के द्वारा अपने समूहों के छात्रों एवं शिक्षकों का पक्ष लिया जाता है। उदाहरणार्थ, किसी सरकारी कॉलेज में एक योग्य दक्षिण भारतीय प्रोफेसर ने अपनी पृष्ठभूमि के कारण आगे पदोन्नति के सम्बन्ध में अपनी निराशा को व्यक्त किया था। नियुक्तियों तथा छात्रों के प्रवेशों को क्षेत्रीय अथवा अन्य विचारों द्वारा प्रभावित किया जाता है। मुम्बई में रोमन कैथोलिक कॉलेजों जैसे, सेंट जेवियर्स एवं सोफिया कैथोलिक छात्रों को प्रवेश देने के लिए एक पृथक और निम्न स्तर का प्रावधान करके पक्षपात करते हैं। अनेक अन्य कॉलेजों के द्वारा भी अपनी प्रवेश–नीतियों के सम्बन्ध में ऐसे ही व्यवहार अपनाए जाते हैं, यद्यपि उनके बारे में वे अधिक चर्चा नहीं करते।

लगभग 20 वर्षों से मुम्बई विश्वविद्यालय अपने शिक्षा के माध्यम के विषय पर विचार करता रहा है,[14] किन्तु विभिन्न कारणोंवश यह परिवर्तनों पर कोई भी निर्णय ले पाने में असमर्थ रहा है। शिक्षा तथा परीक्षाओं का इकलौता माध्यम अंग्रेजी बना हुआ है। यह महत्वपूर्ण बात है कि मुम्बई विश्वविद्यालय महाराष्ट्र में इकलौता ऐसा विश्वविद्यालय है जिसने अकेले अंग्रेजी को ही माध्यम बना रखा है, और इसने ऐसा महाराष्ट्र सरकार की इच्छा पर किया है। कॉलेज भी भाषाई समस्या से प्रभावित रहे हैं। बेहतर कॉलेजों के शिक्षकगण भी सामान्यतः अंग्रेजी को बनाए रखने के पक्षधर हैं, यद्यपि ऐसी कोई आधिकारिक नीति मौजूद नहीं है। विल्सन कॉलेज के द्वारा मराठी के साथ प्रयोग किया गया है, और सरकार के साथ अपने सम्बन्धों के कारण एलफिन्सटन कॉलेज मौन बना रहा है। गुजराती, दक्षिण भारतीय, सिन्धी, तथा अन्य अल्पसंख्यक कॉलेज सामान्यतः अंग्रेजी के पक्षधर हैं, व्यापकतौर पर इसलिए क्योंकि उन्हें भय है कि ऐसा न होने पर सरकारी दबाव की प्रतिक्रिया स्वरूप शिक्षा के माध्यम के तौर पर मराठी लागू हो जाएगी।

अधिकांश कॉलेज प्रशासक और शिक्षक इस स्थिति को लेकर अनिश्चित हैं। कुछ का विश्वास है कि अंग्रेजी को दीर्घकाल तक बनाए रखा जा सकता है, और अनेक शिक्षक छात्रों के बीच अंग्रेजी के गिरते हुए स्तर की ओर इशारा करते हैं। दूसरी ओर, अधिकांश मानते हैं कि शिक्षा के किसी भी अन्य माध्यम को अपनाए जाने से गंभीर समस्याएं उत्पन्न हो जाएगीं। अधिकांश विषयों में पर्याप्त संख्या में पाठ्यपुस्तकें उपलब्ध नहीं हैं। भारतीय भाषाओं के प्रयोग द्वारा मुम्बई के छात्रों की ''सांप्रदायिकता'' में वृद्धि हो जाएगी, और अनेक कॉलेज शिक्षक उनके साथ संवाद नहीं कर सकेंगे। ऐसा दावा किया गया है कि मुम्बई की उच्च शिक्षा, जो अभी तक अपने सर्वदेशीय होने पर गर्व अनुभव करती रही है, बहुत अधिक प्रादेशिक बन जाएगी

तथा अकादमिक स्तरों में आगे और अधिक गिरावट आ जाएगी। भाषा के प्रश्न पर शिक्षकों के दृष्टिकोण का एकमात्र उपलब्ध सर्वेक्षण, जिसे 1954 में 155 शिक्षकों पर संपन्न किया गया था, के द्वारा पाया गया था कि उनमें से 129 हिन्दी को शिक्षा के माध्यम के रूप में लागू किए जाने के विरोधी थे तथा 26 ने इसका पक्ष लिया था। 41 ने अंग्रेजी के उपयोग का जारी रखने का पक्ष लिया था और एक छोटे से समूह ने क्षेत्रीय भाषाओं के उपयोग की इच्छा जताई थी।[15] संभवतः तब से यह स्थिति परिवर्तित तो हो चुकी है किन्तु बुनियादी तौर पर नहीं। मुम्बई में कॉलेज शिक्षकों की बड़ी संख्या अब कुछ परिवर्तन के पक्ष में दिखाई देती है। सर्वाधिक लोकप्रिय समाधान, जिसपर विश्वविद्यालय के ऊँचे स्तरों में भी चर्चा होती है, एक "चार भाषा फार्मूले" से सम्बन्धित है, जो छात्रों को परीक्षाओं में मराठी, गुजराती, हिन्दी अथवा अंग्रेजी में लिखने की अनुमति प्रदान करेगा; शिक्षा भी धीरे–धीरे इन्हीं भाषाओं में परिवर्तित हो जाएगी जिसमें कॉलेजों को एक विकल्प उपलब्ध रहेगा।

मुम्बई विश्वविद्यालय के बड़े भाग का गठन करने वाले कॉलेज ही विश्वविद्यालय की उत्कृष्टता तथा उच्च शिक्षा की संपूर्ण प्रणाली के मनोबल को निर्धारित करते हैं। कॉलेज शिक्षण के क्षेत्र में मुम्बई विश्वविद्यालय के प्रयास अभी तक नकारात्मक ही रहे हैं। यदि सुधार किए जाने हैं तो मुम्बई विश्वविद्यालय को अपने संघटक कॉलेजों के प्रति और अधिक सकारात्मक तथा, अनेक मामलों में, एक और अधिक रियायती दृष्टिकोण अपनाना होगा। ऐसी ही नीति बेहतर कॉलेजों की सहायता कर सकती है; हालांकि जबतक यहाँ सिफारिश किए गए सकारात्मक दृष्टिकोण के साथ बढ़ी हुई वित्तीय दरियादिली उपलब्ध नहीं होती, यह देखना कठिन होगा कि अपेक्षाकृत गरीब कॉलेजों के लिए यह किस प्रकार सहायक होगी। किन्तु धन आएगा कहाँ से?[16] यह दिखाई तो नहीं दे रहा।

टिप्पणियाँ

1. University Grants Commission: *Report for the Year 1967–68* (New Delhi, 1969), pp. 40, 42, 43.
2. *Commonwealth Universities Yearbook 1969* (London: Association of Commonwealth Universities, 1969), p. 1760.
3. ये आँकड़े *Handbook of Universities in India, 1969,* p. 163, तथा *Bombay University, Annual Report for the Year 1966–67* (University of Bombay Press, 1968), pp. 109–11 से लिए गए हैं।
4. वर्तमान समय में मुम्बई के 20 प्रतिशत कॉलेजों में अस्थाई सम्बद्धता का कोई न कोई स्वरूप विद्यमान है।
5. See Parikh, G. D., *Reorganisation of Undergraduate Teaching in Arts* (University of Bombay Press, 1961).
6. Dongerkery, S. R., *Memories of Two Universities* (Bombay: Manaktalas, 1966), p. 49.
7. See People's Education Society, *Report, 1947–54* (Bombay: People's Education Society, 1955).
8. See Shils, Edward, "The Academic Profession in India", *Minerva,* VII, 3 (Spring 1969), pp. 345–372, and *The Intellectual Between Tradition and Modernity: The Indian Situation* (The Hague: Mouton, 1961), pp. 29–32 and 35–36.

9. इनमें से अधिकांश प्रभावों की पुष्टि *Report of the Inquiry on the Problems of Teachers in the University of Bombay* (University of Bombay, 1954) में की जा चुकी है। यह अध्ययन मुम्बई विश्वविद्यालय में 155 शिक्षकों के एक नमूने पर आधारित था, और यद्यपि कि इसे 1954 में संपन्न किया गया था, तथापि इसके बुनियादी निष्कर्ष आज भी वैध हैं।
10. भारत में छात्र असंतोष की समस्या पर इस लेख में अधिक विस्तार से विचार नहीं किया गया है, यद्यपि यह स्पष्टतौर पर भारतीय उच्च शिक्षा के सर्वाधिक महत्वपूर्ण पहलुओं में से एक है।
11. विल्सन कॉलेज में शिक्षकों की संगोष्ठी पर चर्चा, तथा संगोष्ठी के बौद्धिक परिणामों के एक उदाहरण के रूप में देखें Wilson College Faculty Seminar, *Problems that Challenge Us* (Bombay: Popular Book Depot, 1963), Wilson College Faculty Seminar, *Thoughts on Indian Education* (Bombay: Wilson College, 1961), and Wilson College Faculty Seminar, *Skills, Knowledge and Insight* (Bombay: Wilson College, 1964).
12. See *Education and National Development. Report of the Education Commission, 1964–66* (New Delhi: Ministry of Education, Government of India, 1966), Chapter XI. Chapter XI was slightly abridged as "Indian University Reform: Higher Education Objectives and Improvement", *Minerva,* V, 1 (Autumn, 1966); see especially p. 66.
13. See *Report of the Registrar on the Reorganisation of the University* (University of Bombay, 1967).
14. See *Report of the Committee on the Medium of Instruction to be adopted in the Bombay University* (Bombay University Press, 1955).
15. See *Report of the Inquiry on the Problems of Teachers in the University of Bombay,* p. 63.
16. इस लेख के लिए शोधकार्य को उस समय संपन्न किया गया था जब लेखक 1968 में मुम्बई विश्वविद्यालय के समाजशास्त्र विभाग में फुलब्राइट शोध प्रोफेसर था। विश्लेषण के दौरान हार्वर्ड विश्वविद्यालय के सेंटर फॉर इंटरनेशनल अफेयर्स के कंपरेटिव युनिवर्सिटीज प्रोजेक्ट के माध्यम से हाजेन फाउंडेशन द्वारा कुछ सहायता प्रदान की गई थी। यह लेख अभी तैयार किए जा रहे एक विस्तृत अध्ययन का एक भाग है।

12
विश्वविद्यालय संदर्भ

The University in Transition: An Indian Case Study
Philip G. Altbach
Schenkman Publishing Co., Inc. (Cambridge, Mass.), 1972
pp. 1–36

फ़िलिप जी. अल्ट्बाख

(क) परिचय

भारतीय विश्वविद्यालय लगभग स्थाई रूप से संकटग्रस्त हैं। छात्रों के विरोध प्रदर्शनों द्वारा अकादिमक जीवन में व्यवधान, क्षेत्रीय राजनीति में विश्वविद्यालयों की संलिप्तता, तथा अन्य समस्याएं सरकारी चिंता तथा सार्वजनिक बहसों का विषय हैं। इसी के साथ–साथ, अधिकांश भारतीय शिक्षक, नियोजनकर्ता, तथा नीति–निर्माता इस धारणा को स्वीकार करते प्रतीत होते हैं कि आर्थिक एवं राजनीतिक विकास की प्रक्रिया में उच्च शिक्षा एक महत्वपूर्ण घटक है।* उच्च शिक्षा के महत्व तथा इस तथ्य पर एक सामान्य सहमति मौजूद है कि विश्वविद्यालय प्रणाली संकटग्रस्त है। संकट की सटीक प्रकृति अस्पष्ट है और वर्तमान स्थिति के समाधान को लेकर पर्याप्त असहमति बनी हुई है। यह खंड भारत के सर्वाधिक महत्वपूर्ण विश्वविद्यालयों में से एक, मुम्बई विश्वविद्यालय, के अकादमिक वातावरण का वर्णन इस आशा के साथ करता है कि यह एक गंभीर चर्चा तथा भारतीय उच्च शिक्षा के सामान्य संकट के विश्लेषण हेतु एक रूपरेखा प्रदान करेगा। यह विश्लेषण मुम्बई विश्वविद्यालय को इसके सामाजिक संदर्भ में स्थापित करता है और संस्थान के आंतरिक कामकाज तथा समाज के अन्य पहलुओं के साथ इसके सम्बन्धों जैसे दोनों विषयों पर चर्चा करता है। इस अध्ययन का अंतिम परिणाम एक भारतीय विश्वविद्यालय का ऐसा प्राथमिक मसौदा है जो संस्थान के दोनों पारिस्थितिकीतंत्रों (इसके समग्र वातावरण को तथा उस वातावरण के साथ इसकी सहक्रिया) को विचार में शामिल करता है तथा इसकी समस्याओं के साथ–साथ इसकी कुछ उपलब्धियों को भी प्रस्तुत करता है।

मुम्बई विश्वविद्यालय जहाँ अपने आप में विशेषतौर पर दिलचस्प है, वहीं यह भारतीय उच्च शिक्षा के व्यापक पहलुओं से जुड़ा हुआ है। वास्तव में, यह आशा की जाती है कि यह सम्बन्ध सामान्य पाठक को अन्य भारतीय विश्वविद्यालयों की समस्याओं तथा चुनौतियों की एक व्यापक समझ प्रदान कर सकेगा। भारतीय उच्च शिक्षा की विशेषता रही है अप्रत्याशित विकास – विश्वविद्यालयों की संख्या 1950 में 1,000 कॉलेजों में 2,70,000 के कुछ कम छात्रों सहित एक छोटी सी अभिजात्य प्रणाली से विकसित होकर 1967 में 23,00,000 छात्रों को शिक्षित बनाने वाली एक वृहद् प्रणाली बन चुकी है। (1969 में 3,000 से अधिक कॉलेजों में 27,00,000 छात्र थे।)† मुम्बई विश्वविद्यालय ने इस उल्लेखनीय प्रगति को साझा किया है। 1950 में, वृहत्तर मुम्बई

क्षेत्र में मुम्बई विश्वविद्यालय के साथ सम्बद्ध कुल 22 कॉलेज थे जिनमें 20,032 छात्रों को प्रवेश प्राप्त था। परास्नातक छात्रों के प्रवेश द्वारा कुल योग में संभवतः 500 छात्रों की और वृद्धि हो गई थी। 1967 तक सम्बद्ध कॉलेजों की संख्या बढ़कर 59 हो चुकी थी और छात्रों की संख्या 77,000।[1]

विश्वविद्यालयों के विकास की न तो योजना बनाई गई है और न ही उन्हें ऐसे क्षेत्रों में स्थापित किया गया है जो भारत के आर्थिक विकास में उपयोगी रहे हो सकते हैं। उदाहरणार्थ, कृषि के छात्रों का प्रतिशत कुल छात्रों में बहुत की कम (1965–66 में 3 प्रतिशत) रहा है तथा कुल छात्र आबादी का मात्र एक बहुत छोटा सा भाग (1965–66 में 1.9 प्रतिशत) ही शिक्षक प्रशिक्षण संस्थानों में प्रवेश लेने वालों में शामिल हुआ है।[‡] छात्रों का सबसे बड़ा अनुपात (40.9 प्रतिशत) परंपरागत कला संकायों में बना रहा है, जबकि विज्ञान के महत्व में वृद्धि हुई है। भौगोलिक विस्तार को भी नियंत्रित नहीं किया गया है। उदाहरणार्थ, मुम्बई में कॉलेजों को ऐसी जगह स्थापित कर दिया गया जो निजी एजेन्सियों द्वारा उपयुक्त पाए गए और वह भी ऐसे जिनका शहर की आवश्यकताओं से प्रायः कोई सम्बन्ध नहीं था।

विश्वविद्यालयों का विकास एक संस्थान के रूप में स्वयं विश्वविद्यालय तथा समग्र रूप से भारतीय समाज दोनों के ही लिए महँगा पड़ा है। विश्वविद्यालय के अंदर इस विस्तार की विशेषताएं रही हैं नियोजन का अभाव तथा विकास को समायोजित करने हेतु वित्तीय एवं शिक्षकों सम्बन्धी संसाधनों के कम पड़ जाने के कारण अकादमिक स्तरों में आने वाली गिरावटें। आवश्यकता वाले क्षेत्रों में स्नातक तैयार न किए जाने के अलावा, विश्वविद्यालय स्नातकों का एक सामान्य उत्पादन कर दिया गया है, यहाँ तक कि इंजीनियरिंग जैसे क्षेत्र में भी। इसके कारण भारी मात्रा में "शिक्षित बेरोजगारी" उत्पन्न हो चुकी है जो अपने आप में तथा आर्थिक रूप से व्यर्थ और राजनीतिक रूप से विघटनकारी है। इसी के साथ–साथ, विश्वविद्यालय प्रगतिशील रूप से दुर्लभ सरकारी संसाधनों की माँग उत्पन्न करते हुए निधियों और निर्देशों के लिए सरकार से जुड़ते और उसपर निर्भर होते चले गए हैं। देश के अनेक भागों में सरकार के साथ ऐसे सम्बन्धों का अर्थ रहा है अकादमिक स्वतंत्रता तथा विश्वविद्यालय की स्वायत्तता में कटौती करना।

जहाँ उच्च शिक्षा अनेकों प्रकार की समस्याओं से घिरी हुई है, वहीं यह भारतीय समाज में एक प्रमुख भूमिका निभाती है। अनेक लोगों, विशेषतौर पर निम्नमध्य वर्ग के द्वारा उच्च शिक्षा को सामाजिक गतिशीलता की एक कुंजी के रूप में देखा जाता है, यद्यपि एक बड़े स्तर तक विश्वविद्यालय इस गतिशीलता को प्रदान कर पाने में उतने सफल नहीं प्रतीत होते जितने कि वे हो सकते हैं। जहाँ सटीक आँकड़े उपलब्ध नहीं हैं, वहीं ऐसा प्रतीत होता है कि मुम्बई विश्वविद्यालय में छात्र आबादी का एक बहुत बड़ा भाग ऐसे शिक्षित मध्य अथवा निम्नमध्य वर्ग वाले परिवारों से आता है जो किसी व्यवसाय अथवा सरकारी नौकरी में संलिप्त हैं। मध्य अथवा उच्च मर्ध्य वर्गीय गुजराती छात्रों की प्रधानता इस धारणा का समर्थन करती है। अतः, उच्च शिक्षा सापेक्षिकतौर पर छात्रों के एक बड़े भाग को मात्र सीमित सामाजिक गतिशीलता प्रदान करती प्रतीत होती है। नौकरीपेशा तथा कृषक परिवारों के छात्र बहुत बड़ी संख्या में विश्वविद्यालय में प्रवेश नहीं लेते। ग्रामीण क्षेत्रों में स्थित अपेक्षाकृत नए विश्वविद्यालयों के मामले में यह सामान्यीकरण संभवतः कुछ कम सही है, और निश्चित रूप से इसे आगे के शोध का विषय होना चाहिए। मामले का सत्य चाहे जो भी हो, भारत में अनेक लोग उच्च शिक्षा के सामाजिक गतिशीलता के एक मार्ग होने तथा सफेदपोश रोजगार की एक *अनिवार्य शर्त* होने में विश्वास करते हैं। अतः, अनेक परिवार यह सुनिश्चित करने के लिए भारी

कुर्बानियाँ देते हैं कि उनके बच्चे कॉलेज में पहुँच सकें। मध्यवर्ग तथा उच्चवर्ग भी उच्च शिक्षा को स्नातक के बाद नौकरी सुनिश्चित करने के साधन के रूप में देखता है। इस प्रकार, मुम्बई के व्यापारी समुदाय की संताने कॉलेज में प्रवेश लेती हैं यद्यपि भविष्य की उनकी आजीविका आवश्यक रूप से किसी अकादमिक डिग्री पर निर्भर नहीं करती तथा उनकी शिक्षा की विषयवस्तु का उनके रोजगार से लेनादेना बहुत कम ही होता है।

आमतौर पर ऐसी मान्यताएं हैं कि उच्च शिक्षा आधुनिकीकरण के लिए आवश्यक कुशल श्रमशक्ति उपलब्ध कराने में एक महत्वपूर्ण भूमिका निभाती है तथा अभी तक अत्यधिक परंपरावाद द्वारा घिरे हुए एक समाज में "आधुनिक" दृष्टिकोण उत्पन्न करने में सहायक होती है। इन मान्यताओं पर शिक्षा तथा आधुनिकीकरण के बीच सम्बन्ध पर किए जा चुके कुछ शोधकार्यों द्वारा प्रश्न उठाए जा चुके हैं तथा कई विश्लेषकों ने स्पष्ट किया है कि अनेक विकासशील देशों में कई विश्वविद्यालय स्नातक "हाथ के साथ किए जाने वाले कामों" वाले अधिक उपयोगी तकनीकी रोजगारों की तुलना में संभवतः सफेदपोश रोजगार करना पसंद करते हैं।[2] यह भी संभव है कि कोई कॉलेज शिक्षा जाति, क्षेत्रवाद तथा भारतीय जीवन के अन्य पहलुओं से सम्बन्धित परपरांगत दृष्टिकोणों को पूरी तरह से नहीं तोड़ पाता हो। इन संदेहों के बावजूद इस बात में कोई संदेह नहीं है कि उच्च शिक्षा आधुनिकीकरण में योगदान प्रदान करती है और यह कि प्रमुख तकनीकी एवं प्रशासनिक पेशों को विश्वविद्यालय में प्रशिक्षित लोगों द्वारा ही संचालित किया जाता है। उदाहरणार्थ, मुम्बई विश्वविद्यालय ने वकीलों, लेखाकारों, तथा हाल ही में प्रबंधन विशेषज्ञों एवं अनुप्रयुक्त सांख्यिकी को प्रशिक्षित करते हुए शहर को व्यावसायिक एवं औद्योगिक विकास का आधार प्रदान किया है।

प्रायः ऐसा आग्रह किया जाता रहा है कि विकासशील देशों में विश्वविद्यालय प्रत्यक्ष रूप से उपयोगी तकनीकी प्रशिक्षण अधिक प्रदान करने और कम मात्रा में "विशुद्ध" अथवा उच्च स्तरीय शोध उपलब्ध कराए जाने के द्वारा अपने इलाकों की आवश्यकताओं के लिए अधिक "प्रासंगिक" बन चुके हैं। मुम्बई विश्वविद्यालय, तथा सामान्यतौर पर भारतीय उच्च शिक्षा इस स्वरूप में बहुत बड़ी सीमा तक विकसित नहीं हो सकी है। मुम्बई विश्वविद्यालय, और विशेषतौर पर इसके वरिष्ठ शिक्षकों, ने अनुभव किया है कि उन्नत देशों में हो रही वर्तमान वैज्ञानिक प्रगति का ज्ञान रखा जाना महत्वपूर्ण है, तथा यदि संभव हो तो विद्वत्ता के सभी क्षेत्रों में मौलिक योगदान किए जाने चाहिए। इस धारणा से इंकार किया जाता रहा है कि विकासशील देशों में विश्वविद्यालयों को औद्योगीकृत देशों में अधिक उन्नत संस्थानों के "ग्राहक" बन जाना चाहिए। परिणामस्वरूप, मुम्बई विश्वविद्यालय एक ऐसा संस्थान बना हुआ है जो अंतर्राष्ट्रीय स्तरों को कायम रखने का प्रयास कर रहा है, कम–से–कम परास्नातक स्तर पर, और जिसने अंतर्राष्ट्रीय विद्वत्ता में विशिष्ट योगदान किए हैं। मुम्बई विश्वविद्यालय के स्नातकों को भारत तथा पूरे विश्व के विश्वविद्यालयों में अकादमिक पद प्राप्त हो चुके हैं। हालांकि, इसकी लागत बहुत अधिक रही है। मुम्बई विश्वविद्यालय को मुम्बई शहर में उद्योग अथवा वाणिज्य की किसी भी विशिष्ट तकनीकी समस्या अथवा महाराष्ट्र राज्य की कृषि सम्बन्धी समस्याओं के साथ नहीं जोड़ा जा सका है। विश्वविद्यालय के स्नातकों के पास प्रायः वाणिज्य अथवा कृषि सम्बन्धी तकनीकी कार्य में प्रवेश करने हेतु विशिष्ट कौशल उपलब्ध नहीं होता। यह एक आम शिकायत है कि कॉलेज के स्नातक किसी भी विशिष्ट रोजगार के प्रति कु–प्रशिक्षित हैं। यहाँ इस मुद्दे पर सविस्तार चर्चा करना असंभव है, यद्यपि विकासशील क्षेत्रों में उच्च शिक्षा की दिशा से सम्बन्धित एक बड़ी बहस का अकादमिक नियोजनकर्ताओं एवं अन्य लोगों द्वारा

मजाक उड़ाया गया है। यह स्पष्ट है कि मुम्बई विश्वविद्यालय ने अपनी पसंद, अर्थात् अंतर्राष्ट्रीय अकादमिक जगत में सदस्यता के लिए प्रयास जारी रखना न कि भारत की प्रत्यक्ष समस्याओं के अर्थ में एक अधिक उपयोगी किन्तु शायद कम "अकादमिक" संस्थान बनने का निर्णय कर लिया है।

भारत के कई भागों में विश्वविद्यालय ऐसे केन्द्रीय राजनीतिक मुद्दे बने हुए है। जो अत्यधिक जुनून और कभी–कभी हिंसा उत्पन्न करने में भी सक्षम हैं। जैसा कि बाद में सविस्तार चर्चा की गई है, मुम्बई विश्वविद्यालय विघटनकारी राजनीति से उल्लेखनीय रूप से मुक्त रहा है। इसी के साथ–साथ, यह महाराष्ट्र राज्य के राजनीतिक जीवन से प्रभावित होते हुए उसमें संलिप्त भी रहा है। संक्षेप में, भारत में उच्च शिक्षा एक ऐसा प्रमुख मुद्दा है जिसमें नीति–निर्माताओं के साथ–साथ पेशेवर शिक्षकों को गंभीरतापूर्वक व्यवहार करना चाहिए। भारत में यह एक सुस्थापित तथ्य है, जिसकी पुष्टि स्वतंत्रताप्राप्ति के बाद से उच्च शिक्षा को समर्पित अनेक सरकारी आयोगों के द्वारा की जा चुकी है।[3] जहाँ इन आयोगों तथा अनेक अन्य अध्ययनों के द्वारा उच्च शिक्षा के संस्थानों में प्रवेश ले चुके छात्रों की संख्या, "अपव्यय" दरों, तथा ऐसे ही मुद्दों सम्बन्धी आँकड़ों की विस्तृत श्रृंखला को उपलब्ध कराया गया है, वहीं अपेक्षाकृत कम शोधकार्यों के द्वारा कॉलेजों एवं विश्वविद्यालयों के वास्तविक कामकाज, शिक्षा की गुणवत्ता, छात्रों के दृष्टिकोणों और आकांक्षाओं, अथवा स्वयं अकादमिक पेशे पर ध्यान केन्द्रित किया गया है।[4] इसके अलावा, विश्वविद्यालय तथा सरकार के बीच विभिन्न स्तरों पर मौजूदा महत्वपूर्ण सम्बन्धों पर भी लगभग कोई ध्यान नहीं दिया गया है। जैसा अमर कुमार सिंह ने स्पष्ट किया है, भारतीय अकादमिक संस्थान उतने ही राजनीतिक हैं जितने के शैक्षणिक, तथापि राजनीतिक पहलू वास्तव में अविश्लेषित ही रहा है।[5] भारतीय विश्वविद्यालयों के विस्तृत कामकाज की यह सामान्य उपेक्षा आंशिक तौर पर सरकारी आयोगों की अनेक सिफारिशों को लागू न किए जाने हेतु उत्तरदायी रही है। परिवर्तन आवश्यक है इस बात पर सार्वभौमिक सहमति के बावजूद भी अकादमिक सुधार उल्लेखनीय रूप से असफल रहे हैं।

यह पुस्तक इस आशा के साथ एक विश्वविद्यालय[§], मुम्बई विश्वविद्यालय, के सम्बन्ध में आँकड़े प्रदान करती है और उनका विश्लेषण करती है कि यह सुधारों को प्रारंभ किए जाने के एक आधार का कार्य कर सकती है। हालांकि यह एक विकासशील समाज में उच्च शिक्षा का एक केस–अध्ययन है, तथापि अन्य भारतीय विश्वविद्यालयों के लिए समग्र रूप से अथवा अन्य देशों के विश्वविद्यालयों के लिए इसकी प्रयोजनीयता सीमित ही है।** मुम्बई की भौगोलिक एवं राजनीतिक स्थिति इसे एक अनूठी स्थिति प्रदान करती है तथा मुम्बई विश्वविद्यालय की अपनी परंपराए हैं। फिर भी, यह बात इसे अनेक महत्वपूर्ण कारकों को अन्य विश्वविद्यालयों के साथ साझा किए जाने से नहीं रोकती। उदाहरणार्थ, मुम्बई विश्वविद्यालय का संगठनात्मक पैटर्न व्यापकतौर पर अन्य भारतीय विश्वविद्यालयों के ही समान है। विश्वविद्यालय अनुदान आयोग जैसी राष्ट्रीय एजेन्सियाँ मुम्बई के लिए भी उतनी ही महत्वपूर्ण हैं जितनी की पूरे भारत के लिए। राज्य सरकार तथा/अथवा निजी कॉलेज प्रबंधनों के प्रभावों को भी अधिकांश भारतीय शिक्षण संस्थानों के साथ साझा किया गया है। मुम्बई में एक विकासशील समाज की उच्च शिक्षा की बढ़ती हुई माँग भी मौजूद है जो न केवल भारत के अन्य स्थानों में बल्कि अन्य विकासशील देशों में भी मौजूद है।[6] इस प्रकार, इस अध्ययन की प्रासंगिकता मुम्बई विश्वविद्यालय से बाहर तक फैली हुई है, किन्तु इसमें स्थानीय आँकड़ों की व्याख्या का ध्यान अवश्य रखा जाना चाहिए। इस अध्ययन के आधार पर

विकासशील देशों में उच्च शिक्षा से सम्बन्धित कोई भी सार्वभौमिक "सिद्धांत" संभव नहीं हैं; इस अध्ययन के परिणाम उपयोगी होंगे अथवा नहीं यह आगे के शोध का विषय है।

इस अध्ययन की मंशा मुम्बई विश्वविद्यालय के अति–आवश्यक वर्णन और विश्लेषण को उपलब्ध कराने हेतु एक मामूली शुरुआत करने की है। इसे किसी विशिष्ट भारतीय विश्वविद्यालय की 'कलई खोलने' के एक प्रयास के रूप में नहीं देखा जाना चाहिए–मुम्बई विश्वविद्यालय भारत के सर्वश्रेष्ठ अकादमिक संस्थानों में से एक है तथा इसके पास अपने प्रबुद्ध अकादमिक नेतृत्व के साथ–साथ आंतरिक व्यवधानों और मतभेद के अभाव का एक उल्लेखनीय रेकार्ड मौजूद है। जहाँ इस विश्लेषण के दौरान आलोचनात्मक टिप्पणियों को शामिल किया गया है, वहीं यह आशा की गई है कि इन्हें उसी वैज्ञानिक भावना के साथ लिया जाएगा जिसकी मंशा की गई है।

यह अध्ययन मात्र वर्णन से परे जाता है, यह विश्वविद्यालयीय परिस्थितियों के कुछ महत्वपूर्ण पहलुओं जैसे–कॉलेजों, विश्वविद्यालय प्रशासन, तथा शिक्षण कर्मचारियों के बीच संपर्कों को स्पष्ट करता है और उन्हें एक दूसरे के साथ तथा विश्वविद्यालय के राजनीतिक एवं सामाजिक संदर्भ के साथ सम्बद्ध करता है। आगे, यह कॉलेजों की 'वास्तविकता' का विश्लेषण करता है तथा कॉलेजों एवं विश्वविद्यालयों के साथ–साथ कॉलेज संदर्भ के विभिन्न मुख्य तत्वों–प्रधानाचार्य, शिक्षण कर्मचारी, छात्र एवं प्रबंधन निकायों के बीच के प्रायः सूक्ष्म सम्बन्धों पर चर्चा करता है। स्वयं विश्वविद्यालय की संरचना का विश्लेषण भी किया गया है। संक्षेप में, यह अध्ययन अकादमिक समुदाय के अंदर के साथ–साथ बाहर मौजूद विभिन्न तत्वों के बीच की सहक्रिया तथा जटिल शैक्षणिक संरचना के साथ–साथ इस बात पर ध्यान केन्द्रित करता है कि यह सामाजिक संदर्भ में किस प्रकार कार्य करता है।

(ख) राजनीतिक संदर्भ

भारतीय विश्वविद्यालय में कभी भी स्वायत्तता की एक शक्तिशाली परंपरा नहीं रही है। व्यापकतौर पर यह औपनिवेशिक काल में शिक्षा पर ब्रिटिश नियंत्रण तथा वर्तमान में लागू कानूनी व्यवस्थाओं का एक उत्पाद है जो विश्वविद्यालय को प्रत्यक्ष सरकारी नियंत्रण के अधीन रखता है। हालांकि, आधुनिक भारत में विश्वविद्यालयीय स्वायत्तता के अभाव का एक बड़ा कारण वित्तपोषण के लिए सरकार पर इसकी बहुत अधिक निर्भरता का होना है; सरकार से परे निधियों के मात्र कुछ ही स्रोत उपलब्ध हैं। अतः, विश्वविद्यालय अनुदान आयोग, केन्द्रीय शिक्षा मंत्रालय, तथा राज्य शिक्षा मंत्रालय जैसी एजेन्सियाँ न केवल सामान्य नीति–निर्धारण एवं नियोजन में, बल्कि दैनिक मामलों में भी विश्वविद्यालयों पर भारी प्रभाव डालती हैं। विश्वविद्यालय के आंतरिक मामलों में यह सरकारी निर्देश विश्वविद्यालय के व्यापक राजनीतिकरण का आधार रहा है। पहले, समग्र रूप से सरकार विश्वविद्यालयों से इसकी शैक्षिक अथवा गैर–शैक्षिक नीतियों में से किसी का भी विरोध न किए जाने की अपेक्षा करती है। यह अकादमिक स्वतंत्रता को बाधित करता है। दूसरे, चूंकि विश्वविद्यालयीय निर्णय राजनीतिज्ञों द्वारा लिए जाते हैं, अतः शिक्षणेत्तर विचार जैसे–जाति, क्षेत्रीयता, भाषा, अथवा धार्मिक विभाजन आदि शिक्षा नीति पर प्रभाव डालते हैं। आगे, चूंकि विश्वविद्यालय राजनीतिक गुटों से समर्थन प्राप्ति का प्रयास करता है और राजनीतिक गुट विश्वविद्यालय पर नियंत्रण करने हेतु एक दूसरे से प्रतिस्पर्धा करते हैं, अतः विश्वविद्यालय समुदाय में विभाजनकारी राजनीति को प्रवेश मिल जाता है। विश्वविद्यालयों की राजनीति में इस स्तर तक संलिप्तता

का उदाहरण बनारस हिन्दू विश्वविद्यालय तथा इलाहाबाद विश्वविद्यालय के द्वारा प्रस्तुत किया जा चुका है जहाँ विश्वविद्यालयों को गुटबाजीपूर्ण राजनीति पर आधारित परस्पर–विरोधी शिविरों में परिवर्तित कर दिया गया था और सरकार ने उन्हें लबें समय तक बंद रखने के द्वारा हस्तक्षेप किया था।[7]

भारतीय विश्वविद्यालय को प्रभावित करने वाली एक अन्य ताकत (जो सभी विकासशील समाजों के विश्वविद्यालयों में आम हैं) है विश्वविद्यालय से आर्थिक, राजनीतिक, एवं सामाजिक आधुनिकीकरण के लिए नेतृत्व प्रदान करने हेतु की जाने वाली माँगें। विश्वविद्यालय प्रायः इन अपेक्षाओं की पूर्ति करने में विफल रहे हैं, परिणामस्वरूप या तो विश्वविद्यालय के प्रति सामान्य मोह भंग हो रहा है तथा/अथवा इससे की जाने वाली माँगों में तीव्रता आ रही है। भारतीय विश्वविद्यालय से की जाने वाली व्यावहारिक माँगों में से एक यह है कि यह कुशल श्रमशक्ति के साथ–साथ क्षमतावान राजनीतिक नेतृत्व को प्रशिक्षित करे। हालांकि, इसके इस कार्य में सरकार तथा निजी उपक्रमों के द्वारा कुशल कर्मियों की तलाश हेतु डाले जाने वाले छापों के कारण बाधा उत्पन्न होती है। कर्मचारियों के लिए ऐसी प्रतिस्पर्धा की स्थिति में विश्वविद्यालय स्पष्ट रूप से अलाभकारी स्थिति में होता है, क्योंकि यह सरकार अथवा उद्योग के समान न तो प्रतिष्ठा प्रदान कर सकता है और न ही वेतन। इस प्रकार, अधिकांश विश्वविद्यालय अपने सर्वश्रेष्ठ कर्मचारियों को खोते जा रहे हैं। उदाहरणार्थ, मुम्बई विश्वविद्यालय के अनेक सर्वश्रेष्ठ अर्थशास्त्रियों को इसी प्रकार से भारतीय रिजर्व बैंक तथा अन्य सरकारी एजेन्सियों द्वारा नियुक्त कर लिया गया है।

मुम्बई विश्वविद्यालय भाग्यशाली रहा है कि उपरोक्त अनेक कारकों से प्रभावित होते हुए भी यह उनके द्वारा उत्पन्न संस्थागत संकटों से उस प्रकार पूर्णतः बाधित नहीं हुआ है जैसे कि कुछ उत्तर भारतीय विश्वविद्यालय हो चुके हैं। कुछ कारणोंवश, मुम्बई विश्वविद्यालय सर्वाधिक गंभीर राजनीतिक विवादों से एक दूरी कायम रखने में समर्थ रहा है। उदाहरणार्थ, मुम्बई विश्वविद्यालय 1950 के दशक के विस्फोटक संयुक्त महाराष्ट्र समिति मामले में मात्र सतही तौर पर ही संलिप्त था, जबकि 1965 के भाषाई आंदोलन के चलते दक्षिण भारत के कुछ विश्वविद्यालय लंबी अवधियों तक बाधित रहे थे। मुम्बई विश्वविद्यालय अपने सामान्य कामकाज को कमोबेश निरंतर रूप से जारी रखने में समर्थ रहा है यह इसकी संस्थागत स्थिरता का एक प्रतीक है। हालांकि, इसकी व्याख्या इस सुझाव के अर्थ में नहीं की जानी चाहिए कि मुम्बई विश्वविद्यालय भारत में उच्च शिक्षा के अन्य संस्थानों के समान ही दबावों के अधीन नहीं रहा है। बल्कि बात यह है कि मुम्बई विश्वविद्यालय ने इन दबावों का सामना बिना किसी बड़े व्यवधान तथा अपनी स्वायत्तता एवं स्तरों की समुचित सुरक्षा के साथ किया है।

यह स्पष्ट करना महत्वपूर्ण है कि गंभीर बाधाओं और हिंसा से बचने में मुम्बई विश्वविद्यालय अन्य भारतीय विश्वविद्यालयों से अधिक भाग्यशाली क्यों रहा है। मुम्बई एक बड़ा और सर्वदेशीय शहर है तथा अपेक्षाकृत छोटे और कम समृद्ध इलाकों में मौजूद अपने समकक्षी संस्थानों की तुलना में यह विश्वविद्यालय इसके जीवन में अपेक्षाकृत एक कम महत्वपूर्ण भूमिका अदा करता है। तथ्य यह है कि मुम्बई में साम्प्रदायिक एवं जातीय राजनीति को मूक बना दिया गया है जिससे संस्थागत शांति को सुनिश्चित करने में सहायता मिली है। स्वयं विश्वविद्यालय की सशक्त नेतृत्व की एक लंबी परंपरा रही है तथा इसने आंतरिक स्थिरता को कायम रखा है। इन कारकों ने इसे बाहरी उधमबाजीपूर्ण हस्तक्षेप से बचाए रखने में सहायता की है। और, जैसा कि इस खंड में अन्यत्र नोट किया गया है, मुम्बई का छात्र समुदाय विश्वविद्यालय की

आंतरिक राजनीति में किसी गंभीर स्तर तक संलिप्त नहीं रहा है, जैसा कि कुछ उत्तर भारतीय विश्वविद्यालयों में हो चुका है। राजनीतिक संलिप्तता की कुछ परंपराओं के साथ विश्वविद्यालय के शिक्षक भी जाति एवं क्षेत्रीय मूल के अर्थों में अत्यन्त विविधतापूर्ण हैं तथा सामान्यतौर पर उन्होंने अकादमिक मामलों में बाधक भूमिकाएं नहीं अदा की हैं। इन सभी कारकों ने संस्थागत स्थिरता को कायम रखने में मदद की है।

हिंसा एवं बाधा के अभाव के बावजूद मुम्बई विश्वविद्यालय इस अर्थ में राजनीतिकृत हो चुका है कि अन्य संस्थानों की ही भांति इसे भी नियोजन, नीति–निर्धारण, तथा विश्वविद्यालय के अंदरूनी कामकाज सम्बन्धी मामलों में मुम्बई तथा महाराष्ट्र राज्य में राजनीतिक नेताओं के विचारों पर सतर्कतापूर्वक ध्यान देना पड़ता है। अतः, राजनीतिक मुद्दे विश्वविद्यालय के विचार–विमर्शों में प्रविष्ट रहते हैं तथा कुछ राजनेताओं ने विश्वविद्यालय को अपने विचारों के एक मंच तथा अपनी शक्ति एवं प्रभाव के विस्तार के एक माध्यम के रूप में प्रयुक्त करने का प्रयास किया है।

मुम्बई विश्वविद्यालय तथा इसके सम्बद्ध कॉलजों का नेतृत्व बाहर से प्रेरित बाधाओं और आंतरिक गुटबंदी को सीमित करने में महत्वपूर्ण रहा है। अतीत में उप–कुलपतियों तथा अभी हाल में प्रचार्यों के पदों को अधिकांशतः ऐसे सशक्त व्यक्तियों द्वारा भरा गया है जिन्होंने गुटबंदी का प्रतिरोध किया है। विश्वविद्यालय की सीमित भौगोलिक परिधि–वृहत्तर मुम्बई क्षेत्र–ने संवाद को सुविधाजनक बनाया है और आगरा विश्वविद्यालय जैसे संस्थानों की तुलना में और अधिक प्रबंधन योग्य बना दिया है जिसे अपने प्रमुख परिसर से काफी दूरियों पर स्थित अपने सम्बद्ध कॉलेजों की अनिवार्य निगरानी करनी पड़ती है। अपने ही समुदाय को नियंत्रित करने की विश्वविद्यालय की योग्यता ने सरकार को अकादमिक मामलों में हस्तक्षेप करने की कम गुंजाइश प्रदान की है तथा संस्थागत गर्व की एक भावना को जन्म दिया है।

(ग) ऐतिहासिक एवं सामाजिक संदर्भ

मुम्बई में उच्च शिक्षा की एक लंबी परंपरा रही है।[8] कोलकाता एवं मद्रास के अपने समकक्षियों के समान ही मुम्बई विश्वविद्यालय की स्थापना 1857 में की गई थी तथा यह तीन प्रारंभिक विश्वविद्यालयों में से एक है। विश्वविद्यालय की औपनिवेशिक विरासत सुस्पष्ट है। जैसा कि अन्य भारतीय विश्वविद्यालयों के मामले में है, इसकी भी स्थापना अंग्रेजों के द्वारा भारतीय आवश्यकताओं के बजाय अपनी आवश्यकताओं की पूर्ति हेतु की गई थी। इसे "लंदन मॉडल" पर गठित किया गया था तथा, प्रारंभ से ही, शिक्षा के माध्यम के तौर पर अंग्रेजी का उपयोग किया गया था, जो विज्ञान के विरुद्ध पूर्वाग्रह बनाए रखते हुए मजबूती से मानव विज्ञान की ओर उन्मुख थी और जिसके द्वारा एक ब्रिटिश पाठ्यक्रम तथा यहाँ तक कि संगठन के भी ब्रिटिश पैटर्न, विशेषतौर पर सम्बद्धता प्रणाली को ही अपनाया गया था। ब्रिटिश विश्वविद्यालय से जो कुछ नहीं लिया गया था वह थे इसके "चरित्र निर्माण" सम्बन्धी पहलू, यद्यपि इसमें सन्निहित अनेक बौद्धिक मान्यताओं को भारत में स्थानान्तरित कर लिया गया था। इसने आधुनिक भारतीय उच्च शिक्षा के अंदर अनेक विरोधाभासों को जन्म दे दिया है।

मुम्बई विश्वविद्यालय (तथा अन्य भारतीय विश्वविद्यालय भी) की औपनिवेशिक विरासत का एक अन्य भाग है विश्वविद्यालय की स्वायत्तता का अभाव। 1857 के अधिनियम, जिसके अधीन मुम्बई विश्वविद्यालय स्थापित किया गया था, के द्वारा अकादमिक मामलों में सरकार को संलिप्त कर दिया गया था। इस अधिनियम के द्वारा

विश्वविद्यालय से शिक्षण कार्य को हटा दिया गया था। 1919 की सैडलर आयोग की रिपोर्ट इसकी पुष्टि करती है:

> अपने पहले स्वरूप में भारतीय विश्वविद्यालय वास्तविक विश्वविद्यालय नहीं थे। वे विद्वानों के निगम नहीं, बल्कि प्रशासकों के निगम थे; अभ्यर्थियों की परीक्षा लेने के अलावा व्यक्तियों को प्रशिक्षित किए जाने से उनका सीधे कोई लेनादेना नहीं था....। कॉलेज मात्र 'अधिगम स्थल' थे तथा, प्रचलित स्थितियों के अंतर्गत उन्हें अनुशिक्षण संस्थानों में बदल दिया गया था। विश्वविद्यालय का.....शिक्षणकार्य से कोई प्रत्यक्ष सम्बन्ध नहीं था; यह कॉलेजों के बौद्धिक संसाधनों को सशक्त बनाने में कोई योगदान नहीं कर सका और शिक्षकों अथवा छात्रों के बीच स्वतंत्र आलोचना एवं स्वतंत्र विचारों को प्रोत्साहित करने में बहुत कम योगदान कर पाया।[10]

1904 के अधिनियम आने तक विश्वविद्यालय अपने कॉलेजों पर नियंत्रण करने में भी असमर्थ था–इसके पास उनका निरीक्षण करने अथवा रिपोर्ट की माँग करने का भी अधिकार नहीं था। यह मानकों को भी लागू नहीं कर सकता था, विशेषतौर पर इसलिए क्योंकि इसके पास कोई दंडात्मक अधिकार मौजूद नहीं थे। 1904 के अधिनियम के द्वारा विश्वविद्यालय को कॉलेजों के स्तरों पर कुछ हद तक नियंत्रण प्रदान किए गए तथा परास्नातक शिक्षण को पूरी तरह से विश्वविद्यालय के हाथों में सौंप दिया गया। कोलकाता विश्वविद्यालय आयोग की रिपोर्ट द्वारा प्रभावित 1928 के सुधार ने शिक्षण के समस्त स्तरों पर विश्वविद्यालय को एकीकृत नियंत्रण प्रदान कर दिया तथा निरीक्षण एवं समन्वय के कुछ तंत्र निर्धारित कर दिए। हालांकि विश्वविद्यालय ने स्वयं पर नियंत्रण हासिल कर लिया था, किन्तु यह नियंत्रण राज्य से स्वतंत्र नहीं था।

मुम्बई विश्वविद्यालय को प्रभावित करने वाला एकमात्र कारक ब्रिटिश नियंत्रण की परंपरा ही नहीं रही है। स्वयं मुम्बई शहर का भी विश्वविद्यालय पर पर्याप्त प्रभाव पड़ा है। मुम्बई सर्वदेशीय है, तथा सापेक्षिकतौर पर यह समृद्ध व्यावसायिक केन्द्र है तथा महाराष्ट्र राज्य की राजधानी भी है। मुम्बई जातीय तौर पर विविधीकृत है तथा इसकी विविधता शहर के संगठन एवं राजनीति में प्रतिबिंबित होती है। अन्य जातीय समूहों में पारसी, ईसाई, तथा दक्षिण भारतीय समूह शामिल हैं। स्वयं मुम्बई क्षेत्रीय अथवा धार्मिक सम्बद्धताओं पर आधारित पड़ोसों में विभाजित है। यहाँ तक कि इसकी राजनीति जातीय रेखा पर विभाजित है। परोपकार भी जातीय आधारों पर विभाजित हैं और इसने कॉलेजों को भी प्रभावित किया है क्योंकि ये परोपकार उन्हीं की ओर निर्देशित रहे हैं। मुम्बई में कॉलेजों की स्थापना मराठी, गुजराती, सिक्ख, सिन्धी, पारसी, हरिजन, मुसलमान तथा ईसाईयों जैसे अनेक समूहों के द्वारा की गई है। आज भी कुछ संस्थान शक्तिशाली क्षेत्रीय एवं जातीय पहचानों को प्रतिबिंबित करते हैं, यद्यपि उनमें से लगभग सभी समस्त समुदायों के व्यक्तियों के लिए खुले हुए हैं।

मुम्बई शहर का जातीय संयोजन विश्वविद्यालय के निकायों जैसे, शासी सभा एवं सिंडिकेट (बाद में सविस्तार चर्चा की गई है), परास्नातक विभागों, शिक्षकों एवं छात्रों के निकायों के संचालनों में विशेषतौर पर प्रतिबिंबित होता है। शहर के अंदर मराठी तथा गुजराती बड़े समूह हैं तथा विश्वविद्यालय में वे अत्यन्त महत्वपूर्ण हैं। मुम्बई में मराठी सबसे बड़ा अकेला समूह (जनसंख्या का 45 प्रतिशत) है। शिक्षकों के बीच भी उनकी राष्ट्रीयता प्रमुख है। उनकी शक्ति में मुम्बई के महाराष्ट्र राज्य की राजधानी होने के कारण वृद्धि हो जाती है तथा वे मराठी, जो राज्य की आधिकारिक भाषा है, को विश्वविद्यालय में प्रोत्साहित करने में काफी सक्रिय रहे हैं। मराठी संस्कृति एवं

राजनीतिक शक्ति में हाल ही के वर्षों में वृद्धि हुई है तथा इस शक्ति का अभिकथन कभी–कभी हिंसक संयुक्त महाराष्ट्र समिति में पराकाष्ठा पर पहुँच चुका है जो 1960 में एक संयुक्त महाराष्ट्र के लिए भाषाई स्वायत्तता हासिल कर पाने में सफल रही थी।

गुजराती, जो मुम्बई में दूसरा बड़ा क्षेत्रीय–भाषाई समूह है, (पारसियों के साथ मिलकर) शहर का आर्थिक एवं व्यावसायिक अभिजात्य वर्ग है। वे सांस्कृतिक तथा शैक्षिक मामलों में भी सक्रिय रहे हैं तथा मुम्बई विश्वविद्यालय के छात्रों के बीच इकलौते सबसे बड़े जातीय समूह का गठन करते हैं। शहर तथा विश्वविद्यालय में जातीय विविधता के बावजूद मराठियों एवं गुजरातियों के बीच टकराव उनमें से किसी के भी जीवन के लिए महत्वपूर्ण नहीं रहे हैं, कम–से–कम उस सीमा तक जहाँ ऐसे विभाजन कुछ उत्तर भारतीय विश्वविद्यालयों में व्यवधानों एवं हिंसा को प्रोत्साहित करते रहे हैं। हालांकि, अकादमिक शिक्षकों एवं अन्य कर्मचारियों की नियुक्ति में मराठियों के हक में कुछ पक्षपात हो सकता है और निश्चित रूप से अनेक कॉलेज किसी विशिष्ट जाति अथवा धार्मिक समुदाय के छात्रों के साथ प्राथमिकतापूर्ण व्यवहार करते हैं, तथा मुम्बई में किसी भी समूह ने इतना अधिक पीड़ित महसूस नहीं किया है कि वह गुटबाजीपूर्ण अथवा विध्वंसक गतिविधियों में संलिप्त हो जाए। बजाय इसके, विभिन्न समूहों ने महसूस किया है कि विश्वविद्यालय ने अपने प्रयोजन को पूरा किया है और विश्वविद्यालय में खुली जातिकेन्द्रिकता अकादमिक प्रणाली के लिए हानिकारक हो सकती है और दीर्घकाल में मुम्बई विश्वविद्यालय की प्रतिष्ठा (और इसीलिए उनकी स्वयं की प्रतिष्ठा) के लिए घातक हो सकती है। उदाहरणार्थ, जहाँ शिक्षक प्रमुख रूप से मराठी हैं, वहीं कुछ गुजरातियों को इसपर आपत्ति है क्योंकि वे एक समूह के रूप में अधिक प्रतिष्ठित व्यवसायों अथवा पेशेवर करियरों में प्रवेश करने की प्रवृत्ति रखते हैं। अतः, अकादमिक पेशा मराठियों तथा शहर के उन अन्य समूहों के लिए अधिक खुला हुआ है जो प्रायः अपेक्षाकृत कम समृद्ध परिवारों से आते हैं और कॉलेज शिक्षण को एक प्रतिष्ठापूर्ण एवं सापेक्षिकतौर पर अधिक धन प्रदान करने वाले पेशे के रूप में देखते हैं। विश्वविद्यालयीय ढाँचे के अंदर साम्प्रदायिक रूप से संपन्न एवं प्रशासित कॉलेजों का अस्तित्व भी जातीय संघर्ष को एक सुरक्षा कवच प्रदान करता है क्योंकि अधिकांश समूह अपने कॉलेज होने का दावा कर सकते हैं और उनमें से कुछ के विरुद्ध अत्यधिक भेदभाव किया जाता है।

दीर्घकाल में, ऐसा प्रतीत हो सकता है कि विश्वविद्यालय में मराठियों का वर्चस्व हो जाएगा क्योंकि उन्हें राज्य सरकार का समर्थन प्राप्त है तथा वे प्रगतिशील रूप से अधिक समृद्ध होते जा रहे हैं। हालांकि, वर्तमान समय में इस तथ्य में एक गतिरोध परिलक्षित होता है कि जहाँ मुम्बई विश्वविद्यालय में भाषाई परिवर्तन हेतु नए प्रस्ताव प्रस्तुत किए जा चुके हैं, वहीं माध्यम अंग्रेजी ही बना रहा है और किसी त्वरित परिवर्तन की संभावना बहुत कम है। वास्तव में, विश्वविद्यालय में शिक्षा एवं परीक्षा के मान्यताप्राप्त माध्यम के रूप में चार भाषाओं–मराठी, गुजराती, हिन्दी एवं अंग्रेजी के उपयोग का आह्वाहन सर्वाधिक लोकप्रिय प्रस्ताव रहा है। यह समझौता, जिसे 1971 में लागू करना निर्धारित है, अल्पकाल में अंग्रेजी पर दिए जाने वाले जोर को कम करने में बहुत अधिक कारगर नहीं होगा, क्योंकि अधिकांश छात्र मात्र व्यावसायिक महत्व के कारण अंग्रेजी को ही पसंद करेंगे। इसके अतिरिक्त, कुछ ही कॉलेज दो–अंग्रेजी और शिक्षकों एवं छात्रों के बहुमत की मातृभाषा से अधिक भाषाओं में शिक्षा प्रदान करना पसंद करेंगे।

मुम्बई में भाषाई एवं क्षेत्रीय समीकरण में एक अन्य तत्व है विश्वविद्यालयों के पदों पर की जाने वाली नियुक्तियाँ। उदाहरणार्थ, 1950 में टी.एम. आडवाणी की

उप–कुलपति पद पर की गई नियुक्ति विशेषतौर पर महत्वपूर्ण थी क्योंकि वे एक सिन्धी थे, और इसी कारणवश मराठी–गुजराती संघर्ष में संलिप्त नहीं थे। विश्वविद्यालय के वर्तमान रजिस्ट्रार, जो एक अत्यन्त शक्तिशाली पद पर हैं, तथा एक दशक से भी अधिक समय से सेवारत् हैं, एक दक्षिण भारतीय हैं, तथा एक भूतपूर्व प्राचार्य एक मारवाड़ी थे। "बाहरी" होने के कारण इन व्यक्तियों पर किसी एक अथवा दो प्रभुत्वशाली समुदायों के प्रति पक्षपातपूर्ण होने का आरोप नहीं लगाया जा सकता है।

(घ) विश्वविद्यालय की भौतिक व्यवस्था

विश्वविद्यालय की इमारत का स्थान अकादमिक समीकरण में एक महत्वपूर्ण भूमिका निभाता है। विश्वविद्यालय के प्रमुख परिसर में पुस्तकालय (जिसमें 3,22,400 पुस्तकें हैं तथा जो भारत के सर्वश्रेष्ठ संग्रहों में से एक है, तथा जो अत्यन्त भीड़भाड़ भरा है और सामान्यतौर पर स्नातक छात्रों के लिए उपलब्ध नहीं है), प्रशासनिक कार्यालय एवं अभिलेख, तथा अधिकांश परास्नातक विभाग स्थित हैं। यह मुम्बई के प्रमुख वाणिज्यिक एवं व्यावसायिक केन्द्र में स्थित है। परिसर बहुत तंग है, और एक नए परिसर की योजना बनाई जा चुकी है, यद्यपि वर्तमान परिसर से लगभग 12 मील की दूरी पर उप–शहरी शांताक्रूज के निकट कोले कल्याण क्षेत्र में किए जा रहे इसके निर्माण में देरी हो रही है। अनेक प्रतिष्ठित एवं स्थापित कॉलेज मुख्य विश्वविद्यालय परिसर के काफी निकट दक्षिण मुम्बई के मध्य एवं उच्च वर्गीय क्षेत्रों में स्थित हैं। शहर के उत्तरी भाग और विशेषतौर पर बाहरी क्षेत्र, जो हाल ही के समय में तेजी से विकसित हो चुके हैं, हाल ही के वर्षों में कई कॉलेजों को स्थापित किए जाने के बावजूद कम छात्र संख्या का प्रतिनिधित्व करते हैं। संभवतः जो कुछ और अधिक महत्वपूर्ण है, उप–शहरी क्षेत्र का कोई छात्र शहर के मध्य स्थित किसी कॉलेज में संलिप्त दूरी के कारण भाग लेने में कठिनाई महसूस करता है। कुछ उप–शहरी क्षेत्रों से उप–शहरी ट्रेनों अथवा बसों द्वारा विश्वविद्यालय परिसर तक पहुँचने में दो घंटों का समय लगता है। दूसरी ओर, उच्च आय वाले परिवारों के छात्रों को शहर के मध्य स्थित प्रतिष्ठित कॉलेजों में प्रवेश लेना सहज प्रतीत होता है, जो वर्गीय विभाजन को कायम रखने में सहायक होता है। हालांकि, कुछ अर्थों में इस सामान्यीकरण के कुछ अपवाद यह हैं कि शहर के मध्य में ऐसे अनेक कॉलेजों (उल्लेखनीय रूप से सिद्धार्थ) के साथ–साथ शहर के उत्तर में स्थित कुछ सुविख्यात संस्थान भी हैं जो कार्यरत् छात्रों को सेवा प्रदान करते हैं।

यह तथ्य कि विश्वविद्यालय के भौतिक भवन बहुत ही तंग हैं और यह कि अधिकांश कॉलेज विश्वविद्यालय के अकादमिक केन्द्र तथा पुस्तकालय से कुछ दूरी पर स्थित हैं, का अर्थ यह रहा है कि विश्वविद्यालय एवं कॉलेजों के शिक्षकों के बीच समुदाय की बहुत कम भावना ही विकसित हो सकी है। कॉलेजों की सुविधाएं मुम्बई की सामान्य भीड़ भरी स्थितियों को दर्शाती हैं तथा कॉलेजों की बड़ी संख्या के पास शिक्षकों के लिए कार्यालय स्थान अपर्याप्त हैं, जो प्रायः ही छोटे तथा पुराने पड़ चुके पुस्तकालयों से युक्त हैं, तथा छात्रों एवं शिक्षकों के सामान्यकक्ष भी अपर्याप्त हैं। अधिकांश कॉलेज शिक्षकों का विश्वविद्यालय परिसर में बहुत कम ही जाना होता है और अपने कॉलेजों के बाहर के बौद्धिक जीवन से उनका कोई प्रत्यक्ष संपर्क नहीं रहता। आवासीय सुविधाएं ऐसी हैं कि शिक्षकों को प्रायः अपने कार्यस्थलों से काफी दूरी पर निवास करना पड़ता है।*** कुछ कॉलेज शिक्षकों के पास वाहन हैं, तथा अनेक के लिए परिवहन समय खाने वाला तथा कठिनाईपूर्ण है।

मुम्बई में, और उसी संदर्भ में शेष भारत में भी, अकादमिक पेशे की स्थितियों का शिक्षण की गुणवत्ता, कॉलेजों एवं विश्वविद्यालय में बौद्धिक संवाद के स्तर, तथा शिक्षण के लिए चयनित व्यक्तियों की प्रकृति पर भारी प्रभाव पड़ा है।[11] बिना किसी अतिशयोक्ति के यह कहा जा सकता है कि कॉलेजों की भौतिक स्थितियाँ गुणवत्तायुक्त शिक्षा को बहिष्कृत कर देती हैं। भीड़ भरी कक्षाएं; शिक्षकों के भारी शिक्षणकार्य; आत्मचिंतन, सभाओं एवं अध्ययन के लिए एकांत का अभाव; तथा कम वेतन ये सभी मिलकर शिक्षण पेशे के की रुग्णता में योगदान करते हैं। निश्चित रूप से ऐसी अनेक आलोचनाएं हैं जिन्हें भारत में अकादमिक समुदाय के विरुद्ध आरोपित किया जा सकता है, किन्तु यह स्पष्ट है कि सर्वाधिक उच्च–प्रेरित एवं उत्कृष्ट रूप से शिक्षित व्यक्ति को भी अधिकांश भारतीय कॉलेज शिक्षकों जैसी स्थितियों में काम करने में कठिनाई का अनुभव होगा।

सामान्यतौर पर, अकादमिक समुदाय उदासीन है। इस तथ्य का उदाहरण यह है कि विभिन्न शिक्षक संगठन एवं श्रमसंघ मुम्बई में शिक्षकों की एक बड़ी संख्या को संगठित करने में असमर्थ रहे हैं। एक कारण यह है कि अधिकांश भारतीय शिक्षकों को किसी बेहतर स्थिति का ज्ञान ही नहीं रहा है और वे अपनी कार्य–परिस्थितियों को सामान्य के रूप में स्वीकार कर लेते हैं। कुल मिलाकर, भारतीय, चाहे कितने भी सुशिक्षित तथा सुविज्ञ क्यों न हों, भारतीय सामाजिक जीवन के अनेक पहलुओं के सम्बन्ध में भाग्यवादी ही बने रहते हैं। कई विवेकशील विद्वान तो विश्वविद्यालय द्वारा सामना की जा रही चुनौतियों से ही अभिभूत रहते हैं और महसूस करते हैं कि स्थितियों में सुधार के लिए कुछ भी नहीं किया जा सकता। अतः, विद्वानों से सम्बन्धित स्थितियों, जिनसे अनेक देशों में शिक्षकों के बीच बड़ी अशांति उत्पन्न हो सकती है, को बिना किसी बड़ी शिकवा–शिकायत के स्वीकार कर लिया जाता है।

आँकड़ों के अभाव को ध्यान में रखते हुए सटीक रूप से यह उल्लेख करना असंभव है कि भारत में शिक्षकों की जीवनयापन और कार्य–परिस्थितियाँ उनके प्रदर्शन और दृष्टिकोणों को कितना प्रभावित करती हैं। किन्तु इसमें संदेह नहीं है कि कॉलेजों की स्थितियाँ, उनका दर्जा एवं प्रतिष्ठा, तथा सामान्यतौर पर उनके कमजोर आर्थिक आधार सभी उस रुग्णता में योगदान करते हैं जिसमें शिक्षण पेशा स्वयं को फंसा हुआ पाता है। कॉलेज विश्वविद्यालय के ढाँचे का एक अभिन्न अंग हैं और इनपर इस खंड में बाद में विस्तृत विचार किया जाएगा। हालांकि, वे अकादमिक ढाँचे के अंतर्गत विशिष्ट संस्थान भी हैं, और इसीलिए उनपर यहाँ विस्तार से चर्चा नहीं की जा रही है। कॉलेजों तथा उनके शिक्षकों का उल्लेख यहाँ मात्र इसलिए किया जा रहा है क्योंकि वे मुम्बई में उच्च शिक्षा के पारिस्थितिकीतंत्र का एक भाग हैं। अकादमिक ढाँचे में उनकी भूमिका महत्वपूर्ण है तथा विश्वविद्यालय का वातावरण उन्हें आकार देता और प्रभावित भी करता है।

यह देखा जा सकता है कि विभिन्न पारिस्थितिकीय कारक–जिनमें से मात्र कुछ का उल्लेख यहाँ किया जा रहा है–किसी शिक्षक की प्रकृति को निर्धारित करते हैं। अपनी प्रशासनिक कुशलताओं की परंपराओं, गुटबाजी आधारित बाधाओं के अभाव, तथा सापेक्षिकतौर पर सीमित क्षेत्र के कारण मुम्बई विश्वविद्यालय यहाँ चर्चा की गई अनेक समस्याओं के सम्बन्ध में अनेक भारतीय विश्वविद्यालयों की तुलना में अधिक भाग्यशाली है। हालांकि, भारत में उच्च शिक्षा के पहलुओं का विश्लेषण करते समय इन कारकों को ध्यान में रखा जाना अनिवार्य है। यह सिर्फ विश्वविद्यालय की प्रकृति ही नहीं है, बल्कि सामाजिक एवं राजनीतिक संदर्भ भी है जिसका यह एक हिस्सा है, शिक्षकों की विविधता, तथा भौगोलिक एवं अन्य आधार भी होते हैं जो संस्थान तथा इसके कामकाज को समझाने में सहायक होते हैं।

(ङ) एक जटिल संगठन के रूप में मुम्बई विश्वविद्यालय

अन्य भारतीय विश्वविद्यालयों के समान ही मुम्बई विश्वविद्यालय भी एक अत्यधिक जटिल संस्थान है। इसकी औपनिवेशिक विरासत द्वारा एक संस्थागत रूपरेखा को विश्वविद्यालय की अवधारणा के आधार पर एक परीक्षण एवं निरीक्षण संस्था के रूप में तो सौंपा गया, लेकिन एक शिक्षण संस्थान के रूप में नहीं। 20वीं शताब्दी में हुए परिवर्तनों ने विश्वविद्यालय की आवश्यकताओं की पूर्ति करने हेतु मौलिक ढाँचे में कोई बुनियादी परिवर्तन किए बिना ही प्रशासनिक स्तरों की कई पर्तों को जोड़ दिया। अनेक अकादमिक निर्णयों का कम–से–कम दो स्तरों पर लिया जाना आवश्यक है–कॉलेजों में भी और विश्वविद्यालय में भी–तथा अनेक प्रश्नों पर विश्वविद्यालय की विभिन्न एजेन्सियों के द्वारा विचार करना अनिवार्य होता है। इस खंड का प्रयोजन मुम्बई विश्वविद्यालय के ढाँचे के प्रमुख पहलुओं को कहीं सरल शब्दों में वर्णित किए जाने का है ताकि इस समग्र संस्थान के बारे में संपूर्ण समझ प्राप्त की जा सके।[12] नीचे चित्र–1 में प्रदर्शित एक सरलीकृत संगठनात्मक चार्ट विश्वविद्यालय के ढाँचे का अवलोकन प्रदान करता है।

मुम्बई विश्वविद्यालय के पास अनेक विधायी एवं कार्यकारी निकाय हैं जो आंशिकतौर पर संस्थान की नीतियों का निर्धारण करते हैं (अनेक निर्णय अनौपचारिकतौर पर लिए

चित्र 1 मुम्बई विश्वविद्यालयः एक संगठनात्मक चार्ट

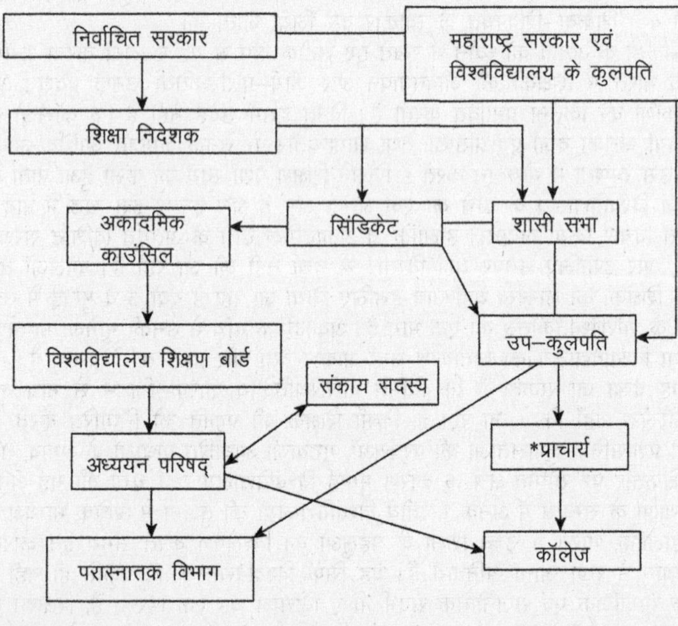

*प्राचार्य उप–कुलपति की इच्छा पर नियुक्त किया जाता है। वर्तमान में कोई प्राचार्य मौजूद नहीं है।

जाते हैं)। यहाँ चर्चा किए गए विधायी निकायों में शासी सभा, सिंडिकेट, तथा अकादमिक काउंसिल शामिल हैं। ये सभी सामान्य शिक्षा की नीति एवं दिशा निर्धारित किए जाने में महत्वपूर्ण हैं, किन्तु दिन–प्रतिदिन के निर्णयन में उनकी आवाज बहुत मामूली है।

शासी सभा, जिसमें विभिन्न सार्वजनिक निर्वाचकों जैसे श्रमसंघों तथा व्यावसायिक निकायों सहित विश्वविद्यालय के अंदर के तत्वों तथा विश्वविद्यालय के पुराछात्रों में से निर्वाचित 200 से अधिक सदस्य शामिल होते हैं, वर्ष में एक बार मुलाकात करते हैं और उनके पास संस्थान के संचालन अथवा दिशा–निर्देशन के मामले में बहुत कम अधिकार उपलब्ध हैं। यहाँ नीतियों पर चर्चाएं की जाती है, किन्तु सामान्यतौर पर, शासी सभा एक निर्णयन–निकाय से कहीं अधिक बहस करने वाले एक सम्मानित समाज से मिलता–जुलता है। चूंकि इसकी सभा बहुत कम आयोजित होती है, अतः सामान्यतः यह विवादास्पद प्रश्नों पर अधिक प्रभावशाली नहीं होता। इसके अलावा, इसके अधिकार इस तथ्य द्वारा सीमित हैं कि इसके एजेंडे को विश्वविद्यालय प्रशासकों द्वारा तय किया जाता है, जो सामान्यतौर पर विवादास्पद विषयों पर विचार नहीं होने देते। अपने संयोजन के कारण शासी सभा इतनी विविधीकृत है कि यह किसी प्रयोजन के प्रति बहुत कम एकता प्रदर्शित कर पाती है। शासी सभा को इसकी सभा के पूर्व प्रभावित करने के प्रयास मुश्किल से ही किए जाते हैं और इसके अनेकों सदस्य अपने पदों को गंभीरतापूर्वक नहीं लेते। उप–कुलपति सभाओं का आह्वाहन करते हैं, 15 सदस्यों की नियुक्ति को नियंत्रित करते हैं, और एजेंडा निर्धारित करते हैं। एक सौ से भी अधिक सदस्य *पदेन* हैं, तथा इनमें से अनेक उप–कुलपति की इच्छाओं से प्रभावित होते हैं। अतः, उप–कुलपति की शासी सभा में एक उतनी ही प्रमुख भूमिका होती है जितनी कि विश्वविद्यालय के अधिकांश जीवन में। शासी सभा जब कभी भी विवादास्पद मामलों पर चर्चा करती है तो यह सार्वजनिक रुचि को आकर्षित कर लेती है।

विश्वविद्यालय का एक अधिक महत्वपूर्ण निकाय है सिंडिकेट, जिसकी सभा अवकाशों को छोड़कर प्रत्येक महीने आयोजित की जाती है, यद्यपि उप–कुलपति के द्वारा इसका विशेष सत्र कभी भी बुलाया जा सकता है। सिंडिकेट में 19 सदस्य होते हैं, जिनमें से अधिकांश शिक्षक होते हैं (8 सदस्यों का गैर–शिक्षक होना अनिवार्य है)। सिंडिकेट के रूप में सेवा प्रदान करने वाले गैर–शिक्षक होते हैं महाराष्ट्र राज्य के शिक्षा निदेशक तथा शासी सभा द्वारा नियुक्त आठ व्यक्ति। सिंडिकेट ऐसे व्यक्तियों का प्रतिनिधित्व करता है जिनके पास विश्वविद्यालयीय मामलों का न केवल अच्छा खासा अनुभव और विशेषज्ञता मौजूद होती है बल्कि जो सामान्यतः संस्थान के प्रति भली–भांति समर्पित भी होते हैं।

मुम्बई विश्वविद्यालय अधिनियम 1953 के अनुसार, सिंडिकेट के पास विश्वविद्यालय में पर्याप्त अधिकार उपलब्ध होते हैं और, इसीलिए, यह अत्यन्त महत्वपूर्ण होता है। इसके पास भौतिक संपत्ति तथा विश्वविद्यालय की निधियों से निपटने के अधिकार मौजूद होते हैं, यह संस्थान की ओर से अनुबंध कर सकता है, इसके पास कॉलेजों तथा उनके निरीक्षण के अंतिम अधिकार उपलब्ध होते हैं, और इसके पास विश्वविद्यालय जीवन के किसी भी पहलू की जाँच करने के अधिकार भी होते हैं। संक्षेप में, कागज पर इसके अधिकार लगभग असीमित हैं। सिंडिकेट को अपनी कार्यवाहियों पर नियमित रूप से शासी सभा को रिपोर्ट देनी होती है और कुछ विषयों में सैद्धांतिक रूप से इसकी अनदेखी की जा सकती है। हालांकि, ऐसा बहुत कम ही होता है।

विश्वविद्यालय का अकादमिक विधायी निकाय अकादमिक काउंसिल होती है। इसके पास शिक्षण, शोध एवं परीक्षाओं पर निगरानी करने का अधिकार होता है। इसके पास

सम्बन्धित अध्ययन परिषद्रों के साथ परामर्श के अधीन पाठ्यक्रम में परिवर्तन करने, नए विभागों और शोध संस्थानों को स्थापित किए जाने का प्रस्ताव पेश करने, संस्थान के विद्वत्तापूर्ण जीवन को नियंत्रित करने, तथा सामान्य शिक्षा नीति सम्बन्धी मामलों के सम्बन्ध में बहस एवं सिफारिशें करने का भी अधिकार होता है। वर्तमान समय में अकादमिक काउंसिल में 138 सदस्य हैं, जिन सभी को अपनी अकादमिक हैसियत के कारण पद प्राप्त हैं। काउंसिल सदस्यों में से 20 विश्वविद्यालयों में नियुक्त हैं तथा शेष में से एक बड़ी संख्या या तो कॉलेज के शिक्षकों की अथवा प्रधानाचार्यों की है। अकादमिक काउंसिल हर तीन महीनों में एक बार सभा करती है, जो महत्वपूर्ण शैक्षिक मुद्दों पर बहस एवं कार्यवाही के लिए प्रायः पर्याप्त होती है, किन्तु यह संस्थान के दैनिक प्रशासन में स्वयं को संलिप्त करने हेतु उतनी पर्याप्त नहीं होती।

विश्वविद्यालय में अधिकार विधायी एवं कार्यकारी निकायों के बाहर भी मौजूद हैं। विश्वविद्यालय के शिक्षक अलग से संगठित हैं और उनकी अपने भी कुछ अधिकार होते हैं। ऐसे सात नियमित संकाय (कला, विज्ञान, प्रौद्योगिकी, विधि, चिकित्सा, दंत–चिकित्सा एवं वाणिज्य) हैं, तथा इनमें से प्रत्येक की सदस्यता कला में 496 से लेकर दंत–चिकित्सा में 38 के बीच है। संकाय का प्रमुख कार्य है विभिन्न अध्ययन परिषद्रों का प्रेक्षण करना तथा यह देखना कि सम्बन्धित नियमों को लागू किया गया हो। संकायों को वर्ष में एक बार सभा करनी होती है और वे सामान्यतः उन मामलों पर ही चर्चा करते हैं जिन्हें विश्वविद्यालय के अंदर के अन्य निकायों द्वारा उन्हें संदर्भित किया गया होता है। प्रत्येक संकाय की अध्यक्षता एक डीन के द्वारा की जाती है, जिसका निर्वाचन इसके सदस्यों के बीच से किया जाता है। एक अधिक सम्मानजनक पद, डीन का अध्ययन परिषद्रों के सदस्यों एवं परीक्षकों की नियुक्तियों में कुछ प्रभाव होता है।

अध्ययन परिषदें एवं विश्वविद्यालय शिक्षण परिषद्, जो तकनीकी रूप से विभिन्न संकायों के अधीन कार्य करती हैं, की विश्वविद्यालय में भूमिका कुछ अस्पष्ट सी होती है। वे अपने–अपने क्षेत्रों में शिक्षा एवं शोध पर निगाह रखती हैं तथा पाठ्यक्रम एवं परीक्षा सम्बन्धी मामलों की प्रभारी होती हैं। इन परिषदों में विषय विशेष के क्षेत्र के शिक्षक शामिल होते हैं और इस प्रकार वे विभागों और कॉलेजों के नजदीकी संपर्क में रहते हैं। उनके अधिकारों का एक प्रमुख स्रोत पाठ्यक्रम का निर्धारण तथा परीक्षाओं की व्यवस्था करना होता है। इनमें से बाद वाला कार्य सर्वाधिक महत्वपूर्ण है, यह ध्यान में रखते हुए कि बाहरी परीक्षा ही भारतीय विश्वविद्यालय में स्तरों को बनाए रखने का बुनियादी तरीका है। अधिकार इस तथ्य में भी निहित होते हैं कि पाठ्यपुस्तकों का निर्धारण करना तथा परीक्षकों के चयन में एक आंशिक भूमिका निभाया जाना अकादमिक समुदाय के सदस्यों के लिए महत्वपूर्ण हो सकता है।

इस संक्षिप्त सर्वेक्षण से यह स्पष्ट है कि मुम्बई विश्वविद्यालय के विधायी निकाय जटिल और बिखरे हुए हैं। उनमें से कुछ के कार्य अतिव्यापी हैं। शासी सभा, जो तकनीकी रूप से विश्वविद्यालय का सर्वोच्च अधिकरण है, वास्तव में, अधिक अधिकारप्राप्त नहीं है। अधिकांश विषयों पर यह बहुत कम पहल करता है तथा सामान्यतः अन्य निकायों के द्वारा प्रस्तुत किए गए प्रस्तावों को बस स्वीकृति प्रदान कर देता है। निःसंदेहात्मक रूप से सिंडिकेट विश्वविद्यालय के विधायी निकायों में से सर्वाधिक महत्वपूर्ण होता है, क्योंकि इसकी सभा प्रायः आयोजित होती रहती है और इसके पास एक सुसंबद्ध सदस्यता भी है। चर्चा के लिए सापेक्षिकतौर पर अपनी व्यापक पहल के कारण सिंडिकेट विश्वविद्यालय से सम्बन्धित अनेक प्रकार के मुद्दों पर चर्चा

करने में सक्षम है, और नीतियों पर इसका एक प्रभाव होता है। हालांकि, चूंकि एजेंडे का निर्धारण उप–कुलपति द्वारा किया जाता है, अतः वास्तविकता में सिंडिकेट के अधिकार सीमित ही हैं। अन्य विधायी निकाय, जैसे अध्ययन एवं शिक्षण परिषदें, अपने कामकाज और अधिकारों में बहुत सीमित हैं, यद्यपि कुछ विशिष्ट क्षेत्रों में वे महत्वपूर्ण हैं।

निश्चित रूप से किसी भी विधायी निकाय द्वारा लिया गया निर्णय महत्व के मामले में इस तथ्य से सीमित हो जाता है कि विश्वविद्यालय की अनेक नीतियों को गैर–विश्वविद्यालयीय निकायों के द्वारा स्वीकृत और कई बार प्रारंभ भी करना होता है। उदाहरणार्थ, महाराष्ट्र राज्य के शिक्षा मंत्रालय द्वारा औपचारिक अथवा अनौपचारिक किसी भी तरीके से विश्वविद्यालय के अनेक नीतिगत निर्णयों को स्वीकृत करना अनिवार्य है। तथापि, विभिन्न विश्वविद्यालयीय विधायी एवं अन्य निकायों में राज्य एक सीमित स्तर तक ही प्रतिबिंबित होता है। विश्वविद्यालय अनुदान आयोग, जो अधिकांश नवाचारी कार्यक्रमों के लिए निधियों की पूर्ति करता है, विश्वविद्यालय के निर्णयों को प्रभावित करने वाला एक अन्य निकाय है। विभिन्न राजनीतिक दल एवं व्यक्ति, जो अकादमिक जीवन में आधिकारिक तौर पर संलिप्त नहीं होते, भी विश्वविद्यालय की नीतियों के निर्धारण में सहायता करते हैं। यह सबकुछ न तो आश्चर्यजनक है और न ही अनिवार्य रूप से एक न समझी जा सकने वाली स्थिति।

विश्वविद्यालय के कार्यकारी तथा विशेषतौर पर उप–कुलपति एवं प्राचार्य संस्थान के विधायी निकायों के लिए महत्वपूर्ण हैं। उप–कुलपति विश्वविद्यालय के विभिन्न निकायों, जैसे शासी सभा, में कुछ सदस्यों की सीधे नियुक्ति करता है। वह शासी सभा और सिंडिकेट के *पदेन* सदस्यों पर कुछ नियंत्रण भी रखता है क्योंकि, उदाहरणार्थ, यदि कॉलेजों के प्रधानाचार्यों को कॉलेजों के स्थानीय मामलों में उसका सहयोग प्राप्त करना हो तो वे कुछ सीमा तक उप–कुलपति की सदिच्छा पर आश्रित होते हैं। अतः, विश्वविद्यालय के विधायी निकायों में उनकी कार्यवाही कम–से–कम कार्यकारी अधिकारियों के द्वारा पैरवी के लिए खुली रहती है।

विभिन्न विश्वविद्यालयीय निकायों में चयन को प्रतिष्ठापूर्ण तथा निजी उपलब्धि के अर्थों में अत्यन्त उपयोगी माना जाता है। कुछ मामलों में, शासी सभा में चयन के लिए प्रायः पृष्ठभूमि में विभाजक राजनीति के साथ जीवंत संघर्ष किए जाते हैं। लोगों को लगता है कि शासी सभा की सदस्यता व्यवसाय अथवा सार्वजनिक जीवन के अन्य क्षेत्रों में एक उपयोगी पहला कदम हो सकता है। शिक्षकों को लगता है कि विश्वविद्यालय के विधायी निकायों में भागीदारी उनके अपने करियर अथवा उनके संस्थान के लिए महत्वपूर्ण हो सकती है। एक कॉलेज प्रधानाचार्य, जो विश्वविद्यालयीय निकाय में शामिल होता है, विश्वविद्यालय प्रशासन के साथ अपने संस्थान के लिए सौदेबाजी करने की एक अधिक लाभदायक स्थिति में हो सकता है। परास्नातक विभागों के अध्यक्ष, यदि विश्वविद्यालय के ढाँचे के अंदर मौजूद विभिन्न समितियों के सदस्य हों तो अकादमिक मामलों में और अधिक प्रभावशाली हो जाते हैं। अतः, जैसा कि अधिकांश भारतीय राजनीतिक जीवन के मामले में सच है, अनेक दृष्टातों में मुम्बई विश्वविद्यालय की विभिन्न विधायी एजेन्सियों के विचार विमर्श में उल्लिखित कामकाज इन निकायों में कार्यरत् व्यक्तियों तथा विभिन्न बाहरी समूहों, विशेषतया सरकार, के बीच के सम्बन्धों से कम महत्वपूर्ण होते हैं।

मुम्बई विश्वविद्यालय की कार्यकारी शाखा की भूमिका संस्थान के शासन के विधायी निकायों की अपेक्षा अधिक महत्वपूर्ण है। जैसा कि सभी भारतीय विश्वविद्यालयों में है, कुलपति व्यापकतौर पर एक सम्मानजनक पद होता है जिसे महाराष्ट्र राज्य के

राज्यपाल द्वारा धारण किया गया है। कुलपति के पास कुछ संवैधानिक अधिकार होते हैं जिनके द्वारा सरकार के परामर्श से वह उप–कुलपति की नियुक्ति करता है तथा वह शासी सभा की सभाओं की अध्यक्षता करता है। किन्तु अधिकांश मामलों में, वह विश्वविद्यालय के मामलों में बहुत कम प्रत्यक्ष भूमिका निभाता है तथा अकादमिक राजनीति में कोई महत्वपूर्ण व्यक्तित्व नहीं प्रतीत होता।

उप–कुलपति विश्वविद्यालय के मामलों में प्रमुख व्यक्ति होता है, तथा आधिकारिकतौर पर इसका कार्यकारी मुखिया होता है। उसे राज्य सरकार के नामांकन के आधार पर राज्यपाल के माध्यम से तीनवर्षों के कार्यकाल के लिए कुलपति द्वारा नियुक्त किया जाता है, जिसे मात्र एक बार बढ़ाया जा सकता है। उप–कुलपति संस्थान के दैनिक मामलों से निपटने के लिए विश्वविद्यालय के विधायी निकायों की नीतियों का पालन करने हेतु उत्तरदायी होता है। उदाहरणार्थ, वह बजट सम्बन्धी अधिकांश मामलों का प्रभारी होता है, कर्मचारियों से सम्बन्धित प्रमुख निर्णय लेता है, किस प्रश्न पर तुरंत ध्यान देना है इसका निर्णय लेता है, तथा उत्पन्न होने वाले किसी भी संकट से निपटता है। वास्तव में, उप–कुलपति मुम्बई विश्वविद्यालय में इकलौता सर्वाधिक महत्वपूर्ण व्यक्ति होता है।

मुम्बई विश्वविद्यालय के उप–कुलपति का पद परंपरागततौर पर एक अंशकालिक पद रहा है तथा इसका पदग्राही प्रायः कोई पेशेवर शिक्षक होने के बजाय एक सम्मानित चिकित्सक अथवा अधिवक्ता रहा है। इसका अर्थ यह रहा है कि विश्वविद्यालय के पास उच्च शिक्षा द्वारा प्रस्तावित अनुभवसंपन्न पूर्णकालिक प्रशासक के रूप में कोई भी सक्रिय अथवा कुशल नेतृत्व उपलब्ध नहीं रहा है। यह स्थिति बदल सकती है, क्योंकि अब एक पूर्ण–कालिक उप–कुलपति नियुक्त किए जाने के सम्बन्ध में चर्चाएं की जा रही हैं, किन्तु परंपरागततौर पर विश्वविद्यालय को शीर्ष पर एक सशक्त और सुस्पष्ट प्रवक्ता के अभाव से हानि उठानी पड़ी है। अधिकांश उप–कुलपतियों ने संस्थान के हितों को बाहरी हस्तक्षेपों से सुरक्षा प्रदान करने की कोशिश की है और, आंशिक तौर पर अपनी निजी अखंडता एवं प्रतिष्ठा के लिए वे ऐसा करने में सफल भी रहे हैं। किन्तु सतत् कार्यकारी नेतृत्व के अभाव ने संस्थान की आंतरिक प्रगति को बाधित किया है। जैसा कि कॉलेजों पर बाद में की गई चर्चा में देखा जाएगा, मुम्बई विश्वविद्यालय के द्वारा बहुत अधिक शैक्षणिक नेतृत्व नहीं प्रदान किया जा सका है, सामान्यतौर पर यह कॉलेज सम्बन्धी नीति को आकार नहीं दे सका है, और इसके द्वारा मुश्किल से ही कोई परिवर्तन अथवा नवाचार स्थापित किए गए हैं। कुछ मामलों में, यह अकादमिक स्तरों को कायम रखने में भी समर्थ नहीं रहा है। जहाँ इन समस्त समस्याओं का कारण एक पेशेवर कार्यकारी नेतृत्व का अभाव नहीं रहा है, वहीं ऐसी स्थिति से मामलों में सहायता नहीं मिल सकी है।

उप–कुलपतित्व की गैर–विशेषज्ञता एवं अंशकालिक प्रकृति की कमी को प्राचार्य के पद द्वारा आंशिक तौर पर पूरा किया गया है। प्राचार्य संवैधानिक रूप से उप–कुलपति का अधीनस्थ होता है और उसके कर्तव्यों को, विशेषतौर पर कॉलेजों के साथ सम्बन्धों के मामले में, उसे उप–कुलपति द्वारा सौंपा गया होता है। विगत कई वर्षों के दौरान मुम्बई में, उप–कुलपतित्व की अंशकालिक प्रकृति के कारण, प्राचार्य का पद पर्याप्त अधिकार ग्रहण कर चुका है। इस पद की स्थापना अपने आपमें मुम्बई विश्वविद्यालय की नीतियों की एक दिलचस्प प्रासंगिक सूचना है। प्राचार्य का विचार 1953 के पुनर्गठन अधिनियम के समय पर उप–कुलपति द्वारा सुझाया गया था ताकि उनके प्रशासनिक भार को हल्का किया जा सके। प्राचार्य

को कॉलेजों के साथ सम्बन्धों तथा उप–कुलपति की अनुपस्थिति में उनका कार्यभार संभालने हेतु उत्तरदायी होना था। काफी देरियों और बहस के उपरांत 1955 में प्राचार्य का पद जोड़ा गया, तथा सर्वप्रथम पदग्राही, एस.आर. डोंगरकेरी ने 1956 में पदभार ग्रहण किया। यह संभव है कि विश्वविद्यालय में कुछ तत्वों को यह भय था कि एक सशक्त पूर्णकालिक अधिकारी कॉलेजों तथा विश्वविद्यालय के अन्य भागों के अधिकारों को समाप्त कर देगा। इस प्रश्न पर उत्पन्न भय कम–से–कम आंशिक रूप से उचित ही सिद्ध हुए थे।[13]

दो पहले प्राचार्यों, एस.आर. डोंगरकेरी एवं जी.डी. पारिख, के व्यक्तित्वों एवं ऊर्जा ने इस पद की प्रतिष्ठा एवं अधिकार में वृद्धि करने में सहायता प्रदान की। वास्तव में, ऐसा 1956 से 1968 के दौरान (जब प्राचार्य के पद को अस्थाई तौर पर समाप्त कर दिया गया था) हुआ था कि मुम्बई विश्वविद्यालय के द्वारा शिक्षा नीति को आकार प्रदान करने एवं लागू किए जाने में एक अनुकूल तथा पर्याप्त ऊर्जावान भूमिका निभाने की दिशा में कुछ कदम उठाए गए थे। वास्तव में यह विश्वविद्यालय की ''कार्यकर्ता'' वाली भूमिका थी जिसने विश्वविद्यालय के अंदर ही अनेक तत्वों को प्राचार्य के विरुद्ध कर दिया, और पहले की तरह वाली ''सामान्यता'' की वापसी की माँग कर डाली। अपनी सर्वाधिक शक्तिशाली अवधि के दौरान प्राचार्य के महाराष्ट्र सरकार में मौजूद तत्वों के साथ–साथ विश्वविद्यालय के अंदर के अधिकारियों के साथ मजबूत सम्बन्ध रहे थे, जिसने इस पद को विश्वविद्यालय में अत्यन्त महत्वपूर्ण बना दिया था।

प्राचार्य के पद को अपने कुछ अधिकारों को उस समय खोना पड़ा जब 1966 में पी.बी. गजेन्द्रगडकर ने उप–कुलपति का कार्यभार ग्रहण किया। श्री गजेन्द्रगडकर, जो एक प्रतिष्ठित न्यायविद् थे, ने अपने पूर्ववर्तियों की तुलना में अकादमिक मामलों में अधिक रुचि ली, और यह आश्चर्यजनक नहीं था कि उनके शक्तिशाली प्राचार्य के साथ कुछ टकराव उत्पन्न हो गए। 1968 में, उन्होंने अस्थाई तौर पर इस पद की समाप्ति में सहायता की, और अकादमिक मामलों में एक सक्रिय भूमिका अपना ली। वास्तविक समाप्ति को ए.एन. नामजोशी के निर्देश पर शासी सभा के द्वारा पूरा किया गया जो शासी सभा तथा सिंडिकेट के एक सदस्य तथा पारिख के दीर्घकालिक विरोधी थे।

मुम्बई विश्वविद्यालय में प्राचार्य पद के उत्थान एवं बाद का पतन विश्वविद्यालय के प्रमुख पदों पर बैठने वाले व्यक्तियों के व्यक्तित्व के महत्व को इंगित करता है। कार्यकारी शक्तियों से संपन्न एकमात्र पूर्णकालिक विश्वविद्यालय प्रशासक के रूप में प्राचार्य का पद स्वाभाविक रूप से एक शक्तिशाली पद था। जब–जब ऊर्जावान एवं सशक्त शैक्षणिक विचारों वाले व्यक्ति इस पर आसीन हुए तब–तब यह पद, और उसके बाद संस्थान का केन्द्रीय प्रबंधन, कार्यवाही और परिवर्तन का एक मंच बना।

मुम्बई विश्वविद्यालय में एक अन्य महत्वपूर्ण प्रशासनिक पद रजिस्ट्रार का है। विश्वविद्यालय में वही इकलौता ऐसा व्यक्ति है जो संस्थान से सम्बन्धित समस्त पहलुओं से जुड़े समस्त पत्राचारों एवं अन्य कागजी कार्यवाहियों से परिचित होता है। इसके अलावा, रजिस्ट्रार के पास सम्बद्ध कॉलेजों और, कुछ कम सीमा तक, अपने परास्नातक विभागों के साथ अपने सम्बन्धों को लेकर काफी विवेकाधीन अधिकार उपलब्ध होते हैं। प्रधानाचार्य एवं अन्य लोग परामर्श के लिए प्रायः रजिस्ट्रार से संपर्क करते हैं, तथा सभी उन्हें एक केन्द्रीय पद पर आसीन होने के लिए जानते हैं। तकनीकी रूप से, रजिस्ट्रार विश्वविद्यालय का सचिव तथा अभिलेखों एवं दस्तावेजों का संरक्षक भर होता है। व्यवहार में, रजिस्ट्रार प्रायः एक आपूर्ति व्यवस्थापक तथा संवाद एवं सूचनाओं का केन्द्रबिन्दु होता है।

जैसा कि अन्य पदों के मामले में है, पदग्राही का व्यक्तित्व प्रमुख महत्व का होता है। वर्तमान रजिस्ट्रार, टी.वी. चिदम्बरन, विश्वविद्यालय को 25 वर्षों तक सेवा प्रदान कर चुके हैं और एक लिपिक के पद से इस पद तक पहुँचे हैं। उन्होंने विश्वविद्यालय के मामलों में एक सक्रिय भूमिका अपनाई है और उनका काफी प्रभाव है। जब से प्राचार्य का पद समाप्त किया गया तब से रजिस्ट्रार का पद महत्वपूर्ण बन चुका है क्योंकि विश्वविद्यालय में रजिस्ट्रार ही अब एकमात्र पूर्णकालिक उच्च प्रशासनिक अधिकारी शेष रह गया है। सभाओं के लिए एजेंडा निर्धारित करने, पत्राचार तथा सम्बद्ध कॉलेजों के निवेदनों तथा अन्य मामलों से निपटने का अधिकार प्रभाव वाले ऐसे संवेदनशील क्षेत्र हैं जिनका उपयोग किया जा सकता है। वर्तमान रजिस्ट्रार का प्रभाव इस अर्थ में विशेषतौर पर आश्चर्यजनक है कि वे विशिष्टतौर पर एक गैर–दक्षिण भारतीय वातावरण में एक दक्षिण भारतीय हैं, यद्यपि यह मुम्बई विश्वविद्यालय की सर्वदेशीय प्रकृति को प्रतिबिंबित कर सकता है।

विश्वविद्यालय में वर्तमान विधायी एवं कार्यकारी पदों के अलावा ऐसी अनेक *तदर्थ* समितियाँ भी हैं जो प्रायः पर्याप्त प्रभाव रखती हैं। उदाहरणार्थ, परास्नातक स्तर पर कर्मचारियों की नियुक्ति को एक *तदर्थ* समिति के द्वारा पूरा किया जाता है जिसमें उन अनेक विभागों के सदस्य शामिल होते हैं जिनमें नियुक्तियाँ की जानी हों तथा एक कॉलेज प्रधानाचार्य सहित सामान्यतः विश्वविद्यालय के अनेक अन्य अधिकारियों को भी शामिल किया जाता है। पदों के सार्वजनिक विज्ञापन दिए जाते हैं, किन्तु प्रायः सार्वजनिक प्रतिस्पर्धा प्रारंभ होने तथा वैधता के नाम पर औपचारिक प्रक्रियाओं का अनुसरण करने के पूर्व ही किसी व्यक्ति का चयन अनौपचारिक रूप से कर लिया गया होता है। नियुक्ति प्रक्रिया में अनेक कारक शामिल रहते हैं, जिनमें से सभी का सम्बन्ध विचाराधीन व्यक्ति की अकादमिक प्रतिभा से नहीं जुड़ा होता। उदाहरणार्थ, विश्वविद्यालय के किसी उच्चाधिकारी के किसी सम्बन्धी को योग्यता के अभाव के बावजूद नियुक्ति प्रकिया में हेरफेर के द्वारा हाल ही में विश्वविद्यालय के प्रोफेसर पर पर नियुक्त कर दिया गया था।[14]

विश्वविद्यालय के ढाँचे के अंदर अन्य *तदर्थ* समितियाँ भी कार्य करती हैं तथा अनेक निर्णयों में उनकी भूमिका भी होती है। नए विश्वविद्यालय परिसर, जो अभी कोल–कल्याण में निर्माणाधीन है, से सम्बन्धित निर्णय आंशिकतौर पर एक समिति के द्वारा लिए गए थे। छोटी समितियाँ, जो प्रायः अध्ययन परिषद् जैसी एजेन्सियों के तत्वाधान में कार्य करती हैं, पाठ्यक्रम, नई पाठ्यपुस्तकों जैसे मामलों में सिफारिशें प्रदान करती हैं। कभी–कभी इन निकायों के पास बहुत अधिक अधिकार उपलब्ध होते हैं क्योंकि ये पाठ्यपुस्तकों, पाठ्यक्रमों एवं अन्य क्षेत्रों में परिवर्तन लागू कर सकती हैं। सामान्यतः ये प्रभावी रूप से कार्य करती हैं, यद्यपि इनकी निर्णयन प्रक्रिया में गैर–अकादमिक तत्वों के प्रवेश कर लेने की गुंजाइश प्रायः बनी रहती है।

यह संक्षिप्त चर्चा इंगित करती है कि मुम्बई विश्वविद्यालय में निर्णयन एक जटिल और प्रायः अप्रबंधनीय होता है। प्रक्रिया की जटिलता ही कार्यकारी अधिकारियों को पर्याप्त शक्ति प्रदान कर देती है, क्योंकि उन्हें निर्णयन से समन्वय करना आवश्यक होता है और प्रायः उनसे परामर्श और टिप्पणियों की माँग की जाती है। कुछ ही विधायी निकायों, यदि हों, को वास्तविक स्वतंत्र निर्णय लेने हेतु कर्मचारियों, वित्त एवं सुविधाओं का पर्याप्त ज्ञान होता है। कार्यकारी अधिकारियों पर जाँच एवं संतुलन के बावजूद यह स्पष्ट है कि उप–कुलपति, प्राचार्य, एवं रजिस्ट्रार तथा उनके कर्मचारियों के पास विश्वविद्यालय के मामलों में अधिकार उपलब्ध होते हैं।

मुम्बई विश्वविद्यालय का पूरा ढाँचा, जैसा कि ऊपर वर्णन किया गया है, संस्थागत स्थिरता तथा स्वीकार्य स्तरों को कायम रखने हेतु तैयार है। संस्थान के विधायी कामकाज की अत्यधिक जटिलता, साथ ही इसके प्रशासनिक केन्द्रीयकरण, जिसमें प्रशासन के लिए प्रशिक्षित कर्मियों का अभाव है, तथा व्यवस्था में विद्यमान निहित स्वार्थों वाले विभिन्न तत्व सभी मिलकर सुधार और परिवर्तन को बाधित करते हैं। कॉलेजों सहित सभी स्तरों पर निर्णयन का विश्वविद्यालय का अधिकार स्थानीय तत्वों के लिए प्रणाली की सभी शक्तियों को उनपर प्रभाव डाले बिना प्रणाली के अंदर छोटे परिवर्तन करना कठिन बना देता है। संपूर्ण विश्व में अकादमिक नौकरशाहियाँ अपनी रूढ़िवादिता एवं परिवर्तन के प्रति अपनी अक्षमता के लिए जानी जाती हैं। जैसा कि मुम्बई विश्वविद्यालय की इस चर्चा में उदाहरण दिया जा चुका है, भारतीय विश्वविद्यालय प्रणाली भी इस नियम का कोई अपवाद नहीं है। वास्तव में, शायद यह परिवर्तन के प्रति सर्वाधिक कठिन विश्वविद्यालयीय ढाँचों में से एक है।

मुम्बई विश्वविद्यालय की दो बड़ी शिक्षण एवं शोध एजेन्सियाँ हैं सम्बद्ध कॉलेज तथा परास्नातक विभाग।[§§] इस अध्ययन में कॉलेजों पर सविस्तार चर्चा बाद में की गई है, किन्तु परास्नातक विभागों पर कुछ विस्तार से विचार करना महत्वपूर्ण है। जैसा कि नोट किया जा चुका है, परास्नातक विभागों के पास स्नातक शिक्षा की अपेक्षा इस मामलें में कुछ अधिकार उपलब्ध हैं कि उनके शिक्षक उन अध्ययन परिषदों तथा अन्य निकायों के सदस्य हैं जो पाठ्यक्रम तथा परीक्षा नीति तय करते हैं। परास्नातक शिक्षकों के पास पर्याप्त प्रतिष्ठा भी होती है, और कभी–कभी वे कॉलेज शिक्षकों पर बौद्धिक रूप से प्रभाव भी रखते हैं, यद्यपि सामान्यतौर पर कॉलेज एवं परास्नातक विभागों के बीच संपर्क अपेक्षा से कम ही रहता है।

मुम्बई विश्वविद्यालय में परास्नातक अध्ययन उच्च शिक्षा के सर्वाधिक महत्वपूर्ण पहलुओं में से एक है। 1967 में विश्वविद्यालय के पास 17 परास्नातक विभाग थे जिनमें 2,303 छात्रों को प्रवेश प्राप्त था। 1966–67 में, संस्थान के द्वारा 232 परास्नातक डिग्रियाँ प्रदान की गई थीं। फिर भी, अपने हाल के महत्व के बावजूद भी मुम्बई विश्वविद्यालय में परास्नातक अध्ययन के द्वारा कुछ उभयभावी स्थिति को प्रदर्शित किया गया है। ऐतिहासिकतौर पर विश्वविद्यालय ने परास्नातक कार्यक्रमों की उपेक्षा की है, और इसने कुछ क्षेत्रों में अकादमिक विभागों को कमजोर बना दिया है। कोलकाता विश्वविद्यालय, जिसने अपने उन्नत कार्यक्रमों को विश्वविद्यालय के ढाँचे में एकीकृत कर दिया और 20 शताब्दी के प्रारंभ में अनेक परास्नातक विभागों की स्थापना कर डाली, के विपरीत मुम्बई विश्वविद्यालय ने उन्नत अध्ययन को अभी हाल तक कॉलेजों पर छोड़ा हुआ था और, इस प्रकार, इस क्षेत्र में इसने कोई नेतृत्व नहीं ग्रहण किया। मुम्बई विश्वविद्यालय के पास भारत का सर्वाधिक पुराना समाजशास्त्र विभाग है जिसकी स्थापना 1919 में की गई थी, तथा इसके पास अर्थशास्त्र तथा रसायन प्रौद्योगिकी में अच्छे मान्यताप्राप्त कार्यक्रम भी मौजूद हैं। हालांकि, अधिकांश अन्य क्षेत्रों में, विश्वविद्यालय के परास्नातक विभाग अपेक्षाकृत नए हैं तथा उनपर उतना जोर नहीं दिया गया है जितना ऐसे उन्नत कार्यक्रमों को अन्य विश्वविद्यालयों में प्राप्त हुआ है।

मुम्बई विश्वविद्यालय में परास्नातक अध्ययनों के अनियोजित विकास के बावजूद उन्नत अध्ययन अब विश्वविद्यालय के प्रमुख कार्यों में से एक है। 1969 में, विश्वविद्यालय के पास कई परास्नातक विभाग थे जिनमें 2,540 छात्र पढ़ रहे थे। इसके शिक्षण विभाग हैं अनुप्रयुक्त मनोविज्ञान, रसायन प्रौद्योगिकी, अर्थशास्त्र, अंग्रेजी, विधि, नागरिकशास्त्र एवं राजनीति, गणित, प्रबंध अध्ययन, भाषा–विज्ञान, पुस्तकालय

विज्ञान, विदेशी भाषाएं, इतिहास, रसायनविज्ञान, समाजशास्त्र, सांख्यकी, एवं संस्कृत। कुछ कॉलेजों में परास्नातक स्तर पर परास्नातक शिक्षण प्रदान किया जाता है, विशेषतौर पर ऐसे क्षेत्रों में जिनमें कोई परास्नातक विभाग मौजूद नहीं है। हालांकि, परास्नातक डिग्री शोध की डिग्री नहीं है। शोध की डिग्रियाँ एवं उनके लिए प्रशिक्षण पर विश्वविद्यालय का एकाधिकार है।

इस संदर्भ में, यह नोट करना चाहिए कि उन्नत डिग्रियाँ भारत में उतनी मूल्यवान सिद्ध नहीं हो सकी हैं जितनी कि, उदाहरणार्थ, अमेरिका में। अपेक्षाकृत कम डॉक्टरेट डिग्रियाँ ही प्रदान की जाती हैं, और कुछ ही कॉलेज शिक्षकों के पास पीएच.डी. डिग्री उपलब्ध है। उन्नत प्रशिक्षण से जुड़ी स्थिति में पिछले कुछ वर्षों में परिवर्तन अवश्य आया है और विश्वविद्यालय ने प्रबंधन एवं ऐसे अन्य क्षेत्रों में नए कार्यक्रम स्थापित किए हैं जो मुम्बई के आर्थिक जीवन के लिए प्रासंगिक हैं। डॉक्टरेट के लिए अध्ययनरत् छात्रों की संख्या में भी वृद्धि हो चुकी है क्योंकि कॉलेज शिक्षकों के पद मिलना कठिन हो गया है और अतिरिक्त योग्यताएं प्रायः किसी परास्नातक विभाग अथवा किसी कॉलेज में रोजगार दिलाने में उपयोगी होती हैं।

भारत में परास्नातक शिक्षण को स्नातक शिक्षण की अपेक्षा अधिक प्रतिष्ठा प्राप्त है, जो एक ऐसी स्थिति है जो अधिकांश अन्य देशों से अलग नहीं है। विश्वविद्यालयों में नियुक्त शिक्षकों को वेतन अधिक मिलते हैं,‡‡ उन्हें अधिक सुरक्षा एवं कार्यकाल उपलब्ध होता है, और कॉलेज शिक्षकों की अपेक्षा उन्हें सम्मान भी अधिक मिलता है। इसके अलावा, विभिन्न निकायों में *पदेन* पद प्राप्त होने एवं अनौपचारिक प्रभावों के कारण विश्वविद्यालय के विभागों के सदस्यों के पास विश्वविद्यालय के मामलों में अधिक आवाज उपलब्ध होती है। विश्वविद्यालय के शिक्षकों को अपेक्षाकृत पर्याप्त बेहतर शिक्षण परिस्थितियाँ भी उपलब्ध होती हैं, और प्रायः उनके पास अपना कार्यालय होता है, वे प्रति सप्ताह कम घंटों के लिए शिक्षण प्रदान करते हैं और प्रशासनिक अधिकारियों के द्वारा उनके साथ कुछ स्वायत्ततापूर्ण व्यवहार किया जाता है। वास्तव में, परास्नातक शिक्षक मुश्किल से 6 घंटे प्रति सप्ताह का ही शिक्षण प्रदान करते हैं जबकि कॉलेज शिक्षकों को प्रायः ही 19 घंटे प्रति सप्ताह शिक्षणकार्य करना होता है।

विश्वविद्यालय के विभागों तथा कॉलेजों के बीच काफी दूरियाँ विद्यमान हैं, बावजूद इस तथ्य के कि किसी नए क्षेत्र में, विशेषतौर पर जहाँ कोई स्थापित परास्नातक विभाग मौजूद नहीं है, उन्नत शिक्षण का कार्य अनेक बेहतर कॉलेजों में ही संपन्न किया जाता है। कुछ उल्लेखनीय अपवादों सहित विश्वविद्यालय में परास्नातक विभागों के अकादिमक शिक्षक उनके साथ सिर्फ महसूस करने हेतु ही संपर्क रखते हैं। सामान्यतः पदानुक्रमिकतौर पर व्यवस्थित विश्वविद्यालयीय ढाँचा सहयोग को प्रोत्साहित नहीं करता और इस खाईं को पाटने के लिए दोनों ओर से बहुत कम प्रयास ही किए गए हैं। हालांकि, कुछ क्षेत्रों जैसे समाजशास्त्र में कॉलेज शिक्षकों तथा परास्नातक प्रोफेसरों के बीच घनिष्ठ संपर्क रहे हैं और परिणामस्वरूप कुछ समन्वय भी स्थापित हुआ है।

भारतीय विश्वविद्यालयों में परास्नातक विभागों के पास पर्याप्त स्वायत्तता उपलब्ध है और, कॉलेजों की तुलना में, वे सुखद जीवन स्थिति में प्रतीत होते हैं। विभागों का अपने पाठ्यक्रमों, डिग्री सम्बन्धी आवश्यकताओं, तथा परीक्षाओं पर पर्याप्त नियंत्रण है। जैसा कि अधिकांश भारतीय उच्च शिक्षा में है, मुम्बई विश्वविद्यालय में परास्नातक विभाग भी परंपरागत ब्रिटिश ढाँचे से ही मिलते–जुलते हैं। विभागध्यक्ष, जो सामान्यतः पूर्ण पेशेवर श्रेणी वाला इकलौता व्यक्ति होता है, के पास विभाग के कामकाज तथा छात्रों

एवं शिक्षकों दोनों पर ही पर्याप्त अधिकार उपलब्ध होते हैं। विश्वविद्यालय के शिक्षक पदों के लिए सामान्यतौर पर मुक्त प्रतिस्पर्धा के बावजूद प्रोफेसर के पास भर्ती प्रक्रिया पर कुछ नियंत्रण उपलब्ध प्रतीत होता है क्योंकि वह सामान्यतः भर्ती हेतु गठित *तदर्थ* समिति में बैठता है और अन्य सदस्यों को प्रभावित कर सकता है। वह प्रश्नगत पद के लिए आवश्यकताओं का निर्धारण भी कर सकता है ताकि उस व्यक्ति की सफलता को सुनिश्चित किया जा सके जिसे उसने पसंद कर रखा है। विभागाध्यक्ष के पास छात्रवृत्तियों, शोध–निधियों, तथा बजट के आम आबंटन पर भी पर्याप्त नियंत्रण उपलब्ध होता है। कई विभागों में, अध्यक्ष सत्तावादी दृष्टिकोण के साथ शासन करते हैं और यह संभव है कि ऐसे व्यक्ति सृजनात्मकता का गला घोंट दें और विभाग में आमतौर पर एक मृतप्राय बौद्धिक वातावरण प्रेरित कर दें। उसके अधिकारों का प्रायः यही अर्थ होता है कि किसी भी कनिष्ठ शिक्षक के पास अपने स्वयं के शोध सम्बन्धी हितों को आगे बढ़ाने के लिए गुंजाइश अथवा समर्थन उपलब्ध नहीं होना चाहिए। और अधिकारों के इस संकेन्द्रण का अर्थ है कि साम्प्रदायिक अथवा राजनीतिक मामलों पर प्रोफेसर का व्यक्तित्व एवं उसके विचार अकादमिक निर्णयों में प्रविष्ट हो सकते हैं।

एक प्रगतिशील रूप से कठिन रोजगार बाजार तथा व्यापक हो रही तकनीकी अर्थव्यवस्था में जैसे–जैसे उन्नत डिग्रियाँ अधिक महत्वपूर्ण होती जाएगीं, वैसे–वैसे परास्नातक विभाग मुम्बई विश्वविद्यालय तथा भारत में अन्य स्थानों पर एक निरंतर बढ़ती हुई भूमिका ग्रहण करते जाएंगे। यहाँ उल्लिखित कुछ समस्याओं के बावजूद भी भारत में उच्च शिक्षा पर की जाने वाली समस्त चर्चाओं में अभी तक परास्नातक विभागों पर बहुत ही कम ध्यान दिया गया है। संभवतः यह महत्वपूर्ण है कि ब्रिटेन तथा जर्मनी, जिन्होंने भारत में परास्नातक शिक्षा की व्यवस्था हेतु प्रमुख मॉडल प्रदान किए हैं, में उन्नत शिक्षा के भारी पुनर्परीक्षण किए जा चुके हैं, और परास्नातक शिक्षण की व्यवस्था में कुछ परिवर्तन भी किए जा चुके हैं। उन्नत शोध तथा प्रशिक्षण हेतु विशेषज्ञताप्राप्त संस्थानों का प्रसार भी महत्वपूर्ण है। टाटा मूलभूत अनुसंधान संस्थान, भारतीय प्रबंधन संस्थान, भारतीय सांख्यकीय संस्थान एवं ऐसे ही अन्य उपक्रम इंगित करते हैं कि विश्वविद्यालयों में परास्नातक शोध एवं शिक्षण का ढाँचा स्वयं को या तो शैक्षिक संगठन में अथवा स्वयं विषय–वस्तु में ही नई प्रवृत्तियों अथवा नवाचारी धारणाओं की ओर भली–भांति आकर्षित नहीं होने देता। मुम्बई विश्वविद्यालय में परास्नातक शिक्षा हाल ही के वर्षों में विकसित हुई है किन्तु यह उस प्रकार की विशिष्टता हासिल नहीं कर सकी है जो परिवर्तन के प्रति एक अधिक खुले और सहज अनुगामी ढाँचे के साथ संभव रही हो सकती थी। ऐसे विभागों, जिन्हें कुछ विशिष्टता हासिल हो चुकी है, के पास न केवल योग्य प्रोफेसर उपलब्ध थे बल्कि उन्होंने एक बेहतर कॉलेजी वातावरण प्रदान करने की इच्छा का प्रदर्शन भी किया है।

किसी भी भारतीय विश्वविद्यालय के सरकार के साथ सम्बन्धों पर विचार किए बिना उसके संगठनात्मक ढाँचे का विश्लेषण करना संभव नहीं है। इसी के साथ–साथ, आँकड़ों के अभाव के कारण भी इस सम्बन्ध का व्यवस्थित विश्लेषण करना कठिन है। यह कहना उचित है कि ये सम्बन्ध व्यापक और जटिल हैं, तथा यहाँ की जा रही एक संक्षिप्त चर्चा मुम्बई विश्वविद्यालय के कामकाज तथा वास्तव में समस्त भारतीय उच्च शिक्षा के महत्वपूर्ण तत्वों में से एक का मात्र सतही स्पर्श भर करती है। महाराष्ट्र सरकार राज्य में उच्च शिक्षा, विशेषतौर पर मुम्बई विश्वविद्यालय के साथ अपने सम्बन्धों को लेकर पर्याप्त अभिज्ञ रही है। अपनी ओर से, विश्वविद्यालय ने अपने सम्बन्धों को

उच्चस्तरीय विवेक और कूटनीति के साथ निभाया है। अतः, मुम्बई विश्वविद्यालय उन अनेक राजनीतिक टकरावों से बचता रहा है जो अनेक भारतीय विश्वविद्यालयों की विशेषता रहे हैं, और इसी के साथ इसने प्रत्यक्ष सरकारी नियंत्रण से समुचित स्तर तक की स्वतंत्रता को भी कायम रखा है–शायद यह स्वतंत्रता महाराष्ट्र के नए विश्वविद्यालयों की अपेक्षा कुछ अधिक ही रही है। सरकार के अधिकार बहुत अधिक हैं। उदाहरणार्थ, यह विश्वविद्यालय के औपचारिक अनुमोदन के बिना किसी संस्थान को सम्बद्ध कर सकती है अथवा उससे इंकार कर सकती है और वह भी बिना कारण बताए। इस अधिकार के उपयोग के सर्वाधिक नाटकीय उदाहरणों में से एक 1899 में घटित हुआ था, जब सरकार द्वारा इस भय के कारण बाम्बे लॉ कालेज की सम्बद्धता को स्वीकार करने से इंकार कर दिया गया था कि यह देशद्रोह की शिक्षा प्रदान कर सकता है।[15] हाल ही के समय में, अकादमिक मामलों में सरकारी हस्तक्षेप के ऐसे उदाहरण बहुत दुर्लभ हैं, यद्यपि ऐसी संभावना है कि जहाँ कहीं भी सरकारी हित दाँव पर लगे हों वहाँ दम घोटने वाले दबाव डाले गए हो सकते हैं। विश्वविद्यालय के कुलपति, जो महाराष्ट्र राज्य के राज्यपाल होते हैं, उप–कुलपति की नियुक्ति करते हैं, हालांकि व्यवहार में विश्वविद्यालय के प्रमुख कार्यकारी अधिकारी के चयन में शिक्षा मंत्री के पास अधिक अधिकार उपलब्ध होते हैं। विश्वविद्यालय पर बिना सरकारी स्वीकृति हासिल किए कुछ विशिष्ट प्रकार की परीक्षाएं प्रारंभ करने का भी निषेध है।

भारत में उच्च शिक्षा पर सरकारी प्रभाव के सर्वाधिक महत्वपूर्ण पहलुओं में से एक इसकी वित्तीय भूमिका है। उदाहरणार्थ, 1966–67 में महाराष्ट्र सरकार ने मुम्बई विश्वविद्यालय के वार्षिक बजट के एक–तिहाई से भी अधिक का प्रावधान किया था। विश्वविद्यालय को इसके द्वारा दिया गया अनुदान 23,15,000 रुपयों♦ का था जो कुल 1,32,45,000 रुपयों के खर्चों में शामिल था। जहाँ महाराष्ट्र सरकार विश्वविद्यालय के कुल बजट के 20 प्रतिशत से भी कम का योगदान करती है, वहीं कुछ नीतिगत निर्णयों में इसका हस्तक्षेप बड़ा होता है। निश्चित रूप से यह सच है कि सरकारी आर्थिक सहायता के बिना इसे कामकाज करना कठिन होगा। राज्य सरकार की निधियों, जो अधिकांशतः "एकमुश्त अनुदानों" के रूप में दी जाती हैं तथा जिन्हें संस्थान द्वारा उचित समझे गए किसी भी प्रयोजन के लिए प्रयुक्त किया जा सकता है, के साथ–साथ 1966–67 में विश्वविद्यालय अनुदान आयोग के द्वारा 5,71,000 रुपयों का योगदान दिया गया था। यूजीसी की निधियाँ लगभग सदैव ही विशिष्ट परियोजनाओं से सम्बन्धित होती हैं जिनका सम्बन्ध सामान्यतः सुविधाओं अथवा स्तरों को ऊँचा उठाए जाने से जुड़ा होता हे। निधिकरण में भागीदारी के द्वारा यूजीसी का उन कार्यक्रमों में हस्तक्षेप भी होता है जो मुम्बई विश्वविद्यालय द्वारा अपनाए जाते हैं। राज्य सरकार ने भी बड़ी धनराशियाँ उपलब्ध कराई हैं जिससे कोल कल्याण में नए परिसर का निर्माण संभव हो सका है। विभिन्न सरकारी एवं अर्द्धसरकारी एजेन्सियों द्वारा विश्वविद्यालय के वित्तपोषण में भागीदारी करने के अलावा विश्वविद्यालय के बजट का एक बड़ा हिस्सा छात्रों से प्राप्त परीक्षा शुल्क, शिक्षण शुल्क तथा अन्य सेवाओं हेतु लिए गए शुल्कों से प्राप्त होता है।[16] कुल बजट का लगभग आधा हिस्सा संस्थान द्वारा स्वयं ही अर्जित कर लिया जाता है। यह नोट करना महत्वपूर्ण है कि विश्वविद्यालय के बजट में सम्बद्ध कॉलेजों के आँकड़े शामिल नहीं होते, जो अपने निधिकरण के लिए स्वयं ही उत्तरदायी होते हैं, यद्यपि उनके वित्तीय अभिलेखों का अंकेक्षण विश्वविद्यालय के अधिकारियों द्वारा किया जाता है। जहाँ कॉलेज अपने निधिकरण के एक बड़े भाग के लिए विश्वविद्यालय के

बजाय स्वयं ही उत्तरदायी हैं, वहीं विश्वविद्यालय अनुदान आयोग तथा कभी–कभार राज्य सरकार के द्वारा कुछ विशिष्ट परियोजनाओं के लिए कुछ निधियाँ प्रदान की जाती हैं। इस प्रकार, जहाँ मुम्बई विश्वविद्यालय अपनी अधिकांश धनराशि का प्रबंध स्वयं करता है, वहीं सरकारी सहायता के बिना इसके लिए कार्य कर पाना कठिन हो सकता है। विशेषतौर पर, बाहरी सहायता के बिना नए कार्यक्रमों को प्रारंभ करना तो लगभग असंभव ही होगा।

भारत में राज्य सरकारों ने विश्वविद्यालयों को अपनी इच्छाओं से अवगत कराने में हिचकिचाहट का अनुभव नहीं किया है, और इस प्राकर संस्थानों पर भारी दबाव बनाए रखा है। यह भी सच है कि विश्वविद्यालय के अधिकारी सरकारी अधिकारियों के दृष्टिकोणों के प्रति विशेषतौर पर संवेदनशील हैं तथा सामान्यतः अकादमिक निर्णयन के दौरान उनपर विचार करने का प्रयास करते रहते हैं। ये दबाव निजी चर्चाओं के साथ–साथ सार्वजनिक तथा अनौपचारिक तौर पर डाले जाते हैं। महाराष्ट्र सरकार के 1968 के *शिक्षा पर श्वेतपत्र* द्वारा उच्च शिक्षा पर कुछ ध्यान डाला गया था और विश्वविद्यालय के अधिकारियों के द्वारा इसका सावधानीपूर्वक अध्ययन किया गया था। इस रिपोर्ट में विश्वविद्यालय की नीतियों के लिए महत्वपूर्ण निहितार्थ मौजूद थे, यद्यपि यह मुख्य रूप से राज्य में शिक्षा के निचले स्तरों से सम्बन्धित थी। मातृभाषा (मराठी) में शिक्षा पर रिपोर्ट द्वारा दिए गए शक्तिशाली जोर के उच्च शिक्षा हेतु प्रत्यक्ष निहितार्थ थे, क्योंकि राज्य में सरकार द्वारा संचालित माध्यमिक स्कूलों में अंग्रेजी में शिक्षा पर व्यय किए जाने वाले समय में कटौती कर दी गई थी। इस प्रकार, भविष्य में विश्वविद्यालय में प्रवेश लेने वाले छात्रों की अंग्रेजी में तैयारी वर्तमान अध्ययन निकाय की अपेक्षा कम पर्याप्त होगी। इसके अतिरिक्त, *श्वेतपत्र* के द्वारा विश्वविद्यालयों से मराठी में अधिक अध्ययन प्रदान करने का आग्रह किया गया था। यह नोट करना चाहिए कि मुम्बई विश्वविद्यालय महाराष्ट्र में इकलौता ऐसा विश्वविद्यालय है जिसने शिक्षा के माध्यम के रूप में मराठी को नहीं अपनाया है। इस प्रकार इसने कुछ स्तर तक स्वयं को महाराष्ट्र सरकार का विरोधी बना रखा है। यह *श्वेतपत्र* उच्च शिक्षा के सतत् विस्तार का भी आग्रह करता है तथा सुझाव देता है कि 2 लाख अथवा अधिक की आबादी के लिए 15 से 20 मील की परिधि के अंदर प्रत्येक संभावित छात्र के लिए कॉलेज उपलब्ध कराए जाएं। यह *श्वेतपत्र* विश्वविद्यालय के विधान के आधुनिकीकरण का भी आह्वाहन करता है तथा शिक्षा आयोग के "स्वायत्त कॉलेजों," अधिक समुचित मार्गदर्शक कार्यक्रमों, तथा शिक्षा में विज्ञान पर अधिक जोर दिए जाने सम्बन्धी प्रस्तावों का समर्थन भी करता है।[17] *शिक्षा पर श्वेतपत्र* सामाजिक एवं आर्थिक विकास के साथ–साथ सामाजिक गतिशीलता की कुंजी के रूप में शिक्षा पर बल देता है।

जहाँ *श्वेतपत्र* के अधिकांश सुझावों का उल्लेख आम भाषा में किया गया था, वहीं ये सरकार की आधिकारिक नीति हैं और, इसीलिए, इन्हें विश्वविद्यालय अधिकारियों के द्वारा गंभीरतापूर्वक ग्रहण किया गया था। यह नोट करना चाहिए कि यद्यपि *श्वेतपत्र* तीन वर्षों से भी अधिक समय से उपलब्ध रहा है, तथापि मुम्बई विश्वविद्यालय द्वारा सापेक्षिक तौर पर इसके मात्र कुछ ही प्रस्तावों को लागू किया गया है। इसका प्रमुख प्रभाव राज्य सरकार को विश्वविद्यालय को परियोजना निधियाँ उपलब्ध कराए जाने हेतु एक आधार रहा प्रतीत होता है ताकि रिपोर्ट में उल्लिखित विशिष्ट प्रस्तावों को पूरा किया जा सके। अपनी ओर से, विश्वविद्यालय चयनात्मक रूप से इन निधियों की माँग करता रहा है और इसने रिपोर्ट के उन्हीं हिस्सों को लागू किया है जो इसे

उपयोगी प्रतीत हुए हैं। अतः, आधिकारिक सरकारी रिपोर्टों के कुछ प्रभाव होते हैं, किन्तु विश्वविद्यालय *श्वेतपत्र* (तथा ऐसे ही अन्य दस्तावेजों) के उन पहलुओं का प्रतिरोध करने में सक्षम रहा है जो इसे अपने हितों के विपरीत महसूस हुए हैं।

विश्वविद्यालय पर सरकार के प्रभाव जटिल और विविधतापूर्ण हैं। प्रायः ये प्रत्यक्ष तथा स्पष्ट हो सकते हैं और होते भी हैं, जैसा कि शिक्षा नीति में परिवर्तन, जो विश्वविद्यालय को प्रभावित करते हैं, अथवा अकादमिक निर्णयों अथवा कार्यक्रमों को सीधे प्रभावित करने हेतु निधिकरण के उपयोग के मामलों में होता है। इसके प्रभाव अप्रत्यक्ष और अनौपचारिक भी होते हैं, जैसे कि विश्वविद्यालय के प्रशासकों एवं शिक्षा से सम्बन्धित सरकारी अधिकारियों के बीच प्रायः होने वाले संपर्कों में। विश्वविद्यालय को दिया जाने वाला वित्तीय योगदान अपने आप ही सरकार को विश्वविद्यालय की नीति में एक आवाज प्रदान कर देता है, विशेषतौर पर नए कार्यक्रमों तथा सुविधाओं के निर्माण के क्षेत्र में। और जहाँ महाराष्ट्र सरकार ने अनुमति प्रदान कर दी है, तथा मुम्बई विश्वविद्यालय ने पर्याप्त स्वायत्तता की माँग की है, वहीं राज्य अभी भी विश्वविद्यालय के मामलों में बहुत अधिक रुचि रखता है। उप–कुलपति की सरकार द्वारा सीधे नियुक्ति करना तथा विश्वविद्यालय के अन्य उच्च अधिकारियों की नियुक्तियों में सरकारी अधिकारियों के संभावित प्रभाव अकादमिक मामलों में सरकारी संलिप्तता में और वृद्धि कर देते हैं। यह तथ्य, कि अनेक सरकारी अधिकारी विश्वविद्यालय के विधायी निकायों में बैठे हुए हैं, सरकार को भागीदारी का एक और तरीका उपलब्ध करा देता है। जैसा कि भारत में विश्वविद्यालय स्वायत्तता के अन्य विश्लेषकों के द्वारा स्पष्ट किया जा चुका है, स्वतंत्रता की स्थापित परंपराओं के अभाव का अर्थ है कि विश्वविद्यालय के मामलों में सरकार की संलिप्तता पर प्रतिबंध बहुत ही कम हैं।[18] जैसा कि पहले उल्लेख किया जा चुका है, यद्यपि, किसी भी अन्य भारतीय विश्वविद्यालय की अपेक्षा मुम्बई विश्वविद्यालय सापेक्षिक तौर पर प्रत्यक्ष सरकारी हस्तक्षेप से मुक्त रहा है।

विकासशील देशों में विश्वविद्यालय स्वाभाविक रूप से "राष्ट्रीय प्रगति" में योगदान करने तथा सामान्यतः प्रदान की गई निधियों के उपयोग को उचित ठहराने हेतु दबावों के अधीन रहते हैं। मुम्बई विश्वविद्यालय भी इसका अपवाद नहीं रहा है, यद्यपि मुम्बई के मामले में, ये दबाव कहीं छिटपुट और अप्रत्यक्ष रहे हैं। विभिन्न राष्ट्रीय उच्च शिक्षा आयोगों की सिफारिशों का भी मुम्बई विश्वविद्यालय पर कुछ प्रभाव रहा है। उदाहरणार्थ, परंपरागत कला विषयों के व्यय पर वैज्ञानिक सुविधाओं के विस्तार तथा छात्रों के सैन्य प्रशिक्षण कार्यक्रमों पर जोर डाला गया है। कुछ सीमा तक इन सिफारिशों का अनुपालन भी किया जा चुका है। हालांकि, विभिन्न सरकारी एजेन्सियों द्वारा दिए गए जोर का विश्वविद्यालय द्वारा प्रभावी रूप से प्रतिरोध किया गया है। मुम्बई विश्वविद्यालय उन कुछ भारतीय विश्वविद्यालयों में से एक है जिसने स्वीकृत तीन वर्षीय डिग्री पाठ्यक्रम के बजाय चार–वर्षीय डिग्री पाठ्यक्रम को कायम रखा है। कृषि तथा शिक्षा में प्रशिक्षण के विस्तार की योजनाओं की भी वास्तव में अनदेखी कर दी गई है। भारत में, केन्द्र सरकार द्वारा डाले गए शैक्षणिक दबाव बहुत ही कमजोर रहे हैं, और महाराष्ट्र में राज्य सरकार आजदिन तक मुम्बई विश्वविद्यालय से अपनी शैक्षणिक योजना का पालन करवाने में उल्लेखनीय रूप से प्रभावी नहीं रही है।

मुम्बई विश्वविद्यालय के ढाँचे और कामकाज के इस संक्षिप्त वर्णन ने इसकी जटिलता को स्पष्ट किया है और विश्वविद्यालय में अकादमिक कार्य का अतिक्रमण करने वाली कुछ शक्तियों को इंगित किया है। इसमें कोई प्रश्न नहीं है कि इससे

जटिल एवं परंपरागत प्रशासन व्यवस्था प्रायः अप्रासंगिक हो जाती है और कभी–कभी विश्वविद्यालय के प्रभावी कामकाज के प्रति बाधा भी बन जाती है। हालांकि, मुम्बई विश्वविद्यालय अकादमिक प्रशासन के पुराने पड़ चुके ढाँचे में अकेला नहीं है; अधिकांश भारतीय विश्वविद्यालयों के ढाँचे भी ऐसे ही हैं, तथा विभिन्न आयोगों की जोरदार सिफारिशों, कि ऐसा करना चाहिए, के बावजूद उनमें से कुछ ने अपनी व्यवस्थाओं को परिवर्तित कर लिया है।** वास्तव में, संपूर्ण विश्व में अधिकांश विश्वविद्यालय अपनी अकादमिक स्वतंत्रता, स्वायत्तता, तथा विद्वत्तापूर्ण वातावरण की सुरक्षा करते हुए निर्णयन प्रक्रिया के आधुनिकीकरण के विचार के साथ अपने आंतरिक प्रबंधन के एक पुनर्परीक्षण से होकर गुजर रहे हैं। समस्या कठिन है तथा अधिकांश देश, जैसा कि भारत में है, ऐसी परंपराओं से बँधे हुए हैं जो सुधारों को बाधित करती हैं।

मुम्बई विश्वविद्यालय का प्रशासनिक ढाँचा भारतीय अकादमिक जीवन की अनेकों स्थानीय समस्याओं को प्रस्तुत करता है। इस विषय पर इस खंड में बाद में सविस्तार चर्चा की गई है। इस भारी–भरकम प्रशासनिक ढाँचे का एक परिणाम यह है कि अकादमिक निर्णयों में प्रायः बहुत अधिक समय लगता है तथा उनके कार्यान्वयन में इसलिए बिलंब होता है क्योंकि यह आवश्यक है कि निर्णय विश्वविद्यालय की नौकरशाही के अनेक स्तरों द्वारा लिए जाएं। किसी भी प्रोफेसर की नियुक्ति को पूरा किए जाने में प्रायः कई वर्ष लग जाते हैं, और नए अकादमिक कार्यक्रम में नियमित रूप से विश्वविद्यालय प्रशासन के विभिन्न स्तरों पर देरी की जाती है। कॉलेजों के प्रधानाचार्य प्रायः शिकायत करते हैं कि सामग्रियों की खरीद अथवा कार्यक्रमों को प्रारंभ किए जाने में विश्वविद्यालय के अधिकारियों से अनुमोदन में प्रायः बहुत अधिक समय लगाया जाता है।

अकादमिक मामलों के प्रशासन में राजनीतिक प्रभाव भी प्रविष्ट हो जाते हैं। विश्वविद्यालय का जटिल ढाँचा संस्थान के अंदर तथा बाहर दोनों जगहों में विभिन्न स्तरों पर विभिन्न गुटों तथा विभिन्न इच्छुक दलों के लिए गुटबाजी संभव कर देता है ताकि उनके प्रभाव को महसूस किया जा सके। सरकारी, राजनीतिक, तथा अन्य हितधारकों के पास शासी सभा में पद उपलब्ध होते हैं और इस प्रकार अकादमिक मामलों में उनका सीधा प्रभाव होता है। विश्वविद्यालय प्रशासन के अन्य स्तर भी कई बार विभिन्न ताकतों द्वारा की जाने वाली पैरवी के वशवर्ती हो जाते हैं। उदाहरणार्थ, कॉलेजों के प्रधानाचार्यों ने निर्णयन के विभिन्न स्तरों तथा विश्वविद्यालय प्रशासन में अपने कॉलेजों के हितों का प्रतिनिधित्व करने हेतु आवश्यक कूटनीति के बारे में प्रायः ही चर्चा की है।

टिप्पणियाँ

* जहाँ यह बात इस निबंध की परिधि से परे है, वहीं यह नोट करना चाहिए कि अनेक टिप्पणीकारों ने विकास प्रक्रिया के प्रति उच्च शिक्षा के महत्व पर विवाद उत्पन्न किए हैं, और सुझाव दिए हैं कि शिक्षा प्रणाली के अन्य स्तरों पर अधिक निवेश करना अधिक उपयोगी हो सकता है।

† 1967 का इस खंड में उपयोग उच्च शिक्षा पर वर्तमान आँकड़ों के आधार के रूप में किया गया है, क्योंकि इस वर्ष के लिए तुलनात्मक आँकड़े सर्वाधिक सहजता से उपलब्ध थे। जहाँ कहीं भी अधिक नए आँकड़े उपलब्ध रहे हैं, ऐसे आँकड़ों को इंगित किया गया है।

‡ विभिन्न विषयों में छात्रों के वितरण में 1965–66 के बाद से कोई महत्वपूर्ण परिवर्तन नहीं हुआ है।

§ यह नोट करना चाहिए कि मुम्बई विश्वविद्यालय मुम्बई शहर में उच्च शिक्षा का इकलौता संस्थान नहीं है। 1916 में स्थापित एस.एन.डी.टी. विश्वविद्यालय ऐसा इकलौता विश्वविद्यालय है जो विशिष्ट रूप से महिलाओं की शिक्षा के प्रति समर्पित है। इसके अलावा, इसने कई वर्षों से भारी सफलता के साथ मराठी और गुजराती में कक्षाएं संपन्न की हैं। मुम्बई में एस.एन.डी.टी. के छात्र इसे शहर का एक प्रमुख शैक्षणिक संसाधन बना देते हैं। इसके अतिरिक्त, 1936 में स्थापित टाटा सामाजिक विज्ञान संस्थान का दर्जा भी विश्वविद्यालय का है तथा इसके पास सामाजिक विज्ञानों में उन्नत प्रशिक्षण एवं शोध कार्यक्रम उपलब्ध हैं। उप–शहरी मुम्बई में पोवई स्थित भारतीय प्रौद्योगिकी संस्थान भी एक स्वतंत्र संस्था है जो विज्ञान एवं इंजीनियरिंग में उच्च स्तरीय प्रशिक्षण प्रस्तावित करता है। मुम्बई विश्वविद्यालय के साथ कुछ सम्बन्धों को कायम रखते हुए टाटा मूलभूत अनुसंधान संस्थान बुनियादी तौर पर एक स्वतंत्र एजेन्सी है जो परमाणु विज्ञान एवं कुछ अन्य वैज्ञानिक क्षेत्रों में सर्वाधिक उन्नत शोधकार्य संपन्न करती है।

** इस अध्ययन की कुछ स्पष्ट सीमाएं हैं जिनका उल्लेख प्रारंभ में ही करना आवश्यक है। अधिकांश भाग के लिए यह मुम्बई विश्वविद्यालय तथा इसके कॉलेजों में 1964–65 तथा पुनः 1968 के अकादमिक जीवन के विभिन्न पहुलओं पर लेखक के प्रेक्षणों पर आधारित है। 1971 की एक संक्षिप्त यात्रा के द्वारा सामग्रियों को अद्यतन किया जा सका था। 100 से भी अधिक शिक्षकों, छात्रों, प्रशासकों, शासी परिषदों के सदस्यों एवं अन्य लोगों के साक्षात्कार संपन्न किए गए थे। इसके अलावा, मुम्बई में उच्च शिक्षा सम्बन्धी प्रासंगिक दस्तावेजों को एकत्रित एवं प्रयुक्त किया गया था। हालांकि, कुछ सामग्रियाँ उपलब्ध नहीं थीं। फिर भी, प्रेक्षण बाहर के एक व्यक्ति के हैं और मुम्बई विश्वविद्यालय के किसी वास्तविक वैज्ञानिक अध्ययन पर आधारित नहीं हैं।

*** यह महत्वपूर्ण है कि मुम्बई विश्वविद्यालय तथा इसके घटक कॉलेजों में सर्वेक्षण किए गए 155 में से 94 शिक्षकों के द्वारा अपने कार्यस्थल तक आनेजाने के लिए 45 मिनटों से अधिक का समय व्यय किया गया था। एक बड़े प्रतिशत के द्वारा 2 घंटों से भी अधिक की यात्रा की जाती रही है। इस आँकड़े को *Report of the Inquiry on the Problems of Teachers in the University of Bombay* (Bombay: University of Bombay, 1954), p. 65 से लिया गया है।

§§ परास्नातक विभागों एवं कॉलेजों के साथ–साथ 27 मान्यताप्राप्त ऐसे संस्थान भी हैं जो मुम्बई विश्वविद्यालय से मामूली रूप से सम्बद्ध हैं। सामान्यतः ये संस्थान पाठ्यक्रम के मामले में पूर्णतः स्वतंत्र हैं तथा विश्वविद्यालय से बहुत कम, यदि है, वित्तीय सहायता प्राप्त करते हैं। हालांकि, उनकी डिग्रियों को मुम्बई विश्वविद्यालय से कुछ मान्यता प्राप्त है, और इस सम्बद्धता के कारण वे अकादमिक प्रणाली में प्रविष्ट हो जाते हैं। इन सम्बद्ध संस्थानों में अंतर्राष्ट्रीय तौर पर प्रसिद्ध टाटा मूलभूत अनुसंधान संस्थान से लेकर छोटा सा मुम्बई प्राकृतिक इतिहास सोसाइटी जैसा संस्थान भी शामिल हे। इन विभिन्न संस्थानों पर चर्चा इस अध्ययन की परिधि से बाहर है।

‡‡ यूजीसी का नवीनतम वेतनमान, जो कनिष्ठ व्याख्यताओं के लिए 300 रुपए प्रतिमाह से प्रारंभ होकर प्रोफसरों के लिए 1,200 रुपए प्रतिमाह तक है, इंगित करता है कि विश्वविद्यालयीय नियुक्तियों वाले कर्मचारी संभवतः कॉलेज स्तर वाले अपने समकक्षी स्तर पर कार्यरत् सहयोगियों की तुलना में दोगुनी राशि अर्जित करते हैं।

♦ 7.50 रुपया 1 डॉलर (अमेरिकी) के बराबर है।

♦♦ यह नोट करना चाहिए कि अकेला भारत ही इस स्थिति में नहीं है। अमेरिकी उच्च शिक्षा के अनेक आलोचकों ने नोट किया है कि संकट तथा टकराव की अवधि में विश्वविद्यालय

प्रभावी रूप से कार्य करने में आंशिक तौर पर प्रशासन के अप्रचलित ढंग के कारण असमर्थ हो जाते हैं। अनेक अकादमिक अध्ययनों के द्वारा विश्वविद्यालयीय ढाँचें में सुधार की सिफारिश की जा चुकी है।

संदर्भ

1. मुम्बई विश्वविद्यालय से सम्बन्धित पूर्ण एवं सटीक जानकारी प्राप्त करना कठिन है। इस पुस्तक में सूचित अधिकांश सांख्यकीय जानकारियों को मुम्बई विश्वविद्यालय की विभिन्न *वार्षिक रिपोर्टों*, मुम्बई विश्वविद्यालय के *वार्षिक विवरणों* आदि से लिया गया है जो कॉलेजों से सम्बन्धित कुछ बुनियादी आँकड़े प्रदान करते हैं, तथा विश्वविद्यालय अनुदान आयोग, नई दिल्ली के अनेक प्रकाशनों से भी लिया गया है।
2. Frederick Harbison and Charles A. Myers, *Education, Manpower and Economic Growth* (New York: McGraw-Hill, 1964), Chapters 8 and 9।
3. उच्च शिक्षा पर विभिन्न आधिकारिक रिपोर्टों में इस विषय पर कुछ उपयोगी आँकड़े शामिल हैं। उनकी अनेक सिफारिशें नीतियाँ बन चुकी हैं, किन्तु यह महत्वपूर्ण है कि विभिन्न कारणोंवश अधिकांश प्रस्ताव लागू नहीं किए जा सके हैं। विशेषतौर पर देखें: Indian University Education Commission, *Report* (Delhi: Manager of Publications, 1950 [The Radhakrishnan Report]; U. S. Shukla, *Kothari Commission Report* (A *Summary*), [Lucknow: Prakashan Kendra, n.d.]; *Report of the Education Commission, 1964–66: Education and National Development* (New Delhi: Manager of Publications, 1966) विश्वविद्यालय अनुदान आयोग की विभिन्न रिपोर्टें भी इस सम्बन्ध में अत्यन्त उपयोगी हैं।
4. यहाँ भारतीय उच्च शिक्षा के पहलुओं से सम्बन्धित अधिकांश प्रासंगिक अध्ययनों का उल्लेख करना असंभव है। भारतीय विश्वविद्यालयों से सम्बन्धित संदर्भग्रंथ सूची हेतु देखें: Philip G. Altbach, *Higher Education in Developing Countries: A Select Biblography* (Cambridge: Harvard Center for International Affairs, 1970), pp. 63–73. See also Robert Gaudino, *The Indian University* (Bombay: Popular Prakashan, 1965): L. Lloyd and Susanne Rudolph, ed., *Education and Politics in India* (Cambridge: Harvard University Press, 1972); A. B. Shah, ed., *Higher Education in India* (Bombay: Lalvani, 1968); and P. G. Altbach, ed., *Turmoil and Transition: Higher Education and Student Politics in India* (Bombay: Lalvani, 1969). The best single article dealing generally with Indian academics is Edward Shils, "The Academic Profession in India," *Minerva*, 7 (Spring, 1969), pp. 345–72।
5. Amar Kumar Singh, "Academic Politics and Student Unrest: The Case of Ranchi University," in Philip G. Altbach, ed., *op. cit.*, p. 208।
6. विकासशील देशों में उच्च शिक्षा की समस्याओं का गंभीर विश्लेषण दुर्भाग्यवश अत्यन्त दुर्लभ है। इस विषय पर लेखों के एक अधिक समुचित संग्रह के लिए देखें: A. B. Shah, ed., *Education, Scientific Policy, and Developing Countries* (Bombay: Manaktalas, 1967)। प्रोफेसर एडवर्ड शिल्स द्वारा संपादित तथा लंदन से प्रकाशित पत्रिका *मिनर्वा* विकासशील देशों में उच्च शिक्षा तथा वैज्ञानिक नीति की समस्याओं का सर्वश्रेष्ठ सतत् विश्लेषण प्रदान करती है।
7. बनारस हिन्दू विश्वविद्यालय में सर्वाधिक नवीन संकट के विशिष्ट नाटकीय विवरण के लिए देखें: *Report of the Banaras Hindu University Inquiry Committee* (New Delhi: Ministry of Education and Youth Services, 1969)। अलीगढ़ मुस्लिम विश्वविद्यलय, इलाहाबाद

विश्वविद्यालय तथा 1965 में ओडिशा में विश्वविद्यालय संकट के लिए भी ऐसी ही रिपोर्टें उपलब्ध हैं।

8. देखें S. R. Dongerkery, *The History of the University of Bombay* (Bombay: University of Bombay Press, 1957)। मुम्बई के अनेक कॉलेजों के भी कुछ ऐतिहासिक विश्लेषण किए गए हैं। S. R. Dongerkery's *Memories of Two Universities* (Bombay: Manaktalas, 1966), pp. 1–142 में विश्वविद्यालय के केन्द्रीय प्रशासन के कामकाज पर विशेष ध्यान केन्द्रित करते हुए मुम्बई पर कुछ उपयोगी सामग्री उपलब्ध है।
9. Eric Ashby, *Universities: British, Indian, African* (Cambridge: Harvard University Press, 1966), especially pp. 3–146. See also Bruce Mc-Cully, *English Education and the Origins of Indian Nationalism* (New York: Columbia University Press, 1943)।
10. From a letter from S. R. Dongerkery, November 25, 1970।
11. Edward Shils, *op. cit.*।
12. मुम्बई विश्वविद्यालय के ढाँचे पर चर्चा को *Handbook of the University of Bombay,* Part II, Volume 1 (Bombay: University of Bombay Press, 1968) से लिया गया है।
13. प्राचार्य पद से सम्बन्धित अधिकांश आँकड़े एस.आर. डोंगरकेरी द्वारा 1 अप्रैल, 1970 के एक निजी संवाद में उपलब्ध कराए गए हैं, श्री डोंगरकेरी की पुस्तक *'उद्धृत* भी प्राचार्य पद के कुछ उपयोगी ऐतिहासिक नजरिए प्रदान करती है।
14. H. S. Biligiri, "View", *Opinion,* 10 (February 11, 1969), pp. 5–8. The University Context 221।
15. S. R. Dongerkery, *History of the University of Bombay, op. cit.*, p. 133।
16. मुम्बई विश्वविद्यालय के बजट से सम्बन्धित विस्तृत विवरण *Budget Estimates for 1970–71* (Bombay: University of Bombay Press, 1970) में प्राप्त किया जा सकता है।
17. Government of Maharashtra, *White Paper on Education* (Bombay: Government of Maharashtra, 1968)।
18. S. R. Dongerkery, *University Autonomy in India* (Bombay: Lalvani, 1967). See also Amrik Singh, "Universities and the Government," *Quest,* Special Number (March, 1967), pp. 40–49।

13

प्रगतिशील राज्य

Times Higher Education
October 28, 2010
pp. 44–47

फ़िलिप जी. अल्ट्‌बाख़
एल्डो मैथ्यूज

केरल भारत के छोटे राज्यों में से एक है, जो इस उपमहाद्वीप के सवार्धिक दक्षिणवर्ती पश्चिमी किनारे पर स्थित है। इसकी 579 किलोमीटर लंबी मालाबार तटरेखा, नदियों का जाल, झीलें एवं नहरें, तथा हरे–भरे उष्टकटिबंधीय वन्यजीवन एवं वनस्पतियाँ इसे एक लोकप्रिय पर्यटक गंतव्य बना देते हैं तथा यह "ईश्वर का अपना देश" के इसके स्व–घोषित शीर्षक के योग्य है।

ऐतिहासिक तौर पर यह यूनानियों, रोमनों एवं अरबों के साथ मसालों के व्यापार का एक महत्वपूर्ण केन्द्र रहा है, केरल के आकर्षण इसके प्राकृतिक आनंदों तक ही सीमित नहीं रहे हैं। यह भारत की सर्वाधिक जीवन–प्रत्याशा तथा न्यूनतम शिशु मृत्युदर को बढ़ावा देता है तथा 90 प्रतिशत से भी अधिक की साक्षरता दर के साथ देश में इसका मानव विकास सूचकांक सबसे ऊपर है।

राज्य की विशिष्ट सामाजिक एवं राजनीतिक परिस्थितियाँ भी उच्च शिक्षा तथा विकास में इसकी भूमिका से सम्बन्धित कुछ दिलचस्प अध्याय प्रस्तुत करती हैं।

3.10 करोड़ की आबादी के साथ केरल में भारतीय मानकों के अनुसार एक असाधारण धार्मिक मिश्रण मौजूद है–20 प्रतिशत ईसाई हैं, एक–चौथाई मुसलमान तथा आधे लोग हिन्दू हैं। और यद्यपि कि अमीर तो नहीं फिर भी 2008–09 में सकल घरेलू उत्पाद (जीडीपी) के मामले में यह 28 भारतीय राज्यों मे से 9वीं पायदान पर था, और किसी भी दृष्टिकोण से यह शिक्षा के अर्थों में भारत का सर्वाधिक उन्नत राज्य है।

इसकी 98 प्रतिशत आबादी के पास उनके घरों से 2 किमी. की दूरी के अंदर प्राथमिक स्कूल उपलब्ध हैं, तथा प्राथमिक एवं माध्यमिक शिक्षा निःशुल्क है। स्कूल पास करने वाले 18 प्रतिशत लोग आगे की शिक्षा की ओर बढ़ जाते हैं, जो भारत के औसत का दोगुना है तथा तीव्र गति से विकसित हो रहे चीन के लगभग बराबर है, तथा उच्च शिक्षा हेतु नामांकनों में महिलाएं 60 प्रतिशत से भी अधिक का गठन करती हैं, जो भारत में सर्वाधिक है।

राजनीतिक रूप से भी केरल विशिष्ट है। यह संपूर्ण विश्व में उन पहले राज्यों में से एक है जिसने साम्यवादियों को सत्ता प्रदान की थी, तथा इसकी वर्तमान सरकार भारतीय कम्युनिस्ट पार्टी (मार्क्सवादी) के प्रभुत्व वाली एक गठबंधन सरकार है। साम्यवादी, जो 1956 में राज्य के गठित होने के बाद से प्रायः सत्ता में बने रहे हैं, ने इसके समाज को आकार प्रदान करने में एक प्रमुख भूमिका निभाई है। पूर्व में, वे

अर्थपूर्ण भूमि सुधार लागू करने में सफल रहे थे और उनकी नीतियों के द्वारा सामाजिक सेवाओं, शिक्षा तथा आय के पुनर्वितरण पर बल दिया गया था।

दर्जन भर समाचारपत्रों के साथ एक सक्रिय मीडिया, बहस को जीवंत रखता है तथा पारदर्शिता के साथ–साथ सरकार में एक उच्च स्तरीय (भारतीय स्तरों के अनुसार) ईमानदारी को प्रोत्साहित करने में मदद करता है। श्रमसंघ की सदस्यता व्यापक है, जिसमें विश्वविद्यालय एवं कॉलेज शिक्षकों से लेकर छात्र तथा परिसर के कर्मचारी तक शामिल हैं। एक उप–कुलपति ने कहा कि उनके काम का एक बड़ा भाग है श्रमसंघ पर निगाह रखना और उनके साथ परामर्श करते रहना।

अमीर और गरीब के बीच की विशाल खाईं, जो भारत तथा अधिकांश विकासशील विश्व में बहुत सुस्पष्ट है, केरल में कम दिखाई देती है जहाँ भ्रष्टाचार कम स्थानिक है तथा समाज अधिक स्थिर है।

शायद उद्यमियों की सुगठित श्रमसंघों सम्बन्धी चिंताओं के कारण जहाँ राज्य ने "औद्योगिक क्रांति" के अवसर को गवाँ दिया है, वहीं इसका यह अर्थ भी रहा है कि केरल सामान्यतः उस प्रदूषण से बच गया है जो सामान्यतौर पर उद्योग के साथ प्रकट होता है, तथा इसे पर्यटन के सभी लाभ प्राप्त हो गए हैं।

विशाल सेवा क्षेत्र को संतुलित करने हेतु इसका आर्थिक आधार (प्रमुखतौर पर कृषि एवं मछली का शिकार–बहुत सशक्त नहीं है) तथा राज्य खाड़ी के देशों, विशेषतौर पर संयुक्त अरब अमीरात एवं सउदी अरब में श्रमिकों द्वारा अपने घरों को भेजी जाने वाली धनराशियों पर अधिक निर्भर रहा है। ये प्रेषण राज्य के सकल घरेलू उत्पाद के लगभग एक–चौथाई के बराबर रहे हैं। आर्थिक असंतुलन को दूर करने हेतु नीति–निर्माता भारत के बढ़ते हुए सूचना–प्रौद्योगिकी क्षेत्र में केरल के आकर्षण में वृद्धि करने हेतु उच्च शिक्षा पर दृष्टि डाल रहे हैं।

राज्य द्वारा शीघ्र शुरुआत 1990 में ही कर दी गई थी जब भारत का पहला प्रौद्योगिकी पार्क इसकी राजधानी थिरुअनंतपुरम में स्थापित किया गया था, किन्तु फिर बंगलौर देश की सिलिकॉन वैली बनने में इससे आगे निकल गया, और केरल इसकी बराबरी करने हेतु संघर्ष करता रहा है।

भारतीय संदर्भ में उच्च शिक्षा के प्रति केरल का दृष्टिकोण विशिष्ट है। इसके अधिकांश उच्च शिक्षा संस्थानों का निरीक्षण एवं वित्तपोषण एक समय पर राज्य सरकार द्वारा किया जाता था, किन्तु गत दशक के दौरान संसाधनों एवं बजट की कमियों ने महत्वपूर्ण परिवर्तन उत्पन्न कर दिए हैं।

केरल विश्वविद्यालय राज्य का अग्रणी संस्थान है, किन्तु, अपने समतावादी दर्शन को कायम रखते हुए राज्य सरकार ने अपने विश्वविद्यालयों के माध्यम से पर्याप्त समानतापूर्ण समर्थन प्रदान किया है। परिणामस्वरूप, सापेक्षिकतौर पर कुछ लोग ही राष्ट्रीय अथवा अंतर्राष्ट्रीय प्रमुखता हासिल कर सके हैं।

एक अपवाद है कोचीन विज्ञान एवं प्रौद्योगिकी विश्वविद्यालय। एक समय पर, केन्द्रीय मानव संसाधन विकास मंत्रालय के द्वारा इस विश्वविद्यालय की उत्कृष्टता को मान्यता प्रदान की गई थी और इसे एक भारतीय प्रौद्योगिकी संस्थान बनने हेतु उन्नयन का समर्थन करते हुए इसे भारतीय संसद के द्वारा राष्ट्रीय महत्व के उन 16 संस्थानों के समूह में शामिल किया गया था जिन्हें भारतीय प्रौद्योगिकी संस्थान बनाने की घोषणा की गई थी। हालांकि, अंततः यह योजना राज्य के अंदर से उत्पन्न विरोध के कारण ठप हो गई।

अन्य प्रमुख संस्थानों में शामिल हैं भारतीय अंतरिक्ष विज्ञान एवं प्रौद्योगिकी संस्थान, जिसकी स्थापना केन्द्र सरकार द्वारा केरल की राजधानी में हाल ही में की गई है। श्री चित्रा तिरुनल आयुर्विज्ञान एवं प्रौद्योगिकी संस्थान, जो पोस्ट–डॉक्टोरल एवं परास्नातक चिकित्सा पाठ्यक्रम प्रस्तावित करता है, तथा भारतीय विज्ञान शिक्षण एवं अनुसंधान संस्थान, जो दोनों ही थिरुअनंतपुरम में स्थित हैं, भी राष्ट्रीय स्तर के प्रख्यात संस्थान हैं।

यदि राज्य में एक विश्व–स्तरीय वैज्ञानिक संस्थान स्थापित करने हेतु इन उच्च–गुणवत्तायुक्त संस्थानों को घनिष्ठ रूप से सम्बद्ध अथवा परस्पर विलय कर दिया जाए तो केरल के लिए बहुत उपयुक्त होगा।

इसी बीच, भारत की केन्द्र सरकार ने प्रतिबद्धता व्यक्त की है कि इसके सभी राज्यों में कम–से–कम एक केन्द्रीय विश्वविद्यालय स्थापित किया जाएगा। यह अपेक्षाकृत एक अधिक उत्तरी केरल में निर्जन स्थान पर एक संस्थान स्थापित करने का प्रस्ताव कर रही है, एक ऐसा प्रस्ताव जिसने राज्य के उच्च शिक्षा विशेषज्ञों को बौखला दिया है क्योंकि इसकी संभावना बहुत कम है कि अकादमिक अथवा शहरी केन्द्रों से इतनी दूरी पर बसाया गया कोई भी संस्थान सफल हो सके।

भारत के पास एक सु–स्थापित ''सम्बद्धता'' प्रणाली है जो स्नातक कॉलेजों को केन्द्रीय विश्वविद्यालयों से जोड़ती है, जो ऐसे अनेक नियमों को लागू एवं उनकी निगरानी करते हैं जो परीक्षाओं हेतु उत्तरदायी होते हैं।

1937 में स्थापित केरल विश्वविद्यालय के द्वारा 198 कॉलेजों को सम्बद्ध किया गया है जिसमें लगभग 1 लाख छात्रों को प्रवेश प्राप्त है।

कॉलेज व्यापकतौर पर बिखरे हुए हैं तथा उनमें से अधिकांश निजी हैं, जिनका प्रबंधन अनेक प्रकार के धार्मिक, सामाजिक तथा गैर–लाभार्जक संगठनों के द्वारा किया जाता है। उनमें से कुछ आंशिक तौर पर राज्य सरकार द्वारा वित्तपोषित हैं, तथा उनमें बेहतर सुविधाएं उपलब्ध होने की प्रवृत्ति मौजूद है।

लेकिन हाल के वर्षों में सरकारी वित्तपोषण से बचते हुए कई निजी कॉलेज सामने आए हैं और उनके द्वारा अधिक संख्या में व्यावसायिक रूप से उन्मुख पाठ्यक्रम प्रस्तुत किए गए हैं।

इस प्रवृत्ति ने विश्वविद्यालयों के लिए ऐसा सिरदर्द उत्पन्न कर दिया है जिसका सम्बन्ध प्रश्नयोग्य गुणवत्ता वाले कॉलेजों को सम्बद्धता प्रदान किए जाने से है।

केरल के लगभग आधे सम्बद्ध कॉलेजों का नियंत्रण निजी प्रबंधनों के द्वारा किया जाता है जो विशेषतौर पर ईसाई अथवा मुस्लिम समुदायों द्वारा प्रायोजित हैं। अधिकांश कॉलेजों में सुविधाएं अंतर्राष्ट्रीय स्तरों से काफी नीची हैं, प्रायः इनकी प्रयोगशालाएं पुरानी तथा सूचना–तकनीक सुविधाएं अल्पविकसित हैं तथा पुस्तकालय अपर्याप्त हैं।

जहाँ कला एवं विज्ञान के अनेक स्नातक कॉलेज–जैसे राज्य की राजधानी में यूनिवर्सिटी कॉलेज अथवा कोच्चि में महाराजा का कॉलेज–प्रतिभावान छात्रों को आकर्षित करने में सक्षम हैं वहीं सुविधाएं अंतर्राष्ट्रीय स्तर से कोसों दूर हैं।

अधिकांश महत्वाकांक्षी छात्र इंजीनियरिंग, चिकित्सा एवं व्यवसाय जैसे पेशेवर पाठ्यक्रम चुनते हैं। वर्तमान समय में केरल में 96 इंजीनियरिंग कॉलेज हैं। उनमें से लगभग 90 प्रतिशत के द्वारा संचालन गत दशक के ही दौरान प्रारंभ किया गया है, तथा मात्र 11 ही सरकार द्वारा प्रायोजित हैं।

राज्य में प्रदान की जा रही उच्च शिक्षा की गुणवत्ता में सुधार के लिए केरल द्वारा हाल ही में राष्ट्रीय अधिकारियों द्वारा सिफारिश किए गए कुछ सुधारों को लागू

कर दिया गया है। बेहतर अधिगम के लक्ष्य वाले इन महत्वपूर्ण परिवर्तनों में एक अर्द्धवार्षिक प्रणाली लागू करना, पाठ्यक्रम को पुनर्गठित करना तथा पाठ्यक्रम शिक्षण एवं मूल्यांकन में सुधार करना शामिल हैं। पाठ्यक्रम से और अधिक कठोर रूप से सम्बद्ध विषयवस्तुओं में प्रायः ली जाने वाली परीक्षाओं एवं सम्बद्ध मूल्यांकनों द्वारा स्नातक परीक्षाओं में सुधार किया गया है।

इन परिवर्तनों के साथ–साथ केरल ने राज्य सरकार को परामर्श प्रदान करने, उच्च शिक्षा सम्बन्धी मुद्दों में शोध संपन्न करने तथा चर्चा के एक मंच के रूप में सेवा प्रदान करने हेतु एक उच्च शिक्षा परिषद् का गठन किया है। इसके पास सुधारों को लागू करने का अधिकार नहीं है किन्तु यह सरकार तथा विश्वविद्यालयों को सिफारिश कर सकती है।

नए निजी कॉलेजों एवं विशेषज्ञताप्राप्त परास्नातक संस्थानों का तीव्र एवं अनियंत्रित गति से होने वाला विस्तार केरल के लिए एक मिलाजुला वरदान रहा है। यद्यपि वे अधिक पहुँच सम्बन्धी माँग की पूर्ति कर रहे हैं, तथापि अनेक की गुणवत्ता संदिग्ध है, वे गुणवत्ता नियंत्रण के हाशिए पर कार्य कर रहे हैं तथा व्यापक तौर पर लाभ अर्जित करने के उद्देश्य से संचालित किए जा रहे हैं। वे प्रबंधन, सूचना–प्रौद्योगिकी तथा सम्बद्ध प्रौद्योगिकी क्षेत्रों में ही सेवा प्रदान करते हैं। इनमें कुछ चिकित्सा कॉलेज भी हैं। पर्याप्त असंतोष प्रदर्शन के बावजूद भी इन संस्थानों को नियंत्रित किए जाने के लिए बहुत ही कम कार्यवाही की गई है।

भारत के सभी क्षेत्रों की तरह ही विश्वविद्यालय से सम्बद्ध अनेक कॉलेजों की पर्याप्त निगरानी किए जाने की आवश्यकता है किन्तु इसी के साथ–साथ नए कार्यक्रमों को प्रारंभ करने तथा एक स्तर तक की स्वायत्तता हासिल करने की छूट की अनुमति भी है।

संभवतः किसी उच्च शिक्षा परिषद् अथवा किसी अन्य सरकारी निकाय द्वारा देखरेख की जाने वाली एक प्रभावी मान्यता प्रणाली विश्वविद्यालयों के बोझ को कुछ कम करते हुए गुणवत्ता के एक बुनियादी स्तर को लागू कर सकती है।

इसी के साथ–साथ, प्राथमिक तथा माध्यमिक शिक्षण की विविधतापूर्ण गुणवत्ता के कारण इस प्रणाली में एक मंदगति वाली असमानता उत्पन्न हो चुकी है।

केरल में चिकित्सा एवं इंजीनियरिंग कॉलेजों में प्रवेश व्यापकतौर पर प्रवेश परीक्षाओं पर आधारित हैं।

केन्द्रीय माध्यमिक शिक्षा परिषद् (सीबीएसई) अथवा भारतीय स्कूल प्रमाणपत्र परीक्षा परिषद् (सीआईएससीई) के साथ सम्बद्ध स्कूलों के छात्र, जो मुख्यतः गैर–सहायताप्राप्त, लाभार्जक स्कूलों से हैं, के पास परीक्षाओं में अधिक प्राप्तांक हासिल करने के बेहतर अवसर उपलब्ध हैं।

कुल छात्रों में ऐसे स्कूलों की छात्रसंख्या 20 प्रतिशत की है। उनमें से जो पेशेवर पाठ्यक्रमों की प्रवेश परीक्षाओं में सफल होते हैं, वे अधिकांशतः समाज के ऐसे मध्य एवं उच्चस्तरीय परिवारों से आते हैं, जिनमें माता–पिता के पास अपने बच्चों को प्रवेश–कोचिंग केन्द्रों में भेजने के साधन उपलब्ध होते हैं।

इसी के साथ–साथ, पसंद केरल की उच्च शिक्षा प्रणाली की एक महत्वपूर्ण विशेषता बन चुकी है। प्रतीत होता है कि छात्र तथा माता–पिता अकादमिक पसंद और करियर के बीच की अविभाज्य कड़ी के प्रति अत्यधिक जागरूक हैं। इस आकांक्षी मध्यवर्ग के उद्भव का परिणाम रहा है राज्य से बढ़ती हुई संख्या में छात्रों का अध्ययन के लिए विदेश गमन।

केरल भारतीय मानकों के अनुसार अपनी आबादी के एक उल्लेखनीय रूप से बड़े भाग को शांतिपूर्वक स्वीकार्य–गुणवत्तायुक्त उच्च शिक्षा प्रदान करता रहा है। जहाँ हाल के वर्षों में इसके द्वारा अनेक अर्थपूर्ण सुधारों को लागू किया जा चुका है, वहीं उच्च शिक्षा का मुद्दा राज्य सरकार तथा जनता के लिए चिंता का एक विषय बना रहा है। इस प्रणाली में आगे के सुधारों के लिए कुछ नीतिगत पहलें उपयोगी हो सकती हैं।

राज्य के उच्च शिक्षा संस्थान गुणवत्ता, ध्यान–केन्द्रण एवं निधिकरण में व्यापक तौर पर एकसमान हैं। यहाँ उल्लिखित कुछ अपवादों के साथ उनमें से कोई भी राज्य के अंदर अथवा राष्ट्रीय स्तर पर उत्कृष्ट नहीं सिद्ध होता।

एक वृहद् उच्च शिक्षा प्रणाली को विभेदीकृत होने की आवश्यकता होती है; इसे विभिन्न अभियानों पर विभिन्नतापूर्ण शक्ति सहित ध्यानकेन्द्रित संस्थानों को समर्थन करने वाले अनेक प्रकार के निधिकरण की आवश्यकता है।

केरल को कम–से–कम एक विश्वस्तरीय विश्वविद्यालय की आवश्यकता है–एक ऐसा संस्थान जो राज्य में सर्वश्रेष्ठ छात्रों को आकर्षित कर सकता हो, भारत के शीर्ष विश्वविद्यालयों में से एक के रूप में पहचाना जा सकता हो, तथा अंतर्राष्ट्रीय ख्याति निर्मित कर सकता हो। केरल की शक्तिशाली समतावादी परंपराओं को ध्यान में रखते हुए इसे हासिल करना सहज नहीं होगा, किन्तु यह आवश्यक है। संभवतः राजधानी स्थित उच्च–स्तरीय वैज्ञानिक संस्थानों तथा कोचीन विज्ञान एवं प्रौद्योगिकी विश्वविद्यालय का विलय किए जाने के द्वारा केरल विश्वविद्यालय एक स्वाभाविक पसंद हो सकती है, ताकि यह राज्य का प्रमुख केन्द्र बन सके।

इसका यह अर्थ नहीं है कि अन्य विश्वविद्यालयों की उपेक्षा की जाएगी। उनमें से कुछ अपने विशिष्ट क्षेत्रों में शिक्षण पर ध्यान केन्द्रित करेंगे, जबकि कुछ, जो संभवतः विज्ञान एवं प्रौद्योगिकी में विशेषज्ञता संपन्न हैं, कुछ शोध अभियानों को अपने पास बनाए रखेंगे।

केरल के विश्वविद्यालयों में राज्य को ज्ञानयुग में ले जाने हेतु अच्छी शुरुआत करने की क्षमता मौजूद है। वे सूचना प्रौद्योगिकी तथा अन्य ज्ञान आधारित उद्योगों में कार्य करने हेतु तत्पर पेशेवर लोगों की नई पीढ़ी के लिए आवश्यक प्रशिक्षण प्रदान कर सकते हैं।

हालांकि, केरल की शुरुआत में बिलंब हो रहा है। उदाहरणार्थ, बंगलौर इससे कहीं आगे है, किन्तु केरल के पास कठोर परिश्रम की एक परंपरा तथा सहयोग की क्षमता के साथ एक सुशिक्षित कार्यबल के लाभ उपलब्ध हैं। इंजीनियरिंग शिक्षा की गुणवत्ता में सुधार भी एक महत्वपूर्ण कदम होगा।

सूचना–प्रौद्योगिकी कंपनियों का अनुमान है कि भारत के इंजीनियरिंग स्नातकों में से मात्र 20 प्रतिशत को ही तुरंत काम पर लगाया जा सकता है; शेष को अतिरिक्त प्रशिक्षण की आवश्यकता होती है। यदि केरल ऐसे इंजीनियरों को प्रशिक्षित कर सके जिन्हें आगे महँगी शिक्षा की आवश्यकता न हो, तो यह राज्य में उच्च–प्रौद्योगिकी संस्थाओं को आकर्षित करने की अपनी क्षमता में वृद्धि कर लेगा। ये स्नातक अंतर्राष्ट्रीय रोजगार बाजार में भी प्रतिस्पर्धी बन जाएंगे।

केरल की उच्च शिक्षा प्रणाली का विस्तार होना जारी रहेगा, यद्यपि केरल की प्रभावशाली पहुँच दरों के कारण भारत के अन्य भागों की अपेक्षा इसपर पड़ने वाले दबाव कम हो सकते हैं।

प्रणाली के संगठन पर सावधानीपूर्ण ध्यान दिए जाने की आवश्यकता है। कम–से–कम एक विश्वविद्यालय को एक शोध–प्रधान संस्थान में परिवर्तित करने के लिए अतिरिक्त निधियों की आवश्यकता है, जबकि इसी के साथ–साथ एक बेहतर परिभाषित, विभेदीकृत उच्च शिक्षा प्रणाली को समर्थन दिया जाना भी आवश्यक है।

14

मंदिर एवं विश्वस्तरीय विश्वविद्यालय

The Hindu
July 20, 2011
p. 11

फ़िलिप जी. अल्ट्बाख़

यह कोई नियमित घटना नहीं है कि एक हिन्दू मन्दिर, अथवा किसी अन्य स्थान में 22 अरब डॉलर (लगभग 98,000 करोड़ रुपए) का खजाना तहखाने में दफन होगा। अब, जबकि भारतीय राज्य केरल के थिरुअनंतपुरम में श्री पद्मनाभस्वामी मंदिर के पास यह अप्रत्याशित लाभ उपलब्ध है, हर कोई यह सुझाव दे रहा है कि इस खजाने का उपयोग कैसे करना चाहिए। एक सुझाव यहाँ भी है: भारत का सर्वप्रथम वास्तविक विश्वस्तरीय विश्वविद्यालय स्थापित किया जाए, जो भारत तथा केरल राज्य के प्रति तथा संस्कृति, विज्ञान एवं सभ्यता को विकसित करने के मिशन का साथ देने में एक सच्चा योगदान करेगा।

आश्चर्यपूर्वक, अपनी तीव्रगति से विकसित हो रही अर्थव्यवस्था और बौद्धिक उत्कृष्टता की लंबी परंपराओं के बावजूद भारत के पास कोई विश्वस्तरीय विश्वविद्यालय उपलब्ध नहीं है–कोई भी मौजूदा विश्वविद्यालय अंतर्राष्ट्रीय श्रेणियों तथा संस्थानों में शिखर पर मौजूद नहीं है। मात्र भारतीय प्रौद्योगिकी संस्थान (आईआईटी) तथा भारतीय प्रबंधन संस्थान (आईआईएम) ही सुविख्यात हैं, किन्तु वे विश्वविद्यालय नहीं हैं। एक विश्वस्तरीय विश्वविद्यालय को स्थापित करने में बहुत अधिक धन नहीं लगेगा, और निश्चित रूप से धार्मिक एवं ऐतिहासिक मूल्यों वाली समस्त धरोहरों की सुरक्षा करना भी अनिवार्य है–एक ऐसे संग्रहालय में जो विश्वविद्यालय से सम्बद्ध हो। शायद 20 करोड़ डॉलर (लगभग 900 करोड़ रुपए) का उपयोग त्रावणकोर राज्य की भूतपूर्व राजधानी थिरुअनंतपुरम में एक शीर्ष–स्तरीय परिसर के निर्माण के लिए किया जा सकता है–तथा 8 अरब डॉलर (लगभग 35,000 करोड़ रुपए) की एक अन्य धनराशि को एक ऐसी विशिष्ट प्रयोजन निधि में अलग रखा जा सकता है जो विश्वविद्यालय के संचालन के लिए वार्षिक तौर पर (7 प्रतिशत वार्षिक ब्याज दर पर) कम–से–कम 56 करोड़ डॉलर (2,500 करोड़ रुपए) की आय उपलब्ध करा देगी। इस प्रकार मंदिर की वर्तमान अनुमानित संपदा का आधे से भी अधिक भाग अन्य प्रयोजनों के लिए सुरक्षित रहेगा अथवा व्यय किया जा सकेगा।

अनेकों प्रयोजनों की पूर्ति

श्री पद्मनाभस्वामी विश्वविद्यालय एक साथ कई महत्वपूर्ण प्रयोजनों की पूर्ति करेगा। एक विश्वस्तरीय संस्थान भारत तथा विकासशील विश्व के लिए उच्च शिक्षा का एक मॉडल प्रदान करेगा। विश्वविद्यालय केरल की अर्थव्यवस्था में योगदान करेगा

तथा वास्तव में कई क्षेत्रों, जैसे सूचना प्रौद्योगिकी तथा जैवप्रौद्योगिकी में अकस्मात शुरुआत करेगा।

केरल विश्वस्तरीय विश्वविद्यालय के लिए एक आदर्श स्थान है। स्वयं को "ईश्वर का अपना देश" कहने हेतु इसके पास वैध कारण मौजूद हैं। यहाँ एक खुशनुमा एवं हरेभरे पर्यावरण तथा शानदार बुनियादी ढाँचे का संगम मौजूद है, तथा भारत के अन्य स्थानों के समाजों में पाए जाने वाले अनेकों तनाव यहाँ अनुपस्थित हैं। खाड़ी के माध्यम से राज्य का शेष विश्व के साथ अच्छा संपर्क है। केरल की साक्षरता सार्वभौमिक है, तथा 18 प्रतिशत युवाओं के पास उच्च शिक्षा तक पहुँच उपलब्ध है–जो भारतीय औसत का दोगुना है।

केरल का विश्वस्तरीय विश्वविद्यालय कैसा दिखेगा?

इसके पीछे निहित विचार भी उतने ही महत्वपूर्ण हैं जितना किसी शीर्ष विश्वविद्यालय का वित्तपोषण करना। वास्तव में श्री पद्मनाभस्वामी विश्वविद्यालय हर मामले में अ–भारतीय होगा। यह न तो सार्वजनिक होगा और न ही निजी बल्कि यह कहीं स्वतंत्र होगा और एक सार्वजनिक न्यास द्वारा नियंत्रित होगा जिसका सम्बन्ध मंदिर तथा केरल की सिविल सोसाइटी से होगा। इसके नियंत्रक न्यासियों का चयन इन समूहों में से किया जाएगा तथा इसमें कुछ अतिविशिष्ट अंतर्राष्ट्रीय शिक्षाविदों के साथ त्रावणकोर राजपरिवार के सर्वाधिक वरिष्ठ सदस्य शामिल होंगे। अमेरिका के महान निजी विश्वविद्यालयों के समान ही श्री पद्मनाभस्वामी विश्वविद्यालय के पास एक स्वतंत्र न्यासी परिषद् होगी। इसके निधिकरण को इसके धर्मादा से सुनिश्चित किया जाएगा, यद्यपि उन छात्रों से शिक्षण–शुल्क लिया जाएगा जो इसे वहन कर सकते हैं, तथा शोध अनुबंधों के द्वारा भी आय अर्जित की जा सकती है। अतिरिक्त परोपकारिता को प्रोत्साहित किया जाएगा। विश्वविद्यालय उस राजनीति एवं नौकरशाही से मुक्त रहेगा जो भारत के सार्वजनिक विश्वविद्यालयों का गला घोंट रहीं हैं। और यह लाभार्जक–उद्देश्यों अथवा ऐसे व्यवसायी शहनशाहों की स्वेच्छाचारिता से मुक्त रहेगा जो कुछ नए निजी विश्वविद्यालयों का नियंत्रण संभाल रहे हैं। विश्वविद्यालय अपने दृष्टिकोण और परिधि में अंतर्राष्ट्रीय होगा। देश तथा संपूर्ण विश्व से प्रोफेसरों और छात्रों को शामिल किया जाएगा। विश्वविद्यालय का धर्मादा, वेतनों तथा छात्रवृत्तियों दोनों का वित्तपोषण करेगा, जबकि संभव है कि यह अमेरिका अथवा यूरोप के अमीर विश्वविद्यालयों का मुकाबला न कर पाने के बावजूद आकर्षक बना रहे।

पाठ्यक्रम तथा ध्यानकेन्द्रण जागरूकतापूर्वक अंतर्राष्ट्रीय रहेगा। इसी के साथ–साथ, विश्वविद्यालय केरल, दक्षिण भारत तथा उपमहाद्वीप के मुद्दों पर जोर देगा। संपूर्ण विश्व में हाल ही में विश्वस्तरीय संस्थानों की स्थापना हेतु किए गए प्रयासों के समान श्री पद्मनाभस्वामी विश्वविद्यालय मात्र विज्ञान पर ही ध्यान नहीं केन्द्रित करेगा। यह एक सर्वग्राही विश्वविद्यालय होगा जो उन क्षेत्रों का चयन करेगा जिनमें यह उत्कृष्टता हासिल कर सकता हो। राज्य एवं क्षेत्र की अर्थव्यवस्था के प्रति स्पष्ट महत्व वाले कुछ विषयों, जिनमें सूचना प्रौद्योगिकी, कृषि के कुछ क्षेत्र तथा शायद जैवप्रौद्योगिकी के कुछ क्षेत्र शामिल हैं, को अपनाया जाएगा। मंदिर के साथ विश्वविद्यालय के सम्बन्ध के कारण यह हिन्दू धर्म और भारतीय धर्मों के अध्ययन में विश्व का शीर्ष विश्वविद्यालय बनने का उद्देश्य रखेगा; और चूंकि यह केरल में स्थित होगा, जिसकी अधिकांश आबादी हिन्दुओं, मुसलमानों तथा ईसाइयों की है, अतः यह एक अंतरधार्मिक संवाद को जन्म दे

सकता है। यह विश्वविद्यालय इतिहास, कला, तथा केरल एवं दक्षिण भारत के समाज पर भी ध्यान केन्द्रित करेगा। केन्द्र बिन्दु का चयन सावधानीपूर्वक किया जाएगा, तथा संकाय की शक्ति का निर्माण जानबूझकर सामरिक शक्ति तथा विशिष्टता उत्पन्न करने हेतु किया जाएगा।

विश्वस्तरीय विश्वविद्यालय का प्रशासन एवं प्रबंधन

प्रशासन किसी भी विश्वविद्यालय का केन्द्र बिन्दु होता है। श्री पद्मनाभस्वामी विश्वविद्यालय के शिक्षकों को अकादमिक निर्णयों में प्रमुख भूमिका प्रदान की जानी चाहिए। इसी के साथ, विश्वस्तरीय विश्वविद्यालयों का प्रभावी प्रबंधन करना आवश्यक है, तथा विश्वविद्यालय के शीर्ष नेतृत्वकर्ताओं के पास रणनीतिक निर्णयों पर महत्वपूर्ण नियंत्रण उपलब्ध होना चाहिए। विश्वविद्यालय के उप–कुलपति, डीन, तथा अन्य प्रमुख नेतृत्वकर्ताओं का चयन उनकी प्रतिभा तथा नेतृत्व क्षमता के आधार पर करना चाहिए–न कि निजी संपर्कों के आधार पर।

प्रतिभा–आधारित

विश्वविद्यालय का एक पूर्णतः प्रतिभा–आधारित संस्थान होना अनिवार्य है। शिक्षक एवं छात्र दोनों के ही चयन उनकी अकादमिक गुणवत्ता द्वारा किए जाने चाहिए। एक बार नियुक्त कर दिए जाने पर शिक्षकों का उनके शिक्षणकार्य तथा स्थाई नियुक्ति प्रदान किए जाने के पूर्व कई वर्षों की अवधि में किए गए शोधकार्यों के आधार पर सावधानीपूर्वक मूल्यांकन करना चाहिए। छात्रों का चयन प्रतिभा के आधार पर तथा आरक्षण प्रणाली की कठोर बाधाओं के बिना करना चाहिए–यद्यपि वंचित समूहों के योग्य छात्रों को कुछ विशेष रियायत दी जा सकती है–और उन्हें छात्रवृत्ति के साथ–साथ आर्थिक सहायता एवं अकादमिक सहयोग प्रदान किया जा सकता है।

सर्वश्रेष्ठ अंतर्राष्ट्रीय व्यवहारों का उपयोग करते हुए तथा एक अंतर्राष्ट्रीय संदर्भ में केरल एवं दक्षिण भारत की आवश्यकताओं पर ध्यान केन्द्रित करते हुए केरल के पद्मनाभस्वामी मंदिर के अद्वितीय संसाधनों में से कुछ के साथ भारत के पास एक विश्वस्तरीय विश्वविद्यालय स्थापित करने का एक अनूठा अवसर उपलब्ध है। किसी भी नौकरशाही व्यवस्था की बाधाओं से मुक्त एक विश्वस्तरीय विश्वविद्यालय स्थापित करने का यह अवसर अनूठा है। उच्च शिक्षा केरल की परंपराओं में निहित रही है, और एक सुवित्तपोषित विश्वविद्यालय के लिए राज्य एक तर्कसंगत स्थान है, जो नई दिल्ली के विकर्षणों और राजनीति से बहुत दूर है।

15

सही संकल्पना, गलत स्थान

The Hindu
July 5, 2012

फ़िलिप जी. अल्ट्बाख़

भारत की केन्द्र तथा बिहार सरकार पूर्वी एशियाई शिखर सम्मेलन के सहयोग से 6ठीं शताब्दी के नालन्दा विश्वविद्यालय को उत्तर बिहार में इसके मौलिक स्थान पर पुनर्जीवित कर रहे हैं। इस परियोजना के लिए एक बड़ी धनराशि निर्धारित की गई है, और इसकी योजना निर्माणाधीन है। निश्चित रूप से, प्राचीन भारत के एक सच्चे सांस्कृतिक एवं बौद्धिक खजाने को आधुनिक वेशभूषा में दोबारा से पुनर्निमित करने की संकल्पना शानदार है। विश्वविद्यालय से सम्बन्धित योजना मानवविज्ञान, सामाजिक विज्ञानों, पारिस्थितिकी विज्ञान, तथा व्यावसायिक अध्ययनों पर ध्यान केन्द्रित करती है—न कि सामान्यतः इंजीनियरिंग एवं प्रौद्योगिकी पर दिए जा रहे जोर पर। किन्तु कुछ गंभीर व्यावहारिक एवं संकल्पनात्मक प्रश्नों को पूछे जाने की आवश्यकता है।

स्थान, स्थान

अकादमिक संस्थान के स्थान का महत्व प्रमुख होता है। नालन्दा अंतर्राष्ट्रीय विश्वविद्यालय, जो भारत तथा संपूर्ण विश्व से सर्वश्रेष्ठ तथा प्रतिभावान लोगों को आकर्षित करने की इच्छा रखता है, के लिए स्थान विशेषतौर पर प्रासंगिक है। क्या शीर्षस्थ छात्र एवं शिक्षक ग्रामीण बिहार की ओर आकर्षित होने वाले हैं? दुर्भाग्यवश, शायद यह विकल्प संभव नहीं है। सर्वश्रेष्ठ मस्तिष्क बौद्धिक, सांस्कृतिक, तथा राजनीतिक जीवन के केन्द्र में बने रहना चाहते हैं। वे अपने समकक्षों के साथ सहजतापूर्वक घुलना—मिलना चाहते हैं तथा सहज यात्रा संपर्कों को मूल्यवान मानते हैं। इंटरनेट विद्वत्तापूर्ण संवादों में सहायता तो करता है, किन्तु यह मानवीय सहक्रियाओं का स्थान कदापि नहीं ले सकता। वे सुविधाओं को मूल्य प्रदान करते हैं, न केवल अच्छे पुस्तकालयों और प्रयोगशालाओं को, बल्कि कला संग्रहालयों को भी और यहाँ तक कि आकर्षक रेस्तराओं एवं कॉफ़ीहाउसों की एक श्रृंखला को भी।

भारत तथा अन्य स्थानों पर हाल के दशक में किए गए अनुभव यह रहे हैं कि केन्द्रों से अत्यधिक दूरी पर शीर्ष संस्थानों का निर्माण करना कठिन कार्य है। मूल भारतीय प्रौद्योगिकी संस्थानों (आईआईटी) में से अनेक को प्रमुख शहरी केन्द्रों के अंदर नहीं वरन् निकट स्थापित किया गया था। अतः, एक परिसर के निर्माण किए जाने हेतु गुंजाइश थी, जबकि उसी समय पर एक व्यापक बौद्धिक समुदाय तथा शहरी केन्द्र तक सहज पहुँच सापेक्षिक रूप से कम थी। कुछ नए केन्द्रीय विश्वविद्यालय तथा कुछ नए आईआईटी भी शहरों तथा समुदायों से पर्याप्त दूरी पर स्थित हैं और सर्वश्रेष्ठ शिक्षकों तथा छात्रों को आकर्षित कर पाने में कठिनाई का अनुभव कर रहे हैं।

हाल ही में स्थापित किए गए "ग्रीन फील्ड" अकादमिक संस्थानों के कुछ उदाहरण भी मौजूद हैं। निःसंदेहात्मक रूप से इनमें से सबसे महँगा है किंग अब्दुल्ला विज्ञान एवं प्रौद्योगिकी विश्वविद्यालय (केएयूएसटी), जो सउदी अरब के जद्दाह में स्थित है। एक बड़े शहर के निकट स्थित होने, कई अरब डॉलर के धर्मादा का लाभ प्राप्त करने तथा एक असीमित निर्माण बजट एवं विदेशों के शीर्ष विश्वविद्यालयों के साथ सम्बन्धित होने के बावजूद इसकी सफलता सुनिश्चित नहीं है। सर्वश्रेष्ठ शिक्षकों को सउदी अरब की ओर लुभाया जाना सरल कार्य नहीं है। यह महत्वपूर्ण है कि किंग अब्दुल्ला, जिन्होंने विश्वविद्यालय की स्थापना की है, ने इसे इसके अपने बजट तथा धर्मादा के साथ सउदी सरकार से पृथक रखा है। वह नए संस्थान को सरकारी नौकरशाही में उलझने नहीं देना चाहते। यह उदाहरण भारत के लिए कुछ प्रांसगिक हो सकता है।

दूसरी ओर, पोस्टेक (POSTECH), अर्थात् पोहांग विज्ञान एवं प्रौद्योगिकी विश्वविद्यालय एक महत्वपूर्ण सफलता अर्जित करता प्रतीत हो रहा है, यद्यपि कि यह दक्षिण कोरिया के एक प्रांतीय शहर में स्थित है। मात्र 20 वर्षों पुराना होने पर भी इसे अंतर्राष्ट्रीय श्रेणी प्राप्त है। एक निजी संस्थान के रूप में इसे पोहांग स्टील कंपनी की शानदार कमाई से लाभ प्राप्त हुए हैं। जापानी सरकार ने कई दशकों पूर्व ओकिनावा द्वीप, जो जापान की मुख्यभूमि से बहुत दूरी पर है, पर एक प्रौद्योगिकी विश्वविद्यालय स्थापित किया था और उसमें भारी निवेश किया था। बहुतों का दावा है कि यह एक सफलता है, किन्तु बहुमत की राय ऐसी नहीं प्रतीत होती।

"विकास परियोजनाओं" के रूप में

महान अमेरिकी सार्वजनिक विश्वविद्यालयों में से कुछ अन्य भी कुछ अंतर्दृष्टि प्रदान कर सकते हैं। इन सर्वश्रेष्ठ विश्वविद्यालयों में से अधिकांश की स्थापना 19वीं शताब्दी में शहरी केन्द्रों अथवा उनके आसपास की गई थी। उदाहरणार्थ, कैलिफोर्निया–बर्कले विश्वविद्यालय सैन–फ्रांसिस्को के निकट है तथा मिशीगन विश्वविद्यालय डेट्रॉयट के निकट, जबकि इलिनोइस विश्वविद्यालय उरबाना–कैम्पेन में मकई के खेतों के बीच स्थित है। इनमें से बाद वाला जहाँ एक उत्कृष्ट विश्वविद्यालय है, वहीं यह बर्कले अथवा मिशीगन के समान प्रतिष्ठित नहीं है–और शीर्ष संकायों की प्रतिस्पर्धा में यह पीछे छूट जाता है।

अनेक देशों में विश्वविद्यालयों के स्थानों का निर्णय अनेक कारणों वश सरकारों द्वारा किया जाता है। किसी क्षेत्र के छात्रों के पास अध्ययन के लिए कोई सुविधाजनक स्थान उपलब्ध नहीं हो सकता है। किसी क्षेत्र विशेष को निवेश अथवा विकास की आवश्यकता हो सकती है। अथवा स्थानीय राजनीतिज्ञ शक्तिशाली हो सकते हैं। प्रायः ऐसे स्थानों में उच्च शिक्षा संस्थानों को स्थापित किए जाने हेतु बहुत अच्छे तर्क प्रस्तुत किए जाते हैं जहाँ वे आर्थिक विकास, छात्रों की पहुँच, अथवा अन्य प्रशंसनीय सामाजिक लक्ष्यों में योगदान कर सकते हों। इस रणनीति के साथ भारत प्रायः ही अत्यन्त सफल रहा है।

परंतु यह सदैव एक गलती ही होती है कि विकास सम्बन्धी उद्देश्यों को पूरा करने के लिए किसी शीर्ष–स्तरीय विश्वविद्यालय को कहीं भी स्थापित करने का प्रयास किया जाए। प्रारंभिक निवेश बहुत अधिक होता है, तथा सफलता की संभावनाएं सीमित होती हैं। सच तो यह है कि शोध विश्वविद्यालय की आवश्यकताएं अत्यन्त विशिष्ट होती हैं तथा मुख्य रूप से शिक्षण पर ध्यान केन्द्रित करने वाले किसी अकादमिक संस्थान की आवश्यकताओं से इनकी तुलना नहीं की जा सकती।

क्या ये सफल होगा?

नए नालन्दा का स्थान मूल नालन्दा के स्थल द्वारा निर्धारित किया गया है न कि विकास सम्बन्धी विशिष्ट लक्ष्यों के द्वारा। हालांकि, बहुत कुछ संभव है कि इस अभिप्रेरणा का एक अंग बिहार में संसाधनों और आधुनिकीकरण को लाना हो–क्योंकि यहाँ पर एक हवाई अड्डा लाए जाने की बातें भी की जा रही हैं। एक विश्वस्तरीय विश्वविद्यालय बनने के अपने प्रयास में नए नालन्दा द्वारा सामना की जा रही चुनौतियाँ हतोत्साही हैं। जैसा कि नोट किया जा चुका है, स्थान एक अत्यधिक नकारात्मक कारक होता है, शायद एक निर्धारक भी। धन भी एक मुद्दा हो सकता है–एक शीर्ष–स्तरीय विश्वविद्यालय बनाया जाना महँगा कार्य होता है, वह भी विदेशी दानदाताओं एवं केन्द्र सरकार की सहायता के बावजूद विशेषतौर पर किसी ग्रामीण एवं अविकसित स्थान पर। विकास की पहली अवस्थाओं में निधिकरण महत्वपूर्ण होता है, तथा सफलता सुनिश्चित किए जाने हेतु आवश्यक है कि वित्तीय सहयोग के स्तरों को पूरे समय तक बनाए रखा जाए। एक ऐसे संस्थान, जो पूर्णतः सही तरीके से पारिस्थितिकी विज्ञान, विकास, शांति अध्ययन एवं ऐसे ही "विनम्र विषयों" पर जोर देने की योजना बना रहा हो, के रूप में नालन्दा अंतर्राष्ट्रीय विश्वविद्यालय को उस अंतर्राष्ट्रीय श्रेणीकरण में मान्यता प्राप्त करना कठिन प्रतीत होगा जो व्यापकतौर पर कठोर विज्ञान विषयों के आधार पर मापन करती है। यहाँ बुनियादी रणनीति है श्रेणीकरण को भुला दिया जाना, परंतु ऐसा करना कोई सरल कार्य नहीं है। राज्य तथा केन्द्र सरकार की अनेक एजेन्सियों की संलिप्तता बाधाएं उत्पन्न कर सकती हैं साथ ही नौकरशाही भी जो भारत तथा अन्य जगहों पर भी प्रायः एक मामला प्रतीत होती है।

शायद सर्वश्रेष्ठ कार्यवाही यह होगी कि नालन्दा के नाम और भावना को कायम रखा जाए किन्तु विश्वविद्यालय को किसी और व्यावहारिक स्थान पर स्थानान्तरित कर दिया जाए।

खंड 4

वैश्वीकरण एवं मुक्त–द्वार नीति

वैश्वीकरण एवं मुक्त–द्वार नीति

के.बी. पवार

1990 के दशक के प्रारंभ में वैश्वीकरण के आगमन, तथा 1995 में सेवाओं में व्यापार पर आम समझौते (गेट्स) पर हस्ताक्षर किए जाने के द्वारा, कम–से–कम सैद्धांतिक तौर पर, भारत में विदेशी शिक्षा प्रदाताओं और विदेशी निवेशों हेतु प्रवेश का मार्ग उपलब्ध करा दिया गया। हालांकि, उस समय का सामाजिक एवं राजनीतिक वातावरण ऐसे प्रवेश के अनुकूल नहीं था। गैट्स के अंतर्गत शिक्षण सेवाओं को शामिल किए जाने के विरुद्ध सार्वजनिक विरोध प्रदर्शन किए गए थे। 2003 की दिल्ली घोषणा के माध्यम से बड़ी संख्या में छात्र संगठनों ने संयुक्त रूप से अपनी चिंताओं को स्वर दिए थे जिसके द्वारा विदेशी प्रदाताओं के द्वार शिक्षा के संभावित व्यवसायीकरण की निंदा करने के साथ–साथ अकादमिक पहलों के माध्यम से उच्च शिक्षा के अंतर्राष्ट्रीयकरण का समर्थन किया गया था (एबीवीपी–वीबी–एसबी–बीएसएमएवीआरएसएम 2003)। संभव है कि इन कई वर्षों के समय में विरोध प्रदर्शन ठंडे पड़ चुके हों, किन्तु विरोध अभी भी बना हुआ है। मानव संसाधन विकास मंत्री श्री कपिल सिब्बल द्वारा विदेशी शिक्षा प्रदाताओं को, यद्यपि कुछ प्रतिबंधों के साथ ही सही, प्रवेश की अनुमति प्रदान किए जाने हेतु संसद में एक कानून पारित करवाने सम्बन्धी प्रयास अभी तक सफल नहीं हो सके हैं।

भारत में शिक्षा नीति सम्बन्धी सुधारों की मंद गति चिंता का विषय है। विदेशी शिक्षा संस्थान विधेयक इस मामले का एक बिन्दु है। सबसे पहले इसे 2007 में प्रस्तुत किया गया था, एक संशोधित विधेयक को 2010 में प्रस्तुत किया गया और संभवतः एक तीसरा संस्करण 2012 में प्रस्तुत किया जाएगा और आशा है कि इसपर चर्चा होगी और इसे अनुमोदित किया जा सकेगा। अल्टबाख़ (2008) महसूस करते हैं कि विदेशी शिक्षा संस्थान विधेयक के पारित होने में होने वाला बिलंब संभवतः एक अच्छी बात है। इसने भारतीय हितधारकों को पर्यवेक्षण और आत्मचिंतन करने तथा विदेशी शिक्षा प्रदाताओं को भारतीय उच्च शिक्षा प्रणाली में प्रवेश करने के फायदे एवं नुकसानों को समझने का अवसर प्रदान किया है। आखिरकार, किसी संस्थान के असफल होने से अच्छा है कि उसे प्रारंभ ही न किया जाए; खाड़ी क्षेत्र, पूर्वी अफ्रीका तथा अन्य स्थानों पर किए गए (भारतीय सहित) अनेक संस्थानों को यह सबक हासिल हो चुका है।

भारत सहित सभी विकासशील देशों को गुणवत्तायुक्त संस्थानों, गुणवान शिक्षकों और विभिन्न प्रकार के गुणवत्तायुक्त आगतों की आवश्यकता है। विकसित देशों के संस्थान महसूस करते हैं कि वे इस शून्य को भर सकते हैं। फिर भी, विकासशील विश्व में उनकी मंशा पर अविश्वास है और अधिकांश विकासशील देशों के द्वारा विनियमनों (प्रायः कठोर) के द्वारा उनके प्रवेश एवं परिचालन को नियंत्रित करना आवश्यक पाया गया है। ''भारत में विदेशी विश्वविद्यालयों के प्रवेश एवं संचालन हेतु एआईसीटीई विनियमन, 2005'' इसका एक उदाहरण है।

पश्चिमी प्रेक्षक सामान्यतः यह अनुभव करते हैं कि भारतीय नियम अत्यन्त प्रतिबंधात्मक हैं। उदाहरणार्थ, विनियामक मॉडलों के अपने छह–स्तरीय वर्गीकरण में वर्बिक एवं जोकिवर्ता (2005) भारत को अपनी चौथी श्रेणी–''उदार से और अधिक प्रतिबंधों की ओर गतिशील''–वाली व्यवस्था में रखते हैं। निकट भविष्य में इस स्थिति में कोई भी परिवर्तन कठिन प्रतीत होता है। अकादमिक दरवाजों को खुला छोड़ देने की सीमा तक प्रवेश को नियंत्रणमुक्त कर दिया जाना एक गंभीर त्रुटि होगी। अल्ट्बाख़ (2009) इस तथ्य को स्वीकार करते हैं कि भारत अपने अकादमिक दरवाजों को सदैव बंद नहीं रख सकता, किन्तु इस बिन्दु पर जोर देते हैं कि देश को पहले एक स्पष्ट एवं पारदर्शी नीति तथा एक प्रभावी विनियामक ढाँचा तैयार करने की आवश्यकता है। भारत को एक ऐसे विनियामक मॉडल को तैयार करने की आवश्यकता है जो गुणवत्तायुक्त शिक्षा के सीमापार प्रावधान को प्रोत्साहित तो करता हो किन्तु शोषण को रोकने वाला भी हो।

परिणामस्वरूप, विदेशी शिक्षा संस्थान (प्रवेश एवं संचालन का विनियमन) विधेयक 2010, जिसका प्रयोजन भारत में विदेशी शिक्षण संस्थानों के प्रवेश का विनियमन करना है, देश के उच्च शिक्षा क्षेत्र को विदेशी शिक्षा प्रदाताओं तथा विदेशी निवेश के लिए (कम–से–कम एक सीमा तक) खोल देता है। अल्ट्बाख़ (2010ए) स्पष्ट करते हैं कि विधेयक को अनेक प्रकार की शर्तों एवं सीमाओं के साथ प्रस्तुत किया गया है, जिनमें से कुछ विदेशी संस्थानों को सहजतापूर्वक स्वीकार्य नहीं हो सकती हैं, और, इसीलिए, भारत के ''मुक्तद्वार'' को ''अर्द्धखुला द्वार'' कहना अधिक बेहतर होगा।

''विनियमित मुक्त द्वार'' अथवा ''अर्द्धखुला द्वार'' नीति के पीछे की सोच यह है कि स्थापित विदेशी संस्थानों का प्रवेश नए विचारों तथा अभ्यासों को लाए जाने के द्वारा शिक्षा की गुणवत्ता में सुधार करेगा; ''विश्वस्तरीय'' अथवा ''नवाचारी'' विश्वविद्यालयों की स्थापना के लिए सहायता तथा मॉडल प्रदान करेगा; और संभवतः अत्यन्त आवश्यक वित्तपोषण भी साथ लाएगा। मानव संसाधन विकास मंत्री श्री सिब्बल विदेशी संस्थानों से उच्च शिक्षा प्रबंधन, पाठ्यक्रम, शिक्षण विधियों एवं शोध जैसी अति आवयश्क क्षमताओं एवं नए विचारों को उपलब्ध कराए जाने की आशा करते हैं (अल्ट्बाख़ 2010ए)। मंत्रीजी की आशाएं अविश्वसनीय हैं। अल्ट्बाख़ (2009, 2010बी) के अनुसार वैश्विक अनुभव इंगित करते हैं कि विदेशी विश्वविद्यालय पहुँच में महत्वपूर्ण वृद्धि नहीं प्रदान करते, उनके शाखा परिसर विशिष्ट विषयों (जैसे प्रबंधन) से सम्बन्धित होते हैं और वे किसी अकादमिक नवाचार को प्रोत्साहित नहीं करते क्योंकि उनके द्वारा प्रायः समय–आधारित परीक्षण पाठ्यक्रमों एवं शिक्षण विधियों का प्रयोग किया जाता है और वे विदेशों में भारी धनराशियाँ व्यय नहीं करते।

भारत के पास दुनिया की तीसरी सबसे बड़ी शिक्षा प्रणाली मौजूद है किन्तु इसके पास विश्वस्तरीय विश्वविद्यालयों को लगभग पूर्ण अभाव है। इसके पास आईआईटी और आईआईएम जैसे विशेषज्ञताप्राप्त संस्थान उपलब्ध हैं जो विश्वस्तरीय शिक्षा प्रदान करते हैं किन्तु ये शोध विश्वविद्यालय नहीं हैं (अल्ट्बाख़ एवं जयराम 2008; अल्ट्बाख़ 2010सी)। इन परिस्थितियों के अंतर्गत विदेशी साझेदारी के माध्यम से विश्वस्तरीय अथवा नवाचारी विश्वविद्यालयों को स्थापित किए जाने की आकांक्षा को समझा जा सकता है। किन्तु विदेशी विश्वविद्यालय आवश्यक अकादमिक प्रकृति तथा शोध–संस्कृति को जन्म नहीं दे सकते; अथवा पूर्णकालिक, अत्यन्त दक्ष एवं समर्पित शिक्षक उपलब्ध नहीं करा सकते; अथवा किसी शोध–प्रधान संस्थान के लिए

आवश्यक भारी वित्तीय निवेश का योगदान नहीं कर सकते। इन सभी को स्वदेशी ही होना होगा। और अधिक महत्वपूर्ण रूप से, शोध–प्रधान विश्वविद्यालयों की स्थापना सावधानीपूर्वक किए गए नियोजन तथा उस प्रयोजन की एक समझ की माँग करती है जो प्रकट रूप से गायब है। भारत ने हाल ही में 13 संभावित रूप से "विश्वस्तरीय" केन्द्रीय विश्वविद्यालयों की स्थापना दूर–दराज के इलाकों में की है जहाँ अकादमिक वातावरण, अथवा कोई औद्योगिक परिक्षेत्र, अथवा "नरम" बुनियादी ढाँचा मौजूद नहीं है। स्वाभाविक कारणोंवश ये विश्वविद्यालय अच्छे शिक्षकों अथवा यहाँ तक कि छात्रों को भी भर्ती कर पाने में सफल नहीं रहे हैं। स्पष्टतौर पर, अकादमिक के स्थान पर राजनीतिक दृष्टिकोण के साथ निर्णय लेने के समय स्वार्थ मौजूद रहते हैं। सामान्य धारणा यह है कि ये विश्वविद्यालय सिर्फ संख्या में वृद्धि करेंगे, न कि गुणवत्ता में। जबतक दृष्टिकोण परिवर्तित नहीं होता, और गुणवत्ता की प्रतिबद्धता एकमात्र स्वार्थ नहीं रह जाता, किसी प्रकार का शोधन संभव नहीं है।

भारत विदेशी संस्थानों के लिए अपने द्वार खोल सकता है किन्तु आएगा कौन? और किसलिए? अल्ट्बाख़ (2008, 2010ए) ने जोरदार तरीके से स्पष्ट किया था कि वैश्विक अनुभव यह रहा है कि विदेशी बाजारों में प्रवेश करने वाले अधिकांश संस्थान ऐसे निम्नस्तरीय संस्थान होते हैं जिनकी मुख्य मंशा अल्प लागत वाले कार्यक्रमों (जैसे प्रबंधन), जिनकी माँग बहुत अधिक है, के जरिए लाभ कमाने की होती है। उनके द्वारा ऐसे कार्यक्रम प्रदान किए जाने की संभावना नहीं होती जिनके लिए उच्च–लागत वाले अकादमिक बुनियादी ढाँचे की आवश्यकता हो। उनके द्वारा ऐसे कार्यक्रम प्रदान किए जाने की संभावना नहीं है जिसमें उच्च–लागत वाले अकादमिक बुनियादी ढाँचे की आवश्यकता होती है। शीर्ष विश्वविद्यालय अपनी पहुँच को व्यापक बनाने तथा ख्याति में वृद्धि करने के लिए ही आएगें। वे सहयोग–आधारित व्यवस्था में प्रवेश करना तथा शोध केन्द्रों की स्थापना करना पसंद करेंगे, किन्तु उनके द्वारा पूर्ण–विकसित शाखा परिसरों का निर्माण किए जाने की संभावना नहीं है।

संयोगवश, चौदाहा (2010) ने भारत में प्रवेश के इच्छुक विश्वविद्यालयों को तीन वर्गों में समूहबद्ध किया है। ये हैं: (1) प्रतिष्ठा–वर्धक विश्वविद्यालय (शीर्ष शोध विश्वविद्यालय) जो भारत को राजस्व के एक स्रोत के रूप में नहीं देखते बल्कि अपनी अंतर्राष्ट्रीय उपस्थिति एवं प्रतिष्ठा का विस्तार करने में रुचि रखते हैं। (2) प्रतिष्ठा–आकांक्षी विश्वविद्यालय (अगले–दर्जे के शोध विश्वविद्यालय) जो राजस्व में वृद्धि के साथ–साथ अपनी ब्रांड का अंतर्राष्ट्रीयकरण करने के उद्देश्य से प्रवेश का प्रयास करते हैं। (3) राजस्व वृद्धि के इच्छुक विश्वविद्यालय (सामान्यतः गुणवत्ता क्रम में नीचे रहने वाले) जो बुनियादी तौर पर आय अर्जित करने के लिए भारत में प्रवेश के प्रयास करते हैं। कोई भी यह कह सकता है कि, पहले वर्ग वाले विश्वविद्यालयों का स्वागत किए जाने की आवश्यकता है, दूसरे वर्ग वालों को चुनिंदा रूप से प्रोत्साहित किया जा सकता है, तथा तीसरे वर्ग की नजदीकी निगरानी एवं विनियमन करना चाहिए।

भारत की मुक्त–द्वार नीति को प्रतिष्ठित विदेशी विश्वविद्यालयों को भारत में परिसर स्थापित करने हेतु मनाने के बजाय अंतर्राष्ट्रीयकरण के अन्य साधनों, जैसे अंतर्राष्ट्रीय छात्र गतिशीलता तथा अकादमिक साझेदारियों को विकसित किया जाने पर ध्यान केन्द्रित करना चाहिए। विदेशी छात्रों के अंतर्प्रवाह को अल्पकालिक "भारत अध्ययन" एवं भाषा–निर्मित कार्यक्रमों के द्वारा प्रोत्साहित किया जा सकता है ताकि अपने विश्वविद्यालयों के "विदेश अध्ययन" कार्यक्रमों के अंतर्गत बाहर निकलने वाले विदेशी

छात्रों की आवश्यकताओं को पूरा किया जा सके। अकादमिक साझेदारियाँ पाठ्यक्रम को डिजाइन एवं विकसित करने, शिक्षकों को विकसित बनाने, शिक्षक विनिमय करने, संयुक्त शोध परियोजनाएं एवं संयुक्त–अथवा–दोहरी डिग्रियाँ प्रदान करने से सम्बन्धित हो सकती हैं। आशा है, मुक्तद्वार नीति अपने आप ही विकसित होगी।

संदर्भ

ABVP-VB-SB-BSM-AVRSM. 2003. *Delhi declaration against commodization of education through GATS,* issued April 3, 2003.

Altbach, Philip G. 2008. Beware of the Trojan Horse, *Hindu*, July 15, Opinion.

———. 2009. Is open door in higher education desirable? *Hindu*, June 2, Opinion, http://www.thehindu.com/2009/06/02/stories/2009060254620900.htm.

———. 2010a. India's Open Door to Foreign Universities: Less Than Meets the Eye, *International Higher Education,* 60: 16–18.

———. 2010b. India's half-open door may not entice foreign universities. *The Chronicle of Higher Education*, June 10, Commentary.

———. 2010c. The global academic revolution: Implications for India, First Foundation Day Lecture, Kerala State Higher Education Council, Thiruvananthapuram.

Altbach, Philip G. and N. Jayaram. 2008. Towards creation of world class universities, *Hindu*, October 23, Opinion.

Choudaha, Rahul. 2010. http://www.dreducation.com, Wednesday, March 17, 2010.

Verbik, L., and L. Jokivirta. 2005. *National regulatory framework for transnational higher education: Models and trends, Part I,* report, Observatory on Borderless Higher Education, London.

16

काठ के घोड़े से सतर्क रहिए

The Hindu
July 15, 2008

फ़िलिप जी. अल्ट्बाख़

विदेशी संस्थानों को भारत में दुकान स्थापित करने की अनुमति दिया जाना भारतीय उच्च शिक्षा के अंतर्राष्ट्रीयकरण का इकलौता मार्ग नहीं है।

भारतीय संसद पर प्रायः निष्क्रियता अथवा लंबी देरियों के आरोप लगाए जाते हैं। विदेशी शिक्षा विधेयक का मामला, जो सत्ताधारी गठबंधन सरकार की असहमतियों के कारण दो वर्षों से अटका पड़ा है, ऐसा ही एक मामला हो सकता है जिसमें देरी होना एक अच्छी बात है। भारत की उच्च शिक्षा सम्बन्धी नीतियाँ देश के लिए अत्यन्त महत्वपूर्ण हैं तथा यहाँ दुकान स्थापित करने के इच्छुक अनेक विदेशी विश्वविद्यालयों के लिए अत्यन्त प्रासंगिक भी हैं। भारतीय प्रेसों द्वारा सूचित किया गया है 40 अंतर्राष्ट्रीय विश्वविद्यालयों द्वारा महाराष्ट्र सरकार से मुम्बई–पुणे–नासिक मार्ग पर अपने परिसरों की स्थापना के लिए भूमि की माँग की गई है। ये प्रवृत्तियाँ भारत में विशाल एवं लाभदायक उच्च शिक्षा बाजार में भारी विदेशी रुचि का एक संकेत मात्र हैं। कुछ विदेशी विश्वविद्यालय भारत में पहले से ही कार्यरत् हैं, इनमें से अधिकांश भारतीय साझेदारों के साथ सहयोग के अधीन हैं।

विदेशी विश्वविद्यालयों के लिए भारत विश्व का सबसे बड़ा अकेला बाजार हो सकता है। देश में उच्च शिक्षा तक पहुँच की एक बहुत बड़ी अपूरित माँग मौजूद है–वर्तमान समय में संगत आयु समूह का मात्र 10 प्रतिशत भाग ही विश्वविद्यालय पहुँच पाता है–चीन के अनुपात में यह आधा है तथा तीव्र गति से विकसित हो रहे एवं मध्यआय वाले देशों की तुलना में इसकी दर बहुत ही नीची है। आगे, भारत में उच्च–गुणवत्तायुक्त शिक्षा के लिए एक विशाल अपूरित माँग मौजूद है। भारत के अत्यन्त छोटे से शीर्ष क्षेत्र–भारतीय प्रौद्योगिकी संस्थान, भारतीय प्रबंधन संस्थान तथा ऐसे ही संस्थानों–में उपलब्ध स्थानों की संख्या माँग के साथ तुलना किए जाने में अत्यन्त छोटी है। अतः, विदेशी संस्थान भारतीय बाजारों में लाभदायक प्रगति का एक भारी अवसर देख रहे हैं।

सतर्कता हेतु कारण

कुछ हितधारक, जो उच्च शिक्षा को बस एक ऐसी व्यापार योग्य सामग्री के रूप में देखते हैं जिसे अंतर्राष्ट्रीयतौर पर खरीदा और बेचा जा सकता है, सभी प्रकार के शैक्षणिक उत्पादों के लिए सीमाओं को प्रतिबंधहीन तरीके से खोले जाने के पक्षधर हैं। लाभार्जक उच्च शिक्षा कंपनियाँ, अनेक निजी विश्वविद्यालय, अंतर्राष्ट्रीय परीक्षण कंपनियाँ, तथा प्रगतिशील रूप से निर्यातक देशों–जैसे ब्रिटेन और अमेरिका–में कुछ

विश्वविद्यालय एवं सरकारी एजेन्सियों का यही नजरिया है। जो लोग संतुष्ट है कि उच्च शिक्षा एक सामग्री से कुछ अधिक है, के पास विश्वविद्यालयों तथा अकादमिक कार्यक्रमों के आयात–निर्यात की दिशा में चल रही भागदौड़ के बारे में चिंता करने के लिए बहुत कुछ है क्योंकि नागरिकता की तैयारी महत्वपूर्ण चिंतन की तैयारी, तथा ऐसे ही "सार्वजनिक कल्याण" वाले लक्ष्यों को प्रायः आयातकों एवं निर्यातकों के द्वारा दरकिनार कर दिया जाता है। व्यापारी त्वरित माँग वाले उत्पादों, जैसे कि प्रबंधन अध्ययन, को बेचने में रुचि रखते हैं, न कि शोध विश्वविद्यालयों को कायम रखने, अपात्र समुदायों के लिए पहुँच तथा समानता में वृद्धि करने जैसे कार्यों में।

लॉरेट एजूकेशन इंक. जैसे विदेशी विश्वविद्यालय एवं शिक्षा कंपनियाँ भारतीय बाजारों में प्रवेश की इच्छुक क्यों हैं? उनकी अभिप्रेरणाएं जटिल हैं किन्तु समझने हेतु महत्वपूर्ण हैं। एक लक्ष्य स्पष्ट है–हर कोई, जो भारतीय बाजार में प्रवेश का इच्छुक है, अधिकांशतः अधिक माँग वाले क्षेत्रों में अकादमिक कार्यक्रमों को प्रस्तुत किए जाने के द्वारा लाभ अर्जित करना चाहता है। मात्र कुछ एक अपवादों को छोड़कर विदेशी शिक्षा प्रदाता विज्ञान प्रयोगशालाओं एवं शोध सुविधाओं जैसी उच्च–लागत वाले अकादमिक बुनियादी ढाँचों में निवेश करने के इच्छुक नहीं हैं। किसी भी निगम की भांति उनकी इच्छा न्यूनतम निवेश करने और अधिकतम लाभ कमाने की है। ब्रिटेन एवं ऑस्ट्रेलिया सहित कुछ देशों के पास उच्च शिक्षा निर्यात से लाभ अर्जित करने की एक नीति मौजूद है। इस प्रकार, ब्रिटिश काउंसिल तथा ऐसे ही संगठन ब्रिटिश शैक्षणिक संस्थानों को अपनी निर्यात संभावनाओं को अधिकतम किए जाने में सहायता प्रदान करते हैं। ब्रिटिश काउंसिल अब मात्र सूचना व्यवसाय तक सीमित नहीं रह गई है बल्कि इसका ध्यान निर्यात संवर्द्धन पर केन्द्रित हो गया है।

कुछ मामलों में ही सही किन्तु अनिवार्य रूप से अमेरिका भी ब्रिटिश और ऑस्ट्रेलियाई पैटर्न का अनुसरण करता है। अमेरिका के पास कोई भी उच्च शिक्षा नीति उपलब्ध नहीं है। उच्च शिक्षा नीति मुख्यतः इसके 50 राज्यों का उत्तरदायित्व है, और किसी भी राज्य द्वारा उच्च शिक्षा को निर्यात प्राथमिकता वाला क्षेत्र नहीं घोषित किया गया है। ब्रिटेन अथवा ऑस्ट्रेलिया के विपरीत अमेरिका के पास एक शक्तिशाली निजी उच्च शिक्षा क्षेत्र मौजूद है, तथा निजी विश्वविद्यालय एवं कॉलेज विदेशी निर्यातों के सम्बन्ध में सर्वाधिक आक्रामक रहे हैं। ऐसा संभव है कि भारतीय बाजारों में प्रवेश का प्रयास करने वाली बड़ी संख्या में लाभ कमाने के इच्छुक मात्र निम्न–स्तरीय निजी स्कूल ही शामिल हों।

किसी भी अन्य स्थान की अपेक्षा अमेरिका में लाभार्जक क्षेत्र अधिक शक्तिशाली है। दो सबसे बड़े खिलाड़ी हैं लॉरेट एजूकेशन इन्का. एवं अपोलो समूह (फिनिक्स एवं अन्य संस्थानों के स्वामी)। अमेरिका के बाहर लॉरेट की रणनीति या तो वर्तमान विश्वविद्यालयों को खरीद लेने अथवा नए स्कूलों को स्थापित करने की रही है (उनके पास 3 महाद्वीपों में 29 विश्वविद्यालय एवं माध्यमिकोत्तर संस्थान हैं)। लॉरेट द्वारा विदेशी शिक्षा प्रदाताओं के प्रति मित्रतापूर्ण राज्य आंध्र प्रदेश में एक विश्वविद्यालय प्रारंभ किया गया था, परंतु विनियामक वातावरण के अत्यन्त जटिल प्रतीत होने पर पाँव वापस खीच लिए गए।

शीर्ष अमेरिकी निजी एवं सार्वजनिक विश्वविद्यालय–जो कुल 3,000 से भी अधिक कॉलेजों एवं विश्वविद्यालयों के लगभग 20 प्रतिशत हैं–के पास भारतीय बाजारों में प्रवेश हेतु जटिल उद्देश्य उपलब्ध हैं। अधिकांशतः, वे वास्तव में अंतर्राष्ट्रीयकरण के इच्छुक हैं, और 21 शताब्दी में आर्थिक एवं शैक्षिक रूप से भारत को एक महत्वपूर्ण खिलाड़ी के रूप में देखते हैं। उनकी चिंता अपनी "ब्रांड छवि" को लेकर है और वे इसका विस्तार संपूर्ण विश्व के उच्च शिक्षा बाजारों में से एक में करना चाहते हैं। प्रतिभावान भारतीय

छात्रों तथा अकादमिक शिक्षकों को अध्ययन के लिए अमेरिका आने के उद्देश्य से भर्ती करने हेतु वे अपनी भारतीय शाखाओं का उपयोग कर सकते हैं। उनकी भारतीय शाखा के परिसर एक ऐसा स्थान प्रदान करेंगे जहाँ उनके अपने छात्र एवं शिक्षक अध्ययन तथा शोधकार्य कर सकते हों। और, निश्चित रूप से, अधिकांश मामलों में विश्वविद्यालय भारत में प्रस्तुत कार्यक्रमों के जरिए धनोपार्जन के प्रयास भी करेंगे।

अमेरिकी अकादमिक अनुक्रम की निचली सतह पर असंख्य लाभार्जक तथा गैर–लाभार्जक संस्थानों की भरमार होना भारत के लिए समस्या है। इन खिलाड़ियों के द्वारा एक ही आवश्यक कारण–धनोपार्जन के साथ भारतीय बाजार में प्रवेश पर ध्यान केन्द्रित किए जाने की संभावना है। जहाँ इनमें से अनेक संस्थान सम्मानजनक अकादमिक कार्यक्रम प्रस्तावित करेंगे, वहीं कुछ गलत तरीके अपनाने का प्रयास भी करेंगे। इन संस्थानों का भली–भांति परीक्षण और विनियमन सरल नहीं होगा। अमेरिका की अति–सम्मानित मान्यता प्रणाली से कोई सहायता नहीं प्राप्त होगी। जब तक किसी संस्थान को मान्यता प्राप्त रहती है (और अमेरिकी मान्यता सम्बन्धी मापन बहुत उच्च गुणवत्तायुक्त नहीं हैं बल्कि न्यूनतम स्तर वाले हैं) तबतक संस्थागत गुणवत्ता से सम्बन्धित कोई भी आधिकारिक दिशानिर्देश उपलब्ध नहीं होते। ये स्कूल भारत में उन्हीं कार्यक्रमों को प्रस्तावित करेंगे जिन्हें वे छात्रों को आकर्षित करने वाला महसूस करते हैं तथा भारत में अपनी दीर्घकालिक उपस्थिति तथा उत्तम गुणवत्ता को बनाए रखने की उनकी प्रतिबद्धता भी कमजोर हो सकती है।

शाखा परिसर

जिस समय भारत विदेशी संस्थानों को अनुमति दिए जाने से सम्बन्धित अपनी नीतियों पर सावधानीपूर्वक विचार कर रहा है, कई केन्द्रीय मुद्दों को अवश्य ही सम्बोधित करना चाहिए। विदेशी संस्थानों की अभिप्रेरणा क्या है? क्या विदेशी शाखा के सम्बन्ध में सबकुछ पारदर्शी और खुला हुआ है? विदेशी संस्थानों की स्वयं उन्हीं के देशों में क्या स्थिति है? क्या विदेशी संस्थान भारत में भी अपने स्वदेश वाली गुणवत्ता प्रदान कर पाने में सक्षम हैं, और क्या वह गुणवत्ता उनके स्वदेश में स्वीकार्य उच्च स्तर वाली मानी जाती है? क्या विदेशी संस्थान अपने स्वयं के शिक्षकों का उपयोग करते हुए अपने कार्यक्रमों को भारत में उपलब्ध करवा पाने में सक्षम हैं, और क्या इनके पास प्रस्तावित कार्यक्रमों की सुपुर्दगी के लिए समुचित बुनियादी ढाँचा जैसे पुस्तकालय, ई–अधिगम सुविधाएं, तथ प्रयोगशालाएं मौजूद हैं? क्या विदेशी संस्थान भारत में लंबे समय तक अपनी अकादमिक प्रस्तुतियों को कायम रख पाने में समर्थ हैं?

विदेशी संस्थानों को भारत में अपनी दुकान स्थापित करने की अनुमति दिया जाना भारतीय उच्च शिक्षा के अंतर्राष्ट्रीयकरण का इकलौता मार्ग नहीं है। जुड़वाँ कार्यक्रम, संयुक्त डिग्रियाँ, छात्रों एवं प्रोफेसरों के आदान–प्रदान, पाठ्यक्रम को साझा करना, तथा अन्य प्रकार के सम्बन्ध संभव हैं तथा इनसे यह सुनिश्चित किए जाने की संभावना अधिक है कि भारतीय उच्च शिक्षा पर अनिवार्य भारतीय नियंत्रण बना रहे।

अभी तक, अंतर्राष्ट्रीय उच्च शिक्षा के प्रति भारत का योगदान छात्रों के निर्यात का रहा है, जिनमें से अधिकांश वापस नहीं आते। भारत को शेष विश्व से और अधिक जुड़ने की आवश्यकता है, किन्तु ऐसा अकादमिक प्रभुसत्ता को त्यागने की लागत पर नहीं किया जा सकता। अंततः, उच्च शिक्षा ऐसी कोई सामग्री नहीं है जिसकी अंतर्राष्ट्रीय बाजार में खरीद–फरोख्त की जा सके। उच्च शिक्षा किसी भी देश की विरासत का एक अनिवार्य भाग तथा भविष्य की समृद्धि की एक कुंजी होती है।

17

विश्वस्तरीय विश्वविद्यालय की स्थापना की ओर

The Hindu
October 23, 2008

फ़िलिप जी. अल्ट्बाख़
एन. जयराम

विश्वस्तरीय विश्वविद्यालयों की स्थापना में सामने आने वाली चुनौतियाँ निरुत्साहित करने वाली हैं। पहला कदम समस्याओं का परीक्षण करना और यथार्थवादी समाधान की खोज करना है।

सरकार 12 केन्द्रीय विश्वविद्यालय खोलने जा रही है, जो वर्तमान 18 के अतिरिक्त होंगे। यह एक भागीरथ प्रयास है, जिसके लिए बजट में 3,280 करोड़ रुपए (लगभग 7.30 करोड़ डॉलर) का आबंटन किया गया है। इस वर्ष के प्रारंभ में भारत ने घोषणा की थी कि यह आगामी 5 वर्षों के दौरान 30 ''विश्वस्तरीय'' विश्वविद्यालय, 8 नए भारतीय प्रौद्योगिकी संस्थान (आईआईटी), तथा 7 भारतीय प्रबंधन संस्थान (आईआईएम) खोलेगा। राष्ट्रीय ज्ञान आयोग की सिफारिश पर केन्द्र उच्च शिक्षा का उन्नयन एवं विस्तार करने हेतु व्यापक निवेश की योजना बना रहा है। अन्य योजनाओं में कॉलेज और विश्वविद्यालय शिक्षकों के वेतनों में 70 प्रतिशत से भी अधिक की वृद्धि करना शामिल है।

यह संभावना एक स्वागतयोग्य समाचार है क्योंकि भारत के पास अंतर्राष्ट्रीय श्रेणीकरण वाले विश्वस्तरीय विश्वविद्यालयों का अभाव है, तथा अंतर्राष्ट्रीय तौर पर तुलना किए जाने पर भारतीय शिक्षकों को बहुत कम वेतन प्राप्त होता है। छात्रों को भी शीर्ष अकादमिक संस्थानों तथा संपूर्ण उच्च शिक्षा प्रणाली में स्थान कम होने के कारण बहुत पीड़ित होना पड़ता है। चीन की तुलना में आज भारत विश्वविद्यालय आयु समूह के युवा लोगों में से आधे लोगों को ही शिक्षित कर पा रहा है तथा श्रेणी के मामले में यह अधिकांश लातिनी अमेरिकी एवं अन्य मध्य–आयवर्ग वाले देशों से बहुत पीछे है।

भारत द्वारा अपनी उच्च शिक्षा अनुक्रम के शीर्ष पर एक विशिष्ट समस्या को प्रदर्शित किया गया है। आईआईटी तथा आईआईएम, तथा बहुत छोटी संख्या वाले उत्कृष्ट गैर–विश्वविद्यालयीय शोध एवं प्रशिक्षण संस्थानों (जैसे अखिल भारतीय आयुर्विज्ञान संस्थान) जैसे उल्लेखनीय अपवादों को छोड़कर सर्वोत्तम–कोटि के स्कूल दुर्लभ ही हैं। वास्तव में, भारत के 348 विश्वविद्यालयों में से एक भी विश्व के शीर्ष 100 विश्वविद्यालयों में जगह नहीं हासिल कर पाया है। सामान्यतः, जहाँ भारत उच्च शिक्षा क्षेत्र में नवाचार करना चाह रहा था, वहीं इसने विश्वविद्यालयों को दरकिनार कर दिया और आईआईटी जैसे पूर्णतः नए संस्थानों को स्थापित करना प्रारंभ कर दिया।

हालांकि, यदि भारत यह सुनिश्चित करने की रणनीति अपनाए बिना अकादमिक सुधार एवं विस्तार में बहुत बड़ी धनराशि एवं मानव पूँजी का निवेश करता है कि इन निवेशों से कुछ परिणाम हासिल होंगे, तो संसाधन बेकार जाएंगे और असफलता सुनिश्चित रहेगी। अमेरिकी मॉडल पर आधारित कुछ नए विश्वविद्यालयों को स्थापित किए जाने पर हो चुकी एक चर्चा के बावजूद अभी तक निधिकरण और विचार दोनों ही पर्याप्त प्रतीत नहीं होते।

एक समाचारपत्र द्वारा एक अधिकारी को यह कहते हुए सूचित किया गया है: "विचार यह था कि विश्वविद्यालयों के बीच किसी प्रकार का अनुक्रम अथवा असमानता नहीं होनी चाहिए, तथा विश्वस्तरीय विश्वविद्यालयों के लिए सुझाए गए सुधारों एवं परिवर्तनों को सभी विश्वविद्यालयों पर लागू करना चाहिए।" यह दृष्टिकोण इस संपूर्ण गलतफहमी को दर्शाता है कि अमेरिकी प्रणाली सार्वजनिक विश्वविद्यालयों के बीच एक महत्वपूर्ण अनुक्रम स्थापित करती है।

बुनियादीतौर पर किसी खस्ताहाल विश्वविद्यालय में बस धन एवं संसाधनों को व्यय करते जाना एक गलती होती है। नए विश्वविद्यालयों, विशेषतौर पर जिन्हें नवाचारी होना हो, की स्थापना के लिए सावधानीपूर्ण नियोजन तथा वर्तमान प्रणाली की कमजोरियों की एक समझ की आवश्यकता होती है। आइए, संसाधनों के उपलब्ध कराए जाने के पहले हम कुछ ऐसी समस्याओं को रेखांकित करें जिनके समाधान आवश्यक हैं।

जवाबदेही विहीन नौकरशाही: भारत कठिन नौकरशाही के लिए प्रसिद्ध है, तथा उच्च शिक्षा इस व्यवस्था में फिट बैठती है। किसी उच्चाधिकारी की अनुमति लिए बिना मात्र कुछ ही निर्णय लिए जा सकते हैं, तथा निर्णयन का पहिया बहुत धीमी गति से घूमता है। भ्रष्टाचार अथवा नियंत्रण खो देने का भय नौकरशाही की मोरचाबंदी करता है। कॉलेजों एवं विश्वविद्यालयों के शिक्षक एवं अकादमिक नेतृत्वकर्ताओं के पास उच्च शिक्षा में नवाचार के लिए बहुत कम प्रोत्साहन उपलब्ध हैं–वास्तव में इसका उल्टा ही है। नौकरशाही के इस संदर्भ में विश्वस्तरीय विश्वविद्यालय का निर्माण करना पूर्णतः असंभव है। यदि नए संस्थानों को केन्द्र तथा राज्य सरकारों, जहाँ वे स्थित हैं, दोनों को ही बर्दाश्त करना आवश्यक है, तो नौकरशाही का बोझ बहुत ही भारी होगा।

स्थान: महान विश्वविद्यालयों को किसी अनुकूल स्थान पर स्थित होना आवश्यक होता है। सामान्यतः, संपूर्ण विश्व में सर्वश्रेष्ठ विश्वविद्यालय प्रमुख शहरी केन्द्रों में अथवा उसके निकट अथवा बौद्धिक परंपरा एवं शक्ति संपन्न स्थानों में ही स्थित हैं। जहाँ प्रत्येक राज्य में एक अच्छा विश्वविद्यालय रखा जाना पूर्णतः उचित है, वहीं गुवाहाटी अथवा भुवनेश्वर जैसे शहरों में एक वास्तविक विश्वस्तरीय विश्वविद्यालय (एक ऐसा संस्थान जो विश्व में सर्वश्रेष्ठ का मुकाबला कर सकता हो) का विचार सिर्फ अयथार्थवादी है। शीर्ष प्रोफेसरों अथवा यहाँ तक कि सर्वश्रेष्ठ छात्रों को आकर्षित कर पाना असाधारण रूप से कठिन होगा, तथा "नरम" बुनियादी ढाँचा, जैसे कि अधिकांश सांस्कृतिक सुविधाएं, गायब है। उच्च–तकनीकी उद्योग भी इन स्थानों में मौजूद नहीं होंगे और उन्हें लुभाना भी कठिन होगा। ऐसे स्थानों में कोई भी धनराशि एक विश्वस्तरीय विश्वविद्यालय की स्थापना की गारंटी प्रदान नहीं कर सकती।

अकादमिक पेशा: भारतीय शिक्षक अधिक वेतन के पात्र हैं, तथा नाटकीय रूप से पारिश्रमिक में वृद्धि करने हेतु उठाया गया कदम सकारात्मक कदम है। बुनियादी ढाँचे तथा इस पेशे के अभ्यासों में महत्वपूर्ण सुधार की माँग किए बिना प्रोफेसर समुदाय को सिर्फ अधिक धन भुगतान कर दिया जाना एक गंभीर त्रुटि होगी। भारतीय शिक्षकों

को उत्पादकता के बजाय दीर्घजीविता, तथा नवाचार के बजाय अनुपालन के लिए पुरस्कृत किया जाता है। सर्वाधिक उत्पादक शिक्षकों को उनके कार्य के लिए पुरस्कृत नहीं किया जा सकता, और यह लगभग असंभव ही है कि सर्वश्रेष्ठ और सर्वाधिक प्रतिभाशाली लोगों को विश्वविद्यालयों में बनाए रखने के लिए "बाजार दरों" पर भुगतान किए जा सकें।

अकादमिक संस्कृति एवं प्रषासनः भारतीय विश्वविद्यालय संस्थानों अथवा शिक्षकों के बीच अत्यन्त कम प्रतिस्पर्धा के साथ मध्यमता की एक संस्कृति में घिर चुके हैं। विश्वविद्यालय राजनीतिज्ञों की सनक के अधीन हैं तथा अपना भविष्य खुद तय करने में असमर्थ हैं। शिक्षक मुश्किल से ही अपने नेतृत्व तथा प्रबंधन के साथ संलिप्त होते हैं। नौकरशाही सबकुछ प्रशासित करती है और नवाचार को दबाए रखती है। विश्वविद्यालय को प्रशासित किए जाने के तरीकों तथा संस्थानों की संस्कृति में अनिवार्य एवं गहन ढाँचागत परिवर्तनों के बिना सुधार की संभावना बहुत ही कम है। एक अतिरिक्त चुनौती यह है कि कुछ विश्वस्तरीय विश्वविद्यालयों का निर्माण वर्तमान प्रांतीय विश्वविद्यालयों में सुधार करके ही करना है। यह असाधारण रूप से कठिन होगा क्योंकि, कुछ अपवादों को छोड़कर, ये संस्थान मध्यमता और नौकरशाही में फंसे हुए हैं, और यहाँ तक कि अतिरिक्त संसाधनों की खुराक के बावजूद भी परिवर्तन तथा सुधार के प्रति मुश्किल से प्रतिसंवेदी हैं।

अनेक स्तर पर भ्रष्टाचार

उच्च शिक्षा प्रणाली के अनेक स्तरों पर भ्रष्टाचार का एक तत्व विद्यमान है, प्रवेश में पक्षपात से लेकर शिक्षकों के पदों पर नियुक्तियों तक, परीक्षाओं में नकल में, प्रश्नयोग्य कोचिंग व्यवस्थाओं में, तथा ऐसे ही अनकों अन्य मामलों में। सभी स्तरों पर हानिकारक भ्रष्टाचार शोध संस्कृति को नष्ट कर देता है और एक विश्वस्तरीय विश्वविद्यालय को असंभव बना देता है।

सभी स्तरों पर मेधावियों का राज्यः विश्वस्तरीय विश्वविद्यालय अत्यधिक मेधासंपन्न संस्थान होते हैं। वे सर्वश्रेष्ठ प्रोफेसरों को नियुक्त करते हैं, सर्वाधिक बुद्धिमान छात्रों को प्रवेश प्रदान करते हैं, सर्वाधिक प्रतिभावान शिक्षकों को पुरस्कृत करते हैं, तथा सारे निर्णय गुणवत्ता के आधार पर लेते हैं। वे साहित्य चोरी, नियुक्तियों में पक्षपात, अथवा किसी प्रकार के भ्रष्टाचार को खारिज और दंडित करते हैं। दुर्भाग्यवश, भारतीय शिक्षक समुदायों में से अनेक ऐसे मूल्यों को नहीं प्रदर्शित करते। समस्याओं में से कुछ ढाँचागत हैं। विशिष्ट जनसंख्या समूहों के लिए निर्धारित कठोर कोटों (49 प्रतिशत तक) के आधार पर छात्रों के प्रवेश तथा प्रोफसरों की नियुक्ति चाहे कितनी भी सदेच्छायुक्त अथवा उचित हो, वस्तुतः मेधा को बाधित ही करती है। भारतीय समाज एवं राजनीति में गहराई तक जड़ें जमा चुकी आरक्षण प्रणाली अत्यधिक न्यायोचित हो सकती है–किन्तु सफल विश्वस्तरीय विश्वविद्यालय हासिल करने के लिए 'मेधावियों का राज्य' को प्राथमिक अभिप्रेरक सिद्धांत होना अनिवार्य है।

शोधकार्य की भूमिकाः विश्वस्तरीय विश्वविद्यालय शोध–प्रधान होते हैं। विश्व के सभी उच्च–श्रेणीप्राप्त विश्वविद्यालयों के द्वारा इस गुण को प्रदर्शित किया जा चुका है। एक शोध संस्कृति को विकसित किए जाने में भारत को अनेक समस्याओं का सामना करना पड़ रहा है। यह कहना उचित है कि आज, एक संस्थान के रूप में, कोई भी भारतीय विश्वविद्यालय शोध–प्रधान नहीं है। भारतीय विश्वविद्यालय उच्च–स्तरीय

शोध वाले कुछ विभाग मौजूद होने का दावा कर सकते हैं–और अनेक उपलब्धि प्राप्त प्रोफेसर इस प्रणाली में कार्यरत् हैं। और कुछ संस्थान, जैसे कि आईआईटी तथा कुछ गैर–विश्वविद्यालयीय एजेन्सियाँ, जैसे टाटा मूलभूत अनुसंधान संस्थान एवं अखिल भारतीय आयुर्विज्ञान संस्थान, प्रभावशाली शोध प्रदान करते हैं और अंतर्राष्ट्रीय स्तर पर सम्मानित भी हैं। विश्वस्तरीय दर्जा हासिल करने के लिए शोध–प्रधान विश्वविद्यालय का सृजन करना अनिवार्य है।

संसाधनः 12 नए केन्द्रीय विश्वविद्यालयों के लिए 3,280 करोड़ रुपए, तथा सम्बन्धित परियोजनाओं के लिए अन्य प्रभावशाली धनराशियाँ बहुत बड़ी धनराशि प्रतीत होती है। वास्तव में यह बहुत अपर्याप्त है। एक विश्वस्तरीय विश्वविद्यालय, जो सर्वश्रेष्ठ अंतर्राष्ट्रीय प्रतिस्पर्धा में भाग ले सकता हो, स्थापित किए जाने और फिर कायम रखे जाने हेतु एक महँगा उपक्रम होता है। एक उदाहरण के तौर पर, एक विशाल शोध–प्रधान नए चीनी विश्वविद्यालय की निर्माण लागत 70 करोड़ डॉलर के आसपास है तथा इसका वार्षिक बजट 40 करोड़ डॉलर के लगभग है।

निष्कर्षः विश्वस्तरीय विश्वविद्यालय की स्थापना में सामने आने वाली चुनौतियाँ निरुत्साहित करने वाली हैं। वास्तव में, यदि भारत को एक ज्ञान–आधारित अर्थव्यवस्था के साथ–साथ एक महान तकनीकी शक्ति के रूप में सफल होना है तो इसे विश्वस्तरीय विश्वविद्यालयों की आवश्यकता होगी। हालांकि, पहला कदम समस्याओं के परीक्षण तथा यथार्थवादी समाधानों की खोज करना होगा। अनाप–शनाप तरीके से बड़ी धनराशियाँ खर्च करने से काम नहीं बनेगा। न ही अमेरिकी अकादमिक मॉडल की नकल सफल हो सकेगी।

18

क्या उच्च शिक्षा में मुक्तद्वार नीति वांछनीय है?

The Hindu
June 2, 2009

फ़िलिप जी. अल्ट्बाख़

अकादमिक दरवाजों को खुला छोड़ देना एक गंभीर त्रुटि होगी। अन्य विकासशील देशों की भांति भारत को भी एक स्पष्ट एवं पारदर्शी नीति तथा विनियामक ढाँचे की आवश्यकता है।

यदि मानव संसाधन विकास मंत्री कपिल सिब्बल यह विश्वास करते हैं कि वह शीघ्र ही शीर्ष गुणवत्तायुक्त विदेशी विश्वविद्यालयों को भारत में दुकान खोलने के लिए बुला सकते हैं, तो वह गलत हैं।

नए मानव संसाधन विकास मंत्री, कपिल सिब्बल, ने विदेशी विश्वविद्यालयों के लिए भारत के दरवाजों को खोल देने तथा उच्च शिक्षा में निजी निवेश को प्रोत्साहित करने का वादा किया है। पिछली नीति भारतीय शिक्षा में विदेशी संलिप्तता के प्रति संशयात्मक रही है। अब, जबकि भारत उच्च शिक्षा की एक नई दिशा की ओर कदम उठाने वाला है, अन्य देशों के अनुभवों के आधार पर मुक्तद्वार के संभावित परिणामों का परीक्षण कर लेना उचित होगा।

यदि श्री सिब्बल मानते हैं कि विदेशी संलिप्तता भारत को अपने पिछड़ी हुई उच्च शिक्षा प्रणाली में तेजी से सुधार करने में सहायक होगी, तो वह पूर्णतः गलत हैं। कुछ अपवादों सहित, संपूर्ण विश्व में विदेशी उच्च शिक्षा प्रदाता ऐसे कार्यक्रमों को प्रारंभ किए जाने के द्वारा त्वरित लाभ अर्जित करने में व्यस्त रहे हैं जिनमें माँग करने वाली छात्र संख्या बड़ी है और जिनका प्रारंभ एवं संचालन सस्ता है। संपूर्ण विश्व में, अनेक विदेशी प्रत्यारोपण सूचना प्रौद्योगिकी, व्यावसायिक अध्ययन, तथा सम्बन्धित क्षेत्रों में ही किए गए हैं। अधिकांश विदेशी शिक्षा प्रदाता शीर्ष विश्वविद्यालय नहीं है बल्कि अपने ही देशों के अनुक्रमों में मध्यम अथवा निचले दर्जे के संस्थान हैं। कुछ को स्वदेश में वित्तीय अथवा प्रवेश सम्बन्धी समस्याओं का सामना करना पड़ रहा है और वे उसका समाधान सीमापार उपक्रमों के द्वारा करना चाहते हैं। और कुछ "निम्नतम श्रेणीयुक्त" हैं जो भारत में एक निम्नस्तरीय शिक्षा प्रदान करेंगे। एक वास्तविक मुक्तद्वार मेहमानों के साथ–साथ कीट–पतंगों को भी प्रवेश की अनुमति प्रदान कर देता है। अंतर्राष्ट्रीय अनुभव दर्शाते हैं कि "बाजार" निम्न गुणवत्ता को समझ पाने में सुस्त है–और किसी भी स्थिति में खराब गुणवत्ता के ग्राहक उपलब्ध प्रतीत होते हैं।

मात्र कुछ शीर्ष विश्वविद्यालय ही कुछ संयोजित कारणोंवश भारत आने के इच्छुक होंगे–धन कमाने के लिए और देश में सर्वश्रेष्ठ भारतीय संस्थानों के साथ दीर्घकालीन सम्बन्ध स्थापित करने के लिए–तथा उत्कृष्ट भारतीय छात्रों एवं शिक्षकों की भर्ती के लिए एक आधार उपलब्ध कराने के लिए।

विदेशी संलिप्तता द्वारा सुधार?

कुछ लोगों का तर्क है कि भारत की स्वीकृत रूप से मृतप्राय उच्च शिक्षा प्रणाली को विदेशी प्रत्यारोपणों से सुधारों और उन्नयन की एक आवश्यक खुराक प्राप्त हो सकेगी। यह पूर्णत एक असंभावित निदान है। विचारशील भारतीय जानते हैं कि इस प्रणाली में क्या गलत है, और अनेक उच्च–स्तरीय जाँचों, जिनमें हाल ही की ज्ञान आयोग की जाँच भी शामिल है, के द्वारा सुधार के तरीके उपलब्ध कराए जा चुके हैं। आगे, अनेक भारतीय लोगों के पास सर्वश्रेष्ठ विदेशी विश्वविद्यालयों के अनुभव उपलब्ध हैं और वे जानते हैं कि काम कैसे करना है। सुधार अपरिहार्य रूप से अंदर से ही आएगा न कि भारत में संचालन कर रहे कुछ विदेशी संस्थानों से। आगे, विदेशी कार्यक्रमों का ध्यान भारतीय उच्च शिक्षा प्रणाली के सुधार पर केन्द्रित न होकर स्थानीय कॉलेजों और विश्वविद्यालयों के साथ सफल प्रतिस्पर्धा करने पर केन्द्रित रहेगा। न ही विदेशी संस्थान किसी जटिल और अत्यधिक महँगे विश्वविद्यालय की संपूर्ण ठाट–बाट को भारत लाएगें। बल्कि, वे ऐसे विशिष्ट कार्यक्रमों और सुविधाओं को ही भारत में लाएगें जो उनके लिए लाभप्रद हों। जब कोई मेजबान देश, जैसे खाड़ी के देश, संपूर्ण लागत का भुगतान करते हैं मात्र तभी विदेशी विश्वविद्यालय, जैसे कि कतर में कॉर्नेल युनिवर्सिटी मेडिकल स्कूल, संपूर्ण सुविधाओं और महँगे कार्यक्रमों को प्रारंभ करते हैं।

निरंतरता सम्बन्धी समस्याएं

यदि श्री सिब्बल को विश्वास है कि वह सरलतापूर्वक सु–संचालित, शीर्ष गुणवत्तासंपन्न विदेशी विश्वविद्यालयों को भारत में शीघ्र ही स्थापित करवा लेंगे, तो वह गलत हैं। ऐसा संभव है कि कुछ लाभार्जक शिक्षा प्रदाता, जैसे कि लॉरेट एवं अपोलो, इसमें सर्वाधिक रुचि लेंगे। इन संस्थानों, जो अनेक देशों में सफलतापूर्वक संचालन कर चुके हैं, को प्रतिष्ठित संस्थानों के रूप में नहीं देखा जाता। विश्वविद्यालय प्रत्यारोपण के द्वारा प्रायः महत्वपूर्ण संभार–तंत्र सम्बन्धी समस्याओं का सामना किया गया है। इससे संलिप्त एक चुनौती होती है स्वदेशी परिसर से प्रोफेसरों एवं शिक्षकों को विदेशों में शिक्षा प्रदान करने हेतु संतुष्ट करना। वास्तव में, यह आजमाइश विदेशी शिक्षा प्रदाताओं की दुखती रग का काम करती है जो अंततः शिक्षण के लिए स्थानीय शिक्षकों को ही नियुक्त कर देते हैं। भारतीय लोगों के लिए प्रकट रूप से यह पर्याप्त हो सकता है कि वे भारत स्थित विदेशी संस्थानों में स्थानीय प्रोफेसरों द्वारा शिक्षित किए गए हैं; छात्रों को अंततः एक विदेशी डिग्री हासिल हुई हो सकती है किन्तु अंतर्राष्ट्रीय अनुभव नहीं। उतना ही महत्वपूर्ण यह है कि यदि कोई विदेशी संस्थान त्वरित लाभ अर्जित नहीं कर पाता तो वह सबकुछ समेट सकता है और भारत छोड़ सकता है अथवा, वैकल्पिक तौर पर गुणवत्ता कम करते हुए लागतों को घटा सकता है।

अंतर्राष्ट्रीय उदाहरण

भारत विदेशी शाखा परिसरों वाले अन्य देशों तथा अंतर्राष्ट्रीय सहयोगों का अध्ययन कर सकता है। उनमें से कुछ, जिन्होंने थोड़े–बहुत नियंत्रणों के साथ अपने दरवाजों को खोला था, ने पाया है कि उनके बाजारों में प्रवेश करने वाले अधिकांश विदेशी संस्थान निम्नस्तरीय थे। इस्त्रायल का अनुभव इसका उदाहरण है। घरेलू स्तर पर पहुँच तक अवसर के अभाव ने सरकार को विदेशी शिक्षा प्रदाताओं के लिए देश के दरवाजे

खोलने हेतु बाध्य कर दिया। अधिकांश विदेशी संस्थानों ने खराब प्रदर्शन किए और अपने–अपने देशों में भी वे हाशिए पर ही थे। शीघ्र ही इन दरवाजों को बंद कर दिया गया। निश्चित रूप से, हानि उन छात्रों को उठानी पड़ी जिन्होंने खराब गुणवत्ता के लिए बहुत ऊँची कीमतें अदा की थीं।

विदेशी शिक्षा प्रदाताओं की संलिप्तता के सकारात्मक अनुभव रखने वाले अधिकांश देशों ने एक स्पष्ट विनियामक तंत्र तथा संचालन के नियम एवं शर्तों का गठन कर दिया था ताकि बाजार में प्रवेश करने वालों को नियंत्रित किया जा सके। उदाहरणार्थ, चीन ने विदेशी संस्थानों को किसी चीनी संस्थागत साझेदार के साथ सम्बद्ध होना तथा सरकारी स्वीकृति हासिल करना अनिवार्य कर दिया था। इसके बाद भी, कुछ चीनी प्रांतीय एवं स्थानीय अधिकारियों, जो विदेशी सहयोग को स्वीकृत करते हैं, के द्वारा गल्तियाँ कर दी गईं।

जहाँ मंत्री सिब्बल का दावा है कि अन्य देश विश्वविद्यालय अनुदान आयोग अथवा अखिल भारतीय तकनीकी शिक्षा परिषद् जैसे कठोर विनियामक नहीं रखते, वहीं यह दृष्टिकोण इस मामले में लागू होता नहीं प्रतीत होता। अनेक देशों ने कठोर विनियमाक व्यवस्थाएं संचालित की हैं जिन्होंने बहुत अच्छा काम भी किया है। सिंगापुर, जिसके पास विदेशी सहयोग का एक व्यापक सफल इतिहास है, विदेशी शिक्षा प्रदाताओं को कठोरतापूर्वक नियंत्रित करता है तथा कई कार्यक्रमों को समाप्त करने का इच्छुक रहा है, जैसे कि अमेरिका के जॉन्स हॉफकिन्स विश्वविद्यालय के साथ, जिसके बारे में सिंगापुर निवासियों को अनुभव हुआ था कि यह अपने वादों को पूरा नहीं कर रहा है। दक्षिण कोरिया, जापान तथा कुछ अन्य एशियाई देशों के शिक्षा अथवा उसके समकक्ष मंत्रालयों के द्वारा ऐसे लोगों को सावधानीपूर्वक नियंत्रित किया जाता है जो स्थानीय बाजार में प्रवेश कर सकते हैं, और उनके प्रदर्शन की निगरानी की जाती है।

गुणवत्ता आश्वासन एक प्रमुख चिंता रही है, और कुछ देशों ने इस समस्या का समाधान कर लिया है। कुछ देशों के द्वारा अपने खुद के विश्वविद्यालयों के स्तरों की प्रभावी निगरानी की गई है, तथा विदेशी संस्थान अतिरिक्त चुनौतियाँ भी उत्पन्न करते हैं। अमेरिकी शाखा परिसरों की निगरानी अमेरिकी मान्यता प्रदाताओं के द्वारा की जाती है, जिन्होंने पाया है यह कार्य पूरा करना कठिन है। भारत की गुणवत्ता–आश्वासन एजेन्सियाँ विशेषतौर पर प्रभावी रूप से कार्य नहीं करतीं। असंख्य विदेशी प्रत्यारोपणों की निगरानी तथा मूल्यांकन करना इस प्रणाली की क्षमता से परे हो सकता है।

क्या किया जा सकता है?

मंत्री सिब्बल सही हैं कि भारत सदैव के लिए अपने अकादमिक दरवाजों को बंद नहीं रख सकता। आखिरकार, भारत एक वैश्वीकृत दुनिया का प्रगतिशील रूप से एक केन्द्रीय भाग है। हालांकि, सिर्फ दरवाजे खोल दिया जाना एक गंभीर गलती होगी। अनेक अन्य विकासशील देशों की भांति भारत को भी एक स्पष्ट एवं पारदर्शी नीति तथा विनियामक तंत्र की आवश्यकता है। वैश्विक उच्च शिक्षा में भागीदारी हेतु तर्क क्या हैं? भारत के लिए विदेशों से कौन से संस्थान और निवेश उपयुक्त हैं? विदेशी संस्थानों के चयन, निगरानी एवं मूल्यांकन के मानदंड क्या होगें? इन प्रश्नों के उत्तरों तथा इन उत्तरों का साथ देने वाले नीतिगत ढाँचे के बिना दरवाजों को खोल दिया जाना भारत की अकादमिक प्रणाली के लिए दीर्घकालिक समस्याएं उत्पन्न कर देगा।

19

वैश्विक अकादमिक क्रांति: भारत के लिए निहितार्थ

Journal of Educational Planning and Administration
Vol. 25, No. 4 (October), 2011
pp. 301–313

फ़िलिप जी. अल्ट्बाख़*

अंतर्राष्ट्रीय आधार पर उच्च शिक्षा का मासीफिकेशन, एक वैश्विक ज्ञान अर्थव्यवस्था का उदय, निजी उच्च शिक्षा का नाटकीय उद्भव, तथा अनेक देशों में विश्वस्तरीय शोध विश्वविद्यालयों की स्थापना करना प्रमुख वैश्विक प्रवृत्तियाँ हैं। यह "अकादमिक क्रांति" किस प्रकार कार्य करती है और विभिन्न जरुरतमंद देशों को किस तरह प्रभावित करती है यह समझने की आवश्यकता है। अपने विशाल आकार और विश्व की तीसरी सबसे बड़ी शिक्षा प्रणाली के अपने दर्जे के साथ भारत 21वीं सदी के शिक्षा जगत की केन्द्रीय शक्तियों का मुकाबला करने में पीछे छूट गया है।

गत एक अर्द्धशताब्दी के दौरान उच्च शिक्षा की गुंजाइश और विविधता में अभूतपूर्व परिवर्तनों द्वारा चिह्नित एक अकादमिक क्रांति जन्म ले चुकी है। सतत् रूप से जारी तथा गतिशील इस प्रक्रिया को इसके बीच में ही रहते हुए समझा जाना कोई सहज कार्य नहीं है। निःसंदेह, हाल के अतीत की कुछ घटनाएं कम–से–कम 19वीं सदी की घटनाओं के समान ही नाटकीय रही हैं जब, सबसे पहले जर्मनी में फिर अन्य स्थानों पर, शोध विश्वविद्यालयों का उद्भव हुआ था और इसने अंतर्राष्ट्रीय तौर पर विश्वविद्यालयों की प्रकृति को नया रूप प्रदान कर दिया। 20वीं सदी के उत्तरार्द्ध तथा 21वीं सदी के प्रारंभ में हुए अकादमिक परिवर्तन अपनी वैश्विक प्रकृति एवं स्वयं द्वारा प्रभावित संस्थानों एवं लोगों की संख्या के कारण अत्यन्त व्यापक रहे हैं। हमारे विचार में, चार मूलभूत एवं सह–सम्बन्धित शक्तियों ने वर्तमान अकादमिक क्रांति को प्रणोदित किया है–सामूहिक उच्च शिक्षा, वैश्वीकरण, ज्ञान समाज का उदय तथा इसमें शोध विश्वविद्यालयों का महत्व, तथा सूचना प्रौद्योगिकी। बदले में इन शक्तियों ने अतिरिक्त चुनौतियाँ उत्पन्न कर दी हैं जैसे कि निजी क्षेत्र का उदय एवं निजीकरण, जवाबदेही आंदोलन जिसमें आज के उच्च शिक्षा के परिणामों के मापन पर दिया जाने वाला जोर भी शामिल हैं, दूरस्थ शिक्षा, एवं अन्य।

अब, 21वीं सदी के प्रारंभ में, विश्व इस क्रांति का अनुभव कर रहा है। उच्च शिक्षा एक प्रतिस्पर्धापूर्ण उद्यम बन चुका है। अनेक देशों में, छात्रों को विश्वविद्यालयों में दुर्लभ स्थानों के लिए प्रतिस्पर्धा करना अनिवार्य हो चुका है, तथा सभी देशों में शीर्ष संस्थानों में प्रवेश और अधिक कठिन हो चुके हैं। विश्वविद्यालय दर्जे और श्रेणियों तथा सामान्यतः सरकार अथवा निजी स्त्रोतों से निधिकरण के लिए प्रतिस्पर्धा कर रहे हैं। जहाँ शिक्षा

जगत में प्रतिस्पर्धा हमेशा से एक शक्ति रही है और उत्कृष्टता उत्पन्न करने में सहायक हो सकती है, वहीं यह अकादमिक समुदाय, मिशन, तथा परंपरागत मूल्यों की भावना में एक गिरावट में योगदान भी कर सकती है।

मासीफिकेशन (विपुलीकरण) की घटना

21वीं सदी में उच्च शिक्षा की वास्तविकता का केन्द्र है मासीफिकेशन–प्रवेशों में हुआ प्रचुर विस्तार जो गत 30 वर्षों में संपूर्ण विश्व में घटित हो चुका है। मासीफिकेशन का "तर्क" अपरिहार्य है तथा जनसंख्या के एक वृद्धिशील वर्ग के लिए अधिक सामाजिक गतिशीलता, उच्च शिक्षा निधिकरण हेतु एक नए पैटर्न, अधिकांश देशों में प्रगतिशील रूप से विविधीकृत उच्च शिक्षा प्रणालियों, सामान्यतः अकादमिक स्तरों को समग्र तरीके से नीचा करना, एवं अन्य प्रवृत्तियों को अपने साथ शामिल करता है। यहाँ चर्चा की जा रही अनेक प्रवृत्तियों के समान ही जहाँ मासीफिकेशन पूरी तरह से एक नया चरण नहीं है, वहीं उच्च शिक्षा में निरंतर जारी क्रांति की इस "गहन अवस्था" में इसपर अलग–अलग तरीकों से अवश्य विचार करना चाहिए। पहली अवस्था में, उच्च शिक्षा ने सिर्फ माँग–विस्तारित बुनियादी ढाँचे तथा अपेक्षाकृत बड़ी शिक्षक संख्या की पूर्ति करने हेतु संघर्ष किया था। गत दशक के दौरान प्रणालियों ने विविधता के निहितार्थों के साथ संघर्ष करना तथा यह विचार प्रारंभ कर दिया है कि कौन से उप–समूह अभी भी शामिल नहीं किए जा सके हैं और पर्याप्त रूप से सेवित नहीं हैं।

1960 में माध्यमिकोत्तर शिक्षा में भाग ले सकने योग्य आयुवर्ग वाले 40 प्रतिशत लोगों के साथ अमेरिका बड़े पैमाने पर उच्च शिक्षा हासिल करने वाला पहला देश था। जहाँ कुछ विकासशील देश अभी भी इस आयुसमूह के 10 प्रतिशत से भी कम लोगों को शिक्षित कर पा रहे हैं, वहीं लगभग सभी देशों के द्वारा अपनी सहभागिता दरों में नाटकीय वृद्धि की जा चुकी है। पश्चिमी यूरोप और जापान के द्वारा 1980 के दशक में तीव्र वृद्धि का अनुभव किया गया था, जिसके बाद एशिया तथा लातिनी अमेरिका का क्रम था। चीन तथा भारत, जो अपने आयु समूह वाले लोगों में से क्रमशः 20 एवं 10 प्रतिशत भाग को प्रवेश प्रदान करते हैं, वर्तमान समय में विश्व की क्रमशः सबसे बड़ी और तीसरी सबसे बड़ी शिक्षा प्रणालियाँ हैं। आगामी दशकों में इनकी उच्च शिक्षा प्रणालियों में तेजी से विस्तार होगा तथा वास्तव में ये संपूर्ण विश्व की कुल प्रवेश वृद्धि के आधे के निकट पहुँच जाएगीं।

अंतर्राष्ट्रीय आधार पर, तृतीयक शिक्षा में प्रवेश लेने वाले आयुसमूह का प्रतिशत 2000 के 19 प्रतिशत से बढ़कर 2007 में 26 प्रतिशत हो चुका है, जिसमें मध्य तथा उच्चतर आयवर्ग वाले देशों में सर्वाधिक नाटकीय वृद्धि हुई है। संपूर्ण विश्व में आज 15.06 करोड़ से भी अधिक तृतीयक शिक्षा के छात्र मौजूद हैं, जो 2000 की तुलना में मोटे तौर पर 53 प्रतिशत अधिक हैं। निम्न–आय वाले देशों में तृतीयक–स्तरीय सहभागिता में मात्र मामूली वृद्धि ही हो सकी है, जो 2000 के 5 प्रतिशत से बढ़कर 2007 में 7 प्रतिशत हुई है। उप–सहारा अफ्रीका में विश्व की न्यूनतम 5 प्रतिशत की सहभागिता दर है। लातिनी अमेरिका में नामांकन उच्च–आय वाले देशों की तुलना में अभी भी आधे ही हैं। हालांकि, सभी जगह वृद्धि हो रही है, किन्तु नाटकीय परिणामों के साथ।

आगामी दशकों में जनसांख्यकी विकास एवं सुधार के लिए एक प्रेरक शक्ति बनी रहेगी। पैटर्नों एवं भौगोलिक गुंजाइशें परिवर्तित होती रहेंगी, किन्तु बुनियादी जोर बना

रहेगा। 2008 में, आर्थिक सहयोग एवं विकास संगठन के द्वारा 2030 तक की अवधि के लिए कई प्रमुख जनसांख्यिकीय प्रवृत्तियों की पहचान की गई है:

- छात्र सहभागिता में वृद्धि जारी रहेगी, और ऐसा ही उच्च शिक्षा प्रणाली में भी होगा। मात्र कुछ देश ही छात्रों की संख्या में कमी का अनुभव करेंगे।
- अधिकांश विकसित देशों में महिलाएं छात्र आबादी के बड़े भाग का गठन करेंगी और सभी जगहों पर अपनी सहभागिता में भारी वृद्धि करेंगी।
- अंतर्राष्ट्रीय छात्रों, पुराने छात्रों, अंशकालिक छात्रों एवं अन्य प्रकार के छात्रों की बड़ी संख्या मिश्रित छात्र आबादी को और विविधीकृत बना देगी।
- उच्च शिक्षा में सामाजिक आधार का व्यापक होते रहना इस अनिश्चितता के साथ जारी रहेगा कि इससे सामाजिक समूहों के बीच शिक्षा के अवसरों की असमानता किस प्रकार प्रभावित होगी।
- वंचित समूहों के बीच पहुँच के साथ–साथ जागरूकता से सम्बन्धित दृष्टिकोण एवं नीतियाँ परिवर्तित हो जाएगीं तथा राष्ट्रीय बहसों का और अधिक केन्द्रीय हिस्सा बन जाएगीं।
- अकादमिक पेशा और अधिक अंतर्राष्ट्रीयकरण की ओर उन्मुख तथा गतिशील हो जाएगा किन्तु यह अभी भी राष्ट्रीय परिस्थितियों के अनुरूप संरचित बना रहेगा।
- अकादमिक पेशे की गतिविधियाँ तथा भूमिकाएं और अधिक विविधीकृत एवं विशेषज्ञता संपन्न बन जाएगीं और विविधतापूर्ण रोजगार अनुबंधों के अधीन होंगी।
- अनेक विकासशील देशों के लिए, विश्वविद्यालय शिक्षकों की आवश्यकता की सदैव बढ़ती हुई संख्या का अर्थ यह होगा कि समग्र योग्यता, जो अभी कहीं नीची है, में बहुत अधिक सुधार नहीं आ सकेगा, और अनेक देशों में अंशकालिक शिक्षकों पर वर्तमान निर्भरता जारी रहेगी (ओईसीडी 2008)।

चित्र 1 तृतीयक सकल नामांकन अनुपात, भौगोलिक क्षेत्र के अनुसार प्रतिशत, 2000 एवं 2007

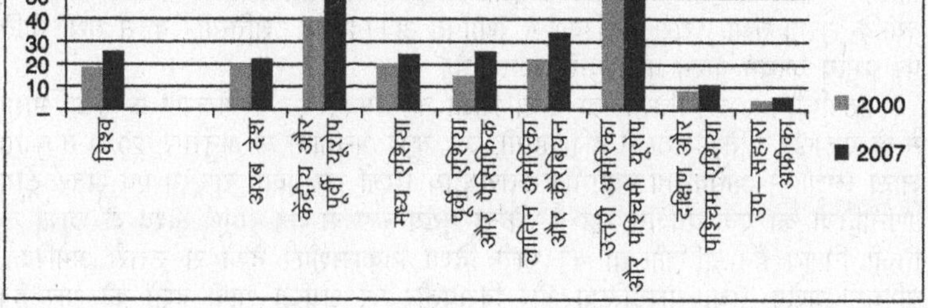

स्रोतः UNESCO Institute of Statistics, 2009.

वैश्वीकरण एवं अंतर्राष्ट्रीयकरण

वैश्वीकरण, जो 21वीं सदी की एक प्रमुख वास्तविकता है, के द्वारा उच्च शिक्षा को पहले ही गहनतापूर्वक प्रभावित किया जा चुका है। इस रिपोर्ट में, हमारा सम्बन्ध इस तथ्य से है कि यह विश्वविद्यालयों को किस प्रकार प्रभावित करती है। हम वैश्वीकरण को एक प्रगतिशील एकीकृत अंतर्राष्ट्रीय अर्थव्यवस्था, नई सूचना एवं संचार प्रौद्योगिकी, एक अंतर्राष्ट्ररीय ज्ञान नेटवर्क के उद्भव, अंग्रेजी भाषा की भूमिका, तथा अकादमिक संस्थानों के नियंत्रण से परे की शक्तियों द्वारा आकार प्रदान की गई वास्तविकता के रूप में परिभाषित करते हैं। अंतर्राष्ट्रीयकरण को ऐसी नीतियों और कार्यक्रमों के रूप में परिभाषित किया जाता है जिसे वैश्वीकरण की प्रतिक्रिया में विश्वविद्यालयों एवं सरकारों के द्वारा लागू किया जाता है। इनमें छात्रों को विदेश अध्ययन हेतु भेजा जाना, विदेशों में शाखा परिसर स्थापित करना, पाठ्यक्रम का अंतर्राष्ट्रीयकरण करना, अथवा अंतर्राष्ट्रीय साझेदारियों में संलिप्त होना शामिल हो सकता है।

विश्वविद्यालय हमेशा ही अंतर्राष्ट्रीय प्रवृत्तियों से प्रभावित होते रहे हैं और एक निश्चित स्तर तक अकादमिक संस्थानों, विद्वानों, एवं शोध के एक वृहद् अंतर्राष्ट्रीय समुदाय के अंदर ही कार्य करते रहे हैं। फिर भी, 21वीं सदी की वास्तविकताओं के द्वारा वैश्विक संदर्भ के महत्व में बहुत वृद्धि कर दी गई है। वैज्ञानिक संवाद की प्रमुख भाषा के रूप में अंग्रेजी का उत्थान अप्रत्याशित है क्योंकि मध्ययुगीन यूरोप में अकादमिक जगत में लैटिन भाषा की प्रधानता थी। सूचना एवं संचार प्रौद्योगिकी ने तात्कालिक संपर्क के सार्वभौमिक साधन उत्पन्न कर दिए हैं तथा वैज्ञानिक संवाद को सरल बना दिया है। इसी के साथ, इन परिवर्तनों ने प्रकाशकों, आँकड़ों के संग्रहों, एवं अन्य प्रमुख संसाधनों को सर्वाधिक शक्तिशाली विश्वविद्यालयों एवं कुछ ऐसी बहुराष्ट्रीय कंपनियों के हाथों में केन्द्रित करने में सहायता प्रदान की है जो लगभग विशिष्टतौर पर विकसित देशों में ही स्थित हैं।

विकसित विश्व में ''संपन्न'' लोगों के लिए उच्च शिक्षा का वैश्वीकरण अध्ययन एवं शोध के ऐसे नए अवसरों को प्रस्तुत करता है जो अब राष्ट्रीय सीमाओं के बंधनों द्वारा सीमित नहीं रह गए हैं। विकासशील देशों में अनेक लोगों के लिए यह प्रवृत्ति राष्ट्रीय संस्कृति एवं पहचान पर एक हमले का प्रतिनिधित्व करती है। निःसंदेहात्मक रूप से यह दोनों ही है। सबसे अंत में, 25 लाख छात्रों, असंख्य विद्वानों, डिग्री कार्यक्रमों, और यहाँ तक कि संपूर्ण विश्व में गतिशील विश्वविद्यालयों के साथ भी अंतर्राष्ट्रीय सहयोग एवं समझौतों की आवश्यकता बनी हुई है। किन्तु ऐसे समझौते, जैसा कि विश्व व्यापार संगठन के सेवा में व्यापार पर आम समझौता (गेट्स) तथा गुणवत्ता आश्वासन के आम मानकों के कार्यान्वयन के मामले में हुआ है, गहरी असमानताओं के बीज बो सकते हैं क्योंकि यूरोप तथा उत्तरी अमेरिका में स्थापित अकादमिक ''शक्तियाँ'' बहस तथा नीति पर प्रभुत्व कायम करने की प्रवृत्ति रखती हैं।

अंतर्राष्ट्रीय छात्र गतिशीलता उच्च शिक्षा के समकालीन वैश्वीकरण के मुख्य भागों में से एक है। गतिशीलता में वृद्धि होगी, जो, कुछ अनुमानों के अनुसार, 2020 तक 70 लाख छात्रों से अधिक हो जाएगी। अंतर्राष्ट्रीय छात्रों का प्रवाह राष्ट्रीय एवं अंतर्राष्ट्रीय रणनीतियों का एक प्रदर्शन रहा है–किन्तु मुख्य रूप से यह संपूर्ण विश्व के छात्रों के निजी निर्णय हैं। गतिशीलता की भारी दिशा विकासशील देशों से उत्तरी अमेरिका, पश्चिमी यूरोप, तथा ऑस्ट्रेलिया और विशेषतौर पर अंग्रेजी–भाषी देशों की ओर है। एशिया सबसे बड़ा प्रेषक क्षेत्र है। हालांकि, यूरोपीय संघ के अंदर तथा एशियाई

देशों में बीच गतिशीलता का महत्व बढ़ रहा है। वैश्विक आधार पर, अंतर्राष्ट्रीय छात्र गतिशीलता व्यापकतौर पर दक्षिण–उत्तर प्रवृत्ति को दर्शाती है।

अंतर्राष्ट्रीयकरण क्षेत्रीय एवं अंतर्राष्ट्रीय स्तरों पर प्रमुख रहा है। यूरोप में बोलोगना प्रक्रिया तथा लिस्बन रणनीति इस स्तर पर अंतर्राष्ट्रीय संलिप्तता के स्पष्ट उदाहरण हैं, जिनमें से पहले वाले के द्वारा एक यूरोपीय उच्च शिक्षा क्षेत्र का निर्माण किए जाने में समर्थ होने की स्वैच्छिक प्रक्रिया में 40 से भी अधिक देशों को शामिल किया गया है। यह विश्व में अन्य स्थानों के लिए ऐसे ही प्रयासों हेतु एक संदर्भ बन चुका है (लातिनी अमेरिका में एनलेसेस (ENLACES), अफ्रीकी संघ तथा अन्य विश्वविद्यालयों में एक सुसंगत रणनीति का विकास)।

गत दशक अंतर्राष्ट्रीय तौर पर संचालित किए जा रहे कार्यक्रमों एवं संस्थानों की संख्या में एक वास्तविक विस्फोट का भी साक्षी रहा है। कतर, सिंगापुर, तथा संयुक्त अरब अमीरात ऐसे देशों के उत्कृष्ट उदाहरण हैं जिन्होंने राष्ट्रीय नीति के तौर पर अंतर्राष्ट्रीयकरण को जोरदार तरीके से प्रोत्साहित किया है; उन्होंने अपने क्षेत्रों के लिए उच्च शिक्षा "केन्द्रों" के रूप में स्थानीय छात्र आबादी के लिए पहुँच का विस्तार करने तथा उन्हें सेवा प्रदान करने के उद्देश्य के साथ स्थानीय परिसर स्थापित करने हेतु विदेशी विश्वविद्यालयों का चयन किया है। किन्तु विश्व के सर्वाधिक खराब एवं संसाधनों से सर्वाधिक वंचित संस्थानों के लिए अंतर्राष्ट्रीय संलिप्तता के अवसर अत्यधिक सीमित हो सकते हैं।

गत कई दशकों के दौरान राष्ट्रीय उच्च शिक्षा प्रणालियों के साथ–साथ देशों की अंदरूनी शिक्षा प्रणालियों के बीच असमानता बढ़ चुकी है। अकादमिक विश्व को हमेशा से केन्द्रों एवं परिधियों द्वारा निरूपित किया जाता रहा है। सामान्यतः, अपनी शोध सम्बन्धी शक्तियों और उत्कृष्टता सम्बन्धी ख्याति के कारण सर्वाधिक शक्तिशाली विश्वविद्यालयों को केन्द्रों के रूप में देखा जाता है। उदाहरणार्थ, अफ्रीकी विश्वविद्यालयों को वैश्विक उच्च शिक्षा के मंच पर अपने कदम जमाना अत्यधिक चुनौतीपूर्ण एवं जटिल प्रतीत हुआ है। वे मुश्किल से ही अंतर्राष्ट्रीय संस्थागत श्रेणीकरण एवं संघटन–सारणियों में स्थान प्राप्त कर पाते हैं और विश्व के कुल शोधकार्य का एक अत्यन्त छोटा प्रतिशत ही संपन्न कर पाते हैं।

केन्द्र–परिधि सक्रियता के चारों ओर के तनाव में वृद्धि हो रही है। विकासशील देश प्रायः "केन्द्र" स्थित परंपरागत विश्वविद्यालय के समकक्ष के विश्वस्तरीय विश्वविद्यालय प्राप्त करने की इच्छा रखते हैं। अकादमिक संस्थानों एवं डिग्री कार्यक्रमों के श्रेणीकरण का वर्तमान उन्माद इस तनाव में वृद्धि कर देता है। संस्थागत श्रेणीकरण द्वारा उन विश्वविद्यालयों का पक्ष लिया जाता है जो शिक्षा तथा शोध की मुख्य भाषा के रूप में अंग्रेजी का उपयोग करते हैं तथा जिनके पास विषयों एवं कार्यक्रमों की एक लंबी श्रृंखला तथा शोधकार्यों के लिए सरकार तथा अन्य संसाधनों से प्रचुर मात्रा में निधिकरण उपलब्ध होते हैं। इन श्रेणीकरणों के पास कार्यविधि सम्बन्धी समस्याएं हैं, किन्तु उनका व्यापक एवं प्रभावशाली उपयोग किया जाता है तथा इनके अदृश्य होने के कोई संकेत मौजूद नहीं हैं।

देशों तथा विश्वविद्यालयों की संपदा भी किसी विश्वविद्यालय अथवा अकादमिक प्रणाली की गुणवत्ता तथा केन्द्रीयता के निर्धारण में एक प्रमुख भूमिका निभाती है। यह विकासशील देशों को एक महत्वपूर्ण हानि की स्थिति में ला देती है और विस्तारित नामाकंनों की दुविधाग्रस्त अधिकांश शिक्षा प्रणालियों तथा शीर्ष–गुणवत्तायुक्त शोध विश्वविद्यालयों के सहयोग की आवश्यकता पर विशेष तनाव डाल देती है।

पहुँच में असमानताएं

हाल के वर्षों में अनेकों नीतिगत पहलों के बावजूद व्यापक माध्यमिकोत्तर सहभागिता से समाज के सभी वर्गों को एकसमान लाभ नहीं प्राप्त हो सके हैं। 15 देशों में हाल ही में किया गया एक तुलनात्मक अध्ययन प्रदर्शित करता है कि अधिक समावेशन के बावजूद लगभग सभी देशों में अधिकारसंपन्न वर्गों के द्वारा सापेक्षिक तौर पर अपनी लाभदायक स्थिति को बनाए रखा गया है।

किसी भी देश के सभी वर्गों को उच्च शिक्षा प्रदान किए जाने का अर्थ है इतिहास, संस्कृति एवं आर्थिक ढाँचे में गहराई से जड़े जमाए हुई उन सामाजिक असमानताओं के साथ संघर्ष करना जो किसी भी व्यक्ति की प्रतिस्पर्धात्मक योग्यता को प्रभावित करती हैं। भूगोल, संपदा तथा संसाधनों का असमान बँटवारा सभी कुछ आबादी समूहों के नुकसान में योगदान करते हैं। दूरस्थ अथवा ग्रामीण क्षेत्रों में रहने वाली जनसंख्या एवं स्वदेशी समूहों के लिए सहभागिता की प्रवृत्ति राष्ट्रीय औसत से नीचे बनी हुई है।

अनेक सरकारों के द्वारा पहुँच में वृद्धि करने के उपाय लागू किए गए हैं: मेक्सिको के शिक्षा मंत्रालय द्वारा कुछ सफलताओं के साथ वंचित क्षेत्रों में अतिरिक्त शैक्षणिक सेवाएं विकसित किए जाने में निवेश किए गए हैं: कुल नामांकित छात्रों का 90 प्रतिशत भाग अपने परिवारों में उच्च शिक्षा प्राप्त करने वाला पहला सदस्य है तथा 40 प्रतिशत आर्थिक रूप से पिछड़े क्षेत्रों में निवास करते हैं। घाना, केन्या, तथा तंजानिया में की गई पहलों के द्वारा महिला नामांकनों में वृद्धि हेतु महिलाओं के लिए न्यूनतम प्राप्तांकों में कटौती कर दी गई हैं। भारत सरकार वंचित जातियों, जनजातियों एवं अन्य समूहों के लिए स्थान आरक्षित करने हेतु विश्वविद्यालयों को उपकृत करती है। इससे मामूली सुधार हुए हैं किन्तु निचली जातियों, ग्रामीण लोगों, और मुसलमानों में भागीदारी आम जनसंख्या की तुलना में अभी भी कम ही है। ब्राजील ने विश्वविद्यालयों को विकलांगों तथा एफ्रो–ब्राजीलियाई छात्रों के लिए स्थान आरक्षित करने के आदेश जारी कर दिए हैं।

यहाँ तक कि जिन देशों में नामांकन बहुत अधिक हैं वहाँ भी असमानताएं मौजूद हैं: अमेरिका में, अल्पसंख्यक छात्रों की सहभागिता दर का पीछे बने रहना जारी है। सामुदायिक कॉलेजों ने तृतीयक शिक्षा को अधिक पहुँचयोग्य बना दिया है, किन्तु शोध दर्शाता है कि सामुदायिक कॉलेजों के छात्रों के द्वारा 4–वर्षीय डिग्री कार्यक्रम को जारी रखे जाने की संभावना व्यापकतौर पर छात्र की सामाजिक–आर्थिक स्थिति द्वारा निर्धारित की जाती है, चाहे वह किसी भी नस्ल अथवा प्रजाति का क्यों न हो। ब्रिटेन पहुँच को, विशेषतौर पर अपने शीर्ष विश्वविद्यालयों तक, व्यापक बनाए जाने के सम्बन्ध में चिन्तित है।

लागत पहुँच के प्रति एक भारी बाधा बनी हुई है। यहाँ तक कि जहाँ शिक्षण निःशुल्क है, वहाँ भी छात्रों को अप्रत्यक्ष लागतों जैसे, जीवनयापन व्यय तथा प्रायः आय की हानि आदि को वहन करना होता है। छात्रवृत्तियाँ, अनुदान, एवं/अथवा ऋण कार्यक्रम कुछ सफलता का प्रदर्शन अवश्य कर रहे हैं किन्तु वे अपने आपसे आर्थिक बाधाओं को दूर नहीं कर सकते। ऋण का भय गरीब पृष्ठभूमि वाले छात्रों के लिए सबसे बड़ा निरोधक होता है। आय–आकस्मिक ऋण योजनाएं (जिनमें पुनभुगतान स्नातकोत्तर आमदनी से जुड़ा होता है) ऑस्ट्रेलिया, न्यूजीलैंड, तथा दक्षिण अफ्रीका में लोकप्रियता हासिल कर चुकी हैं किन्तु ये अभी भी मात्र मध्य एवं निम्न–मध्यवर्गीय छात्रों के लिए ही अधिक आकर्षक हैं। मेक्सिको के द्वारा एक ऐसे ऋण कार्यक्रम को प्रारंभ किया गया है जो परिवारों के एक बड़े वर्णक्रम को निजी क्षेत्र तक अधिक

पहुँच प्रदान करने वाला है। चिली ने एक ऐसा नया ऋण कार्यक्रम लागू किया है जो निम्न–आय वाले परिवारों के छात्रों को अपना लक्ष्य बनाता है।

शिक्षण, अधिगम, एवं पाठ्यक्रमः दृढ़ता एवं प्रासंगिकता

पहुँच ''प्रवेश प्राप्ति'' से अधिक महत्वपूर्ण होती है। असली प्रगति सभी आबादी समूहों के लिए पूर्ति के स्तर पर निर्भर करती है। यहाँ आँकड़े दुर्लभ हैं। किन्तु जो कुछ भी स्पष्ट है वह यह कि प्रगतिशील रूप से एक विविधतापूर्ण छात्र निकाय अकादमिक सहयोग एवं अध्यापन–कला के प्रति नवाचारी दृष्टिकोणों हेतु नई प्रणालियों को लागू किए जाने हेतु दबाव भी उत्पन्न करता है। शोध प्रदर्शित करते हैं कि शिक्षण किस प्रकार से कक्षाओं में छात्रों की संलिप्तता को प्रभावित करते हैं। उदाहरणार्थ, मेक्सिको के द्वारा स्वदेशी दर्शन, संस्कृतियों, भाषाओं तथा इतिहासों पर आधारित नए ''अंतरसांस्कृतिक विश्वविद्यालयों'' की स्थापना की गई है। छात्र विविधता ने भी अनेक पेशोन्मुख कार्यक्रमों एवं संस्थान की लोकप्रियता की वृद्धि में योगदान किया है, उल्लेखनीय रूप से व्यवसाय तथा सूचना एवं संचार प्रौद्योगिकी के क्षेत्रों में। हालांकि अधिकांश दुनिया में यह सुनिश्चित करने सम्बन्धी चुनौती, कि विविधितापूर्ण छात्र आबादी अकादमिक कार्यक्रमों को पूरा करे और एक परिवर्तनशील अर्थव्यवस्था के लिए कौशल के अर्थों में तैयार हो सके, का सामना अभी भी आंशिकतौर पर ही किया जा सका है।

गुणवत्ता आश्वासन, जवाबदेही, तथा योग्यता की रूपेरखाएं

उच्च शिक्षा में गुणवत्ता आश्वासन अनेक देशों में नीतिगत एजेंडे के शीर्ष पर पहुँच चुका है तथा इसकी प्रमुखता अंतर्राष्ट्रीयतौर पर बढ़ रही है। माध्यमिकोत्तर शिक्षा को छात्रों को नए कौशलों, तथा एक अधिक जटिल एवं परस्पर–आश्रित विश्व में प्रवेश करने हेतु एक व्यापक ज्ञान आधार तथा दक्षता की एक श्रृंखला के साथ तैयार करना पड़ रहा है। संपूर्ण विश्व इन उद्देश्यों को ऐसे शब्दों में परिभाषित करने हेतु संघर्षरत् हैं जिन्हें समझा, मापा, तथा सीमापार के देशों एवं संस्कृतियों के साथ साझा किया जा सके। वैश्वीकरण, क्षेत्रीय एकीकरण, तथा छात्रों एवं विद्वानों की सतत्–प्रगतिशील गतिशीलता के द्वारा ऐसे पारदर्शी गुणवत्ता आश्वासन व्यवस्थाओं की आवश्यकता पर बल दिया गया है जिन्हें सीमापार देशों में समझा जा सकता हो। परंपरागत संस्थानों और नए शिक्षा प्रदाताओं–जैसे, दूरस्थ शिक्षा आधारित कार्यक्रमों एवं निजी कॉलेजों एवं विश्वविद्यालयों (लाभार्जक सहित)–दोनों की विस्फोटक वृद्धि गुणवत्ता के स्तरों के सम्बन्ध में नए प्रश्न प्रस्तुत कर रही है। अत्यन्त स्वाभाविक रूप से, उच्च शिक्षा के ''उपभोक्ता'' (छात्र, माता–पिता, नियोक्ता) संस्थानों तथा उनके द्वारा प्रदान की जाने वाली शिक्षाओं के किसी न किसी प्रकार के प्रमाणीकरण की माँग करने लगे हैं।

यद्यपि गुणवत्ता एक बहुआयामी धारणा है, तथापि अधिकांश विश्व में उच्च शिक्षा के मूल्यांकन के लिए एक पैटर्न स्थापित किया जा चुका है। पुरानी लकीर को तोड़ते हुए, यह नया पैटर्न सरकारी अधिकारियों के बाजाए समकक्षियों पर भरोसा करने की प्रवृत्ति रखता है। संस्थानों का मूल्यांकन किसी विनियामक एजेन्सी के द्वारा परिभाषित किसी संस्थागत मॉडल के बजाय उनके स्व–परिभाषित मिशन के विरुद्ध किया जाता है। अनेक मामलों में, अनेक सरकारी एवं अर्द्धसरकारी एजेन्सियों के विनियामक कार्य प्रमाणनकर्ता की भूमिका में परिवर्तित हो चुके हैं। उच्च शिक्षा के ''परिणामों'' पर भी

एक वृद्धिशील जोर दिया जा रहा है। मूल्यांकनकर्ता ऐसे नए आँकड़ों तथा संकेतों की तलाश कर रहे हैं जो यह प्रदर्शित करते हों कि छात्रों ने अपनी शिक्षा के परिणामस्वरूप विशिष्ट उद्देश्यों में महारथ हासिल कर ली है। ये नई पहलें, जिनमें से अधिकांश अपनी प्रारंभिक अवस्थाओं में ही हैं, जवाबदेही पर बढ़ते हुए जोर से भी जुड़ी हुई हैं। उन्हें बहुत अधिक विकसित करने की आवश्यकता होगी क्योंकि शैक्षिक परिणामों की सटीक परिभाषा और मापन कठिन होता है, और इनमें से किसी भी मात्रिक अथवा कार्यविधि का पूर्ण निर्धारण नहीं किया गया है।

उच्च शिक्षा का वित्तपोषण एवं सार्वजनिक कल्याण/निजी कल्याण सम्बन्धी बहस

उच्च शिक्षा को प्रगतिशील रूप से आर्थिक विकास के एक प्रमुख इंजन के रूप में देखा जा रहा है। सरकार के कर राजस्व उच्च शिक्षा की बढ़ती हुई लागतों का साथ नहीं दे पा रहे हैं। जहाँ निःशुल्क अथवा उच्च आर्थिक सहायता प्राप्त तृतीयक शिक्षा तक पहुँच प्रदान किए जाने की परंपरा रही है वहीं छात्रों की संख्या में होने वाली वृद्धि के द्वारा प्रणाली के लिए एक बड़ी चुनौती प्रस्तुत कर दी गई है। वित्तीय अर्थों में, उच्च शिक्षा एवं व्यापक समाज के बीच "सामाजिक अनुबंध" के बुनियादी पुनर्गठन हेतु प्रणाली पर दबाव डालते हुए यह एक गैर–टिकाऊ मॉडल बन चुका है। माता–पिता तथा/अथवा छात्र वृद्धिशील रूप से शिक्षण एवं अन्य शुल्कों के लिए उत्तरदायी होते जा रहे हैं। यहाँ तक कि पश्चिमी यूरोप, जो निःशुल्क सार्वजनिक उच्च शिक्षा का गढ़ रहा है, में भी शिक्षण शुल्क अब मात्र कुछ उत्तरी यूरोपीय देशों को छोड़कर सभी देशों में माध्यमिकोत्तर शिक्षा के निधिकरण का हिस्सा बन चुके हैं।

पारंपरिकतौर पर, माध्यमिकोत्तर शिक्षा *सार्वजनिक कल्याण* का कार्य रही है जो नागरिकों को शिक्षित किए जाने, मानव पूँजी में सुधार किए जाने, नागरिक संलिप्तता को प्रोत्साहित किए जाने, तथा आर्थिक विकास को बढ़ावा दिए जाने के द्वारा समाज के प्रति योगदान करती रही है। गत अनेक दशकों में, उच्च शिक्षा को प्रगतिशील रूप से *निजी कल्याण* के रूप में देखा जाने लगा है, जो व्यापकतौर पर व्यक्तियों के लिए लाभदायक हो चुकी है, जिसका निहितार्थ यह है कि अकादमिक संस्थान, एवं उनके छात्रों को माध्यमिकोत्तर शिक्षा की लागत के एक बड़े भाग का भुगतान करना होगा। मासीफिकेशन के कारण वित्तपोषण में कमियों का यह भी अर्थ रहा है कि उच्च शिक्षा प्रणालियाँ एवं संस्थान अपने स्वयं के राजस्व के बड़े प्रतिशत को उत्पन्न करने हेतु निरंतर उत्तरदायी बनते जा रहे हैं। यह बहस मात्र मासीफिकेशन की वित्तीय चुनौतियों के कारण ही नहीं बल्कि कभी राज्य द्वारा प्रदान की जाने वाली सेवाओं के अधिकाधिक निजीकरण की दिशा में बढ़ रही व्यापक राजनीतिक रुचि के कारण भी बढ़ी है। लागतों की वसूली, उच्चतर शिक्षा, तथा विश्वविद्यालय–उद्योग संपर्क पर बढ़ता हुआ जोर भी परंपरागत सामाजिक भूमिका एवं उच्च शिक्षा के सेवाकार्य के साथ टकरा जाता है। कुछ विश्वविद्यालय प्रकाशनगृहों, पत्रिकाओं, थियेटर समूहों, गैरव्यावसायिक रेडियो एवं टेलीविजन चैनलों को प्रायोजित करते हैं, और अनेक अन्य तरीकों से प्रमुख बौद्धिक केन्द्रों के रूप में कार्य करते हैं। ये भूमिकाएं विशेषतौर पर कमजोर सामाजिक एवं सांस्कृतिक बाजारों वाले देशों में महत्वपूर्ण हैं और जहाँ कुछ संस्थान स्वतंत्र बहस एवं वार्ताओं को बढ़ावा दे रहे हैं।

आर्थिक संकट, मासीफिकेशन, एवं निजी–कल्याण तर्क की व्यापक स्वीकार्यता संपूर्ण विश्व में उच्च शिक्षा के बढ़ते हुए निजीकरण, अध्ययन की स्थितियों में गिरावट, अकादमिक पेशे की समस्याओं, तथा अकादमिक जगत की सामान्य निर्धनता का कारण रही है। उप–सहारा अफ्रीका में मितव्ययिता सर्वाधिक पंगु कर देने वाली रही है, किन्तु संपूर्ण विकासशील विश्व तथा संचरण से गुजर रहे देशों में यह गंभीर बनी हुई है तथा इसने अमीर देशों को भी प्रभावित किया है। इन वित्तीय दबावों की प्रतिक्रिया में, विश्वविद्यालय एवं राष्ट्रीय प्रणालियों के द्वारा लागत पर तथा माँग पक्ष पर समाधान की माँग की गई है। इनमें से सर्वप्रथम–कक्षाओं के आकार तथा शिक्षण भार में वृद्धि, अल्पलागत वाले अंशकालिक संकाय को पूर्णकालिक अकादमिक शिक्षकों के द्वारा प्रतिस्थापित करना–कठिन, अकादमिक रूप से समस्यापूर्ण, और भारी प्रतिरोध का विषय है।

राजस्व पक्ष सम्बन्धी नीतिगत समाधानों में लागत को साझा करना शामिल है–जो सामान्यतः शिक्षण शुल्क एवं अन्य "उपभोक्तता प्रभारों" से जुड़ा है। शिक्षण शुल्क ऐसे देशों में लागू किया जा चुका है जहाँ उच्च शिक्षा पहले निःशुल्क अथवा लगभग निःशुल्क थी (1997 में चीन, 1998 में ब्रिटेन, 2001 में आस्ट्रिया, एवं अन्य)। अनेकों देशों, सर्वाधिक उल्लेखनीय रूप से उप–सहारा अफ्रीका एवं मध्य तथा पूर्वीय यूरोप, के द्वारा छात्रों के रहने के खर्चों में भारी वृद्धि की जा चुकी है।

कुछ देशों–उल्लेखनीय रूप से जापान, दक्षिण कोरिया, फिलिप्पीन्स, इंडोनेशिया, ब्राजील, एवं अन्य–ने सार्वजनिक क्षेत्र को सापेक्षिकतौर पर चयनात्मक और अभिजात्य बनाए रखा है, जिससे बड़ी संख्या वाले नामांकन का बोझ निजी उच्च शिक्षा की ओर स्थानान्तरित हो गया है।

निजी क्षेत्र की क्रांति

संपूर्ण विश्व में निजी उच्च शिक्षा का विकास गत कई दशकों की सर्वाधिक उल्लेखनीय घटनाओं में से एक रहा है। आज, वैश्विक उच्च शिक्षा का लगभग 30 प्रतिशत नामांकन निजी क्षेत्र में है। अनेक देशों में कई शताब्दियों से निजी शिक्षा विद्यमान रही है और परंपरागततौर पर जापान, दक्षिण कोरिया, एवं फिलिप्पीन्स जैसे पूर्वीय एशियाई देशों में एक प्रभुत्वशाली शक्ति रही है, तथा, निश्चित रूप से अमेरिकी उच्च शिक्षा परिदृश्य का एक प्रमुख भाग भी रही है, किन्तु वैश्विक आधार पर यह एक मामूली तत्व थी। अब निजी उच्च शिक्षा संस्थान, जिनमें से अधिकांश लाभार्जक अथवा अर्द्ध–लाभार्जक हैं, संपूर्ण विश्व में सर्वाधिक तेजी से विकसित हो रहे इस क्षेत्र का प्रतिनिधित्व करते हैं। 70 प्रतिशत से भी अधिक निजी नामांकनों वाले देशों में शामिल हैंः इंडोनेशिया, जापान, फिलीपीन्स, दक्षिण कोरिया, तथा ताईवान। आज निजी क्षेत्र मेक्सिको, ब्राजील एवं चिली जैसे देशों में कुल छात्र आबादी के आधे से अधिक भाग को शिक्षा प्रदान कर रहा है। मध्य एवं पूर्वीय यूरोप तथा भूतपूर्व सोवियत संघ के देशों के साथ–साथ अफ्रीका में भी निजी विश्वविद्यालयों का तीव्र गति से विस्तार हो रहा है। चीन तथा भारत के पास भी महत्वपूर्ण रूप से बड़ा निजी क्षेत्र मौजूद है।

सामान्यतौर पर, निजी क्षेत्र "माँग अवशोषक" है–जो ऐसे छात्रों को पहुँच प्रदान करता है जो सार्वजनिक संस्थानों के योग्य न हों अथवा अधिक भीड़ के कारण अन्य विश्वविद्यालयों में स्थान नहीं प्राप्त कर पाए हों। जहाँ कुछ चयनात्मक निजी विश्वविद्यालय भी मौजूद हैं, वहीं सामान्यतः निजी क्षेत्र एक बड़ी ग्राहकी को सेवा प्रदान

करता है तथा इसे प्रतिष्ठित के तौर पर नहीं देखा जाता। कानूनी तौर पर लाभार्जक संस्थान एक छोटे उच्च शिक्षा उप–क्षेत्र का गठन करते हैं, किन्तु विकासशील क्षेत्रों में इनका विकास उल्लेखनीय रहा है। इस क्षेत्र का संचालन अधिकांशतः व्यावसायिक मॉडल पर किया जाता है, जिसमें शक्तियाँ एवं अधिकार मंडलों एवं मुख्य कार्यकारियों में निहित होते हैं तथा शिक्षकों के पास बहुत कम अधिकार अथवा प्रभाव उपलब्ध होते हैं। छात्रों को ग्राहक के रूप में देखा जाता है।

इसी से सम्बन्धित एक प्रवृत्ति है सार्वजनिक विश्वविद्यालयों का निजीकरण। अमेरिका में, महान सार्वजनिक शोध विश्वविद्यालयों में से अधिकांश को अब राज्य से अपने परिचालन बजट के एक–चौथाई से भी कम धनराशि प्राप्त होती है। उनसे शेष का प्रबंध छात्रों के शिक्षण शुल्क, शोध, विश्वविद्यालय–उद्योग संपर्कों, विश्वविद्यालय–सम्बद्ध उत्पादों की बिक्री, तथा अन्य उद्यमितापूर्ण गतिविधियों से करने की अपेक्षा की जाती है और अनेक प्रकार से ये निजीकृत हो चुके हैं। राजकीय विश्वविद्यालयों का निजीकरण शेष विश्व में से अधिकांश में एक नई घटना है। ऑस्ट्रेलिया एवं चीन जेसे देशों ने अपने विश्वविद्यालयों से अपने स्वयं के राजस्व अर्जित करते हुए अपने परिचालन व्ययों के अधिक भाग को अर्जित करने हेतु कह दिया है। कुछ मामलों में, ऐसे वित्तीय स्रोत संस्थान के व्यवसायीकरण में योगदान करते हैं और विश्वविद्यालय की पारंपरिक भूमिका से संघर्षरत् हो जाते हैं।

सूचना एवं संचार प्रौद्योगिकी

यह स्वाभाविक है कि सूचना एवं संचार प्रौद्योगिकी के विकसित होने से अकादमिक जगत प्रभावित है अथवा, कुछ लोग तर्क देंगे, रूपांतरित हो चुका है। यह कहा गया है कि सूचना प्रौद्योगिकी, दूरस्थ शिक्षा एवं अन्य तकनीकी–आधारित नवाचारों के द्वारा परंपरागत विश्वविद्यालय को अप्रचलित बना दिया जाएगा। हमारे विचार में, परंपरागत विश्वविद्यालयों का अवसान नहीं होगा। परंतु बड़े परिवर्तन हो रहे हैं, और यह 21वीं सदी के अकादमिक रूपांतरण के प्रमुख हिस्सों में से एक है।

इंटरनेट ने वास्तव में ज्ञान के संचार में क्रांति ला दी है। ई–मेल सभी प्रकार की अकादमिक सहक्रियाओं के लिए एक सर्वव्यापी साधन बन चुका है। इलेक्ट्रॉनिक पत्रिकाएं व्यापकता हासिल कर चुकी हैं तथा कुछ क्षेत्रों में बहुत अधिक उपलब्ध हैं। पुस्तकों एवं पत्रिकाओं के परंपरागत प्रकाशक भी प्रगतिशील रूप से अपने प्रकाशनों के वितरण हेतु इंटरनेट का रुख कर रहे हैं। इस प्रवृत्ति के गहन निहितार्थों का परीक्षण स्पष्ट करता है कि इसने "संपन्न" तथा "गरीब" लोगों के बीच के विभाजन में वृद्धि कर दी है। विश्व के कुछ भाग, विशेषतौर पर अफ्रीका, उच्च–गति वाली इंटरनेट पहुँच से अभी भी अल्पसेवित बने हुए हैं। दक्षिण कोरिया एवं सिंगापुर उन देशों में अग्रणी हैं जो उच्च–गति इंटरनेट सेवा तक पहुँच प्रदान कर रहे हैं।

अकादमिक पेशा

अकादमिक पेशा आज जितने में तनाव में है उतना पहले कभी नहीं रहा। मासीफिकेशन की माँगों का प्रत्युत्तर देने की आवश्यकता अनेक देशों में शिक्षकों की औसत योग्यता में गिरावट का कारण बन चुकी है। ऐसा संभव है कि पूरे विश्व के माध्यमिकोत्तर शिक्षकों में से आधों के पास मात्र एक स्नातक डिग्री ही उपलब्ध हो (चीन में अकादमिक पेशे

के मात्र 9 प्रतिशत के पास ही डॉक्टरेट उपलब्ध है, भारत में यह 35 प्रतिशत है)। विकासशील देशों में विशेषतौर पर मामला ऐसा ही है। लातिनी अमेरिका में, शिक्षकों में से 80 प्रतिशत अंशकालिक हैं, जिनके पास किसी प्रकार की रोजगार सुरक्षा अथवा विश्वविद्यालय संलिप्तता उपलब्ध नहीं है, और अमेरिका सहित अन्य स्थानों पर भी अंशकालिक रोजगार एक बढ़ती हुई प्रवृत्ति बनता जा रहा है। अनेक देशों में, विश्वविद्यालय आज ऐसे अंशकालिक शिक्षकों को नियुक्त कर रहे हैं जिनके पास अन्य संस्थानों में पूर्ण–कालिक रोजगार उपलब्ध हैं और इस प्रकार वे किसी भी स्थान को पूर्ण प्रतिबद्धता दे पाने में असमर्थ हैं (उदाहरणार्थ, चीन, विएतनाम एवं युगांडा)। विभिन्न देशों के बीच अकादमिक वेतनों में विविधता बहुत अधिक है जो अधिक भुगतान करने वाले देशों की ओर प्रवासन में योगदान करती है। अनेक देशों में, शिक्षक अपने वेतनों पर गुजारा करने में असमर्थ हैं और उन्हें अतिरिक्त कार्य करना आवश्यक होता है। 15 देशों में अकादमिक वेतनों पर किया गया हाल ही का एक अध्ययन प्रदर्शित करता है कि पूर्णकालिक कर्मचारी अपने वेतनों पर जीवित तो रह सकते हैं किन्तु वे अपने देश में औसत वेतन से अधिक अर्जित नहीं कर पाते (रुम्बले, पाचेको, एवं अल्ट्बाख़ 2008)।

जवाबदेही और आकलन के अर्थों में प्रोफेसर समुदाय अपनी अधिकांश स्वायत्तता गवाँ चुका है। उच्च शिक्षा में अधिकार का पेंडुलम शिक्षकों की ओर से प्रबंधकों तथा नौकरशाहों की ओर चला गया है जिससे विश्वविद्यालय अत्यधिक प्रभावित हुए हैं।

शोध वातावरण

आधुनिक विश्वविद्यालय के तीन मिशनों–शिक्षण, शोध एवं सार्वजनिक सेवा–परस्पर तनावग्रसित हैं। अपनी स्वयं की योजनाओं तथा कार्यक्रमों को विकसित करने की स्वायत्तता का उपयोग करने की सीमा तक विश्वविद्यालयों को प्राथमिकताओं के निर्धारण तथा संसाधनों के आबंटन में उसी प्रकार से कठोर विकल्पों को अपनाना चाहिए जैसे कि सरकारों एवं अन्य एजेन्सियों के द्वारा उच्च शिक्षा के लिए व्यवस्था सम्बन्धी नियोजन हेतु किया जाता है।

शोध विश्वविद्यालय अकादमिक प्रणाली के शिखर पर हैं और वे वैश्विक ज्ञान नेटवर्क में प्रत्यक्षतौर पर संलिप्त हैं। उनके निर्माण के लिए बड़े खर्चों की आवश्यकता होती है तथा उन्हें बनाए रखना बहुत महँगा है। उनकी सुविधाएं, जिसमें प्रयोगशालाएं, पुस्तकालय, तथा सूचना एवं प्रौद्योगिकी सम्बन्धी बुनियादी ढाँचे शामिल हैं, को सर्वोच्च अंतर्राष्ट्रीय स्तर पर बनाए रखा जाना चाहिए। प्रमुख क्षेत्रों, जैसे सूचना प्रौद्योगिकी तथा आयुर्विज्ञान, में शोधकार्य राष्ट्रीय विकास एजेन्सियों के साथ–साथ अलग–अलग संस्थानों की प्रतिष्ठा के लिए अत्यधिक महत्वपूर्ण बन चुके हैं। हाल के वर्षों के दौरान विश्वविद्यालय–आधारित शोध के लिए सरकारी सहयोग में वृद्धि हो चुकी है ताकि जैवप्रौद्योगिकी तथा सूचनाप्रौद्योगिकी जैसे क्षेत्रों में कार्य को प्रोत्साहित किया जा सके। यूरोपीय संघ में, पिछले कुछ वर्षों में कुल उच्च शिक्षा व्यय में से अनुसंधान एवं विकास सम्बन्धी व्ययों के हिस्से में निरंतर वृद्धि होती रही है। आर्थिक सहयोग एवं विकास वाले देशों के संगठन (ओईसीडी) में सरकारी क्षेत्र प्रत्यक्ष अथवा परोक्ष रूप से समस्त अकादमिक शोध के 72 प्रतिशत का वित्तपोषण करता है। विश्वविद्यालय–सरकार–उद्योग के तथाकथित तिहरे गठजोड़ के परिणामस्वरूप विश्वविद्यालय के अंदर महत्वपूर्ण संगठनात्मक परिवर्तन हो चुके हैं। विश्वविद्यालयों के लिए आय के नए स्त्रोतों को उत्पन्न करने हेतु विशेष पद विकसित और समृद्ध बन चुके हैं।

उच्च शिक्षा में बौद्धिक संपदा एक बढ़ती हुई चुनौती है किन्तु विशेषतौर पर शोध विश्वविद्यालयों में। ज्ञान का स्वामित्व किसका होता है? शोध से किसे लाभ होता है? राजस्वों को अधिकतम करने का प्रयास कर रहे विश्वविद्यालय बौद्धिक संपदा–शोध परिणाम जो पेटेंटों, लाइसेंसों, एवं आमदनी का वादा करते हैं–की रक्षा करना चाहते हैं। यह विषय प्रायः ही ऐसे लोगों, जो शोध एवं ज्ञान उत्पन्न करते हैं तथा प्रायोजक जो इससे प्राप्त होने वाले ज्ञान एवं लाभों को नियंत्रित करना चाहते हैं, के बीच जोरदार संघर्ष उत्पन्न कर देता है।

विकासशील विश्व में, द्वितीय विश्वयुद्ध के बाद वैज्ञानिक एवं तकनीकी शोध व्यापकतौर पर राज्य–समर्थित उपक्रम हुआ करते थे जो सरकारी शोध संस्थानों तक सीमित थे। 1990 के दशक में सोवियत संघ के विघटन के बाद से बहुत तेजी से परिवर्तन आया है। हालांकि, सर्वाधिक स्पष्ट परिवर्तन चीन में हुआ है जहाँ विश्वविद्यालय–आधारित शोध को वित्तपोषित किए जाने की प्रवृत्ति काफी कुछ पश्चिम के अनुरूप बन चुकी है। अनेक अन्य मध्यआय वाले तथा विकासशील देश भी अपनी शोध गतिविधियों की संख्या एवं गुणवत्ता में वृद्धि करने के लिए महत्वाकांक्षी एजेंडों को आगे बढ़ा रहे हैं। दक्षिण कोरिया में, 1998 की ब्रेन कोरिया 21 योजना के द्वारा परंपरागत शीर्ष विश्वविद्यालयों के अंदर ही शोध सम्बन्धी प्रयासों के चयन एवं ध्यानकेन्द्रण के सिद्धांत को प्रोत्साहित किया गया है। लातिनी अमेरिका में, विश्वविद्यालय–आधारित शोध का अभी भी कुछ बड़े पैमाने वाले सार्वजनिक विश्वविद्यालयों तक केन्द्रित रहना जारी है। ब्राजीलियाई प्रणाली प्रतिवर्ष कोई 10,000 पीएच.डी. एवं 30,000 परास्नातक डिग्रियाँ प्रदान कर रही है, जो कि 10 वर्षों में हुई 300 प्रतिशत की वृद्धि है। स्नातक कार्यक्रमों को उनकी शोध उत्पादकता के अर्थों में श्रेणीबद्ध किया जाता है और तद्नुसार ही वित्तपोषित किया जाता है।

भारत के लिए निहितार्थ

भारत यहाँ पहचान की जा चुकी प्रवृत्तियों के द्वारा सर्वाधिक नाटकीय रूप से प्रभावित देशों में से है क्योंकि यह अकादमिक प्रगति के मासीफिकेशन के प्रारंभिक चरण में है जबकि इसी समय पर इसकी अर्थव्यवस्था तीव्र गति से विकसित हो रही है। भारतीय उच्च शिक्षा के लिए तनाव एवं चुनौतियाँ सभी जगह स्पष्ट हैं। भारत मुश्किल से ही किसी भी वैश्विक उच्च शिक्षा श्रेणीकरण में स्थान प्राप्त कर पाता है जबकि इसी समय पर इसकी समग्र नामांकन दर चीन एवं अन्य मध्य–आय वाले देशों से बहुत पीछे है। भारत अपनी युवा आबादी के 10 प्रतिशत से कुछ अधिक भाग को ही उच्च शिक्षा तक पहुँच प्रदान कर पाता है, जबकि चीन इस अनुपात के लगभग दोगुने को प्रवेश प्रदान करता है, तथा अधिकांश औद्योगीकृत देश आज इस आयु समूह के 50 प्रतिशत अथवा उससे अधिक युवाओं को शिक्षित कर रहे हैं। इसके अलावा, भारत की शिक्षा पूरी न करने की दर बहुत ऊँची है। भारत के पास शीर्ष पर उच्च गुणवत्तायुक्त शोध आधारित विश्वविद्यालयों का अभाव है, जबकि इसी के साथ–साथ इसे उन लोगों को अभी भी पहुँच प्रदान करना शेष है जो निचली सतहों पर हैं (अल्ट्बाख़ 2009; अल्ट्बाख़ 2006)।

शीर्षस्तर पर चुनिंदा उच्च–गुणवत्तायुक्त माध्यमिकोत्तर शिक्षा के अभाव का विशेष महत्व है जिसकी अर्थव्यवस्था के परिपक्व होने के साथ भारत को तलाश है तथा

उच्च कौशल स्तरों की आवश्यकता सदैव बनी हुई है। भारतीय प्रौद्योगिकी एवं प्रबंधन संस्थान, तथा कुछ अन्य छोटे एवं विशेषज्ञताप्राप्त संस्थान विश्वस्तरीय शिक्षा तो प्रदान कर रहे हैं, किन्तु वे शोध विश्वविद्यालय नहीं हैं और वे छात्रों की एक बहुत छोटी सी संख्या को ही सेवा प्रदान कर पाते हैं। यह तथ्य, कि भारत का कोई भी विश्वविद्यालय "विश्वस्तरीय" नहीं है—और उनमें से किसी के पास भी अंतर्राष्ट्रीय स्तर की प्रतिस्पर्धात्मक सुविधाएं उपलब्ध नहीं हैं। यह शिक्षाविदों के एक छोटे से समूह की प्रतिभा एवं समर्पण का एक साक्ष्य है कि भारत में कई शोध निबंध एवं पेटेंट तैयार किए जाते हैं। यदि एक आधुनिक अर्थव्यवस्था के लिए आवश्यक उच्च शिक्षित कर्मियों एवं शोध उत्पादों का प्रबंध करना है तो भारत को शायद अंतर्राष्ट्रीय तौर पर प्रतिस्पर्धी 50 शोध विश्वविद्यालयों की आवश्यकता होगी। वर्तमान समय में, मात्र कुछ छोटे तथा विशेषज्ञताप्राप्त संस्थानों को छोड़कर अधिकांश भारतीय कॉलेज एवं विश्वविद्यालयों के पास कोई स्पष्ट लक्ष्य मौजूद नहीं है। भारत के 25,000 स्नातक कॉलेजों में से मात्र कुछ के पास कुछ विशिष्ट लक्ष्य अथवा प्रयोजन मौजूद हैं। एक विशिष्ट एवं नवाचारी हैसियत का निर्माण करने के लिए इसके 480 विश्वविद्यालयों को न तो संसाधन और न ही जनादेश उपलब्ध कराए गए हैं। निधिकरण के पैटर्नों के साथ–साथ स्पष्टतौर पर विभेदीकृत मिशन अन्य देशों की सफल अकादमिक प्रणालियों के भाग रहे हैं।

भारत शिक्षा पर सामान्यतौर पर तथा उच्च शिक्षा पर विशेषतौर पर पर्याप्त व्यय नहीं करता। जीडीपी के 1 प्रतिशत से भी कम का व्यय शिक्षा पर किया जाता है जो अनेक विशेषज्ञों द्वारा 5 प्रतिशत हेतु की गई सिफारिश से बहुत कम है। विकसित देश विशिष्टतौर पर 5 प्रतिशत के आसपास व्यय करते हैं। यदि उच्च शिक्षा को शीर्ष पर उच्च–गुणवत्ता तथा निचली सतह पर व्यापक पहुँच दोनों ही प्रदान करने हैं तो महत्वपूर्ण रूप से अधिक धनराशि को व्यय करना होगा।

जवाबदेही तथा गुणवत्ता आश्वासन किसी भी सफल वृहद् उच्च शिक्षा प्रणाली के केन्द्रबिन्दु माने जाते हैं। भारत की व्यवस्थाएं न तो प्रभावी हैं और न ही वे गुणवत्ता को प्रोत्साहित करती हैं। ब्रिटिश उपनिवेशवाद से विरासत में प्राप्त की गई सम्बद्धता प्रणाली की मंशा जवाबदेही तथा भारत के स्नातक कॉलेजों को विश्वविद्यालय अधिकारियों द्वारा नियंत्रित किए जाने की थी, और यह अधिकांश कॉलेजों को ऐसे अत्यधिक नौकरशाहीकृत एवं नियंत्रित वातावरण के अधीन लाने में सफल रहा है जिसने नवाचार एवं स्वायत्तता को अवरूद्ध किया है जबकि बुनियादी मानकों एवं आम नीतियों को कायम रखा हुआ है। विश्वविद्यालय, जिनके पास यद्यपि कुछ औपचारिक स्वायत्तता उपलब्ध है, का निधिकरण एवं नियंत्रण सामान्यतः सरकार के पास है। कुछ मामलों में इनका राजनीतिकरण हो चुका है। सरकारी नियंत्रण गुणवत्ता को सुनिश्चित किए जाने के बजाय नौकरशाही के नियमों की पूर्ति किए जाने के प्रति अधिक चिन्तित है। उच्च शिक्षा को सहयोग प्रदान करने हेतु उत्तरदायी केन्द्र सरकार की एजेन्सियों, जैसे–विश्वविद्यालय अनुदान आयोग तथा अखिल भारतीय तकनीकी शिक्षा परिषद्, की आलोचना उनकी निष्प्रभाविता के लिए की जा चुकी है तथा सरकार द्वारा इनमें महत्वपूर्ण परिवर्तन किए जा रहे हैं। गुणवत्ता आश्वासन छिटपुट और व्यापकतौर पर अप्रभावी रहा है। भारत को इन मुद्दों के साथ निपटने के लिए तंत्रों का निर्माण करने की आवश्यकता होगी।

अपनी विभिन्न अभिव्यक्तियों में अंतर्राष्ट्रीयकरण 21वीं सदी की उच्च शिक्षा का एक प्रमुख तत्व है। विश्व के सबसे बड़े छात्र–निर्यातक के रूप में भारत अंतर्राष्ट्रीयकरण में

एक महत्वपूर्ण योगदानकर्ता है–जो कि स्वयं देश के लिए ही व्यापकतौर पर हानिकारक है। हालांकि, भारत के कॉलेज एवं विश्वविद्यालय अपने–आपमें अंतर्राष्ट्रीयकरण सम्बन्धी वर्तमान विचारों से बहुत अधिक अछूते हैं। अधिकांश के पास अर्थपूर्ण औपचारिक विदेशी सम्बन्ध अथवा संपर्क मौजूद हैं। भारत व्यापकतौर पर अंतर्राष्ट्रीयकरण की प्रवृत्तियों के बाहरी रेखा पर खड़ा हुआ है। हालांकि, महत्वपूर्ण परिवर्तन घटित हो रहे हैं। भारत के तीव्र आर्थिक विकास एवं उच्च शिक्षा की संभावनाओं के कारण विदेशी विश्वविद्यालयों में भारतीय समकक्षियों के साथ कार्य करने की रुचि में निरंतर वृद्धि हो रही है। केन्द्र सरकार द्वारा भारत के उच्च शिक्षा क्षेत्र को विदेशी सहयोग एवं संस्थानों के लिए खोले जाने सम्बन्धी हाल के निर्णयों का अर्थ भी परिवर्तन ही हो सकता है।

अंतर्राष्ट्रीय कार्यक्षेत्र में भारत के पास कुछ लाभ मौजूद हैं। इसके द्वारा उच्च शिक्षा प्रणाली के बड़े भाग में अंग्रेजी का उपयोग करना इसके लिए अंतर्राष्ट्रीय संपर्क स्थापित करने और कार्यक्रमों में भाग लेने को सरल बना देता है। कुछ भारतीय संस्थानों ने पहले ही विदेशों में शाखाएं अथवा कार्यक्रम स्थापित कर रखे हैं। भारतीय छात्रों के विदेश अध्ययन से सम्बन्धित निर्णय वैश्विकतौर पर महत्वपूर्ण हैं क्योंकि भारत छात्रों का बहुत बड़ा निर्यातक देश है।

भारत के पास एक विशाल निजी उच्च शिक्षा क्षेत्र मौजूद है जिसे राज्य द्वारा भारी अनुदान प्रदान किए गए हैं और सार्वजनिक विश्वविद्यालयों द्वारा कठोरतापूर्वक नियंत्रित किया गया है। भारत के 25,000 कॉलेजों में से बड़ी संख्या निजी कॉलेजों की है। किन्तु अपने संचालन के लगभग प्रत्येक पहलू के मामले में वे विश्वविद्यालय के नियमों के अधीन हैं। और पारंपरिकतौर पर अधिकांश सब्सिडीकृत रहे हैं। परिस्थिति बदल रही है–अब ऐसे अनेक निजी विश्वविद्यालय खुल चुके हैं जो सरकारी नियंत्रणों से व्यापकतौर पर स्वतंत्र हैं और किसी प्रकार की सार्वजनिक निधियाँ प्राप्त नहीं करते। ऐसे कॉलेजों की संख्या में भी वृद्धि हो रही है जो किसी प्रकार की सार्वजनिक सब्सिडी नहीं लेते यद्यपि वे सार्वजनिक विश्वविद्यालयों से सम्बद्ध हैं तथा उनके नियंत्रण के अधीन बने हुए हैं। गैरसब्सिडीकृत निजी उच्चशिक्षा क्षेत्र का तीव्र विस्तार यह सुनिश्चित करते हुए हो रहा है कि इसके लिए किसी सार्वजनिक प्रयोजन की पूर्ति करना एक चुनौती होगी।

यह स्पष्ट है कि भारत वैश्विक प्रवृत्तियों से प्रभावित है। अभी तक, इस बात के बहुत कम साक्ष्य उपलब्ध हैं कि देश वैश्विक अकादमिक वातावरण से हासिल सबकों पर गंभीरतापूर्वक विचार कर रहा है अथवा व्यवस्थित रूप से एक अंतर्राष्ट्रीय प्रतिस्पर्धात्मक अकादमिक प्रणाली तैयार कर रहा है।

निष्कर्ष

हम आज आज एक ऐसे गंभीर वैश्विक आर्थिक संकट के मध्य में जी रहे हैं जिसके व्यापक समाज के लिए तथा उच्च शिक्षा के अंदर ऐसे परिणाम होंगे जो अभीतक स्पष्ट नहीं हैं। अनेक देश एवं विश्वविद्यालयों को अल्प और शायद मध्यम अवधि के लिए गंभीर परिणामों के साथ वित्तीय समस्याओं का सामना करना पड़ेगा, यद्यपि वैश्विकतौर पर इसके प्रभाव अलग–अलग होंगे और कुछ देश दूसरों की अपेक्षा कम प्रभावित होंगे। आर्थिक गिरावट की गंभीरता शायद एक प्रमुख कारक है, किन्तु विशिष्ट राष्ट्रीय एवं स्थानीय नीतियाँ भी एक महत्वपूर्ण भूमिका अदा करेंगी। वर्तमान अनुमान इंगित करते हैं कि कुछ सर्वाधिक अविकसित देश सबसे अधिक प्रभावित होंगे, आंशिकतौर

पर इसलिए क्योंकि उनके विश्वविद्यालयों के पास समर्थन प्रदान करने हेतु संसाधन अथवा बुनियादी ढाँचे बहुत कमजोर हैं। इस संकट के निम्नलिखित निहितार्थ होने की संभावना है:

- शोध विश्वविद्यालयों के द्वारा अपने बजटों पर महत्वपूर्ण प्रतिबंधों का सामना किए जाने की संभावना है क्योंकि सरकारें उनके सतत् सुधार हेतु आवश्यक संसाधन उपलब्ध करा पाने में असमर्थ रहेंगी।
- अनेक मामलों में, निधियों के आबंटन की प्राथमिकता यह सुनिश्चित करने की होगी कि उच्च शिक्षा प्रणाली में नाटकीय कटौती न होने पाए। जिन देशों में छात्र ऋण कार्यक्रम मौजूद हैं, चाहे सार्वजनिक अथवा निजी क्षेत्रों में, छात्रों के लिए उनकी उपलब्धता पर गंभीर बाधाएं लागू की जा सकती हैं।
- प्रणाली को छात्रों के लिए शिक्षण शुल्क प्रारंभ करने अथवा उसमें वृद्धि करने हेतु दबाव का सामना करना होगा।
- अनेक विश्वविद्यालयों में लागत–कटौती सम्बन्धी कार्यों का परिणाम गुणवत्ता में गिरावट आना होगा। अधिक संख्या में अंशकालिक शिक्षकों को नियुक्त किया जाएगा, कक्षाओं के आकार बढ़ाए जाएंगे, और अन्य बचतों को लागू किया जाएगा।
- नियुक्तियों, नई सुविधाओं के निर्माण, सूचना प्रौद्योगिकी में सुधार, तथा पुस्तकों एवं पत्रिकाओं की खरीद पर "रोक" संभावित घटनाएं हैं।

हम वैश्विक आधार पर उच्च शिक्षा उपक्रम की केन्द्रीयता तथा संपूर्ण विश्व में समाजों के लिए अनिवार्य सामाजिक गतिशीलता तथा आर्थिक प्रगति के लिए आवश्यक शिक्षा को उपलब्ध कराए जाने के साथ–साथ ज्ञान अर्थव्यवस्था को सहयोग करने हेतु सशक्त, जीवंत माध्यमिकोत्तर संस्थानों की आवश्यकता के प्रति आश्वस्त हैं।

सार्वजनिक कल्याण के रूप में उच्च शिक्षा की भूमिका बुनियादी तौर पर महत्वपूर्ण बनी हुई है और इसका समर्थन अवश्य करना चाहिए। हम इसपर जोर देते हैं क्योंकि आमदनी और प्रतिष्ठा की भागदौड़ में उच्च शिक्षा के इस पहलू की सहजतापूर्वक उपेक्षा कर दी जाती है।

उच्च शिक्षा के बहुसंख्यक एवं विविध उत्तरदायित्व आधुनिक समाज के कल्याण की अंतिम कुंजी हैं, किन्तु यह विस्तारित भूमिका भारी जटिलताओं एवं अनेक नई चुनौतियों को जोड़ती है। एक वैश्वीकृत विश्व में उच्च शिक्षा की व्यापक भूमिका को समझना उस चुनौती के साथ निपटने की दिशा में पहला कदम है जो इसके क्षितिज पर अवश्य ही मौजूद होगी। आगे की भारी चुनौती है मानव पूँजी एवं निधियों का असमान वितरण जो कुछ देशों को नए अवसरों का पूरा लाभ उठाने की अनुमति देगा जबकि अन्य के लिए पीछे छूट जाने का जोखिम बना रहेगा।

टिप्पणी

* यह लेख Philip G. Altbach, Liz Reisberg, and Laura E. Rumbley. *Trends in Global Higher Education: Tracking an Academic Revolution* पर आधारित है। A Report Prepared for the UNESCO 2009 World Conference on Higher Education. Paris: UNESCO, 2009. http://www.unesco.org/tools/fileretrieve/2844977e.pdf.

संदर्भ

Altbach, Philip G. 2009. The giants awake: Higher education systems in China and India. *Economic and Political Weekly*, 44 (June 6), pp. 39–51

Altbach, Philip G. 2006. Tiny at the top. *Wilson Quarterly*, (Autumn), pp. 49–51.

Organization for Economic Cooperation and Development. 2008. *Higher education to 2030, Vol. 1: Demography*, ed. S. Vincent-Lancrin. Paris: OECD.

Rumbley, Laura E., Iván Pacheco, and Philip G. Altbach. 2008. *International comparison of academic salaries: An exploratory study*. Chestnut Hill, MA: Boston College Center for International Higher Education.

खंड 5

भारत में प्रकाशन एवं भाषा सम्बन्धी मुद्दे

सर्वोच्च शक्ति का विखंडनः प्रकाशन, भाषा सम्बन्धी प्रश्न, तथा भारतीय उच्च शिक्षा का भविष्य

अरविंद राधाकृष्णन

अनुभवी दक्षिण अफ्रीकी नेता नेल्सन मंडेला ने एक बार टिप्पणी की थी "शिक्षा ऐसा सर्वाधिक शक्तिशाली शस्त्र है जिसका उपयोग आप विश्व को परिवर्तित करने हेतु कर सकते हैं।" हमारे गणराज्य के संस्थापकों ने उसी समय इस दृष्टिकोण को साझा किया था जब उन्होंने उच्च शिक्षा को मुक्ति के एक ऐसे साधन के रूप में देखा जो अज्ञानता और गरीबी में फंसे लोगों को इस अपमान से बाहर निकाल सकता था। आज भारत वैश्विक मामलों में एक महत्वपूर्ण खिलाड़ी के रूप में तेजी से उभर रहा है और इसका भविष्य तभी सुरक्षित होगा जब इसका उच्च शिक्षा क्षेत्र प्रशंसनीय प्रदर्शन करे। अनेक विद्वानों ने भारतीय उच्च शिक्षा में समस्याओं के सम्बन्ध में लेखन और टिप्पणियाँ की हैं; हालांकि, फिलिप जी. अल्ट्बाख़ द्वारा प्रदर्शित समर्पण एवं दृढ़ पकड़ बहुत कम लोगों से ही मेल खाती है।

प्रोफेसर फिलिप जी. अल्ट्बाख़ का भारत में उच्च शिक्षा के प्रति योगदान वास्तव में प्रशंसनीय है। इस क्षेत्र से उनकी सम्बद्धता किसी भी प्रकार से अल्पकालिक नहीं रही है, जो अब 50 वर्षों से भी अधिक का सम्बन्ध बन चुकी है। वो 1960 के दशक से ही भारतीय उच्च शिक्षा से सम्बन्धित मुद्दों पर लेखन करते रहे हैं। अपने लेखनों के माध्यम से उन्होंने शोध की गुणवत्ता तथा निधिकरण से लेकर पहुँच एवं प्रकाशन के एकाधिकारों जैसे असंख्य मुद्दों के परीक्षण किए हैं। उनके कार्य का विशाल हिस्सा व्याख्या एवं वर्गीकरण के कार्य को एक दुष्कर कार्य बना देगा।

विगत कुछ दशकों से प्रोफेसर अल्ट्बाख़ भाषाई मुद्दों को लेकर चिन्तित रहे हैं। भारतीय शिक्षा प्रणाली में अंग्रेजी भाषा का एकाधिकार उन्हें सदैव ही व्यग्र करता प्रतीत हुआ है। अपने पत्र "द इंपीरियल टंगः इंग्लिश एज द डॉमिनेटिंग अकादमिक लैंग्वेज" (अल्ट्बाख़ 2007) में वो इस प्रवृत्ति के खतरों पर प्रकाश डालते हैं। अंग्रेजी की अंतर्राष्ट्रीय भूमिका तथा अकादमिक जगत पर इसके सतत् प्रभुत्व के एशिया एवं अफ्रीका के "परिधीय" क्षेत्रों के लिए अनेक प्रभाव होंगे। लगभग सभी मामलों में अंग्रेजी भाषा वाली वैज्ञानिक एवं विद्वत्तापूर्ण पत्रिकाओं का संपादन मुख्य रूप से अंग्रेजी भाषी देशों के शिक्षाविद्ों द्वारा ही किया जाता है। इससे एक "निर्देशात्मक" प्रक्रिया उत्पन्न होती है जिसके द्वारा विश्व के अन्य भागों के विद्वानों को इन अग्रणी पत्रिकाओं के शोध मानदंडों को स्वीकार करने हेतु कमोबेश बाध्य किया जाता है। इससे अन्य राष्ट्रीय विद्वत्ताओं की मौलिकता तथा सृजनात्मकता प्रभावी रूप से बाधित होगी। यहाँ तक कि

इंटरनेट, जो एक अधिक ''खुला'' स्रोत माना जाता है, में भी प्रमुख योगदानकर्ताओं की रुचियाँ प्रधान हैं तथा इसके लिए व्यापकतौर पर प्रयुक्त भाषा अंग्रेजी ही है। कोई भी स्पिवाक के समान एक प्रश्न करने हेतु लगभग बाध्य हो जाता है, ''क्या मातहत बोल सकते हैं?'' स्पिवाक (1985) दंभपूर्ण दृष्टिकोण के लिए पश्चिमी अकादमी की एक कटु आलोचना की शुरुआत कर रही थीं। प्रोफेसर अल्ट्बाख़ के द्वारा अपने परिश्रमी शोध में ऐसे ही प्रश्न प्रस्तुत किए गए हैं।

एक अन्य क्षेत्र, जिसे लेकर प्रोफेसर अल्ट्बाख़ चिन्तित थे, पाठ्यक्रमों की प्रवृत्तियों पर जोर डाल सकने की अंग्रेजी भाषी देशों की सक्षमता से सम्बन्धित था। बात जब पाठ्यक्रम पर अंतर्राष्ट्रीय प्रभुत्व स्थापित करने की आती है तो अमेरिका इसमें सर्वाधिक सफल रहा प्रतीत होता है। अल्ट्बाख़ जब व्यावसायिक अध्ययन में परास्नातक डिग्री (एमबीए) के अंतर्राष्ट्रीय विस्तार की चर्चा करते हैं, तो हमें इसका अत्यन्त सम्बद्ध उदाहरण प्रदान करते हैं। एमबीए डिग्री का उद्भव उस देश की विशिष्ट व्यावसायिक आवश्यकताओं को पूरा करने के लिए हुआ था। आज यह संपूर्ण विश्व में वरिष्ठ कार्यकारियों के लिए लगभग अनिवार्य बन चुकी है और इसका माध्यम लगभग सदैव ही अंग्रेजी रहा है। आज यह अधिकांश प्रगतिशील भारतीयों के लिए एक जबर्दस्त जुनून बन चुका है। अनेकों भारतीय विश्वविद्यालय अंग्रेजी का उपयोग करते हुए तथा व्यापक तौर पर अमेरिकी से हासिल किए गए पाठ्यक्रमों के आधार पर अपनी खुद की एमबीए डिग्री प्रदान कर रहे हैं। पाठ्यक्रम किसी भी शैक्षणिक विषय की आधारशिला होता है। मामला जब एक उपयुक्त एवं कठोर पाठ्यक्रम को डिजाइन करने का होता है तब भारतीय शिक्षा प्रणाली दुःखदरूप से अभावग्रस्त हो जाती है। पाठ्यक्रम को एक ऐसी वार्तालाप आधारित प्रक्रिया का परिणाम होना चाहिए जिसमें विश्व के सभी भागों से विचारों को शामिल किया गया हो। हालांकि, जब यह वार्ता अंग्रेजी–भाषी ''बड़े देशों'' द्वारा नियंत्रित की जाती है तो यह राष्ट्रीय विद्वत्ता के प्रति हानिकारक हो जाती है। वार्तालाप का परिणाम पहले से निर्धारित होता है, जैसा कि दीपेश चक्रवर्ती (1995) तर्क देते हैं ''संभावनाओं के एक क्षेत्र के अंदर जिसे अत्यन्त प्रारंभ से ही कुछ निश्चित परिणामों के पक्ष में संरचित कर दिया गया हो।''

बात जब विद्वत्तापूर्ण एवं वैज्ञानिक कार्य के श्रेणीकरण की आती है तो एक नई वैश्विक व्यवस्था का हवाला देते हुए प्रोफेसर अल्ट्बाख़ एक खतरे की घंटी बजाते हैं। वह विज्ञान उद्धरण सूचकांक (एससीआई) के उदाहरण को उद्धृत करते हैं जो, वह कहते हैं, वस्तुतः एक ऐसी श्रेणीकरण प्रणाली बन चुका है जिसे संपूर्ण विश्व में विश्वविद्यालयों द्वारा स्वीकार किया जाता है। ये विश्वविद्यालय अपने प्रोफेसरों से इन सूचीबद्ध पत्रिकाओं में प्रकाशन की अपेक्षा रखते हैं और ऐसा करने में सफल प्रोफसरों को पुरस्कृत भी करते हैं। चूंकि इन श्रेणीकरण प्रणालियों में अंग्रेजी का प्रभुत्व होता है, अतः अपनी राष्ट्रीय भाषाओं में प्रकाशन करवाने वाले विद्वान लोग बेहद प्रभावित होते हैं। अल्ट्बाख़ का तर्क है कि एक अंग्रेजी प्रभुत्व वाला वातावरण अंततः राष्ट्रीय वैज्ञानिक/विद्वत समुदाय को वास्तव में तबाह कर देगा। राष्ट्रीय आवश्यकताओं हेतु प्रासंगिक घरेलू प्रकाशनों को दरकिनार किया जा सकता है अथवा सिर्फ इसलिए उपेक्षित किया जा सकता है कि वे अंग्रेजी में लिखे हुए नहीं हैं। आज ज्ञान के श्रेणीकरण के लिए अंतर्राष्ट्रीय मान्यता सर्वोपरि है और यह कि महत्वाकांक्षी विद्वानों को ऐसे क्षेत्रों में प्रकाशनों की तलाश करनी होगी जो अग्रणी अंतर्राष्ट्रीय पत्रिकाओं के साथ लोकप्रिय हों। ऐसा कुछ ऐसे विषयों की उपेक्षा की लागत पर संभव होगा जो स्थानीय रूप से प्रासंगिक हों। इनका अंत माइकल फोकॉल्ट द्वारा प्रयुक्त एक शब्द

''वशीभूत ज्ञान'' के रूप में हो सकता है। फोकॉल्ट (1980, पृष्ठ 82) के द्वारा ऐसे ज्ञान को ''ज्ञान जिसे उनके कार्यों के लिए अपर्याप्त के रूप में अयोग्य घोषित कर दिया गया हो अथवा अपर्याप्त रूप से स्पष्ट पाया गया हो: निष्कपट ज्ञान, अनुक्रम में कहीं नीचे स्थित, मान्यता अथवा वैज्ञानिकता के वांछित स्तर के नीचे'' वर्णित किया गया है।

तीसरी दुनिया की प्रकाशन सम्बन्धी दुर्दशा एक अन्य क्षेत्र है जिसके लिए प्रोफेसर अल्ट्बाख़ अत्यन्त प्रारंभ से ही चिन्तित थे। उनके पहले के लेख इसे प्रतिबिंबित करते हैं। ''स्कॉलर्ली पब्लिशिंग इन द थर्ड वर्ल्ड'' शीर्षक से अपने निबंध में अल्ट्बाख़ (1978) बुनियादी ढाँचे सम्बन्धी उन समस्याओं पर प्रकाश डालते हैं जिन्होंने तीसरी दुनिया में प्रकाशन सम्बन्धी प्रयासों को घेर रखा है। विद्वत्तापूर्ण रचनाओं के लिए छोटे तथा व्यापक भौगोलिक क्षेत्रों में बिखरे हुए बाजारों में वितरण की समस्याओं पर अल्ट्बाख़ के द्वारा सविस्तार प्रचार किया गया था। तीसरी दुनिया निम्न साक्षरता दर तथा कम उच्च शिक्षा नामांकन से लेकर सीमित क्रयशक्ति तक से बुरी तरह पीड़ित है। एशिया एवं अफ्रीका उपनिवेशवाद की विरासत से दबे हुए हैं जिसने सुनिश्चित कर दिया है कि शिक्षा का माध्यम अंग्रेजी अथवा फ्रेंच बनी रहे। इसका उद्देश्य था कि आबादी का बहुत छोटा सा भाग, जो इन भाषाओं को समझता हो, ही उच्च शिक्षा तक पहुँच प्राप्त कर सके। इसने वास्तव में ''विकसित'' दुनिया की तुलना में तीसरी दुनिया को शैशवावस्था में पहुँचा दिया। अल्ट्बाख़ की चिंताओं की और अधिक पुष्टि करने के लिए यहाँ वी.जी. केर्नन की उपनिवेशवाद के अफ्रीकी अनुभव पर टिप्पणियों को प्रयुक्त किया जा सकता है।

> गौण के रूप में अफ्रीकियों की धारणा ने बहुत जोर पकड़ लिया। स्पिनार्ड्स एवं बोयर्स ने प्रश्न कर दिया कि क्या स्वदेशियों के पास आत्मा थी: आधुनिक यूरोपियनों ने इसके बारे में बहुत कम परवाह की बल्कि संदेह व्यक्त किया कि क्या उनके पास दिमाग है......। एक सिद्धांत प्रचलित हो गया कि अफ्रीकियों में दिमाग जल्दी समाप्त हो गया था, यह कि बचपन कभी भी पीछे नहीं छूटता (नंदी 1983, पृष्ठ 15 में उद्धृत)।

प्रोफेसर अल्ट्बाख़ ने इस तथ्य पर भी प्रकाश डाला है कि वैज्ञानिक परियोजनाओं के लिए अधिकांश निधिकरण को पश्चिम पर व्यय कर दिया जाता है। ऐसी विद्वत्तापूर्ण रचनाओं के प्रकाशन पर औद्योगीकृत देशों में स्थित संस्थाओं का वर्चस्व है। उनकी गहरी पैठ स्वदेशी प्रकाशकों के लिए प्रयास करने को कठिन बना देती है। अल्ट्बाख़ के अनुसार, तीसरी दुनिया के देशों को ज्ञान वैश्विक प्रणाली की परिधि के बाहर सीमित कर देता है। वह नवउपनिवेशवाद द्वारा निभाई जा रही भूमिका पर भी प्रकाश डालते हैं जिसके द्वारा औद्योगीकृत देश विदेशी सहायता कार्यक्रमों से लेकर शिक्षण नीतियों के पुनर्गठन तक की विविधतापूर्ण नीतियों का निर्धारण करते हैं। भारत में अनेक स्वदेशी प्रकाशकों के उभरने से स्थिति में कुछ परिवर्तन आ चुका है। वास्तव में अल्ट्बाख़ नेशनल बुक ट्रस्ट (एनबीटी) का उल्लेख इसके द्वारा प्राथमिक साहित्यिक सामाग्रियों, पाठ्यपुस्तकों, एवं उन रचनाओं के प्रति निभाई जा रही महत्वपूर्ण भूमिका के लिए करते हैं जिन्होंने सांस्कृतिक एवं बौद्धिक रुचियों में वृद्धि की है। हालांकि, निर्भरता की स्थिति कायम है। वह इस सुझाव द्वारा एक समाधान प्रस्तुत करते हैं कि विश्वविद्यालयों को अपने खुद के प्रकाशन विभाग प्रारंभ कर देने चाहिए। वह विश्वविद्यालय प्रकाशन के दीर्घकालिक इतिहास को उद्धृत करते हैं जो 1478 जितना प्राचीन है जब ऑक्सफोर्ड विश्वविद्यालय प्रेस की स्थापना की गई थी और यह बड़ी प्रगति थी कि अमेरिका में

लगभग प्रत्येक बड़े विश्वविद्यालय के द्वारा अपना खुद का प्रेस संचालित किया जा रहा था। यह बौद्धिक स्वतंत्रता घोषित किए जाने का एक प्रयास था, क्योंकि निजी प्रकाशनगृह विद्वत्तापूर्ण रचनाओं के प्रकाशन में मामूली रुचि ही प्रदर्शित कर रहे थे। भारतीय विश्वविद्यालय इस मॉडल का अनुसरण करना प्रारंभ कर रहे हैं, यद्यपि उन्हें अभी बहुत लंबी दूरी तय करनी होगी।

उच्च शिक्षा तथा भारत में प्रकाशन के कल्याण के प्रति प्रोफेसर अल्टबाख़ की प्रतिबद्धता अदम्य रही है। उनके लेखनों का न केवल नीतिगत मुद्दों पर भारी प्रभाव पड़ा है, बल्कि इसने भारतीय विद्वानों के लिए एक नई वैचारिक शब्दावली को भी जन्म दिया है। उनके आलोचनापूर्ण निबंधों ने हमें बौद्धिक निर्भरता के खतरों से आगाह किया है और भारतीय विद्वत्ता को उस आवाज में बोलने के लिए प्रोत्साहित किया है जो विशिष्ट रूप से उनकी अपनी है। एडवर्ड सैड (1983, पृष्ठ 29) ने ऐसे महत्वपूर्ण लेखन की आवश्यकता के विषय में बात की थी जिसे "स्वयं की जीवन–वृद्धि करने वाले और हर तरह के आतंकवाद, वर्चस्व एवं दुरुपयोग के संघठित विरोध के बारे में सोचना चाहिए, इसके सामाजिक लक्ष्य मानव स्वतंत्रता के हितों में उत्पादित गैर–प्रतिरोधी ज्ञान हैं।" यही वह सबकुछ है जिसे अल्टबाख़ हासिल करने में सफल रहे हैं। भारतीय उच्च शिक्षा को इन सभी बाधाओं से पार पाना होगा और इस देश के लिए एक उज्जवल भविष्य निर्मित करना होगा। यह तथ्य, कि हम अतीत की कडुवाहट से निरंतर भरे रहने अथवा यथास्थिति द्वारा स्पष्टतौर पर दिलासा देते रहने के बजाय समाधान खोज रहे हैं, एक उत्साहजनक संकेत है। इसके लिए हमें हमेशा प्रोफेसर अल्टबाख़ के प्रति कृतज्ञ रहना होगा।

संदर्भ

Altbach, Philip G. 2007. The imperial tongue: English as the dominating academic language. *Economic and Political Weekly* 42, no. 36 (September 8): 3608–611.

———. 1978. Scholarly Publishing in the Third World. *Library Trends* 26, no. 4: 489–504.

Chakrabarty, D. 1995. Radical histories and question of enlightenment rationalism. *Economic and Political Weekly* 30, no. 14: 757.

Foucault, M. 1980. *Power/knowledge: Selected interviews and other writings.* Hertfordshire: Harvester Press.

Nandy, A. 1983. *The intimate enemy: Loss and recovery of self under colonialism.* New Delhi: Oxford University Press.

Said, E. 1983. *The world, the text and the critic.* Cambridge, Massachusetts: Harvard University Press.

Spivak, G. 1985. Can the subaltern speak? Reprinted in *Marxist Interpretations of Culture*, eds Cary Nelson and Lawrence Grossberg, pp. 271–313. Basingstoke: Macmillan Education.

20

विकासशील क्षेत्रीय संस्कृति में पुस्तकों का प्रकाशनः महाराष्ट्र (भारत) का मामला

International Social Science Journal
Vol. 31, No. 2, 1979
pp. 328–340

फ़िलिप जी. अल्टबाख़

पुस्तकें तथा अन्य मुद्रित सामग्रियाँ तीसरी दुनिया में एक अहम भूमिका अदा करती हैं। वे ज्ञान के विकास एवं प्रसार में योगदान करती हैं, ये प्रायः एक स्वदेशी राजनीतिक संस्कृति के सृजन का अभिन्न अंग होती हैं, और ये साक्षरता के विकास एवं रखरखाव की कुंजी होती हैं। मुद्रित सामग्रियाँ उपलब्ध कराए जाने में मुख्य भूमिका प्रकाशन प्रक्रिया की होती है।[1] तीसरी दुनिया में प्रकाशन पर अत्यन्त सीमित रूप से दिए गए ध्यान का अधिकांश भाग यूरोपीय भाषाओं की पुस्तकों पर केन्द्रित रहा है, क्योंकि यही भाषाएं तीसरी दुनिया के अधिकांश देशों की प्राथमिक प्रकाशन भाषाएं बनी रही हैं। प्रस्तुत लेख तीसरी दुनिया की किसी स्वदेशी भाषा में प्रकाशन से सम्बन्धित विशिष्ट समस्याओं पर विचार करेगा, क्योंकि दीर्घकाल में पुस्तकों के प्रकाशन का विस्तार इन्हीं भाषाओं में करना चाहिए। सर्वदेशीय भाषाएं वर्तमान समय में मात्र एक छोटे से अभिजात्यवर्ग को ही सेवा प्रदान करती हैं, और आबादी का बहुत बड़ा भाग इन भाषाओं के माध्यम से प्रदान किए जाने वाले ज्ञान से वंचित रह जाता है। उदाहरणार्थ, ऐसा अनुमान है कि भारत में शिक्षित आबादी का लगभग 2 प्रतिशत अंग्रेजी में साक्षर है–जो ऐसी भाषा है जिसमें लगभग आधी पुस्तकों का प्रकाशन होता है तथा यह प्रमुख समाचारपत्रों एवं पत्रिकाओं की भी भाषा है। साक्षरता की कुल दर 9 प्रतिशत की है, जो औद्योगीकृत देशों के स्तरों से नीची है, किन्तु अंग्रेजी से महत्वपूर्ण रूप से ऊँची है। हालांकि, स्वदेशी भाषाओं में साक्षरता 15 से भी अधिक प्रमुख भाषाओं के बीच विभाजित है।

प्रस्तुत निबंध भारत की एक प्रमुख क्षेत्रीय भाषा, मराठी, जो 5 करोड़ लोगों की मातृभाषा है, में प्रकाशन तथा उसके निहितार्थ द्वारा ज्ञान के वितरण के परीक्षण का प्रयास करता है। इन विकासशील क्षेत्रीय संस्कृतियों में प्रकाशकों के द्वारा सामना की जाने वाली समस्याएं सर्वदेशीय भाषाओं के प्रकाशकों की समस्याओं से बहुत अलग हैं, और इनके बारे में बहुत कम जानकारियाँ उपलब्ध हैं।[2] साक्षरता दर में जैसे–जैसे मंदगति से वृद्धि होती जा रही है, जो मुख्यतः स्वदेशी भाषाओं में हो रही है, वैसे–वैसे उसके द्वारा मुद्रित सामग्रियों के लिए बाजार भी उत्पन्न होते जा रहे हैं।[3]

देश चाहे औद्योगीकृत हो अथवा विकासशील, प्रकाशक लेखक तथा लक्षित श्रोता के बीच पुस्तक उपलब्ध कराने हेतु समन्वय स्थापित करता है। प्रकाशक न केवल पुस्तकों

के संपादन, मुद्रण, बाइंडिंग एवं वितरण जैसे अनेक तकनीकी भूमिकाओं में समन्वय करते हैं, बल्कि वे एक प्रमुख बौद्धिक भूमिका भी निभाते हैं। एक अर्थ में, वे ''ज्ञान के द्वारपाल'' हैं क्योंकि इसका निर्णय वे ही करते हैं कि कौन सी जानकारी सार्वजनिक ध्यान में आ सकेगी।[4] फिर भी, पूँजी–प्रधान होने के बजाय 'बुद्धिजीवी–प्रधान' होने के कारण प्रकाशन एक ऐसा उद्योग है जिसे बहुत भारी वित्तीय संसाधनों की आवश्यकता नहीं होती। इसके बाद भी प्रकाशन तीसरी दुनिया के लिए एक कठिन चुनौती प्रस्तुत करता है। एक सफल प्रकाशन उद्योग न केवल प्रकाशक पर बल्कि ऐसे अनेक अन्य कारकों पर भी निर्भर करता है जिसपर उसका कोई नियंत्रण नहीं होता। उदाहरणार्थ, तीसरी दुनिया में साक्षरता की दरें नीची हैं, जिसके द्वारा पुस्तकों के बाजार सीमित ही हैं। जहाँ कहीं साक्षरता मौजूद भी है वहाँ क्रय–शक्ति सीमित है। पुस्तकों के वितरण सम्बन्धी सुविधाएं, विशेषतौर पर खुदरा पुस्तक भंडार एवं अन्य विक्रय–केन्द्र बहुत गिने–चुने ही हैं। प्रायः मुद्रण सुविधाओं, कागज तथा यहाँ तक की स्याही की भी कमी बनी रहती है। प्रकाशन प्रक्रिया में प्रशिक्षित व्यक्तियों का भी प्रायः अभाव ही रहता है।

इसके साथ–साथ, उपनिवेशवाद का इतिहास तीसरी दुनिया के अनेक देशों पर भारी पड़ता है।[5] सामान्यतः, प्रकाशन उपक्रमों की स्थापना यूरोपीय लोगों द्वारा की गई थी, अतः उनके उन्मुखीकरण प्रायः पश्चिमी प्रकृति वाले हैं। क्षेत्रीय भाषाओं, जो किसी स्वदेशी प्रकाशन उद्योग का निर्माण करने हेतु महत्वपूर्ण होती हैं, को प्रायः कम प्राथमिकता प्राप्त होती है। मराठी प्रकाशन को समझने में भाषा का मुद्दा केन्द्रीय मुद्दा है। परंपरागत तरीके से अंग्रेजी भाषा में प्रस्तुत किए जाने वाले विज्ञान एवं वर्तमान घटनाओं जैसे विषय बाजार पर बहुत हावी हैं, जिसके द्वारा मराठी प्रकाशन के विस्तार की गुंजाइश को सीमित कर दिया गया है।

भारतीय प्रकाशन पर दो शब्द

ब्रिटिश उपनिवेशवाद के अधीन स्थापित तथा अनेक वर्षों से प्रभुत्वशाली विदेशी संस्थाएं एवं विदेशी मानदंड वाले अंग्रेजी भाषी प्रकाशन अभी भी भारतीय प्रकाशन के नियंत्रक तत्व बने हुए हैं, यद्यपि इन सभी संस्थाओं का 'भारतीयकरण' किया जा चुका है।[6] दिल्ली, मुम्बई तथा कुछ कम संख्या में कोलकाता तथा मद्रास में स्थिति बड़े प्रकाशक स्थापित मानदंडों एवं उन्मुखीकरण के अर्थों में वर्चस्व रखते हैं। भारत में प्रकाशन आज सुस्थापित हो चुका है, और भारत दुनिया का 8वां सबसे बड़ा प्रकाशक देश बन चुका है, और काफी हद तक तीसरी दुनिया का सबसे बड़ा प्रकाशक देश भी। भारतीय पुस्तकों का उपयोग तीसरी दुनिया के अन्य देशों में भी किया जा रहा है, तथा भारतीय प्रकाशन के अंग्रेजी–भाषी क्षेत्र में आवश्यक मुद्रण सुविधाएं, कागज आपूर्तिकर्ता, संपादकीय कौशल, और कुछ सीमा तक वितरण व्यवस्थाएं मौजूद हैं (यद्यपि वितरण भारतीय प्रकाशन की एक कमजोर कड़ी बना हुआ है)।

भारत की 15 क्षेत्रीय भाषाओं में प्रकाशनकार्य अपेक्षाकृत नया और कम स्थापित है। वास्तव में, भारतीय प्रकाशन पर की जाने वाली समस्त चर्चाएं अभी तक अंग्रेजी–भाषी प्रकाशनों से ही सम्बन्धित रही हैं, और इस प्रकार क्षेत्रीय–भाषा वाले प्रकाशन के बारे में जानकारियाँ बहुत ही कम हैं। क्षेत्रीय–भाषा में प्रकाशन विकसित हो रहा है और यह बहुत ही मंद गति से देश के सांस्कृतिक ढाँचे में एक महत्वपूर्ण तत्व बनता जा रहा है। हाल के वर्षों में अंग्रेजी में प्रकाशित होने वाली पुस्तकों के अनुपात में मामूली कमी आई है। उदाहरणार्थ, सभी भाषाओं में कुल भारतीय पाठकों की संख्या (1973 में)

लगभग 7.75 करोड़ थी, जिसमें से लगभग 1.2 करोड़ अंग्रेजी शिक्षित थे। 1972–73 में प्रकाशित की गई कुल 17,020 पुस्तकों में से 7,314 अंग्रेजी भाषा में थीं। अतः, 16 प्रतिशत पाठकों (कुल आबादी के 2 प्रतिशत) के लिए कुल पुस्तकों का 43 प्रतिशत भाग प्रकाशित किया गया था। मराठी, जो भारत में तीसरी सबसे बड़ी प्रकाशन भाषा है, के द्वारा 1972–73 में कुल 1,231 शीर्षक जारी किए गए थे। कुछ आँकड़ों के अनुसार यह कुल प्रकाशित शीर्षकों के लगभग 7 प्रतिशत के बराबर था (विवादित आँकड़े भी मौजूद हैं)। हिन्दी, जो दूसरी सबसे बड़ी प्रकाशन भाषा तथा कुल भारतीय आबादी के लगभग आधे भाग (किन्तु साक्षर आबादी के लगभग एक–चौथाई) की मातृभाषा है, के द्वारा कुल प्रकाशित पुस्तकों में से 2,825 शीर्षक (17 प्रतिशत) का योगदान किया गया था। इन आँकड़ों से प्रकाशन में व्याप्त असमानता स्पष्ट हो जाती है। यहाँ तक कि सर्वाधिक विकसित प्रकाशन भाषाओं, जैसे बंगाली, मलयालम तथा मराठी, को भी अंग्रेजी की तुलना में भारी नुकसान उठाना पड़ता है।

न केवल क्षेत्रीय भाषाओं को असंख्य हानियाँ हो रही हैं बल्कि प्रकाशित की जा रही पुस्तकों के प्रकारों के क्षेत्र बहुत सीमित हैं। उन्नत विज्ञान विषयों, चाहे वे प्राकृतिक अथवा सामाजिक विज्ञान में से किसी में भी हों, पर लगभग सभी पुस्तकें अंग्रेजी में ही प्रकाशित की जा रही हैं। परास्नातक स्तर की अधिकांश पाठ्यपुस्तकें तथा पूरक साहित्य अंग्रेजी में ही प्रकाशित किए जाते हैं। वर्तमान घटनाओं पर प्रकाशित पुस्तकों का एक बड़ा भाग अंग्रेजी में जारी किया जाता है। क्षेत्रीय भाषाओं तथा हिन्दी में धर्म, साहित्य, सांस्कृतिक मामलों, तथा लोकप्रिय उपन्यासों एवं स्व–सहायता सम्बन्धी पुस्तकों का अनुपात असंगत है। स्कूलों की अधिकांश पाठ्यपुस्तकें अब क्षेत्रीय भाषाओं में प्रकाशित की जा रही हैं, कॉलेज पाठ्यपुस्तकों की संख्या में भी ऐसी ही वृद्धि हो रही है। परंतु परास्नातक अध्ययन एवं शोधकार्य (यहाँ तक कि समाजशास्त्र जैसे क्षेत्रों में भी), जो अनेक विश्वविद्यालयों में परास्नातक स्तर पर शिक्षा के माध्यम को क्षेत्रीय भाषा में परिवर्तित करने के प्रयास में लगे हुए हैं, के लिए आवश्यक पुस्तकें अभी भी लगभग मात्र अंग्रेजी में ही उपलब्ध हैं।

महाराष्ट्र का संदर्भ

महाराष्ट्र राज्य एक ऐसा सांस्कृतिक एवं आर्थिक संदर्भ प्रदान करता है जो इसके प्रकाशन उद्योग की स्थिति का निर्धारण करता है। 5 करोड़ की आबादी वाला महाराष्ट्र भारत के बड़े राज्यों में से एक है। इसकी आधिकारिक भाषा मराठी है, जो इसकी बहुसंख्यक आबादी की मातृभाषा है। मराठी, जो संस्कृत पर आधारित तथा देवनागरी लिपि में लिखी जाने वाली एक भाषा है, की एक लंबी साहित्यिक एवं बौद्धिक परंपरा रही है। महाराष्ट्र की स्थापना मराठी–भाषी समुदाय के द्वारा अपनी भाषा के उपयोग पर आधारित एक राज्य हासिल करने के लिए किए गए एक दीर्घकालिक संघर्ष के बाद 1960 में की गई थी। अतः, महाराष्ट्र का अस्तित्व ही मराठी भाषा तथा संस्कृति के साथ–साथ अन्य कारकों के प्रति प्रतिबद्धता को एक श्रृद्धांजलि है। मराठियों के पास एक महत्वपूर्ण राजनीतिक संस्कृति भी उपलब्ध रही है, जिसके नेतृत्व का इतिहास शिवाजी तक जाता है, जिन्होंने 17वीं शताब्दी में अधिकांश मध्य–भारत पर प्रभुत्व कायम कर लिया था। मराठियों के पास उद्यमिता, मितव्ययिता तथा संस्कृति के प्रति प्रतिबद्धता के लिए भी एक ख्याति, जो उनकी साक्षरता की उच्च दर (50 प्रतिशत) में प्रतिबिंबित होती है, तथा एक फलती–फूलती शिक्षा प्रणाली भी मौजूद है। यहाँ तक कि

अंतर्राष्ट्रीय पैमाने पर भी मराठी एक कम महत्वपूर्ण भाषा नहीं है। उदाहरणार्थ, इसके पास डच अथवा स्वीडिश की तुलना में अधिक, तथा इटली कि लोगों के बराबर संख्या में बोलने वाले लोग मौजूद हैं।

महाराष्ट्र पर दो केन्द्रों–मुम्बई एवं पुणे का प्रभुत्व है। मुम्बई, जो राज्य की राजधानी है, की आबादी 80 लाख से भी अधिक है। यह एक बहुभाषी शहर है, यद्यपि यहाँ मराठी–भाषियों का प्रभुत्व है, तथापि इसमें बड़ी संख्या में गुजराती, पारसी, दक्षिण भारतीय तथा ऐसे अन्य लोग भी शामिल हैं जिनकी मातृभाषा मराठी नहीं है। चूंकि यह भारत में एक प्रमुख व्यावसायिक शहर है, अतः व्यवसाय की एक प्रमुख भाषा के रूप में अंग्रेजी का महत्व बना हुआ है। शहर के प्रमुख समाचारपत्र अंग्रेजी में हैं और शहर का वित्तीय अभिजात्य वर्ग अधिकांशतः गैर–मराठी है। मुम्बई एक महत्वपूर्ण प्रकाशन केन्द्र भी है। मुम्बई विश्वविद्यालय, जो भारत के सबसे पुराने तथा सर्वाधिक प्रतिष्ठित विश्वविद्यालयों में से एक है, के द्वारा अपने अधिकांश अकादमिक कार्यक्रमों को मराठी में परिवर्तित करने के बजाय अंग्रेजी में ही जारी रखने का चयन किया गया है। निर्विवाद रूप से, मुम्बई महाराष्ट्र पर वित्तीय, व्यवसायिक एवं औद्योगिक वर्चस्व रखती है। यह राज्य सरकार की पीठ है तथा अंग्रेजी एवं मराठी दोनों के अनेक प्रमुख बौद्धिक संस्थान मौजूद हैं।

दूसरा केन्द्र है पुणे, जो मराठी संस्कृति एवं सत्ता की परंपरागत पीठ रहा है और राज्य में अभी भी एक महत्वपूर्ण बौद्धिक केन्द्र बना हुआ है। अनेक प्रमुख मराठी प्रकाशक एवं सांस्कृतिक संस्थान यहाँ स्थित हैं, और यह शहर, जिसकी आबादी करीब 10 लाख है, के पास एक जीवंत सांस्कृतिक जीवन उपलब्ध है। मुम्बई के विपरीत, पुणे का बौद्धिक वातावरण विशिष्टतौर पर लगभग मराठी है, और मराठी भाषा एक बड़ी भूमिका निभाती है। राज्य का शेष भाग, जिसमें 75 प्रतिशत आबादी मौजूद है, बौद्धिक जीवन में बहुत मामूली भूमिका निभाता है और यहाँ बहुत कम प्रकाशक अथवा सांस्कृतिक केन्द्र मौजूद हैं। वास्तव में, पुस्तक भंडारों के अभाव तथा मुम्बई एवं पुणे के बाहर पुस्तकालयों की सीमित संख्या प्रकाशन उद्योग के विकास के लिए भारी समस्याएं उत्पन्न करती है।

मराठी संस्कृति का अनुकूलन एवं राज्य के बौद्धिक एवं सांस्कृतिक जीवन के विन्यास इसके प्रकाशन उद्योग की प्रकृति के निर्धारण में सहायता प्रदान करते हैं। महाराष्ट्र की आय का स्तर भारत के सर्वोच्च स्तरों में से एक है, किन्तु मुम्बई शहर अकेला ही इस संपदा के एक बड़े भाग का गठन करता है। जहाँ राज्य के पास एक पर्याप्त सुविकसित पुस्तकालय प्रणाली उपलब्ध है, जो लगभग 1,400 हैं, वहीं अधिकांश ग्रामीण पुस्तकालयों के द्वारा मात्र कुछ पुस्तकें ही खरीदी जाती हैं। संभवतः 220 पुस्तकालय ही मराठी प्रकाशनों की पुस्तक खरीद के अर्थों में पर्याप्त अद्यतन रहने का प्रयास करते हैं। जहाँ अंग्रेजी–भाषी पाठक शहरों में अधिक केन्द्रित हैं और खुदरा पुस्तक भंडारों तक उन्हें सहज पहुँच प्राप्त है, वहीं मराठी के पाठक बहुत छितरे हुए हैं और उनकी पहुँच भी बहुत कठिन है।

मराठी संस्कृति की एक शक्तिशाली बौद्धिक परंपरा रही है, किन्तु यह पुस्तकों के बजाय नाट्यमंच एवं साहित्यिक पत्रिकाओं की ओर अधिक निर्देशित रही है। प्रकाशन उद्योग को एक ऐसी आबादी में पुस्तक–जागरूकता उत्पन्न करने के लिए प्रयास करने पड़े हैं जो पुस्तकों की खरीद की आदी नहीं है। इस अर्थ में, महाराष्ट्र बंगाल तथा केरल से अलग है जहाँ परपंरागततौर पर पुस्तकों के द्वारा एक अधिक महत्वपूर्ण भूमिका निभाई गई है। इसके अतिरिक्त, पुस्तकों की खरीद वहन कर सकने

वाले अधिकांश लोग अंग्रेजी में अध्ययन सामग्रियाँ खरीदना पसंद करते हैं। महाराष्ट्र में, इन व्यक्तियों में से अधिकतर मराठी–भाषी नहीं हैं। सामान्यतः, किसी भी भारतीय भाषा की तुलना में अंग्रेजी पढ़ने के साथ अधिक प्रतिष्ठा जुड़ी हुई है। अतः, मराठी संस्कृति अधिकांशतः मध्यवर्गीय लोगों तक सीमित रही है और इस प्रकार अभी तक सांस्कृतिक अथवा बौद्धिक आदान–प्रदान के एक साधन के रूप में पुस्तकों पर जोर नहीं दे पायी है।

मराठी प्रकाशन में संभावनाएं

मराठी प्रकाशन की उत्पत्ति एक ईसाई मिशनरी के साथ हुई थी और सबसे पहली प्रकाशित पुस्तक थी 1805 में प्रकाशित मराठी–अंग्रेजी शब्दकोष।[7] तीसरी दुनिया की अनेकों भाषाओं के प्रकाशन में यह कुछ विशिष्ट शुरुआत ही थी। मराठी में प्रकाशित पुस्तकों में से अनेक के द्वारा ईसाई धर्म के प्रचार का कार्य किया गया था। यद्यपि एक मराठी–भाषी राज्य का गठन 1960 तक नहीं हुआ था, तथापि साहित्य के लिए राजनीतिक प्रोत्साहन की शुरुआत 1956 में हो चुकी थी, जब एक द्विभाषी बॉम्बे राज्य की स्थापना की गई थी। 19वीं शताब्दी के उत्तरार्द्ध के सांस्कृतिक सुधारकों तथा 20वीं सदी के राजनीतिक एवं सांस्कृतिक राष्ट्रवादियों ने, कुछ हद तक, अभिव्यक्ति के माध्यम के रूप में मराठी के महत्व पर जोर दिया था। अतः, एक शताब्दी से भी अधिक समय से मराठी पत्रिकाओं एवं समाचारपत्रों ने मुम्बई, पुणे तथा अनेकों अन्य बड़े नगरों में अस्तित्व जमा रखा है।

हाल की घटनाओं ने मराठी में बौद्धिक उपक्रम के लिए एक मजबूत आधार प्रदान कर दिया है, किन्तु एक महत्वपूर्ण विरोधाभास भी मौजूद है। एक ओर, सरकारी नीति के द्वारा मराठी संस्कृति तथा बौद्धिक अभिव्यक्ति के विस्तार का पक्ष लिया गया है, परंतु दूसरी ओर, अंग्रेजी को कायम रखने का जोरदार दबाव भी कायम है। निश्चित रूप से, मराठी–भाषी राज्य की स्थापना एक प्रमुख कारक थी। मराठी बौद्धिक जीवन–तथा प्रकाशन–के विकास में योगदान करने वाले अन्य तत्वों में निम्नलिखित शामिल रहे हैं: केन्द्र सरकार द्वारा मराठी में पाठ्यपुस्तकों को प्रोत्साहित करने हेतु कोई 1 करोड़ रुपयों का अनुदान, मराठी में साक्षरता का क्रमिक विस्तार, अधिकांश स्कूलों एवं अनेक कॉलेजों तथा कुछ विश्वविद्यालयों के मराठी माध्यम को अपनाया जाना, मराठी नाट्यमंच का सतत् विकास, तथा महाराष्ट्र सरकार की नीतियाँ।[8]

राज्य में मराठी के प्रभुत्वशाली बौद्धिक भाषा के रूप में तीव्र विकास के विरुद्ध शक्तिशाली दबाव भी मौजूद हैं। बुद्धिजीवियों की भारत के साथ–साथ विदेशों में भी एक बड़े जनसमूह तक पहुँच की इच्छा मराठी के उपयोग के विरुद्ध विद्रोह पैदा करती है। यह सच है कि अधिकांश विषयों, विशेषतौर पर विज्ञान, में परास्नातक स्तर पर उन्नत शिक्षा अंग्रेजी में ही बनी हुई है और यह लेखकों को भी प्रभावित करती है। निजी व्यावसायिक एवं वाणिज्यिक क्षेत्र में अंग्रेजी का लगभग संपूर्ण वर्चस्व इसकी स्थिति को ''प्रतिष्ठापूर्ण'' भाषा वाली बनाए रखता है।

हालांकि मराठी प्रकाशन की गुंजाइश पर कोई ठोस आँकड़े उपलब्ध नहीं हैं, तथापि कुछ अनुमान लगाया जाना संभव है। आज लगभग 200 मराठी प्रकाशक मौजूद हैं किन्तु अधिकांश प्रेक्षकों के द्वारा इनमें से मात्र 15 से 20 को ही 'बड़े' के रूप में वर्गीकृत किया गया है। और मराठी में एक 'बड़ा' प्रकाशक प्रतिवर्ष सिर्फ 10 अथवा कुछ अधिक शीर्षक ही प्रकाशित कर पाता है। बड़ी संख्या वार्षिक आधार पर मात्र कुछ

शीर्षक ही जारी करती है और प्राथमिकतौर पर किसी और व्यवसाय–सामान्यतः पुस्तक बिक्री अथवा वितरण–में रत् है। अंग्रेजी–भाषा के अनेक प्रकाशक मराठी में कुछ शीर्षक जारी करते हैं, किन्तु उन्हें संभवतः पूर्ण–कालिक मराठी प्रकाशक के रूप में वर्गीकृत नहीं करना चाहिए। पूर्ण रूप से पेशेवर मराठी प्रकाशकों, जिनके पास पूर्णकालिक संपादकीय कर्मचारी तथा एक ऐसा व्यवसाय है जो प्राथमिकतौर पर मराठी में पुस्तक प्रकाशन को समर्पित हो, की संख्या 5 से भी कम है। इस प्रकार, जैसा कि अनेक प्रेक्षकों द्वारा स्पष्ट किया जा चुका है, मराठी प्रकाशन 'पेशेवर' शब्द के स्थापित अर्थों में पेशेवर नहीं है। यह अन्य प्रकार के कार्यों के साथ जुड़ा रहने वाला एक उपक्रम बना हुआ है। मराठी प्रकाशन के संपूर्ण लोकाचार एवं परिचालन इस वास्तविकता से प्रभावित हैं। वास्तव में, कोई भी सामान्य (व्यावसायिक) प्रकाशक अपने राजस्व के प्राथमिक स्रोत के रूप में पुस्तक प्रकाशन पर निर्भर नहीं करता। हालांकि, ऐसे अनेक 'पूर्णकालिक' प्रकाशक मौजूद हैं जो पाठ्यपुस्तकों एवं स्व–सहायता प्रकाशनों के उत्पादन पर ध्यान केन्द्रित किए हुए हैं।

मराठी प्रकाशन में पेशेवर रूप से प्रशिक्षित कर्मचारी अत्यन्त दुर्लभ हैं। अधिकांश प्रकाशक पारिवारिक संस्थाएं हैं जिनके पास प्रकाशन को समर्पित मात्र कुछ ही कर्मचारी उपलब्ध हैं, और इनके पास प्रकाशन के अलावा प्रायः अन्य उत्तरदायित्व भी मौजूद होते हैं। सापेक्षिकतौर पर कुछ ही मराठी प्रकाशक भारत में पेशेवर प्रकाशन समुदाय में संलिप्त प्रतीत होते हैं; इससे एक प्रभावी प्रकाशन के बुनियादी ढाँचे की प्रगति बाधित रही है। पुणे स्थित एक नए संगठन, मराठी प्रकाशक परिषद्, की स्थापना हाल ही में की गई है और यह बढ़ती हुई पेशेवर जागरूकता को इंगित करता है।

अधिकांश प्रकाशन संस्थान बहुत छोटे हैं, जिनका वार्षिक उत्पादन मात्र कुछ शीर्षकों तक सीमित है। इन पुस्तकों के वितरण सम्बन्धी प्रयास भी अपेक्षाकृत बहुत कम हैं, और मुद्रित प्रतियों की संख्या भी बहुत कम होती है। दूसरी ओर, ऊपरी व्यय कम हैं और अधिकांश प्रकाशकों के लिए एक ही शीर्षक का प्रकाशन करना सापेक्षिकतौर पर सीमित आर्थिक जोखिम का कार्य होता है। ऐसा अनुमान लगाया गया है कि पाठ्यपुस्तकों को छोड़कर मराठी पुस्तक के एक औसत प्रकाशन के लिए प्रतियों की संख्या 1,000 तक होती है। प्रायः पुस्तकों के मुद्रण एक दशक अथवा अधिक समय तक किए जाते हैं, और ये बहुत धीरे–धीरे बिकती हैं। परंतु चूंकि संलिप्त पुस्तकों की संख्या बहुत सीमित होती है, अतः लागत मूल्यांकन के सावधानीपूर्ण प्रयास भी बहुत कम किए जाते हैं। प्रकाशन के कार्यों को उपव्यवसायों के तौर पर संपन्न किया जाता है तथा त्वरित लाभार्जन हेतु आर्थिक दबाव बहुत कम–अथवा अनेक मामलों में होते ही नहीं हैं।

मराठी में पुस्तकों के बाजार सीमित हैं बल्कि विशिष्ट हैं और इन बाजारों के नजरिए इस बात का निर्धारण करने में एक बड़ी भूमिका निभाते हैं कि क्या और कितने संस्करणों का प्रकाशन करना चाहिए। जैसा कि भारत में सभी पुस्तकों के साथ है, अधिकांश मराठी पुस्तकों की खरीद पुस्तकालयों द्वारा की जाती है। राज्य में लगभग 200 सार्वजनिक एवं राज्य–सहयोगप्राप्त पुस्तकालय हैं जो मराठी में पुस्तकों की खरीद के ऊँचे स्तर को कायम रखने का प्रयास करते हैं। अधिकांश ग्रामीण पुस्तकालय, जिनकी संख्या 1,000 के आसपास है, अपेक्षाकृत कम पुस्तकें ही खरीदते हैं। महाराष्ट्र में 700 कॉलेज हैं और कुछ कॉलेजों के पुस्तकालय मराठी भाषा की पुस्तकों की सीमित संख्या ही खरीदते हैं। ऐसी खरीदें संभवतः उन ग्रामीण तथा नगरीय कॉलेजों में अधिक की जाती हैं जो अभी हाल ही के वर्षों में स्थापित हुए हैं, क्योंकि ऐसे कॉलेजों में मराठी

शिक्षा की भाषा के माध्यम के रूप में प्रवृत्त हो रही है। किन्तु कॉलेजों के पुस्तकालयों द्वारा खरीद सामान्यतः सीमित होती है और कुछ सीमा तक विशिष्ट भी।

व्यापकतौर पर ऐसा माना जाता है कि विज्ञान एवं तकनीक सम्बन्धी पुस्तकों के लिए मराठी में कोई बाजार उपलब्ध नहीं होगा, और सामाजिक विज्ञान की पुस्तकें बहुत कम ही बिकेंगी। प्रकाशकों का विश्वास है कि अधिकांश संस्थागत के साथ–साथ निजी खरीददार इन विषयों पर अंग्रेजी पुस्तकों को प्राथमिकता देते हैं। बिक्री के आँकड़े प्रकटतया इन धारणाओं का समर्थन करते हैं, और परिणामस्वरूप निजी प्रकाशक मराठी में किसी भी विद्वत्तापूर्ण अथवा तकनीकी पुस्तक के प्रकाशन की इच्छा मुश्किल से ही करते हैं। प्रकाशक मराठी पुस्तकों के बाजार को काल्पनिक कहानियों, सांस्कृतिक टिप्पणियों एवं आलोचनाओं, धर्म तथा कुछ सीमा तक वर्तमान राजनीतिक एवं सामाजिक मामलों पर 'लोकप्रिय' पुस्तकों तक ही सीमित होने के रूप में देखते हैं। मजेदार बात है कि मराठी में कविता की पुस्तकों की बिक्री बहुत अच्छी है। 3,000 अथवा उससे अधिक प्रतियों में बिकने वाले शीर्षकों को 'सर्वश्रेष्ठ बिक्रीत' माना जाता है। महाराष्ट्र में पत्रिकाओं का अच्छाखासा प्रसार है, यद्यपि वे किसी भी प्रकार से तमिलनाडु अथवा बंगाल की भांति लोकप्रिय नहीं हैं। बड़ी संख्या में प्रकाशक पत्रिकाओं के साथ–साथ पुस्तकें भी जारी करते हैं। मराठी लेखकों ने निबंध के सर्वोच्च स्तर को विकसित कर लिया है, और साहित्यिक अथवा राजनीतिक निबंधों के लिए पत्रिकाएं बहुत अच्छे बाजार हैं। ऐसी अनेक पत्रिकाएं प्रमुख अवकाशों के समय पर वार्षिक आधार पर प्रकाशित की जाती हैं तथा, एक अर्थ में, अनेकों प्रकार के शीर्षकों पर पुस्तक–सृदश संग्रह बन जाती हैं। पत्रिकाओं के प्रारूप में विज्ञापनों को शामिल करना भी जुड़ा हुआ है, जो प्रकाशन लागत को कम करने में सहायक होता है। ऐसा अनुमान लगाया गया है कि इस प्रकार की कम से कम 500 पत्रिकाएं मौजूद हैं, जिनके प्रसार 1,000 से कुछ कम से लेकर 6,000 से अधिक प्रतियों तक हैं। नियमिततौर पर प्रकाशित होने वाली कुछ अन्य पत्रिकाएं भी है, जैसे *किर्लोस्कर,* जिसकी प्रत्येक माह लगभग 20,000 प्रतियाँ बिकती हैं, किन्तु अधिकांश कम आवृत्तियों पर जारी की जाती है और उनके प्रसार भी बहुत कम हैं। एक अर्थ में, लेखक पत्रिकाओं के लिए लिखने के अभ्यस्त हो चुके हैं और पाठक उन्हें खरीदने के। पुस्तकों के लिए पत्रिकाओं तथा अन्य सांस्कृतिक स्वरूपों के प्रभुत्व वाले बाजार में 'घुसपैठ' करना कुछ कठिन बन चुका है।

वितरण संभवतः आमतौर पर भारतीय प्रकाशन की श्रृंखला में सर्वाधिक कमजोर कड़ी होता है, तथा क्षेत्रीय भाषाओं के लिए यह एक विशेष गंभीर कठिनाई है।[9] पुस्तकों की शीर्षक संख्या बहुत सीमित हैं तथा जिन विषयों पर मराठी पुस्तकें प्रकाशित की जाती हैं, वे अत्यन्त सीमित हैं; अतः मराठी पुस्तकों से पर्याप्त लाभ अर्जित करने में पुस्तक विक्रेताओं को कठिनाई होती है। अंग्रेजी पुस्तकों के राष्ट्रीय वितरण करने वाले थोक विक्रेताओं की तुलना में मराठी प्रकाशनों के वितरण के लिए अधिक कुशल नेटवर्क का अभाव है। सामान्यतः, वितरण नेटवर्क ऐसी पुस्तकों के लिए सर्वश्रेष्ठ कार्य करता है जो सर्वाधिक लाभ प्रदान करती हैं (आयातित पुस्तकें), तथा कम लाभदायक अर्थात् क्षेत्रीय भाषाई प्रकाशनों की बिक्री के प्रदर्शन सबसे खराब होते हैं।[10]

ऐसा अनुमान लगाया गया है कि मुम्बई में पुस्तकों की लगभग 15 तथा पुणे में 25 ऐसी दुकाने हैं जिनके पास मराठी पुस्तकों का बहुत बड़ा संग्रह उपलब्ध रहता है। इन कुछ दुकानों के अलावा, प्रकाशक को आदेश दिए बिना मराठी पुस्तकों को प्राप्त कर पाना असाधारण रूप से कठिन है। बड़े महानगरीय केन्द्रों के बाहर

छोटी पुस्तक–दुकानें अपनी आय का अधिकांश भाग पाठ्यपुस्तकों एवं गैर–पुस्तकीय सामग्रियों से अर्जित करती हैं। ऐसी पुस्तक दुकानें, जो स्टॉक की कुछ विविधता प्रदान करने के प्रति गंभीर प्रयास करती हैं, मुख्यतः पुस्तकालय बाजार में आपूर्ति हेतु तैयारी करती हैं। चूंकि यह बाजार ऐसे थोक विक्रेताओं के द्वारा हथिया लिया गया है जो, कुछ सफलता के साथ, बेहतर छूट प्रदान करने के द्वारा पुस्तकालयों को सीधे आपूर्ति करने का प्रयास करते हैं, अतः खुदरा पुस्तक दुकानों पर भारी आर्थिक दबाव उत्पन्न हो चुका है। पुस्तक विक्रेता आंशिक तौर पर पुस्तक बिक्री को अपना मुख्य आर्थिक आधार न होने के कारण बहुत कम पहल करते हैं। उनके चयन वास्तव में अत्यन्त सीमित हैं, और वे अलग–अलग उपभोक्ता के लिए पुस्तकों के 'विशेष आदेश' देने में हिचकिचाते हैं, आंशिकतौर पर इसलिए भी क्योंकि पुस्तकों के लिए डाक दरें बहुत ऊँची हैं।

वितरण नेटवर्क पुस्तक व्यापार में गरीबी के एक स्व–स्थाई चक्र को जन्म देता है। लाभदायक छूट का प्रस्ताव देने में प्रकाशकों की विफलता, पुस्तक–विक्रेताओं को लुभाने, और उन्हें अपनी पुस्तकों से सम्बन्धित जानकारियाँ उपलब्ध कराने का अर्थ है कि नई पुस्तकों से सचेत रहना, और एक अच्छे चुनाव का स्टॉक रखने सम्बन्धी प्रोत्साहन बहुत सीमित हैं।

मराठी प्रकाशन के अर्थशास्त्र को पूरी तरह से समझना तो कठिन है किन्तु कुछ सामान्यीकरण किए जा सकते हैं। अधिकांश मामलों में प्रति पुस्तक निवेश अपेक्षाकृत कम होता है। ऐसा अनुमान है कि किसी 250 पृष्ठों वाली पुस्तक की 1,000 से 2,000 प्रतियों के मुद्रण में 8,000 से 10,000 रुपयों के औसत निवेश की आवश्यकता होती है।[11] मराठी की मुद्रण लागत अंग्रेजी की तुलना में कुछ कम है, प्राथमिकतौर पर इसलिए क्योंकि अधिकांश मराठी मुद्रण पुणे में किया जाता है, जहाँ लागतें मुम्बई की तुलना में सामान्यतौर पर कम हैं। मराठी प्रकाशक अंग्रेजी पुस्तकों में आमतौर पर प्रयुक्त कागजों की तुलना में लगभग हमेशा ही कमजोर क्वालिटी के कागज का उपयोग करते हैं, तथा सभी की बाइंडिंग हाथों द्वारा की जाती है। चूंकि प्रकाशक नए पेशेवर लोगों को नियुक्त करते हैं और विज्ञापन अथवा प्रचार बहुत ही कम करते हैं, अतः भारत में अंग्रेजी–भाषी प्रकाशन के सापेक्ष उनके खर्चे बहुत ही कम होते हैं। यह पूरा अर्थशास्त्र उत्पादन लागतों को कम कर देता है।

इसके अलावा, मराठी पुस्तकों के लिए छूट का ढाँचा भी अंग्रेजी पुस्तकों से भिन्न होता है, और यह ढाँचा खुदरा लागतों को कम कर देता है। मराठी पुस्तकों के लिए लागत अनुपात 1:3 का होता है, अर्थात्, पुस्तक की कीमत उसकी वास्तविक लागत की तीन गुना रखी जाती है। अंग्रेजी–भाषा के प्रकाशनों में यह अनुपात 1:4 अथवा 1:5 का रखा जाता है। पुस्तक–विक्रेताओं तथा थोक–विक्रेताओं के लिए छूट की दरें कम होती हैं–और इस प्रकार पुस्तक वितरकों का लाभ भी कम हो जाता है। मराठी पुस्तकों के अल्पविकसित वितरण नेटवर्क के लिए यही कारण उत्तरदायी है। पुस्तक–विक्रेता स्वाभाविक रूप से अंग्रेजी भाषा की पुस्तकें बेचना पसंद करेंगे क्योंकि ऐसा करने में उन्हें अधिक लाभ प्राप्त होता है। अंग्रेजी पुस्तकें 40 अथवा और अधिक प्रतिशत की छूट प्रदान करती हैं, जबकि मराठी पुस्तकें सामान्यतः 30 प्रतिशत छूट पर बेची जाती हैं। निश्चित रूप से यह आर्थिक समीकरण जटिल है।

मराठी में लेखन का अर्थशास्त्र भी प्रकाशकों के लिए एक समस्या है। जहाँ रॉयल्टी की दरें अंग्रेजी पुस्तकों की दरों के समान, 10 से 15 प्रतिशत, होती हैं वहीं पुस्तकों की प्रति इकाई कम कीमतों और छोटे संस्करणों का अर्थ यह होता है कि लेखकों को अधिक धनोपार्जन नहीं हो पाता। इसके अलावा, मराठी पुस्तकों को बिकने में बहुत

समय लगता है, और इस प्रकार भुगतान फंसा रहता है। मराठी में लेखन करने वाले अधिकांश लेखक अंग्रेजी में लेखनकार्य में भी सक्षम होते हैं, और उनमें से कुछ इसके अधिक लाभदायक होने के कारण अंग्रेजी को ही प्राथमिकता देते हैं। अनेक मामलों में, ऐसे लेखक जो सुस्थापित नहीं हैं कम रॉयल्टियों पर तैयार हो जाते हैं अथवा प्रकाशकों द्वारा उनकी रचना को एकमुश्त कीमत के बदले खरीद लिया जाता है। संभवतः ऐसे देखना निष्पक्ष ही है कि स्वयं प्रकाशन के समान रचनाकार्य भी एक गंभीर पेशेवर उपक्रम के बजाय एक उद्यम की भांति, एक 'प्रेम के परिश्रम' जैसा ही होता है। कुछ लेखकों के लिए हाल में स्थिति में कुछ स्तर तक सुधार हुआ है। अनेक साहित्यिक पुरस्कारों की स्थापना, अनुवाद अधिकारों की बिक्री, तथा कुछ मामलों में रेकार्डिंग संस्थाओं द्वारा भुगतान किए जाने वाले शुल्क तथा प्रदर्शनों से कॉपीराइट की आय आदि सभी ने मिलकर सुविदित मराठी लेखकों की छोटी सी संख्या की आमदनी में वृद्धि की है।

अनेक नवप्रवर्तनकारी मराठी प्रकाशकों ने अपनी पुस्तकों को बेचने के वैकल्पिक साधनों के उपयोग के प्रयास किए हैं, किन्तु सीमित सफलता के साथ। हाल के वर्षों में वितरण व्यवस्था को नाकाम करने, पाठकों के लिए कीमतों को कम किए जाने, अथवा प्रकाशकों को बिक्री की गारंटी प्रदान करने वाले माध्यम प्रदान करने जैसे उपायों के रूप में अनेक बुक–क्लब प्रारंभ किए गए हैं। मराठी में सर्वाधिक पुराना बुक क्लब बड़े मराठी प्रकाशकों में से एक पापुलर प्रकाशन द्वारा प्रायोजित है जिसके पास एक विशाल अंग्रेजी–भाषा प्रकाशन का उपक्रम, एक मुद्रण प्रेस, तथा अनेक पुस्तक दुकानें भी मौजूद हैं। बॉम्बे बुक क्लब अपने 2,000 सदस्यों को लगभग 600 शीर्षक प्रस्तावित करता है।

अभी हाल की एक घटना है पाठक आंदोलन (ग्रंथाली), जिसका प्रारंभ अनेक मराठी लेखकों द्वारा किया गया है। उनका उद्देश्य है सदस्यों के लिए प्रतिवर्ष एक सीमित संख्या में शीर्षकों का प्रकाशन करना। जहाँ इस प्रयास की सफलता का आकलन करना समयपूर्व होगा, वहीं 2,000 प्रतियों के संस्करणों में लगभग 5 पुस्तकें प्रकाशित की जा चुकी हैं तथा इसके सदस्यों को 5 रुपए प्रति पुस्तक तथा आम जनता को 10 से 15 रुपयों की लागत पर उपलब्ध कराई गई हैं। प्रतिबद्ध लेखकों के एक स्वैच्छिक प्रयास के रूप में ग्रंथाली के अतिरिक्त खर्चे बहुत कम हैं, अतः सामाय आर्थिक मानदंड के द्वारा बुक क्लब का आकलन करना कठिन है। हालांकि, यह इंगित करता है कि कम से कम कुछ लेखकों एवं पत्रकारों के बीच पुस्तकों की कीमतों तथा वितरण के माध्यमों को लेकर जागरूकता मौजूद है। पुस्तक वितरण का एक प्रारंभिक कुशल प्रयास था मराठी ग्रंथ प्रकाशक सभा, प्रकाशकों का एक सहकारी संघ जिसने बिना किसी नाटकीय सफलता के पुस्तक वितरण माध्यमों में सुधार लाने के प्रयास किए हैं। इसके अलावा, अनेक प्रकाशक, वर्तमान समय में उल्लेखनीय रूप से पुणे का कांटीनेन्टल प्रकाशन, ग्रामीण क्षेत्रों में पुस्तकों के वितरण एवं बिक्री के लिए अपने खुद के वाहनों का प्रयोग कर रहे हैं।

सरकार की संलिप्तता

सरकारी पहल एवं सहभागिता तीसरी दुनिया के प्रकाशन में एक महत्वपूर्ण तत्व रहे हैं, और महाराष्ट्र इसका अपवाद नहीं है। उदाहरणार्थ, कई वर्षों पूर्व पाठ्यपुस्तक प्रकाशन के 'राष्ट्रीयकरण' हेतु लिए गए निर्णय के निजी क्षेत्र के प्रकाशन पर व्यापक एवं गहरे दुष्प्रभाव पड़े थे। पुस्तकों के बड़े एवं लाभदायक बाजारों में से एक को तुरंत ही बंद

कर दिया गया था। स्कूली पाठ्यपुस्तक बाजार विशेषतौर पर इस मामले में महत्वपूर्ण थे कि इससे निवेश पर पर्याप्त तीव्रता से लाभार्जन की गारंटी मिलती थी और वितरण नेटवर्क भली–भांति स्थापित हो चुके थे। सरकारी नीति का उद्देश्य पुस्तकों की लागत को कम करना तथा पाठ्यपुस्तकों के लेखन एवं उत्पादन दोनों पर ही अधिक नियंत्रण सुनिश्चित करना था। परंतु निहितार्थों में से एक निजी क्षेत्र प्रकाशन को गंभीर रूप से अपाहिज बनाने वाला था। सापेक्षिकतौर पर अधिक लाभदायक पुस्तक बाजार के बिना निजी प्रकाशक बड़ी संख्या में सामान्य पुस्तकें भी प्रकाशित नहीं कर सके।

पुस्तकों के प्रकाशन एवं वितरण के साथ अनेक सरकारी एजेन्सियाँ जुड़ी हुई हैं। महाराष्ट्र राज्य साहित्य एवं सांस्कृतिक परिषद् के पास 'मराठी संस्कृति एवं साहित्य के सामान्य प्रोत्साहन' का व्यापक उत्तरदायित्व मौजूद है। पाठ्यपुस्तकों के उत्पादन एवं वितरण के लिए विश्वविद्यालय पाठ्यपुस्तक समिति के उत्तरदायित्व और भी सीमित हैं, जो अधिकांशतः माध्यमिकोत्तर स्तर के लिए ही हैं। पाठ्यपुस्तक समिति को केन्द्र सरकार के द्वारा 1 करोड़ रुपयों का अनुदान प्रदान किया गया था और इससे पाठ्यपुस्तकों का पर्याप्त विकास संभव हो सका है। महाराष्ट्र अपने अनुदान (ऐसे अनुदान प्रत्येक राज्य को दिए गए थे) का प्रभावी तरीके से उपयोग करने में सफल रहा था।

महाराष्ट्र राज्य साहित्य एवं सांस्कृतिक परिषद्, जिसका मुख्यालय मुम्बई में है, पुस्तकों के विकास हेतु समन्वयक एजेन्सी है। 1960 में स्थापित इस परिषद् के उत्तरदायित्व अत्यन्त व्यापक हैं, जिसमें मराठी संस्कृति एवं साहित्य को सामान्य प्रोत्साहन दिया जाना, संस्कृति, भाषा, विज्ञान एवं कला जैसे विषयों में पुस्तकों के प्रकाशन, तथा मराठी भाषा में प्रमुख संदर्भ पुस्तकों का प्रकाशन जैसे कार्य शामिल हैं।[12] परिषद् की प्रमुख परियोजना 20 खंडों वाले एक मराठी विश्वकोष को प्रायोजित करने की रही है, जिसे *एनसाइक्लोपीडिया ब्रिटानिका* की तर्ज पर तैयार किया गया है। अभी तक इसमें से 8 खंड प्रकाशित किए जा चुके हैं। इसके अलावा, परिषद् के द्वारा अनेक अन्य संदर्भ परियोजनाओं को प्रायोजित किया गया है, जिसका उद्देश्य मराठी पाठकों को वैश्विक ज्ञान के आधार तक पहुँच प्रदान करना है। परिषद् द्वारा प्रमुख अंतर्राष्ट्रीय शास्त्रीय ग्रंथों के मराठी में अनुवाद को भी प्रायोजित किया गया है। इनमें से अनेक पुस्तकों का प्रकाशन परिषद् से प्राप्त सब्सिडी के साथ निजी प्रकाशकों द्वारा किया जा चुका है। परिषद् अनुवाद शुल्क का भुगतान करती है और मुद्रण लागत हेतु सब्सिडी प्रदान करती है ताकि बिक्री मूल्यों को सामान्य रखा जा सके। परिषद् अनुप्रयुक्त विज्ञान तथा प्रायोगिक क्षेत्रों में पुस्तक तैयार किए जाने को भी प्रायोजित करती है। रेडियो मरम्मत, प्राथमिक भौतिकी, एवं ऐसे ही अन्य विषयों को परिषद् के तत्वाधान में प्रकाशित किया जा रहा है।

परिषद् अपने सब्सिडी कार्यक्रमों के द्वारा निजी प्रकाशकों को सहायता प्रदान करती है। लगभग 25 लाख रुपयों के इसके वार्षिक बजट के द्वारा प्रतिवर्ष लगभग एक दर्जन शीर्षकों का प्रकाशन करना संभव हो सका है। परिषद् की निधियों से आंशिक तौर पर अन्य पुस्तकों को सहायता प्रदान की जाती है। अधिकांश संस्करण काफी छोटे होते हैं, जो व्यावसायिक मुद्रण के समान होते हैं, किन्तु कभी–कभार पुस्तकों का प्रकाशन बड़ी संख्या में भी किया जाता है। परिषद् अनुवाद के अवसर प्रदान करने तथा सब्सिडीकृत लेखनों के द्वारा लेखकों की भी सहायता करती है। विश्वकोष परियोजना में बड़ी संख्या में मराठी बुद्धिजीवियों को संलिप्त किया गया था। मराठी प्रकाशन पर परिषद् का समग्र

प्रभाव बहुत व्यापक नहीं रहा है, परंतु इसने 100 से भी अधिक पुस्तकों के प्रकाशन में सहायता प्रदान की है जिन्हें अन्यथा प्रकाशित करना संभव नहीं रहा होता।

एक अन्य सरकारी निकाय, महाराष्ट्र विश्वविद्यालय पाठ्यपुस्तक प्रकाशन परिषद्, जिसके निधिकरण का अधिकांश भाग विश्वविद्यालय अनुदान आयोग द्वारा प्रदान किया गया है, के द्वारा विज्ञान एवं सामाजिक विज्ञान के विभिन्न विषयों में कॉलेज तथा विश्वविद्यालय स्तर की पाठ्यपुस्तकों एवं पूरक सामाग्रियों के प्रकाशन का कार्य अपनाया गया है। अधिकांश पुस्तकें मौलिक हैं, किन्तु कुछ अंग्रेजी से अनुवादित हैं। इन पुस्तकों, जो विश्वविद्यालय परिषद् से वित्तपोषण के साथ निजी संस्थाओं के द्वारा प्रकाशित की गई हैं, का वितरण सामान्य व्यावसायिक माध्यमों द्वारा किया जाता है। गत 7 वर्षों में इस कार्यक्रम द्वारा 160 से भी अधिक पुस्तकें प्रकाशित की जा चुकी हैं। लेखक भी लाभान्वित हुए हैं क्योंकि उन्हें मानक 15 प्रतिशत की दर से रॉयल्टी का भुगतान किया गया है।[13]

जहाँ मराठी प्रकाशन में समग्र सरकारी भूमिका का मूल्यांकन करना कठिन है, वहीं यह संभव है कि स्कूलस्तरीय पाठ्यपुस्तकों के राष्ट्रीयकरण की इकलौती कार्यवाही निजी प्रकाशकों के लिए इतना हानिकारक आघात थी कि अन्य सभी प्रकार की सहायताएं एकसाथ मिलकर भी इसकी क्षतिपूर्ति नहीं कर सकी हैं। सरकारी पहलों में से किसी का भी उद्देश्य निजी प्रकाशन क्षेत्र की सहायता करने का नहीं रहा है।

निष्कर्ष

50 वर्षों से भी अधिक समय में मराठी प्रकाशन ने स्वयं को मराठी बौद्धिक परिदृश्य के एक अभिन्न अंग के रूप में स्थापित करने में सफलता हासिल कर ली है। बुनियादी ढाँचा मौजूद है; मुद्रण सुविधाएं, एक न्यूनतम वितरण नेटवर्क, तथा पुस्तकें प्रकाशित करने का जोखिम उठाने के इच्छुक अनेक प्रकाशक (एवं अन्य लोग) भी मौजूद हैं। निःसंदेह, और अधिक विकास की संभावनाएं बहुत अच्छी हैं। साक्षरता के स्तर में वृद्धि तथा राज्य में बड़े नगरों एवं शहरों से अपेक्षाकृत छोटे नगरों में मध्यवर्ग के उत्थान, तथा बौद्धिक जीवन के अंग्रेजी से मराठी (एवं अन्य क्षेत्रीय भाषाओं) की ओर क्रमिक परिवर्तन के साथ–साथ पुस्तकों के बाजार भी बढ़ते जाएंगे। और उनके लिए एक कहीं अधिक तात्कालिक आवश्यकता भी उत्पन्न होगी। वर्तमान समय में स्कूलों में शिक्षा के माध्यम के रूप में मराठी को अपनाया जाना, विशेषतौर पर शहरी क्षेत्रों के बाहर, विशेषतौर पर महत्वपूर्ण है।

इन दीर्घकालिक संभावनाओं के बावजूद पुस्तक व्यापार के अधिकांश प्रेक्षक तात्कालिक भविष्य के प्रति बहुत अधिक आशावादी नहीं हैं। प्रकाशन उद्योग का आज तक का प्रदर्शन मिश्रित रहा है। यद्यपि इसने भारी विरोधों के विरुद्ध स्वयं को स्थापित कर लिया है, तथापि व्यावसायिकता की कमी तथा पुस्तक वितरण की एक अत्यन्त गंभीर समस्या मौजूद है। कुछ ही प्रकाशकों के पास समुचित विशेषज्ञता उपलब्ध है, और मराठी बौद्धिक जीवन में कुछ के द्वारा एक सक्रिय–और कभी–कभी एक अग्रणी–भूमिका निभाई गई है, परंतु इन क्षेत्रों में किसी महत्वपूर्ण कार्य के लिए अधिकांश को स्वीकार नहीं किया जा सकता। सरकार की भूमिका अस्पष्ट रही है तथा बौद्धिक समुदाय एक समय में कई ओर दृष्टि डालता रहता है। पुस्तक जागरूकता नगण्य है, और इसे विकसित करने हेतु अधिक कुछ भी नहीं किया गया है।

तीसरी दुनिया की भाषाओं के समान ही मराठी भी स्वयं को एक तिहरी परिधीय स्थिति में पाती है। अंतर्राष्ट्रीय पैमाने पर मराठी न केवल एक छोटी भाषा है, बल्कि ये एक ऐसे 'अभाव के समाज' में कार्यरत् भी है जहाँ मुद्रण की तकनीकें, पुस्तक वितरण, तथा ऐसे ही कार्य अभी तक भली–भांति विकसित नहीं हो सके हैं। जनता की क्रयशक्ति के संदर्भ में पुस्तक तकनीक महँगी है। आगे, साक्षरता दरें बहुत नीची हैं और इसी कारणवश अधिकांश आबादी मुद्रित सामग्रियों से अछूती है। अंततः, मराठी अंग्रेजी के प्रभुत्व वाले एक राष्ट्रीय तथा अंतर्राष्ट्रीय बाजार में कार्यरत् है। भारत में, अंग्रेजी–भाषी प्रकाशक एवं बहुराष्ट्रीय संस्थाओं का वर्चस्व है। दिल्ली तथा मुम्बई की बड़ी संस्थाओं के पास सर्वाधिक व्यावसायिक संचालन उपलब्ध हैं; वे क्षेत्रीय भाषाओं के प्रकाशन के स्तरों का निर्धारण करते हैं, जो प्रायः स्वदेशी भाषाओं के लिए हानिकारक होते हैं। पुस्तकों के आयात–निर्यात में उनकी महत्वपूर्ण भूमिका है, जो पुस्तक व्यापार का एक महत्वपूर्ण अंग है। वे कॉपीराइट नीति, थोक–विक्रय, तथा वितरण नेटवर्कों में वर्चस्व कायम किए हुए हैं। प्रकाशन विशेषज्ञता एवं लेखकों के अर्थों में वे सर्वश्रेष्ठ प्रतिभाओं को अधिग्रहीत कर लेने में सक्षम हैं, तथा व्यावसायिक वित्तपोषण हासिल करने में भी अधिक समर्थ हैं।

अतः, मराठी प्रकाशन अलाभकारिता के संकेन्द्रित समुदाय के अंदर कार्य करता है। यह अंग्रेजी, फ्रेंच, तथा कुछ हद तक जर्मन एवं स्पेनिश जैसी 'अंतर्राष्ट्रीय' भाषाओं का उपयोग करने वाले औद्योगीकृत देशों के प्रभुत्व वाले अंतर्राष्ट्रीय प्रकाशन नेटवर्क का भाग नहीं है। ये देश अंतर्राष्ट्रीय पुस्तक व्यापार को नियंत्रित करते हैं, कॉपीराइट व्यवस्थाओं पर उनका प्रभुत्व है, और पुस्तकों की कीमतों तथा वितरण व्यवहारों का निर्धारण करते रहे हैं। भारतीय प्रकाशन, जिसका नियंत्रण एक बड़े स्तर तक अंग्रेजी तथा कुछ हद तक हिन्दी संस्थाओं द्वारा किया जाता है, के संदर्भ में भी मराठी प्रकाशक अत्यन्त अलाभकारी स्थिति में रहे हैं। और मराठी प्रकाशन एक कमजोर एवं आंशिकतौर पर साक्षर क्षेत्रीय संस्कृति के संदर्भ में ही कार्य करता रहा है। मराठी में प्रकाशन उतने ही प्रभावी रूप से विकसित हुआ है जितना कि यह स्वयं में प्रभावशाली है। एक लाभदायक प्रकाशन उद्योग का आधार अब मौजूद है तथा यह मराठी बौद्धिक एवं शैक्षिक जीवन में सक्रिय योगदान कर रहा है। 1970 के दशक की मध्य तक की अवधि को एक बुनियादी ढाँचे की विकास की अवधि के रूप में देखा जा सकता है। जहाँ यह स्पष्ट नहीं है कि 'प्रारंभिक बिन्दु' तक पहुँचा जा चुका है अथवा नहीं, वहीं उद्योग को आवश्यकता वाली बुनियादी सुविधाएं उपलब्ध हैं।

प्रस्तुत निबंध को तीसरी दुनिया में प्रकाशन उद्योग से जुड़े एक प्रश्न के साथ समाप्त करना उचित हो सकता है। यह विश्लेषण, जिसका लेखन भारतीय परिदृश्य से सहानुभूति रखने वाले एक प्रेक्षक द्वारा किया गया है, प्रकाशन, पुस्तकों तथा ज्ञान के वितरण की प्रकृति सम्बन्धी अंतर्निहित मान्यताओं पर आधारित है। इन मान्यताओं की प्रकृति पश्चिमी है, तथा ये यूरोप एवं उत्तरी अमेरिका में प्रकाशन एवं ज्ञान वितरण की ऐतिहासिक घटनाओं को प्रतिबिंबित करती हैं। ये ऐसी मान्यताएं भी हैं जिनपर भारतीय प्रकाशन उद्योग टिका हुआ है तथा जिसे वास्तव में आज के सभी भारतीय प्रकाशकों के द्वारा साझा किया जा रहा है।

इन मान्यताओं में पेपर की गुणवत्ता, मुद्रण उत्कृष्टता एवं डिजाइन के अर्थों में किसी पुस्तक की प्रकृति सम्बन्धी विचार भी शामिल हैं। हमारा मानना है कि पुस्तकों का पेशेवर तरीके से संपादन किया गया होना चाहिए और इनका वितरण पश्चिमी अर्थों

से मिलते–जुलते नेटवर्कों के द्वारा करना चाहिए। हमारा मानना है कि लाभ अर्जित करने अथवा कम से कम उनके उत्पादकों को हानि न होने देने के अर्थों में सामान्य तौर पर पुस्तकों को अवश्य ही 'अपना मार्ग स्वयं तय' करना चाहिए। हम मानते हैं कि पत्रिकाओं, पत्रों इत्यादि की तुलना में पुस्तकें संवाद का तार्किक माध्यम होती हैं। और हम यह भी मानते हैं कि प्रिंट मीडिया संवाद का बुनियादी स्वरूप होता है।

इन मान्यताओं में से अनेक उचित हैं, किन्तु स्थापित अभ्यासों से कदम पीछे हटाया जाना और अन्य मॉडलों पर विचार करना उपयोगी सिद्ध हो सकता है। कुछ वैकल्पिक उदाहरण मौजूद हैं: भारतीय संदर्भ में, केरल में मलयालम लेखकों के स्वामित्व वाला एक अत्यन्त सफल सहकारी प्रकाशनगृह, साहित्य प्रवर्तक शाहकारना संगम, कुछ अलग ही बुनियादी मान्यताओं पर आधारित है। नाइजीरिया में, लोकप्रिय पाठकों को लक्ष्य बनाने वाले स्व–प्रकाशन उपक्रमों का उद्भव एक अन्य प्रकाशन विकल्प है। सोवियत पुस्तक नीति भी सामान्य पश्चिमी अवधारणाओं से कुछ पृथक मान्यताओं पर आधारित है, जिसमें ज्ञान के आर्थिक लाभों पर कम तथा राजनीतिक एवं सामाजिक उपयोगों पर अधिक जोर दिया जाता है।[14] यहाँ तक कि अमेरिका में भी बड़े बहुउद्देशीय निगमों के द्वारा प्रकाशन कंपनियों के अधिग्रहण के साथ–साथ 'वैकल्पिक' एवं स्व–प्रकाशन की दिशा में एक प्रवृत्ति विद्यमान है।[15]

टिप्पणियाँ

1. तीसरी दुनिया में प्रकाशन के सामान्य मुद्दों पर Philip G. Altbach, *Publishing in India: An Analysis,* Delhi and New York, Oxford UniversityPress, 1975; Philip G. Altbach, 'Literary Colonialism: Books in the Third World', *Harvard Educational Review,* Vol. 45, May 1975, p. 226–36; and Philip G. Altbach and Keith Smith, 'Publishing in the Third World', *Library Trends*, Vol. 26, Spring 1978, p. 449–600 (special issue) में विचार किया गया है।
2. यह अध्ययन व्यापकतौर पर महाराष्ट्र में प्रकाशन में सीधे संलिप्त लगभग 50 लोगों के साक्षात्कार, इस विषय पर उपलब्ध सीमित साहित्य के विचार, तथा मराठी प्रकाशकों के पर्यवेक्षण पर आधारित है। मराठी प्रकाशन व्यवसाय की सहायता के बिना यह चर्चा संभव नहीं हो सकती थी। मैं इन व्यस्त व्यक्तियों का ऋणी हूँ जिन्होंने स्वतंत्र रूप से अपना समय प्रदान किया। मैं रामदास भटकल, सदाशिव पाढे एवं शीला स्लॉटर द्वारा पहले के मसौदे पर की गई टिप्पणियों की भी प्रशंसा करता हूँ।
3. तीसरी दुनिया के प्रकाशन की समस्याओं पर विस्तृत विचार के लिए देखें: Datus Smith Jr, *A Guide to Book Publishing*, New York, R. R. Bowker, 1966; and Ronald Barker and Robert Escarpit (eds.), *The Book Hunger*, Paris, Unesco, 1973।
4. Lewis A. Coser, 'Publishers as Gatekeepers of Knowledge', in P. G. Altbach and S. McVey (eds.), *Perspectives on Publishing*, p. 17–26, Lexington, Mass., D. C. Heath, 1976।
5. इन मामलों पर आगे की चर्चा के लिए देखें: Keith Smith, 'Who Controls Book Publishing in Anglophone Middle Africa?', in Altbach and McVey (eds.), op. cit., p. 129–40; and Altbach, 'Literary Colonialism', op. cit.।
6. देखें: Samuel Israel, 'The Colonial Heritage in Indian Publishing', *Library Trends*, Vol. 26, Spring 1978, p. 539–53; and Philip G. Altbach, *Publishing in India*, op. cit.।

7. मराठी प्रकाशन के इतिहास पर एकमात्र संपूर्ण चर्चा है: A. H. Limaye, *The Nature of Publications in Marathi: Motivation and Tradition*, Poona, Prasad Prakashan, 1972 (मराठी में)।
8. इस सम्बन्ध में यह नोट करना चाहिए कि महाराष्ट्र सरकार की कम–से–कम एक नीति, स्कूल पाठ्यपुस्तकों के उत्पादन का 'राष्ट्रीयकरण', ने निजी क्षेत्र के प्रकाशकों के लिए एक लाभदायक बाजार को समाप्त कर दिया और राज्य में पुस्तक व्यापार को अत्यधिक कमजोर बना दिया।
9. देखें: Altbach, *Publishing in India*, op. cit., p. 48–53. See also Arthur Isenberg, 'Toward Better Book Distribution in Asian Countries', *Indian Book Industry*, August–September 1970, p. 35–55।
10. पी.सी. मानकतला के साथ साक्षात्कार, मुम्बई 8 अक्टूबर, 1977।
11. अंग्रेजी में प्रकाशित किसी पुस्तक के लिए आवश्यक निवेश, अधिक खर्चों, छूट के पृथक ढाँचे, अधिक महँगी मुद्रण लागतों, तथा अधिक महँगे कागज एवं बाइंडिंग के उपयोग के कारण लगभग 25 प्रतिशत अधिक होगा।
12. परिषद् के कार्यक्रमों पर एक चर्चा के लिए देखें: Maharashtra State Board for Literature and Culture, *Objectives, Programmes, Progress,* Bombay, Government of Maharashtra, 1976।
13. कुलकर्णी, कांटीनेन्टल प्रकाशन, पुणे के साथ साक्षात्कार, 10 अक्टूबर 1977।
14. देखें: Gregory Walker, *Soviet Book Publishing Policy*, Cambridge, Cambridge University Press, 1978।
15. देखें: Bill Henderson (ed.), *The Publish It Yourself Handbook: Literary Tradition and How-To*, Yonkers, New York, Pushcart Book Press, 1973।

21

'नवउपनिवेशवाद' और भारतीय प्रकाशन

Economic and Political Weekly
Vol. 6, No. 18 (May 1), 1971

फ़िलिप जी. अल्ट्बाख़

'तीसरी दुनिया' के महत्वपूर्ण देशों में से एक के रूप में भारत की ओर बड़ी शक्तियों द्वारा बहुत अधिक ध्यान दिया गया है। इन ध्यान वाले क्षेत्रों में से एक है इसका बौद्धिक एवं अकादमिक जीवन। इस प्रभाव के व्यापक निहितार्थों पर चर्चा अन्य स्थानों पर की जा चुकी है (जिसमें फिलिप जी. अल्ट्बाख़ का ''एजूकेशन एंड नियोकोलोनियालिज्मः सम फैक्ट्स'', *यूनाइटेड एशिया*, मई–जून 1970 भी शामिल है)। पुस्तकों के प्रकाशन तथा पत्रिकाओं का समर्थन अपेक्षाकृत गरीब क्षेत्रों पर संपन्न देशों द्वारा प्रभाव डालने में एक महत्वपूर्ण भूमिका निभाते हैं और यह पहलू विशेष ध्यानाकर्षण का पात्र है। हालांकि, ये टिप्पणियाँ बहुत विस्तृत नहीं हैं और इनकी प्रमुख मंशा भारत के विद्वत एवं बौद्धिक जीवन के इस प्रमुख पहलू पर विचार को प्रोत्साहित करने की है। भारतीय प्रकाशन के एक सामान्य सिंहावलोकन के लिए *क्वेस्ट* (जनवरी–फरवरी 1971) में सैमुअल इस्रायल, का नवीनतम लेख देखें।

भारत में प्रकाशित अनेक पत्रिकाओं को ऐसी विदेशी सरकारों अथवा हितधारकों से प्रत्यक्ष अथवा अप्रत्यक्ष सहयोग प्राप्त होता है जिनकी उनकी नीतियों को आकार देने में कोई न कोई भूमिका होती है। सांस्कृतिक आजादी के लिए कांग्रेस द्वारा हाल तक समर्थित पत्रिकाएं, *चाइना रिपोर्ट*, तथा *क्वेस्ट*, आदि भारतीय प्रकाशनों को गैर–भारतीय सब्सिडियाँ दिए जाने के उदाहरण हैं। कुछ अलग प्रकृति और इस लेख की परिधि से कुछ परे *टाइम* तथा *न्यूजवीक* जैसी पत्रिकाएं भी हैं जिनका भारत में व्यापक प्रसार है और ये स्पष्टतः, बल्कि व्यापकतौर पर, एक विशिष्ट राजनीतिक रवैये का प्रतिनिधित्व करती हैं। प्रायः ऐसा कहा जाता है कि भारत–संचालित कुछ ही पत्रिकाओं को सब्सिडियाँ प्राप्त होती हैं, चाहे प्रत्यक्ष रूप से अथवा विज्ञापनों के माध्यम से। *लिंक*, जो सामान्यतः सोवियत–समर्थक विचारों से सम्बद्ध है, के सम्बन्ध में बाहरी वित्तीय सहयोग प्राप्त होने की अफवाहें रहीं हैं और इसके पृष्ठों में पूर्वीय यूरोप तथा अरब सरकारों एवं अर्द्धसरकारी एजेन्सियों के बड़े–बड़े विज्ञापन शामिल रहे हैं।

जहाँ प्रेस की स्वतंत्रता हेतु प्रतिबद्धता की सीमाओं के अंदर रहते हुए विदेशी सब्सिडीकृत पत्रिकाओं को बंद किए जाने का कोई तरीका मौजूद नहीं है, वहीं इस तथ्य के प्रभाव को समझा जाना चाहिए। न केवल विदेशी सरकारों के विचारों को किसी सम्बन्ध के बिना ही भारतीय पत्रिकाओं में व्यक्त किया जाता है, बल्कि ऐसी पत्रिकाएं जैसे *टाइम* तथा *न्यूजवीक* इस सामान्य क्षेत्र में भारतीय प्रकाशनों को अधिक व्यापकतौर पर स्थापित होने को बाधित कर सकती हैं।

भारतीय अकादमिक एवं बौद्धिक जीवन के प्रति अधिक महत्वपूर्ण हैं भारत में विदेशी सरकारों के विभिन्न प्रकाशन कार्यक्रम, मुख्यतः अमेरिकी कार्यक्रम जो सर्वाधिक व्यापक हैं। अन्य देश भी भारत में पुस्तकों के प्रकाशन एवं वितरण में संलिप्त हैं। सोवियत पुस्तकें, जो सामान्यतः तकनीकी प्रकृति की होती हैं किन्तु साथ में राजनीतिक भी, बहुत ही कम दामों पर उपलब्ध हैं। इसके अलावा, पीपुल्स पब्लिशिंग हाउस, जिसका नियंत्रण भारतीय कम्युनिस्ट पार्टी के पास है, सोवियत लेखकों की पुस्तकें प्रकाशित करता है। ब्रिटिश काउंसिल भारत में पुस्तकों का वितरण करती है तथा छात्रों के लिए उपलब्ध मानक पाठ्यपुस्तकों एवं शास्त्रीय रचनाओं के सस्ते संस्करणों को प्रायोजित भी करती है। इनमें से कुछ पुस्तकें राजनीतिक विषयों पर भी होती हैं।

मूल रूप से ऐसे दो अमेरिकी कार्यक्रम हैं जो प्रकाशन को प्रभावित करते हैं, पहला है भारत–अमेरिका संयुक्त पाठ्यपुस्तक कार्यक्रम तथा दूसरा भारत में अमेरिकी सूचना सेवा के द्वारा सामान्य पुस्तक सब्सिडी सम्बन्धी प्रयास। पाठ्यपुस्तक कार्यक्रम के बारे में अधिक जानकारी उपलब्ध है। पाठ्यपुस्तक कार्यक्रम के अंतर्गत अधिकांश आकदमिक विषयों में विभिन्न भारतीय प्रकाशकों के द्वारा सैकड़ों पुस्तकें प्रकाशित की जा चुकी हैं, यद्यपि इनमें विज्ञान पर अधिक जोर दिया गया है। मूल विचार यह है कि भारतीय छात्रों के पास मूल रूप से अमेरिका में प्रकाशित पाठ्यपुस्तकों के सस्ते संस्करण उपलब्ध होने चाहिए। वास्तविक चयन एक भारत–अमेरिकी परिषद् के द्वारा किया जाता है, जिसमें अधिकांशतः अमेरिकी सरकार एवं भारत के शिक्षा मंत्रालय के अधिकारी शामिल होते हैं। इस कार्यक्रम का वित्तपोषण अमेरिकी पीएल 480 निधियों के द्वारा किया जाता है तथा पुस्तकें अमेरिकी लागत के मात्र एक भाग तथा गैर–सब्सिडीकृत भारतीय पाठ्यपुस्तकों से कम कीमतों पर बेची जाती हैं।

इस कार्यक्रम के कुछ उद्देश्य सराहनीय हैं, किन्तु इससे अनेक नकारात्मक परिणाम भी प्रकट हुए हैं। संभवतः सर्वाधिक महत्वपूर्ण कार्यक्रम उन क्षेत्रों में पुस्तक लेखन और प्रकाशन को बाधित करने का है जिनमें अमेरिकी सब्सिडीकृत पुस्तकें मौजूद हैं। भारतीय प्रकाशकों के लिए 8 से 10 रुपयों की कीमतों वाली सब्सिडीकृत पुस्तकों के साथ प्रतिस्पर्धा कर पाना कठिन हो सकता है क्योंकि उनकी लागत ही इसकी दोगुनी होती है। भारतीय विद्वान भी इसी कारणवश बहुत अधिक हिचकिचाहट का अनुभव करते हैं।

विज्ञान विषयों में, जहाँ सामग्री की प्रासंगिकता राष्ट्रीय व्यवस्था के अनुसार थोड़ी–बहुत अलग–अलग होती है, भारत–अमरीका पाठ्यपुस्तक कार्यक्रम के प्रति सापेक्षिकतौर पर आपत्तियों की संख्या कम हो सकती है, किन्तु हो सकता है कि इस क्षेत्र में भी अमेरिकी पुस्तकें भारतीय विश्वविद्यालयों के पाठ्यक्रमों, स्थानीय प्रयोगशालाओं अथवा भारतीय छात्रों की विशिष्ट आवश्यकताओं के लिए उपयुक्त न हों। सामाजिक विज्ञानों, जिनमें राष्ट्रीय परिस्थितियाँ महत्वपूर्ण होती हैं तथा जिनमें लेखकों के पूर्वाग्रह अथवा दृष्टिकोण बहुत महत्वपूर्ण होते हैं, यह समस्या कहीं अधिक गंभीर है। उदाहरणार्थ, समाजविज्ञान में भारत में लिखित पाठ्यपुस्तक के समक्ष भारतीय बाजार में उपलब्ध अमेरिकी पुस्तक से मुकाबला करने में कठिनाई महसूस करना एक गंभीर समस्या है। इसका अर्थ यह है कि भारतीय छात्रों को अधिकांश अमेरिकी समाजविज्ञान की पाठ्यपुस्तकों के वैचारिक एवं भौगोलिक महत्व वाले अमेरिकी समाजविज्ञान का अध्ययन करना होगा। ऐसी ही स्थिति राजनीति विज्ञान एवं शिक्षाशास्त्र जैसे विषयों के सम्बन्ध में लागू होती है।

अतः, भारत–अमेरिका पाठ्यपुस्तक कार्यक्रम का परिणाम भारतीय पाठ्यपुस्तक लेखन एवं प्रकाशन को बाधित करने वाला और कुछ प्रकार के शोधकार्यों को सीमित

करने वाला रहा है। यह कार्यक्रम भारतीय विश्वविद्यालयों में अमेरिकी पाठ्यक्रम एवं अन्य मॉडलों की ओर एक अनुकूलन उत्पन्न करता है तथा भारतीय अकादमिक जीवन में अमेरिकी वैचारिक मान्यताओं को प्रविष्ट करता है। इसके अलावा, चुनी गई पाठ्यपुस्तकों में से अनेक अप्रचलित हो चुकी होती हैं जो अमेरिका में उपयोग से बाहर हो चुकी होती हैं। इसका अर्थ यह है कि भारतीय छात्रों को ऐसा पुराना ज्ञान प्राप्त होता है जो कई बार उनकी परिस्थिति के साथ सीमित रूप से प्रासंगिक होता है।

अमेरिकी सहभागिता का दूसरा पहलू और भी अधिक गंभीर है। यह सामान्य प्रकृति वाली ऐसी अलग–अलग पुस्तकों की सब्सिडी का है जिन्हें भारत तथा पड़ोसी देशों में प्रकाशित किया जाता है। अकेले निकटपूर्व तथा दक्षिण एशिया में 30 जून,1969 को समाप्त हुए वर्ष में कुल 511 पुस्तकों की 20 लाख प्रतियाँ प्रकाशित की गई थीं। अमेरिकी सूचना सेवा द्वारा चुनी गई पुस्तकें सामान्यतः विभिन्न भारतीय प्रकाशकों को दे दी जाती हैं, जिनकी किसी भारतीय एजेन्सी द्वारा समीक्षा नहीं की गई होती, तथा इन्हें इनकी प्रकाशन लागत के 80 प्रतिशत तक सब्सिडी प्रदान कर दी जाती है। भारतीय प्रकाशक अपनी इच्छानुसार पुस्तकों को बेचने, अथवा यहाँ तक कि उन्हें फेंक देने के लिए भी स्वतंत्र होते हैं। इन पुस्तकों में ऐसा कोई संकेत उल्लिखित नहीं होता कि इन्हें अमेरिका सरकार द्वारा सब्सिडी प्रदान की गई है। पुस्तकों का चयन महत्वपूर्ण होता है। अधिकांश पुस्तकें अमेरिकी नेताओं, जिनमें अब्राहम लिंकन से लेकर रिचर्ड निक्सन तक शामिल हैं, की अधिकृत (तथा गैरआलोचनात्मक) जीवनियाँ होती हैं। कुछ अन्य ऐसे अलग–अलग विषयों पर विद्वत्तापूर्ण अध्ययन अथवा टिप्पणियाँ होती हैं जो सामान्यतः अमेरिकी समर्थक अथवा कम–से–कम वामपंथ विरोधी दृष्टिकोणों को व्यक्त करती हैं। डगलस पाइक की विएतकाँग पर, मैक्स लर्नन की "अमेरिकन सिविलाइजेशन" तथा अन्य पुस्तकें इस कार्यक्रम की विशेषताएं हैं।

अमेरिकी सूचना सेवा (यूएसआईएस) के प्रकाशन प्रयासों के बहुत सारे नकारात्मक पहलू हैं। अमेरिकी सरकार द्वारा वित्तपोषित एवं इसकी पक्षधर माने जाने वाली सामग्री को सब्सिडी अथवा सामग्री की उत्पत्ति के किसी स्रोत के उल्लेख के बिना भारत में प्रकाशित कर दिया जाता है। इस प्रकार, बिना किसी संकेत अथवा लेबल के अमेरिकी सरकार की प्रचार अथवा शिक्षण सामग्री बहुत बड़ी मात्रा भारतीय बाजारों में उतार दी जाती है। इन पुस्तकों की कम कीमतें उन्हें अतिरिक्त प्रसार प्रदान कर देती हैं यद्यपि ऐसा प्रतीत होता है कि अनेक अमेरिका प्रायोजित पुस्तकों की अप्रासंगिकता तथा प्रकाशकों की उदासीनता इनकी बिक्री को सीमित कर देती है। इसमें कोई संदेह नहीं है कि इन पुस्तकों का मुद्रण दुर्लभ प्रकाशन स्रोतों के एक भाग तथा शायद विदेशी मुद्रा का भी उपयोग कर लेता है।

भारतीय प्रकाशन में विदेशी नवउपनिवेशवाद के निहितार्थों का प्रत्यक्षतौर पर कोई बड़ा महत्व नहीं है। फिर भी, भारत में एक विकासशील किन्तु अभी भी काफी अस्थिर प्रकाशन उद्योग के साथ उच्च शिक्षा से सम्बन्धित लोगों, सामान्यतौर पर बौद्धिक जीवन से जुड़े लोगों को इस विषय पर कुछ ध्यान देना चाहिए। क्या यह उचित है कि उच्च शिक्षा के एक महत्वपूर्ण पहलू–पाठ्यपुस्तकें–एक बड़े स्तर तक देश के बाहर से प्रभावित हों? क्या भारतीय छात्रों को सस्ती पुस्तकें प्राप्त करने के उपलब्ध लाभ विदेशी उन्मुखीकरण तथा इससे संलिप्त अन्य हानियों की अपेक्षा अधिक महत्वपूर्ण हैं? क्या भारत में वितरित अथवा बिक्रीत विदेशी प्रचार सामग्री को स्पष्टतौर पर इस प्रकार से लेबलयुक्त करना चाहिए?

यह लेख उत्तरों के बजाय प्रश्न अधिक उठाता है, क्योंकि पाठ्यपुस्तकों एवं प्रकाशन से सम्बन्धित निर्णयों में प्रकाशन की स्वतंत्रता के जटिल मुद्दों के साथ–साथ बौद्धिक जाँच तथा संसाधनों के आबंटन भी संलिप्त होते हैं। तथापि, ऐसा प्रतीत होता है कि बौद्धिक तथा भारतीय पाठ्यपुस्तकों एवं अन्य विद्वत्तापूर्ण प्रकाशनों के स्तर को ऊँचा उठाए जाने, तथा इस क्षेत्र में स्पष्ट मार्गदर्शन प्रदान किए जाने हेतु कदम उठाए जाने चाहिए। एक स्वतंत्र एवं कुशल प्रकाशन उद्योग सहित बौद्धिक जीवन के बुनियादी ढाँचे को विकसित किए बिना शिक्षा तथा बौद्धिक चिंतन का सुधार करना सामान्यतः कठिन ही सिद्ध होगा।

22

विकासशील देशों में प्रकाशनः भारत के मामले का अध्ययन

Publishing in India: An Analysis
Philip G. Altbach
Oxford University Press (Delhi), 1975
pp. 33–102

फ़िलिप जी. अल्ट्बाख़

परिचय

भारत तीसरी दुनिया के सभी देशों के लिए कोई उदाहरण नहीं है, न ही भारत के अनुभव सीधे तौर पर दूसरे देशों पर लागू किए जाने योग्य हैं। इसके बावजूद विकासशील देशों में प्रकाशन के एक उत्कृष्ट केस अध्ययन के रूप में भारत की भूमिका अहम है। प्रकाशन का एक लंबा इतिहास मौजूद होने के साथ–साथ वर्तमान समय में इसके पास तीसरी दुनिया के सर्वाधिक बड़े प्रकाशन उपक्रमों में से एक मौजूद है। भारत के पास प्रकाशन के लिए समस्त आधार, जैसे–एक विशालकाय मुद्रण उद्योग, संपादकीय दक्षताएं, कागज–उत्पादन तथा पुस्तकों के वितरण हेतु एक नेटवर्क आदि उपलब्ध हैं। भारतीय प्रकाशन निजी क्षेत्र के साथ–साथ सार्वजनिक क्षेत्र के एक भाग के रूप में भी कार्य करता है, जो अनेक विकासशील देशों के मामले में साझा अनुभव है। केन्द्र सरकार भारत में अकेली सबसे बड़ी प्रकाशक एजेन्सी है, जबकि निजी क्षेत्र के प्रकाशक एकसाथ मिलकर प्रकाशन उपक्रम के सबसे बड़े एवं नवप्रवर्तनकारी भाग का गठन करते हैं। भारतीय प्रकाशन 'औपनिवेशिक' भाषा अंग्रेजी तथा अनेक अन्य क्षेत्रीय भाषाओं के बाजारों को सेवा प्रदान करता है। प्रस्तुत अध्ययन में, हमारा ध्यान मुख्यतः अंग्रेजी प्रकाशनों पर केन्द्रित रहेगा; यद्यपि क्षेत्रीय भाषाओं में प्रकाशनों की संख्या में वृद्धि हो रही है, तथापि अधिकांश विद्वत्तापूर्ण प्रकाशनकार्य अभी भी अंग्रेजी में ही संपन्न किए जा रहे हैं।

विकासशील देशों के बीच अनेक मामलों में भारत एक असामान्य देश है। यहाँ विभिन्न जातियों एवं भाषाओं का एक मिश्रण मौजूद है। अपने शहरी क्षेत्र में भारत औद्योगीकरण, शिक्षा, साक्षरता, एवं संस्कृति में तीसरी दुनिया के अधिकांश देशों में सर्वाधिक उन्नत है। स्वतंत्रताप्राप्ति के उपरांत एक पीढ़ी गुजर चुकी है, और भारत को अपनी स्वयं की विशिष्ट संस्थागत व्यवस्थाओं का सृजन करने का अवसर प्राप्त हो चुका है। हालांकि, इन असामान्य तत्वों के साथ भी भारत एक उपयोगी केस अध्ययन बना हुआ है।

यूनेस्कों के आँकड़े इंगित करते हैं कि भारत विश्व के सर्वाधिक बड़े प्रकाशक देशों में से एक है तथा वार्षिक तौर पर प्रकाशित शीर्षकों की संख्या के संदर्भ में इसका 8वां स्थान है। (हाल के वर्षों के दौरान इस श्रेणीकरण में कुछ परिवर्तन हुआ हो सकता है

क्योंकि भारत का पुस्तक प्रकाशन सुसंगत नहीं रहा है।[1]) भारत में पुस्तकों के प्रकाशन सम्बन्धी आँकड़े प्रकाशन उद्यम को समझने हेतु महत्वपूर्ण हैं। राष्ट्रीय पुस्तकालय द्वारा जारी आँकड़े दर्शाते हैं कि एक वर्ष पहले के 14,480 शीर्षकों की तुलना में 1972–73 में कुल 17,020 शीर्षकों के प्रकाशन किए गए थे।[2] 1964 में भारत में प्रकाशित की गई कुल पुस्तकों का 46 प्रतिशत भाग अंग्रेजी में प्रकाशित किया गया था।[3] हाल के वर्षों के दौरान इस अनुपात में कुछ कमी आई है किन्तु अंग्रेजी में प्रकाशित शीर्षक अभी भी अपनी सर्वाधिक अग्रणी प्रतिस्पर्धी, हिन्दी, की तुलना में लगभग 3:1 के अनुपात से आगे हैं। निम्नलिखित सारणी पुस्तक प्रकाशन में क्षेत्रीय भाषाओं की स्थिति की जानकारी प्रदान करती है:

लिखित अभिव्यक्तियों पर अंग्रेजी का वर्चस्व है तथा, एक अर्थ में, जनसंख्या में बौद्धिक जीवन में इसकी सांख्यकीय स्थिति एक प्रकार से गैरआनुपातिक है। भारत की लगभग 30 प्रतिशत आबादी साक्षर है, तथा 2 प्रतिशत अंग्रेजी साक्षर है; 1966 में सभी भाषाओं के संयुक्त पाठकों की कुल संख्या 7.75 करोड़ थी, जिसमें से लगभग 1.2 करोड़ अंग्रेजी पढ़े–लिखे थे।[4] इन आँकड़ों तथा सरकार एवं अनेक बुद्धिजीवियों के द्वारा हिन्दी तथा क्षेत्रीय भाषाओं पर जोर दिए जाने हेतु चलाए गए अभियान के बावजूद वैज्ञानिक एवं विद्वत्तापूर्ण विषयों में पुस्तक प्रकाशन पर अंग्रेजी का वास्तविक प्रभुत्व अभी भी बना हुआ है। यहाँ तक कि राजनीति एवं समसामयिक मामलों जैसे क्षेत्रों में भी अंग्रेजी भाषी प्रकाशनों का भारी वर्चस्व कायम है।[5] अंग्रेजी को अपनी यह स्थिति इसकी ऐतिहासिक औपनिवेशिक परिस्थितियों के कारण हासिल है, आंशिकतौर पर उपमहाद्वीप के भाषाई विभाजन के कारण, और शिक्षा प्रणाली में अंग्रेजी के उपयोग के कारण। जहाँ शिक्षा के माध्यम के रूप में अंग्रेजी को तीव्रगति से हटाए जाने के कारण स्थितियाँ परिवर्तित हो

सारणी 1 1972–73 में पुस्तकों के प्रकाशन सम्बन्धी आँकड़े: प्रकाशन की भाषा

कुल योग*	17,020
अंग्रेजी	7,314
हिन्दी	2,825
मराठी	1,231
बंगाली	1,053
गुजराती	697
तमिल	689
मलयालम	617
तेलुगू	576
उड़िया	488
पंजाबी	353
उर्दू	323
कन्नड़	285
असमिया	282
संस्कृत	176
अन्य भाषाएं	91

*शीर्षकों की संख्या

स्रोत: राष्ट्रीय पुस्तकालय, कोलकता।

रही हैं, वहीं अनेक प्रकार की प्रकाशित सामग्रियों में यह अभी भी सर्वाधिक शक्तिशाली भाषा बनी हुई है। जहाँ यह संभव नहीं है कि भारत के समग्र विकास में अंग्रेजी तथा क्षेत्रीय भाषाओं की भूमिकाओं के निहितार्थों पर चर्चा की जाए, वहीं इस बात में कोई संदेह नहीं है कि वर्तमान समय में अंग्रेजी का वर्चस्व कायम है।

प्रकाशन सम्बन्धी आँकड़े साक्षरता की दरों, शिक्षा प्रणाली, तथा अन्य बातों से स्वाभाविक रूप से प्रभावित होते हैं। यह तथ्य देश की गरीबी तथा निम्न साक्षरता दर दोनों को ही प्रदर्शित करता है कि भारत की कुल पुस्तक प्रकाशन संख्या बहुत बड़ी होने के बावजूद इसके प्रतिव्यक्ति प्रकाशन सम्बन्धी आँकड़े वैश्विक औसत से महत्वपूर्ण रूप से नीचे हैं। 1963 में औसतन प्रति दस लाख आबादी पर 127 शीर्षकों का प्रकाशन किया गया था। एशिया में, यह औसत 48 शीर्षक प्रति दस लाख का था, तथा भारत में यह मात्र 27 शीर्षक प्रति दस लाख आबादी का था।[6] भारत में प्रति दस लाख आबादी पर कुल पुस्तक प्रकाशन भी कम है–वार्षिक आधार पर प्रतिव्यक्ति पृष्ठ उपयोग की संख्या 32 की है, जो प्रतिव्यक्ति द्वारा एक प्रचार–पुस्तिका पढ़े जाने के बराबर है। यदि औद्योगीकृत देशों से तुलना की जाए तो वहाँ प्रतिवर्ष प्रतिव्यक्ति औसतन 2,000 पृष्ठ तक पढ़े जाते हैं। 1972 में, भारत की कुल साक्षरता दर लगभग 30 प्रतिशत थी, किन्तु शहरी आबादी 56 प्रतिशत तक साक्षर थी। इससे भी महत्वपूर्ण तथ्य यह है कि राज्यों की तथा राष्ट्रीय राजधानी की आबादी का 67 प्रतिशत भाग ही साक्षर है।[7]

भारत में प्रति शीर्षक मुद्रण संख्या भी बहुत कम है–जो 13,000 (1963) के अंतर्राष्ट्रीय औसत से काफी नीचे हैं। किसी विद्वत्तापूर्ण अथवा सामान्य पुस्तक का अंग्रेजी भाषा में किया जाने वाला औसत मुद्रण एक अथवा दो हजार प्रतियों से अधिक का नहीं होता, और कुछ क्षेत्रीय भाषाओं में तो यह इससे भी कम होता है। भारत में प्रकाशित की जाने वाली पुस्तकें अन्य देशों, विशेषतौर पर औद्योगीकृत देशों, से कुछ अलग प्रकार की होती हैं, और संभवतः समाज के प्रभावों में से कुछ को प्रदर्शित करती हैं। कुल प्रकाशित पुस्तकों में से लगभग 35 प्रतिशत पुस्तकें सामाजिक विज्ञान में प्रकाशित की जाती हैं तथा विशुद्ध एवं अनुप्रयुक्त विज्ञान विषयों में मात्र 10 प्रतिशत के आसपास पुस्तकों के प्रकाशन किए जाते हैं। इसकी तुलना में, सोवियत संघ में विज्ञान सम्बन्धी विषयों पर 54 प्रतिशत पुस्तकें प्रकाशित की जाती हैं, जबकि अमेरिका में यह आँकड़ा 25 प्रतिशत है। जहाँ वैज्ञानिक विषयों पर पर्याप्त संख्या में लेखनकार्य किए जाते हैं, वहीं भारत के आंतरिक बाजार विज्ञान सम्बन्धी पुस्तकों के प्रकाशन को कठिनाईपूर्ण बना देते हैं क्योंकि इनका आकार बहुत छोटा है। हाल ही के वर्षों में, निर्यात में वृद्धि तथा आंतरिक बाजार के विस्तार होने के कारण वैज्ञानिक प्रकाशनों में भी वृद्धि हुई है।

भारतीय प्रकाशन का संगठन बहुआयामी है। सार्वजनिक क्षेत्र में, पुस्तक उद्योग केन्द्रीय एवं राज्य सरकारों के मंत्रालयों से लेकर अर्द्ध–सरकारी सार्वजनिक–वित्तपोषित निकायों जैसे–नेशनल बुक ट्रस्ट, साहित्य अकादमी तथा भारतीय मानक संस्थान तक फैला हुआ है। सार्वजनिक क्षेत्र में 450 के आसपास एजेन्सियाँ नियमित रूप से पुस्तकों का प्रकाशन कर रही हैं। इन प्रयासों को पुस्तक उद्योग को प्रभावित करने वाले सामान्य आर्थिक प्रोत्साहनों एवं बाधाओं के द्वारा मात्र आंशिकतौर पर नियंत्रित किया जाता है। भारत में निजी क्षेत्र छोटी एवं मध्यम आकार वाली संस्थाओं के रूप में संगठित है। ऐसा अनुमान है कि भारत में लगभग 10,000 छोटी, 2,000 मध्यमाकार, तथा 200 बड़ी प्रकाशन संस्थाएं हैं।[8] किन्तु इन बड़ी संस्थाओं में से मात्र 20 ही पूर्णतः सुसज्जित प्रकाशक हैं जिनके पास पर्याप्त वितरण सुविधाएं, पूँजी के कुछ स्रोत तथा पेशावर विशेषज्ञता उपलब्ध है। शेष प्रकाशकों में से अधिकांश मात्र छिटपुट रूप से

पुस्तकें प्रकाशित करते हैं तथा उनके पास प्रकाशनगृह की थोड़ी बहुत सामान्य सुविधाएं ही उपलब्ध हैं। छोटी तथा मध्यम आकार वाली संस्थाओं के मामले में यह विशेषतौर पर सत्य है। यहाँ लगभग 30,000 प्रिंटिंग प्रेस मौजूद हैं जिनमें से अधिकांश पुराने और संभवत पुस्तक प्रकाशन के लिए अनुपयोगी हो चुके हैं। अधिकांश छोटे प्रेस एवं संस्थाएं गैर–पुस्तकीय मुद्रण कार्यों में संलिप्त हैं। उनमें से अनेक पुस्तक विक्रेता, थोक विक्रेता, वितरक अथवा प्रकाशक का अतिरिक्त व्यवसाय भी संचालित करते हैं। अंग्रेजी भाषा के प्रकाशन महत्वक्रमानुसार दिल्ली, मुम्बई, कोलकाता तथा चेन्नई जैसे महानगरों में संकेन्द्रित हैं। लगभग 50 संस्थाएं अंग्रेजी भाषा में नियमित प्रकाशन करती हैं। जहाँ कुछ वर्षों पहले तक मुम्बई स्पष्टतः भारतीय प्रकाशन का केन्द्र हुआ करता था, वहीं आज अधिकांश बड़ी संस्थाओं के मुख्यालय दिल्ली में स्थापित हो चुके हैं। सरकारी मंत्रालयों की निकटता, उन्नत अध्ययनों के केन्द्र, विदेशी दूतावास, तथा अंतर्राष्ट्रीय एजेन्सियों ने दिल्ली को पुस्तक व्यापार के लिए आकर्षक बना दिया है। दिल्ली में स्थित होने से लगातार लाभदायक होते जा रहे हिन्दी बाजार पर भी पकड़ बनाई जा सकती है। बड़ी संख्या में शैक्षिक एवं सरकारी संस्थानों तथा अपेक्षाकृत अधिक समृद्ध आबादी की मौजूदगी के कारण दिल्ली अपने आप में भी देश के सर्वाधिक बड़े पुस्तक बाजारों में से एक बन गया है।

भारतीय प्रकाशन का परिदृश्य जटिल है। श्रम लागत कम है, किन्तु अंतर्राष्ट्रीय स्तरों की तुलना में कागज की कीमतें बहुत अधिक हैं। प्रकाशकों की संख्या बड़ी है किन्तु विद्वत्तापूर्ण अथवा सामान्य पुस्तकों के प्रकाशन के मामले में उनकी संख्या बहुत छोटी है। भारतीय पुस्तकों के लिए वितरण एवं बिक्री का नेटवर्क बहुत ही अपर्याप्त है, फिर भी पुस्तकें अपनी आवश्यकता वाले बाजारों तक पहुँच ही जाती हैं। सार्वजनिक क्षेत्र किसी वृहदाकार प्रकाशन कार्यक्रम में संलिप्त तो होता है, किन्तु पर्याप्त समन्वय के बिना, और कुछ मामलों में, ऐसा भारी अपव्ययों के साथ ही किया जाता है। भाषा का प्रश्न, अंदरूनी राजनीतिक मामले, शैक्षणिक संस्थाओं की आवश्यकताएं एवं नीतियाँ, तथा अन्य कारक प्रकाशन में बाधक होते हैं। प्रस्तुत अध्ययन के शेष भाग का प्रयोजन कुछ जटिलताओं को स्पष्ट करना है ताकि समाजिक, आर्थिक तथा बौद्धिक संदर्भ में प्रकाशन उद्यम की समझ हासिल की जा सके।

ऐतिहासिक घटनाएं

आधुनिक अर्थों में मुद्रण एवं प्रकाशन को ईसाई मिशनरियों से सम्बद्ध किया जा सकता है जिन्हें भारत में 1557 में धातु निर्मित अस्थावर टाइपों के साथ मुद्रण करने के लिए जाना जाता है।[9] जहाँ अधिकांश प्रारंभिक मुद्रण कार्य धार्मिक होता था और ईसाई मिशनरी समूहों द्वारा संपन्न किया जाता था, वहीं 18वीं शताब्दी में स्थानीय भाषाओं, विशेषतौर पर बंगाल में सांस्कृतिक पुनर्जागरण के एक परिणाम के रूप में बंगला भाषा में दुनियावी पुस्तकों का सामने आना प्रारंभ हो गया था। सांस्कृतिक व्यक्तित्वों, जैसे रवीन्द्रनाथ टैगोर तथा बंकिम चन्द्र चटर्जी के द्वारा 19वीं शताब्दी में बंगला सांस्कृतिक पुनर्जागरण को बढ़ावा देने के लिए पुस्तकों का उपयोग किया गया। जहाँ इस समय के दौरान कुछ स्थापित प्रकाशनगृहों का जन्म हुआ, वहीं बंगाल में वृद्धिशील साक्षर मध्यवर्ग के बीच पुस्तकों को प्रचारित किया गया। भारत के अन्य हिस्सों में भी ऐसी ही धाराएं प्रकट हो चुकी थीं, तथापि इस सांस्कृतिक एवं बौद्धिक पुनर्जागरण के द्वारा उद्भव के आधुनिक अर्थों में प्रकाशनगृहों की उत्पत्ति नहीं देखी गई। अधिकांश भाग के

लिए, व्यक्तियों अथवा संगठनों (जैसे कि ब्रह्मो समाज) के द्वारा साधारण रूप से पुस्तकों के मुद्रण की व्यवस्था कर ली गई, जो धीरे–धीरे उनके लक्षित श्रोताओं तक पहुँचती रहीं। संभवतः सूचनाओं के प्रसार का यह एक अपेक्षाकृत अधिक अकुशल माध्यम था, परंतु पाठक समुदाय बहुत ही छोटा था तथा इस व्यवहार्य बनाने हेतु मात्र शहरी क्षेत्रों में ही संकेन्द्रित था।

जैसे–जैसे शिक्षा प्रणाली का विस्तार हुआ, स्कूल तथा कॉलेजों दोनों ही स्तरों पर पाठ्यपुस्तकों तथा शैक्षिक सामग्रियों के लिए माँगें उत्पन्न होने लगीं। इस आवश्यकता का संपूर्ण लाभ उठाने वाले सर्वप्रथम प्रकाशकों में ब्रिटिश स्वामित्व वाली संस्थाएं शामिल थीं, जैसे 1903 में मैकमिलन, 1906 में लाँगमैन्स *इन्का.* तथा 1912 में ऑक्सफोर्ड युनिवर्सिटी प्रेस। अधिकांश प्रारंभिक ब्रिटिश प्रयास इंग्लैण्ड से पुस्तकों के आयात किए जाने तथा कुछ हद तक पुनर्मुद्रण तथा स्कूलों एवं कॉलेजों में मौलिक किताबों को तैयार किए जाने तक ही केन्द्रित थे। ब्रिटिश संस्थाओं को सर्वाधिक लाभ इसलिए हासिल था क्योंकि शिक्षा प्रणाली का अधिकांश भाग इंग्लैण्ड से आयातित था जो कि ब्रिटेन में प्रयुक्त पाठ्यक्रम के समान अथवा समरूपी था। अतः, ब्रिटेन में प्रकाशित पुस्तकों को सहजतापूर्वक भारतीय उपयोग के लिए अनुकूलित किया जा सकता था अथवा उन्हें बिना किसी परिवर्तन के भी प्रयुक्त किया जा सकता था। ऑक्सफोर्ड यूनिवर्सिटी प्रेस तथा लाँगमैन्स दोनों ने ही पाठ्यपुस्तकों के क्षेत्र पर ध्यान केन्द्रित कर लिया, किन्तु वे कभी–कभार भारत से सम्बन्धित मौलिक पुस्तकों के प्रकाशन भी करते रहे। भारत में विद्वत्तापूर्ण पुस्तकों में से कुछ का सर्वप्रथम प्रकाशन ब्रिटिश संस्थाओं के द्वारा ही किया गया था।

एक अन्य महत्वपूर्ण धारा भारतीय थी, जो व्यापकतौर पर राष्ट्रवादी राजनीतिक उद्देश्यों द्वारा प्रेरित थी। इन भारतीय प्रकाशकों को ब्रिटिश संस्थाओं के द्वारा निष्प्रभ कर दिया गया था और ये सामान्यतः अल्पजीवी थे। अधिकांश *तदर्थ* प्रकृति वाले थे तथा उनका उद्देश्य सिर्फ सामयिक, राजनीतिक, अथवा सांस्कृतिक रुचियों की पुस्तकों को शिक्षित भारतीयों के हाथों तक पहुँचाने भर तक सीमित था। प्रकाशन पर इस प्रकार का जोर विशेषतौर पर बंगाल एवं महाराष्ट्र में शक्तिशाली था।

इस शताब्दी में स्वतंत्र प्रकाशन को स्वतंत्रता संग्राम से लाभ हासिल हुआ था और आंशिकतौर पर यह इससे जुड़ा भी था। परंपरागत ब्रिटिश संस्थाओं का काम, तथा प्रेसों से पाठ्यपुस्तकों का बाहर आना जारी था। हालांकि, एक नई धारा उत्पन्न हो रही थी जो स्वतंत्रताप्राप्ति के बाद के प्रकाशन का आधार सिद्ध हुई। 1940 के दशक में राष्ट्रवादी आंदोलन के साथ कमोबेश सम्बद्ध रह चुकी अनेक संस्थाओं की स्थापना की गई थी। पद्मा प्रकाशन, हिन्द किताब, एवं अन्य का जन्म तो हुआ किन्तु कुछ ही वर्षों के अंदर ये धाराशायी हो गए।[10] एम.ए. रॉय के राजनीतिक विचारों का प्रसार करने के लिए उनके अनुयायियों के द्वारा रिनाइसेंस पब्लिशर्स की स्थापना की गई थी। भारतीय प्रकाशकों की शुरुआती पीढ़ी ने प्राथमिकतौर पर अंग्रेजी में पुस्तकें जारी की; और अपने पूर्ववर्तियों के समान ही इनका जीवन भी अल्पकालिक ही रहा। संस्थाओं की व्यापक राजनीतिक अभिप्रेरणाओं के कारण बाजार की गलतफहमी, ब्रिटिश अधिकारियों के द्वारा परेशान करना, पेशावर एवं व्यावसायिक विशेषज्ञता तथा अनुभव के अभाव, तथा अपर्याप्त पूँजीगत संसाधन आदि इन प्रकाशन उपक्रमों के असफल होने के कारण रहे। हालांकि, इन अग्रणी संस्थाओं ने सिद्ध कर दिया कि एक गंभीर प्रकृति का स्वदेशी प्रकाशन करना संभव था; इसने स्वतंत्रताप्राप्ति के उपरांत के प्रयासों को बल प्रदान किया।

यह आश्चर्यजनक नहीं है कि स्वतंत्रताप्राप्ति के तुरंत बाद की अवधि में प्रकाशन में तीव्र वृद्धि होते देखा गया। नई–नई आजादी की भावना से भरे भारतीय लोग न केवल आशावादी थे बल्कि उनकी पुस्तकों की आवश्यकताओं में भी तीव्र वृद्धि हो चुकी थी। अंग्रेजों के अधीन रहने वाली शिक्षा प्रणाली, जो सामान्यतः अभिजात्यवादी एवं शहरोन्मुख रही थी, का विस्तार हो चुका था। नए कॉलेजों एवं विश्वविद्यालयों की स्थापना की जा रही थी (1947 में कॉलेजों की 933 की संख्या 1960 में बढ़कर 2,360 हो चुकी थी) और कॉलेज स्तर पर छात्रों की संख्या, जो 1947 में 2,25,000 थी, 1960 में बढ़कर 10 लाख हो चुकी थी। प्रकाशकों के राजस्व के मुख्य स्रोतों में से एक, शैक्षणिक बाजार, बहुत व्यापक हो चुका था। सार्वजनिक एवं कॉलेजों के पुस्तकालय, जो पुस्तकों के एक दूसरे महत्वपूर्ण बाजार थे, तीव्र गति से विकसित हुए, और अनेक नए पुस्तकालयों की स्थापना कर दी गई। ब्रिटिश स्वामित्व वाली संस्थाएं भारत में बनी रहीं किन्तु स्वतंत्रताप्राप्ति के पश्चात् उनकी हैसियत कुछ कम हो गई। ब्रिटिश अधिकारियों के द्वारा लगाए गए राजनीतिक एवं अन्य प्रतिबंधों (विशेषतौर पर युद्धकाल के दौरान) को नई स्वतंत्र सरकार के द्वारा उठा लिया गया। हालांकि, शायद सर्वाधिक महत्वपूर्ण तथ्य यह था कि नए–नए स्वतंत्र हुए देश के समक्ष शिक्षण सामग्रियों की बहुत बड़ी आवश्यकता खड़ी हुई थी और वे सार्वजनिक प्रश्नों पर चर्चाएं प्रारंभ करना चाहते थे। इन चर्चाओं में पुस्तकें मुख्य तत्वों में से एक थीं। यह उन परिस्थितियों का एक संयोजन था जो 1950 के बाद भारत में प्रकाशन उपक्रम के तीव्र विकास का कारण बना।

1947 के बाद, जब सभी प्रकार की पुस्तकों के बाजार में नाटकीय वृद्धि हो चुकी थी, इस माँग को पूरा करने हेतु एक स्वदेशी प्रकाशन उपक्रम विकसित हुआ। सबसे पहले, पुस्तकें *तदर्थ* तरीके से सामने आईं, जिन्हें व्यापकतौर पर पुस्तक विक्रेताओं से प्रकाशक बने लोगों के द्वारा जारी किया गया था। शीघ्र ही, उद्यमितापूर्ण पुस्तक–विक्रेताओं, थोक विक्रेताओं, तथा पुस्तक आयातकों की एक बड़ी संख्या और अधिक मजबूती से प्रकाशन व्यवसाय में कदम रख चुकी थी और उसने 'प्रकाशित हो रही पुस्तकों की सूची' तैयार करना, वितरण नेटवर्क गठित करना, तथा पुस्तकों प्रकाशन हेतु विशिष्ट उत्तरदायित्वसंपन्न कुछ कर्मचारियों को नियुक्त करना प्रारंभ कर दिया। पुस्तकों को आयात और वितरण करने जैसे कार्यों के बजाय स्वयं को प्रकाशन के प्रति वृहद् रूप से समर्पित करने वाली सर्वप्रथम भारतीय संस्था थी एशिया पब्लिशिंग हाउस जिसकी स्थापना 1943 में की गई थी। एशिया पब्लिशिंग हाउस ऐसा सर्वप्रथम भारतीय प्रकाशक था जिसने अंतर्राष्ट्रीय संपादकीय एवं उत्पादन मानकों को पूरा करने तथा प्रकाशन में पेशावर विशेषज्ञता एवं कुशलता को विकसित करने का प्रयास किया था। वास्तव में, एशिया पब्लिशिंग हाउस के द्वारा अन्य भारतीय संस्थाओं के अनेक कर्मचारियों को प्रशिक्षित किया गया था। एलाइड पब्लिशर्स एवं पापुलर प्रकाशन का आगमन इसके बाद हुआ और उन्होंने गंभीर पुस्तकों के प्रकाशक के रूप में स्वयं को स्थापित कर लिया। इस अवधि के दौरान मुम्बई भारतीय प्रकाशन के केन्द्र के रूप में उभर चुका था, यद्यपि अन्य महानगरों में भी संस्थाएं सक्रिय हो चुकी थीं।

भारत सरकार ने भी प्रकाशन के क्षेत्र में प्रवेश कर लिया। सरकारी मंत्रालयों के द्वारा पुस्तकों एवं रिपोर्टों के प्रकाशन प्रारंभ कर दिए गए। प्रकाशन सम्बन्धी इन गतिविधियों में से कुछ को प्रकाशनो के प्रबंधकों द्वारा संभाला जाता था और इसी माध्यम द्वारा इनका वितरण किया जाता था। परंतु केन्द्र सरकार के अधिकांश प्रकाशन *तदर्थ* रूप में ही किए गए थे, जिसमें जारी की गई सामग्री की बिक्री बहुत ही कम

अथवा बिल्कुल ही नहीं की जाती थी। प्रकाशन गतिविधियों को प्रारंभ करने में राज्य सरकारें और सुस्त रहीं, यद्यपि कुछ राज्यों के द्वारा पुस्तकें जारी की जाने लगी थीं। सरकारी प्रकाशन प्रयासों की विशेषताएं थीं कमजोर वितरण सुविधा एवं उत्पादन का अत्यधिक निम्न स्तर। जहाँ निजी संस्थाओं ने एक ऊँचे स्तर की स्थापना के प्रयास किए, वहीं उनमें से अधिकांश सरकारी स्तर से अधिक बेहतर नहीं थे।

इस समय पर विदेशों से पुस्तकों का आयात भी गति पकड़ चुका था। अधिकांश आयात ब्रिटेन से किया जा रहा था, जो भारत का परंपरागत पूर्तिकर्ता था, किन्तु धीरे–धीरे इस क्षेत्र में अमेरिकी संस्थाओं का भी प्रवेश हो गया। विशेषतौर पर ऐसा 1954 में प्रारंभ किए गए ऐसे बड़े अमेरिकी पुस्तक कार्यक्रमों के प्रारंभ होने के बाद हुआ जिनमें पुस्तकों के निर्यात को प्रोत्साहन तथा प्रकाशन के क्षेत्र में प्रत्यक्ष विदेशी सहायता कार्यक्रमों को शामिल किया गया था। हालांकि, अंतर्राष्ट्रीय पुस्तक व्यापार समझौतों के द्वारा भारतीय निर्यात बाजार को ब्रिटिश प्रकाशकों के हाथों में छोड़ दिया गया, जो कभी–कभी भारतीय आयातकों एवं पाठकों के लिए अलाभकारी भी होता था। पुस्तक–आयात भारत में प्रकाशन उपक्रम का एक महत्वपूर्ण पहलू था और अभी भी है। अनेक प्रकाशक आयातक भी हैं और वे अपनी आयात सम्बन्धी गतिविधियों से होने वाली आय के बिना आर्थिक रूप से जीवित नहीं रह सकते।

ऐसे कुछ ही भारतीय प्रकाशक हैं जो अकेले अपनी प्रकाशन गतिविधियों के आधार पर जीवित रहने में समर्थ हैं। लगभग सभी कुछ–न–कुछ सहायक व्यावसायिक गतिविधियों में संलिप्त हैं, जो सामान्यतः पुस्तक व्यापार से ही सम्बन्धित हैं। अधिकांश प्रकाशकों का जन्म पुस्तकविक्रेताओं, थोक विक्रेताओं, अथवा पुस्तकों के आयातकों, तथा कभी–कभार मुद्रकों के तौर पर ही हुआ था। अनेक संस्थाओं के लिए ये सभी गतिविधियाँ प्रकाशन की अपेक्षा अधिक लाभदायक हैं। अतः, प्रकाशन का अन्य व्यावसायिक उपक्रमों के साथ अत्यन्त घनिष्ठ सम्बन्ध है, और ऐसी संभावना नहीं है कि वे इन सहायक गतिविधियों के बिना एक 'शुद्ध' उपक्रम के रूप में बचे रह सकें। तीसरी दुनिया में यह स्थिति सामान्यतौर पर इस कारणवश सत्य है कि सामान्यतः प्रकाशन एक बहुत मामूली गतिविधि है जिससे सतत् रूप से लाभ अर्जित नहीं किया जा सकता। यह संभव है कि अन्य गतिविधियों के साथ संयोजित रहने के कारण एक पेशे के रूप में प्रकाशन को क्षति पहुँची हो, परंतु संभवतः यह समग्र आर्थिक स्थिति का एक अपरिहार्य परिणाम है।

यह संभव है कि एक अर्थ में भारतीय प्रकाशन बहुत शीघ्र ही परिपक्व हो चुका है, क्योंकि इसका विस्तार बहुत तीव्र था और प्रायः ऐसा बिना किसी नियोजन के किया गया है। 1950 के दशक के मध्य में भारत में शीर्षकों के प्रकाशन में तीव्र वृद्धि हुई और फिर इसमें गिरावट आ गई। तब से यह स्तर मंदगति से ऊपर उठता रहा है, और हाल ही में यह अपने पहले वाले उत्पादन स्तर तक पहुँच चुका है।

1955 से 1960 के बीच आने वाली तीव्र गिरावट के कारण अत्यन्त जटिल हैं। निःसंदेह, सर्वाधिक महत्वपूर्ण कारण आर्थिक था। सामान्य आर्थिक स्थिति में होने वाले उतार–चढ़ाव शैक्षणिक व्ययों में आने वाली मामूली कमी के साथ संयोजित हो चुके थे। इसी से जुड़ा एक अन्य कारक था विशेषज्ञता एवं नियोजन का अभाव। प्रकाशन संस्थाओं के प्रभारी लोग बाधक समस्याओं का पूर्वानुमान नहीं लगा सके, आंशिकतौर पर तीव्रगति से परिवर्तित हो रही स्थिति के कारण और आंशिकतौर पर प्रकाशन से सम्बन्धी जानकारियों के अभाववश। पुस्तकों के वितरण तथा बिक्री के नेटवर्क अल्पविकसित और संभावित रूप से सीमित बिक्री वाले थे। शिक्षा प्रणाली

तथा पुस्तकालयों का अत्यन्त तीव्रगति से होने वाला विस्तार कुछ हदतक धीमा हो चुका था, जिसके कारण महत्वपूर्ण संस्थागत बाजारों में पुस्तकों की बिक्री का विस्तार सीमित हो गया था। भारतीय अर्थव्यवस्था की सामान्य धारा, जो 1950 के दशक के दौरान गंभीर उतार–चढ़ावों से गुजर रही थी, ने भी प्रकाशन के परिदृश्य को प्रभावित किया।

भारतीय प्रकाशन की वित्तीय बुनियाद हमेशा से ही अस्थिर रही है। प्रारंभिक अवधि में, कुछ भारतीय प्रकाशकों ने अपने व्यवसाय को विदेशी, व्यापकतौर पर अमेरिकी प्रकाशकों से भारत में पुस्तकें आयात करने हेतु दिए गए उधार के आधार पर खड़ा किया था। भारतीय प्रकाशक, जो थोकविक्रेता भी थे, ने इन आयातित माल की बिक्री की धनराशियों का उपयोग अपनी स्वयं की पुस्तकों के वित्तपोषण हेतु कर लिया। जब भारतीय पुस्तकें अपेक्षा से कम गति से बिकीं, तब प्रकाशक स्वयं को ऋणों का भुगतान करने में असमर्थ पाने लगे। बैंकों से ऋण सामान्यतः कम ही उपलब्ध होते थे क्योंकि भारतीय वित्तीय समुदाय अपने धन का निवेश ऐसे उपक्रमों में करना पसंद करता है जिसमें, प्रकाशन के विपरीत, अधिक तीव्रगति से और सुनिश्चित लाभ प्राप्त हो सकता हो। इसके अलावा, बैंकों को पुस्तकों के स्टॉक, जिनका उपयोग समपार्श्विक प्रतिभूति के रूप में किया जा सकता था, का मूल्यांकन करने में कठिनाई का अनुभव हुआ। सरकार द्वारा भी प्रकाशकों को किसी प्रकार की ऋण सुविधाएं नहीं प्रदान की गई थीं। अत, ऋण का गंभीर अभाव बना रहा जो आज भी प्रकाशकों को प्रभावित करता रहता है। यह स्थिति एक ऐसे संकट तक पहुँच गई जब, 1950 के दशक में, प्रकाशकों ने तीव्रगति से विस्तार किया और वे अपने निवेश को वापस नहीं निकाल सके।

विशेषज्ञता के अभाव में प्रकाशक यह पूर्वानुमान नहीं लगा सके कि उनकी पुस्तकें शीघ्रता से नहीं बिकेंगी, और वे वित्तीय संसाधनों के प्रवाह का सटीक पूर्वानुमान भी नहीं लगा सके। कुछ प्रकाशकों ने भुगतान में बिलंब करने और रॉयल्टियों का भुगतान न करने जैसे बेईमानीपूर्ण व्यावसायिक व्यवहार अपना लिए। अन्य संस्थाओं ने अपने व्यापार बंद कर दिए। स्थानीय मुद्रकों, जिल्दसाजों, और कागज आपूर्तिकर्ताओं को प्रायः अपने भुगतान के लिए लंबे समय तक प्रतीक्षा करनी पड़ी। प्रकाशक देरी से भुगतान और उधार की समस्याओं के 'दुष्चक्र' में शामिल हो चुके थे।

आधुनिक भारतीय प्रकाशन ने 1950 में आकार ग्रहण किया था। दृष्टिकोण, वित्तीय आधार, संचालन विधि, एवं अन्य मामले 1950 के दशक के दौरान विकसित हुए और आजतक वैसे के वैसे ही कायम हैं। प्रकाशन उपक्रम विकसित हो चुका है, इसने कुछ कुशलता एवं व्यावसायिकता भी विकसित कर ली है, और पुस्तकों के उत्पादन एवं विषयवस्तु के स्तरों को भी ऊँचा कर लिया है। पुस्तकों के बाजार बहुत बड़े हैं, और इसमें सार्वजनिक क्षेत्र की भागीदारी बहुत अधिक है। लेकिन प्रकाशन का बुनियादी संगठनात्मक और दार्शनिक अभिविन्यास अपनी पिछली विशेषताओं को बरकरार रखे हुए है। प्रकाशकों की 'संस्थापक पीढ़ी' में से अनेक अभी भी न केवल परिदृश्य में मौजूद हैं, बल्कि वास्तविक परिस्थितियों में भी कोई मौलिक परिवर्तन नहीं हुआ है।

स्वतंत्रताप्राप्ति के बाद की अवधि के दौरान हुए प्रकाशन के अव्यवस्थित विकास के बावजूद भी प्रकाशन उपक्रम एक ठोस बुनियाद पर स्थापित हो चुका था। एशिया पब्लिशिंग हाउस के नेतृत्व में प्रकाशकों ने उत्पादन के स्तरों तथा पांडुलिपियों के चयन में व्यापक सुधार कर लिए थे, और कुशलता एवं कुछ व्यावसायिकता भी विकसित कर ली थी। जयको (व्यापकतौर पर अंग्रेजी में) तथा हिन्द पॉकेट बुक्स (अंग्रेजी, हिन्दी एवं अन्य भाषाओं में) के आगमन के साथ ही भारतीय परिदृश्य में पेपरबैक पुस्तकों का

सारणी 2 भारत में पुस्तकों के प्रकाशन

1950	12,689 शीर्षक
1955	18,559
1960	10,741
1965	13,094
1970	14,145
1974	17,600

स्रोतः राष्ट्रीय पुस्तकालय, कोलकाता (इन आँकड़ों में पुस्तिकाएं भी शामिल हैं)

प्रवेश भी हो चुका था, जिसने यह सिद्ध कर दिया कि भारत में लोकप्रिय पुस्तकों के लिए एक बहुत बड़े बाजार की शुरुआत हो रही है।

प्रकाशन का अर्थशास्त्र

प्रकाशन उपक्रम का केन्द्रबिन्दु है वित्तीय प्रतिफल। इस तथ्य, कि अनेक मामलों में प्रकाशन एक 'बौद्धिक' उपक्रम होता है, के बावजूद एक ठोस आर्थिक आधार के बिना यह जीवित नहीं रह सकता। आर्थिक कारक प्रकाशन के सभी पहलुओं में निहित रहते हैं, पांडुलिपियों के चयन से लेकर कागज की लागत तक, और पुस्तकविक्रेताओं को दी जाने वाली उधार की सुविधा तक। भारतीय प्रकाशन के भली–भांति समझे जा चुके पहलुओं में से अर्थशास्त्र सबसे कम समझा गया पहलू है। भारत में प्रकाशन के अर्थशास्त्र का कोई भी व्यवस्थित अध्ययन नहीं किया गया है। प्रकाशक स्वयं भी आर्थिक वास्तविकताओं के सम्बन्ध में असहमत रहते हैं।[11] भारत में प्रकाशन इस तथ्य के द्वारा और भी जटिल हो जाता है कि प्रकाशन को वित्तीयतौर पर प्रायः अन्य उपक्रमों के साथ सम्बद्ध कर दिया जाता है, और इन पहलुओं को पृथक करना प्रायः कठिन होता है।

अपनी प्रकृति के अनुसार प्रकाशन सर्वाधिक अपरिष्कृत एवं जोखिमयुक्त 'उद्योगों' में से एक है। भारत में, यह स्वाभाविक अपरिष्करण प्रकाशन उपक्रम के लिए दीर्घकालिक हानियों से सम्बन्धित महत्वपूर्ण आर्थिक मुद्दों पर 'अस्वाभाविक' श्रम के साथ संयोजित हो चुका है। कुछ मामलों में भारतीय प्रकाशन के अर्थशास्त्र को समझ पाना कठिन है। कुछ तरीकों से भारत एक 'उच्च लागत वाला' प्रकाशक देश है, जबकि कुछ के अनुसार यह कम लागत वाला है। अंतर्राष्ट्रीय मानकों के अनुसार श्रम सस्ता है किन्तु उच्च गुणवत्तायुक्त मुद्रण प्राप्त करना कठिन एवं महँगा है।[12]

कागज का मामला प्रकाशन की समस्याओं में से कुछ को इंगित करता है। भारत में कागज हमेशा से महँगा रहा है, आंशिकतौर पर इसके आयात सम्बन्धी प्रतिबंधों के कारण। हाल ही के कागज का 'अकाल' ने प्रकाशन उद्योग को संकटपूर्ण स्थिति में ला दिया था।[13] (हालांकि यह स्पष्ट कर दिया जाना चाहिए कि कागज का 'अकाल' किसी संपूर्ण कमी के कारण नहीं बल्कि कम कीमत वाली पाठ्यपुस्तकों के प्रकाशन के लिए वांछित अपेक्षाकृत कम लाभदायक श्रेणी के कागज के उत्पादन न करने की कागज मिलों की इच्छा के कारण उत्पन्न हुआ था। हाल ही में, सरकारी नियमों के कारण पाठ्यपुस्तकों के प्रकाशन के लिए कागज की आपूर्ति में वृद्धि हो चुकी है और संकट कुछ कम हो चुका है।) कागज की कीमतों में नाटकीय उछाल आया

है, जिसका परिणाम पुस्तकों की कीमतों में वृद्धि रहा है। उदाहरणार्थ, ऑक्सफोर्ड युनिवर्सिटी प्रेस ने अनुमान लगाया है कि शैक्षणिक एवं सामान्य पुस्तकों की सम्मिलित कुल लागत का 50 से 55 प्रतिशत भाग कागज की लागत का होता है, जबकि किसी विद्वत्तापूर्ण पुस्तक के मामले में यह 30 प्रतिशत तक होती है। इसके अलावा, कागज की आपूर्ति अनिश्चित रहती है और बिक्रेता बाजार में गुणवत्ता गैर–भरोसेमंद रहती है। कागज आपूर्तिकर्ता नकद भुगतान की माँग करते हैं और कुछ अतिरिक्त 'घूस' की भी (कालाबाजारी)। कागज की बड़ी मात्रा या तो उपलब्ध नहीं होती अथवा यह प्रकाशकों की भुगतान क्षमता के परे होता है। प्रकाशक अनिश्चितकाल तक पुस्तकों की कीमतें नहीं बढ़ाते रह सकते क्योंकि वो पहले से ही अपेक्षाकृत महँगी हो चुकी होती हैं, फिर भी कागज की लागत में वृद्धि होना जारी है और प्रकाशक इसके बीच में फंस चुका है।

पुस्तकों के बाजार एक बड़ी सीमा तक उन पुस्तकों तथा उनकी कीमतों का भी निर्धारण करते हैं जिन्हें प्रकाशित किया जाता है। भारत में, बाजार छोटा तथा कुछ सीमा तक मूल्य निरपेक्ष दोनो ही है। इसका अर्थ यह है कि विद्वत्तापूर्ण तथा सामान्य पुस्तकों के अलग–अलग बाजार निम्न साक्षरता दरों तथा अल्प क्रयशक्ति दोनों के द्वारा ही सीमित हैं। पुस्तक बिक्री का एक बड़ा भाग संस्थागत बाजार से आता है और यह बाजार मूल्य निरपेक्ष होता है। पुस्तकालयों की संख्या सीमित है। चूंकि पुस्तकालयों को इस मामले से कुछ लेना–देना नहीं होता अतः प्रकाशक पुस्तकों की सर्वाधिक न्यूनतम कीमतें प्रस्तावित करने हेतु बाध्य नहीं होते। भारत में, ऐसा अनुमान लगाया गया है कि 90 प्रतिशत अथवा उससे अधिक पुस्तकें संस्थानों को ही बेची जाती हैं।[14] अधिकांश विकासशील देशों की तरह ही भारत में भी पुस्तकों के बाजार छोटे हैं और इसीलिए उनके मुद्रण भी कम संख्या में किए जाते हैं। किसी भी विद्वत्तापूर्ण पुस्तक के संस्करण 500 प्रतियों तक होना असामान्य बात नहीं है तथा इनकी सामान्य संख्या 1,000 से 2,000 प्रतियों के बीच होती है। स्वाभाविक है कि ऐसे छोटे संस्करणों की प्रत्येक–प्रति लागत ऊँची ही होगी। इस सामान्य स्थिति के कुछ अपवाद भी हैं। हाल ही में, स्थानीय विषयों पर प्रख्यात पत्रकारों अथवा राजनीतिज्ञों के द्वारा लिखित पुस्तकें बहुत बड़ी संख्या में बिक चुकी हैं। ऐसी स्थानीय विषयों वाली पुस्तकों की 7 से 10 हजार प्रतियाँ बिक जाना कोई असामान्य बात नहीं है, और कुछ मामलों में तो 30,000 प्रतियों तक की बिक्री भी की जा चुकी है।

किसी भी पुस्तक की कीमत निर्धारण हेतु की जाने वाली गणना प्रकाशन के अर्थशास्त्र को समझने की कुंजी होती है। भारतीय प्रकाशकों ने सामान्यतः अपनी पुस्तकों की कीमतों का निर्धारण प्रकाशन लागत के चार से पाँच गुनी कीमत पर किया है। हाल की अवधि में प्रकाशित कुछ विद्वत्तापूर्ण पुस्तकों की कीमतों का निर्धारण इससे भी ऊँचे अनुपात पर किया गया है। पाठ्यपुस्तकें तथा पेपरबैक पुस्तकों के लिए सामान्यतः कम कीमत का निर्धारण किया जाता है क्योंकि इनकी बिक्री अपेक्षाकृत अधिक होने की संभावना होती है और इनके लिए नाममात्र के प्रोत्साहन की आवश्यकता होती है, पुस्तकविक्रेताओं के लिए छूट कम होती है, और प्रकाशन की गुणवत्ता भी निम्नकोटि की हो सकती है, तथा कीमत निर्धारण की गणनाओं में अलग–अलग खरीददार के महत्व का ध्यान रखा जाता है। ऐसा अनुमान लगाया गया है कि किसी भी प्रकाशक को अंग्रेजी में किसी औसत आकार वाली गंभीर पुस्तक के लिए 10,000 से 15,000 रुपए प्रत्यक्ष लागत (अक्षर संयोजन एवं मुद्रण, जिल्दसाजी, कागज एवं आवरण) के रूप में व्यय करना अनिवार्य होता है। हाल ही में कागज की कीमतों के दोगुने तथा

बड़े शहरों में अक्षर–संयोजन की कीमतों के 12 रुपए से बढ़कर 21 रुपए प्रति पृष्ठ हो जाने के कारण निवेश में भारी वृद्धि हो चुकी है। दिल्ली अथवा मुम्बई के बाहर लागतें कुछ कम हो सकती हैं, यद्यपि उसके साथ ही गुणवत्ता में भी कमी आ जाती है। अतः, एक पुस्तक, जिसकी 1,500 प्रतियों के संस्करण की प्रतिपुस्तक प्रकाशन लागत 10 रुपए आती है, की कीमत को 50 रुपए अथवा उससे अधिक निर्धारित करना वास्तव में तुरंत ही उसे सर्वाधिक अमीर पुस्तक खरीददारों को छोड़कर शेष सभी शिक्षकों एवं अन्य लोगों की पहुँच के बाहर कर देता है। अंतर्राष्ट्रीय मानकों के अनुसार, यह अभी भी बहुत सस्ता है, किन्तु भारतीय बाजारों के लिए यह कीमतें अत्यन्त ऊँची हैं। इसके अलावा, किसी भी प्रकाशक को अपने निवेश की संपूर्ण वापसी के लिए दो वर्षों तक की प्रतीक्षा करना अनिवार्य होता है। यदि किसी भी गंभीर विषय की पुस्तक की 500 से 700 प्रतियों की बिक्री प्रकाशन के पहले 8 से 12 महीनों के अंदर कर ली जाती है तो इसे अच्छा माना जाता है। बिक्री की इस धीमी दर का अर्थ यह है कि दुर्लभ पूँजी फंसी रहती है और पुस्तकों के प्रकाशन तथा मुद्रकों के भुगतान को जारी रखा जाना कठिन हो जाता है। वर्तमान मुद्रास्फीति में कागज व्यापारी एवं अन्य लोगों के द्वारा अग्रिम भुगतान की माँग की जाती रही है, और इस प्रकार सामान्य उधार वाली व्यवस्था बाधित हो चुकी है।

किसी भी पुस्तक की लागत की गणना अनेक तरीकों से की जाती है। किसी भी पुस्तक की कुल लागत का एक साामान्य सारांश निम्नवत् होता है:[15]

उत्पादन लागत	20%
छूट (थोक विक्रेताओं, पुस्तक विक्रेताओं आदि को)	35%
रॉयल्टी	15%
अतिरिक्त व्यय	20%
शुद्ध लाभ	10%

किसी भी विद्वत्तापूर्ण पुस्तक के लिए ऑक्सफोर्ड युनिवर्सिटी प्रेस के द्वारा प्रत्यक्ष लागत की गणना को निम्नवत् प्रस्तुत किया जा सकता है:

अक्षर संयोजन एवं मुद्रण	40%
कागज	30%
जिल्दसाजी	20%
आवरण, ब्लॉक इत्यादि	10%

उपरोक्त 10 प्रतिशत का लाभ भी तभी प्राप्त होता है जब संपूर्ण संस्करण बिक गया हो और यदि प्रचार तथा अन्य सहायक मामलों की लागतें अपेक्षाकृत मामूली रही हों, जो कि मुश्किल से ही संभव होता है। यह स्पष्ट है कि लाभ का मार्जिन बहुत अधिक नहीं होता और प्रत्येक पुस्तक से संलिप्त जोखिम बहुत भारी होता है। इसके अलावा, अन्य उद्योगों के विपरीत प्रकाशन में उत्पादन लागतों का अग्रिम भुगतान करना पड़ता है और यह दीर्घकालिक ऋण व्यवस्थाओं पर निर्भर नहीं हो सकता।[16] प्रकाशन पर आर्थिक लाभ सामान्यतौर पर मामूली होता है और निवेशक तथा बैंक अपनी निधियों का निवेश ऐसे अन्य उद्योगों तथा व्यावसायिक योजनाओं में करने के इच्छुक होते हैं जहाँ निवेश पर 15 से 20 प्रतिशत का लाभ प्राप्त हो सकता हो न कि 5 प्रतिशत का मामूली लाभ जो कि प्रकाशन के मामले में आम बात है।[17]

प्रकाशक तथा बाहरी पर्यवेक्षक दोनों ही सहमत हैं कि विद्वत्तापूर्ण एवं गंभीर पुस्तकों के प्रकाशन एवं बिक्री से बहुत अधिक लाभ नहीं अर्जित किया जा सकता। पाठ्यपुस्तकों के एक बड़े प्रकाशक का कहना है कि वह गंभीर पुस्तकों का प्रकाशन व्यापकतौर पर ऐसी अवधियों के दौरान मंदी का सामना करने हेतु करते हैं जब बहुत कम पुस्तकें खरीदी जा रही हों और उस मंदी के दौर में उनके प्रेसों को चालू रखा जाना हो। गंभीर पुस्तकें यद्यपि अपेक्षाकृत कम किन्तु वर्ष भर सतत् लाभ प्रदान करती हैं। इससे जुड़ी समस्या है इसमें निवेशित पूँजी को शीघ्रता से वापस वसूल करना। ऐसी पुस्तकें प्रकाशन संस्थाओं को अतिरिक्त प्रतिष्ठा भी प्रदान करती हैं, और प्रकाशक को शिक्षाविद्ों के बीच अच्छी ख्याति स्थापित करने की योग्यता प्रदान करती हैं। गंभीर पुस्तकों के प्रकाशन किसी भी बड़ी प्रकाशन संस्था के लिए मामूली रूप से लाभदायक अतिरिक्त व्यवसाय हो सकता है, किन्तु यह भारत में बहुत छोटे और विशेषज्ञताप्राप्त प्रकाशक को छोड़कर किसी भी प्रकाशक के लिए लाभदायक नहीं हो सकता।

स्वतंत्रताप्राप्ति के बाद उच्च व्यावसायिक मानकों से संपन्न सर्वप्रथम भारतीय प्रकाशक, एशिया पब्लिशिंग हाउस, ने पहले प्रकाशनों के साथ आयात को भी जोड़े रखा परंतु बाद में अपने अधिकांश आयात को बंद कर दिया। यद्यपि एशिया पब्लिशिंग अभी भी कार्यरत् है, फिर भी यह अब भारतीय प्रकाशन का केन्द्रबिन्दु नहीं रह गया है। इसकी आर्थिक कठिनाईयाँ तब प्रारंभ हुई जब यह कुछ गैर–प्रकाशन गतिविधियों के साथ एक 'विशुद्ध' प्रकाशक बन गया। एशिया पब्लिशिंग ने अपनी प्रारंभिक सफलता का आवश्यकता से अधिक विस्तार भी कर लिया और एक समय पर यह प्रत्येक सप्ताह एक नई पुस्तक प्रकाशित करने लगा था। इसके साथ–साथ, बाजार के अनुसंधान एवं उत्पादन दोनों की गुणवत्ता में गिरावट आ गई। 1960 के दशक के दौरान दो अन्य संस्थाओं, मानकतला एवं नचिकेता, की स्थापना उच्च बौद्धिक एवं तकनीकी स्तरों की पुस्तकें प्रकाशित करने की प्रतिबद्धता के साथ की गई थी। कुछ वर्षों तक ये दोनों ही अत्यन्त सफल रहे, किन्तु बाद में इन्हें जारी रखा जाना आर्थिक रूप से असंभव हो चुका था।

ऐसा अनुमान लगाया गया है कि किसी भी प्रकाशन संस्था को प्रारंभ करने के लिए 5 लाख रुपए तथा धन के अपवाह को पूरा करने योग्य आय प्राप्त होने में लगने वाले 3 वर्षों हेतु अतिरिक्त 5 लाख रुपयों की आवश्यकता होती है।[18] इन वित्तीय वास्तविकताओं के परिणामस्वरूप ऐसी संभावना है कि किसी भी प्रकाशन को किसी ऐसी दूसरी व्यावसायिक गतिविधि के साथ जोड़कर कर जारी रखा जाए, जो सामान्यतः पुस्तकों से ही जुड़ी हो। प्रकाशन तब भी किया जा सकता है जब पूँजी का कोई अन्य स्रोत उपलब्ध हो अथवा लाभार्जन आवश्यक न हो। पहले प्रकार की व्यवस्था का एक उदाहरण है किसी विदेशी प्रकाशक अथवा किसी बड़े भारतीय निगम के साथ सहयोग का अनुबंध करना। इनमें से उत्तरवर्ती किसी विश्वविद्यालय का प्रेस अथवा सार्वजनिक क्षेत्र की गैर–लाभार्जक एजेन्सी द्वारा संचालित प्रकाशन उपक्रम हो सकता है। ठीक तब जब अमेरिका और अन्य औद्योगीकृत देशों में प्रकाशन अधिकाधिक कठिन हो चुका है, और प्रकाशन संस्थाओं को बड़े निगमों के द्वारा खरीद लिए जाने की प्रवृत्ति विद्यमान है, भारत स्वतंत्र निजी प्रकाशन का समर्थन नहीं कर सकता।

कागज की स्थिति उन तरीकों का एक संकेत है जिनके द्वारा प्रकाशक को प्रभावित करने हेतु विभिन्न आर्थिक, राजनीतिक एवं व्यावसायिक कारक एकजुट हो जाते हैं। सरकारी नीति कागज के आयात को रोकती है और लंबे समय से कागज की कीमतों को निर्धारित करती रही है। ये नीतियाँ घरेलू कागज उद्योग के तीव्र विस्तार की विरोधी रही हैं। कागज की एक विश्वव्यापी कमी ने भारतीय कागज विनिर्माताओं के लिए

पहली बार कागज का जापान को निर्यात करना लाभदायक बना दिया था, जिसके कारण स्वयं भारत में पहले से बनी हुई कमी में और वृद्धि हो गई थी। कागज के व्यापारी अपने उत्पादों के लिए लगभग किसी भी कीमत की माँग करने में सक्षम हो चुके थे जबकि कागज मिलें अधिक लाभदायक प्रकार के कागज निर्मित करने की ओर आकर्षित होती जा रही थीं।

पाठ्यपुस्तक बाजार के 'राष्ट्रीयकरण' के समय से ही शैक्षणिक प्रकाशन की एक उप–प्रणाली 'गाइड्स' तथा ऐसी ही मिलती–जुलती स्वयं–सहायता पुस्तकों को प्रकाशन किए जाने की रही है, जो निजी क्षेत्र के प्रकाशकों के लिए खुली रही है। 'गाइड्स' सामान्यतः खराब रूप से मुद्रित और कमजोर रूप से लिखित पुस्तकें होती हैं जिनका उद्देश्य किसी विषय विशेष में विश्वविद्यालय परीक्षा अथवा अनेक सरकारी लोक सेवा परीक्षाओं में उत्तीर्ण होने के लिए छात्रों की सहायता करने का होता है। बेहतर प्रकाशक गाइडों के प्रकाशन से दूर रहते हैं क्योंकि यह किसी गंभीर संस्था की गरिमा से नीचे का कार्य होता है, किन्तु बड़ी संख्या में संस्थाएं इन पुस्तकों से भारी लाभ अर्जित कर लेती हैं जिनका प्रचार बहुत अधिक और बिक्री की कीमत बहुत ही कम होती है। गाइडों के लेखक, जो सामान्यतः शिक्षक ही होते हैं, भी इनसे भारी मात्रा में रॉयल्टी अर्जित करते हैं। जहाँ इस कार्य में गरिमा और सामान्यतः बौद्धिक प्रतिभा का अभाव होता है, वहीं इस प्रकार की पुस्तकों का बाजार बहुत बड़ा है, और बहुत सारे छोटे प्रकाशक बड़े लाभ अर्जित करने में सक्षम हो जाते हैं। विधि, चिकित्सा एवं अन्य विषयों में पाठ्यपुस्तकों के प्रकाशन के लिए ऐसी ही उप–प्रणालियाँ मौजूद हैं। यद्यपि इन विशिष्ट एवं व्यावसायिक क्षेत्रों में कुछ पाठ्यपुस्तकों के प्रकाशन नेशनल बुक ट्रस्ट अथवा अमेरिकी पीएल 480 कार्यक्रम की सहायता के साथ किए गए हैं, तथापि इन क्षेत्रों में एक बहुत बड़ा बाजार अभी भी मौजूद हैं।

गत दशक के दौरान केन्द्र तथा प्रांतीय दोनो ही स्तरों पर सरकारी अधिकारी पाठ्यपुस्तकें प्रकाशित किए जाने के द्वारा पाठ्यपुस्तक बाजार से निजी क्षेत्र के प्रकाशकों को बाहर करते रहे हैं। ऐसा अनेक कारणोंवश किया गया है। कुछ क्षेत्रों में, निजी क्षेत्र प्रासंगिक पुस्तकों की आपूर्ति नहीं कर रहे थे। ऐसा विशेषतौर पर क्षेत्रीय भाषाओं के मामलों में हो रहा था जहाँ पाठ्यपुस्तकों के उत्पादन में प्रकाशकों द्वारा अधिक रुचि नहीं ली जा रही थी। पाठ्यपुस्तकों का 'राष्ट्रीयकरण' अनेक क्षेत्रों में सार्वजनिक क्षेत्र द्वारा की जा रही पहलों का एक हिस्सा भी था। अंततः सरकारी अधिकारी छात्रों को अच्छी पुस्तकें कम कीमतों पर उपलब्ध करवाना चाहते थे, और उन्होंने महसूस किया कि ऐसा सार्वजनिक क्षेत्र के द्वारा किया जा सकता है। ये कार्यक्रम बहुत अधिक सफल नहीं रहे हैं, यद्यपि कुछ राज्य दूसरों की तुलना में अधिक सफल अवश्य रहे हैं। क्षेत्रीय भाषाओं में प्राथमिक एवं माध्यमिक स्तर पर प्रकाशित अधिकांश पुस्तकें आज सार्वजनिक एजेन्सियों के द्वारा प्रकाशित की जा रही हैं और इनका विपणन भी निजी क्षेत्र के प्रकाशकों द्वारा नहीं किया जा रहा है। अंग्रेजी माध्यम वाले स्कूलों के लिए तथा कॉलेजों एवं विश्वविद्यालय स्तर की अधिकांश पाठ्यपुस्तकों का प्रकाशन अभी भी निजी संस्थाओं के हाथों में हैं, यद्यपि हाल ही में विश्वविद्यालयों के बीच अपने स्वयं के लिए पुस्तकें प्रकाशित करने की एक प्रवृत्ति जन्म ले चुकी है।

पाठ्यपुस्तक बाजार का हाथ से निकल जाना निजी क्षेत्र के प्रकाशकों के लिए निःसंदेहात्मक रूप से एक गहरा वित्तीय आघात रहा है। जहाँ कुछ प्रकाशक इस बाजार के समाप्त हो जाने के प्रत्यक्ष परिणाम के रूप में इस व्यवसाय से ही बाहर हो चुके हैं वहीं कुछ गंभीर पुनःसमायोजन भी किए गए हैं। इस तथ्य, कि कॉलेज की बाजार अभी भी कायम है, ने सहायता अवश्य की है किन्तु अनेक प्रकाशक कुल पाठ्यपुस्तक बजार

के इस छोटे से भाग पर निर्भर रहने के प्रति निराशावादी हैं। कॉलेजों की पाठ्यपुस्तकों का बाजार अपने आपमें बहुत जटिल है क्योंकि सामान्यतः पुस्तकों की सिफारिश की जाती है न कि उन्हें अनिवार्य रूप से निर्धारित किया जाता है। अतः, बिक्री का अनुमान लगाया जाना प्रायः कठिन हो जाता है और अध्ययन के लोकप्रिय क्षेत्रों में गलाकाट प्रतिस्पर्धा हावी हो जाती है। पाठ्यपुस्तक बाजार के सीमित हो जाने के परिणामस्वरूप अनेक प्रकाशकों ने विधि एवं चिकित्सा जैसे विशिष्ट प्रकाशनों को अपना लिया है। बच्चों की पुस्तकों का बाजार अत्यन्त व्यापक है। परंतु इस बात की संभावना बहुत कम है कि इनमें से कोई भी मार्ग भारतीय प्रकाशन में एक प्रमुख आर्थिक कारक के रूप में पूरी तरह से पाठ्यपुस्तकों का स्थान ले सकेगा।

इस खंड के अंतर्गत चर्चा की गई अनेक समस्याओं के बावजूद भारतीय प्रकाशन पुस्तकों के साथ विद्वत्तापूर्ण एवं बौद्धिक समुदायों की सेवा करने में सफल रहा है। पाठ्यपुस्तक बाजार में निजी पहलों और हाल के सरकारी हस्तक्षेप दोनों के ही द्वारा छात्र अपने पाठ्यक्रमों के लिए पाठ्यपुस्तकें प्राप्त करने में समर्थ हो चुके हैं। एक विकासशील देश के लिए ये उपलब्धियाँ प्रभावशाली हैं। आर्थिक स्थिति अपनी समस्याओं से मुक्त नहीं होती। वर्तमान मुद्रास्फीति, और विशेषतौर पर कागज की बढ़ती हुई लागतें तथा इसे प्राप्त करने में होने वाली कठिनाईयों ने प्रकाशकों पर भारी बोझ डाल दिया है और पहले की अपेक्षा व्यक्तिगत खरीददार के लिए पुस्तकों को कहीं महँगा बना दिया है। प्रकाशन उपक्रम में निजी तथा सार्वजनिक दोनों ही क्षेत्रों की भूमिका हो इसके लिए किसी व्यावहारिक समाधान की खोज अभी करना बाकी है। तथापि, इन समस्याओं के बावजूद, प्रकाशन कार्य हो रहे हैं और रचनात्मक कार्य को बिक्री का मार्ग प्राप्त हो ही जाता है।

पुस्तकों का वितरण

पुस्तक वितरण एवं उपभोग का प्रकाशन उपक्रम की आर्थिक व्यवहार्यता के साथ घनिष्ठ सम्बन्ध होता है। अधिकांश लोग सहमत हैं कि 'पुस्तक श्रृंखला' में सर्वाधिक कमजोर कड़ी वितरण होता है। भारत में यह कठिन ही है कि कोई पुस्तक उसके अभीष्ट पाठक तक पहुँच जाए और संभावित खरीददारों को पुस्तकों से सम्बन्धित सूचनाएं प्रदान की जा सकें। प्रकाशक प्रकाशित की गई पुस्तकों का वितरण करने में असमर्थ होता है और पुस्तकों को खरीददारों के हाथों तक पहुँचाने के लिए उसे दूसरों पर निर्भर होना अनिवार्य होता है। कुछ पुस्तकालय एवं अन्य संस्थान सीधे प्रकाशक से खरीद कर सकते हैं। हालांकि, अधिकांश थोक अथवा फुटकर विक्रेताओं से ही खरीद करते हैं। बड़े शहरों के बाहर स्थिति विशेषतौर पर कठिनाईपूर्ण है, जहाँ पुस्तकों की दुकानें बहुत कम हैं और उनके पास बस कुछ सामान्य अथवा विद्वत्तापूर्ण पुस्तकें ही उपलब्ध होती हैं।[19]

किसी भी विकासशील देश में पुस्तक वितरण की समस्याएं बहुआयामी होती हैं। आर्टर आइजेनबर्ग, जो फोर्ड फाउंडेशन के एक पुस्तक विशेषज्ञ हैं, ने उनमें से कुछ को रेखांकित किया है:[20]

1. प्रकाशक अपनी पुस्तकों के प्रचार पर कम जोर देते हैं और इस प्रकार पाठक तथा पुस्तक विक्रेता दोनों ही सम्बन्धित प्रकाशनों से अनभिज्ञ रह जाते हैं;
2. प्रकाशकों को अपने संभावित बाजारों की कोई भी स्पष्ट जानकारी नहीं होती और इसीलिए वे किसी पुस्तक विशेष के मुद्रण की समुचित संख्या का सही अनुमान नहीं लगा पाते;

3. पुस्तक दुकानों का पूँजीकरण अपर्याप्त है, उन्हें वापसी के अधिकार कम उपलब्ध हैं, और ये खराब तथा नीरस तरीके से संगठित हैं, इनकी स्थित छोटी है, और इन सबके परिणामस्वरूप इनके पास पुस्तकों का स्टॉक बहुत छोटा होता है;
4. ग्रामीण क्षेत्र वास्तव में पुस्तकविहीन है;
5. पर्याप्त राष्ट्रीय ग्रंथसूचियाँ एवं अन्य संदर्भ उपकरण मौजूद नहीं हैं और पुस्तकों की खोज करना कठिन है;
6. सामान्यतौर पर गलाकाट प्रतिस्पर्धा तथा विशेषतौर पर 'नाजुक' होना इस प्रणाली की विशेषताएं हैं।[21]

भारतीय पुस्तक वितरण प्रणाली में अनेक दलालों को आश्रय प्राप्त है। जहाँ बड़ी संख्या में बड़े प्रकाशक अपने थोक विक्रेता तथा वितरक के रूप में स्वयं ही कार्य करते हैं, वहीं इस कार्य को विशेषतौर पर ऐसे स्वतंत्र थोक विक्रेताओं के द्वारा संभाला जाता है जो पुस्तक की दुकानों तथा संस्थागत व्यापार, विशेषतौर पर पुस्तकालयों को सेवा प्रदान करते हैं। थोक विक्रेता सामान्य पुस्तकों अथवा कॉलेज एवं विश्वविद्यालय की पाठ्यपुस्तकों पर प्रकाशकों द्वारा दी जाने वाली 30–40 प्रतिशत की छूट का एक भाग ले लेते हैं (स्कूलों की पाठ्यपुस्तकों पर छूट की दर कुछ कम होती है)। फुटकर पुस्तक विक्रेता को थोक विक्रेता अथवा वितरक से मात्र 15 से 20 प्रतिशत तक की छूट प्राप्त होती है और इस प्रकार वह बहुत ही कम लाभ पर कार्य करता है। जब उससे थोक खरीद पर पुस्तकालयों को कुछ अतिरिक्त छूट प्रदान करने की बात कही जाती है तो प्रायः उसका लाभ पूरी तरह से गायब हो जाता है। अनेक मामलों में, यदि पुस्तक विक्रेता को आदेश हासिल करना है तो ऐसी छूट दिया जाना लगभग अनिवार्य होता है।[22]

इस तथ्य, कि प्रकाशन के आंतरिक अथवा बाह्य विनियमन बहुत कम है, ने पुस्तकों के वितरण के लिए समस्याएं उत्पन्न कर दी हैं। प्रकाशकों, वितरकों, अथवा पुस्तक विक्रेताओं के बीच छूट के सम्बन्ध में ऐसी कोई सहमति नहीं है जो उस प्रतिस्पर्धा को रोक सके जो प्रायः ही पुस्तक विक्रेताओं के लाभों को लगभग शून्य तक पहुँचा देती है। वितरक एवं पुस्तक विक्रेता प्रायः बड़ी छूट दिए जाने के द्वारा ग्राहकों के लिए प्रतिस्पर्धा करते हैं।

जानकारियों का अभाव वितरण की समस्याओं का एक भाग है। प्रकाशक अपनी पुस्तकों के प्रकाशन को लेकर प्रायः लापरवाह रहते हैं, और ऐसी कोई भी संदर्भ सूची अथवा पत्रिका मौजूद नहीं है जिसके द्वारा पुस्तक विक्रेताओं अथवा पाठकों को किसी नई पुस्तक की जानकारी प्राप्त हो सके।[23] राष्ट्रीय पुस्तकालय, कोलकाता तथा निजीतौर पर प्रकाशित *रिफरेंस कैटलॉग ऑफ इंडियन बुक्स इन प्रिंट* द्वारा भारतीय राष्ट्रीय संदर्भ सूची को अद्यतन करने के हाल ही में किए गए प्रयासों से संदर्भ सूची की स्थिति को सहायता प्राप्त हुई है, यद्यपि कि इन दोनों ही प्रकाशनों में पुस्तकों के प्रकाशन तथा उन्हें सूचीबद्ध किए जाने के बीच अनिवार्यतः भारी समयांतराल रहता है।

विशिष्ट पुस्तकों, जैसे विद्वत्तापूर्ण पुस्तकें, के विज्ञापन बहुत कम किए जाते हैं, यद्यपि सीधी–डाकसेवा जैसी विज्ञापन योजनाओं का उपयोग प्रारंभ हो चुका है जिसका उपयोग बिक्री एवं प्रचार के साधनों के रूप में करना है। स्थानीय पुस्तक विक्रेता अनेक नई सामान्य पुस्तकों का स्टॉक रखने में असमर्थ है और अपनी प्रमुख बिक्री के लिए पाठ्यपुस्तकों पर अधिक निर्भर करता है। ऐसा स्थान तथा उधार के अभाव और सीमित स्थानीय रुचि के कारण होता है। ऐसी स्थिति पुस्तक–खरीददारों को वर्तमान शीर्षकों से परिचित होने में और कमी ला देती है।

कुछ पुस्तक विक्रेता भली–भांति प्रशिक्षित हैं। यहाँ तक कि यदि संदर्भसूची सम्बन्धी उपकरण पर्याप्त मात्रा में उपलब्ध भी हों तो भी ऐसी संभावना नहीं है अनेक पुस्तक विक्रेता उनका लाभ उठा पाने में समर्थ होंगे। यूनेस्को, फेडरेशन ऑफ पब्लिशर्स एंड बुकसेलर्स एसोसिएशन एवं अन्य समूहों ने पुस्तक विक्रेताओं के लिए प्रशिक्षण कार्यक्रम प्रारंभ किए हैं, परंतु इस क्षेत्र में पेशावर कुशलता का अभी भी अभाव है। कुछ ही पुस्तक विक्रेता किसी ग्राहक के लिए किसी पुस्तक का आदेश देने के इच्छुक होते हैं, आंशिकतौर पर इसलिए क्योंकि किसी 'विशेष आदेश' पर लाभ बहुत की कम प्राप्त होता है। भारत से बाहर प्रकाशित किसी पुस्तक, जिसे संभावित क्रेताओं के लिए हासिल करना लगभग असंभव होता है, के मामले में स्थिति इससे भी अधिक गंभीर होती है। यह स्पष्ट है कि जबतक ग्राहकों को और अधिक संपूर्ण सेवा प्रदान कर सकने वाले पुस्तक विक्रेताओं की बड़ी संख्या मौजूद नहीं होगी, पुस्तकों की बिक्री आवश्यकता से और भी कम हो जाएगी और पाठकों तथा पुस्तक क्रेता संस्थानों को अपनी आवश्यकता वाली पुस्तकें प्राप्त करने में कठिनाईयों का सामना करना पड़ेगा।

भारत में पुस्तकों की वितरण प्रक्रिया का एक विशिष्ट तत्व है पुस्तकों का आयात करना। भारतीय पुस्तक व्यवसाय में आयातित पुस्तकों की एक बड़ी हिस्सेदारी है और ऐसा भारत के शैक्षणिक संस्थानों एवं पुस्तकालयों के लिए पूर्णतः अनिवार्य भी है। अनेक प्रकाशक पुस्तकों के आयातक भी हैं जो अपने उपक्रम को जीवित रखने हेतु आयात से होने वाले लाभों पर निर्भर करते हैं। पुस्तकों के आयात पर प्रतिवर्ष लगभग 6–7 करोड़ रुपए व्यय किए जाते हैं। इस प्रयोजन के लिए सरकार द्वारा 12 करोड़ रुपयों की अनुमति प्रदान की गई है, किन्तु इस धनराशि का आधा भाग पुस्तक व्यापार के एक बड़े हिस्से पर व्यय किया जाता है।[24] इस व्यापार को ऐसी निजी संस्थाओं के द्वारा संभाला जाता है जिन्हें सरकार से लाइसेंस प्राप्त होता है। ऐसा अनुमान लगाया गया है कि 15 से कुछ कम बड़ी संस्थाएं भारत में कुल पुस्तक आयात के लगभग 80 प्रतिशत भाग का आयात करती हैं।[25]

पुस्तकों के आदेश देने के लिए आयातक विदेशी प्रकाशकों अथवा वितरकों के साथ सीधे सपंर्क करते हैं और उन्हें सीधे ग्राहकों को अथवा, अधिकांशतः पुस्तक विक्रेताओं को उपलब्ध करवाते हैं। संभवतः एक दर्जन प्रकाशकों, जिनमें से अधिकांश ब्रिटिश अथवा अमेरिकी हैं, के कार्यालय भारत में मौजूद हैं। अधिकांश विदेशी प्रकाशक एक अथवा अधिक भारतीय आयातकों के माध्यम से कार्य करते हैं। भारत में किसी व्यक्ति के द्वारा किसी विदेशी पुस्तक प्राप्त किए जाने की प्रक्रिया में अनेक 'दलाल' संलिप्त होते हैं और यह सामान्यतः लंबी होती है, यद्यपि कुछ भारतीय पुस्तक विक्रेता विदेशी प्रकाशकों से पुस्तकों का सीधा आयात भी करते हैं।

पुस्तक आयात भारत में एक विवादास्पद विषय रहा है। अनेक लोगों का दावा है कि भारत के आर्थिक एवं सामाजिक विकास के लिए उपयुक्त पुस्तकों का आयात नहीं किया जा रहा है और यह कि निजी आयातक संस्थाओं के द्वारा अप्रासंगिक यद्यपि कि लाभदायक पुस्तकों का चयन किया जाता है। हाल ही के विनियमनों के द्वारा आयातकों के लाइसेंस के एक अनुपात को शैक्षणिक एवं विद्वत्तापूर्ण पुस्तकों को समर्पित करते हुए निर्धारित कर दिया गया है तथा सामान्यतः सरकारी अधिकारियों के द्वारा की जाने वाली अधिक निगरानी ने भारत में आयात की जाने वाली पुस्तकों की गुणवत्ता में संभवतः सुधार कर दिया है। विद्वानों एवं पुस्तकालयाध्यक्षों का कथन है कि वे ऐसी पुस्तकें प्राप्त करने में असमर्थ हैं जिसकी उन्हें आवश्यकता है क्योंकि किसी एक शीर्षक की मात्र कुछ प्रतियों का आयात करना असंभव होता है। यह स्पष्ट है कि निजी आयातक बौद्धिक तथा शैक्षणिक समुदायों को सेवा प्रदा करने के बजाय अपने

लाभों को अधिकतम किए जाने के प्रति अधिक चिन्तित रहे हैं। निश्चित रूप से यह कतई आश्चर्यजनक नहीं है क्योंकि आयात करना लाभप्रद व्यवसाय होता है। पुस्तकों के आयात ने प्रकाशकों को लाभ का अतिरिक्त मार्जिन भी प्रदान किया है जिससे वे अपनी स्वयं की पुस्तकें प्रकाशित कर पाने में भी समर्थ हो सके हैं। बात यह है कि अनेक कारणोंवश भारतीय खरीददार विदेशों से आवश्यकता वाली पुस्तकें प्राप्त कर पाने में समर्थ नहीं हो सके हैं और पुस्तक आयात की प्रक्रिया पर्याप्त की अपेक्षा कमजोर रही है। अधिकांश निजी प्रकाशकों एवं आयातकों का तर्क है कि पुस्तकों के आयात पर किसी प्रकार का प्रतिबंध नहीं होना चाहिए, क्योंकि प्रतिबंध सूचना की स्वतंत्रता को सीमित करने का कारण बनेंगे।[26] सरकार, तथा अनेक पुस्तकालय एवं अन्य लोगों ने तर्क दिया है कि आयात व्यापार पर कुछ नियंत्रणों की आवश्यकता है।

आयातकों के विरुद्ध की गई आलोचनाओं के परिणामस्वरूप 1973 में अल्पकाल के लिए राज्य व्यापार निगम (एसटीसी) के माध्यम से केन्द्र सरकार ने आयात व्यापार में कदम रख दिया था। एसटीसी ने पुस्तकालयों को एक परिपत्र जारी करते हुए उनसे अपने माध्यम से आयातित पुस्तकों के आदेश प्रेषित करने के लिए कहा था। इसी के साथ–साथ, निजी क्षेत्र के लिए उपलब्ध आयात लाइसेंस की धनराशि की सीमा में कटौती कर दी गई थी, यद्यपि इसका योग अभी भी उस राशि के निकट ही था जिसे आयातित पुस्तकों के लिए वास्तव में व्यय किया गया हो। सरकार की चिंता आयातित पुस्तकों के वितरण में सुधार, व्यावसायिक आयातकों के द्वारा गलत तरीकों को कम किया जाने, तथा यह सुनिश्चित किए जाने के साथ जुड़ी हुई थी कि भारत में प्रासंगिक पुस्तकों के ही आयात किए जाएं।

राज्य व्यापार निगम की आयात योजना के विरुद्ध प्रकाशन समुदाय द्वारा तीव्र और मुखर प्रक्रिया व्यक्त की गई।[27] अधिकांश प्रकाशकों ने इस योजना को पुस्तक व्यापार तथा विशेषतौर पर आयातकों के लिए वित्तीय आपदा होना बताया। एसटीसी के हस्तक्षेप की निंदा सूचना की स्वतंत्रता पर सीमा आरोपित करने के रूप में भी की गई क्योंकि यदि कोई भी सरकारी एजेन्सी पुस्तकों के आयातों की सीधी प्रभारी होगी तो यह देश में आने वाली पुस्तकों की प्रकृति को प्रतिबंधित कर सकती है।[28] पुस्तकालयों के द्वारा भी इस योजना का विरोध किया गया, आंशिकतौर पर प्रकाशकों से पड़ने वाले दबावों के कारण, और आंशिकतौर पर इसलिए क्योंकि उन्हें भय था कि आयातित पुस्तकें प्राप्त करना और भी अधिक कठिन हो जाएगा। एसटीसी, जो खरीददारों को उधार नहीं प्रदान कर सकती थी, को नकद भुगतान की माँग करनी पड़ी थी। इससे भी विरोध उत्पन्न हुआ, क्योंकि अधिकांश संस्थागत खरीददार खरीद के लिए उपलब्ध उधार के आदी हो चुके थे।

एसटीसी की पहल को पराजित करने के लिए दो तत्व एकजुट हो गए, और यह योजना पूरी तरह से लागू किए जा सकने के पहले ही त्याग दी गई।[29] पहला तत्व था स्वयं एसटीसी के द्वारा तैयारियों एवं सुविधाओं का अभाव। सरकारी अधिकारियों ने यह महसूस ही नहीं किया था कि पुस्तकों का आयात एक जटिल मामला है जिसमें सीमित लाभ होता है और काम अधिक करना होता है। दूसरा कारक था अधिकांश प्रकाशन समुदाय के द्वारा तगड़ा विरोध करना। लगभग सभी प्रकाशकों, और विशेषतौर पर पुस्तकों के आयात में हितधारकों ने सरकार का विरोध किया। संस्थागत खरीददारों, जिन्हें बढ़ी हुई नौकरशाही और उधार की सुविधा के अभाव का भय था, ने भी इस योजना का विरोध किया।

पुस्तकों के आयात सम्बन्धी समस्याओं का किसी भी प्रकार से समाधान नहीं हो सका है। वर्तमान समय में यह प्रणाली वैसी ही बनी हुई है जैसे कि एसटीसी की पहल

के पूर्व थी। दुर्लभ विदेशी मुद्रा का अपव्यय न होने पाए और साथ ही साथ भारतीय खरीददारों को आवश्यक पुस्तकें उपलब्ध भी हो जाएं इस उद्देश्य से आयात व्यापार को समुचित तरीके से नियंत्रित करने की समस्या अभी भी कायम है। विद्वत्तापूर्ण पुस्तकों, जिन्हें अपरिहार्य रूप से छोटी संख्याओं में आयात किया जाता है और इसी कारणवश यह पुस्तक आयात का सर्वाधिक न्यूनतम लाभदायक व्यापार होता है, के सम्बन्ध में स्थिति विशेषतौर पर अधिक गंभीर है।

इसमें कोई प्रश्न नहीं है कि यदि भारतीय पुस्तकों के लिए पर्याप्त बाजार को सुनिश्चित करना है तो पुस्तक वितरण में सुधार अवश्य ही करना चाहिए। यह बात मात्र विद्वत्तापूर्ण पुस्तकों के मामले में ही सच नहीं है, बल्कि सभी प्रकार की पठनीय सामग्री के लिए भी सच है। अपेक्षाकृत छोटे शहरों में पुस्तकविक्रेताओं की कमी एक समस्या है। बैंकों से पुस्तकविक्रेताओं को पर्याप्त ऋण सुविधाओं के अभाव तथा छूट का ढाँचा, जो पुस्तकविक्रेताओं के लिए मात्र छोटे मोटे लाभ की ही अनुमति देता है, भी इस कमजोरी में योगदान करते हैं। अपर्याप्त संदर्भसूची सामग्रियाँ एवं प्रचार भी नई पुस्तकों से सम्बन्धित सूचनाओं के तीव्र प्रसार को बाधित करते हैं। आयातित पुस्तकें प्राप्त करने में होने वाली कठिनाईयाँ भी समस्या में योगदान करती हैं। इन समस्याओं में से अधिकांश के उन्मूलन की कोई त्वरित आशा नजर नहीं आती।

कॉपीराइट

विकासशील देशों में कॉपीराइट सम्बन्धी नीतियाँ एवं विनियमन पुस्तक व्यापार के लिए सर्वाधिक हैरान करने वाले मुद्दे रहे हैं। एक संस्था के रूप में कॉपीराइट का जन्म पश्चिम में बहुत लंबे समय पूर्व हुआ था और मात्र हाल ही के समय में अधिकांश पश्चिमी देशों के द्वारा इसे पूर्णरूपेण स्वीकार किया जा चुका है।[30] यह नोट किए जाने योग्य है कि अमेरिकी प्रकाशन संस्थाओं ने अपना कार्य तब प्रारंभ किया था जब 19वीं शताब्दी में अमेरिकी प्रकाशकों ने कॉपीराइट नियमों की अवहेलना की थी और इंग्लैण्ड तथा अन्य स्थानों पर छपी हुई पुस्तकों का पुनर्मुद्रण बिना किसी रॉयल्टी के भुगतान के कर लिया था। हालांकि, वर्तमान समय में, पश्चिमी लेखकों और प्रकाशकों को कॉपीराइट समझौतों तथा कानून दोनों के ही अधीन स्वदेशी तथा अंतर्राष्ट्रीयतौर पर सुरक्षा प्राप्त है।[31]

विकासशील देशों में वर्तमान समय में कॉपीराइट से सम्बन्धित स्थिति थोड़ी जटिल सी है। एक कारण यह है कि प्रमुख अंतर्राष्ट्रीय कॉपीराइट समझौते (यूरोप प्रायोजित बर्न समझौते तथा अमेरिका प्रायोजित यूनिवर्सल कॉपीराइट कन्वेंशन) औद्योगीकृत देशों के द्वारा अपने-अपने हितों में लिखे गए हैं। विकासशील देशों की समस्या अनूठी है जिनपर कॉपीराइट समझौतों में विचार नहीं किया गया है। हाल के वर्षों में कॉपीराइट समझौतों को विकासशील देशों के लिए और अधिक प्रासंगिक बनाए जाने की दिशा में कदम उठाए गए हैं, आंशिकतौर पर कॉपीराइट व्यवस्था से तीसरी दुनिया के देशों की व्यापक असम्बद्धता पर पहले से ही रोक लगाने के लिए। भारत इस व्यवस्था के अंतर्गत सुधारों के समर्थन का एक नेतृत्वकर्ता रहा है।[32]

कॉपीराइट के सम्बन्ध में विकासशील देशों की समस्याएं बहुत विकट हैं। जहाँ अधिकांश विकासशील देश व्यक्तिगत लेखकों के लिए अपनी स्वयं की रचनाओं हेतु कानूनी सुरक्षा प्राप्त किए जाने की आवश्यकता तथा प्रकाशकों के लिए कुछ आश्वासन, कि वे ही किसी पुस्तक-विशेष के इकलौते प्रकाशक होंगे, की पुष्टि करते हैं, वहीं वे यह भी मानते हैं कि उनकी कुछ विशिष्ट आवश्यकताएं भी हैं। उदाहरणार्थ, सामान्यतः

औद्योगीकृत देशों में प्रकाशन के उपकरणों को प्रकाशकों द्वारा नियंत्रित किया जाता है। ये देश पुस्तकों की बहुत बड़ी संख्या का प्रकाशन करते हैं, तथा इनके पास विज्ञान एवं तकनीकी विषयों पर पुस्तकों का वास्तविक एकाधिकार मौजूद है। संपूर्ण विश्व के अनुवादों का बड़ा भाग प्रमुख अंतर्राष्ट्रीय भाषाओं से छोटी भाषाओं, जैसे भारत की स्वदेशी भाषाओं, में किया जाता है। इसके अलावा, उन्नत देशों में प्रकाशक पुस्तकों को विकासशील देशों में पुनर्मुद्रित किए जाने अथवा उनका अनुवाद किए जाने की अनुमति देने के बजाय उनके निर्यात किए जाने से अधिक लाभान्वित होते हैं। 'कॉमनवेल्थ प्राथमिकताओं', जिनके द्वारा भारत को अमेरिकी पुस्तक बाजार से अलग कर दिया गया है, के परंपरागत व्यवहार के कारण भारत एक विशिष्ट कठिन परिस्थिति में फंसा हुआ है। इस अनौपचारिक व्यवस्था के अनुसार, ब्रिटिश प्रकाशकों के द्वारा भारत के हितों की देखभाल की जाती है और भारत को किए जाने वाले अधिकांश निर्यात को नियंत्रित किया जाता है। इस स्थिति से भारत का पर्याप्त भला नहीं हो पा रहा है।

कॉपीराइट को लेकर भारतीय दृष्टिकोण थोड़ा बहुत अस्पष्ट है। भारत यूनीवर्सल कॉपीराइट कन्वेंशन तथा बर्न समझौते दोनों का ही हस्ताक्षरकर्ता है, और यह अंतर्राष्ट्रीय कॉपीराइट समुदाय का एक सदस्य भी है। अधिकांश भाग के लिए, भारतीय प्रकाशक कॉपीराइट समझौते का पालन करते हैं। हालांकि, ऐसी पुस्तकों से कुछ साहित्य चोरी (अवैध छपाई) भी की जाती है जिनकी बिक्री की संभावना बहुत अधिक हो जैसे उपन्यास और कुछ पाठ्यपुस्तकें। बड़ी संख्या में बिक्री न होने के कारण विद्वत्तापूर्ण पुस्तकों की 'पुस्तक साहित्य चोरों' द्वारा उपेक्षा कर दी जाती है।[33]

भारत सरकार ने विकासशील देशों की आवश्यकतापूर्ति का और अधिक पर्याप्त प्रबंधन किए जाने के उद्देश्य से अंतर्राष्ट्रीय कॉपीराइट समझौतों में परिवर्तन किए जाने की वकालत की है। सरकार ने 'अनिवार्य लाइसेंसिंग' की विशेषतौर पर वकालत की है जिसके द्वारा विकासशील देशों के पास अत्यन्त मामूली शुल्कों के साथ किसी भी अनिवार्य वैज्ञानिक अथवा तकनीकी पुस्तक को पुनर्मुद्रित करने का अधिकार होगा, भले ही इसके लिए मूल प्रकाशक के द्वारा अनुमति न भी प्रदान की गई हो। ऐसे संकेत प्राप्त हुए हैं कि यदि अंतर्राष्ट्रीय समुदाय इस दिशा में कार्यवाही नहीं करता तो भारत मनमानीपूर्ण तरीके से ऐसी लाइसेसिंग व्यवस्था को लागू कर देगा, यद्यपि इस सम्बन्ध में अभी तक कोई कदम नहीं उठाया गया है। स्वयं भारतीय प्रकाशक भी एकमत नहीं हैं, जो संभवतः पुस्तक व्यापार की 'आधिकारिक' आवाज, अर्थात् फेडरेशन ऑफ पब्लिशर्स एंड बुकसेलर्स एसोसिएशन में प्रतिनिधित्व कर रहे प्रकाशकों, थोक विक्रेताओं, पुस्तक विक्रेताओं एवं अन्य लोगो के विविधतापूर्ण हितों को प्रदर्शित करता है। अधिकांश प्रकाशक कॉपीराइट की अवधारणा को स्वीकार करने हेतु प्रतिबद्ध प्रतीत होते हैं। हालांकि, वे अनिवार्य लाइसेसिंग अथवा किसी ऐसी व्यवस्था के भी पक्षधर हैं जिसके द्वारा विदेशी मुद्रा की बचत की जा सके और भारत में पुस्तकों के पुनर्मुद्रण एवं अनुवाद को सहज बनाया जा सके। कुछ प्रकाशक कॉपीराइट की परंपरागत धारणा का समर्थन करना जारी रखे हुए हैं और वे अनिवार्य लाइसेंसिंग का समर्थन नहीं करते।

अनिवार्य लाइसेंसिंग के समर्थकों में से एक के द्वारा इसके पक्ष में कुछ तर्कों को रेखांकित किया गया है:

1. भारत विदेशी पुस्तकों का भारत में पुनर्मुद्रण कर सकता है और विदेशी कीमतों के मात्र एक–तिहाई पर बेच सकता है;
2. अभी हर वर्ष पुस्तकों के आयात पर व्यय किए जा रहे 6 करोड़ रुपयो के एक भाग की बचत की जा सकती है;

3. लाइसेंसिंग भारतीय पुस्तक उद्योग को प्रोत्साहन प्रदान करेगा और सभी स्तरों पर रोजगार उपलब्ध कराएगा;
4. घरेलूतौर पर मुद्रित पुस्तकें सरकार के लिए कर–राजस्व अर्जित करेंगी, जबकि आयात में ऐसा नहीं होता, और इससे अर्थव्यवस्था को और अधिक सहायता प्राप्त होगी।[34]

वर्तमान कॉपीराइट व्यवस्था के अन्य आलोचकों ने स्पष्ट किया है कि अमेरिकी व्यवस्था के अंतर्गत एक 'विनिर्माण खंड' है जो अमेरिका में किसी भी एक शीर्षक की 500 से अधिक प्रतियों के आयात को प्रतिबंधित करता है। उनका तर्क है कि इसे भारत में भी लागू कर दिया जाना चाहिए।

भारत की क्षेत्रीय भाषाओं में अनुवाद की समस्या भी कॉपीराइट समीकरण का एक भाग है। कुछ शीर्षकों के प्रकाशन भारत की एक दर्जन से भी अधिक भाषाओं में किए जाते हैं, जिनकी मुद्रण संख्या सामान्यतः काफी कम होती है। सामान्यतः यह आवश्यक है कि अनुवाद सम्बन्धी अधिकारों के लिए विदेशी कॉपीराइट धारकों से अनुमति प्राप्त कर ली जाए और अनुमति प्राप्त करना प्रायः समय नष्ट करने वाला और बहुत ही महँगा काम होता है। अनिवार्य लाइसेंसिंग के अधिकांश समर्थक महसूस करते हैं कि भारत को वैज्ञानिक एवं तकनीकी विषयों पर तबतक पुस्तकों के अनुवाद के स्वतंत्र प्रकाशन की अनुमति उपलब्ध होनी चाहिए जब तक लेखकों को कुछ मामूली भुगतान किए जा रहे हों। इस संपूर्ण अनुमति के बदले में भारत को अनिवार्य लाइसेंसिंग के अधीन छापी गई पुस्तकों के निर्यात न करने की गारंटी प्रदान करनी होगी और यह कॉपीराइट समझौतों के शेष प्रावधानों से बाध्य रहेगा। अंतर्राष्ट्रीय कॉपीराइट समझौते में हाल ही में हुए परिवर्तन काफी हद तक भारतीय स्थिति के अनुरूप रहे हैं, यद्यपि स्थिति अभी भी निरंतर परिवर्तनशील बनी हुई है।

पुस्तकों से जुड़े विभिन्न क्षेत्रों के हित कॉपीराइट मामलों पर कुछ सीमा तक अलग–अलग हो जाते हैं। छोटे प्रकाशकों में से कुछ, जिनकी पुस्तकों के आयात में कोई रुचि नहीं होती, समस्त अंतर्राष्ट्रीय कॉपीराइट समझौतों को समाप्त कर दिए जाने का पक्ष लेते हैं। अधिकांश प्रकाशक किसी न किसी प्रकार की अनिवार्य लाइसेंसिंग व्यवस्था का पक्ष लेते प्रतीत होते हैं, जबकि कुछ आयातक *यथास्थिति* को कायम रखने के पक्ष में हैं। लेखकों के द्वारा किसी मुखर दबाव समूह का गठन नहीं किया गया है, और इस प्रकार वे कॉपीराइट सम्बन्धी प्रश्नों पर जोरदार तरीके से स्वयं को अभिव्यक्त नहीं करते। हालांकि, यह स्पष्ट है कि किसी भी परिवर्तन से लेखक ही प्रभावित होंगे। यदि भारतीय प्रकाशकों को विदेशी पुस्तकों के स्वतंत्र एवं सस्ते पुनर्मुद्रण की अनुमति प्राप्त हो जाती है तो ऐसी संभावना है कि वे भारतीय लेखकों की तुलना में इसके प्रकाशन को सस्ता महसूस करें। पुस्तकालय भी कॉपीराइट नीति में परिवर्तन से प्रभावित होंगे, क्योंकि उनके लिए भारत में प्रकाशित पुस्तकों के प्रकारों तथा विदेशों से पुस्तकों की उपलब्धता के निहितार्थ मौजूद होंगे।[35]

कॉपीराइट का प्रश्न यह प्रदर्शित करता है कि भारतीय प्रकाशन के लिए किसी भी एक मुद्दे के कितने प्रभाव हो सकते हैं। यह एक अंतर्राष्ट्रीय मुद्दा है क्योंकि इसमें देशों के बीच किए गए समझौते संलिप्त हैं। इस सम्बन्ध में भारत अंतर्राष्ट्रीय कॉपीराइट परिचर्चाओं में विकासशील देशों की एक अग्रणी आवाज रहा है। कॉपीराइट पुस्तक व्यापार के विभिन्न तत्वों को अलग–अलग तरीके से प्रभावित करता है। जैसी कि अनेक लोगों द्वारा वकालत भी की जा चुकी है, वर्तमान नियमों में ढील दिए जाने से

लेखकों को काफी हानियाँ पहुँच सकती हैं। वृहद् आयात व्यापार को बनाए रखने में आयातकों के निहित स्वार्थ मौजूद हैं, और उनके द्वारा *यथास्थिति* को कायम रखे जाने का समर्थन किया गया है। अधिकांश प्रकाशकों, विदेशी पुस्तकों को पुनर्मुद्रित करना जिनके हित में है, के द्वारा कॉपीराइट कानून में सुधारों का समर्थन किया गया है। अंतर्राष्ट्रीय प्रकाशन समुदाय, जिसमें औद्योगीकृत देशों का वर्चस्व है, के द्वारा सुधारों के प्रति मात्र हिचकिचाहट भरे कदम ही उठाए गए हैं।

'निजी' एवं 'सार्वजनिक'

विकासशील देशों में प्रकाशन उपक्रम एक बड़े स्तर तक राज्य के द्वारा आर्थिक समर्थन प्रदान किया जाता है। सरकारी सब्सिडियाँ ऐसे पुस्तकों के उत्पादन में सहयोग प्रदान करती हैं जिन्हें आवश्यक समझा जाता है किन्तु जिन्हें प्रकाशित कर पाना निजी संस्थाओं के वश के बाहर होता है। सरकारी नीति प्रकाशन में प्राथमिकताओं को निर्देशित करती है और व्यापार के निर्धारित क्षेत्रों में विकास को प्रोत्साहित करती है। अनेक विकासशील देशों में अर्थव्यवस्था के महत्वपूर्ण क्षेत्र के रूप में 'सार्वजनिक क्षेत्र' के प्रति राष्ट्रीय वैचारिक प्रतिबद्धता सरकारी हस्तक्षेप को और अधिक स्वीकृत बना देती है और वित्तीय प्रतिबद्धताओं को प्रोत्साहित करती है।

स्वतंत्रताप्राप्ति के समय से ही भारत सरकार अकेली सबसे बड़ी प्रकाशन एजेन्सी रही है जो अनुमानतः कुल प्रकाशित पुस्तकों के 20 प्रतिशत भाग के प्रकाशन हेतु उत्तरदायी है। मंत्रालयों तथा केन्द्र एवं राज्यों के विभागों के माध्यम से, तथा सरकार–प्रायोजित अनुसंधान संस्थानों के द्वारा अनेक पुस्तकें, प्रचार–पत्रिकाएं, रिपोर्टें, एवं अन्य दस्तावेजों के प्रकाशन सरकार द्वारा किए जाते रहे हैं। भारत में प्रकाशन में सरकार एक मान्यताप्राप्त और स्वीकृत तथ्य रही है, न केवल अपनी प्रत्यक्ष भूमिका के बल पर बल्कि पुस्तक व्यापार के अनेक पहलुओं से सम्बन्धित नीतियों के निर्धारण किए जाने के द्वारा भी। सरकारी अधिकारियों के द्वारा वृद्धिशील रूप से पुस्तकों को राष्ट्रीय विकास के एक महत्वपूर्ण पहलू के रूप में स्वीकार किया गया है, और प्रकाशन तथा पुस्तकों के प्रति समर्पित संसाधनों एवं ध्यान में निरंतर वृद्धि की गई है। प्रकाशन में अपनी व्यापक तथा बढ़ती हुई भागीदारी के कारण सरकार की भूमिका तथा नीतियों का आलोचनात्मक परीक्षण अवश्य करना चाहिए। निम्नलिखित चर्चा प्रकाशन में सरकार की भूमिका से सम्बन्धित जारी चर्चाओं में उठाए गए प्रमुख मुद्दों में से कुछ का परीक्षण करेगी।

सरकार की प्रकाशन में भूमिका न केवल इसकी प्रत्यक्ष गतिविधियों के कारण है बल्कि इसकी व्यापक नीतियों के कारण भी है। विकासशील देशों में सरकारी नीति अर्थव्यवस्था के अधिकांश पहलुओं के साथ टकराती है, यहाँ तक कि वहाँ भी जहाँ शक्तिशाली निजी क्षेत्र अस्तित्व में हो।[36] भारत इसका अपवाद नहीं है। पुस्तकों के आयात–निर्यात, नई कागज मिलों के निर्माण, कागज की कीमतों, तथा ऋण विनियिमन आदि से सम्बन्धित सरकारी निर्णयों का पुस्तक व्यापार पर सीधा और त्वरित प्रभाव पड़ता है। पुस्तकालयों के व्यय में हाल ही में की गई कटौती को तुरंत ही महसूस किया गया था, और पिछले वर्ष के पुस्तक व्यापार में 'कागज का संकट' आंशिकतौर पर सरकारी नीतिगत निर्णयों का ही परिणाम था। यहाँ तक कि असम्बन्धित प्रतीत होने वाले ऐसे मामलों, जैसे मशीन–औजार उद्योग, में भी प्रकाशन हेतु निहितार्थ मौजूद हो सकते हैं।[37]

भारत में फेडरेशन ऑफ पब्लिशर्स एंड बुकसेलर्स एसोसिएशन के द्वारा नई दिल्ली में अपना कार्यालय संचालित किया जा रहा है जो सरकारी नीति पर निगाह रखता है

और पुस्तकों से सम्बन्धित सरकारी अधिकारियों के साथ निकट संपर्क बनाए रखता है। फेडरेशन के द्वारा सीमित सफलता के साथ ही नीतियों को प्रभावित करने का प्रयास किया गया है। फेडरेशन के प्रतिनिधि यह सुनिश्चित करते हैं कि सम्बन्धित सरकारी अधिकारी कम से कम उनके विचारों से अवगत रहें। हालांकि, कई मुद्दों पर फेडरेशन एकमत नहीं है। सैद्धांतिकतौर पर, फेडरेशन के द्वारा न केवल प्रकाशकों बल्कि आयातकों, वितरकों, तथा पुस्तकविक्रेताओं के विचारों का भी प्रतिनिधित्व किया गया है, हालांकि, जिनमें से पुस्तकविक्रेताओं का प्रतिनिधित्व कमजोर रहा है। हाल ही में, फेडरेशन में हुए एक विभाजन से एक नया संगठन, फेडरेशन ऑफ इंडियन पब्लिशर्स, जन्म ले चुका है जो मात्र प्रकाशकों की आवाज ही उठाता है। समय के साथ इन दोनों समूहों के बीच कुछ कार्यकारी सम्बन्धों के स्थापित हो जाने की संभावना है। इस दौरान, पुस्तक व्यापार के आधिकारिक अवयवों के बीच गुटबाजी ने सरकारी अधिकारियों के साथ उनकी सौदेबाजी की स्थिति को कमजोर बना दिया है।

सरकारी पुस्तक नीति अनेक विचारों पर आधारित है। प्रकाशक सरकारी निर्णयन पर प्रभाव डालने वालों में से एक हैं। उदाहरणार्थ, भुगतान संतुलन, अर्थव्यवस्था के अन्य क्षेत्रों की आयातित सामाग्रियों सम्बन्धी माँगें आदि पुस्तक आयात के कोटे को प्रभावित करती हैं। समाचारपत्रों, पैकेजिंग विनिर्माताओं, एवं अन्य लोगों के द्वारा कागज के आबंटन की माँगे भी पुस्तकों के लिए कागज की आपूर्ति को प्रभावित करती हैं। भारत जैसे विकासशील देश में दुर्लभ संसाधनों के लिए तीव्र प्रतिस्पर्धा की जाती है, और उदाहरण के लिए खाद्य पदार्थों अथवा ईंधन के सम्बन्ध में प्रकाशन जैसा उद्योग देश के विकास के प्रति गौण प्रतीत हो सकता है। सार्वजनिक क्षेत्र के प्रकाशन उपक्रमों जैसे नेशनल बुक ट्रस्ट (एनबीटी) अथवा नेशनल काउंसिल ऑफ एजूकेशनल रिसर्च एंड ट्रेनिंग (एनसीईआरटी) के बीच निहित प्रतिस्पर्धा भी प्रकाशन सम्बन्धी सरकारी निर्णयन के संतुलन में प्रवेश कर सकती है।

प्रकाशन में की गई नाटकीय सरकारी पहल का एक उदाहरण है स्कूली स्तर पर पाठ्यपुस्तकों का राष्ट्रीयकरण करना; इस घटना के आर्थिक निहितार्थों पर पहले चर्चा की जा चुकी है। शिक्षा मंत्रालय के अधिकारी इस बात पर विशेषतौर से चिन्तित थे कि भारतीय पाठ्यपुस्तकें एक 'राष्ट्रीय' दृष्टिकोण को प्रतिबिंबित करें और यह कि 'अप्रासंगिक' विदेशी पुस्तकों के उपयोग को समाप्त करना चाहिए। सार्वजनिक अधिकारी पाठ्यपुस्तकों की गुणवत्ता भी सुधारना चाहते थे और उन्होंने महसूस किया कि ऐसा किए जाने हेतु सार्वजनिक पहल ही सर्वाधिक प्रभावी उपाय था। राष्ट्रीयकृत पाठ्यपुस्तकों का एक अन्य लक्ष्य था सार्वजनिक सब्सिडी के जरिए कीमतों को कम करना। केन्द्र सरकार के द्वारा पाठ्यपुस्तक योजना प्रारंभ की गई, और केन्द्र द्वारा कुछ निधिकरण भी किया गया। हालांकि, अधिकांश कार्यक्रमों के कार्यान्वयन राज्यों के हाथों में थे। नेशनल काउंसिल ऑफ एजूकेशनल रिसर्च एवं ट्रेनिंग जैसी एजेन्सियों को 'मॉडल' पाठ्यपुस्तकें तैयार करने हेतु कहा गया और उन्होंने राज्य परिषदों को ऐसी पुस्तकें उपलब्ध कराए जाने के द्वारा सहायता प्रदान की जिनका वे स्वयं ही सरल अनुवाद एवं मुद्रण करवा सकें। एनसीईआरटी द्वारा प्रदान किए गए मार्गदर्शन के अपवाद के साथ, राज्य स्तर पर पाठ्यपुस्तक प्रकाशन सम्बन्धी अधिकांश प्रयासों को राज्यों के शिक्षा निदेशालयों के माध्यम से संपन्न किया गया। राज्यों द्वारा एक अत्यावश्यक कार्य के रूप में प्राथमिक पाठ्यों को क्षेत्रीय भाषाओं में उपलब्ध कराए जाने का कार्य प्रारंभ कर दिया गया। राज्यों के इन कार्यक्रमों के द्वारा छात्रों के लिए सस्ती स्थानीय पाठ्यपुस्तकें प्रदान किए जाने का कार्य प्रारंभ हो चुका है।

यह आश्चर्यजनक नहीं है कि प्राथमिक एवं माध्यमिक स्कूल स्तरों पर पाठ्यपुस्तकों के उत्पादन में सरकार संलिप्त हो चुकी है। पाठ्यपुस्तकों को व्यापकतौर पर किसी भी शिक्षा प्रणाली के एक महत्वपूर्ण तत्व के रूप में स्वीकार किया जाता है, और संभवतः इनका वहाँ विशेष महत्व होता है जहाँ शिक्षक बहुत अधिक उच्च शिक्षित नहीं होते। पाठ्यपुस्तकें राष्ट्रीय मूल्यों को मन में बैठाए जाने का शक्तिशाली माध्यम होती हैं, और सरकारी अधिकारी इस बात से स्वाभाविक रूप से चिन्तित हैं कि समुचित मूल्यों पर ही जोर दिया गया हो। सस्ती पुस्तकों के लिए राजनीतिक दबाव भी एक भूमिका निभाते हैं। स्कूली स्तर पर उपयोगी, सस्ती, तथा भली–भांति तैयार की गई पुस्तकों को उपलब्ध करवा पाने में सार्वजनिक क्षेत्र पूर्णतः सफल रहा है अथवा नहीं यह तो भारतीय शैक्षणिक एवं प्रकाशन मंडलियों में बहस का विषय बना रहा है। अधिकांश टिप्पणीकारों के पास राज्यों के कार्यक्रमों की तीखी आलोचनाएं मौजूद हैं, जिनमें पुस्तकों के प्रकाशन में लंबे बिलंब, कुछ अपव्यय एवं स्तरहीन उत्पादन आदि को उद्धृत किया गया है। लेखकों द्वारा रॉयल्टी के बजाय मामूली एकमुश्त राशि के भुगतान की आलोचना की गई है। अनेक लोगों द्वारा राजनीतिक अधिकारियों के हाथों में पाठ्यपुस्तकों के उत्पादन का एकाधिकार केन्द्रित किए जाने सम्बन्धी अंतर्निहित खतरों पर प्रश्न उठाए गए हैं। इन आलोचनाओं के बावजूद अनेक राज्यों के द्वारा क्षेत्रीय भाषाओं में पाठ्यपुस्तकें प्रकाशित की गई हैं जिनका स्कूलों में सफल उपयोग किया गया है।

निजी क्षेत्र के पाठ्यपुस्तक प्रकाशन के लिए अंतिम प्रमुख बाजार अंग्रेजी–माध्यम के प्राथमिक एवं माध्यमिक स्कूल में, तथा विशेषतौर पर कॉलेज तथा विश्वविद्यालय स्तर पर शेष रह जाते हैं।[38] कॉलेज स्तर की अधिकांश पाठ्यपुस्तकों का प्रकाशन निजी संस्थाओं द्वारा किया जाता है, विशेषतौर पर उन विषयों में जिनमें शिक्षा के माध्यम के रूप में मात्र अंग्रेजी का ही उपयोग किया गया हो। परास्नातक स्तर पर, वास्तव में सभी पाठ्यपुस्तकों के प्रकाशन निजी संस्थाओं द्वारा ही किए जाते हैं; इसमें परिवर्तन की कोई योजना नहीं है। अनेक विश्वविद्यालयों ने गत दशक के दौरान स्नातक विषयों की पाठ्यपुस्तकों को स्वयं ही प्रकाशित करना प्रारंभ कर दिया है, जिसके कारण निजी प्रकाशकों की बाजार में कटौती हो गई है। विश्वविद्यालयों के प्रेस अपने ही संस्थानों के लिए पुस्तकें प्रकाशित करते हैं और विशिष्ट विषयों में पुस्तकों के बाजार का सटीक पूर्वानुमान लगा सकते हैं। वितरण सहज होता है क्योंकि यह एक स्थानीय बाजार होता है। जहाँ विश्वविद्यालय द्वारा प्रकाशित सामग्री की दिशा में जारी यह प्रवृत्ति अभी बहुत अधिक उन्नत नहीं हो पाई है, वहीं निजी क्षेत्र के प्रकाशकों के द्वारा इसे अपने बचे हुए कुछ पाठ्यपुस्तक बाजारों में से एक के प्रति एक खतरे के रूप में देखा जा रहा है।

सरकार द्वारा अनेक ऐसी एजेन्सियों की स्थापना की गई है जो पाठ्यपुस्तकों एवं अन्य कार्यक्रमों के साथ–साथ पुस्तकों का कार्य भी संभालती हैं। सूचना एवं प्रसारण मंत्रालय के प्रकाशन विभाग द्वारा न केवल विभिन्न प्रकार के सरकारी दस्तावेजों को प्रकाशित किया जाता है, बल्कि अनेक विषयों पर बड़ी संख्या में पुस्तकें और प्रचार–पत्रिकाएं भी प्रकाशित की जाती हैं। सबसे बड़ी और सर्वाधिक महत्वपूर्ण सरकारी एजेन्सियों में से एक है नेशनल बुक ट्रस्ट (एनबीटी)।[39] एनबीटी की न केवल अपने प्रकाशन कार्यक्रमों में एक प्रमुख भूमिका होती है बल्कि यह निजी प्रकाशकों के साथ समन्वयन करने तथा राष्ट्रीय पुस्तक कार्यक्रमों में सहायता करने की भूमिका भी निभाता है।

एनबीटी के द्वारा एक वार्षिक पुस्तक मेले का प्रायोजन, जिसमें न केवल पुस्तकों का प्रदर्शन शामिल होता है बल्कि प्रकाशन सम्बन्धी पहलुओं पर संगोष्ठियाँ भी आयोजित

की जाती हैं, प्रकाशकों के बीच राष्ट्रीय परिचर्चा हेतु एक प्रमुख मंच है। पुस्तक मेले पुस्तक व्यापार के द्वारा जनता के बीच प्रचार के माध्यम भी होते हैं। 1957 में स्थापित एनबीटी के पास 1972 में लगभग 50 लाख रुपयों का एक बजट उपलब्ध था।[40] इस एजेन्सी को विशिष्ट परियोजनाओं के लिए शिक्षा मंत्रालय के साथ-साथ अन्य एजेन्सियों से भी धनराशियाँ प्राप्त होती हैं। अनेक प्रेक्षकों के अनुसार, एनबीटी एक प्रारंभिक, किन्तु सामान्य, वितरण अभाव से पीड़ित रहा है। एक अनुमान यह है कि एनबीटी के पास 1 करोड़ रुपयों से अधिक की अबिक्रीत पुस्तकों का स्टॉक मौजूद है।[41] यह अपव्यय आंशिकतौर पर इसलिए हुआ था क्योंकि प्रारंभिक परियोजनाएं बहुत अधिक प्रासंगिक नहीं थीं, गलत शीर्षकों के चयन किए गए थे, और तकनीकी स्तर बहुत नीचा था।[42]

नेशनल बुक ट्रस्ट प्रतिवर्ष पुनर्मुद्रण सहित लगभग 200 शीर्षकों का प्रकाशन करता है। इसके प्रकाशन कार्यक्रम का जोर सामान्य पाठक को शैक्षिक एवं सांस्कृतिक मूल्यों वाली पुस्तकों को उपलब्ध करवाने पर है। इसके द्वारा बच्चों की पुस्तकों की एक श्रृंखला, भारतीय राज्यों पर एक श्रृंखला, तथा अन्य प्रकाशनों को प्रायोजित किया गया है। एनबीटी के पास अंग्रेजी भाषा में विश्वविद्यालय स्तर की पाठ्यपुस्तकों के लिए एक पुस्तक सब्सिडी कार्यक्रम उपलब्ध है, जिसका निधिकरण भारत सरकार के संसाधनों द्वारा किया जाता है। एक अन्य लघु कार्यक्रम का निधिकरण अमेरिका द्वारा किया जाता है जिसका उद्देश्य विज्ञान एवं तकनीक पर अमेरिकी एवं भारतीय स्त्रोतों से उपलब्ध पुस्तकों को भारतीय भाषाओं में उपलब्ध कराया जाना है। एनबीटी की पुस्तकों का वितरण अधिकांशतः निजी संस्थाओं द्वारा किया जाता है, यद्यपि अपने स्वयं के प्रकाशनों को प्रोत्साहित करने में और अधिक सक्रिय हो रही है। एनबीटी का समस्त मुद्रण कार्य व्यावसायिक प्रेसों के द्वारा किया जाता है। एनबीटी के बड़े पुस्तक प्रकाशन कार्यक्रम और इसके 150 कर्मचारी इसे भारतीय प्रकाशन में एक सक्रिय शक्ति बना देते हैं।

1950 के दशक के उत्तरार्द्ध में विभिन्न सरकारी पुस्तक कार्यक्रमों में तीव्रता से वृद्धि हुई है। जब क्षेत्रीय भाषाओं में पुस्तकों की आवश्यकता स्पष्ट हुई, तब सरकार के द्वारा अनेक क्षेत्रीय भाषाओं के लिए 1 करोड़ रुपयों का अनुदान प्रदान किया गया। हालांकि, आबंटित किए गए कुल 8 करोड़ रुपयों में से कार्यक्रम के पहले कुछ वर्षों के दौरान मात्र 2.5 करोड़ रुपयों का ही उपयोग किया जा सका था। अन्य विशेषज्ञताप्राप्त एजेन्सियों के द्वारा भी पुस्तक कार्यक्रमों में सहभागिता की गई है। इंडियन काउंसिल फॉर सोशल साइंस रिसर्च के पास एक प्रकाशन योजना उपलब्ध है जो समाजशास्त्रीय अध्ययनों के प्रकाशन में सहायता करने हेतु निजी प्रकाशकों को छोटे अनुदान प्रदान करती है। राज्यों ने भी पाठ्यपुस्तकों के प्रकाशन में बहुत बड़ी सहायता प्रदान की है, और कुछ राज्यों, जैसे केरल, के पास तो पर्याप्त मात्रा में सामान्य पुस्तक कार्यक्रम भी उपलब्ध हैं। राज्य सरकारों की प्रकाशन सम्बन्धी अनेकानेक गतिविधियों का संपूर्ण अभिलेखन करना असंभव है।

सरकार-सम्बन्धित पुस्तक गतिविधियों में समन्वयन के एक प्रयास के अंतर्गत 1967 में एक नेशनल बुक डेवलपमेंट बोर्ड (एनबीडीबी) की स्थापना की गई थी। यह बोर्ड निजी प्रकाशकों एवं सरकार के बीच संपर्कसूत्र का कार्य भी करता रहा है। हाल ही में पुनर्गठित किए जाने के बाद इसके द्वारा प्रकाशन समुदाय तथा सरकार से कोई 60 लोगों को अपने साथ शामिल किया गया है, और इसने स्वयं को पुस्तक नीति के व्यापक पहलुओं की सिफारिश एवं मध्यस्थता किए जाने के साथ सम्बद्ध कर लिया है। बहुत अधिक सक्रिय न होते हुए एनबीडीबी की 1967 से 1972 के बीच मात्र सात

बैठकें हुई हैं; न ही यह अपनी सिफारिशों को लागू करवा पाने में बहुत अधिक सफल ही रहा है। इसकी सिफारिशें इस प्रकार हैं (1) प्रकाशन उपक्रम को एक 'अनिवार्य उद्योग' के रूप में वर्गीकृत करना चाहिए, (2) प्रकाशकों के लिए करों में रियायत, (3) प्रकाशकों को और पर्याप्त ऋण प्रदान किए जाएं, (4) पुस्तकों के लिए डाक दरें कम की जाएं, (5) मात्र ऐसी पुस्तकें, जिन्हें आर्थिक कारणोंवश पुनर्मुद्रित न किया जा सकता हो, को छोड़कर विदेशी शीर्षकों के आयात को प्रतिबंधित किया जाए, तथा (6) सरकार के द्वारा पुस्तकों के लिए एक निर्यात प्रोत्साहन परिषद् का गठन किया जाए।[43] एनबीडीबी की परामर्शदात्री स्थिति इसकी भूमिका तथा प्रभावशीलता को चित्रित करती है। कम से कम ऐसी किसी भी एजेन्सी की मौजूदगी चर्चा के लिए एक मंच प्रदान करती है और पुस्तक–सम्बन्धी गतिविधियों में समन्वयन किए जाने में सरकार की रुचि को प्रदर्शित करती है।

1950 के दशक के दौरान प्रकाशन में सरकार की प्रत्यक्ष संलिप्तता बहुत व्यापक नहीं थी। सरकार के अपने प्रकाशन कार्यक्रमों के बीच भी बहुत कम समन्वयन था, और सरकार के पुस्तक कार्यक्रमों के लिए न तो कोई समग्र दिशा थी न ही कोई नीतिगत उन्मुखीकरण। इस तथ्य के बावजूद कि देश के कुल पुस्तक उत्पादन में से 20 प्रतिशत के लिए सरकारी एजेन्सियाँ उत्तरदायी थीं, केन्द्र तथा राज्यों में उपलब्ध वितरण तंत्र पूर्णतः अपर्याप्त थे। क्योंकि सरकार–प्रायोजित प्रकाशन प्रयास सामान्यतः बाजार की स्थिति के अधीन नहीं होते थे, अतः मुद्रण के लिए और कभी–कभी वितरण के लिए निधियाँ आबंटित कर दी जाती थीं, किन्तु उपक्रमों से वित्तीय शेष को प्रदर्शित किए जाने की अपेक्षा नहीं की जाती थी। हाल के वर्षों में विशेषतौर पर साहित्य अकादमी, भारतीय मानक संस्थान एवं अन्य जैसी अर्द्ध–सरकारी एजेन्सियों के द्वारा कुछ सुधार किए गए हैं। हालांकि, विभिन्न मंत्रालयों द्वारा किए जाने वाले प्रकाशन अभी भी वितरण अथवा प्रचार साधनों से पूरी तरह वंचित हैं।[44]

प्रकाशन में प्रत्यक्ष सरकारी संलिप्तता को कम करके नहीं आंका जा सकता, और इस भागीदारी में वृद्धि हो रही है। ऐसा अनुमान लगाया गया है कि सार्वजनिक क्षेत्र में लगभग 400 प्रकाशन एजेन्सियाँ हैं, जिनमें से कोई 200 केन्द्र सरकार अथवा इसकी एजेन्सियों के तत्वाधान में हैं। शिक्षा मंत्रालय के पास अपने अधिकारक्षेत्र के अधीन अपनी प्रकाशन एजेन्सियाँ हैं जिनमें नेशनल बुक ट्रस्ट, एनसीईआरटी, तथा इंडियन काउंसिल फॉर सोशल साइंस रिसर्च आदि शामिल हैं। साहित्य अकादमी, जिसका सम्बन्ध रचनात्मक लेखन तथा सांस्कृतिक मामलों को बढ़ावा दिया जाना है, जैसी एजेन्सी के द्वारा हाल के वर्षों के दौरान समस्त भारतीय भाषाओं तथा अंग्रेजी एवं नेपाली में कम से कम 450 पुस्तकें प्रकाशित की जा चुकी हैं। इनमें से कुछ पुस्तकों के प्रकाशन व्यावसायिक माध्यमों से किए गए थे, जबकि अधिकांश को सीधे अकादमी द्वारा प्रकाशित किया गया था। इसके अलावा, सरकार प्रायोजित विभिन्न अनुसंधान संस्थानों, जैसे कि भारतीय कृषि अनुसंधान परिषद्, वैज्ञानिक एवं औद्योगिक अनुसंधान परिषद्, भारतीय चिकित्सा अनुसंधान परिषद् एवं अन्य के द्वारा भी वैज्ञानिक एवं विद्वत्तापूर्ण प्रकाशनों को जारी किया गया है।

इस परिचर्चा के द्वारा प्रकाशन में सरकार की भूमिका के महत्वपूर्ण पहलुओं पर प्रकाश डाला गया है। केन्द्रीय एवं प्रांतीय स्तरों पर अनेक मंत्रालयों एवं एजेन्सियों की प्रत्यक्ष संलिप्तता भारत में कुल प्रकाशित पुस्तकों की संख्या के एक बड़े भाग का गठन करती है। प्रकाशकों से सम्बन्धित नीतियों तथा पुस्तकालयों को पुस्तकें खरीदने हेतु सब्सिडी प्रदान किए जाने के द्वारा अप्रत्यक्ष सरकारी संलिप्तता भी भारत में प्रकाशन

उपक्रम की स्थिति को प्रभावित करती है। वास्तव में, यह विचार करना लगभग असंभव ही है कि भारतीय प्रकाशन के किसी भी पहलू में सरकारी संलिप्तता नहीं होगी। ऐसा कागज आपूर्ति तथा प्रिंटिग प्रेसों के हिस्से–पुर्जों के प्रतिस्थापन के लिए विदेशी मुद्रा के आबंटन से लेकर कुछ निश्चित प्रकार की पुस्तकों के प्रकाशन हेतु सब्सिडी की व्यवस्था किए जाने तक के मामलों में सत्य है। अपनी ओर से, सरकार के पास अनेक चिताएं एवं समस्याएं मौजूद हैं जिनमें से प्रकाशन उपक्रम की स्थिति भी एक है किन्तु यह एक छोटा पहलू है। अतः, इसमें आश्चर्य नहीं है कि प्रकाशक यह शिकायत करें कि सरकारी अधिकारियों के द्वारा उनके हितों को शीर्ष प्राथमिकता नहीं प्रदान की जा रही है। महत्वपूर्ण होते हुए भी, सरकारी चिंताओं के अंतर्गत पुस्तकों को अपरिहार्य रूप से खाद्य पदार्थों की आपूर्तियों तथा औद्योगीकरण से पीछे ही रहना चाहिए।

विदेशी प्रभाव

प्रकाशन मात्र एक क्षेत्रीय तथा राष्ट्रीय उपक्रम भर नहीं है, बल्कि इसका एक अंतर्राष्ट्रीय आयाम भी है। विकासशील देश तथा अंतर्राष्ट्रीय बौद्धिक धाराओं के 'परिधीय' क्षेत्र में स्थित देश विशेषतौर पर प्रकाशन के अंतर्राष्ट्रीय क्षेत्र पर निर्भर हैं। अंतर्राष्ट्रीय बौद्धिक विश्व में प्रादेशिक होना किसी भी विकासशील देश पर कतिपय वास्तविकताओं को आरोपित करता हैः पुस्तकें (और ज्ञान) विदेशों से अवश्य ही आयात किए जाने चाहिए; 'अंतर्राष्ट्रीय भाषाओं' में से किसी एक की रचनाओं का अनुवाद अपनी अधिक सीमित भाषाओं में अवश्य करना चाहिए, और अंततः, शायद तीसरी दुनिया के लेखक स्वयं अपनी रचनाओं को स्वदेश के बजाय विदेशों में प्रकाशित करवाना पसंद करते हैं। विकासशील देशों के पास न केवल 'प्रादेशिक' भाषाएं उपलब्ध होती हैं, बल्कि एक सक्रिय प्रकाशन एवं संवाद उपक्रम के लिए वित्तीय एवं तकनीकी संसाधनों का भी अभाव होता है। इस स्थिति का परिणाम यह होता है कि अधिकांश प्राथमिक ज्ञान, विशेषतौर पर विज्ञान विषय में, के लिए तीसरी दुनिया को आवश्यक रूप से औद्योगीकृत देशों पर निर्भर रहना पड़ता है।

यह समस्या भाषा का पहला भाग है।[45] अधिकांश 'ज्ञान सृजनकर्ता' देश प्रमुख सर्वदेशीय भाषाओं में से किसी एक का उपयोग करते हैं यद्यपि इस नियम के अनेक अपवाद मौजूद हैं, जैसे जापान तथा सोवियत संघ। वैज्ञानिक एवं बौद्धिक अभिजात्यवर्ग के बीच संवाद के लिए आवश्यक भाषाएं हैं अंग्रेजी, फ्रेंच तथा कुछ कम सीमा तक जर्मन एवं स्पेनिश। इस सम्बन्ध में भारत एक अनूठी स्थिति में है। इसकी बहुत बड़ी आबादी अंग्रेजी पढ़ी–लिखी है तथा दो शताब्दियों से अंग्रेजी का उपयोग सरकारी तथा वैज्ञानिक एवं बौद्धिक जीवन में किया जाता रहा है। इस प्रकार, भारतीय लोग वैज्ञानिक रचनाओं के केन्द्रों में स्थित लोगों के साथ संवाद करने में समर्थ होने के मामले में अनेक विकासशील देशों से आगे हैं। दूसरी ओर, अंग्रेजी के साथ उपलब्ध इसी सुविधा ने स्वदेशी भाषाओं में परिष्कृत एवं वैज्ञानिक प्रगति को बाधित कर रखा है। भारतीय अभिजात्यों के द्वारा बौद्धिक आदान–प्रदान के प्राथमिक माध्यमों के रूप में अंग्रेजी का उपयोग जारी है, और स्वदेशी भाषाएं कुछ हद तक अल्पविकसित रह गई हैं।

विकासशील देशों में प्रकाशन पर जारी रहने वाले विदेशी प्रभाव का एक आर्थिक पहलू भी है। विकासशील देश ज्ञान के आयातक हैं, और इसीलिए पुस्तकों एवं अन्य प्रकाशित सामग्रियों के भी। भारत वार्षिकतौर पर पुस्तकों तथा पत्रिकाओं पर लगभग 7 करोड़ रुपए व्यय करता है। प्रमुख वैज्ञानिक पत्रिकाएं पश्चिम में प्रकाशित की

जाती हैं, वैज्ञानिक पुस्तकें पहले वहाँ प्रकट होती हैं, और अनेक महत्वपूर्ण वैज्ञानिक सामग्रियों का आयात आवश्यक होता है। इन सामाग्रियों में से अनेक के पुनर्मुद्रण की आवश्यकतानुसार न केवल भारतीय बाजार बहुत छोटा है, बल्कि उपलब्ध वैज्ञानिक सामग्रियों को तुरंत प्राप्त करना भी महत्वपूर्ण होता है, और इसकी उपलब्धता को सुनिश्चित करने का एकमात्र तरीका है इनका आयात करना। परिणामस्वरूप, भारत में एक विशाल आयातक नेटवर्क मौजूद है। विदेशी पुस्तकें, और विदेशी प्रकाशक, कॉपीराइट व्यवस्थाएं, ऐतिहासिक परंपराएं, तथा संभवतः अपरिहार्य बौद्धिक 'शक्ति संतुलन', जो औद्योगीकृत विश्व को अनेक प्रकार के वैज्ञानिक ज्ञान के सृजन में अग्रणी बनाता है, भी भारतीय प्रकाशन एवं बौद्धिक समुदाय पर कुछ न कुछ प्रभाव डालते हैं।

औद्योगीकृत देशों तथा तीसरी दुनिया के बीच बौद्धिक सम्बन्धों में राजनीतिक कारक भी प्रवेश कर जाते हैं। प्रकाशक विकासशील क्षेत्रों के बौद्धिक निष्ठा के लिए जारी 'संघर्ष' के केन्द्र में रहे हैं। विकासशील देश अभी भी कुछ सीमा तक जारी रहने वाले इस 'शीतयुद्ध' की युद्धभूमि रहे हैं, जबकि देशों के बीच सम्बन्धों में सुधार के कारण ये मौन हैं। अपने आकार तथा इस तथ्य के कारण भारत विशेषतौर पर एक वैचारिक युद्धभूमि रहा है कि यह सर्वाधिक सामरिक गुट–निरपेक्ष राष्ट्रों में से एक है। विभिन्न महाशक्तियों ने भारतीय बुद्धिजीवियों और सार्वजनिक राय को सामान्यतः पुस्तकों तथा अनेक अन्य प्रकार के बौद्धिक एवं सांस्कृतिक कार्यक्रमों के माध्यम से प्रभावित करने के प्रयास किए हैं।

विदेशी दूतावास पत्रिकाओं एवं पुस्तकों के प्रकाशन करते हैं, और भारतीय समाचारपत्रों एवं पत्रिकाओं को सब्सिडी प्रदान करते हैं। विदेशी राष्ट्रों के द्वारा पुस्तक कार्यक्रमों तथा मुद्रित शब्दों के माध्यम से भारतीय लोगों को प्रभावित करने हेतु किए गए प्रयासों के अलावा दूतावासों के द्वारा संगोष्ठियाँ भी संपन्न की जाती हैं तथा भारतीय बुद्धिजीवियों तथा अन्य 'मत निर्माताओं' के लिए मुफ्त भ्रमण भी उपलब्ध कराए जाते हैं। इन कार्यक्रमों में से अनेक का विस्तृत परीक्षण किया जाएगा। इनमें से सबसे बड़ा है अमेरिका–प्रायोजित पीएल–480 पुस्तक कार्यक्रम। ब्रिटिश इंग्लिश लैंग्वेज बुक सोसाइटी (ईएलबीएस) अत्यन्त विस्तृत है, वैसे ही सोवियत संघ का बहुपुस्तकीय कार्यक्रम हैं, जिसमें अंग्रेजी भाषा वाली सोवियत पुस्तकों के सब्सिडीकृत वितरण से लेकर भारत में प्रकाशित की जाने वाली सोवियत पुस्तकों को सब्सिडी प्रदान करना शामिल है। जहाँ इन पुस्तक कार्यक्रमों के प्रोत्साहन का एक भाग भारतीय शैक्षिक एवं बौद्धिक जीवन का उन्नयन किए जाने सम्बन्धी ईमानदारीपूर्ण प्रयास है, वहीं इनमें से अनेक प्रयास राजनीति प्रेरित हैं और भारत, विशेषकर जनसंख्या के 'मत निर्माता' वर्ग, पर दानकर्ताओं की शक्ति के प्रभाव में वृद्धि करने के उद्देश्य से युक्त हैं।

विकासशील देश बौद्धिक निर्भरता की अपनी स्थिति के सम्बन्ध में सापेक्षिकतौर पर बहुत कम कार्य कर पाते हैं। बर्मा जैसे देश, जिसने समस्त बाहरी ज्ञान एवं बाहरी संस्कृति तथा राजनीतिक प्रभावों को प्रतिबंधित कर रखा है, ने स्वयं को बौद्धिक प्रगति से कटा हुआ पाया है, और वास्तव में वह ठप हो गया है। यहाँ तक कि चीन, जिसके पास सर्वाधिक सफल बौद्धिक आत्मनिर्भरता का एक रेकार्ड मौजूद है, भी आंशिकतौर पर बाहरी तकनीकी जानकारियों पर आश्रित रहा है। विकासशील देशों को औद्योगीकृत देशों से नए ज्ञान एवं अनुसंधान निष्कर्षों पर अवश्य भरोसा करना चाहिए। उन्हें पेटेंटों के साथ–साथ पुस्तकों के आयात के लिए भुगतान अवश्य करने चाहिए। कुछ सीमा तक उन्हें वैज्ञानिक, बौद्धिक, तथा कुछ सीमा तक सांस्कृतिक संवाद के माध्यम के रूप में प्रमुख अंतर्राष्ट्रीय भाषाओं पर निर्भरता को जारी रखना चाहिए।

भारत बाहरी बौद्धिक धाराओं पर विशेषतौर पर निर्भर रहा है। *टाइम* तथा *न्यूजवीक* जैसी पत्रिकाओं का बड़ी संख्या में प्रसार इस धारा को इंगित करता है। विदेशी फिल्में प्रभावशाली होती हैं और भारत में व्यापकतौर पर देखी जाती हैं। विशेषज्ञता संपन्न एवं विद्वत्तापूर्ण पत्रिकाओं का व्यापक प्रसार है तथा प्रायः बुद्धिजीवियों के द्वारा इन्हें भारतीय पत्रिकाओं से अधिक महत्वपूर्ण माना जाता है। और बड़ी संख्या में विदेशों से पुस्तकें आयात की जाती हैं। इन पुस्तकों में न केवल विद्वत्तापूर्ण विशेष लेख तथा शोध अध्ययन बल्कि लोकप्रिय सर्वश्रेष्ठ बिक्रीत पुस्तकें और यहाँ तक कि कॉमिक (हास्य) पुस्तकें भी शामिल होती हैं। संवाद के समस्त माध्यमों के अलावा मुद्रित शब्दों के द्वारा भारत पर पड़ने वाला पश्चिम का प्रभाव अत्यन्त महत्वपूर्ण है। इस स्थिति को ध्यान में रखते हुए इसमें कोई आश्चर्य नहीं है कि भारतीय लेखक प्रायः अपनी रचनाओं को विदेशों में प्रकाशित करना पसंद करते हैं क्योंकि यह अधिक प्रतिष्ठापूर्ण होने के साथ–साथ आर्थिकतौर पर अधिक लाभदायक भी होता है।

तीसरी दुनिया के देश पूरी तरह से औद्योगीकृत देशों की दया पर निर्भर नहीं हैं। कोई भी देश वैज्ञानिक के साथ–साथ सामान्य संवाद के लिए किसी स्वदेशी भाषा को विकसित करने पर जोर दे सकता है, जैसा कि इंडोनेशिया ने किया है। पत्रिकाओं एवं पुस्तकों के आयात को कठोरतापूर्वक नियंत्रित किया जा सकता है। अथवा विदेशी फिल्मों के आयात को सीमित किया जा सकता है, जैसा कि भारत ने किया है। सेंसरशिप की अपेक्षा कम कठोर कदम भी संभव हैं, जैसे कि पुस्तकों के अनिवार्य लाइसेंसिंग की दिशा में उठाए गए कदम जो विदेशी मुद्रा के बाहरी प्रवाह को कम करेंगे, तथा स्थानीय पत्रिकाओं का सब्सिडीकरण जो विद्वानों को आकर्षित कर सकता है। हालांकि, औद्योगीकृत एवं विकासशील देशों के बीच बौद्धिक सम्बन्धों की चर्चाओं में अंतर्राष्ट्रीय बौद्धिक जीवन में 'केन्द्र' तथा 'परिधीय क्षेत्रों' के बुनियादी कारकों, तथा अनेक प्रकार के क्षेत्रों में शोध एवं प्रकाशन के लिए औद्योगीकृत देशों में उपलब्ध बड़ी मात्रा वाली धनराशियों पर भी अवश्य ही विचार करना चाहिए। ये कारक लगभग अपरिहार्य रूप से तीसरी दुनिया को कम से कम आंशिक निर्भरता की स्थिति में स्थापित कर देते हैं।

जैसा कि तीसरी दुनिया के अधिकांश देशों में है, भारत में विदेशी प्रकाशकों और विदेशी सरकारों का प्रभुत्व नहीं है। उदाहरणार्थ, फ्रैंकोफोन, अफ्रीका में अधिकांश पुस्तकें सीधे फ्रांस से आयात की जाती हैं, और वहाँ किसी भी स्वदेशी प्रकाशन का लगभग कोई विकास नहीं हुआ है। अंग्रेजी भाषी अफ्रीका, जिसका प्रकाशन इतिहास कई दशक पुराना है, में गत दशक के दौरान अनेक स्वदेशी प्रकाशनगृहों की स्थापना किए जाने तक ब्रिटिश संस्थाएं पूरी तरह से बाजार पर हावी हैं। हालांकि, विदेशी प्रभाव भारत में भी मौजूद हैं, यद्यपि कि तीसरी दुनिया के अनेक अन्य देशों की अपेक्षा वे संपूर्ण बौद्धिक परिदृश्य के लिए कम महत्वपूर्ण हैं। विदेशी संलिप्तता का परंपरागत स्वरूप, निजी ब्रिटिश प्रकाशक, भारत में कुछ हद तक सक्रिय बना हुआ है। हाल के वर्षों में निजी संलिप्तता के बजाय पुस्तक–सम्बन्धित विदेशी सहायता कार्यक्रमों ने अपेक्षाकृत बड़ी भूमिका अर्जित कर ली है। इस चर्चा का बिन्दु यह है कि भारत तथा औद्योगीकृत देशों के बीच के सहसम्बन्ध जटिल हैं और इन्हें व्यवस्थित करना चाहिए ताकि भारतीय पक्ष में पर्याप्त लाभ उपार्जित हो सकें।[46]

स्वतंत्रताप्राप्ति के बाद की अवधि के दौरान परंपरागत तौर पर महत्वपूर्ण रही ब्रिटिश संस्थाओं की भूमिका अदृश्य हो चुकी है। इन प्रकाशकों में से अधिकांश के पास भारतीय प्रबंधन उपलब्ध है, तथा सभी के यहाँ वरिष्ठ पदों पर भारतीय लोग आसीन हैं–संभवतः

ऑक्सफोर्ड युनिवर्सिटी प्रेस ही इकलौती ऐसी संस्था है जिसके मुखिया अभी भी एक अंग्रेज ही हैं। ब्रिटिश संस्थाएं अभी भी पाठ्यपुस्तकें प्रकाशित करती हैं, परंतु अधिकांशतः अभिजात्यवर्गीय अंग्रेजी–माध्यम वाले स्कूलों के लिए। संस्थाओं ने सामान्य एवं विद्वत्तापूर्ण पुस्तकों के प्रति अपनी प्रतिबद्धता में वृद्धि कर ली है, और पांडुलिपियों के चयन एवं प्रकाशन के मामलों में स्तरों को ऊँचा बनाए रखा है। ब्रिटिश प्रकाशक इंग्लैण्ड से पुस्तकों के आयात किए जाने में सक्रियतापूर्वक संलिप्त रहे हैं। उदाहरणार्थ, ऑक्सफोर्ड युनिवर्सिटी प्रेस विदेशों में प्रकाशित विद्वत्तापूर्ण पुस्तकों के भारत में पुनर्मुद्रण और वितरण में सक्रिय रहा है। जहाँ ये पुस्तकें भारतीय स्तरों के अनुसार अभी भी महँगी हैं, वहीं ऐसी पुस्तकों की कीमतों का निर्धारण पश्चिम की अपेक्षा बहुत कम कीमतों पर किया गया है। उदाहरण के लिए, ऐसा अनुमान लगाया गया है कि भारत में एक विदेशी पुस्तक के आयातित पन्नों की जिल्दसाजी करना पुस्तक के आयात किए जाने की तुलना में 25 प्रतिशत बचत कर सकता है। भारत में पुनर्मुद्रण से लगभग 50 प्रतिशत की बचत हो सकती है। जहाँ यह प्रवृत्ति भारतीय प्रकाशन में ब्रिटिश प्रभाव को कम करने वाली रही है, वहीं बड़ी संख्या में ब्रिटिश संस्थाओं ने हाल के वर्षो में भारत में अपने संचालन स्थापित कर लिए हैं, जो प्रायः किसी भारतीय प्रकाशक के साथ सहयोग के अंतर्गत किए गए हैं। उदाहरणार्थ, अर्नाल्ड हेइनेमैन ने हाल ही में नई दिल्ली में एक सहायक कंपनी स्थापित की है जिसने भारतीय रचनात्मक लेखन में कुछ रुचि ली है।

भारत के प्रकाशन परिदृश्य में अमेरिकी प्रकाशकों का जुड़ाव अपेक्षाकृत नया है। 1950 के दशक के उत्तरार्द्ध में पुस्तक कार्यक्रमों को बड़े स्तर पर अमेरिकी सरकारी सहायता प्रदान किए जाने के बाद से अमेरिकी संस्थाएं विशेषतौर पर सक्रिय हुई हैं। अनेक बड़े अमेरिकी प्रकाशक (मैंकग्रॉ–हिल, वैन नोस्ट्रैंड, प्रेन्टिस–हॉल, जॉन विले, एवं कुछ अन्य) की शाखाएं भारत में मौजूद हैं। अमेरिकी संस्थाएं इस मामले में ब्रिटिश संस्थाओं से अलग हैं कि उनके कार्य अधिकांशतः अपने खुद के अमेरिकी शीर्षकों को प्रकाशित करने अथवा अमेरिकी पुस्तकों के आयात किए जाने तक सीमित हैं। मैकग्रॉ–हिल, जिसका टाटा के साथ एक सहयोग समझौता है और एक उनकी नई संस्था, टाटा–मैकग्रॉ–हिल, इस सामान्य नियम का एक अपवाद हैं क्योंकि इन्होंने भारत में पुस्तकों के प्रकाशन के एक उच्चस्तरीय व्यावसायिक कार्यक्रम की शुरुआत कर दी है। अधिकांश अमेरिकी एवं अमेरिका–उन्मुख संस्थाएं जैसे एफिलिएटेड ईस्ट–वेस्ट पब्लिशर्स, प्रेन्टिस–हॉल, एवं विले–ईस्टर्न बुनियादी तौर पर पुनर्मुद्रणगृह रहे हैं जिनका सम्बन्ध अधिकांशतः भारतीय कॉलेज पाठ्यपुस्तक बाजारों से जुड़ा रहा है और वे अमेरिकी सहायता कार्यक्रमों के आदी रहे हैं। ये संस्थाएं भारतीय लेखकों द्वारा वैज्ञानिक एवं तकनीकी विषयों पर जोर देकर लिखी गई पुस्तकों के स्वतंत्र प्रकाशन के कार्य नहीं अपना रही हैं। यह देखना शेष रह जाता है कि क्या ये संस्थाएं विभिन्न सहायता कार्यक्रमों में कमी आने पर भारतीय प्रकाशन परिदृश्य में एक स्वतंत्र इकाई के रूप में संचालन करने में समर्थ हो सकेंगी। हालांकि, यह स्पष्ट है कि भारत में अमेरिकी–सम्बद्ध प्रकाशक भारी परिवर्तन से गुजर रहे हैं।

किसी भी विदेशी उपक्रम के समान गैर–भारतीय प्रकाशक भी लाभों के प्रत्यावर्तन तथा आयकर सम्बन्धी सरकारी नियमों के अधीन हैं। विदेशी प्रकाशकों को एक लाभ उपलब्ध है क्योंकि उनके विदेशी संपर्क अपनी 'मूल' कंपनी से ऋण एवं पूँजी तथा पुस्तकों के आयात में सहायता प्राप्त करने में उपयोगी हैं। प्रेन्टिस–हॉल एवं मैकग्रॉ–हिल के पास जापान, हाँगकाँग अथवा सिंगापुर में अंग्रेजी में प्रकाशित पाठ्यपुस्तकों की श्रृंखला संपूर्ण एशिया के कॉलेजों में विपणन के लिए उपलब्ध है।

भारत में इन पुस्तकों का आयात किया गया है। ऑक्सफोर्ड युनिवर्सिटी प्रेस अमेरिका तथा ब्रिटेन स्थित अनेक ऐसे विश्वविद्यालय प्रेसों के लिए वितरक एजेंट के रूप में कार्य करते हैं जो अपनी पुस्तकों को भारत में बेचना चाहते हैं। अमेरिकी संस्थाओं को 1948 से 1967 तक अमेरिका सरकार द्वारा प्रायोजित इन्फार्मेशनल मीडिया गारंटी प्रोग्राम से लाभ प्राप्त होता रहा था जिसके अधीन अमेरिकी सरकार के द्वारा विकासशील देशों को अमेरिकी पुस्तकों के निर्यात का आर्थिक उत्तरदायित्व स्वीकार किया गया था।[47]

इस विश्लेषण का सबसे बड़ा सम्बन्ध विदेशी सरकारों द्वारा भारत में पुस्तकों एवं प्रकाशन से सम्बन्धित कार्यक्रमों से जुड़ा रहा है। बुनियादीतौर पर हम अमेरिकी पुस्तक कार्यक्रमों से सम्बन्धित रहेंगे क्योंकि वे आकार एवं खर्च के मामले में सबसे बड़े रहे हैं। सोवियत संघ का भारत में अपना खुद का एक छोटा पुस्तक कार्यक्रम मौजूद है। यहाँ एक संयुक्त भारत–सोवियत पाठ्यपुस्तक प्रयास किया जा रहा है जिसके द्वारा सोवियत वैज्ञानिक पाठ्यपुस्तकों को सब्सिडीयुक्त कीमतों पर भारत में उपलब्ध कराया गया है। राजनीति से लेकर अर्थशास्त्र जैसे विषयों पर अन्य सोवियत पुस्तकें भारत में सब्सिडीयुक्त कीमतों पर सामान्य व्यावसायिक माध्यमों द्वारा बेची जाती हैं। सामान्यतः, पुस्तकों के लिए प्रत्यक्ष सोवियत प्रयास छोटे और बहुत अधिक प्रभावी नहीं रहे हैं। अधिकांश राजनीतिक पुस्तकें मार्क्सवाद अथवा सम्बन्धित शीर्षकों पर आधारित रही हैं। इन पाठ्यपुस्तकों का कॉलेजों और विश्वविद्यालयों में सीमित उपयोग ही किया गया है। सोवियत लेखन भारतीय बौद्धिक अथवा शैक्षणिक जीवन में बहुत अधिक प्रभावशाली नहीं रहा है।[48] पीपुल्स पब्लिशिंग हाउस का हल्का–फुल्का सम्बन्ध भारतीय कम्युनिस्ट पार्टी के साथ रहा है, और इसने अनेक सोवियत पुस्तक कार्यक्रमों में सहयोग प्रदान किया है। पीपुल्स पब्लिशिंग हाउस कुछ सोवियत पुस्तकों का वितरण करता है और इसने विभिन्न सोवियत प्रकाशनगृहों अथवा सोवियत सरकार के साथ सहयोग के अंतर्गत अनेक ग्रंथों का प्रकाशन किया है। सोवियत प्रयासों में विशेषज्ञता और सतत् जोर दिए जाने का अभाव रहा है। कुछ अपवादों के साथ उनके द्वारा पीपुल्स पब्लिशिंग हाउस एवं अन्य वामपंथी संस्थानों के वितरण माध्यमों पर भरोसा किया गया है, और इसीलिए व्यापक पाठकों तक उनकी पहुँच नहीं बन पाई है। अमेरिकी अथवा ब्रिटिश पुस्तक प्रयासों की तुलना में सोवियत कार्यक्रम बहुत छोटे रहे हैं, और इसने उनकी व्यवहार्यता की कमी में भी योगदान किया है।

ब्रिटिश पुस्तक कार्यक्रम भी भारतीय बाजारों में एक ताकत रहे हैं। भारत में प्रमुख पुस्तक प्रयास है इंग्लिश लैंग्वेज बुक सोसाइटी (ईएलबीएस)। ईएलबीएस अनेक ऐसे विकासशील देशों में कार्यरत् है जहाँ स्कूलों एवं कॉलेजों में शिक्षा का माध्यम अंग्रेजी है। इसका उद्देश्य ब्रिटेन में प्रकाशित कॉलेज एवं विश्वविद्यालय स्तर की पुस्तकों को उनकी मूल कीमतों के एक अंशमात्र पर विकासशील देशों के पाठकों तक पहुँचाना है। ये पुस्तकें कृषि–विज्ञान से लेकर समाज–विज्ञान के विषयों पर आधारित हैं, जिनमें प्राकृतिक एवं अनुप्रयुक्त विज्ञानों पर जोर दिया गया है। ईएलबीएस कार्यक्रम में सैकड़ों शीर्षकों को शामिल किया गया है; संपूर्ण विश्व में प्रतिवर्ष 10 लाख से भी अधिक ईएलबीएस पुस्तकें बेची जाती हैं, जिसमें से लगभग 60 प्रतिशत बिक्री भारत में की जाती है।[49] अमेरिका प्रायोजित अधिकांश पुस्तक सहायताओं, जिनमें पुस्तकों का मुद्रण भारत में किया जाता है, के विपरीत ईएलबीएस की अधिकांश पुस्तकें इंग्लैण्ड में मुद्रित की जाती हैं। ब्रिटिश प्रकाशकों को ब्रिटिश सरकार के द्वारा प्रत्यक्ष सब्सिडी प्रदान की जाती है, और तत्पश्चात् पुस्तकों को उनकी सामान्य कीमतों से काफी कम कीमतों पर विकासशील क्षेत्रों में सामान्य आयात–निर्यात एवं व्यावसायिक माध्यमों के जरिए

वितरित किया जाता है। भारतीय प्रकाशकों ने इस कार्यक्रम का विरोध किया है; यह न केवल विदेशी पुस्तक कार्यक्रमों एवं सब्सिडियों के कारण एक सामान्य विरोध है बल्कि ईएलबीएस की पुस्तकों के इंग्लैण्ड में मुद्रण किए जाने और उसके द्वारा भारतीय उद्योग को किसी भी लाभ से वंचित किए जाने के कारण भी किया गया है।[50] ईएलबीएस के अनेक शीर्षकों का भारतीय अधिकारियों के द्वारा परीक्षण नहीं किया गया है, क्योंकि पुस्तकें विशेषतौर पर भारत के लिए प्रकाशित नहीं की गई होतीं और इन्हे सामान्य व्यावसायिक माध्यमों से आयात किया गया होता है। इससे भारतीय अधिकारियों को अमेरिकी कार्यक्रमों की तुलना में ब्रिटिश कार्यक्रमों पर कम नियंत्रण हासिल होता है क्योंकि परीक्षण प्रक्रिया में किसी भी प्रकार का भारतीय योगदान नहीं होता। ईएलबीएस के अलावा, ब्रिटिश उच्चायोग पुस्तक कार्यक्रमों के साथ सहायता करने के लिए एक पूर्णकालिक अधिकारी भी रखता है।

जहाँ अधिकांश सहायता खाद्य पदार्थों के आयात हेतु ऋणों, तथा कृषि एवं उद्योग में सहायता के स्वरूप में प्रदान की गई हैं वहीं अमेरिकी विदेशी सहायता का एक छोटा सा भाग बौद्धिक एवं सांस्कृतिक जीवन से सम्बन्धित रहा है। शिक्षा में अमेरिकी प्रयास व्यापक रहे हैं, और अमेरिका ने कृषि विश्वविद्यालयों, इंजीनियरिंग संस्थानों, एवं अन्य शैक्षणिक संस्थानों को विकसित किए जाने में सहायता की है। पुस्तक–सहायता कुल अमेरिकी सहायता पैकेज का एक छोटा किन्तु महत्वपूर्ण हिस्सा रहा है। सर्वाधिक विस्तृत पुस्तक–सम्बन्धी कार्यक्रमों को यूनाइटेड स्टेट्स इन्फार्मेशन सर्विस द्वारा प्रशासित किया गया था, संभवतः यह इंगित करते हुए कि अमेरिकी अधिकारियों ने महसूस किया है कि पुस्तक सहायता का लक्ष्य अमेरिकी हितों और अमेरिका के ज्ञान को प्रोत्साहित करना है। अन्य पुस्तक परियोजनाओं को एजेन्सी फॉर इंटरनेशनल डेवलपमेंट द्वारा संचालित किया गया था।[51]

विकासशील देशों के लिए अमेरिकी पुस्तक सहायता की अभिप्रेरणा जटिल है। एजेन्सी फॉर इंटरनेशनल डेवलपमेंट (एआईडी) के द्वारा 1950 के दशक के उत्तरार्द्ध में आधुनिकीकरण एवं विकास में सहायता सम्बन्धी प्रयासों के एक भाग के रूप में पुस्तक परियोजाओं में रुचि लेना प्रारंभ किया गया। अमेरिकी सहायता एजेन्सियाँ विकासशील क्षेत्रों में ऐसे संस्थागत 'बुनियादी ढाँचे' का निर्माण करने से जुड़ी रही हैं जिनसे तीव्रगति से आधुनिकीकरण में सहायता मिल सके, और शिक्षा को इन तत्वों में से एक के रूप में देखा गया था। 1950 का दशक वह अवधि था जब अमेरिकी सरकारी एजेन्सियाँ अंतर्राष्ट्रीय साम्यवाद के 'वैचारिक खतरे' को लेकर बहुत अधिक चिन्तित थीं। पुस्तकों को साम्यवाद के विरोध के एक साधन के रूप में देखा गया था, और तीसरी दुनिया में पाठकों को साम्यवाद–विरोधी पुस्तकें उपलब्ध कराए जाने के प्रयास किए गए थे। साम्यवाद–विरोधी बौद्धिक गतिविधियों को सहायता प्रदान करना आम बात थी, जिसमें प्रायः अमेरिकी केन्द्रीय खुफिया एजेन्सी के द्वारा विभिन्न 'छद्म' एजेन्सियों के माध्यम से धनराशियाँ उपलब्ध कराई जाती थीं।[52]

विदेशी सहायता, और विशेषतौर पर बौद्धिक सहायता, को दानकर्ता देश के नीतिगत लक्ष्यों से, अथवा इसी संदर्भ में, प्राप्तकर्ता देश की नीतियों एवं उन्मुखीकरण से पृथक नहीं किया जा सकता। अमेरिकी पुस्तक प्रयास एक ऐसे समय पर फूले–फले जब भारत को भारी अमेरिकी सहायता दी जा रही थी और जब अमेरिकी परामर्शदाता भारत में बड़ी संख्या में मौजूद थे। यह सबकुछ परिवर्तित हो चुका है, और भारत अधिक आत्मनिर्भर बन चुका है। परिणामस्वरूप, अमेरिकी सहायता कार्यक्रमों में कमी आ चुकी है और पुस्तक कार्यक्रम बंद हो चुके हैं।

विकासशील देशों को पुस्तक सहायता के औचित्य को एआईडी के सहायता दस्तावेज में भली–भांति व्यक्त किया गया था:

> पुस्तकें किसी भी देश के राजनीतिक, आर्थिक तथा सामाजिक विकास के लिए आवश्यक मानव संसाधनों के निर्माण सम्बन्धी प्रमुख कारकों में से एक होती हैं। ये नेताओं तथा सामान्य जनता दोनों के ही राजनीतिक, आर्थिक एवं सामाजिक विषयों पर सोच को प्रोत्साहित करने का एक उपकरण होती हैं। इनके द्वारा ऐसी सूचनाएं प्रस्तुत की जाती हैं जो उन प्रक्रियाओं की संतुलित समझ प्राप्त करने हेतु महत्वपूर्ण होती हैं जिनके साथ एक उभरते हुए देश को निपटना पड़ता है। ये सामाजिक एवं आर्थिक समस्याओं के साथ निपटने हेतु की गई कार्यवाही का एक अभिलेख होती हैं। ये किसी एक पीढ़ी तथा पीढ़ियों के बीच शिक्षा एवं प्रशिक्षण प्रक्रिया में ज्ञान एवं जानकारिंयों के हस्तांतरण के एक माध्यम के रूप में सेवा प्रदान करती हैं।[53]

यूनाइटेड स्टेट्स इन्फार्मेशन सर्विस, जो कि पुस्तक कार्यक्रमों में भी बहुत सक्रिय रही है, ने भी अपने औचित्य को व्यक्त किया है:

> एजेन्सी विदेशों में ऐसी अमेरिकी पुस्तकों के अनुवाद एवं वितरण को प्रोत्साहित करती है जो अमेरिकी जीवन एवं संस्कृति के महत्वपूर्ण पहलुओं को स्पष्ट करती हैं अथवा जो साम्यवादी सिद्धांत एवं अभ्यास के रहस्योद्घाटन में महत्वपूर्ण योगदान करती हैं। ऐसी अधिकांश पुस्तकें वर्तमान अथवा नवविकसित व्यावसायिक माध्यमों के द्वारा बेची जाती हैं। अनेक के उपयोग स्कूलों अथवा विश्वविद्यालयों में किए जाते हैं अथवा इन्हें पूरक अध्ययनों के लिए उपलब्ध करवाया जाता है।[54]

एआईडी पुस्तक कार्यक्रमों की गुंजाइश एवं क्षेत्र अंतर्राष्ट्रीयतौर पर अत्यन्त व्यापक है। प्रत्यक्ष पुस्तक कार्यक्रमों के अलावा, एजेन्सी के द्वारा प्रकाशन एवं संपादन–कर्मियों को प्रशिक्षित किए जाने में सहायता की गई है, स्थानीय पुस्तक उद्योगों के सर्वेक्षणों को प्रायोजित किया गया है, मुद्रण के लिए उपकरण उपलब्ध कराए गए हैं, और अनेक विषयों पर पुस्तकों को सब्सिडी, प्रोत्साहन, वितरण एवं उत्पादन की सुविधा प्रदान की गई है। एआईडी के द्वारा उन पुस्तकों पर जोर दिया गया है जिन्हें विकास कार्यक्रमों में सीधे उपयोगी माना गया है, जैसे तकनीक पर विभिन्न ग्रंथ, विज्ञान के क्षेत्रों में पाठ्यपुस्तकें, और ऐसी ही अन्य पुस्तकें।

यूनाइटेड स्टेट्स इन्फार्मेशन एजेन्सी (यूएसआईए) के आँकड़े पुस्तक सहायता के क्षेत्र को इंगित करते हैं। 1950 तथा 1964 के बीच, यूएसआईए के द्वारा 9,000 संस्करणों के प्रकाशन में सहायता प्रदान की गई और 51 भाषाओं में 8 करोड़ प्रतियों का मुद्रण किया गया, जो तीसरी दुनिया का लगभग कुल योग था।[55] भारत में सर्वाधिक बड़े अमेरिकी पुस्तक प्रयासों में से एक मौजूद रहा है। ऐसा अनुमान है कि 1951 से 1972 के बीच यूएसआईए के भारत में सामान्य पुस्तक कार्यक्रम द्वारा अंग्रेजी एवं भारतीय भाषाओं में लगभग 1,500 शीर्षक प्रकाशित किए गए थे। यह कार्यक्रम समाप्त किया जा चुका है, आंशिकतौर पर भारत तथा अमेरिकी सम्बन्धों के ठंडे पड़ने के कारण और आंशिकतौर पर यूएसआईए अधिकारियों द्वारा इसकी प्रभावकारिता पर प्रश्न उठाए जाने के कारण। इसका स्थान एक कहीं अधिक आधुनिक प्रयास ने ले लिया है जिसमें एक अमेरिकन बुक क्लब शामिल है।

इस अध्ययन के प्रयोजनार्थ 'सामान्य' कार्यक्रम के बजाय अमेरिकी पाठ्यपुस्तक परियोजना अधिक महत्वपूर्ण है। यूएसआईए–प्रशासित पीएल–480 पाठ्यपुस्तक कार्यक्रम के अंतर्गत कई सौ शीर्षक प्रकाशित किए गए थे। 1970 में, अंग्रेजी के 297 पुनर्मुद्रित शीर्षक जारी हुए और 16,79,906 प्रतियाँ छापी गई थीं; 1972 में, 289 शीर्षकों की कुल 13,90,019 प्रतियाँ प्रकाशित की गईं। इन पुस्तकों के अधिकांश संस्करण काफी मामूली थे जिनकी 3,000 से 5,000 प्रतियाँ छापी गई थीं। कुछ पुस्तकों बड़ी संख्या में भी छापी गई थीं। उदाहरणार्थ, शिक्षा मनोविज्ञान में एक ग्रंथ की 20,000 तथा एक शब्दकोष की 50,000 प्रतियाँ कुछ ही सप्ताहों में बिक गई थीं। यद्यपि शीर्षकों का एक बड़ा भाग विज्ञान एवं तकनीक का था, सामाजिक विज्ञान एवं मानविकी में यह संख्या महत्वपूर्ण रूप से छोटी थी।

जहाँ अमेरिका–प्रायोजित पुस्तकें भारतीय प्रकाशन उद्योग के वार्षिक उत्पादन के मात्र एक छोटे से भाग का गठन करती हैं, वहीं कॉलेज पाठ्यपुस्तक बाजार पर उनका एक महत्वपूर्ण प्रभाव रहा है, और ये अनेक प्रकाशन संस्थाओं के लिए अत्यन्त महत्वपूर्ण रही हैं। अमेरिकी 'स्टैंडर्ड टेक्स्टबुक प्रोग्राम', जिसके द्वारा 1,000 से भी अधिक अलग–अलग शीर्षकों को भारतीय बाजारों में प्रस्तुत किया गया है, ने अमेरिकी कार्यक्रम द्वारा शामिल किए गए क्षेत्रों में गैरसब्सिडीकृत पुस्तकों के प्रकाशन को भारतीय प्रकाशकों के लिए कठिन बना दिया है। अतः, कुछ क्षेत्रों में अमेरिकी पुस्तकों का प्रभुत्व कायम हो चुका है। इस पुस्तक कार्यक्रम, जिसकी मंशा उन क्षेत्रों में भारतीय छात्रों को सस्ती पुस्तकों की आपूर्ति किए जाने की थी जिनमें उपयुक्त भारतीय पुस्तकें उपलब्ध नहीं थीं, का परिणाम भारतीय पुस्तकों के उद्भव को बाधित करने वाला रहा है। और दुर्भाग्यवश, अमेरिकी पुस्तकें ऐसे क्षेत्रों में जारी कर दी गई हैं जिनमें भारतीय पुस्तकें या तो पहले से उपलब्ध थीं अथवा इन्हें शीघ्रता से प्रकाशित किया जा सकता था।

अमेरिकी कार्यक्रम अनेक भारतीय प्रकाशकों के लिए एक अप्रत्याशित घटना थी। जहाँ अधिकांश बड़े भारतीय प्रकाशकों ने अमेरिका–प्रायोजित प्रकाशन कार्यक्रमों के किसी–न–किसी पहलू में भाग लिया हुआ था, वहीं अनेक उनके चारों ओर स्थापित हुए थे। उदाहरण के लिए, अमेरिकी प्रकाशकों के अनेक सहयोगी जैसे एफिलिएटेड ईस्ट–वेस्ट पब्लिशर्स, जो वैन नॉसट्रैंड की एक सहायक संस्था है, जिसने 200 से अधिक पीएल–480 पाठ्यपुस्तक शीर्षकों के प्रकाशन किए हैं, को सब्सिडी एवं बिक्री के कारण इस कार्यक्रम से भारी लाभ प्राप्त हुए हैं।[56]

यद्यपि पीएल–480 मानक पाठ्यपुस्तक परियोजना को शिक्षा मंत्रालय के साथ विशिष्ट समझौते के अधीन प्रारंभ किया गया था, तथापि भारत में इस कार्यक्रम की बहुत आलोचना की गई है। पुस्तकों के चयन पर अंतिम निर्णय लेने वाली समिति एक संयुक्त भारत–अमेरिकी समूह था जिसमें शिक्षा मंत्रालय के प्रतिनिधि शामिल थे। अमेरिकी लोगो ने एक संदेहरहित भारतीय शिक्षण प्रतिष्ठान पर इस कार्यक्रम को नहीं थोपा था। इसके अलावा, प्रकाशन समुदाय के द्वारा व्यापकतौर पर इस कार्यक्रम को स्वीकृति दी गई थी, यद्यपि कुछ प्रकाशकों ने निजी तौर पर इसकी आलोचना की थी। अपेक्षाकृत बड़े भारतीय प्रकाशकों ने इस कार्यक्रम को अत्यन्त लाभदायक पाया था। हालांकि, इस कार्यक्रम के सर्वाधिक मुखर आलोचकों में से एक ने उल्लेख किया हैः

> पीएल–480 कार्यक्रम उन भारतीय प्रकाशकों के लिए पक्षाघात है जो विदेशी सरकारों और प्रकाशकों द्वारा उन्हें अपनी पुस्तकों के मात्र पुनर्मुद्रणगृह बनने हेतु दिए गए प्रलोभनों से प्रलोभित होने से इंकार कर देते हैं और जो भारतीय चिंतन

एवं विद्वत्ता में से सर्वश्रेष्ठ को प्रस्तुत एवं प्रोत्साहित करने जैसे एक अधिक उत्कृष्ट कार्य को पूरा करने पर जोर देते हैं। उन्हें ऐसे विदेशी प्रकाशकों के साथ भारी असमानतापूर्ण शर्तों पर प्रतिस्पर्धा करनी पड़ती है जिनके अपने विशाल संसाधन उनकी अपनी सरकार से प्राप्त उदार सब्सिडियों से भी अधिक होते हैं।[57]

इस कार्यक्रम के निहितार्थ स्वदेशी पाठ्यपुस्तकों के प्रकाशन से जुड़े उन भारतीय लेखकों के लिए भी होते हैं जो सब्सिडीयुक्त पुस्तकों वाले कुछ क्षेत्रों में उनके कार्य को कठिन बना देते हैं। इस प्रकार से, भारतीय लेखक सर्वाधिक लाभदायक प्रकार की पुस्तकों, अर्थात् पाठ्यपुस्तकों के लेखन से निरुत्साहित कर दिए जाते हैं। इन प्रयासों के लिए प्रकाशकों के समय तथा सीमित संसाधनों जैसे कागज और प्रेस के समय की भी आवश्यकता होती है। जब किसी पुस्तक को सब्सिडी प्रदान की जाती है और इसपर धनहानि होने की संभावना नहीं होती, तब अधिकांश प्रकाशक इसे छापने के अवसर का लाभ उठाने हेतु आगे आ जाते हैं।

शिक्षण बाजार के साथ–साथ अमेरिकी सरकार यू.एस. इन्फार्मेशन सर्विस के माध्यम से सामान्य पुस्तक बाजार के लिए सैकड़ों शीर्षकों के उत्पादन को सब्सिडी प्रदान करती है। यूएसआईएस के द्वारा चयनित पुस्तकें अमेरिकी जीवन से सम्बन्धित सूचनाएं प्रस्तुत करती हैं अथवा उनमें साम्यवाद–विरोधी वाद–विवाद निहित होते हैं। इन पुस्तकों को निजी भारतीय प्रकाशकों को प्रस्तावित किया गया था और कम कीमतों पर सामान्य बाजार के लिए प्रकाशित किया गया था। ऐसा इसलिए संभव था क्योंकि भारतीय प्रकाशकों को अमेरिकी अधिकारियों के द्वारा लागत के 80 प्रतिशत तक सहायता प्रदान की गई थी। ऐसी अधिकांश पुस्तकें इस तथ्य के बावजूद व्यावसायिक रूप से सफल नहीं रहीं कि सब्सिडी के कारण प्रकाशकों को इनसे लाभ प्राप्त हुए थे। अंग्रेजी की पुस्तकों का भारतीय भाषाओं में अनुवाद किए जाने से संवर्द्धन हुआ था। पुस्तकों में किसी भी कथन से पाठकों को यह सूचित नहीं किया गया था कि किसी दूसरे देश द्वारा प्रकाशन को सब्सिडी दी गई है, और शीर्षकों के चयन में भारतीय अधिकारियों की कोई भूमिका नहीं रही है। निश्चित रूप से विवेकशील पाठक यह बता सकते थे कि 5 अथवा 10 रुपए कीमत वाली मोटी पुस्तकों को किसी–न–किसी के द्वारा सब्सिडी प्रदान की गई है; इसके अलावा, रिचर्ड निक्सन अथवा बेंजामिन फ्रैंकलिन की आत्मकथा स्वाभाविक रूप से अमेरिका द्वारा जारी किए गए प्रकाशन थे।

यद्यपि कि सटीक दस्तावेज अनुपलब्ध हैं, तथापि यह संभव है कि भारत में विदेशी पुस्तक सहायता द्वारा एक अर्थ में भ्रष्टाचार में तथा प्रकाशन उपक्रम में बाहरी राजनीतिक प्रभावों का योगदान किया गया है। एक प्रकाशक का दावा है कि पीएल–480 अनुबंध अमेरिका–समर्थक विचारों वाले प्रकाशकों को ही प्रदान किए गए थे, और यह कि इस कार्यक्रम से कुछ प्रकाशकों को भारी लाभ प्राप्त हुए। आलोचकों का दावा है कि अमेरिकी अधिकारियों ने कार्यक्रम पर सावधानीपूर्ण नियंत्रण का उपयोग नहीं किया, और यह कि भारतीय प्रकाशकों ने छपाई के गलत आँकड़े प्रदान किए जिसका परिणाम यह हुआ कि उन पुस्तकों के लिए भी भुगतान कर दिए गए जिन्हें छापा ही नहीं गया था। कुछ मामलों में, पुस्तकों को रद्दी के हवाले कर दिया गया था क्योंकि अलोकप्रिय शीर्षक प्रकाशकों के किसी काम के नहीं थे। यह स्पष्ट है कि भारत में दूसरे देशों के द्वारा सब्सिडीकृत अनेक पुस्तकें भारत के लिए बेकार थीं, और यह कि इस कार्यक्रम में अपव्यय का तत्व शामिल था।

भारत को विदेशी पुस्तक सहायता, और विशेषतौर पर अमेरिकी पाठ्यपुस्तक कार्यक्रमों, का चिठ्ठा मिला–जुला सा है। पाठ्यपुस्तक कार्यक्रम के द्वारा कुछ ऐसे क्षेत्रों

में छात्रों को सस्ती पुस्तकों की आपूर्ति की गई जिनमें उस समय पर पुस्तकें उपलब्ध नहीं थीं। यह एक ऐसे समय पर विशेषतौर पर उपयोगी था जब शिक्षा प्रणाली का तीवग्रति से विस्तार हो रहा था। पुस्तक सम्बन्धी मामलों पर अनेक प्रकार की राष्ट्रीय एवं अंतर्राष्ट्रीय एजेन्सियों के द्वारा प्रायोजित संगोष्ठियाँ और सम्मेलन भारतीय लोगों को विशेषज्ञता प्रदान करने के उपयोगी तरीके थे।[59] किन्तु पाठ्यपुस्तक कार्यक्रमों के नकारात्मक परिणाम भी मौजूद थे। सामाजिक विज्ञान एवं मानविकी जैसे विषयों में पश्चिमी पाठ्यपुस्तकों के वैचारिक पक्षपात भारतीय छात्रों के लिए हानिकारक हो सकते हैं। पाठ्यपुस्तक प्रयासों के द्वारा भारतीय लेखकों के उद्भव को बाधित किया गया हो सकता है, क्योंकि भारतीय लेखकों द्वारा लिखित गैर–सब्सिडीकृत पुस्तकें बाजार में प्रभावी रूप से प्रतिस्पर्धा नहीं कर सकती। कृत्रिम रूप से कम रखी गई कीमतों के द्वारा कीमत–निर्धारण के ढाँचे को कुछ सीमा तक विकृत किया गया हो सकता है, और भारतीय लोगों को गैर–सब्सिडीकृत पुस्तकों के लिए बाजार–आधारित कीमतों का भुगतान करने हेतु अनिच्छुक बनाया जा सकता है। भारतीय प्रकाशन तथा सामान्यतौर पर बौद्धिक जीवन में विदेशी भागीदारी का मुद्दा एक जटिल विषय है और सावधानीपूर्ण विश्लेषण का पात्र है।

क्षेत्रीय भाषाओं में प्रकाशन

प्रस्तुत अध्ययन का ध्यान ज्ञान के सृजन एवं प्रसार में प्रकाशक की भूमिका पर केन्द्रित रहा है। भारत में इस प्रकार के प्रकाशनों का बड़ा भाग अंग्रेजी में प्रकाशित किया जाता है और इसीलिए हमारी चर्चा मुख्य रूप से अंग्रेजी भाषा के पुस्तक व्यापार से सम्बन्धित है। तथापि, भारतीय भाषाओं में प्रकाशन के महत्वपूर्ण एवं निरंतर प्रयास किए जा रहे हैं, और साथ ही विद्वत्तापूर्ण एवं विज्ञान विषयों के मामूली मात्रा में प्रकाशन भी जारी हैं। अतः, यह महत्वपूर्ण है कि प्रकाशन उपक्रम के इस पहलू पर कम से कम कुछ ध्यान अवश्य दिया जाए। इस चर्चा को संक्षिप्त और अत्यधिक अपूर्ण दोनों ही होना भी अनिवार्य है। आँकड़ों की उपलब्धता के कारण मात्र दो ही भाषाओं, हिन्दी एवं मराठी, पर विचार किया जा रहा है। अनेक अन्य भाषाओं के पास भी सक्रिय प्रकाशन उपक्रम उपलब्ध हैं। बंगाली, मलयालम, तेलुगू, तथा तमिल इस संदर्भ में विशेषतौर पर महत्वपूर्ण हैं।[60]

क्षेत्रीय भाषाओं के प्रकाशन सामान्यतः कठिन स्थिति में हैं। जैसा कि नोट किया गया है, अंग्रेजी शिक्षित जनसंख्या का प्रतिशत बहुत ही छोटा है और क्षेत्रीय भाषाओं के पाठकों की संख्या बहुत ही बड़ी है। फिर भी, यह कहना उचित है कि बंगाली और संभवतः मराठी को छोड़कर अन्य क्षेत्रीय भाषाओं में पाठकों के बीच 'पुस्तक जागरूकता' बहुत कम है। इस स्थिति का एक संकेत यह है कि अंग्रेजी भाषा की किसी भी पुस्तक के लिए 30 रुपए का भुगतान करने के इच्छुक व्यक्ति अपनी मातृभाषा की पुस्तक के लिए मात्र 10 रुपयों का ही भुगतान करेंगे। भारत में पुस्तकों की खरीद एक ऐसे छोटे अभिजात्य वर्ग तक सीमित रही है जो पुस्तकें खरीदना वहन कर सकता है और जिसकी शैक्षिक पृष्ठभूमि सशक्त है। अधिकांश ऐसे अंग्रेजीभाषी अभिजात्यवर्ग पूरे देश में तो फैले हुए हैं किन्तु वे शहरों तक ही सीमित हैं। गंभीर पुस्तकों की खरीद करने वाले अनेक पुस्तकालय बहुत बड़े नहीं हैं और वे भी संपूर्ण भारत में बिखरे हुए हैं। अतः, किसी भी राज्य में पुस्तकालय बाजार प्रायः इतने छोटे हैं कि वे क्षेत्रीय भाषाओं के प्रकाशकों को जीवित नहीं रख सकते, और बंगला पुस्तकों के महाराष्ट्र अथवा तमिलनाडु में 'निर्यात' का वास्तव में कोई अस्तित्व ही नहीं है। अतः, क्षेत्रीय बाजार परस्पर शत्रुतापूर्ण राज्यों में विभाजित हैं।

बौद्धिक प्रतिष्ठा का ढाँचा, वित्तीय पारिश्रमिक, एवं राष्ट्रीय संपर्क ये सभी मिलकर भारतीय लेखक को किसी एक क्षेत्रीय भाषा के बजाय अंग्रेजी में प्रकाशन की ओर ढकेलते हैं। जैसा कि स्पष्ट किया जा चुका है, अनेक क्षेत्रों में रचनात्मक कार्य प्रायः अंग्रेजी में संपन्न किए जाते हैं, और क्षेत्रीय भाषाओं में सक्रिय लिखित अभिव्यक्तियाँ मात्र धर्म, कल्पना, सांस्कृतिक टीका, तथा कुछ अन्य क्षेत्रों में ही संपन्न की जाती हैं। अंग्रेजी में लेखन करने का दबाव बहुत अधिक होता है, और कुछ ही लेखक उनका विरोध कर पाने में समर्थ होते हैं।

अंग्रेजी तथा क्षेत्रीय भाषाओं के बीच के सम्बन्ध केन्द्र–परिधि की स्थिति के समान ही हैं जोकि भारत के ब्रिटेन एवं अमेरिका के साथ के बौद्धिक सम्बन्धों से स्पष्ट हैं। अधिकार, प्रभाव, एवं ज्ञान सामान्यतः केन्द्र (नई दिल्ली) तक अंग्रेजी भाषा (और कुछ सीमातक हिन्दी) के उपयोग के माध्यम से ही प्रवाहित होते हैं। अंग्रेजी भारत के अभिजात्यवर्ग, इसकी राष्ट्रीय राजनीति, तथा इसकी कानून एवं शिक्षा प्रणालियों की ही एकमात्र भाषा नहीं है, बल्कि यह बाहरी दुनिया के साथ भारत के संवाद का माध्यम भी है।

भारत की कुल आबादी के 40 प्रतिशत लोगों की मातृभाषा तथा राष्ट्रीय भाषा के रूप में हिन्दी अन्य क्षेत्रीय भाषाओं की तुलना में कुछ अधिक शक्तिशाली स्थिति में है, किन्तु देश में संवाद के माध्यम के मामले में हिन्दी सहित सभी भाषाएं स्वयं को अंग्रेजी की ताकत के नीचे दबा हुआ महसूस करती हैं। अपेक्षाकृत छोटी क्षेत्रीय भाषाएं (पंजाबी, असमिया, सिन्धी, एवं कुछ अन्य) 'प्रकाशन' भाषा के रूप में स्वयं को खतरे से घिरा हुआ पाती हैं। इन भाषाओं में प्रकाशित की जाने वाली पुस्तकों एवं पत्रिकाओं के खंड बहुत छोटे होते हैं तथा अनेक टिप्पणीकारों ने साहित्यिक हस्ती के रूप में इन भाषाओं के अदृश्य हो जाने की चेतावनी जारी कर दी है। उदाहरणार्थ, कन्नड़, असमिया एवं पंजाबी जैसी भाषाओं में एक वर्ष में 300 से भी कम शीर्षक ही प्रकाशित किए जाते हैं।

हालांकि, स्थिति पूरी तरह से निराशाजनक नहीं है, न ही प्रकाशक (एवं लेखक) पूर्णतः शक्तिहीन हुए हैं। बंगाल में 19वीं शताब्दी के सांस्कृतिक पुनर्जागरण का प्रारंभ आंशिकतौर पर उन रचनात्मक लेखकों के द्वारा ही किया गया था जो स्वयं को बंगला में ही अभिव्यक्त करने हेतु प्रतिबद्ध थे।[61] प्रकाशकों के साथ–साथ पत्रकार, कलाकर, लेखक, फिल्म–निर्माता एवं अन्य ऐसे लोग भी क्षेत्रीय भाषाओं एवं संस्कृतियों की व्यवहार्यता में योगदान कर सकते हैं जो इन भाषाओं में रचनात्मक कार्य उपलब्ध कराए जाने के प्रति स्वयं को प्रतिबद्ध करते हुए इन भाषाओं का समर्थन करते हों। परंतु यह संघर्ष अत्यन्त कठिन है। क्षेत्रीय भाषाओं में सांस्कृतिक जीवन की आर्थिक स्थिति अत्यन्त कठिन है, तथा अंग्रेजी अथवा हिन्दी की ओर जारी रहने वाली प्रवृत्ति एक अत्यन्त शक्तिशाली तत्व बनी हुई है।

अनेक क्षेत्रीय भाषाएं सक्रिय रही हैं और उनके पास लाभदायक प्रकाशन साधन उपलब्ध हैं, यद्यपि कि हिन्दी सहित उनमें से किसी को भी समृद्ध नहीं कहा जा सकता। केरल, जहाँ भारत में साक्षरता दर सबसे अधिक है (60 प्रतिशत) और रचनात्मक लेखन की एक लंबी परंपरा रही है, मलयालम लेखकों के स्वामित्व वाले एक सहकारी प्रकाशनगृह, साहित्य प्रवर्तक साहकराना संगम, ने गंभीर प्रकाशन में सहायता प्रदान की है। यह सहकारी संस्था अपने लेखकों को रॉयल्टियों का भुगतान करती है, एक अच्छा वितरण नेटवर्क स्थापित करने में सफल रही है, और गंभीर कल्पना, साहित्य एवं सांस्कृतिक टीकाएं, तथा अन्य पुस्तकों का प्रकाशन सफलतापूर्वक कर रही है। मराठी,

तमिल, बंगला, गुजराती एवं तेलुगू के प्रकाशक भी कार्य करने में सफल रहे हैं। अन्य भाषाओं में प्रख्यात प्रकाशक बहुत कम ही हैं। कुछ क्षेत्रीय भाषाओं में पुस्तकों की बिक्री तथा उनके बाजार सिवाय सर्वाधिक मामूली स्तरों के अलावा प्रकाशन संस्थाओं को अधिक सहयोग नहीं प्रदान कर सकते। प्रतिव्यक्ति पुस्तक उत्पादन के आँकड़े क्षेत्रीय भाषाओं की स्थिति को इंगित करते हैं। 1964 का एशियाई औसत प्रति दस लाख की आबादी पर 48 शीर्षकों का था, तथा अंतर्राष्ट्रीय आँकड़े 127 के थे। हिन्दी में, प्रति दस लाख आबादी पर मात्र 9.6 शीर्षक प्रकाशित किए गए थे, जबकि मराठी में यह संख्या 31.2 तथा गुजराती में 29.2 की थी। अखिल भारतीय संख्या प्रति दस लाख पर 27 शीर्षकों की थी। ये आँकड़े एक दशक से भी अधिक पुराने हैं, और यह स्पष्ट है कि हिन्दी ने अपनी स्थिति में वृद्धि कर ली है।[62]

कोई भी यह आशा कर सकता है कि क्षेत्रीय भाषाओं में प्रकाशन में तीव्र गति से वृद्धि हो रही होगी क्योंकि पढ़े–लिखे लोगों की संख्या भी बढ़ रही है। परंतु स्थिति मिली–जुली सी है, और बहुत अधिक आशा करने की निश्चित रूप से आवश्यकता नहीं है। यह आशा करने के अनेक कारण मौजूद हैं कि क्षेत्रीय भाषाओं का दीर्घकालिक भविष्य अनुकूल ही होगा। उच्च शिक्षा सहित सभी स्तरों पर शिक्षा वृद्धिशील रूप से क्षेत्रीय भाषाओं में संपन्न की जा रही है, और पाठ्यपुस्तकों तथा सहायक सामग्रियों की आवश्यकता है। क्षेत्रीय भाषाओं में साक्षरता की दरें भी धीरे–धीरे बढ़ रही हैं। जैसे–जैसे अंग्रेजी के महत्व में कमी आ रही है, जैसे–जैसे सरकार हिन्दी अथवा क्षेत्रीय भाषाओं पर जोर दे रही है और जैसे–जैसे शिक्षा प्रणाली में अंग्रेजी के उपयोग को कम करती जा रही है, यह तर्कसंगत है कि राजनीतिक एवं शैक्षणिक प्रयोजनों के लिए क्षेत्रीय भाषाओं के उपयोग में तद्नुरूपी वृद्धि होती जाएगी। क्षेत्रीय भाषाओं के एक सक्रिय आर्थिक, राजनीतिक एवं बौद्धिक विकास की दिशा में एक दीर्घकालिक प्रवृत्ति मौजूद है।

इन दीर्घकालिक प्रवृत्तियों के बावजूद क्षेत्रीय भाषा के प्रकाशकों ने उल्लेख किया है कि उनकी बिक्री में कोई उल्लेखनीय वृद्धि नहीं हुई है, यह कि वे लागत–मूल्य चाप में जकड़ गए हैं, और यह कि उन्हें हाल ही के वर्षों के किसी भी समय की अपेक्षा आज अधिक खतरा महसूस हो रहा है। विद्वत्तापूर्ण पुस्तकों के लिए बाजार विशेषतौर पर सीमित है, यद्यपि धर्म, राजनीति, एवं कल्पना जैसे क्षेत्रों में लोकप्रिय पुस्तकों के लिए बिक्री की संभावनाएं प्रारंभ हो चुकी हैं। कुछ लोगों ने टिप्पणी की है कि क्षेत्रीय भाषाओं में पुस्तक–पाठकों की संख्या छोटी है; उदाहरणार्थ तमिल में गंभीर साहित्य का प्रकाशन कर रही पत्रिकाओं के प्रसार तो बहुत अधिक हैं किन्तु पाठक पुस्तकें नहीं खरीदते। मराठी में, साक्षरता की ऊँची दर तथा एक सशक्त बौद्धिक परंपरा के बावजूद पुस्तकों की बिक्री बहुत अधिक नहीं है–लोग एक पुस्तक खरीदने के बजाय कोई नाटक अथवा किसी गंभीर फिल्म देखना पसंद करते हैं।[63]

क्षेत्रीय भाषाओं में प्रकाशन अंग्रेजी–भाषी प्रकाशन की अनेक विशेषताओं को साझा करता है। एक आशावादी प्रेक्षक ने नोट किया है:

> भारतीय भाषाओं में बहुसंख्यक प्रकाशक अनिवार्यतः पुस्तकविक्रेता हैं जिनके पास न तो ऐसी तकनीक ही है और न ही कर्मचारी और न ही उपकरण जो किसी अच्छी प्रकाशन संस्था के लिए अनिवार्य होते हैं। अतः, किसी भी ऐसी पांडुलिपि, जो, उनकी राय मे, बिकने योग्य हो, के हाथ लगते ही प्रकाशक प्रेसों की ओर भागते हैं। इन प्रकाशकों के द्वारा मुश्किल से ही किसी प्रकार का संपादन कार्य किया जाता है और छपाई, जिल्दसाजी तथा आवरण पर ध्यान नहीं दिया जाता जो बहुत कुछ करना शेष छोड़ देता है।[64]

संभवतः यह सच है कि क्षेत्रीय भाषाओं के प्रकाशकों के पास बड़े प्रकाशकों की तुलना में कम कर्मचारी, कम विशेषज्ञता, और अपेक्षाकृत कम सुरक्षित वित्तीय आधार उपलब्ध होते हैं। इसके अलावा, पुस्तकों की कीमतों को बहुत नीचे रखने की एक महान आवश्यकता होती है क्योंकि बाजार अधिक कीमतों वाली पुस्तकों को शामिल नहीं कर सकती। इसका अर्थ यह है कि उत्पादन के स्तर को भी अवश्य नीचा होना चाहिए। साथ ही, अधिकांश क्षेत्रीय–भाषाई प्रकाशक अंग्रेजी के अपने समकक्षियों की तुलना में छोटे हैं। इसके अलावा, जहाँ वितरण के लिए दूरी एक छोटी समस्या है, वहीं कुछ ही पुस्तक दुकाने हैं जो क्षेत्रीय भाषाओं की पुस्तकों का स्टॉक रखती हैं, और किसी शीर्षक विशेष के लिए उन्हें प्रोत्साहन भी कम मिलता है क्योंकि प्रति पुस्तक लाभ बहुत कम होता है।

जैसा कि अंग्रेजी में है, विद्वत्तापूर्ण पुस्तकों की बिक्री का एक बड़ा अनुपात पुस्तकालय बिक्री से प्राप्त होता है। ऐसा अनुमान है कि हिन्दी तथा मराठी दोनों में 60 प्रतिशत तक बिक्री पुस्तकालयों को की जाती है, जो कि अंग्रेजी की पुस्तकों से प्रतिशत में कम हैं।[65] कीमतों को नीचे रखने की आवश्यकता के कारण अंग्रेजी की अपेक्षा इनमें लागत–मूल्य मार्जिन भी कम ही होता है, क्योंकि अनेक क्षेत्रीय भाषाई प्रकाशक पुस्तकों की कीमतों का मूल्य निर्धारण उनकी उत्पादन लागत के तीन से चार गुने मूल्य पर ही करते हैं। हिन्दी अथवा मराठी में किसी भी गंभीर पुस्तक के लिए 1,000 प्रतियों के साथ मुद्रित–प्रतियों की संख्या भी अंग्रेजी की अपेक्षा कम ही रहती है।

हर कोई सहमत है कि क्षेत्रीय भाषाओं में पुस्तकों का एक भविष्य मौजूद है। प्रत्येक वर्ष छपने वाले शीर्षकों की संख्या में वृद्धि हो रही है और गंभीर तथा विद्वत्तापूर्ण पुस्तकें की संख्या में भी मामूली वृद्धि हो रही है। हालांकि, क्षेत्रीय भाषाएं एवं हिन्दी भारत में बौद्धिक संवाद की भाषा के रूप में अंग्रेजी को पछाड़ नहीं पा रही हैं। दीर्घकालिक परिवर्तन अपरिहार्य हैं, विशेषतौर पर सरकार के ऊपरी स्तरों में और शिक्षा प्रणाली क्षेत्रीय भाषाओं में परिवर्तित हो रही है। वर्तमान समय में, मात्र कुछ ही वर्षों में क्षेत्रीय भाषाएं रचनात्मक लेखन और अभिव्यक्ति का माध्यम बन गई हैं। अंग्रेजी से क्षेत्रीय भाषाओं में अधिकाधिक पुस्तकों के अनुवाद किए जा रहे हैं, किन्तु अधिकांश लेखक स्वयं को अंग्रेजी में अभिव्यक्त करना पसंद करते हैं। क्षेत्रीय भाषाएं सुविकसित संस्कृतियों का संचार करने के व्यावहारिक माध्यम हैं परंतु भारत में बौद्धिक कार्यों की प्रमुख भाषा बनने के लिए उन्हें लंबी दूरियाँ तय करनी होंगी।

'अकादमिक' प्रकाशन

प्रस्तुत अध्ययन व्यापकतौर पर विद्वत्तापूर्ण प्रकाशन के साथ सम्बन्धित है–ऐसी पुस्तकों के साथ जो किसी समाज के ज्ञान में वृद्धि करता है अथवा इस ज्ञान का संचार करता है। प्रायः ऐसा होता है कि विद्वत्तापूर्ण पुस्तकें प्रकट रूप से अमूर्त शोध अध्ययनों के माध्यम से समाज में नए ज्ञान को प्रस्तुत करती हैं। उदाहरणार्थ, कृषि में एक प्राथमिक अथवा अनुप्रयुक्त शोधग्रंथ बाद में कृषि व्यवहार में किसी नवाचार का आधार बन सकता है। इस प्रकार से, विद्वत्तापूर्ण पुस्तकों का समाज पर एक अप्रत्यक्ष प्रभाव होता है। इस खंड में, हमारा सम्बन्ध ऐसे प्रकाशकों के साथ है जो विशेषतौर पर विद्वत्तापूर्ण पुस्तकों का प्रकाशन अपने प्राथमिक रुचि के रूप में करते हैं। हमने इन्हें 'अकादमिक' प्रकाशक कहा है। जहाँ कुछ अकादमिक प्रकाशक विश्वविद्यालय, कुछ सरकारी एजेन्सियाँ हैं वहीं कुछ निजी क्षेत्र के प्रकाशक भी इस श्रेणी में आते हैं। भारत में अकादमिक प्रकाशन मौजूदा मूलभूत आर्थिक एवं वितरण समस्याओं के कारण प्रकाशन उपक्रम

की विशेषज्ञता के रूप में अभी भी सुविकसित नहीं हो पाया है। इस खंड में भारत में ऐसे प्रकाशन के लिए वर्तमान स्थिति और संभावनाओं दोनों पर ही चर्चा की जाएगी। अकादमिक प्रकाशन अपनी सर्वश्रेष्ठ परिस्थितियों के अंतर्गत एक कहीं कठिन उपक्रम है। जैसा कि एक अमेरिकी प्रकाशक द्वारा कहा गया है:

> हम सर्वोच्च लागत पर सबसे छोटे संस्करण प्रकाशित करते हैं, और इनपर हम सर्वोच्च कीमतें निर्धारित करते हैं, और फिर हम उन्हें ऐसे लोगों के हाथों बेचने का प्रयास करते हैं जो उन्हें मुश्किल से ही वहन कर सकते हों।[66]

अमेरिका में गैर–लाभकारी आधार पर किए जा रहे अकादमिक प्रकाशन नए ज्ञान, शोध सम्बन्धी निष्कर्षों, तथा प्रकाशित आलोचनाओं को हासिल करने के नए प्रमुख साधनों में से एक बन चुके हैं। अमेरिका में प्रमुख गैर–लाभकारी विद्वत्तापूर्ण प्रकाशक विश्वविद्यालय प्रेस हैं जो अमेरिका में प्रतिवर्ष किए जाने वाले शीर्षक प्रकाशनों के लगभग 10 प्रतिशत के हिस्सेदार है, परंतु यह कुल पुस्तक बिक्री के मात्र 2 प्रतिशत के बराबर है। द्वितीय विश्वयुद्ध के बाद जब यह स्पष्ट हो गया कि निजी प्रकाशक बढ़ती हुई संख्या में सृजन किए जा रहे विद्वत्तापूर्ण लेखन को प्रकाशित करने के अनिच्छुक हैं, तब अमेरिकी प्रकाशन में अमेरिकी विश्वविद्यालय प्रेस एक प्रमुख तत्व के रूप में उभरा। इस प्रकार की सामग्री की उपलब्धता को सुनिश्चित किए जाने हेतु एक ऐसे साधन की खोज की जानी थी जो लाभार्जन से न जुड़ा हो। विश्वविद्यालय प्रेस, जिन्हें अभी हाल ही में अपने मूल संस्थानों से सब्सिडियाँ प्राप्त हुई हैं, इस अंतराल को भरने में सक्षम थे और अमेरिकी प्रकाशन में एक महत्वपूर्ण तत्व के रूप में उभर कर सामने आए।

जैसा कि इस अध्ययन में पहले ही नोट किया जा चुका है, अमेरिकी–शैली वाले विश्वविद्यालय प्रेस विद्वत्तापूर्ण प्रकाशन के लिए एकमात्र मॉडल नहीं हैं। जहाँ ब्रिटेन में विश्वविद्यालय प्रेस (ऑक्सफोर्ड एवं कैम्ब्रिज यूनिवर्सिटी प्रेस विश्व के सर्वाधिक बड़े एवं पुराने विद्वत्तापूर्ण प्रेसों में शामिल हैं) महत्वपूर्ण हैं, वहीं निजी प्रकाशकों के द्वारा अमेरिका के मुकाबले में विद्वत्तापूर्ण सामग्रियों के प्रकाशन में अधिक सक्रिय भूमिका निभाई गई है। यूरोप में, यद्यपि कुछ अकादमिक प्रेस मौजूद हैं, तथापि अधिकांश विद्वत्तापूर्ण पुस्तकों के प्रकाशन ऐसे निजी प्रकाशकों द्वारा किए जाते हैं जो सार्वभौमिक साक्षरता, शिक्षा के ऊँचे स्तरों, तथा लोगों के द्वारा पुस्तकें खरीदने की एक परंपरा के कारण इन पुस्तकों पर एक मामूली लाभ अर्जित कर लेते हैं। पूर्वीय यूरोप के समाजवादी देश विद्वत्तापूर्ण प्रकाशन के एक तीसरे मॉडल का उपयोग करते हैं, जिसमें सार्वजनिक क्षेत्र विद्वत्तापूर्ण पुस्तकों सहित सभी पुस्तकों को प्रकाशित करता है। अधिकांश भाग के लिए, वैज्ञानिक संगठन जैसे विज्ञान अकादमियाँ और इनकी शाखाएं शोध प्रबंधों और विद्व त्तापूर्ण प्रकाशनों के प्रकाशन का कार्य संपन्न करती हैं, जिसमें ऐसी पुस्तकों की संभावित लाभदायकता पर विचार नहीं किया जाता।[67] सभी औद्योगीकृत देशों ने विद्वत्तापूर्ण सामग्रियों के प्रकाशन एवं प्रसार के लिए तंत्र विकसित कर लिए हैं, क्योंकि इनके प्रकाशन में अंतर्निहित खर्चीली प्रकृति के साथ–साथ इन सामाग्रियों के महत्व की पहचान की जा चुकी है।

जहाँ भारत के पास विश्वविद्यालयों, कुछ निजी संस्थाओं, तथा विभिन्न विशेषज्ञताप्राप्त संस्थानों द्वारा भाग लिए जाने के कारण कम से कम किसी अकादमिक प्रकाशन नेटवर्क का प्रारंभिक ज्ञान मौजूद है, वहीं तीसरी दुनिया के देश अपेक्षाकृत कम भाग्यशाली हैं। इंडोनेशिया, जिसके पास एक विशाल जनसंख्या और एक बड़ी विश्वविद्यालय प्रणाली मौजूद है, पुस्तकों को उपलब्ध कराने में समस्याओं का सामना कर रहा है। इंडोनेशिया

में प्रकाशक बहुत कम हैं और उच्च गुणवत्तायुक्त विद्वत्तापूर्ण पुस्तकें तैयार करने में समर्थ विद्वानों की संख्या भी सीमित ही है। स्थिति इतनी गंभीर है कि इंडोनेशिया में अनेक विषयों में कॉलेज की पाठ्यपुस्तकों का अभाव है।[68] अपेक्षाकृत छोटे विकासशील देशों की स्थिति तो इससे भी खराब है, क्योंकि पुस्तकों का स्वाभाविक बाजार इतना छोटा है कि लगभग किसी भी प्रकार के प्रकाशन को अलाभकारी बना देता है। विद्वत्तापूर्ण पुस्तकों को उपलब्ध कराया जाना तथा उच्चस्तरीय शोध को प्रोत्साहित करना अनेक छोटे विकासशील देशों के लिए एक समस्या रही है। यह सुझाव दिया गया है कि एकसमान भाषा वाले अथवा एक ही क्षेत्र में स्थित देशों के साथ की गई सहकारी विपणन एवं संभवतः प्रकाशन सम्बन्धी व्यवस्थाएं इसका आंशिक समाधान हो सकती हैं।[69]

भारत में अनुसंधान संस्थानों, सरकारी मंत्रालयों, तथा विश्वविद्यालयों के द्वारा प्रकाशन के उपयोग ज्ञान को उपलब्ध कराए जाने के साधन के रूप में किए जाते रहे हैं। विकासशील देशों के लिए एक अन्य प्रासंगिक मॉडल है अनेक अकादमिक संस्थानों एवं अनुसंधान केन्द्रों के बीच सहकारी प्रकाशन की व्यवस्था करना। ऐसे काल्पनिक सहकारी प्रेस सामग्रियों की त्वरित उपलब्धता प्रदान करने में सक्षम होंगे और इनसे आर्थिक एवं व्यक्तिगत संसाधनों पर अनावश्यक बोझ भी नहीं पड़ेगा। पुस्तकों के वितरण सहज होंगे तथा उच्च तकनीकी स्तरों को कायम रखा जा सकेगा। भारत के लिए यह मॉडल विशेषतौर पर आकर्षक है, जहाँ अनुकूलन के मामले में प्रेस प्रायः संकीर्ण रहे हैं और अपने घरेलू परिसर के बाहर के विद्वानों की रचनाओं को मुश्किल से ही प्रकाशित करते हैं। वित्तीय एवं तकनीकी संसाधनों का एकत्रीकरण सहकारी प्रेसों को अकादमिक प्रेसों की तुलना में अभी संभव तरीके की अपेक्षा अधिक प्रभावकारी रूप से पुस्तकों के वितरण की अनुमति प्रदान करेगा, उच्च तकनीकी स्तर को सुनिश्चित कर सकेगा, और पांडुलिपियों की गुणवत्ता पर अधिक नियंत्रण स्थापित कर सकेगा।

लगभग प्रत्येक देश में विद्वत्तापूर्ण प्रकाशनों में 'अदृश्य हाथ' सरकार होती है। संभवतः विशेषतौर पर ऐसा विकासशील देशों में होता है जहाँ अकादमिक संस्थानों के पास निधियों का आधिक्य नहीं होता और जहाँ प्रकाशन के लिए पूँजी हासिल करना अत्यन्त कठिन है। यहाँ तक कि अमेरिका में भी अकादमिक प्रेस विश्वविद्यालय के पुस्तकालयों को दिए जाने वाले अनुदानों के द्वारा अप्रत्यक्ष सरकारी सब्सिडियों पर तथा कभी–कभार किसी परियोजना विशेष के लिए दिए गए प्रत्यक्ष अनुदान पर निर्भर करते हैं।[70] महत्वपूर्ण कारक यह सुनिश्चित करना है कि सरकार (अथवा फाउंडेशन) की सहायता प्रकाशन प्रक्रिया में सीधे हस्तक्षेप न करे और यह कि अकादमिक प्रकाशकों के पास पर्याप्त तकनीकी एवं बौद्धिक स्वतंत्रता उपलब्ध हो ताकि वे पूर्णतः व्यावसायिक तरीके से कार्य कर सकें।

भारत में निजी क्षेत्र के प्रकाशकों के पास भारत में विद्वत्तापूर्ण प्रकाशन में निभाने के लिए एक सतत् भूमिका मौजूद है, और वास्तव में उनके द्वारा अनेक विद्वत्तापूर्ण पुस्तकें प्रकाशित की जा चुकी हैं। भारतीय प्रकाशन की अर्थव्यवस्था ऐसे प्रकाशकों को 1,000 अथवा उससे कम के संस्करणों पर भी मामूली लाभ अर्जित करने की अनुमति प्रदान करती है जिनके पास उत्पादन लागत पर सावधानीपूर्ण नियंत्रण की क्षमता मौजूद है। अतः, विद्वत्तापूर्ण प्रकाशन लाभदायक रूप से निजी क्षेत्र के प्रकाशकों के क्षेत्र में आते हैं। जैसा कि अमेरिका एवं अन्य देशों में है, विद्वत्तापूर्ण प्रकाशनों को प्रायः निजी संस्थाओं के द्वारा लाभ के बजाय प्रतिष्ठा अर्जित करने हेतु अपनाया जाता है। निजी प्रकाशकों के पास सरकारी एजेन्सियों अथवा विश्वविद्यालय प्रेसों की तुलना में अधिक लचीलापन और स्वतंत्रता उपलब्ध होती है।

अनेक सरकारी कार्यक्रमों का उद्देश्य विद्वत्तापूर्ण पुस्तकों के प्रकाशन में सहायता प्रदान करने तथा निजी प्रकाशकों की सहायता करने का रहा है। इन कार्यक्रमों में सर्वाधिक रोचक तथ्यों में से एक इसे भारतीय सामाजिक विज्ञान अनुसंधान परिषद् (आईसीएसएसआर) द्वारा प्रायोजित करना रहा है। आईसीएसएसआर के द्वारा डॉक्टोरल शोध प्रबंधों एवं इसके द्वारा सहयोग के पात्र समझे गए अन्य अध्ययनों के लिए 3,000 रुपयों के प्रकाशन अनुदान प्रदान किए गए थे। आईसीएसएसआर द्वारा चुने गए अध्ययनों को उन निजी प्रकाशकों द्वारा प्रकाशित किया गया था जिन्होंने इन अनुदानों का उपयोग प्रकाशन लागत का खर्च उठाने हेतु किया था। तत्पश्चात् पुस्तकों को व्यावसायिक आधार पर बेचा गया था। कुल 146 अध्ययन, जिनमें से अधिकांश प्रकाशन के लिए संपादित किए गए शोध निबंध थे, का प्रकाशन इस आईसीएसएसआर कार्यक्रम के अंतर्गत किया गया था, जो नवम्बर 1973 में समाप्त हो गया। आंशिकतौर पर ऐसा इसलिए हुआ क्योंकि आईसीएसएसआर के अधिकारियों को लगा कि अनुदानों के कुछ भाग का उपयोग समुचित तरीके से नहीं किया जा रहा है। विश्वविद्यालय एवं अन्य अर्द्ध–सार्वजनिक एजेन्सियों के द्वारा निजी प्रकाशकों का उपयोग या तो स्वयं द्वारा प्रायोजित पुस्तकों एवं अध्ययनों के प्रकाशन के लिए किया गया था अथवा निजी संस्थाओं का उपयोग वितरण के लिए किया गया था। पुणे स्थित गोखले इंस्टीट्यूट ऑफ पॉलिटिक्स तथा भारतीय सांख्यकीय संस्थान के द्वारा कई बार एशिया पब्लिशिंग हाउस का उपयोग अपने प्रकाशक के रूप में किया गया है, और मुम्बई विश्वविद्यालय प्रेस ने पापुलर प्रकाशन का उपयोग अपनी पुस्तकों के वितरण के लिए किया है। वर्तमान समय में पापुलर प्रकाशन भारतीय सामाजिक विज्ञान अनुसंधान परिषद् के अनेक प्रकाशनों के मुद्रक एवं वितरक के रूप में कार्य कर रहा है।

विश्वविद्यालय प्रकाशन का एक काफी लंबा किन्तु बहुत प्रतिष्ठित इतिहास नहीं रहा है। सर्वप्रथम विश्वविद्यालय प्रेस, कोलकाता विश्वविद्यालय प्रेस, 1909 में स्थापित किया गया था, तथा इसके पास 1,000 से भी अधिक शीर्षकों की सूची उपलब्ध थी।[71] अन्य काफी पुराने प्रेस मुम्बई विश्वविद्यालय तथा चंडीगढ़ में पंजाब विश्वविद्यालय में मौजूद हैं। अन्य विश्वविद्यालयों के पास भी प्रेस हैं किन्तु मात्र कुछ ही विद्वत्तापूर्ण प्रकाशन कार्य में सक्रिय हैं। हाल ही में जोधपुर विश्वविद्यालय में भूतपूर्व उप–कुलपति वी.वी. जॉन के नेतृत्व में प्रकाशन सम्बन्धी एक प्रयोग किया गया था। एक नए संस्थान में एक विश्वविद्यालय प्रेस स्थापित किया गया तथा संकाय के सदस्यों को इसके संचालन में संलिप्त किया गया। जहाँ प्रेस बुनियादी तौर पर विद्वत्तापूर्ण पुस्तकों से सम्बन्धित नहीं था–वहीं इसका मुख्य उद्देश्य विश्वविद्यालय के छात्रों को उपयोगी पुस्तकें उपलब्ध करवाना था–यह नवाचार करने, अकादमिक समुदाय को प्रकाशन उपक्रम में संलिप्त करने, तथा नई प्रकार की पुस्तकों को प्रकाशित करने का एक प्रयास था। 1972 में उप–कुलपति जॉन की अपने पद से अचानक विदाई के साथ ही यह प्रयोग बंद हो गया।

विश्वविद्यालय प्रेस और अधिक व्यापक हो चुके हैं और हाल ही में भारत में अधिक सक्रिय हो गए हैं। परंतु उनकी मुख्य गतिविधियाँ स्टेशनरी, परीक्षा प्रश्नपत्र, अन्य विश्वविद्यालयीय सामग्रियाँ तथा पाठ्यपुस्तकों के प्रकाशन करना ही रही हैं। सामान्यतः इन पाठ्यपुस्तकों को विश्वविद्यालय के प्रोफेसरों के द्वारा लिखा गया होता है और संस्थान के बाहर इनका उपयोग नहीं किया जाता। ऐसी पाठ्यपुस्तकें भाषा एवं साहित्य पर केन्द्रित हो चुकी हैं, और हर प्रकार से इन क्षेत्रों तक सीमित हो चुकी हैं। विश्वविद्यालयों द्वारा अपनी खुद की पुस्तकें प्रकाशित करने की प्रवृत्ति में वृद्धि होती रही है।

पाठ्यपुस्तकों के मुद्रण में विश्वविद्यालय प्रेसों की संलिप्तता में अनेक खामियाँ हैं। यह विश्वविद्यालय प्रेस की अधिक विद्वत्तापूर्ण भूमिका को कमजोर करती है और इसका अर्थ है कि मुख्य ध्यान पाठ्यपुस्तकों के प्रकाशन पर दिया जाता है। चूंकि प्रत्येक विश्वविद्यालय अपनी खुद की पुस्तक को प्रायोजित करता है और अकादमिक प्रेसों के बीच राष्ट्रीय अथवा क्षेत्रीय वितरण बहुत ही कम होता है, अतः संभवतः अनावश्यक प्रतिलिपिकरण और अनावश्यक लघु मुद्रण कार्य किए जाते हैं। यदि पाठ्यपुस्तकों के बड़े संस्करणों को छापा जाए तो प्रति पुस्तक लागत और भी कम हो सकती है तथा इस प्रकार छात्रों की वास्तविक बचत कराई जा सकती है। वर्तमान समय में, अनेक विश्वविद्यालय अपने स्वयं के शिक्षकों द्वारा लिखित पाठ्यपुस्तकों अथवा अध्ययन ग्रंथों के उपयोग को प्राथमिकता देते हैं। परंतु ऐसा कोई कारण नहीं है कि इन पाठ्यपुस्तकों के उपयोग राष्ट्रीय अथवा क्षेत्रीय आधार पर न किए जा सकें, जैसा कि अधिकांश अन्य देशों में आम बात है। संभवतः विश्वविद्यालय प्रेस पाठ्यपुस्तकों की सबसे बड़ी कमी यह तथ्य है कि निजी क्षेत्र को इसके पिछले प्रमुख पाठ्यपुस्तक बाजार से निरंतर दूर रखा गया है। अतः, निजी संस्थाएं उन लाभों का उपयोग विद्वत्तापूर्ण पुस्तकों के प्रकाशन हेतु करने मे असमर्थ रहीं हैं जो उन्हें पाठ्यपुस्तकों से प्राप्त हुए हो सकते थे।

मुम्बई विश्वविद्यालय प्रेस एक सुस्थापित विश्वविद्यालय प्रेस है और विद्वत्तापूर्ण प्रकाशन में अधिकांश अकादमिक प्रकाशकों की अपेक्षा कहीं बड़ी भूमिका निभाता है। अतः, यह इस प्रकार के प्रकाशन उपक्रमों के संगठन और प्रबंधन का एक अच्छा उदाहरण है।[72] इसके कुल कार्य का लगभग पाँचवा भाग पुस्तकों के मुद्रण को समर्पित है (शेष विश्वविद्यालय की मुद्रण आवश्यकताओं, विशेषतौर पर परीक्षा प्रश्नपत्रों के द्वारा प्रयुक्त कर लिया जाता है) तथा इस संख्या के आधे से भी कम भाग विद्वत्तापूर्ण एवं सामान्य पुस्तकों को समर्पित है। अतः, संभावना यह है कि मुम्बई विश्वविद्यालय प्रेस के प्रयासों का लगभग 10 प्रतिशत सामान्य अथवा विद्वत्तापूर्ण प्रकृति वाली पुस्तकों के प्रकाशन से सम्बन्धित रहता है। उदाहरण के लिए, 1972–73 में प्रेस के द्वारा पाठ्यपुस्तकों की 96,300 प्रतियाँ तथा सामान्य एवं विद्वत्तापूर्ण पुस्तकों की लगभग 8,300 प्रतियाँ छापी गई थीं। किसी भी वर्ष के दौरान लगभग 20 पाठ्यपुस्तकों और संभवतः एक दर्जन विद्वत्तापूर्ण पुस्तकों का प्रकाशन किया जाता है, जिसमें से उत्तरवर्तियों की छपाई 1,500 से 3,000 के बीच की जाती है। ऐसे शोध प्रबंधों की एक श्रृंखला भी प्रकाशित की जाती है जिनकी मुद्रण संख्या और कम होती है। प्रेस के द्वारा 11 भाषाओं में छपाई की जाती है, यद्यपि इसके लगभग सभी विद्वत्तापूर्ण प्रकाशन अंग्रेजी में ही किए जाते हैं। राजकोषीय रूप से प्रेस मुम्बई विश्वविद्यालय का एक विभाग है, और इसकी कोई स्वतंत्र वित्तीय हैसियत नहीं है। विश्वविद्यालय इसके संचालन के लिए प्रतिवर्ष 50,000 रुपयों का अनुदान प्रदान करता है तथा साथ–साथ किरायामुक्त स्थान भी। यह सब्सिडी अपेक्षाकृत बहुत मामूली है क्योंकि इसकी वार्षिक बिक्री लगभग 4.50 लाख रुपए है।

प्रेस के पास कोई संपादकीय कर्मचारी उपलब्ध नहीं है। इसके अधीक्षक अपनी पृष्ठभूमि के अनुसार एक मुद्रक हैं, और अपने प्रकाशनों में प्रेस के द्वारा किसी भी प्रकार का संपादकीय अथवा सजावटी कार्य नहीं किया जाता। प्रेस के पास एक पूर्ण–सुसज्जित मुद्रण संस्थापना है, हालांकि इसकी अधिकांश मशीनरी पुरानी पड़ चुकी है। प्रेस से सम्बन्धित निर्णय, जिनमें शीर्षकों का चयन भी शामिल है, विश्वविद्यालय के संकायों में से लगभग 8 सदस्यों के एक प्रकाशन मंडल द्वारा संभाले जाते हैं। प्रेस के प्रकाशनों को प्रोत्साहित अथवा वितरित किए जाने पर लगभग कोई ध्यान दिया

जाता प्रतीत नहीं होता। निजी प्रकाशकों के साथ वितरण सम्बन्धी व्यवस्थाओं के अनेक प्रयास किए गए हैं किन्तु इनमें से कोई भी सफल सिद्ध नहीं हुआ है। वर्तमान समय में, विश्वविद्यालय का सहकारी भंडार प्रेस की पुस्तकों के वितरण का कार्य संभाल रहा है। यह व्यवस्था पाठ्यपुस्तकों के लिए उपयुक्त हो सकती है, किन्तु विद्वत्तापूर्ण एवं सामान्य पुस्तकों का पर्याप्त वितरण नहीं कर पाती।

जहाँ मुम्बई विश्वविद्यालय प्रेस अपनी 'सुरक्षित' पाठ्यपुस्तक बाजार तथा विश्वविद्यालय को अपनी मुद्रण सेवाओं के कारण संचालन जारी रखने में समर्थ है, वहीं यह कोई प्रमुख विद्वत्तापूर्ण प्रकाशक नहीं बन सका है और भारत में ज्ञान की उन्नति में बहुत कम योगदान कर रहा है। व्यावसायिक प्रेसों के द्वारा प्रकाशित अधिकांश अकादमिक पुस्तकें अधिक आकर्षक हैं। वर्तमान समय में, मुम्बई विश्वविद्यालय प्रेस एक प्रकाशक होने के बजाय एक बड़ा मुद्रक भर है।

मुम्बई विश्वविद्यालय प्रेस भारत में अपेक्षाकृत एक अधिक विशिष्ट एवं सुस्थापित विश्वविद्यालय प्रेस है। यह संभव है कि कोलकाता एवं पंजाब विद्वत्तापूर्ण प्रकाशनों पर अधिक ध्यान दे रहे हों, परंतु दूसरी ओर, अधिकांश भारतीय विश्वविद्यालय प्रेसों के पास सामान्य एवं विद्वत्तापूर्ण प्रकाशन कार्यक्रम उपलब्ध ही नहीं हैं। यदि विश्वविद्यालय प्रेसों को भारत में विद्वत्तापूर्ण पुस्तकों को जारी करने में एक सक्रिय भूमिका निभानी है तो उनके पास संसाधनों और सुपरिभाषित लक्ष्यों का मौजूद होना अनिवार्य है। विश्वविद्यालय प्रेस के प्रयोजनों को डेटस स्मिथ के द्वारा रेखांकित किया गया है। इन प्रयोजनों में शामिल हैं:

> शोध के परिणामों को सभी के उपयोग के लिए संगत रूप से उपलब्ध कराए जाने के द्वारा स्थानीय देश में विद्वत्ता की सेवा करना;
>
> शोध को प्रोत्साहित एवं सशक्त करना, लेखकों को प्रोत्साहित करना, सार्वजनिक प्रस्तुति के द्वारा शोध को आलोचना का विषय बनाना;
>
> अन्य देशों को शोध के परिणामों से सूचित करने के द्वारा विद्वानों के वैश्विक समुदाय के साथ संपर्कसूत्र के रूप में सेवा प्रदान करना और विदेशों से चुनिंदा विद्वत्तापूर्ण कार्यों को प्रकाशित करना;
>
> पुस्तक प्रकाशन के उन स्तरों का प्रदर्शन करना जो सामान्य स्तर को ऊपर उठा सकते हों;
>
> विद्वत्तापूर्ण प्रकाशन में विदेशों पर निर्भरता को समाप्त किए जाने के द्वारा विश्वविद्यालय में तथा देश में सामान्यतौर पर सांस्कृतिक मनोबल को सशक्त करना।[73]

स्मिथ आगे तर्क देते हैं कि विद्वत्तापूर्ण प्रकाशकों को कई शर्तों को अवश्य पूरा करना चाहिए। इनमें शामिल हैं (क) अकादमिक नियंत्रण (मुख्य संपादकीय निर्णय प्रोफसरों के हाथों में बने रहने चाहिए), (ख) पेशावर कर्मचारी (संपादकीय कार्य कुशल पेशावर लोगों द्वारा संभाले जाने चाहिए), (ग) दीर्घकालीन प्रतिबद्धता (संस्थानों को एक समय पर कई वर्षों के लिए एक सक्रिय प्रेस के प्रति स्वयं को प्रतिबद्ध करना चाहिए), तथा (घ) परिचालन सम्बन्धी स्वायत्तता (एक व्यापक विश्वविद्यालयीय नीति के ढाँचे के अंतर्गत)।[74]

केवल विश्वविद्यालय ही विद्वत्तापूर्ण पुस्तकों के अकेले गैर–लाभकारी प्रकाशक नहीं हैं। अकेले दिल्ली क्षेत्र में, ऐसी अनेक संस्थाएं हैं जो नियमित आधार पर 'गंभीर' पुस्तकों का प्रकाशन करती हैं।[75] यदि इन एजेन्सियों के प्रकाशनों की कुल संख्या को जोड़ दिया जाए तो यह एक बड़ी वार्षिक संख्या बन जाती है। संपादकीय, उत्पादन, एवं वितरण सम्बन्धी व्यवस्थाओं का समन्वय इन प्रकाशनों के स्तरों में भारी सुधार

करेगा और संभवतः लागत को भी कम कर देगा। अपेक्षाकृत कुछ छोटे विश्वविद्यालय प्रेसों के लिए भी समन्वयकारी व्यवस्थाएं की जा सकती हैं।

विद्वत्तापूर्ण प्रकाशन एक महत्वपूर्ण कार्य है, और एक ऐसा कार्य जिसे अधिकांशतः एक *तदर्थ* आधार पर किया जाता रहा है। इस खंड के द्वारा कुछ ऐसे साधनों को रेखांकित किया गया है जिनका उपयोग भारत के द्वारा अपनी विद्वत्तापूर्ण सामग्रियों के लिए किया गया है। यह स्पष्ट है कि इस मुद्दे पर उन लोगों के द्वारा आगे विचार किए जाने की आवश्यकता है जो पुस्तक व्यापार में तथा विश्वविद्यालयों, सरकारी मंत्रालयों, तथा शिक्षा में अन्य तरीकों से संलिप्त हैं।

केस अध्ययन

अभी तक इन चर्चाओं की प्रकृति सामान्य रही है, जिसके द्वारा भारतीय प्रकाशन का अवलोकन प्रदान करने का प्रयास किया गया है। भारतीय प्रकाशन की 'वास्तविकता' के और अधिक संपूर्ण विचार को उपलब्ध कराने के उद्देश्य से अलग–अलग प्रकाशकों के अनेक लघु 'केस अध्ययन' प्रस्तुत किए गए हैं। ये चित्र चर्चा की गई संस्थाओं के संपूर्ण विश्लेषण नहीं हैं, न ही ऐसा कोई दावा किया गया है कि ये प्रकाशक पुस्तक व्यापार में विशिष्टतासंपन्न हैं। ध्यान कुछ प्रकाशकों के सम्बन्ध में विस्तृत सूचनाएं प्रदान करने पर केन्द्रित किया गया है। अनेक प्रकाशकों की समस्याओं और योगदानों को यहाँ शामिल किया जा रहा है। ये चर्चाएं अपूर्ण हैं, और किसी भी एक प्रकाशक की विस्तृत तस्वीर को शामिल नहीं करतीं। यहाँ विचारित प्रकाशक अधिकांशतः अंग्रेजी में प्रकाशन करने वाली सुस्थापित निजी संस्थाएं हैं।[76]

एशिया पब्लिशिंग हाउस संभवतः व्यावसायिक तरीके से प्रकाशन करने वाला तथा स्वयं को व्यापकतौर पर 'गंभीर' पुस्तकों के प्रकाशन के प्रति समर्पित करने वाला सर्वप्रथम भारतीय प्रकाशक था।[77] यद्यपि हाल के वर्षों में एशिया पब्लिशिंग हाउस बहुत कम सक्रिय रह गई है, तथापि यह भारत की एक बड़ी और सर्वाधिक सम्मानित प्रकाशन संस्था है। एशिया पब्लिशिंग हाउस एकमात्र ऐसा भारतीय प्रकाशक है जिसने लंदन तथा न्यूयार्क दोनों में ही अपने कार्यालय कायम रखे हैं। इसके संस्थापक एवं मुखिया, पीटर जयसिंघे, अभी भी भारतीय प्रकाशन के नेतृत्वकर्ताओं में से एक हैं। भारतीय प्रकाशन में एशिया पब्लिशिंग न केवल इसलिए महत्वपूर्ण है क्योंकि यह एक बड़ी संस्था है, बल्कि इसलिए क्योंकि यह विभिन्न संपादकीय एवं उत्पादन कार्यों के बीच भेद करने वाली और प्रकाशन के क्षेत्र में पेशावर लोगों को प्रशिक्षित करने वाली पहली संस्था भी है। वास्तव में, अन्य संस्थाओं के अनेक वरिष्ठ संपादकों को एशिया पब्लिशिंग हाउस में प्रशिक्षित किया गया था। एक सेवानिवृत्त ने पीटर जयसिंघे को इस अर्थ में भारत में 'असली' प्रकाशक के रूप में वर्णित किया था कि उनके पास पुस्तकों के सम्बन्ध में एक व्यापक दूरदृष्टि मौजूद है। एशिया पब्लिशिंग हाउस की स्थापना 1943 में की गई थी और इसके द्वारा अपने अस्तित्व की 31 वर्षों की अवधि में 4,300 शीर्षक प्रकाशित किए जा चुके है, जिसमें से 1,500 अभी भी प्रकाशित किए जा रहे हैं। जहाँ अधिकांश पुस्तकें विद्वत्तापूर्ण विषयों, समसामयिक मामलों एवं राजनीति, अथवा विज्ञान को समर्पित हैं, वहीं कुछ उपन्यास भी प्रकाशित किए गए हैं। एशिया पब्लिशिंग द्वारा अधिकांश कार्य अंग्रेजी में किया गया है, किन्तु हिन्दी में भी कुछ प्रयास किए गए हैं। एशिया पब्लिशिंग की वार्षिक बिक्री 64 लाख रूपयों के आसपास है, जिसमें से अधिकांश उनकी प्रकाशन–सूची वाली पुस्तकों की बिक्री से प्राप्त होती है।

अपनी हैसियत के बावजूद, एशिया पब्लिशिंग हाउस में गंभीर गिरावट आई है। उदाहरणार्थ, 1973 में एशिया पब्लिशिंग के द्वारा 35 से भी कम नए शीर्षक प्रकाशित किए गए थे, और मुम्बई में इसके वरिष्ठ संपादकीय कर्मचारी घटकर चार से भी कम रह गए थे। मुम्बई में इसके प्रभावशाली मुख्यालय भवन के एक हिस्से को एक बैंक को किराए पर दे दिया गया था। हाल के वर्षों में संस्था के आसन्न पतन की अनेक अफवाहें उड़ती रही हैं; अधिकांश प्रतिभाशाली वरिष्ठ संपादकों ने अन्य प्रकाशकों के यहाँ नौकरी प्राप्त करने हेतु इसे त्याग दिया है। जहाँ एशिया पब्लिशिंग हाउस के पतन के संपूर्ण स्पष्टीकरण को यहाँ प्रस्तुत नहीं किया जा सकता, वहीं सामान्य प्रायोज्यता वाले अनेक कारकों का उल्लेख किया जा सकता है। बड़ी संख्या में प्रेक्षकों ने नोट किया है कि एशिया पब्लिशिंग 1950 के दशक में बहुत तेजी से विकसित हुई थी, इसने ऐसे अनेक शीर्षकों का चयन कर लिया था जिनका महत्व (साहित्यिक तथा वैज्ञानिक गुणवत्ता तथा बिक्री की संभावना दोनों में) बहुत मामूली था, और इसके परिणामस्वरूप पूँजी का अभाव उत्पन्न हो गया क्योंकि प्रकाशित की गई पुस्तकें इतनी तीव्रता से नहीं बिक सकीं कि निवेश वापस निकाला जा सके। इसके अतिरिक्त, एक सुप्रशिक्षित पेशावर कर्मचारीदल के बावजूद, एक वर्ष में 300 से अधिक पुस्तकों का प्रकाशन किए जाने के कारण उच्च तकनीकी स्तरों को कायम रखा जाना संभव नहीं रह गया था। अतः, उत्पादन के स्तर के साथ–साथ पुस्तकों की गुणवत्ता में भी कुछ हद तक गिरावट आ गई। परिणामस्वरूप बिक्री की रफ्तार में आने वाले कमी, जो किसी भी प्रकार से भारतीय प्रकाशन में अनूठी थी, ने उन सभी जानी–पहचानी कठिनाईयों को प्रस्तुत कर दिया जिनका सामना किसी भी प्रकाशक को उस समय करना पड़ता है जब नकदी के बहिर्प्रवाह को अंतर्वाह से संतुलित नहीं किया जा पाता। कार्यशील पूँजी की एक भयानक कमी प्रकाशन जैसे किसी भी ऐसे उपक्रम को अपाहिज बना सकती है जिसमें पूँजी का आवागमन मंद हो और साथ–साथ यह निजी अथवा संस्थागत संसाधनों से निवेश को सहजतापूर्वक आकर्षित न करता हो।

एशिया पब्लिशिंग हाउस का उत्थान एवं पतन भारतीय प्रकाशन की शक्तियों एवं कमजोरियों दोनों को ही प्रदर्शित करता है। एशिया पब्लिशिंग सिद्ध करता है कि भारतीय पुस्तकों के प्रकाशन एवं वितरण के साथ–साथ विदेशी पुस्तकों के आयात एवं वितरण को संयोजित किए जाने के द्वारा एक बड़ी संस्था का निर्माण करना संभव है। पीटर जयसिंघे ने 1950 के दशक में यह सिद्ध कर दिया था कि कल्पनाशीलता और उच्च व्यावसायिक मानकों से युक्त किसी भी भारतीय प्रकाशक के लिए गुंजाइश विद्यमान रहती है। जहाँ एशिया पब्लिशिंग की कुछ पुस्तकें बड़ी संख्या में छापी एवं बेची गई थीं, जैसे जवाहरलाल नेहरू की कुछ रचनाएं, वहीं अधिकांश पुस्तकें 2,000 प्रतियों में ही जारी की गई थीं और उन्हें पूरा बेचने मे तीन से चार वर्षों तक का समय लग गया था। संस्था ने ऐसे प्रख्यात भारतीय लोगों के साथ कुछ सीमा तक अपने संपर्कों पर भरोसा किया जिन्होंने अपनी पुस्तकें एशिया पब्लिशिंग के साथ प्रकाशित की थीं–इनमें से कुछ पुस्तकें सफल रही थीं, जबकि अन्य असफल सिद्ध हुईं। उच्चपदों पर आसीन ये संपर्क निःसंदेहात्मक रूप से संस्था के लिए मूल्यवान थे। संस्था के 'पतन' के चिन्हों में से एक था पांडुलिपियों के प्रकाशन तथा रॉयल्टियों के भुगतान में होने वाला बिलंब, जो एशिया पब्लिशिंग के नकदी–प्रवाह सम्बन्धी समस्याओं का एक स्वाभाविक परिणाम था। यह न केवल लेखकों को हताश करने में योगदान करने वाला रहा बल्कि अपनी पुस्तकों के लिए एशिया पब्लिशिंग को त्याग देने का कारण भी बन गया। एशिया पब्लिशिंग की कहानी भारतीय प्रकाशन में अत्यधिक जानी–पहचानी है।

एक अन्य प्रकाशक, जिसने अत्यधिक ऊँचे तकनीकी स्तरों को कायम रखने और 'आधुनिक' आधार पर एक संस्था निर्मित करने के प्रयास किए लेकिन जो अंततः असफल रहा, का दूसरा उदाहरण पी.सी. मानकतला एंड संस का है। पी.सी. मानकतला, जो कई वर्षों तक एलाइड पब्लिशर्स से सम्बद्ध रहे, ने 1964 में अपना खुद का व्यवसाय प्रारंभ कर दिया, जिसका उद्देश्य उच्च गुणवत्तायुक्त गंभीर पुस्तकों का प्रकाशन एवं प्रभावी वितरण करना था। इस संस्था के पास किसी भी प्रकार की विदेशी एजेन्सी अथवा अन्य सहायक तत्व मौजूद नहीं थे, इसका एकमात्र सम्बन्ध प्रकाशन से था। मानकतला के द्वारा प्रकाशित की गई अधिकांश पुस्तकें एक गंभीर प्रकृति वाली सामान्य पुस्तकें थीं जो राजनीति, समसामयिक मामलों, तथा सामाजिक प्रश्नों पर आधारित थीं। कॉलेज की कुछ पाठ्यपुस्तकों के प्रकाशन भी किए गए। इस संस्था के सम्बन्ध इंडियन कमेटी फॉर कल्चरल फ्रीडम नामक संस्था से जुड़े थे जिसने मानकतला की कई पुस्तकों के प्रकाशन में सब्सिडी प्रदान की थी। अपने ढाई वर्षों के सक्रिय अस्तित्व के दौरान संस्था ने 70 सामान्य तथा 7 पाठ्यपुस्तकों के प्रकाशन किए। मानकतला ने अत्यधिक उच्च स्तर को कायम रखा–संभवतः यह सत्य ही है कि मानकतला की पुस्तकें भारत में प्रकाशित सर्वश्रेष्ठ पुस्तकें थी, जो डिजाइन एवं उत्पादन के अर्थों में अंतर्राष्ट्रीय मानकों को पूरा करती थी। इसके अलावा, सामान्यतौर पर शीर्षकों का चयन सावधानीपूर्वक किया जाता था और पांडुलिपियाँ कुछ संपादकीय कार्य के अधीन होती थीं। वितरण को एलाइड पब्लिशर्स के माध्यम से संभाला जाता था, जिसके पास एक व्यापक वितरण नेटवर्क मौजूद था। मानकतला ने डाक प्रचार सामग्री एवं अन्य साधनों के द्वारा अपनी पुस्तकों के प्रचार सम्बन्धी प्रयास भी किए थे।

एक सक्रिय कार्यक्रम, प्रभावी नेतृत्व तथा ऊँचे स्तरों के बावजूद, मानकतला को 1967 के अंत तक अपनी प्रकाशन गतिविधियों को बंद करने हेतु बाध्य होना पड़ा।[78] इस स्थिति के लिए अनेक कारण गिनाए गए हैं। संभवतः, बुनियादी कारण पूँजी की कमी होना था। हो सकता है कि मानकतला ने अपनी समस्त उपलब्ध पूँजी एवं छोटे बैंक ऋणों का उपयोग करते हुए अपने संचालनों का बहुत तीव्र गति से विस्तार कर लिया हो, और प्रकाशित की गई पुस्तकों की बिक्री से संस्था को नए धन की समय से प्राप्ति न हो पाई हो। ब्रिटिश संस्था एलेन एवं अनविन, जिन्हें संचालन के लिए पूँजी प्रदान करनी थी, उन क्षणों में असफल सिद्ध हुए जब धन की तात्कालिक आवश्यकता थी। इसके अलावा, यह भी संभव है कि मानकतला के ऊपरी व्यय बहुत अधिक थे और भारतीय परिस्थितियों के अनुसार संचालन बहुत अधिक फिजूलखर्ची भरा था। संपादकीय कर्मचारियों को अच्छे भुगतान किए जा रहे थे और प्रत्येक पुस्तक पर बहुत अधिक ध्यान दिया जाता था, अतः प्रत्येक ग्रंथ की संपादकीय लागत का बहुत ऊँचा होना अपरिहार्य था। 2,30,000 रुपयों की पूँजी, जो संस्था को प्रारंभ करते समय उपलब्ध थी, इसके स्व–वित्तपोषित बनने तक इसे सफलता दिला पाने के लिए अपर्याप्त थी। संस्था के द्वारा संचालन भी ऐसे समय पर प्रारंभ किए गए थे जब देश में एक बड़ी आर्थिक मंदी छा चुकी थी, और स्वाभाविक रूप से यह पुस्तकों की बिक्री में एक आम गिरावट का कारण भी थी।

एक प्रकाशक, जो विद्वत्तापूर्ण पुस्तकों को प्रकाशित करने में पर्याप्त सफल रहा और आज अपनी 40वीं वर्षगांठ मना रहा है, है पापुलर प्रकाशन। 1924 में एक पुस्तक दुकान (पापुलर बुक डिपो) के रूप में स्थापित और 1928 से पुस्तकों का प्रकाशन कर रहा पापुलर प्रकाशन प्रारंभ से ही एक परिवार के हाथ में बना रहा है। पुस्तक दुकान का संचालन व्यवसाय का एक प्रमुख हिस्सा बना हुआ है, और पापुलर प्रकाशन

के साथ–साथ अन्य प्रकाशकों की पुस्तकों के वितरक के रूप में भी कार्य कर रहा है। भारत के सर्वाधिक बड़ी पुस्तक दुकानों में से एक, यह संस्था अनेक संस्थागत खरीददारों को आकर्षित करती है और संपूर्ण देश में इसकी एक ख्याति है। पापुलर प्रकाशन सहकारितापूर्ण प्रकाशन व्यवस्थाओं के अंतर्गत अन्य संस्थानों के साथ कार्य करने में भी संलिप्त रहा है। एक अवधि के लिए, पापुलर प्रकाशन मुम्बई विश्वविद्यालय का भी प्रकाशक था, और आज यह भारतीय सामाजिक विज्ञान अनुसंधान परिषद् के साथ कार्य कर रहा है। 1973 में पापुलर प्रकाशन के प्रकाशनों की कुल बिक्री लगभग 8 लाख रुपए की थी और लगभग 75 पुस्तकों का प्रकाशन किया गया था, जिनमें से 45 अंग्रेजी में तथा शेष अधिकांश मराठी में थीं। (संस्था मराठी में और 1952 के बाद से बहुत सीमित संख्या में हिन्दी में भी पुस्तकें प्रकाशित करती रही है।) कुछ पाठ्यपुस्तकों सहित अधिकांश लोकप्रिय पुस्तकें गंभीर अथवा विद्वत्तापूर्ण पुस्तकें हैं।[79]

ऐसा संभव है कि पापुलर प्रकाशन एवं इससे सम्बद्ध उपक्रम एक प्रकाशक के रूप में इसलिए बचे रह सके हैं क्योंकि वे पुस्तक–सम्बन्धी व्यवसायों का एक 'समूह' रहे हैं, जिनमें से अधिकांश बहुत बड़े नहीं हैं। इसके प्रकाशन एवं पुस्तक दुकान के अलावा पापुलर के पास प्रिटिंग प्रेस एवं बाइंडिंग उपकरण भी उपलब्ध हैं; यह मामूली तौर पर आयात व्यवसाय भी करता है, और यह दो बड़े पुस्तक–व्यापार प्रकाशनों में से एक का प्रकाशन करता है। संस्था का कोई भी कर्मचारी बहुत अधिक वेतन प्राप्त करता नहीं प्रतीत होता, इस प्रकार अतिरिक्त व्ययों में कटौती हो जाती है। वास्तव में, पापुलर प्रकाशन की आलोचना इसके द्वारा पांडुलिपियों के संपादकीय कार्य में बरती गई असावधानियों एवं इसकी पुस्तकों की असंगत तकनीकी गुणवत्ता के लिए की जाती रही है। संस्था की पुस्तक–सूची बहुत बड़ी है तथा इसमें अनेक स्तरीय अकादमिक रचनाएं शामिल हैं। यह तथ्य कि लगभग 50 वर्षों से पापुलर प्रकाशन एक बड़े आकार और अच्छी ख्याति वाले प्रकाशक और पुस्तकविक्रेता के रूप में बचा रहने में सफल रहा है, एक अनूठी उपलब्धि है।

अभी तक इस चर्चा द्वारा ऐसे प्रकाशकों पर ध्यान केन्द्रित किया गया है जिनके मुख्यालय मुम्बई में हैं जो कि 1970 तक भारत का प्रकाशन केन्द्र रहा है। हाल के वर्षों में, पुस्तक व्यापार का केन्द्र दिल्ली स्थानांतरित हो चुका है। अधिकांश संस्थाएं, जिन्हें हाल के वर्षों में स्थापित किया गया है, दिल्ली में स्थित हैं, जैसे कि टाटा मैकग्रॉ–हिल, विकास, स्टर्लिंग, थॉम्पसंस एवं अन्य। इसके अलावा, पहले मुम्बई में स्थित रही चुकी अनेक संस्थाएं भी दिल्ली स्थानांतरित हो चुकी हैं जिनमें ऑक्सफोर्ड युनिवर्सिटी प्रेस भी शामिल है। मॅकमिलन, जो पहले मद्रास में स्थित था, अब दिल्ली आ चुका है। यहाँ तक मुम्बई में अभी भी अपना मुख्यालय कायम रखने वाली संस्थाओं ने भी दिल्ली में अपने बड़े शाखा कार्यालय खोल लिए हैं।

विकास पब्लिशिंग हाउस ने भारतीय प्रकाशकों के बीच एक सनसनी उत्पन्न कर दी है। अनेक प्रेक्षकों के अनुसार, 1969 में स्थापित विकास पब्लिशिंग ने स्वयं को भारत के सर्वाधिक सफल प्रकाशकों में से एक के रूप में स्थापित कर लिया है। आज विकास पब्लिशिंग लगभग 100 शीर्षक प्रतिवर्ष प्रकाशित कर रहा है। इसकी सूची में भारी विविधता है तथा इसमें भारत तथा चीन की विकास सम्बन्धी समस्याओं के गंभीर अध्ययनों से लेकर क्रिकेट पर 'त्वरित' सर्वश्रेष्ठ–बिक्रीत पुस्तकें भी शामिल हैं। विकास पब्लिशिंग के निदेशक नरेन्द्र कुमार के अनुसार शीर्षकों की बड़ी संख्या विद्वत्तापूर्ण प्रकृति की है किन्तु बिक्री का एक बड़ा भाग अधिक लोकप्रिय पुस्तकों से प्राप्त होता है। विकास पब्लिशिंग यूबीएस पब्लिशर्स डिस्ट्रीब्यटर्स नामक संस्था का भाग है, और

इस प्रकार यह भारत की सर्वाधिक सफल वितरक एजेन्सियों में से एक से पूँजी प्राप्त करता है और इसके पास प्रभावी वितरण का लाभ उपलब्ध है।[80] विकास पब्लिशिंग प्रमुखतः अंग्रेजी में प्रकाशन करता है, किन्तु यह हिन्दी में भी पुस्तकें प्रकाशित करता है। यह पेपरबैक शृंखला भी जारी करता है, और हाल ही में इसने कॉलेज पाठ्यपुस्तकें जारी करना भी प्रारंभ कर दिया है।

जहाँ कई प्रेक्षकों ने विकास पब्लिशिंग के उत्थान की तुलना एशिया पब्लिशिंग हाउस के साथ की है और चिंता जाहिर की है कि संस्था आवश्यकता से अधिक विस्तार कर रही हो सकती है, वहीं अधिकांश महसूस करते हैं कि विकास पब्लिशिंग वर्तमान समय में भारत का सर्वाधिक प्रभावशाली प्रकाशक है। इसकी लगभग सभी पुस्तकें भली–भांति तैयार एवं संपादित की गई होती हैं, यद्यपि कुछ लोगों ने विकास पब्लिशिंग की सूची की आलोचना असमान होने के रूप में की है। इसके अतिरिक्त व्यय काफी कम हैं और इसका वितरण नेटवर्क संभवतः भारत में सर्वश्रेष्ठ है। यह भी महत्वपूर्ण हो सकता है कि विकास का नेतृत्व अपेक्षाकृत युवा है और इसने नई और अलग प्रकार की पुस्तकों के प्रकाशन का आक्रामक प्रयास किया है। वर्तमान समय में, विकास इस बात का एक उदाहरण है कि यूबीएस एजेन्सी से प्राप्त एक ठोस आर्थिक आधार एवं वितरण प्रणाली वाली संस्था भारतीय बाजार में क्या कर सकती है।

इन चित्रों के द्वारा अपेक्षाकृत बड़े, अधिक दृश्य अंग्रेजी–भाषी प्रकाशकों पर जोर दिया गया है। एशिया, विकास, पापुलर एवं मानकतला किसी भी प्रकार से विशिष्ट नहीं हैं। वे निःसंदेहात्मक रूप से देश के सर्वाधिक बड़े और सर्वश्रेष्ठ प्रकाशकों में से हैं। एक अधिक विशिष्ट उदाहरण है मुम्बई की छोटी संस्था जिसने प्रकाशन के क्षेत्र में कदम रखने का प्रयास किया है, अंग्रेजी तथा हिन्दी में कुछ मुट्ठीभर पुस्तकें प्रकाशित की हैं, और वास्तव में अपनी प्रकाशन गतिविधियों को समाप्त कर दिया है। यह संस्था आंतरिक समस्याओं (संपादकों एवं प्रबंधन के बीच विवादों) से पीड़ित थी, पर्याप्त पूँजी की व्यवस्था नहीं कर सकी, और एक बेहतर वितरण तंत्र नहीं प्राप्त कर सकी।

किसी भी छोटी संस्था को पर्याप्त पूँजी (किसी भी प्रकाक को अपने संचालन के पहले सफल वर्ष के लिए न्यूनतम 2 लाख रुपयों की आवश्यकता होती है), अथवा वितरण, अथवा प्रचार, एवं प्रशिक्षित कर्मचारियों की आवश्यकता होती है। पर्याप्त बाहरी वित्तीय समर्थक के अभाव में प्रकाशनकार्य को इतने लंबे समय तक जारी रखना अत्यन्त कठिन होता है कि व्यवसाय से लाभ प्राप्त होना शुरु हो जाए। इसके अलावा, किसी भी नवस्थापित संस्था के लिए ऐसी पांडुलिपियाँ प्राप्त करना भी कठिन होता है जिनमें गुणवत्ता अथवा बिक्री की संभावनाएं मौजूद हों। प्रकाशन प्रयासों के असफल होने की संख्या बहुत बड़ी है।

प्रशिक्षित संपादकीय कर्मचारियों की एक अतिरिक्त समस्या भी मौजूद है। ऐसे सुप्रशिक्षित संपादक, जो किसी भी पांडुलिपि को इसके मूल से प्रकाशित स्वरूप तक संभाल सकते हों, बहुत कम उपलब्ध हैं। भारत में, जहाँ अधिकांश प्रकाशन संस्थाओं के पास द्विशाखित संपादकीय कार्य उपलब्ध नहीं है, संपादकों को अनेक कार्य करने पड़ते हैं। विशिष्टतौर पर, सुप्रशिक्षित प्रकाशन कर्मी अधिक वेतनों तथा अधिक पेशावर स्वायत्तता की तलाश में एक से दूसरी संस्था में गतिशील होने की प्रवृत्ति रखते हैं। नई संस्थाएं ऐसी प्रतिभाओं को वहन कर पाने में असमर्थ होती हैं अथवा वांछित स्वायत्तता प्रदान करने की इच्छुक नहीं होती।

और अधिक विशिष्ट प्रकाशक एक अतिरिक्त व्यवसाय के रूप में ही प्रकाशन में प्रवेश करते हैं और बुनियादीतौर पर एक पुस्तकविक्रेता, मुद्रक, अथवा वितरक ही होते हैं। इस प्रकार की संस्थाएं वर्ष में कुछ ही पुस्तकें जारी करती हैं, उनके पास कोई

पेशावर कर्मचारी नहीं होते, वे पुस्तकों के प्रचार तथा वितरण के लिए कोई प्रयास नहीं करतीं, और यह उनके स्वामियों के लिए विशुद्धतः अतिरिक्त कार्य होता है। ये संस्थाएं प्रायः ऐसी पुरानी पुस्तकों के पुनर्मुद्रण करती हैं जो कॉपीराइट के अधीन नहीं होतीं, अथवा स्वामियों तक पहुँचने वाली पांडुलिपियों के अनुसार असंकीर्ण तरीके से प्रकाशित की जाती हैं।

अनेक विशेषज्ञताप्राप्त संस्थाएं भी मौजूद हैं जिनमें से कुछ उत्कृष्ट कार्य कर रही हैं और विद्वत्तापूर्ण प्रकाशन में योगदान कर रही हैं। अनेक संस्थाओं के द्वारा वैचारिक कार्यों को प्रकाशित किया जाता है, जिनमें पुनर्मुद्रण एवं नई पुस्तकें दोनों ही शामिल हैं। ऐसे ही एक प्रकाशक हैं मोतीलाल बनारसीदास। अन्य संस्थाएं कानून एवं चिकित्सा की पुस्तकों के प्रकाशन में विशेषज्ञता रखती हैं। ऐसे अनेक पेपरबैक प्रकाशक हैं जो अपनी सूचियों में कुछ गंभीर पुस्तकों को स्थान प्रदान करते हैं। सबसे बड़े हैं ओरिएंट पेपरबैक्स एवं जयको, जो लोकप्रिय उपन्यासों एवं आत्म–सुधार पुस्तकों के साथ–साथ कल्पना, राजनीति, अथवा विद्वत्तापूर्ण पुस्तकों जैसे गंभीर प्रकाशन भी करते हैं। हिन्द पॉकेट बुक्स के पास 3,000 हिन्दी पुस्तकों (160 अंग्रेजी शीर्षकों की तुलना में) की एक सूची उपलब्ध है। इन पेपरबैक्स में से अनेक गंभीर पुस्तकें हैं, जो पश्चिमी शास्त्रीय ग्रंथों, अथवा भारतीय समस्याओं पर वर्तमान परिचर्चाओं के पुनर्मुद्रण हैं। हिन्द पॉकेट बुक्स की मूल संस्था, राजपाल एंड संस, की स्थापना 1891 में की गई थी।

भारतीय प्रकाशक मिश्रित स्वरूप वाले हैं, और उनका सामान्यीकरण करना कठिन है। प्रकाशकों में पेशावर कर्मचारियों एवं सैकड़ों शीर्षकों वाली पुस्तक–सूचियाँ रखने वाली, वितरण नेटवर्क एवं निर्यात संभावना रखने वाली संस्थाओं से लेकर प्रतिवर्ष मात्र कुछ शीर्षकों को प्रकाशित करने वाली और कोई भी वितरण प्रयास न करने वाली संस्थाएं तक शामिल हैं। जहाँ प्रकाशन भारत में स्वयं को एक पूर्णतः लाभदायक व्यवसाय के रूप में स्थापित नहीं कर पाया है, वहीं इसमें कोई संदेह नहीं है कि गत दशक के दौरान व्यावसायिकता और दक्षता में भारी वृद्धि हुई है।

प्रकाशन एवं बौद्धिक समुदाय

प्रस्तुत अध्ययन का समापन इस एक तत्व पर विचार के साथ किया जा रहा है जिसे इस चर्चा के बाहर छोड़ दिया गया है–प्रकाशन कर्मी एवं 'जनता' जो भारतीय बौद्धिक एवं शैक्षणिक समुदाय को प्रकाशन सेवा प्रदान करते हैं। प्रकाशन बड़ी सीमा तक बाजार की माँग का प्रत्युत्तर देता है, और साथ ही साथ लेखकों के द्वारा रचित बौद्धिक 'रचनाओं' पर निर्भर भी करता है। इस प्रकार, प्रकाशकों एवं लेखकों के बीच एक सहजीवी सम्बन्ध होता है। समीकरण के एक भाग का सम्बन्ध उन पेशावर लोगों से भी है जो प्रकाशन संस्थाओं में कार्य करते हैं तथा जो संस्थाओं के स्वामी हैं–कभी–कभी वे एक ही व्यक्ति होते हैं। अतः, प्रकाशन मात्र पांडुलिपियों, मुद्रकों, एवं पुस्तकों भर का मामला नहीं है। इसका सम्बन्ध लेखकों, संपादकों, स्वामियों, और अंततः पाठकों से भी जुड़ा रहता है।

(क) प्रकाशक

एक विकासशील समाज में प्रकाशन की कठिनाईयों पर किए गए इस विचार के बाद कोई भी यह पूछ सकता है कि प्रकाशन में आर्थिक अथवा व्यावसायिक रूप से संलिप्त होने जैसा बुरा सुझाव किसे दिया जा सकता है। इस प्रश्न का एक निश्चयपूर्ण उत्तर प्रदान कर पाना तो कठिन है, परंतु इस क्षेत्र में रुचि रखने वाले व्यक्तियों का अभाव भी

प्रतीत नहीं होता। दिल्ली विश्वविद्यालय के कॉलेज ऑफ वोकेशनल स्टडीज में प्रकाशन के लिए एक नए प्रशिक्षण पाठ्यक्रम में 50 से भी अधिक छात्र शामिल हैं, और प्रकाशन से जुड़े पेशावर लोगों के एक नवगठित संघ ने गैर–स्वामित्व वाले पेशावर लोगों की एक नई प्रजाति के हितों का प्रतिनिधित्व करने हेतु एक संक्षिप्त अवधि वाले प्रयास किए हैं। इस नए संघ का गठन फेडरेशन ऑफ पब्लिशर्स एंड बुकसेलर्स एसोसिएशन, जिसे स्वामियों एवं थोक वक्रेताओं का प्रभुत्व वाला होने और इसी कारणवश उनके प्रकाशन उपक्रम के विशुद्ध आर्थिक पहलुओं से ही सम्बद्ध होने के रूप में देखा गया थां, के साथ समतुल्यता हेतु किया गया था, परंतु अनेक कारणोवश यह स्वयं को कभी स्थापित नहीं कर पाया।[81]

प्रकाशन में कार्यरत् 'विशिष्ट' व्यक्तियों का वर्णन करना कठिन है। अधिकांश के पास कोई न कोई व्यावसायिक अथवा पुस्तकविक्रय की पृष्ठभूमि मौजूद है और कुछ संयोगवश प्रकाशक बन गए हैं। अधिकांश छोटी संस्थाओं के नेतृत्व न तो प्रकाशन में सुप्रशिक्षित हैं न ही उन्हें पुस्तकों का बहुत अधिक ज्ञान ही है। कुछ पुस्तकविक्रेता–प्रकाशक पुस्तकों से वास्तविक प्रेम रखते हैं और उनके बारे में समुचित ज्ञान भी रखते हैं, परंतु इनकी संख्या बहुत छोटी है। अधिकांश स्वामी बुनियादीतौर पर व्यवसायी हैं जो पुस्तक–सम्बन्धी व्यवसाय में लगे हुए हैं। पुस्तक वितरण एवं मुद्रण की अर्थव्यवस्था प्रकाशन की अर्थव्यवस्था से अनेक प्रकार से अलग होते हुए भी परस्पर सम्बद्ध है। और किसी भी प्रकाशनगृह के संचालन के लिए अधिक विशेषज्ञताप्राप्त जानकारियों की अच्छी–खासी आवश्यकता होती है। अधिकांश अपनी संस्थाओं को नेतृत्व प्रदान करने हेतु पर्याप्त जानकारी रखते हैं और कुछ के अंदर लाभदायक शीर्षकों एवं श्रृंखलाओं को पकड़ लेने की अंतःप्रेरणा मौजूद है।

शीर्ष स्तरों पर अधिकांश व्यक्ति व्यवसायी परिवारों से आते हैं और उनकी पृष्ठभूमि शहरी होती है। वे सुशिक्षित होते हैं, प्रायः कला विषयों में परास्नातक डिग्रीधारक होते हैं। उनके परिवार प्रकाशन अथवा पुस्तक–बिक्री में एक पीढ़ी से भी अधिक समय से संलिप्त होने की प्रवृत्ति से युक्त होते हैं और अनेक स्वामी–प्रकाशकों को पुस्तक व्यवसाय की जानकारियाँ स्वाभाविक रूप से प्राप्त हो जाती हैं। कुछ अपवादों सहित प्रकाशनगृह पारिवारिक संस्थाएं होती हैं, जिनमें अधिकांश बुनियादी निर्णय स्वामियों द्वारा लिए जाते हैं। ऐसा मात्र विदेशी संस्थाओं और अपेक्षाकृत कुछ नई बड़ी संस्थाओं में ही होता है कि उनके पास एक कारपोरेट आधारित वित्तीय एवं निर्णयन सम्बन्धी ढाँचा मौजूद हो। स्वामी–प्रकाशक भारत में प्रकाशन उपक्रमों में प्रमुख व्यक्ति बने हुए हैं, यद्यपि यह प्रवृत्ति धीरे–धीरे अधिक नौकरशाहीयुक्त व्यवसायी संगठनों की दिशा में बढ़ रही है। स्वामी–प्रकाशकों का फेडरेशन ऑफ पब्लिशर्स एवं अधिकांश अन्य व्यावसायिक संगठनों में वर्चस्व है, और यही वे लोग हैं जो सामान्यतौर पर अंतर्राष्ट्रीय सभाओं में भारत का प्रतिनिधित्व करते हैं। क्षेत्रीय प्रकाशक संगठनों में भी उन्हीं का प्रभुत्व है।

भारत में प्रकाशकों की एक 'नई प्रजाति' भी विकसित हो रही है। ये गैर–स्वामी पेशावर लोग हैं जिन्होंने हाल के वर्षों में प्रकाशन में कदम रखा है और कुछ बड़ी संस्थाओं में वरिष्ठ कार्यकारियों के पदों तक पहुँच चुके हैं।

निश्चित रूप से कुछ प्रकाशनों के पास कुछ लिपिकों और स्वामी को छोड़कर वास्तव में कोई कर्मचारी मौजूद नहीं है, अतः पेशावर लोग निजी क्षेत्र की उन संस्थाओं, जिनके पास कुछ वरिष्ठ कर्मचारी हैं, और कुछ ऐसे सार्वजनिक–क्षेत्र की प्रकाशन गतिविधियों तक ही सीमित हैं जिनमें पेशावर कर्मचारी शीर्षस्थ पदों पर नियुक्त हैं। भारत में इन पेशावर लोगों की संख्या अभी भी बहुत छोटी है। कुछ पेशावर लोग

अधिक गंभीर क्षेत्रीय भाषाई संस्थाओं जैसे राजपाल एंड संस, राजकमल प्रकाशन, तथा कुछ अन्य में भी कार्यरत् हैं। यह संभव है कि भारत में कोई एक–सौ शिक्षित गैर–स्वामी पेशावर लोग मौजूद हों जो व्यापकतौर पर दिल्ली तथा मुम्बई में केन्द्रित हैं, जिनमें से कुछ कोलकाता एवं मद्रास में भी हैं। साधारणतः ये व्यक्ति सुशिक्षित होते हैं और सामान्यतः मानविकी अथवा सामाजिक विज्ञान की पृष्ठभूमि वाले होते हैं। इन्हें अपेक्षाकृत अच्छा खासा वेतन दिया जाता है जो 1,500 से 2,000 रुपए प्रतिमाह तक होता है। इन सभी को 'कार्य पर' प्रशिक्षण प्राप्त होता है जिनमें से अनेक की पृष्ठभूमि एशिया पब्लिशिंग हाउस अथवा कुछ अन्य संस्थाओं से जुड़ी होती है। संस्थाओं के बीच भी रोजगार गतिशीलता होती है, और कुछ ऐसे पेशावर लोग द्वारा अधिक वेतन के कारण विज्ञापन उद्योग की ओर आकर्षित हो जाते हैं।

निश्चित रूप से, इन पेशावर संपादकीय कर्मचारियों की रोजगार सम्बन्धी अनेक कुंठाएं मौजूद हैं। यह यह तथ्य है कि संस्था के अधिकांश निर्णय स्वामियों के हाथों में होते हैं, जो प्रायः अपने कर्मचारियों की भांति सुप्रशिक्षित अथवा जानकार नहीं होते और अपने व्यावसायिक उपक्रमों के प्रकाशन सम्बन्धी पहलुओं में बुनियादी रुचि न रखने वाले होते हैं। प्रकाशनगृहों के पास प्रशिक्षित कर्मचारियों की भी बहुत कमी है, और इसका अर्थ यह है कि पेशावर रूप से प्रशिक्षित मात्र कुछ ही कर्मचारियों को कई कार्य निपटाने पड़ते हैं। यह असामान्य नहीं है कि कोई एक व्यक्ति पुस्तक प्रकाशन के सभी पहलुओं को संभाले, जिसमें अनुकृति–संपादन से लेकर मुद्रकों के साथ सौदेबाजी, प्रचार, प्रूफरीडिंग जैसे कार्य शामिल हों। दीर्घकाल में यह स्पष्टरूप से संस्था के हित में नहीं होता क्योंकि सापेक्षिकतौर पर अधिक वेतन प्राप्त करने वाला कर्मचारी ऐसा कार्य कर रहा होता है जिसे सहायक कर्मचारियों द्वारा भी किया जा सकता है।

पेशावर संपादकों का लेखकों के साथ सीधा संपर्क मुश्किल से ही होता है, एक ऐसा कार्य जिसे वे अनेक अन्य देशों में संपन्न करते हैं, जो उन्हें साहित्यिक एवं शैक्षिक धाराओं के संपर्क में रखता है। पेशावर कर्मचारी मुश्किल से ही स्वयं को 'बौद्धिक' के रूप में परिभाषित कर पाते हैं। वे कुछ सीमा तक वर्तमान बौद्धिक धारा के संपर्क में रहते हैं, परंतु उनमें से कुछ ही किसी पांडुलिपि को तैयार करने में सीधे संलिप्त होते हैं–भारत में किसी लेखक के लिए सामान्य अभ्यास यह है कि वह अपनी पांडुलिपि किसी प्रकाशक को सौंप दे और प्रकाशक को यह निर्णय लेने दे कि इसे प्रकाशित करना है अथवा नहीं। संपादकीय कर्मचारी कभी–कभार स्वयं लेखक भी होते हैं, और वे लेखकों अथवा अन्य बुद्धिजीवियों के संगठनों में शामिल नहीं होते।

भारत में एक रोजगार के रूप में प्रकाशन का भविष्य अस्पष्ट है। शिक्षा प्रणाली में अंग्रेजी का निरंतर गिरता हुआ स्तर प्रकाशकों के लिए अंग्रेजी भाषा में शैली की समझ–संपन्न कर्मचारियों की खोज को और अधिक कठिन बना देगा। जहाँ प्रकाशन में वरिष्ठ स्तरों पर वेतन अकादमिक वेतनों के बराबर है, वहीं संभावना यह भी है कि कोई प्रतिभावान व्यक्ति किसी विज्ञापन एजेन्सी अथवा किसी गैर–प्रकाशन व्यवसाय में अधिक आय अर्जित कर ले। जैसे–जैसे रोजगार में प्रतिस्पर्धा तीव्र होती जा रही है, यह संभव है कि सुशिक्षित व्यक्ति एक रोजगार के रूप में प्रकाशन में प्रवेश करें। हालांकि, वर्तमान समय में अनेक भारतीय युवाओं के द्वारा प्रकाशन को उतनी ऊँची हैसियत और पारिश्रमिक देने वाला रोजगार नहीं माना जाता।

भारतीय प्रकाशन में व्यावसायिकता एक निरंतर महत्वपूर्ण तत्व बनती जा रही है। स्वामीगण दक्ष पेशावर सहायता की आवश्यकता से निरंतर अवगत होते जा रहे हैं तथा उत्पादन के स्तरों में निरंतर प्रगति हो रही है। पांडुलिपियों के संपादन को अब

प्रकाशन प्रक्रिया का महत्वपूर्ण हिस्सा समझा जाने लगा है। प्रकाशन संस्थाओं के अंदर ही विशेषज्ञता धीरे–धीरे विकसित हो रही है, यद्यपि इस बिन्दु पर ऐसी विशेषज्ञताएं बड़ी संस्थाओं तक ही सीमित हैं। प्रकाशक प्रचार एवं पहले उपेक्षा किए गए अन्य कार्यों पर अधिक ध्यान दे रहे हैं, और इससे प्रशिक्षित व्यक्तियों के लिए अवसर उपलब्ध होंगे। क्षेत्रीय भाषाओं के प्रकाशक विकसित होंगे और अंततः उन्हें भी पेशावरतौर पर प्रशिक्षित कर्मचारियों की आवश्यकता होगी।

(ख) लेखक

अनेक मामलों में लेखक एक ऐसा व्यक्ति होता है जिसे प्रकाशन समीकरण में भुला दिया गया होता है। प्रकाशक पुस्तकों के लिए लेखकों पर निर्भर होते हैं; लेखकों को मुश्किल से ही वह सम्मान प्रदान किया जाता है जिसपर किसी औद्योगीकृत देश में उनका हक हो। एक बार पुस्तक के प्रकाशित हो जाने पर उन्हें मुश्किल से ही पूछा जाता है और उनके साथ बेईमानीपूर्ण व्यवहार किया जाता है। किसी भी लेख के साथ किसी पुस्तक के विचार को 'विकसित' करने के प्रयास बहुत कम किए जाते हैं, और प्रकाशक प्रायः किसी एक व्यक्ति की कई किताबों को प्रकाशित करने का प्रयास नहीं करते। संभवतः सर्वाधिक महत्वपूर्ण यह है कि भारत में लेखन बहुत अधिक पारिश्रमिकदायी नहीं है; धन, प्रतिष्ठा, तथा उन्नति के अर्थों में पारितोषिक बहुत बड़े नहीं हैं।[82]

भारत में किसी भी लेखक के लिए सामान्य अभ्यास यह है कि वह किसी प्रकाशक को विचार करने हेतु पांडुलिपि सौंप दे। यदि प्रकाशक इच्छुक हो तो एक अनुबंध तैयार किया जाता है और पुस्तक प्रकाशित कर दी जाती है। रॉयल्टी के रूप में लेखकों को अग्रिम धनराशि मुश्किल से ही दी जाती है और प्रकाशकों के लिए यह असामान्य बात है कि वे पांडुलिपि के पूरा होने के पहले किसी लेखक के साथ अनुबंध कर लें। भारत में लेखकों के द्वारा अपनी पुस्तकों की मुद्रण लागत का प्रकाशकों को भुगतान करना बहुत आम बात है। जहाँ अनेक विख्यात प्रकाशक इसपर चर्चा करने में हिचकिचाते हैं, वहीं भारत में अनेक प्रकाशकों के द्वारा ऐसा ही किया जाता है, और प्रायः वे ही किसी भी लेखक के लिए अपनी पुस्तक प्रकाशित करवाने का एकमात्र माध्यम होते हैं। एक बार प्रकाशक के द्वारा किसी पांडुलिपि को स्वीकार कर लिए जाने के बाद अधिकांश मामलों में इसपर बहुत कम संपादकीय कार्य किया जाता है। अंग्रेजी में प्रकाशित पुस्तकों के मामले में यह विशेषतौर पर एक गंभीर समस्या है, क्योंकि अनेक लेखकों का इस भाषा पर सशक्त अधिकार नहीं होता, और पांडुलिपियों पर प्रायः काफी संपादकीय कार्य की आवश्यकता होती है।

प्रायः प्रकाशकों के द्वारा लेखकों का शोषण किया जाता है। प्रकाशन में दीर्घकालिक बिलंब के अलावा डिजाइन एवं कागज में परिवर्तन, एवं अन्य समस्याएं जो अनेक देशों में एकसमान हैं, भारतीय लेखकों के लिए कुछ विशिष्ट समस्याएं होती हैं। जहाँ अनुबंधित रॉयल्टियों की मानक दर 10 से 15 प्रतिशत के बीच है, वहीं कुछ पाठ्यपुस्तकों के लेखकों को 25 प्रतिशत तक रॉयल्टी प्राप्त होती है। प्रकाशकों के द्वारा रॉयल्टी का देरी से भुगतान करना अथवा कुछ मामलों में भुगतान ही न करना बहुत असामान्य बात नहीं है। लेखक के पास बहुत कम उपाय उपलब्ध होते हैं क्योंकि न्यायालय में मामला ले जाने की लागत और उसमें लगने वाला समय बहुत भारी पड़ते हैं। कभी–कभी प्रकाशक सही बिक्री विवरण नहीं प्रदान करते और प्रायः लेखक को सूचित किए बिना ही पुस्तक के आगामी संस्करण छाप लेते हैं। कुछ प्रकाशकों को पुस्तकों की बिक्री को कम सूचित करने के लिए जाना जाता रहा है और इस प्रकार

वे रॉयल्टी का भी कम भुगतान करते रहे हैं। भारतीय लेखक प्रायः अपने ही प्रकाशकों तथा सामान्यतौर पर प्रकाशक बिरादरी के साथ भारी शत्रुता का अनुभव करते है।[83] कुछ लेखकों की किसी प्रकाशक विशेष के प्रति निष्ठा होती है और कुछ एक से दूसरी संस्था में स्थानांतरित होते रहते हैं।

भारत में लेखन अत्यधिक सुविकसित पेशा नहीं है। विद्वत्तापूर्ण पुस्तकों अथवा समसामयिक घटनाओं पर पुस्तकों के लेखन से बहुत कम धन की प्राप्ति होती है। कभी–कभार लोकरुचि, जैसे बाँग्लादेश युद्ध, पर किसी ग्रंथ की बिक्री काफी अधिक हो जाती है। जिल्दयुक्त संस्करण की 8,000 प्रतियों की बिक्री असाधारण मानी जाती है। पेपरबैक में मुद्रित उपन्यासों की प्रतियाँ अधिक बिक जाती हैं, और अभी हाल ही में एक पेपरबैक प्रकाशक ने एक अबुद्धिजीवी लेखक द्वारा लिखित एक हिन्दी उपन्यास की 5 लाख प्रतियों के संस्करण को मुद्रित किया था। विद्वत्तापूर्ण पुस्तकों के अधिकांश लेखक स्वतंत्र लेखक नहीं होते बल्कि वे शिक्षक, सरकारी अधिकारी, व्यवसायी, अथवा पत्रकार आदि होते हैं।

भारतीय लेखक अपने हितों की रक्षा के लिए शायद ही कभी संगठित हुए हैं। लेखकों का किसी भी ऐसी समिति में प्रतिनिधित्व नहीं रहा है जिसका सम्बन्ध पुस्तकों अथवा प्रकाशन से हो, और कॉपीराइट सम्बन्धी चर्चाओं में उनके हित कोई महत्वपूर्ण मुद्दा नहीं रहे हैं। लेखकों का कोई भी व्यावसायिक संघ नहीं है, यद्यपि दिल्ली में राइटर्स गिल्ड की स्थापना किए जाने सम्बन्धी हाल ही का प्रयास इस दिशा में उठाया गया एक कदम हो सकता है। भारतीय पी.ई.एन. संगठन लेखकों के लिए एक बौद्धिक मंच का कार्य करता है। कुछ मामलों में, लेखकगण व्यावसायिक प्रकाशन की स्थिति के विरुद्ध विरोध प्रदर्शन के रूप में अपनी पुस्तकों के प्रकाशन के लिए संगठित हुए हैं, परंतु अधिकांशतः ऐसे प्रयास क्षेत्रीय स्तर पर किए गए हैं। केरल तथा पश्चिम बंगाल, जहाँ रचनात्मक प्रकाशन कार्य में कार्यशालाओं और सहकारिता की एक भूमिका रही है, में इन्हें पर्याप्त सफलता प्राप्त हुई है।

कुछ भारतीय लेखक विदेशों में प्रकाशन करवाना पसंद करते हैं, न केवल इसलिए कि वहाँ उन्हें अधिक धन प्राप्त होता है बल्कि इसलिए भी क्योंकि उन्हें लगता है कि वहाँ उनकी रचनाओं को अधिक मूल्यवान समझा जाता है और वे प्रकाशकों को अधिक सौहार्दपूर्ण पाते हैं। अंग्रेजी में भारत के अनेक सर्वाधिक लोकप्रिय उपन्यासकार जैसे रूथ प्रावेर झाबवाला एवं आर.के. नारायण को अपनी आय का अधिकांश भाग विदेशों में प्रकाशित हुई अपनी पुस्तकों से प्राप्त हुआ था। अनेक वर्षों तक नारायण अपने उपन्यासों का प्रकाशन किसी व्यावसायिक प्रेस को सौंपने के बजाय स्वयं करते रहे थे। अनेक शैक्षणिक लेखक अपनी पुस्तकों को अमेरिका अथवा यूरोप में प्रकाशित करवाने के प्रयास करते हैं जहाँ उन्हें अधिक पारिश्रमिक प्राप्त होता है और जहाँ वे प्रकाशक के साथ एक व्यावसायिक सम्बन्ध की आशा कर सकते हैं। विदेशों में प्रकाशन करवाने में सक्षम भारतीय लेखकों की संख्या बहुत छोटी है परंतु भारतीय बुद्धिजीवियों में विदेशों में प्रकाशन करवाने की व्यापक रुचि बौद्धिक जीवन की स्थिति तथा प्रकाशकों की छवि दोनों पर ही एक दुर्भाग्यपूर्ण टिप्पणी है।

अंग्रेजी के लेखक अपने क्षेत्रीय भाषा के समकक्षियों से न केवल बेहतर है और प्रकाशकों के द्वारा उनके साथ बेहतर व्यावसायिक व्यवहार किया जाता है, बल्कि वे अधिक धनोपार्जन भी करते हैं। क्षेत्रीय भाषाओं में लेखन की स्थिति लेखक के दृष्टिकोण से विशेषतौर पर निराशाजनक है। क्षेत्रीय भाषाओं में मात्र कुछ ही प्रकाशक हैं जो पुस्तकों का पर्याप्त वितरण कर पाने में सक्षम हैं। पुस्तकों की मामूली कीमतों के साथ कम बिक्री के कारण आर्थिक लाभ बहुत कम हैं, और प्रकाशक अंग्रेजी की

अपेक्षा कम व्यावसायिक होने की प्रवृत्ति रखते हैं। केरल, जहाँ पुस्तकों की बिक्री कुछ अधिक होती है, इस नियम का एक आंशिक अपवाद है। एक सुविख्यात बुद्धिजीवी ने कहा है कि कम से कम कुछ क्षेत्रीय भाषाओं में किसी भी रचनात्मक लेखक के लिए यह बेहतर है कि वह पुस्तकें लिखने के बजाय पत्रिकाओं के लिए लेखन करे, क्योंकि वहाँ दीर्घकालिक पारितोषिक संभवतः बेहतर हैं।[84]

भारतीय बौद्धिक उपसंस्कृति समान पश्चिमी उपसंस्कृति की तरह अधिक लेखन पर जोर नहीं देती। अभी भी सशक्त परंपरागत संस्कृति के अंतर्गत रचनात्मक एवं विद्वत्तापूर्ण लेखन एक महत्वपूर्ण भूमिका नहीं निभा रहे हैं। जोर ऐसे परंपरागत ज्ञान पर दिया जा रहा है जिसे प्रायः गैर–लिखित स्वरूपों में प्रदान किया जाता है। भारत में परंपरागत संस्कृति के तत्व पश्चिम के अपने समतुल्यों के साथ अपेक्षाकृत अधिक सशक्त हैं। आधुनिक संस्थागत नेटवर्क लेखन और प्रकाशन को बहुत ऊँचे स्तर तक सहयोग नहीं प्रदान करता। विश्वविद्यालयों में नौकरी में उन्नति प्रकाशन पर निर्भर नहीं करती। किसी भी व्यक्ति के लिए पुस्तकें लिखकर अधिक धनोपार्जन करना बहुत ही कठिन है। यहाँ तक कि पत्रकारिता सम्बन्धी लेखन में भी आमदनी बहुत कम है। ये सभी कारक पुस्तक लिखने के उत्साह को कमजोर करते हैं और लेखकों को समाज के केन्द्र से बाहर कर देते हैं।

भारतीय लेखकों के पास अपनी रचनाओं के सम्बन्ध में 'पृष्ठपोषण' प्राप्त करने के बहुत सीमित साधन उपलब्ध हैं। पुस्तक समीक्षा तंत्र अपर्याप्त हैं, और इस तथ्य के अनेक निहितार्थ हैं। कुछ ही पत्रिकाएं किसी आलोचनात्मक अथवा मूल्यांकन प्रकृति वाली उच्च गुणवत्तायुक्त समीक्षाएं प्रकाशित करती हैं। *इकोनॉमिक एंड पॉलिटिकल वीकली* अथवा *क्वेस्ट* जैसे कुछ अपवाद इस अभाव की पूर्ति नहीं कर सकते। समाचारपत्र कुछ समीक्षाएं प्रकाशित करते हैं, और यहाँ तक कि विशिष्ट विद्वत्तापूर्ण पत्रिकाओं में भी मात्र कुछ समीक्षाएं की जाती हैं, और इनकी प्रकृति वर्णनात्मक होती है। इस स्थिति के निहितार्थ यह हैं कि पुस्तकों को समीक्षा माध्यम से प्रचार नहीं प्राप्त होते, और, शायद सर्वाधिक महत्वपूर्ण यह है कि लेखकों के पास अपनी रचनाओं के मूल्यांकन हासिल करने का कोई तरीका उपलब्ध नहीं होता। जनता के पास यह मूल्यांकन करने का कोई साधन नहीं होता कि कौन सी पुस्तक खरीदने योग्य है। गंभीर विश्लेषणात्मक प्रकृति वाली पुस्तक समीक्षा का अभाव भारतीय बौद्धिक जीवन की सामान्य स्थिति को इंगित करने वाला है।

निष्कर्ष

इस अध्ययन के द्वारा भारत के बौद्धिक एवं शैक्षणिक जीवन में प्रकाशन उपक्रम की भूमिका पर ध्यान केन्द्रित किया गया है, और पुस्तक व्यापार की समस्याओं एवं संभावनाओं में से कुछ पर चर्चा की गई है। हम प्रकाशन की अंदरूनी गत्यात्मकता और वास्तविकताओं से उतने ही सम्बद्ध रहे हैं जितने कि प्रकाशन के समाजविज्ञान की व्यापक चर्चा के साथ। इस अर्थ में, यह अध्ययन एक आधुनिक समाज में पुस्तकों की भूमिका के सम्बन्ध में अनुमान लगाने का प्रयास करने के बजाय एक अधिक वर्णनात्मक अभ्यास रहा है। हमने किसी 'सिद्धांत' को प्रदान करने का कोई ढोंग नहीं किया है और इस आशा के साथ वर्तमान स्थिति का वर्णन एवं विश्लेषण करने के साथ संतुष्ट रहे हैं कि ऐसा एक विश्लेषण आगे और अधिक शोध और व्यापक अनुमानन को प्रोत्साहित करेगा।

किसी भी देश के बौद्धिक जीवन में प्रकाशन का एक छोटी किन्तु महत्वपूर्ण भूमिका होती है और इसपर विशेष ध्यान देने की आवश्यकता होती है। यह एक राष्ट्रीय

संसाधन होता है और इसीलिए इसको न केवल सरकार बल्कि बुद्धिजीवियों और, अधिक सामान्यतौर पर, पाठकों का समर्थन प्राप्त होना चाहिए। प्रकाशन तथा इसकी समस्याओं की प्रकृति तथा इसकी समस्याओं के प्रति लेखकों एवं बुद्धिजीवियों द्वारा प्रदर्शित की गई अज्ञानता न केवल भारत में बल्कि अन्य देशों में भी बहुत अधिक रही है। जैसा कि नोट किया गया है, पुस्तकें आधुनिकीकरण की प्रक्रिया में एक सहायक भूमिका निभाती हैं और किसी भी समाज में संस्कृति के संचरण तथा नए विचारों एवं तकनीक दोनों के संचार का माध्यम होती हैं।

अनेक प्रकार से, भारतीय प्रकाशन की उपलब्धियाँ प्रभावशाली रही हैं। इस अध्ययन में वर्णित की गई कठिनाईयों के बावजूद, शीर्षकों के वार्षिक प्रकाशनों के अर्थ में भारत विश्व के अग्रणी प्रकाशन देशों में से एक है। यहाँ प्रकाशन उपक्रम सुस्थापित है और अनेक असफलताओं के बावजूद विकसित होने में सफल रहा है। इसके अलावा, भारतीय पुस्तकों की गुणवत्ता में उल्लेखनीय सुधार हुए हैं। क्षेत्रीय भाषा में प्रकाशन, जो कि अभी भी विकास की प्रारंभिक अवस्थाओं में हैं, विकसित हो चुके हैं और अनेक भाषाओं में एक सक्रिय और व्यावहारिक प्रकाशन उपक्रम मौजूद है। भारत ने निःसंदेहात्मक रूप से तीसरी दुनिया के सबसे बड़े प्रकाशन उपक्रम को खड़ा कर लिया है। प्रकाशन का एक बुनियादी ढाँचा भी विकसित कर लिया गया है। यहाँ न केवल मुद्रण एवं बाइंडिंग उद्योग मौजूद है, बल्कि सक्षम संपादक, उत्पादन निरीक्षक तथा प्रकाशन हेतु आवश्यक अन्य कर्मचारी भी उपलब्ध हैं।

ये उपलब्धियाँ एक ऐसे अभावग्रस्त समाज में हासिल की गई हैं जिसमें संसाधनों का महँगा होना तथा उनके लिए भारी प्रतिस्पर्धा स्पष्ट दिखाई देती है। कागज का 'संकट' रहा है जिसे इस अध्ययन में इस स्थिति के एक उदाहरण के तौर पर वर्णित किया गया है। प्रकाशन भारतीय अर्थव्यवस्था के तनावों के अधीन रहा है, और निर्विवाद रूप से इन तनावों ने प्रकाशन की उन्नति को बाधित किया है। इसके अलावा, कमी, मुद्रास्फीति, और अन्य आर्थिक समस्याओं ने भी पुस्तकों को महँगा बना दिया है और इस प्रकार अधिकांश भारतीय लोगों की क्रयशक्ति से बाहर कर दिया है। भारत में साक्षरता की दर भी नीची ही बनी हुई है, और शिक्षा की सामान्य स्थिति ने प्रकाशन के विकास को प्रभावित किया है। किसी भी फूलते–फलते प्रकाशन उपक्रम की कुंजी पर्याप्त क्रयशक्ति तथा बड़ी संख्या वाले पुस्तकालयों में संयोजित होती है। अंग्रेजी प्रकाशनों के लिए तो यह स्थिति आंशिकतौर पर मौजूद है, लेकिन क्षेत्रीय भाषाओं में अभी भी ऐसा नहीं हो सका है।

स्वतंत्रताप्राप्ति के उपरांत हुई प्रकाशन की प्रगति समस्याविहीन नहीं रही है। प्रकाशन की मात्रात्मक प्रगति सतत् नहीं रही है। विकास की एक अत्यन्त तीव्र अवधि के पश्चात् एक गिरावट आई और फिर विकास मंद हो गया। विद्वत्तापूर्ण प्रकाशन के प्रति एक प्रतिबद्धता तथा व्यावसायिकता के स्तर से युक्त बड़ी संख्या में प्रकाशन संस्थाओं के उभरने के बावजूद भारतीय प्रकाशन का अधिकांश भाग छोटे उपक्रमों के हाथों में ही केन्द्रित रहा है जो गुणवत्ता के उच्च स्तरों का उपयोग करने अथवा यहाँ तक कि अपनी पुस्तकों का वितरण की व्यवस्था कर पाने में भी असमर्थ रहे हैं। विद्वत्तापूर्ण प्रकाशन, जो इस अध्ययन की प्रमुख चिंता है, सामान्यतः लाभदायक उद्यम नहीं रहा है और भारत में यह कुछ कमजोर आधारों पर टिका रहा है। क्षेत्रीय भाषा के प्रकाशनों की प्रगति भी असमान रही है। भारतीय भाषाओं में पुस्तकों की बड़ी अपेक्षाओं को पूरा नहीं किया जा सका है। साक्षरता में मंद प्रगति, क्षेत्रीय भाषाओं में पाठकों में क्रयशक्ति का अभाव, और मामूली सरकारी सहयोग सभी ने मिलकर प्रकाशन के इस क्षेत्र को सीमित कर दिया है। यहाँ तक कि बंगाल, महाराष्ट्र, केरल तथा तमिलनाडु, जिनके

पास अपनी–अपनी भाषाओं में सशक्त बौद्धिक परंपराएं विद्यमान रही हैं, विद्वत्तापूर्ण लेखन में अंग्रेजी अभी भी एक सक्रिय भूमिका निभाना जारी रखे हुए है।

पहले यह उल्लेख किया जा चुका है कि यहाँ किसी भी प्रकार की नीतिगत सिफारिश नहीं की जाएगी। ऐसा अनुभव किया गया है कि ऐसी सिफारिशें किसी भी विदेशी प्रेक्षक के लिए एक उचित कार्य नहीं हैं। इसके बावजूद, मोटे अर्थों में भारतीय प्रकाशन के कुछ ऐसे क्षेत्रों को रेखांकित करना उपयोगी हो सकता है जिनपर प्रकाशकों तथा पुस्तकों से सम्बन्धित अन्य लोगों के द्वारा गंभीर विचार किए जाने की आवश्यकता है।

1. *व्यावसायिकता:* प्रकाशन उपक्रम ने संपादन, स्तरों में सुधार, कर्मचारियों के उन्नयन तथा अन्य पहलुओं के अर्थो में व्यावसायिकता की दिशा में शानदार प्रगति की है। इस प्रगति ने प्रकाशन में भारी सुधार लाने मे सहायता की है। प्रकाशन कर्मियों को पर्याप्त प्रशिक्षण, व्यावसायिक उत्तरदायित्व की समझ, और निजी एवं सार्वजनिक दोनों ही प्रकार की प्रकाशन संस्थाओं के अंदर पर्याप्त स्वायत्तता, व्यावसायिक निर्णयों के उपयोग आदि सभी प्रकाशन के महत्वपूर्ण तत्व हैं। इनमें निरंतर सुधार की आवश्यकता है।
2. *सरकार:* बार–बार यह स्पष्ट किया जा चुका है कि सरकार प्रकाशन में एक प्रमुख तत्व होती है, न केवल सार्वजनिक क्षेत्र के प्रकाशन के महत्वपूर्ण पहलू द्वारा बल्कि उन नीतियों के अर्थों में भी जिनका सम्बन्ध प्रत्यक्ष अथवा परोक्ष रूप से पुस्तक व्यापार से होता है। सभी स्तरों पर सरकारी एजेन्सियों को प्रकाशन पर पड़ने वाले अपने निर्णयों के प्रभावों की पहचान करनी चाहिए, और इस प्रभाव पर विचार करना चाहिए। प्रकाशन को समृद्ध होने के लिए सरकारी संसाधनों की आवश्यकता होती है, परंतु शायद उससे भी अधिक, इसे सहानुभूतिपूर्ण जागरूकता और इस प्रकार के नीतिगत निर्णयों की आवश्यकता होती है जो निजी एवं सार्वजनिक दोनों ही क्षेत्रों के प्रकाशकों को विकसित होने और सुधार करने की अनुमति प्रदान करते हों।
3. *समन्वयन:* भारतीय प्रकाशन को बेहतर समन्वयन और संवाद की अत्यधिक आवश्यकता है। शीर्ष पर, प्रकाशकों के संगठन प्रकाशन उपक्रम के हितों का प्रतिनिधित्व करने में उतने प्रभावी नहीं रहे हैं जितने कि हो सकते थे, न ही इन संगठनों द्वारा ऐसे अंदरूनी संवादों, जो उपयोगी रहे हों, के लिए किसी प्रकार का मंच ही प्रदान किया जा सका है। प्रकाशन में निजी एवं सार्वजनिक क्षेत्र के बीच विशेषतौर पर समन्वयन की एक जबर्दस्त आवश्यकता है।
4. *अकादमिक प्रकाशन:* चूंकि विद्वत्तापूर्ण पुस्तकों का प्रकाशन सामान्यतः अलाभदायक होता है, अतः गैर–लाभकारी एजेन्सियाँ उनके प्रकाशन के लिए विशेषतौर पर उपयोगी हो सकती हैं। इसके लिए विश्वविद्यालय प्रेस एक स्वाभाविक स्त्रोत हैं। भारतीय विश्वविद्यालय प्रेसों को उन्नयन की आवश्यकता है, और उनके लक्ष्यों को पुनः परिभाषित किए जाने की आवश्यकता है ताकि विद्वत्तापूर्ण प्रकाशन उनकी प्रमुख भूमिकाओं में से एक बन सके। विश्वविद्यालय प्रेसों के बीच सहयोग लागतों को कम कर सकता है। स्वायत्तता और दिशा की समझ प्रभावी अकादमिक प्रकाशन के अभिन्न अंग होते हैं। गैर–विश्वविद्यालयीय अनुसंधान संस्थान एवं अन्य संगठन भी विद्वत्तापूर्ण पुस्तकों के प्रकाशन में योगदान कर सकते हैं।

5. *क्षेत्रीय भाषा में प्रकाशनः* जहाँ यह एक अत्यन्त जटिल विषय है जो कि कुछ अर्थों में प्रस्तुत अध्ययन की परिधि से बाहर है, वहीं यह स्पष्ट है कि क्षेत्रीय भाषा में प्रकाशन का विकास धीमा रहा है। क्षेत्रीय सहयोग, राज्य सरकारों द्वारा विशेष सहायता, और सामान्यतः, क्षेत्रीय भाषाओं के प्रकाशकों की आवश्यकताओं पर सावधानीपूर्वक विचारण स्थिति में पर्याप्त सुधार ला सकता है।
6. *बौद्धिक 'जनता':* भारतीय लोगों को लिखने और प्रकाशित करवाने के लिए बहुत कुछ किया जा सकता है, और लेखकत्व न केवल प्रतिष्ठा का बल्कि आय का भी स्रोत हो सकता है। लेखकों की चिंताओं पर ध्यान दिया जाना, तथा उनके आर्थिक मामलों से व्यावसायिकतौर पर और कुशलतापूर्वक निपटा जाना बेहतर लेखन को प्रोत्साहित करने में सहायक हो सकता है और लेखकों की अपनी रचनाएं विदेशों में प्रकाशित करवाने की इच्छा को समाप्त कर सकता है। पुस्तक समीक्षा तथा पुस्तकों के लिए प्रचार को विकसित करना इस विकास का एक अभिन्न अंग है। प्रकाशकों को लेखकों तथा पाठकों दोनों पर अवश्य ही ध्यान देना चाहिए।
7. *विदेशी प्रभावः* इस अध्ययन के द्वारा तीसरी दुनिया के प्रकाशन एवं बौद्धिक जीवन पर विदेशी प्रभावों के विविध पहलुओं को स्पष्ट किया गया है। इनमें से कुछ प्रभाव तो अपरिहार्य हैं। हालांकि, तीसरी दुनिया के देश अपने अस्तित्व की जागरूकता और विदेशी सहायता कार्यक्रमों की सतर्क समीक्षा के द्वारा इन प्रभावों को न्यूनतम कर सकते हैं। भली–भांति सहयोग प्रदान की गई पत्रिकाओं तथा एक स्वदेशी प्रकाशन उपक्रम की मौजूदगी घरेलू चिंताओं पर बौद्धिक ध्यान केन्द्रित करने में भारी सहायता करेगी। कॉपीराइट नियमों में छोटे–मोटे परिवर्तन तथा आयात पर कुछ प्रतिबंध भी इसमें सहायता कर सकते हैं। विकासशील देशों के लिए संभवतः प्रमुख चुनौती है समस्याओं के प्रति निरंतर सतर्क रहना और यथासंभव रूप से अपनी खुद की बौद्धिक स्वतंत्रता की सुरक्षा हेतु नीतिगत निर्णय के लिए तत्पर रहना।
8. *प्रकाशकः* निश्चित रूप से इस उपक्रम के दिल में प्रकाशक का वास है। एक प्रभावी एवं जागरूक प्रकाशक के बिना ऊपर वर्णित कोई भी सुधार संभव नहीं हो सकेगा। प्रकाशकों को कुशलतापूर्वक, व्यावसायिकता के साथ, तथा अपने लेखकों एवं ग्राहकों के साथ सहित स्वयं के हितों का भी ध्यान रखने हेतु अवश्य ही इच्छुक होना चाहिए।

ये कुछ ऐसे क्षेत्र हैं जिनपर भारत में प्रकाशकों एवं अन्य लोगों द्वारा ध्यान दिए जाने की आवश्यकता है। यदि यह अध्ययन भारतीय प्रकाशन की आवश्यकताओं एवं आकांक्षाओं में से कुछ पर और, निहितार्थ द्वारा, तीसरी दुनिया के अन्य देशों में प्रकाशन पर भी प्रकाश डालने में सफल रहा है तो इसने एक उपयोगी प्रयोजन को पूरा कर दिया है।

टिप्पणियाँ

1. Abul Hasan, 'Indian Book Industry: New Perspective', *Indian Publisher and Bookseller*, 22, February 1972, p. 35.

2. लेखक को ये आँकड़े राष्ट्रीय पुस्तकालय, कोलकाता द्वारा अपने वार्षिक सांख्यकीय सारांश से उपलब्ध कराए गए हैं। भारतीय प्रकाशन के मात्रात्मक पहलुओं से सम्बन्धित अनुक्रमिक आँकड़े भी इसी स्रोत से प्राप्त हुए हैं। भारत में प्रकाशन सम्बन्धी आँकड़े समानरूप से विश्वसनीय नहीं हैं। किसी भी पुस्तक की परिभाषा में विसंगतियों के कारण यूनेस्को के स्रोत कई बार भारतीय स्रोतों से अलग होते हैं। अतः, इस पुस्तक में उद्धृत आँकड़े सदैव ही पूरी तरह से सटीक और अद्यतन नहीं हो सकते हैं। राष्ट्रीय पुस्तकालय अब अभिलेखन को समेकित करने पर विचार कर रहा है, और इससे भविष्य में और अधिक विश्वसनीय आँकड़े उपलब्ध होने चाहिए।
3. Om Prakash, 'The Facts', *Seminar,* No. 97, September 1967, p. 14.
4. Robert Escarpit, op. cit., p. 86.
5. उच्च शिक्षा में लागू भाषा की स्थिति पर आगे की चर्चा के लिए देखें: A. B. Shah, ed., *The Great Debate: Language Policy and Higher Education* (Bombay: Lalvani, 1968).
6. Om Prakash, op. cit., p. 12. Robert Escarpit, op. cit., p. 83, states that the figure is 25 per million in India.
7. Gopal Krishan and Madhav Shyam, 'Pattern of City Literacy', *Economic and Political Weekly*, 9, 18 May 1974, p. 795.
8. Interview with Abul Hasan, Book Officer, Ministry of Education, 19 January 1973.
9. P. Banerjee, 'India' in T. Nickerson, ed., op. cit., p. 23.
10. Samuel Israel, op. cit., p. 50. वर्तमान समय में भारतीय प्रकाशन का कोई इतिहास उपलब्ध नहीं है, अतः ये टिप्पणियाँ कहीं अधूरी हैं।
11. हमारी समझ में प्रकाशन के उस विस्तृत अध्ययन से वृद्धि होगी जिसे एन. वेंकटरमन के दिशानिर्देशन में नेशनल काउंसिल ऑफ एप्लाइड इकोनॉमिक रिसर्च द्वारा प्रारंभ किया गया है।
12. Interview with Peter S. Jayasinghe, Director, Asia Publishing House, 29 December 1972.
13. See Arvind Shah, 'The Paper Industry in India', *Indian Publisher and Bookseller*, 24, February 1974, pp. 28–33.
14. जहाँ भारत में यह स्थिति अतिरंजित है, वहीं अमेरिका में प्रकाशित विद्वत्तापूर्ण पुस्तकें भी अपनी बिक्री के एक बड़े भाग के लिए पुस्तकालय बिक्री पर निर्भर रहती हैं। ऐसा अनुमान लगाया गया है कि अमेरिकी विश्वविद्यालय प्रेसों की 60 प्रतिशत बिक्री पुस्तकालयों को की जाती है, जबकि एक–तिहाई पुस्तकें पुस्तकविक्रेताओं को जाती हैं। Chandler Grannis, 'AAUP: Coping with Crisis', *Publishers Weekly,* 24 July 1972.
15. ये आँकड़े प्रकाशन में संलिप्त व्यक्तियों द्वारा उपलब्ध कराए गए हैं। मैं विशेषतौर पर वेलिंगटन कालडेयिरा, डी.एन. मल्होत्रा, डॉ. सुजीत मुखर्जी, एवं नरेन्द्र कुमार का उनकी अंतर्दृष्टियों के लिए ऋणी हूँ।
16. O. P. Ghai, 'Publishing in India', *Illustrated Weekly of India,* 19 March 1972, p. 10.
17. R. J. Taraporevala, 'Economics of Book Publishing and Need for Capital', in T. V. K. Krishnan, ed., op. cit., p. 47.
18. Interview with P. C. Manaktala, Director, Allied Publishers, 13 January 1973.
19. See Artur Isenberg, op. cit., for a discussion of the problems of book distribution.
20. Ibid., p. 35ff.
21. भारतीय पुस्तक व्यापार में 'टेंडर' प्रणाली पुस्तकविक्रेता अथवा वितरक एवं पुस्तकालयाध्यक्ष के बीच एक कौतुहलपूर्ण सम्बन्ध होता है तथा जो पुस्तकालयाध्यक्ष किसी पुस्तकविक्रेता अथवा वितरक को बड़ा आदेश देता है, आदेश देने के लिए सामान्य से अधिक छूट की माँग करता है। कभी–कभार पुस्तकालयाध्यक्षों के द्वारा उसके व्यवसाय के लिए 'घूस'

की माँग भी की जाती है। यह संपूर्ण व्यवस्था भारी बेईमानी का कारण बन चुकी है और पुस्तक व्यापार को एक विशिष्ट कठिनाईपूर्ण नैतिक एवं वित्तीय स्थिति में डाल देती है।

22. इस सदर्भ में इसका कोई मूल्य नहीं है कि पुस्तक व्यापार की राष्ट्रीय आवाज, फेडरेशन ऑफ पब्लिशर्स एंड बुकसेलर्स एसोसिएशन इन इंडिया, पर इसकी स्थापना के समय से ही प्रकाशकों अथवा प्रकाशक–वितरकों का प्रभुत्व रहा है और पुस्तकविक्रेताओं का लगभग कोई भी प्रभाव नहीं रहा है। हाल ही में इस फेडरेशन का दो संगठनों में विभाजन हो चुका है परंतु ऐसी संभावना बहुत कम है कि पुस्तकविक्रेता अधिक प्रभावशाली हो सकेंगे। स्पष्टतः, पुस्तक व्यापार में पुस्तकविक्रेता एक अलग–थलग व्यक्ति होता है।
23. पुस्तक व्यापार को सेवा प्रदान कर रहे दो प्रमुख प्रकाशन हैं, *भारतीय प्रकाशक एवं पुस्तकविक्रेता* तथा *भारतीय पुस्तक उद्योग।* जहाँ ये दोनों ही प्रकार के प्रकाशन नई पुस्तकों को सूचीबद्ध करते हैं, वहीं सूचियाँ अधूरी होती हैं। इन पत्रिकाओं के संपादकों का कहना है कि सूची को संकलित करने में प्रकाशकों से पूर्ण सहयोग नहीं प्राप्त होता। कई वर्षों के अंतराल के बाद राष्ट्रीय पुस्तकालय, कोलकाता ने नवप्रकाशित पुस्तकों पर सूचनाएं प्रदान करना प्रारंभ किया है। यह स्त्रोत वर्तमान संदर्भग्रंथ सूचनाओं के साथ पुस्तक व्यापार की सहायता कर सकता है।
24. Ashwin Shah, 'Government Takes Over Book Buying', *Illustrated Weekly of India,* 13 May 1973, p. 45.
25. R. J. Taraporevala, 'Government Policy', *Seminar,* No. 97, September 1967, p. 20.
26. V. V. John, 'The Battle of the Books', *Times of India,* 19 March 1973.
27. For a sampling of reaction, see 'STC and the Booktrade', *Indian Publisher and Bookseller,* 23, July 1973, pp. 197–223.
28. A. B. Shah, 'Book Trade in Doldrums', *Times of India,* 12 August 1973. p. *6.* See also V. V. John, op. cit., and Ashwin Shah, pp. cit.
29. वर्तमान समय में, एसटीसी ने पुस्तकों के आयात की अपनी योजना को नहीं छोड़ा है, बल्कि इसने आगे अध्ययन किए जाने तक इसे 'स्थगित' कर दिया है।
30. सोवियत संघ 1974 में अंतिमतौर पर अंतर्राष्ट्रीय कॉपीराइट समझौतों का पालन करने हेतु सहमत हुआ था। देखें: J. A. Koutchoumow, 'The New Soviet Copyright Agency is Feeling Its Way', *Publishers Weekly,* 24 June 1974, pp. 40–42.
31. For a critique of the international copyright system, see Jaman Shah, 'India and the International Copyright Convention', *Economic and Political Weekly,* 8, 31 March 1973, pp. 645–8.
32. See *International Copyright: Needs of Developing Countries* (New Delhi: Ministry of Education, 1967).
33. For a detailed discussion of book pirating, see David Kaser, *Book Pirating in Taiwan* (Philadelphia, Pa.: University of Pennsylvania Press, 1969).
34. Jaman Shah, op. cit., p. 645.
35. For further discussion of the copyright issue, see N. N. Gidwani, ed., *Copyright: Legalized Piracy?* (Bombay: Indian Committee for Cultural Freedom, 1968).
36. यह स्पष्ट कर दिया जाना चाहिए कि अमेरिका, जो अबंध नीत वाले पूँजीवाद का हृदयस्थल है, में भी सरकारी पुस्तक नीति का प्रकाशन पर गहरा प्रभाव है। सरकार द्वारा पुस्तकालयों को अनुदान तथा उच्च शिक्षा को सहायता प्रदान करना दोनों ही पुस्तक व्यापार को प्रत्यक्षतः प्रभावित करते हैं। अमेरिकन पब्लिशर्स एसोसिएशन के माध्यम से प्रकाशक वाशिंगटन डी.सी. में एक प्रचारक को कायम रखते हैं ताकि पुस्तकें से सम्बन्धित सरकारी

नीति को प्रभावित किया जा सके। पुस्तक सम्बन्धी अन्य संगठन, जैसे अमेरिकन लाइब्रेरी एसोसिएशन भी ऐसा ही प्रतिनिधित्व बनाए रखता है।

37. भारत निर्मित सर्वप्रथम प्रिंटिंग प्रेस ने हाल ही में उत्पादन प्रारंभ किया है।
38. यह नोट करना चाहिए कि निजी क्षेत्र के प्रकाशक अभी भी अभिजात्य अंग्रेजी–माध्यम स्कूलों को सेवा प्रदान कर रहे हैं, जो एक छोटा किन्तु महत्वपूर्ण बाजार है।
39. For a critical account of the National Book Trust, see Attar Singh, *et al.,* 'National Book Trust', *Round Table,* 1, 9 March 1973, pp. 28–42.
40. Interview with K. S. Duggal, former Director, National Book Trust, 28 January 1973.
41. Suresh Kohli, 'National Book Trust', *Round Table,* 1, 9 March 1973, p. 41.
42. Samuel Israel, op. cit., p. 54.
43. See Abul Hasan, 'Role of National Book Development Bodies in Developing Countries', *Indian Book Industry,* 7, November 1972, pp. 12–16, for a discussion of the National Book Development Council.
44. Interview with Abul Hasan, Special Officer (Books), Ministry of Education, 7 January 1974.
45. For a discussion of this aspect of intellectual life see Edward Shils, 'Metropolis and Province in the Intellectual Community', in Edward Shils, *The Intellectual and the Powers and Other Essays* (Chicago: University of Chicago Press 1972), pp. 355–71.
46. कुछ देशों के द्वारा अधिकांश विदेशी प्रभावों से संपूर्ण 'स्वतंत्रता' घोषित कर दी गई है और वे जीवित रहने में सफल रहे हैं। तंजानिया, जिसने स्वदेशी स्थानीय विकास पर अत्यधिक जोर दिया है, के द्वारा विदेशी परामर्श और तकनीक को बहुत नीचे ला दिया गया है, यद्यपि यह उन्हें पूरी तरह समाप्त नहीं कर सका है। बर्मा ने लगभग पूरी तरह से विदेशी संलिप्तता को समाप्त कर दिया है, और इसकी अर्थव्यवस्था एवं बौद्धिक जीवन ठप हो गया है। चीन एवं उत्तरी कोरिया ने भी विदेशी तकनीक और बौद्धिक प्रभावों पर जोर देना बंद कर दिया है, जिसमें उन्हें भारी सफलता मिली प्रतीत होती है। इन सभी प्रयासों के लिए सावधानीपूर्ण नियोजन की आवश्यकता रही है, और इस बिन्दु पर अपर्याप्त सूचनाएं ही उपलब्ध हैं कि पूर्ण सफलता कैसे प्राप्त की गई है अथवा क्या आयातित ज्ञान के साथ 'विच्छेद' पूरा हो चुका है अथवा नहीं।
47. अमेरिका सरकार के इनफार्मेशनल मीडिया गारंटी प्रोग्राम का अर्थ था कि अमेरिकी प्रकाशक विकासशील देशों को पुस्तकें निर्यात किए जाने में कम से कम जोखिम उठाएं। इस कार्यक्रम के तहत 80 लाख डॉलर मूल्य की पुस्तकों का निर्यात तीसरी दुनिया को किया गया था। इस कार्यक्रम के द्वारा 'नर्म' मुद्राओं को अमेरिकी प्रकाशकों के लिए डॉलरों में परिवर्तित कर दिया गया था। देखें: Stanley Barnett and Roland Piggford, op. cit., pp. 76–7.
48. For a detailed discussion of this topic, see Stephen Clarkson, 'The Low Impact of Soviet Writing and Aid on Indian Thinking and Policy', *Survey* 20 Winter 1974, pp. 1–23.
49. Information concerning the ELBS was provided by H. L. Davis of the British High Commission, New Delhi. Additional data were collected from ELBS publications.
50. Samuel Israel, op. cit., p. 52.
51. For some further comment on American book programmes in India, see Philip G. Altbach, 'Neocolonialism and Indian Publishing', op. cit. Additional materials have been obtained from USIS documents relating to book programmes as well as interviews with both USIS officials and with publishers.

52. See Christopher Lasch, 'The Cultural Cold War' in C. Lasch, *The Agony of the American Left* (New York: Knopf, 1969), pp. 61–114 for a more detailed discussion of American cultural policy at this time.
53. Quoted from AID manual, 1612–69.3—1967 cited in Stanley Barnett and Roland Piggford, op. cit., p. 1.
54. Curtis Benjamin, *Books as Forces in National Development and International Relations* (New York: National Foreign Trade Council, 1964), p. 72.
55. Ibid., p. 72.
56. Interview with S. L. Gupta, M. P., Director of S. Chand, one of India's largest textbook concerns, 17 January 1973.
57. Peter S. Jayasinghe, op. cit., p. 17.
58. K. C. Beri, 'Hindi Books with U.S. Aid Opposed', *Indian Publisher and Bookseller,* 22 March 1972, p. 99.
59. यूनेस्को, ब्रिटिश काउंसिल, फ्रैंकलिन बुक प्रोग्राम एवं अन्य एजेन्सियाँ भारतीय प्रकाशन को तकनीकी सहायता प्रदान किए जाने में सक्रिय रही हैं। यूनेस्को पाकिस्तान में एक क्षेत्रीय पुस्तक केन्द्र चला रहा है जो दक्षिण एशिया को सहायता प्रदान करता है।
60. क्षेत्रीय भाषाओं के संचालन, इसके क्षेत्र, और इसके संभावित बाजार के सम्बन्ध में बहुत कम जानकारियाँ उपलब्ध हैं। प्रकाशन के साथ कार्यरत् प्रमुख पत्रिकाएं, *इंडियन पब्लिशर एंड बुकसेलर* तथा *इंडियन बुक इंडस्ट्री* के द्वारा क्षेत्रीय प्रकाशकों पर लगभग कोई ध्यान नहीं दिया गया है। हिन्दी प्रकाशकों का एक संघ मौजूद है, और कुछ अन्य भाषाओं के संगठन भी मौजूद हैं। परंतु अखिल भारतीय स्तर पर इन प्रकाशकों पर कोई ध्यान केन्द्रित नहीं किया गया है। मराठी प्रकाशन के इतिहास से सम्बन्धित एक ग्रंथ उपलब्ध है। देखें: S. P. Limaye, *History of Marathi Publishing* (Poona: Venus Book Stall, 1968), in Marathi.
61. See David Kopf, op. cit.
62. Om Prakash, op. cit., p. 14.
63. Interview with Professor S. P. Bhagwat, Director, Mouj Prakashan, 17 December 1973.
64. Peter Jayasinghe, 'Book Distribution and Promotion in North India', in N. Sankaranarayanan, ed., *Book Distribution and Promotion Problems in South Asia* (Madras: unesco, n.d.), p. 37.
65. Interviews with Mrs S. Sandhu, Director, Rajkamal Prakashan, 17 January 1973, and with Prof. S. P. Bhagway, op. cit.
66. Chester Kerr, 'Publishing Scholarly Books' in T. V. K. Krishnan, ed., op. cit., p. 126.
67. The best coverage of the world of scholarly publishing is in the pages of the journal *Scholarly Publishing,* edited at the University of Toronto.
68. Stanley Barnett, *et al., Developmental Book Activities and Needs in Indonesia* (New York: Wolf Management Services, 1967), p. 79. This report was conducted by an American team financed by the U.S. Agency for International Development.
69. Chandler Grannis, 'Toronto: Scholarly Publishers Meet, Form International Association', *Publishers Weekly*, 4 December 1972, p. 24.
70. William C. Becker, 'The Crisis One Year Later', *Scholarly Publishing,* 4, July 1973, pp. 291–303. More general information on American scholarly publishing can be found in Chester Kerr, 'The Kerr Report Revisited', *Scholarly Publishing,* 1, 1970, pp. 5–30, and in Gene Hawes, op. cit.
71. S. Kanjilal, 'The University Press in India', *Scholarly Publishing,* 4, October 1972, p. 75.

72. Most of the data concerning the University of Bombay Press was obtained from V. G. Moghe, Superintendent, University of Bombay Press, 2 January 1973, and from documents of the Press.
73. Datus Smith, Jr., 'University Presses in Asia' in T. Nickerson, ed., op. cit., p. 242.
74. Ibid., p. 243.
75. नई दिल्ली में कुछ ऐसे संगठन हैं जो विद्वत्तापूर्ण एवं गंभीर पुस्तकों के प्रकाशन में संलिप्त हैं: भारतीय लोक प्रशासन संस्थान, भारतीय सांस्कृतिक सम्बन्ध परिषद्, अंतर्राष्ट्रीय अध्ययन संस्थान, जवाहरलाल नेहरू विश्वविद्यालय, जामिया मिलिया इस्लामिया, साहित्य अकादमी, भारतीय सामाजिक विज्ञान अनुसंधान परिषद्, संवैधानिक एवं संसदीय अध्ययन संस्थान, सामाजिक विकास परिषद्, वैज्ञानिक एवं औद्योगिक अनुसंधान परिषद्, एवं अन्य। इस सूची में विभिन्न सरकारी मंत्रालयों के प्रकाशनों को शामिल नहीं किया गया है। ऐसा संभव है कि इन संस्थानों के द्वारा प्रतिवर्ष 100 से भी अधिक पुस्तकें प्रकाशित की जाती हों।
76. इन शब्दचित्रों हेतु लिए गए आँकड़े व्यापकतौर पर संस्थाओं के कर्मचारियों के साक्षात्कारों, अन्य प्रकाशकों की टिप्पणियों, तथा संस्थाओं के भ्रमण पर संग्रहीत प्रभावों पर आधारित हैं।
77. Samuel Israel, op. cit., p. 51.
78. पी.सी. मानकतला एंड संस, प्रकाशक से सम्बन्धित अधिकांश जानकारी एलाइड पब्लिशर्स के निदेशक पी.सी. मानकतला के साथ 4 जनवरी, 1973 को किए गए साक्षात्मकार से प्राप्त हुई हैं।
79. पापुलर प्रकाशन से सम्बन्धित जानकारियाँ प्राथमिकतौर पर पापुलर प्रकाशन तथा पापुलर बुक डिपो के स्वामियों सदानंद भटकल एवं रामदास भटकल के साथ किए गए साक्षात्कार पर आधारित हैं। संस्था की 50वीं वर्षगांठ समारोह के एक भाग के रूप में संस्था का इतिहास लिखा जा रहा है।
80. Interview with Narendra Kumar, Director, Vikas Publishing House, 16 January 1973.
81. Interview with Samuel Israel, Director, National Book Trust, 15 January.
82. पुस्तक लेखन का अलाभदायी होना विद्वत्तापूर्ण पुस्तकों के सम्बन्ध में पूर्णतः स्पष्ट है। लेखक, जो स्कूली उपयोग के लिए 'गाइडों' तथा कुछ पाठ्यपुस्तकों का लेखन करते हैं, अपेक्षाकृत अधिक धनोपार्जन कर सकते हैं, परंतु विद्वत्तापूर्ण पुस्तकों के लेखकों को अधिक आय मुश्किल से ही प्राप्त हो पाती है।
83. Samuel Israel, 'Book Publishing in India: Public Image and Reality', *Monthly Public Opinion Surveys,* 18, No. 4, 1972, p. 2.
84. Interview with Kaa Naa Subramaniam, Tamil novelist and intellectual 10 January 1974.

23

केन्द्र एवं परिधीय क्षेत्रः भारत का मामला

The Knowledge Context: Comparative Perspectives on the Distribution of Knowledge
Philip G. Altbach
State University of New York Press (Albany, NY), 1987
pp. 45–62

फ़िलिप जी. अल्ट्बाख़

ज्ञान के सृजन और वितरण पर विचार करने हेतु भारत विशेषतौर पर एक समुचित केस अध्ययन का कार्य करता है। यह तीसरी दुनिया के अनेक देशों के साथ गरीबी की समस्याओं; साक्षरता के निम्न स्तरों (लगभग 40 प्रतिशत); राजनीतिक असंतोष की समस्याओं; जातीय, भाषाई, एवं धार्मिक समूहों; तथा राष्ट्रीय अखंडता के प्रमुख मुद्दों को साझा करता है। इसके अलावा, भारत तीसरी दुनिया के अनेक देशों के साथ औपनिवेशिक अतीत को भी साझा करता है। अंग्रेजी भाषा तथा ब्रिटिश शैक्षिक एवं सांस्कृतिक नीतियों का जारी रहने वाला प्रभाव समकालीन भारत को प्रभावित कर रहा है।

फिर भी, अपने अधिकार के अंतर्गत भारत ज्ञान का एक प्रमुख सृजनकर्ता और वितरक है। भारत विश्व के तीसरे सबसे बड़े वैज्ञानिक समुदाय होने का गौरव करता है, और जहाँ इनमें से अनेक वैज्ञानिकों और कुछ वैज्ञानिक संस्थानों की गुणवत्ता कमजोर है, वहीं एक अत्यन्त महत्वपूर्ण वैज्ञानिक बुनियादी ढाँचा भी मौजूद है। इसकी विश्वविद्यालय प्रणाली पूरी दुनिया की सबसे बड़ी प्रणालियों में से एक है जिसमें 30 लाख से भी अधिक छात्रों को प्रवेश प्राप्त है। भारत एक प्रमुख प्रकाशक देश है, जिसका विश्व में 8वां स्थान है, और यह तीसरी दुनिया के अन्य देशों के साथ–साथ पश्चिम को भी पुस्तकों का निर्यात करता है। अंततः, भारत विश्व का दूसरा सबसे बड़ा चलचित्र निर्माता है, और भारतीय फिल्म उद्योग का भारत के अंदर शक्तिशाली प्रभाव है (भारतीय लोग अपनी गरीबी के बावजूद औसतन अधिक फिल्में देखते हैं) और इसका विदेशों में भी काफी प्रभाव है, क्योंकि भारतीय फिल्में मध्यपूर्व तथा दक्षिण एवं दक्षिणपूर्व एशिया में बहुत आम हैं।

अनेकों संदर्भो में भारत के ज्ञान एवं सांस्कृतिक उद्योग तीसरी दुनिया की तुलना में अधिक स्वायत्त हैं। भारतीय कानून अनेक पुस्तक प्रकाशकों तथा अनेक अन्य उद्योगों के विदेशी नियंत्रण को प्रतिबंधित करता है। बहुराष्ट्रीय प्रकाशक भारतीय प्रकाशन व्यवसाय में भागीदारी तो करते हैं, किन्तु मात्र अल्पसंख्यक अंशधारकों की भांति। इस स्थितिवश भारतीय प्रकाशकों, फिल्म स्टूडियो, तथा समाचारपत्रों की स्वायत्तता में वृद्धि हो गई है। इसके अलावा, भारत का विस्तृत आंतरिक बाजार प्रकाशकों एवं अन्य लोगों

को देश में ही पाठकों/श्रोताओं की खोज करने की अनुमति प्रदान करता है। अधिकांश सांस्कृतिक एवं बौद्धिक क्षेत्रों में सापेक्षिकतौर पर भारत पर्याप्त विशेषज्ञतासंपन्न है। यहाँ सुप्रशिक्षित फिल्म निर्माता एवं निर्देशक तथा फिल्म उद्योग के कर्मचारियों के प्रशिक्षण हेतु उच्च मान्यताप्राप्त स्कूल उपलब्ध हैं। यहाँ अनेक भारतीय प्रकाशक एवं संपादक मौजूद हैं, तथा पुस्तक उद्योग के लिए अनेक प्रशिक्षण पाठ्यक्रम संचालित किए जा रहे हैं। दूसरे शब्दों में, भारत ने अनेक महत्वपूर्ण मामलों में बौद्धिक आत्मनिर्भरता हासिल कर ली है, और यह तथ्य इसे तीसरी दुनिया के अनेक देशों से अलग करता है। वास्तव में, ऐसा संभव है कि तीसरी दुनिया के अन्य भागों में प्रवासी भारतीय कर्मचारी शिक्षकों, संपादकों, और अन्य दक्षतापूर्ण पदों पर कार्य करते हुए मिल जाएं।

भारत का बौद्धिक एवं सांस्कृतिक बुनियादी ढाँचा इसके ज्ञान उद्योग को समझने हेतु महत्वपूर्ण है।[1] यद्यपि इसकी मात्र 40 प्रतिशत जनसंख्या ही साक्षर है, तथापि इस आँकड़े के अनुसार भी 30 करोड़ लोग साक्षर हैं। और जहाँ आबादी का मात्र 2 अथवा 3 प्रतिशत भाग ही अंग्रेजी में साक्षर है, वहीं इस तथ्य के अनुसार ऐसे 2 करोड़ लोग हैं, जो अधिकांशतः शहरों में बसे हुए हैं और आय के पैमाने पर शिखर पर हैं। स्वतंत्रताप्राप्ति के 40 वर्षों के बाद भी अंग्रेजी अभिजात्य वर्ग, विज्ञान एवं सामाजिक विज्ञानों में व्याख्यानों, तथा वाणिज्य की एक प्रमुख भाषा बनी हुई है। भारत के प्रकाशन, शैक्षणिक, अथवा सांस्कृतिक प्रगति की चर्चा में अंग्रेजी की भूमिका की अनदेखी नहीं की जा सकती, तथापि भारत की स्वदेशी भाषाओं को बोलने वालों ने भी प्रभावशाली सांस्कृतिक बुनियादी ढाँचे को विकसित कर लिया है। राष्ट्रीय भाषा एवं लगभग 45 प्रतिशत आबादी की मातृभाषा, हिन्दी, का उपयोग विकसित हो रहे प्रकाशन उद्योग तथा भारत की अधिकांश फिल्मों में किया जा रहा है, और यह अपने सांस्कृतिक उत्पादों के लिए बहुत ही वृहदाकार जनसमूह को अपने साथ बनाए रखे है। प्रमुख भारतीय भाषाओं के बीच बांगला, मराठी, तमिल, एवं मलयालम बोलने वाले लोग भी प्रकाशनगृहों, फिल्म स्टूडियो, पत्रिकाओं, और एक जीवंत बौद्धिक जीवन को विकसित करने में विशेषतौर पर प्रभावी रहे हैं। अतः, उदाहरण के लिए जहाँ अंग्रेजी पुस्तक प्रकाशन की सबसे बड़ी भाषा बनी हुई है वहीं अनेक अन्य भाषाएं भी प्रकाशनगृहों को सहयोग प्रदान करती हैं और वृद्धिशील पाठकों को पुस्तकें, फिल्में, और पत्रिकाएं उपलब्ध कराती हैं।

कुछ मामलों में, भारत दो बड़े समाजों का गठन करता है। इसका शहरी क्षेत्र, जो कुल क्षेत्र का लगभग 20 प्रतिशत है, लगभग हर मामले में पूर्णतः आधुनिक है, जिसमें एक औद्योगीकृत समाज का संपूर्ण बुनियादी ढाँचा मौजूद है (और साथ ही अनेक समस्याएं भी)। ग्रामीण क्षेत्रों में निवास करने वाली भारत की शेष 80 प्रतिशत आबादी को 20वीं शताब्दी में लाया जाना अभी शेष है, यद्यपि अधिकांश भारत के दूरस्थ गाँवों में आधुनिक समाज अपनी पैठ बना चुका है। आय, शैक्षिक स्तर, सामग्रियों तक पहुँच, जीवनस्तर, और आधुनिकता के अन्य साजो–सामान शहरी क्षेत्रों तक केन्द्रित हैं। शहरी अल्पसंख्यकों और ग्रामीण बहुसंख्यकों के बीच की खाई बहुत व्यापक है और यह भारत की एक प्रमुख सामाजिक समस्या बनी हुई है।

प्रस्तुत विश्लेषण के अंतर्गत हमारा सम्बन्ध व्यापकतौर पर शहरी क्षेत्र से जुड़ा है जो ज्ञान के सृजन एवं उपयोग दोनों में ही प्रभुत्व रखता है। वास्तव में, यह तीसरी दुनिया की एक विशेष समस्या है कि शहरी एवं ग्रामीण क्षेत्रों के बीच असमानताएं बहुत व्यापक हैं और यह कि यह खाई अधिकार, संपदा, और ज्ञान के वितरण में प्रतिबिंबित होती है। जहाँ यह सुनिश्चित करने के प्रयास किए जा रहे हैं कि स्कूली–पुस्तकें देश

की जनसांख्यिकीय वास्तविकताओं को प्रस्तुत करें, वहीं शिक्षा प्रणाली और मास मीडिया में सामान्यतः एक शहरी पक्षपात मौजूद है। यह पक्षपात कार्य तथा शहरी जीवन के उन लाभों की तलाश करने वाले लोगों के शहरों की ओर प्रवासन में योगदान करता है जिसे मीडिया द्वारा प्रदर्शित किया गया होता है। उन्नति के अवसर सामान्यतः शहरी क्षेत्रों का एक गुरुत्वाकर्षण होते हैं। प्रकाशन एवं मास मीडिया व्यापकतौर पर शहरोन्मुख हैं। बाजार का बड़ा भाग शहरों में स्थित है जहाँ साक्षरता दरें ऊँची हैं, जहाँ पुस्तकों एवं अन्य सांस्कृतिक उत्पादों तक पहुँच उपलब्ध है, और जहाँ जीवनयापन के स्तर ऊँचे हैं।

अतः, भारत ज्ञान के सृजन और वितरण की एक परीक्षा के लिए एक विशिष्ट उपजाऊ उदाहरण तैयार करता है। जहाँ यह तीसरी दुनिया के अन्य देशों के साथ गरीबी, साक्षरता के निचले स्तरों, एवं अन्य समस्याओं को साझा करता है, वहीं इसी समय पर इसने एक प्रभावशाली ज्ञान उद्योग को विकसित कर लिया है। अतः, भारतीय संदर्भ में अल्पविकास की समस्याओं और तीसरी दुनिया में प्रकाशन एवं मास मीडिया के विकसित होने के तौर–तरीकों दोनों का ही अध्ययन करना संभव है।

यह भी स्पष्ट कर दिया जाना चाहिए कि कुछ मामलों में भारत तीसरी दुनिया के अनेक छोटे देशों तथा अमेरिका, ब्रिटेन, अथवा फ्रांस जैसे सर्वदेशीय केन्द्रों के बीच की परिधीय स्थिति में खड़ा हुआ है।[2] जहाँ यह अनेक क्षेत्रों में बुनियादी शोध के लिए पश्चिमी अकादमिक प्रणालियों पर निर्भर है, और जहाँ प्रमुख पत्रिकाओं और पुस्तकों के लिए पश्चिम पर दृष्टि डालता है, वहीं भारत के पास एक ऐसी वृहद् और सक्रिय अकादमिक प्रणाली मौजूद है जो अपने स्वयं के शोध, पत्रिकाएं एवं पाठ्यपुस्तकें प्रकाशित करती है। प्रायः यह ज्ञान तीसरी दुनिया के देशों तक पहुँच जाता है। इसी प्रकार, भारतीय फिल्में, लोकप्रिय पत्रिकाएं, एवं अन्य सांस्कृतिक उत्पाद भी भारत के बाहर तीसरी दुनिया के असंख्य श्रोताओं तक पहुँच जाते हैं। एक अर्थ में, भारत एक ऐसा "क्षेत्रीय केन्द्र" है जो न केवल दक्षिण एशिया में अपने छोटे पड़ोसियों बल्कि कुछ हद तक मध्य पूर्व और दक्षिणपूर्व एशिया के लिए एक बौद्धिक चुम्बक उपलब्ध कराता है। यूनेस्को जैसी एजेन्सी तथा अन्य अंतर्राष्ट्रीय समूहों में भारत की भागीदारी नेतृत्व भी प्रदान करती है। अतः, जहाँ प्रस्तुत अध्याय अपने उदाहरणों के लिए मुख्यतः एक देश–भारत–पर भरोसा करता है, वहीं यह स्पष्ट है कि इस केस अध्ययन से परे भी इसकी प्रासंगिकता मौजूद है।

केन्द्र एवं परिधीय देश के रूप में भारत

तीसरी दुनिया के अनेक अन्य देशों के समान भारत भी इस क्षेत्र में एक प्रमुख प्रभाव रखने वाला बड़ा क्षेत्रीय केन्द्र तथा अंतर्राष्ट्रीय ज्ञान नेटवर्क के अर्थों में एक परिधीय देश दोनों ही है।[3] इस प्रकार भारत मीडिया नेतृत्व के साथ–साथ क्षेत्र के अन्य देशों जैसे बाँग्लादेश, श्रीलंका, नेपाल और कुछ कम सीमा तक पाकिस्तान एवं बर्मा को सांस्कृतिक उत्पाद भी उपलब्ध कराता है। भारतीय फिल्मों एवं पुस्तकों के तो इससे भी कहीं व्यापक प्रभाव हैं। अनेक मध्यपूर्वीय, अफ्रीकी, एवं दक्षिणपूर्वीय एशियाई देश भारत के कॉलेज–स्तरों वाली (अंग्रेजी) पाठ्यपुस्तकों का व्यापक उपयोग करते हैं, और भारतीय फिल्में अफ्रीका एवं एशिया में व्यापकतौर पर देखी जाती हैं। गुटनिरपेक्ष देशों के नेतृत्वकर्ता के रूप में भारत दक्षिण एशिया की चिंताओं की एक आवाज होने के रूप में भी क्षेत्रीय प्रभाव रखता है।

भारत दक्षिण एशिया का सबसे बड़ा मीडिया बाजार है और इसी कारणवश यहाँ अनेक बहुराष्ट्रीय प्रकाशकों, विज्ञापन एजेन्सियों, प्रेस एजेन्सियों, एवं मीडिया–सम्बन्धी अन्य कंपनियों के क्षेत्रीय कार्यालय मौजूद हैं। भारत के मामले में सर्वाधिक महत्वपूर्ण यह है कि इसके पास एक बहुत बड़ा आंतरिक बाजार मौजूद है जो भारतीय प्रकाशकों और मीडिया संगठनों को स्थानीय बाजारों के लिए विविध प्रकार के ऐसे उत्पादों को तैयार करने की अनुमति प्रदान करता है जिनका निर्यात भी किया जा सकता है। तीसरी दुनिया के अन्य क्षेत्रीय केन्द्रों, जैसे मिस्र, मेक्सिको, एवं अर्जेन्टीना, की ही भांति ही एक बड़ा स्थानीय बाजार एक अंतर्राष्ट्रीय भाषा के उपयोग के साथ संयोजित है जो निर्यातों की अनुमति प्रदान करता है। अंग्रेजी में भारत का आंतरिक बाजार भी बड़ा है, और भारत की अंग्रेजी–भाषी आबादी सर्वाधिक संपन्न वर्ग है और ऐसा वर्ग है जो अंतर्राष्ट्रीय मीडिया नेटवर्क में सर्वाधिक प्रत्यक्षतौर पर संलिप्त है। 2 करोड़ से भी अधिक भारतीय, जो अंग्रेजी में शिक्षित हैं, पूरे उपमहाद्वीप में फैले हुए हैं। वास्तव में, अंग्रेजी भारत में संपर्क भाषा के काम को जारी रखे हुए है। प्रमुख समाचारपत्र अंग्रेजी में प्रकाशित किए जाते हैं, ऐसा ही प्रभावशाली पत्रिकाओं एवं जर्नलों के मामले में भी होता है। जहाँ उच्च शिक्षा का कुछ भाग क्षेत्रीय भाषाओं की ओर स्थानांतरित हुआ है, वहीं स्नातक स्तर पर अंग्रेजी भाषा का वर्चस्व कायम है, और अनेक प्रतिष्ठित विश्वविद्यालय अभी भी अंग्रेजी में ही अपनी शिक्षा प्रदान कर रहे हैं। इस प्रकार, अंग्रेजी भारत के राष्ट्रीय एवं बौद्धिक जीवन में अत्यन्त महत्वपूर्ण बनी हुई है। निश्चित रूप से, अंग्रेजी बाहरी दुनिया के साथ प्रमुख संपर्क माध्यम है और ऐसी भाषा है जिसमें पुस्तकों की निर्यात बिक्री की जाती है।

अनेक क्षेत्रीय भारतीय भाषाओं का देश के बाहर भी महत्वपूर्ण प्रभाव है और वे भारत के क्षेत्रीय महत्व में योगदान करती हैं। तमिल, जो प्रमुख दक्षिण भारतीय भाषा है (जो संस्कृत–आधारित उत्तर भारतीय भाषाओं से असम्बन्धित है) श्रीलंका, सिंगापुर एवं मलेशिया में बड़ी संख्या में लोगों के द्वारा बोली जाती है। इन क्षेत्रों में तमिल फिल्में, पुस्तकें, और सांस्कृतिक उत्पाद उपलब्ध होना आम बात है। गुजराती समुदाय पूर्वीय अफ्रीका में मौजूद हैं, और इस भाषा की सामग्रियाँ अफ्रीका में प्राप्त की जा सकती हैं। संपूर्ण एशिया एवं अफ्रीका में शायद सर्वाधिक महत्वपूर्ण प्रभाव हिन्दी फिल्मों का है। फीचर फिल्मों के विश्व के दूसरे सबसे बड़े निर्माता के रूप में भारत के पास अफ्रीका तथा एशिया में बड़ा निर्यात बाजार उपलब्ध है। तीसरी दुनिया में दर्शकों के बीच जो भारतीय फिल्में लोकप्रिय हैं वे पलायनवादी मनोरंजन फिल्में होती हैं जिसके लिए हिन्दी, जो इन फिल्मों की भाषा होती है, के ज्ञान की आवश्यकता नहीं होती। हिन्दी की लोकप्रिय फिल्मों को मध्यपूर्व, दक्षिणपूर्व एशिया, तथा पश्चिमी एवं पूर्वीय अफ्रीका में प्रायः देखा जा सकता है।

भारतीय पुस्तकों एवं पत्रिकाओं के निर्यात के लिए अंग्रेजी प्रमुख भाषा है। व्यापकतौर पर मध्यपूर्व एवं दक्षिणपूर्व एशिया में कॉलेज एवं विश्वविद्यालय स्तर पर भारत–उत्पादित पाठ्यपुस्तकों के लिए निर्यात बाजार बहुत बड़ा है। औद्योगीकृत देशों में प्रकाशित कॉलेज पाठ्यपुस्तकों की तुलना में तीसरी दुनिया के देशों में भारतीय पुस्तकें प्रायः अधिक प्रासंगिक हैं। भारतीय पुस्तकें पश्चिमी पुस्तकों की तुलना में बहुत सस्ती भी हैं। कुछ अपवादों के साथ भारतीय प्रकाशक पाठ्यपुस्तक निर्यात बाजार में बहुत अधिक सक्रिय नहीं हैं, और इस प्रकार, भारतीय पुस्तकों को उतना प्रसार नहीं हो पाता जितना कि हो सकता है। मानविकी एवं सामाजिक विज्ञानों की पुस्तकों की अपेक्षा विज्ञान की पुस्तकें विदेशों में अधिक प्रयुक्त की जाती हैं। वास्तव में, भारतीय

प्रकाशकों के द्वारा यह उल्लेख किया गया है कि अधिकांश विद्वत्तापूर्ण पुस्तकों के लिए लाभ अथवा हानि के बीच अनुमानित विदेशी बिक्री ही मार्जिन होती है। विदेशी बिक्री का बड़ा भाग उत्तरी अमेरिका, ब्रिटेन तथा ऑस्ट्रेलिया में अकादमिक पुस्तकालयों को जाता है। अनेक मामलों में, विद्वत्तापूर्ण पुस्तकों की 30 प्रतिशत अथवा उससे भी अधिक की बिक्री विदेशों में की जाती है। सत्य यह है कि वास्तव में भारत में प्रकाशित की गई समस्त विद्वत्तापूर्ण पुस्तकें अंग्रेजी सहायता में विदेशी प्रसार के लिए हैं। भारतीय भाषाओं में पुस्तकों के लिए विदेशी बिक्री की संभावनाओं का अभाव इन भाषाओं में पुस्तक प्रकाशन को बाधित कर सकता है।

इसी समय पर भारत अंतर्राष्ट्रीय ज्ञान नेटवर्क के परिधीय क्षेत्र पर खड़ा है। जैसा कि जेरेमी टनस्टाल ने स्पष्ट किया है, यहाँ तक कि इसका विशाल एवं फूलता–फलता फिल्म उद्योग भी बुनियादीतौर पर हॉलीवुड मॉडल की नकल है।[4] अपने मीडिया उद्योग के लिए आवश्यक अनेक तकनीकों हेतु भारत को पश्चिम पर निर्भर रहना पड़ता है। भारत में प्रसारित विदेशी समाचार व्यापकतौर पर पश्चिमी समाचार सेवाओं से प्राप्त किए जाते हैं (यद्यपि भारतीय समाचारपत्रों के संवाददाताओं को कुछ प्रमुख राजधानियों में देखा जा सकता है)। पश्चिमी पुस्तकें भारत में व्यापकतौर पर उपलब्ध हैं–तथा बौद्धिक संवाद के प्रमुख माध्यम के रूप में अंग्रेजी का उपयोग पश्चिमी पुस्तकों की घुसपैठ को अपेक्षाकृत सहज बना देता है। वस्तुतः लगभग हर मामले में भारतीय मीडिया उद्योग सर्वदेशीय मॉडलों की व्युत्पत्ति है। प्रमुख भारतीय समाचार साप्ताहिक *इंडिया टुडे टाइम* एवं *न्यूजवीक* से प्रतिस्पर्धा करता है। प्रमुख समाचार पत्र पश्चिमी तार सेवाओं का उपयोग करते हैं और वे *न्यूयार्क टाइम्स* तथा *लंदन टाइम्स* के स्तंभों का पुनर्मुद्रण करते हैं। अनेक भारतीय लेखक अपनी रचनाओं को विदेशों में प्रकाशित करवाना पसंद करते हैं क्योंकि इससे उन्हें अधिक पारिश्रमिक और मान्यता प्राप्त होते हैं। हालांकि, इसका अर्थ है कि लेखकों को मात्र भारतीय पाठकों को छोड़कर अंतर्राष्ट्रीय पाठकों को ध्यान में रखते हुए लेखन करना आवश्यक होता है। विद्वत्ता का महत्वपूर्ण सम्बन्ध अंतर्राष्ट्रीय ज्ञान नेटवर्क के साथ भी जुड़ा हुआ है। शोध परिणामों को पश्चिमी पत्रिकाओं में प्रसारित किया जाता है, और अनेक भारतीय विद्वान अपने कार्य को प्रमुख अंतर्राष्ट्रीय पत्रिकाओं में प्रकाशित करवाना पसंद करते हैं, जिनमें से अधिकांश वस्तुतः पश्चिम में ही प्रकाशित किए जाते हैं। पश्चिमी सांस्कृतिक प्रभावों पर एक अतिरेक को समझना संभव है। उदाहरणार्थ, प्रमुख समाचारपत्रों तथा समीक्षक मीडिया में पाई जाने वाली अनेक पुस्तक समीक्षाएं पश्चिम में प्रकाशित की गई पुस्तकों से सम्बन्धित होती हैं। इसका अर्थ यह है कि भारत में प्रकाशित पुस्तकों पर भारत में ही कम ध्यान दिया जाता है। लेखक, पत्रकार, और बुद्धिजीवी सभी अपने कार्य को मान्यता दिलवाने हेतु प्रायः विदेशों पर ही दृष्टि डालते हैं।

भारत की स्थिति केन्द्रीय एवं परिधीय दोनों ही है। अपने अधिकार के अंतर्गत भारत एक बौद्धिक एवं मीडिया शक्ति दोनों ही है और इसके पास क्षेत्रीय प्रभाव भी उपलब्ध है, फिर भी यह अंतर्राष्ट्रीय ज्ञान व्यवस्था से बँधा हुआ है। एक उभरते हुए स्वतंत्र सांस्कृतिक एवं वैज्ञानिक प्रतिष्ठान तथा सर्वदेशीय केन्द्र के अत्यन्त ताकतवर खिंचाव के बीच के तनाव अधिकांश भारतीय विद्वतकार्यों और टिप्पणियों में स्पष्ट हैं। हालांकि, प्रायः हमेशा ही सभी भारतीय बुद्धिजीवी समस्याओं की जागरूक पहचान किए बिना ही दुविधा तथा संघर्ष की इसी स्थिति में कार्य करते हैं।[5] संपूर्ण ज्ञान प्रणाली–फिल्म उद्योग, जो फिल्म निर्माण की तकनीकों में नवाचारों के लिए पश्चिम को देखता है, से लेकर अकादमिक समुदाय, जो औद्योगीकृत देशों में प्रणाली सम्बन्धी और शोध की

प्रवृत्तियों से जुड़ा हुआ है–सर्वदेशीय केन्द्रों से सम्बन्धित है। फिर भी, इस सम्बन्ध के संदर्भ में स्वतंत्रता का एक शक्तिशाली तत्व भी मौजूद है। केन्द्र तथा परिधियाँ, जहाँ आधुनिक विश्व में वास्तविकताएं होते हुए भी कम जटिल घटनाएं नहीं हैं।

स्वतंत्रता के तत्व

यह चर्चा भारत में ज्ञान प्रणाली के उन तत्वों पर जोर देती है जिन्हें अच्छी–खासी स्वतंत्रता हासिल हो चुकी है। यदि कोई हों, तो इनमें से मात्र कुछ तत्व ही पूर्णतः स्वतंत्र हैं क्योंकि भारत ने आत्मचेतना सहित शेष विश्व तथा विशेषतौर पर ब्रिटेन और अमेरिका के साथ शक्तिशाली बौद्धिक सम्बन्ध कायम रखे हैं। फिर भी, इस प्रणाली के कुछ ऐसे पहलू भी हैं जिन्हें भारी स्वतंत्रता प्राप्त हो चुकी है। स्वतंत्रताप्राप्ति के ये तत्व तीसरी दुनिया के अन्य देशों के लिए उपयोगी मार्गदर्शक होंगे क्योंकि वे ज्ञान उत्पादन एवं वितरण के क्षेत्र में अपनी खुद की क्षमताओं का निर्माण करने का प्रयास कर रहे हैं।

बुनियादी ढाँचे

समय के साथ भारी निवेश हो चुके होने, एक प्रशिक्षित श्रमशक्ति के समूह और विशाल आंतरिक बाजार के मौजूद होने के कारण भारतीय ज्ञान तथा मीडिया उद्योग कर्मचारियों एवं उपकरण दोनों में ही बुनियादी आत्मनिर्भरता प्राप्त कर चुके हैं। इससे भी अधिक यह है कि मीडिया के अधिकांश क्षेत्रों में प्रशिक्षण सुविधाएं उपलब्ध हैं, और प्रिंटिंग प्रेस से लेकर फिल्म एवं कागज निर्माण क्षमता के क्षेत्र में भारी मशीनरी को एक वृद्धिशील अनुपात में स्थानीयतौर पर उत्पादित किया जा रहा है। तीसरी दुनिया के अन्य देशों के साथ तुलना किए जाने पर ये क्षमताएं अत्यधिक प्रभावशाली सिद्ध होती हैं। इसके कुछ उदाहरण इस बिन्दु को स्पष्ट कर देंगे।

अधिकांश मामलों में भारतीय प्रकाशन उद्योग आत्मनिर्भर है, यद्यपि मुद्रण उपकरणों एवं कम्प्यूटर–आधारित टाइपसेटिंग में अधिकांश विकसित तकनीकों को अभी भी विदेशों से आयात करना आवश्यक है। कर्मचारियों के मामलों में, अधिकांश संपादक एवं अन्य पेशावर लोगों को भारत में ही प्रशिक्षित किया गया है। प्रकाशन कर्मियों के लिए भारतीय कॉलेजों में अनेक प्रशिक्षण कार्यक्रम उपलब्ध हैं, और अनेक प्रकाशक रोजगार पर प्रशिक्षण की सुविधा भी प्रदान करते हैं। मुद्रकों के लिए प्रशिक्षण कार्यक्रम भी प्रस्तुत किए जाते हैं। वास्तव में भारत में प्रकाशन अथवा मुद्रण उद्योग में कहीं पर भी किसी प्रवासी को नहीं पाया जा सकता। भारत अपने प्रिंटिंग प्रेस खुद निर्मित करता है, यद्यपि यह सर्वाधिक उन्नत उपकरणों का निर्माण नहीं कर पाता। भारत निर्मित प्रिंटिंग प्रेस विश्व बाजार के लिए पुराने हैं, फिर भी ये घरेलू मुद्रण उद्योग के लिए अत्यन्त उपयोगी हैं। जैसे–जैसे भारत विश्व बाजार कीं मुद्रण एवं प्रकाशन में प्रतिस्पर्धा में प्रवेश कर रहा है, वैसे–वैसे इसने अनुभव किया है कि कुछ प्रकार के अद्यतन उपकरणों का विदेशों से आयात करना आवश्यक है। उदारहणार्थ, आज भारत अन्य देशों को टाइपसेटिंग का निर्यात करता है, और, सामान्यतौर पर, यह टाइपसेटिंग आयातित कम्प्यूटर–आधारित उपकरण पर की जाती है। कम मजदूरी एवं ऊपरी व्यय भारत को इस क्षेत्र में प्रभावी तौर पर प्रतिस्पर्धा में सक्षम बनाते हैं। हालांकि, उपकरणों का आयात आवश्यक होता है, यद्यपि कुछ क्षेत्रों में भारत अब अपने ही सॉफ्टवेयरों का निर्माण करने लगा है। यह एक कौतूहलपूर्ण विरोधाभास है कि स्थानीय प्रकाशनों

और मुद्रण उद्योगों की आवश्यकताओं की पूर्ति स्वदेश निर्मित सामग्रियों द्वारा की जा सकती है, परंतु जब देश अंतर्राष्ट्रीय बाजार में भागीदारी की दिशा में आगे बढ़ता है तो आधुकितम आयातित उपकरणों की आवश्यकता होती है।

कागज प्रकाशन उद्योग की एक प्रमुख सामग्री है और सामान्यतः ज्ञान वितरण में प्रायः एक उपेक्षित तत्व होता है, क्योंकि स्थानीय क्रयशक्ति के अनुकूल किसी कीमत पर कागज की पर्याप्त आपूर्ति के बिना अनेक प्रकार के ज्ञान तक पहुँच बाधित हो जाती है। भारत इस मामले में तीसरी दुनिया के अनेक देशों से आगे है कि इसके पास एक बड़ी कागज निर्माण क्षमता उपलब्ध है। परंतु भारत–निर्मित कागज महँगे हैं, आपूर्ति कम है, और पुस्तक प्रकाशन के लिए विशेषतौर पर अपर्याप्त हैं। पुस्तकों में सामान्यतौर पर प्रयुक्त होने वाला "परंपरागत कागज" खराब गुणवत्ता वाला होता है, और भारत में इसकी आपूर्ति बहुत कम है। भारतीय सरकारों ने स्थानीय उद्योग को सहारा देने और विदेशी मुद्रा की बचत के लिए कागज के आयातों को निरुत्साहित किया है।[6] अतः, यहाँ कमी बराबर बनी रहती है, कीमतें ऊँची हैं, और पुस्तकों के कागजों में गुणवत्ता की समस्या बनी रहती है। भारत में न्यूजप्रिंट की समस्या अपेक्षाकृत कम है, और अधिकांश समाचारपत्र स्थानीय उत्पादित कागज पर छापे जाते हैं। इन समस्याओं के बावजूद, घरेलू मुद्रण उद्योग का अस्तित्व में बने रहना भारत के लिए एक महत्वपूर्ण लाभ है। तीसरी दुनिया के देश पूरी तरह से विदेशी कागज आपूर्तिकर्ताओं, जो विशेषतौर पर मात्र औद्योगीकृत देशों में स्थित हैं, पर आश्रित होते हैं।[7] अतः, कागज की कीमत के साथ–साथ कागज की प्रकृति एवं गुणवत्ता को औद्योगिक देशों के द्वारा नियंत्रित किया जाता है।

भारतीय फिल्म उद्योग भी कर्मचारियों के प्रशिक्षण और फिल्म निर्माण के अधिकांश पहलुओं में व्यापकतौर पर आत्मनिर्भर है। उच्च–गुणवत्तायुक्त बहुरंगी फिल्म प्रायः आयात की जाती है, परंतु भारत अनेक प्रकार की फिल्मों का उत्पादन घरेलू तौर पर कर रहा है। परिष्कृत कैमरे अभी भी आयात ही किए जा रहे हैं। परंतु अधिकांश भारतीय फिल्में, जिनमें वृत्तचित्रों से लेकर बड़े बजट वाली लोकप्रिय फिल्में भी शामिल हैं, पूरी तरह से भारतीय कर्मचारियों द्वारा निर्मित होती हैं जिसमें भारत–निर्मित उपकरणों के उपयोग के अनुपात में निरंतर वृद्धि हो रही है। भारतीय फिल्म स्टूडियो भली–भांति सुसज्जित हैं।[8] पश्चिमी मानकों के अनुसार भारतीय फिल्में बहुत अधिक परिष्कृत नहीं हैं, किन्तु वे भारत तथा विदेशों में बड़ी संख्या में दर्शकों को भाती हैं, और उनके निर्माण भी सापेक्षिकतौर पर सस्ते हैं। इसके अलावा, मृणाल सेन और सत्यजीत रे जैसे फिल्म निर्माताओं ने यह सिद्ध कर दिया है कि भारतीय फिल्म उद्योग उच्च–गुणवत्तायुक्त फिल्में बना सकता है।

पाठ्यपुस्तकें

एक शिक्षा प्रणाली के लिए स्कूली पाठ्यपुस्तकें उपलब्ध कराना किसी भी प्रकाशन उद्योग का एक प्रमुख योगदान होता है, क्योंकि पाठ्यपुस्तकें अध्ययन की कुंजी होती है और, अनेक देशों में, शिक्षकों के समान ही महत्वपूर्ण होती हैं।[9] भारत वास्तव में सभी स्तरों पर अपनी पाठ्यपुस्तकों की आवश्यकताओं को पूरा कर लेता है। 15 आधिकारिक भाषाओं तथा भारतीय राज्यों में अनेक भाषाओं में संचालित हो रहे स्कूलों के साथ पाठ्यपुस्तकों को उपलब्ध कराया जाना एक भारी चुनौती है। इसके बावजूद, भारत ने 15 से भी अधिक भाषाओं में सभी विषयों में पाठ्यपुस्तकें तैयार कर ली हैं। अधिकांश

मामलों में, यह पुस्तकें भारतीय पाठ्यक्रम की अवधारणा को प्रतिबिंबित करती हैं और भारत के उदाहरणों का उपयोग करती हैं, यद्यपि सैद्धांतिक पहलुओं की उत्पत्ति पश्चिमी अनुसंधान एवं विकास से ही होती है। अधिकांश राज्यों में, प्राथमिक एवं माध्यमिक स्तर की पाठ्यपुस्तकें राज्य की पाठ्यपुस्तक एजेन्सियों द्वारा उपलब्ध कराई जाती है, जो कभी–कभी पुस्तकों के प्रकाशन के लिए निजी क्षेत्र के प्रकाशकों के साथ मिलकर कार्य करते हैं और कभी–कभी इसकी क्षमता उनके पास भी उपलब्ध होती है। पाठ्यपुस्तक प्रकाशन का राज्यों द्वारा अधिग्रहण कर लिया जाना निजी क्षेत्र के प्रकाशकों के लिए एक गंभीर समस्या रही है क्योंकि इससे उनका एक सर्वाधिक लाभदायक एवं सुनिश्चित बाजार हाथों से निकल गया है। कॉलेज एवं विश्वविद्यालय स्तर पर भी भारत अपनी पाठ्यपुस्तकों का बड़ा भाग सामान्यतः निजी क्षेत्र के माध्यम से उपलब्ध करवा लेता है। कुछ विषयों, विशेषतौर पर स्नातक स्तर पर, पुस्तकों का आयात करना अथवा विदेशी प्रकाशकों से लाइसेसं के अधीन भारत में मुद्रित करना आवश्यक हो जाता है।

अधिकांश विषयों में भारतीय लेखक समुचित पाठ्यपुस्तकें तैयार करने में सक्षम हैं, और प्रकाशन उद्योग इन पुस्तकों के प्रकाशन सम्बन्धी तकनीकी विशेषज्ञता प्रदान करने हेतु पर्याप्त रूप से सुविकसित हो चुका है। भारतीय शिक्षा प्रणाली की आर्थिक वास्तविकताओं का साथ देते हुए भारतीय पाठ्यपुस्तकें सामान्यतः अपने पश्चिमी समकक्षियों की अपेक्षा अधिक महँगी नहीं होती। स्वतंत्रताप्राप्ति के बाद यह एक प्रभावशाली उपलब्धि रही है कि अनेक भाषाओं में विभिन्न प्रकार के विषयों में पाठ्यपुस्तकों की एक श्रृंखला को प्रकाशित करने हेतु बुनियादी ढाँचे, ज्ञान, तथा कौशल को विकसित कर लिया गया है। यह भी ध्यान में रखा जाना चाहिए कि किसी भी नियत समय पर लगभग 10 करोड़ लोग स्कूल में पढ़ रहे होते हैं, और जहाँ अनेक विषयों में अभी भी पुस्तकों की कमी है, विशेषतौर पर ग्रामीण क्षेत्रों में, वहीं भारतीय पाठ्यपुस्तक उद्योग प्रभावशाली तरीके से विकसित हो चुका है।

लेखक

विश्व के आठवें सबसे बड़े प्रकाशन उद्योग के साथ भारत ने अपनी प्रकाशन सम्बन्धी भाषाओं के लिए लेखकों की एक बड़ी संख्या को विकसित कर लिया है। जहाँ अभी भी बहुत कम भारतीय ऐसे हैं जो लेखन के द्वारा पूरी तरह जीवनयापन कर सकते हों, वहीं भारत में अधिकांश विषयों पर पुस्तकें प्रकाशित करने की विशेषज्ञता मौजूद है, और लेखकों के लिए प्रोत्साहन भी उपलब्ध हैं। यद्यपि विश्वविद्यालय स्तर पर भारत अभी भी पाठ्यपुस्तकों का आयात कर रहा है, तथापि वास्तव में प्राथमिक एवं माध्यमिक स्तर के साथ–साथ वृद्धिशील अनुपात में माध्यमिकोत्तर स्तर पर भी सभी पुस्तकें भारतीय लोगों द्वारा लिखी जा रही हैं। शिक्षक शोध–आधारित ग्रंथलेखन कर रहे हैं, और भारत के अंदर तथा कुछ सीमा तक विदेशों में ऐसी पुस्तकों के लिए बाजार मौजूद हैं। लोकप्रिय उपन्यास, स्वयं–सहायता पुस्तकें, तथा अन्य प्रकार की पुस्तकों का प्रकाशन भी भारत में बड़ी संख्या में किया जा रहा है। निर्विवाद रूप से, जिस भाषा में सर्वाधिक लाभदायक लेखन किया जाता है वह अंग्रेजी है (कुछ अतिलोकप्रिय हिन्दी उपन्यासों के अपवादों को छोड़कर); अतः अनेक लेखक अपनी पुस्तकों को अंग्रेजी में प्रकाशित करना पसंद करते हैं। हालांकि, अनेक क्षेत्रीय भाषाओं के द्वारा हाल के वर्षों में भारी पाठकसंख्या विकसित कर ली गई है, और लेखक इन उभरते हुए बाजारों को सेवा प्रदान करने के लिए आगे आने लगे हैं। बांगला, मराठी, मलयालम, और तेलुगू महत्वपूर्ण पुस्तक

प्रकाशन की भाषाओं के रूप में उभर चुकी हैं। देश की आधिकारिक भाषा हिन्दी के पास भी एक बढ़ता हुआ पुस्तक बाजार मौजूद है, और उससे भी अधिक महत्वपूर्ण है कुछ पुस्तक प्रकाशनों को सरकार द्वारा प्रायोजित करना।

टेलीविजन

गत दशक के दौरान एक प्रमुख शक्ति के रूप में टेलीविजन के उद्भव ने मीडिया उद्योग में भारी परिवर्तन ला दिए हैं। वर्तमान समय में, अधिकांश शहरी क्षेत्रों के पास टेलीविजन तक पहुँच उपलब्ध है, और बड़े महानगरीय क्षेत्रों में अब रंगीन प्रसारण उपलब्ध हैं। कुछ ग्रामीण क्षेत्रों में शैक्षणिक प्रयोजनों के लिए उपग्रह–आधारित टेलीविजन प्रसारण उपलब्ध हो चुके हैं। टेलीविजन नेटवर्क, जिसपर केन्द्र सरकार का नियंत्रण है, के द्वारा लेखन, अभिनय, निर्माण एवं सहायक कौशलों में नए रोजगारों का सृजन किया गया है। वस्तुतः, ये सभी रोजगार बड़े शहरों में स्थित है और उच्च शिक्षासंपन्न लोगों को ही उपलब्ध हैं।

जब भारत टेलीविजन युग में प्रवेश कर रहा था तब यह तीसरी दुनिया के देशों द्वारा की गई गलतियों से बचने का इच्छुक था। परिणामस्वरूप, विदेशों में तैयार सामग्रियों के लिए भारत में टेलीविजन पर बहुत संक्षिप्त अवधि उपलब्ध कराई गई थी। जहाँ टेलीविजन पर कुछ गैरशिक्षाप्रद हिन्दी लोकप्रिय फिल्मों को दिखाए जाने की कुछ आलोचनाएं की गई हैं, वहीं अधिकांश कार्यक्रम स्वदेशी रहे हैं और इसमें से कुछ नवप्रवर्तनकारी रहे हैं। भारत ने टेलीविजन का उपयोग शैक्षणिक प्रयोजनों के लिए करने का प्रयास किया है और यह कुछ ग्रामीण क्षेत्रों तक कार्यक्रमों का विस्तार करने में काफी सफल भी रहा है। वर्तमान समय में, इन उन्नत तकनीकों का उपयोग परीक्षण के आधार पर किया जा रहा है। मुद्दा यह है कि जहाँ न केवल हिन्दी अथवा अंग्रेजी बल्कि विभिन्न भारतीय क्षेत्रीय भाषाओं का उपयोग करते हुए एक जटिल टेलीविजन नेटवर्क का गठन करने में समस्याएं निश्चित रूप से मौजूद हैं, वहीं देश में स्वदेशी कार्यक्रमों को उपलब्ध कराए जाने की दिशा में महत्वपूर्ण प्रगति भी की गई है।

गत 30 वर्षों के दौरान एक ज्ञान उद्योग के बुनियादी ढाँचे के अधिकांश भाग को विकसित करने में भारत सफल रहा है। पाठ्यपुस्तकों के विकास में इसने एक वास्तविक आत्मनिर्भरता हासिल कर ली है, इसने प्रकाशन उद्योग का लगभग संपूर्ण स्वदेशीकरण कर लिया है, और यह मास मीडिया के क्षेत्र में भी ताकतवर रूप से आगे बढ़ चुका है। तमिल, तेलुगू, एवं बांगला के साथ–साथ हिन्दी में राष्ट्रीय उद्योग के रूप में बड़े आत्मनिर्भर फिल्म उद्योग के साथ भारत की सभी प्रमुख स्वदेशी भाषाओं में एक सशक्त सांस्कृतिक जीवन मौजूद है। जहाँ भारत अंतर्राष्ट्रीय ज्ञान नेटवर्क का अभी भी एक बहुत बड़ा भाग बना हुआ है, वहीं इसने महत्वपूर्ण स्तर की आत्मनिर्भरता भी हासिल कर ली है।

परस्पर निर्भरता और निर्भरता

भारत के अंतर्राष्ट्रीय ज्ञान नेटवर्क के साथ सम्बन्ध, इसकी औपनिवेशिक विरासत, और इसके द्वारा अंग्रेजी का निरंतर उपयोग ये सभी परस्पर निर्भरता के तत्व हैं। यह इंगित करने के लिए इससे सम्बन्धित कुछ तत्वों की ओर इशारा करना उपयोगी है कि एक वृहदाकार और कुछ प्रकार से स्वायत्त सांस्कृतिक प्रणाली भी किस प्रकार से प्रमुख

सर्वदेशीय सांस्कृतिक साम्राज्यों के साथ सहक्रिया करती है।[10] यहाँ चर्चा की गई प्रवृत्ति मात्र उदाहरणात्मक है और किसी भी प्रकार से परिपूर्ण नहीं है।

अंतर्राष्ट्रीय ज्ञान प्रणाली के व्यापक तकनीकी, व्यावसायिक, एवं ऐतिहासिक महत्व तीसरी दुनिया के अन्य देशों की भांति भारत पर भी भारी प्रभाव डालते हैं। बुनियादी मीडिया तकनीक की प्रकृति पश्चिमी ही है, और पेटेंट, लाइसेंस तथा निर्माण सुविधाएं औद्योगीकृत देशों में उपलब्ध हैं। यद्यपि यह स्पष्ट किया जा चुका है कि भारत के पास मुद्रण मशीनों एवं कुछ अन्य मीडिया उत्पादों के निर्माण की क्षमता उपलब्ध है, तथापि नए तकनीकी विकास पश्चिम से ही आ रहे हैं और कभी–कभी इन्हें भारी लागत पर खरीदा जाना अनिवार्य हो जाता है। उपग्रह संचार, कम्प्यूटर–आधारित टाइपसेटिंग, और अनेक अन्य आविष्कारों का आयात आवश्यक हो चुका है। अन्य विकासशील देशों की भांति भारत को भी इस मामले में कठिन निर्णय अवश्य ही लेने होंगे कि उभरती हुई तकनीकों के किन पहलुओं का उपयोग करना चाहिए। लागत–लाभ विश्लेषण, नई तकनीक के वर्तमान परंपरागत ढाँचे के प्रभावी ढंग से अनुकूल बैठने का प्रश्न, एवं अन्य मुद्दे ऐसे ही निर्णयों के भाग हैं। इसमें लागत महत्वपूर्ण न होते हुए भी नई तकनीकों के उपयोग का दबाव बहुत अधिक है। वास्तव में, यदि भारत अंतर्राष्ट्रीय मीडिया और ज्ञान नेटवर्क में हिस्सेदारी का इच्छुक है तो इसे इन घटनाओं से स्वयं को अवश्य ही अवगत रखना चाहिए। और नई तकनीकें एवं उनपर नियंत्रण औद्योगीकृत देशों के पास ही बना हुआ है। उदाहरणार्थ, टेलीविजन के लिए रंगीन तकनीक को प्रयुक्त करना चाहिए अथवा नहीं इसके दूरगामी निहितार्थ हैं। किसी को भी किसी विशिष्ट तकनीक का चयन करना, उत्पादन सुविधाओं के साथ–साथ प्रसारण केन्द्रों में सुधार अवश्य करना, और रंगीन टेलीविजन सेटों के विनिर्माण के लिए क्षमताओं को स्थापित करना (अथवा भारी लागत पर उनका आयात करना) आवश्यक होगा। रंगीन तकनीक का उपयोग करने हेतु अंदरूनी और बाहरी दोनों ही दबाव बहुत अधिक हैं।

मास मीडिया के विकास में पश्चिमी विरासत भी महत्वपूर्ण है और यह तीसरी दुनिया के देशों को पश्चिमी ज्ञान नेटवर्क के साथ बाँधने की प्रवृत्ति से युक्त है।[11] कुछ उदाहरण इस विरासत की शक्ति को इंगित कर सकते हैं। पुस्तक की अवधारणा एक पश्चिमी अवधारणा है; इसे तीसरी दुनिया को निर्यात किया गया था। न केवल आधुनिक मुद्रण और कागज तकनीक पश्चिमी आविष्कार हैं, बल्कि पुस्तकों के मुद्रण किस प्रकार किए जाएं, किस प्रकार का कागज प्रयुक्त किया जाए, और अन्य कारकों को भी पश्चिम से ही आयात किया गया था। पुस्तकों के सम्बन्ध में विचार अलग–अलग हो सकते हैं, जैसे किसी पुस्तक के अपेक्षाकृत अधिक टिकाऊ होने सम्बन्धी परंपरागत पश्चिमी अवधारणा की तुलना में ऐसी सस्ती पुस्तकों के मुद्रण की संभावित उपयोगिता का विचार जिनका जीवन संक्षिप्त हो, तीसरी दुनिया के लिए अधिक उपयोगी हो सकता है।[12] इसी प्रकार, भारतीय पत्रिकाएं एवं समाचारपत्र बहुत कुछ अपने पश्चिमी समकक्षियों के समान प्रतीत होते हैं। उनके उद्देश्य समान हैं, पत्रकारिता की परिपाटियाँ समान हैं, और पश्चिमी मॉडलों से बहुत कुछ उधार लिया गया है। जैसा कि पहले नोट किया जा चुका है, भारतीय प्रिंट मीडिया पश्चिमी तार सेवाओं से लेखों और कहानियों का उपयोग करता है। इसके अलावा, पश्चिमी प्रकाशन जैसे *टाइम्स* तथा *न्यूजवीक* का भारत में व्यापक प्रसार है। यहाँ तक कि *रीडर्स डाइजेस्ट*, जिसका एक भारतीय संस्करण प्रकाशित किया जाता है, देश में सर्वाधिक महत्वपूर्ण प्रकाशनों में से एक है।

भारत अंतर्राष्ट्रीय ज्ञान प्रणाली का एक अभिन्न अंग है। यह अंतर्राष्ट्रीय कॉपीराइट समझौतों का एक पक्षकार है, और यद्यपि कॉपीराइट व्यवस्थाओं तथा कुछ लोकप्रिय

पुस्तकों की 'साहित्यचोरी' को लेकर भारत में बहुत अधिक आलोचनाएं की गई हैं, तथापि भारत ने कॉपीराइट प्रणाली के प्रति अपनी निष्ठा को कायम रखा हुआ है।[13] कॉपीराइट प्रणाली को औद्योगीकृत देशों के द्वारा नियंत्रित किया जाता है, और हाल के वर्षों में हुए कुछ उदारीकरण के बावजूद यह बुनियादीतौर पर उन्हीं की आवश्यकताओं की पूर्ति करता है। तीसरी दुनिया के देशों, जैसे भारत, को मौलिक तौर पर पश्चिम में प्रकाशित की गई पुस्तकों के पुनर्मुद्रण अथवा अनुवाद की अनुमति प्राप्त करने में कुछ कठिनाईयों का सामना करना पड़ता है, और अधिकारों को प्राप्त करने की लागत कभी–कभी बहुत ऊँची होती है। पुस्तकों के अनुवाद अथवा अधिकारों के अर्थ में भारत के पास औद्योगीकृत देशों को देने के लिए अधिक कुछ भी नहीं है, और इसीलिए बौद्धिक भुगतान संतुलन अत्यधिक एकतरफा हो जाता है। इसके अलावा, जहाँ भारत तीसरी दुनिया और औद्योगीकृत देशों दोनों को ही पुस्तकों का निर्यात करता है, वहीं यह निर्यात की अपेक्षा पुस्तकों का आयात अधिक करता है। पुस्तकों की कीमतें पश्चिम में निर्धारित की जाती हैं, और ये कीमतें प्रायः बहुत ऊँची होती हैं। अनेक क्षेत्रों में, जैसे शोध, विज्ञान एवं तकनीक, वस्तुतः सभी प्रासंगिक पुस्तकें पश्चिम में प्रकाशित की गई हैं।

भारत ज्ञान के अंतर्राष्ट्रीय व्यावसायिक नेटवर्क का भी हिस्सा है। यह उत्पादकों (औद्योगीकृत) देशों के द्वारा कीमतों और शर्तों को निर्धारित किए जाने के साथ ही अंतर्राष्ट्रीय बाजार पर निर्भर करता है। प्रमुख पुस्तक वितरण एजेन्सियाँ पश्चिम में स्थित हैं, और वे ही पुस्तक व्यापार की शर्तों एवं स्थितियों का निर्धारण करती हैं। अनेक पश्चिमी प्रकाशकों के प्रतिनिधि अथवा शाखा कार्यालय भारत में मौजूद हैं, जबकि कुछ ही भारतीय प्रकाशकों के कार्यालय विदेशों में स्थित हैं। भारतीय समाचारपत्र पश्चिमी तार सेवा की सदस्यता ग्रहण करते हैं, लेकिन किसी भी पश्चिमी एजेन्सी की प्रेस ट्रस्ट ऑफ इंडिया में अधिक रुचि नहीं है। भारत इस प्रणाली का एक हिस्सा तो है, किन्तु लगभग प्रत्येक मामले में यह इस प्रणाली की कार्यविधि का निर्धारण नहीं करता। पुस्तकों की कीमतें विदेशों में निर्धारित की जाती हैं। अंतर्राष्ट्रीय संचार प्रणालियों में भागीदारी की लागतों को भी विदेशों द्वारा नियंत्रित किया जाता है।

पश्चिमी देश तीसरी दुनिया में ज्ञान और मीडिया उद्योगों को प्रभावित करने का प्रयास करते हैं और कभी–कभी इन्हें नियंत्रित भी करते हैं।[14] विदेशी–सहायता कार्यक्रमों में प्रायः एक घटक पुस्तकों तथा मास मीडिया से भी सम्बन्धित होता है। औद्योगीकृत देशों के लिए यह आम बात रही है कि वे तीसरी दुनिया के देशों को बड़ी संख्या में पाठ्यपुस्तकें उपलब्ध करवा दें, और इस प्रकार स्थानीय प्रकाशन उद्योग के लिए समायोजन सम्बन्धी समस्याएं उत्पन्न कर दें और अपनी पुस्तकों के द्वारा छात्रों को प्रभावित करें। कुछ देशों ने तीसरी दुनिया को पुस्तक निर्यात के लिए विशेष सहायताएं उपलब्ध कराई हैं। सूचना एजेन्सियाँ प्राय प्रकाशन एवं अन्य मीडिया–सम्बन्धित गतिविधियों के द्वारा अभिजात्य लोगों को प्रभावित करने का प्रयास करती रहती हैं। तीसरी दुनिया के देशों द्वारा औद्योगीकृत देशों में ऐसे प्रयास बहुत कम ही किए जाते हैं।

औपनिवेशिक भाषा की विरासत तथा उस भाषा का निरंतर उपयोग भी तीसरी दुनिया के लिए अत्यन्त महत्वपूर्ण मामला है। आधी के लगभग पुस्तकों का प्रकाशन अंग्रेजी में किया जाता है, यद्यपि मात्र 2 अथवा 3 प्रतिशत आबादी ही इस भाषा में शिक्षित है। इसी प्रकार, प्रमुख दैनिक समाचारपत्र एवं पत्रिकाएं भी अंग्रेजी में ही उपलब्ध हैं। अभिजात्यवर्ग के द्वारा अंग्रेजी के उपयोग का परिणाम यह रहा है कि

भारतीय जनसंख्या का एक बहुत बड़ा भाग एक महत्वपूर्ण ज्ञान वितरण नेटवर्क से कटा हुआ है। क्षेत्रीय भाषाओं में ज्ञान के प्रसार के कुछ सरकारी प्रयासों के बावजूद अंगेजी के प्रभुत्व में कोई परिवर्तन नहीं आया है। अंतर्राष्ट्रीय नेटवर्क में भारत की भागीदारी भारत के अंदर अंग्रेजी की भूमिका को पुनर्बलित करती है, क्योंकि यह नेटवर्क अंग्रेजी में संचालित होता है।

इस चर्चा से यह देखा जा सकता है कि ज्ञान के वितरण एवं सृजन के अर्थों में अनेक मामलों में भारत स्वयं अपनी नियति को ही नियंत्रित नहीं कर पा रहा है। चूंकि इसके लिए कुछ तकनीकों, अर्थात विदेशों में किए गए अनुसंधान के परिणामों, के आयात आवश्यक हैं, और चूंकि इसे औद्योगीकृत देशों से प्राप्त जानकारियों पर निर्भर करना आवश्यक है, अतः भारत बाहरी ताकतों पर महत्वपूर्ण रूप से निर्भर बना हुआ है। इन तत्वों में से अनेक के लिए अनिवार्यतः भुगतान की जाने वाली कीमतों पर इसका कोई नियंत्रण नहीं है। और यह वितरण तंत्र को भी नियंत्रित नहीं करता, अतः यह औद्योगीकृत देशों की दयादृष्टि पर निर्भर बना हुआ है।

भारत के अंदर केन्द्र एवं परिधीय क्षेत्र

देशों के साथ एकल संस्थाओं के रूप में व्यवहार करना और उनके सम्बन्ध में सामान्यीकरण करना लुभावना प्रतीत होता है। तथापि, भारत एक जटिल देश है जिसमें भारी क्षेत्रीय अंतर विद्यमान हैं और सापेक्षिकतौर पर उन्नत शहरी क्षेत्रों (कुल क्षेत्र का लगभग 20 प्रतिशत) एवं ग्रामीण क्षेत्रों के बीच एक खाईं मौजूद है। जहाँ इनमें से अनेक अंतरों को भारतीय संदर्भ में बढ़ा–चढ़ाकर वर्णित किया गया है, वहीं तीसरी दुनिया में ये आम हैं और तीसरी दुनिया की वास्तविकताओं के विश्लेषणों में प्रायः उपेक्षित रहे हैं। भारत में, शहरी क्षेत्रों में, और विशेषतौर पर बड़े महानगर केन्द्र हैं तथा ग्रामीण क्षेत्र परिधीय क्षेत्र हैं। ज्ञान की उत्पत्ति केन्द्र से होती है और सामान्यतः एक शहरी उन्मुखीकरण को प्रदर्शित करती है। प्रकाशनगृह, मीडिया निर्माता, प्रमुख विश्वविद्यालय, और अधिकांश लेखक शहरों में ही केन्द्रित हैं। शहरी मूल्य, जीवनशैलियाँ, सम्बन्ध, व्यावसायिक ढाँचे, और रुचियाँ मीडिया पर हावी हैं। शहरी आय का स्तर ऊँचा है और इसीलिए मीडिया उत्पादों का लक्ष्य विशेषतौर पर शहरी बाजार ही हैं।

इसके अलावा, ग्रामीण क्षेत्रों को ज्ञान एवं सांस्कृतिक उत्पादों तक पहुँच हासिल करने में कठिनाई होती है। रेडियो की पहुँच लगभग पूरे देश में है, किन्तु टेलीविजन व्यापकतौर पर बड़े शहरों तक ही सीमित है। अनेक ग्रामीण क्षेत्रों में विद्युत आपूर्ति सर्वश्रेष्ठतौर पर भी छिटपुट ही है। पुस्तकभंडार बहुत कम हैं, और डाकसेवा काफीकुछ अनियमित है। ग्रामीण क्षेत्रों में साक्षरता दरें महत्वपूर्ण रूप से नीची हैं, और, जैसा कि नोट किया जा चुका है, आय के स्तर भी नीचे ही हैं। भारतीय अधिकारी इस नाटकीय असंतुलन के बारे में चिन्तित रहे हैं, और कुछ क्षेत्रों, जैसे कि पाठ्यपुस्तकों में पाई जाने वाली छवियों, में प्रयास भी किए गए हैं ताकि भारत में शहरी–ग्रामीण मिश्रण का सही चित्रण किया जा सके।

ज्ञान प्रणाली तक क्षेत्रों को असमान पहुँच ही उपलब्ध कराई जा सकी है। भारत की अतिव्यापक रूप से बोली जाने वाली भाषाओं में सामान्यतः बेहतर पुस्तकें, पत्रिकाएं एवं अन्य सांस्कृतिक उत्पाद उपलब्ध हैं। सशक्त सांस्कृतिक रुचियों वाले कुछ क्षेत्र, जैसे कि बंगाल एवं महाराष्ट्र, में सर्वाधिक साधन उपलब्ध हैं। हालांकि, देश के कुछ भागों में ज्ञान नेटवर्क तक पहुँच अपेक्षाकृत कम है। कुछ गरीब राज्य, जैसे बिहार, तथा कुछ

भाषाई समूह, जैसे असमिया, सिन्धी, उड़िया, एवं कुछ अन्य में पुस्तकों तथा पत्रिकाओं जैसे साधनों की उपलब्धता अपेक्षाकृत कम है।

बिना कहे ही यह स्पष्ट है कि ज्ञान नेटवर्क के द्वारा अलग-अलग आय के स्तरों को अलग-अलग सेवा प्रदान की जाती है। उच्च आयवर्ग वाले लोगों को नाटकीयतौर पर अधिक सेवाएं प्राप्त होती हैं। शहरी मध्य एवं उच्च वर्गों के पास सर्वश्रेष्ठ पहुँच उपलब्ध है, और अधिकांश मीडिया उत्पादों के लक्ष्य भी यही समूह हैं। यहाँ तक कि समृद्ध हो रही फिल्मी पत्रिकाओं के लक्ष्य भी यही आर्थिक समूह हैं। समाचारपत्रों और पत्रिकाओं के आर्थिक आधार के एक महत्वपूर्ण भाग, विज्ञापन उद्योग, का लक्ष्य भी भारतीय आबादी का यही अत्यन्त छोटा (संभवतः 10 प्रतिशत से कम) सा भाग ही है। और (जैसा कि तीसरी दुनिया के अनेक अन्य देशों में है) भारत में अपेक्षाकृत समृद्ध अल्पसंख्यकों एवं गरीब जनसमुदाय के बीच की इसी बड़ी खाई के साथ ज्ञान नेटवर्क तक पहुँच में अंतर नाटकीय हैं।

प्रत्येक देश में वर्गों, क्षेत्रों, भाषाओं, अथवा अन्य चरों के अनुसार आंतरिक विविधताएं मौजूद हैं। परंतु भारत में देश के अंदर मौजूद केन्द्रों तथा परिधीय क्षेत्रों के बीच की खाई वास्तव में अत्यन्त नाटकीय है। निश्चित रूप से खतरा यह है कि जनसंख्या का बड़ा भाग सांस्कृतिक मुख्य धारा से कट जाएगा और यह कि इसके परिणामस्वरूप असंतोष उत्पन्न होगा। इसके अलावा, साक्षरता अभियानों, शैक्षणिक कार्यक्रमों और ऐसे ही अन्य कार्यक्रमों के निहितार्थ प्रचुर मात्रा में मौजूद हैं। भारत जैसे देश के अंदर क्षेत्रों के बीच नाटकीय विविधताओं के कारण राष्ट्रीय सामान्यीकरण को स्थापित करना असंभव है। किसी को भी सबसे पहले देश के अंदर स्थित केन्द्रों एवं परिधीय क्षेत्रों का अन्वेषण करना चाहिए और देश की ज्ञान प्रणाली तक विविधतापूर्ण पहुँच एवं भागीदारी को स्पष्ट करना चाहिए।

इस चर्चा का सम्बन्ध विशेषतौर पर बुनियादी ढाँचों तथा ज्ञान वितरण एवं सृजन के नेटवर्कों के साथ रहा है न कि संचारित की जाने वाली सूचनाओं की विषयवस्तु के साथ। ऐसे किसी भी विश्लेषण में स्कूली पाठ्यपुस्तकों की विषयवस्तु, वीडियो छवियों, पत्रिकाओं एवं समाचारपत्रों की विषयवस्तुओं, तथा भारतीय लोगों तक पहुँचने वाली अन्य सूचनाओं की एक श्रृंखला का एक जटिल विचारण शामिल होता है और यह इस लेख की परिधि के बाहर का विषय है। इतना कहना ही पर्याप्त है कि भारतीय लोगों, जो इस सम्बन्ध में तीसरी दुनिया के लोगों में कुछ विशिष्ट हैं, के द्वारा प्राप्त की गई सूचनाएं अनेक स्त्रोतों से प्राप्त की जाती हैं। ऐसा संभव है कि ग्रामीण बहुसंख्यक लोगों के पास पहुँचने वाली सूचनाओं की उत्पत्ति व्यापकतौर पर स्वदेशी हो। स्कूली पुस्तकों के लेखन भारतीयों द्वारा भारतीय आँकड़ों एवं उदाहरणों का उपयोग करते हुए किया जाता है। रेडियो एवं टेलीविजन की बुनियादी विषयवस्तु व्यापकतौर पर स्वदेशी है। दैनिक समाचारपत्र समाचारों के लिए भारतीय स्त्रोतों तथा दक्षिण एशियाई मामलों के विश्लेषण पर निर्भर करते हैं, जिसके बावजूद उन्हें अपने विदेशी समाचारों एवं टिप्पणियों के लिए पश्चिमी समाचार स्त्रोतों का उपयोग करना आवश्यक है। यहाँ तक कि स्वदेशी-भाषाओं के समाचारपत्र भी पश्चिमी समाचार स्त्रोतों के भारतीय भाषाओं में किए गए अनुवादों का उपयोग करते हैं। बेहतर शिक्षित शहरी अल्पसंख्यकों के लिए सूचना स्त्रोत एवं विषयवस्तु अधिक जटिल स्त्रोतों से प्राप्त होते हैं। गंभीर पत्रिकाएं प्रायः पश्चिमी लोगों द्वारा लिखित लेखों का उपयोग करती हैं। पश्चिमी समाचार पत्रिकाएं, जैसे *टाइम* तथा *न्यूजवीक* की पाठक संख्या भारत में बहुत अधिक है। कॉलेज एवं विश्वविद्यालय स्तर पर विदेशी पाठ्यपुस्तकों के व्यापक उपयोग किए जाते हैं, और स्वदेश प्रकाशित पुस्तकें भी अनेक क्षेत्रों में पश्चिमी मॉडलों और स्त्रोतों पर आधारित

हैं। पश्चिमी विद्वानों के द्वारा भारत के सम्बन्ध में बहुत अधिक शोधकार्य किए गए हैं, और उनकी व्याख्याओं को व्यापकतौर पर स्वीकार किया गया है, यद्यपि विद्वत्ता का संतुलन परिवर्तित हो रहा है।

ज्ञात के आयात को लेकर भारत का दृष्टिकोण अपेक्षाकृत अधिक खुला हुआ है। शिक्षित भारतीयों के पास विदेशी जानकारियों, पुस्तकों, वीडियोटेपों, पत्रिकाओं तक तैयार पहुँच उपलब्ध है, तथा विदेशी ज्ञान एवं संस्कृति की कलाकृतियों को ऊँचे मूल्य प्रदान किए जाते हैं, तथापि यह संतुलन धीरे–धीरे परिवर्तित हो रहा है क्योंकि भारतीय लोग अधिक मात्रा में जानकारियों, ज्ञान, तथा आधुनिक संस्कृति के तत्वों का सृजन करने लगे हैं। यहाँ तक कि भारतीयों द्वारा उत्पादित उत्पादों में भी स्वदेशी एवं विदेशी स्त्रोतों का मिश्रण हो रहा है। एक ऐसे विश्व में, जहाँ प्रभुत्वशाली संस्कृति एवं शैक्षणिक प्रतिमानों को व्यापकतौर पर पश्चिम में प्रमुख अंतर्राष्ट्रीय भाषाओं में जन्म दिया गया है, ज्ञान एवं शैलियों का उधार लिया जाना अपरिहार्य है।

भारत की ज्ञान वितरण व्यवस्था जटिल है तथा इसमें निर्भरता एवं आत्मनिर्भरता दोनों के तत्व मौजूद हैं। अपने क्षेत्र में भारत एक बौद्धिक शक्ति है, फिर भी यह अनेक प्रकार से औद्योगीकृत देशों पर निर्भर है। अपनी ज्ञान प्रणाली में भारत के पास ऐसे तत्व मौजूद हैं जो केन्द्र तथा परिधीय क्षेत्र दोनों से ही प्राप्त किए गए हैं। ज्ञान प्रणाली का निर्माण करने वाले तत्व–औपनिवेशिक विरासत, प्रमुख भाषा के रूप में अंग्रेजी का सतत् उपयोग, तथा शक्तिशाली एवं जीवंत राष्ट्रीय प्रकाशन एवं मीडिया उद्योग–एक जटिल एवं परिवर्तनशील सम्बन्ध के साथ अस्तित्व में हैं। इस अध्याय का प्रयोजन सूक्ष्मरूप से इसी जटिलता की ओर इशारा करने का है। तीसरी दुनिया की उभरती हुई सबसे बड़ी एवं सर्वाधिक शक्तिशाली शक्तियों में से एक के रूप में उभरते हुए भारत को 21वीं सदी में बौद्धिक शक्ति संतुलन में एक प्रमुख भूमिका निभानी होगी। तीसरी दुनिया में इसके प्रकाशन तथा फिल्म उद्योग पहले से ही शक्तिशाली ताकत बन चुके हैं, फिर भी इस चर्चा से यह स्पष्ट है कि भारत जैसे एक विशाल देश को भी एक स्वतंत्र ज्ञान प्रणाली का निर्माण करने में वास्तविक समस्याओं का सामना करना पड़ता है।

निकट भविष्य में उभरती हुई तकनीकें इससे भी अधिक दुविधापूर्ण स्थिति को जन्म देंगी। चूंकि भारत तथा तीसरी दुनिया के अन्य देश वृद्धिशील रूप से तकनीक–प्रेरित अंतर्राष्ट्रीय ज्ञान से सम्बद्ध होते जा रहे हैं, अतः यह स्पष्ट होता जा रहा है कि बुनियादीतौर पर नियंत्रण पश्चिमी मीडिया साम्राज्यों में ही निहित रहेगा। भारत कम से कम इन समस्याओं से अवगत है और अपने टेलीविजन कार्यक्रम निर्माण के समान ही अपनी प्रस्तुतियों में स्वदेशी विषयवस्तु को अधिकतम करने का प्रयास कर रहा है। चुनौतियाँ विकट हैं। ऐसे कुछ संभावित तरीकों को स्पष्ट करना उपयोगी हो सकता है जिनके द्वारा तीसरी दुनिया के देश अंतर्राष्ट्रीय प्रणाली के संदर्भ के अंतर्गत अपनी स्वतंत्रता तथा स्वायत्तता को अधिकतम कर सकें।

1. राष्ट्रीय नीतियाँ ऐसे क्षेत्रों में दुर्लभ संसाधनों को संकेन्द्रित करने में सहायक हो सकती हैं जो अधिकतम शक्ति प्रदान कर सकते हों। यहाँ प्रमुख शब्द हो सकता है चयनात्मकता–यदि पूरी तरह से स्वतंत्र एक ज्ञान प्रणाली का निर्माण करना न संभव हो तो कम से कम उस प्रणाली का एक हिस्सा तो स्वायत्त हो ही सकता है। उदाहरणार्थ, राष्ट्रीय पुस्तक विकास परिषदें, जो तीसरी दुनिया के अनेक देशों में मौजूद हैं, ध्यान एवं नीतियों को केन्द्रित करने में सहायता प्रदान करती हैं।

2. क्षेत्रीय सहयोग तीसरी दुनिया के देशों के बीच स्वायत्तता को अधिकतम बनाए जाने का एक माध्यम हो सकता है। आजतक, क्षेत्रीय सहयोग सम्बन्धी प्रयास सफल नहीं रहे हैं, परंतु यह एक शक्तिशाली अवधारणा बनी हुई है।
3. तीसरी दुनिया के हितों के विपरीत कार्य करने वाली अंतर्राष्ट्रीय नीतियों, जैसे अंतर्राष्ट्रीय कॉपीराइट समझौते में परिवर्तनों हेतु बाध्य करने के लिए संयुक्त कार्यवाही भी एक संभावित विकल्प है।
4. समस्याओं के प्रति जागरूकता राष्ट्रीय नीतियों में सहायता प्रदान करेगी–और एजेन्सियों की अलग–अलग कार्यवाहियाँ–स्वायत्तता को अधिकतम करेंगी। उदाहरण के लिए, औद्योगीकृत देशों की कुछ विशिष्ट विदेशी सहायता नीतियाँ तीसरी दुनिया के सर्वश्रेष्ठ हित के विरुद्ध हो सकती हैं। सावधानीपूर्ण विश्लेषण के द्वारा ऐसी नीतियों को रोका जा सकता है।

जटिलताओं की दुनिया में ऐसा कोई अचूक तरीका नहीं है जिससे शक्ति का समान बँटवारा किया जा सके। विशाल अकादमिक प्रणाली, संचार नेटवर्क पर नियंत्रण के साधनों, तथा निवेशित पूँजी के बड़े भाग के साथ अंतर्राष्ट्रीय ज्ञान प्रणाली पर बुनियादी नियंत्रण तकनीकी रूप से उन्नत देशों के हाथों में बना रहेगा, फिर भी जैसा कि भारत ने प्रदर्शित कर दिया है, ऐसा बहुत कुछ इस संदर्भ के अंतर्गत है जो स्वायत्तता और स्वतंत्रता को अधिकतम किए जाने हेतु किया जा सकता है। तीसरी दुनिया के उन देशों, जिन्होंने प्रभावी ज्ञान नेटवर्कों का निर्माण कर लिया है, जैसे भारत, मेक्सिको एवं मिस्र, का एक विशेष दायित्व है कि वे अपने छोटे समकक्षियों के हितों में कार्य करें। असमानता भरी एक दुनिया में कम से कम ज्ञान ही एक ऐसी सामग्री है जिसमें आंशिकतौर पर हेराफेरी की जा सकती है ताकि स्वतंत्रता की एक स्वायत्तता हासिल की जा सके।

टिप्पणियाँ

1. Satish Saberwal, ed., *Towards a Cultural Policy* (New Delhi: Vikas, 1975).
2. For a further discussion of this concept, see Edward Shills, *Intellectuals and the Powers*.
3. See Anthony Smith, *The Geopolitics of Information: How Western Culture Dominates the World* (New York: Oxford University Press, 1980). See also Tunstall, *The Media are American* (London: Constable, 1977) pp. 116–125.
4. Tunstall, *The Media are American*, pp. 119–120.
5. A refreshing exception is Akhileshwar Jha, *Intellectuals at the Crossroads* (New Delhi: Vir, 1975), and from a different perspective, N.C. Chaudhury, *The Intellectual in India* (New Delhi: Vikas 1977). For an Asian perspective, see S.H. Alatas, *Intellectuals in Developing Societies* (London: Cass, 1977).
6. See Jorg Becker, *The Geopolitics of Cultural Paper: International Dimensions of Paper Production* (Paris: UNESCO, 1982), for a general discussion of the problems of paper production and distribution.
7. कनाडा और स्वीडन विश्व के प्रमुख कागज निर्यातक हैं और कागज की लुगदी की सबसे बड़ी मात्रा का उत्पादन करते हैं जो कागज की प्रमुख सामग्री होती है। स्वीडन के द्वारा अपने विदेश सहायता कार्यक्रम के भाग के रूप में तीसरी दुनिया के देशों को कागज की बड़ी मात्रा उपलब्ध कराई गई है।

8. The classic discussion of the growth and development of the Indian film industry is Erick Barnoum and S. Krishnaswamy, *Indian Film* (New York: Columbia University Press, 1963).
9. For a broader discussion of the role of textbooks in the Third World, see Chapter 7.
10. See also Krishna Kumar, ed., *Bonds Without Bondage: Explorations in Transcultural Interations* (Honolulu: University Press of Hawaii, 1979).
11. यह महत्वपूर्ण है कि भारत के सोवियत संघ के साथ घनिष्ठ राजनीतिक एवं सैन्य सम्बन्धों के बावजूद शिक्षा, मास मीडिया, अथवा ज्ञान उद्योग पर सोवियत संघ का प्रभाव बहुत थोड़ा है।
12. For a discussion of related issues in the Western context, see Richard Hoggart, *The Uses of Literacy* (New York: Oxford University Press, 1970).
13. See, for example, Gidwani, *Copyright: Legalized Piracy?*, and *International Copyright: Needs of Developing Countries* (New Delhi: Ministry of Education, 1967). For a broader view on copyright, see E.A. Olin, Jr., "International Copyright and the Needs of Developing Countries," *Cornell International Law Journal* 7 (May 1974), pp. 81–112.
14. This topic has been discussed at greater length in Philip G. Altbach, "Servitude of the Mind?" *Teachers College Record* 79 (December 1977), pp. 197–204.

24

साम्राज्यिक भाषाः प्रभुत्वशाली अकादमिक भाषा के रूप में अंग्रेजी

Economic and Political Weekly
Vol. 42, No. 36 (September 8), 2007
pp. 3608–3611

फ़िलिप जी. अल्ट्बाख़

अकादमिक महाशक्तियों, जैसे अमेरिका एवं ब्रिटेन ने सुनिश्चित कर लिया है कि प्रमुख अकादमिक एवं वैज्ञानिक भाषा अंग्रेजी ही है और यह कि पाठ्यक्रम वहाँ की प्रवृत्तियों द्वारा निर्धारित हों। जहाँ इसके द्वारा एक साझा संवाद माध्यम के साथ एक वैश्विक अकादमिक वातावरण का निर्माण किया गया है, वहीं ऐसा अन्य राष्ट्रीय भाषाओं एवं स्थानीय महत्व के अनुसंधान सम्बन्धी विषयों की लागत पर संभव हुआ है।

अंग्रेजी का विज्ञान, विद्वत्ता, एवं शिक्षा में जैसा प्रभुत्व है ऐसा पहले कभी नहीं रहा। जहाँ ऐसी संभावना कम है कि यह लैटिन भाषा की उस हैसियत को हासिल कर लेगी जब वह 13वीं शताब्दी में यूरोप के विश्वविद्यालयों में शिक्षण एवं विद्वत्ता की एकमात्र भाषा बन चुकी थी, वहीं लैटिन की सादृश्यता की कुछ प्रासंगिकता आज भी मौजूद है। पुनः अतीत में, लैटिन ने न केवल विश्वविद्यालयों के अंतर्राष्ट्रीयकरण की अनुमति प्रदान की बल्कि रोमन कैथोलिक चर्च को बौद्धिक एवं अकादमिक जीवन पर प्रभुत्व स्थापित करने की भी अनुमति प्रदान की। ऐसा केवल राष्ट्रीय पहचान की बढ़ती हुई समझ के साथ संयोजित करते हुए मार्टिन लूथर के नेतृत्व के अधीन हुए प्रोटेस्टेंट सुधारों के द्वारा ही संभव हुआ था जिसने राष्ट्रीय भाषाओं के साथ लैटिन को चुनौती दी और उसे विस्थापित कर दिया था। 1930 के दशक के अंत तक जर्मन भाषा का व्यापक उपयोग अंतर्राष्ट्रीय वैज्ञानिक भाषा के रूप में किया जा रहा था और 20वीं शताब्दी के मध्य में, अधिकांश देशों ने विश्वविद्यालय शिक्षण एवं विज्ञान तथा विद्वत्ता के लिए अपनी राष्ट्रीय भाषाओं का उपयोग करना प्रारंभ कर दिया था। फ्रेंच, जर्मन, रूसी, और कुछ सीमा तक स्पेनिश का उपयोग अकादमिक एवं वैज्ञानिक प्रकाशनों के लिए किया जाने लगा था, और अभी भी किया जा रहा है, तथा उनका कुछ क्षेत्रीय एवं अंतर्राष्ट्रीय प्रभाव मौजूद है। जापानी, स्वीडिश तथा अनेक अन्य भाषाओं में विद्वत समुदाय सक्रिय थे और अभी भी विद्यमान हैं। अंग्रेजी अंतर्राष्ट्रीय भाषा के सर्वाधिक निकट की वस्तु थी, जिसका उपयोग अमेरिका, ब्रिटेन, आस्ट्रेलिया, न्यूजीलैंड, तथा कनाडा के अधिकांश भागो में अनेक प्रमुख विद्वानों के द्वारा किया जा रहा था। इसके अतिरिक्त, भूतपूर्व ब्रिटिश साम्राज्य–विशेषतौर पर भारत, पाकिस्तान एवं नाइजीरिया–के द्वारा अंग्रेजी को प्रमुख शिक्षण एवं प्रकाशन भाषा के रूप में प्रयुक्त किया जाता है। किन्तु अंग्रेजी भी चुनौतियों से मुक्त नहीं रही है, और राष्ट्रीय अकादमिक समुदाय सामान्यतौर पर राष्ट्रीय भाषाओं से प्रतिबद्ध प्रतीत होते हैं।

आज, अंग्रेजी बिना किसी चुनौती के मुख्य अंतर्राष्ट्रीय शैक्षणिक भाषा के रूप में कार्य कर रही है—वास्तव में, राष्ट्रीय शिक्षा प्रणाली अंतर्राष्ट्रीयकरण, प्रतिस्पर्धा, तथा "विश्वस्तरीय" बनने में उत्साहपूर्वक अंग्रेजी का स्वागत करती है। परंतु अंग्रेजी का वर्चस्व प्रमुख अंग्रेजी भाषी शिक्षा प्रणालियों के द्वारा अंतर्राष्ट्रीय विज्ञान को उसके आधिपत्य की दिशा में ढकेल रहा है और उन विद्वानों, तथा विश्वविद्यालयों के लिए चुनौती उत्पन्न कर रहा है जो अंग्रेजी का उपयोग नहीं करते।

अंग्रेजी के आधिपत्य के कारण

यह देखना कठिन नहीं है कि अंग्रेजी क्यों एक प्रभुत्वशाली शैक्षणिक एवं वैज्ञानिक भाषा बनी हुई है। अंग्रेजी का उपयोग करने वाले देश, विशेषतौर पर अमेरिका, अकादमिक महाशक्तियाँ बन चुके हैं। अकादमिक क्रमिक व्यवस्था का निर्धारण करने में आकार एवं संपदा बहुत अधिक महत्वपूर्ण होते हैं। संपूर्ण विश्व के द्वारा अनुसंधान एवं विकास (आर एंड डी) पर व्यय की जाने वाली निधियों का लगभग आधा भाग अकेले अमेरिका के द्वारा व्यय किया जाता है और विश्व के वृद्धिशील रूप से प्रभावशाली समूह सारणी में से सर्वाधिक शीर्ष विश्वविद्यालय यहीं स्थित हैं। अंग्रेजी—भाषी अकादमिक प्रणाली विश्व के अंतर्राष्ट्रीय छात्रों में से आधे से अधिक की मेजबानी करती है—इन स्नातकों में से अनेक अंग्रेजी तथा उन विदेशी विश्वविद्यालयों के प्रति एक उत्साह के साथ स्वदेश वापसी करते हैं जहाँ से उन्होंने डिग्री हासिल की होती है। प्रमुख वैज्ञानिक एवं विद्वत्तापूर्ण पत्रिकाओं के प्रकाशन अंग्रेजी में किए जाते हैं क्योंकि उनके संपादक तथा अधिकांश योगदानकर्ता अंग्रेजी—भाषी विश्वविद्यालयों में मौजूद होते हैं। इसी प्रकार, विश्व की अकादमिक वेब साइटों और वैज्ञानिक नेटवर्कों की बड़ी संख्या अंग्रेजी में ही कार्य करती हैं।

अंग्रेजी विश्व की दूसरी सर्वाधिक व्यापक अध्ययन की जाने वाली भाषा है। सामान्यतौर पर यह अंग्रेजी बोलने वाले लोगों की संख्या और इस तथ्य, कि यह कहीं अधिक सर्वाधिक व्यापकतौर पर वितरित भाषा है, के कारण यह अनेक गैर—अंग्रेजीभाषी देशों में महत्वपूर्ण लाभ प्रदान करती है। उदाहरणार्थ, चीन में अंग्रेजी में अध्ययन करने वाले छात्रों की संख्या अमेरिका में अंग्रेजी में अध्ययन करने वालों से अधिक है, और ब्रिटेन की तुलना भारत में अंग्रेजी बोलने वाले अधिक लोग मौजूद हैं। इसके अलावा, अंग्रेजी को 70 से भी अधिक देशों में आधिकारिक दर्जा प्राप्त है। उपनिवेशवाद ने 18वीं शताब्दी के प्रारंभ में ही उत्तरी अमेरिका, दक्षिण एशिया और कैरेबियाई देशों तथा बाद में अफ्रीका एवं एशिया के अन्य भागों, आस्ट्रेलेशिया, तथा दक्षिण प्रशांत में अंग्रेजी (साथ—साथ अन्य यूरोपीय भाषाओं) के प्रसार को प्रोत्साहन प्रदान किया था। आज, कोई भी अफ्रीकी विश्वविद्यालय किसी भी स्वदेशी अफ्रीकी भाषा में शिक्षा नहीं प्रदान करता—अकादमिक एवं बौद्धिक जीवन का संचालन अंग्रेजी, फ्रेंच, पुर्तगाली, अरबी एवं अफ्रीकॉन्स में किया जाता है, तथा यह तर्क दिया जा सकता है कि अंग्रेजी का स्थान गौरवशाली है। ब्रिटिश एवं बाद की अमेरिकी आर्थिक एवं राजनीतिक शक्तियों ने भी अंग्रेजी का विस्तार किया है।

अंग्रेजी की अंतर्राष्ट्रीय भूमिका और संपूर्ण विश्व के अकादमिक जीवन में इसके बढ़ते हुए प्रभुत्व के अनेक निहितार्थ हैं। अंग्रेजी भाषी वैज्ञानिक एवं विद्वत्तापूर्ण पत्रिकाओं, जिनका संपादन लगभग सभी मामलों में प्रमुख अंग्रेजी—भाषी देशों के विद्वानों के द्वारा किया जाता है, का अर्थ है कि पत्रिकाओं के संपादकों, संपादक मंडल के सदस्यों, और

वास्तव में बहुसंख्यक पाठकों के शोधों के उदाहरण तथा विद्वत रुचियों का पत्रिकाओं तथा बड़ी सीमा तक अधिकांश विषयों में शोध एजेंडों एवं कार्यविधियों पर प्रभुत्व कायम है। विश्व के अन्य भागों में विद्वत्जन यदि अपनी रचनाओं को प्रतिष्ठित पत्रिकाओं में प्रकाशित करवाना चाहते हैं तो उन्हें उनकी रुचियों का ध्यान रखना आवश्यक होता है। जहाँ इंटरनेट अधिक स्वतंत्र है, वहीं प्रमुख योगदानकर्ताओं एवं उपयोगकर्ताओं की रुचियों का प्रभुत्व होता है, और अंग्रेजी भाषा का सर्वाधिक व्यापक उपयोग किया जाता है। अंतर्राष्ट्रीय वैज्ञानिक सभाएं आधिकारिक भाषा के रूप में वृद्धिशील रूप से मात्र अंग्रेजी का ही उपयोग कर रही हैं।

पाठ्यक्रम पर प्रमुख अंग्रेजी–भाषी देशों में प्रचलित प्रवृत्तियों का प्रभुत्व बढ़ता जा रहा है, और एक वैश्वीकृत विश्व में इसका अर्थ यह है कि पाठ्यक्रम की प्रवृत्तियों को अंग्रेजी में व्यक्त किया जाता है और वृद्धिशील रूप से इनका आगमन अमेरिका एवं कुछ अन्य देशों से हो रहा है। समकालीन प्रवृत्तियों का एक अच्छा उदाहरण है मास्टर्स ऑफ बिजनेस एडमिनिस्ट्रेशन (एमबीए) की डिग्री का विश्वव्यापी प्रसार। एमबीए की डिग्री को अमेरिकी व्यवसाय की आवश्यकताओं की पूर्ति हेतु विकसित किया गया था। समय के साथ–साथ, यह अमेरिका में वरिष्ठ कार्यकारियों की एक प्रमुख मानक योग्यता बन गई। गत दो दशकों में बहुराष्ट्रीय निगमों के बढ़ते हुए प्रभावों तथा अमेरिकी विश्वविद्यालयों की शक्तियों दोनों से बाध्य होते हुए अन्य देशों में अंग्रेजी को प्रबंधन के लिए एक प्रमुख योग्यता के रूप में मान्यता प्रदान की जा चुकी है। अमेरिकी विश्वविद्यालय अब विश्व के अनेक भागों मे एमबीए की डिग्रियाँ प्रदान कर रहे हैं, और गैर–अमेरिकी विश्वविद्यालयों ने अपने खुद के एमबीए कार्यक्रम प्रारंभ कर दिए हैं, जिसमें प्रायः अंग्रेजी और व्यापकतौर पर अमेरिकी पाठ्यक्रमों का ही उपयोग किया जा रहा है। यह घटना अंग्रेजी भाषा और अमेरिकी उच्च शिक्षा अभ्यासों एवं विचारों दोनों की ही ताकत का प्रदर्शन करती है।

अंग्रेजी में प्रकाशित और अमेरिका तथा ब्रिटेन में संपादित अकादमिक पत्रिकाएं वृद्धिशील रूप से अंतर्राष्ट्रीय विद्वत्ता पर प्रभुत्व बनाए हुए हैं। ये प्रकाशन लगभग इकलौते ऐसे प्रकाशन है जिनका अंतर्राष्ट्रीय प्रसार किया जाता है। ये सर्वाधिक प्रतिष्ठित पत्रिकाएं हैं और संपूर्ण विश्व में विद्वान लोग इसमें प्रकाशन करवाने हेतु प्रतिस्पर्धा करते हैं। ये साइंस साइटेशन इंडेक्स (एससीआई) एवं इसके सहयोगी सूचकांकों में सूचीबद्ध हैं। जहाँ एससीआई को पत्रिकाओं का श्रेणीकरण करने अथवा अलग–अलग विद्वानों अथवा संस्थानों की विद्वत्तापूर्ण रचनात्मकता का मापन करने हेतु विकसित नहीं किया गया था, वहीं यह एक वास्तविक श्रेणीकरण बन चुकी हैं। संपूर्ण विश्व के विश्वविद्यालय अपने प्रोफेसरों से इन सूचीबद्ध पत्रिकाओं में प्रकाशन करवाने की अपेक्षा करते हैं और जो ऐसा करते हैं उन्हें पुरस्कृत करते हैं। नार्वे के विद्वान, जो अंग्रेजी और मान्यताप्राप्त पत्रिकाओं में प्रकाशन करवाते हैं, को उनकी उपलब्धियों के लिए शुल्क का भुगतान किया जाता है–उनके सहयोगी, जो नार्वे की भाषा में प्रकाशन करवाते हैं, को कम अथवा बिल्कुल भुगतान नहीं किया जाता। कोरिया में, मान्यताप्राप्त अंतर्राष्ट्रीय पत्रिकाओं में अंग्रेजी में प्रकाशन करवाने हेतु भारी दबाव है। ये एक व्यापक प्रवृत्ति के उदाहरण हैं।

अनेक गैर–अंग्रेजीभाषी देशों में प्रस्तुत किए जाने वाले अंग्रेजी के अकादमिक कार्यक्रम व्यापक हो चुके हैं। यूरोप, एशिया और कुछ हद तक लातिनी अमेरिका में विश्वविद्यालय राष्ट्रीय भाषाओं में शिक्षा के साथ–साथ अंग्रेजी में भी डिग्री कार्यक्रम उपलब्ध करवा रहे हैं। मात्र अंग्रेजी भाषा में कार्य करने वाले नए निजी विश्वविद्यालयों

की एक छोटी सी संख्या भी स्थापित हो चुकी है, जो कभी–कभी स्वयं को .... के अमेरिकी विश्वविद्यालय कहकर सम्बोधित करते हैं ताकि उन्हें अंग्रेजी की प्रतिष्ठा एवं लोकप्रियता के लाभ हासिल हो सकें। कुछ मामलों में, ये विश्वविद्यालय अमेरिका में सम्बद्धता के प्रयास भी करते हैं, जिसे कुछ ऐसे संस्थानों को प्रदान भी किया जा चुका है।

विश्वव्यापी शाखा परिसर गतिशीलता अधिकांश भाग के लिए शिक्षा के माध्यम के रूप में अंग्रेजी का ही उपयोग करती है। अमेरिका, ऑस्ट्रेलिया, तथा ब्रिटेन शाखा परिसरों की स्थापना मे सर्वाधिक सक्रिय रहे हैं, और इसमें आश्चर्य नहीं है कि शिक्षा की भाषा अंग्रेजी ही है। गैर–अंग्रेजीभाषी देश प्रायः अंग्रेजी का भी उपयोग करते हैं–डच एवं जर्मन शाखाओं वाले विदेशी परिसर प्रायः अपने कार्यक्रम अंग्रेजी में ही प्रस्तुत करते हैं। ऐसे 100 के लगभग शाखा परिसर हैं, जिन्हें मुख्यतः उत्तर के विश्वविद्यालयों द्वारा प्रायोजित किया गया है और वे दक्षिण में संचालन कर रहे हैं। शाखा परिसर गतिशीलता मेजबान देशों में नए विचारों को लागू करते हुए और संभवतः राष्ट्रीय मॉडलों को विस्थापित करते हुए भाषा एवं पाठ्यक्रम दोनों का ही निर्यात करती है।

अधिकांश प्रेक्षक संपूर्ण विश्व में उच्च शिक्षा में अंग्रेजी के प्रभाव को एक सकारात्मक प्रवृत्ति के रूप में देखते हैं–जो वैश्वीकरण में योगदान कर रही है और अंतर्राष्ट्रीय अकादमिक संस्कृति को बढ़ावा दे रही है। एक वैश्विक अकादमिक वातावरण को संवाद के लिए एक साझा माध्यम की आवश्यकता होती है, और अंग्रेजी एकमात्र संभावित भाषा है। इसके अलावा, कभी–कभी अंग्रेजी संपूर्ण विश्व के मरणासन्न अकादमिक संस्थानों के लिए नए विचार लेकर आती है। परंतु अंग्रेजी के नवीन आधिपत्य के अनेक महत्वपूर्ण नकारात्मक पहलू भी हैं।

नकारात्मक पहलू

अधिकांश मामलों में अंग्रेजी का प्रभाव प्रमुख अंग्रेजी–भाषी अकादमिक प्रणालियों, विशेषतौर पर अमेरिका एवं ब्रिटेन, के प्रभाव में वृद्धि कर देता है। इन देशों के पास विश्व के अनेक अग्रणी विश्वविद्यालय मौजूद हैं, ये वैज्ञानिक आविष्कारों एवं विद्वत्ता के बड़े भाग का सृजन करते हैं, और वैज्ञानिक संवाद के मुख्य केन्द्र हैं। इन केन्द्रों के अकादमिक समुदायों के मानदंड, कार्यविधियाँ, एवं उन्मुखीकरण शेष विश्व, अर्थात्, परिधीय क्षेत्रों पर प्रभुत्व कायम करने की प्रवृत्ति रखते हैं। जहाँ अंग्रेजी इस प्रवृत्ति का एकमात्र कारक नहीं है, वहीं यह केन्द्रीय कारक है।

अंग्रेजी के प्रभुत्व वाले एक वैश्विक वातावरण में राष्ट्रीय वैज्ञानिक समुदायों का क्या होता है? विज्ञान एवं विद्वत्ता में स्थानीय तथा अंतर्राष्ट्रीय के बीच तनाव सदैव विद्यमान रहता है–विज्ञान का ज्ञान अपनी प्रकृति के अनुसार अंतर्राष्ट्रीय होता है। राष्ट्रीय भाषाओं का उपयोग तथा राष्ट्रीय पत्रिकाओं एवं प्रकाशकों के अस्तित्व पर प्रश्न उठाए जाते रहे हैं। ज्ञान का श्रेणीकरण इस आधार पर किया जाता है कि क्या इसे अंतर्राष्ट्रीय अकादमिक समुदाय द्वारा मान्यता प्रदान की गई है अथवा नहीं। यदि नहीं, तो एक घरेलू प्रकाशन के राष्ट्रीय आवश्यकता हेतु अत्यधिक प्रासंगिक होने के बावजूद इसे देश के अंदर भी अपेक्षाकृत कम प्रतिष्ठित समझा जाता है, और किसी विद्वान के अकादमिक करियर अथवा वेतन के प्रति इसके निहितार्थ हो सकते हैं। स्वाभाविक रूप से महत्वाकांक्षी विद्वान अपने करियर की उन्नति तथा अपनी पहुँच को व्यापक बनाने हेतु

अंतर्राष्ट्रीय प्रकाशनों में प्रकाशन करवाने के प्रयास करेंगे। अंतर्राष्ट्रीय मान्यता हासिल करने के संदर्भ में स्थानीय इतिहास, तथा स्थानीय स्वास्थ्य सम्बन्धी समस्याओं पर किए गए शोध जैसे विषयों को उपेक्षित किया जा सकता है।

कुछ समय पूर्व, डच शिक्षा मंत्रालय ने प्रस्तावित किया था कि नीदरलैंड के विश्वविद्यालय अपनी शिक्षा के माध्यम को डच से बदलकर अंग्रेजी कर दें ताकि हालैंड अंतर्राष्ट्रीय छात्रों में अपने आकर्षण में वृद्धि कर सके और वैश्विक विद्वत्ता से पूरी तरह से एकीकृत हो सके। डच संसद ने इस मुद्दे पर बहस की और यह तर्क देते हुए भाषा को परिवर्तित न करने का निर्णय लिया कि यदि बौद्धिक एवं अकादमिक जीवन के लिए डच भाषा का उपयोग बंद किया जाता है तो नीदरलैंड अपनी विशिष्ट संस्कृति को गवाँ देगा। यह तर्क अन्य स्थानों के लिए भी प्रासंगिक है। यदि सर्वाधिक मूल्यवान ज्ञान का लक्ष्य अंतर्राष्ट्रीय अकादमिक विश्व है और इसे अंग्रेजी में व्यक्त किया गया है, तो राष्ट्रीय वैज्ञानिक एवं बौद्धिक प्रणालियों के लिए इसके निहितार्थ नकारात्मक होंगे।

अनेक देशों में, ऐसे लोगों के लिए सभी प्रकार के अकादमिक पुरस्कार उपार्जित होते हैं जो अंग्रेजी का उपयोग करते हैं और और वैश्विक वैज्ञानिक नेटवर्क में सहभागी होते हैं। इन विद्वानों को विशेषतौर पर अंतर्राष्ट्रीय सम्मेलनों में आमंत्रित किया जाता है, अंतर्राष्ट्रीय तथा स्वदेशी निधिदाताओं दोनों के द्वारा शोध निधियाँ प्रदान की जाती हैं, और सामान्यतः इन्हें अपने वैज्ञानिक समुदायों के नेतृत्वकर्ताओं के रूप में देखा जाता है। विश्वविद्यालय एवं सरकारें प्रायः एससीआई एवं सम्बन्धित प्रणालियों का उपयोग करती हैं ताकि वे अपने विद्वानों और विश्वविद्यालयों के प्रभावों एवं मूल्यों का आकलन कर सकें। एससीआई गुणवत्ता एवं उत्पादकता का एक पर्याय बन चुका है। इसी प्रकार, अंतर्राष्ट्रीय श्रेणीकरण व्यवस्था भी ऐसे ही उपायों का उपयोग करती है। यह आश्चर्यजनक नहीं है क्योंकि उत्पादकता के मापन के कुछ अन्य सरल उपाय भी उपलब्ध हैं। हालांकि, एकबार फिर, यह विशेषाधिकार उन्हें ही उपलब्ध है जो अपनी रचनाएं अंग्रेजी में तैयार करते हैं और अंतर्राष्ट्रीय पाठकों तक पहुँचने की मंशा रखते हैं।

ये कारक शोधकर्ताओं एवं विद्वानों को ऐसे विषयों तथा अंग्रेजी के उपयोग की ओर उन्मुख करेंगे जो उनके अनुसार अंतर्राष्ट्रीय पाठकों के लिए रुचिकर हो सकते हों। प्रायः ऐसा उन अनिवार्य किन्तु अधिक स्थानीय विषयों की लागत पर किया जा सकता है जो मात्र स्थानीय अथवा स्वदेशी पाठकों के लिए रुचिकर हों। इसके अलावा, शोध के लिए चुनी गई कार्यविधि भी वहीं होगी जो अंतर्राष्ट्रीयतौर पर लोकप्रिय हो, चाहे ये विधियाँ शोध किए जा रहे किसी विशिष्ट विषय के लिए प्रासंगिक हों अथवा न हों।

विश्व व्यापार संगठन (डब्ल्यूटीओ) के भाग के रूप में सेवाओं में व्यापार पर सामान्य समझौता (जीएटीएस/गैट्स) से सम्बन्धित वर्तमान बहस के इस चर्चा के प्रति सीधे निहितार्थ हैं। गैट्स संपूर्ण विश्व में अकादमिक प्रणालियों को विदेशी प्रभावों के लिए और खोले जाने हेतु बाध्यकारी होगा। क्या गैट्स को व्यापकतौर पर लागू करना चाहिए, इसका अनिवार्य आशय यह होगा कि अंग्रेजीभाषी संस्थान एवं कार्यक्रम संपूर्ण विश्व में अपना और अधिक विस्तार कर लेंगे।

ये कारक संपूर्ण विश्व में ज्ञान के समरूपण का आधार हैं। अंग्रेजी न केवल एक प्रभुत्वशाली भाषा है, बल्कि अंतर्राष्ट्रीय विज्ञान एवं विद्वत्ता में प्रवृत्तियों को नियंत्रित करने के साथ जुड़ा इसका सम्बन्ध विषयों एवं कार्यविधियों की घटती हुई विविधता में योगदानकर्ता शक्तियों का एक सशक्त संयोजन भी है।

क्या किया जा सकता है?

यदि वैश्वीकरण का अर्थ विश्व अर्थव्यवस्था, विज्ञान एवं अन्य कारकों की दिशा निर्धारण करने वाली व्यापक प्रवृत्तियाँ है, तो विज्ञान एवं विद्वत्ता की वैश्विक भाषा के रूप में अंग्रेजी का उपयोग निकट भविष्य के लिए अपरिहार्य है। वास्तव में विज्ञान वृद्धिशील रूप से अंतर्राष्ट्रीय होता जा रहा है, और छात्रों एवं प्रोफेसरों की वैश्विक गतिशीलता एक दीर्घकालिक वास्तविकता है। एक ऐसा अंतर्राष्ट्रीय ज्ञान नेटवर्क मौजूद है जो न केवल विज्ञान एवं विद्वत्ता को बल्कि वृद्धिशील रूप से लोगों को भी संलिप्त कर रहा है। यह नेटवर्क मुख्यतः अंग्रेजी में कार्य करता है और इसपर प्रमुख अंग्रेजीभाषी अकादमिक प्रणालियों का प्रभुत्व है।

यहाँ तर्क यह है कि अंतर्राष्ट्रीय नेटवर्क अपरिहार्य और व्यापकतौर पर सकारात्मक है, किन्तु यह कि राष्ट्रीय एवं स्थानीय वैज्ञानिक समुदाय एवं उच्च शिक्षा प्रणालियों की रक्षा अवश्य की जानी चाहिए। अंतर्राष्ट्रीयकरण सकारात्मक हो सकता है किन्तु समरूपण एक बुरी बात है। पूरी तरह से एक मुक्त बाजार इन समुदायों को कमजोर कर देगा, ठीक वैसे ही जैसे प्रमुख अंतर्राष्ट्रीय भाषाएं आज छोटी और कमजोर भाषाओं का गला घोंट रही हैं। राष्ट्रीय भाषाओं में विज्ञान एवं विद्वत्ता समर्थन की पात्र हैं। अकादमिक प्रतिभा के मूल्यांकन को पूरी तरह से एससीआई अथवा अन्य बाहरी एजेन्सियों के निर्णयों अथवा श्रेणीकरणों के, और इस प्रकार विदेशियों के हवाले नहीं करना चाहिए। जहाँ स्थानीय मूल्यांकन के प्रयास सरल नहीं हो सकते हैं, वहीं ये आवश्यक भी हैं। राष्ट्रीय भाषाओं में प्रकाशित शोधकार्यों को समर्थन की आवश्यकता है। स्थानीय एवं अंतर्राष्ट्रीय प्रकाशनों के बीच एक मिश्रण सक्रिय शोध समुदाय के पोषण में सहायक होगा।

अनिवार्य आवश्यकता है राष्ट्रीय वैज्ञानिक एवं बौद्धिक समुदायों के महत्व को समझे जाने की। संभव है कि स्थानीय एवं वैश्विक के बीच एक संतुलन स्थापित करना सरल न हो, किन्तु बौद्धिक स्वतंत्रता इसी पर निर्भर है।

खंड 6

कैंपस राजनीति

छात्र आंदोलनः तब और अब

के.एन. पणिक्कर

लगभग 50 वर्षों पूर्व प्रोफेसर फिलिप जी. अल्ट्बाख़ ने मुम्बई में छात्र राजनीति के विशिष्ट संदर्भ के साथ भारत में छात्र आंदोलन का अध्ययन प्रारंभ किया था जिसके परिणामस्वरूप उन्हें एक शोध उपाधि प्राप्त हुई थी। यद्यपि उसके बाद से उनके शोध का क्षेत्र अत्यन्त व्यापक हो चुका है, तथापि उन्होंने भारत में उच्च शिक्षा की समस्याओं में अपनी स्वस्थ्य रुचि को कायम रखा हुआ है और उनके बारे में विस्तारपूर्वक लेखन करते रहे हैं। जिस बात ने उन्हें छात्र राजनीति के अध्ययन की ओर आकर्षित किया वह था 1960 के दशक के दौरान छात्रों का कट्टरपंथ ताकि वे भारत की राजनीति पर इसके प्रभावों का आकलन कर सकें। उस समय परिसर राजनीतिक दर्शनों तथा समाज के सामाजिक एवं आर्थिक रूपांतरण सम्बन्धी चर्चाओं के साथ जीवंत बने हुए थे। हालांकि, ऐसी संलिप्तता प्रमुख शहरी केन्द्रों में स्थित संस्थानों की छात्र जनसंख्या के एक बहुत छोटे से वर्ग तक ही सीमित थी। इन संस्थानों के बाहर, छात्र राजनीति तात्कालिक एवं दबावकारी स्थानीय समस्याओं के साथ अधिक जुड़ी हुई थी।

गत 60 वर्षों के दौरान छात्र राजनीति की प्रकृति इतनी अधिक परिवर्तित हो चुकी है कि सर्वोच्च न्यायालय को "कॉलेजों और विश्वविद्यालयों में छात्रों के चुनाव पर दिशानिर्देश तैयार करने हेतु" भूतपूर्व चुनाव आयुक्त श्री जे.एम. लिंगदोह की अध्यक्षता में एक समिति का गठन करना पड़ा। सर्वोच्च न्यायालय के द्वारा ऐसे हस्तक्षेप की आवश्यकता छात्रसंघ के चुनाव के ही सबकुछ हो जाने और समस्त छात्र राजनीति को समाप्त करने वाला बन जाने के कारण उत्पन्न हुई, जिसने गुटबाजीपूर्ण संघर्ष और हिंसा को जन्म दिया। वास्तव में चुनाव छात्र राजनीति का पर्याय बन चुके थे, क्योंकि लगभग सभी छात्र गतिविधियाँ चुनावों को निगाह में रखकर की जा रही थीं। चूंकि कॉलेज और विश्वविद्यालय राजनीतिक प्रत्याशियों तथा अनेक संस्थानों में दलों के कार्यकर्ताओ के लिए पोषक उपकरण बन चुके थे, अतः चुनावों में परिसर के अंदर हिंसा एवं धमकी के साथ वातावरण दूषित करने की प्रवृत्ति उत्पन्न हो चुकी थी। चुनाव छात्रों की समस्याओं से सम्बन्धित मुद्दों अथवा ऐसे मामलों जो सीधे शिक्षा से सम्बन्धित थे, पर नहीं बल्कि उन राजनीतिक समस्याओं पर लड़े जा रहे थे जिनका छात्र समुदाय के साथ कोई सीधा सम्बन्ध नहीं था। जो कुछ भी चुनावों में घटित हुआ वह उस छात्र आंदोलन की स्थिति का प्रदर्शन था जो किसी न किसी राजनीतिक दल का एक संलग्नक बन चुका है। छात्र आंदोलन के ऐसे राजनीतिकरण ने परिसरों को ऐसे क्षेत्रों में परिवर्तित कर दिया है जिसका उपयोग राजनीतिक दलों के द्वारा अपने कार्यकर्ताओं की भर्ती के लिए किया जाता है। इस घटना का एक दुर्भाग्यपूर्ण परिणाम विभिन्न राजनीतिक समूहों के बीच हिंसा की पुनरावृत्ति होना रहा है। परिणामस्वरूप, अनेक शैक्षणिक प्रशासकों के द्वारा परिसर में छात्र राजनीति को प्रतिबंधित किए जाने हेतु

आवाजें उठाई जा चुकी हैं। हालांकि, लिंगदोह समिति को परिसर में राजनीतिक दलों की सक्रियता में कुछ भी गलत नहीं दिखाई दिया। इसके बजाय समिति की राय थी कि "विभिन्न विचारधाराओं एवं योजनाओं की प्रस्तुतियाँ और बहस तथा राष्ट्रीय विकास के नजरिए का स्वागत करना चाहिए और इस उद्देष्य की ओर निर्देशित राजनीतिक गतिविधि विश्वविद्यालयों के विकास के लिए हितकारी होगी।" दूसरे शब्दों में, परिसर में राजनीतिक गतिविधियों को छात्रों को नागरिक के तौर पर अपने उत्तरदायित्वों के प्रति संवेदनशील बनाने में सक्षम होना चाहिए।

भारत में राजनीतिक विरोध प्रदर्शनों में छात्रों की सहभागिता का एक लंबा इतिहास है, जो 20वीं शताब्दी के प्रारंभिक हिस्से के दौरान किए गए स्वदेशी आंदोलन तक जाता है। उस समय छात्रों ने विदेशी वस्तुओं के बहिष्कार का आयोजन किए जाने में सक्रिय भूमिका निभाई थी, जिसने स्पष्टतौर पर उपनिवेश–विरोधी आंदोलन को कट्टर बनाए जाने सम्बन्धी उनकी क्षमताओं को रेखांकित किया था। महात्मा गाँधी ने उन्हें कॉलेजो और विश्वविद्यालयों को छोड़ने और असहयोग आंदोलन में भाग लेने के लिए प्रेरित किए जाने के द्वारा उनकी इस क्षमता का उपयोग किया था। इसने बड़े पैमाने पर राजनीतिक क्षेत्र में छात्रों के प्रवेश के साथ–साथ छात्र गतिविधियों के समन्वयन के लिए यूथ लीग्स के उदय की घोषणा कर दी थी। इस भागीदारी का महत्वपूर्ण परिणाम था भारतीय राष्ट्रीय छात्रसंघ की स्थापना। उसी समय से छात्रों ने बड़े राजनीतिक आंदोलनों के एक सहयोगी तथा अपने स्वयं के स्वतंत्र संगठनों दोनों के ही रूप में भारतीय राजनीति के एक अभिन्न अंग का गठन कर लिया है। इस प्रकार छात्र सक्रियता द्वारा स्थानीय एवं राष्ट्रीय दोनों ही मुद्दों का शामिल किया गया है।

1930 में गाँधीजी द्वारा प्रारंभ किए गए सविनय अवज्ञा आंदोलन में छात्र उग्रवादी गतिविधियों में संलिप्त थे और क्रांतिकारी समाजवादियों ने उनसे सहयोग और भर्तियाँ हासिल की थीं। 1936 में अखिल भारतीय छात्रसंघ (एआईएसएफ) का गठन किया गया था, जिसके पास एक हजार सम्बद्ध संगठन और पचास हजार सदस्य थे। एआईएसएफ ने एक साझा मंच उपलब्ध कराया जिसमें गाँधीवादियों, समाजवादियों, और साम्यवादियों ने सामंजस्यपूर्ण तरीके से कार्य किया। हालांकि, संयुक्त मोर्चा बहुत अधिक समय तक कायम नहीं रह सका। एक ओर साम्यवादियों और गाँधीवादियों तथा समाजवादियों के बीच मतभेद उत्पन्न हो गए, वहीं दूसरी ओर, 1940 में युद्ध में सोवियत संघ के कूद पड़ने के बाद ब्रिटिश युद्ध प्रयासों का अत्यधिक समर्थन करना टूट का आधार बन गया। उत्तरवर्तियों ने स्वयं को छात्र कांग्रेस के रूप में गठित कर लिया, और वे 1942 के भारत छोड़ो आंदोलन में सक्रिय रहे, जिसमें लगभग पन्द्रह हजार छात्रों ने भाग लिया था।

स्वतंत्रताप्राप्ति के बाद की अवधि के दौरान कांग्रेस एवं समाजवादियों ने 1950 में एक गैर–राजनीतिक छात्र संगठन, नेशनल यूनियन ऑफ स्टूडेंट्स (एनयूएस) का गठन करने हेतु हाथ मिला लिए। संगठन के अंदर ही हुए गुटों के विभाजन के कारण 1958 में यह विखंडित हो गया। तत्पश्चात्, छात्र राजनीति अलग–अलग राजनीतिक दलों से सम्बद्ध होती चली गई। आज प्रमुख छात्र संगठन हैं–स्टूडेंट फेडरेशन ऑफ इंडिया (एसएफआई), नेशनल स्टूडेंट यूनियन ऑफ इंडिया (एनएसयूआई), अखिल भारतीय विद्याथी परिषद् (एबीवीपी), एवं एआईएसएफ। ये संगठन क्रमशः भारतीय कम्युनिस्ट पार्टी (मार्क्सवादी), भारतीय राष्ट्रीय कांग्रेस, भारतीय जनता पार्टी एवं भारतीय कम्युनिस्ट पार्टी के नियंत्रण के अधीन कार्य करते हैं। छात्रों की बड़ी संख्या, विशेषतौर पर व्यावसायिक पाठ्यक्रमों में अध्ययनरत्, इन संगठनों की गतिविधियों में

भागीदारी करने से हिचकिचाती है। इसी से जुड़ा हुआ है निजी एजेन्सियों के प्रबंधन वाले संस्थानों में राजनीतिक गतिविधियों पर लगा प्रतिबंध। अतः, केरल तथा पश्चिम बंगाल जैसे कुछ क्षेत्रों को छोड़कर भारत में छात्र आंदोलन कमजोर रहा है। वास्तव में, छात्रों की एक बहुत बड़ी संख्या किसी भी छात्र संगठन का हिस्सा नहीं है। ऐसा आंशिकतौर पर रोजगारोन्मुख उच्चवर्ग की प्रधानता तथा परिसरों में छात्रों के जातीय उन्मुखीकरण के कारण है। अल्ट्बाख़ सुझाव देते हैं कि निम्नवर्गीय छात्र, "यद्यपि समाज में सर्वाधिक दलित वर्ग हैं, तथापि वे आंदोलनों में भाग नहीं लेते, यहाँ तक कि तब भी जब मुद्दे सीधे उन्हीं से जुड़े हों।" हाल ही के समय में, इस स्थिति में समझने योग्य परिवर्तन आया है; अधिकांश परिसरों में निम्न जातियों वाले छात्र अपेक्षाकृत अधिक सक्रिय हो चुके हैं और अपने अधिकारों के लिए विरोध प्रदर्शन करने लगे हैं।

अल्ट्बाख़ ने उत्तर–औपनिवेशिककाल में छात्र आंदोलन में तीन सामान्य प्रवृत्तियों की पहचान की है। पहली, राजनीतिक दलों के द्वारा गठित एवं नियंत्रित संगठनों के एक भाग के रूप में राजनीतिक गतिविधियों में छात्रों की संलिप्तता। दूसरे, छात्रों की विशिष्ट माँगों एवं मुद्दों में संलिप्तता, जैसे तमिलनाडु में भाषा को लेकर विरोध प्रदर्शन, ओडिशा में भ्रष्टाचार तथा आरक्षण का विरोध। तीसरे, स्थानीय कॉलेजों सम्बन्धी एवं अकादमिक मामलों को लेकर छिटपुट प्रदर्शन, असंतोष, एवं अनुशासनहीनता। कई वर्षों में, विशेषतौर पर नवउदारवादी नीतियों को लागू किए जाने के बाद से परिसर वृद्धिशील रूप से अराजनीतिक हो गए हैं। इनके द्वारा राजनीतिक विरोध प्रदर्शनों में रुचि लिए जाने के बजाय अकादमिक उपलब्धियों पर ध्यान केन्द्रित किए जाने को प्राथमिकता दी जा रही है। यह मध्यवर्ग की आकांक्षाओं के काफी अनुरूप भी है जो अपनी आय के एक बड़े भाग का निवेश अपने बच्चों की शिक्षा पर कर देते हैं।

यद्यपि भारतीय विश्वविद्यालय परिसर सापेक्षिकतौर पर शांत प्रतीत होते हैं, तथापि यहाँ आक्रोश, क्रोध, एवं बुनियादी सुविधाओं तथा प्रचलित अकादमिक परिस्थितियों को लेकर भारी असंतोष व्याप्त है, विशेषतौर पर उन संस्थानों में जो सामान्य शिक्षण प्रदान करते हैं। उत्कृष्टता केन्द्रों, जो समाज के विशेषाधिकार संपन्न वर्गों को सेवा प्रदान करते हैं, ऊँचे स्तर कायम रखते हैं, के अंदर की स्थितियाँ भी भयावह हैं। परिसरों के अंदर होने वाली अधिकांश हिंसा इन्हीं परिस्थितियों की प्रतिक्रियाएं होती है। भारतीय परिसर आज एक ऐसे छात्र आंदोलन से वंचित हैं जो एक शांतिपूर्ण एवं रचनात्मक तरीके से इन परिस्थितियों में सुधार के लिए संघर्ष कर सकता हो।

25

भारतीय छात्र आंदोलन का रूपांतरण

Asian Survey
Vol. 6, No. 8 (August), 1966
pp. 448–460

फ़िलिप जी. अल्ट्बाख़*

छात्र एशिया, अफ्रीका, एवं लातिनी अमेरिका के अनेकों नए राज्यों में आर्थिक एवं राजनीतिक विकास के एक प्रमुख तत्व का गठन करते हैं। कुछ देशों में उन्होंने सरकारों को सत्ताच्युत किया है, कुछ अन्य में राष्ट्रीय संघर्षों में उनके द्वारा अहम भूमिकाएं निभाई गई हैं। लगभग सभी विकासशील देशों में, छात्र समुदाय तकनीकी रूप से प्रशिक्षित श्रमशक्ति के एक प्राथमिक स्त्रोत का गठन करता है, और आधुनिकीकरण की प्रक्रिया की एक महत्वपूर्ण शक्ति है। अभिजात्यों, जिन्हें उभरते हुए देशों के मामलों को आकार देने का प्रमुख उत्तरदायित्व प्रदान किया जाएगा, का चयन एक बड़ी सीमा तक छात्र समुदाय से ही किया जाएगा।

अनेक देशों में, छात्र आंदोलन (छात्र समुदाय का वह भाग जिसने स्वयं को राजनीतिक अथवा सामाजिक कार्यवाही हेतु गठित कर लिया है) ने राजनीतिक घटनाओं में महत्वपूर्ण योगदान किए हैं। अनेक नए राज्यों में, छात्र आंदोलन क्रांतिकारी राजनीतिक संघर्षों में, शैक्षणिक एवं सांस्कृतिक सुधारों में, तथा अनेक प्रकार की राजनीतिक एवं सामाजिक चिंताओं में संलिप्त रहे हैं। छात्र आंदोलनों के द्वारा छात्रों ने राजनीतिक विधियों और विचारधाराओं में मूल्यवान प्रशिक्षण हासिल कर लिए हैं। अनेक दृष्टांतों में, विकासशील देशों में उभरते हुए अभिजात्यों (तथा कभी–कभार पदग्राही) के राजनीतिक एवं सामाजिक दृष्टिकोणों को आकार प्रदान किए जाने में छात्र राजनीतिक आंदोलन सहायक रहे हैं। ये छात्र संगठन, जो देश में प्रायः सबसे बड़े पश्चिमोन्मुख समूह होते हैं, ऐसे लोगों के एक आध्यात्मिक एवं वैचारिक "घर" सिद्ध हो चुके हैं जो पश्चिमी मूल्यों एवं विधियों को जन्म देना चाहते हैं।

छात्र संगठनों ने प्रायः औपचारिक शिक्षा के साथ एक ऐसा महत्वपूर्ण योजक प्रदान किया है जिसे उभरते हुए अभिजात्यों के द्वारा स्कूलों और कॉलेजों में प्राप्त किया जाता है। छात्र आंदोलन की पाठ्यक्रमोत्तर भूमिका, तथा साथ ही साथ शैक्षणिक मुद्दों पर इस आंदोलन के विचार नए देशों में शिक्षा नीति तथा विकास पर जानकारियों के मूल्यवान स्त्रोत प्रदान कर सकते हैं। यह सत्य है कि छात्र "असंतोष" के उतने भाग, जिसपर शिक्षकों एवं राजनीतिज्ञों के द्वारा चर्चा की जा चुकी है, की जड़ें शिक्षा से सीधे तौर पर जुड़ी शिकायतों में जमी हुई हैं।

छात्र आंदोलन की भूमिका के परीक्षण के लिए भारत विशेषतौर पर एक रोचक मॉडल प्रस्तुत करता है। पश्चिमी शिक्षा की इसकी लंबी परंपरा ने एक बड़े पश्चिमीकृत वर्ग को जन्म दे दिया है। इसने कम से कम 1885 में भारतीय राष्ट्रीय कांग्रेस की स्थापना के समय से ही संगठित स्वदेशी राजनीतिक गतिविधियों को देखा है। अंग्रेजों

से स्वतंत्रता हेतु चले दीर्घकालिक संघर्ष, जो अनेक महत्वपूर्ण चरणों से होकर गुजरा और गाँधी के नेतृत्व वाले अहिंसक जनआंदोलन में समाप्त हुआ, ने राजनीतिक कार्यकर्ताओं के लिए एक प्रशिक्षण का आधार भी प्रदान किया और पश्चिमीकृत मध्यवर्ग को एक बड़ा आंदोलन खड़ा करने के लिए बाध्य भी किया। स्वतंत्रताप्राप्ति के लगभग दो दशकों के समय ने स्वदेशी राजनीतिक संस्थाओं को विकसित होने और आर्थिक विकास, शैक्षणिक सुधार, तथा राजनीतिक स्थिरता की समस्याओं को स्वयं को प्रकट करने की अनुमति प्रदान की है।

भारतीय छात्र आंदोलन इन अधिकांश घटनाओं के साथ घनिष्ठतापूर्वक जुड़ा रहा है, और राष्ट्रीय आंदोलन में गहराई से संलिप्त और उसके प्रति प्रतिबद्ध रहा है। इसे दो भिन्न चरणों में विभाजित किया जा सकता है जो भारतीय समाज में घटित हो चुके महत्वपूर्ण परिवर्तनों में से कुछ को प्रतिबिंबित करते हैं। 1947 में स्वतंत्रताप्राप्ति के पूर्व, छात्रों ने देश के राजनीतिक जीवन में एक सक्रिय भागीदारी की थी, और वे अनेक शक्तिशाली आंदोलनों में संगठित रहे थे। छात्र समुदायों के बीच राजनीतिक समूह अत्यन्त प्रभावशाली थे और राष्ट्रीय आंदोलन को उनके द्वारा जोरदार समर्थन प्रदान किया गया था। स्वतंत्रताप्राप्ति के समय से ही, भारत में छात्र आंदोलन ध्वस्त हो चुका है। अनेक संगठन, जिनके द्वारा छात्रों पर सशक्त प्रभावों का उपयोग किया गया था, अदृश्य हो चुके हैं, और राष्ट्रवाद एवं बलिदान की भावना परिसर को त्याग चुकी है। भारतीय छात्र उस समाज के प्रति कुछ दुविधा का प्रदर्शन कर रहे हैं जिनमें उन्हें अपना स्थान बनाना है, और राष्ट्र निर्माण के महत्वूपर्ण कार्यों के लिए उत्साह में एक उल्लेखनीय कमी मौजूद है।

छात्र आंदोलन एवं स्वतंत्रता संग्राम

1920 के पहले, छोटे से भारतीय छात्र समुदाय के पास राजनीति का अनुभव बहुत कम उपलब्ध था, और बुनियादीतौर पर इसने स्वयं को अपने अकादमिक कार्यक्रमों और सांस्कृतिक मामलों से ही सम्बद्ध कर रखा था। किन्तु जैसे–जैसे राष्ट्रवादी आंदोलन विकसित होता गया और गाँधी के नेतृत्व के अधीन क्रमशः एक मध्यवर्गीय ''वाद–विवाद मंडली'' से एक उग्रवादी जनआंदोलन में परिवर्तित होता गया, वैसे–वैसे छात्र राजनीति में सक्रिय भूमिका अपनाते चले गए। राष्ट्रवाद का प्रभाव पश्चिमी बौद्धिक प्रभावों के साथ संयोजित था–विशेषतौर पर ब्रिटिश फैबियाई समाजवादियों के विचारों के साथ और फिर बाद में रूसी साम्यवादियों के साथ। 1920 के दशक के दौरान ऐसे अनेक छात्र समूह गठित किए गए जिन्होंने राजनीति में रुचि ली। शैशवावस्था वाले भारतीय कम्युनिस्ट आंदोलन तथा साथ–साथ कांग्रेस का वामपंथ परिसरों में सक्रिय हो चुके थे, और राजनीति को समर्पित चर्चा–समूह लोकप्रिय हो चुके थे। दक्षिणपंथी राष्ट्रीय स्वयंसेवक संघ (आरएसएस), जिसने हिन्दू राष्ट्रवाद एवं सांस्कृतिक पुनर्निर्माण पर जोर दिया था, का जन्म भी इसी अवधि के दौरान हुआ और इसमें भी छात्र समर्थन का एक शक्तिशाली तत्व मौजूद था।

1920 का गाँधी का असहयोग आंदोलन ऐसा सर्वप्रथम राजनीतिक संघर्ष था जिसमें बड़े पैमाने पर छात्र शामिल हुए थे। अपने कॉलेजों का बहिष्कार करने और कांग्रेस–प्रायोजित ''राष्ट्रीय कॉलेजों'' का समर्थन करने के आह्वाहन को पर्याप्त समर्थन प्राप्त हुआ था। यद्यपि राष्ट्रीय कॉलेज का जीवन बहुत संक्षिप्त था, तथापि पंरपरागत शैक्षणिक ढाँचे को अस्थाईतौर पर भ्रमित कर दिया गया था। छात्रों ने कांग्रेस

के अभियानों एवं सभाओं में मदद की, और जब कांग्रेस के नेता गिरफ्तार किए गए, तो छात्रों ने आंदोलन का नेतृत्व संभाल लिया।

1920 के आंदोलन ने छात्रों को मूल्यवान राजनीतिक अनुभव प्रदान किए और छात्र आंदोलन को भारत में परिसर जीवन के एक भाग के रूप में स्थापित कर दिया। इस संघर्ष के क्रम में गठित किए गए संगठनों का अस्तित्व बना रहा, और राजनीतिक विचारों वाले छात्रों ने स्वयं को "रचनात्मक" समाजसेवा परियोजनाओं एवं अध्ययन मंडलियों के साथ संलिप्त कर लिया। वामपंथी कांग्रेसी नेताओं की सहायता से प्रमुख शिक्षा केन्द्रों में युवा समूहों का गठन कर लिया गया, और 1920 में सर्वप्रथम अखिल भारतीय छात्र सम्मेलन का आयोजन किया गया ताकि विकसित होते छात्र राजनीतिक आंदोलन को समन्वय प्रदान किया जा सके। राजनीतिक दृष्टिकोण वाले छात्रों की प्रवृत्ति कट्टरपंथी थी, तथा समाजवादी विचारधाराओं की तुलना में गाँधीवादी परंपरावाद एवं अंहिसा का प्रभाव बहुत कम था। वार्षिक छात्र सम्मेलनों, जिनमें सामान्यतौर पर भारत के सभी भागों से 3,000 से अधिक छात्र प्रतिनिधि आकर्षित होते थे, ने वामपंथी कांग्रेसियों को एक मंच प्रदान कर दिया और अपने विचारों के प्रति समर्थन भी।[1]

जहाँ 1920 के दशक में भारतीय छात्र समुदाय की एक छोटी सी संख्या राजनीतिक रूप से सक्रिय थी, वहीं इसी अवधि के दौरान ही आंदोलन ने स्वयं को स्थापित किया था और संगठनात्मक अनुभव तथा कुछ स्तर तक का वैचारिक परिष्करण दोनों ही हासिल कर लिए थे। छात्र सांस्कृतिक संघों ने भी अस्तित्व ग्रहण किए और परिसर जीवन के एक महत्वपूर्ण अंग बन गए। वाद–विवाद, नाटक, साहित्य एवं अन्य विषयों को समर्पित रहे संगठन अनेक कॉलेजों में फूले–फले, जिसमें प्रायः कॉलेज अधिकारियों का सहयोग भी उपलब्ध रहा। पहली बार, छात्र पाठ्यक्रमोत्तर गतिविधियों के नियोजन एवं प्रशासन में बड़ी संख्या में सलिप्त रहे। जहाँ इसका राजनीति से कोई सम्बन्ध नहीं था, वहीं ऐसी गतिविधियों ने छात्रों में आत्मविश्वास की भावना उत्पन्न करने के साथ–साथ उन्हें संगठनात्मक मामलों में प्रशिक्षण भी प्रदान किया।

1930 के दशक में भारत में राजनीतिक संघर्ष में तीव्रता आई और इसी के साथ छात्र आंदोलन विकसित हुआ। 1930 के गाँधी के उग्रवादी नागरिक अवज्ञा आंदोलन ने अप्रत्याशित पैमाने पर छात्रों को शामिल कर लिया, और भारत में ब्रिटिश प्रशासन को क्षतिग्रस्त करने सम्बन्धी गतिविधियाँ छात्रों के द्वारा संपन्न की गईं। कॉलेज बंद कर दिए गए, विरोध प्रदर्शन प्रारंभ हो गए, और गैरकानूनी प्रकाशनों का वितरण किया गया। सैकड़ों छात्रों को उनके कॉलेजों से निष्कासित कर दिया गया अथवा जेल भेज दिया गया। जहाँ यह संघर्ष लगभग एक वर्ष के बाद शांत हुआ, वहीं छात्र आंदोलन ने अपनी गतिविधियों को जारी रखा, और अखिल भारतीय छात्रसंघ (एआईएसएफ) का गठन 1936 में किया गया ताकि छात्र आंदोलन को एक एकीकृत आवाज प्रदान की जा सके। प्रारंभ से ही, एआईएसएफ अपने राजनीतिक विचारों में अत्यधिक राष्ट्रवादी और कट्टरपंथी था।[2] एआईएसएफ के अंदर साम्यवादियों, समाजवादियों एवं गाँधीवादियों ने एकसाथ मिलकर कार्य किया और भारत के सभी हिस्सों में प्रांतीय सम्बद्धताओं का गठन कर लिया गया। भारतीय राष्ट्रीय कांग्रेस के सत्रों के साथ ही आयोजित किए जाने वाले एआईएसएफ के वार्षिक सम्मेलनों के द्वारा 3,000 से अधिक प्रतिनिधियों को आकर्षित किया गया, और कांग्रेस के शीर्ष नेताओं ने छात्रों को सम्बोधित किया।

इसी अवधि में, नवगठित कांग्रेस समाजवादी पार्टी राजनीतिप्रेरित छात्रों पर एक सशक्त प्रभाव स्थापित कर चुकी थी, ऐसा ही छोटी किन्तु मुखर कम्युनिस्ट पार्टी ने भी किया था। अध्ययन समूहों ने कार्यकर्ताओं को विचारधारा के साथ–साथ संगठनात्मक

रणनीतियों में भी प्रशिक्षित किया था। अनेक प्रतिबद्ध छात्र नेता विकसित हो रहे श्रमसंघ आंदोलनों अथवा वामपंथी राजनीतिक समूहों द्वारा प्रायोजित सांस्कृतिक संगठनों में सक्रिय हो गए।[3]

''मुख्यधारा'' वाले राष्ट्रवादी छात्र आंदोलन के अलावा छात्र आंदोलन के अंदर अनेक अन्य महत्वपूर्ण प्रवृत्तियाँ विद्यमान थीं। अनेक मुस्लिम छात्र, जो पहले कांग्रेस के प्रति उदासीन अथवा समर्थक थे, मोहम्मद अली जिन्ना द्वारा भारत में एक पृथक मुस्लिम राज्य के लिए दिए गए आह्वाहन से प्रभावित हो गए और उन्होंने मुस्लिम लीग के आल इंडिया मुस्लिम स्टूडेंट्स फेडरेशन में प्रवेश ले लिया। इस संगठन ने स्वतंत्रता आंदोलन में भाग नहीं लिया, बल्कि इसके बजाय मुस्लिम अधिकारों के लिए दबाव डाला तथा मुसलमानों पर हमला किए जाने पर उनकी सुरक्षा की। मुस्लिम छात्र संगठनों ने मुस्लिम नेताओं की एक पूरी पीढ़ी की राजनीतिक विचारधारा को आकार प्रदान किया, और भारत में मुस्लिम समुदाय के सापेक्षिक पिछड़ेपन के कारण वे विशेषतौर पर महत्वपूर्ण थे।

हिन्दू दक्षिणपंथ ने भी शक्ति हासिल कर ली थी। आरएसएस ने उग्रवादी हिन्दू राष्ट्रवाद तथा हिन्दुओं के बीच मुस्लिम एवं ईसाई विरोधी भावनाओं के लिए अपील कर डाली। परंपरागत हिन्दू मूल्यों, जिनपर उस समय भारत में मौजूद पश्चिमीकृत तत्वों द्वारा हमले किए जा रहे थे, को कायम रखे जाने के द्वारा आरएसएस अनेक छात्रों, विशेषतौर पर छोटे कॉलेजों में, को आकर्षित करने में सफल रहा था। इसका अर्द्धसैनिक कार्यक्रम, जिसके द्वारा शारीरिक प्रशिक्षण एवं अनुशासन पर जोर दिया गया था, अनेक छात्रों को पसंद आया था। हिन्दू स्टूडेंट फेडरेशन की विचारधारा भी आरएसएस के समान ही थी, यद्यपि इसका दृष्टिकोण कुछ अधिक परिष्कृत था। आरएसएस के विरोधी के रूप में धर्मनिरपेक्ष मानसिकता वाले वामपंथियों ने राष्ट्र सेवा दल (आरएसडी) का गठन किया, जिसके द्वारा भी अन्य सांस्कृतिक एवं सामाजिक गतिविधियों के अलावा अर्द्धसैनिक कार्यक्रमों को प्रायोजित किया गया। आरएसडी धर्मनिरपेक्ष मूल्यों को समर्पित था और इसने हिन्दू तथा मुस्लिम उग्रवादियों दोनों पर नियंत्रण प्राप्त करने के लिए बहुत कुछ किया। इसकी शक्ति मुख्यतः महाराष्ट्र में केन्द्रित थी, जबकि आरएसएस को अधिकांश समर्थन उत्तर भारत के हिन्दीभाषी क्षेत्रों से प्राप्त हुआ था।

1938 तक भारतीय कॉलेजों का बहुत अधिक राजनीतिकरण हो चुका था। जहाँ ''मुख्यधारा'' वाले वामपंथी छात्र समूहों का वर्चस्व था, वहीं वे किसी भी प्रकार से चुनौतियों से रहित नहीं थे। जैसे–जैसे राष्ट्रवादी आंदोलन ताकतवर और उग्र हुआ, छात्रों ने संघर्ष में और अधिक सक्रिय भागीदारी की, और श्रम आंदोलन अथवा गाँधीवादी रचनात्मक कार्यक्रमों में कार्य करने हेतु स्वेच्छापूर्वक कॉलेजों का त्याग कर दिया। छात्र आंदोलन के बढ़ते हुए वैचारिक परिष्करण ने भी समस्याएं उत्पन्न कर दीं, और गुटबाजीपूर्ण अंतरकलहों, जो भारतीय राजनीति की विशेषता बन चुकी हैं, में तीव्र गति से वृद्धि हो गई।

1940 में हुआ आल इंडिया स्टूडेंट फेडरेशन का विभाजन इसी प्रवृत्ति का सूचक था। एक ओर साम्यवादियों तथा दूसरी ओर समाजवादियों तथा गाँधीवादियों के बीच के अंतर 1940 में खुलकर सामने आ चुके थे। साम्यवादी गुट सोवियत संघ के प्रति अपने समर्थन को लागू करने में सक्षम था और यह कांग्रेस एवं एआईएसएफ का कट्टर आलोचक था। समाजवादियों ने बहिर्गमन का नेतृत्व किया, और परिणामस्वरूप दो पृथक छात्र संगठनों का गठन हो गया। कडुवाहट उत्पन्न हो चुकी थी और इन विवादों

के बीच नष्ट हुई ऊर्जा ने भविष्य की गुटबाजी सम्बन्धी समस्याओं का बीजारोपण करते हुए छात्र आंदोलन को कमजोर कर दिया।

1942 के "भारत छोड़ो" आंदोलन के दौरान छात्रों ने एक महत्वूपर्ण भूमिका निभाई; राष्ट्रवादी छात्र आंदोलन (इस समय पर साम्यवादी युद्ध सम्बन्धी ब्रिटिश प्रयासों का सक्रिय समर्थन कर रहे थे) भारत के अधिकांश कॉलेजों को लंबी अवधियो के लिए बंद करवाने में सफल रहा, और इसने छात्रों के जनसमूह को संघर्ष में शामिल कर लिया। ऐसे छात्र, जो पहले राजनीति में संलिप्त नहीं रहे थे, ने कांग्रेस के लिए कार्य किया और लगभग रोजाना होने वाले प्रदर्शनों में भाग लिया। प्रतिबद्ध छात्र कार्यकर्ताओं ने तोड़फोड़ अभियानों में हिस्सा लिया और मामूली सफलता के साथ ब्रिटिश प्रशासन को अव्यवस्थित करने का प्रयास किया। जब वरिष्ठ कांग्रेस नेताओं को गिरफ्तार कर लिया गया तो संघर्ष का नेतृत्व छात्रों ने संभाल लिया और भूमिगत नेताओं तथा आंदोलन के बीच एक संपर्कसूत्र के रूप में कार्य किया। छात्र समूहों ने गैरकानूनी समाचारपत्र प्रकाशित किए, और यहाँ तक कि एक गुप्त रेडियो स्टेशन भी संचालित किया।

1942 का संघर्ष भारत में छात्र आंदोलन का चरमबिंदु था, जिसमें पहली बार छात्रों की एक बड़ी संख्या संलिप्त हुई थी। हजारों को जेल में डाल दिया गया, और कई हजार को उनके कॉलेजों से निष्कासित कर दिया गया था। 1942 के आंदोलन की उग्रता, भले ही कम पैमाने पर रही हो, स्वतंत्रतासंग्राम की समाप्ति तक कायम रही। राष्ट्रवादी छात्र आंदोलन परिसरों में भारी प्रभाव अर्जित कर चुका था, और अनेकों सर्वश्रेष्ठ छात्रों ने इस संघर्ष में भागीदारी की थी।

हालांकि, 1946 तक यह छात्र आंदोलन अपना अधिकांश जोश खो चुका था। जहाँ छात्रों की कांग्रेस (आंदोलन की राष्ट्रवादी शाखा तथा एआईएसएफ की गैर–साम्यवादी शाखा की उत्तराधिकारी) एक विशाल एवं सक्रिय संगठन बनी रही, वहीं इसका जोर वापस परिसर सम्बन्धी मुद्दों अथवा गाँधीवादी रचनात्मक कार्यक्रमों पर वापस आ चुका था। अनेक कट्टरपंथी छात्र नेता ऐसे तमाम समझौतों से भ्रांतिमुक्त हो चुके थे जिन्हें कांग्रेस के नेतृत्व के द्वारा आगे और रक्तपात के बिना स्वतंत्रता हासिल करने के लिए आवश्यक समझा गया था। 1946 का भारतीय नौसेना की बगावत उनके लिए एक नया आघात थी, क्योंकि कांग्रेस ने एक समझौते के हित में उग्रवादी नौसैनिकों को अंग्रेजों के समक्ष आत्मसमर्पण का आदेश पारित कर दिया था।[4] अनेक सक्रिय छात्र नेताओं ने इस आंदोलन में भाग लिया, और यह घटना भारत में छात्र आंदोलन के राजनीतिक रूप से महत्वपूर्ण चरण की समाप्ति सिद्ध हुई।

1947 के पूर्व के भारत में एक उग्रवादी छात्र आंदोलन के विकास में अनेक महत्वपूर्ण कारकों ने योगदान किए थे। स्वयं छात्र समुदाय बहुत छोटे और समरूपी थे। अधिकांश छात्र उच्च मध्य अथवा उच्च वर्गों एवं जातीय पृष्ठभूमियों से आए थे, और शैक्षणिक जोर सशक्त रूप से उदारवादी कलाओं पर ही था। उच्च शिक्षा सामान्यतः स्नातक के बाद अच्छी–खासी ऊँची हैसियत वाली नौकरी सुनिश्चित कर देती थी, और अधिकांश छात्रों को अध्ययन के दौरान वित्तीय समस्याओं के सम्बन्ध में कोई चिंता नहीं करनी होती थी। कॉलेज अपने आप में अपेक्षाकृत अधिक सुगठित थे और कॉलेजों के बीच संवाद में अधिक कठिनाई नहीं थी। प्रारंभ से ही, अनेक सर्वश्रेष्ठ छात्र राजनीतिक छात्र आंदोलनों में संलिप्त हो जाते थे, विशेषतौर पर वामपंथी समूहों में, और इसने आंदोलन को और अधिक "सम्माननीय" बनाने में सहायता प्रदान की।

1930 एवं 1940 के दशकों में भारत एक अत्यधिक राजनीतिक देश था, विशेषतौर पर शहरों और नगरों में, जहाँ अधिकांश कॉलेज स्थित थे और जिनसे छात्रों की एक बड़ी संख्या की भर्ती की जाती थी। उतावला क्रांतिकारी वातावरण छात्रों को प्रभावित कर चुका था, और छात्र आंदोलन में रुचि उत्पन्न करना कठिन नहीं था। पश्चिमी राजनीतिक विचारधाराओं का छात्रों पर एक सशक्त प्रभाव था और इसने उनके विचारों एवं चर्चाओं को बहुत अधिक प्रोत्साहित किया। इस प्रकार, राष्ट्रवादी संघर्ष की तात्कालिकता एक वैचारिक उत्तेजना के साथ संयोजित थी जिसके द्वारा राजनीतिक रूप से जागरूक एक छात्र आंदोलन उत्पन्न हो चुका था।

1947 से छात्र आंदोलन

1947 तक छात्र आंदोलन अपना अधिकांश आवेग खो चुका था, और अनेक प्रमुख छात्र संगठन ध्वस्त हो चुके थे। कुछ इक्का–दुक्का अपवादों को छोड़कर, छात्र आंदोलन कभी भी अपनी उग्रता को वापस हासिल कर पाने में सफल नहीं रहा और लगातार कमजोर होता चला गया। इस पतन के कारण जटिल हैं; यहाँ उनमें से मात्र कुछ का ही संक्षिप्त उल्लेख कर पाना संभव है।

संभवतः सर्वाधिक महत्वपूर्ण कारक था स्वतंत्रतासंग्राम की समाप्ति। 1947 के पूर्व, राजनीतिक मुद्दे स्पष्ट और नाटकीय थे–अंग्रेजों को इस उपमहाद्वीप से बाहर निकाला जाना था। सम्मानित राष्ट्रवादी नेताओं, जैसे नेहरू और जयप्रकाश नारायण, ने छात्रों को राजनीतिक संघर्ष में सक्रिय भागीदारी के लिए प्रोत्साहित किया। स्वतंत्रता मिलने के बाद कांग्रेस नेता स्वयं पलट गए और उन्होंने छात्रों से राजनीति से बाहर रहने का आग्रह कर डाला। इसके अलावा, छात्रों को पता लगा कि व्यावहारिक राजनीति में समझौता एक अपरिहार्य घटक है; मुद्दे बहुत अधिक महत्वपूर्ण नहीं रह गए थे। आत्म–बलिदाल की भावना, जो स्वतंत्रतासंग्राम की विशेषता थी, लगभग गायब हो चुकी थी, और अनेक राजनीतिक नेता एवं अन्य लोग विचारधारा अथवा राष्ट्रीय विकास के बजाय अपने करियर के प्रति चिंता करने में लगे हुए थे। चूंकि छात्र आंदोलन अपना प्रमुख उद्देश्य खो चुका था, अतः सरकारी एवं शैक्षणिक अधिकारियों के दृष्टिकोणों में भारी परिवर्तन आ चुके थे। शक्तिशाली कांग्रेस एवं समाजवादी छात्र संगठनों को वरिष्ठ नेताओं द्वारा दरकिनार तथा अधिकांश छात्रों द्वारा उपेक्षित कर दिया गया था। साम्यवादियों ने छात्र आंदोलन मे अपनी रुचि को बरकरार रखा, किन्तु सरकार के विरुद्ध हिंसा के एक विनाशकारी कार्यक्रम की शुरुआत कर दी, जिसके कारण इसका अधिकांश समर्थन समाप्त हो गया।[5]

इस अवधि के दौरान छात्र समुदाय तथा शिक्षा प्रणाली में भारी परिवर्तन हो रहे थे। 1950 और 1960 के बीच भारत में आर्ट्स और साइंस कॉलेजों की संख्या 498 से बढ़कर 1,039 हो चुकी थी, और प्रवेश लेने वाले छात्रों की संख्या भी 3,10,000 से दोगुनी होकर 6,91,000 हो गई थी।[6] ग्रामीण अथवा निम्न मध्यवर्गीय पृष्ठभूमियों वाले युवा लोगों को उच्च शिक्षा उपलब्ध हो चुकी थी, और भारत में सदैव एक समस्या रही स्नातकों की बेरोजगारी में भारी अनुपात में वृद्धि हो चुकी थी। छात्रों की संख्या बढ़ने के साथ शिक्षा की गुणवत्ता में गिरावट आ चुकी गई। छात्र समुदाय की समरूपता छात्रों की इस बाढ़ में छिन्नभिन्न हो गई। अतः, छात्र समुदाय के शारीरिक एवं सामाजिक संयोजन ने किसी भी आंदोलन के गठन को कहीं अधिक कठिन बना दिया। उच्च

शिक्षा अब मात्र अभिजात्यों के लिए सुरक्षित नहीं रह गई थी, बल्कि अनेक मध्यस्तरीय सरकारी अथवा निजी नौकरियों के लिए एक आवश्यकता बन चुकी थी।

इन तथा अन्य दबावों के परिणामस्वरूप, 1947 के बाद से छात्र आंदोलन ने अपनी भूमिका में भारी परिवर्तन कर लिए थे। स्वतंत्रता के पहले वाले सामूहिक राजनीतिक संगठन या तो ध्वस्त हो चुके थे अथवा मामूली रूप से बहस करने वाले आधुनिक समाज बन गए थे। आज भारतीय परिसर में सर्वाधिक सक्रिय समूह वे स्थानीय संगठन हैं जो सांस्कृतिक अथवा सामाजिक चिंताओं के प्रति समर्पित हैं, जिनमें से अधिकांश को कॉलेजों अथवा विश्वविद्यालयों द्वारा प्रायोजित किया गया है। कॉलेजों में चुने गए विभिन्न छात्रसंघ, जो आधिकारिक प्रायोजन एवं निरीक्षण के अधीन हैं, प्रायः विभिन्न पाठ्येत्तर गतिविधियों में समन्वयन करने में सक्षम हैं। छात्र समुदाय की रुचि राजनीतिक व्यवस्था से हटकर सामाजिक गतिविधियों की ओर केन्द्रित हो चुकी है।

भारतीय परिसरों में सर्वाधिक लोकप्रिय संगठनों में विभिन्न समूहों के रूप में संगठित विभिन्न भाषाई संघ शामिल हैं। मुम्बई के किसी विशिष्ट कॉलेज के पास एक मराठी साहित्य समिति, एक हिन्दी मंडल, एक गुजराती नाट्य समूह, एक अंग्रेजी साहित्य समिति आदि होंगी। जहाँ ये सभी समितियाँ छात्रों के सामाजिक संपर्कों को उनके अपने भाषाई समूह वाले सदस्यों तक सीमित करने की प्रवृत्ति रखती हैं, वहीं वे छात्र ऊर्जा के बहिर्प्रवाह का माध्यम प्रदान करती हैं और किसी ऐसी भाषा में संपन्न की जाने वाली शिक्षा प्रणाली में मूल्यवान हैं जिसे अनेक छात्रों द्वारा मात्र अपूर्ण रूप से समझा जाता है।

धार्मिक एवं साम्प्रदायिक छात्र समूहों का अस्तित्व भी विद्यमान रहा है, यद्यपि वे भाषाई संघों की अपेक्षा कम महत्वपूर्ण हैं। ईसाई, सिक्ख, मुस्लिम, पारसी, एवं अन्य अल्पसंख्यक धार्मिक समुदायों ने अपने खुद के छात्र समूहों का गठन कर लिया है, जिनका परिसर में कुछ अनुगमन किया जा रहा है। इनमें से अधिकांश समूहों में कोई राजनीतिक रुचि नहीं है और वे अपने साथ शामिल छात्रों के लिए एक सामाजिक केन्द्र उपलब्ध कराने की मंशा रखते हैं। वाद–विवाद क्लब, फिल्मी समितियाँ, और परिचर्चा समूह अधिकांश कॉलेजों में लोकप्रिय हैं, तथा छात्रों के लिए एक पर्याप्त खेलकूद कार्यक्रम उपलब्ध कराए जाने के प्रयास किए गए हैं।

बड़ी संख्या में अखिल भारतीय छात्र संगठन अभी भी मौजूद हैं, और कुछ प्रभाव भी रखते हैं। स्वतंत्रताप्राप्ति के पहले के सबसे बड़े छात्र आंदोलन, छात्र कांग्रेस, को 1948 में भंग कर दिया गया था। कांग्रेस के नेताओं ने एक गैर–राजनीतिक छात्र संगठन के गठन में रुचि व्यक्त की थी, और नेशनल यूनियन ऑफ स्टूडेंट (एनयूएस) के गठन में समाजवादी उनके साथ एकजुट होने हेतु सहमत हो गए थे। मुम्बई में हुए एक बड़े सम्मेलन, जिसमें नेहरू तथा समाजवादी नेता जयप्रकाश नारायण ने भाषण दिए थे, में एनयूएस बाहरी राजनीतिक हेरफेर की विरासत से स्वयं को मुक्त करा पाने में असमर्थ सिद्ध हुआ और शीघ्र ही लड़खड़ा गया।

नेशनल यूनियन ऑफ स्टूडेंट्स (एनयूएस) अपने गठन के बाद कई वर्षों तक सक्रिय रही, किन्तु अंततः, राजनीतिक अंतर्कलह के साथ–साथ अधिकांश शिक्षकों के नकारात्मक दृष्टिकोण ने इस संगठन को नष्ट कर दिया। इस संगठन को एक प्रतिनिधि संगठन बनाने का एक प्रयास किया गया था किन्तु भारत के आधे से भी कम विश्वविद्यालयों ने इसमें भाग लिया, वित्तीय समस्याओं ने एनयूएस के संचालन को अनिश्चित बना दिया। प्रारंभिक उत्साह फूटने के बाद एनयूएस ने वास्तव में स्वयं को नेतृत्वविहीन पाया और ऐसे छात्रों पर भरोसा करने हेतु बाध्य हो गई जो किसी

छात्र आंदोलन का निर्माण करने के बजाय अपनी खुद की उन्नति में अधिक रुचि ले रहे थे। गुटबाजी के विवाद विभाजन के कारण बने, और 1958 तक एनयूएस, समस्त व्यावहारिक प्रयोजनों हेतु, मृत हो चुकी थी।

इसके बाद एक दूसरे समूह, नेशनल काउंसिल ऑफ युनिवर्सिटी स्टूडेंट्स ऑफ इंडिया (एनसीयूएसआई), का गठन किया गया ताकि एनयूएस के अदृश्य हो जाने के बाद उत्पन्न शून्य को भरा जा सके। परंतु इस नए समूह को भी अपने पूर्ववर्ती की भांति उन्हीं समस्याओं का सामना करना पड़ा–शिक्षकों तथा राजनीतिक नेताओं के विरोध, छात्रों की उदासीनता, तथा इसके अपने नेताओं के बीच अपना करियरवाद। यह शीतयुद्ध विदेशी अनुदानों की समस्याएं ले आया था, क्योंकि पूर्व एवं पश्चिम दोनों ही भारतीय छात्रों के बीच यथासंभव प्रभाव स्थापित करने में दिलचस्पी ले रहे थे और छात्र संगठनों का समर्थन करने के इच्छुक थे। रूसियों ने परंपरागततौर पर कम्युनिस्ट–प्रायोजित अखिल भारतीय छात्रसंघ (एआईएसएफ) का समर्थन किया था जबकि एनसीयूएसआई को ज्ञात रूप से पश्चिमी स्त्रोतों से धन प्राप्त हो रहा था, जो इसे परिसर से और अधिक दूर कर रहा था।[7] ऐसा काफी असंभव प्रतीत होता है कि एनसीयूएसआई भारत में एक प्रतिनिधि छात्रसंघ गठित कर पाने में सक्षम होगा, भले ही यह आमतौर पर पक्षपातपूर्ण भारतीय राजनीति से परे रहा हो। वर्तमान समय में इस संगठन की शाखाएं एक–तिहाई से भी कम विश्वविद्यालयों में मौजूद हैं, जिनमें से कुछ के द्वारा छात्र समुदाय के बीच अपनी उपयोगिता को सिद्ध करने हेतु कार्यक्रम चलाए जा रहे हैं।

हाल के वर्षों में भारत में छात्रों के प्रति राजनीतिक दलों का दृष्टिकोण कहीं दुविधापूर्ण रहा है। उदाहरणार्थ, कांग्रेस पार्टी ने अपनी स्वयं की युवा संस्था को प्रायोजित किया है; इसके अलावा, यह राजनीति में छात्रों की भागीदारी को प्रोत्साहित करने और ऐसी भागीदारी के विरुद्ध चेतावनी दिए जाने के बीच झूलती रही है। 1949 में यूथ कांग्रेस का गठन किया गया था। भारत में सबसे बड़े युवा संगठन होने के अपने दावे के बावजूद यह परिसरों में किसी प्रकार का प्रभाव उत्पन्न कर पाने में असफल रही और मुख्यतः महत्वाकांक्षी कांग्रेस राजनीतिज्ञों के ''अग्रणी समूह'' के रूप में कार्य करती रही। इसकी कुछ सामाजिक सेवा परियोजनाओं ने कुछ रुचि को आकर्षित किया था; तथापि, आंतरिक राजनीतिक टकरावों के चलते हाल ही में विघटन किए जाने तक यूथ कांग्रेस का भारत में लगभग कोई भी सक्रिय अध्याय मौजूद नहीं रहा है। संगठन ने कांग्रेस के चुनाव अभियानों में भाग लिया था और 1962 के चीनी आक्रमण के दौरान, जब यह युवाओं एवं छात्रों से सरकार के लिए समर्थन जुटाने के लिए उत्तरदायी रहा था, इसने कुछ गतिविधियाँ संपन्न की थीं।

भारत में जो सबसे पुराना छात्र संगठन अभी भी मौजूद है वह है 1936 में स्थापित एआईएसएफ। 1940 के बाद से साम्यवादियों के नियंत्रण में रहने वाला एआईएसएफ भारत में सबसे बड़ा छात्र प्रतिनिधि समूह होने का दावा करता है। हालांकि, वास्तव में यह भारत में साम्यवादियों के प्रमुख केन्द्रों–बंगाल एवं केरल–के बाहर अस्तित्वहीन ही है। इसके अलावा, भारतीय कम्युनिस्ट पार्टी के हाल ही के विभाजन ने एआईएसएफ के अनेक वर्गों को ''वामपंथी'' साम्यवादियों के साथ सम्बद्ध कर दिया है, जिसके द्वारा ''दक्षिणपंथी'' गुट का विरोध उत्पन्न हो चुका है। एआईएसएफ का कोलकाता के कॉलेजों में अभी भी भारी प्रभाव है, यद्यपि इसकी अधिकांश गतिविधियाँ सीधे राजनीति के बजाय सांस्कृतिक एवं सामाजिक क्षेत्रों से ही सम्बन्धित रही हैं। एआईएसएफ उस प्रकार के समर्पित एवं योग्य नेतृत्व को आकर्षित कर पाने में भी विफल रहा है जैसा

कि यह अतीत में कर पाया था, और संगठन को राजनीतिक एवं संगठनात्मक दोनों ही संकटों का सामना करना पड़ रहा है। इसमें संदेह है कि इसके पास भारत में 1,000 से अधिक सक्रिय सदस्य मौजूद हैं (दो दशक पूर्व 50,000 की तुलना में) और एक हजार से भी अधिक कॉलेजों में से 25 से भी कम में सहयोगियों के मौजूद होने की डींग हांकता है।

1953 में समाजवादी युवक सभा (एसवाईएस) की स्थापना सोशलिस्ट पार्टी के द्वारा उस समय की गई थी जब एनयूएस का प्रयोग विफल रहा था। गत दशक के दौरान एसवाईएस भारतीय समाजवादी आंदोलन के अंदर हुए अनेक विभाजनों के द्वारा विपरीत रूप से प्रभावित रहा है। कभी भी एक उग्रवादी आंदोलन की मंशा न रखने वाला एसवाईएस कुछ क्षेत्रों में समाजवादी समूहों की एक शैक्षणिक शाखा के रूप में कार्यरत् रहा है, यद्यपि इसके सहयोगियों की संख्या बहुत छोटी रही है जो मुख्यतः उत्तर भारत तक ही सीमित रही है। एसवाईएस की संख्या में समाजवादी दलों की व्यवहार्यता के साथ ही कमी आ चुकी है; यह संभवतः 500 से भी कम सक्रिय सदस्यों का दावा कर सकता है। इसके परिचर्चा समूहों ने छात्रों के बीच गंभीर राजनीतिक बहस के लिए कुछ मंच उपलब्ध कराए हैं, लेकिन इनकी संख्या भी परिसरों में किसी प्रकार का प्रभाव उत्पन्न कर पाने के लिए बहुत अपर्याप्त रही है।

आज भारत में सर्वाधिक महत्वपूर्ण छात्र संगठनों में से एक है अखिल भारतीय विद्यार्थी परिषद् (एबीवीपी)। यह समूह, जिसे सामान्यतः विद्यार्थी परिषद् कहा जाता है, ने गैर–राजनीतिक होने का दावा किया है किन्तु ऐसे शक्तिशाली साक्ष्य उपलब्ध हैं जो बताते हैं कि यह दक्षिणपंथी हिन्दू साम्प्रदायिक दलों की युवा शाखा है। विद्यार्थी परिषद् संस्कृति आधारित कार्यक्रमों पर ध्यान केन्द्रित करता है और व्यापक राजनीतिक मुद्दों से ईमानदारीपूर्वक बचता है। यह संघ दावा करता है कि शिक्षकों, छात्रों, एवं प्रशासकों को एक दूसरे का विरोध करने के बजाय सहयोग करना चाहिए। परिषद् के विभिन्न शासी निकायों में प्रोफेसर छात्रों के साथ सेवा प्रदान करते हैं।

विद्यार्थी परिषद् की स्थापना 1955 में उन छात्रों एवं शिक्षकों के द्वारा की गई थी जो उग्रवादी दक्षिणपंथी आरएसएस में शामिल रहे थे। सक्षम एवं समर्पित नेतृत्व के अधीन यह संगठन निरंतर विकसित होता रहा है और आज उत्तर भारत के हिन्दीभाषी क्षेत्रों में इसकी जड़ें बहुत मजबूत हो चुकी हैं। भारत के अन्य भागों में भी छिटपुट सदस्यों के साथ विद्यार्थी परिषद् लगभग एक अखिल भारतीय संगठन बन चुका है। संगठन द्वारा देशभक्ति पर जोर दिया गया है, किन्तु जरूरतमंद छात्रों के लिए पाठ्यपुस्तक पुस्तकालयों तथा एक सीमित छात्रवृत्ति कार्यक्रम के साथ अनेक सामाजिक सेवा कार्यों में भी संलिप्त रहा है। इसके कार्यक्रम, जो कॉलेज प्रशासकों के साथ सहयोग पर बल देते हैं, अनेक प्रधानाचार्यों की सहानुभूति अर्जित करने में सफल रहे हैं। हालांकि, परिषद् का राजनीतिक संयोजन और जोर पूर्णतः स्पष्ट है। इसके सदस्यों का एक बड़ा भाग पहले आरएसएस में रह चुका है जिसमें बड़ी संख्या राष्ट्रीय परिषद् में शामिल रही है। इसके अनेक सदस्यों के साम्प्रदायिक विचार स्पष्ट हैं, भले ही परिषद् भड़काऊ बयान देने से बचती रही है।

विद्यार्थी परिषद् की सीमित सफलता के कारण बहुत साधारण हैं। सक्षम नेताओं ने एक ऐसा सक्रिय कार्यक्रम प्रदान किया है जो छात्र समुदाय के लिए प्रासंगिक है। समाज सेवा और सांस्कृतिक गतिविधियों को छात्र अधिकारों के लिए कभी–कभार किए जाने वाले विरोध प्रदर्शनो के साथ संयोजित कर दिया गया है। हालांकि विद्यार्थी परिषद् 50,000 सदस्य होने का दावा करती है, फिर भी इसके सक्रिय सदस्यों की

संभावित संख्या 5,000 से अधिक नहीं है,[8] और यह निश्चित रूप से सत्य है कि संघ के पास व्यापक परिसर समर्थन का अभाव है। यह तथ्य, कि यह संभवतः भारत में सर्वाधिक सक्रिय छात्र संगठन है, विद्यार्थी परिषद् की शक्ति के बजाय छात्र आंदोलन की सामान्य कमजोरी का एक संकेत अधिक है।

ये प्रमुख राष्ट्रीय छात्र संगठन रहे हैं। कुछ अन्य समूह, जैसे धार्मिक समूहों के राष्ट्रीय संघ जैसे नेशनल काउंसिल ऑफ कैथोलिक कॉलेज स्टूडेंट, भी मौजूद हैं किन्तु छात्र समुदाय पर सामान्यतः इनका प्रभाव बहुत कम ही पड़ता है। सरकार के द्वारा छात्रों के बीच रचनात्मक कार्य को बढ़ावा देने हेतु कई प्रयास किए गए हैं। भारत सेवक समाज, जो एक अर्द्धसरकारी समूह है, के द्वारा भारत के विभिन्न भागों में समाज सेवा परियोजनाओं को प्रायोजित किया गया है और यह अपने कार्यों में छात्रों को संलिप्त करने में सफल रहा है। हालांकि, इसका कार्यक्षेत्र सीमित रहा है और सेवा के लिए छात्रों की क्षमताओं का पर्याप्त उपयोग नहीं किया गया है। कांग्रेस पार्टी के साथ–साथ स्थानीय कॉलेजों के द्वारा भी सेवा परियोजनाओं को प्रायोजित किया गया है और ग्रामीण उत्थान कार्यों एवं अन्य परियोजनाओं में भागीदारी के लिए कहे जाने पर छात्रों ने जोशपूर्वक प्रत्युत्तर दिए हैं।

छात्र अनुशासनहीनता-भारतीय उच्च शिक्षा का शैतान

जहाँ भारत में छात्रों की ''अनुशासनहीनता'' ने हाल के वर्षों के दौरान काफी ध्यान आकर्षित किया है, वहीं इसकी गंभीरता को शिक्षकों एवं अन्य अधिकारियों के द्वारा संभवतः अतिरंजित कर दिया गया है। ''अनुशासनहीनता'' को विभिन्न प्रकार से परिभाषित किया गया है; इस शब्द का उपयोग प्रायः किसी भी ऐसी छात्र कार्यवाही के वर्णन हेतु किया जाता है जो सरकारी अथवा शैक्षणिक अधिकारियों की स्वीकृति के अनुरुप न हो। किसी परीक्षा अथवा शुल्क वृद्धि के प्रति विरोध प्रदर्शनों से लेकर शांतिपूर्ण सभाओं अथवा याचिकाओं पर भी ''अनुशासनहीनता'' के लेबल चिपकाए जा चुके हैं। यदि कोई भी छात्र समुदाय के एक बड़े भाग की खराब स्थितियों, छात्रों की शिकायतों के प्रति अनेक प्रशासकों के रवैयों, तथा अधिकांश भारतीय उच्च शिक्षा के गिरते हुए स्तर पर विचार करता है तो यह आश्चर्यजनक ही है कि अनुशासनहीनता अधिक नहीं रही है। वास्तव में, छात्र अनुशासनहीनता अपेक्षाकृत बहुत कम शैक्षणिक संस्थानों तक ही सीमित रही है और यह छात्र समुदाय का गुण नहीं है।

छात्र अनुशासनहीनता के सर्वाधिक प्रसिद्ध उदाहरणों में भारत के दो सर्वाधिक सम्मानित संस्थानों, बनारस हिन्दू विश्वविद्यालय तथा अलीगढ़ मुस्लिम विश्वविद्यालय, के मामले शामिल हैं। इन दोनों ही विश्वविद्यालयों में, संकाय राजनीति संस्थान के स्तरों तथा शिक्षकों एवं छात्रों दोनों के मनोबल को गिराने में सफल रही थी। बनारस की घटनाएं, जिनके कारण विश्वविद्यालय को अस्थाईतौर पर बंद करना पड़ा था, की जाँच एक सरकारी आयोग द्वारा की गई थी जिसे कुप्रबंधन एवं पक्षपात के साक्ष्य प्राप्त हुए थे।

अनुशासनहीनता के अन्य उदाहरणों, जिनके द्वारा इसके क्षेत्र तथा प्रभाव का कुछ संकेत प्रदान किया गया था, 1965 में मद्रास राज्य में हुए भाषाई दंगे थे, जिसमें छात्रों ने राष्ट्रीय भाषा के रूप में हिन्दी को थोपे जाने के विरुद्ध विरोध प्रदर्शन में अग्रणी भूमिका निभाई थी, और ओडिशा में 1964 के दंगे, जिनके कारण भ्रष्टाचार के आरोप पर मुख्यमंत्री को त्यागपत्र देना पड़ा था। कोलकाता परंपरागत रूप से राजनीतिक

तौर पर संवेदनशील रहा है और भारत के उन कुछ स्थानों में से एक है जहाँ छात्र राजनीतिक आंदोलन लगभग अबाधित रूप से जारी रहा है। छात्र कठोर परीक्षाओं, बुरे शिक्षकों, अथवा विश्वविद्यालय प्रशासन से जुड़े अन्य वास्तविक अथवा काल्पनिक अन्यायों के विरुद्ध छात्रों के विरोध प्रदर्शन व्यापक रहे हैं। हाल ही में मुम्बई में छात्रों ने एक कॉलेज प्रधानाचार्य, जिसने कथित रूप से अपने छात्रों को लात मारी थी, के विरोध के साथ–साथ विश्वविद्यालय के शुल्कों में वृद्धि तथा रहन–सहन की खराब स्थितियों के विरुद्ध विरोध प्रदर्शन किए थे।

इस प्रकार, छात्र अनुशासनहीनता को प्रायः किसी व्यापक शैक्षणिक मुद्दे अथवा राजनीतिक महत्व के मामलों के बजाय किसी विशिष्ट प्रशासनिक नीति के विरुद्ध निर्देशित किया गया है, यद्यपि राजनीति ने स्वतंत्रताप्राप्ति के उपरांत के छात्र आंदोलनों को एक महत्वपूर्ण अंतर्प्रवाह प्रदान किया है। छात्र अनुशासनहीनता का एक अन्य गुण है सामान्यतौर पर इसकी तत्क्षण प्रकृति, क्योंकि अधिकांश छात्र आंदोलनों को राजनीति प्रेरित छात्र आंदोलनकर्ताओं अथवा गैर–छात्रों के द्वारा नियोजित नहीं किया गया होता, बल्कि वे स्वतःप्रेरित छात्र कार्यवाही के परिणाम होते हैं। संगठन का अभाव एक पहचान है, और ऐसे अनेक दृष्टांत मौजूद हैं जब स्वनियुक्त छात्र नेताओं ने माँगों की सूची को आंदोलन प्रारंभ किए जाने के बाद तैयार किया है। जहाँ राजनीतिक दलों ने छात्रों के प्रदर्शनों का लाभ उठाने के प्रयास किए हैं, वहीं कभी–कभी सफलता के साथ उन्होंने मुश्किल से ही उनका प्रारंभ भी किया है।

भारत में छात्र असंतोष के कारणों की कल्पना करना कठिन नहीं है। शिक्षा प्रणाली की विशेषताएं है शिक्षा के खराब स्तर, विशेषतौर पर उदार कलाओं में (जिनमें अधिकांश अनुशासनहीनता जन्म लेती प्रतीत होती है), पुस्तकालयों एवं प्रयोगशालाओं की अपर्याप्त सुविधाएं, अप्रचलित हो चुके पाठ्यक्रम, तथा खराब रूप से प्रशिक्षित शिक्षक। छात्रों को अपनी ऊर्जा व्यय करने के माध्यम बहुत कम उपलब्ध हैं, और विरोध प्रदर्शन संभवतः ऐसा ही एक माध्यम हैं। अनेक छात्र अपना कॉलेज करियर 15 अथवा 16 वर्ष की आयु में प्रारंभ करते हैं और उनमें कुछ आगामी वर्षों में प्राप्त होने वाली परिपक्वता का अभाव होता है। इसके अलावा, छात्रावासों में तथा अपने परिवारों से दूर रहने वाले छात्रों को संभवतः पहली बार अपनी स्वतंत्रता का अनुभव होता है, विशेषतौर पर भारत की कठोर परिवार प्रणाली के विचार से। पीढ़ीगत समस्या, जो लगभग प्रत्येक समाज में मौजूद है, भारत में कुछ हद तक दबी रहती है, यद्यपि संभवतः यह भी छात्रों को प्रभावित करती है। अंततः, अनेक भारतीय छात्रों की आर्थिक अनिश्चितता स्पष्टतौर पर उनकी दुविधा और अनुशासनहीनता का कारण होती है। अनेक छात्रों के लिए अंशकालिक नौकरियाँ करना आवश्यक होता है, और कोलकाता में किए गए एक छात्र सर्वेक्षण द्वारा स्पष्ट किया गया है कि इनकी एक बड़ी संख्या कुपोषित है। स्नातकों, विशेषतौर पर उदार कलाओं में, के लिए उपयुक्त रोजगार प्राप्त करना कठिन है, जो अनेक छात्रों की योजनाओं में अनिश्चितता के एक अतिरिक्त कारक को जोड़ देता है। भारत में "अपव्यय" की मात्रा (कॉलेज शिक्षा पूरी न करने वाले छात्रों की संख्या) बहुत अधिक है, और इन भूतपूर्व छात्रों में से अनेक विश्वविद्यालयों में ही बने रहते हैं।[9]

इन कारकों तथा उन कुंठाओं, जिनका सामना भारत में छात्रों रोजाना करना पड़ता है, के बावजूद अनुशासनहीनता की मात्रा आश्चर्यजनक रूप से कम है। भारत के 1,500 में से अधिकांश कॉलेजों के द्वारा कभी भी किसी विरोध प्रदर्शन का सामना नहीं किया गया है। और जहाँ अनेक संस्थान कभी–कभार इक्का–दुक्का विरोध प्रदर्शन का विषय बने भी हैं तो ऐसी कार्यवाहियाँ कोई नियम होने के बजाय अपवाद ही रही हैं। भारत में

छात्र असंतोष के केन्द्र (अलीगढ़, लखनऊ, कोलकाता, बनारस), जिन्होंने हाल के वर्षों में अधिक आकर्षित किया है, दिलचस्प केस अध्ययनों को तो प्रस्तुत करते हैं, किन्तु किसी भी प्रकार से भारत में शिक्षा संस्थानों के प्रतीक नहीं रहे हैं।

छात्र समुदाय का भविष्य

भारत में छात्र आंदोलन का युग समाप्त प्रतीत होता है, और छात्रों के बीच वैचारिक राजनीति एक बहुत छोटी सी भूमिका निभाती है। लगभग समस्त राष्ट्रीय छात्र संगठन एक सक्रिय आंदोलन होने के बजाय नौकरशाही वाले ढाँचे बन चुके हैं। सरकार, राजनीतिज्ञ तथा शिक्षकों सहित कोई भी छात्रों को जाग्रत कर पाने में सफल नहीं रहा है। संक्षेप में, भारतीय छात्र समुदाय दिशाहीन और विचाराधारा से रहित है। उपमहाद्वीप पर जीवन कठिन ही बना हुआ है, और छात्र अपने अस्तित्व की लड़ाई और भविष्य के रोजगार में बहुत अधिक संलिप्त हैं।

परंतु छात्रों के बीच राजनीतिक अथवा शैक्षणिक रुचि मरी नहीं है। इसके विपरीत, किसी विशिष्ट मुद्दे के साथ जुड़े होने पर छात्रो के द्वारा सशक्त आंदोलन प्रारंभ किए जा सकते हैं। ओडिशा के आंदोलन और मद्रास के दंगे इस तथ्य के संकेत हैं। शुल्कों में वृद्धि अथवा मनमानीपूर्ण प्रशासनिक कार्यवाही छात्रों को एक सुसंगठित अभियान के लिए एकजुट कर सकती है। किन्तु ये *तदर्थ* और अनिवार्यतः दिशाहीन आंदोलन हैं जिनका कोई विशिष्ट उद्देश्य होता है। जब यह उद्देश्य पूरा हो जाता है (अथवा ठोसरूप से पराजित हो जाता है) तो छात्र अपनी उदासीनता में वापस चले जाते हैं और किसी सतत् आंदोलन का जन्म नहीं हो पाता। यह लगभग निश्चित है कि भारत में छात्र छिटपुट यद्यपि कभी–कभार महत्वपूर्ण राजनीतिक भूमिका निभाना जारी रखेंगे। स्वतंत्रतासंग्राम के दौरान जैसे किसी भी आंदोलन, जिसकी विशेषता छात्र समुदाय था, को जन्म दिए जाने की संभावना बहुत कम है।

यह भविष्यवाणी करना असंभव है कि भारत में कब और कहाँ छात्र असंतोष फूट पड़ेगा। उदाहरणार्थ, मद्रास में छात्रों की एक गंभीर विद्वत परंपरा तथा असंतोष का एक उल्लेखनीय अभाव रहा है, फिर भी उन्होंने स्वतंत्रताप्राप्ति के बाद के भारत में सर्वाधिक हिंसक छात्र आंदोलनों में से एक में भाग लिया है। हालांकि, भारत के कुछ भाग ऐसे भी हैं जिन्होंने छात्र सक्रियतावाद की परंपरा को कायम रखा हुआ है, उल्लेखनीय रूप से कोलकाता, दिल्ली, तथा उत्तरी शहरों में से कुछ शहर जिनमें अनुशासनहीनता उत्पन्न होने की संभावनाएं अधिक हैं। कुछ सटीकता के साथ यह उल्लेख करना भी संभव है कि छात्र असंतोष के आट्र्स कॉलेजों में उत्पन्न होने की संभावना अधिक है और तकनीकी संस्थानों में वे मुश्किल से ही किसी समस्या को उत्पन्न करते हैं। अन्य कॉलेजों की अपेक्षा मिशनरी प्रशासित कॉलेजों में समस्याएं कम हैं, शायद इसलिए कि वहाँ के शिक्षक–छात्र सम्बन्ध प्रायः अधिक संतोषजनक होते हैं। कुछ नमूने मौजूद हैं–छात्र सक्रियतावाद की परंपराएं, शिक्षा के कम अवसर, अथवा विशेषतौर पर महत्वपूर्ण राजनीतिक घटना किसी छात्र आंदोलन को जन्म दे सकती है। भारतीय छात्र समुदाय में जिस बात का अभाव है वह है किसी वैचारिक अथवा संगठनात्मक धरातल का न होना।

भारतीय अनुभव कुछ अन्य विकासशील देशों के लिए प्रासंगिक हो सकता है। भारत को आजादी मिले दो दशकों से भी अधिक का समय हो चुका है, और उस दौरान इसके पास स्थिर संस्थानों तथा प्रतिमानों को विकसित करने के अवसर उपलब्ध रहे

हैं। भारत में, समाज का छोटा "आधुनिक" वर्ग राजनीति की उच्च जागरूकता एवं एक व्यापक जनआंदोलन से आगे निकल कर एक आधुनिक राष्ट्र के निर्माण के अधिक सांसारिक और कठिन कार्यों की ओर कदम बढ़ा चुका है। स्वतंत्रता संग्राम के तनाव एवं प्रतिबद्धताओं को कायम नहीं रखा गया है। स्वतंत्रता की अवधि का आदर्शवाद भी परिवार के उत्तरदायित्वों तथा जाति एवं भाषाई विशिष्टताओं के प्रति जागरूकता से मौन हो चुका है। सरकारी एवं निजी उपक्रमों में भ्रष्टाचार व्यापक हो चुका है। इन परिवर्तनों से छात्र प्रभावित हुए हैं। उन्हें समाज से बहुत अधिक अपेक्षाएं हैं, और जब स्वप्न बहुत दूर दिखाई देता है तो वे प्रायः हथियार डाल देते हैं। इसके अलावा, स्वयं शिक्षा प्रणाली भी परिवर्तित हो चुकी है। जहाँ 1947 के पूर्व की अवधि के दौरान कॉलेजों के छात्र एक संभावित अभिजात्यवर्ग का गठन करते थे, वहीं अब यह सच नहीं रह गया है।

भारत में छात्र समुदाय का भविष्य अनिश्चित है। संभावना यह है कि अ–राजनीतिकरण की दिशा में जारी वर्तमान प्रवृत्ति तथा सामाजिक सम्बद्धता का अभाव बढ़ती हुई समस्याओं के साथ शिक्षा प्रणाली तथा प्रत्येक छात्र दोनो के लिए ही जारी रहेंगे। छात्र समुदाय का उपयोग करना सरकार तथा शैक्षणिक अधिकारियों दोनों के लिए एक चुनौती बना हुआ है।

टिप्पणियाँ

* यह लेख कंपरेटिव नेशनल डेवलपमेंट प्रोजेक्ट द्वारा विकासशील क्षेत्रों में छात्रों की राजनी. तिक संलिप्तता की जाँच के भाग के रूप में तैयार किया गया था। सीमोर मार्टिन, लिपसेट, के निर्देशन में यह परियोजना कैलीफोर्निया विश्वविद्यालय, बर्कले में प्रारंभ की गई थी।

1. M. Muni Reddy, *The Student Movement in India* (Lucknow: K.S.R. Acharaya, 1947), p. 30.
2. Myron Weiner, *The Politics of Scarcity* (Chicago: University of Chicago Press, 1962), p. 163.
3. Interview with Raja Kulkarni, Secretary, Indian National Trade Union Congress, Bombay, March 13, 1965.
4. Philip G. Altbach, "The Bombay Naval Mutiny," *Opinion*, VI, no. 17 (Aug. 31, 1965), p. 35.
5. Gene Overstreet and Marshall Windmiller, *Communism in India* (Bombay: Perennial Press, 1960), p. 398.
6. "Progress of Education in India," *Economic Weekly*; XVII, no. 32 (Aug. 7, 1965), p. 1249.
7. Sagar Ahluwalia, "Student Movement in India: A Historical Background" (unpublished manuscript, 1963), p. 23.
8. "The More Important Youth Festival in Nagpur," *Organiser* (Dec. 7, 1964), p. 6.
9. A. R. Kamat and A. G. Deshmukh, *Wastage in College Education* (Bombay: Asia Publishing House, 1963), p. l2.

26

भारतीय छात्र असंतोष का गहन विश्लेषण

Indian Express
December 15, 1968

फ़िलिप जी. अल्ट्बाख़

भारत में छात्र असंतोष की वर्तमान धारा ने सामान्य ध्यान, जैसे–संसदीय प्रश्नों, आधिकारिक जाँचों एवं प्रेस में टिप्पणियों, को आकर्षित कर लिया है। हालांकि, इस चर्चा के अधिकांश भाग के द्वारा एक ऐसी समस्या पर अधिक नया प्रकाश नहीं डाला जा रहा है जो भारतीय उच्च शिक्षा में पुराना रोग बन चुकी है। इन टिप्पणियों की मंशा कुछ ऐसे कारकों को स्पष्ट करने की है जो, कम से कम इस प्रेक्षक को, काफी स्व–स्पष्ट प्रतीत होते हैं।

यदि विश्वविद्यालयों के संकट का समाधान किए जाने की दिशा में प्रगति की जानी है तो दस्तावेजीकरण की आवश्यकता है, और छात्र असंतोष एवं विश्वविद्यालयों द्वारा सामना की जा रही अन्य समस्याओं की प्रवृत्ति से सम्बन्धित व्यापक शोध अवश्य प्रारंभ करना चाहिए। परंतु, उच्च शिक्षा पर पर्याप्त शोध के वर्तमान अभाव को ध्यान में रखते हुए कुछ सामान्यीकरण किए जा सकते हैं।

असंतोष का मर्म

प्रायः ऐसा कहा जाता है कि भारत में छात्र सक्रियतावाद एक विश्वव्यापी आंदोलन का भाग है, और इसीलिए इसके सम्बन्ध में कुछ नहीं किया जा सकता। यह मात्र आंशिकतौर पर ही सत्य है। अधिकांश मामलों में, व्यापक वैचारिक अथवा राजनीतिक चिंताओं का संपूर्ण अभाव भारतीय छात्र असंतोष की विशेषता रहे हैं। ये किन्हीं स्थानीय शिकायतों से प्रेरित रहे हैं, जिनमें से अधिकांश किसी शैक्षणिक अथवा राजनीतिक मुद्दे के लिए अप्रासंगिक रही हैं। सिनेमागृहों में छूट, परीक्षाओं को टालने, और ऐसे ही मुद्दों के लिए की गई माँगें छात्र असंतोष का मर्म रही हैं।

जहाँ पश्चिम में छात्रों के विरोध प्रदर्शनों का प्रारंभ प्रायः स्थानीय मुद्दों के कारण होता है, जैसा कि गत मई में पेरिस में हुआ था, वहीं एक व्यापक राजनीतिक जागरूकता और चिंता भी मौजूद है जो छात्र आंदोलनों में बहुत सुस्पष्ट है। छात्र नेता अत्यधिक परिष्कृत हैं और सामाजिक सुधार अथवा पश्चिमी देशों में क्रांति के प्रति प्रतिबद्ध हैं, और इसी राजनीतिक जागरूकता एवं चिंता का विरोध प्रदर्शनों पर भी एक प्रभाव होता है। शायद कोलकाता में छात्र आंदोलन के अपवाद को छोड़कर, भारत में विरोध प्रदर्शनों की जड़ें भी ऐसी ही राजनीतिक होती हैं।

जब पश्चिम में छात्र शैक्षणिक प्रश्नों पर प्रदर्शन करते हैं तो वे अनिवार्य रूप से शिक्षा के उच्च स्तरों के साथ–साथ और अधिक सुविधाओं की माँग करते हैं। अमेरिका में बर्कले की 1964 की प्रसिद्ध छात्र क्रांति आंशिकतौर पर बेहतर शिक्षण के लिए स्नातक छात्रों द्वारा की गई माँग से प्रेरित थी। फ्रांस तथा पश्चिमी जर्मनी में छात्रों ने शिक्षा की गुणवत्ता में सुधार के साथ–साथ विश्वविद्यालयों को आवश्यक अतिरिक्त संसाधन उपलब्ध कराए जाने सम्बन्धी अकादमिक सुधारों की माँग की थी। भारत में, स्थिति इसके ठीक उलट है। छात्र लगभग हमेशा ही स्तरों को नीचा किए जाने के लिए विरोध प्रदर्शन करते हैं।

अत्यन्त महत्वपूर्ण कारक

परीक्षाओं का कठिन होना, पाठ्यक्रमों को सरल बनाया जाना, तथा कॉलेज के शिक्षकों द्वारा दिए गए विषयों से सम्बन्धित व्याख्यानों के उनकी परीक्षाओं से विशिष्टतौर पर सम्बन्धित न होना आदि भारत में छात्र आंदोलनों के सामान्य कारणों में से हैं। जहाँ कुछ अलग–थलग रहने वाले छात्र बेहतर शिक्षण और स्तरों में सुधार की माँग कर सकते हैं, वहीं सुधार की माँग हेतु बहुत कम संगठित अभियान चलाए गए हैं।

भारतीय उच्च शिक्षा में एक अन्य महत्वपूर्ण कारक विश्वविद्यालयों का राजनीतिकरण रहा है। सामान्यतः, यह किसी विचारधारा अथवा सिद्धांत की राजनीति नहीं होती, बल्कि गुटबाजीपूर्ण और दलगत राजनीति होती है। किसी भी अन्य देश में विश्वविद्यालय इस प्रकार के गुटबाजीपूर्ण विवादों में संलिप्त नहीं रहे हैं। इनमें से कुछ विवाद राज्य की अथवा स्थानीय राजनीति से सम्बन्धित रहे हो सकते हें, परंतु अधिकांश विशुद्धतः अंदरूनी प्रतीत होते हैं। अन्य देशों में, सरकारें कभी–कभार विश्वविद्यालयों के मामलों में हस्तक्षेप कर सकती हैं अथवा प्रोफेसरों से कुछ स्तर तक की राजनीतिक निष्ठा की माँग कर सकती हैं, परंतु लगभग किसी भी अन्य देश में भारतीय विश्वविद्यालयों की भांति सतत् आंतरिक संघर्ष को नहीं देखा जा सकता।

निश्चित रूप से, विश्वविद्यालयों में राजनीतिक गुटों के अस्तित्व के पर्याप्त कारण मौजूद हैं। जैसा कि एक अमेरिकी राजनीतिशास्त्री ने स्पष्ट किया है, भारत एक "अभावों का समाज" है और इसीलिए दुर्लभ संसाधनों के आवंटन स्वाभाविक रूप से विवाद का एक विषय बन जाते हैं। और अपनी "एकांत" छवि के बावजूद विश्वविद्यालय भी समाज के किसी अन्य वर्ग की तुलना में अलग नहीं रहे हैं।

गिरते स्तर

भारतीय विश्वविद्यालयों ने सामान्यतौर पर अकादमिक मानदंडों और मूल्यों के प्रति कठोर प्रतिबद्धता विकसित नहीं की है, न ही सरकार ने कभी भी विश्वविद्यालयों को अकेला छोड़ा है। मात्र कुछ ही भारतीय विश्वविद्यालयों में मौलिक शोध, जो उच्च शिक्षा की श्रेष्ठता की पहचानों में से एक होता है, पर जोर दिया गया है। शिक्षकों एवं छात्रों दोनों से मिलकर बने एक संसक्तशील अकादमिक समुदाय के अभाव का अर्थ यह रहा है कि विश्वविद्यालयीय मामलों में सरकारी हस्तक्षेप का मुश्किल से ही प्रतिरोध किया गया है। उदाहरणार्थ, कई विश्वविद्यालयों के द्वारा सतत् विस्तार को मानदंडों में सुधार अथवा रखरखाव के प्रति अभिशाप माना जाता है। परंतु कुछ शिक्षाविद् विस्तार को

सीमित किए जाने की सार्वजनिकतौर पर वकालत करने के इच्छुक हैं, और इस प्रकार कॉलेजों का विस्तार तथा स्तरों का गिरना जारी है।

इस सबका छात्र समुदाय पर एक बड़ा प्रभाव पड़ सकता है। यह निश्चित रूप से सच है कि अध्ययन की स्थितियाँ, मात्र कुछ मुट्ठीभर शिक्षा संस्थानों को छोड़कर, खराब और अवनतशील हैं। पुस्तकालय अपर्याप्त हैं, अधिकांश मामलां में छात्रावासों की सुविधाएं उपलब्ध नहीं हैं, और संभवतः सर्वाधिक महत्वपूर्ण यह है कि शिक्षक प्रायः अल्प–प्रशिक्षित हैं और अपर्याप्त वेतन प्राप्त कर रहे हैं।

यह स्वाभाविक ही है कि इन परिस्थितियों में छात्र असंतुष्ट हों। वास्तव में, किसी भी बाहरी प्रेक्षक के लिए यह प्रायः आश्चर्यजनक होता है कि परिसर में वास्तविक से अधिक असंतोष नहीं है। परंतु अकेले खराब परिस्थितियाँ ही छात्र आंदोलन का कारण नहीं होतीं। ऐसे संस्थानों, जहाँ राजनीतिक गुटबाजी प्रबल है, आंदोलन अधिक सक्रिय एवं हिंसक होने की प्रवृत्ति रखते हैं। राजनीतिक अंतर्कलह विश्वविद्यालय जीवन के अपवाद के बजाय नियम बन चुकी है, और छात्र इसमें स्वाभाविक हिस्सेदारी करते हैं।

सामान्य बहाना

जहाँ छात्र आंदोलन और राजनीतिक दलों, विशेषतौर पर विपक्षी दलों, के बीच निश्चित रूप से एक संपर्क मौजूद है, वहीं यह कहना अनुचित है कि राजनीतिज्ञ छात्रों का "उपयोग" सिर्फ अपने प्रयोजनों के लिए ही करते हैं। शिक्षाविदों के द्वारा अपनी विफलताओं को खारिज करने तथा सरकारी अधिकारियों के द्वारा अपने विरोधियों पर आरोप मढ़ने के लिए इस आम बहाने का उपयोग किया जाता है, परंतु यह एक व्यापक अतिसरलीकरण है। यह कौतूहलपूर्ण है कि विश्वविद्यालय, जहाँ शिक्षकों के बीच संगठित गुटबाजी की कुछ परंपराएं मौजूद हैं, जैसे कि मुम्बई विश्वविद्यालय, में छात्र असंतोष न्यूनतम बना रहा है।

सबक यह है कि जहाँ शिक्षक एवं प्रशासक सापेक्षिकतौर पर एक गैर–राजनीतिक वातावरण कायम रखते हैं, वहाँ छात्र भी गुटबाजीपूर्ण राजनीति में प्रवेश करने के अधिक इच्छुक नहीं होते। इसी प्रकार, कुछ राज्य सरकारों ने विश्वविद्यालयों के प्रति अपेक्षाकृत अधिक तटस्थ दृष्टिकोण कायम रखा है, विशेषतौर पर दैनिक प्रशासन के मामलों में, और इसने भी छात्र आंदोलनों को सीमित रखने में सहायता प्रदान की है।

जहाँ कहीं भी छात्रों की कोई ऐसी शिकायत रही है जिसका राजनीतिक दलों के द्वारा सुविधाजनक तरीके से लाभ उठाया जा सकता है, वहाँ छात्रों एवं राजनीतिज्ञों के बीच साझा प्रयोजन का एक गठजोड़ बनता रहा है। उदाहरणार्थ, 1967 में बिहार में छात्र कांग्रेस–विरोधी चुनावी राजनीति में व्यापकतौर पर इसलिए सक्रिय रहे थे क्योंकि कांग्रेस सरकार ने छात्र प्रदर्शनकारियों को तितर–बितर करने के लिए हिंसा का उपयोग किया था। बनारस हिन्दू विश्वविद्यालय और इलाहाबाद विश्वविद्यालय में स्थानिक असंतोष और गुटबाजी कम से कम आंशिकतौर पर राज्य सरकार तथा संस्थानों के दिन–प्रतिदिन के मामलों में विभिन्न राजनीतिक दलों की निरंतर संलिप्तता का परिणाम थे।

इस सबका उद्देश्य तस्वीर को काला करना नहीं है। भारतीय छात्रों को यदि समुचित रूप से अभिप्रेरित किया जाए तो वे अत्यधिक आदर्शवादी हो सकते हैं। 1942 के आंदोलन में छात्रों की भारी भागीदारी और चीन–भारत युद्ध के दौरान छात्रों की प्रभावशाली एकजुटता इस तथ्य का एक संकेत है। जब कभी भी छात्रों को किसी

समाज सेवा कार्य में सहभागिता के लिए कहा गया है उन्होंने हमेशा ही जोशीली प्रतिक्रिया दी है।

और छात्रों ने व्यापक राजनीतिक संघर्षों में भी हिस्सा लिया है जिसका कम से कम एक तर्कसंगत राजनीतिक आधार रहा है, हालांकि इससे कुछ लोग स्वार्थ एवं रणनीतिवश असहमत हो सकते हैं। कई वर्षों पूर्व ओडिशा सरकार का तख्तापलट करने हेतु किए गए छात्रों के प्रयास, तथा मद्रास में भाषा विवाद में छात्रों की भागीदारी इस प्रकार के व्यापक आधार एवं प्रभावी राजनीतिक आंदोलनों के उदाहरण हैं।

सशक्त परंपरा

फिर क्या करना चाहिए? यह स्पष्ट प्रतीत होता है कि जब तक संस्थानों के सतत् विस्तार और स्तरों की सहवर्ती गिरावट के साथ सामूहिक उच्च शिक्षा के प्रति एक प्रतिबद्धता मौजूद रहेगी, छात्र असंतोष एवं आंदोलन जारी रहेंगे। क्योंकि यह आशा नहीं की जा सकती कि भारत में विश्वविद्यालयों के छात्र बिना असंतोष के अवनतशील स्थितियों तथा घटिया रोजगार संभावनाओं को स्वीकार कर लेंगे। हालांकि, इस विषादपूर्ण भविष्यवाणी के बाद भी कुछ कदम उठाए जा सकते हैं।

प्रशासक छात्रों की शिकायतों की सुनवाई कर सकते हैं और उनके समाधान के प्रयास कर सकते हैं। अकादमिक समुदाय कुछ छात्रों के आदर्शवाद की पहचान कर सकते हैं और इसे एक सकारात्मक दिशा प्रदान करने का प्रयास कर सकते हैं। परंतु अनिवार्य तथ्य यह हे कि परिसर तथा समाज में मौजूद समस्याएं छात्रों को प्रभावित कर सकती है, और उच्च शिक्षा में राजीतिकरण की परंपरा के साथ मिलकर यह वास्तविकता यह सुनिश्चित करेगी कि असंतोष और कभी–कभी हिंसा के तत्व कॉलेजों एवं विश्वविद्यालयों को त्रस्त करेंगे।*

* अंतिम दो वाक्यों को प्रकाशित लेख की लेखक प्रति से समझा नहीं जा सका है। वर्तमान पाठ लेखक द्वारा अपनी स्मृति के आधार पर लिखित एक नया संस्करण है।

27

भारतीय कैंपसों की राजनीति

Indian Express
December 26, 1968

फ़िलिप जी. अल्ट्बाख़

यह एक दिलचस्प तथ्य है कि लगभग प्रत्येक विश्वविद्यालय, जहाँ छात्र अनुशासनहीनता और व्यवधान में संलिप्त रहे हैं, में शिक्षक राजनीति में संलिप्त रहे हैं। एक अर्थ में, शिक्षकों तथा अकादमिक प्रशासकों की राजनीतिक गतिविधियाँ भी उतनी ही ''अनुशासनहीनता'' है जितना कि छात्रों के द्वारा पत्थरबाजी और नारेबाजी करना। परंतु शिक्षक अनुशासनहीनता अपेक्षाकृत शांतिपूर्ण होती है और प्रायः इसकी अनुमति ली गई होती है, अथवा इसे राजनीतिज्ञों अथवा अधिकारप्राप्त लोगों द्वारा उकसाया गया होता है। स्पष्टतः, भारत में अकादमिक समुदाय की राजनीतिक गतिवधियों के विश्वविद्यालयों की प्रगति के लिए और, निश्चित रूप से, छात्रों के असंतोष के लिए भी महत्वपूर्ण निहितार्थ रहे हैं।

भारत के विश्वविद्यालयों में राजनीतिक गुटबाजी अकादमिक पतन के प्रमुख कारणों में से एक रही है। जहाँ प्रत्येक देश में राजनीति उच्च शिक्षा का एक घटक रही है, वहीं भारत में यह कभी–कभी नियंत्रणहीन अनुपात धारण कर चुकी है। इलाहाबाद, बनारस एवं लखनऊ जैसे विश्वविद्यालयों में राजनीतिक अंतर्कलह ने संस्थानों को पूर्णतः पराजित किया है और बड़े संकट उत्पन्न किए हैं। यहाँ तक कि जहाँ ऐसी नाटकीय घटनाएं हुई हैं और पुलिस कार्यवाही नहीं भी की गई है, वहाँ भी अकादमिक राजनीति प्रायः अधिक है, और प्रोफसरों तथा प्रशासकों का अधिकांश समय पैरवियों, विभिन्न अकादमिक समितियों के लिए चुनाव प्रचार, तथा सम्बन्धित चर्चाओं एवं गपशप के हवाले हो जाता है। स्वाभाविकतौर पर शिक्षण एवं विद्वत्तापूर्ण कार्य प्रभावित होते हैं।

निरर्थक आशा

विश्वविद्यालयों में गुटबाजीपूर्ण राजनीति के कारणों की खोज करना कठिन नहीं है, और ये भारतीय अकादमिक जीवन में गहराई तक जमे हुए हैं। सर्वप्रथम और प्रमुख तथ्य यह है कि भारतीय समाज सामान्यतौर पर सभी स्तरों पर अत्यधिक राजनीतिकृत है। निजी शत्रुताएं, वैचारिक चिंताएं, और विभिन्न प्रकार के साम्प्रदायिक, जातीय एवं भाषाई कारक ग्राम पंचायत से लेकर लोकसभा तक के सार्वजनिक जीवन के अधिकांश तत्वों के एक प्रमुख पहलू हैं। किसी भी विश्वविद्यालय के इन राजनीतिक दबावों से अछूते रहने की आशा करना निरर्थक होगा। अनेक अन्य देशों की भांति भारत में भी राजनीतिक चालबाजियाँ सामाजिक जीवन के विशिष्ट पहलुओं तक ही सीमित नहीं है, बल्कि इसे सभी स्तरों और लगभग सभी संस्थानों में उचित माना जाता है।

यह कहा जा चुका है कि समाजों को उसी प्रकार के विश्वविद्यालय प्राप्त होते हैं जिसके वे पात्र होते हैं। भारतीय विश्वविद्यालय अपने बलबूते पर विकास करने हेतु कभी भी स्वतंत्र नहीं रहे हैं। 19वीं शताब्दी के मध्य में अंग्रेजों द्वारा अपने निजी अत्यधिक उपयोगी कारणों (ब्रिटिश नौकरशाही के मध्यवर्ती पदों के लिए लिपिकों को प्रशिक्षित करने) के लिए स्थापित किए गए विश्वविद्यालय प्रारंभ से ही राजनीतिक नियंत्रण के अधीन रहे हैं। आंतरिक राजनीतिक गुटबाजी बहुत प्रारंभ में ही उत्पन्न हो चुकी थी, आंशिकतौर पर सरकार के द्वारा विश्वविद्यालयों को कभी भी पर्याप्त संसाधन उपलब्ध न कराए जाने के कारण और आंशिकतौर पर राजनीति की सशक्त परंपराओं के कारण। राष्ट्रवादी अवधि के द्वारा अकादमिक दुनिया को शांत करने हेतु कुछ भी नहीं किया गया, और विश्वविद्यालय गाँधी के विभिन्न अभियानों के अग्रणी रहे। गाँधी तथा नेहरू सहित सभी राष्ट्रवादी नेता विश्वविद्यालयों तथा छात्रों के बीच राजनीतिक संलिप्तता की सशक्त परंपराएं निर्मित करने में सक्रिय रहे।

सत्ता के केन्द्र

स्वतंत्रताप्राप्ति के बाद की अवधि अकादमिक जीवन मे राजनीतिक तत्व की निरंतरता की रही है। आखिरकार, भारत अभावों का समाज है, और विश्वविद्यालयों को सामाजिक संसाधनों के एक छोटे से हिस्से के लिए भी संघर्ष करने पड़े हैं। अकादमिक संस्थानों के अंदर, लोगों को संसाधन प्राप्त करने हेतु संघर्ष करना होता है, मुश्किल से प्राप्त रोजगार को बचाना पड़ता है, और सामान्यतः अपने हितों पर निगाह रखनी होती है। एक विकासशील समाज में विश्वविद्यालय जीवन के संभवत इन सभी अपरिहार्य पहलुओं के साथ–साथ भारतीय विश्वविद्यालय अपने ही तौर पर एक महत्वपूर्ण राजनीतिक संस्थान बन चुके हैं।

विश्वविद्यालय एवं कॉलेज सत्ता के स्थानीय केन्द्र हैं। वास्तव में, कुछ राजकीय कॉलेज प्रायः राजनीतिज्ञों के द्वारा इस उद्देश्य से स्थापित किए जाते हैं ताकि वे अपने संरक्षण का एक आधार हासिल कर सकें और राजनीतिक विचारों के लिए एक मंच उपलब्ध करा सकें। विश्वविद्यालय, विशेषतौर पर, राजनेताओं के संरक्षण और प्रतिष्ठा के एक प्रमुख संसाधन हैं। प्रोफेसरों से लेकर चपरासी तक के सैंकड़ों रोजगार, जिनमें धन की बड़ी मात्रा संलिप्त होती है, किसी भी विश्वविद्यालय में शामिल होते हैं। दुर्भाग्यवश, इन पदों को अकादमिक प्रतिभा के बजाय पक्षपातपूर्ण निष्ठा अथवा जाति अथवा समुदायिक सम्बद्धता के आधार पर आबंटित किया जाता है। चूंकि विश्वविद्यालयों के पास वितरण के लिए शिक्षा जैसी उच्च मूल्यवान सामग्री उपलब्ध होती है, अतः वे आबादी के सामाजिक रूप से गतिशील (और प्रायः राजनीतिक रूप से मुखर) वर्गों के लिए प्रमुखतौर पर महत्वपूर्ण होते हैं, और यदि राजनीतिज्ञ, अकादमिक अथवा अन्यथातौर पर, "शिक्षा" प्रदान करने में समर्थ हों तो उन्हें समर्थन और सतत् संसाधन प्राप्त होते रहेंगे।

भारी दबाव

चूंकि रोजगार दुर्लभ हैं और एक सुरक्षित रोजगार वाली स्थिति अत्यधिक मूल्यवान मानी जाती है, अतः, अकादमिक नियुक्तियों के लिए माँग बहुत है, बावजूद इस तथ्य के कि वेतन बहुत कम हैं और प्रतिष्ठा लगातार कम होती जा रही है। इस "विक्रेता" बाजार

का अर्थ यह रहा है कि नियुक्तियों में विभिन्न प्रकार के पक्षपात, भाई–भतीजावाद, तथा कभी–कभार भ्रष्टाचार का भी उपयोग किया जा रहा है। नियुक्तियों में साम्प्रदायिक, क्षेत्रीय अथवा भाषाई पक्षपात अत्यधिक आम बात है, और इसने शिक्षण पेशे की प्रतिष्ठा की कमी में योगदान किया है।

स्वतंत्रताप्राप्ति के समय से ही सरकार ने उच्च शिक्षा पर भारी दबाव बनाकर रखा हुआ है, और अकादमिक समुदाय बस जीवित बचे रहने में सफल रहा है। विश्वविद्यालयों के प्रचुर विस्तार, जो लोकप्रिय एवं सरकारी दबावों के कारण किया गया है, द्वारा अकादमिक संसाधनों का संपूर्ण दोहन किया जा चुका है। यदि सभी उच्च शिक्षित स्नातक शिक्षण में चले गए–जैसा कि निश्चित रूप से नहीं है–तो बेकार घूमने के लिए पर्याप्त श्रेष्ठ शिक्षक नहीं बचेंगे। परिणामस्वरूप, शिक्षकों की एक बढ़ती हुई संख्या सुप्रशिक्षित नहीं है, और वे अपने छात्रों के साथ न्याय नहीं कर सकते। विश्वविद्यालयों पर अन्य प्रकार के दबाव भी डाले गए हैं। शिक्षा की भाषा भी ऐसा ही एक मामला है। कुछ सरकारी अधिकारियों ने इस मुद्दे पर अकादमिक दृष्टिकोणों पर विचार करने की चिंता की है, और निश्चित रूप से सार्वजनिक बहस अकादमिक प्रतिभा के बजाय राजनीतिक और क्षेत्रीय फायदे–नुकसान पर अधिक केन्द्रित हो जाती है। परिणामस्वरूप, विश्वविद्यालय भाषाई निर्णयों के बीच फंसे हुए हैं जिन्हें लागू करना और साथ ही स्तरों को भी कायम रखा जाना कठिन हो सकता है।

जहाँ यह सत्य है कि विश्वविद्यालयों को अनेक दबावों का सामना करना पड़ा है, वहीं वर्तमान स्थिति के लिए अधिकांश आरोप अकादमिक समुदाय पर भी है। प्रोफेसरों और प्रशासकों ने अभी भी यह महसूस नहीं किया है कि किसी भी आधुनिक बन रहे समाज में विश्वविद्यालय एक प्रमुख और एक अत्यन्त शक्तिशाली संस्थान होता है। यदि अकादमिक समुदाय ने नेतृत्व के लिए अपनी संभावित शक्ति और क्षमता का उपयोग किया होता तो इसका विश्वविद्यालय के भविष्य पर एक सशक्त प्रभाव पड़ा होता, और शायद समाज पर भी। परंतु आज तक ऐसी कोई भी पहल नहीं की गई है, और उप–कुलपति, कॉलेजों के प्रधानाचार्य, तथा विश्वविद्यालय के अन्य लोगों ने बाहरी हस्तक्षेप को दब्बूपन से स्वीकार कर लिया है।

भारतीय विश्वविद्यालयों के राजनीतिकरण के अनेक परिणाम रहे हैं। निश्चित रूप से छात्र अपने वरिष्ठजनों, विशेषतौर पर अपने शिक्षकों का अनुसरण करने हेतु प्रलोभित हुए हैं। यह विशेषतौर पर चिढ़ाने वाली बात है कि जहाँ राजनीतिज्ञ और प्रोफेसर माँग करते रहे हैं कि छात्र राजनीति से दूर रहें, वहीं वे स्वयं गुटबाजियों में बहुत अधिक संलिप्त हैं। निश्चित रूप से, छात्र कार्यवाहियों को बातों को अपेक्षाकृत अधिक गंभीरतापूर्वक ग्रहण करते हैं, और अनुशासनहीनता एवं असंतोष इसी के परिणाम हैं। अकादमिक राजनीति का स्तरों और मनोबल पर अत्यधिक गंभीर प्रभाव पड़ता है। भारत में "प्रतिभा पलायन" तथा शोध की सापेक्षिक निम्न उत्पादकता पर अकादमिक नौकरशाही के प्रभाव के सम्बन्ध में बहुत कुछ कहा जा चुका है। इसमें कोई आश्चर्य नहीं है कि संवेदनशील बुद्धिजीवी सतत् अंतर्कलहों और गुटबाजियों से निरुत्साहित हो जाते हैं। राजनीतिज्ञ, अकादमिक एवं अन्य दोनों, अब उच्च शिक्षा का संचालन कर रहे हैं। इसमें कोई आश्चर्य नहीं है कि उनके पास कोई शैक्षणिक दृष्टिकोण मौजूद नहीं हैं। उनके साथ–साथ विश्वविद्यालय भी संचालित हो रहा है, यह और भी आश्चर्यजनक है।

भारतीय विश्वविद्यालय संकटकाल से गुजर रहा है और यह अनेक समस्याओं से ग्रसित है। किसी को भी सर्वाधिक नाटकीय समस्याओं की पहचान करने हेतु सिर्फ

एक समाचारपत्र उठाने भर की आवश्यकता है। परंतु अकादमिक राजनीति का क्षेत्र विश्वविद्यालय जीवन का एक ऐसा पहलू है जिसमें बहुत अधिक संसाधनों अथवा व्ययों के बिना सुधार एवं परिवर्तन किए जा सकते हैं। पर्याप्त कठोर परिश्रम तथा संगठन एवं सम्बन्धित राजनीतिज्ञों तथा जनता की सहातया के साथ विश्वविद्यालय समुदाय उच्च शिक्षा के शुद्धीकरण को प्रारंभ कर सकता है। अनेक समस्याओं से घिरे एक समाज में चमत्कार की आशा नहीं की जा सकती, किन्तु कुछ भी प्रगति तभी की जा सकेगी जब विश्वविद्यालय अपनी अंतर्निहित शक्तियों का उपयोग करना और अपनी कठिन परिस्थिति को समझना प्रारंभ करेगा।

28

भारत में छात्र राजनीति एवं उच्च शिक्षा

DAEDALUS—Journal of the American Academy of Arts and Sciences
Vol. 97, No. 1, of the Proceedings of the American Academy of Arts and Sciences (Winter), 1968
pp. 254–273

फ़िलिप जी. अल्ट्बाख़

एक शताब्दी से भी अधिक समय से छात्र असंतोष भारत की सर्वाधिक गंभीर शैक्षणिक एवं राजनीतिक समस्याओं में से एक रहा है।[1] छात्र आंदोलनों के कारण राज्य सरकारों के पतन हुए हैं और इसने केन्द्र सरकार को अपनी भाषाई नीति परिवर्तित करने हेतु बाध्य भी किया है। जहाँ भारत में छात्र असंतोष एवं सक्रियता पर बहुत अधिक चर्चा की जा चुकी है, वहीं गंभीर अकादमिक एवं शैक्षणिक संकटों से आक्रान्त एक समाज में छात्रों के द्वारा सामना की जाने वाली समस्याओं का विश्लेषण बहुत कम किया गया है। भारतीय छात्र ''अभावों के समाज'' में अध्ययन करते हैं, जो भारतीय उच्च शिक्षा पर किए जाने वाली किसी भी चर्चा का केन्द्र बिन्दु रहता है।[2]

उच्च शिक्षा एवं छात्र राजनीति – भारतीय संदर्भ

मॅकाले के शिक्षा पर प्रसिद्ध ''स्मरणार्थ विवरण'', जिसे 1853 में स्वीकृत किया गया था, के द्वारा भारतीय शिक्षा प्रणाली में एक सशक्त यूरोपीय पूर्वाग्रह की वकालत की गई थी, एक ऐसा पूर्वाग्रह जो अभी भी कायम है। उच्च शिक्षा पर भारतीय प्रभाव भी बहुत सशक्त थे, और बंगाल में राम मोहन रॉय तथा मुम्बई में दादाभाई नौरोजी जैसे महापुरुषों ने 19वीं सदी में उच्च शिक्षा की तीव्र प्रगति को प्रोत्साहन प्रदान किया।

1857 में मुम्बई, कोलकाता तथा मद्रास में विश्वविद्यालयों की स्थापना किए जाने तक भारत में उच्च शिक्षा की नींव मजबूत नहीं थी। लंदन विश्वविद्यालय के नमूने के आधार पर ''सम्बद्ध'' विश्वविद्यालयों के रूप में प्रारंभ किए गए इन संस्थानों के द्वारा पाठ्यक्रमों एवं परीक्षाओं को नियंत्रित किए जाने के द्वारा बढ़ती हुई संख्या वाले कॉलेजों के लिए एकसमान शैक्षिक स्तरों का निर्धारण कर दिया गया। 1857 से 1882 के बीच ब्रिटिश शासित भारत में कॉलेजों की संख्या 27 से बढ़कर 72 हो चुकी थी।[3] इस अवधि के दौरान उच्च शिक्षा लगभग पूरी तरह से अल्पसंख्यक पश्चिमीकृत मध्य एवं उच्चवर्गों के सुपुत्रों तक तथा व्यापकतौर पर शहरों तक ही सीमित थी। छात्रों की संख्या बहुत छोटी थी और सामाजिक वर्ग तथा जाति दोनों में अपेक्षाकृत समरूपी ही थी। अधिकांश छात्रों की आशा लोकसेवाओं अथवा पेशों, विशेषतौर पर कानून एवं चिकित्सा, में रोजगार प्राप्त करने की थी।

भारत में अंग्रेजों के द्वारा विकसित की गई उच्च शिक्षा प्रणाली को भारतीय लोगों को अंग्रेजी के अभ्यस्त बनाने तथा लोकसेवाओं में निम्नस्तरीय पदों पर भर्ती हेतु तैयार करने के उद्देश्य से डिजाइन किया गया था। भारतीय मध्यवर्ग के विकसित होने के साथ ही अनेक लोगों ने महसूस किया कि सफलता एक पश्चिमी शैली वाली शिक्षा पर निर्भर करती है, और फिर कॉलेजों में कम संख्या में उपलब्ध सीटों के लिए बढ़ती हुई संख्या वाले भारतीयों के बीच प्रतिस्पर्धा प्रारंभ हो गई। भारतीय उच्च शिक्षा ने स्वयं से की जा रही माँग को पूरा करने हेतु अपना विस्तार किया; 20वीं शताब्दी के पहले तीन दशकों के दौरान छात्र आबादी में पाँच गुना वृद्धि हो चुकी थी, जबकि विश्वविद्यालयों की संख्या मात्र दोगुनी हुई थी। 1921 में, भारतीय कॉलेजों एवं विश्वविद्यालयों में लगभग 60 हजार छात्र मौजूद थे, परंतु 1936 तक यह संख्या दोगुनी हो चुकी थी।[4]

शिक्षा प्रणाली के विकसित होने तथा राजनीतिक रूप से अवगत एवं मुखर भारतीयों की संख्या में वृद्धि होने के साथ ही छोटे पैमाने वाला भारतीय राष्ट्रवादी आंदोलन एक उग्रवादी जनआंदोलन में परिवर्तित हो गया, और छात्रों ने स्वतंत्रता संग्राम में सक्रिय भागीदारी की।[5] हालांकि, स्वतंत्रताप्राप्ति के बाद से छात्रों के द्वारा राजनीतिक मामलों में हस्तक्षेप करने के छिटपुट प्रयास ही किए गए हैं। राष्ट्रवादी अवधि की विशेषता रहे वैचारिक जोश के अभाववश सामूहिक छात्र आंदोलन ध्वस्त हो चुके हैं। कांग्रेस के नेताओं के द्वारा छात्र आंदोलन को दिया गया शक्तिशाली समर्थन वापस लिया जा चुका है, और राजनीतिक हस्तियाँ तथा शिक्षाविद् दोनों ही अब छात्रों से राजनीति से बचने तथा राष्ट्रीय प्रगति के लिए आवश्यक कौशलों को अर्जित किए जाने पर ध्यान केन्द्रित करने का आग्रह करने लगे हैं।

भारतीय छात्र आंदोलन तथा स्वतंत्रता संग्राम

सन् 1900 में अनेक छात्र संगठन गठित किए गए थे, यद्यपि उनकी प्रमुख तल्लीनता शैक्षणिक एवं सामाजिक मामलों में थी न कि राजनीति में। सापेक्षिकतौर पर मात्र एक छोटी संख्या, जो शायद पूरे देश में कुछ हजार की रही होगी, के द्वारा राजनीति में रुचि ली गई थी, और उनमें से अधिकांश उदारवादी चर्चा समूहों में संलिप्त थे। जैसा कि एक ब्रिटिश प्रेक्षक ने दर्ज किया हैः "ऐसा (राष्ट्रवादी आंदोलन की) राजनीतिक तथा नस्लीय उत्तेजना के बाद तक नहीं हुआ था कि स्कूलों एवं कॉलेजों में अध्ययनरत् छात्रों ने विक्षोभ एवं आज्ञाभंग करने के लक्षण प्रदर्शित किए।"[6]

1920 के पूर्व की अवधि भारत में उच्च शिक्षा को स्थापित किए जाने तथा छात्रों के बीच राजनीतिक जागरूकता के मंद गति से विकसित होने की अवधि थी। जहाँ बाद के दशकों में उग्र सक्रियतावाद गायब था, वहीं छात्रों का सामना यूरोप से आने वाली वैचारिक धाराओं से हो रहा था, और भारत के अंदर बढ़ रहे राजनीतिक तनावों ने इस आग में घी डाल दिया।

1920 का दशक भारत में शैक्षणिक एवं राजनीतिक दोनों ही परिवर्तन लेकर आया। शिक्षा प्रणाली में सतत् विकास छात्रों की समस्याओं में निरंतर वृद्धि करता रहा। नए कॉलेजों की स्थापना, जिनमें से अनेक के पास स्थाई वित्तीय व्यवस्थाओं अथवा पर्याप्त कर्मचारियों का अभाव था, ने उच्च शिक्षा के स्तरों को नीचे गिरा दिया और नौकरियों के लिए प्रतिस्पर्धा में वृद्धि कर दी। राजनीतिकतौर पर, 1920 का दशक गाँधी के नेतृत्व के अधीन भारतीय राष्ट्रीय कांग्रेस की एक जनआंदोलन के रूप में हुई प्रगति का साक्षी रहा। अपने प्रारंभिक वर्षों के दौरान कांग्रेस पश्चिम–शिक्षित मध्यवर्ग से भर्ती

एवं राजनीतिक आंदोलन से अपरिचित लोगों का एक मामूली संगठन था। जैसे–जैसे 1920 के दशक के प्रारंभ में कांग्रेस उग्रवादी होती गई, वैसे–वैसे छात्र समुदाय ने भी राजनीति में अधिक सक्रिय रुचि लेना प्रारंभ कर दिया। कांग्रेस के मुखर एवं उग्रवादी राष्ट्रवाद ने छात्रों को आकर्षित किया क्योंकि इसने उन्हें नाटकीय राजनीतिक कार्यवाहियों के लिए अवसर प्रदान किए और भारत के लिए शीघ्र स्वतंत्रता का वादा भी किया। कांग्रेस नेतृत्व कॉलेज–प्रशिक्षित बुद्धिजीवी वर्ग पर आधारित था, परंतु बढ़ते हुए श्रमिक वर्ग के कट्टरपंथी विचारों के प्रभावों ने इसे अतिरिक्त शक्ति प्रदान कर दी थी।

1920 का गाँधी का असहयोग आंदोलन कांग्रेस के द्वारा प्रारंभ किया गया पहला सबसे बड़ा जनआंदोलन था। यह ऐसा सर्वप्रथम राजनीतिक संघर्ष भी था जिसमें बड़ी संख्या में छात्र संलिप्त हुए थे। प्रमुख शिक्षा केन्द्रों में छात्रों के प्रयासों में समन्वयन हेतु यूथ लीगों का गठन किया गया था, तथा पुराने समय के समाजों पर चर्चाएं एवं बहस करना राजनीतिक संगठनों का केन्द्र बिन्दु बन चुका था।[7] छात्रों ने कांग्रेस के अभियानों में सहायता की और शहरों में लगभग रोज किए जाने वाले विरोध प्रदर्शनों के लिए जनशक्ति जुटाई। कुछ क्षेत्रों में, कांग्रेस के नेताओं की गिरफ्तारियों के बाद छात्रों ने आंदोलन का नेतृत्व संभाल लिया। राष्ट्रीय (अंग्रेज–विरोधी) कॉलेजों की स्थापना प्रमुख शहरों में की गई थी, किन्तु वे अस्थाईतौर पर ही सफल रहे क्योकि आंदोलन की सरगर्मियाँ ठंडी होने पर अधिकांश छात्र अपनी नियमित कक्षाओं में लौट गए। यद्यपि असहयोग आंदोलन अंग्रेजों को भारत से निष्कासित करने में असफल रहा, तथापि इसने कांग्रेस को एक उग्रवादी जनसंगठन के रूप में स्थापित कर दिया और छात्रों तथा विकसित हो रहे श्रमसंघ आंदोलन को सामूहिक राजनीतिक संघर्ष के उनके शुरुआती अनुभव प्रदान कर दिए।

असहयोग आंदोलन के द्वारा भारत में एक राष्ट्रीय छात्रसंघ की स्थापना को प्रेरित किया गया। सर्वप्रथम अखिल भारतीय कॉलेज छात्र सम्मेलन का आयोजन 1920 में नागपुर में किया गया ताकि विकसित हो रहे छात्र आंदोलन के लिए समन्वय उपलब्ध कराया जा सके। 1920 के संपूर्ण दशक के दौरान ऐसे ही अन्य छात्र आंदोलन उत्पन्न होते रहे, और इन वार्षिक सभाओं ने सामान्य राजनीतिक शांति की अवधि में छात्र आंदोलन की राजनीतिक चिंगारी को ज्वलंत रखा हुआ था।

पंजाब, बंगाल एवं अन्य क्षेत्रों में भी क्षेत्रीय छात्रसंघ स्थापित किए जा चुके थे। अखिल बंगाल छात्रसंघ के द्वारा 1929 में 20 हजार सदस्य होने का दावा किया गया था। मुम्बई प्रेसीडेंसी छात्रसंघ, जिसका गठन 1936 में किया गया, ने स्थानीय एवं प्रांतीय स्तरों पर वैचारिक राजनीति स्थापित करने में सहायता प्रदान की। अखिल भारतीय छात्र सम्मेलनों, जिनके द्वारा सामान्यतौर पर उपमहाद्वीप के सभी भागों से 3 हजार से अधिक छात्रों को आकर्षित किया गया था, ने वामपंथी कांग्रेसियों को अपने विचारों के समर्थन के साथ एक मंच प्रदान कर दिया था। उग्रवादी राष्ट्रवाद इन सम्मेलनों की विशेषता थे, और समाजवाद एवं मार्क्सवाद के विचारों को छात्रों के बीच समर्थन प्राप्त हो रहा था।[8] इस अवधि के दौरान भारतीय राजनीतिक जीवन के अंतर्गत छात्र आंदोलन संभवतः सर्वाधिक कट्टरपंथी तत्व बन चुका था। वामपंथी छात्रों के द्वारा गठित अध्ययन–समूहों ने भारतीय परिसरों में यूरोपीय मार्क्सवाद एवं रूसी क्रांति की विचारधाराओं को प्रस्तुत कर दिया था–जिन दोनों का राजनीतिक विचारों वाले छात्रों की सोच पर उल्लेखनीय प्रभाव था। जहाँ 1920 के दशक में छात्र समुदाय की एक अल्पसंख्या ही राजनीतिक रूप से सक्रिय थी, वहीं इस अवधि के दौरान आंदोलन ने स्वयं को स्थापित कर लिया था और संगठनात्मक एवं वैचारिक परिष्करण अर्जित

कर लिया था। इस अवधि के प्रमुख अभियानों में से एक थी विरोध प्रदर्शनों की एक श्रृंखला जो साइमन कमीशन के विरोध में किए गए थे। साइमन कमीशन का भारत आगमन 1928 में भारतीय स्व–शासन की समस्याओं की जाँच हेतु हुआ था। अधिकांश शहरों में छात्रों ने विरोधप्रदर्शनों का नेतृत्व किया और माँग की कि कमीशन भारत की स्वतंत्रता हेतु सिफारिश करे। यह ऐसा पहला अवसर था जब भारतीय छात्रों ने अपनी खुद की पहल पर एक राष्ट्रीय पैमाने के विरोध प्रदर्शनों की श्रृंखला आयोजित की थी।

1930 के दशक में भारत कां राजनीतिक संघर्ष गहरा चुका था। कांग्रेस तथा छात्रों दोनों ही के आंदालनों में वामपंथी नेताओं के द्वारा फैलाए गए कट्टरपंथी राष्ट्रवादी एवं समाजवादी विचारों ने छात्रों को राष्ट्रवादी संघर्ष के एक और अधिक सक्रिय चरण के लिए तैयार कर दिया। 1930 में गाँधी के नागरिक अवज्ञा आंदोलन में छात्र अप्रत्याशित पैमाने पर शामिल हुए, और अनेक छात्रों के द्वारा दुकानों के बहिष्कार, तथा टेलीफोन लाइनों को काट देने जैसी अधिक उग्रवादी गतिविधियाँ संपन्न की गई। अहिंसा की गाँधीवादी अवधारणा को छात्रों के द्वारा कभी भी पूरी तरह से नहीं अपनाया गया, और उनमें से कुछ ने आतंकवादी गतिविधियों में भी भाग लिया।

1930 के दशक के प्रारंभ के आंदोलनों के परिणामों में से एक था 1936 में अखिल भारतीय छात्रसंघ (एआईएसएफ) का गठन करना। प्रारंभ से ही एआईएसएफ सशक्त रूप से राष्ट्रवादी तथा अपने दृष्टिकोण में कट्टर था। दो वर्षों के अंदर ही, यह नया संगठन अपने साथ एक हजार संगठनों तथा पचास हजार सदस्यों के जुड़ने का दावा करने में समर्थ हो गया था।[9] एआईएसएफ की पत्रिका *स्टूडेंट्स फेडरेशन* को पूरे भारत में प्रसारित किया गया और इसके द्वारा शैक्षणिक एवं राष्ट्रीय दोनों ही मुद्दों पर कट्टरपंथी विचार उपलब्ध कराए गए। एआईएसएफ ने कई वर्षो तक छात्र आंदोलन को प्रभावी रूप से एकजुट रखा, जबकि गाँधीवादी, समाजवादी एवं साम्यवादी लोग संगठन के अंदर सामंजस्यपूर्वक कार्य करते रहे। प्रांतीय छात्रसंघों के द्वारा एआईएसएफ के क्षेत्रीय कार्य संपन्न किए गए, और संगठन की वार्षिक सभाओं के द्वारा सामान्यतः तीन हजार से भी अधिक प्रतिनिधियों के साथ–साथ कांग्रेस के अनेक शीर्ष नेताओं को भी आकर्षित किया जाता रहा।

"मुख्यधारा" वाले राष्ट्रवादी छात्र आंदोलन के साथ–साथ छात्र समुदाय के अंदर अनेक अन्य महत्वपूर्ण प्रवृत्तियाँ विद्यमान थीं। अनेक मुस्लिम छात्र, जो पहले उदासीन अथवा कांग्रेस समर्थक थे, भारतीय उपमहाद्वीप पर एक पृथक मुस्लिम राज्य के लिए मोहम्मद अली जिन्ना द्वारा दिए गए आह्वाहन से प्रभावित हो चुके थे और उन्होंने 1937 में स्थापित मुस्लिम लीग के अखिल भारतीय मुस्लिम छात्रसंघ की सदस्यता ग्रहण कर ली थी। यह संगठन, जिसके पास मुस्लिम छात्रों का भारी समर्थन था, ने स्वतंत्रता आंदोलन में भाग नहीं लिया, बल्कि उसके बजाय मुस्लिम अधिकारों के लिए दबाव उत्पन्न किए। जहाँ पाकिस्तान बनने के बाद मुस्लिम छात्र समूहों का महत्व समाप्त हो गया, वहीं मुस्लिम छात्र आंदोलन ने मुसलमान नेताओं की एक पूरी पीढ़ी की राजनीतिक विचारधारा को आकार प्रदान करने में सहायता प्रदान की।

आंशिकतौर पर मुस्लिम पृथकतावादी भावनाओं के विरुद्ध एक प्रतिक्रिया के रूप में हिन्दू दक्षिणपंथ ने भी शक्ति अर्जित कर ली थी। 1920 के दशक के उत्तरार्द्ध में स्थापित *राष्ट्रीय स्वयंसेवक संघ* (आरएसएस) ने उग्रवादी हिन्दू राष्ट्रवाद तथा हिन्दुओं के बीच मुस्लिम–विरोधी एवं ईसाई–विरोधी भावनाओं को आकर्षित किया।[10] पारंपरिक हिन्दू मूल्यों, जिनपर उस समय भारत में मौजूद पश्चिमी तत्वों के द्वारा हमले किए जा रहे थे, को कायम रखे जाने के द्वारा आरएसएस, विशेषतौर पर छोटे कॉलेजों

से, अनेक छात्रों को आकर्षित करने में सफल रहा था। 1930 के दशक में स्थापित और आरएसएस के समान विचारधारा वाले हिन्दू छात्रसंघ का दृष्टिकोण और अधिक परिष्कृत था और इसमें कॉलेज छात्रों के लिए अधिक आकर्षण मौजूद था। हालांकि, इसका प्रभाव उत्तरी भारत तक सीमित था और इसने राष्ट्रवादी छात्र आंदोलन के प्रति कभी कोई खतरा उत्पन्न नहीं किया।

1930 के नागरिक अवज्ञा आंदोलन का उदय भारतीय छात्रों के द्वारा अपनाई गए राजनीतिक आंदोलनों की सर्वाधिक सक्रियतापूर्ण अवधि के रूप में हुआ। 1938 तक भारतीय कॉलेजों का बहुत अधिक राजनीतिकरण हो चुका था, और छात्र अनेक प्रकार के विरोध–प्रदर्शन सम्बन्धी गतिविधियों में संलग्न थे। भारत के अनेक भागों में कॉलेज अधिकारियों के विरुद्ध हड़तालें लगभग साप्ताहिक आधार पर की जाने लगी थीं, जिन्हें प्रायः राष्ट्रवादी प्रयोजनों के रूप में आगे बढ़ाने हेतु प्रेरित किया जाता था ताकि शिक्षा सम्बन्धी किसी विशिष्ट शिकायत को दुरुस्त किया जा सके। सामान्यतौर पर राजनीतिक मुद्दों से असम्बद्ध रहने वाले छात्र भी नाटकीय राष्ट्रवादी संघर्ष की ओर आकर्षित हो चुके थे। हजारों ने संघर्ष में अपनी भूमिका के लिए संक्षिप्त कारावास झेले, और अनेक ने राष्ट्रवादी एवं श्रम आंदोलनों अथवा गाँधीवादी शैक्षणिक एवं समाजसेवी परियोजनाओं के लिए कार्य करने हेतु कॉलेजों का परित्याग कर दिया।

1940 में अखिल भारतीय छात्र संगठन में हुए विभाजन ने छात्र आंदोलन के बढ़ते हुए वैचारिक परिष्करण की समस्याओं में से कुछ को इंगित किया। सामंजस्य की एक अवधि के पश्चात्, एक ओर साम्यवादियों तथा दूसरी ओर गाँधीवादियों के बीच के मतभेद 1940 में खुलकर सामने आ चुके थे, जिसने संगठन के विभाजन को अपरिहार्य बना दिया था। साम्यवादियों के प्रभुत्व वाले अखिल भारतीय छात्रसंघ ने अपने समर्थन का एक बड़ा हिस्सा तब गवाँ दिया जब साम्यवादी दल ने 1940 में द्वितीय विश्वयुद्ध में सोवियत संघ के प्रवेश करने के बाद ब्रिटिश युद्ध प्रयासों का समर्थन कर दिया। राष्ट्रवादियों ने 1945 में अखिल भारतीय छात्र कांग्रेस का आयोजन किया। इस समूह ने अंग्रेजों के खिलाफ संघर्ष को जारी रखा, परंतु साथ ही साथ इसने साम्यवादियों का विरोध भी किया। छात्र कांग्रेस, जिसने सामाजिक क्रांति तथा देशभक्ति दोनों पर जोर दिया था, तब तक भारत में सर्वाधिक महत्वपूर्ण राष्ट्रीय छात्र संगठन बन चुकी थी।

भारतीय छात्र आंदोलन की सर्वाधिक उग्रवादी एवं अत्यधिक संगठित अवधि का प्रारंभ 1942 के "भारत छोड़ो" आंदोलन के दौरान हुआ था। जब कांग्रेस नेतृत्व के द्वारा भारत से अंग्रेजों को बाहर निकालने के लिए एक समग्र, यद्यपि अहिंसक, अभियान का आह्वाहन किया गया, तब छात्र संगठन लंबी अवधियों के लिए भारत के अधिकांश कॉलेजों को बंद करवाने और संघर्ष में विशाल छात्र समूह को शामिल करवाने में सफल रहा। भारत की छात्र आबादी का लगभग 10 प्रतिशत (अथवा 15,000 छात्र) राष्ट्रवादी आंदोलन के दैनिक संगठनात्मक कार्य में संलिप्त था। पूर्व में राजनीति में संलिप्त न रहे छात्रों ने भी लगभग रोजाना के विरोध प्रदर्शनों में भागीदारियाँ कीं। छात्र कार्यकर्ताओं ने तोड़फोड़ अभियानों में भाग लिया और कुछ सफलता के साथ अंग्रेज प्रशासन को अव्यवस्थित करने का प्रयास भी किया।[11] जब वरिष्ठ कांग्रेस नेतृत्व को गिरफ्तार किया गया तो छात्रों ने प्रायः नेतृत्व संभाल लिया और भूमिगत नेताओं तथा आंदोलन के बीच एक प्रमुख संपर्कसूत्र उपलब्ध करवाया। छात्र समूहों ने गैरकानूनी समाचारपत्र प्रकाशित किए और यहाँ तक कि एक गुप्त रेडियो स्टेशन भी संचालित किया। यद्यपि 1942 के प्रयास अंग्रेजों को भारत से निष्कासित करने में विफल रहे, तथापि ऐसा पहली बार हुआ था कि भारतीय राष्ट्रवादी एक प्रकार के "राष्ट्रीय स्वतंत्रता आंदोलन" बन चुके थे।

1942 के आंदोलन में छात्रों की संलिप्तता की उग्रता को स्वतंत्रता संग्राम की समाप्ति तक कायम रखा गया, हालांकि इसका पैमाना छोटा था।

1947 से पूर्व की अवधि में उग्रवादी छात्र आंदोलन की प्रगति को अनेक कारकों से सम्बद्ध किया जा सकता है। इसमें से प्रमुख था 1930 तथा 1940 के दशकों के दौरान भारतीय शहरों एवं नगरों के चरित्र का अत्यधिक राजनीतिकरण होना। छात्र पीढ़ी के अनेक सदस्य इन शहरी केन्द्रों में आंदोलन की ओर आकर्षित हो चुके थे। स्वतंत्रताप्राप्ति पूर्व के छात्र समुदाय, जो छोटे और सुसम्बद्ध थे, को संगठित करना अपेक्षाकृत सहज था। चूंकि ग्रामीणी क्षेत्रों तथा निचली जातियों एवं वर्गों के युवा लोग वास्तव में माध्यमिक एवं उच्च शिक्षा प्रणालियों से बाहर थे, अतः छात्रों की बड़ी संख्या का आगमन उच्च–मध्यवर्ग अथवा उच्च–वर्ग एवं जातीय पृष्ठभूमियों से ही हुआ था।

इस समय पर विश्वविद्यालयों में उदार कलाओं पर जोर दिया जा रहा था, और इस क्षेत्र के छात्र पारंपरिक तौर पर बौद्धिक एवं राजनीतिक मुद्दों से अधिक सम्बन्धित रहे हैं।[12] जहाँ तक स्वतंत्रताप्राप्ति के बाद की बात है, उदार कलाओं में छात्र राष्ट्रवादी संघर्ष के दौरान राजनीतिक मामलों में सर्वाधिक सक्रिय रहे थे। कानून के छात्र, जिनका लक्ष्य एक आत्मनिर्भर पेशावर रोजगार प्राप्त करना था और जिनके लिए सरकारी पद के अवसर बहुत कम उपलब्ध थे, विशेषतौर पर सक्रिय थे।

छात्र आंदोलन का रूपांतरण

1947 तक छात्र आंदोलन अपनी अधिकांश सक्रियता गवाँ चुका था। छात्र कांग्रेस और अन्य प्रमुख छात्र संगठन अपने प्रयासों को एक राजनीतिक संघर्ष से हटाकर गाँधीवादी रचनात्मक सेवाओं के एक कार्यक्रम की दिशा में केन्द्रित किए जाने में असफल हो चुके थे। अनेक कट्टरपंथी छात्र नेताओं का उन समझौतों से मोहभंग हो चुका था जिन्हें कांग्रेस नेतृत्व द्वारा आगे और रक्तपात के बिना ही स्वतंत्रता हासिल करने के उद्देश्य से संपन्न किया गया था। 1946 में भारतीय नौसेना के द्वारा किया गया विद्रोह छात्र आंदोलन के लिए एक अतिरिक्त आघात था, क्योंकि कांग्रेस नेतृत्व ने एक राजनीतिक समझौते के हित में उग्रवादी नौसैनिकों को अंग्रेजों के समक्ष आत्मसमर्पण करने का आदेश दे दिया था। कट्टरपंथी छात्र नेताओं ने महसूस किया कि राष्ट्रीय आंदोलन के द्वारा उनके साथ छल किया गया है, और अनेक छात्र आंदोलन से पृथक हो गए।[13]

कुछ इक्कादुक्का अपवादों को छोड़कर भारत में छात्र आंदोलन अपनी उग्रवादी एकता और वैचारिक प्रयोजनों को पुनः अर्जित कर पाने में असमर्थ रहा है। छात्रों ने राजनीति में भागीदारी बंद नहीं की है, लेकिन उनका आंदोलन नाटकीय तौर पर परिवर्तित हो चुका है। स्वतंत्रतापूर्व की अवधि के राष्ट्रवादी उत्साह का स्थान सामान्यत असंगठित एवं छिटपुट आंदोलनों ने ग्रहण कर लिया है जो विशिष्ट शिकायतों से सम्बन्धित होते हैं।

छात्र आंदोलन के रूपांतरण का सर्वाधिक महत्वपूर्ण कारण था स्वतंत्रतासंग्राम का समाप्त होना। 1947 के पहले, राजनीतिक मुद्दे स्पष्ट और नाटकीय थे, अंग्रेजों को उपमहाद्वीप से बाहर निकालना था, और भारतीय समाज में कट्टरपंथी सामाजिक परिवर्तनों को लागू करना था। जाति प्रणाली, साम्प्रदायिक वैमनस्य, खाद्यान्नों की कमियाँ, तथा अन्य सामाजिक बुराईयों को तभी समाप्त किया जा सकता था जब भारत स्वतंत्रता हासिल कर लेता और अपने मामलों की देखभाल स्वयं करता। सम्मानित राष्ट्रवादी नेताओं ने छात्रों को राजनीतिक संघर्ष में सक्रिय भूमिका निभाने हेतु प्रोत्साहित किया। स्वतंत्रताप्राप्ति के बाद मुद्दे स्पष्ट नहीं रह गए थे। कांग्रेस का नेतृत्व

इस बात पर विभाजित था कि भारत की अनेक सामाजिक एवं आर्थिक समस्याओं से किस प्रकार निपटा जाए, और अंग्रेजों के प्रस्थान से समस्याएं कम नहीं हुई। राष्ट्रवादी आंदोलन के रूढ़िवादी तत्वों ने 1947 के बाद अत्यधिक अधिकार हासिल कर लिए, और अनेक कट्टरपंथियों को जबरदस्ती विपक्षी बनना पड़ा। इसके अलावा, स्वतंत्रताप्राप्ति के पश्चात, कांग्रेसी नेताओं ने अपनी पहले वाले रवैये को बदल लिया और छात्रों से राजनीति से बाहर रहने का आग्रह कर डाला।

व्यक्तिगत आत्मबलिदान की भावना, जो स्वतंत्रता संग्राम की विशिष्टता थी, लगभग अदृश्य हो चुकी थी, और अनेक राजनीतिक नेता विचारधारा अथवा राष्ट्रीय विकास के बजाय अपने भविष्य को लेकर चिंताग्रस्त हो चुके थे। क्षेत्रीय, भाषाई, एवं जातीय निष्ठाओं, जिन्हें राष्ट्रवादी प्रयोजनों के लिए अस्थाईतौर पर दरकिनार कर दिया गया था, ने फिर सिर उठा लिए। जैसा कि 1947 के पूर्व था, स्वतंत्रताप्राप्ति के पश्चात् के छात्र नेताओं के लिए एक राजनीतिक करियर अभी भी कांग्रेस के उद्देश्य के प्रति समर्पण पर ही निर्भर था, परंतु इसमें चुनाव जीतना और विभिन्न आर्थिक तथा वैचारिक प्रवृत्तियों को शांत करना जैसे गैर–नाटकीय कार्य भी शामिल हो चुके थे।

भारतीय उच्च शिक्षा भी परिवर्तन से गुजर रही थी। प्रवेशों में वृद्धि, जो 1930 के दशक के मध्य में तीव्रता से प्रारंभ हुई थी, स्वतंत्रताप्राप्ति के बाद भी तीव्र गति से जारी रही। 1950 तथा 1960 के मध्य, कॉलेज छात्रों की संख्या 2,63,000 से बढ़कर 6,45,000 हो चुकी थी। 1966 में, लगभग 2,565 कॉलेजों में 10,94,000 से अधिक छात्र प्रवेश प्राप्त कर चुके थे।[14] भारतीय उच्च शिक्षा का पारंपरिक आधार, उदार–कला कॉलेजों की प्रतिष्ठा और महत्व में भी कमी आ रही थी क्योंकि छात्रों की संख्या में अप्रत्याशित वृद्धि होने के कारण इन कॉलेजों में शिक्षा के स्तरों में गंभीर गिरावट आ चुकी थी। दूसरी ओर, विज्ञान शिक्षा के मूल्य में भारी वृद्धि हो चुकी थी, क्योंकि भारत का औद्योगिक उत्पादन बढ़ चुका था, और वैज्ञानिक विषयों में शिक्षा के स्तर को बनाए रखने हेतु प्रवेश में कठोरता बरती जा रही थी। प्रौद्योगिकी संस्थानों की स्थापना की गई और उन्हें पर्याप्त वित्तीय संसाधन प्रदान किए गए, जबकि उदार–कला कॉलेजों, जिन्हें लगभग असीमित रूप से विस्तार करने की अनुमति प्राप्त थी, का पर्याप्त वित्तपोषण नहीं किया गया। चूंकि उदार कलाओं के स्नातकों की संख्या उपलब्ध रोजगार की संख्या से अधिक हो चुकी थी, अथवा शिक्षित बेरोजगारी एक बढ़ती हुई समस्या बन गई, और बी.ए. डिग्रीधारक लिपिकीय नौकरी पाने पर स्वयं को भाग्यशाली मानने लगे। अनेक नियोक्ताओं ने पहले अकादमिक रूप से अशिक्षित किन्तु मात्र साक्षर लोगों द्वारा भरे जाने वाले पदों के लिए कॉलेज डिग्रियों की माँग करना प्रारंभ कर दिया।

शिक्षा प्रणाली के विकसित होने के साथ ही उच्च शिक्षा आबादी के व्यापक वर्गों के लिए उपलब्ध हो चुकी थी, जिससे छात्र आबादी की समरूपता समाप्त हो गई। छात्र समुदाय के सदस्यों के बीच समानताएं बहुत कम रह गई क्योंकि छात्रों का आगमन विविध वर्गीय एवं जातीय पृष्ठभूमियों से हो रहा था। निम्न–मध्यवर्गीय और श्रमिकवर्ग वाले परिवारों से आए छात्र प्रायः राजनीतिक गतिविधियों में भागीदारी करते हुए अपने कॉलेज करियर को जोखिम में डालने के इच्छुक नहीं थे, और, किसी भी स्थिति में, उनमें राजनीतिक सक्रियता की परंपरा का अभाव था।

उच्च शिक्षा में आए परिवर्तनों के परिणामस्वरूप परिसरों में एक प्रकार की "दोहरी संस्कृति" जन्म ले चुकी थी। निचली जातियों एवं वर्गों के छात्रों के द्वारा कॉलेज आबादी का प्रायः एक अलग–थलग, हालांकि विकसित होता हुआ, वर्ग गठित किया जाने लगा और वे मुश्किल से ही किसी पाठ्येत्तर गतिविधि में भाग लिया करते थे। ऐसे

छात्रों को भारतीय उच्च शिक्षा की हानियों जैसे–शिक्षा की खराब स्थितियों एवं गिरते हुए स्तरों, भीड़भाड़युक्त संस्थानों एवं बेरोजगारी के भय आदि का सर्वाधिक सामना करना पड़ा, और वे इसके गिने–चुने लाभ ही प्राप्त कर सके। अतः, वे कुंठित हैं और छिटपुट एवं असंगठित रूप से आयोजित छात्र असंतोष एवं विरोध प्रदर्शनों में भाग लेने के इच्छुक हो रहे हैं। श्रमिकवर्ग के अथवा ग्रामीण क्षेत्र वाले छात्रों ने सामान्यतः उदार–कला विषयों में प्रवेश लिए हैं जबकि उच्च एवं मध्यवर्गीय छात्र, जिन्हें माध्यमिक स्तर का पर्याप्त प्रशिक्षण तथा अंग्रेजी की सुविधा प्राप्त हो चुकी है, प्रवेश सम्बन्धी कठोर आवश्यकताओं को पूरा करने में सक्षम होने पर विज्ञान विषयों की ओर प्रवृत्त हुए हैं।

इस तथ्य, कि सर्वाधिक योग्य एवं शिक्षित छात्र प्राकृतिक विज्ञानों एवं तकनीकी क्षेत्रों में प्रवेश लेते रहे हैं, के भारतीय उच्च शिक्षा तथा छात्र राजनीतिक आंदोलन के लिए महत्वपूर्ण निहितार्थ रहे हैं। प्राकृतिक विज्ञानों के छात्र पारंपरिकतौर पर राजनीति से कम सम्बद्ध रहे हैं और उदार–कला विषयों के छात्रों की अपेक्षा अधिक व्यवसायोन्मुख रहे हैं, और हाल के ही परिवर्तनों का परिणाम यह रहा है कि सर्वश्रेष्ठ छात्र राजनीतिक मामलों में अब बिल्कुल रुचि नहीं ले रहे हैं।[15] विज्ञान के छात्रों के पास प्रायः राजनीतिक गतिविधि के लिए समय नहीं होता, क्योंकि उनके अकादमिक कार्यक्रम समय की खपत वाले एवं माँगों से भरे होते हैं और उन्होंने छात्र नेतृत्व की गुणवत्ता को नीचा कर दिया है।

स्वतंत्रता के बाद की अवधि में भारतीय विश्वविद्यालय– उच्च शिक्षा एवं छात्र राजनीति

भारत में राजनीतिक छात्र आंदोलन के रूपांतरण ने परिसर जीवन को परिवर्तित कर दिया है। संभवतः भारतीय परिसरों में आज उतने अधिक छात्र समूह मौजूद हैं जितने कि इसके इतिहास के किसी भी समय पर रह चुके हैं, परंतु वैचारिक राजनीति के पतन के साथ ही इन समूहों की प्रकृति भी परिवर्तित हो चुकी है। भारतीय विश्वविद्यालयों में छात्रसंघ, संभवतः, सर्वाधिक सर्वव्यापी संगठन हैं, और उनके कामकाज में प्रायः सांस्कृतिक एवं सामाजिक कार्यक्रमों के उत्तरदायित्व शामिल रहते हैं। जहाँ छात्रसंघों से प्रशासक तथा छात्रों के बीच एक संपर्क उपलब्ध कराए जाने की अपेक्षा की जाती है, वहीं अनेक मामलों में उनके कामकाज लोकतांत्रिक जैसे नहीं हैं, और आंशिकतौर पर ऐसा प्रशासनिक नियमों के कारण है। अधिकांश कॉलेजों में, छात्रसंघों के प्रतिनिधियों का चयन छात्रों द्वारा किया जाता है, यद्यपि इसमें राजनीतिक विचारों को मुश्किल से ही आधार बनाया जाता है।

कॉलेजों में बड़ी संख्या में छात्रसंघों ने राजनीतिक महत्व हासिल कर लिए हैं। उत्तर भारत के कुछ अधिक उथल–पुथल भरे विश्वविद्यालयों, जैसे अलीगढ़ एवं बनारस, में छात्रसंघों ने विरोध प्रदर्शन अभियानों के नेतृत्व किए हैं। छात्रसंघों द्वारा प्रारंभ आंदोलनों का जन्म प्रायः स्थानीय मुद्दों से होता है, जैसे विश्वविद्यालय की परीक्षा नीति, कॉलेज शुल्कों में वृद्धि, जीवनयापन सम्बन्धी परिस्थितियाँ आदि, किन्तु कुछ मामलों में छात्रसंघों का नियंत्रण उन वैचारिक गुटों के द्वारा किया जाता है जो छात्रसंघों का उपयोग विश्वविद्यालय के अंदर अथवा बाहर किसी विरोधी राजनीतिक समूह के विरुद्ध कार्यवाही के एक आधार के रूप में करते हैं।[16] साम्यवादी, समाजवादी तथा कांग्रेस पार्टी के अंदर के गुटों ने अपने प्रयोजनों के लिए छात्रसंघों का उपयोग करने में हिचकिचाहट नहीं दिखाई है, वो भी तब जब ये सभी परिसरों में राजनीतिक हस्तक्षेपों की निंदा कर रहे

थे। हालांकि, एक सामान्य नियम के अनुसार, छात्रसंघ राजनीति में संलिप्त नहीं रहे हैं और अपने सामाजिक एवं शैक्षणिक कामकाज तक ही सीमित रहे हैं।

भारतीय विश्वविद्यालयों में पाए जाने वाले छात्र नेतृत्व के प्रकारों के बीच अंतर करना उपयोगी है। "सम्मानित" गैर–राजनीतिक सांस्कृतिक एवं सामाजिक छात्र संगठनों का नेतृत्व अधिकांशतः उच्चवर्गीय परिवारों के छात्रों द्वारा किया जाता है, और इन छात्रों को भारतीय छात्र समुदाय का "अकादमिक" नेतृत्व कहा जा सकता है। सीधी–कार्यवाही वाले अभियानों में सक्रिय छात्रों का सम्बन्ध प्रायः निम्न सामाजिक वर्गों से होता है। ऐसा नेतृत्व भारतीय परिसरों में अपेक्षाकृत एक नई एवं गतिशील शक्ति का गठन करता है। शिक्षा की दीर्घकालिक परंपरा से वंचित समूहों से आने वाले छात्रों, जो प्रायः अशिक्षित परिवारों के होते हैं, ने प्रायः हड़तालों और विरोध प्रदर्शनों का नेतृत्व किया है। हालांकि, वामपंथी छात्र समूहों का सतत् नेतृत्व सामान्यतौर पर मध्यवर्गीय छात्रों से निकलता है, जिनके पास एक राजनीतिक परंपरा और राजनीतिक मामलों पर व्यय करने हेतु पर्याप्त समय उपलब्ध होता है। छात्र नेतृत्व में यह विरोधाभास भारतीय छात्र जीवन का एक विशिष्ट गुण है।

छात्र राजनीतिक गतिविधियों में परिवर्तनों के बावजूद अनेक छात्र संगठनों ने कुछ प्रभाव बनाए रखा है। स्वतंत्रताप्राप्ति के पूर्व के सर्वाधिक बड़े छात्र आंदोलनों के उपरांत, 1948 में छात्र कांग्रेस को भंग कर दिया गया था, कांग्रेसी नेताओं ने एक गैर–राजनीतिक छात्र संगठन के गठन में रुचि दिखाई थी, और 1950 में नेशनल यूनियन ऑफ स्टूडेंट (एनयूएस) का गठन करने के लिए समाजवादी उनके साथ एकजुट होने हेतु सहमत हो गए थे। एनयूएस स्वयं को बाहरी राजनीतिक हेराफेरी की विरासत से मुक्त करा पाने में असमर्थ सिद्ध हुआ और अपने संस्थापकों द्वारा परिकल्पित गैर–राजनीतिक छात्र संगठन का प्रतिनिधि बने बिना शीघ्र ही ठप हो गया। अपर्याप्त निधिकरण, छात्र उदासीनता, तथा तीव्रगति से विस्तार कर रही एक शिक्षा प्रणाली में संवाद की कठिनाई आदि दुर्गम बाधाएं सिद्ध हुईं। गुटबाजी सम्बन्धी विवाद संगठन में अनेक विभाजन के कारण बने, और 1958 तक एनयूएस सभी प्रकार से मृत हो चुका था।

इसके बाद नेशनल काउंसिल ऑफ युनिवर्सिटी स्टूडेंट्स ऑफ इंडिया (एनसीयूएसआई) का गठन किया गया था ताकि नेशनल यूनियन ऑफ स्टूडेंट्स के ठप होने के बाद उत्पन्न शून्य को भरा जा सके। इस संगठन को उन्हीं अनेक समस्याओं का सामना करना पड़ा जिसने इसके पूर्ववर्ती को ग्रसित किया हुआ था–शिक्षकों और राजनीतिक नेताओं के विरोध, छात्रों की उदासीनता, एवं इसके अपने नेताओं की व्यक्तिगत महत्वाकांक्षाएं। शीतयुद्ध ने विदेशी आर्थिक सहायता में समस्या उत्पन्न कर दी थी। सोवियतसंघ साम्यवादियों द्वारा प्रायोजित अखिल भारतीय छात्रसंघ को आर्थिक सहायता प्रदान कर रहा था, जबकि एनसीयूएसआई को पश्चिमी स्त्रोतों से धन प्राप्त हो रहा था। ऐसा संभव नहीं है कि एनसीयूएसआई भारत में प्रतिनिधि छात्रसंघ बन जाए, हालांकि इसने स्वयं को पक्षपातपूर्ण भारतीय राजनीति से पृथक रखने के प्रयास किए हैं और कई बार यह छात्रों को तत्काल आंदोलन का रास्ता अपनाने के बजाय प्रशासकों के साथ मिलकर काम करने हेतु प्रोत्साहित करने के द्वारा भारतीय छात्र समुदाय पर मामूली प्रभाव डालने में सफल रहा है।

हाल के वर्षों में भारत में राजनीतिक दलों के द्वारा छात्रों के प्रति एक दुविधापूर्ण दृष्टिकोण अपनाया गया है। 1949 में अखिल भारतीय कांग्रेस समिति के द्वारा यूथ कांग्रेस का गठन किया गया था। इसके द्वारा यह दावा किए जाने के बावजूद, कि यह भारत का सबसे बड़ा युवा संगठन है, यह बहुत अधिक ध्यान आकर्षित नहीं कर सका और मुख्यतौर पर महत्वाकांक्षी कांग्रेसी राजनीतिज्ञों के लिए एक "अग्रणी मोर्चे" के

रूप में कार्य करता रहा। चूंकि नेतृत्व ने मुक्त राजनीतिक परिचर्चा को प्रोत्साहित नहीं किया था, अतः यह संगठन योग्य, राजनीति उन्मुख युवाओं को आकर्षित कर पाने में असफल रहा, और 1965 में आंतरिक राजनीतिक टकरावों के कारण विघटित होने के पूर्व यूथ कांग्रेस के पास कुछ ही सक्रिय अध्याय शेष रह गए थे।

भारत में सर्वाधिक पुराना छात्र संगठन है अखिल भारतीय छात्रसंघ (एआईएसएफ), जो 1936 में स्थापना के बाद से अबाधित रूप से विद्यमान रहा है। 1940 से साम्यवादी नियंत्रण के अधीन रहा एआईएसएफ अपना अधिकांश समर्थन तथा सदस्यता का एक बड़ा भाग गवाँ चुका है। 1955 में, एआईएसएफ ने अपनी सदस्यता 1,00,000 होने का दावा किया था, जिसका प्रमुख संकेन्द्रण पश्चिम बंगाल, आंध्र प्रदेश, तथा केरल में था, जो सभी साम्यवादी राजनीतिक समर्थन के केन्द्र रहे हैं।[17] हांलाकि, एआईएसएफ साम्यवादी शक्ति से वंचित क्षेत्रों में कमजोर रहा है।

कम्युनिस्ट पार्टी के द्वारा छात्रों को शामिल किए जाने सम्बन्धी भारी प्रयासों के बावजूद छात्र संगठनों में होने वाली सामान्य कमी ने एआईएसएफ को भी प्रभावित किया है। साम्यवादी आंदोलन की परिवर्तनशील रणनीतियों ने इसके छात्र सहयोगियों को भी चोट पहुँचाई है। यद्यपि द्वितीय विश्वयुद्ध के लिए साम्यवादी समर्थन ने एआईएसएफ को वैधतापूर्वक कामकाज करने की अनुमति प्रदान कर दी थी जबकि राष्ट्रवादी छात्र आंदोलन को भूमिगत होने हेतु बाध्य होना पड़ा था, तथापि अनेक छात्रों ने महसूस किया कि साम्यवादी भारतीय राष्ट्रवाद के प्रति गद्दार थे। स्वतंत्रताप्राप्ति के तुरंत बाद साम्यवादियों ने नेहरू सरकार का हिंसक विरोध किया था, और इस प्रकार छात्र आबादी के एक बड़े भाग को अपने साथ मिला लिया था। और अधिक हाल में, साम्यवादी आंदोलन में चीन–सोवियत विवाद से उत्पन्न विभाजन ने अनेक वामपंथी भारतीय छात्रों का मोहभंग कर दिया है और साम्यवादी संगठनों के कामकाज को जटिल बना दिया है। अनेक क्षेत्रों में, एआईएसएफ की एक साम्यवादी छात्र संगठन के रूप में पहचान जानबूझकर अस्पष्ट अथवा महत्वहीन बनाई गई है। गैर–वैचारिक नीति के बावजूद कोलकाता में एआईएसएफ, जिसमें से अनेक ने वामपंथी (मार्क्स–समर्थक) भारतीय कम्युनिस्ट पार्टी का समर्थन किया था, ने हाल ही में छात्र विरोध प्रदर्शनों में एक अग्रणी भागीदारी की थी। इसके बावजूद, वैचारिक रूप से प्रतिबद्ध छात्रों के नेतृत्व वाले कोलकाता के ये प्रदर्शन विशुद्ध रूप से स्थानीय परिसर सम्बन्धी मामलों से उत्पन्न हुए थे और ये मात्र तभी फैले जब विश्वविद्यालय के अधिकारियों के द्वारा छात्रों की मूल माँगों को पूरा नहीं किया गया।

हाल ही में, कुछ क्षेत्रों के अंतर्गत दक्षिणपंथी राजनीतिक छात्र संगठनात्मक प्रयास बहुत अधिक सफल रहे हैं। आज के भारत में सर्वाधिक महत्वपूर्ण छात्र संगठनों में से एक है *अखिल भारतीय विद्यार्थी परिषद्।* आमतौर पर *विद्यार्थी परिषद्* के नाम से सम्बोधित इस समूह ने ऐसे साक्ष्यों, जिनसे पता लगता है कि यह दक्षिणपंथी हिन्दू साम्प्रदायिक दलों, और विशेषतौर पर *जनसंघ* की युवा शाखा है, के बावजूद भी गैर–राजनीतिक होने का दावा किया है। *विद्यार्थी परिषद्* ने यथासंभव तरीके से व्यापक राजनीतिक मुद्दों से बचते हुए एक संस्कृति उन्मुख कार्यक्रम पर ध्यान केन्द्रित किया है। इसने देशभक्ति की अपील की है और 1962 के भारत–चीन संघर्ष के बाद राष्ट्रवादी अभ्युत्थान में यह सक्रिय रहा था।

भारत में स्वतंत्रताप्राप्ति के उपरांत की छात्र राजनीति सहभागिता का सामान्यीकरण करना कठिन है। आज यहाँ कोई भी एकीकृत छात्र आंदोलन मौजूद नहीं है, भारतीय छात्र आबादी का एक अत्यन्त छोटा सा हिस्सा ही छात्र राजनीतिक समूहों की

दिन–प्रतिदिन की गतिविधियों में संलिप्त है। इसके बावजूद, विगत वर्षों में विरोध प्रदर्शनों की वार्षिक संख्या बहुत अधिक रही है। सामान्यतौर पर, छात्र आंदोलन का जोर सामाजिक चिंताओं से हटकर परिसर की चिंताओं की ओर स्थानान्तरित हो चुका है। यहाँ तक कि एक बुनियादी वैचारिक प्रतिबद्धता वाले संगठनों, जैसे कि अखिल भारतीय छात्रसंघ, ने भी सामान्यतः सीधे परिसर की परिस्थितियों से जुड़े मुद्दों के आधार पर ही छात्रों से अलग–अलग अपीलें की हैं। भारत में राजनीति में छात्रों की संलिप्तता जारी है, आंशिकतौर पर यह भारतीय सामाजिक एवं आर्थिक जीवन के गंभीर तनावों द्वारा प्रेरित है, और छात्र सक्रियतावाद तब तक जारी रहेगा जबतक भारत सामाजिक, आर्थिक, एवं शैक्षणिक तनावों एवं अभावों से पीड़ित रहेगा।

छात्र अनुशासनहीनता-कारण एवं परिणाम

भारतीय शैक्षणिक जीवन में किसी भी अन्य मुद्दे को "छात्र अनुशासनहीनता" की समस्या की अपेक्षा अधिक प्रचार नहीं प्राप्त हुआ है। भारत में हिंसा छात्र अनुशासहीनता का एक विशिष्ट गुण है। उत्तर भारत के हिन्दी–भाषी क्षेत्रों में छात्र आंदोलनों में प्रायः निजी एवं विश्वविद्यालयीय संपत्तियों को नष्ट करना शामिल रहा है। यहाँ तक कि स्थानीय आंदोलनों, जैसे कोलकाता में ट्राम किरायों में वृद्धि, के साथ भी प्रायः छात्रों की हिंसक कार्यवाहियाँ शामिल रही हैं। हिंसा की इस प्रवृत्ति का सम्बन्ध शायद उन माध्यमों के अभावों के साथ जुड़ा हुआ है जिनके द्वारा कुंठित भारतीय छात्र अपने असंतोष की आवाज को व्यक्त कर सकते हैं। हालांकि, छात्र अनुशासनहीनता को प्रदान किया गया व्यापक प्रचार इस सांख्यकीय तथ्य को अस्पष्ट बना सकता है कि अधिकांश भारतीय कॉलेज छात्र असंतोष से प्रभावित नहीं रहे हैं।[18]

1966 में उत्तरी भारत को बहा ले जाने वाले छात्र असंतोष के कारणों में ऐसे अनूठे कारक शामिल थे जिन्होंने 1947 के बाद ऐसे किसी आंदोलन को प्रेरित किया है। 1966 के आंदोलन के लिए किसी एक प्रमुख कारण का निर्धारण करना कठिन है, क्योंकि अधिकांश मामलों में स्थानीय शिकायतों ने किसी प्रदर्शन अथवा विरोध को प्रेरित किया था। 1964 के दौरान घटित कोई 280 छात्र हड़तालों और विरोध प्रदर्शनों का एक विश्लेषण छात्र अशांति के कारणों के कुछ संकेत प्रदान करता है। लगभग 100 हड़तालें शिक्षण संस्थानों की परीक्षाओं और प्रशासन सम्बन्धी माँगों से प्रेरित थीं। 60 अन्य की उत्पत्ति पुलिस अथवा अन्य सरकारी अधिकारियों के विरोध में हुई थी; शेष के लिए विविध अन्य कारण उत्तरदायी थे। अधिकांश मामलों में, कोई भी प्रकट राजनीतिक उद्देश्य शामिल नहीं था। साम्यवादियों ने स्वयं को 30 अवसरों पर हड़तालों से सम्बद्ध किया था, *जनसंघ* की संलिप्तता इसकी दोगुनी थी, और अन्य दलों ने 17 बार ऐसा किया था। 1964 में, 3 प्रतिशत आंदोलन गैर–अकादमिक मुद्दों के कारण हुए थे; 1965 में यह संख्या बढ़कर 5 प्रतिशत हो गई, और 1966 में 17.4 प्रतिशत। 1966 में कुल 2,206 प्रदर्शन किए गए थे जिसमें से 480 हिंसक थे। मात्र दो वर्षों पूर्व 700 प्रदर्शन एवं 113 हिंसक घटनाएं की गई थीं।[19]

भारतीय जीवन में अति महत्वपूर्ण रहे क्षेत्रीय मतभेद छात्र राजनीतिक सक्रियता में भी प्रतिबिंबित हुए हैं। भारतीय राज्यों के छात्र अंसतोष और सक्रियता की गहनता एवं प्रकृति में व्यापक अंतर मौजूद हैं। एक सरकारी रिपोर्ट के अनुसार, हाल के वर्षो में आंध्र प्रदेश, मध्य प्रदेश, उत्तर प्रदेश, और पश्चिम बंगाल छात्र अशांति एवं सक्रियता में बहुत अधिक संलिप्त रहे हैं। 1966 में इस सूची में बिहार को जोड़ दिया गया था। मद्रास

में 1964 के भाषाई आंदोलनों को छोड़कर अधिकांश दक्षिण भारत सहित महाराष्ट्र में छात्र निष्क्रिय रहे हैं। उग्रवादी राजनीतिक सक्रियतावाद की अपनी सशक्त परंपरा के साथ पश्चिम बंगाल आंदोलनों का एक केन्द्र रह चुका है, फिर भी केरल, जिसके पास एक सशक्त साम्यवादी आंदोलन तथा एक बड़ी एवं संकेन्द्रित छात्र आबादी मौजूद रही है, अपेक्षाकृत कम अशांति का साक्षी रहा है। हिन्दी की "हृदयस्थली" बिहार एवं उत्तर प्रदेश छात्र आंदोलनों में बहुत अधिक संलिप्त रही हैं, जबकि पंजाब एवं राजस्थान, जो दोनों ही हिन्दीभाषी ही हैं, अपेक्षाकृत अधिक शांत रहे हैं।

इन शक्तिशाली क्षेत्रीय अंतरों के कारणों का सामान्यीकरण करना कठिन है। छात्र असंतोष का राजनीतिक चेहरा क्षेत्रवार अलग–अलग है। उदाहरणार्थ, मध्य प्रदेश एवं महाराष्ट्र में दक्षिणपंथी *विद्यार्थी परिषद्*, अधिक शक्तिशाली है, परंतु बंगाल तथा दक्षिण में व्यावहारिकतौर पर लगभग अस्तित्वहीन है; ऐसा आंशिकतौर पर भाषा के प्रश्न को लेकर है। समाजवादी उत्तर प्रदेश में तो सशक्त हैं किन्तु महाराष्ट्र में ऐसा नहीं है। साम्यवादियों के पास पश्चिम बंगाल और केरल में शक्ति है, जबकि अन्य राज्यों में गिने–चुने क्षेत्रों में ही ऐसा है। अध्ययन की स्थितियाँ भी हर क्षेत्र में अलग–अलग हैं। स्पष्टतौर पर, कोलकाता के छात्र विशेषतौर पर विपरीत परिस्थितियों के अंतर्गत अध्ययन करते हैं; निःसंदेहात्मक रूप से यह स्थिति उनकी सक्रियता में योगदान करती है। कुछ विश्वविद्यालयों में प्रशासनिक गुटबाजी और अंतरकलहों की परंपराएं मौजूद रही हैं, जबकि कुछ प्रशासनिकतौर पर स्थिर रहे हैं। जहाँ विश्वविद्यालय प्रशासन का नियंत्रण शक्तिशाली है, और शिक्षक असंतोष कम है, वहाँ छात्र अनुशासनहीनता के उत्पन्न होने की संभावनाएं कम हैं।

व्यापक सामाजिक मुद्दों से प्रत्यक्षतौर पर सम्बन्धित राजनीतिक मुद्दों पर छात्रों की कार्यवाही सर्वाधिक महत्वपूर्ण है, क्योंकि यह सर्वाधिक व्यापक और प्रायः सर्वाधिक विध्वंसक होती है। इस प्रकार के आंदोलन किसी विशिष्ट स्थानीय मुद्दे को लेकर प्रारंभ होते हैं, चाहे वे विश्वविद्यालय के अंदर से हों अथवा उसके आसपास से। हालांकि, वास्तविक कारण किसी विशिष्ट घटना में निहित होता है और इसका सम्बन्ध अधिकांशतः उन सामान्य समस्याओं से होता है जिनका सामना भारतीय छात्रों को अपने दैनिक जीवन तथा भविष्य की दूरदृष्टि दोनों में ही करना पड़ता है। अपर्याप्त सुविधाओं का सतत् दबाव, स्वाभाविक रूप से स्तरहीन शैक्षणिक तैयारियाँ, तथा स्नातक के उपरांत बेरोजगारी का भय छात्रों को अनुशासनहीनता के प्रति और प्रेरित कर देता है। छात्र अनुशासनहीनता की आश्चर्यजनक विशेषता प्रदर्शनों की बड़ी संख्या नहीं, बल्कि अधिक व्यापक हिंसा और विध्वंस का अभाव रही है।

ओडिशा में, संपूर्ण प्रदेश में छात्र विरोध प्रदर्शनों की एक समन्वित श्रृंखला ने 1964 में राज्य सरकार को त्यागपत्र देने पर बाध्य कर दिया था। छात्र नेताओं ने आरोप लगाया था कि राज्य के मुख्यमंत्री, जो कांग्रेसी नेता थे, भ्रष्टाचार के दोषी थे और उनसे त्यागपत्र की माँग की गई थी। मुख्यमंत्री को त्यागपत्र देने हेतु बाध्य होना पड़ा था, और राज्य में छात्रों की एक बड़ी जीत हुई थी। ओडिशा के आंदोलन राज्य के अनेक कॉलेजों से आए प्रतिनिधियों के साथ एक सुसंगठित छात्र समिति के द्वारा संपन्न किए गए थे, जिसने सिद्ध कर दिया था कि सापेक्षिकतौर पर छात्र असंतोष से मुक्त रहे किसी भी क्षेत्र में *तदर्थ* छात्र आंदोलन को सफलतापूर्वक आयोजित किया जा सकता है।

1965 में, दक्षिण भारत में हिन्दी को राष्ट्रीय भाषा के रूप में लागू किए जाने के विरोध में छात्र हड़ताल पर चले गए थे। हिन्दी–विरोधी आंदोलन, जिसमें 50 से भी अधिक लोगों की जानें गई थीं और बहुत हानि हुई थी, ने एक राष्ट्रीय संकट उत्पन्न

कर दिया था और केन्द्र सरकार को अपनी भाषा नीति को लागू करने को स्थगित करने हेतु बाध्य कर दिया था। समस्त तमिलभाषी क्षेत्रों के कॉलेजों की एक छात्र कार्यवाही समिति ने विरोध प्रदर्शनों एवं हड़तालों का समन्वय किया था, जो कई बार हिंसक हो उठा था।[20] दक्षिण में विपक्षी राजनीतिक समूहों, विशेषतौर पर हिन्दी–विरोधी द्रमुक पार्टी, ने छात्रों को जोरदार समर्थन दिया था।

1966 के अंत में कोलकाता संयुक्त वामपंथी मोर्चे के एक सरकार विरोधी अभियान के पक्ष में किए गए छात्र विरोध प्रदर्शनों से काँप उठा था। जब हिंसा फूटी तो विश्वविद्यालय अधिकारियों ने सभी शिक्षण संस्थान बंद कर दिए–एक ऐसी कार्यवाही जिससे 1 लाख छात्र प्रभावित हुए थे। स्थानीय परिसर सम्बन्धी मुद्दे आंदोलन की व्यापक वैचारिक चिंताओं के साथ जुड़ चुके थे, जो पहली बार कोलकाता में प्रतिष्ठित प्रेसीडेंसी कॉलेज के छात्रों के बीच फैल चुके थे। कोलकाता में उग्रवादी वामपंथी नेताओं ने इस आंदोलन को चीनी "श्रमजीवी सांस्कृतिक क्रांति" के मॉडल पर भारतीय क्रांति की दिशा में उठाए गए एक कदम के रूप में देखा। कोलकाता के वामपंथी–कम्युनिस्ट छात्र अपने राजनीतिक विचारों में उतने चीन–समर्थक नहीं हैं जितने कि अपने राजनीतिक विचारों में अति–आक्रामक हैं।

भारतीय छात्रों के असंतोष में महत्वपूर्ण संस्थागत विभिन्नताएं मौजूद हैं। अधिकांश प्रतिष्ठित एवं सुवित्तपोषित प्रौद्योगिकी संस्थानों में अनुशासनहीनता समस्या नहीं है। जहाँ इस बात पर आम सहमति है कि अधिकांश छात्र असंतोष उदार–कला वाले कॉलेजों से उत्पन्न हुए हैं, वहीं इन संस्थानों के बीच कुछ महत्वपूर्ण अंतर भी हैं। सामान्यतः, शिक्षा के अपेक्षाकृत उच्च स्तरों तथा कारपोरेट पहचान की एक भावना को कायम रखने वाले पुराने कॉलेज नए संस्थानों की अपेक्षा छात्र अनुशासनहीनता से कम ग्रसित रहे हैं।[21] मिशनरी–प्रशासित कॉलेजों ने अन्य संस्थानों की अपेक्षा कम समस्याओं का सामना किया है, शायद इसलिए क्योंकि उनके पास अकादमिक उत्कृष्टता तथा संतोषजनक शिक्षक–छात्र सम्बन्धों की एक परंपरा प्रायः मौजूद रही है।

भारतीय विश्वविद्यालय अपने समाज से घनिष्ठ रूप से बंधे हुए हैं और आधुनिक भारतीय जीवन की अनेक विशेषताओं एवं विरोधाभासों को साझा करते हैं। किसी भी समाज में "अकादमिक" मूल्य किसी व्यापक समाज के मानदंडों से पूर्णतः पृथक नहीं हैं, परंतु भारत में ये विशिष्टताएं अन्य अनेक देशों की तुलना में कम दिखाई देती हैं।[22] जाति एवं क्षेत्रीय सम्बद्धताओं को प्रायः अकादमिक नियुक्तियों के सामान्य मानदंड के रूप में देखा जाता है, और विश्वविद्यालयों के अंदर की गुटबाजीपूर्ण राजनीति राष्ट्रीय जीवन में राजनीतिक संघर्षों की एक चिह्नित सादृश्यता रखती है। छात्र विश्वविद्यालयों में प्रवेश प्राप्त करने हेतु पारिवारिक प्रभावों के उपयोग का प्रयास करते हैं, अथवा किसी परीक्षा के परिणाम को परिवर्तित करने के लिए वे आंदोलनकारी राजनीति का सहारा ले लेते हैं। अतः, जहाँ कुछ आलोचक विश्वविद्यालयों पर एक "आइवरी टॉवर" होने का आरोप लगाते हैं, वहीं उच्च शिक्षा भारतीय सामाजिक एवं राजनीतिक जीवन की मुख्यधारा में पूरी तरह से समाहित है।

छात्र असंतोष के अंतर्निहित कारणों की कल्पना करना कठिन नहीं है, और इससे जुड़े कुछ शिक्षकों तथा अन्य अधिकारियों के बीच एक आम सहमति दिखाई देती है। छात्र असंतोष पर जारी हाल की एक रिपोर्ट द्वारा उल्लेख किया गया है कि छात्र असंतोष के चार प्रमुख कारण इस प्रकार हैं "1) समुचित अकादमिक वातावरण का अभाव, 2) अभिभावकीय, शैक्षणिक, एवं सरकारी अधिकारों के प्रति सम्मान का अभाव, 3) वैचारिक कुंठाएं, तथा 4) राजनीतिक हस्तक्षेप।"[23] स्वतंत्रताप्राप्ति के बाद से

विश्वविद्यालय शिक्षण के स्तर में भी गिरावट आ चुकी है, और *गुरु* के प्रति परंपरागत सम्मान परिसर से वास्तव में गायब हो चुका है। छात्रों को अपने प्रोफेसरों से बातचीत करने का अवसर मुश्किल से ही प्राप्त होता है, क्योंकि कक्षाएं बहुत बड़ी हैं और शिक्षण भार बहुत अधिक है। निम्न श्रेणियों पर, कॉलेज शिक्षकों का वेतन बहुत कम है, और अनेक शिक्षकों को एक से अधिक नौकरियाँ करनी पड़ रही हैं।[24]

भारतीय विश्वविद्यालय छात्रों के समक्ष वार्षिक आधार पर बाहर तैयार की गई परीक्षाएं लागू कर देते हैं, और परिणामस्वरूप प्रत्येक प्रोफेसर का पाठ्यक्रम और अपने छात्रों के मूल्यांकन पर कोई नियंत्रण नहीं रह जाता। भारतीय उच्च शिक्षा के संपूर्ण इतिहास में छात्र अनुशासनहीनता के प्रमुख कारणों में से एक परीक्षाएं भी रही हैं। 19वीं शताब्दी के उत्तरार्द्ध से ही छात्रों ने कठिन परीक्षाओं के विरुद्ध दंगे किए हैं, जिनके द्वारा प्रायः अधिकारियों को स्तरों को नीचे लाने अथवा परीक्षाओं को पुनर्निर्धारित करने हेतु बाध्य किया गया है। इन आंदोलनों के बावजूद भी कुछ विश्वविद्यालयों में कुछ विषयों की परीक्षाओं में असफलता की दरें 70 से 80 प्रतिशत तक की रही हैं।[25]

अनेक छात्र अपना कॉलेज करियर 15 अथवा 16 वर्ष की आयु में प्रारंभ करते हैं और कुछ आगामी वर्षों में प्राप्त होने वाली परिपक्वता से वंचित रहते हैं। इसके अलावा, छात्रावासों में तथा अपने परिवारों से दूर रहने वाले छात्रों को संभवतः पहली बार अपनी स्वतंत्रता का अनुभव होता है, विशेषतौर पर भारत की कठोर परिवार प्रणाली के विचार से। पीढ़ीगत समस्या, जो लगभग प्रत्येक समाज में मौजूद है, भारत में कुछ हद तक दबी रहती है, यद्यपि संभवतः यह भी स्थापित वरिष्ठ अधिकारियों के विरुद्ध असंतोष उत्पन्न करते हुए छात्रों को प्रभावित करती है।

अनेक भारतीय छात्रों की आर्थिक अनिश्चितता स्पष्टतौर पर उनकी दुविधा और अनुशासनहीनता का कारण होती है। अनेक छात्रों अपने शैक्षणिक खर्चो का भुगतान करने हेतु अंशकालिक नौकरियाँ करते हैं, और यह नौकरी तथा विश्वविद्यालय करियर के बीच उनके ध्यान को विभाजित कर देता है। स्नातकों, विशेषतौर पर उदार–कला विषयों में, के लिए उपयुक्त नौकरी प्राप्त करना निरंतर कठिन होता जा रहा है। जिन छात्रों को रोजगार नहीं प्राप्त हो पाता, वे प्रायः स्नातक कार्य के लिए वापस विश्वविद्यालय आ जाते हैं यद्यपि कि वे प्रायः इसमें संलिप्त अकादमिक तैयारियों में रुचि नहीं रखते। अपनी कॉलेज शिक्षा पूरी न करने वाले छात्रों की संख्या भी बहुत अधिक है, और इन भूतपूर्व छात्रों में से अनेक परिसर में ही बने रहते हैं, क्योंकि रोजगार सदैव उपलब्ध नहीं होते। भारत में कॉलेज में प्रवेश लेने वालों में से आधे से अधिक छात्र डिग्री हासिल नहीं करते।

आर्थिक समस्याओं से सीधेतौर पर वे कठिन परिस्थितियाँ भी जुड़ी हुई हैं जिनके अधीन अनेक भारतीय छात्रों को अध्ययन करना पड़ता है। अपर्याप्त विश्वविद्यालयीय सुविधाओं के अलावा, अनेक छात्र स्वयं के लिए जीवन की न्यूनतम आवश्यकताओं का प्रबंध कर पाने में असमर्थ हैं। कोलकाता में छात्रों पर किए गए एक सर्वेक्षण द्वारा स्पष्ट किया गया है कि उनकी बड़ी संख्या कुपोषित है। विशेषतौर पर शहरी संस्थानों में छात्रों को भीड़भाड़युक्त एवं अस्वच्छ स्थितियों में रहना पड़ता है।[26] ये सभी कारक छात्र आबादी के एक बड़े भाग में और कुछ नहीं बस कुंठा और अलगाव को बढ़ा सकते हैं।

भारत में राजनीतिक, सामाजिक, मनोवैज्ञानिक, आर्थिक, एवं शैक्षणिक मुद्दे परस्पर गुंथे हुए हैं, और इन सभी ने छात्र असंतोष में योगदान किया है। मौजूदा शैक्षणिक प्रवृत्तियों के जारी रहने की संभावना है। शिक्षकों की चेतावनियों के बावजूद शिक्षा प्रणाली का अनियोजित विस्तार निर्बाध रूप से जारी है। सरकार शिक्षा के इस

विस्तार को रोकने के प्रति अनिच्छुक है यद्यपि यह शिक्षा के स्तरों को कायम रखने हेतु धन आबंटित करने में असमर्थ है। जैसे–जैसे बढ़ती हुई जनसंख्या को उच्च शिक्षा उपलब्ध होती जा रही है, वैसे–वैसे स्नातक डिग्री का मूल्य गिरता जा रहा है। केन्द्रीकृत मानकों को लागू करना और कठिन हो चुका है, क्योंकि हर वर्ष अनेक नए विश्वविद्यालय स्थापित हो जाते हैं, और उच्च शिक्षा केन्द्र तथा राज्य सरकारों का एक संयुक्त उत्तरदायित्व बना हुआ है।

छात्र आबादी का अप्रत्याशित विस्तार (भारत के पास संपूर्ण विश्व में अमेरिका तथा सोवियत संघ के बाद तीसरी सबसे बड़ी कॉलेज छात्र संख्या है) तथा इसकी बढ़ती हुई विविधता ने समस्त छात्र समुदाय की एकजुटता को यदि असंभव नहीं तो कठिन अवश्य बना दिया है, और राष्ट्रीय छात्र संगठनों की भूमिका को अस्पष्ट कर दिया है। भारत में छात्र राजनीति के पूर्वानुमान अस्पष्ट हैं। छात्र सक्रियता निश्चित रूप से भारत में मृत नहीं है। आँकड़े इंगित करते हैं कि असंतोष की दर बढ़ रही है, और इस प्रवृत्ति के विपरीत दिशा में पलटने का कोई कारण मौजूद नहीं है। शिक्षा प्रणाली की कुंठाएं, आबादी के शिक्षित शहरी वर्ग के लिए निरतंर कठिन होती जा रही परिस्थितियाँ, तथा छात्रों की राजनीतिक संलिप्तता की राष्ट्रवादी पंरपरा के अवशेष–ये सभी एकसाथ मिलकर छिटपुट और प्रायः हिंसक छात्र असंतोष एवं "अनुशासनहीनता" का जारी रखना सुनिश्चित कर देते हैं। हालांकि, शैक्षणिक प्रणाली स्वयं ही छात्र आंदोलन के पुनर्जन्म की गंभीरता को कम करने वाला एक प्रमुख कारक है। कुछ छात्र राजनीति में संलिप्त होने के द्वारा अपनी डिग्रियों को जोखिम में डाल सकते हैं, क्योंकि एक अकादमिक डिग्री कठिन रोजगार परिस्थिति के अंतर्गत निरंतर एक आवश्यकता बनती जा रही है। छात्रों की संलिप्तता का जोखिम अधिकांश छात्रों के लिए वैचारिक छात्र राजनीति को अनाकर्षक बना देता है। इसके अलावा, भारतीय राजनीतिक संस्थानों की सापेक्षिक स्थिरता के कारण इस बात की बहुत कम संभावना है कि किसी भी घटना में छात्र भारतीय राजनीति पर बड़ा प्रभाव डाल सकें।

संदर्भ

1. Some of the material in this essay is also discussed in Philip G. Altbach (ed.), *Student Politics and Higher Education in India* (New York, in press), and Philip G. Altbach, "The Transformation of the Indian Student Movement," *Asian Survey,* Vol. 6 (August, 1966), pp. 448–60.
2. See Myron Weiner, *The Politics of Scarcity* (Chicago, 1962).
3. Syed Nurullah and J. P. Naik, *A Students' History of Education in India* (Bombay, 1962), p. 158.
4. *Ibid.*, p. 282.
5. For an excellent account of the impact of English education on Indian intellectuals and its relation to the rise of the nationalist movement, see Bruce McCully, *English Education and the Origins of Indian Nationalism* (New York, 1940).
6. Dinkar Sakrikar, "A History of the Student Movement in India" (typewritten manuscript, 1946), p. 33.
7. Prabadh Chandra, *The Student Movement in India* (Lahore, 1938).
8. M. Muni Reddy, *The Student Movement in India* (Lucknow, 1947), p. 30.
9. Myron Weiner, *The Politics of Scarcity,* p. 163.
10. For a study of the Hindu nationalist movement, see Joseph Curran, *Militant Hinduism in Indian Politics: A Study of the RSS* (New York, 1951).
11. Darbara Singh, *The Indian Struggle, 1942* (Lahore, 1946), p. 278.

12. For a discussion of academic discipline and student political involvement, see Glaucio Soares, "The Active Few: Student Ideology and Participation in Developing Countries," *Student Politics,* ed. S. M. Lipset (New York, 1967), pp. 124–47, and Metta Spencer, "Professional, Scientific, and Intellectual Students in India," *Student Politics*, pp. 357–71.
13. Philip G. Altbach, "The Bombay Naval Mutiny," *Opinion*, Vol. 6 (August 31, 1965), p. 35.
14. Ministry of Education, *Report of the Education Commission, 1964–66* (New Delhi, 1966), p. 300.
15. Metta Spencer, "Professional, Scientific, and Intellectual Students in India," p. 367.
16. For a description of the role of the student unions in university politics, see Joseph DiBona, "Indiscipline and Student Leadership in an Indian University," *Student Politics*, pp. 372–93.
17. Myron Weiner, *The Politics of Scarcity,* p. 168.
18. छात्र अनुशासहीनता सम्बन्धी साहित्य अत्यधिक विस्तृत है, यद्यपि इसका अधिकांश भाग मामूली बातों एवं उपदेश तक ही सीमित है, जिसमें छात्र असंतोष पर अपेक्षाकृत कम जोर दिया गया है। निम्नलिखित सामग्रियाँ इस क्षेत्र के लिए सर्वाधिक उपयुक्त हैं। University Grants Commission, *Report on the Problem of Student Indiscipline in Indian Universities* (New Delhi, 1960); Humanyun Kabir, *Student Unrest: Causes and Cure* (*Calcutta*, 1958); Chancal Sarkar, *The Unquiet Campus* (New Delhi, 1960); "Students in Turmoil," *Seminar*, No. 88 (December, 1966), pp. 10-46; "Crisis on the Campus," *Seminar*, No. 44 (April, 1963), pp. 10–41; and M. K. Haldar, "Education for Frustration," *Thought* (October 22 and 29, 1966), pp. 4–5 and 21–22.
19. A Correspondent, "Student Indiscipline Under Study," *Thought*, Vol. 17 (October 20, 1966), p. 11. See also *Statesman* (December 19, 1966).
20. See "The English-Hindi Controversy," *Minerva*, Vol. 3 (Summer, 1965), pp. 560–85.
21. Margaret Cormack, *She Who Rides a Peacock: Indian Students and Social Change* (New York, 1961), p. 204.
22. For an account of general aspects of university life and administration in India, see Robert Gaudino, *The Indian University* (Bombay, 1965).
23. A Correspondent, "Student Indiscipline Under Study," p. 11.
24. For a sensitive discussion of the problems of intellectuals in India, see Edward Shils, *The Intellectual Between Tradition and Modernity: The Indian Situation* (The Hague, 1961). See also Nirad C. Chaudhuri, *The Intellectual in India* (Delhi, 1967).
25. University Grants Commission, *Report on Standards of University Education* (New Delhi, 1965), p. 255.
26. Ministry of Education, *Survey of Living Conditions of University Students* (New Delhi, 1961).

29

मुम्बई छात्र आंदोलन का परिवर्तनकाल

Student Politics in Bombay
Asia Publishing House (Bombay, Calcutta, New Delhi, Madras, Lucknow, Bangalore, London, New York), 1968
pp. 196–211

फ़िलिप जी. अल्ट्बाख़

इस अंतिम अध्याय के दो मूलभूत प्रयोजन हैं, जिनका उद्देश्य इस अध्ययन को इसके उचित परिप्रेक्ष्य में रखना तथा मुम्बई में छात्रों, राजनीति, तथा उच्च शिक्षा से सम्बन्धित वृहद् सामग्री से उन्हीं सामान्य प्रवृत्तियों का सार प्राप्त करना है। इस अध्ययन के वर्णनात्मक खंड के निष्कर्षों का सारांशीकरण किए जाने के उपरांत आवर्ती नमूनों में से कुछ को चित्रित करने का प्रयास किया जाएगा। मुम्बई में छात्रों की गतिविधियाँ 1920 तथा 1930 के दशकों के दौरान राष्ट्रवादी संघर्ष के संवेग के बिना विकसित नहीं हुई हो सकती थीं। सशक्त छात्र संगठनों, जिन्होंने इस अवधि के दौरान परिसरों को प्रभावित किया, इस संवेग के लिए व्यापक तौर पर अपने वातावरण पर निर्भर थे। जहाँ छात्रों की सांस्कृतिक गतिविधियाँ अधिक तात्कालिक थीं, वहीं वे पर्याप्त तौर पर विश्वविद्यालय प्रशासकों, सामान्य जनता के दृष्टिकोणों तथा अन्य शैक्षणिक कारकों से भी प्रभावित रही हैं। छात्र गतिविधि के नमूने, अर्थात्, उग्रवादी छात्र समूहों के उत्थान एवं पतन तथा उन्हें प्राप्त जनसमर्थन, परिवर्तनशील सामाजिक गैर–छात्र कारकों के साथ परिवर्तित होते रहे हैं। इसका अर्थ यह नहीं है कि विश्वविद्यालय के छात्र पाठ्यक्रमोत्तर गतिविधियों के क्षेत्र में कोई उपलब्धि हासिल कर पाने में असमर्थ रहे हैं। इसके विपरीत, 20 शताब्दी के प्रारंभ में बंगाल के सांस्कृतिक पुनर्जागरण में छात्र मददगार रहे थे, और शताब्दी के उत्तरार्द्ध में राष्ट्रवादी सांस्कृतिक एवं राजनीतिक गतिविधि में एक महत्वपूर्ण तत्व रहे थे। तथापि, यह तथ्य कि राष्ट्रवादी राजनीतिक संघर्ष की समाप्ति के साथ ही छात्र आंदोलन लगभग ध्वस्त हो चुका था और शैक्षणिक एवं राजनीतिक नेतृत्वकर्ताओं के दृष्टिकोण परिवर्तित हो चुके थे, इस बात का संकेत है कि उनके आंदोलन बाहरी कारकों पर निर्भर थे।

यह तथ्य, कि छात्र राजनीतिक गतिविधि बाहरी कारकों पर बहुत अधिक निर्भर रही है, यह प्रश्न खड़ा करता है कि क्या मुम्बई में, और सामान्यतौर पर भारत में कोई वास्तविक छात्र आंदोलन हुआ भी था अथवा नहीं। यदि आंदोलन से हमारा आशय विशिष्ट लक्ष्यों से युक्त किसी सुसंगठित परिभाष्य समूह से है, जो अपने लक्ष्यों के समर्थन में जाग्रत तथा सार्वजनिक रूप से सक्रिय हो, तो मुम्बई में एक छात्र आंदोलन संपन्न किया जा चुका है। यह सच है कि यह आंदोलन छिटपुट, प्रायः असंगठित, और विचारधाराओं तथा हितों में मतभेदों को लेकर विभाजित रहा है। फिर भी, गत अर्द्धशताब्दी के दौरान अनेक अवसरों पर छात्रों ने एक जाग्रत राजनीतिक भूमिका निभाई है, और भारत में राजनीतिक एवं अन्य क्षेत्रों में उनके संगठित प्रयास उच्च शिक्षा के साथ–साथ राजनीतिक घटनाओं के विकास में महत्वपूर्ण रहे हैं।

निष्कर्षों का सारांश

यह सारांश लगभग एक अर्द्धशताब्दी की अवधि में मुम्बई में फैली हुई छात्र गतिविधियों एवं राजनीति की एक घटनापूर्ण प्रारंभिक अवधि की एक झलक प्रदान करने की आशा कर सकता है। इस खंड की मंशा कुछ ऐसे महत्वपूर्ण कारकों को इंगित करने की है जिनके द्वारा छात्र राजनीति एवं सामान्य गतिविधियों को आकार प्रदान किया गया है। मुम्बई में देखी गई छात्र गतिविधियों की विशेषताएं अन्य ऐतिहासिक अवधियों के दौरान अन्य देशों के लिए प्रासंगिक हो अथवा नहीं भी हो सकती हैं। हालांकि, ऐसी आशा की जाती है कि प्रस्तुत विश्लेषणात्मक रूपरेखा अलग–अलग परिस्थितियों में संपन्न छात्र गतिविधियों पर आगे विचार करने हेतु एक आधार प्रदान करेगी।

छात्र राजनीति एवं राष्ट्रीय घटनाएं

छात्र आंदोलन में हुए प्रमुख परिवर्तनों में से एक का आगमन भारत में राष्ट्रीय राजनीति से छात्र राजनीति के अलगाव के साथ हुआ है। साम्यवादियों के आंशिक अपवाद को छोड़कर सभी राजनीतिक दलों ने परिसरों के अपने समर्थन को वापस ले लिया है। वे अपनी इन आपत्तियों में अपेक्षाकृत अधिक ईमानदार रहे हैं कि कॉलेजों एवं विश्वविद्यालयों से राजनीति को पृथक कर दिया जाना चाहिए। स्वतंत्रता संग्राम के दौरान राजनीतिक दलों ने सक्रियतौर पर छात्र समर्थन के आह्वाहन किए थे और छात्रों को अपने राजनीतिक एवं वैचारिक अभियानों में मूल्यवान सहयोगियों के रूप में स्वीकार किया था। भारत में एक स्वतंत्र राष्ट्र के रूप में कार्य करने हेतु किए गए संघर्ष में राजनीति अपनी अधिकांश लोकोपकारवादी चमक तथा वैचारिक शुद्धता गवाँ चुकी है, और इस प्रकार अनेक आदर्शवादी छात्र बड़े राजनीतिक दलों में व्याप्त भारी भ्रष्टाचार के कारण इनका परित्याग कर चुके हैं। यह सच्चाईपूर्वक उल्लिखित किया जा सकता है कि जहाँ एक समय पर छात्रों ने मुम्बई के व्यापक राजनीतिक परिदृश्य में एक सक्रिय एवं कई बार महत्वपूर्ण भूमिका निभाई थी, वहीं वे अब राजनीति में कोई सीधी रुचि नहीं ले रहे हैं। राजनीति में छात्रों की रुचि के अभाव के कुछ कारणों पर पहले चर्चा की जा चुकी है। अकादमिक कार्यक्रमों, आर्थिक असुरक्षा, अथवा खराब जीवनयापन परिस्थितियों से सीधेतौर पर जुड़े अकादमिक मुद्दों एवं शिकायतों ने छात्रों को सतत् असंतोष अथवा राजनीतिक कार्यवाही की दिशा में प्रेरित नहीं किया है।

इस अध्ययन में प्रस्तुत सामग्री के प्रकाश में मुम्बई में छात्र राजनीति की प्रमुख प्रवृत्तियों को समझना कठिन नहीं है। 1947 के समय से ही परिसर एक तीव्र राजनीतिकरण का साक्षी रहा है; आंदोलन की तो बात दूर, आज मुश्किल से ही कोई इकलौता छात्र राजनीतिक संगठन शेष होगा जो सक्रिय हो। व्यापक समाज, जहाँ राजनीति आदर्शवाद एवं विचारधारा की अपनी छवि के बिना ही शिक्षित आबादी की एक प्रमुख चिंता बनी हुई है, के विपरीत छात्रों की दुनिया राजनीति से पूरी तरह किनारा कर चुकी प्रतीत होती है। हालांकि, मुम्बई एवं पुणे में किए गए छात्रों के दृष्टिकोण सम्बन्धी सर्वेक्षण दर्शाते हैं कि वर्तमान छात्र पीढ़ी की एक बहुत छोटी सी संख्या ही राजनीति में संलिप्त है; इस अध्ययन में प्रस्तुत किए गए साक्षात्कार एवं अन्य सामगियाँ इस निष्कर्ष की पुष्टि करते हैं। अतः, स्वतंत्रताप्राप्ति के पूर्व की प्रवृत्ति छात्रों के राष्ट्रीय मुद्दों में संलिप्तता तथा परिसरों में भारी राजनीतिक जागरूकता की थी; हाल की प्रवृत्ति इसके ठीक उलटी है।

छात्र आंदोलनों एवं समूहों की संगठनात्मक विशेषताएं

छात्र संगठन, विशेषतौर पर बिना "आधिकारिक" संरक्षण एवं समर्थन वाले, अस्थाई एवं अल्पकालिक प्रवृत्तियुक्त होते हैं। मुम्बई में, बड़े छात्र आंदोलन सामान्यतः किन्हीं विशिष्ट राजनीतिक अथवा अकादमिक मुद्दों पर आधारित थे, और ये छात्र आबादी की चेतना में तभी तक स्पष्टतौर पर अंकित रहे जबतक ये मुद्दे जीवित रहे। यहाँ तक कि राष्ट्रवादी छात्र आंदोलन, जो स्वयं को कई वर्षों तक कायम रखने में सफल रहा था, भी गाँधी के विभिन्न अभियानों के ज्वार–भाटों से दुष्प्रभावित हुआ। परिष्कृत छात्र नेताओं के दृढ़ प्रयासों के बावजूद राजनीतिक शांति के समय में आंदोलन जीवित नहीं रह सका।

इस अस्थिरता के कारणों की खोज कठिन नहीं है। स्वयं छात्र आबादी ही अत्यधिक अस्थिर होती है; छात्रों की एक "पीढ़ी" की आयु अधिकतम तीन से चार वर्षों तक की होती है। इसके अलावा, अनेकों छात्र कार्यकर्ताओं के ध्यानकेन्द्रण की अवधि संक्षिप्त होती है; वे काफी हाउसों में वापसी तथा अनियमित समयांतरालों पर सड़कों पर विरोध प्रदर्शन करते हुए किसी विशिष्ट उद्देश्य अथवा संगठन से सापेक्षिकतौर पर शीघ्रता से अलग हो जाते हैं। छात्र समूह शैक्षिक जीवन की अनियमितताओं और शैक्षिक परीक्षा कार्यक्रमों के प्रतिबंधों के साथ–साथ राजनीतिक माहौल में परिवर्तनों के भी अधीन होते हैं। यहाँ तक राजनीति से असम्बन्धित संगठन भी पर्याप्त अस्थिरता प्रदर्शित करते हैं, यद्यपि ऐसे "विशेष रुचि" वाले समूहों का अस्तित्व अधिक स्वतंत्र होता है।

राजनीति उन्मुख संगठनों में से विशिष्ट मुद्दों अथवा अल्पकालिक उद्देश्यों पर आधारित संगठनों की तुलना में मूल्योन्मुख समूह संगठनात्मक अस्थिरता का सामना करने का बेहतर सामर्थ्य रखते हैं। ऐसे संगठनों की सदस्यता के कम–से–कम एक भाग की वैचारिक प्रतिबद्धता स्थिरीकरण का एक बल प्रदान करती है। मूल्योन्मुख समूह विशिष्ट मुद्दों का उपयोग व्यापक प्रयोजनों के लिए करते हैं और किसी भी अभियान की समाप्ति पर वे किसी विशिष्ट विचारधारा अथवा विश्वासों के प्रति अपनी प्रतिबद्धता की ओर वापसी में सक्षम होते हैं। राजनीतिक अथवा गैर–राजनीतिक प्रकृति के आदर्शोन्मुख छात्र संगठन ऐसे मुद्दों की ओर उन्मुख होते हैं जिनके समाधान अथवा पराजित हो जाने पर वे समूह को *निरुद्देश्य* बना देते हैं।

आदर्शोन्मुख समूह सामाजिक, राजनीतिक, अथवा शैक्षणिक प्रणाली में बिना कोई बुनियादी परिवर्तन किए स्वयं को विशिष्ट मुद्दों से सम्बद्ध करते हैं, जबकि मूल्योन्मुख संगठनों के पास अपेक्षाकृत एक व्यापक विचारधारा होती है जो राजनीतिक चेतना की अवधियों के दौरान उन्हें अनेकों मुद्दों एवं परिस्थितियों में योगदान करने तथा उनके लाभ उठाने का सामर्थ्य प्रदान करती है। आदर्शोन्मुख समूह संकट–दर–संकट जीवित रहते हैं और प्रायः अनियमितता के पक्ष में संगठनात्मक ढाँचों अथवा प्रयोजनों के प्रतिबंधात्मक बयानों से दूरी बरतते हैं। जहाँ ऐसा किसी विशिष्ट मुद्दे के प्रति बहुसंख्यक छात्रों की संलिप्तता को सुनिश्चित कर सकता है, वहीं बाहरी संकट की अनुपस्थिति में अंदरूनी कल्पनाशील नेतृत्व से प्राप्त होने वाली प्रेरणा की आवश्यकता के समय यह संगठन को पंगु बना देता है। अधिकांशतः, आंदोलनों के मात्र मूल्योन्मुख होने के दौरान (जैसा कि राष्ट्रवादी आंदोलन के विशिष्ट अभियानों अथवा 1936 के "मैट्रीकुलेशन नरसंहार" के दौरान हुआ था) विशिष्ट ध्यानकेन्द्रण के परिवर्तित होने पर ही उनका अस्तित्व शेष रह सकता है।

इस अध्ययन में सर्वाधिक ध्यान केन्द्रित किए गए राजनीतिक छात्र समूहों तथा शैक्षणिक, सांस्कृतिक, अथवा सामाजिक गतिविधि को समर्पित अन्य संगठनों के बीच

अनेकों महत्वपूर्ण अंतर हैं। गैर–राजनीतिक समूहों के ध्यान केन्द्रण का स्वाभाविक अर्थ यह है कि उनपर बाहरी ताकतों के दबाव अपेक्षाकृत कम होंगे। इसके अलावा, ऐसे समूहों के हित स्वाभाविक़तौर पर दीर्घकालिक होते हैं, और उन्हें सतत् उत्तरजीविता के दृष्टिकोण से संगठित किया जाता है। चूंकि वे किसी सरकारी अथवा शैक्षणिक अधिकरण के प्रति कोई खतरा उत्पन्न नहीं करते, अतः प्रायः उन्हें विश्वविद्यालय प्रशासकों का मौन अथवा सक्रिय सहयोग प्राप्त होता रहता है। अधिकांशतः, किसी मूल्योन्मुख राजनीतिक संघर्ष की तुलना में एक गैर–राजनीतिक छात्र गतिविधि की निर्विवाद प्रकृति अपने सदस्यों से कम प्रतिबद्धता की माँग करती है; ऐसे गैर–राजनीतिक संगठनों की गतिविधियाँ अपेक्षाकृत कम गहन होती हैं, यद्यपि सामान्यतः वे अधिक स्थाई होती हैं। यद्यपि राजनीतिक एवं गैर–राजनीतिक दोनों ही छात्र समूह अपनी कुछ विशेषताओं में एकसमान होते हैं, तथापि वे महत्वपूर्ण अंतरों को भी प्रदर्शित करते हैं।

छात्र आंदोलनों के जीवनचक्र

यह स्पष्ट है कि समस्त छात्र संगठन आंदोलन ही नहीं होते, यद्यपि संगठनों के द्वारा आंदोलन खड़े किए जा सकते हैं। हालांकि, ऐसे अनेक छात्र समूह, जो आंदोलन बनने के आकांक्षी हैं अथवा जो स्वयं को ''आंदोलन'' कहते हैं, को वास्तव में इस रूप में परिभाषित नहीं किया जा सकता। छात्र परिचर्चा समूहों को अपने सदस्यों की राय को परिवर्तित करने के लिए जाना जाता रहा है, जबकि छात्रों के बड़े आंदोलनों के समाज पर प्रत्यक्ष प्रभाव रह चुके हैं।

किसी भी छात्र आंदोलन की उत्पत्ति अनेक प्रकार से हो सकती है। यह छात्रों की एक बड़ी संख्या द्वारा महसूस की गई किसी आवश्यकता से तात्कालिकतौर पर उत्पन्न हो सकता है। इसकी उत्पत्ति विशिष्ट आंदोलनकारी अभियानों से हो सकती है, अथवा इसे किसी विशिष्ट लक्ष्य के लिए आंदोलन प्रारंभ करने हेतु राजनीतिक विचारधारा अथवा नागरिक उत्तरदायित्व की माँग कर रहे छात्रों के एक संवर्ग द्वारा जागरूक रूप से जन्म दिया जा सकता है। फिर भी, यदि कोई विशिष्ट मुद्दा छात्र आबादी के लिए प्रासंगिक न हो तो आंदोलन एक असफलता ही होगा, चाहे इसकी उत्पत्ति कहीं से भी हुई हो। नैतिक पुनर्बलन के विचारों को समर्थन प्रदान करने हेतु किसी आंदोलन को जन्म देने के प्रयास, जिन्हें पर्याप्त धनराशि और नेतृत्व हासिल थे, छात्रों के बीच रुचि उत्पन्न न कर पाने के कारण विफल रहे हैं।

मुम्बई में छात्र आंदोलनों की प्रवृत्ति मुद्दों एवं घटनाओं के प्रति दृष्टिकोण के अपेक्षाकृत गैर–वैचारिक होने की रही है। यहाँ तक कि राजनीतिकतौर पर परिष्कृत, यहाँ तक कि साम्प्रदायिक, छात्रों के नेतृत्व वाले आंदोलनों ने विचारधारा के बजाय मुद्दों पर ही जोर दिया है। 1942 का संघर्ष इसी प्रवृत्ति का एक उदाहरण है। इस आंदोलन, जिसे मुम्बई के बहुसंख्यक छात्रों का समर्थन हासिल था और जो कई महीनों तक शहर के कॉलेजों को बंद रखवाने में सफल रहा था, के द्वारा एक अत्यन्त साधारण कार्यक्रम ''भारत छोड़ो'' के नारे को समर्थन तथा गाँधी एवं अन्य कांग्रेसी नेताओं की गिरफ्तारियों के विरुद्ध विरोध प्रदर्शन पर जोर दिया गया था। यद्यपि इस अभियान के अधिकांश महत्वपूर्ण नेता परिष्कृत समाजवादी छात्र थे, तथापि विचारधारा के व्यापक मामलों का छात्रों पर पड़ने वाला प्रभाव मामूली था तथा नेतृत्व इस संघर्ष का ''राजनीतिकरण'' करने में असफल रहा था। इसी प्रकार, प्रातःकालीन कॉलेज आंदोलनों ने मुम्बई के छात्रों के बीच कुछ चिंता उत्पन्न की थी, किन्तु वामपंथोन्मुख मुम्बई छात्रसंघ इसे एक राजनीतिक आंदोलन का स्वरूप दे पाने के अपने प्रयास में विफल रहा था।

कोई भी छात्र आंदोलन, जिसमें छात्र रुचि के एक भारी उछाल एवं गतिविधि (भले ही आवश्यक रूप से आंदोलन न हो) का संलिप्त होना आवश्यक होता है, किसी औपचारिक संगठनात्मक ढाँचे द्वारा निर्देशित हो सकता है, अथवा यह पूर्णतः तात्कालिक एवं संगठनात्मक रूप से आकारहीन हो सकता है। एक ओर, किसी भी आंदोलन के लिए यह संभव है कि वह स्वयं का संस्थानीकरण किए जाने के द्वारा एक सतत् संगठन को जन्म दे सके। दूसरी ओर, असफलता में समाप्त होने वाले (अथवा, इसी संदर्भ में पूर्ण विजयी रहने वाले) किसी आंदोलन के लिए यह भी संभव है कि अपने साथ संलिप्त रहे संगठनों को नष्ट कर दे। अतः, भिन्न परिस्थितियों के अंतर्गत, आंदोलन संगठनों को जन्म दे सकते हैं, और संगठन आंदोलनों को प्रोत्साहित भी कर सकते हैं।

जहाँ इस अध्ययन के अधिकांश भाग को आंदोलनों को समर्पित किया गया है, और, जहाँ ये प्रवृत्तियाँ छात्र गतिविधि की सर्वाधिक नाटकीय अभिव्यक्तियाँ रहीं हैं, वहीं अपेक्षाकृत अस्थाई संगठनों का भी बुनियादी महत्व है। अपेक्षाकृत छोटे समूहों एवं समितियों ने प्रायः छात्र आबादी को आकार प्रदान करने में महत्वपूर्ण भूमिकाएं निभाई हैं, और बड़े आंदोलनों को प्रेरित करने में सक्रिय रही हैं।

छात्र एवं राजनीति

मुम्बई छात्र आंदोलन के राजनीतिक हितों पर विचार करते समय दो अंतर किए जा सकते हैं। पहला अंतर अत्यधिक वैचारिक किन्तु कार्यकर्ताओं की एक अत्यन्त छोटी संख्या तथा अधिक व्यावहारिक छात्र प्रतिभागियों के बीच के अंतर से सम्बन्धित है। यहाँ तक कि किसी भी छात्र आंदोलन के शिखर पर, एक समूह, जिसकी संख्या शायद अधिकतम 500 हो सकती है, का सम्बन्ध विभिन्न राजनीतिक संगठनों की वैचारिक विशिष्टताओं के साथ जुड़ा हुआ था, जो लाखों लोगों की संलिप्तता वाले आंदोलन में एक छोटी संख्या थी। छात्र राजनीति तथा विचारधारा के सम्बन्ध में अनिवार्य रूप से किया जाने वाला दूसरा महत्वपूर्ण अंतर इस अध्ययन में पहले ही अंतर्निहित किया जा चुका है। 1947 के बाद की अवधि छात्र आंदोलन तथा भारतीय राजनीतिक जीवन में विचारधारा के पतन की साक्षी रही है। पुनः, छात्र आंदोलन के द्वारा समाज में होने वाले परिवर्तनों को प्रतिबिंबित किया गया है।

मुम्बई में छात्र परिदृश्य के अधिकांश प्रेक्षकों ने नोट किया है कि वामपंथी छात्र समूहों ने स्वतंत्रतापूर्व की पीढ़ी के छात्रों की सोच पर दीर्घकालिक प्रभाव डाले थे। हो सकता है कि इस तथ्य ने वर्तमान समय में प्रचलित उस वामपंथी शब्दजाल में योगदान किया हो जो भारतीय राजनीति को दर्शाता है। सैकड़ों भूतपूर्व एवं वर्तमान छात्रों के साथ किए गए साक्षात्कारों ने ऐसे अचूक साक्ष्य प्रदान किए हैं कि राजनीति कम से कम छात्र आबादी के अभिजात्य वर्ग के लिए महत्वपूर्ण रही है।

छात्र नेतृत्व एवं राजनीतिक संलिप्तता

स्वतंत्रता संग्राम के दौरान राजनीतिक रूप से सक्रिय अधिकांश छात्र नेतृत्व की उत्पत्ति विशिष्टतौर पर उच्च एवं मध्यवर्गों तथा अपने कॉलेजों में अत्यधिक उच्च अकादमिक तथा सामाजिक हैसियत रखने वाले छात्रों के बीच से हुई थी। जहाँ इसके सटीक आँकड़े उपलब्ध नहीं हैं, वहीं शिक्षकों एवं भूतपूर्व छात्र नेताओं के साथ किए गए साक्षात्कार मुम्बई में छात्र नेतृत्व की प्रकृति से सम्बन्धित पर्याप्त संकेत प्रदान करते हैं। उस अवधि में, छात्र राजनीति में भागीदारी प्रतिष्ठापूर्ण मानी जाती थी, और विभिन्न

संघर्षों के दौरान जेल जाने वाले अधिकांश छात्र नेता संपन्न पृष्ठभूमि वाले थे। 1947 से, इस स्थिति में उल्लेखनीय परिवर्तन हो चुका है। विज्ञान तथा उदार कला दोनों ही वर्गों में उच्च वर्गीय एवं उच्च अकादमिक स्तरों वाले छात्रों ने छात्र राजनीति का परित्याग कर दिया है। जहाँ अधिक सतर्क छात्रों में से अनेक की बौद्धिक रुचि राष्ट्रीय एवं अंतर्राष्ट्रीय राजनीति में बनी रही है, वहीं उन्होंने किसी भी छात्र राजनीतिक संगठन में भागीदारी से परहेज किया है। अधिकांश छात्र नेतृत्व ऐसे निम्न मध्यवर्गीय छात्रों के द्वारा संभाल लिया गया है जिनके पास शिक्षा के साथ–साथ अंग्रेजी पर समुचित नियंत्रण के साथ–साथ कुछ अनुभव भी उपलब्ध है, किन्तु जो, दुर्भाग्यवश, उच्चवर्गीय छात्रों की तुलना में कम तैयार हैं। छात्र राजनीति में भागीदारी अब अकादमिक विशिष्टता का प्रतीक नहीं रह गई है; यदि कुछ है भी तो यह उसकी विलोमार्थी बन चुकी है। निम्नवर्गीय छात्र, जो उच्च शिक्षा प्रणाली में स्पष्टतौर पर सर्वाधिक दलित व्यक्ति हैं, वर्तमान छात्र संगठनों में मामूली भागीदारी कर रहे हैं और सामान्यतः आंदोलनों इत्यादि में हिस्सेदारी नहीं करते, यहाँ तक कि तब भी जब मुद्दे सीधे उनसे ही सम्बन्धित हों, जैसे कि प्रातःकालीन कॉलेज का प्रश्न। ऐसे छात्र राजनीतिक गतिविधि का जोखिम उठाने में अपने अकादमिक करियर को लेकर अधिक चिंतित प्रतीत होते हैं। इसके अलावा, उनकी कॉलेज शिक्षा संपन्न करवाने वाली उच्च शिक्षा प्रणाली तथा अंग्रेजी भाषा के साथ उनकी अपरिचितता राजनीतिक गतिविधि के प्रति लगभग एक अलंघ्य बाधा उत्पन्न कर देती है।

समाज तथा राजनीति में छात्र आंदोलन के कार्य

1942 के संघर्ष के अपवाद के साथ मुम्बई में समाज पर छात्रों के प्रत्यक्ष प्रभाव न्यूनतम रहे हैं। अनेक अवसरों पर छात्रों के द्वारा विशिष्ट मुद्दों पर जनता के बीच राजनीतिक प्रदर्शन किए गए हैं, परंतु वे किसी प्रकार का परिवर्तन ला पाने में असफल रहे हैं। विशेषतौर पर जापान, कोरिया तथा अन्य देशों के सामूहिक छात्र आंदोलनों के विपरीत भारतीय छात्र आंदोलन विशिष्टतौर पर निष्प्रभावी प्रतीत होते हैं।

छात्र संगठनों ने सामान्यतः व्यर्थ में ही शैक्षणिक निर्णयों को प्रभावित करने के प्रयास किए हैं। यह नोट करना महत्वपूर्ण है कि ऐसे प्रयासों के द्वारा हमेशा ही स्वयं छात्रों से सम्बन्धित प्रत्यक्ष तात्कालिक विशिष्ट मुद्दों को अपनाया गया है, जैसे कि परीक्षाएं अथवा शुल्कवृद्धियाँ, न कि शिक्षा नीति जैसे व्यापक मुद्दे। भारतीय उच्च शिक्षा से सम्बन्धित महत्वपूर्ण मुद्दों में सक्रिय रुचि लेने हेतु सामान्यतः छात्रों द्वारा किए गए इस इन्कार के बावजूद छात्र आंदोलनों के कुछ लाभदायक परिणाम भी रहे हैं। परीक्षा प्रणाली, शुल्क ढाँचे के पुनर्मूल्यांकन, तथा अन्य विशिष्ट सुधार छात्र आंदोलन के साथ–साथ प्रणाली में मौजूद अनेक छोटी–मोटी असमानताओं को दुरुस्त किए जाने के प्रत्यक्ष परिणाम रहे हैं।

यह स्पष्ट है कि मात्र कुछ अपवादों के साथ छात्रों ने व्यापक समाज में मात्र एक बाहरी भूमिका निभाई है। यद्यपि वे किसी भी समय पर स्वतंत्रता आंदोलन के मोहरे नहीं रहे थे, तथापि उस समय पर आंदोलन के अंदर वामपंथियों के प्रति उनका समर्थन महत्वपूर्ण था। छात्रों की सापेक्षिक महत्वहीनता के कारण राष्ट्रवादी आंदोलन की समग्र शक्ति से सम्बन्धित हैं, जिसके पास एक विकसित नेतृत्व था और जिसे उस समय उस भारतीय बौद्धिक वर्ग एवं छात्रों पर निर्भर करने की आवश्यकता नहीं थी जो प्रशिक्षित एवं वैचारिक रूप से परिष्कृत नेतृत्व प्रदान कर सकने में समर्थ था।

परिसरों में छात्र संगठनों की भूमिका

अभी तक, इस सारांश के द्वारा आधुनिक भारतीय समाज से सम्बन्धित छात्र आंदोलन की समग्र भूमिका तथा विशेषतौर पर इसके राजनीतिक खंड पर व्यापकतौर पर विचार किया गया है। यह भी आवश्यक है कि स्वयं छात्र संगठनों पर भी अधिक नजदीकी दृष्टि डाली जाए, क्योंकि ये समूह किसी भी आंदोलन के प्रमुख आधार का गठन करते हैं तथा विभिन्न प्रकार के मुद्दों में छात्र रुचि की सतत् अभिव्यक्ति होते हैं।

प्रस्तुत सारांश के अंतर्गत, छात्र आंदोलन तथा परिसर में राजनीतिक छात्र संगठनों के कार्य के सम्बन्ध में पहले ही बहुत कुछ कहा जा चुका है। यद्यपि कॉलेजों अथवा विश्वविद्यालयों के समर्थन के बिना भी अनेकों अन्य अधिक स्थापित छात्र राजनीतिक समूह दीर्घजीवी रह चुके हैं। उदाहरणार्थ, दीर्घानुभवी साम्यवादी छात्र संगठन का अस्तित्व 1940 से जारी है, तथा समाजवादी समूह अपेक्षाकृत कम स्थिर होते हुए भी दीर्घकालिक अस्तित्व वाले रहे हैं। जैसा कि नोट किया जा चुका है, अलग–अलग अवधियों के दौरान विभिन्न राजनीतिक संगठनों की गतिविधियों में भारी भिन्नताएं रहीं हैं। संपूर्ण शहर में राजनीतिक चेतना के दौरान राजनीतिक छात्र समूह अपनी सभाओं एवं अन्य गतिविधियों की ओर भारी संख्या में छात्रों को आकर्षित करने में समर्थ थे। हालांकि, जब कभी जनता की दृष्टि में कोई व्यापक राजनीतिक मुद्दे मौजूद नहीं होते थे तब छात्र समूहों की गतिविधि का स्तर बहुत नीचा हो जाता था। छात्र समूहों पर बड़े राजनैतिक दलों के प्रभाव को पहले ही नोट किया जा चुका है।

1947 के बाद के समय में गैर–राजनीतिक संगठन अधिक महत्वपूर्ण रहे हैं। सांस्कृतिक एवं सामाजिक छात्र संगठनों के पास मुम्बई में एक लंबा इतिहास है और उन्होंने वर्षों के दौरान इन गतिविधियों के एक सतत् उच्च स्तर को कायम रखा हुआ है। जहाँ अतीत की अपेक्षा हाल के वर्षों में कॉलेज के अधिकारियों ने ऐसे समूहों को बहुत अधिक सहयोग प्रदान किया है, वहीं उन्हें कम से कम हमेशा ही शिक्षकों तथा प्रशासकों की मौन स्वीकृति प्राप्त रही है।

ऐसे अनेकों गैर–राजनीतिक छात्र समूह मौजूद हैं जो मुम्बई में सक्रिय हैं, और उन सभी के सम्बन्ध में यहाँ सविस्तार चर्चा करना संभव नहीं है। हालांकि, कुछ अधिक महत्वपूर्ण प्रकार के समूहों को सूचीबद्ध करना मूल्यवान हो सकता है: (1) सांस्कृतिक समूह–जैसे इंग्लिश लिट्रेरी सोसाइटी, नाटक समूह (अंग्रेजी एवं स्थानीय भाषा वाले), नृत्य समूह, स्थानीय भाषा साक्षरता समूह; (2) सामाजिक समूह–इनमें सामान्यतः ऐसे क्षेत्रीय छात्रसंघ शामिल हैं जिनके उद्देश्य मुख्यतः सामाजिक हैं; (3) धार्मिक समूह–अधिकांश धार्मिक अल्पसंख्यक, जैसे पारसियों, सिक्खों, मुसलमानों के पास छात्रों के सशक्त संघ मौजूद हैं; (4) खेल समूह–सामान्यतः इन्हें कॉलेजों के द्वारा प्रायोजित किया जाता है और ये पुरुषों एवं महिलाओं दोनों के लिए होते हैं; (5) छात्रसंघ एवं प्रकाशन समितियाँ–अधिकांश कॉलेजों के पास छात्रों द्वारा निर्वाचित एक छात्रसंघ होता है जिसपर कॉलेज प्रशासन का कठोर निरीक्षण रहता है, जिसका आधार सामान्यतः गैर–राजनीतिक होता है। ये छात्रसंघ कभी–कभार स्वयं को राजनीतिक मामलों से सम्बद्ध कर लेते हैं, किन्तु सामान्यतः आधिकारिकतौर पर प्रायोजित छात्र गतिविधियों तक ही सीमित रहते हैं। कॉलेज की पत्रिकाएं प्रकाशित करने वाली छात्र समितियाँ भी पाठ्येत्तर गतिविधियों का एक स्रोत होती हैं। इन सुपरिभाषित समूहों के अलावा अनेकों अनौपचारिक छात्र समूह भी मौजूद हैं। ऐसे समूह, जिनकी सभा प्रायः किसी चर्चा अथवा अनौपचारिक सामाजिक प्रयोजनों के लिए आयोजित होती है, छात्रों

के दृष्टिकोणों तथा सामाजिकरण के पैटर्न पर प्रभाव डाल सकते हैं और कई बार राजनीतिक एवं सामाजिक दोनों ही संगठनों के लिए अत्यधिक महत्वपूर्ण रह चुके हैं।

अध्ययन के पिछले खंडों में जातीय एवं धार्मिक छात्र समूहों की सामाजिकरण की भूमिका पर चर्चा की जा चुकी है। वाद–विवाद एवं प्रकाशन समूह राजनीतिक रुझान रखने वाले छात्रों को राजनीतिक प्रक्रियाओं एवं तकनीकों के पहलुओं में प्रशिक्षण प्रदान कर चुके हैं। साहित्यिक समितियों ने अंग्रेजी के स्तर में सुधार किए हैं अथवा स्वदेशी भाषाओं में विद्वत्तापूर्ण अध्ययन को बढ़ावा दिया है।

सामाजिकरण के एक साधन के रूप में, विशेषतौर पर आर्थिकतौर पर गरीब छात्रों हेतु, सामाजिक एवं सांस्कृतिक संघ राजनीतिक समूहों की अपेक्षा अधिक प्रभावी रहे हैं। स्वीकार्यरूप से कठोर सीमाओं के अंतर्गत, ये संगठन सामान्यतः ऐसे किसी भी कार्यक्रम की योजना बनाने हेतु स्वतंत्र होते हैं जिनमें छात्रों की रुचि हो। छात्र प्रायः ऐसे समूहों में सहभागिता को कॉलेज में उन्नयन के एक माध्यम, अथवा बाद के करियर हेतु एक मूल्यवान प्रशिक्षण के रूप में देखते हैं। यह सत्य है कि गैर–राजनीतिक समूहों में हासिल किए गए प्रशिक्षण ने कानून, राजनीति, रंगमंच, संगीत, तथा अन्य गतिविधियों में रोजगार के ठोस आधार उपलब्ध करवाए हैं। अतः, जीवन के दोनों, राजनीतिक एवं अन्य पहलुओं पर दुनियावी गैर–राजनीतिक छात्र समूहों के महत्व को कम समझना अविवेकपूर्ण है। हाल की अवधि, जिसमें राजनीति एवं परिसर में एक पतन हुआ है, में यह विशेषतौर पर सत्य रहा है।

अनेक वर्षों के दौरान छात्र संगठनों ने छात्र आबादी पर विविध प्रभाव डाले हैं। व्यवसायोन्मुख छात्रों को पाठ्येत्तर छात्र गतिविधियाँ आकर्षक नहीं लगी हैं, और ऐसी गतिविधियों में भाग लेने वाले छात्रों के प्रतिशत वर्षों के दौरान भिन्नतापूर्ण रहे हैं। हालांकि, इन समस्त वर्षों के दौरान एक ऐसी अल्पसंख्या मौजूद रही है जो किसी भी प्रकार की स्थिति के बावजूद इन गतिविधियों में भागीदारी करती रही है। फिर भी, उनकी अनाटकीय प्रकृति के बावजूद, इन शांत गैर–राजनीतिक समूहों ने कॉलेज अथवा शहरी जीवन को अनुकूलन के साधन प्रदान किए हैं और उच्च शिक्षा के कम अनुभवी छात्रों को अधिक आत्मविश्वास का अनुभव करवाया है। इन समूहों ने विभिन्न क्षेत्रों में प्रशिक्षण के साथ–साथ ऐसी स्थितियाँ प्रदान की हैं जिनके अधीन छात्र एवं शिक्षक एक निष्कंटक वातावरण में मिलते हैं। छात्र संगठनों में संपन्न बौद्धिक गतिविधियाँ कुछ छात्रों के लिए पूरक रही हैं और कभी–कभी कॉलेज पाठ्यक्रम की अधिक औपचारिक प्रस्तुतियों का स्थान लेती रही हैं।

अध्ययन द्वारा सुझाई गई परिकल्पना

प्रस्तुत अध्ययन के द्वारा मुम्बई में छात्र आंदोलन के इतिहास एवं विकास से सम्बन्धित अनुभवसिद्ध सामग्री की एक व्यापक श्रृंखला प्रस्तुत की गई है। परिचयात्मक अध्याय के अंतर्गत, छात्र गतिविधि से सम्बन्धित अनेक परिकल्पनाएं सुझाई गई थीं। इस अध्ययन में प्रस्तुत सामग्रियों के प्रकाश में ऐसा संभव है कि कुछ परिकल्पनाओं को यह देखने हेतु प्रस्तुत किया जाए कि क्या वे आँकड़ों पर लागू होने और संभवतः उनकी व्यापक प्रासंगिकता को सुझाने में समर्थ हैं।

इस परिकल्पना, कि उग्रवादी विचारों के द्वारा किसी भी संगठन में नेतृत्व से लेकर सामान्य कार्यकर्ताओं तक में प्रायः अधिक प्रतिबद्धता को प्रोत्साहित किया जाता है, को इस अध्ययन में प्रतिबिंबित किया गया है। यह अधिक प्रतिबद्धता किसी भी संगठन की शक्ति में सीधे वृद्धि करती प्रतीत होती है। यह स्पष्ट है कि मुम्बई में

राजनीतिक वातावरण में चरम वाम एवं दक्षिणपंथी छात्र समूह परिवर्तनों से बचे रहे हैं और उन्होंने अपने पूर्ण कार्यक्रमों को कायम रखा है। वामपंथी प्रभुत्व वाले मुम्बई छात्रसंघ तथा दक्षिणपंथी आर.एस.एस. एवं विद्यार्थी परिषद् दोनों ही अन्य समूहों की अपेक्षा सतत् रूप से अधिक सक्रिय रहे हैं। इसके अलावा, यदि पुनरावलोकन किया जाए तो स्वतंत्रतासंग्राम के दौरान के राष्ट्रवादी छात्र आंदोलन का वामपंथी नेतृत्व, जो एक व्यापक समाजवादी विचारधारा से कायम रहा था, छात्र आंदोलन के नेतृत्व की बुनियादी शक्ति था। कांग्रेस एवं अन्य उदारवादी दलों द्वारा सतत् छात्र समर्थन को आकर्षित करने में रही उल्लेखनीय विफलता वैचारिक प्रतिबद्धता तथा किसी संगठन की स्थितियों के बीच के सम्बन्धों का एक अन्य संकेत है।

यह अनुमान लगाया गया है कि छात्र नेतृत्व छात्र आबादी के अंदर के समुचिततौर पर परिभाष्य समूहों से ही निकलता है। मुम्बई में इस अध्ययन के द्वारा सुझाया गया है कि कम–से–कम 1947 के पहले के राजनीतिक संगठनों के अधिकांश नेतृत्वकर्ताओं के मामले में कम–से–कम आंशिकतौर पर यह सत्य है कि इसका आगमन उच्च वर्गों तथा जातियों से हुआ था किन्तु क्षेत्रीय समूहों के बीच अंतर बहुत मामूली थे। उच्चवर्गीय छात्रों द्वारा राजनीतिक संलिप्तता से अचानक अलग होने का एक प्रमुख कारण है व्यापक भ्रष्टाचार द्वारा राजनीति को प्रदूषित करना। आज राजनीति पेशों के दायरे में उतनी सम्मानजनक नहीं रह गई है जितनी कि चिकित्सा तथा इंजीनियरिंग हैं; प्राकृतिक विज्ञानों ने राजनीति को विस्थापित कर दिया है। प्राकृतिक विज्ञानों की ओर उच्चवर्गीय छात्रों का एक चिह्नित अंतःप्रवाह रहा है। इसे दोनों ही कारणों से समझा जा सकता है क्योंकि प्राकृतिक विज्ञान आधुनिक भारत में प्रायः सर्वाधिक महत्वपूर्ण एवं पारिश्रमिकदायी क्षेत्र (बौद्धिक, सामाजिक तथा, बाद में, वित्तीयतौर पर) हैं तथा इसलिए भी क्योंकि अपनी बेहतर अकादमिक तैयारियों के कारण उच्चवर्गीय छात्र प्राकृतिक विज्ञानों की कठोर आवश्यकताओं को पूरा करने में अधिक सक्षम होते हैं। इस अध्ययन के क्रम में यह स्पष्ट हो गया है कि विज्ञान के छात्र राजनीतिक संलिप्तत की अपनी कमी के प्रति सुस्पष्ट थे। इसके अलावा, प्राकृतिक विज्ञानों के छात्र अपने कॉलेज के वर्षों को अपने व्यावसायिक करियर की तैयारी के अपरिहार्य वर्ष मानते हैं। तद्नुसार ही वे अधिक एकचित्त होते हैं तथा अनुशासनहीनता अथवा राजनीतिक संलिप्तता के द्वारा अपनी संभावनाओं को जोखिम में डालने से घृणा करते हैं। दूसरी ओर, उदार कलाओं के छात्र अपनी करियर की उदासीन संभावनाओं के मद्देनजर राजनीतिक कार्यकर्ता बनने के द्वारा कम जोखिम उठाते हैं; इसके अलावा सामाजिक समस्याओं के बारे में वे अधिक प्रश्न उठाते हैं।[1] इन सभी साक्ष्यों के मद्देनजर यह आश्चर्यजनक है कि छात्र आबादी के बड़े वर्गों से अधिक गंभीर एवं गहन छात्र अनुशासनहीनता नहीं देखी गई है।

प्रस्तुत अध्ययन की एक प्रमुख परिकल्पना का सम्बन्ध छात्र राजनीतिक जीवन तथा व्यापक समाज के साथ इसके सम्बन्धों से जुड़ा हुआ है। मुम्बई में छात्र जीवन का पैटर्न अत्यन्त शक्तिशाली छात्र आंदोलनों के उत्थान एवं पतन के बीच लयबद्ध परिवर्तन वाला रहा है। मुम्बई में छात्र आंदोलन के उत्थान के कारणों को समझा जाना कठिन नहीं है। राष्ट्रवादी संघर्ष के दौरान उत्पन्न राजनीतिक उबाल ने जागरूक युवाओं को शक्तिशाली प्रोत्साहन प्रदान किया, और राष्ट्रवादी संगठनों की राजनीति शीघ्र ही परिसरों तक फैल गई।

भारत में राजनीति का आधार बदल चुका है। यह रूपांतरण किसी छात्र राजनीतिक आंदोलन को विकसित करने हेतु अपेक्षाकृत कम उपजाऊ धरातल सिद्ध हुआ है। भारत के शिक्षित अल्पसंख्यकों के बीच राजनीतिक जागरूकता बहुत अधिक है, परंतु राष्ट्रवादी आंदोलन के आदर्शवादी संघर्षों का स्थान मजबूती से जड़े जमा चुकी कांग्रेसी पार्टी द्वारा

रोज किए जाने वाले समझौतों ने ले लिया है। वाम एवं दक्षिणपंथी दोनों ही विपक्ष सत्ता से इतने दूर हैं कि उनकी अपीलें अर्थहीन हो चुकी हैं तथा उनकी घोषणाओं को अधिक गंभीरता से नहीं लिया जाता। क्षेत्रीय एवं हितधारी समूहों की राजनीति के विकास ने भारतीय राजनीति के आधार को और अधिक परिवर्तित कर दिया है। ये सभी परिवर्तन भारतीय वास्तविकता के दृष्टिकोण से आवश्यक हो सकते हैं, किन्तु वे किसी भी बड़े तथा राजनीतिक रूप से सक्रिय छात्र आंदोलन के अनुकूल नहीं हैं। छात्र ऐसे किसी भी नैतिक अथवा वैचारिक धर्मयुद्ध, जिसके लिए संघर्ष करना हो, की माँग करते हुए अपने वरिष्ठजनों की अपेक्षा समझौतों को सहन करने के कम इच्छुक हैं।

मुम्बई तथा सामान्यतौर पर भारत में छात्र राजनीतिक आंदोलन के पतन के कारणों में से ये कुछ गिनेचुने कारण हैं। आधुनिक भारत की समस्याएं एवं जटिलताएं स्वयं को त्वरित एवं निष्कर्षपूर्ण समाधानों तक नहीं पहुँचने देंगी; तथा जबतक परिस्थितियाँ अपरिवर्तित बनी रहती हैं, तब तक ऐसी संभावना नहीं है कि निकट भविष्य में भारत में किसी सशक्त छात्र आंदोलन का जन्म हो। यहाँ तक कि 1962 के चीनी आक्रमण के दौरान भी छात्रों में चिंता और रुचि जाग्रत करने के सशक्त सरकारी प्रयास भी छात्रों से अधिक प्रतिक्रिया उत्पन्न करवा पाने में असफल रहे थे। अनेक छात्रों को भय था कि कांग्रेसी राजनीतिज्ञों द्वारा उनका शोषण किया जा रहा है, और राजनीतिज्ञों के प्रति उनका भय और अविश्वास उनकी देशभक्तिपूर्ण अभिप्रेरणाओं पर भारी पड़ा था।

भारत में सतत् छात्र आंदोलन के अभाव का अर्थ यह नहीं है कि अब अनुशासनहीनता होगी ही नहीं। इसके विपरीत, भारतीय उच्च शिक्षा की प्रवृत्तियाँ इंगित करती हैं कि गुणवत्ता में गिरावट तथा सीमित संसाधनों के चलते प्रवेशों में वृद्धि के दबाव कुछ समय तक अबाधित रूप से जारी रहेंगे, और यह कि स्थानीय भाषाओं के उपयोग की माँगों के और अधिक मुखर होने के साथ ही उच्च शिक्षा में महत्वपूर्ण भाषाई समस्या और अधिक गंभीर तथा व्यापक हो जाएगी। हाल ही में हुए मद्रास भाषाई दंगों (जिसमें 30 से अधिक लोग मारे गए थे और बुनियादीतौर पर छात्रों द्वारा निर्देशित एवं संपन्न एवं विपक्षी राजनेताओं द्वारा समर्थित एक आंदोलनकारी अभियान में करोड़ों की हानि हुई थी), अथवा ओडिशा राज्य की सरकार को सत्ताच्युत करने के लिए चलाए गए अभियान के समान छिटपुट आंदोलनों का कोई भी अंत नहीं दिखाई देगा। ओडिशा के मामले में एक बार फिर विपक्षी राजनीतिज्ञों के समर्थन के साथ छात्रों ने राज्य के मुख्यमंत्री द्वारा किए गए कथित भ्रष्टाचार पर ध्यान केन्द्रित किया था, और एक जाँच के लिए दबाव डालने में सफल रहे थे जिसमें उनके द्वारा लगाए गए आरोप सत्य सिद्ध हुए थे, और संलिप्त मंत्री को त्यागपत्र देना पड़ा था, जिसके कारण कांग्रेस सरकार को भारी शर्मिन्दगी का सामना करना पड़ा था।

छात्रों द्वारा प्रभावी, किन्तु असंगठित, राजनीतिक कार्यवाही, जो कई गुना हो सकती है, किसी छात्र आंदोलन की निरंतरता को इंगित नहीं करती। बल्कि, जो कुछ अशांति उत्पन्न भी होती है वह भारत की अधिकांश छात्र आबादी के नीचे दबे हुए असंतोष का अतिप्रवाह है। यह आश्चर्यजनक ही है कि घटित हो चुके दंगों और विरोधप्रदर्शनों की लंबी सूची की तुलना में हाल के वर्षों में अधिक आंदोलन नहीं किए गए हैं।

निष्कर्ष

प्रस्तुत अध्ययन में विचारित छात्र संगठन एवं आंदोलन मुम्बई तथा भारत में अपेक्षाकृत व्यापक राजनीतिक एवं शैक्षणिक प्रवृत्तियों को प्रतिबिंबित करते हैं, और यह कि किसी भी विकासशील देश में आधुनिकीकरण एवं राजनीतिक परिवर्तन की प्रकृति के परीक्षण

के दौरान एक आधुनिक समूह के रूप में छात्र, जो राजनीतिक एवं सामाजिक परिवर्तनों के प्रति संवेदनशील हैं, इस अध्ययन के लिए विशेषतौर पर एक भेद खोलने वाले समूह हैं। बिन कहे ही यह स्पष्ट है कि छात्र सिर्फ इसलिए एक महत्वपूर्ण समूह हैं क्योंकि वे एक आरंभिक अभिजात्य समूह हैं (अन्य विकासशील देशों की अपेक्षा संभवतः यह भारत में कम सही है)। वे समाज के अन्य हिस्सों में विकास के सूचक के रूप में भी महत्वपूर्ण हैं। भारत में स्वतंत्रताप्राप्ति के तुरंत बाद छात्र आंदोलन से हुए मोहभंग के बाद के वर्षों में राजनीति में विचारधारा पर दिए जाने वाले जोर में कमी तथा व्यापक राजनीतिक प्रभुता में संघर्ष के द्वारा उत्पन्न राष्ट्रवादी आदर्शवाद के मलिन पड़ने का क्रम जारी हो गया। छात्र आंदोलन के द्वारा भारतीय राजनीति में सभी महत्वपूर्ण धार्मिक एवं क्षेत्रीय समूहों के साथ सहक्रियाएं प्रदर्शित की गई हैं। इस अध्ययन में राष्ट्रवादी आंदोलन के मुसलमान एवं हिन्दू वर्गों के अभिलिखित विभाजन एवं असहमतियाँ तथा 1940 के दशक में पाकिस्तान–समर्थक मुस्लिम छात्र आंदोलन की प्रगति भारत में हुए व्यापक राजनीतिक आंदोलनों का एक नमूना भी थीं। यह तथ्य, कि इस अध्ययन ने इस घटना के एक विस्तृत संगठनात्मक विश्लेषण को संभव बना दिया है, महत्वपूर्ण है, और भारतीय उपमहाद्वीप के राजनीतिक इतिहास में इस महत्वपूर्ण अवधि की जानकारियों में वृद्धि कर सकता है।

सारणी 1 मुम्बई में छात्र राजनीतिक आंदोलन का ऐतिहासिक विकास एवं सम्बन्धित घटनाएं

1889	स्टूडेंट ब्रदरहुड का गठन–विचारों में मामूली रूप से कट्टरपंथी, चर्चा–उन्मुख
1890	मुस्लिम छात्रसंघ का गठन–प्रत्यक्षतौर पर गैर–राजनीतिक, यद्यपि सार्वजनिक मुद्दों से सम्बन्धित
1900–1920	यंग मेन्स हिन्दू एसोशिएसन, यंग मेन्स पारसी एसोशिएसन, तथा अन्य समूह
1920	गाँधी का असहयोग आंदोलन
1920	हिन्द विद्यार्थी सभा (इंडियन स्टूडेंट्स आर्गेनाइजेशन) का गठन
1921	यंग कॉलेजियन्स–राजनीतिक रूप से उदारवादी–चर्चा उन्मुख समूह
1925	राष्ट्रीय स्वयंसेवक संघ का गठन–सशक्त रूप से हिन्दू–उन्मुख दक्षिणपंथी, यद्यपि विभाजनकारी राजनीति में सीधे संलिप्त नहीं
1930	बॉम्बे यूथ लीग–सशक्त राष्ट्रवादी एवं कट्टरपंथी, नागरिक अवज्ञा आंदोलन में सक्रिय –बॉम्बे स्टूडेंट्स स्वदेशी लीग –स्टूडेंट्स एंटी–अनटचेबुल लीग –नेशनल यूथ लीग
1930–1934	गाँधी का नागरिक अवज्ञा आदोलन
1934	कांग्रेस समाजवादी पार्टी का गठन

(सारणी 1 जारी)

(सारणी 1 जारी)

1936	"मैट्रीकुलेशन नरसंहार", सर्वप्रथम बड़े पैमाने का छात्र विरोध प्रदर्शन
1936	अखिल भारतीय छात्रसंघ का गठन –बॉम्बे प्रेसीडेंसी स्टूडेंट्स फेडरेशन –बॉम्बे प्रेसीडेंसी स्टूडेंट्स फेडरेशन –बॉम्बे स्टूडेंट्स यूनियन –नार्थ बॉम्बे स्टूडेंट्स यूनियन –बॉम्बे सबर्बन स्टूडेंट्स यूनियन –राजनीति में सशक्त रूप से राष्ट्रवादी एवं कट्टरपंथी, सीधी कार्यवाही हेतु उन्मुख
1937	ऑल इंडिया मुस्लिम स्टूडेंट्स फेडरेशन का गठन–साम्प्रदायिक मुस्लिम लीग–बॉम्बे प्रेसीडेंसी मुस्लिम स्टूडेंट्स लीग के साथ सहयोग
1937	सिक्ख स्टूडेंट्स फेडरेशन का गठन
1940	अखिल भारतीय छात्रसंघ का दो हिस्सों में विभाजन–एक गाँधीवादी समाजवादी तथा दूसरा साम्यवादी –बॉम्बे स्टूडेंट्स यूनियन तथा बॉम्बे प्रेसीडेंसी स्टूडेंट्स फेडरेशन का भी दो अलग–अलग संगठनों में विभाजन, दोनों के द्वारा एक ही नाम कायम रखा गया।
1940	रेडिकल स्टूडेंट्स यूनियन (रॉयवादी) का गठन
1941	राष्ट्र सेवा दल का गठन–समाजवादी प्रभुत्व वाला सांस्कृतिक एवं राजनीतिक संघ
1942	कांग्रेस द्वारा प्रायोजित व्यापक "भारत छोड़ो" आंदोलन
1943	स्टूडेंट्स यूनिटी कमेटी का गठन–छात्र आंदोलन में शामिल विभिन्न गैर–साम्यवादी तत्वों को एकजुट करने का एक प्रयास
1945	अखिल भारतीय छात्र कांग्रेस का गठन–अखिल भारतीय छात्रसंघ के राष्ट्रवादी खंड का स्थान ग्रहण किया –बॉम्बे स्टूडेंट्स कांग्रेस द्वारा यूनिटी कमेटी का गठन
1949	अखिल भारतीय युवा कांग्रेस का गठन–अखिल भारतीय कांग्रेस समिति के तत्वाधान में
1950	नेशनल यूनियन ऑफ स्टूडेंटस का गठन
1953	समाजवादी युवक सभा का गठन
1955	विद्यार्थी परिषद् का गठन–दक्षिणपंथी छात्र संगठन
1958	नेशनल यूनियन ऑफ स्टूडेंट्स का स्थान लेने हेतु ऑल–इंडिया युनिवर्सिटी यूनियन प्रिपरेटरी कमेटी का गठन
1960	एआईयूयूपीसी का स्थान लेने हेतु नेशनल काउंसिल ऑफ युनिवर्सिटी स्टूडेंट्स ऑफ इंडिया का गठन
1962	चीनी आक्रमण के प्रतिरोध हेतु नेशनल यूथ फ्रंट का गठन

सारणी 2 भारतीय छात्र आंदोलन में राजनीतिक प्रवृत्तियाँ (1900–1965)

मार्क्सवादी वामपंथ	*समाजवादी*	*सामाजिक–लोकतंत्रवादी*	*उदारवादी*	*रूढ़िवादी*	*साम्प्रदायिक*
एआईएसएफ (साम्यवादी) (1940–65)	समाजवादी युवक सभा (1953–65)	स्टूडेंट ब्रदरहुड (1889–1937)		सिक्ख स्टूडेंड फेडरेशन (1937–49)	राष्ट्रीय स्वयंसेवक संघ (आरएसएस) (1925–65)
बॉम्बे यूथ लीग (1930)	स्टूडेंट यूनिटी कमेटी (1943)	मुस्लिम स्टूडेंट यूनियन (1890–1965)		मुस्लिम स्टूडेंट फेडरेशन (1937–47)	हिन्दू स्टूडेंट फेडरेशन (1935–55)
बॉम्बे स्टूडेंट्स यूनियन (1936–47)	राष्ट्र सेवा दल (1949–65)	यूथ कांग्रेस			
बॉम्बे स्टूडेंट्स कांग्रेस (1945–48)	रेडिकल स्टूडेंट्स यूनियन (1940–47)	नेशनल काउंसिल ऑफ युनिवर्सिटी स्टूडेंट्स (1960–65)			
एआईएसएफ (राष्ट्रवादी) (1936–49)		नेशनल यूनियन ऑफ स्टूडेंट्स (1950–63)	नेशनल यूथ फ्रंट (1962–64)		विद्यार्थी परिषद् (1955–65)

टिप्पणी

1. इस महत्वपूर्ण कारक पर एक अधिक विस्तृत चर्चा के लिए देखें Spencer, *op. cit.*, and Soares, op. cit.

30

भारत तथा अंतर्राष्ट्रीय विश्वविद्यालय संकट

The Student Revolution: A Global Analysis
Philip G. Altbach (ed.)
Lalvani Publishing House (Bombay, New Delhi, Calcutta, Madras), 1970
pp. 1–26

फ़िलिप जी. अल्ट्बाख़

छात्रों की राजनीतिक सक्रियता एक विश्वव्यापी प्रवृत्ति बन चुकी है। परंपरागततौर पर विश्वविद्यालयों के छात्र भूतपूर्व औपनिवेशिक देशों के राष्ट्रवादी आंदोलनों में राजनीतिक रूप से सक्रिय रहे हैं, और यूरोप में राजनीति में छात्रों की भागीदारी के कुछ ऐतिहासिक उदाहरण भी मौजूद हैं। 1960 के दशक ने दिखा दिया है कि अनेकों देशों में छात्र एक महत्वपूर्ण शक्ति हैं। ऐसा लगभग असंभव है कि समाचारपत्र उठाने पर किसी न किसी देश में छात्र अशांति का कोई संदर्भ न दिखाई दे। इस पुस्तक का प्रयोजन वर्तमान दशक की सर्वाधिक महत्वपूर्ण राजनीतिक घटनाओं में से एक की कुछ सम्बद्धता तथा परिप्रेक्ष्य प्रदान करना है। प्रत्येक देश के पास अपने विशिष्ट प्रकार के छात्र सक्रियतावाद रहे हैं जो उस देश की राजनीतिक, सांस्कृतिक, एवं शैक्षणिक वास्तविकताओं से उत्पन्न हुए हैं। किन्तु इसी के साथ–साथ, छात्र कार्यकर्ताओं एवं उनकी गतिविधियों में बहुत सारी समानताएं भी मौजूद हैं। भारतीय छात्रों की 'अनुशासनहीनता' के अपने विशिष्ट गुण हैं और यह भारत में उच्च शिक्षा की प्रकृति में निश्चित रूप से गहराई तक जड़ें जमाए हुए है, किन्तु इसी के साथ–साथ भारतीय छात्र अन्य विकासशील देशों, तथा औद्योगिक रूप से उन्नत देशों के अपने समकक्षियों से बहुत कुछ मिलते–जुलते भी हैं।

छात्र सक्रियतावाद का अनेकों देशों में महत्वपूर्ण प्रभाव रहा है। छात्र राजनीति के महत्व को इंगित करने के लिए किसी को भी टर्की, दक्षिण कोरिया, दक्षिणी विएतनाम, इक्वाडॉर एवं अन्य देशों का उल्लेख करने की आवश्यकता है जहाँ छात्रों के विरोध प्रदर्शनों ने वास्तव में सरकारों को सत्ताच्युत कर दिया है। जापान में, 1960 के छात्र विरोध–प्रदर्शनों ने किशी सरकार को त्यागपत्र देने हेतु बाध्य कर दिया था, और फ्रांस में हुई हाल की अव्यवस्थाओं ने बाहर से स्थिर प्रतीत हो रहे गॉउले शासन की जड़ों को हिला कर रख दिया था। विभिन्न देशों में छात्रों के अपेक्षाकृत कम नाटकीय किन्तु महत्वपूर्ण प्रभाव रहे हैं। अमेरिका में, जहाँ छात्र आंदोलन सरकार गिराने में सफल नहीं हो सका, वहीं इसने तीव्र विस्तार की अवधि में अमेरिकी विश्वविद्यालय विस्तार के द्वारा सामना की जा रही प्रमुख समस्याओं पर ध्यान केन्द्रित किया था। छात्रों ने अन्यथारूप से उदासीन अकादमिक प्रशासकों को शैक्षिक सुधारों पर गंभीरतापूर्वक विचार करने हेतु

बाध्य कर दिया था। इसी प्रकार, फ्रांस में छात्र विरोध प्रदर्शनों के प्रमुख परिणामों में से एक रहा है विश्वविद्यालय सुधारों को प्रारंभ करना। सरकारी अधिकारियों ने सुधार सम्बन्धी प्रस्तावों को तैयार करने हेतु तीव्र गति से कदम उठाए, और ऐसी संभावना है कि फ्रांसीसी विश्वविद्यालयों में शीघ्र ही भारी परिवर्तन हो सकेंगे।

छात्र सक्रियतावाद अनेक प्रकार के स्वरूप ग्रहण कर सकता है। निश्चित रूप से सर्वाधिक नाटकीय है बड़े दंगे एवं विक्षोभ जिनके द्वारा अंतर्राष्ट्रीय ध्यान आकर्षित किया गया है। बड़े विरोध प्रदर्शन फ्रांस में एक देश को पंगु बनाने, टोक्यो की परिवहन प्रणाली को बाधित करने, तथा अनेकों विश्वविद्यालयों को बंद करवाने में सफल रहे थे। अन्य प्रकार के सक्रियतावादों को कम प्रचार प्राप्त होता है परंतु इसके बावजूद वे महत्वपूर्ण होते हैं। चुनावों के दौरान किसी न किसी राजनीतिक दल के सहयोगी के रूप में छात्र सहभागिता कुछ देशों में महत्वपूर्ण रही है। उदाहरणार्थ, 1967 के आम चुनावों में बिहार के छात्रों को कांग्रेस सरकार को उखाड़ने में सहायता करने का श्रेय दिया जाता है। सांस्कृतिक आंदोलनों में छात्रों की भागीदारी भी महत्वपूर्ण रही है। इंडोनेशिया में राष्ट्रवादी आंदोलन के प्रारंभिक दिनों के दौरान छात्रों ने एक इंडोनेशियाई भाषा का सृजन किए जाने का नेतृत्व किया था और इसके उपयोग का प्रचार किया था। आधुनिक, प्रायः कट्टरपंथी, राजनीतिक विचारधाराओं के वाहकों के रूप में छात्र आंदोलन एवं संगठन विभिन्न देशों, विशेषतया विकासशील क्षेत्रों में वैचारिक प्रवृत्तियों को आगे बढ़ाने में महत्वपूर्ण रहे हैं। अंततः, विश्वविद्यालयों में सुधार लाने के अपने प्रयासों में छात्र महत्वपूर्ण रहे हैं। लातिनी अमेरिका में, 1918 का *रिफोर्मा* (सुधार), जिसने विश्वविद्यालय का रूपांतरण कर दिया था, छात्र विरोध प्रदर्शनों से ही प्रेरित था।

छात्र सक्रियतावाद किसी भी प्रकार से मात्र 1960 के दशक की प्रवृत्ति नहीं रही है। यद्यपि हाल ही में इसे व्यापक प्रचार प्राप्त हुआ है, तथापि अनेक देशों में छात्र सक्रियतावाद की एक लंबी ऐतिहासिक परंपरा रही है। यूरोप में, जर्मनी तथा आस्ट्रिया में 1848 की क्रांतियों में छात्र प्रमुख तत्व थे। 19वीं शताब्दी के प्रारंभिक रूसी क्रांतिकारी आंदोलन में बड़ी संख्या में विश्वविद्यालय छात्र शामिल थे, तथा फ्रांस में छात्र अनेक कट्टरपंथी राजनीतिक आंदोलनों में संलिप्त रहे थे। लातिनी अमेरिका में भी छात्रों के उग्र सक्रियतावाद की एक लंबी परंपरा रही है और वे वापस कट्टरपंथ की अपनी परंपराओं को वर्तमान संघर्षों के प्रति एक पुनर्बलन के रूप में देख रहे हैं। इसी प्रकार से, भूतपूर्व औपनिवेशिक क्षेत्रों में भी छात्र राष्ट्रवादी तथा कट्टरपंथी राजनीति में सापेक्षिकतौर पर एक प्रारंभिक अवधि से ही बहुत अधिक संलिप्त रहे हैं। भारत में, राष्ट्रवादी आंदोलन के पास छात्र आंदोलन के रूप में एक मूल्यवान सहयोगी मौजूद था। अनेक अफ्रीकी देशों में, छोटे छात्र समुदायों ने ऐसे अनेक राष्ट्रवादी एवं कट्टरपंथी नेताओं को जन्म दिया है जो बाद में अपने देशों के लिए स्वतंत्रता हासिल किए जाने में मददगार रहे थे। 20वीं शताब्दी के प्रारंभिक वर्षों के दौरान विदेशों में अध्ययनरत् इंडोनेशियाई छात्रों ने इंडोनेशियाई राष्ट्रवादी आंदोलन को प्रारंभिक नेतृत्व प्रदान किया था।

संपूर्ण विश्व में छात्र सक्रियतावाद के अनेकों प्रकार एवं अत्यधिक गुंजाइश है, तथा अति सहज सामान्यीकरण से बचा जाना चाहिए। इसके अलावा, यह पूर्वानुमान लगाना अत्यन्त कठिन है कि कहाँ और किस स्तर का छात्र सक्रियतावाद जन्म लेगा। कुछ प्रेक्षकों के द्वारा मई 1968 के फ्रेंच छात्र विद्रोह की गंभीरता का पूर्वानुमान लगाया गया हो सकता है। इसी प्रकार, अमेरिकी छात्र सक्रियतावाद के परिवर्तनशील ज्वारभाटों का पूर्वानुमान अत्यन्त कठिन है। किसी एक छमाही में एक बड़े प्रदर्शन में संलिप्त रहा परिसर अगली छमाही में पूर्णतः शांत रह सकता है। तथापि, कुछ सामान्यीकरण किए

जा सकते हैं, और इस पुस्तक के प्रयोजनों में से एक यह भी है कि शिक्षाविद्‌ एवं अन्य लोगों को अंतर्राष्ट्रीय छात्र आंदोलन की साझा विशेषताओं से अवगत करवाया जाए।

II

विकासशील देशों में, कम–से–कम स्वतंत्रता संग्रामों के दौरान और उसके तुरंत बाद, छात्रों के बीच कट्टरपंथी राष्ट्रवाद की सर्वाधिक शक्तिशाली परंपरा मौजूद रही है। विश्वविद्यालयों के छात्र उन सर्वाधिक महत्वपूर्ण तत्वों में से एक रहे हैं जिन्होंने व्यापकतौर पर परंपरागत आबादियों में राष्ट्रवाद के विचारों तथा राष्ट्रीय एकता को प्रोत्साहित किया था। कुछ राष्ट्रों का सृजन आंशिकतौर पर विश्वविद्यालय–प्रशिक्षित ऐसे बुद्धिजीवियों के द्वारा किया गया था जिन्होंने यूरोपीय राष्ट्रवादी मॉडलों को अपने स्वयं के देशों के लिए उचित मॉडलों के रूप में देखा था। ऐसे लोगों में मैज्जनी एवं गारिबाल्डी शामिल थे जो 19वीं शताब्दी में इटली को एकीकृत करने में सफल रहे थे तथा बाद में लेनिन, जिन्होंने राष्ट्रवाद को कट्टरपंथी समाजवाद के साथ जोड़ दिया था।

राष्ट्रवाद, उपनिवेशवाद–विरोधी एवं कट्टरवाद की जड़े स्पष्टतौर पर पश्चिम (मार्क्स के विचार में अंग्रेज फैबियन समाजवादियों, तथा 19वीं शताब्दी के यूरोपीय रोमांटिक राष्ट्रवादियों में) में निहित हैं, किन्तु औपनिवेशिक क्षेत्रों वाले बुद्धिजीवियों के द्वारा इन विचारों को अपनाया गया और इनका विस्तार कर लिया गया था। औपनिवेशिक क्षेत्रों के अनेक युवाओं ने 19वीं शताब्दी में तथा 20वीं शताब्दी के प्रारंभिक वर्षों के दौरान बड़े देशों में अध्ययन किए थे। अधिकांश मामलों में, लंदन अथवा पेरिस में किए गए अध्ययन के प्रभाव अत्यन्त महत्वपूर्ण थे। छात्रों का सामना आधुनिक राजनीतिक एवं सांस्कृतिक विचारों से हुआ था, और भौतिक एवं राजनीतिक शक्ति के अर्थों में उन्हें अपने पिछड़ेपन का अहसास करवाया गया था। राष्ट्रवादी छात्र संगठनों का गठन विदेशों में किया गया था, जैसे कि लंदन–स्थित वेस्ट अफ्रीकन स्टूडेंट्स यूनियन, और जब छात्र अपने स्वदेश वापस लौटे, तो वे राष्ट्रवादी संघर्षों में भागीदारी करने तथा कभी–कभी उनका नेतृत्व करने हेतु तैयार थे।

विकासशील देशों में एक बार राष्ट्रवाद की वैचारिक जड़ें जम जाने के बाद औपनिवेशिक प्रभुत्व के विरुद्ध जनआंदोलन खड़े हो चुके थे। विश्वविद्यालय के छात्र एक बार फिर से ऐसे आंदोलनों के गठन एवं सहयोग में प्रमुख तत्वों में से एक रहे। 1920 के दशक में गाँधी के नेतृत्व के अधीन भारतीय राष्ट्रीय कांग्रेस एक उग्रवादी सामूहिक राष्ट्रवादी आंदोलन का रूप ले चुकी थी। जैसे कि कुछ अन्य देशों में हुआ था, राष्ट्रवादी आंदोलनों में कांग्रेस पर छात्रों का प्रभुत्व कभी नहीं रहा था, परंतु इसे छात्र समुदाय का सशक्त समर्थन सदैव प्राप्त था। संभवतः और अधिक महत्वपूर्ण रूप से, छात्र आंदोलन के द्वारा कांग्रेस पर और अधिक उग्रवादी एवं कट्टरपंथी रवैया अपनाने के लिए सतत्‌ दबाव डाला गया था, और 1930 के दशक में कुछ कट्टर नेताओं, जैसे सुभाष चन्द्र बोस एवं जवाहरलाल नेहरू जैसे नेताओं के लिए एक मंच उपलब्ध कराया गया था।

इंडोनेशिया तथा अफ्रीका के कुछ भागों में राष्ट्रवादी आंदोलनों की प्रगति में छात्रों ने इससे भी अधिक महत्वपूर्ण भूमिका निभाई थी। चीन में, छात्रों ने उन आंदोलनों के लिए प्रमुख श्रमशक्ति उपलब्ध कराई थी जिसके द्वारा मांचू राजवंश को उखाड़ फेंका गया और 1911 में गणराज्य की स्थापना में सहयोग प्रदान किया गया था। बाद में, जब चीन के लिए आंतरिक असहमति तथा बाहरी आक्रमण का खतरा उत्पन्न हो गया

था, तब 1930 के दशक में जापानियों के विरोध में छात्रों ने और अधिक कट्टर एवं उग्रवादी नीतियों के लिए निरंतर दबाव बनाए रखा था। अनेक छात्रों ने साम्यवादियों का समर्थन किया था और उन अंतिम संघर्षों में संलिप्त रहे थे जिसने 1947 में माओत्से तुंग को सत्ता सौंप दी थी।

अनेक देशों के लिए द्वितीय विश्वयुद्ध के बाद स्वतंत्रता की प्राप्ति छात्र आंदोलनों के लिए भारी परिवर्तन लेकर आई थी। राष्ट्रवाद के प्रति सापेक्षिकतौर पर सहज प्रतिबद्धता, जो स्वतंत्रता के पहले छात्र कार्यकर्ताओं की विशेषता थी, अब पर्याप्त नहीं रह गई थी। भारत सहित अनेक विकासशील देशों को अंदरूनी सामाजिक एवं आर्थिक समस्याओं का सामना करना पड़ा था, और छात्रों को वरिष्ठ राजनीतिक अभिजात्यवर्ग से पहले प्राप्त होने वाला समर्थन गायब हो चुका था। राजनेता छात्रों के बीच राजनीतिक सक्रियतावाद का समर्थन करने के बजाय विकास के लिए आवश्यक श्रमशक्ति के प्रशिक्षित समूह को तैयार करने में अधिक रुचि लेने लगे थे। इसके अलावा, राजनीतिज्ञों ने अनुभव किया कि एक सशक्त और स्वतंत्र छात्र आंदोलन उनके अपने शासनों के लिए विरोध का एक आधार उपलब्ध करवा सकता है।

स्वयं छात्रों को बढ़ती हुई कठिनाइयों का सामना करना पड़ा था। अनेक अन्य देशों की भांति ही भारत में भी शिक्षण सुविधाओं का तीव्रगति से विस्तार हुआ और जनसंख्या के अधिकाधिक वर्ग अपने बच्चों को कॉलेजों एवं विश्वविद्यालयों में भेजने में समर्थ हो चुके थे। इसी समय पर, छात्र आबादी अपेक्षाकृत कम सजातीय रह गई और कॉलेजों के अंदर स्थितियों में गिरावटें आ गईं। शिक्षित बेरोजगारी की समस्या गंभीर बन गई। सामूहिक राष्ट्रवादी छात्र संगठन अधिकांश मामलों में स्वयं को रूपांतरित कर पाने में असमर्थ रहे, और छात्र राजनीतिक सक्रियतावाद ने नए स्वरूप ग्रहण कर लिए। स्वतंत्रता की उपलब्धि निश्चित रूप से भारत तथा अन्य देशों में छात्र राजनीतिक सक्रियतावाद की समाप्ति का कारण नहीं रही थी। सामूहिक छात्र संगठनों के स्थान पर अनेक स्थानीय समूह विकसित हो चुके थे जिनमें से अधिकांश *तदर्थ* प्रकृति के थे। आंदोलनों की प्रवृत्ति स्थानिक हो रही थी, जो राष्ट्रीय अथवा व्यापक वैचारिक प्रश्नों के बजाय विश्वविद्यालयों के मुद्दों अथवा स्थानीय राजनीतिक टकरावों पर केन्द्रित थी।

अनेक देशों में छात्र सक्रियतावाद शैक्षणिक अथवा सरकारी अधिकारियों के द्वारा दमन का कारण बना था। जनरल ने विन की सैन्य सरकार के विरुद्ध बर्मा के छात्रों का आंदोलन सेना के तोपखाने द्वारा रंगून विश्वविद्यालय की छात्रसंघ की इमारत पर गोलाबारी और विश्वविद्यालय को बंद किए जाने का कारण बना था। अन्य देशों में भी छात्र असंतोष को सफलतापूर्वक शांत करने में अधिकारियों को कठिनाईयों का सामना करना पड़ा है, और बनारस हिन्दू विश्वविद्यालय एवं उत्तर भारत के अन्य विश्वविद्यालयों में ऐसे आवर्ती आंदोलन छात्र असंतोष को समाप्त करने सम्बन्धी कठिनाईयों को इंगित करते हैं। अनिश्चितता एवं परिवर्तनशील लक्ष्य छात्र आंदोलनों की विशेषता प्रतीत होती है।

सतह के नीचे, अनेक विकासशील देशों में छात्र राजनीति में एक अव्यक्त रुचि बनाए रखते हैं। उनकी अपनी बढ़ती हुई अकादमिक एवं अन्य कठिनाईयाँ तथा राष्ट्रीय समस्याओं की प्रचुरता कुंठा की एक भावना में वृद्धि कर देती है, जिसने वैचारिक राजनीति के प्रति सतत् प्रतिबद्धता को कठिन बना दिया है। फिर भी, जब नाटकीय घटनाएं होती हैं, छात्रों को एकजुट करना कठिन नहीं होता। ऐसी सफल एकजुटता दक्षिण कोरिया में भी हो चुकी है, जहाँ पहले उदासीन रही छात्र आबादी 1960 में

राष्ट्रपति र्‌ही की सरकार का तख्तापलट करने में सफल रही थी। तुर्की, तथा अनेक अन्य देशों में भी ऐसा ही हो चुका है। इंडोनेशिया, जापान, तथा लातिनी अमेरिका के अधिकांश भागों में राजनीतिक रूप से प्रतिबद्ध छात्रों के एक छोटे समूह ने स्वयं को कायम रखा है, यद्यपि राजनीतिक संकटों के समय को छोड़कर सामान्य छात्र आबादी पर इसका प्रभाव बहुत मामूली रहा है। राजनीतिक सक्रियतावाद की परंपराओं का नष्ट होना यदि असंभव नहीं तो कठिन अवश्य है।

जैसे–जैसे छात्र आबादी परिवर्तित हो रही है और संस्थान विकसित हो रहे हैं यह स्वाभाविक ही है कि राजनीतिक सक्रियतावाद की प्रकृति भी परिवर्तित होगी। भारत में, विश्वविद्यालयों के विस्तार तथा पहले अशिक्षित रहे और सापेक्षिकतौर पर निम्न हैसियत वाले परिवारों के बेटे–बेटियों को शामिल करते हुए छात्र आबादी में हुई वृद्धि का छात्र असंतोष की प्रकृति पर एक बड़ा प्रभाव पड़ा है। अंग्रेजी से अभिज्ञ अनेक छात्रों के लिए भाषा की कठिनाईयाँ, अनेक छात्रों के लिए प्रतिकूल जीवनयापन परिस्थितियाँ, तथा निरंतर कठिन होती जा रही रोजगार स्थितियाँ आदि सभी ने मिलकर एक गहरी कुंठा को जन्म दे दिया है जिसे शिक्षण संस्थानों एवं अधिक जागरूक सरकारी नीतियों के द्वारा सुविधाएं प्रदान किए जाने द्वारा समाप्त नहीं किया जा सकता। भारत में छात्र अपने रोजगार पर पड़ सकने वाले हानिकारक प्रभाव को लेकर सक्रियतावादी आंदोलनों में भागीदारी करने से भयभीत हैं और इसी के साथ–साथ अल्प सूचना पर सड़कों पर उतरने हेतु भी अत्यधिक कुंठित हैं। इस दुविधापूर्ण स्थिति ने अपेक्षाकृत गैर–वैचारिक तथा दिशाहीन आंदोलन के वर्तमान खाज में वृद्धि की है।

विकासशील क्षेत्रों से छात्र राजनीति निश्चित रूप से अदृश्य नहीं हुई है। यदि कुछ है भी तो यह कि इसमें संलिप्त लोगों की संख्या के अर्थों में यह और अधिक व्यापक हो चुका है। फिर भी, अधिकांश मामलों में, यह छिटपुट प्रकृति का ही है, और बहुत मुश्किल से ही स्थापित अधिकरणों के लिए कोई वास्तविक खतरा उत्पन्न करता है। सक्रियतावाद की जड़ें छात्रों की वास्तविक कुंठाओं एवं समस्याओं तथा उनके समाजों में निहित हैं। और चूंकि इन समस्याओं के समाधान अत्यन्त कठिन हैं, और सक्रियतावाद की परंपराएं शक्तिशाली हैं, अतः संभव है कि सक्रियतावाद एक सतत् प्रवृत्ति बनी रहे।

III

जहाँ छात्र राजनीति विकासशील क्षेत्रों का सुस्थापित तत्व है, वहीं इसने औद्योगिक रूप से उन्नत देशों में एक नई प्रमुखता हासिल कर ली है। मात्र कुछ वर्षों पूर्व ही छात्र परिदृश्य पर अधिकांश टिप्पणीकर्ताओं ने उल्लेख किए थे कि उन्नत देशों में जहाँ छिटपुट छात्र गतिविधि संभव थी, वहीं इसके द्वारा समाज के प्रति कोई महत्वपूर्ण राजनीतिक खतरा उत्पन्न किए जाने की संभावना नहीं थी, और परिसरों के बाहर इसके अधिक प्रभाव पड़ने की संभावना नहीं थी। फ्रांस, पश्चिम जर्मनी, अमेरिका तथा संभवतः चेकोस्लोवाकिया में हुई हाल की घटनाओं ने सिद्ध कर दिया है कि ये भविष्यवाणियाँ गलत थीं। निश्चित रूप से यह सत्य है कि उन्नत देशों की अपेक्षा अनेक विकासशील देशों में छात्रों के लिए सरकारों का तख्तापलट करना आसान बना हुआ है, किन्तु यूरोप, जापान, तथा उत्तरी अमेरिका में छात्र एक शक्तिशाली बल सिद्ध हुए हैं।

इस तथ्य, कि विकासशील देशों की तुलना में उन्नत देशों में छात्र सक्रियतावाद एक अत्यन्त पृथक संदर्भ में उत्पन्न होता है, के बावजूद इनके बीच अनेक महत्वपूर्ण समानताएं हैं। एक अर्थ में, लगभग प्रत्येक देश में छात्र स्वयं को राजनीति से 'बहिष्कृत' पाते हैं। विकासशील देशों में छात्र आंदोलन राष्ट्रवादी राजनीति के समय से ही

राजनीति की मुख्यधारा के अंग नहीं रहे हैं। उदाहरणार्थ, भारत में छात्रों ने जब कभी भी पक्षपातपूर्ण राजनीति में हिस्सा लिया है, वे सामान्यतः विपक्षी दलों में से किसी एक के साथ सम्बद्ध रहे हैं। अधिकांश अन्य विकासशील देशों में छात्र आंदोलन लगभग हमेशा ही सत्ताधारी सरकार के विरोधी रहे हैं। शैक्षणिक क्षेत्र में भी छात्र आंदोलन अनेक कारणोंवश सामान्यतः अधिकारियों के ही खिलाफ रहे हैं। उन्नत देशों में भी ऐसी ही स्थिति देखी जा सकती है। किसी भी देश में कोई भी बड़ा छात्र आंदोलन सत्ताधारी अभिजात्यों के साथ सम्बद्ध नहीं रहा है। आधिकारिक छात्र समूहों का अस्तित्व प्रायः बना रहता है किन्तु अधिकारियों से प्राप्त वित्तीय अनुदानों एवं सहयोग के बावजूद उनके प्रभाव छात्र समुदाय पर सीमित ही हैं। सोवियत कोमसोमोल (यंग कम्युनिस्ट लीग), जिसका हाल ही में संपूर्ण पुनर्गठन किया गया है, ऐसा ही एक मामला है। जहाँ यह एक बड़ा संगठन है जो कम्युनिस्ट पार्टी के पदों पर युवाओं की भर्ती में एक प्रमुख भूमिका निभाता है, वहीं यह परिसरों में कभी भी एक गतिशील शक्ति नहीं रहा है। पश्चिम में भी, एक गैर–आधिकारिक किन्तु उदारवादी समूह यूनाइटेड स्टेट्स नेशनल स्टूडेंट्स एसोशिएसन जैसे छात्र संगठनों को कभी भी व्यापक छात्र समर्थन हासिल नहीं हुआ है। विकासशील देशों में भी ऐसी ही प्रवृत्तियाँ दिखाई देती हैं, और भारत में युवा कांग्रेस छात्रों के बीच कभी भी अधिक लोकप्रिय नहीं रही है, आंशिकतौर पर इसलिए क्योंकि इसे 'अधिष्ठान' के एक अंग के रूप में देखा जाता है।

ऐसा प्रतीत होगा कि पूरे विश्व में छात्र कार्यकर्ता लगभग सदैव ही *यथास्थिति* से असंतुष्ट रहे हैं। इसका अर्थ यह नहीं है कि सभी छात्र असंतुष्ट हैं। वास्तव में, छात्रों की राय सम्बन्धी अधिकांश सर्वेक्षण दर्शाते हैं कि लगभग प्रत्येक देश में विश्वविद्यालय छात्रों की एक बड़ी संख्या मात्र उच्च शिक्षा हासिल करने तथा अपने समाजों में ऊपरी स्तर की हैसियत प्राप्त करने की इच्छुक है। विश्वविद्यालयों में बौद्धिक तथा राजनीतिक प्रवृत्तियों, जो अल्पसंख्यक कार्यकर्ताओं की विशेषता है, के बजाय रोजगारवाद तथा पेशों की ओर उन्मुखीकरण अधिक शक्तिशाली बल हैं। इसके बावजूद, कार्यकर्ता अत्यन्त महत्वपूर्ण हैं, न केवल इसलिए क्योंकि संकट के समय में वे अन्य छात्रों को एकजुट करने में सक्षम हैं, बल्कि इसलिए भी क्योंकि वे प्राय परिसर में आवाज स्थापित करते हैं। जैसा कि ग्लौसो सोरेस ने स्पष्ट किया है, सक्रियतावाद की चर्चाएं प्रायः यह भुला देती हैं कि छात्र राजनीति 'कुछ सक्रिय' लोगों के हाथों में ही होती है।

विकासशील देशों की अपेक्षा औद्योगिकतौर पर उन्नत देशों में सक्रियतावादी आंदोलनों एवं संगठनों में प्रायः राजनीतिक रूप से अधिक जाग्रत तथा परिष्कृत होने की प्रवृत्ति मौजूद रहती है। जर्मन सोशलिस्ट स्टूडेंट्स एसोशिएसन (एसडीएस) जैसे संगठनों, जिन्होंने पश्चिम जर्मनी में छात्र असंतोष के नेतृत्व किए थे तथा अमेरिकन स्टूडेंट्स फॉर ए डेमोक्रेटिक सोसाइटी के पास ऐसे नेतृत्व हैं जो वामपंथी राजनीति की जटिलताओं से भली–भांति अवगत हैं। ये तथा इंग्लैंड में रेडिकल स्टूडेंट्स एलायंस एवं फ्रेंच छात्र आंदोलन जैसे अन्य समूह क्रांतिकारी रणनीतियों के साथ सामाजिक परिवर्तन से अधिक सम्बद्ध हैं। इन छात्र आंदोलनों के नेतृत्व विश्वविद्यालय सुधारों की अपेक्षा सामाजिक क्रांति में अधिक रुचि रखते हैं। छात्र नेता माओ और लेनिन जैसे विचारकों के साथ–साथ वर्तमान समय में लोकप्रिय हर्बर्ट मारक्यूज एवं रेगिस डेब्रे जैसे क्रांतिकारियों से अधिक परिचित हैं। पश्चिम के अधिकांश कार्यकर्ता अपने क्रांतिकारी मॉडलों की खोज मास्को तथा पीकिंग के बजाय हनोई तथा हवाना से करते हैं। छात्र कट्टरवादियों के द्वारा सोवियत संघ तथा चीन को बहुत अधिक नौकरशाहीपूर्ण तथा अब वास्तविक सामाजिक क्रांति हेतु इच्छुक न रह गए होने की बात कहकर हमले

किए जाते हैं। क्यूबा में जारी इससे अधिक रोमाटिंक क्रांतिकारी अनुभव में कहीं अधिक आकर्षण मौजूद है, और उत्तरी विएतनाम के अमेरिका के विरुद्ध सफल संघर्ष ने यह आशा प्रदान कर दी है कि छोटे और कमजोर प्रतीत होने वाले देश कहीं अधिक बड़ी महाशक्तियों को पराजित कर सकते हैं।

बहुत कम अपवादों के साथ विकासशील क्षेत्रों में छात्र संगठनों में अपने विशिष्ट राजनीतिक लक्ष्यों के प्रति अधिक अनिश्चितता की प्रवृत्ति होती है, और विदेशी क्रांतिकारी आंदोलनों अथवा दर्शनों के सतर्क अध्ययन पर बहुत अधिक समय नहीं व्यय किया जाता। यहाँ तक कि कट्टरपंथी अथवा मार्क्सवादी छात्र समूह भी वैचारिक राजनीति को उतनी गंभीरतापूर्वक लेते नहीं प्रतीत होते जितना कि इसे पश्चिम में लिया जाता है। भारत में, कट्टर रुझान वाले समूह जैसे अखिल भारतीय छात्रसंघ अथवा संयुक्त समाजवादी दल की युवा शाखा के द्वारा क्रांतिकारी रणनीति की बारीकियों पर बहस करने में अधिक समय नहीं व्यतीत किया जाता, यद्यपि कोलकाता के छात्र इस नियम का संभवतः एक अपवाद हैं। इंडोनेशिया, फिलिप्पीन्स, दक्षिण कोरिया, तथा अन्य देशों में छात्र राजनीति में अपेक्षाकृत अधिक व्यावहारिक हैं। वे स्थापित व्यवस्था के विरोधी हैं, किन्तु वैचारिक शुद्धता को कायम रखने हेतु अधिक चिन्तित नहीं हैं। यह तथ्य, कि 1965 के पूर्व सुकार्णों का समर्थन करने वाले इंडोनेशियाई छात्र संगठन कुछ ही महीनों के अंदर उनपर टूट पड़े थे, इसी व्यावहारिकता का एक प्रतीक है।

किन्तु पश्चिमी छात्र संगठनों के वैचारिक परिष्करण पर अधिक बल दिया जा सकता है। उदाहरणार्थ, यह महत्वपूर्ण है कि पश्चिम के साथ–साथ विकासशील क्षेत्रों में अधिकांश छात्र आंदोलनों में स्थानीय मुद्दों की भागीदारी रही है न कि प्रमुख सामाजिक मुद्दों की। इसके अतिरिक्त, पश्चिम में कार्यकर्ताओं के आंदोलनों में संलिप्त रहे लोगों की मात्र एक अल्पसंख्या ही वैचारिक राजनीति में रुचि रखती है। अन्य कट्टरपंथी गतिविधि में भाग लेते हैं, किन्तु अधिक सामान्य उद्देश्यों के लिए ही। अमेरिका में 1964 का बर्कले छात्र विद्रोह, जो हाल के वर्षों के बड़े विक्षोभों में से सर्वप्रथम था, एक स्थानीय परिसर के संकट से प्रेरित हुआ था। कट्टरपंथी नेतृत्व विद्रोह को एक अधिक वैचारिक बल प्रदान करने में समर्थ रहा था, किन्तु छात्रों के समूह, जिन्होंने भागीदारी की थी और जो गिरफ्तारी के इच्छुक थे, परिसर के अंदर मात्र स्वतंत्र भाषण के विचार के प्रति प्रतिबद्ध थे तथा विश्वविद्यालय प्रशासन का विरोध कर रहे थे जिसने इस संकट में मूर्खतापूर्ण कार्यवाही की थी। फ्रांसीसी छात्र संकट पेरिस विश्वविद्यालय के उप–शहरी परिसर नानटेरे में एक स्थानीय विवाद से प्रेरित था, जहाँ कुछ छात्र नेताओं को विश्वविद्यालय अधिकारियों के द्वारा अनुशासित किया गया था। विश्वविद्यालय की स्थितियों से असंतुष्ट फ्रांसीसी छात्रों को उनके द्वारा किए जा रहे विश्वविद्यालय अधिकारियों के विरोध ने व्यापक विरोध प्रदर्शनों के लिए चिंगारी प्रदान कर दी, परंतु इसके कारण अनिवार्यतः स्थानीय ही बने रहे थे। संकट के चरम पर, कट्टरपंथी छात्र नेताओं ने छात्रों के ध्यान को क्रांतिकारी लक्ष्यों पर केन्द्रित करने के प्रयास किए और कुछ समय के लिए सफल भी रहे। परंतु अंत में, अधिकांश छात्र सामाजिक क्रांति से बहुत पहले ही एक समझौते से संतुष्ट हो चुके थे।

जहाँ पश्चिम में छात्र असंतोष के पास एक वैचारिक आवाज और छवि रही हो सकती है, और जहाँ शीर्ष छात्र नेतृत्व राजनीतिक रूप से परिष्कृत रहा हो, वहाँ अधिकांश छात्र संघर्ष विकासशील देशों के संघर्षों से बहुत अलग नहीं होते। पश्चिम में, छात्र सामान्यतः अधिक अनुकूल स्थितियों में जीवनयापन करते हैं तथा उनके पास रोजगार के बेहतर अवसर उपलब्ध हैं। वे प्रायः विश्वविद्यालय सुधारों में रुचि रखते

हैं और परिसर में स्वतंत्र भाषण जैसे बौद्धिक मुद्दों के साथ सम्बद्ध रहते हैं। अमेरिका में, बड़ी संख्या में विश्वविद्यालय छात्र नागरिक अधिकारों एवं नीग्रो समानता के साथ बहुत अधिक जुड़े हुए थे।

विश्वविद्यालयों के मामलों में बाहरी राजनीतिक दलों की संलिप्तता एक अनूठी भारतीय प्रवृत्ति प्रतीत होती है। पश्चिम में, राजनीतिक दल लगभग कभी भी विश्वविद्यालयीय मामलों में संलिप्त नहीं होते, यद्यपि यहाँ विश्वविद्यालय जीवन, विशेषतौर पर राज्य द्वारा वित्त–समर्थित संस्थानों, में सरकारी हस्तक्षेप के प्रयासों की एक गंभीर समस्या मौजूद है। यह तथ्य कि भारतीय राजनीतिक दल स्वयं को विश्वविद्यालयों में संलिप्त कर लेते हैं, छात्र असंतोष को एक अतिरिक्त प्रोत्साहन प्रदान कर देता है, क्योंकि विश्वविद्यालयों के मामले सीधे पक्षपातपूर्ण राजनीति से जुड़े होते हैं। यह महत्वपूर्ण है कि भारतीय विश्वविद्यालय, जहाँ बाहरी राजनीतिक प्रभाव सीमित है, में इन मुद्दों पर आधारित छात्र आंदोलन होने की प्रवृत्ति कम होती है। अकादमिक स्वायत्तता की परंपराएं सामान्यतौर पर पश्चिम में अधिक सशक्त हैं, जो विश्वविद्यालय के मामलों में बाहरी हस्तक्षेप को अधिक कठिन बना देती हैं।

हालांकि, विश्वविद्यालय मामलों में राजनीतिक हस्तक्षेप के सम्बन्ध में भारत अकेला देश नहीं है। बर्मा के मामले का उल्लेख पहले ही किया जा चुका है, और घाना में एन्क्रूमाह शासन के दौरान विश्वविद्यालयों को वैचारिक निष्ठा बनाए रखने हेतु बाध्य किया गया था। एन्क्रूमाह समर्थक विश्वविद्यालय के पदों पर नियुक्त कर दिए गए थे, तथा विपक्षी छात्र समूहों को हतोत्साहित कर दिया गया था। विश्वविद्यालयों में बाहरी राजनीतिक संलिप्तता निःसंदेहात्मक रूप से उच्च्व शिक्षा के लिए एक गंभीर समस्या है, और छात्र सक्रियतावाद के लिए एक प्रमुख प्रोत्साहन हो सकती है।

ऐसे हस्तक्षेप कई स्वरूप ग्रहण कर सकते हैं। भारत में, दो प्रकार के हस्तक्षेपों के उदाहरण देखे जा सकते हैं। सामान्यतः राज्य स्तर पर सरकारी अधिकारियों ने विश्वविद्यालय मामलों में स्वयं को संलिप्त करने के प्रयास किए हैं। हाल ही में उस्मानिया विश्वविद्यालय में उप–कुलपति की नियुक्ति को लेकर उत्पन्न संकट इस प्रकार के हस्तक्षेप का एक अत्यन्त नाटकीय उदाहरण है। राजनीतिक दल भी स्वयं को विश्वविद्यालय मामलों में संलिप्त करने के इच्छुक रहे हैं और उन्होंने, कभी–कभी सफलतापूर्वक, विश्वविद्यालयों के अंदर गुटों के गठन सम्बन्धी प्रयास भी किए हैं। बनारस हिन्दू विश्वविद्यालय की कठिनाईयाँ भारत में विश्वविद्यालय जीवन में इस प्रकार के राजनीतिकरण को प्रतिबिंबित करती प्रतीत होती हैं।

अनेक विकासशील देशों, और विशेषतौर पर भारत के विपरीत उन्नत देशों में विश्वविद्यालयों की समस्याओं, जहाँ बहुत गंभीर हैं, का छात्रों के लिए कोई सीधा अर्थ नहीं है। उन्नत देशों में इस स्थिति ने छात्रों को अपने विश्वविद्यालयों एवं समाज के एक अधिक वैचारिक दृष्टिकोण को ग्रहण करने की अनुमति प्रदान की है। उन्नत देशों में छात्र आंदोलन प्रायः अपने देश की राजनीति की मुख्यधारा से कदम मिलाकर नहीं चलते, और प्रायः राजनीतिक जीवन से दूरस्थ मोर्चे पर तैनात रहते हैं।

उन्होंने समाज एवं विश्वविद्यालय की समस्याओं को नाटकीय बना दिया है, और कुछ मामलों में राजनीतिक परिवर्तन को वेग प्रदान करने में पर्याप्त प्रभावी रहे हैं। अमेरिकी छात्र आंदोलन समाज के उन पहले तत्वों में से एक था जिसके द्वारा नीग्रो समस्या पर व्यापक ध्यान केन्द्रित किया गया था, और नागरिक अधिकार आंदोलनों में छात्रों की भागीदारी ने कांग्रेस को नीग्रो लोगों की स्थिति को सहायता प्रदान करने सम्बन्धी अनेक उपायों को पारित करने के लिए प्रोत्साहित कर दिया था। अमेरिकी

छात्रों ने विश्वविद्यालयों को उच्च शिक्षा में अंतर्निहित अनेक पूर्वधारणाओं के पुनर्परीक्षण के लिए भी बाध्य कर दिया था। पश्चिम जर्मनी के छात्रों ने समाज का ध्यान जर्मनी में राजनीतिक विपक्ष के अभाव की समस्या पर केन्द्रित करवा दिया था, और परिणामस्वरूप छात्र आंदोलन एक प्रकार का 'संसदेतर विपक्ष' बन गया था। जापानी छात्रों ने उस समय राष्ट्रीय समर्थन को आकर्षित कर लिया था जब 1960 में उनके द्वारा अमेरिका के साथ सुरक्षा संधि का विरोध किया गया था।

इस क्षेत्र में भारतीय छात्रों ने भी एक भूमिका निभाई है। दक्षिण में भाषा सम्बन्धी प्रश्न पर विश्वविद्यालय छात्रों की भूमिका ने सरकार को अपनी नीतियों के पुनर्परीक्षण हेतु बाध्य कर दिया था। 1964 में ओडिशा में छात्रों ने मुख्यमंत्री को त्यागपत्र देने हेतु बाध्य कर दिया था, किन्तु सामान्यतः भारत में छात्र आंदोलनों का ध्यान राष्ट्रीय राजनीति की प्रासंगिकता से कम और स्थानीय मुद्दों पर अधिक केन्द्रित रहा है। अतः, उन्नत तथा विकासशील देशों में छात्र आंदोलनों के बीच समानताएं तथा अंतर दोनों ही मौजूद हैं।

IV

छात्र सक्रियतावाद के प्रमुख घटकों में से एक वह रहा है जिसे 'युवा विद्रोह' कहा गया गया है। संपूर्ण इतिहास में पीढ़ीगत टकराव विद्यमान रहे हैं, परंतु अनेक देशों में छात्र सक्रियतावाद के वर्तमान महत्व द्वारा पीढ़ीगत टकरावों एवं विद्रोहों के प्रश्न पर बढ़े हुए ध्यान को केन्द्रित किया है। इस प्रश्न के गहन परीक्षण के लिए मनोवैज्ञानिक तथा सामाजिक दोनों ही नजरियों से विश्लेषण करने की आवश्यकता होगी, और यह स्पष्ट रूप से इस संक्षिप्त निबंध के क्षेत्र से परे है। परंतु कुछ सामान्य टिप्पणियाँ की जा सकती हैं क्योंकि यह विषय शिक्षा एवं राजनीति में छात्रों की भूमिका पर किए जाने वाले किसी विचारण के प्रति अत्यन्त महत्वपूर्ण है। पीढ़ीगत टकराव लगभग प्रत्येक देश में विद्यमान हैं, हालांकि अलग–अलग राष्ट्रीय व्यवस्थाओं में उनकी अभिव्यक्तियों में व्यापक अंतर हैं। कुछ प्रेक्षकों के अनुसार, परंपरागत भारत एक "युवारहित भूमि" था क्योंकि यहाँ कोई भी ऐसी युवा संस्कृति मौजूद नहीं थी जो पश्चिमी देशों की विशेषता रही है। युवा एक अत्यन्त अनुज्ञाप्रद बाल्यकाल से ही सीधे व्यस्कता के किसी धार्मिक, सामाजिक, तथा आर्थिक उत्तरदायित्वों में प्रवेश कर जाते थे जिसमें बीच की कोई अवस्था नहीं होती थी। भारत में बढ़ती हुई संख्या में स्कूलों एवं कॉलेजों में प्रवेश लेने, देरी से विवाह करने, और उसके द्वारा पश्चिम में पाई जाने वाली सामूहिक संस्कृति के समान हमउम्र समूह का गठन करने के द्वारा परिस्थितियों में परिवर्तन आ चुके हैं।

भारतीय युवा संस्कृति का समाज विज्ञानियों के द्वारा गहन परीक्षण करना शेष है, परंतु कुछ सामान्यीकरण किए जा सकते हैं। जैसा कि एडवर्ड शिल्स एवं अन्य ने स्पष्ट किया है, भारतीय कॉलेज छात्र अभूतपूर्व स्वतंत्रता का आनंद ले रहे हैं। यद्यपि अनेक छात्र अपने परिवारों के साथ ही रहते हैं और स्थानीय संस्थानों में प्रवेश लेते हैं, तथापि अपने पृथक हमउम्र समूह की उप–संस्कृति, विभिन्न पृष्ठभूमियों वाले छात्रों के साथ बातचीत की स्वतंत्रता, फिल्में एवं अन्य गतिविधियाँ, अथवा संभवतः विपरीतलिंगी सदस्यों के साथ कुछ सामाजिक सम्बन्ध कायम करना, जैसे अनुभव अनेक छात्रों के लिए मादकतापूर्ण हैं। कॉलेज की यह उप–संस्कृति शायद भारत में उभरने वाली सर्वप्रथम स्वतंत्र युवा संस्कृति है और इसीलिए अत्यन्त महत्वपूर्ण है। मात्र यह तथ्य कि किसी भी परिसर में समान रुचियों वाले युवा भौतिक निकटता रखते हैं, अपने आप में

महत्वपूर्ण है। कुछ स्थानों में यह उप–संस्कृति राजनीतिक सक्रियतावाद में संलिप्त हो चुकी है, यद्यपि भारत में यह नियम के बजाय अपवाद ही बनी हुई है।

भारतीय छात्रों का प्रायः अपने परिवारों एवं समाज के परंपरागत मानदंडों के साथ एक प्रकार का दुविधापूर्ण सम्बन्ध रहता है। अधिकांश मामलों में, परिवार छात्र के साथ निष्ठा कायम रखने में समर्थ रहता है, लेकिन कभी–कभी यह विवादमुक्त नहीं होता। समाज एवं निजी जीवन की "आधुनिक" अवधारणाओं (धर्म पर कम जोर, जाति एवं अन्य प्रतिबंधों के बहिष्कार, परिवार पर घटता हुआ जोर) के बीच बौद्धिक टकराव तथा अधिक परंपरागत मानदंड कभी–कभी शक्तिशाली सिद्ध होते हैं। स्वतंत्रतासंग्राम के दौरान, जब छात्र सक्रियतावादी आंदोलन शक्तिशाली थे और छात्र समुदाय की भर्ती अपेक्षाकृत अधिक संपन्न एवं आबादी के आधुनिक वर्ग से हुआ करती थी, तब परंपरागत अवधारणाओं को व्यापकतौर पर खारिज किया जा रहा था। वर्तमान समय में, जहाँ परंपरागत भारतीय संस्कृति के अनेक पहलुओं के सम्बन्ध में असहजता मौजूद हो सकती है, वहीं संपूर्ण अस्वीकृति सापेक्षिकतौर पर कम प्रतीत होती है। उदाहरणार्थ, कुछ ही छात्र पहले वास्तविक रहे व्यवस्थित विवाहों के आलोचक रह गए हैं।

संपूर्ण विश्व में युवा अपने वरिष्ठजनों की अपेक्षा समाज के घोषित लक्ष्यों को अधिक गंभीरता से ग्रहण करते हैं। समझौते, भ्रष्टाचार, तथा बयानबाजी को प्रायः उन युवाओं, तथा विशेषतौर पर विश्वविद्यालय छात्रों के द्वारा पसंद नहीं किया जाता जिन्हें नैतिक मूल्यों एवं सामाजिक दायित्वों को गंभीरतापूर्वक ग्रहण किए जाने का पाठ पढ़ाया गया है। नैतिक सम्बद्धता तथा अपरिष्कृत समाजों की यह *यथास्थिति* अनेक देशों में छात्र असंतोष के पीछे निहित प्रमुख तत्वों में से एक है। अनेकों युवाओं को आधुनिक भारतीय समाज विशेषतौर पर अपरिपूर्ण सामाजिक प्रणाली प्रतीत होते हैं। राजनीतिक अभिजात्यों, अर्थात् वे लोग जो राष्ट्र की स्वतंत्रता के आदर्शवादी संघर्ष में संलिप्त रहे थे, के घोषित मूल्य युवाओं को सरकारी अधिकारियों एवं राजनेताओं के रूप में उनके कार्य–प्रदर्शनों से कहीं अलग प्रतीत होते हैं। भारतीय समाज के सभी स्तरों पर उन्हें दिखाई देने वाला भ्रष्टाचार उनके लिए एक अभिशाप है। राजनीतिक साजिशें तथा "अनुचित साधन", जो अनेकों विश्वविद्यालयों में मौजूद हैं, असंतोष के अन्य बड़े कारण हैं।

निश्चित रूप से भारत इस प्रकार के छात्र असंतोष का अनुभव करने वाला अकेला देश नहीं है। विभिन्न पूर्वीय यूरोपीय साम्यवादी देशों में छात्र असंतोष कम–से–कम आंशिकतौर पर ऐसे मतभेदों पर आधारित रहे हैं जिन्हें युवाओं के द्वारा साम्यवाद के सिद्धांत तथा व्यवहार के बीच देखा गया है। चेक छात्रों ने उस देश में उदारवाद और लोकतांत्रीकरण के लिए प्रयासों के नेतृत्व किए थे और माँग की थी कि कम्युनिस्ट पार्टी अपने घोषित आदर्शों का पालन करे। अपेक्षाकृत कम सफल रहे पोलैंड तथा पूर्वी जर्मनी के छात्र विरोध–प्रदर्शन भी ऐसी ही माँगों पर आधारित थे। अमेरिकी छात्र आंदोलन को इसका सर्वप्रथम महत्वपूर्ण प्रोत्साहन नागरिक अधिकार संघर्ष से प्राप्त हुआ था, जब छात्रों ने माँग की थी कि अमेरिकी समाज को घोषित मूल्यों का पालन करना चाहिए और नीग्रो लोगों को वास्तविक समानता प्रदान करनी चाहिए। अतः, यह कहा जा सकता है कि युवाओं, और विशेषतौर पर विश्वविद्यालय छात्रों, पर आदर्शवाद की छाप रही है जो प्रायः अपूर्ण समाजों के साथ मिलकर उनके असंतोष में योगदान करती है। भारत में, यह आदर्शवाद प्रायः रोजगार के अवसरों अथवा सभी महत्वपूर्ण परीक्षाओं को उत्तीर्ण करने से सीधेतौर पर सम्बद्ध चिंताओं के द्वारा प्रायः धुंधला हो जाता है।

यह लगभग एक सामान्य सत्य है कि 20वीं शताब्दी के मध्य में अधिकांश समाज तीव्र सामाजिक एवं आर्थिक परिवर्तनों से गुजर रहे हैं। परमाणु हथियारों की अभूतपूर्व शक्ति उस युवा पीढ़ी के लिए एक वास्तविकता बन चुकी है जो परमाणु विनाश के खतरे के साथ पली–बढ़ी है। औद्योगिक रूप से उन्नत देशों में, कंप्यूटर तथा उद्योगों के बढ़ते हुए स्वचलीकरण के द्वारा लाए जा रहे भारी परिवर्तनों ने आबादी के किसी अन्य वर्ग की अपेक्षा युवाओं को अधिक प्रभावित किया है। अनेक देशों में, पूरा का पूरा रोजगार ढाँचा ही परिवर्तित हो रहा है, और श्रम बाजार में प्रवेश करने वाले युवा स्वाभाविक रूप से इन परिवर्तनों से प्रभावित हो रहे हैं। उन्नत देशों में परंपरागत मानदंडों पर ही निरंतर हमले हो रहे हैं। अधिकांश देशों में धर्म अपेक्षाकृत कम महत्वपूर्ण सामाजिक बल रह गया है, और परिवारों में भी परिवर्तन हो रहे हैं। मास मीडिया तथा एक सामाजिककरण संस्थान के रूप में स्वयं शिक्षा प्रणाली के बढ़ते हुए महत्व, ये सभी मिलकर युवाओं के लिए एक अस्थिर और प्रायः कठिन स्थिति में योगदान कर रहे हैं।

विकासशील देश भी ऐसे ही तनावों का अनुभव कर रहे हैं जिनके साथ युवाओं को समायोजन करना आवश्यक है। एक आधुनिक समाज का सृजन अत्यधिक कठिन प्रक्रिया है और प्रायः उपलब्ध संसाधन जनसंख्या के शिक्षित वर्ग की अपेक्षाओं को पूरा कर पाने हेतु अपर्याप्त रहे हैं। भारत में, शिक्षा प्रणाली के तीव्र विस्तार का मुकाबला विश्वविद्यालय स्नातकों के लिए उपयुक्त कौशलयुक्त रोजगारों में वृद्धि के द्वारा नहीं किया जा सका है, तथा बेरोजगारी की समस्या अनेक स्नातकों (विशेषतौर पर कला विषयों के) को परेशान किए हुए है। जैसा कि नोट किया जा चुका है, परिवार तथा धर्म में अंतर्निहित परंपरागत विचारों का शिक्षा द्वारा उत्पन्न अधिक आधुनिक धारणाओं से प्रायः टकराव होता रहता है और इससे उन युवाओं के लिए और अधिक समस्याएं उत्पन्न होती हैं जिन्हें इन दो भिन्न प्रभावों के बीच सामंजस्य करना आवश्यक होता है।

युवा विद्रोह स्वयं को बहुत भिन्न तरीकों से व्यक्त करता है। अमेरिका में, हिप्पी आंदोलन, जो आधुनिक औद्योगिक समाज के 'झूठे' मूल्यों को सीधे खारिज करता है, संभवतः युवा विद्रोह का सर्वाधिक नाटकीय उदाहरण है। जहाँ अपेक्षाकृत कम युवा ही 'पूर्णकालिक' हिप्पी बनते हैं, वहीं अनेकों हिप्पियों की इस जीवनशैली तथा कुछ विचारों की ओर आकर्षित भी हैं, और हिप्पी उप–संस्कृति आधुनिक अमेरिकी युवा संस्कृति का एक महत्वपूर्ण पहलू बन चुकी है। छात्र राजनीति सक्रियतावाद युवा विद्रोह की एक अन्य अभिव्यक्ति है, यद्यपि यह समाज की विफलताओं के एक अधिक बौद्धिक विश्लेषण पर आधारित है और क्रांतिकारी सामाजिक परिवर्तनों के प्रति प्रतिबद्ध है। अधिकांश अन्य देशों में कट्टरपंथी छात्र राजनीति देखी जा सकती है, और साथ ही हिप्पी उप–संस्कृति के कुछ स्वरूप भी। जर्मन युवा, जो राज्य एवं समाज के विरुद्ध विरोधप्रदर्शन के एक साधन के रूप में महत्वपूर्ण सार्वजनिक हस्तियों पर पेस्ट्री फेंकते हैं, तथा डच 'प्रोवोस' जो स्थापित सामाजिक जीवन के विभिन्न पहलुओं का चतुराईपूर्वक उपहास उड़ाते हैं, भी युवा विद्रोह तथा समाज को खारिज करने की अंतर्राष्ट्रीय प्रवृत्ति का एक भाग हैं।

V

छात्र सक्रियतावाद किसी शून्य में विद्यमान नहीं है। छात्र जैसे कि व्यापक समाज के एक भाग हैं वैसे ही वे विश्वविद्यालय समुदाय के एक सदस्य भी हैं। इसीलिए सक्रियतावाद के किसी भी परीक्षण में विश्वविद्यालय की स्थिति अत्यन्त महत्वपूर्ण होती है। जैसा कि नोट किया जा चुका है, समाजोन्मुख छात्र सक्रियतावाद प्रायः विश्वविद्यालयों की स्थितियों

से प्रोत्साहित होता है। जहाँ कहीं भी आदर्श अकादमिक परिस्थितियाँ (एक ऐसी स्थिति जो कुछ गिने–चुने संस्थानों में ही विद्यमान है) मौजूद हैं, वहाँ छात्र सक्रियतावाद की संभावनाएं कम हैं, और जब कभी होती भी हैं तो संभवतः कम हिंसक होती हैं। अध्ययन की स्थितियाँ, पाठ्यक्रम का अनुकूलन, संस्थान की बौद्धिक दिशा, तथा विश्वविद्यालय में मौजूद नियंत्रण की मात्रा ये सभी मिलकर सक्रियतावाद की प्रकृति एवं दिशा में योगदान करते हैं। प्रायः विश्वविद्यालय के स्थान का सम्बन्ध भी सक्रियतावाद की प्रकृति एवं गुंजाइश से जुड़ा होता है। राजनीतिक शक्ति के केन्द्रों से अधिक दूरी पर स्थित शहरों की अपेक्षा राजधानी वाले शहरों में छात्रों पर राजनीतिक प्रभाव प्रायः अधिक गहरे होते हैं। छात्र के द्वारा अकादमिक विषय का चयन, शिक्षकों तथा छात्र सक्रियतावाद के बीच सम्बन्ध, तथा ऐसे ही अन्य चरों पर इस पुस्तक में चर्चा की गई है।

उन्नत तथा विकासशील दोनों ही देशों में आधुनिक विश्वविद्यालय सर्वाधिक महत्वपूर्ण सामाजिक संस्थान होते हैं। विश्वविद्यालय आधुनिक समाजों के लिए आवश्यक निरंतर जटिल होते कौशलों में अभिजात्यों को प्रशिक्षित करने हेतु उत्तरदायी हैं। लोकतांत्रिक समाजों में, विश्वविद्यालयों से अभिजात्यों के चयन एजेन्सी के रूप में कार्य करने को कहा जाता है। ऐसा अमेरिका, भारत, तथा जापान जैसे देशों में विशेषतौर पर सच है जहाँ युवाओं की अपेक्षाकृत एक बड़ी संख्या विश्वविद्यालयों में प्रवेश लेती है, और अभिजात्यों के लिए उन सभी को समावेशित कर पाना संभव नही होता। इसीलिए, विश्वविद्यालय तकनीकी समाजों में लोकतांत्रिक सामाजिक व्यवस्था के मूल तत्व हैं। इसी के साथ–साथ, वे उन आखिरी सामाजिक संस्थानों में से भी एक हैं जिनकी मजबूत जड़ें मध्ययुगीन अतीत में जमीं हुई हैं। महाद्वीपीय यूरोपीय विश्वविद्यालय विशेषतौर पर विश्वविद्यालय स्वायत्तता तथा प्राध्यापिकीय लाभों की उन पारंपरिक धारणाओं को मजबूती से पकड़े हुए हैं जो कभी–कभी उच्च शिक्षा में अधिक आधुनिक प्रवृत्तियों से टकरा जाती हैं।

शोधकार्य भी विश्वविद्यालय जीवन का एक महत्वपूर्ण पहलू बन चुका है, और अधिकांश देशों में उच्च शिक्षा संस्थानों के प्रमुख सामाजिक कार्यों में से एक है। अमेरिका में, सरकार तथा निजी एजेन्सियों के द्वारा विश्वविद्यालयों को भारी मात्रा में धन प्रदान किया जाता है ताकि वे एक तकनीकी समाज के लिए महत्वपूर्ण प्राकृतिक एवं सामाजिक विज्ञानों में बुनियादी शोध के एक बड़े भाग को संपन्न कर सकें। जहाँ अधिकांशतः विश्वविद्यालयों ने शोधकार्य के लिए निधियों में वृद्धि कर दी है, वहीं उन्हें इन निधियों को प्रदान करने वाली एजेन्सियों के प्रति बढ़ते हुए उत्तरदायित्वों को भी स्वीकार करना पड़ा है। इसके अलावा, शोधकार्य में प्रायः अधिक पारंपरिक शिक्षणकार्य से बाधा आती रही है, और यह टकराव अनेक उन्नत देशों, विशेषतौर पर अमेरिका, में बढ़ते हुए छात्र असंतोष के कारणों में से एक रहा है। छात्र प्रायः अधिक औचित्यपूर्वक शिकायत करते हैं कि उनके प्रोफेसर शिक्षण के बजाय शोध में अधिक रुचि लेते हैं, और यह कि विश्वविद्यालय की प्राथमिकताएं शिक्षण के बजाय शोधकार्य की ओर निर्देशित हो गई हैं। हालांकि, शोधकार्य की यह प्रवृत्ति अपरिवर्तनीय प्रतीत हो रही है क्योंकि तकनीकी समाजों को बुनियादी एवं अनुप्रयुक्त शोध की आवश्यकता है ताकि आर्थिक प्रगति के साथ–साथ अंतर्राष्ट्रीय वैज्ञानिक प्रगतियों में उनकी पहल की दरों को कायम रखा जा सके।

'विश्वविद्यालय क्रांति' का प्रारंभ 19वीं शताब्दी के मध्य में जर्मनी में हुआ था, जब जर्मन विश्वविद्यालय जर्मन राज्य की वैज्ञानिक तथा राजनीतिक प्रमुखता में एक अग्रणी तत्व बन गए थे। इसके पूर्व, अनेक देशों में विश्वविद्यालय एक महत्वपूर्ण सामाजिक

संस्थानों के रूप में मौजूद रहे थे, किन्तु सामाजिक मामलों के पिछड़े क्षेत्र में किए गए विश्लेषणों में अंतिम थे। इंग्लैण्ड में, विश्वविद्यालयों ने ब्रिटिश अभिजात्यों को चमक प्रदान की और प्रोटेस्टेंट पुरोहित वर्ग को प्रशिक्षित किया, परंतु वे महत्वपूर्ण संस्थान नहीं थे। ब्रिटेन तथा फ्रांस दोनों तथा बाद में अमेरिका में औद्योगिक क्रांति को संभव बनाने वाली महान वैज्ञानिक खोजें विश्वविद्यालयों में नहीं बल्कि स्वतंत्र रूप से कार्यरत् व्यक्तियों द्वारा की गई थीं। कहीं–कहीं मौजूद छात्र असंतोष की सामान्यतः समाज के द्वारा उपेक्षा कर दी जाती थी। हालांकि, स्थिति अब बहुत बदल चुकी है। समाज विश्वविद्यालयों में व्यवधानों की उपेक्षा नही कर सकते, इसलिए क्योंकि उच्च शिक्षा के सुचारु संचालन में उनका एक सशक्त हित मौजूद है, और इसलिए भी क्योंकि अनेक देशों में विश्वविद्यालय राजनीतिक शक्ति एवं प्रभाव के केन्द्र बन चुके हैं।

विकासशील देशों में विश्वविद्यालय विशेषतौर पर एक महत्वपूर्ण राजनीतिक कार्य ग्रहण कर चुके हैं। विश्वविद्यालय न केवल देश के अभिजात्यों को प्रशिक्षित कर रहे हैं, बल्कि उन देशों, जहाँ राजनीतिक रूप से जागरूक 'जनता' की संख्या बहुत छोटी है, में उच्च शिक्षा संस्थान एक प्रत्यक्ष राजनीतिक भूमिका भी निभा सकते हैं। अनेक देशों में विश्वविद्यालय के शिक्षक प्रायः सरकार के परामर्शदाताओं के रूप में अथवा यहाँ तक कि मंत्री के रूप में भी कार्य करते हैं। राजनीतिक पत्रिकाएं प्रायः विश्वविद्यालयों से ही जारी की जाती हैं, और वैचारिक प्रवृत्तियाँ सबसे पहले विश्वविद्यालयों के अंदर ही प्रतिबिंबित होती हैं। इंडोनेशिया में आर्थिक नियोजन व्यापकतौर पर विश्वविद्यालय–निर्देशित मामला होता है, और भारतीय मंत्रिमंडल में अनेक भूतपूर्व प्रोफेसर सेवारत् हैं। किसी भी सरकार के लिए यह प्रायः खतरनाक होता है कि वह विश्वविद्यालयों में अपने लिए विरोध उत्पन्न होने दे।

अनेक विकासशील देशों में छात्र आबादी काफी महत्वपूर्ण भी है। मात्र यह तथ्य कि बौद्धिकतौर पर उन्मुख युवाओं की बड़ी संख्या एक स्थान पर एकत्रित होती है, राजनीतिक सक्रियतावाद के लिए एक प्रोत्साहन होता है। छात्र सक्रियतावाद की परंपराएं, तथा राजनीति में छात्रों की वास्तविक एवं संभावित भूमिका विश्वविद्यालयों के राजनीतिक प्रभाव में वृद्धि कर देती हैं। अर्जेन्टीना में सरकारी अधिकारी राजनीतिक असंतोष का खतरा उत्पन्न होने पर सबसे पहले विश्वविद्यालय परिसरों को सील कर देते हैं, और भारत, बर्मा, तथा जापान जैसे देशों में विश्वविद्यालयों को विस्तारित अवधियों के लिए बंद किया जाता रहा है।

इस निबंध में अंतर्राष्ट्रीय विश्वविद्यालय संकट का गहन विश्लेषण करना असंभव है, हालांकि ऐसे अनेक देशों का उल्लेख किया जा सकता है जहाँ हाल में इस संकट के नाटकीय परिणाम रहे हैं। अमेरिकी विश्वविद्यालय संकट 1964 में बर्कले के सुप्रचारित छात्र आंदोलन, तथा अधिक हाल में 1968 में कोलम्बिया विश्वविद्यालय में सर्वाधिक सजीव ढंग से व्यक्त हो चुका है। इनमें से प्रत्येक मामले में, वैचारिक रूप से मुखर छात्रों के छोटे समूहों ने राजनीतिक एवं शैक्षणिक मुद्दों के साथ मिलाकर एक बड़े छात्र असंतोष का निर्माण कर लिया था जो बड़े संकट के रूप में उभरा था। बर्कले में, अमेरिका में बड़े राजकीय विश्वविद्यालयों में स्नातक शिक्षा के 'अवैयक्तिकीकरण' के साथ मिलकर दीर्घकालिक छात्र असंतोष ने कठिनाईयों को प्रोत्साहित करने में सहायता प्रदान की थी। अनेक युवा शिक्षकों, जो 'प्रकाशन करो अथवा समाप्त हो जाओ' की गहन प्रतिस्पर्धा का सामना कर रहे थे, ने भी इस असंतोष में योगदान किया, ऐसा ही अधिक कार्यभारयुक्त उन शोध छात्रों ने भी किया था जो अब बी.ए. स्तर तक के अधिकांश शिक्षण को संभाल रहे हैं। कोलम्बिया की घटनाएं आंशिकतौर पर

छात्रों के सामान्य असंतोष तथा आंशिकतौर पर विश्वविद्यालय तथा अमेरिका सरकार के बीच के सम्बन्धों के विशिष्ट मुद्दों, तथा विशेषतौर पर विएतनाम में अमेरिकी सैन्य प्रयासों से प्रेरित थीं। छात्रों ने रक्षा विश्लेषण के लिए गुप्त संस्थान में कोलम्बिया की भागीदारी के विरुद्ध विरोध प्रदर्शन किए थे। छात्रों ने कोलम्बिया द्वारा अपने आसपास के उस पड़ोस की सहायता न करने के प्रति आपत्ति की थी जो अमेरिका के सर्वाधिक बुरी नीग्रो बस्ती हुआ करते थे और जिन्होंने इस समुदाय के प्रति विश्वविद्यालय के 'आइवरी टावर' दृष्टिकोण पर हमले किए थे। इन सभी कारकों ने एकसाथ मिलकर एक नाटकीय संकट उत्पन्न कर दिया था।

इस बात में कोई संदेह नहीं है कि अमेरिकी विश्वविद्यालय एक अत्यधिक सफल संस्थान है। उच्च शिक्षा पर अभूतपूर्व धनराशि व्यय की जाती है, और देश के राजनीतिक एवं आर्थिक ढाँचे में विश्वविद्यालय की एक महत्वपूर्ण भूमिका है। इसी के साथ–साथ, विस्तार अनियोजित रहे हैं, और अनेक संस्थानों ने लाभदायक शोधकार्य में संलिप्त होने की दौड़ में शिक्षण कार्य की उपेक्षा कर दी है। छात्र संकटों ने आधुनिक अमेरिकी विश्वविद्यालय के पीछे की मजबूतियों में से कुछ के पुनर्परीक्षण के लिए शिक्षकों को प्रोत्साहित किया है, और शैक्षणिक सुधारों की दिशा में कुछ कदम उठाए जा चुके हैं। फिर भी, उच्च शिक्षा का पैटर्न व्यवस्थित हो चुका प्रतीत होता है, और विश्वविद्यालयों के लिए अपने शोध एवं परामर्शदात्री कार्यों को त्याग पाना कठिन होगा, भले ही वे ऐसा करने की इच्छा भी क्यों न रखते हों। बढ़ती हुई लागतों ने वित्तीय सहयोग के लिए विश्वविद्यालयों को निरंतर सरकारी एजेन्सियों पर निर्भर बना रखा है, तथा अकादमिक स्वायत्तता का भविष्य, विशेषतौर पर राजकीय विश्वविद्यालयों में, स्पष्ट होने से कोसों दूर है।

जहाँ अमेरिका व्यापकतौर पर भिन्न गुणवत्तासंपन्न संस्थानों के साथ सामूहिक उच्च शिक्षा प्रणाली के प्रति प्रतिबद्ध रहा है, वहीं परंपरागत यूरोपीय विश्वविद्यालय कठोरतापूर्वक चुने गए छात्रों की एक छोटी सी संख्या को प्रवेश प्रदान करने वाले एक अभिजात्यवादी संस्थान रहे हैं। यूरोपीय विश्वविद्यालयों के पाठ्यक्रम भी इस मामले में अपेक्षाकृत पारंपरिक रहे हैं कि विज्ञान विषयों में शोध मंद रहे हैं, तथा अनेक नए विषयों, जैसे कि समाजविज्ञान अथवा परमाणु भौतिकी, को बहुत हाल ही में शामिल किया गया है। सामाजिक दबावों ने यूरोपीय विश्वविद्यालयों को आकार तथा अकादमिक क्षेत्र दोनों में ही विस्तार के लिए बाध्य किया है, किन्तु नई माँगों को पूरा करने के लिए धनराशि की कमी प्रायः बनी रही है। परिणामस्वरूप, संस्थानों में भीड़ बढ़ चुकी है, और पारंपरिक अकादमिक संकाय अप्रबंधनीय हो चुके हैं क्योंकि नए विषयों को वर्तमान विभागों एवं स्कूलों में ही जोड़ दिया गया था। इसके अतिरिक्त, एक अभिजात्य विश्वविद्यालय की अवधारणा पर फ्रांस, जर्मनी, ब्रिटेन, तथा अन्य देशों में हमले प्रारंभ किए जा चुके हैं।

यूरोपीय विश्वविद्यालयों ने 1960 के दशक के प्रारंभ में सुधारों की ओर कदम उठाए थे, परंतु निरंतर बढ़ती हुई असंतुष्ट छात्र आबादी के लिए वे बहुत मंद गति वाले थे। अतिरिक्त छात्रों को संभालने हेतु सुविधाओं का निर्माण किए जाने के पहले ही छात्रसंख्या में वृद्धि कर ली गई, और बड़े विश्वविद्यालयों में अकादमिक विभागों में वरिष्ठ प्रोफेसरों के पारंपरिक प्रभुत्व अप्रबंधनीय हो गए थे। जैसे कि अमेरिका में हुआ था, फ्रांस तथा पश्चिमी जर्मनी में बड़े छात्र विक्षोभों को जन्म देने के लिए शिक्षा असंतुष्टि कट्टरपंथी राजनीति के साथ संयोजित हो चुकी थी। इन विरोध प्रदर्शनों ने यूरोपीय विश्वविद्यालयों को अकादमिक सुधारों की दिशा में और अधिक तीव्रता से कदम

उठाने हेतु प्रोत्साहित किया है, परंतु यह स्पष्ट है कि छात्र असंतुष्टि की समाप्ति एवं विश्वविद्यालयों के रूपांतरण अभी भी दिखाई नहीं दे रहे हैं।

जापान में विश्वविद्यालय पश्चिमी देशों की अपेक्षा अधिक हाल में उत्पन्न हुए हैं, परंतु इसने इन्हें अपेक्षाकृत बहुत संक्षिप्त अवधि में ही एक शक्तिशाली संस्थान विकसित कर लिया है। आधुनिक उच्च शिक्षा, जिसका प्रारंभ 1968 के मेइजी पुनर्बहाली से हुआ था, ने जापान के तकनीकी विस्तार को रीढ़ की हड्डी प्रदान की है। द्वितीय विश्वयुद्ध के बाद से, जापानी विश्वविद्यालयों ने स्वयं को जर्मनी मॉडल वाले एक अभिजात्यवादी संस्थान से अमेरिकी विश्वविद्यालय पर आधारित सामूहिक प्रणाली में रूपांतरित कर लिया है। पुरानी अभिजात्यवादी प्रणाली के तत्व, जैसे कि टोक्यो विश्वविद्यालय जैसे 'राष्ट्रीय' संस्थानों की उच्च प्रतिष्ठा, प्रवेश परीक्षा की प्रणाली जिसे 'परीक्षा का नर्क' कहा जाता है, तथा वरिष्ठ प्रोफेसरों की परम सत्ता आदि अभी भी कायम हैं। प्रबंधनीय रूप से भिन्न स्तरों वाले संस्थान जापान में साथ–साथ मौजूद हैं, यद्यपि राष्ट्रीय विश्वविद्यालयों की उत्कृष्टता को सार्वभौमिक तौर पर मान्यता प्राप्त है तथा उनमें प्रवेश हेतु प्रतिस्पर्धा अत्यन्त कठिन है।

जापानी विश्वविद्यालयों को अत्यन्त कम सरकारी सहयोग के साथ अत्यधिक बढ़ चुकी छात्र आबादी तथा निरंतर महँगी हो रही शोध परियोजनाओं के साथ निपटना पड़ता है। विश्वविद्यालयों के बुनियादी ढाँचे परंपरागत बने हुए हैं, जिसमें वरिष्ठ प्रोफेसर के अधिकार व्यापक हैं तथा विकसित हो रहे अकादमिक विभाग युवा शिक्षकों के लिए अपेक्षाकृत कम उन्नति उपलब्ध करा पा रहे हैं। अनेक संस्थानों में शिक्षा की गुणवत्ता प्रभावित हो चुकी है, अध्ययन की स्थितियाँ खराब हुई हैं, तथा विस्तार अबाधित तौर पर जारी रहा है। जापान में विश्वविद्यालय की अभिजात्यवादी अवधि के द्वारा पीछे छोड़े गए तत्वों में से एक रही है राजनीतिक सक्रियतावाद की शक्तिशाली परंपरा। उग्रवादी जेंगाकुरेन, जो जापान का राष्ट्रीय छात्रसंघ है, राजनीतिक अभियानों में भागीदारी के लिए बड़ी संख्या में छात्रों को एकजुट करने में सफल रहा है यद्यपि इसके कार्यकर्ताओं की संख्या अपेक्षाकृत बहुत कम है। टोक्यो विश्वविद्यालय तथा अन्य संस्थानों में छात्र असंतोष राजनीतिक असहमतियों के साथ अन्य देशों के समान शैक्षणिक शिकायतों को भी जोड़ चुका है। महत्वपूर्ण रूप से, टोक्यो संकट का प्रारंभ, विश्वविद्यालय में सर्वाधिक रूढिवादी संकायों में से एक, चिकित्सा संकाय में नियंत्रणों के विरुद्ध हुए एक छात्र विरोध प्रदर्शन द्वारा हुआ था, जिसके साथ विश्वविद्यालय प्रशासन द्वारा बहुत बुरे तरीके से निपटा गया था। प्रदर्शनकर्ताओं के विरुद्ध अनुशासनात्मक कार्यवाही रद्द करने की माँग के साथ प्रारंभ हुआ आंदोलन प्रमुख विश्वविद्यालय सुधारों को शामिल करने हेतु व्यापक होता गया, और विश्वविद्यालयों की अनेक इमारतों पर छात्र उग्रवादियों द्वारा कब्जा कर लिए जाने के बाद समाप्त हुआ जो कई महीनों तक जारी रहा।

भारतीय विश्वविद्यालय भी, जो कमोबेश स्थाई संकट की अवधि में रहे हैं, अन्य विश्वविद्यालय प्रणालियों के साथ कुछ अंतर एवं समानताओं को प्रदर्शित करते हैं। भारत में विश्वविद्यालय के वातावरण, जिनमें छात्र स्वयं को पाता है, का अनुशासनहीनता तथा छात्र सक्रियतावाद के प्रश्न के साथ एक विशेषतौर पर महत्वपूर्ण रिश्ता है। भारतीय छात्रों की जीवनयापन एवं कार्य परिस्थितियाँ लगभग सार्वभौमिकतौर पर खराब हैं। विश्वविद्यालय अनुदान आयोग तथा विभिन्न विश्वविद्यालयों द्वारा संपन्न अध्ययन इंगित करते हैं कि छात्र आबादी का एक बहुत बड़ा भाग कुपोषित है तथा यह कि अनेक छात्रों के लिए निवास स्थल अपर्याप्त हैं।

1947 के बाद उच्च शिक्षा में हुआ भारी विस्तार परिवर्तनशील परिसर स्थितियों तथा विश्वविद्यालयों एवं कॉलेजों में स्थितियों के खराब होने का एक प्रमुख निर्धारक रहा है।

यह एक साधारण तथ्य है कि सीमित संसाधनों वाले एक देश में स्तरों एवं सुविधाओं को कायम रखते हुए संस्थानों के आकार में विस्तार करना संभव नहीं रहा है। अनेक नए कॉलेजों, विशेषतौर पर ग्रामीण क्षेत्रों में, के पास पुस्तकालय सुविधाएं अपर्याप्त हैं, प्रयोगशाला के लिए स्थान नहीं हैं, और छात्रों एवं कर्मचारियों के लिए सुविधाएं गिनीचुनी हैं। प्रमुख समस्याओं में से एक यह तथ्य रहा है कि सुप्रशिक्षित एवं प्रतिबद्ध शिक्षक उपलब्ध नहीं रहे हैं। कॉलेज में शिक्षण अधिक पारिश्रमिक नहीं प्रदान करता, पेशे के रूप में अपनी अतीत की अधिकांश प्रतिष्ठा गवाँ चुका है, तथा परिणामस्वरूप अधिकांश योग्य स्नातक सामान्यतः शिक्षण का रुख नहीं करते। इसके अलावा, शहरों के बाहर तो प्रशिक्षित शिक्षक और अधिक दुर्लभ हैं, क्योंकि शिक्षित लोग शहरी जीवन के आनंद को त्यागने के प्रायः इच्छुक नहीं होते। अपर्याप्त रूप से प्रशिक्षित शिक्षकों के साथ परिसर जीवन की गुणवत्ता में स्वाभाविक रूप से कुछ कमी आ चुकी है।

भारतीय विश्वविद्यालय की मूल समस्याओं को कालक्रमबद्ध करना आवश्यक नहीं है। विश्वविद्यालय जीवन के सर्वाधिक महत्वपूर्ण पहलुओं में से एक रहा है भारत में अनेक विश्वविद्यालयों का राजनीतिकरण करना। इस कारक के छात्र सक्रियतावाद एवं अनुशासनहीनता के प्रति महत्वपूर्ण निहितार्थ रहे हैं। अत्यधिक संरक्षण प्राप्त होने तथा स्थानीय प्रतिष्ठा का साधन होने के कारण महत्वपूर्ण हो चुके सामाजिक संस्थान के रूप में विश्वविद्यालय अनेक क्षेत्रों में प्रमुख सामाजिक संस्थान बन चुके हैं। नए विश्वविद्यालयों की स्थापना के लिए विभिन्न क्षेत्रों के बीच नियमित तौर पर कटु–संघर्ष होता है, और राजनीतिज्ञ अपने संघर्षों को विश्वविद्यालय परिसरों में उतार लाए हैं। जहाँ ऐसे अंदरूनी राजनीतिक हस्तक्षेप चरम पर हैं, जैसा कि हाल के वर्षों में बनारस हिन्दू विश्वविद्यालय तथा इलाहाबाद विश्वविद्यालय में रहा है, छात्र जीवन बार–बार व्यापक विश्वविद्यालय समुदाय की राजनीतिक गुटबाजी से किसी न किसी प्रकार सम्बन्धित राजनीतिक विवादों से बाधित होता रहा है।

भारतीय विश्वविद्यालयों, जो खुलेआम राजनीतिक संघर्षों में संलिप्त नहीं रहे हैं, में छात्र अंसतोष अपेक्षाकृत कम गंभीर समस्या रही है। और चूंकि भारत में सभी स्तरों पर संसाधन अपेक्षाकृत दुर्लभ हैं, अतः ऐसी संभावना नहीं है कि विश्वविद्यालय राजनीति में संलिप्त होने से बच सकें। फ्रेंच राजनीतिज्ञ क्लेमेंसौ को संक्षेप में उद्धृत करने हेतु, "शिक्षा शिक्षकों पर छोड़ दिए जाने योग्य एक महत्वपूर्ण मामला है।"

भारत के विश्वविद्यालय संकट का प्रमुख कारण विस्तार है। यदि सिर्फ विस्तार को ही रोक दिया जाए और उपलब्ध संसाधनों को वर्तमान संस्थानों को आबंटित कर दिया जाए तो इस क्षय को रोका जा सकता है। भारत सामूहिक उच्च शिक्षा के प्रति शक्तिशाली तरीके से प्रतिबद्ध है, और समाज में बड़ी राजनीतिक ताकतें सतत् शैक्षणिक विस्तार की माँग कर रही हैं। अतः, विश्वविद्यालय तथा कॉलेजों की वृद्धि को सीमित करना कठिन है और शायद एक असंभव कार्य भी। निश्चित रूप से, विश्वविद्यालयों के वर्तमान ढाँचे में सुधार किए जा सकते हैं, परंतु सुधार हेतु कुछ ही ठोस सुझाव प्रस्तावित किए गए हैं, और अधिकांश शिक्षाविद्, जिसमें नीति–निर्धारण के शीर्ष पदों पर बैठे लोग भी शामिल हैं, वर्तमान प्रणाली को प्रभावी रूप से क्रियाशील बनाने में इतने अधिक संलिप्त हैं कि परिवर्तन पर विचार करना कठिन है।

ऐसा प्रतीत होगा कि भारत का शिक्षा संकट एक लंबे समय तक जारी रहेगा, और इसका कोई तात्कालिक समाधान संभव नहीं है। आखिरकार, विश्वविद्यालय समाज में एक महत्वपूर्ण प्रयोजन पूरा करते हैं, और आवेदकों की बढ़ती हुई संख्या को विश्वविद्यालय डिग्री प्रदान किए जाने के उद्देश्य से विस्तार किए जाने की माँग

जोरदार है। विश्वविद्यालय समाज में सामाजिक गतिशीलता के सर्वाधिक प्रभावी माध्यम बने हुए हैं, और यहाँ तक कि मध्यम दर्जे के लिपिकीय रोजगार के लिए भी डिग्री का होना एक पूर्वआवश्यकता है।

VI

भारतीय छात्र असंतोष अपने आप ही कायम नहीं है। यह अंतर्राष्ट्रीय प्रवृत्ति का एक भाग है और जहाँ भारतीय स्थिति के अनेक पहलू अनूठे हैं, वहीं अन्य देशों के उदाहरण शिक्षाविदों और अन्य लोगों को छात्रों की समस्याओं को बेहतर तरीके से समझने तथा उनसे रचनात्मक रूप से निपटने में सहायक हो सकते हैं। इस पुस्तक का प्रयोजन है कि भारतीय छात्रों की समस्याओं को यही अंतर्राष्ट्रीय परिप्रेक्ष्य प्रदान किया जाए।

भारत अन्य अनेक विकासशील देशों के साथ एक राष्ट्रवादी परंपरा तथा राष्ट्रवादी आंदोलन के एक अनुलग्नक के रूप में राजनीति में छात्रों की संलिप्तता के एक सशक्त इतिहास को साझा करता है। परंतु स्वतंत्रतप्राप्ति के बाद की अवधि में छात्र आंदोलन में भारी परिवर्तन आ चुके हैं। ऐसे संगठन तथा अभिप्रेरणाएं, जिन्होंने 1947 के पूर्व राजनीतिक गतिविधियों को प्रोत्साहित किया था, अब महत्वपूर्ण नहीं रह गए हैं। आज सत्ता में बैठे अनेक राजनीतिज्ञ, जिन्हें 1930 अथवा 1940 के दशकों के छात्र आंदोलनों में अपनी राजनीतिक दीक्षा प्राप्त हुई थी, यह नहीं समझ रहे हैं कि 1960 के दशक का छात्र असंतोष उनके द्वारा अतीत में अनुभव किए गए आंदोलनों से बहुत अलग है। कुछ अपवादों के साथ, पारंपरिक अर्थों में वैचारिक राजनीति परिसर में कोई भूमिका नहीं निभा रही है। जहाँ विश्वसनीय आँकड़े अनुपलब्ध हैं, वहीं यह प्रतीत होता है कि मात्र कुछ भारतीय परिसरों के पास ही राजनीतिक रूप से परिष्कृत ऐसे छात्र नेता उपलब्ध हैं जो तात्कालिक असंतोष का लाभ उठाने के इच्छुक हैं। भारत में राष्ट्रीय छात्र नेतृत्व प्रायः ही ऐसे पदलोलुप व्यक्तियों के हाथों में रहा है जो किसी आंदोलन को खड़ा करने के बजाय विदेश यात्रा के अधिक इच्छुक रहे हैं। निश्चित रूप से, इस सामान्यीकरण के कुछ अपवाद भी हैं, और कोलकाता छात्र आंदोलन के पास कई वर्षों तक एक प्रतिबद्ध राजनीतिक नेतृत्व उपलब्ध भी था। अखिल भारतीय विद्यार्थी परिषद् तथा अखिल भारतीय छात्रसंघ जैसे समूहों के कार्यकर्ताओं ने भी प्रतिबद्धताएं प्रदर्शित की हैं।

भारत में स्वतंत्रताप्राप्ति के बाद का छात्र असंतोष लगभग पूरी तरह से स्थानीय मुद्दों पर आधारित रहा है, और इस अर्थ में यह अन्य देशों के आंदोलनों से पृथक है। इसके अलावा, जब कभी भी छात्रों ने सामाजिक मुद्दों पर आंदोलन किए हैं, इन मामलों का क्षेत्र अपेक्षाकृत सीमित रहा है और भारतीय समाज में बुनियादी सामाजिक परिवर्तन के निहितार्थों से रहित रहा है। उदाहरणार्थ, संयुक्त महाराष्ट्र समिति, जिसने एक पृथक महाराष्ट्र राज्य की माँग की थी, 1965 का मद्रास का भाषा आंदोलन, ओडिशा में मुख्यमंत्री को पदच्युत करने का सफल प्रयास, और 1967 में बिहार तथा कुछ अन्य क्षेत्रों के आम चुनाव। महत्वपूर्णरूप से, इसमें से किसी भी मामले से बुनियादी सामाजिक परिवर्तन नहीं बल्कि सरकार की विशिष्ट नीतियाँ अथवा स्थानीय राजनीतिक मुद्दे जुड़े हुए थे। इसके अतिरिक्त, अनुशासनहीनता का एक बहुत बड़े भाग का कारण परिसर सम्बन्धी मुद्दे होते हैं जिनका सामान्य राजनीतिक मसले से कोई सम्बन्ध नहीं होता। यही कारण है कि भारतीय छात्रों की अनुशासनहीनता की भविष्यवाणी करना बहुत कठिन है और इसी के साथ–साथ यह बहुत उतार–चढ़ाव भरी एवं अल्पकालिक भी होती है।

भारतीय विश्वविद्यालय जीवन का एक अन्य पहलू, जो अधिकांश अन्य देशों से भिन्न है और जिसके छात्र सक्रियतावाद के लिए प्रमुख निहितार्थ हैं, विश्वविद्यालयों का राजनीतिकरण है। किसी भी अन्य देश में विश्वविद्यालय प्रणाली स्थानीय राजनीति में इतनी घनिष्ठतापूर्वक संलिप्त नहीं है। किसी न किसी प्रकार की अकादमिक राजनीतिक गुटबाजी तो सभी जगह मौजूद है, परंतु भारत में यह एक ललित कला में विकसित हो चुकी प्रतीत होती है। स्थानीय कॉलेजों को स्थापित करना अक्सर राजनीति से जुड़ा होता है, और राजनेता कॉलेजों का, तथा कभी–कभार विश्वविद्यालय का भी, उपयोग राजनीति के संचालन केन्द्र के रूप में करने हेतु उत्सुक रहते हैं।

भारत में राजनीतिज्ञों के द्वारा निजी राजनीतिक प्रयोजनों के लिए विश्वविद्यालय छात्रों के उपयोग किए जाने के सम्बन्ध में बहुत कुछ कहा जा चुका है, और निःसंदेहात्मक रूप से किसी सीमा तक यह सच है। यद्यपि इस विषय पर कोई निश्चयात्मक अध्ययन उपलब्ध नहीं है, ऐसी संभावना नहीं है कि राजनीतिज्ञ छात्रों का सहजतापूर्वक 'उपयोग' कर सकें। विश्वविद्यालय जीवन की बुनियादी कुंठाओं तथा अकादमिक राजनीति के अंतर्प्रवाह, जो अनेक संस्थानों में विद्यमान है, के बिना यह असंभव है कि राजनीतिज्ञ बहुत अधिक सफल हो सकें। उदाहरणार्थ, मुम्बई विश्वविद्यालय में विपक्षी राजनेताओं और यहाँ तक कि कांग्रेसी भी छात्रों के बीच राजनीतिक आंदोलन खड़े करने के प्रयास करते रहे हैं, परंतु अभी तक वे असफल ही रहे हैं। इस असफलता के संभावित कारणों में यह तथ्य शामिल है कि विश्वविद्यालय खुले अंदरूनी राजनीतिक संघर्ष से अपेक्षाकृत मुक्त रहे हैं, और शायद छात्रों के द्वारा सामना की गई कुंठाएं कम ही रही हैं। छात्रों को राजनीतिज्ञों की साजिशों पर परिसरों के अंदर और बाहर अनुशासनहीनता का दोषी ठहराया जाना सर्वश्रेष्ठ रूप से एक अतिसरलीकरण भर है।

छात्र असंतोष का यह एक बुनियादी नियम प्रतीत होता है कि प्रायः यह प्रशासनिक त्रुटियों और गलत अनुमानों से जुड़ा होता है। जब प्रशासक विनम्रता, समझ तथा सामयिक कठोरता के साथ छात्र विक्षोभों को संभालने में समर्थ होते हैं, और जब उन्हें असंतोष के कारणों और प्रकृति की एक बुनियादी समझ होती है, तब सामान्यतः बड़े संकटों से बचा जा सकता है। अधिकांश छात्र, चाहे कितने भी कुंठित क्यों न हों, वास्तव में अपने अध्ययनों को निर्बाध पूरा करने में रुचि रखते हैं। अल्पसंख्यक कार्यकर्ताओं को छात्रों की बड़ी संख्या से समर्थन प्राप्त करना उस समय सहज होता है जब विश्वविद्यालय प्रशासक अथवा सरकारी अधिकारी असंयमित व्यवहार करते हैं अथवा छात्र नेताओं पर कठोर अनुशासनात्मक कार्यवाही करते हैं। बर्कले, कोलम्बिया, तथा अभी हाल में पेरिस में की गई प्रशासनिक गल्तियाँ ऐसी उल्लेखनीय समानताओं को प्रदर्शित करती हैं और यह समझना अधिक कठिन है कि क्यों प्रशासक अतीत की गल्तियों से सबक नहीं लेते। भारत में भी विश्वविद्यालय अधिकारियों ने छात्र अनुशासनहीनता से निपटने में बार–बार गल्तियाँ की हैं, और इस प्रकार पहले से तनावग्रस्त मुद्दों को और बिगाड़ दिया है।

अनेक विकासशील देशों में स्वतंत्रताप्राप्ति के बाद की अवधि कठिनाईपूर्ण रही है। आर्थिक एवं सामाजिक उन्नति एक कठिन कार्य सिद्ध हुआ है, और अनेक लोगों, विशेषतौर पर बुद्धिजीवियों एवं छात्रों की तीव्र सामाजिक परिवर्तन सम्बन्धी अपेक्षाएं पूरी नहीं हो सकी हैं। भारत तथा अन्य देशों में, स्वतंत्रतासंग्राम का आदर्शवाद भ्रष्टाचार तथा निराशावाद में बदल चुका है। पंचवर्षीय योजनाओं एवं अन्य बयानबाजियों के

बावजूद समाज के पास कोई स्पष्ट दिशा नहीं है। हाल के इतिहास के इन पहलुओं ने परिसरों पर प्रभाव डाले हैं, और संभवतः वैचारिक छात्र संगठनों के पतन तथा छिटपुट किन्तु सामान्यतः दिशाहीन छात्र असंतोष की उत्पत्ति में योगदान किए हैं। इस दिशाहीनता ने निश्चित रूप से युवाओं की सामान्य बैचैनी और कुंठाओं में योगदान किया है, और उनके लिए अपने अंदर शेष बचे आदर्शवाद को व्यक्त करना कठिन बना दिया है।

VII

भविष्य क्या है? एक अंतर्राष्ट्रीय प्रवृत्ति के रूप में छात्र सक्रियतावाद निश्चित तौर पर यहाँ बना रहने वाला है। यहाँ तक कि सर्वाधिक उन्नत समाजों में भी विश्वविद्यालय समस्याओं का त्वरित समाधान करने में सक्षम नहीं होने वाले हैं। छात्र सक्रियतावाद को प्रोत्साहित करने वाली सामाजिक समस्याएं, जैसे नस्ली सम्बन्ध, परिवर्तनशील आर्थिक पैटर्न, समाज का अवैयक्तिकीकरण, आदि गहन एवं बाध्यकारी मुद्दे हैं। अपने राजनीतिक उन्मुखीकरण के बगैर भी समाज के लिए अपने घोषित लक्ष्यों को पूरा कर पाना कठिन है। ये सभी मुद्दे बुद्धिजीवियों और विश्वविद्यालय छात्रों के बीच असंतोष को प्रोत्साहित करते हैं।

जहाँ यह भविष्यवाणी करना सहज है कि छात्र सक्रियतावाद विश्वविद्यालयों तथा कुछ देशों की सरकारों के द्वारा भी सामना की जाने वाली प्रमुख समस्या बना रहेगा, वहीं अलग–अलग देशों के सम्बन्ध में प्रवृत्ति की भविष्यवाणी करना बिल्कुल भी सहज नहीं है। छात्र सक्रियतावाद सर्वाधिक अल्पकालिक राजनीतिक गतिविधियों में से एक होती है, और आंदोलनों का आवागमन आश्चर्यजनक गति से होता रहता है। यह तथ्य कि छात्रों की पीढ़ियां कुछ ही वर्षों में परिवर्तित हो जाती हैं, और यह कि छात्र व्यापक सामाजिक व्यवस्था की मनोदशा और प्रवृत्तियों से बहुत अधिक प्रभावित होते हैं, का अर्थ है कि उनके बारे में भविष्यवाणी करना अत्यन्त कठिन है। यदि पर्याप्त शक्ति और नियंत्रण का विस्तार करने की इच्छुक हों तो सरकारों के लिए विशिष्ट विश्वविद्यालयों में छात्र असंतोष को समाप्त करना भी संभव है। इसी के साथ–साथ उन्हें अकादमिक उत्कृष्टता को समाप्त करने का जोखिम भी उठाना पड़ता है, क्योंकि राजनीतिक रूप से जागरूक छात्र निकाय तथा विद्वत्तापूर्ण उपलब्धियाँ प्रायः हमकदम होते हैं।

भारत में व्यापक शैक्षणिक प्रवृत्तियों की भविष्यवाणी करना बहुत कठिन नहीं है, कम–से–कम अल्पकाल के लिए तो नहीं। जैसा कि पहले नोट किया जा चुका है, विश्वविद्यालयों के सतत् विस्तार के कठोर दबाव को रोक पाना असंभव सिद्ध होगा, और परिणामस्वरूप यदि असंभव नहीं तो यह कठिन सिद्ध होगा कि विश्वविद्यालयों के स्तर में सुधार किए जा सकें। अपेक्षाकृत खराब परिस्थितियों, जिनमें अनेक छात्र अध्ययनरत् हैं, में भी अपर्याप्त संसाधनों के कारण पर्याप्त सुधार नहीं हों सकेंगे। विश्वविद्यालय के शिक्षकों के अपर्याप्त वेतन का अर्थ है सर्वश्रेष्ठ स्नातक अकादमिक पेशे में प्रवेश नहीं करेंगे, और शिक्षण की गुणवत्ता का प्रभावित होना जारी रहेगा। निश्चित रूप से शिक्षा तथा छात्र जीवन की गुणवत्ता में सुधार करने हेतु सुधारात्मक उपाय किए जा सकते हैं और किए भी जाने चाहिए, परंतु वर्तमान परिस्थितियों के अंतर्गत बुनियादी प्रगति अथवा सुधार संभवतः असंभव हैं।

निःसंदेहात्मक रूप से छात्र अनुशासनहीनता भारत में एक अत्यन्त ऊँचे स्तर पर जारी रहने वाली है। यदि विश्वविद्यालयों के अंदर गुटबाजीपूर्ण राजनीति में कटौती कर

दी जाए और सुधार सम्बन्धी अन्य उपायों को अपना लिया जाए तो संभवतः असंतोष की मात्रा और तीक्ष्णता सीमित की जा सकती है, परंतु शिक्षा प्रणाली तथा सामाजिक व्यवस्था में बुनियादी परिवर्तनों के बिना इसे समाप्त नहीं किया जा सकता। भारत में वर्तमान राजनीतिक प्रवृत्तियों को ध्यान में रखते हुए यह असंभव प्रतीत होता है कि राष्ट्रीय पैमाने पर सशक्त वैचारिक आधार पर आधारित कोई छात्र आंदोलन खड़ा हो सकेगा। परंतु राजनीतिक परिस्थितियों को तीव्रगति से परिवर्तनों के लिए जाना जाता रहा है, और यदि बहुसंख्यक छात्रों को आकर्षित कर सकने योग्य कोई बड़ा नाटकीय मुद्दा उत्पन्न होता है तो सामूहिक वैचारिक आंदोलन संभव हो सकते हैं।

इस निबंध के द्वारा छात्र सक्रियतावाद के महत्वपूर्ण प्रश्न से सम्बन्धित साझा कारकों में से कुछ को इसके अंतर्राष्ट्रीय संदर्भ में स्पष्ट करने का प्रयास किया गया है, जिसमें भारत के लिए अंतर्राष्ट्रीय प्रवृत्ति की प्रासंगिकता पर विशेष जोर दिया गया है। यदि यहाँ एवं इस पुस्तक के अन्य निबंधों में प्रस्तुत किए गए विचारों में से कुछ शैक्षणिक नियोजनकर्ताओं एवं विश्वविद्यालय प्रशासकों को कुछ अंतर्दृष्टियाँ प्रदान कर पाते हैं तो एक महत्वपूर्ण लक्ष्य की प्राप्ति हो सकेगी। स्पष्टतौर पर, भारतीय स्थिति पर कहीं अधिक शोध की आवश्यकता है। भारत में विश्वविद्यालय जीवन, अथवा स्वयं संस्थानों के सम्बन्ध में बहुत कम जानकारी उपलब्ध है। यदि रचनात्मक सुधार किए जाने हैं तो और अधिक जानकारियों की आवश्यकता होगी। अतः, छात्र सक्रियतावाद एवं अनुशासनहीनता के अर्थों में भारत के लिए संभावनाएं, कम–से–कम, "पहले जैसी" ही प्रतीत होती हैं। यदि यह कोई सांत्वना हो सके तो अकेला भारत ही विश्वविद्यालय संकट से ग्रसित नहीं है।

31

छात्र राजनीतिः ऐतिहासिक परिप्रेक्ष्य एवं परिवर्तनशील परिदृश्य*

The Higher Learning in India
Amrik Singh and Philip G. Altbach (eds)
Vikas Publishing House Pvt Ltd (New Delhi), 1974
pp. 139–166

फ़िलिप जी. अल्ट्बाख़

एक शताब्दी से भी अधिक समय से छात्र असंतोष भारत की सर्वाधिक गंभीर शैक्षणिक एवं राजनीतिक समस्याओं में से एक रहा है।[1] छात्र आंदोलन राज्य सरकारों के पतन का कारण रहे हैं और उन्होंने केन्द्र सरकार को अपनी भाषाई नीतियों को संशोधित करने हेतु बाध्य किया है। छात्र सक्रियतावाद के कारण सभी स्तरों के अकादमिक संस्थान बाधित और कई बार बंद भी हुए हैं। इस अध्याय का प्रयोजन है कि भारतीय छात्र आंदोलन को इसके ऐतिहासिक संदर्भ में स्थापित किया जाए, और छात्र सक्रियतावाद से सम्बन्धित वर्तमान मुद्दों पर ध्यान केन्द्रित किया जाए। ऐसा मात्र सावधानीपूर्ण विश्लेषण से ही संभव है कि छात्र असंतोष की जड़ों को समझा जा सके और उनके कारणों से रचनात्मकतौर पर निपटा जा सके।

I

भारतीय छात्र राजनीति के किसी भी विचारण में छात्र आंदोलन के सामाजिक एवं शैक्षणिक संदर्भ पर विचार करना आवश्यक है। शायद विशेषतौर पर आधुनिक भारत में, जहाँ स्वतंत्रता के बाद राजनीति–उन्मुख मात्र कुछ ही छात्र आंदोलन हुए हैं, छात्र सक्रियतावाद का संदर्भ महत्वपूर्ण है। इस पुस्तक के अधिकांश अध्याय ''छात्र समस्या'' के विभिन्न पहलुओं से सम्बन्धित रहे हैं, और यह इस निबंध की परिधि से परे हैं कि छात्र सक्रियतावाद के सभी पहलुओं पर सविस्तार चर्चा की जा सके। हालांकि, भारतीय सामाजिक एवं शैक्षणिक जीवन के महत्वपूर्ण तत्वों, जो छात्र सक्रियतावाद को प्रभावित करते हैं, में से कम से कम एक का उल्लेख करना महत्वपूर्ण है।

भारतीय छात्र शून्य में कार्य नहीं करते, और वे पूरी तरह से समाज का एक भाग हैं तथा उन दबावों के अधीन हैं जो भारतीय समाज में सुस्पष्ट हैं। अपनी हाल की प्रभावशाली प्रगतियों के बावजूद भारत अभी भी एक ''अभावों का समाज'' बना हुआ है।[2] विश्वविद्यालय छात्रों के लिए कॉलेज में अध्ययन की स्थितियों तथा स्नातक के बाद उपयुक्त रोजगार के सम्बन्ध में चिंता करना आवश्यक है। इस तथ्य को दोहराना आवश्यक नहीं है कि अनेक भारतीय विश्वविद्यालय स्नातकों को एक रोजगार हासिल करने के पूर्व लंबा इंतजार करना पड़ता है, और उनमें से अनेक कभी भी संतोषजनक रोजगार हासिल नहीं कर पाते। इसके अलावा, अनेक छात्रों की स्थितियाँ स्तरहीन हैं,

और अधिकांश विश्वविद्यालय एवं कॉलेज छात्रों को अध्ययन के लिए आवश्यक न्यूनतम स्तर की जीवनयापन परिस्थितियाँ तक उपलब्ध नहीं हैं।[3]

शिक्षा प्रणाली स्वयं भी छात्रों के जीवन को सीधे प्रभावित करती है और छात्र सक्रियतावाद की प्रकृति एवं स्वरूप पर एक महत्वपूर्ण प्रभाव डालती है। स्वतंत्रताप्राप्ति के पूर्व की अवधि में, अभिजात्यवाद, प्रतिष्ठा, तथा अकादमिक समुदाय के सीमित आकार ने छात्र आंदोलन की प्रकृति को प्रभावित किया था। इसी प्रकार, आधुनिक भारतीय उच्च शिक्षा भी छात्र आंदोलन को प्रभावित कर रही है। 1947 के बाद से अकादमिक प्रणाली में हुई भारी वृद्धि तथा उसके परिणामस्वरूप प्रत्येक छात्र की स्थिति में आई गिरावट का भी एक प्रभाव रहा है। अत्यधिक भीड़ तथा उच्च शिक्षा में फैलती हुई नौकरशाही भी अंतर उत्पन्न करती है। भाषा का मुद्दा, जिसपर इस पुस्तक में अन्य स्थानों पर सविस्तार चर्चा की जा चुकी है, प्रत्येक छात्र को गंभीरतापूर्वक प्रभावित करता है। भारतीय उच्च शिक्षा में 'अपव्यय' की अत्यधिक ऊँची दर का अर्थ यह है कि छात्र समुदाय का एक बहुत बड़ा भाग कभी भी एक डिग्री हासिल नहीं करता, और यह स्वाभाविक रूप से हर छात्र पर एक दबाव उत्पन्न कर देता है। परीक्षा प्रणाली, जिसे अनेक लोगों द्वारा पुरानी और अप्रासंगिक कहा गया है, भी तनाव उत्पन्न करती है।[4]

भारतीय विश्वविद्यालय एक महत्वपूर्ण राजनीतिक संस्थान बन चुके हैं, और उच्च शिक्षा का राजनीतिकरण छात्र समुदाय पर एक प्रभाव डाल चुका है।[5] अनेकों संस्थान छात्रों को अकादमिक नीतियों में संलिप्त करते हैं, इस प्रकार सक्रियतावाद में वृद्धि होती है।[6] देश के अन्य भागों में, स्थानीय, प्रांतीय अथवा राजनीतिक मुद्दे परिसरों पर छाए रहते हैं। 1965 में तमिलनाडु में भाषाई आंदोलनों तथा 1968 एवं 1971 में विभिन्न चुनाव अभियानों में छात्रों की संलिप्तता परिसरों पर राजनीतिक घटनाओं के प्रभावों को सिद्ध करती है।

यह तथ्य, कि अन्य विकासशील देशों में ऐसे ही आंदोलनों की भांति ही भारतीय छात्र आंदोलन भी अपने व्यापक राजनीतिक संदर्भ द्वारा बहुत अधिक प्रभावित है, आंदोलन के भविष्य की भविष्यवाणी को विशेषतौर पर कठिन बना देता है।[7] उदाहरणार्थ, यदि कोई भी राजनीतिक अस्थिरता देश अथवा किसी क्षेत्र के एक भाग पर अपनी पकड़ बनाती है तो सामरिक सूक्ष्मता के साथ एक छात्र आंदोलन उत्पन्न हो सकता है और वर्तमान समय में ऐसे आंदोलनों की अनुपस्थिति के बावजूद एक प्रमुख भूमिका निभा सकता है। वर्तमान समय में मात्र पश्चिम बंगाल ही वैचारिक रूप से परिष्कृत तथा सक्रिय आंदोलन मौजूद होने का दावा कर सकता है। हालांकि, भारत में अन्य आंदोलन भी उत्पन्न हुए हैं, जैसे कि 1965 में ओडिशा में सरकार के संकट के दौरान तथा हाल के वर्षों में कई अवसरों पर तमिलनाडु में भी, जो यह इंगित करते हैं कि परिस्थितियाँ अनुकूल होने पर छात्र आंदोलनों के लिए एक बहुत शक्तिशाली संभावना मौजूद है। भारत की अधिकांश "छात्र अनुशासनहीनता" छिटपुट एवं असंगठित प्रकृति वाली है, जो अपनी परिस्थितियों तथा व्यापक समाज के प्रति छात्रों की प्रतिक्रियाओं को प्रतिबिंबित करती है।

II

भारत में छात्र आंदोलन की संपूर्ण समझ हासिल करने के लिए यह आवश्यक है कि भारतीय छात्र आंदोलन के इतिहास पर चर्चा की जाए। 1900 तक अनेक छात्र संगठनों की स्थापना हो चुकी थी, यद्यपि राजनीतिक के बजाय शैक्षणिक एवं सामाजिक मामले ही उनके मुख्य कार्य थे। अपेक्षाकृत मात्र एक छोटी सी संख्या, जो शायद पूरे देश

में कुछ हजार की रही हो, के द्वारा ही राजनीति में रुचि ली जा रही थी, और उनमें से अधिकांश संयत चर्चा समूहों में संलिप्त थे। यह स्थिति उस समय पर भारतीय विश्वविद्यालयों में कम संख्या (1900 में 23,000 छात्र) में प्रवेशों, और सामान्यतः छात्र समुदाय के अभिजात्यवादी उन्मुखीकरण को दर्शाती है। जैसा कि एक प्रेक्षक ने नोट किया थाः "ऐसा (राष्ट्रवादी आंदोलन की) राजनीतिक एवं नस्लीय उत्तेजना के बाद तक नहीं हुआ था कि स्कूलों एवं कॉलेजों में भाग लेने वाले युवाओं ने विक्षोभ तथा अवज्ञा के चिन्ह प्रदर्शित किए थे।"[8]

1920 के पूर्व की अवधि भारत में उच्च शिक्षा की स्थापना तथा छात्रों के बीच राजनीतिक जागरूकता की मंद प्रगति की अवधि थी। जहाँ बाद के दशकों में उग्रवादी सक्रियतावाद मौजूद नहीं था, वहीं छात्र यूरोप की वैचारिक धाराओं के संपर्क में आ चुके थे, तथा भारत के अंदर बढ़ते हुए राजनीतिक तनावों ने इस उबाल में और वृद्धि कर दी थी।

1920 का दशक भारत में शैक्षणिक एवं राजनीतिक दोनों ही परिवर्तन लेकर आया था। शिक्षा प्रणाली में सतत् विकास ने छात्रों की समस्याओं में वृद्धि कर दी थी। नए कॉलेजों की स्थापना, जिनमें से अनेक स्थिर वित्तीय व्यवस्थाओं अथवा पर्याप्त शिक्षकों से हीन थे, ने उच्च शिक्षा के स्तर को नीचे गिरा दिया और रोजगार के लिए प्रतिस्पर्धा को गहन बना दिया। राजनीतिकतौर पर, 1920 के दशक ने भारतीय राष्ट्रीय कांग्रेस को गाँधी के नेतृत्व के अधीन एक सामूहिक आंदोलन के रूप में विकसित होते हुए देखा था। प्रारंभिक वर्षों के दौरान, कांग्रेस एक उदारवादी संगठन था जिसमें प्राथमिकतौर पर पश्चिम–शिक्षित मध्यवर्ग से भर्तियाँ की जाती थीं न कि राजनीतिक आंदोलनों से। 20वीं शताब्दी के प्रारंभिक वर्षों में कांग्रेस के उग्रवादी होते जाने के साथ ही छात्र समुदाय भी राजनीति में सक्रिय रुचि लेने लगा था। कांग्रेस के मुखर एवं उग्रवादी राष्ट्रवाद ने छात्रों को आकर्षित किया क्योंकि इसने उन्हें नाटकीय राजनीतिक कार्यवाही के अवसर प्रदान किए थे और भारत के लिए शीघ्र स्वतंत्रता का वादा किया था। कांग्रेस का नेतृत्व कॉलेज–प्रशिक्षित बुद्धिजीवीवर्ग पर आधारित था, परंतु कार्यकारी वर्ग पर बढ़ते हुए कट्टरवादी चिंतन के प्रभाव ने इसे अतिरिक्त बल प्रदान कर दिया था।

गाँधी का 1920 का असहयोग आंदोलन ऐसा सर्वप्रथम सामूहिक आंदोलन था जिसे कांग्रेस द्वारा प्रारंभ किया गया था। यह पहला ऐसा राजनीतिक संघर्ष भी था जिसमें छात्रों की बड़ी संख्या संलिप्त हुई थी। छात्रों के प्रयासों में समन्वयन के लिए प्रमुख शिक्षा केन्द्रों में यूथ लीगों का गठन किया गया था, और पुरानी चर्चा एवं वाद–विवाद समितियाँ राजनीतिक संगठनों का केन्द्र बन चुकी थीं।[9] छात्रों ने कांग्रेस के अभियानों में सहायता की और शहरों में किए जाने वाले लगभग दैनिक विरोध प्रदर्शनों के लिए अधिकांश श्रमशक्ति उपलब्ध कराई। कुछ क्षेत्रों में, कांग्रेस नेताओं के गिरफ्तार हो जाने पर छात्रों ने नेतृत्व संभाल लिया। बड़े शहरों में राष्ट्रवादी (अंग्रेज–विरोधी) कॉलेजों की स्थापना कर दी गई, किन्तु वे सिर्फ अस्थाईतौर पर ही सफल रहे, क्योंकि आंदोलन की आग ठंडी पड़ने पर अनेक छात्र अपनी नियमित कक्षाओं में लौट गए थे। यद्यपि असहयोग आंदोलन अंग्रेजों को भारत से निष्कासित करने में असफल रहा था, तथापि इसने कांग्रेस को एक उग्रवादी सामूहिक संगठन के रूप में स्थापित कर दिया था और छात्रों एवं विकसित हो रहे श्रमसंघ आंदोलन को सामूहिक राजनीतिक संघर्ष के उनके शुरुआती अनुभव प्रदान कर दिए थे।

असहयोग आंदोलन ने भारत में एक राष्ट्रीय छात्रसंघ की स्थापना को प्रेरित कर दिया। सर्वप्रथम अखिल भारतीय कॉलेज छात्र सम्मेलन का आयोजन 1920 में नागपुर

में किया गया था ताकि विकसित हो रहे छात्र राजनीतिक आंदोलन को समन्वय प्रदान किया जा सके। 1920 के संपूर्ण दशक के दौरान ऐसे ही छात्र आंदोलन खड़े हुए, और इन वार्षिक सम्मेलनों ने छात्र आंदोलन की राजनीतिक चिंगारी को सामान्य राजनीतिक शांति के दौरान भी जीवित रखने में सहायता प्रदान की।

पंजाब, बंगाल, तथा अन्य क्षेत्रों में क्षेत्रीय छात्रसंघों का गठन हो चुका था। अखिल–बंगाल छात्रसंघ ने 1929 में 20 हजार सदस्य होने का दावा किया था। 1936 में गठित मुम्बई प्रेसीडेंसी (प्रांतीय) छात्र संगठन ने स्थानीय एवं प्रांतीय स्तरों पर वैचारिक राजनीति को स्थापित करने में सहायता प्रदान की थी। अखिल भारतीय छात्र सम्मेलनों, जिनके द्वारा सामान्यतः तीन हजार छात्रों को संपूर्ण उपमहाद्वीप से आकर्षित किया जा रहा था, ने वामपंथी कांग्रेसियों को अपने विचार के लिए एक मंच तथा समर्थन प्रदान कर दिया था। उग्रवादी राष्ट्रवाद इन सम्मेलनों की विशेषता थी, और समाजवाद तथा मार्क्सवाद के विचारों को छात्रों का समर्थन हासिल हो चुका था।[10] इस अवधि के दौरान छात्र आंदोलन संभवतः भारतीय राजनीतिक जीवन का सर्वाधिक कट्टरपंथी तत्व था। वामपंथी छात्रों द्वारा आयोजित अध्ययन समूहों ने यूरोपीय मार्क्सवाद तथा रूसी क्रांति के विचारों को भारतीय परिसरों में स्थान प्रदान कर दिया। इन दोनों का ही राजनीतिक सोच वाले छात्रों के विचारों पर उल्लेखनीय प्रभाव था। जहाँ 1920 के दशक में छात्र समुदाय की एक अल्पसंख्या ही राजनीतिक रूप से सक्रिय थी, वहीं इस अवधि के दौरान आंदोलन ने स्वयं को स्थापित कर लिया और संगठनात्मक अनुभव एवं वैचारिक परिष्करण दोनों ही अर्जित कर लिए।

1930 के दशक में भारत में राजनीतिक संघर्ष गहरा चुका था। कांग्रेस तथा छात्र आंदोलन दोनों में मौजूद वामपंथी नेताओं द्वारा फैलाए गए कट्टरपंथी एवं समाजवादी विचारों ने छात्रों को राष्ट्रवादी संघर्ष के और अधिक सक्रिय चरण के लिए तैयार कर दिया। 1930 के गाँधी के नागरिक अवज्ञा आंदोलन में छात्र अभूतपूर्व पैमाने पर शामिल हो गए, और छात्रों द्वारा अनेक अन्य उग्रवादी गतिविधियाँ, जैसे दुकानों के बहिष्कार तथा टेलीफोन लाइनों को काट दिया जाना, संपन्न की गईं। अंहिसा की गाँधीवादी अवधारणा को छात्रों द्वारा कभी भी पूरी तरह से नहीं अपनाया गया था, इनमें से कुछ छात्र आतंकवादी गतिविधियों में लिप्त थे।

1930 के दशक के प्रारंभिक वर्षों के आंदोलन का एक परिणाम था 1936 में अखिल भारतीय छात्रसंघ (एआईएसएफ) का गठन करना। प्रारंभ से ही एआईएसएफ अपने दृष्टिकोण में सशक्त राष्ट्रवादी और कट्टर था। दो वर्षों के अंदर ही यह नया संगठन एक हजार सम्बद्ध संगठनों और पचास हजार सदस्य होने का दावा करने लगा था।[11] एआईएसएफ की पत्रिका, *स्टूडेंट्स फेडरेशन,* पूरे भारत में प्रसारित हो रही थी और इसने शैक्षणिक तथा राष्ट्रीय दोनों ही मुद्दों पर एक कट्टरपंथी दृष्टिकोण प्रदान किए थे। एआईएसएफ ने प्रभावी रूप से कई वर्षों तक छात्र आंदोलन को एकजुट रखा जबकि गाँधीवादियों, समाजवादियों तथा साम्यवादियों ने संगठन के अंदर सौहार्दपूर्वक कार्य किए। प्रांतीय छात्रसंघों द्वारा एआईएसएफ के क्षेत्रीय कार्य संपन्न किए गए, और संगठन की वार्षिक सभाओं के द्वारा अनेक शीर्ष कांग्रेसी नेताओं सहित तीन हजार से अधिक प्रतिनिधियों को आकर्षित किया गया।

''मुख्यधारा'' वाले राष्ट्रवादी छात्र आंदोलन के साथ–साथ छात्र समुदाय के अंदर अनेक अन्य महत्वपूर्ण प्रवृत्तियाँ विद्यमान थीं। अनेक मुसलमान छात्र, जो पहले उदासीन अथवा कांग्रेस समर्थक थे, मोहम्मद अली जिन्ना द्वारा भारतीय उपमहाद्वीप पर एक पृथक मुस्लिम राज्य के लिए किए गए आह्वाहन से प्रभावित हुए और उन्होंने मुस्लिम

लीग द्वारा 1937 में स्थापित अखिल भारतीय मुस्लिम छात्रसंघ में प्रवेश ले लिए। इस संगठन, जिसे मुस्लिम छात्रों का भारी समर्थन हासिल था, ने स्वतंत्रता आंदोलन में भाग नहीं लिया, बल्कि इसके बजाय मुस्लिम अधिकारों के लिए दबाव उत्पन्न किया। जहाँ पाकिस्तान के गठन के बाद मुस्लिम छात्र समूहों का महत्व समाप्त हो गया, वहीं मुस्लिम छात्र आंदोलन ने मुस्लिम नेताओं की एक पूरी पीढ़ी की राजनीतिक विचारधारा को आकार प्रदान करने में सहायता प्रदान की।

आंशिकतौर पर मुस्लिम पृथकतावादी भावनाओं के विरुद्ध एक प्रतिक्रिया के रूप में हिन्दू दक्षिणपंथ ने भी शक्ति अर्जित कर ली थी। 1920 के दशक के उत्तरार्द्ध में स्थापित *राष्ट्रीय स्वयंसेवक संघ* (आरएसएस) ने उग्रवादी हिन्दु राष्ट्रवाद तथा हिन्दुओं के बीच मुस्लिम–विरोधी एवं ईसाई–विरोधी भावनाओं को आकर्षित किया।[12] पारंपरिक हिन्दू मूल्यों, जिनपर उस समय भारत में मौजूद पश्चिमी तत्वों के द्वारा हमले किए जा रहे थे, को कायम रखे जाने के द्वारा आरएसएस, विशेषतौर पर छोटे कॉलेजों से, अनेक छात्रों को आकर्षित करने में सफल रहा था। 1930 के दशक में स्थापित और आरएसएस के समान विचारधारा वाले हिन्दू छात्रसंघ का दृष्टिकोण और अधिक परिष्कृत था और इसमें कॉलेज छात्रों के लिए अधिक आकर्षण मौजूद था। हालांकि, इसका प्रभाव उत्तरी भारत तक सीमित था और इसने राष्ट्रवादी छात्र आंदोलन के प्रति कभी कोई खतरा उत्पन्न नहीं किया।

1930 के नागरिक अवज्ञा आंदोलन का उदय भारतीय छात्रों के द्वारा अपनाई गए राजनीतिक आंदोलनों की सर्वाधिक सक्रियतापूर्ण अवधि के रूप में हुआ। 1938 तक भारतीय कॉलेजों का बहुत अधिक राजनीतिकरण हो चुका था, और छात्र अनेक प्रकार की विरोध–प्रदर्शन गतिविधियों में संलग्न थे। भारत के अनेक भागों में कॉलेज अधिकारियों के विरुद्ध हड़तालें लगभग साप्ताहिक आधार पर की जाने लगी थीं, जिन्हें प्रायः राष्ट्रवादी प्रयोजनों के रूप में आगे बढ़ाने हेतु प्रेरित किया जाता था ताकि शिक्षा सम्बन्धी किसी विशिष्ट शिकायत को दुरुस्त किया जा सके। सामान्यतौर पर राजनीतिक मुद्दों से असम्बद्ध रहने वाले छात्र भी नाटकीय राष्ट्रवादी संघर्ष की ओर आकर्षित हो चुके थे। हजारों ने संघर्ष में अपनी भूमिका के लिए संक्षिप्त कारावास झेले, और अनेक ने राष्ट्रवादी एवं श्रम आंदोलनों अथवा गाँधीवादी शैक्षणिक एवं समाजसेवी परियोजनाओं के लिए कार्य करने हेतु कॉलेजों का परित्याग कर दिया।

1940 में अखिल भारतीय छात्र संगठन में हुए विभाजन ने छात्र आंदोलन के बढ़ते हुए वैचारिक परिष्करण की समस्याओं में से कुछ को इंगित किया। सामंजस्य की एक अवधि के पश्चात्, एक ओर साम्यवादियों तथा दूसरी ओर गाँधीवादियों के बीच के मतभेद 1940 में खुलकर सामने आ चुके थे, जिसने संगठन के विभाजन को अपरिहार्य बना दिया था। साम्यवादियों के प्रभुत्व वाले अखिल भारतीय छात्रसंघ ने अपने समर्थन का एक बड़ा हिस्सा तब गवाँ दिया जब साम्यवादी दल ने 1940 में द्वितीय विश्वयुद्ध में सोवियत संघ के प्रवेश करने के बाद ब्रिटिश युद्ध प्रयासों का समर्थन कर दिया। राष्ट्रवादियों ने 1945 में अखिल भारतीय छात्र कांग्रेस का आयोजन किया। इस समूह ने अंग्रेजों के खिलाफ संघर्ष को जारी रखा, परंतु साथ ही साथ इसने साम्यवादियों का विरोध भी किया। छात्र कांग्रेस, जिसने सामाजिक क्रांति तथा देशभक्ति दोनों पर जोर दिया था, तब तक भारत में सर्वाधिक महत्वपूर्ण राष्ट्रीय छात्र संगठन बन चुकी थी।

भारतीय छात्र आंदोलन की सर्वाधिक उग्रवादी एवं अत्यधिक संगठित अवधि का प्रारंभ 1942 के "भारत छोड़ो" आंदोलन के दौरान हुआ था। जब कांग्रेस नेतृत्व के द्वारा भारत से अंग्रेजों को बाहर निकालने के लिए एक समग्र, यद्यपि अहिंसक, अभियान

का आह्वाहन किया गया, तब छात्र संगठन लंबी अवधियों के लिए भारत के अधिकांश कॉलेजों को बंद करवाने और संघर्ष में विशाल छात्र समूह को शामिल करवाने में सफल रहे। भारत की छात्र आबादी का लगभग 10 प्रतिशत (अथवा 15,000 छात्र) राष्ट्रवादी आंदोलन के दैनिक संगठनात्मक कार्य में संलिप्त था। पूर्व में राजनीति में संलिप्त न रहे छात्रों ने भी लगभग रोजाना के विरोध प्रदर्शनों में भागीदारियाँ कीं। छात्र कार्यकर्ताओं ने तोड़फोड़ अभियानों में भाग लिया और कुछ सफलता के साथ अंग्रेज प्रशासन को अव्यवस्थित करने का प्रयास भी किया।[13] जब वरिष्ठ कांग्रेस नेतृत्व को गिरफ्तार किया गया तो छात्रों ने प्रायः नेतृत्व संभाल लिया और भूमिगत नेताओं तथा आंदोलन के बीच एक प्रमुख संपर्कसूत्र उपलब्ध करवाया। छात्र समूहों ने गैरकानूनी समाचारपत्र प्रकाशित किए और यहाँ तक कि एक गुप्त रेडियो स्टेशन भी संचालित किया। यद्यपि 1942 के प्रयास अंग्रेजों को भारत से निष्कासित करने में विफल रहे, तथापि ऐसा पहली बार हुआ था कि भारतीय राष्ट्रवादी एक प्रकार के "राष्ट्रीय स्वतंत्रता आंदोलन" बन चुके थे। 1942 के आंदोलन में छात्रों की संलिप्तता की उग्रता को स्वतंत्रता संग्राम की समाप्ति तक कायम रखा गया, हालांकि इसका पैमाना छोटा था।

1947 से पूर्व की अवधि में उग्रवादी छात्र आंदोलन की प्रगति को अनेक कारकों से सम्बद्ध किया जा सकता है। इसमें से प्रमुख था 1930 तथा 1940 के दशकों के दौरान भारतीय शहरों एवं नगरों के चरित्र का अत्यधिक राजनीतिकरण होना। छात्र पीढ़ी के अनेक सदस्य इन शहरी केन्द्रों में आंदोलन की ओर आकर्षित हो चुके थे। स्वतंत्रताप्राप्ति पूर्व के छात्र समुदाय, जो छोटे और सुसम्बद्ध थे, को संगठित करना अपेक्षाकृत सहज था। चूंकि ग्रामीणी क्षेत्रों तथा निचली जातियों एवं वर्गों के युवा लोग वास्तव में माध्यमिक एवं उच्च शिक्षा प्रणालियों से बाहर थे, अतः छात्रों की बड़ी संख्या का आगमन उच्च–मध्यवर्ग अथवा उच्च–वर्ग एवं जातीय पृष्ठभूमियों से ही हुआ था।

इस समय पर विश्वविद्यालयों में उदार कलाओं पर जोर दिया जा रहा था, और इस क्षेत्र के छात्र पारंपरिक तौर पर बौद्धिक एवं राजनीतिक मुद्दों से अधिक सम्बन्धित रहे हैं।[14] जहाँ तक स्वतंत्रताप्राप्ति के बाद की बात है, उदार कलाओं में छात्र राष्ट्रवादी संघर्ष के दौरान राजनीतिक मामलों में सर्वाधिक सक्रिय रहे थे। कानून के छात्र, जिनका लक्ष्य एक आत्मनिर्भर पेशेवर रोजगार प्राप्त करना था और जिनके लिए सरकारी पद के अवसर बहुत कम उपलब्ध थे, विशेषतौर पर सक्रिय थे।

III

1947 तक छात्र आंदोलन अपनी अधिकांश सक्रियता गवाँ चुका था। छात्र कांग्रेस और अन्य प्रमुख छात्र संगठन अपने प्रयासों को एक राजनीतिक संघर्ष से हटाकर गाँधीवादी रचनात्मक सेवाओं के एक कार्यक्रम की दिशा में केन्द्रित किए जाने में असफल हो चुके थे। अनेक कट्टरपंथी छात्र नेताओं का उन समझौतों से मोहभंग हो चुका था जिन्हें कांग्रेस नेतृत्व द्वारा आगे और रक्तपात के बिना ही स्वतंत्रता हासिल करने के उद्देश्य से संपन्न किया गया था। 1946 में भारतीय नौसेना के द्वारा किया गया विद्रोह छात्र आंदोलन के लिए एक अतिरिक्त आघात था, क्योंकि कांग्रेस नेतृत्व ने एक राजनीतिक समझौते के हित में उग्रवादी नौसैनिकों को अंग्रेजों के समक्ष आत्मसमर्पण करने का आदेश दे दिया था। कट्टरपंथी छात्र नेताओं ने महसूस किया कि राष्ट्रीय आंदोलन के द्वारा उनके साथ छल किया गया है, और अनेक छात्र आंदोलन से पृथक हो गए।[15]

कुछ इक्कादुक्का अपवादों को छोड़कर भारत में छात्र आंदोलन अपनी उग्रवादी एकता और वैचारिक प्रयोजनों को पुनः अर्जित कर पाने में असमर्थ रहा है। छात्रों

ने राजनीति में भागीदारी बंद नहीं की है, लेकिन उनका आंदोलन नाटकीय तौर पर परिवर्तित हो चुका है। स्वतंत्रतापूर्व की अवधि के राष्ट्रवादी उत्साह का स्थान सामान्यतः असंगठित एवं छिटपुट आंदोलनों ने ग्रहण कर लिया है जो विशिष्ट शिकायतों से सम्बन्धित होते हैं।

छात्र आंदोलन के रूपांतरण का सर्वाधिक महत्वपूर्ण कारण था स्वतंत्रतासंग्राम का समाप्त होना। 1947 के पहले, राजनीतिक मुद्दे स्पष्ट और नाटकीय थे, अंग्रेजों को उपमहाद्वीप से बाहर निकालना था, और भारतीय समाज में कट्टरपंथी सामाजिक परिवर्तनों को लागू करना था। जाति प्रणाली, साम्प्रदायिक वैमनस्य, खाद्यान्नों की कमियाँ, तथा अन्य सामाजिक बुराईयों को तभी समाप्त किया जा सकता था जब भारत स्वतंत्रता हासिल कर लेता और अपने मामलों की देखभाल स्वयं करता। सम्मानित राष्ट्रवादी नेताओं ने छात्रों को राजनीतिक संघर्ष में सक्रिय भूमिका निभाने हेतु प्रोत्साहित किया। स्वतंत्रताप्राप्ति के बाद मुद्दे स्पष्ट नहीं रह गए थे। कांग्रेस का नेतृत्व इस बात पर विभाजित था कि भारत की अनेक सामाजिक एवं आर्थिक समस्याओं से किस प्रकार निपटा जाए, और अंग्रेजों के प्रस्थान से समस्याएं कम नहीं हुईं। राष्ट्रवादी आंदोलन के रूढ़िवादी तत्वों ने 1947 के बाद अत्यधिक अधिकार हासिल कर लिए, और अनेक कट्टरपंथियों को जबरदस्ती विपक्षी बनना पड़ा। इसके अलावा, स्वतंत्रताप्राप्ति के पश्चात, कांग्रेसी नेताओं ने अपने पहले वाले रवैये को बदल लिया और छात्रों से राजनीति से बाहर रहने का आग्रह कर डाला।

व्यक्तिगत आत्मबलिदान की भावना, जो स्वतंत्रता संग्राम की विशिष्टता थी, लगभग अदृष्य हो चुकी थी, और अनेक राजनीतिक नेता विचारधारा अथवा राष्ट्रीय विकास के बज़ाय अपने भविष्य को लेकर चिंताग्रस्त हो चुके थे। क्षेत्रीय, भाषाई, एवं जातीय निष्ठाओं, जिन्हें राष्ट्रवादी प्रयोजनों के लिए अस्थाईतौर पर दरकिनार कर दिया गया था, ने फिर सिर उठा लिए। जैसा कि 1947 के पूर्व था, स्वतंत्रताप्राप्ति के पश्चात् के छात्र नेताओं के लिए एक राजनीतिक करियर अभी भी कांग्रेस के उद्देष्य के प्रति समर्पण पर ही निर्भर था, परंतु इसमें चुनाव जीतना और विभिन्न आर्थिक तथा वैचारिक प्रवृत्तियो को शांत करना जैसे गैर–नाटकीय कार्य भी शामिल हो चुके थे।

भारतीय उच्च शिक्षा भी परिवर्तन से गुजर रही थी। प्रवेशों में वृद्धि, जो 1930 के दशक के मध्य में तीव्रता से प्रारंभ हुई थी, स्वतंत्रताप्राप्ति के बाद भी तीव्र गति से जारी रही। 1950 तथा 1960 के मध्य, कॉलेज छात्रों की संख्या 2,63,000 से बढ़कर 6,45,000 हो चुकी थी। 1967 में, लगभग 2,750 कॉलेजों में 20,00,000 से अधिक छात्र प्रवेश प्राप्त कर चुके थे।[16] भारतीय उच्च शिक्षा के पारंपरिक आधार, उदार–कला कॉलेजों की प्रतिष्ठा और महत्व, में भी कमी आ रही थी क्योंकि छात्रों की संख्या में अप्रत्याशित वृद्धि होने के कारण इन कॉलेजों में शिक्षा के स्तरों में गंभीर गिरावट आ चुकी थी। दूसरी ओर, विज्ञान शिक्षा के मूल्य में भारी वृद्धि हो चुकी थी, क्योंकि भारत का औद्योगिक उत्पादन बढ़ चुका था, और वैज्ञानिक विषयों में शिक्षा के स्तर को बनाए रखने हेतु प्रवेश में कठोरता बरती जा रही थी। प्रौद्योगिकी संस्थानों की स्थापना की गई और उन्हें पर्याप्त वित्तीय संसाधन प्रदान किए गए, जबकि उदार–कला कॉलेजों, जिन्हें लगभग असीमित रूप से विस्तार करने की अनुमति प्राप्त थी, का पर्याप्त वित्तपोषण नहीं किया गया। चूंकि उदार कलाओं के स्नातकों की संख्या उपलब्ध रोजगार की संख्या से अधिक हो चुकी थी, अथवा शिक्षित बेरोजगारी एक बढ़ती हुई समस्या बन गई, और बी.ए. डिग्रीधारक लिपिकीय नौकरी पाने पर स्वयं को भाग्यशाली मानने लगे। अनेक नियोक्ताओं ने

पहले अकादमिक रूप से अशिक्षित किन्तु मात्र साक्षर लोगों द्वारा भरे जाने वाले पदों के लिए कॉलेज डिग्रियों की माँग करना प्रारंभ कर दिया।

शिक्षा प्रणाली के विकसित होने के साथ ही उच्च शिक्षा आबादी के व्यापक वर्गों के लिए उपलब्ध हो चुकी थी, जिससे छात्र आबादी की समरूपता समाप्त हो गई। छात्र समुदाय के सदस्यों के बीच समानताएं बहुत कम रह गईं क्योंकि छात्रों का आगमन विविध वर्गीय एवं जातीय पृष्ठभूमियों से हो रहा था। निम्न–मध्यवर्गीय और श्रमिकवर्ग वाले परिवारों से आए छात्र प्रायः राजनीतिक गतिविधियों में भागीदारी करते हुए अपने कॉलेज करियर को जोखिम में डालने के इच्छुक नहीं थे, और, किसी भी स्थिति में, उनमें राजनीतिक सक्रियता की परंपरा का अभाव था।

उच्च शिक्षा में आए परिवर्तनों के परिणामस्वरूप परिसरों में एक प्रकार की "दोहरी संस्कृति" जन्म ले चुकी थी। निचली जातियों एवं वर्गों के छात्रों के द्वारा कॉलेज आबादी का प्रायः एक अलग–थलग, हालांकि विकसित होता हुआ, वर्ग गठित किया जाने लगा और वे मुश्किल से ही किसी पाठ्येत्तर गतिविधि में भाग लिया करते थे। ऐसे छात्रों को भारतीय उच्च शिक्षा की हानियों, जैसे–शिक्षा की खराब स्थितियों एवं गिरते हुए स्तरों, भीड़भाड़युक्त संस्थानों एवं बेरोजगारी के भय आदि का सर्वाधिक सामना करना पड़ा, और वे इसके गिने–चुने लाभ ही प्राप्त कर सके। अतः, वे कुंठित हैं और छिटपुट एवं असंगठित रूप से आयोजित छात्र असंतोष एवं विरोध प्रदर्शनों में भाग लेने के इच्छुक हो रहे हैं। श्रमिकवर्ग के अथवा ग्रामीण क्षेत्र वाले छात्रों ने सामान्यतः उदार–कला विषयों में प्रवेश लिए हैं जबकि उच्च एवं मध्यवर्गीय छात्र, जिन्हें माध्यमिक स्तर का पर्याप्त प्रशिक्षण तथा अंग्रेजी की सुविधा प्राप्त हो चुकी है, प्रवेश सम्बन्धी कठोर आवश्यकताओं को पूरा करने में सक्षम होने पर विज्ञान विषयों की ओर प्रवृत्त हुए हैं।

इस तथ्य, कि सर्वाधिक योग्य एवं शिक्षित छात्र प्राकृतिक विज्ञानों एवं तकनीकी क्षेत्रों में प्रवेश लेते रहे हैं, के भारतीय उच्च शिक्षा तथा छात्र राजनीतिक आंदोलन के लिए महत्वपूर्ण निहितार्थ रहे हैं। प्राकृतिक विज्ञानों के छात्र पारंपरिकतौर पर राजनीति से कम सम्बद्ध रहे हैं और उदार–कला विषयों के छात्रों की अपेक्षा अधिक व्यवसायोन्मुख रहे हैं, और हाल ही के परिवर्तनों का परिणाम यह रहा है कि सर्वश्रेष्ठ छात्र राजनीतिक मामलों में अब बिल्कुल रुचि नहीं ले रहे हैं।[17] विज्ञान के छात्रों के पास प्रायः राजनीतिक गतिविधि के लिए समय नहीं होता, क्योंकि उनके अकादमिक कार्यक्रम समय की खपत वाले एवं माँगों से भरे होते हैं और उन्होंने छात्र नेतृत्व की गुणवत्ता को नीचा कर दिया है।

IV

भारत में राजनीतिक छात्र आंदोलन के रूपांतरण ने परिसर जीवन को परिवर्तित कर दिया है। संभवतः भारतीय परिसरों में आज उतने अधिक छात्र समूह मौजूद हैं जितने कि इसके इतिहास के किसी भी समय पर रह चुके हैं, परंतु वैचारिक राजनीति के पतन के साथ ही इन समूहों की प्रकृति भी परिवर्तित हो चुकी है। भारतीय विश्वविद्यालयों में छात्रसंघों, जो संभवतः सर्वाधिक सर्वव्यापी संगठन हैं, और उनके कामकाज में प्रायः सांस्कृतिक एवं सामाजिक कार्यक्रमों के उत्तरदायित्व शामिल रहते हैं। जहाँ छात्रसंघों से प्रशासक तथा छात्रों के बीच एक संपर्क उपलब्ध कराए जाने की अपेक्षा की जाती है, वहीं अनेक मामलों में उनके कामकाज लोकतांत्रिक नहीं हैं, और आंशिकतौर पर ऐसा प्रशासनिक नियमों के कारण है। अधिकांश कॉलेजों में, छात्रसंघों के प्रतिनिधियों का चयन छात्रों द्वारा किया जाता है, यद्यपि इसमें राजनीतिक विचारों को मुश्किल से ही आधार बनाया जाता है।

कॉलेजों में बड़ी संख्या में छात्रसंघों ने राजनीतिक महत्व हासिल कर लिए हैं। उत्तर भारत के कुछ अधिक उथल–पुथल भरे विश्वविद्यालयों, जैसे अलीगढ़ एवं बनारस, में छात्रसंघों ने विरोध प्रदर्शन अभियानों के नेतृत्व किए हैं। छात्रसंघों द्वारा प्रारंभ आंदोलनों का जन्म प्रायः स्थानीय मुद्दों से होता है, जैसे विश्वविद्यालय की परीक्षा नीति, कॉलेज शुल्कों में वृद्धि, जीवनयापन सम्बन्धी परिस्थितियाँ आदि, किन्तु कुछ मामलों में छात्रसंघों का नियंत्रण उन वैचारिक गुटों के द्वारा किया जाता है जो छात्रसंघों का उपयोग विश्वविद्यालय के अंदर अथवा बाहर किसी विरोधी राजनीतिक समूह के विरुद्ध कार्यवाही के एक आधार के रूप में करते हैं।[18] साम्यवादी, समाजवादी तथा कांग्रेस पार्टी के अंदर के गुटों ने अपने प्रयोजनों के लिए छात्रसंघों का उपयोग करने में हिचकिचाहट नहीं दिखाई है, वो भी तब जब ये सभी परिसरों में राजनीतिक हस्तक्षेपों की निंदा कर रहे थे। हालांकि, एक सामान्य नियम के अनुसार, छात्रसंघ राजनीति में संलिप्त नहीं रहे हैं और अपने सामाजिक एवं शैक्षणिक कामकाज तक ही सीमित रहे हैं।

भारतीय विश्वविद्यालयों में पाए जाने वाले छात्र नेतृत्व के प्रकारों के बीच अंतर करना उपयोगी है। "सम्मानित" गैर–राजनीतिक सांस्कृतिक एवं सामाजिक छात्र संगठनों का नेतृत्व अधिकांशतः उच्चवर्गीय परिवारों के छात्रों द्वारा किया जाता है, और इन छात्रों को भारतीय छात्र समुदाय का "अकादमिक" नेतृत्व कहा जा सकता है। सीधी–कार्यवाही वाले अभियानों में सक्रिय छात्रों का सम्बन्ध प्रायः निम्न सामाजिक वर्गों से होता है। ऐसा नेतृत्व भारतीय परिसरों में अपेक्षाकृत एक नई एवं गतिशील शक्ति का गठन करता है। शिक्षा की दीर्घकालिक परंपरा से वंचित समूहों से आने वाले छात्रों, जो प्रायः अशिक्षित परिवारों के होते हैं, ने प्रायः हड़तालों और विरोध प्रदर्शनों का नेतृत्व किया है। हालांकि, वामपंथी छात्र समूहों का सतत् नेतृत्व सामान्यतौर पर मध्यवर्गीय छात्रों से निकलता है, जिनके पास एक राजनीतिक परंपरा और राजनीतिक मामलों पर व्यय करने हेतु पर्याप्त समय उपलब्ध होता है। छात्र नेतृत्व में यह विरोधाभास भारतीय छात्र जीवन का एक विशिष्ट गुण है।

छात्र राजनीतिक गतिविधियों में परिवर्तनों के बावजूद अनेक छात्र संगठनों ने कुछ प्रभाव बनाए रखा है। स्वतंत्रताप्राप्ति के पूर्व के सर्वाधिक बड़े छात्र आंदोलनों के उपरांत, 1948 में छात्र कांग्रेस को भंग कर दिया गया था, कांग्रेसी नेताओं ने एक गैर–राजनीतिक छात्र संगठन के गठन में रुचि दिखाई थी, और 1950 में नेशनल यूनियन ऑफ स्टूडेंट (एनयूएस) का गठन करने के लिए समाजवादी उनके साथ एकजुट होने हेतु सहमत हो गए थे। एनयूएस स्वयं को बाहरी राजनीतिक हेराफेरी की विरासत से मुक्त करा पाने में असमर्थ सिद्ध हुआ और अपने संस्थापकों द्वारा परिकल्पित गैर–राजनीतिक छात्र संगठन का प्रतिनिधि बने बिना शीघ्र ही ठप हो गया। अपर्याप्त निधिकरण, छात्र उदासीनता, तथा तीव्रगति से विस्तार कर रही एक शिक्षा प्रणाली में संवाद की कठिनाई आदि दुर्गम बाधाएं सिद्ध हुईं। गुटबाजी सम्बन्धी विवाद संगठन में अनेक विभाजन के कारण बने, और 1958 तक एनयूएस सभी प्रकार से मृत हो चुका था।

इसके बाद नेशलन काउंसिल ऑफ युनिवर्सिटी स्टूडेंट्स ऑफ इंडिया (एनसीयूएसआई) का गठन किया गया था ताकि नेशनल यूनियन ऑफ स्टूडेंट्स के ठप होने के बाद उत्पन्न शून्य को भरा जा सके। इस संगठन को उन्हीं अनेक समस्याओं का सामना करना पड़ा जिसने इसके पूर्ववर्ती को ग्रसित किया हुआ था–शिक्षकों और

राजनीतिक नेताओं के विरोध, छात्रों की उदासीनता, एवं इसके अपने नेताओं की व्यक्तिगत महत्वाकांक्षाएं। शीतयुद्ध ने विदेशी आर्थिक सहायता में समस्या उत्पन्न कर दी थी। सोवियतसंघ साम्यवादियों द्वारा प्रायोजित अखिल भारतीय छात्रसंघ को आर्थिक सहायता प्रदान कर रहा था, जबकि एनसीयूएसआई को पश्चिमी स्त्रोतों से धन प्राप्त हो रहा था। ऐसा संभव नहीं है कि एनसीयूएसआई भारत में प्रतिनिधि छात्रसंघ बन जाए, हालांकि इसने स्वयं को पक्षपातपूर्ण भारतीय राजनीति से पृथक रखने के प्रयास किए हैं और कई बार यह छात्रों को तत्काल आंदोलन का रास्ता अपनाने के बजाय प्रशासकों के साथ मिलकर काम करने हेतु प्रोत्साहित करने के द्वारा भारतीय छात्र समुदाय पर मामूली प्रभाव डालने में सफल रहा है।

हाल के वर्षों में भारत में राजनीतिक दलों के द्वारा छात्रों के प्रति एक दुविधापूर्ण दृष्टिकोण अपनाया गया है। 1949 में अखिल भारतीय कांग्रेस समिति के द्वारा यूथ कांग्रेस का गठन किया गया था। इसके द्वारा यह दावा किए जाने के बावजूद, कि यह भारत का सबसे बड़ा युवा संगठन है, यह बहुत अधिक ध्यान आकर्षित नहीं कर सका और मुख्यतौर पर महत्वाकांक्षी कांग्रेसी राजनीतिज्ञों के लिए एक "अग्रणी मोर्चे" के रूप में कार्य करता रहा। चूंकि नेतृत्व ने मुक्त राजनीतिक परिचर्चा को प्रोत्साहित नहीं किया था, अतः यह संगठन योग्य, राजनीति उन्मुख युवाओं को आकर्षित कर पाने में असफल रहा, और 1965 में आंतरिक राजनीतिक टकरावों के कारण विघटित होने के पूर्व यूथ कांग्रेस के पास कुछ ही सक्रिय अध्याय शेष रह गए थे।

भारत में सर्वाधिक पुराना छात्र संगठन है अखिल भारतीय छात्रसंघ (एआईएसएफ), जो 1936 में स्थापना के बाद से अबाधित रूप से विद्यमान रहा है। 1940 से साम्यवादी नियंत्रण के अधीन रहा एआईएसएफ अपना अधिकांश समर्थन तथा सदस्यता का एक बड़ा भाग गवाँ चुका है। 1955 में, एआईएसएफ ने अपनी सदस्यता 1,00,000 होने का दावा किया था, जिसका प्रमुख संकेन्द्रण पश्चिम बंगाल, आंध्र प्रदेश, तथा केरल में था, जो सभी साम्यवादी राजनीतिक समर्थन के केन्द्र रहे हैं।[19] हांलाकि, एआईएसएफ साम्यवादी शक्ति से वंचित क्षेत्रों में कमजोर रहा है।

कम्युनिस्ट पार्टी के द्वारा छात्रों को शामिल किए जाने सम्बन्धी भारी प्रयासों के बावजूद छात्र संगठनों में होने वाली सामान्य कमी ने एआईएसएफ को भी प्रभावित किया है। साम्यवादी आंदोलन की परिवर्तनशील रणनीतियों ने इसके छात्र सहयोगियों को भी चोट पहुँचाई है। यद्यपि द्वितीय विश्वयुद्ध के लिए साम्यवादी समर्थन ने एआईएसएफ को वैधतापूर्वक कामकाज करने की अनुमति प्रदान कर दी थी जबकि राष्ट्रवादी छात्र आंदोलन को भूमिगत होने हेतु बाध्य होना पड़ा था, तथापि अनेक छात्रों ने महसूस किया कि साम्यवादी भारतीय राष्ट्रवाद के प्रति गद्दार थे। स्वतंत्रताप्राप्ति के तुरंत बाद साम्यवादियों ने नेहरू सरकार का हिंसक विरोध किया था, और इस प्रकार छात्र आबादी के एक बड़े भाग को अपने साथ मिला लिया था। और अधिक हाल में, साम्यवादी आंदोलन में चीन–सोवियत विवाद से उत्पन्न विभाजन ने अनेक वामपंथी भारतीय छात्रों का मोहभंग कर दिया है और साम्यवादी संगठनों के कामकाज को जटिल बना दिया है। अनेक क्षेत्रों में, एआईएसएफ की एक साम्यवादी छात्र संगठन के रूप में पहचान जानबूझकर अस्पष्ट अथवा महत्वहीन बनाई गई है। गैर–वैचारिक नीति के बावजूद कोलकाता में एआईएसएफ, जिसमें से अनेक ने वामपंथी (मार्क्स–समर्थक) भारतीय कम्युनिस्ट पार्टी का समर्थन किया था, ने हाल ही में छात्र विरोध प्रदर्शनों में एक अग्रणी भागीदारी की थी। इसके बावजूद, वैचारिक रूप से प्रतिबद्ध छात्रों के

नेतृत्व वाले कोलकाता के ये प्रदर्शन विशुद्ध रूप से स्थानीय परिसर सम्बन्धी मामलों से उत्पन्न हुए थे और ये मात्र तभी फैले जब विश्वविद्यालय के अधिकारियों के द्वारा छात्रों की मूल माँगों को पूरा नहीं किया गया।

हाल ही में, कुछ क्षेत्रों के अंतर्गत दक्षिणपंथी राजनीतिक छात्र संगठनात्मक प्रयास बहुत अधिक सफल रहे हैं। आज के भारत में सर्वाधिक महत्वपूर्ण छात्र संगठनों में से एक है *अखिल भारतीय विद्यार्थी परिषद्।* आमतौर पर *विद्यार्थी परिषद्* के नाम से सम्बोधित इस समूह ने ऐसे साक्ष्यों, जिनसे पता लगता है कि यह दक्षिणपंथी हिन्दू साम्प्रदायिक दलों, और विशेषतौर पर *जनसंघ* की युवा शाखा है, के बावजूद भी गैर–राजनीतिक होने का दावा किया है। *विद्यार्थी परिषद्* ने यथासंभव तरीके से व्यापक राजनीतिक मुद्दों से बचते हुए एक संस्कृति उन्मुख कार्यक्रम पर ध्यान केन्द्रित किया है। इसने देशभक्ति की अपील की है और 1962 के भारत–चीन संघर्ष के बाद राष्ट्रवादी अभ्युत्थान में यह सक्रिय रहा था।

भारत में स्वतंत्रताप्राप्ति के उपरांत की छात्र राजनीति सहभागिता का सामान्यीकरण करना कठिन है। यह सच है कि आज यहाँ कोई भी एकीकृत छात्र आंदोलन मौजूद नहीं है, और भारतीय छात्र आबादी का एक अत्यन्त छोटा सा हिस्सा ही छात्र राजनीतिक समूहों की दिन–प्रतिदिन की गतिविधियों में संलिप्त है। एक ओर, यह स्पष्ट है कि छात्रों द्वारा सक्रिय राजनीति में भाग लिया गया है और कुछ क्षेत्रों में महत्वपूर्ण प्रभाव डाले गए हैं। विश्वविद्यालयों में खराब होती स्थितियाँ तथा अकादमिक जगत में एक सामान्य निम्न मनोबल सामान्यतः स्थानीय परिसर मुद्दों से सम्बन्धित कुंठाओं के छिटपुट विस्फोट का कारण रहे हैं। सामान्यतौर पर, छात्र आंदोलन के सम्बन्ध सामाजिक चिंताओं से परिसर की ओर स्थानांतरित हो चुके हैं, यद्यपि इस टिप्पणी के नाटकीय अपवाद भी मौजूद हैं। भारत में छात्र राजनीतिक संलिप्तता जारी है, जिसे अधिकांशतः भारतीय समाज तथा आर्थिक जीवन में परिलक्षित गंभीर तनावों के द्वारा प्रोत्साहित किया गया है।

V

भारतीय शैक्षणिक जीवन में किसी भी अन्य मुद्दे को ''छात्र अनुशासनहीनता'' की समस्या की अपेक्षा अधिक प्रचार नहीं प्राप्त हुआ है। भारत में हिंसा छात्र अनुशासहीनता का एक विशिष्ट गुण है। उत्तर भारत के हिन्दी–भाषी क्षेत्रों में छात्र आंदोलनों में प्रायः निजी एवं विश्वविद्यालयीय संपत्तियों को नष्ट करना शामिल रहा है। यहाँ तक कि स्थानीय आंदोलनों, जैसे कोलकाता में ट्राम किरायों में वृद्धि, के साथ भी प्रायः छात्रों की हिंसक कार्यवाहियाँ शामिल रही हैं। हिंसा की इस प्रवृत्ति का सम्बन्ध शायद उन माध्यमों के अभावों के साथ जुड़ा हुआ है जिनके द्वारा कुंठित भारतीय छात्र अपने असंतोष की आवाज को व्यक्त कर सकते हैं। हालांकि, छात्र अनुशासनहीनता को प्रदान किया गया व्यापक प्रचार इस सांख्यकीय तथ्य को अस्पष्ट बना सकता है कि अधिकांश भारतीय कॉलेज छात्र असंतोष से प्रभावित नहीं रहे हैं।[20]

1966 में उत्तरी भारत को बहा ले जाने वाले छात्र असंतोष के कारणों में ऐसे अनूठे कारक शामिल थे जिन्होंने 1947 के बाद ऐसे किसी आंदोलन को प्रेरित किया है। 1966 के आंदोलन के लिए किसी एक प्रमुख कारण का निर्धारण करना कठिन है, क्योंकि अधिकांश मामलों में स्थानीय शिकायतों ने किसी प्रदर्शन अथवा विरोध को प्रेरित किया था। 1964 के दौरान घटित कोई 280 छात्र हड़तालों और विरोध प्रदर्शनों का एक विश्लेषण छात्र अशांति के कारणों के कुछ संकेत प्रदान करता है।

लगभग 100 हड़तालें शिक्षण संस्थानों की परीक्षाओं और प्रशासन सम्बन्धी माँगों से प्रेरित थीं। 60 अन्य की उत्पत्ति पुलिस अथवा अन्य सरकारी अधिकारियों के विरोध में हुई थी; शेष के लिए विविध अन्य कारण उत्तरदायी थे। अधिकांश मामलों में, कोई भी प्रकट राजनीतिक उद्देश्य शामिल नहीं था। साम्यवादियों ने स्वयं को 30 अवसरों पर हड़तालों से सम्बद्ध किया था, *जनसंघ* की संलिप्तता इसकी दोगुनी थी, और अन्य दलों ने 17 बार ऐसा किया था। 1964 में, 3 प्रतिशत आंदोलन गैर–अकादमिक मुद्दों के कारण हुए थे; 1965 में यह संख्या बढ़कर 5 प्रतिशत हो गई, और 1966 में 17.4 प्रतिशत। 1966 में कुल 2,206 प्रदर्शन किए गए थे जिसमें से 480 हिंसक थे। मात्र दो वर्षों पूर्व 700 प्रदर्शन एवं 113 हिंसक घटनाएं की गई थीं।[21]

भारत में छात्र राजनीति के महत्वपूर्ण क्षेत्रीय स्वरूप मौजूद हैं। जहाँ विभिन्न प्रकार की "अनुशासनहीनता", जिसका सम्बन्ध अधिकांशतः परिसर के मुद्दों से रहता है, प्रत्येक राज्य में उत्पन्न होती है, वहीं व्यापक राजनीतिक मुद्दों से सम्बन्धित प्रमुख छात्र विक्षोभों से अनेक क्षेत्र प्रभावित नहीं भी हुए हैं। महाराष्ट्र, असम, राजस्थान, पंजाब, एवं अनेक अन्य राज्य छात्र सक्रियतावाद से सीधे प्रभावित नहीं रहे हैं, और उनके यहाँ कोई भी सशक्त राजनीति–उन्मुख छात्र आंदोलन मौजूद नहीं हैं। इन क्षेत्रों में, चुनाव अभियानों तक में छात्र विशेषतौर पर सक्रिय नहीं रहे हैं जो छात्रों की राजनीतिक सहभागिता का एक सामान्य स्वीकार्य माध्यम है।

अन्य भारतीय राज्य, विशेषतया पश्चिम बंगाल, उत्तर प्रदेश, आंध्र प्रदेश, बिहार, तथा तमिलनाडु ने विभिन्न स्तरों पर छात्रों की भारी राजनीतिक सहभागिता को देखा है, और अनेक अन्य, विशेषतौर पर पश्चिम बंगाल, में सक्रिय तथा सतत् छात्र राजनीतिक आंदोलन मौजूद हैं। छात्र सक्रियतावाद में क्षेत्रीय विभिन्नताओं के बीच कुछ सामान्यीकरण करना संभव है। स्थानीय राजनीतिक प्रश्न, विशिष्ट राज्यों में विश्वविद्यालयों की स्थिति, तथा सक्रियतावाद एवं कट्टरपंथी राजनीति की परंपराएं सभी मिलकर छात्र आंदोलनों की प्रकृति को प्रभावित करती हैं। स्वयं राज्य की राजनीतिक स्थिरता भी एक भूमिका निभाती है। उदाहरणार्थ, विशेषतौर पर हाल के वर्षों में बिहार राजनीतिक तौर पर अस्थिर रहा है, और इसके छात्र परिसर राजनीति के साथ–साथ राज्य के राजनीतिक मुद्दों में भी संलिप्त रहे हैं।

यह उपयोगी है कि अनेक राज्यों में छात्र राजनीति का संक्षिप्त परीक्षण कर लिया जाए, क्योंकि इन दृष्टांतों में क्षेत्रीय अंतर भौगोलिक तौर पर प्रकट होंगे। वर्तमान में भारत में सर्वाधिक उथल–पुथल वाला, तथा सर्वाधिक सक्रिय एवं कट्टर छात्र आंदोलन वाला राज्य है पश्चिम बंगाल। कॉलेज छात्र, विशेषतौर पर कोलकाता क्षेत्र से, राज्य में नक्सलवादी आंदोलन के पीछे की प्रमुख शक्ति रहे हैं, और विश्वविद्यालयों के अनेकों युवा पूर्णकालिक क्रांतिकारी बन चुके हैं। परिसरों में जारी उत्पात, जिसका अधिकांश भाग नक्सलवादियों के अपने राजनीतिक शत्रुओं के साथ–साथ सरकार तथा विश्वविद्यालय अधिकारियों के विरुद्ध किए जा रहे संघर्षों से जुड़ा है, छात्र आंदोलन के महत्व का एक उदाहरण है। वास्तव में, छात्रों की भागीदारी के बिना ऐसा संभव नहीं है कि पश्चिम बंगाल में "शहरी छापामार आंदोलन" को अधिक समर्थन प्राप्त हुआ हो।

यह नोट करना महत्वपूर्ण है कि छात्रों की राजनीतिक संलिप्तता, यहाँ तक कि एक क्रांतिकारी प्रकृति की, पश्चिम बंगाल के लिए नई नहीं है। कोलकाता 20वीं शताब्दी के प्रारंभिक वर्षों में राष्ट्रवादी आंदोलन की आतंकवादी शाखा का गढ़ रहा था, और शुरुआती दिनों से ही इस प्रकार के आंदोलन में छात्र सक्रिय रहे थे। सुभाष चंद्र बोस, जिनका राष्ट्रवाद का ब्रॉंड गाँधी के ब्रॉंड से अधिक कट्टर और हिंसक था, को बंगाली

छात्रों का शक्तिशाली समर्थन हासिल था। राज्य में वामपंथी दलों की शक्ति का छात्र आंदोलन पर भी प्रभाव रहा था, और इसने छात्रों के कट्टरपंथी समूहों को सक्रिय गैर–परिसरीय समर्थन प्रदान किया था। वास्तव में, सामान्यतौर पर पश्चिम बंगाल का छात्र आंदोलन व्यस्क राजनीतिक दलों के साथ संलिप्त रहा है। सामान्यतः, छात्र सक्रियतावाद को शैक्षणिक मुद्दों पर निर्देशित नहीं किया गया है बल्कि कहीं व्यापक राजनीतिक प्रश्नों की ओर निर्देशित कर दिया गया है। निश्चित तौर पर, परीक्षाओं पर अथवा छात्रों की स्थितियों अथवा समस्याओं से सम्बन्धित अन्य तात्कालिक विरोध–प्रदर्शन भी बार–बार दोहराए जाते रहे हैं, परंतु ये बंगाली छात्र सक्रियतावाद की मुख्यधारा में शामिल नहीं रहे हैं। पश्चिम बंगाल में छात्र आंदोलन के राजनीतिक प्रभाव को कम करके नहीं आंका जा सकता। यह आंदोलन, तथा इसके व्यस्क समकक्षी, पश्चिम बंगाल को एक लंबी अवधि तक उथल–पुथल की स्थिति में रखने में समर्थ रहे हैं। यह स्पष्ट है कि कोलकाता के मध्यवर्गीय समर्थन के कुछ खंड छात्र आंदोलन का समर्थन करते हैं, अथवा कम–से–कम उसे सहन अवश्य करते हैं। अतः, पश्चिम बंगाल की राजनीति में छात्र आंदोलन की एक दीर्घकालीन भूमिका रही है, यद्यपि यह संभवतः अपने अधिकार के अंतर्गत यह भारी राजनीतिक शक्ति अर्जित कर पाने की स्थिति में नहीं है।

यह महत्वपूर्ण है कि हाल के वर्षों में कोलकाता में छात्र आंदोलन विशेषतौर पर एक बढ़ते हुए कट्टरपंथ की दिशा में अग्रसर हुआ है, जो शायद राजनीति के अन्य स्वरूपों के प्रति कुंठा की एक भावना को इंगित करता है। 1966 में, कोलकाता संयुक्त वामपंथी मोर्चे के सरकार विरोधी अभियान से थर्रा गया था। इन विरोध प्रदर्शनों का नेतृत्व छात्रों द्वारा किया गया था। बाद में छात्र चुनावी अभियानों में सक्रिय रहे थे जिसने पश्चिम बंगाल में एक वामपंथी सरकार को सत्तारूढ़ करवा दिया था। हालांकि, बाद में, जब कम्युनिस्ट पार्टी (मार्क्सवादी) तथा सरकार में इसके सहयोगी एक कट्टरपंथी कार्यक्रम को लागू करवा पाने में असफल रहे, तो छात्र आंदोलन का अधिकांश भाग नक्सलवाद की ओर मुड़ गया और उसने संसदीय राजनीति का पूरी तरह से परित्याग कर दिया। ऐसा इसी समय पर हुआ था कि कोलकाता में छात्र आंदोलन के कुछ वर्गों द्वारा आतंकवादी रणनीतियों को प्रारंभ कर दी गईं। बंगाली छात्र आंदोलन की दिशा का पूर्वानुमान लगाना अत्यन्त कठिन है, यद्यपि कि यह स्पष्ट है कि यह आंदोलन कट्टरपंथ और उग्रवादी सक्रियतावाद दोनों के प्रति प्रवृत्त होना जारी रखेगा।

छात्र सक्रियतावाद के संदर्भ में पश्चिम बंगाल शेष भारत से बिल्कुल विपरीत है। उदाहरणार्थ, तमिलनाडु में सामान्यतः डीएमके के सहयोग से छात्र पाँच वर्षों से अधिक समय से राजनीतिक कार्यवाही में संलिप्त रहे हैं, जो आज राज्य का सत्ताधारी दल है। परंतु यह सक्रियतावाद एक अत्यन्त अनुशासित प्रकृति वाला रहा है, तथा कुछ अपवादों के साथ अहिंसक रहा है। 1965 में हिन्दी को भारत की राष्ट्रीय भाषा के रूप में उपयोग किए जाने के विरुद्ध चलाए गए छात्र अभियान द्वारा तमिलनाडु में हिंसा की गई थी, और सामान्य आबादी के बीच एक प्रतिक्रियात्मक स्वर उत्पन्न कर दिया गया था। संपूर्ण तमिलनाडु के तमिलभाषी क्षेत्रों वाले कॉलेजों की एक छात्र कार्यवाही समिति ने विरोध प्रदर्शनों एवं हड़तालों का समन्वयन किया, जो कभी–कभी हिंसक भी हो उठा था।[22] डीएमके ने छात्रों का शक्तिशाली समर्थन किया था, और 1965 के आंदोलन ने दल को सत्ता हासिल करने का मार्ग प्रशस्त करने में सहायता प्रदान कर दी थी। दो चुनावों, जिनमें डीएमके सफल रही थी, में छात्र महत्वपूर्ण रहे थे, और उन्होंने दल के लिए अनेक स्वैच्छिक कार्यकर्ता उपलब्ध कराए थे। हालांकि, तमिलनाडु में कोई भी सतत्

छात्र संगठन विकसित नहीं हुआ है, यद्यपि अनेक छात्रों में उच्चस्तरीय राजनीतिक जागरूकता विद्यमान है और डीएमके अथवा छात्र नेताओं द्वारा सीधी कार्यवाही के लिए आह्वाहन किए जाने पर प्रदर्शन करने के इच्छुक रहते हैं। व्यापकतौर पर, परिसर शांत बने रहे हैं, और यहाँ उत्तर भारतीय विश्वविद्यालयों के समान अनुशासनहीनता बहुत कम और छिटपुट रूप से ही दिखाई देती है।

बिहार द्वारा छात्र सक्रियतावाद में क्षेत्रीय विभिन्नता की महत्वपूर्ण प्रवृत्ति प्रदर्शित की गई है, जो कि उत्तर प्रदेश के कुछ भागों में भी दिखाई देती है।[23] हाल के वर्षों में बिहार की राजनीति अस्थिर रही है। कोई भी दल, यहाँ तक कि विभिन्न दलों के कुछ गुट भी राज्य सरकार पर नियंत्रण कायम नहीं रख सके हैं और क्रमिक गुटबाजीबद्ध मंत्रिमंडलों के द्वारा राज्य को शासित किया जाता रहा है। इसके अतिरिक्त, विश्वविद्यालय प्रांतीय राजनीति में उलझ चुके हैं, और अकादमिक संस्थानों का राजनीतिक प्रयोजनों के लिए उपयोग किया गया है। छात्रों ने राज्य के चुनावों में विश्वविद्यालय के अंदर ही विभिन्न समूहों, अधिकांशतः गैर–कांग्रेसी, की सहायता किए जाने में एक न एक गुट को समर्थन दिए जाने तथा अकादमिक प्रणाली को उथल–पुथल की स्थिति में रखे जाने के द्वारा इस स्थिति के साथ प्रतिक्रिया की है। ऐसा आंशिकतौर पर इसलिए संभव था क्योंकि अकादमिक नेतृत्व को राजनीतिक गतिशीलता ने तबाह कर दिया था और कुछ प्रशासक अथवा शिक्षकों के पास ही परिसर में व्यवस्था बनाए रखने का मनोबल शेष रह गया था। छात्रों ने इस स्थिति को समझ लिया था और आश्चर्यजनक नहीं है कि उन्होंने इसके लाभ उठाए थे।

पश्चिम बंगाल के विपरीत, बिहार में राजनीति में एक बड़ी छात्र संलिप्तता अपने साथ किसी महत्वपूर्ण छात्र संगठन को जन्म नहीं दे सकी थी। सक्रियता छिटपुट बनी रही थी, तथा अधिकांश भाग के लिए किसी अकेले विश्वविद्यालय के चारों ओर उन्मुख रही थी। विभिन्न राजनीतिक दलों के पास प्रत्येक विश्वविद्यालय में समर्थन उपलब्ध थे, और ये व्यक्ति परिस्थिति के अनुकूल प्रतीत होने पर उग्रवादी विरोध प्रदर्शनों को आयोजित करने मे समर्थ थे। एक बार विकसित हो जाने के बाद राजनीतिक परपंराओं से छुटकारा पाना कठिन हो जाता है, और ऐसा संभव है कि बिहार भविष्य में कुछ समय तक छात्र सक्रियता में संलिप्त रहेगा।

ओडिशा राजनीति में एक अलग प्रकार की छात्र संलिप्तता को प्रदर्शित करता है जो भारत के अनेक भागों में अनूठी है। ओडिशा में छात्र सामान्यतौर पर शांत तथा राजनीति में संलिप्त नहीं रहे हैं। हालांकि, संपूर्ण राज्य में छात्र विरोध प्रदर्शनों की एक समन्वित श्रृंखला ने 1964 में मुख्यमंत्री को त्यागपत्र देने हेतु बाध्य कर दिया था। छात्र नेताओं का आरोप था कि राज्य के मुख्यमंत्री, जो कांग्रेसी राजनीतिज्ञ थे, भ्रष्टाचार के दोषी थे और उनसे त्यागपत्र की माँग की गई थी। वह त्यागपत्र देने हेतु बाध्य हुए थे और राज्य में छात्रों की एक बड़ी जीत हुई थी। ओडिशा के आंदोलन एक सुगठित छात्र समिति के द्वारा संपन्न किए गए थे जिसमें राज्य के अनेक कॉलेजों के प्रतिनिधि शामिल थे, जिसने यह सिद्ध कर दिया था कि छात्र असंतोष से सापेक्षिकतौर पर मुक्त किसी क्षेत्र में भी *तदर्थ* छात्र आंदोलन को सफलतापूर्वक आयोजित किया जा सकता है। जीत के बाद ओडिशा के छात्र अपनी कक्षाओं में लौट गए, और उसके बाद से सक्रियतावाद में उल्लेखनीय रूप से संलिप्त नहीं रहे हैं। यही स्थिति अनेक अन्य भारतीय राज्यों में भी दिखाई दी है।

आंध्र प्रदेश में एक पृथक तेलंगाना राज्य के गठन पर हुए आंदोलन में छात्र संलिप्त रहे हैं, यद्यपि इस क्षेत्र में कोई भी सक्रिय छात्र आंदोलन मौजूद नहीं है। महाराष्ट्र में, 1950 के दशक के उत्तरार्द्ध में एक पृथक मराठी भाषी राज्य, जिसकी राजधानी मुम्बई

हो, की माँग को लेकर छात्र संयुक्त महाराष्ट्र समिति में संलिप्त रहे थे। अंततः, यह आंदोलन सफल रहा था। आंध्र प्रदेश तथा महाराष्ट्र दोनों में ही विशिष्ट अभियानों में छात्रों की संलिप्तता का अर्थ यह नहीं है कि विशिष्ट प्रयास के पूरा हो जाने के बाद आंदोलन जारी रहे हों, और इनमें से किसी भी राज्य में मौजूद असंतोष अपेक्षाकृत कम रहा हो।

इस प्रकार, 1965 के बाद की अवधि के छात्र सक्रियतावाद के स्वरूप को भली–भांति स्पष्ट करना कठिन है। इसकी तीन सामान्य प्रवृत्तियाँ रही हैं–एक ठोस वैचारिक आधार वाले व्यापक राजनीतिक आंदोलनों में छात्र संलिप्तता, जैसा कि पश्चिम बंगाल तथा अखिल भारतीय छात्रसंघ जैसे समूहों में सर्वाधिक स्पष्टरूप से दिखाई देता है; बाहरी माँगों और मुद्दों पर आधारित राजनीतिक अभियानों में छात्र संलिप्तता, जैसे कि तमिलनाडु में भाषाई आंदोलन अथवा ओडिशा के छात्रों द्वारा किए गए भ्रष्टाचार विरोधी प्रयास; और अंततः छिटपुट प्रदर्शनों, असंतोष, तथा स्थानीय कॉलेजों एवं अकादमिक मामलों से सम्बन्धित अनुशासनहीनताओं में छात्र संलिप्तता। यह बाद वाला पहलू भारत में छात्र सक्रियता का सर्वाधिक महत्वपूर्ण पहलू है, और असंतोष के ऐसे अधिकांश मामलों के कारणों में शामिल है जिनके द्वारा विश्वविद्यालय अधिकारियों के लिए अनेक कठिनाईयाँ उत्पन्न की गई हैं।

इसमें बाद वाला अंसतोष कुछ ध्यान दिए जाने का पात्र है, सिर्फ इसलिए क्योंकि यह अत्यन्त व्यापक है और बड़ी मात्रा में प्रेस का ध्यान आकर्षित करता है। स्थानीय छात्र "अनुशासनहीनता" के कारण अलग–अलग हैं और प्रायः इन्हें स्पष्ट करना कठिन होता है। सर्वाधिक तुच्छ स्तर पर, छात्र यह दावा करते हैं कि उनके किसी साथी के साथ हास्टल के वार्डन अथवा किसी अन्य अधिकारी द्वारा दुर्व्यवहार किया गया है और वे परिसर में उपद्रव पर उतर आते हैं। ट्रॉम के किराए अथवा सिनेमा के टिकट में वृद्धि विध्वंसात्मक आंदोलनों को जन्म दे सकते हैं। परीक्षाएं प्रायः ही अनुशासनहीनता और आंदोलनों का कारण बन जाती हैं।[24] कठिन प्रश्न छात्रों की अनेकों शिकायतों और कभी–कभार विरोध प्रदर्शनों का भी कारण हो सकते हैं। वास्तव में, अनेक संस्थानों में विश्वविद्यालय अधिकारियों को यह सुनिश्चित करने के लिए समुचित सावधानी अवश्य बरतनी पड़ती है कि परीक्षाएं संपन्न करवाना संभव है अथवा नहीं। छात्र एक और अधिक महत्वपूर्ण प्रकृति के शैक्षणिक प्रश्न पर भी आंदोलन कर देते हैं। विश्वविद्यालयों में भाषाई नीति, पाठ्यक्रम सम्बन्धी निर्णय, प्रोफसरों अथवा प्रशासकों की नियुक्तियाँ अथवा निष्कासन, तथा अन्य मामले भी विरोध प्रदर्शनों को हवा दे सकते हैं। ऐसे *तदर्थ* और छिटपुट आंदोलनों की गंभीरता में बहुत अधिक अंतर होते हैं। कुछ हल्के–फुल्के होते हैं और समुचित अधिकारियों के समक्ष ससम्मान प्रस्तुत किए जाते हैं, जबकि अन्य व्यापक और अत्यधिक विध्वंसात्मक प्रदर्शन हो सकते हैं जिनमें जीवन–हानि का खतरा जुड़ा हो सकता है।

एक अन्य प्रकार का *तदर्थ* विरोध प्रदर्शन, जो उत्तर प्रदेश तथा बिहार में विशेषतौर पर महत्वपूर्ण हो चुका है, परिसर में अकादमिक संकट में छात्रों की संलिप्तता का है। अलीगढ़ मुस्लिम विश्वविद्यालय, बनारस हिन्दू विश्वविद्यालय, तथा इलाहाबाद विश्वविद्यालय में बार–बार होने वाले संकट अंदरूनी अकादमिक संकटों में छात्रों की शक्तियों के प्रचुर प्रमाण हैं। ये तीनों ही संस्थान गुटबाजीपूर्ण विवादों एवं संकाय स्तर पर, तथा अकादमिक समुदाय एवं सरकार के तत्वों के बीच अन्य संघर्षों में संलिप्त रहे हैं। छात्रों ने स्वयं को इन विवादों में संलिप्त किया है, और परिणामों को प्रभावित भी किया है। छात्रों की संलिप्तता ने निश्चित रूप से इन संघर्षों की गंभीरता में वृद्धि की

है, और प्रायः ही बड़े परिसर व्यवधान उत्पन्न किए हैं और यहाँ तक कि लंबी अवधियों के लिए संस्थानों को बंद भी करवा दिया है।

VI

यह अंतिम खंड छात्र सक्रियतावाद के कारणों, तथा व्यापक सामान्यीकरणों में से कुछ की पहचान करने का प्रयास करेगा जो भारतीय उच्च शिक्षा की इस प्रवृत्ति के सम्बन्ध में निर्धारित किए जा सकते हैं। निष्कर्ष अनिवार्य रूप से कहीं सामान्य हैं, और उभरती हुई स्थिति निःसंदेहात्मक रूप से यहाँ प्रस्तुत किए गए स्पष्टीकरणों में परिवर्तन उत्पन्न कर देगी।

भारतीय छात्र असंतोष में महत्वपूर्ण संस्थागत विविधताएं मौजूद हैं। अधिकांश प्रतिष्ठित एवं सुवित्तपोषित तकनीकी संस्थानों में अनुशासनहीनता एक गंभीर समस्या नहीं है। जहाँ सामान्यतः यह स्वीकार किया जाता है कि अधिकांश छात्र असंतोष की उत्पत्ति उदार–कलाओं वाले कॉलेजों से होती है, वहीं इन संस्थानों के बीच भी कुछ प्रमुख अंतर विद्यमान हैं। सामान्यतः, पुराने कॉलेज शिक्षा के अपेक्षाकृत ऊँचे स्तरों को कायम रखने में सफल रहे हैं तथा नए संस्थानों की अपेक्षा छात्र अनुशासनहीनता के द्वारा इनकी कारपोरेट पहचान की भावना को कम ग्रसित किया गया है।[25] मिशनरी–प्रशासित कॉलेजों में अन्य संस्थानों की अपेक्षा कम कठिनाईयाँ उत्पन्न हुई हैं, शायद इसलिए क्योंकि उनके पास प्रायः अकादमिक उत्कृष्टता की एक परंपरा मौजूद रही है और इन संस्थानों में शिक्षक–छात्र सम्बन्ध अधिक संतोषजनक हैं।

भारतीय विश्वविद्यालय अपने समाज से घनिष्ठतापूर्वक सम्बद्ध होते हैं तथा आधुनिक भारतीय जीवन की अनेक विशेषताओं एवं विरोधाभाषों को साझा करते हैं। किसी भी समाज में "अकादमिक" मूल्य व्यापक समाज के मानदंडों से पूर्णतः पृथक नहीं होते, किन्तु भारत में ये अंतर अन्य अनेक देशों की तुलना में बहुत कम दिखाई देते हैं।[26] जाति एवं क्षेत्रीय सम्बद्धताएं अकादमिक नियुक्तियों के लिए सामान्य मानदंड मानी जाती हैं, और विश्वविद्यालय के अंदर गुटबाजीपूर्ण राजनीति राष्ट्रीय जीवन की राजनीतिक अंतर्कलह से पूरी तरह मिलती–जुलती है। छात्र विश्वविद्यालय में प्रवेश हासिल करने हेतु पारिवारिक प्रभाव के उपयोग करते हैं, अथवा किसी परीक्षा का परिणाम परिवर्तित करवाने हेतु वे आंदोलनकारी राजनीति का मार्ग अपना लेते हैं। अतः, जहाँ कुछ आलोचक विश्वविद्यालयों को "आइवरी टावर" कहकर हमला करते हैं, वहीं उच्च शिक्षा भारतीय सामाजिक एवं राजनीतिक जीवन की मुख्यधारा में पूरी तरह समाहित है।

छात्र असंतोष के अंतर्निहित कारणों की कल्पना करना कठिन नहीं है, और इससे जुड़े कुछ शिक्षकों तथा अन्य अधिकारियों के बीच एक आम सहमति दिखाई देती है। छात्र असंतोष पर जारी हाल की एक रिपोर्ट द्वारा उल्लेख किया गया है कि छात्र असंतोष के चार प्रमुख कारण इस प्रकार हैं "1) समुचित अकादमिक वातावरण का अभाव, 2) अभिभावकीय, शैक्षणिक, एवं सरकारी अधिकारों के प्रति सम्मान का अभाव, 3) वैचारिक कुंठाएं, तथा 4) राजनीतिक हस्तक्षेप।"[27] स्वतंत्रताप्राप्ति के बाद से विश्वविद्यालय शिक्षण के स्तर में भी गिरावट आ चुकी है, और *गुरु* के प्रति परंपरागत सम्मान परिसर से वास्तव में गायब हो चुका है। छात्रों को अपने प्रोफेसरों से बातचीत करने का अवसर मुश्किल से ही प्राप्त होता है, क्योंकि कक्षाएं बहुत बड़ी हैं और शिक्षण भार बहुत अधिक है। निम्न श्रेणियों पर, कॉलेज शिक्षकों का वेतन बहुत कम है, और अनेक शिक्षकों को एक से अधिक नौकरियाँ करनी पड़ रही हैं।[28]

भारतीय विश्वविद्यालय छात्रों के समक्ष वार्षिक आधार पर बाहर तैयार की गई परीक्षाएं लागू कर देते हैं, परिणामस्वरूप प्रत्येक प्रोफेसर का पाठ्यक्रम और अपने छात्रों के मूल्यांकन पर कोई नियंत्रण नहीं रह जाता। भारतीय उच्च शिक्षा के संपूर्ण इतिहास में छात्र अनुशासनहीनता के प्रमुख कारणों में से एक परीक्षाएं भी रही हैं। 19वीं शताब्दी के उत्तरार्द्ध से ही छात्रों ने कठिन परीक्षाओं के विरुद्ध दंगे किए हैं, जिनके द्वारा प्रायः अधिकारियों को स्तरों को नीचे लाने अथवा परीक्षाओं को पुनर्निर्धारित करने हेतु बाध्य किया गया है। इन आंदोलनों के बावजूद भी कुछ विश्वविद्यालयों में कुछ विषयों की परीक्षाओं में असफलता की दरें 70 से 80 प्रतिशत तक की रही हैं।

अनेक छात्र अपना कॉलेज करियर 15 अथवा 16 वर्ष की आयु में प्रारंभ करते हैं और कुछ आगामी वर्षों में प्राप्त होने वाली परिपक्वता से वंचित रहते हैं। इसके अलावा, छात्रावासों में तथा अपने परिवारों से दूर रहने वाले छात्रों को संभवतः पहली बार अपनी स्वतंत्रता का अनुभव होता है, विशेषतौर पर भारत की कठोर परिवार प्रणाली के विचार से। पीढ़ीगत समस्या, जो लगभग प्रत्येक समाज में मौजूद है, भारत में कुछ हद तक दबी रहती है, यद्यपि संभवतः यह भी स्थापित वरिष्ठ अधिकारियों के विरुद्ध असंतोष उत्पन्न करते हुए छात्रों को प्रभावित करती है।

अनेक भारतीय छात्रों की आर्थिक अनिश्चितता स्पष्टतौर पर उनकी दुविधा और अनुशासनहीनता का कारण होती है। अनेक छात्र अपने शैक्षणिक खर्चों का भुगतान करने हेतु अंशकालिक नौकरियाँ करते हैं, और यह नौकरी तथा विश्वविद्यालय करियर के बीच उनके ध्यान को विभाजित कर देता है। स्नातकों, विशेषतौर पर उदार–कला विषयों में, के लिए उपयुक्त नौकरी प्राप्त करना निरंतर कठिन होता जा रहा है। जिन छात्रों को रोजगार नहीं प्राप्त हो पाता, वे प्रायः स्नातक कार्य के लिए वापस विश्वविद्यालय आ जाते हैं यद्यपि कि वे प्रायः इसमें संलिप्त अकादमिक तैयारियों में रुचि नहीं रखते। अपनी कॉलेज शिक्षा पूरी न करने वाले छात्रों की संख्या भी बहुत अधिक है, और इन भूतपूर्व छात्रों में से अनेक परिसर में ही बने रहते हैं, क्योंकि रोजगार सदैव उपलब्ध नहीं होते। भारत में कॉलेज में प्रवेश लेने वालों में से आधे से अधिक छात्र डिग्री हासिल नहीं करते।

आर्थिक समस्याओं से सीधेतौर पर वे कठिन परिस्थितियाँ भी जुड़ी हुई हैं जिनके अधीन अनेक भारतीय छात्रों को अध्ययन करना पड़ता है। अपर्याप्त विश्वविद्यालयीय सुविधाओं के अलावा, अनेक छात्र स्वयं के लिए जीवन की न्यूनतम आवश्यकताओं का प्रबंध कर पाने में असमर्थ हैं। कोलकाता में छात्रों पर किए गए एक सर्वेक्षण द्वारा स्पष्ट किया गया है कि उनकी बड़ी संख्या कुपोषित है। विशेषतौर पर शहरी संस्थानों में, छात्रों को भीड़भाड़युक्त एवं अस्वच्छ स्थितियों में रहना पड़ता है।[29] ये सभी कारक छात्र आबादी के एक बड़े भाग में और कुछ नहीं बस कुंठा और अलगाव को बढ़ा सकते हैं।

भारत में राजनीतिक, सामाजिक, मनोवैज्ञानिक, आर्थिक, एवं शैक्षणिक मुद्दे परस्पर गुंथे हुए हैं, और इन सभी ने छात्र असंतोष में योगदान किया है। मौजूदा शैक्षणिक प्रवृत्तियों के जारी रहने की संभावना है। शिक्षकों की चेतावनियों के बावजूद शिक्षा प्रणाली का अनियोजित विस्तार निर्बाध रूप से जारी है। सरकार शिक्षा के इस विस्तार को रोकने के प्रति अनिच्छुक है यद्यपि यह शिक्षा के स्तरों को कायम रखने हेतु धन आबंटित करने में असमर्थ है। जैसे–जैसे बढ़ती हुई जनसंख्या को उच्च शिक्षा उपलब्ध होती जा रही है, वैसे–वैसे स्नातक डिग्री का मूल्य गिरता जा रहा है। केन्द्रीकृत मानकों को लागू करना और कठिन हो चुका है, क्योंकि हर वर्ष अनेक नए विश्वविद्यालय स्थापित हो जाते हैं, और उच्च शिक्षा केन्द्र तथा राज्य सरकारों का एक संयुक्त उत्तरदायित्व बना हुआ है।

यह स्पष्ट है कि छात्र सक्रियतावाद भारतीय अकादमिक एवं राजनीतिक परिदृश्य का एक स्थापित एवं सतत् अंग है। भारत एक सक्रिय और संभाविततौर पर उथल–पुथल भरे छात्र आंदोलन के लिए आवश्यक सभी पूर्व–शर्तों को पूरा करता है। इसके पास राजनीति में छात्रों की संलिप्तता का एक लंबा इतिहास, राजनीतिक अस्थिरता के लिए संभावित, यद्यपि वर्तमान में अवास्तविक, एक अकादमिक प्रणाली जो स्पष्टतः अनेक तनावों के अधीन है और जो छात्र आबादी की आवश्यकतापूर्ति भली–भांति नहीं कर पाती, तथा एक बड़ी और कुछ क्षेत्रों में राजनीतिक रूप से परिष्कृत छात्र आबादी मौजूद है। वास्तव में, भारत की विशालकाय छात्र आबादी, जो विश्व में तीसरी सबसे बड़ी है, तथा देश के सभी भागों में उच्च शिक्षा संस्थानों के विस्तार के कारण यह कल्पना करना संभव है कि किसी एक बिन्दु पर भारतीय छात्र राष्ट्रीय अथवा क्षेत्रीय राजनीति में एक पूर्णतः महत्वपूर्ण भूमिका निभा सकते हैं।[30]

राष्ट्रवादी आंदोलन की अवधि के अपवाद के साथ, भारतीय छात्र परिसर के बाहर मात्र कुछ व्यावहारिक मामलों के अलावा राजनीतिक संगठनों अथवा आंदोलनों के साथ संपर्क रखने में समर्थ नहीं रहे हैं। इसका अर्थ यह रहा है कि राजनीति में प्रभावी छात्र संलिप्तता के लिए संभावना अपेक्षाकृत सीमित रही है। इसके अलावा, पश्चिम बंगाल के अपवाद के साथ, राजनीतिक रूप से परिष्कृत बहुत कम छात्र नेता ही कॉलेजों और विश्वविद्यालयों में आधारित प्रभावी एवं सतत् राजनीतिक संगठनों को संगठित कर पाने में सक्षम हैं। इस स्थिति में कुछ परिवर्तन आता प्रतीत होता है, क्योंकि कट्टरपंथी छात्र परिचर्चा समूहों का गठन दिल्ली तथा मुम्बई जैसे उच्च शिक्षा केन्द्रों में किया जा चुका है।

भारत में स्वतंत्रताप्राप्ति के बाद के छात्र सक्रियतावाद का पैटर्न छिटपुट क्षेत्रीय अथवा स्थानीय छात्र आंदोलन वाला रहा है जो सामान्यतः सीमित गैर–वैचारिक मुद्दों से सम्बन्धित था। अनेकों दृष्टांतों में ऐसे आंदोलन सफल रहे हैं, और बिहार, तमिलनाडु, उत्तर प्रदेश तथा अन्य राज्यों में राजनीति में निश्चित रूप से एक प्रमुख भूमिका निभा चुके हैं। ऐसी संभावना बहुत अधिक है कि क्षेत्रीय राजनीति में छात्र संलिप्तता का यह पैटर्न जारी रहेगा, और परिवर्तनशील स्थानीय स्थितियों को ध्यान में रखते हुए, अलग–अलग राजनीतिक घटनाओं के साथ बदल जाएगा। यह स्पष्ट प्रतीत होता है कि केन्द्र में राजनीतिक अथवा आर्थिक स्थिति में बड़े परिवर्तन के बिना छात्र सक्रियतावाद का क्षेत्रीय तथा स्थानीय राजनीति पर आधारित रहना जारी रहेगा और यह एक अखिल भारतीय प्रकृति नहीं ग्रहण कर सकेगा। देश की सापेक्षिक राजनीतिक स्थिरता, शायद 1971 के चुनावों के समय से, एक बड़े राष्ट्रीय छात्र आंदोलन के उद्भव को कहीं अधिक कठिन बना देगी। इसके अलावा, सामाजिक गतिशीलता तथा रोजगार की एक कुंजी के रूप में विश्वविद्यालय प्रणाली अपेक्षाकृत कम छात्रों को किसी बड़ी छात्र राजनीतिक संलिप्तता का जोखिम उठाने का इच्छुक बना सकेगी।

हालांकि, यदि भारत में स्थिति राजनीतिक अथवा आर्थिक रूप से परिवर्तित होती भी है तो यह पूर्णतः संभव है कि एक विशालकाय छात्र आंदोलन खड़ा हो जाए। यहाँ संभवतः सीलोन का उदाहरण विशेषतौर पर प्रासंगिक है। सीलोन के छात्र आंदोलन का इतिहास संक्षिप्त है, और सीलोनी छात्र भारतीय छात्रों की अपेक्षा बहुत छोटे पैमाने पर राजनीति में संलिप्त रहे हैं। इसके बावजूद, जब अनेक छात्रों तथा बेरोजगार अथवा अर्द्धरोजगार प्राप्त लोगों को यह स्पष्ट हुआ कि प्रधानमंत्री भंडारनाइके की सरकार, अपने कट्टरपंथी बयानों के बावजूद, देश की सामाजिक समस्या से निपटने में असमर्थ थी और विश्वविद्यालय स्नातकों के लिए रोजगार प्रदान करने में असक्षम थी, तो एक प्रभावी एवं उग्रवादी छात्र आंदोलन आयोजित किया गया था। ऐसी स्थिति में भारतीय

छात्रों की क्रांतिकारी क्षमताओं में संदेह का कोई कारण मौजूद नहीं है। दूरियों तथा छात्र आबादी के बड़े और बिखरे होने के कारण ऐसी संभावना नहीं है कि भारत में एक राष्ट्रीय छात्र आंदोलन प्रभावी रूप से संगठित किया जा सके। लेकिन यदि समग्र राजनीतिक एवं आर्थिक स्थिति बिगड़ती है तो बड़े और संभाविततौर पर प्रभावी क्षेत्रीय छात्र आंदोलन भारत में एक विशिष्ट संभावना है।

भारत में छात्र "अनुशासनहीनता" से रचनात्मक रूप से निपटने के प्रयास अभी तक असफल सिद्ध हुए हैं। प्रभावी राजनीतिक सक्रियतावाद तथा स्थानीय विरोध प्रदर्शनों के कारण शिक्षा प्रणाली में सतत् व्यवधानों की वास्तविकता, परीक्षाओं में व्यवधान, और ऐसे ही आंदोलनों के कारण छात्र असंतोष से अकादमिक अधिकारियों के निपट पाने सम्बन्धी असफलता एक गंभीर राष्ट्रीय समस्या बन चुकी है। भारतीय उच्च शिक्षा की समग्र दिशा को ध्यान में रखते हुए अकादमिक अधिकारियों के पास करने के लिए निश्चित रूप से बहुत सीमित गुंजाइश है, यह एक ऐसी दिशा है जिसे विश्वविद्यालयों के बजाय सार्वजनिक मत, सरकार तथा अन्य बाहरी शक्तियों द्वारा नियंत्रित किया जाता है। अतः, सतत् विस्तार और उपलब्ध निधियों तथा शायद शिक्षा के स्तर में होने वाली सहगामी गिरावट की समस्या भारत के अकादमिक समीकरण का भाग बन चुकी है, और इस तथ्य के कारण अपरिहार्य रूप से छात्र असंतोष में वृद्धि करती है कि शिक्षित व्यक्तियों की अतिपूर्ति तथा स्वयं कॉलेजों एवं विश्वविद्यालयों के अंदर खराब होती हुई स्थितियों के कारण स्नातक उपयुक्त रोजगार हासिल करने में असमर्थ हैं। किन्तु इतना उल्लेख करना ही पर्याप्त नहीं है कि भारत में छात्र "अनुशासनहीनता" को समाप्त करने में असफल रहने के लिए अकादमिक अधिकारी पूरी तरह से उत्तरदायी नहीं हैं। सत्य तो यही है कि विश्वविद्यालय तथा शिक्षा के साथ सम्बन्धित आधिकारिक एजेन्सियों के द्वारा उठाए जा सकने वाले कदम नहीं उठाए गए हैं, और बहुत कम पहल का प्रदर्शन किया गया है।

अधिकांश भारतीय विश्वविद्यालयों के प्रशासन पुराने पड़ चुके हैं और उनमें संशोधन की आवश्यकता है। फिर भी, विश्वविद्यालयों को प्रशासित किए जाने के तरीकों का आधुनिकीकरण करने हेतु वास्तव में कुछ भी नहीं किया गया है। नौकरशाही की अकुशलता के साधारण मामले तथा एक कहीं कठोर पदानुक्रमिक ढाँचा छात्रों की कुंठाओं में वृद्धि के साथ–साथ उच्च शिक्षा में सुधार को भी बाधित कर देता है। और अधिक दूरगामी परिवर्तनों, जैसे कि शिक्षा संस्थानों के शासी निकायों में छात्रों अथवा यहाँ तक कि कनिष्ठ कर्मचारियों को समावेशित करना, आदि को प्रस्तावित अथवा लागू नहीं किया गया है। अमेरिका तथा कुछ यूरोपीय देशों में *लोकपाल* (ऐसे व्यक्ति जो छात्रों के हितों की देखभाल करेंगे और जो उनके प्रति उत्तरदायी होंगे) का गठन लोकप्रिय हो चुका है। भारत में किसी भी बड़े पैमाने पर ऐसे प्रयास नहीं किए गए हैं, और इससे छात्रों एवं कॉलेज तथा विश्वविद्यालयों के बीच के सम्बन्धों में भारी सुधार हो सकता है। संक्षेप में, ऐसे सुधार उपलब्ध हैं जो अकादमिक संस्थानों द्वारा किए जा सकते हैं और जिनकी लागत बहुत कम है किन्तु जो वर्तमान स्थिति का समाधान कर सकते हैं।

इसी प्रकार, उच्च शिक्षा से सम्बन्धित केन्द्रीय एवं क्षेत्रीय एजेन्सियाँ छात्रों के असंतोष से निपटने योग्य कार्यक्रमों एवं सुधारों को प्रस्तावित और लागू करने में सुस्त रहीं हैं। विश्वविद्यालय अनुदान आयोग, जिसने छात्रों के मामले में पर्याप्त रुचि ली है, किसी भी अर्थपूर्ण परिवर्तन को प्रस्तावित करने में सफल नहीं रहा हे। छात्र नेताओं के सम्मेलन तथा छात्र समस्याओं के पहलुओं पर रिपोर्टों को कार्यवाहियों में परिणित नहीं किया गया है, तथा छात्रों की स्थिति में सुधार करने सम्बन्धी प्रयासों पर बहुत कम

धनराशि व्यय की गई है। जहाँ कहीं निधियों में वृद्धि की भी गई है, जैसे छात्रावासों एवं छात्र केन्द्रों के निर्माण, वहाँ नए कार्यक्रमों अथवा सुविधाओं के मार्ग में बहुत कम कार्य किए गए हैं। इस प्रकार, छात्रों की अल्पकालिक एवं तात्कालिक समस्याओं के समाधान सम्बन्धी प्रयासों में स्वयं छात्रों अथवा अकादमिक अथवा सरकारी अधिकारियों के बीच सकारात्मक नेतृत्व का अभाव रहा है।

यह स्पष्ट प्रतीत होता है कि अधिकांश भारतीय छात्रों की वस्तुस्थितियाँ वास्तव में अपरिवर्तित ही रहेंगी। उच्च शिक्षा का विस्तार जारी रहेगा, छात्र खराब स्थितियों में अध्ययन जारी रखेंगे और स्नातक पूर्ण करने के बाद उपयुक्त रोजगार प्राप्त करने में कठिनाईयाँ अनुभव करते रहेंगे। ऐसी स्थिति में, दो दशकों तक भारतीय परिदृश्य की विशेषता रही स्थानिक किन्तु कभी–कभी विध्वसंक सक्रियता जारी रहेगी। भारतीय समाज में आर्थिक अथवा राजनीतिक कारकों से प्रोत्साहन के बिना यह संभव नहीं है कि क्रांतिकारी सक्रियतावाद को समर्पित एक बड़ा छात्र आंदोलन अखिल भारतीय स्तर पर विकसित हो सकेगा। भारत की समुचित परिस्थितियों को ध्यान में रखते हुए ऐसी किसी भी संभावना से इंकार नहीं करना चाहिए। परंतु वर्तमान समय में, ऐसा प्रतीत होता है कि हालात जस के तस बने रहेंगे।

टिप्पणियाँ

* यह उस लेख का एक संशोधित संस्करण है जो एस.एम. लिपसेट एवं पी.जी. अल्टबाख़ संपादित *Students in Revolt* (Boston: Beacon Press, 1970) में प्रकाशित हुआ था। बुनियादी तौर पर इस लेख की प्रकृति ऐतिहासिक है, यद्यपि अंत में वर्तमान प्रवृत्तियों के विश्लेषण के कुछ प्रयास किए गए हैं। कुछ सामग्री अब पुरानी पड़ चुकी है, यद्यपि भारत में छात्र असंतोष तथा सक्रियता के बुनियादी तत्व अपरिवर्तित बने हुए हैं।

1. The issue of student activism in India is dealt with in more detail in Philip G. Altbach, ed., *Turmoil and Transition*, (Bombay: Lalvani Publishing House, 1968). See also Aileen Ross, *Student Unrest in India* (Montreal: McGill-Queens University Press, 1969).
2. This notion is discussed in detail in Myron Weiner, *The Politics of Scarcity*, (Chicago: University of Chicago Press, 1962).
3. Ministry of Education, *Survey of Living Conditions of University Students*, New Delhi: Government of India Press, 1962).
4. The fact that students regularly hold demonstrations in examination hall and examinations are often disrupted is ample testimony to the seriousness of this question. The papers prepared for a recent conference on examination reform, sponsored by the Inter University Board and held in Delhi in January, 1971, provided data on this problem.
5. See Amar Kumar Singh, "Academic Politics and Student Unrest; The Case of Ranchi University," in P. G. Altbach, ed., *op. cit.*, pp. 204–240. See also P. G. Altbach, *The University of Bombay: An Academic Institution in a Transitional Society* (Bombay: Sindhu Publications, 1972).
6. The official government reports on Banaras Hindu University, Aligarh Muslim University, and Allahabad University provide detailed and dramatic testimony to the importance of faculty politics.
7. See Philip G. Altbach, "Student Politics in Developing Countries," Education Quarterly, 21 (July, 1969), pp. 37–39.
8. Dinkar Sakrikar, "A History of the Student Movement in India," (Unpublished manuscript, 1946), p. 33.
9. Prabodh Chandra, *The Student Movement in India*, (Lahore: All-India Students Federation, 1938).

10. M. Muni Reddy, *The Students Movement in India*, (Lucknow: K. S. R. Acharya, 1947), p. 30.
11. Myron Weiner, *op. cit*., p. 163.
12. For a study of the Hindu nationalist movement, see Joseph Curran, *Militant Hinduism in Indian Politics: The Case of the RSS*, (New York: Institute of Pacific Affairs, 1951).
13. Darbara Singh, *The Indian Struggle, 1942* (Lahore: Hero Publications, 1946), p. 278.
14. For a discussion of academic discipline and student political involvement see G. A. D. Soares, "The Active Few: Student Ideology and Participation in Developing Countries," in P. G. Altbach, ed., *The Student Revolution* (Bombay: Lalvani, 1970), pp. 72–98. See also Metta Spencer, "Professional, Scientific, and Intellectual Students in India," in S. M. Lipset, ed., *Student Politics* (New York: Basic Books, 1967), pp. 357–371.
15. Philip G. Altbach, "The Bombay Naval Mutiny," *Opinion, 6* (August 31, 1965), p. 35. See also B. C. Dutt, *Revolt of the Innocents* (Bombay: Sindhu Publications, 1971).
16. Barbara Burn, *et al., Higher Education in Nine Countries* (New York: Mc-Graw Hill, 1971), p. 319.
17. Metta Spencer, *op. cit*., p. 367.
18. For a description of the role of student unions in university politics, see Joseph DiBona, *Change and Conflict in the Indian University* (Bombay: Lalvani, 1971). See also Ministry of Education, *Report of the Inquiry Commission on Banaras Hindu University* (New Delhi; Ministry of Education, 1969).
19. Myron Weiner, *op. cit*., p. 168. Although Weiner's book is more than ten years old, this generalization is still true in 1971.
20. The literature on student unrest in India is quite extensive, particularly with regard to the very recent period. While much of the available sources are in newspaper accounts, a number of books and articles have also appeared. For a listing of published materials up to 1970, see P. G. Altbach, *A Select Bibliography on Students, Politics and Higher Education* (revised edition) (Cambridge, Mass: Harvard Center for International Affairs, 1970), pp. 24–26.
21. A Correspondent, "Student Indiscipline Under Study," *Thought*, 17 (October 20, 1966), p. 11. See also *Statesman* (December 19, 1966).
22. See "The English-Hindi Controversy," *Minerva*, 3 (Summer, 1965) pp. 560–85.
23. Amar Kumar Singh, *op. cit*., presents a detailed picture of the Bihar situation. This account is based largely on his description and analysis.
24. Margaret Cormack, *She Who Rides a Peacock: Indian Students and Change* (Bombay: Asia Publishing House, 1961), p. 204.
25. For an account of general aspects of university life and administration in India, see Robert Gaudino, *The Indian University* (Bombay: Popular Prakashan, 1965). The essays in this volume also deal directly with the problems of higher education in India. See also A. B. Shah, ed., *Higher Education in India* (Bombay: Lalvani, 1967).
26. A Correspondent, *op. cit*., p. 11.
27. See particularly, Edward Shils, "The Indian Academic," this volume.
28. University Grants Commission, *Report on Standards of University Education* (New Delhi: University Grants Commission, 1965), p. 255.
29. Ministry of Education, *op. cit.*
30. See Philip G. Atlbach, ed., *The Student Revolution, op. cit.*, for case studies of student movements in other developing countries, as well as for theoretical studies of student activism.

खंड 7

भारत एवं चीन–तुलनात्मक विश्लेषण

चीन तथा भारत: एक तुलना

रफ़ीक दोसानी

चीन तथा भारत के बीच विद्वत्ता के सम्बन्ध में तुलना करना अब एक आम बात हैं: गूगल स्कॉलर की एक खोज ऐसे 20 लाख विद्वत्तापूर्ण शीर्षकों को समक्ष रख देती है जो दोनों देशों के बीच तुलना करते हैं। ऐसे अधिकांश कार्य भारत द्वारा अपने आर्थिक सुधारों को प्रारंभ किए जाने के बाद विगत दो दशकों के दौरान संपन्न हुए हैं। सोवियत संघ के पतन तथा भविष्य के तानाशाहों के लिए इसके नकारात्मक निहितार्थ 1990 के दशक के प्रारंभ में विद्वत्तापूर्ण लेखनों पर बहुत अधिक छाए रहे थे, जो, पुनरावलोकन में, चीन के मुकाबले भारत के विकास प्रक्षेपपथ के सम्बन्ध में अत्यधिक आशावादी धारणाओं का आधार बने थे। 1990 के दशक के आगे बढ़ने के साथ ही चीन की सतत् प्रगति तथा भारत की मिश्रित प्रगति की वास्तविकता अधिकांश घबराहट का कारण बन गई। इसने विद्वानों को यह तर्क देने हेतु मजबूर कर दिया कि भारत एवं चीन की तुलना नहीं की जानी चाहिए।[1] गत एक दशक से, कार्यबल की गुणवत्ता के आधार पर तुलनाओं का एक विद्वत्तापूर्ण अभिसरण मौजूद प्रतीत होने लगा है। विद्वान अब लगातार मानने लगे हैं कि चीन एवं भारत क्षमता सम्बन्धी कुछ प्रमुख प्रेरक शक्तियों के मामले में अलग हैं जैसे–आर्थिक शक्ति, जनसंख्या का आकार, राजनीतिक स्थिरता, एवं प्रशासनिक क्षमता; तथा इनमें से प्रत्येक मामले में कार्यबल क्षमता में मौजूद अंतर कार्यप्रदर्शन में अनेक अंतर उत्पन्न करते हैं।

चीन तथा भारत के बीच कार्यबल सम्बन्धी तुलनाओं पर एक प्रारंभिक लेखक के रूप में अल्ट्बाख़ का कार्य विशेषतौर पर प्रासंगिक प्रतीत होता है। इस परिचय में, हम अल्ट्बाख़ के तीन लेखों का परीक्षण कर रहे हैं जो उच्च शिक्षा में चीन तथा भारत की तुलना करते हैं।[2] हम अग्रलिखित प्रश्न पूछ रहे हैं: *(i)* ये लेख हमें कार्यबल क्षमता के प्रक्षेपपथ के सम्बन्ध में क्या बताते हैं, और कौन सी बात दोनों देशों के बीच के अलग–अलग प्रक्षेपपथ को स्पष्ट करती है? *(ii)* क्या ये लेख ऐसे उपयोगी नीतिगत नुस्खे प्रदान करते हैं जो अनुक्रमिक अनुभवों द्वारा सिद्ध हो सकते हों? *(iii)* क्या अनुभव के प्रकाश में कार्यबल क्षमता निर्माण सम्बन्धी चुनौतियाँ, जैसे–प्रोफेसर, के–12 मानक, इत्यादि–समुचित चुनौतियाँ हैं?

अल्ट्बाख़ का 1993 का आलेख अंतर्राष्ट्रीय ज्ञान में अर्थपूर्ण योगदान की चीन तथा भारत की क्षमताओं पर विचार करता है। निहितार्थ से, यह अंतर्राष्ट्रीय अभिजात्य में विकसित हो सकने की प्रत्येक देश की क्षमता की एक तुलना है। वो प्रारंभिक बिन्दुओं के रूप में उन विशेषताओं को सूचीबद्ध करते हैं जिनका अंतर्राष्ट्रीय ज्ञान में योगदान करने हेतु देशों के पास मौजूद होना अनिवार्य है: आधुनिकतम उद्योग एवं सेवाएं, विश्वविद्यालय प्रणालियों में पर्याप्त निवेश, ज्ञान सृजन के नेटवर्कों में सन्निहितता (अर्थात्, अकादमिक समूहों एवं नेटवर्कों में प्रवासियों, सम्मेलनों, प्रकाशकों, आँकड़ा केन्द्रों की भूमिका)। वर्तमान में, मात्र अमेरिका, यूरोप तथा जापान के पास ही ये विशेषताएं मौजूद हैं।

चीन कुछ गंभीर कमियों से पीड़ित था: उच्च शिक्षा का देरी से प्रारंभ, अंग्रेजी का सीमित ज्ञान, अकादमिक जीवन पर अपेक्षाकृत अधिक नियंत्रण, तथा सार्वजनिक स्वामित्व पर अधिक भरोसा आदि मिलकर 1993 में भारत के मुकाबले उच्च शिक्षा में कम प्रवेश दरों के कारण रहे थे। हालांकि, चीन पर भारत की मामूली बढ़त के बावजूद, यह ऊपर सूचीबद्ध समस्त विशेषताओं में पिछड़ गया। अल्ट्बाख़ ने निष्कर्ष दिया कि ऐसा प्रतीत होता है कि निकट भविष्य में भारत अंतर्राष्ट्रीय ज्ञान की बाहरी परिधि में बना रहेगा; चीन इससे भी अधिक बाहर रहेगा। इन कमियों को दूर करने के लिए अल्ट्बाख़ ने सिफारिश की थी कि चीन तथा भारत अपनी क्षमताओं का लाभ उठाने के उद्देश्य से उपयोगी तौर पर सहयोग कर सकते हैं, आमंत्रित विद्वानों के माध्यम से अपनी विश्वविद्यालय प्रणालियों के कुछ हिस्सों का अंतर्राष्ट्रीयकरण कर सकते हैं, अकादमिक प्रवासियों का लाभ ले सकते हैं, वैज्ञानिक उत्कृष्टता के मौकों को विकसित कर सकते हैं, और शैक्षणिक निर्णयन को राष्ट्रीय सरकारों से राज्यों और विश्वविद्यालय–उद्योग संघों (बहुराष्ट्रीय कंपनियों सहित) को स्थानांतरित कर सकते हैं। तब कुछ लोगों ने इन विशेषताओं के महत्व, भारत तथा चीन की कमियों, तथा चीन की विशिष्ट हानियों के विरुद्ध तर्क दिया होता। जैसा कि अनुक्रमिक कार्यवाहियाँ प्रदर्शित करती हैं, भारत के साथ सहयोग करने के अपवाद के साथ चीन सरकार ने अगले कई वर्षों तक अल्ट्बाख़ के नुस्खे पर ध्यान केन्द्रित किया हुआ था। चीन ने एक और नीति जोड़ दी थी जिसे अल्ट्बाख़ ने अव्यावहारिक माना था: अभिजात्य शिक्षा में भारी निवेश के जरिए क्षमता निर्माण किया जाए तथा, इस प्रक्रिया में, कम से कुछ विश्वस्तरीय विश्वविद्यालयों का निर्माण किया जाए। इसे चीन की बाद की उच्च शिक्षा में एक महत्वपूर्ण घटक सिद्ध होना था।

भारत, जो 1990 के दशक में व्यापक आर्थिक एवं राजकोषीय सुधारों में उलझा हुआ था, ने अल्ट्बाख़ के नुस्खों अथवा कार्यबल सम्बन्धी मुद्दों पर कम ध्यान दिया। शायद अल्ट्बाख़ का संयोगवश अनुसरण किया गया एकमात्र नुस्खा, निर्णयन, नई दिल्ली में गठबंधनों के शासन के कारण निरंतर राज्यों को हस्तांतरित होता रहा। हालांकि, इसके द्वारा अंतर्राष्ट्रीय ज्ञान में योगदान करने की भारत की क्षमता के लिए बहुत कम कार्य किया गया, परंतु यह मासीफिकेशन तथा समानता के लक्ष्यों को आगे बढ़ाए जाने जैसे अन्य कारणोंवश महत्वपूर्ण था।

1990 के दशक के मध्य के प्रारंभ में चीन तथा उसके लगभग एक दशक बाद भारत ने मासीफिकेशन तथा गुणवत्ता, समानता तथा लागत–प्रभावकारिता जैसे अन्य लक्ष्यों को हासिल करने हेतु नीतियों में परिवर्तन कर दिए। आर्थिक विकास ने इसे संभव बना दिया, यद्यपि रणनीतियों में अंतर थे। चीन के मामले में, सार्वजनिक निवेश ने मासीफिकेशन को प्रेरित किया; भारत में, शिक्षण शुल्कों द्वारा भुगतान किए गए निजी प्रबंध प्रेरक शक्ति रहे थे।

परिणामस्वरूप अकादमिक समुदाय में कैसे परिवर्तन हुए? क्या उन्हें बेहतर कार्य परिस्थितियाँ (वेतन, स्वायत्तता, व्यावसायिक प्रगति के अवसर) हासिल हो सकीं? उन्होंने दोनों देशों में अकादमिक जगत के बाहर स्थित अनुसंधान संस्थानों (जैसे भारत में वैज्ञानिक एवं औद्योगिक अनुसधान परिषद्, तथा चीन में चाइनीज एकादमी ऑफ साइंसेज) के साथ किस प्रकार सहक्रिया की? उनकी गुणवत्ता तथा अनुकूलन (शिक्षण भार, अनुसंधान की अपेक्षाएं, कार्यकाल) किस प्रकार परिवर्तित हुए?

अपने 2007 के आलेख में, अल्ट्बाख़ एवं जयराम ने इन मुद्दों को सम्बोधित किया था। यह स्पष्ट है कि दोनों देशों में से चीन ने अधिक व्यवस्थित सुधार अपनाए थे।

इसमें विश्वविद्यालयों को छोटी संख्या वाले संस्थानों में समेकित करना शामिल था। शिक्षकों को प्रदर्शन–आधारित पदों और वेतनों पर धीरे–धीरे स्थानांतरित किया गया; अधिक अकादमिक स्वायत्तता के तंत्र, अधिक गुणवत्ता, तथा व्यावसायिक प्रगति में पारदर्शिता को विकसित किया गया। निजीकरण ने एक भूमिका निभानी प्रारंभ कर दी, यद्यपि यह बहुत मामूली रही। इसने अनेक स्वरूप ग्रहण किए, जिसमें निजी लाभार्जक संस्थानों की अनुमति दिया जाना, पाठ्यक्रम संचालित किए जाने हेतु सार्वजनिक विश्वविद्यालयों के कुछ भागों को निजी हितों के साथ सहयोग की सामर्थ्य प्रदान करना, तथा निजी लागतों (शिक्षण शुल्कों) को वसूल करना शामिल थे। हालांकि, आपूर्ति के निजी घटकों ने सामान्यतः कम भुगतान किए और कार्यकाल की कोई सुरक्षा नहीं प्रदान की।

भारतीय सुधार निजी प्रवेश को समर्थ बनाने पर केन्द्रित थे। उनके प्रवेश ने इंजीनियरिंग एवं अन्य व्यावसायिक शिक्षाओं की बढ़ती हुई माँगों की अधिक पूर्ति की जवाबदेही का नेतृत्व किया। हालांकि, भारतीय आपूर्ति व्यवस्था के निजीकरण ने शिक्षकों के वेतन, कार्यकाल की सुरक्षा तथा हैसियत में कमी कर दी। इसी के साथ, तीव्रगति से विस्तार कर रहे क्षेत्रों, जैसे इंजीनियरिंग, में शिक्षित शिक्षकों की कमी उत्पन्न हो गई। जैसा कि ऊपर नोट किया जा चुका है, ये परिवर्तन राज्य सरकारों द्वारा प्रेरित थे। केन्द्रीय सरकार ने गुणवत्ता में सुधार करने हेतु व्यापकतौर पर विश्वविद्यालय अनुदान आयोग के माध्यम से अनेक सुधारों की पहल की, परंतु आपूर्ति पक्ष के अधिकांश अन्य हितधारकों के द्वारा इनका प्रतिरोध किया गया। राज्यों तथा निजी सेवाप्रदाताओं ने संसाधनों का व्यय विस्तार पर किए जाने को प्राथमिकता दी। लेखकों ने निष्कर्ष निकाला कि 2007 तक भारत में अकादमिक पेशा तीव्र गिरावट की अवस्था में था।

2009 तक, अल्ट्बाख़ का दीर्घकालिक वैध तर्क, कि दोनों देशों के आर्थिक भविष्य एक बेहतर शिक्षित कार्यबल पर निर्भर थे, को व्यापकतौर पर मान्यता प्रदान की गई थी। 2009 का उनका आलेख चीन तथा भारत में उच्च शिक्षा की वर्तमान स्थिति की तुलना करता है। एक नया कारक, कम से कम कुछ विश्वस्तरीय विश्वविद्यालयों के महत्व (एक अविवाद्य नहीं) इस आलेख में उनके तुलनात्मक तर्क में प्रवेश करते हैं।[3]

इस आलेख के महत्व का एक प्रमुख कारण यह है कि चीन तथा भारत में सुधारों के साथ विश्वविद्यालय प्रणाली में प्रारंभ हुए विभेदीरकण इतने परिपक्व हो चुके हैं कि तुलना संभव हो चुकी है और समग्र नीतिगत परिवेशों में अंतरों अथवा समानताओं का मानचित्रण किया जा सकता है।

उदाहरणार्थ, दोनों देशों ने निचली पायदानों में निम्न गुणवत्ता की सतत् समस्या का सामना किया है। इसके बावजूद, प्रेरक शक्तियाँ अलग–अलग थीं। चीन के मामले में, एक विभेदीकृत अकादमिक प्रणाली का निर्माण करने हेतु एक जागरूक प्रयास किया गया था, जिसमें गुणवत्ता का अनुक्रम था–अभिजात्य शोध–प्रधान विश्वविद्यालय शीर्ष पर, बहुग्राही विश्वविद्यालय मध्य में तथा शेष (प्रायः स्नातक उपाधि न देने वाले) कॉलेज सबसे नीचे; विभेदीकरण विशेषज्ञतासंपन्न संस्थानों के द्वारा किया गया। एक ''सुसंगत विभेदीकृत अकादमिक प्रणाली'' के अभाव सहित भारत ने शीर्ष पर अत्यधिक विशेषज्ञतायुक्त, व्यापकतौर पर व्यावसायिक संस्थानों को विकसित करना जारी रखा (प्राथमिकतौर पर आईआईटी एवं आईआईएम)। बहुग्राही विश्वविद्यालय प्रणाली का समूह पहले के समान ही जारी रहा, जिसके पास अपने घटक कॉलेजों के बीच कोई स्पष्ट विभेदीकरण मौजूद नहीं था (मात्र कुछ केन्द्रीय विश्वविद्यालयों एवं स्वायत्त

कॉलेजों को छोड़कर, जो एक ऊँचे स्तर पर थे)। अल्ट्बाख़ ने संस्थानों को विविधता, प्रायोजकता, तथा अधिकारक्षेत्र से जोड़ा जिसके अधीन यह प्रणाली संचालित हो रही थी और भविष्यवाणी की कि एक विभेदीकृत प्रणाली का उद्भव ''वर्तमान परिस्थितियों में बहुत कम संभव'' है। (अल्ट्बाख़ 2009, पृष्ठ 42)।

भारत में, स्पष्ट अधिकारक्षेत्रों के अभाव ने ऐसी अकादमिक प्रशासन प्रणाली को निरूपित किया जो ''दुष्क्रियाशील'' है (अल्ट्बाख़ 2009, पृष्ठ 42)। चीन भी इसी से पीड़ित रहा, यद्यपि कारण अलग था और शायद प्रबंधनीय भी: अकादमिक नेतृत्व द्वारा प्रशासन को शीर्ष पर एक कार्यकारी उपाध्यक्ष के साथ साझा किया गया था जिसका चयन कम्युनिस्ट पार्टी द्वारा किया गया था, जो प्रशासनिक तनाव तथा ''अत्यधिक नौकरशाहीपूर्ण प्रशासनिक व्यवस्थाओं'' का कारण था (अल्ट्बाख़ 2009, पृष्ठ 43)।

फिर भी, चीन ने शीर्ष 140 के आसपास संस्थानों को ऐसे संसाधन, जो भारत की तुलना में कहीं अधिक बड़े थे, प्रदान किए जाने के द्वारा अपने परंपरागत विश्वविद्यालयों के साथ महान प्रगति कर डाली। जैसा अल्ट्बाख़ नोट करते हैं, परंपरागत, प्रांतीय विश्वविद्यालय भारतीय उच्च शिक्षा की ''दुखती रग'' हैं (अल्ट्बाख़ 2009, पृष्ठ 45)।

रोचकतौर पर, चीन तथा भारत दोनों ने सामूहिक शिक्षण के लिए निजी निधिकरण के साथ–साथ प्रांतों (राज्यों) पर भरोसा किया है; केन्द्रीय निधियों का उपयोग उच्च–श्रेणी के संस्थानों के निधिकरण हेतु किया गया है। चीन ने कहीं अधिक निधिकरण उपलब्ध कराया है (पीपीपी के बराबर 20 अरब डॉलर, भारत से कई गुना अधिक), यद्यपि उभरते हुए एवं विकसित देशों के मानकों द्वारा निधिकरण के स्तर राष्ट्रीय अर्थव्यवस्था के सम्बन्ध में मामूली थे। चीन के महान प्रयासों के परिणाम विश्वस्तरीय स्थिति वाले बीजिंग विश्वविद्यालय एवं शिंघुआ विश्वविद्यालय की स्थापना के रूप में प्राप्त हुए, जबकि भारत में ऐसा कोई विश्वविद्यालय नहीं है (यद्यपि आईआईटी में से कुछ ने एक विशेष दल का गठन किया था जिसे उनके क्षेत्रों में विश्वस्तरीय माना जाता था)।

जैसा कि कन्फ्यूशियस संस्थानों एवं क्षेत्रीय सहयोगों की बड़ी संख्या से स्पष्ट होता है, अंतर्राष्ट्रीयकरण के मामले में भारत की अपेक्षा चीन अधिक सुविचारित था। भारत के विपरीत, चीन ने चीन में संचालन हेतु विदेशी विश्वविद्यालयों के लिए स्पष्ट नियम स्थापित कर दिए थे: शायद यह भारत के लिए रोचक है; चीन में उनके प्रभाव सीमित प्रतीत होते हैं।

हमने इस लेख का प्रारंभ अल्ट्बाख़ द्वारा भारत तथा चीन पर किए गए तुलनात्मक कार्य की उपयोगिता पर कुछ प्रश्न प्रस्तुत किए जाने के द्वारा किया था जिनका सम्बन्ध कार्यबल की क्षमता, नीतिगत नुस्खों, तथा वर्तमान चुनौतियों को समझे जाने से था। 1990 के दशक के प्रारंभ में, अनेक लेखक भारत के लिए 10+ प्रतिशत से भी अधिक की उच्च विकास दर की लंबी अवधि की भविष्यवाणी कर रहे थे। अल्ट्बाख़ के 1993 के लेख द्वारा अल्प निवेश, प्रशासनिक मुद्दों, तथा भारत को पिछड़ा बनाए रखने वाले अन्य कारकों की वास्तविकताओं पर एक संयमी, सटीक दृष्टिकोण प्रदान किया गया था। वह लेख चीन के प्रक्षेपपथ की भविष्यवाणी करने में अपेक्षाकृत कम सही था, आंशिकतौर पर इसलिए क्योंकि उनकी नीतिगत सिफारिशें बाद में चीन के द्वारा गंभीरतापूर्वक अपना ली गई थीं। फिर से, प्रोफेसर समुदाय के उत्थान पर उनका 2007 का आलेख निजीतौर पर उपलब्ध कराई गई शिक्षा के प्रति भारत में अत्यधिक उम्मीदों के संदर्भ में तैयार किया गया है। उनका अधिक संयत विचार कि भारत में अकादमिक पेशे में ''तीव्र गिरावट'' हो रही है, प्रशासनिक सुधारों के लिए चेतावनी रहा होना चाहिए। हमारे द्वारा समीक्षा किया गया अंतिम आलेख उनकी इस चिंता को

प्रदर्शित करता है कि भारत अभी भी अपने अधिकार को हासिल करने में विफल हो रहा है–इस आलेख में वह विशेषतौर पर परंपरागत विश्वविद्यालय प्रणाली के अंतर्गत अस्पष्ट अधिकारक्षेत्रों द्वारा उत्पन्न की जाने वाली समस्याओं को लेकर अधिक चिन्तित थे। चीन ने अपनी समस्याओं का सामना किया था, परंतु वे अधिक प्रबंधनीय प्रतीत हुई थीं। जैसा अल्ट्बाख़ नोट करते हैं, अपनी राजकीय नियोजन प्रणाली द्वारा प्रेरित चीन को ''अत्यधिक स्थिर होने के रूप में देखा जा सकता है,'' जबकि भारत की ''अपेक्षाकृत मुक्त राजनीतिक व्यवस्था'' इसे ''शायद अत्यधिक अस्थिर'' होने की ओर ले जाती है। यह चीन को ''नाटकीय और कभी–कभी अप्रत्याशित नीतिगत परिवर्तन'' करने की सामर्थ्य प्रदान करता है जबकि भारत ''निरंतर नई दिशाओं पर बहस करते हुए धीरे–धीरे और प्रायः बिना स्पष्ट नियोजन के परिवर्तन करता है।'' यदि अतीत के अभिलेख एक मार्गदर्शक हैं तो दोनों ही देशों में नियोजनकर्ताओं के द्वारा अल्ट्बाख़ को गंभीरतापूर्वक लिया जाना जारी रहना चाहिए।

टिप्पणियाँ

1. For example, see D. Lal, "India and China: Contrasts in Economic Liberalization," *World Development* 23, no. 9 (1995): 1475–94.
2. The three papers reviewed are: (*i*) Philip G. Altbach, "Gigantic Peripheries: India and China in the World Knowledge System," *Economic and Political Weekly* 28, no. 24 (June 12, 1993): 1220–25; (*ii*) N. Jayaram and Philip G. Altbach, "Confucius and the Guru: The Changing Status of the Academic Profession in China and India," *Journal of Higher Education* 20, no. 4 (2007): 395–410; (*iii*) Philip G. Altbach, "The Giants Awake: Higher Education Systems in China and India," *Economic and Political Weekly* 44, no. 23 (June 6, 2009): 39–51.
3. नए विश्वस्तरीय विश्वविद्यालयों को स्थापित करना महँगा कार्य है। यह एक विवादास्पद रणनीति बनी हुई है क्योंकि यह स्पष्ट नहीं है कि इससे एक बेहतररूप से तैयार कायबल का लक्ष्य हासिल होता है अथवा नहीं–उदाहरणार्थ, भारत में यदि कोई सूचना प्रौद्योगिकी उद्योग पर दृष्टि डालता है तो अधिकांश अग्रणी संस्थाओं को विदेशों से वापस आने वालों ने प्रारंभ किया था और शीर्ष 10 में से मात्र एक (इन्फोसिस) की स्थापना आईआईटी स्नातकों द्वारा की गई थी। देखें : R. Dossani, "Entrepreneurship: The True Story behind Indian IT," in *Making IT*, eds M. Hancock, H. Rowen, and W. Miller, Chapter 8 (Stanford: Stanford University Press, 2007), 221–66.

32

विशालकाय परिधि: वैश्विक ज्ञान प्रणाली में भारत एवं चीन*

Economic and Political Weekly
Vol. 28, No. 24 (June 12), 1993
pp. 1220–1225

फ़िलिप जी. अल्ट्बाख़

शिक्षित वैज्ञानिकों एवं अनुसंधानकर्ताओं की संख्या के अर्थों में भारत तथा चीन को तीसरी दुनिया की वैज्ञानिक महाशक्तियाँ माना जाता है। इसके बावजूद ये दोनों ही देश वैश्विक वैज्ञानिक व्यवस्था के बाहरी क्षेत्र में ही बने रहेंगे।

प्रथम दृष्टि में, ये दो बड़े एवं महत्वपूर्ण देश वैज्ञानिक नेतृत्व के लिए अच्छी स्थिति में प्रतीत होते हैं, और वास्तव में इनके द्वारा भारी सफलताएं भी अर्जित की जा चुकी हैं। सापेक्षिकतौर पर आज चीन तथा भारत ने वैज्ञानिक प्रयोगशालाओं, विश्वविद्यालयों, विज्ञान पत्रिकाओं के नेटवर्क, तथा बड़ी संख्या में वैज्ञानिकों एवं अनुसंधानकर्ताओं सहित वैज्ञानिक बुनियादी ढाँचे को भली भांति विकसित कर लिया है। वास्तव में, शिक्षित वैज्ञानिकों की संख्या के अर्थों में भारत तीसरी दुनिया की वैज्ञानिक महाशक्ति बन चुका है और चीन भी बहुत पीछे नहीं है। दोनों के पास एक लंबी वैज्ञानिक परंपरा उपलब्ध है–जो स्वदेशी विज्ञान एवं विद्वत्ता के अर्थों में शताब्दियों तथा पश्चिमोन्मुख विज्ञान तथा उच्च्य शिक्षा के मामले में एक शताब्दी से भी अधिक पुरानी है। द्वितीय विश्वयुद्ध के बाद के वर्षों में दोनों ने ही वैज्ञानिक योजनाओं को लागू किया है और वैज्ञानिक विकास को गंभीरतापूर्वक लिया है। और दोनों ने ही भारी सफलताएं अर्जित की हैं–उदाहरणार्थ, दोनों ही परमाणु शक्तियाँ हैं, और दोनों के ही पास विकसित होता उच्च्–तकनीकी औद्योगिक आधार मौजूद है जो परिष्कृत उत्पादों के उत्पादन में सक्षम है यद्यपि अंतर्राष्ट्रीय तौर पर इसकी तकनीक आधुनिकतम नहीं है।

प्रस्तुत निबंध के केन्द्र में एक आश्चर्यजनक विरोधाभास मौजूद है; इसका बुनियादी तर्क है कि ये विश्व के दो सबसे बड़े देश हैं, कम से कम आबादी के दृष्टिकोण से, और यह वर्तमान एवं निकट भविष्य में अंतर्राष्ट्रीय विज्ञान एवं विद्वत्ता के अर्थों में अपेक्षाकृत महत्वहीन बने रहेंगे। वे बाहरी वैज्ञानिक प्रगतियों से प्रभावित हैं और प्रभावित होना जारी रखेंगे। उनके पास वैज्ञानिक संचार के प्रमुख तत्वों जैसे अंतर्राष्ट्रीय विद्वत्तापूर्ण पत्रिकाओं, आँकड़ों इत्यादि तक समान पहुँच उपलब्ध नहीं होगी। लगभग सभी क्षेत्रों एवं विषयों में मौलिक वैज्ञानिक अनुसंधान के अर्थों में ये दोनों ही देश अंतर्राष्ट्रीय नेतृत्वकर्ताओं से पीछे रहेंगे और वे विदेशों में उत्पन्न विचारों एवं की गई खोजों पर आश्रित रहेंगे। वे अंतर्राष्ट्रीय वैज्ञानिक व्यवस्था के बाहर हैं और बने रहेंगे।

अंतर्राष्ट्रीय विज्ञान एवं तकनीक के अर्थों में इन दो बड़े और शक्तिशाली देशों को परिधीय स्थिति में क्यों रखा जाना चाहिए? उत्तर जटिल है और इस निबंध में

स्पष्ट किया जाएगा, किन्तु सामान्य सत्य यह है कि अंतर्राष्ट्रीय विज्ञान बहुत अधिक केन्द्रीकृत है, अर्थात्, इसके बुनियादी ढाँचे अल्पसंख्यक औद्योगिकृत देशों में स्थित हैं, यह कि उन्नत विज्ञान के लिए बड़ी धनराशि के निवेश की आवश्यकता होती है तथा इसे अतिपरिष्कृत प्रयोगशालाओं की निरंतर आवश्यकता बनी रहती है, तथा यह कि शीर्षस्थ वैज्ञानिक बहुत कम देशों और उनके अंदर प्रमुख अकादमिक एवं अनुसंधान संस्थानों में संकेन्द्रित होने की प्रवृत्ति रखते हैं। अंतर्राष्ट्रीय विज्ञान के 'बड़े समूहों' को तोड़ने के लिए प्रचुर निवेश की आवश्यकता है तथा ऐसी संभावना नहीं है कि चीन अथवा भारत ऐसा निवेश कर पाने की स्थिति में होंगे।

कहने का अर्थ यह नहीं है कि ये दो महत्वपूर्ण देश कोई महत्वपूर्ण वैज्ञानिक भूमिका नहीं निभा सकते अथवा यह कि विज्ञान एवं अनुसंधान राष्ट्रीय विकास में योगदान नहीं कर सकते। दोनों पहले से ही एक भूमिका निभा रहे हैं और विकास के लिए विज्ञान का उपयोग पहले से ही करते रहे हैं। एक वैज्ञानिक आधार बनाए रखने पर ध्यान केन्द्रित किए जाने, वैज्ञानिक अनुसंधान एवं उच्च शिक्षा को समर्थन दिए जाने तथा यह सुनिश्चित किए जाने की सर्वश्रेष्ठ विज्ञानकर्मी देश न छोड़ने पाएं, के द्वारा वैज्ञानिक अनुसंधान के एक समुचित स्तर को कायम रखा जा सकता है।[1] राष्ट्रीय विकास में योगदान करने योग्य विज्ञान के विशिष्ट क्षेत्रों को लक्ष्य बनाए जाने तथा उन्हें उदारतापूर्वक सहयोग प्रदान किए जाने के द्वारा यह संभव है कि कुछ क्षेत्रों में अंतर्राष्ट्रीय स्तर के विज्ञान का निर्माण किया जा सके। चीन तथा भारत को अंतर्राष्ट्रीय विज्ञान एवं प्रौद्योगिकी व्यवस्था में अपनी स्थिति के सम्बन्ध में वास्तविकतावादी होना होगा। क्या संभव है और क्या नहीं, इसकी पहचान किए जाने के द्वारा स्वदेशी संभावनाओं के सर्वोत्तम उपयोग किए जा सकते हैं। और अंतर्राष्ट्रीय वैज्ञानिक व्यवस्था में कार्य करने हेतु प्रभावी रणनीतियाँ विकसित की जा सकती हैं।

विश्वविद्यालयों के विकास तथा आंतरिक प्रयोजनों के लिए सहायक अनुसंधान क्षमता एवं अंतर्राष्ट्रीय स्तर पर अनुसंधान में संलिप्तता के बीच भेद भी किए जाने हैं। दोनों ही देशों ने बड़ी और विभेदीकृत अकादिमक प्रणालियाँ खड़ी कर ली हैं जो उनकी जटिल आवश्यकताओं को पूरा करती हैं। गुणवत्ता में भिन्नताएं हैं, परंतु दोनों ही देशों में विश्वविद्यालयों के साथ–साथ अनुसंधान सुविधाएं भी मौजूद हैं जो अंतर्राष्ट्रीय मानकों के समकक्ष हैं अथवा उन्हें पूरा करती हैं। विश्वविद्यालयों में उन्नत प्रशिक्षण अर्थव्यवस्था के विस्तार के लिए आवश्यक हैं। अतः, अंतर्राष्ट्रीय अनुसंधान में इन दोनों देशों की स्थितियाँ उच्चशिक्षा में कटौती का एक तर्क नहीं हैं, यद्यपि यह वास्तविकता उनकी अकादमिक प्रणालियों के अनुसंधान के केन्द्र बिन्दुओं से सम्बन्धित है। उच्च शिक्षा के लिए नियोजन को अंतर्राष्ट्रीय ज्ञान प्रणाली की प्रकृति तथा उस प्रणाली में देश के स्थान पर अवश्यक विचार करना चाहिए।

कोई भी देश स्वयं को अंतर्राष्ट्रीय ज्ञान प्रणाली से मुक्त नहीं कर सकता। आधुनिक उच्च शिक्षा एवं विज्ञान के बुनियादी संस्थागत ढाँचे तथा बौद्धिक आधार दोनों की प्रकृति पश्चिमी है तथा विश्व पर हावी है। समस्त समकालीन विश्वविद्यालय पश्चिमी मॉडलों पर आधारित हैं, चाहे वे कहीं भी स्थित हों।[2] किसी भी विकासशील देश ने किसी नए विश्वविद्यालय मॉडल को तैयार करने का गंभीर प्रयास नहीं किया है। पश्चिमी विश्वविद्यालयों की परंपरा को तोड़ने हेतु किए गए कुछ प्रयासों, जैसे 1960 के दशक में चीन में सांस्कृतिक क्रांति, में उच्च शिक्षा ठप हो गई थी। इसके अलावा, वैज्ञानिक संवाद नेटवर्क, जैसे–पत्रिकाएं, आँकड़े इत्यादि भी अपने उन्मुखीकरण एवं नियंत्रण में पश्चिमी ही हैं।

यह परिचर्चा सामान्यतः विकासशील देशों के लिए प्रासंगिक है, क्योंकि इन सभी ने उच्च शिक्षा को राष्ट्रनिर्माण के एक महत्वपूर्ण भाग के रूप में देखा है और अनेक ने उच्च शिक्षा सम्बन्धी कार्य के एक भाग के रूप में अनुसंधान पर जोर दिया है। इस निबंध में प्रस्तुत बिन्दु सभी विकासशील देशों पर लागू होते हैं, क्योंकि वैज्ञानिक क्षमता के निर्माण सम्बन्धी अपने प्रयासों में तथा अंतर्राष्ट्रीय ज्ञान प्रणाली के संदर्भ में कार्य करने में वे सभी समान समस्याओं का सामना कर रहे हैं। वास्तव में, चीन अथवा भारत की अपेक्षा इनमें से अधिकांश को अपेक्षाकृत बहुत छोटी आबादी और कम संसाधनों के साथ वैज्ञानिक क्षमता विकसित करने में कहीं अधिक कठिनाई का सामना करना होगा। अलग–अलग विकासशील देशों को भिन्नतापूर्ण परिस्थितियों का सामना करना पड़ता है और उनकी उच्च शिक्षा एवं वैज्ञानिक प्रगति के बड़े हिस्से का निर्धारण इन्हीं वास्तविकताओं द्वारा किया जाएगा। अनेकों देशों, जैसे उप–सहारा अफ्रीका के अधिकांश देश, के लिए ऐसे किसी भी अनुसंधान सम्बन्धी बुनियादी ढाँचे का निर्माण करना असंभव होगा जो अंतर्राष्ट्रीय स्तर पर कार्य कर सकता हो और विश्वविद्यालयों को इस वास्तविकता को समायोजित करने की आवश्यकता होगी। अन्य, जैसे कि पूर्वीय एशिया के नए–नए औद्योगिकृत हो रहे देश, के पास गिने–चुने क्षेत्रों में अनुसंधान के आधार खड़े करने हेतु वित्तीय एवं कार्मिक संसाधन उपलब्ध हैं।[3] अंतर्राष्ट्रीय ज्ञान प्रणाली की वास्तविकताओं को समायोजित करना मात्र विकासशील देशों का ही मामला नहीं है। छोटे औद्योगिकृत देश अथवा वे, जो मुख्यधारा के बाहर हैं, को भी इन कारकों पर अवश्य विचार करना चाहिए। उदाहरणार्थ, अपनी उच्च प्रतिव्यक्ति आय के बावजूद नार्वे को अपनी शैक्षणिक एवं वैज्ञानिक प्राथमिकताओं को समायोजित करना आवश्यक है ताकि इन्हें अंतर्राष्ट्रीय ज्ञान प्रणाली के सम्बन्धों के अनुकूल बनाया जा सके। नार्वे के विद्वान प्रायः अन्य देशों से उन्नत डिग्रियाँ हासिल कर लेते हैं और वैज्ञानिक संवाद तथा कभी–कभी शिक्षण के लिए अंग्रेजी का ही उपयोग करते हैं। तीसरी दुनिया के सबसे बड़े और सर्वश्रेष्ठ विकसित देशों–चीन तथा भारत–के अनुभव अन्य देशों के लिए महत्वपूर्ण सबक प्रदान करते हैं।

अंतर्राष्ट्रीय ज्ञान प्रणाली पर विस्तारपूर्वक चर्चा करना इस निबंध से बाहर का विषय है, परंतु इस प्रणाली के कुछ प्रमुख तत्वों पर ध्यान केन्द्रित करना महत्वपूर्ण है क्योंकि वे चीन तथा भारत को प्रभावित करते हैं।[4] अंतर्राष्ट्रीय ज्ञान प्रणाली से हमारा आशय ऐसे लोगों एवं संस्थानों से है जो ज्ञान का सृजन करते हैं और ढाँचों का जो पूरे विश्व में ज्ञान का प्रसार करते हैं। निश्चित रूप से, ज्ञान के अनेक प्रकार होते हैं। हमारा ध्यान उस वैज्ञानिक ज्ञान पर केन्द्रित है जो अनुसंधान पर आधारित है तथा जिसे अंतर्राष्ट्रीय स्तर पर प्रसारित करना होता है। यह ज्ञान वैज्ञानिक विषयों की प्रगति से सम्बन्धित होने के कारण बुनियादी तथा तकनीकी एवं औद्योगिक उत्पादों एवं नवाचारों में प्रयुक्त होने के कारण अनुप्रयुक्त दोनों ही होता है। जहाँ प्राकृतिक, इंजीनियरिंग, एवं जैव–चिकित्सका विज्ञान संभवतः सर्वाधिक केन्द्रीय हैं, वहीं हमारा सम्बन्ध सामाजिक विज्ञानों तथा यहाँ तक कि मानव विज्ञानों से भी है। ज्ञान प्रणाली समस्त विद्वत्तापूर्ण विधाओं के साथ–साथ अनुप्रयुक्त क्षेत्रों को भी प्रभावित करती है। यहाँ स्वदेशी विज्ञान एवं विद्वत्ता महत्वपूर्ण क्षेत्रों के साथ अपेक्षाकृत कम सम्बन्धित हैं। धार्मिक अध्ययन, घरेलू इतिहास, संगीत तथा कला जैसे क्षेत्रों की जड़ें स्थानीयतौर पर शक्तिशाली हैं और वे बाहरी शक्तियों पर बहुत कम निर्भर हैं, परंतु इन क्षेत्रों के द्वारा भी कार्यविधि सम्बन्धी प्रवृत्तियों अथवा पश्चिमी विद्वानों की स्वीकृति के लिए विदेशों पर निगाह डाली जाती रहती है।

अंतर्राष्ट्रीय ज्ञान प्रणाली जटिल और असमान है। ज्ञान सृजन एवं वितरण के साधन केन्द्रीकृत हैं। विश्व के अनुसंधान एवं विकास सम्बन्धी व्यय का अधिकांश भाग औद्योगिकृत देशों की एक छोटी संख्या द्वारा व्यय किया जाता है। चीन तथा भारत सहित विकासशील देश कुल अंतर्राष्ट्रीय व्यय के 10 प्रतिशत से भी कम का वहन करते हैं। अमेरिका, यूरोपीय समुदाय तथा जापान सबसे आगे हैं। रूस (भूतपूर्व सोवियत संघ), जो कभी एक महत्वपूर्ण अनुसंधान शक्ति था, अब अंतर्राष्ट्रीय स्तर पर अनुसंधान में बहुत अधिक संलिप्त नहीं रह गया है। बुनियादी तथा अनुप्रयुक्त दोनों ही अनुसंधानों पर प्रमुख औद्योगिकृत देशों का वर्चस्व है। बुनियादी विज्ञान, विश्वविद्यालयों (अथवा मात्र कुछ मामलों में सरकार प्रायोजित अनुसंधान प्रयोगशालाओं) में स्थित एक बड़े एवं सुप्रशिक्षत अकादमिक वैज्ञानिक समुदाय का अस्तित्व तथा करियर की उन्नति एवं प्रतिष्ठा हेतु शोध उत्पादकता पर जोर देने वाली एक प्रतिस्पर्धापूर्ण वैज्ञानिक संस्कृति सरकारी स्त्रोतों से प्राप्य निधिकरण पर निर्भर करते हैं।

बुनियादी विज्ञान के लिए आधुनिकतम उपकरणों तथा पुस्तकालयों एवं आँकड़ों के संग्रह तक पहुँच सहित महँगी प्रयोगशालाओं की आवश्यकता निरंतर बनी रहती है। मात्र बड़े औद्योगिकृत देशों में स्थित शोधोन्मुख विश्वविद्यालय ही ऐसे संसाधन उपलब्ध करवा सकते हैं। इसके अलावा, विज्ञान के मोर्चों पर नई अंतरविषयी एवं उप–विषयी विशेषज्ञताओं में भी वृद्धि होती जा रही है, और इनमें बड़े एवं सुसज्जित अकादमिक संस्थानों के रूप में उभरने की प्रवृत्ति विद्यमान है। बुनियादी विज्ञान निरंतर रूप से नेटवर्किंग, अर्थात्, ऐसे व्यक्तिगत एवं व्यावसायिक संपर्कों पर भी निर्भर होता जा रहा है जो वैज्ञानिक प्रगतियों में सहायक हैं। वैज्ञानिक प्रगति के केन्द्र में होना इन अनौपचारिक नेटवर्कों में संलिप्तता के लिए महत्वपूर्ण होता है।

वैज्ञानिक संचार प्रणाली भी प्रमुख अनुसंधान उत्पादक देशों में केन्द्रित और उनके प्रभुत्व के अधीन है। कुछ उदाहरण इस नेटवर्क के तत्वों को इंगित कर देंगे। जहाँ संपूर्ण विश्व में 60 हजार से 1 लाख के बीच वैज्ञानिक पत्रिकाएं मौजूद हैं, वहीं मात्र लगभग 3,000 को ही इंस्टीट्यूट फॉर साइंटिफिक इन्फार्मेशन (आईएसआई) के द्वारा सूचीबद्ध किया गया है, जो महत्वपूर्ण, अंतर्राष्ट्रीयतौर पर प्रसारित विज्ञान का हिसाब–किताब रखती हैं। इन प्रभावशाली पत्रिकाओं में से अधिकांश प्रमुख अंतर्राष्ट्रीय वैज्ञानिक भाषाओं में प्रकाशित होती हैं–मुख्य रूप से अंग्रेजी तथा कुछ कम फ्रेंच तथा शायद जर्मन एवं स्पेनिश भाषा में। यह ऐसे प्रकाशन हैं जो विज्ञान विषयों में हुई महत्वपूर्ण खोजों को प्रसारित करते हैं, जिन्हें संपूर्ण विश्व में विद्वानों तथा वैज्ञानिकों द्वारा पढ़ा जाता है, तथा जिन्हें अन्य विद्वानों द्वारा उद्धृत किया जाता है। इनमें से अधिकांश का संपादन अमेरिका, ब्रिटेन तथा कुछ कम संख्या में कनाडा अथवा ऑस्ट्रेलिया के वरिष्ठ विद्वानों द्वारा किया जाता है। ये संपादक विज्ञान के 'द्वारपाल' हैं।[5] अमेरिका तथा प्रमुख औद्योगिकृत देशों की अकादमिक एवं वैज्ञानिक प्रणालियों में प्रभावशाली मानदंड एवं आदर्श संपूर्ण विश्व पर वर्चस्व रखते हैं। विश्व के अन्य भागों में अन्य अभिविन्यासों वाले विद्वानों को प्रमुख अंतर्राष्ट्रीय पत्रिकाओं में प्रकाशन करवाने में कठिनाई का अनुभव करना पड़ता है। विश्व के अन्य हिस्सों में प्रकाशित पत्रिकाओं का प्रायः अंतर्राष्ट्रीय स्तर पर प्रसार नहीं होता। पुस्तकों के प्रकाशन की व्यवस्था भी इसी से मिलती–जुलती है। बड़े प्रकाशक एवं संपादक औद्योगिकृत देशों में स्थित हैं, ऐसा ही पुस्तकों (तथा पत्रिकाओं) के बड़े बाजारों के मामले में भी है। अंतर्राष्ट्रीय विद्वत्तापूर्ण प्रकाशनों पर अंग्रेजी का प्रभुत्व है। वैज्ञानिक संवाद में हुए सर्वाधिक नूतन नवाचार, आँकड़ों के संग्रह तथा सूचना नेटवर्क, भी प्रमुख औद्योगिकृत देशों में ही स्थित

हैं। वैज्ञानिक उत्पादनों वाले प्रमुख देशों के पास आँकड़ों के अपने नेटवर्क हैं, वे उनमें होने वाली प्रविष्टियों को नियंत्रित करते हैं, और ऐसे हार्डवेयर और सॉफ्टवेयर का निर्माण करते हैं जो इन प्रणालियों को सुचारु कार्य करने की अनुमति प्रदान करता है।

यह स्पष्ट है कि विकासशील देश विशिष्ट हानि की स्थिति में हैं। न केवल उनकी वैज्ञानिक प्रणालियाँ सामान्यतौर पर छोटी और कम सुसज्जित हैं, बल्कि उनके पास संवाद नेटवर्कों तक सहज पहुँच भी उपलब्ध नहीं है। सर्वश्रेष्ठतौर पर, वे ज्ञान के ग्राहक हैं। और आवश्यक सूचना तक पहुँच हासिल करना प्रायः कठिन हो जाता है क्योंकि यह बहुत महँगा होता है और ऐसे उच्च–तकनीकी नेटवर्क का उपयोग करता है जो तीसरी दुनिया के पास तैयारशुदा रूप में उपलब्ध नहीं होता। तीसरी दुनिया के विद्वान अंग्रेजी में सहजतापूर्वक लिखने में समर्थ नहीं होते और विज्ञान अथवा विद्वत्ता में नवीनतम स्थितियों की जानकारी नहीं प्राप्त कर सकते। अतः, वे शीर्ष पत्रिकाओं से बाहर रह जाते हैं और विज्ञान के उस 'अदृश्य कॉलेज' का एक हिस्सा नहीं बन पाते जो निजी संपर्कों, अंतर्राष्ट्रीय सम्मेलनों, संगोष्ठियों आदि के द्वारा कार्य करता है।[6] ऐसा असमानता तथा दुर्लभता के इसी संदर्भ में है कि भारत तथा चीन जैसे बड़े एवं शक्तिशाली देशों को भी कार्य करना चाहिए।

भारत तथा चीन दोनों के पास बड़ी एवं अपेक्षाकृत उत्पादक अकादमिक एवं वैज्ञानिक प्रणालियाँ मौजूद हैं। दोनों ने ही विज्ञान एवं उच्च शिक्षा को गंभीरतापूर्वक लिया है। दोनों ही विज्ञान एवं उच्च शिक्षा को राष्ट्रीय विकास के प्रति महत्वपूर्ण मानते हैं और दोनों ही अनुसंधान क्षमताओं के निर्माण तथा तकनीक एवं उद्योग के प्रति इसके दोहन के इच्छुक हैं। इन दोनों महत्वपूर्ण देशों की अकादमिक एवं वैज्ञानिक प्रणालियों की प्रकृति पर चर्चा करना महत्वपूर्ण है। एकसाथ मिलकर, चीन एवं भारत विश्व की कुल आबादी के लगभग एक–तिहाई भाग का गठन करते हैं। यह अपने आपमें एक महत्वपूर्ण कारक है क्योंकि ये दोनों ही वैज्ञानिक ज्ञान के प्रमुख ग्राहक हैं। दोनों देशों के पास बड़ी और विकसित हो रही अकादमिक ज्ञान प्रणालियाँ मौजूद हैं।

चीन एवं भारत कुछ महत्वपूर्ण समानताएं प्रदर्शित करते हैं। दोनों ही देशों ने उच्च शिक्षा के प्रति एक महत्वपूर्ण प्रतिबद्धता की हुई है, परंतु दोनों ही प्रासंगिक आयु समूह के एक छोटे भाग का ही नामांकन करते हैं। भारत प्रासंगिक आयु के लगभग 5 प्रतिशत का नामांकन करता है, जबकि चीन में लगभग 1 प्रतिशत ही माध्यमिकोत्तर संस्थानों में प्रवेश लेता है (माध्यमिक स्कूल के 4 प्रतिशत के स्नातक होने के साथ)। ऐसा अमेरिका के लगभग 50 प्रतिशत, जापान के 35 प्रतिशत तथा पश्चिमी यूरोप के लगभग 20 से 25 प्रतिशत की तुलना में है। हालांकि, विकासशील देशों के संदर्भ में, भारत तथा चीन दोनों ही इस आयु समूह के एक अपेक्षाकृत बड़े भाग को प्रवेश प्रदान करते हैं–उदाहरणार्थ, अफ्रीका के अधिकांश देशों के पास माध्यमिकोत्तर शिक्षा में इस आयु समूह का मात्र 1 अथवा 2 प्रतिशत भाग ही शामिल है, यद्यपि लातिनी अमेरिका एक कहीं बड़े प्रतिशत को शिक्षा प्रदान कर रहा है और ऐसा ही प्रशांत के बाहरी भाग स्थित तीव्रगति से विकसित हो रहे अधिकांश देशों द्वारा भी किया जा रहा है।

भारत के पास लगभग 140 विश्वविद्यालय और 7,000 कॉलेज उपलब्ध हैं, भारत के पास विशेषज्ञताप्राप्त माध्यमिकोत्तर संस्थानों की एक बड़ी संख्या भी मौजूद है, जैसे कि अंतर्राष्ट्रीयतौर पर मान्यताप्राप्त भारतीय प्रौद्योगिकी संस्थान, अनेकों प्रबंधन संस्थान, टाटा मूलभूत अनुसंधान संस्थान तथा अन्य। कुछ शीर्ष विश्वविद्यालयों में शिक्षण एवं शोध की उच्च गुणवत्ता तथा विशेषज्ञताप्राप्त अकादमिक एवं अनुसंधान संस्थानों के साथ भारतीय उच्च शिक्षा अत्यधिक विभेदीकृत है। हालांकि, भारत के 7,000 कॉलेजों

के अधिकांश स्नातक छात्र ऐसी शिक्षा प्राप्त कर रहे हैं जो अंतर्राष्ट्रीय मानदंडों से बहुत नीचे है। भारत के पास अनेकों विषयों में सरकार द्वारा वित्तपोषित अनुसंधान सुविधाओं का एक नेटवर्क भी मौजूद है, जिसमें परमाणु उर्जा से लेकर कोयला तकनीक तक शामिल हैं।[7] इसके अलावा, भारतीय निजी उद्योग ने अनेक क्षेत्रों, जैसे–रेशम तकनीक तथा औषधियों में कुछ अनुसंधान प्रयोगशालाओं को प्रायोजित किया हुआ है। कुछ क्षेत्रों, जैसे–कंप्यूटर सॉफ्टवेयर, में भारत के पास विश्वविद्यालयों एवं अनुसंधान संस्थानों तथा निजी क्षेत्र दोनों में ही विशालकाय एवं परिष्कृत अनुसंधान व्यवस्थाएं उपलब्ध हैं। भारत अपने पास विश्व के सर्वाधिक बड़े वैज्ञानिक समुदायों में से *एक* के मौजूद होने का दावा करता है जिसमें शोधकर्ताओं सहित माध्यमिकोत्तर स्तर के शिक्षक भी शामिल हैं। प्रायः यह कहा जाता है कि वैज्ञानिकों की संख्या के अर्थों में विश्व में अमेरिका तथा रूस के बाद भारत का तीसरा स्थान है।

चीन के पास भी ऐसी ही एक विशाल, विभेदीकृत एवं जटिल अकादमिक एवं अनुसंधान प्रणाली मौजूद है। चीन के पास 1,024 कॉलेज, विश्वविद्यालय तथा उच्च शिक्षा के अन्य पूर्णकालिक संस्थान मौजूद हैं। इसकी आधी से अधिक संख्या इंजीनियरिंग एवं शिक्षा के कॉलेजों को समर्पित है। ऐसे मात्र 4 प्रतिशत ही बहुग्राही विश्वविद्यालय हैं जिनकी प्रतिष्ठा बहुत ऊँची है। यहाँ 20 लाख पूर्वस्नातक छात्र हैं और 1,13,000 स्नातक छात्र माध्यमिकोत्तर शिक्षा संस्थानों में मौजूद हैं तथा डॉक्टरेट प्रदान करने वाले 189 विश्वविद्यालय उपलब्ध हैं।[8] भारत के समान, चीन की उच्च शिक्षा प्रणाली भी अत्यधिक विभेदीकृत है, जिसमें बड़ी संख्या में संस्थानों को राज्यों, शहरी अथवा अन्य स्थानीय अधिकरणों के द्वारा प्रायोजित किया गया है, जो प्रायः ही खराब अथवा मामूली गुणवत्तायुक्त हैं और सामान्यतः केन्द्र सरकार द्वारा प्रायोजित 'मुख्य बिन्दु' वाले विश्वविद्यालयों *की* एक छोटी सी संख्या इस प्रणाली के शीर्ष पर स्थित है। इसके अलावा, चीन के पास विभिन्न क्षेत्रों में अनुसंधान संस्थानों की एक बड़ी संख्या उपलब्ध है, जिनमें से कुछ उत्कृष्टता के अंतर्राष्ट्रीय स्तरों पर कार्यरत् हैं। जहाँ चीनी विज्ञान भारतीय विज्ञान की तुलना में अंतर्राष्ट्रीय तौर पर कम दृश्य है, वहीं चीन के पास एक बड़ा और सक्रिय वैज्ञानिक समुदाय तथा विज्ञान पत्रिकाओं की एक बड़ी संख्या भी उपलब्ध है।[9] चीनी वैज्ञानिकों ने परमाणु हथियारों एवं उपग्रहों के निर्माण किए हैं। 1960 के दशक की सांस्कृतिक क्रांति की अवधि को छोड़कर चीन ने वैज्ञानिक अनुसंधान एवं उच्च शिक्षा पर आधुनिकीकरण एवं विकास की अपनी योजनाओं के एक भाग के रूप में बल दिया है।

इन दोनों ही देशों के अकादमिक एवं वैज्ञानिक विकास में भी कुछ महत्वपूर्ण अंतर हैं। भारत ने बाजार की शक्तियों तथा निजी क्षेत्र (यद्यपि भारी राजकीय अनुदान सहित) को उच्च शिक्षा की दर का निर्धारण करने की अनुमति प्रदान की है। भारतीय छात्रों की एक बड़ी संख्या निजी कॉलेजों में भाग लेती है जिन्हें सार्वजनिक निधियों से सब्सिडी प्रदान की जाती है और एक सीमा तक सार्वजनिक अधिकरणों द्वारा नियंत्रित किया जाता है। भारतीय अकादमिक प्रणाली तीन दशकों से भी अधिक समय के दौरान 10 प्रतिशत की दर के आसपास सुस्थिरतौर पर विकसित हुई है तथा इस विकास को सरकारी अधिकरणों द्वारा नियंत्रित किए जाने के प्रयास व्यापकतौर पर असफल रहे हैं।[10] अधिकांश लोग सहमत हैं कि हाल के दशकों में बहुसंख्यक छात्रों के लिए अकादमिक स्तरों में गिरावट आई है। एक ओर चीन ने उच्च शिक्षा के विस्तार को कठोरतापूर्वक नियंत्रित कर लिया है। अनेक अवधियों के दौरान, उल्लेखनीय रूप से 1960 के दशक की सांस्कृतिक क्रांति के दौरान, विस्तार रोक दिया गया था। वास्तव

में, उस समय पर संपूर्ण अकादमिक प्रणाली को लगभग एक दशक के लिए बंद कर दिया गया था, जिसके उच्च शिक्षा एवं अनुसंधान के प्रति परिणाम घातक रहे थे। चीन में उच्च शिक्षा का कठोर नियोजन केन्द्र सरकार द्वारा किया गया है यद्यपि कुछ सीमा तक अब यह स्थिति परिवर्तित हो रही है और उच्च शिक्षा के विकास में प्रांतों ने अधिक सक्रिय भूमिका निभाना प्रारंभ कर दिया है। यह महत्वपूर्ण हो सकता है कि भारत में बड़ी संख्या में कॉलेजों एवं विश्वविद्यालयों के छात्र सामाजिक विज्ञानों एवं मानव विज्ञानों पर ध्यान केन्द्रित करें (इन क्षेत्रों में स्नातकों की महत्वपूर्ण बेरोजगारी के बावजूद), जबकि चीन का नियोजित अकादमिक विकास इंजीनियरिंग एवं विज्ञान–और हाल ही में प्रबंधन अध्ययन पर जोर देता है, जिसके साथ सामाजिक विज्ञानों का एक मामूली हिस्सा भी जुड़ा है।

जहाँ विदेशी प्रभावों एवं उपनिवेशवाद की विरासत दोनों ही देशों में महत्वपूर्ण है, वहीं इनके विशिष्ट प्रभाव बहुत पृथक रहे हैं। दोनों ही देशों की आधुनिक अकादमिक एवं अनुसंधान प्रणालियों की जड़ें पश्चिमी हैं यद्यपि दोनों के पास समृद्ध प्राचीन संस्कृति एवं शैक्षिक परंपराएं मौजूद हैं। चीन का प्रारंभिक अकादमिक विकास पश्चिमी मिशनरियों तथा सरकार द्वारा कुछ विश्वविद्यालयों की स्थापना हेतु किए गए मामूली प्रयासों द्वारा प्रभावित था। अधिकांश भाग के लिए, शिक्षा की भाषा चीनी थी तथा संस्थागत मॉडल अमेरिकी, जर्मन, फ्रेंच तथा जापानी थे। चीन की उच्च शिक्षा का विकास अनेक विशिष्ट असंबद्ध चरणों से होकर गुजरा था, जिसमें 1930 एवं 40 के दशक के दौरान जापान के साथ युद्ध के दौरान भारी व्यवधान उत्पन्न हुए थे और फिर राष्ट्रवादियों एवं साम्यवादियों के बीच के संघर्षों के दौरान जिसका अंत 1950 में चीनी गणराज्य की स्थापना के साथ हुआ था। साम्यवादी शासन के पहले चरण के दौरान, चीन में अन्य प्रभावों को विस्थापित करते हुए सोवियत अकादमिक एवं वैज्ञानिक मॉडल अपनाए गए थे।[11] इसके बाद सोवियत संघ तथा सांस्कृतिक क्रांति के साथ सम्बन्ध–विच्छेद हो गया। 1970 के दशक के आसपास से चीन एक बार फिर से पश्चिम अकादमिक प्रभावों के लिए खुला रहा है।[12]

इसके विपरीत भारत दो शताब्दियों तक ब्रिटिश औपनिवेशिक शासन के अधीन रहा था, और लगभग चीन की क्रांति के समय पर ही इसने स्वतंत्रता हासिल की थी।[13] भारत का अकादमिक विकास उन व्यवधानों के बिना ही आगे बढ़ा जिनका सामना चीन ने किया था। अंग्रेजों ने एक अकादमिक मॉडल तथा शिक्षा एवं विद्वत्ता की प्रमुख भाषा के रूप में अंग्रेजी को लागू कर दिया था।[14] कुछ महत्वपूर्ण संशोधनों सहित औपनिवेशिक भाषा एवं औपनिवेशिक अकादमिक मॉडल आज भी भारतीय अकादमिक प्रणाली की प्रमुख विशेषताएं बने हुए हैं। भारत के अकादमिक एवं बौद्धिक सम्बन्ध हमेशा ही अंग्रेजी–भाषी पश्चिमी देशों से जुड़े रहे हैं, विशेषतौर पर ब्रिटेन से और, हाल के वर्षों में अमेरिका से। भारत की अकादमिक पत्रिकाएं एवं पुस्तकें अंग्रेजी में ही प्रकाशित की जाती हैं।

जहाँ चीन का अकादमिक जीवन न केवल अकादमिक प्रगति एवं विकास के अर्थों में बल्कि अनुसंधान समुदाय एवं बौद्धिक तथा वैचारिक प्रवृत्तियों के अर्थों में भी 1950 से ही कठोर नियंत्रण के अधीन रहा है, वहीं विपरीत तौर पर, भारत में बड़ी मात्रा में अकादमिक स्वतंत्रता तथा बाहरी दुनिया के साथ सतत् संपर्क मौजूद रहे हैं। भारत के वैज्ञानिक एवं विद्वान, कम से कम प्रमुख विश्वविद्यालयों तथा अनुसंधान प्रयोगशालाओं में, लंबे समय से अंतर्राष्ट्रीय वैज्ञानिक समुदाय का एक हिस्सा रहे हैं। चीनी शिक्षकों

के बाहरी दुनिया से कहीं कम संपर्क रहे हैं, जो भाषा की बाधाओं, सरकारी नीतियों एवं निधियों से सीमित हैं।

चीनी तथा भारतीय छात्रों एवं विद्वानों की बड़ी संख्या विदेशों में अध्ययन कर चुकी है–मुख्यतौर पर पश्चिम के औद्योगिकृत देशों में। अनेक विदेशों में ही बस चुके हैं जबकि अन्य स्वदेश वापस आ चुके हैं। दोनों ही मामलों में, विदेश शिक्षित भारतीय एवं चीनी लोगों पर इन दोनों देशों के गहरे प्रभाव हैं। विदेश अध्ययन किसी भी प्रकार से कोई नई प्रवृत्ति नहीं है। छात्रों ने 19वीं शताब्दी में ही बड़ी संख्या में विदेश जाना प्रारंभ कर दिया था और विदेशों से वापस आए व्यक्तियों ने आधुनिक चीन एवं भारत का निर्माण करने में एक महान भूमिका निभाई थी। चीनियों के उदाहरण के तौर पर किसी को भी मात्र सन वाट–सेन तथा चाउ एन–लाई का उल्लेख करने की आवश्यकता है जिन्होंने विदेशों में अध्ययन किए थे और आधुनिक चीन को गहराई से प्रभावित किया था। जवाहरलाल नेहरू, बी.आर. अम्बेडकर और अनेक अन्य भारतीयों ने भी विदेशों में अध्ययन किए, अधिकांशतः इंग्लैंड में, किन्तु विशिष्टतौर पर नहीं। यह नोट करना चाहिए कि स्वदेश वापस आए ये सभी लोग न केवल विदेशी विचारों को साथ लाए थे, बल्कि उन्होंने अपनी खुद की संस्कृति एवं समाज की पुनः व्याख्या कर डाली। एक अर्द्धशताब्दी से भारत विकासशील देशों के बीच एक प्रमुख 'प्रेषक' देश रहा है। 1950 के दशक से ही भारत अमेरिका में छात्र भेजने वाले 5 शीर्ष देशों में शामिल रहा है–ऐसी संभावना है कि 2,00,000 भारतीय अमेरिका में अकादमिक डिग्रियाँ हासिल कर चुके हैं और संभवतः ऐसी ही एक संख्या द्वारा गत 40 वर्षों के दौरान अन्य देशों में भी किया गया है।

चीन का विदेश अध्ययन का अनुभव कुछ अलग रहा है। 1950 में चीनी गणराज्य (पीआरसी) की स्थापना के पूर्व चीनी छात्रों ने पश्चिम अथवा जापान में अध्ययन किए थे। 1950 तथा 1960 के दशक के मध्य में अधिकांश चीनी छात्र सोवियत संघ गए थे–और उनकी कुल संख्या भी कम हो चुकी थी। चीन–सोवियत अलगाव के बाद सोवियत संघ चीनी छात्रों के लिए बंद हो चुका था। सांस्कृतिक क्रांति के दौरान जब चीन ने स्वयं को बाहरी दुनिया से अलग कर लिया था, तक वास्तव में कोई भी छात्र विदेश अध्ययन पर नहीं गया था। हालांकि, 1970 के दशक के मध्य, जब चीन ने स्वयं को 'चार आधुनिकीकरणों' के प्रति प्रतिबद्ध किया था और विश्वविद्यालयों को दोबारा खोल दिया था, से प्रारंभ करते हुए चीन में अप्रत्याशित संख्या में छात्रों ने विदेश अध्ययन प्रारंभ कर दिए थे। 1980 के दशक के अंत तक चीन से 25,000 से भी अधिक छात्र अमेरिका में पढ़ रहे थे, जबकि शायद ऐसी ही एक संख्या ने अन्य देशों में प्रवेश ले रखे थे।[13] जैसा कि भारत का मामला है, बड़ी संख्या में चीनी छात्र भी अपनी डिग्रियाँ पूर्ण करने के बाद स्वदेश वापस नहीं लौटे।

ज्ञान हस्तांतरण एवं बौद्धिक संपर्कों की प्रक्रिया में विदेशी विद्वान भी अत्यधिक महत्वपूर्ण हैं। चीन तथा भारत से एक बड़ी संख्या वाले स्थापित विद्वानों ने पश्चिमी देशों तथा जापान के भ्रमण किए हैं और अपने अल्प विदेशी प्रवास से प्रेरित विचारों तथा अनुकूलनों को लेकर वापस आए हैं। उदाहरणार्थ, 1990 के दशक के प्रारंभ में चीन के 10,000 तथा भारत के लगभग 60,000 से अधिक विद्वान अमेरिका में थे। विशिष्टतौर पर, विदेशी विद्वान ऐसे स्थापित शिक्षक होते हैं जो कुछ महीनों से कई वर्षों तक की अलग–अलग अवधियों के लिए विदेशों में बने रहते हैं ताकि अपने अनुसंधानों को पूरा कर सकें। अनेक को औद्योगिकृत देशों में विश्वविद्यालयों अथवा

अन्य एजेन्सियों के द्वारा प्रायोजित किया जाता है (जैसे अमेरिका में डीए एडी का फुलब्राइट कार्यक्रम, जर्मनी में जर्मन अकादमिक एक्सचेंज सर्विस)।

भारत तथा चीन के अकादमिक एवं वैज्ञानिक विकास की इस परिचर्चा के संदर्भ में विदेशी छात्रों तथा विद्वानों के सम्बन्ध में जो कुछ भी महत्वपूर्ण है वह यह है कि व्यक्तियों का ऐसा बहुत बड़ा समूह विदेशों में अर्जित अपने अनुभवों से गहराई से प्रभावित है। औद्योगिकृत देशों में वे विज्ञान, अनुसंधान एवं विद्वत्ता के सम्बन्ध में अध्ययन करते हैं और इस ज्ञान को अपने साथ वापस लाते हैं। विज्ञान एवं विद्वत्ता की ओर उनका उन्मुखीकरण उनके द्वारा विदेशों में अर्जित ज्ञान से आकार ग्रहण करता है। इसके अलावा, वे प्रायः अकादमिक मॉडलों, जीवनशैलियों, और शायद उन देशों, जिनमें वे अध्ययन करते हैं, के उत्पादों एवं सामाजिक विचारों से भी प्रभावित होते हैं। उनकी विशेषज्ञता के कारण, और कभी–कभी विदेशी अकादमिक डिग्री की प्रतिष्ठा के कारण भी, ये वापस आए छात्र एवं विद्वान विज्ञान, उच्च शिक्षा, विभिन्न कलाओं तथा कभी–कभी राजनीति अथवा व्यवसाय में भी नेतृत्व हासिल कर लेते हैं। यह सबकुछ अपरिहार्य है। ऐसे लोगों, जो विदेशों में प्रशिक्षित हुए हैं, का प्रवाह एक ओर चीन तथा भारत तथा दूसरी ओर औद्योगिकृत देशों के बीच के सम्बन्धों के सतत् समूह का एक तत्व है। कई वर्षों के दौरान चीन तथा भारत दोनों से ही महत्वपूर्ण 'प्रतिभा–पलायन' हुए हैं। एक अर्थ में, ये प्रतिभाएं इन देशों के आर्थिक एवं सामाजिक विकास के लिए गवाँई गई हैं। दूसरी ओर, ये आबादियाँ एक संपर्क बिन्दु और विचारों एवं अभ्यासों की व्याख्या की सेवा प्रदान करती हैं।

चीनी एवं भारतीय लोगों की एक बड़ी संख्या भारत तथा चीन गणराज्य के बाहर निवास करती है। ये आबादियाँ भारत तथा चीन एवं औद्योगिकृत विश्व के बीच एक महत्वपूर्ण संपर्क बिन्दु हैं। पश्चिम में निवास करने वाली चीनी एवं भारतीय आबादियों की सही संख्या स्पष्ट नहीं है, परंतु उनकी संख्या लाखों में है और उनमें से अनेक विज्ञान, शिक्षा तथा पेशों में पदों पर आसीन हैं।[16] अमेरिकी विश्वविद्यालयों में अकादमिक पदधारक चीनियों एवं भारतीयों की संख्या बहुत बड़ी है–संभवतः 10,000 से भी अधिक। इन वैज्ञानिकों एवं विद्वानों में से अनेक अपने मूल देशों में अपने सहयोगियों के साथ संपर्क बनाए रखते हैं और वे प्रायः इन देशों में कार्य करते रहते हैं।[17] वे परामर्शदाताओं, आमंत्रित प्रोफेसरों के रूप में कार्य करते हैं और वे सम्मेलनों में भाग लेते हैं। भारत में इन लोगों को 'अनिवासी भारतीय' (एनआरआई) कहा जाता है और वे औद्योगिकृत देशों के साथ निवेश, ज्ञान तथा संपर्कों के एक महत्वपूर्ण स्त्रोत का गठन करते हैं। समान चीनी आबादियों के द्वारा भी यही भूमिका निभाई जाती है।[18]

विश्व के अन्य भागों में भी चीनी और भारतीय आबादियाँ आबाद हैं और ये समूह भी एक भूमिका निभाते हैं। हाँगकाँग तथा ताईवान (तकनीकी रूप से चीन के हिस्से किन्तु वर्तमान में चीन गणराज्य के अधिकारक्षेत्र से बाहर) में निवासी चीनी लोग विशेष महत्व रखते हैं। वे पश्चिम एवं जापान के साथ ज्ञान, निवेश एवं संपर्कों के स्त्रोत हैं। अर्थव्यवस्थाएं तथा साथ–साथ इन दोनों क्षेत्रों की वैज्ञानिक एवं अकादमिक प्रणालियाँ भी दीर्घकाल में चीन के लिए महत्वपूर्ण हैं। सिंगापुर तथा मलेशिया में निवासी अन्य चीनी आबादियाँ भी एक भूमिका निभा सकती हैं। भारतीय आबादियाँ दक्षिण–पूर्व एशिया, पूर्वीय अफ्रीका और यहाँ तक कि लातिनी अमेरिका के गुयाना जैसे क्षेत्रों में भी स्थापित हैं परंतु भारत के अंतर्राष्ट्रीय सम्बन्धों के अर्थों में ये अपेक्षाकृत कम महत्वपूर्ण हैं।

विदेशों में बसी हुई चीनी एवं भारतीय आबादियाँ संपर्कों, विचारों एवं औद्योगिकृत देशों के साथ सम्बन्धों के महत्वपूर्ण स्त्रोत हैं। चूंकि वे स्थानीय संस्कृति एवं समाज

की समझ रखते हैं और चूंकि वे स्थानीय भाषा बोल सकते हैं, अतः उन्हें विशेष लाभ हासिल हैं। और अनेकों को रिश्तेदारी की एक भावना भी महसूस होती है। हालांकि, एक अर्थ में ये आबादियाँ परिधीय रूप से निरंतरता कायम रखने का एक स्त्रोत भी हैं क्योंकि वे औद्योगिक दुनिया के विचारों, उत्पादों और प्रथाओं के महत्व को मजबूत बनाते हैं। बल्कि, वे विदेशी विचारों, अभ्यासों एवं संस्थानों तक पहुँच के एक बिन्दु के रूप में कार्य करते हैं। अधिकांशतः, वे भारतीय एवं चीनी परंपराओं की पुनर्व्याख्या नहीं कर रहे हैं। प्रस्तुत निबंध के नजरिए से, ये प्रवासी सतत् परिधीयता के एक स्त्रोत के रूप में कार्य कर रहे हैं। उनके प्रभाव बहुत अधिक हैं और संभवतः वाणिज्य, विज्ञान एवं उद्योग के अर्थों में यह सकारात्मक भी है। चीनी एवं भारतीय प्रवासी विश्व के सर्वाधिक महत्वपूर्ण प्रवासियों में से हैं क्योंकि वे बड़ी संख्या में हैं, सुशिक्षित हैं और व्यापकतौर पर फैले हुए हैं।

अपनी अनेक वैज्ञानिक एवं शैक्षणिक उपलब्धियों के बावजूद भारत और चीन दोनों ही अंतर्राष्ट्रीय ज्ञान प्रणाली में भागीदारी से बच नहीं सकते। और यह भागीदारी अनिवार्यतः असमान होगी। तथ्य यह है कि अंतर्राष्ट्रीय विज्ञान एवं विद्वत्ता पर जिन कारणोंवश आगामी कुछ समय तक पश्चिम तथा जापान का प्रभुत्व बना रहेगा उनपर इस निबंध में चर्चा की जा चुकी है। इसका अर्थ यह है कि भारत तथा चीन भी अंतर्राष्ट्रीय ज्ञान प्रणाली में एक महत्वपूर्ण सीमा तक बाहरी परिधि में ही बने रहेंगे। औद्योगिकृत देशों के पास सामान्यतः बहुत बड़े वैज्ञानिक बुनियादी ढाँचे उपलब्ध हैं और वे अनुसंधान एवं विकास पर जितना अधिक व्यय करते हैं उतना व्यय करना विकासशील देशों के लिए संभव नहीं है। इस प्रणाली से बाहर निकलने का चयन करना भी संभव नहीं है–चीन ने सांस्कृतिक क्रांति के दौरान ऐसा प्रयास कर भारी हानि उठाई थी।

जिन ढाँचागत कारकों पर यहाँ चर्चा की गई है वे बड़ी सीमा तक ज्ञान प्रणाली के अंतर्गत किसी भी देश के स्थान को निर्धारित करते हैं। ये कारक मात्र उन देशों की निम्न प्रतिव्यक्ति आय के लिए ही प्रासंगिक नहीं हैं। उदाहरणार्थ, अरब खाड़ी के अमीर देश भी परिधीयता की स्थिति का सामना कर रहे हैं। उनकी संपदा उन्हें अंतर्राष्ट्रीय विज्ञान में एक केन्द्रीय भूमिका निभाने की अनुमति नहीं देती। कुवैत तथा यहाँ तक कि सउदी अरब जैसे देशों के मामले में भी समस्या वैज्ञानिक एवं अकादमिक समुदायों के आकार की तथा वैज्ञानिक अनुसंधान की संस्कृति के विकास की है।[19] यहाँ तक कि सुस्थापित अकादमिक परंपराओं वाले अत्यधिक औद्योगिकृत छोटे देश, जैसे नार्वे अथवा फिनलैंड, भी स्वयं को अंतर्राष्ट्रीय अकादमिक प्रणाली के बाहरी हिस्सों में खड़ा पाते हैं और अकादमिक शक्ति के अपेक्षाकृत बड़े केन्द्रों में स्थित अनुसंधान उपक्रमों एवं प्रकाशन केन्द्रों पर भरोसा करते हैं।

निकट भविष्य के लिए, भारत तथा चीन वैज्ञानिक अनुसंधान की बुनियादी दिशा का निर्धारण करने, नवीनतम वैज्ञानिक प्रगतियों के सम्बन्ध में सूचनाएं हासिल करने, तथा सर्वाधिक उन्नत वैज्ञानिक विशेषज्ञताओं में प्रशिक्षण हेतु अन्य देशों पर निर्भर करेंगे। अनुसंधान के बुनियादी मानदंड विदेशों में तैयार होंगे और अनिवार्य रूप से स्थानीय वैज्ञानिक समुदाय को प्रभावित करेंगे। वैज्ञानिक उत्पाद, जिनमें सर्वाधिक उन्नत प्रयोगशाला उपकरण, उन्नत कंप्यूटर तथा, निश्चिततौर पर, पुस्तकें एवं पत्रिकाएं भी शामिल हैं, के आयात जारी रहेंगे। इन उत्पादों को चीन तथा भारत को ध्यान में रखकर न तो डिजाइन किया गया है और न ही इनकी कीमतें इस प्रकार निर्धारित की गई हैं कि निम्न प्रतिव्यक्ति आय वाले देश भी इनकी लागत सहजतापूर्वक वहन

कर सकें। कुछ उन्नत वैज्ञानिक क्षेत्रों में प्रशिक्षण भी विदेशों में ही दिए जाएंगे। यह परिधीयता के कुछ ऐसे तत्व हैं जो चीन तथा भारत में विज्ञान एवं उच्च शिक्षा को प्रभावित करना जारी रखेंगे।

इसके बावजूद, ये दोनों महत्वपूर्ण देश पहले ही वैज्ञानिक एवं अकादमिक स्वतंत्रता के एक स्तर को हासिल कर चुके हैं और संसाधनों के सावधानीपूर्ण आबंटन के साथ वे स्थापित शक्ति का निर्माण जारी रखेंगे और अपने अकादमिक एवं अनुसंधान तथा विकास सम्बन्धी अनेकों लक्ष्यों को हासिल करेंगे। वास्तव में, कुछ क्षेत्रों में, दोनों ही देश पहले ही प्रभावशाली प्रगति कर चुके हैं, कभी–कभी बड़ी बाधाओं के बावजूद भी। दोनों ही देशों ने सैन्य अनुसंधान एवं उत्पादन में बड़ी क्षमता का निर्माण कर लिया है ताकि दोनों के पास परमाणु हथियार तथा उनके प्रक्षेपण के साधन उपलब्ध हो सकें। जहाँ इन क्षेत्रों में चीनी एवं भारतीय तकनीक अंतर्राष्ट्रीय स्तरों की नहीं है, वहीं प्रयोजनों के लिए ये पर्याप्त प्रतीत होती है और प्रकट रूप से इनका अधिकांश विकास स्वदेश में किया गया है।[20] यह उदाहरण हमारी व्यापक चर्चा के लिए प्रासंगिक है क्योंकि यह चुनौतियों, अवसरों तथा लक्षित अनुसंधान की समस्याओं को स्पष्ट करता है। दोनों ही देशों ने सैन्य एवं परमाणु अनुसंधान एवं विकास पर भारी धनराशि का निवेश किया हुआ है। भारी समस्याओं तथा अंतर्राष्ट्रीय वैज्ञानिक समुदाय से सहयोग के अभाव के बावजूद वे इस अनुप्रयुक्त क्षेत्र में क्षमता निर्माण करने में सफल रहे हैं।

चीन एवं भारत के पास प्राथमिकतापूर्ण विकास हेतु अनुसंधान के विशिष्ट क्षेत्रों को लक्ष्य बनाने की क्षमता मौजूद है। उदाहरणार्थ, भारत ने कंप्यूटर तकनीक में सभी स्तरों पर भारी प्रगति हासिल कर ली है, जिसमें बुनियादी अनुसंधान से लेकर गणित तथा अनुप्रयुक्त क्षेत्रों, जैसे सॉफ्टवेयर विकसित करने, आदि में भारत की दीर्घकालिक एवं विशिष्ट अनुसंधान तक की परंपरा शामिल है। महत्वपूर्ण रूप से, भारतीय वैज्ञानिक विदेश स्थित अपने सहयोगियों के साथ घनिष्ठतापूर्वक कार्य करते हैं और पूरी तरह से अंतर्राष्ट्रीय वैज्ञानिक समुदाय के एक भाग हैं। इस क्षेत्र, विशेषतौर पर अमेरिका में कार्यरत् भारतीयों ने कंप्यूटर विज्ञान में भारत की प्रगति में महत्वपूर्ण योगदान किए हैं। यहाँ तक कि इन अनिवासी भारतीयों ने भारतीय कंप्यूटर उद्योग में भी निवेश किए हैं और अमेरिकी तथा भारतीय संस्थाओं के बीच प्रत्यक्ष सहयोग को प्रोत्साहित किया है। उन्होंने कंप्यूटर विज्ञान में अनुसंधान एवं विकास तथा अनुप्रयुक्त कंप्यूटर उपयोगों के एक केन्द्र के रूप में बंगलौर में एक भारतीय सिलिकॉन वैली का निर्माण करने में भी सहायता प्रदान की है। इस प्रगति के लिए अधिकांश पहल निजी क्षेत्र द्वारा की गई है, परंतु भारत सरकार ने भी अनुसंधान निधियों को उपलब्ध कराए जाने एवं इस क्षेत्र में लक्षित अनुसंधान एवं विकास के महत्व पर जोर दिए जाने के द्वारा सहायता प्रदान की है। स्वर्गीय प्रधानमंत्री राजीव गाँधी की अनुप्रयुक्त अनुसंधान एवं विकास तथा विशेषतौर पर कंप्यूटर तकनीक में एक विशेष रुचि थी। अनुसंधान तथा विकास के लिए अनुसंधान के इस अनुप्रयोग को सफलतापूर्वक लक्ष्य बनाए जाने के अन्य उदाहरण भी मौजूद हैं। भारत की सफल 'हरित क्रांति' के द्वारा 1970 के दशक में कृषि उत्पादन में नाटकीय सुधार किया गया था। ऐसा अन्य देशों, इस मामले में विशेषतौर पर फिलिप्पीन्स स्थित इंटरनेशनल राइस रिसर्च इंस्टीट्यूट, के द्वारा विकसित किए गए अनुसंधान का उपयोग करने और कभी–कभी उनका अनुकूलन किए जाने, इस अनुसंधान को भारतीय वैज्ञानिक संस्थनों में स्थानीय आवश्यकताओं में प्रयुक्त किए जाने और फिर जानकारियों का प्रसार किए जाने और नई तकनीकों के उपयोग के लिए

संसाधन उपलब्ध कराए जाने जैसे मिश्रित तरीकों से किया गया था। चीन के लिए भी ऐसे ही उदाहरण प्रदान किए जा सकते हैं।

चीन तथा भारत को जो एक रणनीति उपलब्ध है वह है गहन अनुसंधान एवं विकास पर निवेश हेतु विशिष्ट क्षेत्रों को लक्ष्य बनाया जाना। सामान्यतः ये वो क्षेत्र हैं जो अर्थव्यवस्था हेतु सीधे लाभदायक हो सकते हैं और जो देश में पहले से मौजूद शक्तियों पर निर्मित किए जा सकते हैं। इस रणनीति के लिए ऐसे समन्वित प्रयास की आवश्यकता है जिसमें अकादमिक एवं अनुसंधान समुदाय, लक्षित उद्योग अथवा एजेन्सियाँ, तथा यह सुनिश्चित करने का सामर्थ्य शामिल हो कि अनुसंधान एवं विकास को अनुप्रयुक्त उत्पादों, नवाचारों अथवा खोजों में परिवर्तित किया जा सकता है। हालांकि, साथ ही बुनियादी अनुसंधान की क्षमता को भी सहयोग प्रदान करना आवश्यक है क्योंकि अनुप्रयुक्त अनुसंधान का निर्माण किसी ऐसे आधार पर नहीं किया जा सकता जहाँ कोई भी वैज्ञानिक समुदाय अथवा बुनियादी ढाँचा उपलब्ध न हो। औद्योगिकृत हो रहे अनेक एशियाई देशों ने अनुप्रयुक्त अनुसंधान क्षेत्रों को सफलतापूर्वक अपना लक्ष्य बनाया है और आर्थिक प्रगति को सहयोग प्रदान करने हेतु इनका उपयोग किया है। ताईवान द्वारा सिंचु स्थित एक विज्ञान आधारित औद्योगिक पार्क को सहयोग प्रदान किया जाने तथा अनेक विश्वविद्यालयों, जो पार्क में संलिप्त हैं, के साथ संपर्क स्थापित करवाने से ताईवानी कंप्यूटर उद्योग को भारी सफलता प्राप्त हो सकी है।[21] विश्वविद्यालयों तथा सरकारी प्रयोगशालाओं दोनों में कार्यरत् वैज्ञानिकों की बड़ी संख्या के अर्थों में बुनियादी वैज्ञानिक क्षमता का निर्माण करने में भारत अधिक सफल रहा है; इनमें से अनेक वैज्ञानिक एवं औद्योगिक अनुसंधान परिषद् (सीएसआईआर) के तत्वाधान में कार्यरत् हैं जिससे अनुप्रयुक्त अनुसंधान उपलब्ध कराए जाने की अपेक्षा की जाती है। हालांकि, वास्तविक औद्योगिक एवं तकनीकी उत्पादकता तथा इन वैज्ञानिक प्रयासों के बीच के सम्बन्धों का प्रायः पूर्ण लाभ नहीं प्राप्त किया जा रहा है। जहाँ चीन अनुसंधान संस्थानों एवं औद्योगिक उपक्रमों को सम्बद्ध करता है, वहीं ऐसा प्रतीत होता है कि अनुसंधान एवं उद्योग के बीच अत्यधिक उत्पादक सम्बन्ध बहुत आम नहीं हैं।

इस चर्चा से यह स्पष्ट है कि भारत तथा चीन ऐसी अंतर्राष्ट्रीय ज्ञान प्रणाली से सम्बद्ध हैं जो उन्हें एक अत्यन्त हानिकारक स्थिति में स्थापित करती है और यह कि तीसरी दुनिया के इन दो बड़े एवं शैक्षणिक रूप से सुविकसित देशों के लिए वास्तव में यह असंभव है कि वे इस प्रणाली के अंतर्गत पूर्ण समानता और स्वतंत्रता हासिल कर सकें। इस प्रणाली की प्रकृति तथा इसे निर्देशित करने वाली वास्तविकताओं की पहचान करना आवश्यक है। फिर भी, चीन तथा भारत के साथ–साथ तीसरी दुनिया के अनेक देशों के लिए यह संभव है कि वे अपनी वैज्ञानिक शक्तियों का आकलन करें और उनका निर्माण करें। इस चर्चा को ऐसे अनेक विचारों के साथ समाप्त करना उचित है जो तीसरी दुनिया की इन दो वैज्ञानिक महाशक्तियों के लिए उपयोगी हो सकते हैं, क्योंकि वे विकास के लिए अनुसंधान एवं विकास पर विचार कर रहे हैं:

(क) चीन तथा भारत के बीच वैज्ञानिक संपर्क एवं सहयोग दोनों देशों को महत्वपूर्ण शक्ति प्रदान कर सकते हैं। राजनीतिक मतभेदों ने कई वर्षों से उन्हें दूर रखा हुआ है परंतु, शीतयुद्ध की समाप्ति तथा अन्य परिवर्तनों के साथ इन दोनों ही देशों के लिए साझा वैज्ञानिक हितों के क्षेत्रों में एकसाथ मिलकर कार्य करना संभव हो सकता है।

(ख) विश्वविद्यालय प्रणाली के कम से कम एक हिस्से को शिक्षण, अनुसंधान एवं विद्वत्ता के मामले में विश्वस्तरीय बनाए जाने को सुनिश्चित करना महत्वपूर्ण है क्योंकि अनुप्रयुक्त अनुसंधान एवं विकास के पास घरेलू विज्ञान में एक आधार का होना आवश्यक है। संस्थानों, क्षेत्रों एवं समुदायों के सतर्कतापूर्ण चयन किए जा सकते हैं।

(ग) निर्णयन का विकेन्द्रीकरण उपयोगी हो सकता है, विशेषतौर पर चीन तथा भारत जैसे विशाल एवं जटिल देशों में। राज्य अथवा प्रांतीय स्तरों पर की गई पहल, शायद केन्द्र सरकार के निधिकरण द्वारा समर्थित, परिणामदायक हो सकती हैं। एक अधिक विकेन्द्रीकृत स्तर पर उपक्रमों एवं अकादमिक तथा वैज्ञानिक संस्थानों के बीच सावधानीपूर्ण समन्वयन अपेक्षाकृत सरल और अधिक प्रभावी हो सकता है।

(घ) अनेक निर्णयों को विकेन्द्रीकृत किए जाने के साथ–साथ राष्ट्रीय अथवा शायद क्षेत्रीय स्तरों पर अनुसंधान एवं विकास के लिए विशिष्ट क्षेत्रों को लक्षित करना उपयोगी हो सकता है। यहाँ तक कि चीन एवं भारत जैसे विशाल देश हर क्षेत्र में तो पर्याप्त शक्तिशाली नहीं हो सकते।

(ङ) वैज्ञानिक प्रवासियों का लाभ उठाया जाना महत्वपूर्ण है क्योंकि इन वैज्ञानिकों को स्वदेश के साथ उत्पादक रूप से सम्बद्ध किया जा सकता है।

(च) अन्य देशों में अकादिमक एवं वैज्ञानिक संस्थानों के साथ दीर्घकालिक संपर्क अंतर्राष्ट्रीय संपर्कों को कायम रखने तथा नवीन नवाचारों एवं ज्ञान तक पहुँच में सहायक हो सकते हैं। ये संपर्क व्यापकतौर पर पश्चिम तथा जापान में हो सकते हैं, परंतु कुछ उदाहरणों में नव–औद्योगिकृत देशों (एनआईसी) में भी हो सकते हैं।

(छ) ऐसी नीतियाँ, जो विनिर्माण अथवा व्यावसायिक सुविधा संपन्न बहुराष्ट्रीय कंपनियों को देश में अपने अनुसंधान एवं विकास करने को प्रोत्साहित करती हों, भी बुनियादी ढाँचे के निर्माण में सहायक हो सकती हैं और ऐसी नवीनतम वैज्ञानिक जानकारियाँ प्रदान कर सकती हैं जो स्थानीय उद्योग के लिए मूल्यवान हों। बहुराष्ट्रीय संस्थाओं को प्रोत्साहित भी किया जा सकता है अथवा कुछ मामलों में अपनी कुछ तकनीकों को साझा करने हेतु बाध्य भी किया जा सकता है।

यह स्पष्ट है कि अनुसंधान, विकास एवं विज्ञान न केवल उच्च शिक्षा प्रणाली से बल्कि औद्योगिक एवं व्यापार नीति के व्यापक मुद्दों, अंतर्राष्ट्रीय विज्ञान एवं विद्वत्ता में देश के स्थान तथा अनुसंधान एवं उच्च शिक्षा की प्रकृति सम्बन्धी विचारों से भी जुड़े हुए हैं। जहाँ चीन तथा भारत दोनों ने गत एक अर्द्धशताब्दी में प्रभावशाली अकादमिक प्रणालियाँ स्थापित कर ली हैं और औद्योगिक विकास के अर्थों में भी दोनों ने भारी प्रगति कर ली है, वहीं उन्होंने इन तत्वों के सहसम्बन्धों के बारे में अधिक विचार नहीं किए हैं। न ही उन्होंने एक दूसरे के अनुभवों के अध्ययन किए हैं। पहला कदम है अंतर्राष्ट्रीय ज्ञान प्रणाली की प्रकृति एवं भूमिका की भावहीन स्पष्ट समझ हासिल करना। तत्पश्चात्, इस बात पर ध्यान केन्द्रित करना संभव है कि कोई देश, जो वैज्ञानिक शक्ति के केन्द्र में न हो, अपने स्वयं के अकादमिक एवं वैज्ञानिक संसाधनों का सर्वश्रेष्ठ इस्तेमाल किस प्रकार कर सकता है। एक सफल रणनीति का एक महत्वपूर्ण भाग ऐसे देशों के बीच सहयोग हो सकता है जो समान स्थितियों में हों।

टिप्पणियाँ

* लेखक इस निबंध के एक पूर्व–संस्करण पर अपनी टिप्पणी देने हेतु हैवेइल चोई का ऋणी है।

1. Erik W Thulstrup, *Improving, the Quality of Research in Developing Country Universities,* Education and Employment Division, Population and Human Resources Department, The World Bank, Washington, DC, 1992.
2. There are a few non-western academic institutions remaining, such as the AI-A/har in Egypt, but these do not play a key role in modern scientific development.
3. See Philip G Altbach et al, *Scientific Development and Higher Education: The Case of Newly Industrialising Nations,* Praeger, New York, 1989.
4. For a complete discussion of the knowledge system, see Philip Ci Altbach, *The Knowledge Context: Comparative Perspectives on the Distribution of Knowledge,* Suny Press, Albany, 1987.
5. Lewis Coser, 'Publishers as Gatekeepers of Ideas'. *Annals of the American Academy of Political and Social Sciences.* 421, September 1975, pp 14–22.
6. See Diana Crane, *Invisible Colleges Diffusion of Knowledge in Scientific Communities.* University of Chicago Press, Chicago, 1972.
7. For current analysis of Indian higher education, see Suma Chitnis and Philip Ci Altbach (eds), *Higher Education Reform in India: Experience and Perspectives,* Sage Publications, New Delhi, 1993 and Moonis Raza, *Higher Education in India: Retrospect and Prospect,* Association of Indian Universities, New Delhi, 1991.
8. For a discussion of current developments in Chinese higher education, see Hubert O Brown, 'People's Republic of China' in P G Altbach (ed), *International Higher Education: An Encyclopedia*, Garland Press, New York, 1991, pp 451–66.
9. Eugene Garfield, 'Science in the Third World', *Science Age,* October November 1983, pp 59–65.
10. Philip G Altbach, 'The Dilemma of Change in Indian Higher Education', *Higher Education,* Vol 26, No 1, 1993 in press.
11. Marianne Bastid, 'Servitude or Liberation?: The Introduction of Foreign Educational Practices and Systems to China from 1840 to the Present' in R Hayhoe and M Bastid (eds), *China's Education and the Industrialised World,* M E Sharpe, Armonk, 1987, pp 3–20.
12. Ronald F Price, 'Convergence or Copying: China and the Soviet Union', ibid, pp 158-83 and Leo A Orleans, 'Soviet Influence on China's Higher Education', ibid, pp 184–98.
13. Jurgen Henze, 'Educational Modernisation as a Search for Higher Efficiency' ibid, pp 252–70.
14. Eric Ashby, *Universities British, Indian, African.* Harvard University Press, Cambridge, Mass, 1966. See also Aparna Basu, *The Growth of Education and Political Development in India, 1898 1920,* Oxford University Press, Delhi, 1974.
15. For a detailed discussion of the nuances of foreign contacts and foreign study in the Chinese context, see Ruth Hayhoe, *Chinas Universities and the Open Door,* M E Sharpe, Armonk, 1989.

16. For an interesting general discussion of this theme, see Joel Kotkin. *Tribes How Race, Religion and Identity Determine Success in the New Global Economy,* Random House, New York, 1993.
17. Hyaeweol Choi, 'Asian Scholars in the United States', unpublished PhD dissertation, State University of New York at Buffalo, 1993.
18. Binod Khadna, 'Migration of Human Capital to the United States', *luonnmu and Political Weekly,* August 11, 1990, pp 1784–94.
19. Ali N Alghafis, *Universities in Saudi Arabia: Their Role in Science, Technology and Development.* University Press of America, Lanham, Maryland, 1992 See also H A Al-Ebraheem and R P Stevens, 'Organisation, Management and Academic Problems in the Arab University: 'I he Kuwait University Experience', *Higher Education* 9 (1980), pp 203–21.
20. Not surprisingly, there is little discussion of military related research on her in China or India because of the national security implications involved. These comments are, therefore, based on general observation.
21. H Steve Hsieh, 'University Education and Research in Taiwan' in P G Altbach el al *Scientific Development and Higher Education,* pp 177–213.

33

कन्फ्यूशियस एवं गुरुः चीन तथा भारत में अकादमिक पेशे की बदलती हैसियत*

Journal of Educational Planning and Administration
Vol. 20, No. 4, 2006
pp. 395–410

एन. जयराम
फ़िलिप जी. अल्ट्बाख़

आधुनिक उच्च शिक्षा को बिलंब से प्रारंभ करने के कारण विकासशील देश स्वयं को एक कठिन स्थित में पाते हैं: एक ओर, उन्हें शेष विश्व, विशेषतौर पर पश्चिम के उन्नत देशों की बराबरी करनी है; दूसरी ओर उनका टकराव मासीफिकेशन एवं वैश्वीकरण द्वारा उत्पन्न अनवरत् परिवर्तनों तथा वैश्विक अर्थव्यवस्था में उनके सतत् समावेशन के साथ हो रहा है। यह ध्यान में रखते हुए कि विश्व में उच्च शिक्षा के छात्रों का एक बढ़ता हुआ भाग विकासशील देशों में स्थित है (1990 के दशक के मध्य तक विश्व में उच्च शिक्षा के कुल 8 करोड़ छात्रों में से 4.40 करोड़ छात्र विकासशील देशों में थे), दुविधाओं में गंभीर नीतिगत चुनौतियाँ शामिल हैं–बावजूद इस तथ्य के कि इन देशों की आबादी का मात्र 6 प्रतिशत ही माध्यमिकोत्तर डिग्रियों के लिए प्रवेश लेता है, जबकि उच्च–आय वाले देशों में 26 प्रतिशत के पास ऐसी शिक्षा उपलब्ध है (टॉस्क फोर्स आन हायर एजूकेशन, 2000, पृष्ठ 111, पृष्ठ 115)। विश्व का यह हिस्सा उच्च शिक्षा के विस्तार की सर्वाधिक ऊँची दर का अनुभव कर रहा है।

1898 में स्थापित आधुनिक चीनी उच्च शिक्षा का गत 100 वर्षों में तीव्रगति से विस्तार हुआ है। आज ''3,000 से अधिक विश्वविद्यालय एवं कॉलेज मौजूद हैं, जिनमें 1,225 नियमित पूर्णकालिक विश्वविद्यालय एवं कॉलेज, 686 व्यस्क उच्च शिक्षा संस्थान, तथा 1,202 नए निजी विश्वविद्यालय एवं कॉलेज शामिल हैं। इस प्रणाली में 1.30 करोड़ छात्र तथा 14.50 लाख शिक्षण कर्मचारी शामिल हैं जिनमें से 5,54,000 संकायों के सदस्य हैं'' (मिन, 2004, पृष्ठ 53–54)। भारत में, आधुनिक शिक्षा की स्थापना ब्रिटिश औपनिवेशिक उपक्रम के एक भाग के रूप में 1857 में ही हो गई थी। 1947 में स्वतंत्रताप्राप्ति के समय मात्र 20 विश्वविद्यालय तथा 496 कॉलेज मौजूद थे जिनमें 2,41,369 छात्र शिक्षा प्राप्त कर रहे थे। अगले 55 वर्षों के दौरान, भारत ने एक विशाल उच्च शिक्षा प्रणाली को खड़ा कर लिया है। 2001–2002 में, कुल 323 विश्वविद्यालय स्तर के संस्थान (178 प्रांतीय और 18 केन्द्रीय विश्वविद्यालय, 18 चिकित्सा एवं 40 कृषि विश्वविद्यालय, 52 ''डीम्ड विश्वविद्यालय'' संस्थान, 12 राष्ट्रीय महत्व के संस्थान, तथा

राज्यों के अधिनियमों के तहत स्थापित 5 संस्थान), 13,150 कॉलेज, तथा लगभग 900 पॉलीटेक्निक मौजूद थे। इस प्रणाली में आज 3,50,664 शिक्षकों को रोजगार प्राप्त है और ये लगभग 82,75,000 छात्रों (यद्यपि 17–23 वर्ष आयु समूह की प्रासंगिक आबादी के मुश्किल से 8 प्रतिशत भाग को ही) को शिक्षा प्रदान कर रहे हैं (जयराम, 2005)।

उच्च शिक्षा के ''एशियाई दिग्गजों'' (अल्ट्बाख़ एवं उमाकोशी 2004), चीन तथा भारत की प्रगतियों का परीक्षण किए जाने के द्वारा प्रस्तुत अध्याय विकासशील देशों में प्रोफेसर समुदाय की समस्याओं एवं संभावनाओं पर चर्चा करेगा। एकसाथ मिलकर ये दोनों देश संपूर्ण विश्व की एक–तिहाई आबादी का गठन करते हैं। चीन ने हाल ही में सर्वाधिक प्रवेश वाले देश के रूप में अमेरिका को पीछे छोड़ दिया है, जबकि भारत शीर्ष पाँच में शामिल है। कुछ उत्कृष्ट अनुसंधान विश्वविद्यालयों सहित अपनी सुविकसित उच्च शिक्षा प्रणालियों के साथ दोनों ही देश अनेक विकासशील देशों से भिन्न हैं (अल्ट्बाख़, 1998)। चीन तथा भारत द्वारा अनेक अन्य विकासशील देशों के साथ साझा की जा रही परिस्थितियों में निम्न–गुणवत्तायुक्त संस्थानों की बड़ी संख्या, कभी–कभी अध्ययन की कठिन स्थितियाँ, तथा सभी स्तरों पर धन की कमी शामिल है। इस अध्याय का ध्यान मुख्यतः आज इन देशों में शिक्षा की बदलती हुई स्थिति, तथा उच्च शिक्षा हेतु उनके निहितार्थों को स्पष्ट करने पर केन्द्रित है। प्रस्तुत अध्याय घटते हुए रोजगार के अवसरों, खराब होती करियर की संभावनाओं एवं कार्य परिस्थितियों, तथा परिवर्तनशील भूमिका की अपेक्षाओं जैसे मुद्दों पर विचार करेगा।

उच्च शिक्षा का परिवर्तनशील संदर्भ

चीन तथा भारत दोनों, तथा सामान्यतौर पर विकासशील देशों में उच्च शिक्षा को परंपरागततौर पर राज्य का पर्याप्त संरक्षण हासिल रहा है। हालांकि, गत दो दशकों से अधिक समय से उच्च शिक्षा के अकादमिक पेशे को अपरिहार्य रूप से प्रभावित करते हुए परिवर्तन के भंवर में झोंक दिया गया है। चीन एक नियंत्रित अर्थव्यवस्था से बाजार अर्थव्यवस्था (हालांकि यह अभी भी समाजवादी ढाँचे के अधीन ही है) तथा मुख्यतः नौकरशाही संस्कृति से एक प्रतिस्पर्धी कारपोरेट संस्कृति की ओर घोषित परिवर्तन से गुजर चुका है। भारत में, परिवर्तन के लिए प्रोत्साहन 1990 में सरकार के द्वारा अपनाए गए ढाँचागत समायोजन सम्बन्धी सुधारों के साथ प्रारंभ हुए जो विश्व बैंक तथा अंतर्राष्ट्रीय मुद्रा कोष से प्रभावित थे।

1990 के दशक से चीनी उच्च शिक्षा प्रणाली में हुए ढाँचागत परिवर्तन राज्य–प्रेरित विलय की बड़ी संख्या पर केन्द्रित हैं। 1998 में, चीन के 1,022 नियमित सार्वजनिक उच्च शिक्षा संस्थानों के द्वारा 10,83,600 छात्रों के नामांकन किए गए। व्यस्क शिक्षण संस्थानों सहित उच्च शिक्षा संस्थानों में कुल नामांकनों की संख्या 62,31,000 थी। 1992–1995 के दौरान, 70 सार्वजनिक (राज्य–संचालित) संस्थानों का विलय 28 विश्वविद्यालयों में कर दिया गया था, और 100 से अधिक संस्थानों ने अंतर–संस्थान संघ स्थापित कर लिए थे। 2000 तक, कुल 612 उच्च शिक्षा संस्थानों का 250 संस्थानों में विलय हो चुका था। परिचालन की दृष्टि से, इन परिवर्तनों, जो पश्चिमी लोकाचारों एवं अभ्यासों से भारी रूप से प्रभावित थे, के द्वारा उस अकादमिक पेशे को महत्वपूर्ण रूप से प्रभावित किया गया था जो अभी तक परंपरागत चीनी सांस्कृतिक मूल्यों एवं मानदंडों की छाप ओढ़े हुए थे। वर्तमान ''शीर्षक प्रणाली'' के विपरीत अकादमिक नियुक्तियों में ''पद प्रणाली'' को लागू करना ऐसा ही एक मामला है। चीनी उच्च शिक्षा

में यह नई प्रणाली मुख्य रूप से नौकरशाही से प्रतिस्पर्धी कार्पोरेट संस्कृति की ओर बढ़ाए गए कदम को दर्शाती है।

चीन की अटल समाजवादी नींवों पर विचार करते हुए विशेषतौर पर नोट किए जाने योग्य, चीनी उच्च शिक्षा के एक अन्य सुधार में शामिल है *मिनबान* (गैर–राज्य–संचालित) अथवा निजी विश्वविद्यालय एवं कॉलेज। 2001 के प्रारंभ होते–होते, चीनी उच्च शिक्षा के इस नए क्षेत्र में लगभग 2,000 संस्थान स्थापित हो चुके थे, यद्यपि "छात्रों के नामांकन स्तर अपेक्षाकृत कम थे और शिक्षक कम स्थायी थे" (चेन, 2003, पृष्ठ 108)। इन संस्थानों में रोजगार एवं सेवाओं की स्थिति सार्वजनिक संस्थानों से भिन्न हैं।

भारत में, ढाँचागत समायोजन का अर्थ रहा है राज्य संरक्षण को कम करना और साथ–साथ उच्च शिक्षा का निजीकरण करना। हालांकि, स्वयं सरकार ही भ्रमित है और इस मामले हेतु अपनाई जाने वाली नीति को लेकर घबराती रही है। भारत में शिक्षा में राज्य के निवेश "सभी के लिए शिक्षा" की आवश्यकताओं को पूरा करने में हमेशा ही विफल रहे हैं। ढाँचागत समायोजनों का अर्थ उच्च शिक्षा पर सार्वजनिक व्यय में भारी कटौतियाँ करना रहा है: 1980–1990 तथा 1994–1995 के बीच केन्द्र सरकार की पंचवर्षीय योजना व्यय में उच्च शिक्षा के हिस्से को 12.6 प्रतिशत से घटाकर 6 प्रतिशत कर दिया गया था; जबकि गैर–योजनागत व्यय में यही मद 14.2 से घटकर 11 प्रतिशत रह गई थी (तिलक, 1996)। कुल मिलाकर, उच्च शिक्षा के लिए आबंटन, जो 5वीं पंचवर्षीय योजना (0974–1979) में अधिकतम 28 प्रतिशत था, में लगातार गिरावट आई और यह 10वीं पंचवर्षीय योजना (2002–07) में मात्र 8 प्रतिशत रह गया, जो कि सर्वप्रथम पंचवर्षीय योजना (1951–1956) के आबंटन के बराबर था। विश्वविद्यालय एवं उच्च शिक्षा पर सार्वजनिक व्यय की वार्षिक वृद्धि दर, जो 1980–1981 तथा 1985–1986 के बीच 13.1 प्रतिशत थी, 1980–1981 तथा 1995–1996 के बीच नीचे गिरकर 7.8 प्रतिशत रह गई (शरीफ एवं घोष, 2000, पृष्ठ 1400)। इस प्रकार, राज्य, जो अभी तक उच्च शिक्षा के निधिकरण का प्रमुख साझेदार रहा था, अब उच्च शिक्षा के निधिकरण के पुराने स्तर को बनाए रखने में भी बढ़ती हुई कठिनाई का अनुभव कर रहा है।

भारत में उच्च शिक्षा से राज्य की क्रमिक निकासी के साथ ही जुड़ी रही है परंपरागत उच्च शिक्षा के अंदर सुधारों की आवश्यकता को सम्बोधित करने में इसकी असमर्थता। राष्ट्रीय शिक्षा नीति (1985) तथा कार्यवाही कार्यक्रम (1986), तथा आचार्य राममूर्ति समिति (1991) द्वारा उसकी समीक्षा आदि सभी ढाँचागत– समायोजन पूर्व सुधार सम्बन्धी पहल थीं। न तो पारंपरिक स्नातक पाठ्यक्रमों की माँग में कमी आई है और न ही कंप्यूटर विज्ञान एवं सूचना प्रौद्योगिकी, जैव–प्रौद्योगिकी, एवं प्रबंधन अध्ययन जैसे क्षेत्रों में पाठ्यक्रमों के लिए माँग में अपेक्षित उल्लेखनीय उछाल ही आया है।

शिक्षा के नए क्षेत्रों में निवेश करने की राज्य की अनिच्छा एवं असमर्थता निजी संस्थानों की प्रगति को स्पष्ट कर देती है। ये संस्थान, जिन्हें "स्व–वित्तपोषित संस्थान" भी कहा जाता है, असमान गुणवत्ता वाले हैं जिनमें छोटी संख्या में उत्कृष्टता केन्द्रों से लेकर सड़कछाप शिक्षण दुकाने तक शामिल हैं। उच्च शिक्षा के क्षेत्र में इन नव–प्रवेशकों द्वारा एक ओर तो स्वायत्तता और जवाबदेही (क्योंकि वे राज्य के निधिकरण पर आश्रित नहीं हैं), तथा दूसरी ओर शिक्षकों से सम्बन्धित मुद्दों (जैसे योग्यता एवं भर्ती, करियर विकल्प, वेतन एवं कार्य परिस्थितियाँ इत्यादि) पर प्रश्न खड़े किए गए हैं। अतः, उच्च शिक्षा में निजी संस्थान अकादमिक पेशे के लिए गंभीर निहितार्थों से भरे पड़े हैं।

चीन तथा भारत दोनों में उच्च शिक्षा का सामान्य संदर्भ परिवर्तन से गुजरता रहा है। जहाँ चीन के मामले में यह संचरण विनियमित रहा है, वहीं भारत का मामला एक अविनियमित बाजार में राज्य के संरक्षण की क्रमिक वापसी का रहा है। सम्बन्धित देशों में अकादमिक पेशे के लिए ऐसे परिदृश्यों के क्या अर्थ हैं? शिक्षाविद्‌ों के लिए रोजगार सम्बन्धों की स्थितियाँ और संभावनाएं क्या हैं?

चीनः अधूरे सुधार और प्राध्यापकीय अनिश्चितता

आवश्यकता से अधिक एवं कम शिक्षक होने की समस्याएं

लगभग 50 वर्षों से, नियोजित आर्थिक एवं सामाजिक परिवर्तन की समाजवादी प्रणाली के प्रारंभ के समय से, चीन में शिक्षकों को एक "कार्यकाल प्रणाली" के अंतर्गत नियुक्त किया जाता था। इस प्रणाली के अंतर्गत, एक बार नियुक्त हो जाने पर, शिक्षकों के साथ–साथ सहायक कर्मचारियों को चीन में "धान का लोहे का कटोरा", अर्थात्, आजीवन सुरक्षित रोजगार कहे जाने वाली सुविधा प्राप्त हो जाती थी। सभी शिक्षकों को लगभग एकसमान वेतन प्राप्त होता था चाहे उनकी शिक्षा एवं योगदान कुछ भी क्यों न हों। दशकों तक जारी नियुक्ति की इस प्रणाली का परिणाम अति–नियुक्ति, अयोग्यता, एवं अकुशलता के रूप में प्रकट हुआ। 1998 में, शिक्षक–छात्र अनुपात 1:11.2 का था। जहाँ संपूर्ण उच्च शिक्षा प्रणाली में आवश्यकता से अधिक भर्ती की समस्या थी, वहीं यह शिक्षकों के बजाय गैर–शिक्षक अथवा सहायक कर्मचारियों से सम्बन्धित थी।

अति–नियुक्ति की समस्या उच्च शिक्षा संस्थानों के विलय के साथ और खराब हो गई। विलय का औचित्य मितव्ययी अर्थव्यवस्था तैयार करना, स्थानीय अधिकारियों को अधिक प्रशासनिक अधिकार प्रदान करना, तथा संस्थानों को और अधिक बहुग्राही बनाना था। "यदि एक छोटे, कम प्रख्यात संस्थान का विलय किसी बड़े, प्रतिष्ठित संस्थान के साथ होता है तो नई संस्था सामान्यतः उत्तरवर्ती, प्रतिष्ठित संस्था के नाम के साथ–साथ शिक्षकों की नियुक्तियों के लिए इसके मानकों को भी ग्रहण कर लेती है" (चेन, 2003, पृष्ठ 109)। उनकी दक्षता के सामान्यतः निम्न स्तरों को ध्यान में रखते हुए, विलय के साथ, छोटे संस्थानों के शिक्षक स्वाभाविक रूप से अलाभकारी स्थिति में पहुँच जाते हैं।

विलय का परिणाम प्रोफेसर समुदाय के आकार में कटौती करना भी रहा हैः कुछ पदों को उनके समरूपी कर्मचारियों द्वारा समाप्त कर दिया जाता है और कुछ शिक्षकों की छँटनी कर दी जाती है अथवा उन्हें पुनर्नियुक्ति अथवा अन्य संस्थानों अथवा अन्य पेशों में रोजगार प्राप्त करने हेतु बाध्य कर दिया जाता है। उदाहरणार्थ, "2000 में जब सेंट्रल टेक्निकल आर्ट्स कॉलेज का विलय शिंघुआ विश्वविद्यालय के साथ किया गया. ....तब कॉलेज के 12 अंग्रेजी शिक्षकों में से मात्र 6 को ही शिंघुआ विश्वविद्यालय के अंग्रेजी विभाग में रोका गया था। शेष को अन्य संस्थानों अथवा अन्य पेशों में रोजगार प्राप्त करने हेतु बाध्य किया गया था" (चेन, 2003, पृष्ठ 109)। अतः, इसमें आश्चर्य नहीं है कि जहाँ छोटे संस्थानों के शिक्षक विलय को लेकर सामान्यतः निरुत्साहित रहते हैं, वहीं छात्र इसका स्वागत करते हैं।

जहाँ अति–नियुक्ति संपूर्ण उच्च शिक्षा में मौजूद हो, वहाँ लगभग प्रत्येक संस्थान भी दक्ष शिक्षकों की कमी से पीड़ित रहता है। इन संस्थानों को उच्च शिक्षा का विस्तार करना होता है, जो 1990 के दशक से गति पकड़ चुका हैः

नियमित उच्च शिक्षा संस्थानों में प्रथम वर्ष के छात्रों की संख्या में 47.3 प्रतिशत की वृद्धि हुई थी, जो 1998 के 10,84,000 से बढ़कर 1999 में 15,97,000 हो गई थी। व्यस्क शिक्षण संस्थानों में नामांकनों की संख्या में 15.7 प्रतिशत की वृद्धि हुई, जो 10,01,000 से बढ़कर 11,58,000 हो गई, और स्नातक छात्रों की संख्या में 17.6 प्रतिशत की वृद्धि हो गई थी। 1990 तथा 1999 के बीच कुल छात्र संख्या दोगुनी हो चुकी थी। 18–22 वर्ष आयु की सकल नामांकन की 1992 की 3.2 प्रतिशत की दर 1997 में बढ़कर 9.1 प्रतिशत हो चुकी थी, जो 2000 में 10 प्रतिशत हो गई और 2005 तक 15 प्रतिशत हो जाने की आशा है (चेन, 2003, पृष्ठ 109)।

प्रोफेसर समुदाय के लिए, इस तथ्य, कि संस्थानों के पास क्षमता से अधिक छात्र मौजूद हैं, का अर्थ रहा है कक्षा के आकार एवं कार्यभार में वृद्धि। शिक्षण सहायकों की सहायता के बिना, शिक्षण की गुणवत्ता स्वाभाविक रूप से एक आकस्मिकता ही होती है। बिना किसी आश्चर्य के, अधिकांश प्रोफेसर चीनियों द्वारा ''डक–फीडिंग'' कहे जाने वाली विधि का अनुसरण करते हैं–शिक्षक एकालाप प्रस्तुत करते है और छात्र सकारात्मक रूप से नोट्स तैयार करते हैं; यह एक ऐसी प्रणाली है जिसमें शिक्षक एवं शिक्षार्थी के बीच न्यूनतम अंतःक्रिया होती है। स्थानीय व्यवसायिक एवं व्यस्क शिक्षा संस्थानों, जिनके द्वारा गत दशक के दौरान तीव्र विस्तार किया गया है, तथा छोटे शहरों में स्थित संस्थानों द्वारा सर्वाधिक गंभीर अल्प–नियुक्तियों को सूचित किया गया है।

अल्प–नियुक्ति न केवल अपेक्षाकृत कम वेतन स्तर से जुड़ी हुई है बल्कि पेशेवर प्रगति के लिए उनमें अवसरों का अभाव भी जुड़ा है। जैसा कि मिन नोट करते हैं ''जहाँ विश्वविद्यालय शिक्षकों के मूल वेतन अन्य समान शैक्षणिक योग्यताओं वाले पेशेवर लोगों के साथ तुलना योग्य थे, वहीं कंपनियों, विशेषकर संयुक्त उपक्रम वाली संस्थाओं में कर्मचारियों को भुगतान किए जाने वाले बड़ी बोनस धनराशियों के कारण शिक्षकों के पारिश्रमिक अपेक्षाकृत कम थे'' (2004, पृष्ठ 75)। अनेक सुशिक्षित, दक्ष शिक्षक अपने रोजगार से असंतुष्ट हैं, और अवसर प्राप्त होने पर उन्हें छोड़ने को प्रवृत्त हैं। अर्थात्, प्रोफेसर समुदाय ''प्रतिभा पलायन'' से प्रभावित है। इसी कारणवश, शिक्षण विश्वविद्यालय की सर्वश्रेष्ठ प्रतिभाओं को आकर्षित नहीं कर पाता। वास्तव में, शिक्षा मंत्रालय अथवा अन्य मंत्रालयों से सम्बद्ध शोध विश्वविद्यालय इसी कमजोरी का शिकार हैं। इसके अलावा, पांरपरिक कार्यकाल प्रणाली के अंतर्गत अकुशल शिक्षकों को पदच्युत करना भी सरल नहीं है।

राज्य परिषद् द्वारा लागू कानून शिक्षण पदों की योग्यताओं का निर्धारण करता है। 1955 का शिक्षक योग्यता कानून न्यूनतम योग्यता के रूप में 40 वर्ष से कम के शिक्षकों के लिए परास्नातक डिग्री का प्रावधान करता है। वास्तव में, शिक्षकों के योग्यता के स्तर अभी नीचे ही बने हुए हैं: 1999 में, मात्र 5.4 प्रतिशत शिक्षकों के पास ही डॉक्टरेट डिग्री मौजूद थी, और 24 प्रतिशत के पास स्नातकोत्तर डिग्री। वरिष्ठ शिक्षकों एवं प्रशासकों के द्वारा अपने ही छात्रों को नियुक्त करने की प्रवृत्ति रखने के कारण यह प्रणाली घोषित अंतःप्रजनन की अनुमति प्रदान करती है। अकादमिक पेशे में गतिशीलता बहुत कम होती है, जो कम वेतन किन्तु उच्च रोजगार सुरक्षा में प्रवेश कर चुके अनेक अल्पशिक्षित शिक्षकों को कठोर परिश्रम के लिए बहुत कम प्रोत्साहन प्रदान करती है। इनमें से अनेक कर्मचारी सेवानिवृत्त हो चुके हैं अथवा आधुनिकीकरण की प्रक्रिया में बाहर किए जा चुके हैं।

''उपाधि प्रणाली'' से ''पद प्रणाली'' की ओर

तीव्रगति से भूमंडलीकृत हो रहे विश्व में गुणवत्तायुक्त उच्च शिक्षा के महत्व को पहचानते हुए चीनी सरकार ने संरचना तथा उन्मुखीकरण में एक सुधार का कार्यक्रम प्रारंभ कर दिया है। इस सुधार का प्रमुख उद्देश्य उच्च शिक्षा को अंतर्राष्ट्रीयतौर पर प्रतिस्पर्धी बनाना है, और रणनीति शिक्षकों की गुणवत्ता में सुधार करने की है। वर्तमान में प्रायोगिक अवस्था वाले सुधार कार्यक्रम के एक बार उच्च शिक्षा के समस्त संस्थानों में लागू हो जाने के बाद इसका प्रोफेसर समुदाय पर गहरा प्रभाव पड़ेगा। जहाँ चीनी सरकार एवं सत्ताधारी अभिजात्यों के पास सुधारों को लागू करने के अधिकार हैं, वहीं व्यवस्थित एवं सतत् सुधारों की उनकी प्रतिबद्धता एक खुला प्रश्न बनी हुई है।

चीन में उच्च शिक्षा सुधार की एक कसौटी, जो अकादमिक पेशे की भर्ती–प्रणाली में एक तर्कसंगत परिवर्तन को इंगित करती है, पारंपरिक ''उपाधि प्रणाली'' के स्थान पर कार्यकालबद्ध ''पद प्रणाली'' को लागू करना रही है। 1998 में, शिक्षा मंत्रालय ने अकादमिक नियुक्तियों की पद प्रणाली को दो विश्वविद्यालयों–पीकिंग तथा शिंघुआ विश्वविद्यालयों–में प्रायोगिकतौर पर लागू किया था। इनमे से प्रत्येक विश्वविद्यालय को तीन वर्षों के लिए 1.8 अरब युआॅन अथवा 222 मिलियन अमेरिकी डॉलर का विशेष आर्थिक अनुदान दिया गया था। इन अनुदानों का 25 प्रतिशत शिक्षकों के विकास के लिए आरक्षित था। अकादमिक पदों को तीन श्रेणियों (अवरोही क्रमानुसार ए, बी, तथा सी) में विभाजित किया गया है, प्रत्येक श्रेणी में तीन पद शामिल हैं। शीर्ष श्रेणी (ए) के ऊपर अंतर्राष्ट्रीयतौर पर ज्ञात विद्वानों की एक विशिष्ट श्रेणी भी है। पद–सम्बद्ध अनुदान पूर्वनिर्धारित हैं और दो भागों में विभाजित होते हैं: किसी शिक्षक को प्रति माह मात्र 70 प्रतिशत भुगतान किया जाता है और शेष 30 प्रतिशत हर वर्ष के अंत में की गई शिक्षक–समीक्षा के बाद भुगतान किया जाता है।

झियांगमिंग चेन इस सुधार के चार प्रमुख उद्देश्यों को सूचीबद्ध करते हैं:

> (1) ''धान के लोहे के कटोरे सहलक्षण'' सहित ''संपूर्ण–कार्यकाल'' प्रणाली से दूर हटा जाना; (2) किसी की उपाधि को उसके पद से पृथक करना ताकि दक्ष लोगों को सही पदों पर नियुक्त किया जा सके, भले ही उनके पास कोई निश्चित उपाधि उपलब्ध न भी हो; (3) किसी के भी वेतन को उसके पद के साथ सम्बद्ध करना, इस प्रकार विभिन्न वेतनमानों के बीच के अंतर को व्यापक बनाया जाना; तथा (4) आवश्यकता से अधिक लोगों को अन्य रोजगार सौंपे जाने के द्वारा शिक्षक समुदाय के आकार को कम करना (2003, पृष्ठ 113)।

जब तक कि वे पर्याप्त योग्य न हों, पूर्ण प्रोफेसर सहित किसी भी शिक्षक का चयन उनकी इच्छित श्रेणी के लिए नहीं किया जाएगा। इस प्रकार, अयोग्य शिक्षकों को अपनी उपाधि के लिए मात्र मूल वेतन ही प्राप्त होगा और कोई अनुदान नहीं मिलेगा। शिक्षकों के प्रदर्शन के मूल्यांकन में प्रदर्शन न करने वालों के लिए दंडात्मक विधान भी है, और प्रतिष्ठित शिंघुआ विश्वविद्यालय में सूचित रूप से तीन प्रोफेसरों को नकारात्मक छात्र मूल्यांकनों एवं ''खराब प्रदर्शन'' के कारण पदच्युत कर दिया गया था।

2000 से ही, पद प्रणाली को फूडॉन विश्वविद्यालय तथा शंघाई ट्रांसपोर्ट विश्वविद्यालय सहित अन्य विश्वविद्यालयों में भी लागू कर दिया गया है। शैनडाँग कृषि विश्वविद्यालय ने उपाधि प्रणाली समाप्त कर दी है, और इससे फर्जी कर्मचारियों पर

किए जाने वाले खर्चों में होने वाली बचतों को पद–प्रणाली वाले शिक्षकों हेतु सहयोग में वृद्धि की ओर निर्देशित कर दिया गया है।

पद प्रणाली एवं उससे जुड़ा पद–सम्बद्ध अनुदान सूचित रूप से पुरानी उपाधि प्रणाली की अपेक्षा शिक्षकों को अधिक कठोर परिश्रम के लिए प्रेरित कर रहे हैं। इससे शिक्षकों के पेशेवर विकास तथा कार्य एवं संस्थान के प्रति उनकी प्रतिबद्धताओं में वृद्धि होने की भी आशा है। उपाधि प्रणाली के अंतर्गत सामान्यतौर पर प्राप्त निम्न मूल वेतन पर विचार करते हुए देखा जाए तो शिक्षकों, एवं प्रामाणिक योग्यताओं एवं क्षमताओं वाले शिक्षकों की आर्थिक स्थिति में सतत् सुधार हुए हैं। यह एक स्वागतयोग्य प्रगति रही है, यह ध्यान में रखते हुए कि दशकों के दौरान जीवनयापन लागतों में वृद्धि हो चुकी है, जबकि मूल वेतन में वृद्धि उसके समरूपी नहीं रही है।

हालांकि, व्यापकतौर पर अपेक्षाकृत कम शिक्षित और दक्ष शिक्षकों की बड़ी संख्या के लिए इस सुधार का अर्थ दरवाजों का बंद होना रहा है। वेतन कम बने रहने और जीवनयापन लागतों में वृद्धि होते जाने के साथ उनमें से अनेक को विश्वविद्यालय के बाहर अतिरिक्त रोजगारों को खोजने हेतु बाध्य होना पड़ा है। पद प्रणाली के लागू किए जाने से उत्पन्न आकार के लघुकरण के परिणामस्वरूप जिन लोगों को पदच्युत कर दिया गया है उनके मार्ग बंद हो चुके हैं। निश्चिततौर पर, आकार लघुकरण ने शिक्षकों की तुलना में प्रशासकों, सहायक कर्मचारियों, तथा दलों के अधिकारियों को अधिक प्रभावित किया है। विश्वविद्यालय के नेतृत्व के लिए, कर्मचारियों एवं शिक्षकों के आधिक्य की पुनर्नियुक्तियाँ एक बड़ी चुनौती रही है।

जैसा कि पहले नोट किया जा चुका है, दक्ष लोगों को आकर्षित करना तथा शिक्षण क्षमताओं में सुधार करना सुधार का एजेंडा रहा है। शिक्षा मंत्रालय, अन्य मंत्रालयों एवं संस्थानों ने अनेक भर्ती अभियान संपन्न किए हैं। शिक्षकों के दक्षता स्तरों में सुधार के लिए वस्तु अथवा नकदी दोनों रूपों में पुरस्कार स्थापित किए गए हैं। दक्ष शिक्षकों को उन्नत अध्ययनों एवं अनुसंधान सम्बन्धी अवसर उपलब्ध कराए जा रहे हैं। मॉडल कार्यक्रम–जैसे शंघाई द्वितीय मेडिकल विश्ववविद्यालय द्वारा 3–टी (शीर्ष प्रतिभा, शीर्ष विश्वविद्यालय व्यवस्था, एवं शीर्ष वैज्ञानिक उपलब्धि)–स्थापित किए गए हैं। यहाँ तक कि कुछ चीनी विश्वविद्यालयों में विदेशी शिक्षकों को शिक्षण एवं अनुसंधान के लिए आमंत्रित किया गया है।

विकसित होता निजी क्षेत्र

उच्च शिक्षा में हुए इन सभी सुधारों ने सार्वजनिक विश्वविद्यालयों को सम्बोधित किया है। सार्वजनिक क्षेत्र के अलावा, चीन के पास उच्च शिक्षा में अब तीव्रगति से विकसित हो रहा निजी क्षेत्र भी उपलब्ध है जो पूरी तरह से गैर–सरकारी संसाधनों द्वारा वित्तपोषित है। 1990 के दशक के प्रारंभ से ही अधिकांशतः "अध्ययन के व्यावहारिक क्षेत्रों" में लगभग 2,000 निजी संस्थानों की स्थापना की जा चुकी है। जहाँ शिक्षा मंत्रालय निजी उच्च शिक्षा संस्थानों की स्थापना की निगरानी कर रहा है, वहीं यह शिक्षकों की संख्या, उपाधि, पदों, अथवा वेतनों के मामले में कोई कठोर एवं त्वरित नियम निर्धारित नहीं करता।

तदनुसार, निजी उच्च शिक्षा संस्थान शिक्षकों की नियुक्तियों, जैसे संविदा प्रणाली, का एक अलग मॉडल प्रस्तुत कर रहे हैं। शिक्षकों को एक निश्चित अवधि, सामान्यतः एक वर्ष, के लिए संविदा पर नियुक्त किया जाता है। कुछ मामलों में, पूर्णकालिक

शिक्षकों को मासिक संविदाओं पर नियुक्त किया जाता है अथवा घंटे के हिसाब से भुगतान किया जाता है। अंशकालिक शिक्षकों को एक नियम के अनुसार प्रति घंटे की दर से भुगतान किया जाता है। इन संस्थानों के शिक्षकों, चाहे उनकी विशिष्ट संविदागत नियुक्तियाँ कैसी भी क्यों न हों, को उनके वेतन के अलावा कोई अतिरिक्त लाभ नहीं प्रदान किए जाते। यहाँ तक कि, निजी संस्थानों के शिक्षकों के वेतन उनके सार्वजनिक समकक्षियों की तुलना में अधिक भी हैं।

यह अवश्य ही नोट करना चाहिए कि निजी संस्थानों में शिक्षकों की एक बड़ी संख्या अंशकालिक नियुक्तिधारक है। ये संस्थान सार्वजनिक विश्वविद्यालयों से सेवानिवृत्त हो चुके प्रोफेसरों को नियुक्त करने हेतु प्रवृत्त होते हैं। इसके अलावा, शिक्षा मंत्रालय द्वारा मान्यताप्राप्त कुछ संस्थानों को छोड़कर, निजी संस्थान पदोन्नति के अवसर नहीं प्रदान करते। ये संस्थान उच्च शिक्षक–छात्र अनुपात रखते हैं। शिक्षकों को शिक्षण के अलावा संस्थानों में लेखापालन, परामर्श जैसे कार्यों में सहायता भी करनी पड़ती है।

निरंतरता एवं परिवर्तन

निःसंदेह, उच्च शिक्षा में सुधार सम्बन्धी उपायों से कुछ सकारात्मक परिणाम हासिल हुए हैं। शिक्षण एवं अनुसंधान की कार्यक्षमता एवं प्रभावकारिता में सुधार हुए हैं। नियुक्तियों एवं पदोन्नति के मानदंड पहले की अपेक्षा अधिक निष्पक्ष एवं पारदर्शी हो चुके हैं। हालांकि, प्रकटतया, जहाँ पुरानी समस्याओं के समाधान किए जा रहे हैं अथवा उनसे निपटा जा रहा है, वहीं नई समस्याएं खड़ी भी हो रही हैं। पुरानी उपाधि प्रणाली के साथ जुड़ी मानसिकता का कायम रहना उन शिक्षकों के बीच अंसतोष एवं रोष का कारण बन रहा है जो सुधारों से वंचित हुआ अनुभव करते हैं। विभिन्न संस्थानों, उदाहरणार्थ, प्रतिष्ठित अनुसंधान विश्वविद्यालयों (जैसे पीकिंग विश्वविद्यालय अथवा शिंघुआ विश्वविद्यालय) एवं अपेक्षाकृत कम–सुविदित विश्वविद्यालयों एवं संस्थानों में भी तनाव उत्पन्न हो चुके हैं। स्वाभाविकतौर पर, प्रतिष्ठित संस्थानों के पास अन्यों की अपेक्षा एक प्रतिस्पर्धात्मक बढ़त उपलब्ध होती है। यह तथ्य, कि सुधार कार्यक्रम पश्चिमी लोकाचारों एवं अभ्यासों पर आधारित हैं, परंपरागत चीनी सांस्कृतिक मानदंडों के साथ इनकी अनुकूलता के सम्बन्ध में प्रश्न खड़े करता है। एक ऐसे देश, जहाँ परंपरागत संस्कृति "शांति, सौहार्द एवं संतुष्टि" की वकालत करती हो, प्रतिस्पर्धात्मक कार्यकुशलता पर आधारित नई प्रणाली ने सामाजिक तनाव उत्पन्न कर दिए हैं। नई प्रणाली, जिसके द्वारा शिक्षकों के लिए पद एवं आर्थिक अंतर लागू किए गए हैं, उस "सामाजिक न्याय" की विरोधाभासी है जिसपर अभीतक समाजवादी विचारधारा द्वारा जोर दिया जाता रहा है। ऐसे तनावों, प्रयासों, औपचारिक एवं अनौपचारिक दोनों, को सीमित करने हेतु उनके विपरीत निहितार्थों को समझा जा रहा है।

चीन की उच्च शिक्षा प्रणाली का आकार एवं विविधता अकादमिक पेशे के सम्बन्ध में इसके सामान्यीकरण को कठिन बना देता है। प्रस्तुत अध्याय अधिकांशतः एक प्रगतिशील रूप से विभेदीकृत अकादमिक प्रणाली के अपेक्षाकृत उच्च–प्रतिष्ठापूर्ण क्षेत्र में शिक्षाविदों का परीक्षण करता है। यह चर्चा शिक्षकों की बड़ी संख्या, जिनमें से अधिकांश मात्र स्नातक डिग्रीधारक हैं, जो प्रांतीय संस्थानों में शिक्षण प्रदान कर रहे हैं, अथवा अनेक अंशकालिक शिक्षक हैं, पर कम ध्यान केन्द्रित करती है। यह अध्याय अनेक विश्वविद्यालयों की बुनियादी वास्तविकताओं में से कुछ को स्पष्ट नहीं करता, जिसमें सीमित अकादमिक स्वतंत्रता, विशेषतौर पर सामाजिक विज्ञानों में, तथा एक

प्रशासनिक प्रणाली, जो प्रोफेसर समुदाय को सीमित अधिकार एवं स्वायत्तता प्रदान करती है, भी शामिल है।

चीन में, उच्च शिक्षा का तीव्र विस्तार, चीनी सरकार की अकादमिक कर्मचारियों की योग्यता में सुधार करने की इच्छा, बढ़ती हुई संस्थागत विविधिताएं, तथा जवाबदेही–आधारित प्रबंधन आदि सभी मिलकर एक परिवर्तनशील वातावरण तथा अकादमिक पेशे पर बढ़ता हुआ दबाव उत्पन्न कर रहे हैं।

भारतः ह्रासोन्मुख पेशा

घटती हुई रोजगार संभावनाएं

1970 तथा 1980 के दशकों के दौरान भारत में उच्च शिक्षा के अनियंत्रित विकास का परिणाम शिक्षकों की एक अप्रत्याशित माँग के रूप में प्रकट हुआ। इस माँग के प्रति प्रतिक्रिया करते हुए भारत ने पाँच दशकों के दौरान उच्च शिक्षा में शिक्षकों की संख्या में 16–गुनी वृद्धि कर ली है; आज इनकी कुल संख्या 3,21,000 है। हालांकि, यह प्रगति अकादमिक पेशे के एक स्वस्थ विकास, शक्ति, अथवा उत्साह की स्थिति को इंगित नहीं करती। कॉलेजों अथवा विश्वविद्यालयों में न केवल रोजगार की संभावनाएं गायब हो चुकी हैं, बल्कि रोजगार सुरक्षा, जिसे अकादमिक पेशे में गारंटीयुक्त माना जाता था, भी समस्यापूर्ण होती जा रही है। 1983 के समय से ही राष्ट्रीय शिक्षक आयोग (1985) ने पाया कि मात्र 70.7 प्रतिशत विश्वविद्यालय शिक्षक तथा 68.5 प्रतिशत कॉलेज शिक्षक ही समस्त वैधानिक लाभों के साथ स्थाई रोजगार का आनंद ले रहे थे। अन्य शिक्षक एवं कर्मचारी या तो ''अस्थाई'' (निरंतरता की गारंटी के बिना) अथवा तदर्थ (संक्षिप्त अवधि पर अवकाश स्थानापन्न नियुक्ति के रूप में) लेक्चरर थे। ''अंशकालिक'' लेक्चरर (जो प्रति सप्ताह पूर्वनिर्धारित घंटों के लिए शिक्षण प्रदान करते हैं) तथा ''अतिथि'' लेक्चरर (जो कॉलेज अथवा विभाग को पाठ्यक्रम के हिसों को पूरा कराने में सहायता करते हैं) के रूप में शिक्षकों के नए वर्गों को जोड़ दिया गया है। ऐसे शिक्षकों को घंटों के हिसाब से भुगतान किए जाते हैं, और उन्हें किसी स्थाई अथवा अस्थाई अथवा तदर्थ नियुक्ति से जुड़े विशेषाधिकार हासिल नहीं होते।

अकादमिक पेशे में रोजगार की संभावनाओं में आई गिरावट का सम्बन्ध ढाँचागत समायोजन के सुधारों तथा उच्च शिक्षा में सक्रिय बाजार शक्तियों के संयुक्त प्रभाव से है। परंपरागत कला एवं विज्ञान पाठ्यक्रमों के विस्तार छात्रों द्वारा की जाने वाली माँगों से अधिक हो चुके प्रतीत होते हैं, जिसमें कुछ कॉलेज (अधिकांश भारतीय प्रथम–डिग्री छात्र किसी विश्वविद्यालय सम्बद्ध कॉलेज में अध्ययन करते हैं) प्रवेश में भारी कमी का सामना कर रहे हैं। कुछ निजी कॉलेज, जिन्हें सरकार से अनुदान मिलते हैं, के लिए भी यह कठिन हो गया है कि वे इन क्षेत्रों में अपने शिक्षकों के लिए कार्य खोज सकें।

अधिकांश राज्य सरकारों ने शिक्षकों की भर्ती पर रोक लगा दी है। इसका अर्थ राज्य–समर्थित कॉलेजों की स्थापना रोक दिया जाना, वर्तमान कॉलेजों में स्थाई शिक्षकों की संख्या में कमी करना, और एक स्थानान्तरण नीति द्वारा शिक्षकों की पुनः तैनाती से संसाधनों के सर्वाधिक प्रभावी उपयोग करना रहा है। इसके अलावा, अधिकांश राज्य सरकारों ने ''स्वैच्छिक सेवानिवृत्ति योजनाएं'' (शिक्षकों को अनिवार्य सेवानिवृत्ति की आयु तक पहुँचने के पूर्व ही स्थाई सेवा से सेवा निवृत्ति लेने हेतु प्रोत्साहन) भी लागू कर दी हैं। राज्य सरकारें कॉलेज एवं शिक्षकों के लिए सेवानिवृत्ति

की आयु को कम किए जाने पर विचार कर रही हैं। बिना किसी आश्चर्य के, अस्थाई अंशकालिक शिक्षक भारत में उच्च शिक्षा की एक मानक विशेषता बन चुके हैं।

भर्तियों पर रोक लगाकर अकादमिक पेशे के आकार को कम करना, शिक्षकों के आधिक्य की पुनःतैनाती करना, अतिथि लेक्चररों को नियुक्त करना इत्यादि अब एक अखिल–भारतीय प्रवृत्ति बन चुकी है। इसके अलावा, यह प्रवृत्ति परंपरागत उदार कला एवं विज्ञान कॉलेजों तक ही सीमित नहीं रह गई है बल्कि इसने कुछ तकनीकी संस्थानों को भी प्रभावित कर दिया है। हालांकि, कंप्यूटर विज्ञान, सूचना प्रौद्योगिकी, तथा जैव–प्रौद्योगिकी जैसे क्षेत्रों, जिनमें विस्तार सर्वाधिक तीव्र रहा है, शिक्षित शिक्षकों की कमी बनी हुई है। चिकित्सकीय शिक्षा को शिक्षकों की सर्वाधिक गंभीर कमी का सामना करना पड़ रहा है।

हालांकि, अधिकांश शिक्षक समुदाय सामान्य शिक्षा में संलिप्त है। यहाँ रोजगार के अवसर लगभग समाप्त हो चुके हैं, और पेशे में प्रवेश का प्रयास कर रहे लोगों को अंशकालिक अथवा तदर्थ आधार पर नियुक्त किया जा रहा है। यह, कि मौजूदा शिक्षकों को पर्याप्त कार्यभार हासिल करना कठिन हो रहा है, अकादमिक पेशे के लिए अच्छा संकेत नहीं है। पेशे के आकार को सीमित किए जाने की राज्य की नीति से शिक्षकों के पहले से ही गिरे हुए मनोबल और प्रतिबद्धता पर विपरीत प्रभाव पड़ने की संभावना है।

परंपरागततौर पर, उच्चतर सामाजिक स्तर की सुरक्षा रहे अकादमिक पेशे को प्रतिष्ठापूर्ण ख्याति हासिल रही है। हालांकि, राज्य की संरक्षणकारी भेदभावपूर्ण नीति के साथ संयोजित रूप से हुए उच्च शिक्षा के तीव्र विस्तार ने इस पेशे की सामाजिक स्थिति को परिवर्तित कर दिया है। शिक्षकों की एक बड़ी संख्या अनुसूचित जाति (भूतपूर्व अछूत एवं सम्बन्धित समूहों), अनुसूचित जनजातियों, तथा अन्य पिछड़े वर्गों (आबादी के पारंपरिकतौर पर वंचित समूह जिनकी पहचान विशेष लाभों एवं रियायतों के लिए की गई है) से सम्बन्धित हो चुकी है। अकादमिक पेशे में नव–प्रवेशकों, जो अधिकांश मामलों में अपनी जाति तथा सामुदायिक समूहों में परास्नातक शिक्षा हासिल करने वाली पहली पीढ़ी रहे हैं, का बुनियादी तौर पर पेशे के सांस्कृतिक नौबंध से परिचय नहीं रहा है और वे गिरावट झेल रहे पेशे में लोकाचारों को लेकर भ्रमित हैं। महिलाएं अभी भी उच्च शिक्षा में शिक्षकों की कुल संख्या का लगभग एक–चौथाई ही हैं, यद्यपि मानविकी एवं सामाजिक विज्ञान के कुछ क्षेत्रों में उनकी संख्या कहीं अधिक है, और वे अकादमिक नेतृत्व की भूमिकाओं में पिछड़ी हुई हैं।

प्रांतीयता एवं अंतःप्रजनन उच्च शिक्षा के अभिन्न अभ्यास बन चुके हैं। अल्पसंख्यक धार्मिक समुदायों के द्वारा संचालित शिक्षण संस्थानों द्वारा अपने ही धर्म अथवा पंथ के अभ्यर्थी के प्रति प्राथमिकता प्रदर्शित की गई है, और इसी प्रकार से किसी जाति विशेष के प्रभुत्व वाले संस्थानों के द्वारा अपने जातीय बंधुओं के पक्ष में पक्षपात प्रदर्शित किए गए हैं। विश्वविद्यालय एवं राज्य सरकारें भी अपने ही भौगोलिक क्षेत्र के अभ्यर्थियों को पसंद करती हैं। वास्तव में, अनेक कॉलेजों एवं विश्वविद्यालयों में राज्य की भाषा को शिक्षा के माध्यम के रूप में अपनाया जाना किसी बाहरी राज्य के पात्र अभ्यर्थी को अलग कर देता है।

विश्वविद्यालय अनुदान आयोग (यूजीसी), जो उच्च शिक्षा हेतु केन्द्र सरकार की प्रमुख निधिकरण एवं विनियामक संस्था है, एक ऐसी प्रणाली में ताजा रक्तसंचार में सहायता करने के लिए शिक्षकों की अंतरसंस्थानिक गतिशीलता का समर्थन करती है जो अन्यथा रूप से ठप हो जाएगी और विभिन्न संस्थानों के बीच पार–निषेचन को

प्रेरित करेगी। जहाँ अंतःप्रजनन गतिशीलता को रोकता है, वहीं अन्य बाधाएं भी मौजूद हैं। एक से दूसरे संस्थान में गतिशील होना किसी की भी पदोन्नति के अवसरों को कम कर देता है, जो लेक्चररों एवं रीडरों को किसी संस्थान, जिसमें वे कार्यरत् हों, को त्यागने से निरुत्साहित करता है। राज्य सरकार के शिक्षकों की सेवानिवृत्ति लाभों सम्बन्धी नियम कठोर हैं, जो वरिष्ठ शिक्षकों को उस राज्य, जिनमें वे कार्यरत् हैं, से बाहर निकलने के प्रति सतर्क कर देते हैं।

कमजोर पेशागत तैयारियाँ

कॉलेज शिक्षकों पर किए गए अध्ययनों के द्वारा सतत् रूप से पेशे में प्रवेश करने वाले लोगों की अकादमिक तैयारियों की दुखद कमियों और उनकी घटती हुई प्रतिबद्धताओं पर जोर दिया जाता रहा है। योग्यता के इस अभाव का निःसंदेहात्मक रूप से परास्नातक एवं डॉक्टरेट स्तर की शिक्षा के शोचनीय स्तर से बहुत गहरा सम्बन्ध है। दशकों से, अधिकांश परास्नातक डिग्रीधारक, जिनके पास किसी प्रकार का प्रशिक्षण अथवा शिक्षण के प्रति उन्मुखीकरण मौजूद नहीं होता, और जिनकी पेशागत योग्यता संदिग्ध होती है, कॉलेजों, अथवा यहाँ तक कि विश्वविद्यालयों में भी रोजगार हासिल करते रहे हैं।

शिक्षक बनने के आकांक्षी अभ्यर्थियों में शिक्षण अथवा अनुसंधान के लिए विषय एवं दृष्टिकोण में दक्षता को सुनिश्चित करने के लिए यूजीसी ने राष्ट्रीयता पात्रता परीक्षण (एनईटी) की योजना लागू कर दी है। अनेक राज्य सरकारों को यूजीसी के द्वारा राज्य पात्रता परीक्षण संपन्न कराने की अनुमति प्रदान की जा चुकी है, जिसे एनईटी के समकक्ष माना जाता है। एक परीक्षण तंत्र के रूप में, एनईटी सही दिशा में उठाया गया एक कदम है। इन प्रयासों के बावजूद, स्नातकोत्तर शिक्षा के स्तर सामान्यतः नीचे ही बने रहे हैं। वास्तुकला, कानून, एवं चिकित्सा जैसे पेशों को अपने संभावित भावी रंगरूटों को प्रशिक्षण की एक निर्दिष्ट अवधि से होकर गुजरना पड़ता है। यहाँ तक कि एक हाईस्कूल शिक्षक को भी शिक्षा–स्नातक (बी.एड.) की डिग्री हासिल करनी होती है। हालांकि, किसी कॉलेज अथवा विश्वविद्यालय में लेक्चरर बनने के लिए किसी भी पूर्व–प्रशिक्षण अथवा अनुभव की आवश्यकता नहीं होती। जहाँ इस विसंगित को अनेक द्वारा मान्यता प्राप्त हैं वहीं शैक्षणिक पेशे में प्रवेश के लिए आवश्यक अतिरिक्त योग्यता के रूप में शिक्षाविद् इससे सहमत नहीं हैं। किसी शोध डिग्री (पीएच.डी. अथवा एम. फिल.) पर जोर दिया जाना विपरीतफलदायक रहा है। 1970 के दशक में पीएच.डी. को न्यूनतम योग्यता बनाए जाने के यूजीसी के निर्णय के बाद डॉक्टरेट कार्यक्रमों में नामांकनों के लिए उत्पन्न भीड़ का परिणाम विश्वविद्यालयों में डॉक्टरेट शोध की गुणवत्ता में गिरावट आना रहा है।

पेशे में प्रवेश बिन्दु पर योग्यता तथा परीक्षण के महत्व के बावजूद नियुक्ति उपरांत प्रशिक्षण एवं आवधिक पेशागत संवर्द्धन की आवश्यकता मुश्किल से ही अतिरंजित हो सकती है। 1987 से प्रारंभ करते हुए, यूजीसी ने प्रत्येक राज्य में "अनुकूलन पाठ्यक्रमों" (युवा शिक्षकों के लिए शिक्षा के शिक्षाविज्ञान एवं सामाजिक प्रासंगिकता पर ध्यान केन्द्रित करते हुए) तथा "पुनश्चर्या पाठ्यक्रमों" (वरिष्ठ लेक्चररों के लिए विभिन्न विषयों की विषयवस्तुओं में अद्यतन जानकारी प्रदान किए जाने) के माध्यम से शिक्षण के स्तरों में सुधार करने के जनादेश के साथ कम से कम एक अकादमिक स्टॉफ कॉलेज (एएससी) स्थापित कर दिया है।

एएससी के द्वारा पेशे में नव–प्रवेशकों को अनुकूलित करने तथा इसमें पहले से मौजूद लोगों के ज्ञान एवं कौशलों में सुधार हेतु कार्यक्रम संपन्न किए गए हैं। गंभीरता की भावना उत्पन्न करने हेतु अनिवार्यता के एक तत्व को भी लागू कर दिया गया है: पेशे में प्रवेश करने वालों को अपनी परिवीक्षा अवधि पूर्ण करने के पहले एक अनुकूलन पाठ्यक्रम में भाग लेने की आवश्यकता होती है। सेवारत् पेशेवर लोगों को करियर में उन्नति अथवा पदोन्नति की पात्रता हासिल करने हेतु दो पुनश्चर्या पाठ्यक्रमों में भाग लेना अनिवार्य हो गया है। जैसा कि अनिवार्य तत्वयुक्त सभी पहलों के साथ होता है, एएससी की स्थापना में अंतर्निहित मूल उद्देश्य कहीं खो चुके हैं और पाठ्यक्रम एक रिवाज बन कर रह गए हैं।

विश्वविद्यालयों एवं कॉलेजों में स्थाई पदों पर कम होती हुई भर्तियों ने अनुकूलन कार्यक्रमों के प्रति उत्साह को कम कर दिया है। हालांकि, करियर में उन्नति का प्रयास कर रहे शिक्षकों की बड़ी संख्या को ध्यान में रखते हुए पुनश्चर्या पाठ्यक्रमों की स्थिति भिन्न है और एससीसी की सुविधाएं सीमित हैं। ऐसे पाठ्यक्रमों की माँग को पूरा करने के लिए यूजीसी एएससी के बिना ही पुनश्चर्या पाठ्यक्रमों को आयोजित करने हेतु विश्वविद्यालयों के विभागों को अनुदान प्रदान करता रहा है। एएससी के पुनश्चर्या पाठ्यक्रमों के अलावा, विश्वविद्यालय के विभागों तथा विषयगत संघों ने भी "स्व–वित्तपोषित" पाठ्यक्रमों के आयोजन किए हैं। अधिकांश पुनश्चर्या पाठ्यक्रमों, चाहे वे एएससी अथवा विश्वविद्यालय के विभागों में से किसी के भी द्वारा आयोजित किए गए हों, को एक औपचारिकता के रूप में संपन्न किया जा रहा है और सामान्यतः उनमें अपेक्षित उन्नत अकादमिक उन्मुखीकरण का अभाव है।

एएससी के अलावा, यूजीसी ने कॉलेज विज्ञान सुधार कार्यक्रम तथा कॉलेज समाज विज्ञान एवं मानव विज्ञान सुधार कार्यक्रम भी प्रारंभ किए हैं ताकि शिक्षकों की गुणवत्ता में वृद्धि की जा सके। डॉक्टरेट उपाधि अर्जित करने के इच्छुक स्थाई शिक्षकों को शिक्षक सुधार कार्यक्रम (एफआईपी) के अंतर्गत दो से तीन वर्षों का सवैतनिक अवकाश प्रदान किया जाता है। शोधकार्य करने के इच्छुक शिक्षकों को लघु एवं बड़ी शोध परियोजनाओं के लिए अनुदान प्रदान किए जाते हैं। शिक्षकों को परिसंवादों, संगोष्ठियों, तथा कार्यशालाओं में भाग लेने हेतु वित्तीय सहायता प्रदान की जाती है। शोध प्रवृत्त प्रतिभाशाली युवा शिक्षकों को करियर अवार्ड योजना के अंतर्गत निधियाँ प्रदान की जाती हैं, और वरिष्ठ शिक्षकों में से प्रख्यातजनों को राष्ट्रीय सम्बद्धता प्रदान की जाती है।

जहाँ उनसे शिक्षण की गुणवत्ता में सुधार करने और उसके द्वारा छात्रों को लाभान्वित करने की अपेक्षा की जाती है, वहीं मानव संसाधन विकास की इन योजनाओं से अपेक्षित परिणाम प्राप्त होते नहीं प्रतीत हो रहे हैं। अधिकांश शिक्षक पेशेवर विकास के लिए अवसरों का लाभ नहीं उठा रहे हैं। यहाँ तक कि एफआईपी अथवा अन्य सुविधाओं का उपयोग कर चुके शिक्षकों ने भी सर्वश्रेष्ठ रूप से मात्र एक शोध डिग्री तो हासिल कर ली है, किन्तु अपने उन्नत प्रशिक्षण को कक्षाओं में लागू नहीं किया है। सूचना है कि एफआईपी में भाग ले चुके कुछ शिक्षक शोध से अलग गतिविधियों में समय व्यतीत कर रहे हैं। इसी प्रकार की शिकायतें विश्वविद्यालय शिक्षकों के लिए अध्ययन प्रोत्साहन अवकाश के प्रावधान के सम्बन्धी में भी उठाई गई हैं। आश्चर्य नहीं है कि एफआईपी फेलोशिप प्रदान करने में यूजीसी अब और अधिक प्रतिबंधात्मक हो चुका है।

करियर की संभावनाएं एवं कार्य परिस्थितियाँ

जहाँ पेशागत विकास तथा शिक्षण के प्रदर्शनों ने शिक्षकों अथवा उनके संघों को मुश्किल से चिंतित किया है, वहीं वेतन, करियर की संभावनाएं तथा सेवा परिस्थितियाँ हमेशा से ही उनके एजेंडे में सबसे ऊपर बनी रही हैं। वास्तव में, शिक्षकों ने अकादमिक पेशे में गिरावट के लिए प्रायः अपर्याप्त वेतनों एवं अनाकर्षक करियर संभावनाओं के आरोप लगाए हैं। 1998 में यूजीसी के द्वारा लागू किए गए संशोधित वेतन पैकजों के साथ सापेक्षिक नहीं तो संपूर्ण अर्थों में, विशेषतौर पर उनके कार्यभार की प्रकृति एवं सीमा तथा उनकी अत्यधिक कम जवाबदेही के मद्देनजर, शिक्षकों को अभी तक के सर्वश्रेष्ठ लाभ हासिल हुए हैं। जहाँ यूजीसी के वेतन पैकेज को पूरे देश में सैद्धांतिकतौर पर स्वीकार किया जा चुका है, वहीं अलग–अलग राज्यों में इसे लागू किए जाने में महत्वपूर्ण अंतर विद्यमान हैं।

परंपरागत रूप से अकादमिक पेशा पिरामिड के ढाँचे वाला रहा है, जिसमें रीडरों से लेक्चरर अधिक रहे हैं तथा प्रोफेसरों से रीडर। इसका अर्थ यह है कि अकादमिक उपलब्धियों एवं पेशागत प्रगति के बावजूद, एक निर्दिष्ट सेवा अवधि के उपरांत, शिक्षक समुदाय का गतिहीन होना सुनिश्चित था। शिक्षकों को उनके करियर में अनेक अवस्थाओं पर ऊपर की ओर गतिशीलता के अवसर प्रदान किए जाने के लिए यूजीसी ने एक करियर प्रगति योजना को शामिल किया है जो शिक्षकों की पेशागत प्रगति पर आधारित है। जहाँ यह योजना अत्यधिक सुविचारित है, वहीं, विशेषतौर पर समाप्त की जा चुकी असफल प्रतिभा आधारित पदोन्नति योजना पर विचार करते हुए इसके कार्यान्वयन को सहजतापूर्वक नहीं लिया जा सकता।

यूजीसी वेतन पैकेज के द्वारा विश्वविद्यालय एवं कॉलेज शिक्षकों की सेवानिवृत्ति आयु को 62 वर्ष पर निर्धारित किया गया है। जहाँ यूजीसी सुस्पष्ट है कि "सेवा में कोई विस्तार नहीं दिया जाना चाहिए," वहीं इसने विश्वविद्यालयों को कतिपय मामलों में किसी भी सेवानिवृत्त शिक्षक को 65 वर्षों तक की आयु के लिए पुनः नियुक्त करने का विकल्प प्रदान कर दिया है। हालांकि, मात्र केन्द्रीय विश्वविद्यालयों (जिनका वित्तपोषण सीधे केन्द्र सरकार द्वारा किया जाता है) ने ही सेवानिवृत्ति की आयु को 62 वर्ष निर्धारित किए जाने को स्वीकृति दी है। राज्य सरकारों ने सेवानिवृत्ति की वर्तमान आयु (कॉलेज अकादमिक कर्मचारियों के लिए 58 वर्ष और विश्वविद्यालय अकादमिक कर्मचारियों के लिए 60 वर्ष) को ही कायम रखा है, क्योंकि उन्हें भय है कि इससे राज्य सरकार के अन्य कर्मचारियों के द्वारा अपनी सेवानिवृत्ति की आयु में संशोधन किए जाने को लेकर आंदोलन किए जा सकते हैं। शिक्षितों के बीच बेरोजगारी की बढ़ती हुई दर को ध्यान में रखते हुए किसी भी राज्य सरकार के लिए अरक्षणीय होगा कि वह सेवानिवृत्ति की आयु में वृद्धि करे। इससे भी अधिक महत्वपूर्ण, जब राज्य सरकारों के पास उच्च शिक्षा के लिए मामूली संसाधन ही उपलब्ध हैं और वे सतत् आधार पर शिक्षकों की संख्या कम करने (समयपूर्व अवकाशग्रहण प्रोत्साहनों सहित) की नीति का पालन कर रही हैं, तब सेवानिवृत्ति की आयु में वृद्धि करना सोच से परे है।

यूजीसी का नया वेतन पैकेज शिक्षकों के लिए शिक्षण दिवसों तथा कार्यभार को भी निर्धारित करता है। विश्वविद्यालयों तथा कॉलेजों में न्यूनतम 180 "वास्तविक शिक्षण दिवस" प्रतिवर्ष का प्रावधान किया गया है। छात्रों की प्रवेश सम्बन्धी औपारिकताओं तथा मूल्यांकनों के लिए विश्वविद्यालयों तथा कॉलेजों को क्रमशः 72 एवं 60 दिन का

समय समर्पित करना है। पूर्णकालिक शिक्षकों के कार्यभार को एक अकादमिक वर्ष में 30 कार्यकारी सप्ताहों (180 शिक्षण दिवस) के दौरान प्रतिसप्ताह न्यूनतम 40 घंटे निर्धारित किया गया है। इनमें से, सीधे शिक्षण के 16 घंटे लेक्चररों तथा 14 घंटे रीडरों एवं प्रोफेसरों के लिए निर्धारित हैं।

इन नियमों को अकादमिक पेशे से उत्साहहीन स्वीकृति प्राप्त हुई है तथा पुराने अनुभव के आधार पर सुनिश्चित है कि इसका पालन अभ्यास की अपेक्षा सैद्धांतिक रूप से अधिक किया जाएगा। उदाहरणार्थ, विश्वविद्यालयों एवं कॉलेजों के कैलेंडर औपचारिक तौर पर "कार्यकारी सप्ताहों" तथा "शिक्षण दिवसों" की आधिकारिक संख्या तथा अवकाश की निर्धारित अवधि को शामिल करते हैं। हालांकि, अपने शिक्षक संघों के साथ मिलीभगत में, कुछ विश्वविद्यालयों ने चतुराईपूर्वक "अवकाश" के बजाय "अंतराल" कहे जाने वाले मध्यकालीन अवकाशों को लागू कर दिया है। शिक्षण दिवसों की संख्या को लेकर जवाबदेही बहुत कम है। देरी से हुए प्रवेशों, असंख्य आधिकारिक एवं गैरआधिकारिक अवकाशों, तथा छात्रों, शिक्षकों एवं गैर–शिक्षण कर्मियों की हड़तालों के साथ कार्यकारी दिवसों की बहुत अधिक हानि होती है।

राज्य सरकारों ने सहायता–प्रदत्त कॉलेजों में विशिष्ट कार्यभार लागू कर दिए हैं ताकि यह सुनिश्चित किया जा सके कि शिक्षकों को "सीधे शिक्षण" घंटों की एक निश्चित संख्या पूरी करनी होगी–यह एक ऐसी नीति है जो शिक्षकों की संख्या में कमी लाने और शिक्षा कर्मियों की पुनः तैनाती अथवा आधिक्य को पदच्युत किए जाने के लिए आवश्यक है। हालांकि, कर्मचारियों की संख्या में कमी के भय से विश्वविद्यालय के कुछ विभागों ने कृत्रिम समय–सारणियाँ तैयार करके कार्यभार में वृद्धि कर ली है।

सीधे शिक्षण घंटे (प्रतिसप्ताह 16 घंटे लेक्चररों तथा 14 घंटे रीडरों एवं प्रोफेसरों के लिए) शैक्षणिक दृष्टि से एक ठोस नियम हैं अथवा नहीं यह यूजीसी की अकादमिक चिंता नहीं प्रतीत होती। इसके बजाय, चिंता के विषय हैं शिक्षकों को आबंटित की गई कक्षाओं में नियमित रूप से शिक्षण करने के बजाय उनकी गल्तियाँ एवं अकारण अनुपस्थित रहना; यहाँ तक कि कई शिक्षक संस्थान में निर्धारित 5 घंटों के लिए उपस्थित नहीं रहते। सम्बन्धित उप–कुलपतियों, प्रधानाचार्यों, एवं विभागाध्यक्षों के द्वारा शिक्षकों को नियंत्रित किए जाने के प्रयासों के वांछित परिणाम नहीं मिल सके हैं।

कार्य प्रदर्शन का मूल्यांकन

अकादमिक पेशे में अपने सदस्यों के कार्य प्रदर्शन का मूल्यांकन किए जाने का दुःखद अभाव है। पारंपरिकतौर पर, शिक्षण की गुणवत्ता शिक्षकों को मान्यता प्रदान करने और पारितोषिक दिए जाने का मानदंड नहीं रही है। अभ्यास में, पदोन्नतियाँ विशिष्टतौर पर सेवा में वरिष्ठता पर आधारित प्रतीत होती हैं। कार्य प्रदर्शन के सकारात्मक संकेतकों का अभाव करियर उन्नति की किसी भी योजना की प्रभावशीलता को कम कर सकता है।

कुछ राज्यों (जैसे, कर्नाटक) ने वार्षिक "सर्वश्रेष्ठ शिक्षक" पुरस्कार स्थापित कर दिए हैं, यद्यपि वे शिक्षकों के प्रदर्शन में सुधार के लिए बहुत कम प्रेरणा एवं प्रोत्साहन प्रदान करते हैं। यह सत्य है कि परीक्षाओं में छात्रों द्वारा किए गए अच्छे प्रदर्शन शिक्षकों को प्रत्यक्ष अथवा परोक्ष रूप से कुछ न कुछ श्रेय (एवं संतुष्टि) अवश्य प्रदान करते हैं। हालांकि, छात्रों के खराब प्रदर्शन का उपयोग शिक्षकों को चेतावनी दिए जाने अथवा दंडित किए जाने हेतु मुश्किल से ही किया जाता है। मात्र कुछ शीर्ष विश्वविद्यालयों एवं भारतीय प्रौद्योगिकी संस्थान तथा भारतीय प्रबंधन संस्थान को छोड़कर, विद्वत् समीक्षा

अथवा शिक्षकों का छात्रों द्वारा मूल्यांकन किसी भी कॉलेज अथवा विश्वविद्यालय विभाग में लगभग मौजूद नहीं है। ऐसी समीक्षाओं अथवा मूल्यांकनों हेतु किसी भी प्रस्ताव का शिक्षक संघों के द्वारा घोर विरोध किया जाएगा।

राष्ट्रीय शिक्षा नीति के द्वारा एक मुक्त, सहभागितापूर्ण, एवं उद्देश्यपरक शिक्षक मूल्यांकन प्रणाली की परिकल्पना की गई थी। यहाँ तक कि इसके द्वारा ''बेहतर प्रदर्शन के लिए प्रोत्साहनों तथा गैर–निष्पादन के लिए हतोत्साहन सहित'' ''जवाबदेही के मानदंडों'' को निर्धारित करने की व्यवस्था भी की गई थी। बाद में, यूजीसी ने शिक्षकों द्वारा ''स्व–मूल्यांकन'' का प्रारूप घोषित कर दिया, जो पेशे में प्रवेश के समय एवं उसके बाद प्रतिवर्ष प्रस्तुत करना था। हालांकि, इस प्रक्रिया को या तो प्रारंभ ही नहीं किया गया है अथवा यह अन्यमनस्क रही है। प्रतिक्रियास्वरूप, यूजीसी ने अब करियर उन्नति के लिए ''सतत् संतोषजनक प्रदर्शन मूल्यांकन रिपोर्टों'' को अनिवार्य बना दिया है।

अकादमिक स्वायत्तता एवं पेशेवर संगठन

भारत में कुछ दुर्लभ अपवादों को छोड़कर अकादमिक स्वायत्तता पर्याप्त सुरक्षित है। वास्तव में, शिक्षकों द्वारा इसका दुरुपयोग किए जाने के अनेक उदाहरण मौजूद हैं, और ये अनेक स्वरूप ग्रहण कर लेते हैं, जैसे भूमिका के दायित्वों (शिक्षण एवं अनुसंधान) का निष्पादन न करना, पाठ्यक्रम एवं शिक्षा विज्ञान में परिवर्तन का प्रतिरोध, मूल्यांकन में हेराफेरी करना, इत्यादि। जैसे ही यह शिक्षकों के पेशेवर दायित्व का प्रश्न खड़ा करता है, इसके कारण सरकारी हस्तक्षेप की माँग उत्पन्न हो जाती है।

कॉलेज शिक्षकों के द्वारा निजी कोचिंग एक ऐसा मुद्दा है जिसने सरकारी अधिकारियों एवं जनता के आलोचनापूर्ण ध्यान को समान रूप से आकर्षित किया है। ''कोचिंग कक्षाओं'' के द्वारा संपन्न की जा रही ''आभासी शिक्षा'' में वृद्धि औपचारिक शिक्षा के गिरते हुए स्तरों से घनिष्ठ रूप से सम्बन्धित है। वर्तमान कॉलेजों के प्रभावी शिक्षण देने में असफल रहने तथा छात्रों की अपनी प्रतिस्पर्धात्मक बढ़त को कायम रखने की इच्छा के साथ ही निजी शिक्षण कक्षाएं शिक्षा की एक महत्वपूर्ण पूरक बन चुकी हैं और फल–फूल रही हैं। चूंकि कोचिंग कक्षाओं में संलिप्त शिक्षक व्यापकतौर पर कॉलेजों में पहले पूर्णकालिकतौर पर नियुक्त रह चुके होते हैं, अतः निजी शिक्षण पेशेवर नैतिकता के प्रश्न खड़े कर देता है।

यूजीसी हमेशा से ही निजी शिक्षण में संलिप्त होने वाले कॉलेज एवं विश्वविद्यालय शिक्षकों का आलोचक रहा है, परंतु इसके सम्बन्ध में कुछ कर पाने में असफल रहा है। राज्य सरकारें निजी शिक्षण के बारे में दुविधाग्रस्त हैं: सैद्धांतिकतौर पर, जहाँ वे इसके खिलाफ हैं, वहीं कुछ राज्यों ने अनुसूचित जातियों, जनजातियों तथा अन्य पिछड़े वर्गों के छात्रों के लिए विशेष कोचिंग कक्षाएं प्रारंभ कर दी हैं। अन्य राज्यों ने निजी शिक्षण एवं कोचिंग कक्षाओं को प्रतिबंधित करने के प्रशासनिक आदेश जारी कर दिए हैं, परंतु इस प्रतिबंध को लागू करना असंभव पा रहे हैं। शिक्षकों के संगठन इस पूरे मुद्दे पर मौन हैं।

राजनीतिक उदासीनता की एक दीर्घकालिक अवधि के पश्चात् शिक्षण समुदाय क्रमशः राजनीतिकृत होता चला गया है। यह प्रवृत्ति 1970 के दशक के मध्य में प्रारंभ हुई थी। यह चिंता का विषय है कि यह राजनीतिकरण पेशे में गिरावट प्रारंभ होने के साथ ही प्रारंभ हुआ था। ऐसा नहीं है कि शिक्षकगण दलगत राजनीति अथवा वैचारिक संघर्षों का एक क्षेत्र बन चुके हैं, यद्यपि कुछ विश्वविद्यालयों में ऐसा घटित हो चुका है। बल्कि, ''दुर्लभता की राजनीति'' का पहले की अपेक्षा अब अकादमिक पेशे पर

अधिक प्रत्यक्ष प्रभाव पड़ा है, और यह पेशागत उग्रवादिता हेतु प्रमुख अभिप्रेरक शक्ति है। हालांकि, आज दिन तक शिक्षक संघ अकादमिक पेशे की स्थितियों में सुधार ला पाने में विशेषतौर पर प्रभावी नहीं हो सके हैं।

व्यावहारिकतौर पर, प्रत्येक विश्वविद्यालय में एक अथवा अधिक शिक्षक संघ मौजूद हैं, जिन्हें मंगलभाषी ढंग से संगठन अथवा संघ कहा जाता है, ताकि वे स्वयं को श्रमिकवर्गीय श्रमसंघों से पृथक कर सकें। ऐसे संघों की संख्या में वृद्धि अनिवार्य रूप से पेशे के एक स्वस्थ विकास को इंगित नहीं करती। संघटनों में टूटनें होती रही हैं और प्रायः उनके बीच टकराव भी हुए हैं। टूटन एवं विभाजनों की प्रक्रिया द्वारा शिक्षक संघों के ऐसे प्रसार ने शिक्षक आंदोलन को कमजोर कर दिया है और उनके व्यवसायीकरण को बाधित किया है। शिक्षकों के श्रमसंघीकरण पर किए गए अध्ययनों ने स्पष्ट किया है कि ये "अनिवार्य रूप से उनकी सहभागिता को सुनिश्चित नहीं करते अथवा उनके बीच व्यवसायीकरण को बढ़ावा नहीं देते" (जयराम 1992: 161–162)।

सामान्यतौर पर शिक्षक संघ कमजोर हैं। यहाँ तक कि आल इंडिया फेडरेशन ऑफ युनिवर्सिटी एंड कॉलेज टीचर्स आर्गेनाइजेशन (एआईएफयूसीटीओ) के पास भी आज पहले जैसा समर्थन उपलब्ध नहीं है। कार्य परिस्थितियों पर मध्यवर्गीय ध्यानकेन्द्रण को निगाह में रखते हुए, वेतन ही एकमात्र ऐसा मुद्दा है जिसपर शिक्षकों को एकजुट किया जा सकता है। एक नजदीकी समीक्षा पर ऐसा प्रतीत होता है कि शिक्षक संघ जो कुछ भी शक्ति प्रदर्शित करते हैं वह किसी अंतर्भूत कारणोंवश न होकर उनके प्रति सरकार के नरम रवैये के कारण दिखाई देती है। यह आश्चर्यजनक है कि जब कभी शिक्षक दीर्घकालिक हड़तालों पर भी गए हैं, तब उनपर "कार्य नहीं वेतन नहीं" का सिद्धांत मुश्किल से ही लागू किया गया है।

शिक्षकों के आंदोलन का पैटर्न अबतक सुस्थापित हो चुका है: इसमें विरोध प्रदर्शन रैलियाँ, सामूहिक अथवा क्रमिक भूख हड़तालें, मुख्य/शिक्षामंत्री के घर तक पदयात्राएं, कार्य से अनुपस्थिति, तथा अंततः परीक्षाओं के बहिष्कार आदि शामिल हैं। यह विचार करते हुए कि सरकार ने दूरसंचार, डाक विभाग, बीमा तथा बैंकिंग क्षेत्रों में विगत कुछ वर्षों के दौरान कर्मचारियों की हड़तालों से जिस प्रकार निपटा है, शिक्षक अपनी हड़तालों के लिए बहुत बड़ी सफलता को सुनिश्चित नहीं मान सकते। एक अखिल भारतीय आंदोलन को अलग भी कर दें, तो राज्य स्तरीय आंदोलन भी अपना उत्साह खोते जा रहे हैं।

प्रोफेसर समुदाय का पतन

ढाँचागत समायोजन सुधारों एवं अर्थव्यवस्था के उदारीकरण के साथ, राज्य क्रमशः उच्च शिक्षा के अपने उत्तरदायित्व का परित्याग करता जा रहा है। यूजीसी को वास्तव में मात्र एक वित्त–वितरण एजेन्सी बना दिया गया है जो अपनी ही सिफारिशों को लागू करवा पाने में असमर्थ है। शैक्षणिकतौर पर, भारतीय विश्वविद्यालय प्रणाली प्रगतिशील रूप से हाशिए पर आ गई है। यूजीसी तथा एक बड़ी सीमा तक राज्य सरकारों के अधिकारक्षेत्र के बाहर रहकर उभरता हुआ निजी शिक्षा क्षेत्र अधिक सफल सिद्ध हो सकता है, परंतु अभी ऐसा आकलन करना बहुत जल्दबाजी होगी।

लगभग 25 वर्षों के दौरान दर्ज की गई अकादमिक पेशे में आई गिरावट अब लगभग पूरी हो चुकी है (शिल्स, 1969)। एक परास्नातक डिग्री के अलावा बिना किसी अन्य पूर्व–पेशागत तैयारी के कार्यकाल की अनिश्चितता सहित इस पेशे में प्रवेश करने,

अधिक जवाबदेही के बिना चुनौतीहीन कार्य करने से कॉलेजों एवं विश्वविद्यालयों में शिक्षक व्यापकतौर पर न्यूनतम आम चर्चित व्यक्ति बनकर रह गए हैं। स्थिति में सुधार सम्बन्धी प्रत्येक प्रसंशनीय नीति अनुष्ठानिक बन कर रह गई है। यह सत्य है कि कुछ उत्कृष्टता केन्द्रों, राष्ट्रीय महत्व के संस्थानों, तथा कुछ विश्वविद्यालय विभागों एवं कॉलेजों में स्थिति अपेक्षाकृत बेहतर है। हालांकि, वे सागर में ओस की एक बूँद के समान हैं।

विडम्बनापूर्वक, वेतनमानों एवं करियर संभावनाओं में हुए सुधार ऐसे समय पर किए गए हैं जब यह पेशा पहले ही अत्यधिक नीचे स्तर पर पहुँच चुका है। शिक्षक व्यापकतौर पर वेतन–पैकेज से प्रसन्न हैं, किन्तु वे उच्च शिक्षा से राज्य के समर्थन की क्रमिक वापसी को लेकर चिन्तित भी हैं। इसी दौरान, राजनीतिज्ञ एवं आम जनता दोनों के सामान्य विचार हैं कि कॉलेज एवं विश्वविद्यालय शिक्षकों का बहुत अधिक लाड़–प्यार किया गया है, और शायद उन्हें उनकी योग्यता से अधिक भुगतान किए जा रहे हैं। बिना प्रश्न के, गुरू का पेशा अपने स्थान से नीचे गिर चुका है।

निष्कर्षः चौराहे पर प्रोफेसर समुदाय

चीन तथा भारत दोनों ही जगह अकादमिक पेशा एक अनिश्चित संचरण के दौर में है। चीन में, अकादमिक पेशा एक ओर तो एक राज्य–केन्द्रित समाजवादी विचारधारा तथा पुराने नौकरशाही नियंत्रणों की खींचातानियों के बीच फंसा हुआ है, और दूसरी ओर समाजवादी बाजार अर्थव्यवस्था एवं नई कारपोरेट संस्कृति के बीच। चीन में प्रोफेसर समुदाय यह निर्णय करने की चुनौती का सामना कर रहा है कि अपनी परंपराओं में से क्या रखा जाए और क्या त्यागा जाए, किसे अपनाया जाए और पश्चिम से आ रही आधुनिकता की प्रवृत्तियों में से किसे संशोधित किया जाए, तथा बिना कोई अराजकता उत्पन्न किए किस प्रकार से एक अत्यधिक केन्द्रीकृत प्रणाली का विकेन्द्रीकरण किया जाए। भारत में, उच्च शिक्षा के क्षेत्र से राज्य के धीरे–धीरे बाहर निकलने तथा दीर्घकालीन नीति के बारे में दुविधाग्रस्त होने के साथ ही अकादमिक पेशा एक अनिश्चित भविष्य का सामना कर रहा है।

चीन में, सार्वजनिक विश्वविद्यालयों के सुधार सम्बन्धी उपाय तथा शिक्षा में नए निजी क्षेत्र अपने साथ बड़ी अकादमिक स्वायत्तता, गुणवत्ता पर ध्यान, तथा शिक्षकों की करियर में उन्नति में बढ़ी हुई पारदर्शिता को साथ लाए हैं, हालांकि केन्द्रीय नियोजन की पुरानी शक्तियाँ तथा सरकारी हस्तक्षेप अभी भी सक्रिय हैं। भारत में, परंपरागत रोजगार सुरक्षा की आंशिक हानि अकादमिक स्वायत्तता के कम होने के साथ जुड़ी रही है। चीन तथा भारत दोनों में, गुणवत्ता पर अधिक जोर दिया जा रहा है, एक ऐसी बात जिसकी राजकीय नियंत्रण एवं संरक्षण की प्रणालियों के अधीन व्यापकतौर पर उपेक्षा की गई थी। गुणवत्ता पर जोर का आंशिक श्रेय कम से कम बाजार की शक्तियों तथा उच्च शिक्षा के अंतर्राष्ट्रीयकरण को भी दिया जाना चाहिए।

टिप्पणियाँ

* प्रस्तुत अध्याय को तैयार करने में हम चेन (2003), जयराम (2003), एवं मिन (2004) के बहुत अधिक निकट आ गए हैं।

संदर्भ

1. Altbach, Philip G. (1998). Gigantic peripheries: India and China in the world knowledge system. In Philip G. Altbach (Ed.), *Comparative higher education* (pp. 189–206). Hong Kong: Comparative Education Research Center, University of Hong Kong.
2. Altbach, Philip G. & Toru Umakoshi (Eds.). (2004). *Asian universities: Historical perspectives and contemporary challenges*. Baltimore, Maryland: Johns Hopkins University Press.
3. Chen, Xiangming. (2003). The academic profession in China. In Philip G. Altbach (Ed.), *The decline of the guru: The academic profession in developing and middle-income countries* (pp. 107–134). New York: Palgrave Macmillan.
4. Jayaram, N. (1992). India. In Bruce S. Cooper (Ed.), *Labor relations in education: An international perspective* (pp. 157–169). Westport, Connecticut: Greenwood Press.
5. ———. (2003). The fall of the Guru: The decline of the academic profession in India. In Philip G. Altbach (Ed.), *The decline of the guru: The academic profession in developing and middle-income countries* (pp. 199–230). New York: Palgrave Macmillan.
6. ———. (2005). Higher education in India: From state patronage to laissez-faireism. In James J.F. Forest & Philip G. Altbach (Ed.), *International handbook of higher education.* Dordrecht, The Netherlands: Springer [Forthcoming].
7. Min, Weifang. (2004). Chinese higher education: The legacy of the past and the context of the future. In Philip G. Altbach and Toru Umakoshi (Eds.), *Asian universities: Historical perspectives and contemporary challenges* (pp. 53–83). Baltimore, Maryland: Johns Hopkins University Press.
8. National Commission on Teachers (NCT). (1985). *Report of the national commission on teachers—II, 1983–85*, Delhi: Controller of Publications.
9. Shariff, Abusaleh & P.K.Ghosh. (2000). Indian education scene and the public gap. *Economic and political weekly,* 35, 1396–1406.
10. Shils, Edward. (1969). The academic profession in India. *Minerva,* 7, Task Force on Higher Education and Society. (2000). *Higher education in developing countries: Peril and promise.* Washington, DC: World Bank.
11. Tilak, Jandhyala B.G. (1996). Higher education under structural adjustment. *Journal of Indian school of political economy,* 8, 266–293.

34

दिग्गज सचेत हैं: चीन तथा भारत में उच्च शिक्षा प्रणालियाँ*

Economic and Political Weekly
Vol. 44, No. 23 (June 6), 2009
pp. 39–51

फ़िलिप जी. अल्ट्बाख़

भारत तथा चीन के द्वारा एक अधिक परिष्कृत अर्थव्यवस्था बनने के लक्ष्य अपनाए जाने के साथ दोनों ही देश उच्च शिक्षित कर्मचारियों एवं उच्च गुणवत्तायुक्त अनुसंधान संपन्न करने हेतु उच्च शिक्षा को प्राथमिकता प्रदान कर रहे हैं। यह आलेख इन दोनों देशों में उच्च शिक्षा प्रणाली के विकास, सामना की जा रही चुनौतियों तथा दोनों देशों के भविष्य का एक तुलनात्मक आकलन करता है। चीन ने अपने शीर्षस्थ संस्थानों में भारी प्रगति कर ली है और भारत ने भारतीय प्रौद्योगिकी संस्थानों एवं कुछ अन्य संस्थानों के साथ यह दिखा दिया है कि उच्च स्तर हासिल करना संभव है। इसके बावजूद, गुणवत्ता की समस्या, तथा क्या स्नातक श्रम बाजार के योग्य हैं जैसे सम्बन्धित मुद्दे अभी भी शेष हैं। ऐसा प्रतीत होता है कि चीन तथा भारत, कम–से–कम, उच्च शिक्षा की समग्र अकादमिक गुणवत्ता में कोई भी महत्वपूर्ण सुधार नहीं देखेंगे। एक प्रभावी गुणवत्ता–आश्वासन प्रणाली स्तरों को सुनिश्चित करने में सहायक हो सकती है, किन्तु दोनों में से किसी भी देश के पास वर्तमान में संपूर्ण निरीक्षण में सक्षम कोई प्रणाली उपलब्ध नहीं है। अनुसंधान विश्वविद्यालयों की एक छोटी सी संख्या के शिखर पर तथा बहुत बड़ी संख्या वाले गैर–चयनित कॉलेजों एवं विश्वविद्यालयों के सतह पर बने रहने के साथ ही प्रणालियाँ संभवतः और अधिक संस्तरीकृत हो जाएगीं।

चीन तथा भारत, जो अंतर्राष्ट्रीय आबादी का एक–तिहाई भाग हैं तथा दो सर्वाधिक तीव्र गति से विकसित हो रही अर्थव्यवस्थाएं हैं, तकनीकी विकास एवं अंतर्राष्ट्रीय ज्ञान अर्थव्यवस्था के लिए उच्च शिक्षा के महत्व के प्रति जाग्रत हो रहे हैं। चीन तथा भारत के तीव्र विकास की आर्थिक वास्तविकताएं, प्राकृतिक संसाधनों की बढ़ी हुई माँग से लेकर सभी प्रकार के उत्पादों के निर्यातकों के रूप में उनकी भूमिकाओं तक, विश्व को प्रभावित कर रही हैं, जो एक ऐसा पैटर्न है जो वर्तमान आर्थिक मंदी के बावजूद जारी रहेगा। इन देशों का एक बढ़ता हुआ प्रभाव उच्च शिक्षा में है; उनकी उच्च शिक्षा प्रणालियाँ पहले से ही विश्व की सबसे बड़ी प्रणालियों में से एक हैं; और वे अन्य देशों को छात्रों के प्रमुख निर्यातक भी हैं। भविष्य में इन देशों के द्वारा अपनी उच्च शिक्षा प्रणालियों के विस्तार और उनमें सुधार करने के साथ ही इस प्रवृत्ति के बढ़ने की संभावना है। यद्यपि चीन एवं भारत के उछाल को प्रमुख रूप से सस्ते श्रम एवं सस्ते निम्न–गुणवत्तायुक्त विनिर्माण से बढ़ावा मिला है, तथापि स्थिति बदल रही है, और दोनों देशों का आर्थिक भविष्य एक बेहतर–शिक्षित कार्यबल पर निर्भर होता जा रहा

है। अंतर्राष्ट्रीय ज्ञान प्रणाली में सम्बन्धित कार्यबलों को कौशलों के साथ प्रतिस्पर्धापूर्ण बनाए जाने की दौड़ में विश्वविद्यालयों की केन्द्रीय भूमिका है।

दोनों ही देश महसूस कर रहे हैं कि उच्च शिक्षा ही विकास की कुंजी है और उन्होंने अपनी उच्च शिक्षा प्रणालियों के विस्तार तथा एक विभेदीकृत प्रणाली के शिखर पर कुछ विश्वस्तरीय अनुसंधान विश्वविद्यालयों के निर्माण की आवश्यकता को पहचान लिया है। भारत अपनी विश्वविद्यालय–आयु आबादी के लगभग 10% को शिक्षित करता है, जबकि चीन लगभग 22% को प्रवेश देता है। 2.70 करोड़ छात्रों के साथ प्रवेश में चीन अब पहले नम्बर पर है। भारत 1.30 करोड़ नामांकन सहित तीसरे स्थान पर है। दोनों ही देश हाल के वर्षों में तीव्रगति से विस्तार करते रहे हैं। 1990 के दशक के प्रारंभ से ही चीन के माध्यमिकोत्तर प्रवेश 50 लाख से बढ़कर 2.70 करोड़ हो चुके हैं, जबकि भारत ने 50 लाख से 1.30 करोड़ तक का विस्तार कर लिया है (अग्रवाल 2009; ओईसीडी 2007बी) (चित्र 1, पृष्ठ 40)। संभवतः विश्व के 10 करोड़ माध्यमिकोत्तर छात्रों में से एक–तिहाई चीनी एवं भारतीय उच्च शिक्षण संस्थानों में मौजूद हैं।

दोनों ही देशों में अपेक्षाकृत कम चुनिंदा कॉलेजों एवं विश्वविद्यालयों में गुणवत्ता की महत्वपूर्ण समस्याएं विद्यमान हैं। भारत के इंजीनियरिंग कॉलेजों की प्रभावशाली संख्या में से अनेक, मैकिन्से की एक रिपोर्ट के अनुसार 75% तक, रोजगार–पर–प्रशिक्षण प्रदान किए बिना अर्थव्यवस्था में प्रभावी रूप से कार्य करने हेतु अत्यधिक अल्पशिक्षित हैं (झा 2009; सूरोवेइकी 2007)। चीन में स्नातक बेरोजगारी की बढ़ती हुई समस्या का एक भाग कुछ छात्रों की योग्यताओं से ही जुड़ा हुआ है।

उच्च शिक्षा को दोनों देशों में नीतिगत प्राथमिकता हासिल है। लगभग दो दशकों से चीन अपने शीर्ष विश्वविद्यालयों की गुणवत्ता में महत्वपूर्ण वृद्धि करने के साथ–साथ उच्च शिक्षा के सभी क्षेत्रों में प्रवेश में वृद्धि करने में संलिप्त रहा है। जहाँ भारत ने उच्च शिक्षा तक पहुँच में विस्तार के महत्व की पहचान दशकों पहले कर ली थी, वहीं महत्वपूर्ण संसाधनों का आबंटन मात्र हाल ही में 2006 की ज्ञान आयोग की उच्च शिक्षा सम्बन्धी सिफारिशों के साथ तथा और भी हाल में सरकारी प्रतिबद्धताओं द्वारा

चित्र 1 1990 के दशक के प्रारंभ में तथा आज उच्च शिक्षा में छात्रों की संख्या (करोड़ों में)

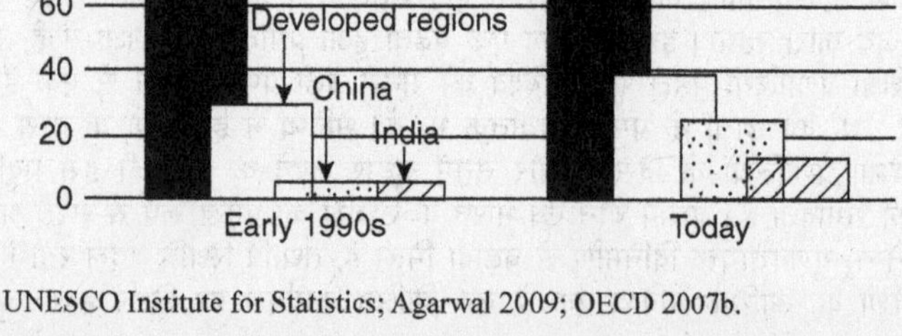

स्रोत: UNESCO Institute for Statistics; Agarwal 2009; OECD 2007b.

किया गया है (तिलक 2007)। उदाहरणार्थ, वर्तमान योजनाओं द्वारा शीर्षस्थ उच्च शिक्षा संस्थानों की संख्या में वृद्धि करने का आह्वाहन किया गया है (अग्रवाल 2009)।

चीन तथा भारत के लिए दो दशकों हेतु उच्च शिक्षा की संभावनाओं की परिकल्पना करना अत्यधिक समस्यापूर्ण है (ली, व्हॉले, झाँग एवं झाव 2008)। उदाहरणार्थ, वर्तमान आँकड़ों में प्रायः शुद्धता अथवा उपलब्धता का अभाव है, समकालीन स्थिति के सम्बन्ध में सामान्यीकरण करना कठिन है। भविष्य की घटनाएं वृहत्–आर्थिक, सामाजिक एवं राजनीतिक प्रवृत्तियों पर निर्भर करती हैं, और अधिकांश ओईसीडी (आर्थिक सहयोग एवं विकास संगठन) देशों की तुलना में इसके सम्बन्ध में कल्पना करना अपेक्षाकृत कम सहज है।

हालांकि आज के परिप्रेक्ष्य से काफी स्पष्ट दिखाई देने के बावजूद आगामी दशकों के लिए उच्च शिक्षा की बुनियादी स्थिरता एवं सतत् नीति उन्मुखीकरणों की अत्यधिक सटीक भविष्यवाणी दोनों में से किसी भी देश के लिए नहीं की जा सकती। एक प्रकार से, आज चीन को एक अत्यधिक स्थिर देश के रूप में देखा जा सकता है जबकि भारत शायद अधिक अस्थिर है। भारत की अपेक्षाकृत अधिक मुक्त राजनीतिक व्यवस्था विविधता के साथ इसे निपटने में अधिक लचीलापन प्रदान कर सकती है परंतु उच्च शिक्षा में सुधार के लिए यह व्यावहारिक समाधानों अथवा कल्पनाशील योजनाओं को उत्पन्न करने में असफल हो सकती है। चीन की राजकीय नियोजन व्यवस्था ने उच्च शिक्षा में प्रभावशाली विकास किया है, विशेषतौर पर शीर्ष स्तर पर, परंतु इसमें लचीलेपन का अभाव हो सकता है। दोनों ही विश्व के अनेक भागों की अपेक्षा आंतरिक शक्तियों अथवा क्षेत्रीय एवं अंतर्राष्ट्रीय परिवर्तनों से जूझ रहे हो सकते हैं। अतीत प्रदर्शित करता है कि चीन नाटकीय और कभी–कभी अप्रत्याशित नीतिगत परिवर्तनों में सक्षम हैं। भारत, निरंतर नई दिशाओं पर बहस करते हुए, धीरे–धीरे परिवर्तन करता है और वह भी प्रायः स्पष्ट नियोजन के बगैर।

दोनों ही देशों में उच्च शिक्षा का भविष्य एक बड़े स्तर तक अनेक कारकों पर निर्भर करता है। माँग का सम्बन्ध मध्यवर्ग के सतत् विस्तार से जुड़ा हुआ है जो आबादी का ऐसा समूह है जो सामाजिक गतिशीलता तथा एक ऐसी आधुनिक अर्थव्यवस्था के लिए अपने बच्चों को शिक्षित बनाने हेतु सर्वाधिक प्रेरित है जिसमें शिक्षण एवं अन्य शुल्कों के भुगतान करने तथा प्रवेश के लिए शैक्षिक योग्यताओं हेतु संसाधन मौजूद हैं। आबादी के अन्य समूहों की भी उच्च शिक्षा में एक रुचि है, परंतु मध्यवर्ग सबसे बड़ी शक्ति है, और हाल के वर्षों में इसमें नाटकीय विस्तार हुआ है, तथा इसके जारी रहने की संभावना है। हालांकि अनुमानों में अत्यधिक भिन्नता होती है, फिर भी अनेक विशेषज्ञ सहमत हैं कि भारतीय मध्यवर्ग की संख्या आज 5 करोड़ की है, और चीन का मध्यवर्ग भी इतना ही बड़ा है। कुछ अनुमान भविष्यवाणी करते हैं कि 2025 तक दोनों देशों के पास शायद 50 करोड़ की संख्या वाला मध्यवर्ग मौजूद होगा। इन बड़े समूहों की एक बड़ी संख्या उच्च शिक्षा तक पहुँच की माँग करेगी जिससे प्रणाली पर तनाव में भारी वृद्धि होगी। उच्च शिक्षा के निधिकरण तथा शोध विश्वविद्यालयों एवं प्रणाली के अभिजात्य वर्ग को सहायता दिए जाने सम्बन्धी सरकारी नीति उच्च शिक्षा की संभावनाओं को आकार देने वाला एक प्रमुख कारक है। बिना प्रश्न के, दोनों ही देशों के द्वारा विश्व की प्रमुख अर्थव्यवस्था की श्रेणी हासिल करने के साथ ही वे अंतर्राष्ट्रीयतौर पर प्रतिस्पर्धा करने हेतु विश्वस्तरीय विश्वविद्यालयों के महत्व को पहचान लेंगे। एक अभिजात्य अकादमिक क्षेत्र का सृजन करने और उसे कायम रखने की दिशा में चीन पहले ही आगे बढ़ चुका है। भारत इस मुद्दे के साथ हाथापाई प्रारंभ कर रहा है।

एक कठिन इतिहास

उच्च शिक्षा प्रणालियों के लिए इतिहास वर्तमान में एक भूमिका निभाता है। चीन तथा भारत दोनों के लिए अकादमिक अतीत ने वर्तमान के लिए कठिन एवं समस्यापूर्ण परिणाम उत्पन्न किए हैं–और भविष्य में भी ऐसी ही संभावना है। संपूर्ण विश्व की उच्च शिक्षा प्रणाली के समान ही दोनों ने पश्चिमी अकादमिक मॉडल को विरासत में ग्रहण किया है (बेन–डेविड एवं जोकजोवर 1962)। दोनों देशों ने अपनी असाधारण समृद्ध स्वदेशी बौद्धिक एवं अकादमिक परंपराओं के लाभ नहीं उठाए हैं। आखिरकार, चीन ने लोकसेवकों तथा इनकी परीक्षाओं के लिए लोगों को प्रशिक्षित करने वाले उन्नत संस्थानों का चयन करने के लिए कई सदियों तक प्रयुक्त की जा चुकी कन्फ्यूशियस की परीक्षाओं के आधार पर राष्ट्रीय परीक्षाओं का आविष्कार कर लिया है। भारत के पास विश्व के कुछ सर्वाधिक प्राचीन विश्वविद्यालय रह चुके हैं, जैसे बिहार में नालंदा। ये अकादमिक परंपराएं पश्चिमी विश्वविद्यालयों से एक हजार वर्षों से भी अधिक प्राचीन हैं। हालांकि, ये प्राचीन अकादमिक संस्थान एवं परंपराएं आज बहुत कम विशिष्ट रह गए हैं।

19वीं शताब्दी में, दूरदर्शी चीनियों ने पश्चिम के साथ प्रतिस्पर्धा करने तथा आर्थिक विकास करने के लिए आधुनिक बनने की आवश्यकता को पहचान लिया था। पश्चिमी अकादमिक मॉडलों के चयन किए गए– 19वीं शताब्दी के उत्तरार्द्ध में चीन में पूर्वीय तटीय क्षेत्रों के यूरोपीय शक्तियों द्वारा नियंत्रित क्षेत्रों में यूरोपीय शैली वाले विश्वविद्यालयों की एक छोटी संख्या को स्थापित किया गया (हेहो 1999)। पीकिंग विश्वविद्यालय की स्थापना अमेरिकी सहायता तथा क्षीयमान साम्राज्यवादी सरकार के समर्थन से की गई थी। ईसाई धार्मिक संगठनों ने उस समय चीन में सक्रियतापूर्वक कार्य किए और अनेक विश्वविद्यालय स्थापित कर दिए। इस प्रकार, 1911 में साम्राज्यवादी शासन को उखाड़ फेंकने के समय पर पश्चिमी शैली वाले विश्वविद्यालयों की एक संख्या मौजूद थी, और अनेक चीनी लोगों पश्चिम तथा जापान में शिक्षित हो चुके थे।

जहाँ नया गणराज्य वर्तमान विश्वविद्यालयों को सशक्त बनाने तथा और अधिक संस्थानों को स्थापित करने की ओर कदम बढ़ा रहा था, वहीं गृहयुद्ध, आर्थिक व्यवधान, तथा जापानी अतिक्रमण ने हो रही अधिकांश प्रगति को रोक दिया। 1949 में चीन गणराज्य की स्थापना के समय पर उच्च शिक्षा प्रणाली छोटी और कमजोर थी। चीन में संपूर्ण शिक्षा प्रणाली के पास मात्र 205 विश्वविद्यालय उपलब्ध थे, अधिकांश पूर्वीय तट तथा बीजिंग और कुछ अन्य बड़े शहरों में केन्द्रित थे, तथा छात्रों की कुल संख्या 1,16,504 थी (हेहो 1999)। नए साम्यवादी शासन ने अकादमिक नेतृत्व के लिए सोवियतसंघ की ओर देखा और अनेक मौजूदा विश्वविद्यालयों को अपेक्षाकृत छोटे विशेषज्ञतासंपन्न एवं व्यवसायोन्मुख संस्थानों, जो अधिकांश मामलों में परिचालन मंत्रालयों से सम्बद्ध थे, में विभाजित करते हुए उच्च शिक्षा को सोवियत मॉडल के आधार पर पुनर्गठित कर दिया। विश्वविद्यालयों से पृथक सोवियत–शैली वाली अनुसंधान अकादमियों की स्थापना कर दी गई। सामान्य अकादमिक विकास प्रायः बाधित होता रहा। अकादमिक स्वतंत्रता सीमित थी और एक प्रभावी अकादमिक पेशे का उद्भव बाधित हो चुका था। कुछ चीनी छात्रों अथवा विद्वानों को विदेशों में अध्ययन के अवसर प्राप्त हुए, तथा जिन्हें अवसर प्राप्त हुए थे वे सोवियत संघ तथा पूर्वीय यूरोपीय समाजवादी देशों तक ही सीमित थे।

सर्वाधिक गंभीर व्यवधान 1966 से 1976 की सांस्कृतिक क्रांति के साथ आया, जिसने संपूर्ण उच्च शिक्षा प्रणाली को ठप कर दिया, अनेक प्रोफेसरों एवं छात्रों को

कार्य करने हेतु ग्रामीण क्षेत्रों में भेज दिया, तथा शिक्षकों की एक पीढ़ी को नष्ट कर दिया। ऐसे कुछ ही देश होंगे जिन्होने ऐसी नाटकीय अकादमिक प्रलय का सामना किया हो। 1976 में सांस्कृतिक क्रांति की समाप्ति तथा उसके बाद चीन को दुनिया के लिए खोले जाने के साथ ही विश्वविद्यालयों को दोबारा खोला गया और अकादमिक मार्गदर्शन के लिए पश्चिम पर दृष्टि डालने के प्रयास किए गए। चीनी छात्र विदेश अध्ययन के लिए समर्थ हो गए थे। विश्वविद्यालयों को नए अकादमिक विचारों के लिए विदेशों पर दृष्टि डालने की अनुमति प्रदान कर दी गई और उन्हें स्वयं को पुनःस्थापित करने हेतु निधियाँ प्रदान की गईं। अत्यधिक व्यावसायिक विशेषज्ञता संपन्न संस्थानों के सोवियत पैटर्न को आंशिकतौर पर समाप्त कर दिया गया। राजनीतिक नियंत्रण में भी ढील दे दी गई थी। 1990 के दशक तक, जैसे ही चीन की आर्थिक प्रगति प्रारंभ हुई, विश्वविद्यालय प्रणाली विस्तार के लिए तैयार हो चुकी थी।

भारत दो शताब्दियों से भी अधिक के लिए ब्रिटिश उपनिवेश रह चुका था जिसकी समाप्ति 1947 में स्वतंत्रताप्राप्ति के साथ हुई, और इस अनुभव ने उच्च शिक्षा को आकार प्रदान किया और यह इसे प्रभावित करना जारी रखे हुए है। अंग्रेजों ने अपने उपनिवेशों में उच्च शिक्षा को अधिक समर्थन नहीं प्रदान किए थे। उच्च शिक्षा का सर्वप्रथम विस्तार मुख्यतः 19वीं शताब्दी के मध्य में विकसित होते मध्यवर्ग की पहल तथा अंग्रेजों के द्वारा यह स्वीकार कर लिए जाने के बाद हुआ कि भारत पर शासन करने हेतु एक शिक्षित लोक सेवा की आवश्यकता है। 1857 में सर्वप्रथम विश्वविद्यालयों की स्थापना कोलकाता, मुम्बई एवं मद्रास में की गई। भारतीय कॉलेज एवं विश्वविद्यालय संगठनात्मक रूप से ब्रिटिश थे। मात्र अंग्रेजी में शिक्षण प्रदान करने वाले इन संस्थानों ने कुछ छूट गए पारंपरिक स्कूलों को विस्थापित कर दिया, जो बस मुरझा गए और मृत हो गए। उच्च शिक्षा एक ऐसे संगठनात्मक पैटर्न पर आधारित थी जिसमें विश्वविद्यालयों के द्वारा शिक्षण संस्थानों की अपेक्षा परीक्षण निकायों का गठन अधिक किया गया था। अधिकांश शिक्षणकार्य विश्वविद्यालयों से सम्बद्ध कॉलेजों में संपन्न किए गए; परीक्षाएं एवं पाठ्यक्रम व्यापकतौर पर विश्वविद्यालयों द्वारा नियंत्रित थे। इस संरचना ने कॉलेजों पर केन्द्रीकृत नियंत्रण संभव कर दिया था। ब्रिटिश शिक्षकों की एक छोटी संख्या को विश्वविद्यालयों तथा कॉलेजों में शिक्षण एवं नेतृत्व के लिए भर्ती किया गया था। भारतीय लोगों को ब्रिटेन में अध्ययन के अवसर प्राप्त थे, और उनमें से अधिकांश कॉलेजों एवं विश्वविद्यालयों सहित प्रशासन में सेवा प्रदान करने हेतु स्वदेश वापस आ चुके थे। इसके अलावा, अनेक उन राष्ट्रवादी आंदोलनों में संलिप्त हो गए जिन्होंने अंततः भारत को स्वतंत्रता दिलाने में एक अग्रणी भूमिका निभाई थी (बासु 1974)।

19वीं शताब्दी के प्रारंभ से ही भारत में लगभग संपूर्ण उच्च शिक्षा पूर्णतः अंग्रेजी में ही प्रदान की जा रही थी; शिक्षा अथवा परीक्षा के लिए किसी भी भारतीय भाषा का उपयोग नहीं किया गया था। पाठ्यक्रम व्यापकतौर पर प्रशासन के लिए उपयोगी क्षेत्रों और भारत के उभरते हुए पेशेवर वर्ग–जैसे कानून, समाज विज्ञान, एवं सम्बन्धित क्षेत्रों तक ही सीमित थे। जहाँ अकादमिक प्रणाली बहुत छोटी बनी रही–स्वतंत्रताप्राप्ति के समय 3,69,000 छात्र 27 विश्वविद्यालयों तथा 695 कॉलेजों में अध्ययनरत् थे (अग्रवाल 2009)–वहीं यह ऐसे स्नातकों के एक समूह को शिक्षित करने में सफल रही जिन्होंने भारत, पाकिस्तान, श्रीलंका, एवं बाद में बाँग्लादेश में नेतृत्व उपलब्ध कराए। 1961 के अंत तक, प्रासंगिक आयु समूह के मात्र 1.5% लोगों ने ही माध्यमिकोत्तर शिक्षा में भागीदारी की थी (अग्रवाल 2009)। स्वतंत्रताप्राप्ति के समय भारत के कॉलेजों एवं विश्वविद्यालयों की शोध क्षमता बहुत कम थी, क्योंकि अंग्रेज यहाँ अनुसंधान पर धन

व्यय करने के इच्छुक नहीं थे; और चूंकि उच्च शिक्षा अंग्रेजी में थी, अतः भारत की 90% आबादी को इसकी पहुँच से बाहर ही थी। स्वतंत्रताप्राप्ति के समय भारत की उच्च शिक्षा प्रणाली छोटी, अत्यधिक नौकरशाहीग्रस्त, अकादमिक स्वतंत्रता पर प्रतिबंधपूर्ण, अधिकांश भारतीयों के द्वारा न समझी जाने वाली भाषा में प्रदान की जाने वाली थी तथा इसका पाठ्यक्रम सीमित था।

अनेक रिपोर्टों एवं अत्यधिक आलोचनाओं के बावजूद स्वतंत्रताप्राप्ति एवं 20वीं शताब्दी के अंत के बीच उच्च शिक्षा का विस्तार हुआ यद्यपि इसमें कुछ ढाँचागत परिवर्तन किए गए थे। नामांकन 1950 के 1,00,000 से कुछ अधिक की तुलना में शताब्दी के अंत तक बढ़कर 90,00,000 हो चुके थे (अग्रवाल 2009)। किसी समय पर वार्षिक वृद्धि 10% की थी। अधिकांश प्रेक्षक सहमत हैं कि समग्र गुणवत्ता में गिरावट आई और यह कि प्रणाली का बुनियादी ढाँचा काफी कुछ अंग्रेजों से विरासत में प्राप्त औपनिवेशिक प्रणाली के समान ही बना रहा (कौल 1974)।

दोनों ही देशों द्वारा 20वीं शताब्दी के मध्य में विरासत में हासिल विश्वविद्यालय व्यवस्थाएं एक प्रभावी उच्च शिक्षा प्रणाली के विकास में सहायक नहीं थीं। आगामी वर्षों में, चीन ने अपने विश्वविद्यालयों में अनेक परिवर्तन कर दिए, परंतु अधिकांश के द्वारा सोवियत पैटर्न का ही अनुसरण किया गया था, तथा ये कार्यवाहियाँ ऐसे विश्वविद्यालयों के निर्माण करने हेतु प्रभावी नहीं रही थीं जो अंतर्राष्ट्रीयतौर पर प्रतिस्पर्धा में सक्षम हों अथवा चीन के आधुनिकीकरण की आवश्यकताओं को पूरा कर सकती हों। दूसरी ओर, भारत ने स्वतंत्रताप्राप्ति के वर्षों में उच्च शिक्षा का मंदगति से और बाद में तीव्र गति से विस्तार किया किन्तु ढाँचागत परिवर्तन बहुत कम किए। परिणामस्वरूप, विश्वविद्यालय भारतीय समाज की आवश्यकताओं को पूरा करने में अधिक प्रभावी नहीं रहे।

समकालीन अभिलक्षण

20वीं शताब्दी में दोनों ही देशों में कुछ निष्क्रिय अकादमिक संगठनों का उद्भव हुआ। सोवियत मॉडल, जिसका 1950 के बाद से चीन द्वारा अनुसरण किया गया था, ने अनेक सर्वग्राही विश्वविद्यालयों को ऐसे छोटे विशेषज्ञताप्राप्त संस्थानों में विखंडित कर दिया जो शिक्षा मंत्रालय के बजाय प्रासंगिक परिचालनीय मंत्रालयों से सम्बद्ध थे। अधिकांशतः, यह छोटे संस्थान संकुचित रूप से व्यावसायिक थे और अधिक अनुसंधान कार्य नहीं कर रहे थे। अनुसंधान कार्य मुख्यतः विज्ञान अकादमियों की उन संस्थाओं के हाथों में थे जिन्हें विषय अथवा क्षेत्र के अनुसार विभाजित किया गया था और जो विश्वविद्यालय प्रणाली का हिस्सा नहीं थे। चीन के दोहरे प्रशासनिक ढाँचे, जो अभी तक जारी है, पर इसकी अकादमिक प्रभावशीलता के अर्थों में प्रश्न उठाए जा चुके हैं। प्रत्येक अकादमिक संस्थान के पास एक अकादमिक प्रशासन है जिसके मुखिया कोई प्राचार्य अथवा अध्यक्ष हैं तथा एक कम्युनिस्ट पार्टी प्रशासन है जिसके मुखिया पार्टी के सचिव अथवा कार्यकारी उपाध्यक्ष हैं। ऐसा मात्र सांस्कृतिक क्रांति के पश्चात् ही हुआ कि विशेषज्ञताप्राप्त संस्थानों को धीरे–धीरे विश्वविद्यालयों के साथ पुनः एकीकृत कर दिया गया था। जहाँ अकादमियाँ अभी भी विद्यमान हैं, वहीं कुछ मामलों में वे विश्वविद्यालयों से सम्बद्ध हो चुकी हैं। शिक्षण एवं अनुसंधान के बीच आंशिक विभाजन चीन में एक समस्या बना हुआ है (मिन 2004)।

भारत की स्वतंत्रताप्राप्ति के बाद की अकादमिक प्रणाली अंग्रेजों की विरासत थी। विश्वविद्यालय, जिसके साथ लगभग 700 स्नातकपूर्व कॉलेज सम्बद्ध थे, मुख्यतः परीक्षण

निकाय थे जिनमें कुछ छोटेमोटे स्नातक कार्यक्रम संपन्न किए जा रहे थे। सामान्यतः 500 छात्रों वाले ये छोटे कॉलेज ऐसे विश्वविद्यालयों से सम्बद्ध थे जो पाठ्यक्रम का निर्धारण करते थे, परीक्षाएं निर्धारित एवं प्रशासित करते थे, प्रवेश हेतु मार्गदर्शन देते थे, और डिग्रियाँ प्रदान करते थे। स्नातकपूर्व कॉलेजों के पास बहुत कम स्वायत्तता उपलब्ध थी। हालांकि तमाम आलोचनाओं के बावजूद यही सम्बद्धता प्रणाली आज भी जारी है। आज 18,000 से कुछ कम स्नातकपूर्व कॉलेज मौजूद हैं। कुछ विश्वविद्यालय एकमात्र–परिसर वाले "एकल" संस्थान थे जिनसे कोई कॉलेज सम्बद्ध नहीं थे और ये पश्चिम के स्नातकपूर्व एवं स्नातक के साथ–साथ व्यावसायिक डिग्री कार्यक्रम संपन्न करवाने वाले अकादमिक संस्थानों से मिलते–जुलते थे। विशिष्ट क्षेत्रों में कुछ अनुसंधान संस्थान कुछ वैज्ञानिक विषयों में कुछ बुनियादी शोधकार्य कर रहे हैं। जहाँ भारतीय उच्च शिक्षा व्यवस्था में बहुत कुछ जोड़ा जा चुका है, वहीं विश्वविद्यालयों के बुनियादी ढाँचों में परिवर्तन बहुत कम हुए हैं (जयराम 2004)।

सभी प्रभावी सामूहिक उच्च शिक्षा प्रणालियों में उनके कार्यों और प्रायः निधिकरण स्त्रोतों एवं अन्य चरों के आधार पर विभेदीकरण किया जाता है। अधिकांश अपने साथ निजी क्षेत्र को भी शामिल करती हैं। विशिष्टतौर पर, संस्थानों का एक ऐसा अनुक्रम विभेदीकृत अकादमिक प्रणालियों की विशेषता है जिसमें अत्यधिक चयनात्मक अभिजात्य अनुसंधान–प्रधान विश्वविद्यालय शीर्ष पर, सर्वग्राही विश्वविद्यालय मध्य में, तथा अपेक्षाकृत कम सर्वग्राही एवं प्रायः गैर–स्नातक कॉलेजों की एक श्रृंखला सबसे नीचे स्थित होती है। विशेषज्ञताप्राप्त संस्थानों की एक श्रृंखला भी इस प्रणाली का एक भाग है। अभिजात्य क्षेत्र विशिष्ट रूप से छात्रों के एक बहुत छोटे से भाग को प्रवेश प्रदान करता है और, गैर–आनुपातिक रूप से, उदारतापूर्वक वित्तपोषित किया जाता है। मात्र अमेरिका तथा जापान को छोड़कर लगभग सभी अभिजात्य विश्वविद्यालय सार्वजनिक हैं।

चीन ने अभी एक विभेदीकृत अकादमिक प्रणाली के शीर्ष, विशेषतौर पर 150 के आसपास उन अनुसंधान विश्वविद्यालयों, जो केन्द्र सरकार के उत्तरदायित्व हैं, पर विशेष ध्यान दिए जाने के द्वारा इसकी ओर सतर्कतापूर्ण कदम बढ़ाए हैं। चीन के 1,700 विश्वविद्यालयों में से अधिकांश के वित्तपोषण राज्य सरकारों द्वारा किए जाते हैं और वे उनके ही प्रति उत्तरदायी हैं, और कुछ मामलों में ऐसा नगरपालिका अधिकरणों के हाथों में है। ये विश्वविद्यालय अकादमिक अनुक्रम के मध्य तथा सतह की ओर प्रवृत्त होते हैं। वर्तमान में गैर–स्नातक क्षेत्र का विस्तार अमेरिकी सामुदायिक कॉलेजों से काफी कुछ मिलते–जुलते तरीकों से किया जा रहा है। उभरता हुआ निजी क्षेत्र अनुक्रम की निचली सतह पर बने रहने को प्रवृत्त है। जहाँ चीन ने स्पष्टतौर पर परिभाषित लक्ष्यों तथा निधिकरण के अलग–अलग पैटर्नों के साथ एक सुसंगत एवं स्पष्ट अकादमिक प्रणाली को औपचारिकतौर पर विकसित नहीं किया है, वहीं ऐसा प्रतीत हो रहा है कि ऐसी एक प्रणाली उभर रही है। आगामी दशकों में ऐसी संभावना है कि स्पष्टतौर पर व्यक्त एवं विभेदीकृत अकादमिक प्रणाली विकसित हो सकेगी जिसमें केन्द्र तथा प्रांतीय दोनों सरकारों के इनपुट शामिल होंगे।

भारत के पास एक सुसंगत विभेदीकृत अकादमिक प्रणाली मौजूद नहीं है और 2009 तक इसने किसी व्यवस्थित दृष्टिकोण की दिशा में बढ़ने हेतु कोई रणनीति निर्धारित नहीं की है। भारत के पास विशेषज्ञताप्राप्त अकादमिक संस्थानों का एक व्यापकतौर पर सम्मानित छोटा अभिजात्य क्षेत्र मौजूद है, सर्वाधिक उल्लेखनीय रूप से भारतीय प्रौद्योगिकी संस्थान, जिनकी संख्या आज 13 हो चुकी है। हाल ही में सरकार ने घोषणा

की है कि यह 30 नए अनुसंधानोन्मुख केन्द्रीय विश्वविद्यालयों, 10 राष्ट्रीय प्रौद्योगिकी संस्थानों, 2 भारतीय विज्ञान संस्थानों, तथा 1,000 नए पॉलीटेक्निकों सहित 8 और नए भारतीय प्रौद्योगिकी संस्थानों तथा 7 भारतीय प्रबंधन संस्थानों की भी स्थापना करेगी (द *हिन्दू 2008*)। हालांकि, भारतीय उच्च शिक्षा का अधिकांश भाग अविभेदीकृत है। 380 विश्वविद्यालय, जो अधिकांशतः भारतीय राज्यों, जिनके पास भारत की संघीय व्यवस्था के अंतर्गत शिक्षा के प्राथमिक उत्तरदायित्व हैं, के अधिकार क्षेत्र में हैं और व्यापकतौर पर अविभेदीकृत हैं। केन्द्र सरकार के नियंत्रण के अधीन आने वाले 24 विश्वविद्यालयों का निधिकरण कुछ बेहतर, तथा शेष से अधिक उच्च गुणवत्तायुक्त है, परंतु विश्वविद्यालयों के बीच कोई स्पष्ट विभेदीकरण मौजूद नहीं है। भारत के पास कुल 18,000 से अधिक माध्यमिकोत्तर संस्थान मौजूद हैं–इनमें से 17,000 से अधिक मुख्यतः स्नातकपूर्व डिग्रियाँ प्रदान करने वाले कॉलेज हैं (अग्रवाल 2009)। कॉलेजों के बीच कोई विभेदीकरण नहीं है, यद्यपि कुछ ने उस कानून का लाभ उठाया है जो उच्च–गुणवत्तासंपन्न कॉलेजों को अपने प्रायोजक विश्वविद्यालयों से पृथक होने तथा अपनी स्वयं की स्वायत्त डिग्रियाँ प्रदान करने की अनुमति प्रदान करता है। इन कॉलेजों को शेष की अपेक्षा अधिक प्रतिष्ठा हासिल है। अनेक अन्य प्रकार के माध्यमिकोत्तर संस्थानों की एक किस्म भी मौजूद है। अजीब ढंग से "डीम्ड" विश्वविद्यालय का नाम दिए गए ये संस्थान विश्वविद्यालय–स्तर के संस्थान हैं, अधिकांश विशेषज्ञतासंपन्न हैं, एक केन्द्रीय एजेन्सी अर्थात् विश्वविद्यालय अनुदान आयोग द्वारा मान्यताप्राप्त हैं, और इस प्रकार डिग्री–प्रदान करने के अधिकारी हैं। अतिरिक्त तकनीकी संस्थानों को अखिल भारतीय तकनीकी शिक्षा परिषद्, जो केन्द्र सरकारी की एक दूसरी एजेन्सी है, के द्वारा मान्यता प्रदान की जाती है और उनके मूल्यांकन किए जाते हैं। भारत ने अभी तक एक सुसंगत एवं विभेदीकृत अकादमिक प्रणाली को परिभाषित करने के प्रयास नहीं किए हैं। संस्थानों की किस्में, प्रायोजकता, तथा अधिकार क्षेत्र वर्तमान परिस्थितियों के अंतर्गत किसी प्रणाली के उद्भव को बहुत असंभव बना देते हैं।

यह वर्णन भ्रामक है, क्योंकि शिक्षा जगत का विकास मासीफिकेशन के प्रत्युत्तर तथा एक विस्तारित हो रही अर्थव्यवस्था को सेवा प्रदान करने हेतु नए प्रकार के संस्थानों की आवश्यकता के लिए नियोजन किए बिना ही हुआ है। उच्च शिक्षा के उत्तरदायित्व को केन्द्र सरकार की अनेक एजेन्सियों, राज्यों (जिनकी नीतियाँ एवं नजरिए परस्पर भिन्न हैं), निरंतर शक्तिशाली होते निजी क्षेत्र, तथा कभी–कभार न्यायालयों के बीच विभाजित कर दिया गया है। अनेक वर्षों में, उच्च शिक्षा के सुधार सम्बन्धी प्रयासों ने परंपरागत विश्वविद्यालयों को दरकिनार कर दिया है और उनकी जगह नए संस्थान स्थापित कर दिए हैं। भारतीय प्रौद्योगिकी संस्थानों की स्थापना इसी प्रकार की गई थी। पहुँच अथवा अनुसंधान के लिए उत्तरदायित्व का कोई भी औपचारिक विभाजन मौजूद नहीं है (जयराम 2004)।

प्रशासन

जहाँ एक प्रभावी अकादमिक प्रणाली का निर्माण करना एक आवश्यकता है, वहीं अकादमिक संस्थानों के अंदर प्रभावी प्रशासन एवं प्रबंधन भी उतने ही आवश्यक हैं। दोनों देश विश्वविद्यालयों तथा अन्य माध्यमिकोत्तर संस्थानों के आंतरिक प्रशासन की चुनौतियों का सामना कर रहे हैं। औपनिवेशिक इतिहास जैसी विविधता अथवा आत्माभिमानी नौकरशाही तथा वर्तमान राजनीतिक वास्तविकताओं की एक परंपरा जैसे

कारणोंवश इन देशों का अकादमिक प्रशासन काफी कुछ निष्क्रिय सा है। इस बात पर सामान्य सहमति है कि एक ओर, सर्वाधिक प्रभावी विश्वविद्यालयों के पास स्वशासन एवं स्वायत्तता का संयोजन उपलब्ध है, तो दूसरी ओर बाहरी निर्वाचकों एवं व्यावसायिक प्रबंधन के प्रति समुचित जवाबदेही भी है। न तो चीन न ही भारत के पास अधिक स्वशासन मौजूद है। सभी स्तरों के अकादमिक संस्थान नौकरशाही के असाधारण नियंत्रण के अधीन हैं, जिन्हें प्रायः सरकार द्वारा लागू किया जाता है।

भारत के मामले में, विश्वविद्यालयों से सम्बद्ध स्नातकपूर्व कॉलेजों पर सामान्यतौर से विश्वविद्यालय नियमों एवं विनियमन का वर्चस्व है और उनके पास स्वायत्त निर्णयन की बहुत कम गुंजाइश उपलब्ध है। सामान्यतः राज्य सरकारों द्वारा नियंत्रित विश्वविद्यालयों की बड़ी संख्या उनके कठोर नियंत्रण के अधीन रहती है। अकादमिक निर्णयों में राजनीतिक हस्तक्षेप, जिसमें शिक्षकों की नियुक्तियों से लेकर नए कार्यक्रमों का सृजन करना तक शामिल हैं, अत्यन्त व्यापक हैं। अपेक्षाकृत नए निजी विश्वविद्यालयों पर बाहरी नियंत्रण कम हैं यद्यपि उनकी शासी परिषदें संस्थान के दैनिक प्रबंधन में प्रायः सीधे संलिप्त रहती हैं। दिल्ली के निकट एमिटी विश्वविद्यालय तथा पुणे का सिम्बायोसिस ऐसे नए निजी विश्वविद्यालयों के उदाहरण हैं।

चीन का शैक्षणिक एवं राजनीतिक प्रशासन व्यवस्थाओं के अनूठे संयोजन, जिसमें शैक्षणिकतौर पर निर्वाचित अध्यक्ष तथा कम्युनिस्ट पार्टी द्वारा चुना गया एक कार्यकारी उपाध्यक्ष शामिल होता है, कभी–कभी प्रशासनिक तनाव उत्पन्न कर देता है और निश्चित रूप से अकादमिक समुदाय द्वारा किए जाने वाले स्वशासन में कमी ला देता है। हाल के वर्षों में चीन अमेरिकी शैली वाले अकादमिक नेतृत्व मॉडल पर विचार करता रहा है। शीर्षस्थ विश्वविद्यालय अकादमिक नेतृत्व, विशेषतौर पर अध्यक्ष पद, को सशक्त बनाते रहे हैं, और विभागाध्यक्षों एवं अन्य वरिष्ठ प्रशासकों को अधिक अधिकार प्रदान करने, तथा एक ऐसी शिक्षक उत्तरदायित्व प्रणाली, जिसमें अनुसंधान एवं शिक्षण के लिए जवाबदेही शामिल हो, को लागू करने के प्रयास करते रहे हैं (मिन 2004)।

दोनों ही देशों को अपने विश्वविद्यालयों के लिए ऐसी अकादमिक प्रशासनिक व्यवस्थाएं स्थापित करना शेष है जो निर्णयन में प्रोफेसर समुदाय की राय को अधिकतम करने वाली हो। दोनों देशों ने अत्यधिक नौकरशाहीपूर्ण प्रशासनिक व्यवस्थाओं को कायम रखा हुआ है।

निधिकरण

दोनों देश अपनी तीव्रगति से बढ़ रही उच्च शिक्षा प्रणालियों के निधिकरण में बड़ी चुनौतियों का सामना कर रहे हैं (अग्रवाल 2009; ओईसीडी 2007बी)। जहाँ दोनों ने हाल के वर्षों में 10% अथवा उससे अधिक जीडीपी वृद्धि के तीव्र आर्थिक विकास का अनुभव किया है, वहीं वे विकासशील देश ही बने हुए हैं। 2008 में चीन के पास प्रतिव्यक्ति क्रयशक्ति समता आय 5,370 डॉलर की थी, जबकि भारत के पास यह 2,740 डॉलर थी (विश्व बैंक 2008)। दोनों देशों में, सार्वजनिक तथा निजी क्षेत्र दोनों के संस्थानों में शिक्षण लागतों के द्वारा छात्रों एवं उनके परिवारों पर उच्च शिक्षा के निधिकरण के बोझ में वृद्धि कर दी गई है। दोनों में से किसी भी देश के पास उच्च शिक्षा तक समान पहुँच सुनिश्चित करने हेतु अनुदानों अथवा ऋणों की एक पर्याप्त प्रणाली उपलब्ध नहीं है, यद्यपि दोनों के यहाँ कुछ वित्तीय सहायता कार्यक्रम लागू हैं और उन्होंने गरीब छात्रों तथा वंचित समुदायों के छात्रों को पहुँच उपलब्ध कराने हेतु प्रयास भी किए हैं।

उच्च शिक्षा के लिए सार्वजनिक निधिकरण कई संसाधनों से प्राप्त होता है और उनके बीच अपेक्षाकृत कम समन्वय मौजूद प्रतीत होता है। दोनों देशों में, अधिकांश निधिकरण राज्य एवं प्रांतीय सरकारों से आता है, जिनके पास उच्च शिक्षा पर व्यय की जाने वाली धनराशियों, तथा आबंटन किस प्रकार किए जाते हैं, पर अत्यधिक स्वायत्तता उपलब्ध होती है। कुछ राज्य एवं प्रांत उच्च शिक्षा को प्राथमिकता प्रदान करते हैं जबकि कुछ ऐसा नहीं करते। चीन तथा भारत में केन्द्रीय अधिकरण मुख्यतः शीर्षस्थ विश्वविद्यालयों के निधिकरण तथा यह सुनिश्चित करने के प्रति चिन्तित हैं कि अनुसंधान को समुचित सहयोग प्राप्त हो। चीन ने 985 तथा 211 केन्द्र सरकार द्वारा वित्तपोषित सहयोग कार्यक्रमों के माध्यम से आंशिकतौर पर अनुसंधान विश्वविद्यालयों को कहीं अधिक निधिकरण प्रदान किया था–लगभग 150 विश्वविद्यालयों ने इन प्रमुख परियोजनाओं में भागीदारी की है। शीर्ष विश्वविद्यालयों ने भी स्थानीय एवं प्रांतीय अधिकरणों से निधिकरण प्राप्त किए हैं। उदाहरणार्थ, शंघाई सरकार ने अपने अनुसंधान विश्वविद्यालयों को संसाधन उपलब्ध कराए हैं, ऐसा ही अन्य शहरों एवं प्रांतों ने भी किया है। व्यापकतौर पर विश्वविद्यालय अनुदान आयोग के द्वारा भारत सरकार भी 10 विश्वविद्यालयों को प्रायोजित करती है और नवाचारी कार्यक्रमों, विश्वविद्यालय आधारित अनुसंधान, तथा कुछ अन्य संस्थानों को निधियाँ उपलब्ध कराती है।

चीन तथा भारत में उच्च शिक्षा के प्रति निजी निधिकरण की गणना करना अत्यन्त कठिन है। दोनों देशों के पास विकसित होते हुए निजी उच्च शिक्षा क्षेत्र मौजूद हैं, और सार्वजनिक विश्वविद्यालय सहित सभी छात्रों से शिक्षण शुल्क वसूलते हैं। वास्तव में, भारत में छात्रों की बहुत बड़ी संख्या निजी कॉलेजों में पढ़ती है, जिनमें से कुछ को राज्य सरकारों से सार्वजनिक सहयोग हासिल है और उनकी एक बढ़ती हुई संख्या "गैर–सहायताप्राप्त" की है तथा उनके पास कोई सार्वजनिक सहयोग उपलब्ध नहीं है। 2007 तक, 11 ऐसे निजी विश्वविद्यालय भी हैं जिन्हें सरकार से कोई धन नहीं प्राप्त होता। निजी क्षेत्र में शिक्षण का स्तर भिन्नतापूर्ण है और कुछ मामलों में यह सरकारी अधिकरणों द्वारा विनियमित है। चीन में भी स्थिति इसी प्रकार से जटिल है। *मिन बेन* निजी विश्वविद्यालय एवं कॉलेज प्रयोजनों एवं भूमिका के मामले में अत्यधिक भिन्नता रखते हैं। इनकी एक छोटी सी संख्या को डिग्रियाँ प्रदान करने हेतु सरकार द्वारा मान्यता प्रदान की गई है। ये सभी शिक्षण शुल्क पर निर्भर हैं, और लागतों में अंतर हैं। अनेक चीनी सार्वजनिक विश्वविद्यालय ऐसी सम्बद्ध अर्द्ध–निजी शाखाओं अथवा अन्य डिग्री–प्रदाता कार्यक्रमों को प्रायोजित करते हैं जो सरकार द्वारा वित्तपोषित न हों और अपेक्षाकृत अधिक शिक्षण शुल्क वसूल करते हैं। आंशिकतौर पर, इन कार्यक्रमों की मंशा विश्वविद्यालयों को प्रायोजित करने हेतु आवश्यक राजस्व उपलब्ध कराने तथा साथ–साथ पहुँच में वृद्धि करने की होती है। कुछ आलोचकों ने इनपर निम्न अकादमिक स्तर रखने के आरोप लगाए हैं और इनके द्वारा प्रदान की जाने वाली डिग्रियों को लेकर एक विवाद उत्पन्न हो चुका है।

एक आम सहमति यह है कि जैसा कि संपूर्ण विश्व में है, चीन तथा भारत में उच्च शिक्षा के लिए सार्वजनिक संसाधानों द्वारा प्रदान किए गए निधिकरण गुणवत्ता तथा पहुँच दोनों की माँगों को पूरा कर पाने हेतु अपर्याप्त रहे हैं। भारत अपनी जीडीपी का 0.37% तथा चीन 0.6% माध्यमिकोत्तर शिक्षा पर खर्च करता है–ये दोनों ही उभरती हुई अर्थव्यवस्थाओं के लिए कम व्यय हैं और विकसित देशों द्वारा किए जाने वाले 1% अथवा अधिक व्यय से बहुत कम हैं।

अंतर्राष्ट्रीय उच्च शिक्षा खिलाड़ियों के रूप में चीन एवं भारत

अत्यन्त महत्वपूर्ण तरीकों से, दोनों ही देश बड़े पैमाने पर अंतर्राष्ट्रीय उच्च शिक्षा परिदृश्य पर छाए हुए हैं, और भविष्य में और अधिक केन्द्रीय बन जाएंगे। वर्तमान समय में, उनके महत्व व्यापकतौर पर उनकी अपनी नीतियों से असम्बन्धित हैं परंतु 1970 के दशक से छात्रों एवं पेशेवर लोगों के पश्चिम एवं अन्य स्थानों की ओर हो रहे पलायन के परिणाम हैं। चीन तथा भारत छात्रों के दो सबसे बड़े निर्यातक हैं और विगत दो दशकों से बने रहे हैं। 2008 में, लगभग 2 लाख भारतीय एवं 8.92 लाख चीनी छात्र विदेशों में अध्ययनरत् थे; यह संख्या संपूर्ण विश्व के अंतर्राष्ट्रीय छात्रों की कुल संख्या के आधे के निकट है (अग्रवाल 2008)। नामांकनों में वृद्धि के बावजूद आगामी दशकों में कई कारणोवश दोनों देशों के निर्यात सूची के शिखर पर बने रहने की संभावना है। विशेषतौर पर भारत में, लेकिन चीन में भी, मुख्य कारणों में शामिल हैं अभिजात्य विश्वविद्यालयों में सर्वोच्च प्रतिभावान छात्रों के लिए स्थानों की अपर्याप्त संख्या। किसी पश्चिमी विश्वविद्यालय से प्राप्त एक विदेशी डिग्री की प्रतिष्ठा भारी महत्व रखती है। प्रवेश के इच्छुक बढ़ती हुई संख्या वाले छात्रों के लिए अकादमिक प्रणाली में स्थान अपर्याप्त हैं, और युवाओं की एक अज्ञात संख्या प्रवासन की दिशा के पहले कदम के रूप में विदेशी शिक्षा के लिए प्रयास करेगी (अग्रवाल 2008; अल्ट्बाख़ 2006)। ऐसे छात्रों, जो विश्वविद्यालय के प्रवेश अथवा अन्य परीक्षाओं में सर्वाधिक अंक नहीं प्राप्त करते, के लिए विदेशों में डिग्री हासिल करने को प्रायः अपेक्षाकृत किसी कम प्रतिष्ठित स्थानीय विश्वविद्यालय में अध्ययन करने से बेहतर माना जाता है। दोनों ही देशों में विकसित होता मध्यवर्ग अपने बच्चों को विदेश भेजने में निरंतर सक्षम होता जा रहा है। चीनियों एवं भारतीयों की बढ़ती हुई संख्या अध्ययन के लिए विदेश जाना जारी रखेगी।

चीनी एवं भारतीय विद्वानों एवं अनुसंधानकर्ताओं की बड़ी संख्या (आँकड़े उपलब्ध नहीं हैं) विदेशों में कार्यरत् है। संभवतः इन प्रवासियों की एक बड़ी संख्या ने अपनी डॉक्टरेट विदेशों में हासिल की है और वे स्वदेश नहीं लौटे हैं। कुछ लोगों का अनुमान है कि, 1970 के दशक से 2005 तक, 75 से 80 प्रतिशत चीनी एवं भारतीय लोग, जिन्होंने अमेरिका में डॉक्टरेट अर्जित की, स्वदेश वापस नहीं आए, यद्यपि अनेक ने अपने देश के साथ अकादमिक एवं अन्य रिश्तों को कायम रखा हुआ है। चीनी शिक्षा मंत्रालय के अनुसार, 1978 से 2004 के बीच 8,15,000 छात्र विदेश अध्ययन पर गए थे, और 1,98,000 वापस आए थे। वापसी न करने वालों की दर के संदर्भ में अन्य पश्चिमी देशों से सम्बन्धित आँकड़े भी इसके समान ही हैं। 1990 के दशक से, चीन तथा भारत में बेहतर होती आर्थिक एवं अकादिमक स्थितियों के कारण अधिक संख्या में स्नातक स्वदेश वापसी करते प्रतीत होने लगे हैं, और प्रवासियों तथा उनके देश के बीच रिश्ते और गहरे हो चुके हैं। दोनों देशों ने अपने "प्रतिभा पलायन" को लेकर चिंता की थी और, बहुत सीमित सफलता के साथ, अपने देशवासियों को स्वदेश आकर्षित करने के प्रयास किए थे।

चीन ने 2000 से ही एक अंतर्राष्ट्रीय शिक्षा नीति को लागू कर दिया है, और भारत अंतर्राष्ट्रीय उच्च शिक्षा के प्रति अपने दृष्टिकोण को लेकर बहस कर रहा है। चीन की बहुआयामी नीति में अंतर्राष्ट्रीय छात्रों को चीन में आकर्षित करने की आक्रामक योजनाएं शामिल हैं। 2007 में 2,00,000 से अधिक अंतर्राष्ट्रीय छात्र चीन में अध्ययनरत् थे, जिसमें से तीन–चौथाई एशियाई देशों से थे (चित्र–2)। चीन 10,000 से अधिक छात्रवृत्तियाँ भी प्रदान करता है। अनेक चीनी विश्वविद्यालयों ने अंतर्राष्ट्रीय छात्रों के लिए अपने

चित्र 2 चीन की उच्च शिक्षा में अंतर्राष्ट्रीय छात्रों का वितरण

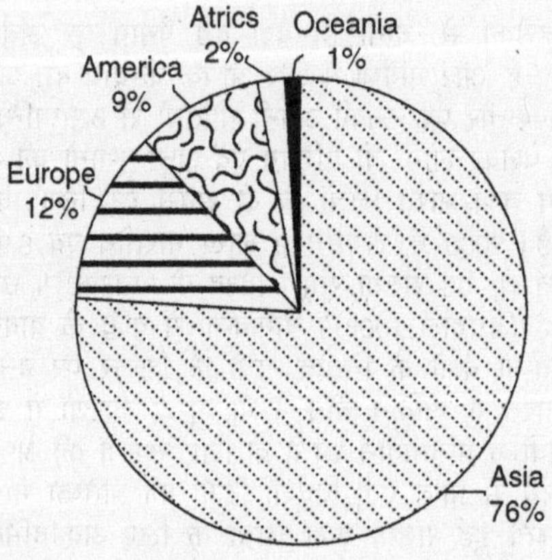

स्रोत: The China Scholarship Council 2005।

परिसरों के विस्तार कर लिए हैं। चीनी विश्वविद्यालय अंतर्राष्ट्रीय छात्रों की मेजबानी को आंशिकतौर पर आय अर्जित करने के साथ–साथ संस्थान को एक अंतर्राष्ट्रीय आयाम प्रदान किए जाने के रूप में भी देखते हैं। सरकार–प्रायोजित कन्फ्यूशियस संस्थान, जिनकी संख्या आज 292 से अधिक है तथा 2025 तक 1,000 किए जाने की योजना है, संपूर्ण विश्व में, मुख्यतः विश्वविद्यालय परिसरों में, चीनी भाषा एवं सांस्कृतिक कार्यक्रम उपलब्ध करा रहे हैं।

भारत के अंतर्राष्ट्रीय प्रयास चीन से पिछड़े हुए हैं। 2008 में, लगभग 20,000 अंतर्राष्ट्रीय छात्र भारत में अध्ययनरत् थे, जिनमें से अधिकांश दक्षिण एशिया, अफ्रीका, तथा भारतीय प्रवासियों में से थे। कुछ ही भारतीय विश्वविद्यालयों के पास अंतर्राष्ट्रीय छात्रों के लिए सुविधाएं अथवा शिक्षाकर्मी उपलब्ध हैं। कुछ नीतिनिर्माता भारत के पास महत्वपूर्ण संभावना देखते हैं क्योंकि इसकी अधिकांश उच्च शिक्षा प्रणाली अंग्रेजी में शिक्षा प्रदान करती है। हालांकि, बुनियादी ढाँचे में बड़ा निवेश, तथा साथ ही साथ एक अधिक सुसंगत नीति के बिना भारतीय विश्वविद्यालयों के सफल होने की संभावना नहीं है (अग्रवाल 2006)।

क्षेत्रीय उच्च शिक्षा शक्तियों के रूप में चीन तथा भारत की भूमिकाएं विशेषतौर पर महत्वपूर्ण हैं। चीन उत्तर–पूर्वीय एशिया में अपने पड़ोसियों–उदाहरणार्थ, दक्षिण कोरिया, से 35,000 छात्रों की मेजबानी करते हुए पहले ही उनका एक प्रमुख साझेदार बन चुका है। दक्षिण एशिया की सबसे बड़ी अकादमिक प्रणाली के साथ भारत श्रीलंका, नेपाल, बाँग्लादेश, तथा भूटान के छात्रों की मेजबानी करता है तथा आदान–प्रदान करता है। राज़नीतिक मतभेदों के कारण अभी तक पाकिस्तान के साथ ऐसा सहयोग नहीं हो सका है।

अन्य देश चीन तथा भारत को उच्च शिक्षा सम्बन्धी पहल के लिए बड़े बाजारों के रूप में देखते हैं। दोनों देशों में पहले से ही महत्वपूर्ण विदेशी संलिप्तता मौजूद है, और विस्तार के लिए एक भारी संभावना की कल्पना की जा सकती है। उदाहरणार्थ, विभिन्न

प्रकार की सहयोगात्मक व्यवस्थाओं के माध्यम से ब्रिटिश अकादमिक डिग्रियों के लिए चीन में 11,000 छात्र अध्ययनरत् हैं, और चीन में 200 ब्रिटिश संस्थानों के पास कार्यक्रम उपलब्ध हैं। अमेरिकी अकादमिक संस्थान, जैसे कि जॉन्स हॉपकिन्स विश्वविद्यालय, मिशीगन विश्वविद्यालय एवं असंख्य छोटे कॉलेजों सहित अनेक अन्य विश्वविद्यालय भी चीन में सक्रिय हैं। ऐसा अनुमान है कि 1,000 से अधिक विदेशी अकादमिक संस्थानों के पास चीन में सहयोगपूर्ण व्यवस्थाएं उपलब्ध हैं, जिसमें ब्रिटिश विश्वविद्यालयों के दो पूर्ण शाखा परिसर शामिल हैं (फैजेकरली 2007)। भारत में कम से कम 150 विदेशी संस्थानों के पास विभिन्न प्रकार की संयुक्त डिग्रियाँ अथवा अन्य सहयोगी व्यवस्थाएं मौजूद थीं, जिनमें सबसे बड़ी संख्या (66) अमेरिका तथा दूसरी सबसे बड़ी (59) ब्रिटेन से थी (हेल्म्स 2008)। अधिकांश सहयोगों में व्यावसायिक कार्यक्रम प्रदान किए जाते हैं। समाचार रिपोर्टें भारत में शक्तिशाली अंतर्राष्ट्रीय रुचि को इंगित करती हैं, और एक बार कानून लागू हो जाने के बाद सहयोग एवं संलिप्तता की गति में तीव्र वृद्धि होने की संभावना है।

जहाँ चीन ने 2003 में ही विदेशी सहयोग को विनियमित करने वाले कानून को लागू कर दिया था, वहीं भारत अभी भी नियमों को लागू करने की प्रक्रिया में है। स्वतंत्र शाखा परिसरों की भूमिका, संस्थानों के स्वामित्व, निजी एवं लाभार्जक क्षेत्रों की भूमिका, विदेशी संस्थानों के लिए गुणवत्ता आश्वासन, फ्रेंचाइज्ड विदेशी डिग्री कार्यक्रमों की भूमिका, एवं अन्य जटिल मुद्दे विवादास्पद सिद्ध हुए हैं। नियमों के निर्धारण एवं कार्यान्वयन की एक जटिलता है दोनों देशों की केन्द्र तथा प्रांतीय सरकारों के अधिकार क्षेत्रों के साथ–साथ नीतिनिर्माताओं का परिवर्तनशील नजरिया। वे अंतर्राष्ट्रीय संलिप्तता का स्वागत करते हुए विदेशी संस्थानों एवं कार्यक्रमों पर नियंत्रण कायम रखने का प्रयास कर रहे हैं (हेल्म्स 2008; अग्रवाल 2008)।

अपने आकार, उच्च शिक्षा बाजार की गुंजाइश, मध्यवर्ग के उत्थान, अकादमिक संभावनाओं आदि के कारण दोनों देश अंतर्राष्ट्रीय अकादमिक समुदाय की महान रुचि का विषय बने हुए हैं। चीन तथा भारत को उच्च शिक्षा में एक प्रमुख अंतर्राष्ट्रीय भूमिका निभानी है–मुख्यतः छात्रों एवं शिक्षकों के एक स्रोत के रूप में तथा उच्च शिक्षा "व्यवसाय" को संचालित करने के एक स्थान के रूप में। इसके लिए दोनों देशों को विदेशी सहयोग एवं संलिप्तता के सम्बन्ध में पारदर्शी नीतियों एवं विनियमों को लागू करने की आवश्यकता होगी, ताकि उनके अपने राष्ट्रीय हितों की रक्षा हो सके और गुणवत्ता सुनिश्चित करने के साथ–साथ संभावित विदेशी साझेदारों के लिए व्यवस्थाओं को स्पष्ट किया जा सके।

अनुसंधान विश्वविद्यालय

शोध विश्वविद्यालय किसी भी ऐसी अकादमिक प्रणाली के शीर्ष पर स्थित होते हैं (अल्ट्बाख़ एवं बालन 2007), जो विज्ञान एवं विद्वत्ता के अंतर्राष्ट्रीय नेटवर्क के साथ जुड़ने को प्रवृत्त हो, अकादमिक प्रणाली में अधिकांश अनुसंधान के जनक हों, तथा समाज में महत्वपूर्ण पदों पर आसीन अभिजात्यों के शिक्षक हों। वृहदाकार अकादमिक प्रणालियों एवं जटिल तथा उन्नत अर्थव्यवस्थाओं, जो लगातार ज्ञान आधारित होती जा रही हैं, के साथ चीन तथा भारत जैसे देश ऐसे अनुसंधान विश्वविद्यालयों की बड़ी संख्या स्थापित करने से लाभान्वित होने की दिशा में प्रवृत्त होंगे जो दुनिया में शीर्ष विश्वविद्यालयों के साथ प्रतिस्पर्धा कर सकें और राष्ट्रीय अकादमिक प्रणाली तथा तीव्रगति से विकसित

हो रही अर्थव्यवस्थाओं की सेवा कर सकें। दोनों देश अकादमिक प्रणालियों के शीष पर अनुसंधान विश्वविद्यालयों की आवश्यकता को मान्यता प्रदान करते हैं।

2008 में, दोनों में से कोई भी देश अकादमिक पावरहाउस नहीं बन सका था, यद्यपि चीन उस दिशा में गतिशील है। 2008 के विश्वविद्यालयों के शंघाई जियाओ टोंग श्रेणीकरण, जो मुख्यतः अनुसंधान उत्पादकता का मापन करता है, के 100 शीर्षस्थ विश्वविद्यालयों में किसी भी देश का एक भी विश्वविद्यालय शामिल नहीं था (सुइहे 2008)। 2008 के *टाइम्स हायर एजूकेशन/*क्यूएस रैंकिंग, जो अकादमिक ख्याति के साथ–साथ प्रदर्शन का मापन करता है, में चीन के पास दो (पीकिंग एवं शिंघुआ विश्वविद्यालय) तथा भारत के पास एक भी विश्वविद्यालय मौजूद नहीं था (*टाइम्स हायर एजूकेशन* 2008)। हाँगकाँग, जो चीन का एक हिस्सा है किन्तु चीनी अकादमिक प्रणाली के साथ एकीकृत नहीं है, के पास इन सामूहिक सारणियों में शीर्ष पर अनेक विश्वविद्यालय मौजूद हैं। हालांकि, दोनों ही प्रणालियों में अनुसंधान महाशक्तियों की शीर्ष श्रेणियों में शामिल होने की महत्वाकांक्षाएं मौजूद हैं।

चीन तथा भारत के पास ऐसे विशेषज्ञताप्राप्त अनुसंधान संस्थान मौजूद हैं जो ऐतिहासिक कारणोंवश विश्वविद्यालयों से पृथक रहे हैं। चीन के मामले में, अनुसंधान अकादमियाँ अकादमिक संगठन की सोवियत विरासत का हिस्सा हैं। भारत के अधिकांश अनुसंधान संस्थान स्वतंत्रतापूर्व की अवधि की उपज हैं। चीन में विज्ञान अकादमियों के संस्थानों के पास उत्कृष्ट कार्य परिस्थितियाँ तथा सामान्यतः विश्वविद्यालयों से अधिक प्रतिष्ठा उपलब्ध रही है, और प्रायः वे सर्वश्रेष्ठ प्रतिभाओं को आकर्षित कर लेते हैं। भारत में अनुसंधान संस्थानों की संख्या अपेक्षाकृत कम है, और उनकी भूमिका भी इतनी केन्द्रित नहीं है। चीनी विज्ञान अकादमी (सीएएस) द्वारा प्रायोजित संस्थानों में से कुछ तथा चीनी अकादमी ऑफ सोशल साइंसेज परास्नातक एवं डॉक्टरेट की डिग्रियाँ प्रदान करते हैं। उदाहरणार्थ, 30,000 स्नातक छात्र सीएएस संस्थानों में नामांकित हैं। भारत में ऐसे ही संस्थान कुछ मामलों में उन्नत डिग्रियाँ भी प्रदान करते हैं। सामान्यतः यह बेहतर माना जाता है कि अनुसंधान एवं शिक्षण एक ही संस्थान में जारी रहें, और चीन में संस्थानों को पड़ोसी विश्वविद्यालयों के साथ एकीकृत किए जाने के कुछ प्रयास प्रारंभ किए जा चुके हैं।

चीन के पास विश्वस्तरीय अनुसंधान विश्वविद्यालय स्थापित करने का एक बहुआयामी कार्यक्रम उपलब्ध है, तथा चीनी उच्च शिक्षा में एक अभिजात्य क्षेत्र के निर्माण पर 20 अरब से भी अधिक क्रयशक्ति समानता डॉलर का व्यय किया जा चुका है। इसके केन्द्र में अनेक रणनीतियाँ शामिल हैं। 1990 के दशक में अनिवार्यतः सर्वग्राही विश्वविद्यालयों, जो 1950 के दशक के दौरान किए गए सोवियत–शैली वाले परिवर्तनों के पहले से विद्यमान थे, को पुनर्स्थापित करते हुए अधिक विशेषज्ञतासंपन्न विश्वविद्यालयों की एक श्रृंखला कार्यान्वित की गई थी ताकि कुछ संस्थानों के आधार तैयार किए जा सकें। सर्वाधिक महत्वपूर्ण प्रयास में केन्द्र सरकार समर्थित दो बड़ी पहलों को शामिल किया गया थाः 1993 211 उच्च शिक्षा परियोजना जिसके द्वारा 100 विश्वविद्यालयों के उन्नयन करने तथा उन्हें अनुसंधान–प्रधान संस्थान के रूप में स्थापित करने हेतु उनकी पहचान करना था; 1998 में, पीकिंग विश्वविद्यालय के शताब्दी के समय पर, 985 परियोजना प्रारंभ की गई थी, जिसका लक्ष्य चीन में 40 ''विश्वस्तरीय'' विश्वविद्यालय स्थापित करना था (लियू 2007; मा 2007)। 985 परियोजना देश के सभी हिस्सों में चीन के मौजूदा शोध–उन्मुख विश्वविद्यालयों पर निर्मित की गई है परंतु तटीय प्रांतों तथा बीजिंग में इसका आधिक्य है। अनेक

प्रभावशाली नए परिसरों, तथा अंतरविषयी केन्द्रों की एक शृंखला तथा अन्य उन्नयनों सहित बुनियादी ढाँचे के लिए केन्द्र सरकार के द्वारा धनराशि उपलब्ध कराई गई थी। प्रांतीय एवं अन्य अधिकरणों ने अतिरिक्त सहयोग प्रदान किए थे। उदाहरणार्थ, शंघाई सरकार ने अपने चार 985 परियोजना विश्वविद्यालयों को सहयोग प्रदान किया था, जिससे केन्द्रीय अधिकरणों द्वारा प्रदत्त सहयोग में अतिरिक्त संसाधन जुड़ गए थे। कुछ मामलों में, पड़ोसी विश्वविद्यालयों का परस्पर विलय कर दिया गया, नए परिसरों के निर्माण किए गए, और अनुसंधान मिशन पर बल प्रदान किए गए। प्रांतीय सरकारों द्वारा सहायताप्राप्त कुछ अन्य विश्वविद्यालयों के द्वारा भी अनुसंधान विश्वविद्यालय की श्रेणी में शामिल होने के प्रयास किए गए थे।

चीन के अनुसंधान विश्वविद्यालयों की पहचान शीर्ष अंतर्राष्ट्रीय अनुसंधान विश्वविद्यालयों के साथ की जाती है और वे विशेषतौर पर अमेरिकी अनुसंधान विश्वविद्यालयों का अनुकरण करने का प्रयास करते हैं। इस सम्बन्ध में, अकादमिक रैकिंग ऑफ वर्ल्ड यूनिवर्सिटी–शंघाई जियाओ टोंग श्रेणीकरण–का उद्भव एक प्रख्यात चीनी विश्वविद्यालय के कीर्तिमान प्रयास से हुआ। 985 परियोजना स्नातक कार्यक्रमों, अंतरविषयी केन्द्रों, तथा शिक्षण पाठ्यक्रमों और कुछ मामलों में अंग्रेजी में संपूर्ण डिग्री कार्यक्रमों, मान्यताप्राप्त अंतर्राष्ट्रीय अकादमिक पत्रिकाओं में प्रकाशन, तथा अंतर्राष्ट्रीय योग्यता संपन्न शिक्षकों को नियुक्त किए जाने पर बल देती है। शिक्षा मंत्रालय की वर्तमान नीति 985 विश्वविद्यालयों की संख्या में वृद्धि नहीं करेगी बल्कि वर्तमान संस्थानों को आगे और अधिक सशक्त बनाएगी। इन सुधारों को चीनी उच्च शिक्षा के शीर्ष स्तर पर एक गहरा प्रभाव पड़ चुका है। निधियों की उपलब्धता ने प्रभावशाली नई सुविधाओं की अनुमति प्रदान की है, जिनमें कुछ पूर्णतः नए परिसरों के निर्माण करना भी शामिल है। पुनर्गठन के द्वारा अंतरविषयी कार्यों पर बल दिया गया है। कुछ मामलों में विलय के द्वारा उत्कृष्टता केन्द्र स्थापित किए जा चुके हैं। नए संगठनात्मक ढाँचे ने अकादमिक उत्पादकता तथा एक अधिक कारगर करियर संरचना को सशक्त कर दिया है। इन सुधारों ने अकादमिक प्रणाली में सामान्य विविधताएं उत्पन्न की हैं और संस्थानों तथा क्षेत्रों के बीच कहीं बड़ी असमानताएं उत्पन्न कर दी हैं। अकादमिक प्रणाली के सतह, मध्य एवं शीर्ष पर स्थित संस्थानों के बीच गुणवत्ता, निधिकरण, मिशन तथा अन्य कारकों के लक्ष्यों में अंतर सुधारों के पहले की अपेक्षा कहीं अधिक व्यापक हो चुके हैं।

भारत के पास एक भी विश्वस्तरीय अनुसंधान विश्वविद्यालय उपलब्ध नहीं है (जयराम 2007)। अंतर्राष्ट्रीय उच्च शिक्षा श्रेणीकरण मात्र कुछ भारतीय संस्थानों को ही शामिल करता है, मुख्यतः भारतीय प्रौद्योगिकी संस्थानों को, जो विश्वविद्यालय न होकर छोटे उच्च–गुणवत्तासंपन्न तकनीकी संस्थान हैं। जहाँ भारत के 431 विश्वविद्यालयों की एक छोटी सी संख्या के पास शोध–केन्द्रित विभाग एवं संस्थान मौजूद हैं, वहीं यह कहना उचित है कि उनमें से कुछ ही अनुसंधान विश्वविद्यालय के रूप में संपूर्ण उत्कृष्टता का दावा कर सकते हैं। राज्य सरकारों के 230 विश्वविद्यालयों की तुलना में केन्द्र सरकार द्वारा प्रायोजित 25 विश्वविद्यालयों की प्रवृत्ति उच्च गुणवत्ता वाली है। केन्द्रीय में से 6 तथा राज्य विश्वविद्यालयों में से 114 के पास सम्बद्ध कॉलेज उपलब्ध हैं–जो कुल मिलाकर 20,667 हैं (मानव संसाधन विकास मंत्रालय, 2009)। अत्यधिक सम्मानित भारतीय प्रौद्योगिकी संस्थान एवं भारतीय प्रबंधन संस्थान तथा कुछ अन्य मुट्ठीभर विशेषज्ञतासंपन्न संस्थानों को अंतर्राष्ट्रीय तौर पर प्रतिस्पर्धात्मक माना जाता है। उदाहरणार्थ, भारतीय प्रौद्योगिकी संस्थानों के पास कुलमिलाकर लगभग 30,000 छात्र मौजूद हैं, जिसमें से आधे से अधिक स्नातकपूर्व स्तर पर हैं। परंतु ये

छोटे विशेषज्ञतासंपन्न संस्थान हैं। उनकी अनुसंधान उत्पादकता प्रभावशाली होने के साथ–साथ उनके आकार तथा मिशनों द्वारा सीमित भी है (इन्डायर्सन 2007)।

दुखती रग

भारतीय उच्च शिक्षा की दुखती रग वास्तव में पारंपरिक विश्वविद्यालयों का प्रतिनिधित्व करती है। विशेषतौर पर राज्यों के विश्वविद्यालय की विशेषताएं हैं व्यापक अल्पनिधिकरण, राजनीतिक हस्तक्षेप, अकादमिक विभागों तथा कभी–कभी प्रवेशों एवं परीक्षाओं में प्रायः एक महत्वपूर्ण स्तर के भ्रष्टाचार, तथा अपर्याप्त एवं बुरे रखरखाव वाली सुविधाएं (इन्डायर्सन 2007)। सम्बद्ध कॉलेजों की देखरेख के भारी बोझ ने अधिकांश विश्वविद्यालयों की उर्जा एवं रचनात्मकता को शक्तिहीन कर दिया है। उदाहरणार्थ, मुम्बई विश्वविद्यालय के पास 363 सम्बद्ध कॉलेज हैं, जबकि कोलकाता विश्वविद्यालय के पास 170 तथा दिल्ली विश्वविद्यालय के पास 83 कॉलेज हैं। यद्यपि अधिकांश छात्र पूर्वस्नातक कॉलेजों में हैं, तथापि मुम्बई, कोलकाता तथा दिल्ली में उनकी बड़ी संख्या की परीक्षाओं के लिए विश्वविद्यालय ही उत्तरदायी हैं। इसमें कतई आश्चर्य नहीं है कि गत एक अर्द्धशताब्दी में कुछ सफल सुधार प्रयासों के द्वारा परंपरागत विश्वविद्यालयों की अनदेखी कर दी गई है और पूर्णतः नए संस्थानों, जैसे भारतीय प्रौद्योगिकी संस्थान आदि की स्थापना कर दी गई है। सच यह है कि जब तक परंपरागत विश्वविद्यालयों में सुधार और प्रगति नहीं की जाती तब तक भारतीय उच्च शिक्षा भारतीय प्रौद्योगिकी संस्थानों एवं तत्सम्बन्धित मुख्यतः विशेषज्ञतासंपन्न संस्थानों की उत्कृष्टता परिधि से आगे प्रगति करने के योग्य नहीं हो सकेगी।

जहाँ अनेक आधिकारिक रिपोर्टों के द्वारा विश्वविद्यालय एवं कॉलेज सम्बद्धता में सुधार के आह्वाहन किए जा चुके हैं, वहीं एक अर्द्धशताब्दी में ऐसा कुछ भी नहीं किया गया है। 1948–49 में विश्वविद्यालय शिक्षा आयोग (राधाकृष्णन आयोग) से प्रारंभ करते हुए तथा 1964–66 के शिक्षा आयोग (कोठारी आयोग) के पूर्व उच्च शिक्षा के लिए असंख्य विचारपूर्ण सिफारिशें प्रस्तुत की गई थीं, जिनमें अनुसंधान विश्वविद्यालयों को बढ़ावा दिए जाने, कॉलेजों को विश्वविद्यालयों से "असम्बद्ध" किए जाने और अनेक अन्य प्रस्ताव प्रस्तुत किए गए थे। राजनीतिक इच्छाशक्ति की कमी, शैक्षिक एवं कई बार राजनीतिक हितों के अतिक्रमण, एक विभाजित राजनीतिक प्रणाली, तथा संसाधनों की कमियाँ इस गड़बड़ी में योगदान कर रही हैं (जयराम 2007: 74–76)।

नए विश्वविद्यालयों के निर्माण की वर्तमान सरकारी योजनाएं सुधारों की पेचीदा समस्याओं को सम्बोधित नहीं करतीं। नए भारतीय प्रौद्योगिकी संस्थान, केन्द्रीय विश्वविद्यालय, तकनीकी संस्थानों एवं अन्य संस्थानों की स्थापना सम्बन्धी पहल भी वर्तमान विश्वविद्यालयों की समस्याओं का मुकाबला नहीं कर पाती, न ही वे यह इंगित करती हैं कि ये नए विश्वविद्यालय किस प्रकार से मौजूदा संस्थानों तथा उनके अभ्यासों में सुधार करेंगे। वास्तव में, भारतीय उच्च शिक्षा में उत्कृष्टता के प्रकाशस्तंभों के परंपरागत विश्वविद्यालयों के बाहर ही बने रहने की संभावना है। उदाहरणार्थ, जिन सुधारकों, जिन्होंने भारतीय प्रौद्योगिकी संस्थानों, भारतीय प्रबंधन संस्थानों, एवं अन्य नवाचारों की स्थापनाएं की थीं, ने परंपरागत विश्वविद्यालयों की उपेक्षा की और नए संस्थानों को विश्वविद्यालयों का नाम दिए बिना ही उनकी स्थापना कर दी।

चीन विश्वस्तरीय अनुसंधान विश्वविद्यालय निर्मित करने की राह पर भली–भांति आगे बढ़ रहा है और इसने इसके प्रति अपने प्रमुख संसाधनों तथा भारी नियोजन

को समर्पित किया है। महत्वपूर्ण चुनौतियाँ, जिनमें एक प्रभावी अकादमिक संस्कृति का निर्माण, अकादिमक स्वतंत्रता एवं अन्य मुद्दे शामिल हैं, बनी हुई हैं, किन्तु एक अत्यन्त आशाजनक शुरुआत की जा चुकी है। भारत अंतर्राष्ट्रीयतौर पर प्रतिस्पर्धात्मक अनुसंधान विश्वविद्यालय स्थापित किए जाने से दूर बना हुआ है।

अकादमिक पेशा एवं अकादमिक संस्कृति

किसी भी माध्यमिकोत्तर संस्थान के केन्द्र में अकादमिक पेशा विद्यमान होता है। बिना सुशिक्षित एवं प्रतिबद्ध प्रोफसरों के कोई भी अकादमिक संस्थान शैक्षणिक रूप से सफल नहीं हो सकता। चीन तथा भारत, अपनी अकादमिक प्रणालियों के पैमाने के कारण आंशिकतौर पर, शिक्षा एवं नेतृत्व प्रदान करने में सक्षम प्रोफेसर समुदाय को विकसित करने और उन्हें कायम रखने में बड़ी चुनौतियों का सामना कर रहे हैं। उच्च शिक्षा की व्यापक होती इन प्रणालियों के लिए अभूतपूर्व संख्या में शिक्षकों की आवश्यकता है। शिक्षण कर्मचारियों के एक बहुत बड़े भाग को डॉक्टरेट स्तर पर प्रशिक्षण प्रदान करना बहुत कठिन कार्य है। शिक्षकों द्वारा सर्वश्रेष्ठ कार्य किए जाने और उनमें से "सर्वश्रेष्ठ एवं सर्वाधिक प्रतिभासंपन्न" को पेशे में रोके रखने के लिए स्थितियों का निर्माण एवं उन्हें कायम रखा जाना भी चिंता का एक विषय है। अंततः, एक सफल अकादमिक प्रणाली के लिए एक ऐसी "अकादमिक संस्कृति" का सृजन करना अनिवार्य है जो प्रतिभा, ईमानदारी, एवं अकादमिक स्वतंत्रता को प्रोत्साहित करती हो।

भारतीय कॉलेजों एवं विश्वविद्यालयों में 5.50 लाख से भी अधिक पूर्णकालिक शिक्षक तथा चीन में 12 लाख शिक्षक शिक्षण प्रदान कर रहे हैं। इसके अलावा चीनी उच्च शिक्षा में 3.50 लाख तथा भारत में एक छोटी किन्तु बढ़ती हुई संख्या में अंशकालिक शिक्षक कार्यरत् हैं। शिक्षकों की बड़ी संख्या पूर्वस्नातक छात्रों के शिक्षकों की है और वे, यदि करते भी हैं तो, बहुत कम अनुसंधान कार्य करते हैं। दोनों देशों में अधिकांश शिक्षकों के पास डॉक्टरेट नहीं है और कुछ ने मात्र स्नातक डिग्री ही हासिल की हुई है; चीन में मात्र 9% के पास ही डॉक्टरेट उपलब्ध है, यद्यपि अनुसंधान विश्वविद्यालयों के 70% के पास डॉक्टरेट उपलब्ध है, और भारत में लगभग 35% के पास डॉक्टरेट डिग्री है, पुनः शोध–उन्मुख विश्वविद्यालय विभागों में पीएच.डी. धारकों का हिस्सा अधिक है। विशिष्टतौर पर स्नातकपूर्व को शिक्षण प्रदान करने वालों के लिए शिक्षण भार बहुत अधिक है। ग्रामीण तथा अपेक्षाकृत अल्पविकसित क्षेत्रों में स्थित कॉलेजों एवं विश्वविद्यालयों में शिक्षकों के लिए स्थितियाँ शहरी संस्थानों की तुलना में प्रतिकूल हैं। एक ओर, शिक्षकों की एक छोटी संख्या, संभवतः कुल का 3%, स्नातक (परास्नातक) छात्रों को शिक्षा दे रही है, तथा उन्हें बेहतर विश्वविद्यालयों में शोध–उन्मुख विभागों में नियुक्त किया गया है, पारिश्रमिक एवं कार्य–परिस्थितियों के मामले में कहीं बेहतर स्थिति में हैं। भारत में, मात्र विश्वविद्यालय के विभागों तथा विशेषज्ञतासंपन्न अनुसंधान संस्थानों में पदधारी शिक्षकों से शोध करने की अपेक्षा की जाती है। इनमें से यदि सब नहीं तो अधिकांश शिक्षकों के पास डॉक्टरेट डिग्रियाँ उपलब्ध हैं, जो प्रायः पश्चिम में प्रतिष्ठित विश्वविद्यालयों द्वारा प्रदत्त हैं (चेन 2003)।

चीन तथा भारत अपने आकार, विविधता, तथा अपने अकादमिक पेशे के संगठन के कारण विशेष समस्याओं का सामना कर रहे हैं (चेन 2003; जयराम 2003)। दोनों अकादमिक प्रणालियों के पास अत्यधिक नौकरशाहीपूर्ण विश्वविद्यालय प्रबंधन की एक लंबी परंपरा तथा अकादमिक स्वतंत्रता में बड़ी बाधाएं मौजूद हैं। भारत के मामले में,

स्वतंत्रताप्राप्ति के पहले अकादमिक स्वतंत्रता बहुत कम थी और नौकरशाही बहुत अधिक जिसका लक्ष्य शिक्षकों तथा छात्रों को नियंत्रण में रखना था (बासु 1974)। चीन बहुत सारे सामाजिक व्यवधानों का गवाह रहा है जिसमें एक–दशक लंबी सांस्कृतिक क्रांति शामिल है जिसने संपूर्ण अकादमिक प्रणाली को ठप कर दिया था, और बार–बार होने वाली नीतिगत परिवर्तन भी जिन्होंने अकादिमक पेशे को प्रभावित किया था।

अकादमिक स्वतंत्रता दोनों ही देशों में एक केन्द्रीय मुद्दा है, हालांकि भारत इस क्षेत्र में एक बेहतर वातावरण का दावा कर सकता है। भारत में, अकादमिक स्वतंत्रता संपूर्ण अकादमिक प्रणाली में एक आधिकारिक नीति है। समस्या इसके मानदंडों को लेकर स्थानीय अनुपालनों की है। अहंकारी प्रशासनिक अधिकार, धार्मिक एवं जातीय अनुभूति के प्रति संवेदनशीलता, तथा अकादमिक मामलों में कुछ राजनीतिक हस्तक्षेप का एक संयोजन अकादमिक स्वतंत्रता को प्रभावित करता है। इन सभी बाधाओं के बावजूद, विद्वान सामान्यतौर पर बिना किसी बाधा के अकादमिक पत्रिकाओं अथवा समाचारपत्रों अथवा अन्य प्रकाशनों में प्रकाशन करवा सकते हैं। अकादमिक स्वतंत्रता के उल्लंघन नियम के बजाय अपवाद अधिक हैं।

चीन में स्थिति में भारी अंतर है, यद्यपि स्थितियाँ सुधर रही हैं (ही 2002)। कुछ क्षेत्रों में अकादमिक स्वतंत्रता पर अनौपचारिक किन्तु व्यापकतौर पर स्वीकृत प्रतिबंध मौजूद हैं। शिक्षक, विशेषतौर पर सामजिक विज्ञानों एवं मानविकी के कुछ क्षेत्रों में, समझते हैं कि अनुसंधान एवं व्याख्या के कुछ क्षेत्र "सीमाओं से परे" हैं और कतिपय प्रकार की आलोचना का परिणाम प्रतिबंधों, जिनमें निष्कासन तथा दुर्लभ अवसरों पर दंडित करना शामिल है, के रूप में प्रकट हो सकते हैं। अकादमिक पत्रिकाएं जहाँ लोकप्रिय मीडिया की अपेक्षा अधिक गुंजाइश प्रदान करती हैं, वहीं प्रकाशन सामग्रियों पर कुछ नियंत्रण का उपयोग करती हैं, तथा स्व–सेंसर व्यवस्था आम बात है। जैसे–जैसे चीनी विश्वविद्यालय अंतर्राष्ट्रीयतौर पर प्रतिस्पर्धा के प्रयास करते जा रहे हैं वैसे–वैसे अकादमिक स्वतंत्रता को विश्वस्तरीय विश्वविद्यालय के एक आवश्यक अंग के रूप में मान्यता प्राप्त होती जा रही है।

किसी भी प्रभावी अकादमिक संस्कृति का भ्रष्टाचारमुक्त होना आवश्यक है। फिर भी, भ्रष्टाचार की कुछ समस्याएं दोनों ही देशों में मौजूद हैं। चीन में, अकादमिक भ्रष्टाचार के सर्वाधिक दृश्य पहलू साहित्य चोरी तथा आँकड़ों की जालसाजी के समय पर दुरुपयोग में विद्यमान हैं। कुछ अपेक्षाकृत कम प्रतिष्ठित विश्वविद्यालयों में प्रवेश अथवा श्रेणी हासिल करने हेतु घूस के लेनदेन की सूचनाएं भी रही हैं। पकड़े जाने पर अपराधियों को प्रायः अपमानित तथा दंडित किया गया है। इसके बावजूद यदि कोई भी समाचारपत्र तथा इंटरनेट की रिपोर्टों से निर्णय करे तो अकादमियों में कम से कम कुछ सीमा तक भ्रष्टाचार निहित प्रतीत होता है। भारत में यह समस्या कहीं अधिक व्यापक और आनुवांशिक है, जिसमें कुछ साहित्यचोरी तथा सम्बन्धित दुराचरण संलिप्त हैं। इसके अलावा, अकादमिक प्रशासक एवं कभी–कभी प्रोफेसर लोग छात्रों के प्रवेश में घूस लेने, परीक्षा–परिणामों में जालसाजी करने, परीक्षा प्रश्नपत्रों एवं उत्तरों को बेचने, तथा अन्य प्रकार के दुष्कर्म करते हैं। जहाँ अकादमिक भ्रष्टाचार आम बात है वहीं यह भारत के कुछ हिस्सों तथा संस्थानों में अधिक गंभीर है। उदाहरणार्थ, अभिजात्य भारतीय प्रौद्योगिकी संस्थान, भारतीय प्रबंधन संस्थान एवं कुछ अन्य शीर्ष संस्थानों में ऐसे बहुत कम मामले देखे गए हैं, जबकि बिहार अथवा उत्तर प्रदेश जैसे राज्यों में ऐसी अनेक समस्याएं सूचित की जा चुकी हैं।

एक प्रभावी अकादमिक प्रणाली का निर्माण करने के लिए आवश्यक है कि अकादमिक पेशे में पर्याप्त भुगतान किए जाएं और उन्हें पर्याप्त कार्य परिस्थितियाँ

उपलब्ध हों। अकादमिक वेतनों के हाल के एक अंतर्राष्ट्रीय सर्वेक्षण में चीन तथा भारत को 15 देशों के एक समूह में सबसे निचले स्थान प्राप्त हुए थे (रम्बले, पैशिको एवं अल्ट्बाख़ 2008) (चित्र–3)। औसतन, चीन के लिए 1,182 डॉलर तथा भारत के लिए 1,547 डॉलर के साथ वेतन अमेरिकी औसत का मात्र 25% थे तथा अधिकांश पश्चिमी यूरोपीय वेतनों से मामूलीतौर पर कम थे, फिर भी दोनों देशों में मध्यवर्ग में जीवनयापन की अनुमति प्रदान कर रहे थे। ये तुलनाएं 2008 की क्रयशक्ति समता के आधार पर की गई हैं। इसके अलावा, अनेक देशों के विपरीत, अधिकांश चीनी एवं भारतीय शिक्षक पूर्णकालिक नियुक्तियाँ हासिल करते हैं। अनेक अतिरिक्त भत्तों द्वारा अधिक आय अर्जित करने में सक्षम थे। यह नोट करने योग्य है कि भारतीय वेतन चीन की तुलना में अधिक हैं, बावजूद इसके कि भारत की जीडीपी नीची है। इसके अलावा, भारत सरकार ने हाल ही में बड़ी वेतनवृद्धि की योजना घोषित कर दी है। हालांकि, इस तथ्य, कि अकादमिक वेतन समान रूप से शिक्षित स्वदेशी पेशेवर लोगों अथवा विकसित देशों के शिक्षकों के पारिश्रमिक के साथ अनुकूल रूप से मेल नहीं खाते, का अर्थ हो सकता है कि अनेक सर्वश्रेष्ठ–शिक्षित लोग विश्वविद्यालयों में कार्य करना नहीं पसंद करते। हो सकता है कि अनेक मामलों में "सर्वश्रेष्ठ एवं सर्वाधिक प्रतिभाशाली" लोगों को यह पेशा अपने साथ बनाए रखने में समर्थ न रहे।

एक अकादमिक संस्कृति का निर्माण तथा प्रोफेसर समुदाय को पर्याप्त वेतन एवं कार्य परिस्थितियाँ उपलब्ध कराया जाना संपूर्ण पेशे के लिए महत्वपूर्ण है, विशेषतौर पर अकादमिक अनुक्रम के शीर्षस्थ लोगों के लिए। वास्तव में, प्रतिस्पर्धात्मक अनुसंधान

चित्र 3 औसत अकादमिक वेतन, चयनित देश ($, क्रयशक्ति समता)

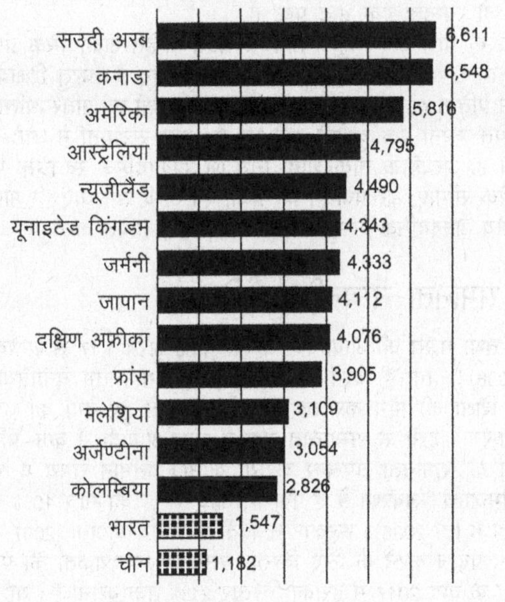

स्रोतः Rumbley, Pacheco and Altbach 2008।

विश्वविद्यालयों के निर्माण के लिए कम–से–कम अंतर्राष्ट्रीय स्तरों के समकक्ष कार्य परिस्थितियों सहित समुचित रूप से भुगतान किए जाने वाले प्रोफ़ेसर समुदाय की आवश्यकता होती है, क्योंकि शीर्ष शिक्षक एक अंतर्राष्ट्रीय श्रम बाजार का हिस्सा होते हैं (रम्बले, पैशिको एवं अल्ट्बाख़ 2008)। चीन के शीर्ष विश्वविद्यालयों के पास ऐसी लचीली पारिश्रमिक नीति मौजूद है जो शीर्ष चीनी शिक्षकों को स्थानीय मानदंडों से कहीं अधिक वेतन प्रदान कर सकती है और कुछ मामलों में "स्टार" प्रोफ़ेसरों को विदेशों में अंशकालिक नियुक्तियाँ बनाए रखने की अनुमति प्रदान कर सकती है। भारत के पास ऐसी कोई नीति नहीं है और, परिणामस्वरूप, यह अधिकांश मामलों में अपने सर्वश्रेष्ठ विद्वानों को स्वदेश वापसी के लिए आकर्षित करने में असमर्थ है।

शिक्षक पदों के लिए अपने ही स्नातकों को नियुक्त किए जाने की दोनों देशों की प्रथा, जहाँ अनेक देशों में आम हैं, वहीं यह एक उत्पादक एवं स्वतंत्र अकादमिक संस्कृति के निर्माण हेतु समस्याएं उत्पन्न करती है। विश्वविद्यालय के अपने स्नातक इन पदों के लिए संभावित सर्वश्रेष्ठ योग्य अभ्यर्थी नहीं भी हो सकते हैं, और संस्थान की संस्कृति में उनका सामाजीकरण हो चुका होता है और वे अपने सर्वश्रेष्ठ रचनात्मक कार्य करने में कठिनाई अनुभव करते हैं। वे सहजतापूर्वक वर्तमान विभागीय एवं संकाय अनुक्रमों में समायोजित हो जाते हैं। चीन के शीर्ष विश्वविद्यालयों ने "अंतःप्रजनन" की पहचान एक चुनौती के रूप में की है और इस प्रथा को रोकने के लिए नियम लागू कर दिए हैं, परंतु चीनी अकादमिक प्रणाली का अधिकांश भाग अभी इस नियुक्ति प्रक्रिया का उपयोग कर रहा है। अंतःप्रजनन भारत में बहुत प्रचलित है (जयराम 2003)। किसी विश्वविद्यालय से सम्बद्ध स्नातकपूर्व कॉलेज सामान्यतः उसी विश्वविद्यालय के स्नातकों को नियुक्त कर लेते हैं। कुछ कॉलेजों में, अकादमिक पदों के आवेदकों से उन्हें नियुक्त करने वाले व्यक्तियों अथवा नियुक्त करने वाले संस्थान को भुगतान करने की अपेक्षा की जाती है, जो स्पष्टतः एक भ्रष्ट प्रथा है।

दोनों देशों के पास अपने कुछ शीर्ष संस्थानों सहित अकादमिक प्रणाली के अन्य भागों में एक प्रभावी अकादमिक संस्कृति के तत्व मौजूद हैं। परंतु शिक्षकों की नियुक्ति एवं पदोन्नति में प्रतिभा को पुरस्कृत करने की एक पारदर्शी एवं प्रतिस्पर्धात्मक अकादमिक संस्कृति स्थापित करना एक चुनौती बनी हुई है। कुछ संस्थानों में छोटे–मोटे भ्रष्टाचार मौजूद हैं, ऐसे ही अत्यधिक नौकरशाही नियंत्रण, अकादमिक स्वतंत्रता पर औपचारिक एवं अनौपचारिक सीमाएं, अंतःप्रजनन की प्रथा, एवं अन्य समस्याएं भी मौजूद हैं। ये मुद्दे एक विश्वस्तरीय अकादमिक संस्कृति का निर्माण को बाधित करते हैं।

पहुँच एवं समानता सम्बन्धी चुनौतियाँ

2007 में चीन तथा भारत की आबादियाँ क्रमशः 1.30 अरब 1.17 से अधिक हो चुकी थीं (विश्व बैंक 2008)। दोनों ही देशों में उच्च शिक्षा की महानतम चुनौतियों में से एक है माध्यमिकोत्तर शिक्षा की माँग कर रहे आबादी के बढ़ते हुए वर्गों को उच्च शिक्षा तक पहुँच प्रदान करना। इसी से सम्बन्धित मुद्दा है छात्र आबादी में कम–प्रतिनिधित्व वाले आबादी समूहों को समानता उपलब्ध कराया जाना। वर्तमान समय में, भारत अभी भी पहुँच की "अभिजात्य" अवस्था में है, जिसमें आयु समूह का मात्र 10% ही उच्च शिक्षा में प्रवेश ले रहा है (ट्रो 2006)। सरकार ने 11वीं पंचवर्षीय योजना (2007–12) के दौरान 15% को पहुँच प्रदान करने के लिए विस्तार सम्बन्धी आवश्यकता की पहचान कर ली है और योजना के बाद 2017 में इसका विस्तार 21% तक करना है। यह विस्तार भारत

के इतिहास में सबसे बड़ा होगा और इसके लिए संस्थानों के साथ–साथ खर्चों में एक नाटकीय वृद्धि की आवश्यकता होगी। चीन, जो पहले से ही 22% सहभागिता स्तर पर है, और अधिक पहुँच की ओर बढ़ रहा है। यह अपेक्षाकृत एक ऊँचे आधार से प्रारंभ कर रहा है, किन्तु साथ ही महत्वपूर्ण विस्तार भी किए जाएंगे। 2005 में, शिक्षामंत्री ने संकेत दिया था कि 2020 तक सहभागितादर 40% हो जाएगी (चित्र–4, पृष्ठ 47)। वास्तव में, आगामी दो दशकों में विश्व के नामांकनों में होने वाली वृद्धि का अधिकांश भाग मात्र इन दोनों देशों में ही उत्पन्न होगा (कपूर एवं क्रोली 2008)।

दोनो देश माध्यमिकोत्तर शिक्षा पर अधिक ध्यान दिए जाने की आवश्यकता को मान्यता देते हैं, और पिछले दशक में उन्होंने नाटकीय विस्तार किए हैं और आगामी दशकों में सतत् विकास की योजना बना रहे हैं। कई प्रकार की रणनीतियाँ दिखाई दे रही हैं, और दोनों देशों में वे एकसमान हैं। निजी क्षेत्र "माँग अवशोषण" का प्रमुख स्त्रोत है। दोनों देशों ने निजी संस्थानों के सतत् विस्तार को अनुमति प्रदान कर दी है, यद्यपि जैसा पहले नोट किया गया है, दोनों उन शर्तों, जिनके अधीन निजी क्षेत्र को कार्य करना चाहिए, लाभार्जक संस्थानों की भूमिका, एवं अन्य विषयों को लेकर दुविधाग्रस्त हैं। भारत में, "गैर–सहायताप्राप्त" निजी कॉलेज एवं विश्वविद्यालय सबसे तीव्रगति से विकसित हो रहे क्षेत्र हैं, और चीन में, *मिन बेन* (निजी) तथा सार्वजनिक विश्वविद्यालयों की अर्द्ध–निजी शाखाएं पहुँच सम्बन्धी अधिकांश नई माँग को अवशोषित कर रही हैं।

पहुँच के मुद्दे जैसा तो नहीं, किन्तु ऐसे आबादी समूहों के लिए उच्च शिक्षा में समानता का मुद्दा भी संलिप्त है जिनका प्रतिनिधित्व इस प्रणाली में कम रहा है और इसमें, देश अथवा क्षेत्र, लिंग तथा सामाजिक–आर्थिक असमानताएं, ग्रामीण एवं शहरी असमानताएं, एवं अन्य जातीय एवं अल्पसंख्यक समूह भी शामिल है। चीन तथा भारत दोनों में ही शहरी एवं ग्रामीण विभाजन बहुत अधिक है, जिसके पहुँच एवं समानता के प्रति निहितार्थ हैं। अनेक विकासशील देशों के समान ही आबादी की बड़ी संख्या गाँवों

चित्र 4 चीन तथा भारत में उच्च शिक्षा में सहभागिता (सकल नामांकन अनुपात 1991–2006, 2017 एवं 2020 के लिए आधिकारिक लक्ष्य) (%)

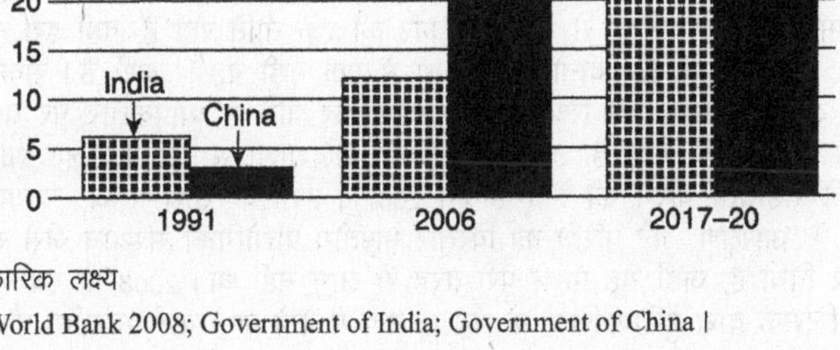

*आधिकारिक लक्ष्य

स्त्रोत: World Bank 2008; Government of India; Government of China।

में निवास करती है। यहाँ तक कि दोनों देशों के नाटकीय शहरीकरण के बाद बहुत बड़ी आबादी अभी भी ग्रामीण ही है, जहाँ आमदनी, साक्षरता, सभी स्तरों पर शिक्षा तक पहुँच, जीवन–प्रत्याशा, तथा जीवनयापन साधनों की गुणवत्ता आदि सभी शहरी क्षेत्रों की तुलना में निम्नस्तरीय हैं। उच्च शिक्षा तक पहुँच नाटकीयतौर पर निम्नस्तरीय है, और साथ ही गुणवत्ता भी नीची ही बनी हुई है।

समानता अनेक प्रकार से उच्च शिक्षा तक पहुँच की अपेक्षा एक अधिक कठिन चुनौती है। ऐतिहासिकतौर पर, समानता चीनी एवं भारतीय सरकारी नियोजनकर्ताओं की एक प्रमुख चिंता रही है। शीर्ष विश्वविद्यालयों में से अनेक के पास क्षेत्रीय कोटे उपलब्ध हैं ताकि संपूर्ण चीन से आवेदक पहुँच हासिल कर सकें। विगत कुछ दशकों में, पहुँच की तुलना में समानता कम महत्वपूर्ण प्राथमिकता बन गई है। जैसा कि समाज एवं अर्थव्यवस्था के अन्य पहलुओं में है, उच्च शिक्षा में भी समृद्ध तटीय क्षेत्रों और व्यापक अंदरूनी क्षेत्रों के बीच महत्वपूर्ण असमानता व्याप्त है। तटीय प्रांतों एवं बड़े शहरों की तुलना में पश्चिमी चीन में उच्च शिक्षा तक पहुँच की दर महत्वपूर्ण रूप से नीची है, ऐसा ही विश्वविद्यालयों की समग्र गुणवत्ता के साथ भी है। चीन के अल्पसंख्यक समूहों के लिए पहुँच की दरों तथा लैंगिक अथवा सामाजिक वर्ग के अनुसार समानताओं से सम्बन्धित आँकड़ों की बहुत कमी है। गणराज्य के प्रारंभ से ही चीन ने पश्चिमी चीन में पहुँच के विस्तार को प्रोत्साहित किए जाने के द्वारा इन असमानताओं की ओर भारी ध्यान समर्पित किया है। 1980 के दशक में ऋण कार्यक्रमों को लागू किया गया था ताकि गरीब पृष्ठभूमियों वाले छात्र उच्च शिक्षा में भागीदारी कर सकें। हालांकि, बड़ी असमानताएं अभी विद्यमान हैं। ऐसा संभव है कि ये देश के उच्च विकास वाले क्षेत्रों में सतत् रूप से बढ़ती समृद्धता असमानाताओं में वृद्धि कर दे, हालांकि इसके आँकड़े उपलब्ध नहीं हैं।

भारतीय उच्च शिक्षा में सर्वाधिक विवादास्पद मुद्दों में जनजातीय समूहों, निचली जातियों, एवं दलितों (परंपरागत "अछूत" अथवा हिन्दू जातीय व्यवस्था में निचले समूह का स्वनामकरण) के लिए पहुँच तथा समानता में सुधार करने के उद्देश्य से बनाई गई नीतियों की श्रृंखला शामिल है। भारत में "सकारात्मक भेदभाव" कहे जाने वाले कार्य से सम्बन्धित नीतियाँ राजनीति–प्रेरित हैं ओर प्रायः कटु बहसों, कानूनी कटुता, तथा मुकद्मेबाजी का विषय बनी रहती हैं। 1947 में स्वतंत्रता के समय से ही भारत में सभी लोक सेवाओं तथा उच्च शिक्षा में सकारात्मक भेदभाव, जिसे आरक्षण भी कहा जाता है, का अर्थ यह रहा है कि दलित एवं कुछ अतिरिक्त निचली जातियाँ (जिन्हें पिछड़ावर्ग के नाम से जाना जाता है) एवं जनजातीय समूहों के लिए कॉलेजों एवं विश्वविद्यालयों में आनुपातिक स्थान, लोकसेवाओं तथा कुछ अन्य क्षेत्रों में पद आरक्षित कर दिए गए हैं। इसका अर्थ है कि माध्यमिकोत्तर संस्थानों को इन समूहों में से एक निर्धारित प्रतिशत (कुल का लगभग 50 प्रतिशत) को नियुक्त करना है, और प्रवेश प्रदान करना है। जहाँ सकारात्मक भेदभाव दशकों से भारत सरकार की एक नीति रही है, वहीं इस नीति के औचित्य एवं प्रभावकारिता दोनों के सम्बन्ध में एक बड़ी बहस जारी है। सकारात्मक भेदभाव को इन समूहों की स्थिति का उत्थान कर पाने में व्यापकतौर पर प्रभावहीन होने का दावा किया गया है, इसकी मंशा एक बुद्धिशाली समाज में गलत सामाजिक नीति की सहायता करने की है (महाजन 2007)। इसी के साथ–साथ, न्यायालय के आदेशों ने "आरक्षण" की परिधि का विस्तार भारतीय प्रौद्योगिकी संस्थान जैसे संस्थानों तक कर दिया है, जहाँ यह पहले पूरी तरह से लागू नहीं था। 2008 के एक सरकारी निर्णय, जिसके द्वारा बुद्धिशालियों के गढ़ के रूप में देखे जाने वाले भारतीय प्रौद्योगिकी

संस्थानों को जारी जनादेश, कि उन्हें सकारात्मक भेदभाव कानूनों के प्रावधनों के अनुसार प्रोफेसरों की नियुक्ति करना आवश्यक है, ने इस नीति से सम्बन्धित बहस का नवीकरण कर दिया है।

विश्व के अनेक भागों में, वर्षों के नीतिगत नवप्रवर्तनों के बावजूद, समानता एक प्रमुख दुविधा बनी हुई है तथा कुछ सामाजिक समूहों के लिए पहुँच अभी भी एक चिंता का विषय है। अन्य देशों के साथ–साथ चीन तथा भारत के लिए भी पहुँच कुछ तरीकों से समाधान की जा सकने वाली सर्वाधिक सहज समस्या है। निजी क्षेत्र के विस्तार की अनुमति प्रदान करना, विभिन्न प्रकार के सकारात्मक कार्यवाही कार्यक्रम, दूरस्थ क्षेत्रों में माध्यमिकोत्तर संस्थानों के निर्माण, वंचित समूहों के छात्रों को वित्तीय प्रोत्साहन दिया जाना, तथा अन्य नीतियों ने अलग–अलग स्तरों तक सहायता प्रदान की है। किन्तु असमानता उच्च शिक्षा प्रणालियों की विशेषता बनी हुई है, और चीन एवं भारत इसके अपवाद नहीं हैं। बड़ी जनसंख्याओं तथा उनके समाजों में मौजूद वंचनाओं के संयोजनों के कारण अन्य देशों की अपेक्षा उनकी चुनौतियों के पैमाने बहुत बड़े हैं।

निजी प्रावधान

संपूर्ण विश्व में, निजी उच्च शिक्षा माध्यमिकोत्तर शिक्षा का सर्वाधिक तीव्रगति से विकसित हो रहा क्षेत्र है (अल्ट्बाख़ 2005)। चीन तथा भारत दोनों के पास महत्वपूर्ण निजी उच्च शिक्षा क्षेत्र मौजूद हैं, यद्यपि कि चीन का निजी उच्च शिक्षा क्षेत्र कुल नामांकनों एवं संस्थानों की संख्या का मात्र एक छोटा सा भाग बना हुआ है। लगभग 43,00,000 छात्र निजी माध्यमिकोत्तर संस्थानों में भाग ले रहे हैं–16,00,000 निजी विश्वविद्यालयों में, 18,00,000 सार्वजनिक विश्वविद्यालयों के द्वि–स्तरीय कॉलेजों, तथा 8,70,000 अन्य प्रकार के संस्थानों में मौजूद हैं (चीन, शिक्षा मंत्रालय 2007)। इसके अलावा, एक बड़ा निजी व्यावसायिक क्षेत्र मौजूद है, और निजी संस्थानों में से अनेक डिग्रियाँ प्रदान करने के लिए अधिकृत नहीं हैं। उनकी एक छोटी सी संख्या स्वयं को विश्वविद्यालय कहती है, और एक छोटे से भाग को शिक्षा मंत्रालय के द्वारा विश्वविद्यालय डिग्रियाँ प्रदान करने का अधिकार प्रदान किया गया है। नए निजी स्कूलों में से कुछ गैर–लाभार्जक संस्थाएं हैं, जबकि अन्य के स्वामित्व व्यावसायिक उपक्रमों, परिवारों, अथवा अन्य व्यवस्थाओं के अधीन हैं। जहाँ सभी श्रेणियों वाले निजी संस्थानों की कुल संख्या (जिसमें डिग्रियाँ प्रदान करने के लिए अनाधिकृत संस्थान भी शामिल हैं) से सम्बन्धित सटीक आँकड़े उपलब्ध नहीं हैं, वहीं यह संख्या 1,000 से काफी अधिक है। निजी उच्च शिक्षा संस्थानों को स्थापित करने की अनुमति दिया जाना अपेक्षाकृत हाल ही में प्रारंभ हुआ है, और अधिकांश निजी संस्थानों का अस्तित्व मात्र एक अथवा दो दशक पुराना है।

अर्द्ध–निजी कॉलेज भी स्थापित किए जा चुके हैं। अतिरिक्त आय अर्जित करने तथा पहुँच के लिए स्थानीय माँग की पूर्ति करने हेतु कुछ चीनी विश्वविद्यालयों ने निजी सम्बद्ध कॉलेज स्थापित कर लिए हैं जो प्रायोजक विश्वविद्यालय से सम्बद्ध होते हैं। अधिकांशतः, कक्षाओं में नियमित विश्वविद्यालय शिक्षकों द्वारा शिक्षण प्रदान किया जाता है। इन सम्बद्ध संस्थानों द्वारा प्रदान की जाने वाली डिग्रियों के साथ कुछ समस्याएं जुड़ी हुई हैं। अनेक छात्रों ने आशा की थी कि उन्हें एक नियमित विश्वविद्यालय की डिग्री प्रदान की जाएगी, यद्यपि वास्तविक डिग्रियाँ प्रायोजक संस्थानों द्वारा जारी नहीं की गई थीं। इन सम्बद्ध कॉलेजों में अध्ययन की स्थितियाँ भी भिन्न–भिन्न हैं। कुछ

मामलों में, छात्र अन्य नियमित छात्रों के साथ एक ही कक्षा में बैठते हैं, जबकि अन्य में वे सायंकालीन कक्षाओं में भाग लेते हैं। कुछ और अन्य मामलों में, सम्बद्ध कॉलेजों की इमारतें ही पूरी तरह से अलग हैं।

सामान्यतौर पर, निजी क्षेत्र उच्च शिक्षा तक पहुँच की माँग के प्रत्युत्तर में तथा कुछ ऐसे व्यावसायिक पाठ्यक्रमों में रुचियों के कारण विकसित हुआ है जो मौजूदा विश्वविद्यालयों द्वारा पूरी नहीं की जा सकतीं। उच्च शिक्षा संस्थानों से अर्जित किए जाने वाले लाभों से सम्बन्धित विनियमन अभी स्पष्ट नहीं हैं, और अनेक अलग–अलग व्यवस्थाएं, जो प्रायः पारदर्शी नहीं हैं, लागू प्रतीत होती हैं। सरकारी एजेन्सियाँ निजी क्षेत्र पर कुछ गुणवत्ता एवं राजकोषीय नियंत्रण बनाए रखने का प्रयास कर रही हैं। हालांकि, नियम परिवर्तित हो जाते हैं, और संस्थानों की संख्या में तीव्रगति से वृद्धि हो रही है, प्रबंधन, वित्तीय पारदर्शिता, तथा गुणवत्ता के आश्वासन की समस्याएं मौजूद हैं। फिर भी, निजी क्षेत्र का विस्तार हो रहा है और कुछ निजी विश्वविद्यालयों द्वारा कुछ बेहतर चीनी विश्वविद्यालयों के साथ प्रतिस्पर्धा के प्रयास करने के साथ ही यह अधिक विविधीकृत होता जा रहा है। हालांकि, अभी के लिए यदि किसी छात्र को किसी सार्वजनिक अथवा निजी संस्थान में प्रवेश का विकल्प दिया जाए तो वह सतत् रूप से सार्वजनिक संस्थान का चयन करेगा/करेगी, सिर्फ कम शिक्षण शुल्क के कारण नहीं (जो निजी स्कूलों में बहुत अधिक है) बल्कि उसकी प्रतिष्ठा के कारण भी। कुछ निजी विश्वविद्यालयों ने विदेशी संस्थानों से साझेदारियाँ कर ली हैं। निजी क्षेत्र के विकसित होने तथा शायद विदेशी विश्वविद्यालयों के साथ साझेदारी के साथ ही आगामी दशकों में इसमें परिवर्तन हो सकते हैं, परंतु निजी क्षेत्र का भविष्य स्पष्ट होने से कोसों दूर है। यह आज चीनी उच्च शिक्षा परिदृश्य का एक दृश्य अंग है और संभवतः बढ़ती हुई प्रवेश सम्बन्धी माँगों को पूरा करने हेतु विस्तार करता रहेगा।

भारत में स्थिति अत्यधिक जटिल है (गुप्ता, लेवी एवं पवार 2008)। तकनीकी रूप से कहा जाए, अधिकांश भारतीय स्नातकपूर्व छात्र निजी कॉलेजों में अध्ययनरत् हैं; शायद ऐसे 95% संस्थानों का प्रबंधन निजी एजेन्सियों, जैसे धार्मिक संगठनों, सांस्कृतिक संस्थाओं, लोकोपकारी समूहों एवं अन्य लोगों द्वारा किया जाता है। हालांकि, अनेक को सरकारी स्त्रोतों से बड़ी धनराशियाँ प्राप्त होती हैं। ये कॉलेज "सहायताप्राप्त" संस्थान कहे जाते हैं। अन्य कॉलेजों को सरकार से कोई निधिकरण प्राप्त नहीं होता। इनमें अनेक चिकित्सा कॉलेज शामिल हैं (भारत में चिकित्सा एक स्नातकपूर्व विषय है)। लगभग ये सभी विश्वविद्यालयों से सम्बद्ध हैं।

निजी विश्वविद्यालयों की एक छोटी सी संख्या को राज्य अथवा केन्द्र सरकार के अधिकरणों द्वारा डिग्री प्रदान करने हेतु स्वीकृति प्रदान की गई है। ये संस्थान किसी प्रकार का सरकारी निधिकरण नहीं प्राप्त करते और निधिकरण के लिए शिक्षणशुल्कों पर एवं कुछ मामलों में लोकोपकारी दान पर निर्भर करते हैं। इसके साथ–साथ, यहाँ विशेषज्ञतासंपन्न निजी माध्यमिकोत्तर संस्थान, मुख्यतः व्यावसायिक स्कूल भी मौजूद हैं। कुछ के पास डिग्री देने के अधिकार हैं जबकि अन्य मात्र प्रमाणपत्र वितरित करते हैं क्योंकि उन्हें सरकार से डिग्री प्रदान करने की अनुमति नहीं है। लगभग सभी का वित्तपोषण शिक्षणशुल्कों से होता है।

अनेक पुराने निजी विश्वविद्यालयों ने भारी सम्मान अर्जित कर लिया है। बिड़ला प्रौद्योगिकी एवं विज्ञान संस्थान, जिसे 1900 के दशक में स्थापित किया गया था तथा 1964 में "डीम्ड विश्वविद्यालय" में प्रोन्नत कर दिया गया था, देश के शीर्ष संस्थानों में से एक है। 1953 में एक चिकित्सा विद्यालय के रूप में स्थापित किए गए मनिपाल

विश्वविद्यालय के पास आज 24 कॉलेज एवं 80,000 छात्र मौजूद हैं जो अनेक विषयों और नेपाल, मलेशिया, दुबई, एवं कैरेबियाई द्वीप समूह की अनेक शाखाओं में अध्ययनरत् हैं। भारत के बड़े निगमों में से अनेक विश्वविद्यालय प्रारंभ करने की प्रक्रिया में लगे हैं, जिनमें प्रमुख हैं रिलायंस इंडस्ट्रीज, महिन्द्रा एवं महिन्द्रा, तथा वेदांता समूह। अन्य बातों के अलावा वे इस मान्यता से प्रेरित हैं कि भारत के मौजूदा विश्वविद्यालयों की गुणवत्ता नीची है।

भारत में निजी क्षेत्र का विकास नाटकीय रहा है। वर्तमान में, 43% संस्थान तथा छात्रों के प्रवेश का 30% निजी गैर–सहायताप्राप्त संस्थानों में मौजूद है (अग्रवाल 2009: 70)। जहाँ सटीक आँकड़े अनुपलब्ध हैं, वहीं इन संस्थानों की बड़ी संख्या लाभार्जक अथवा अर्द्ध–लाभार्जक है, और अनेक परिवारों के स्वामित्व के अधीन हैं।

भारत में उच्च शिक्षा हेतु जटिल और प्रायः निष्क्रिय विनियामक ढाँचे के द्वारा निजी क्षेत्र को विस्तार की सुविधा प्रदान की गई है। केन्द्रीय अधिकरणों सहित राज्य सरकारों के पास कॉलेजों एवं विश्वविद्यालयों को मान्यता प्रदान करने के अधिकार मौजूद हैं। उदाहरणार्थ, 2002 में, छत्तीसगढ़, जो भारत का अपेक्षाकृत कम विकसित राज्य है, ने अचानक ही निजी विश्वविद्यालयों को मान्यता प्रदान करने वाला एक कानून पारित कर दिया; 134 आवेदन किए गए और 97 को स्वीकृत कर दिया गया। इनमें से अधिकांश राज्य के अंदर स्थित नहीं थे अपितु भारत के समस्त भागों में मौजूद थे। कुछ अन्य राज्यों ने भी नए निजी संस्थानों को मान्यता प्रदान कर दी। इस अराजकतापूर्ण स्थिति को देखते हुए विश्वविद्यालय अनुदान आयोग ने नए नियमों के साथ हस्तक्षेप किया, और भारी विवाद के बाद, भारतीय सर्वोच्च न्यायालय ने 2004 में राज्य सरकारों पर विश्वविद्यालय अनुदान आयोग के अधिकार को मान्यता प्रदान कर दी। यह उदाहरण भारत में उच्च शिक्षा के नीतिनिर्णयन के पहलुओं से सम्बन्धित जटिलताओं एवं समग्र दिशाहीनता के अभाव को सुस्पष्ट करता है।

कुछ निजी संस्थानों में वित्तीय एवं नैतिक चूकों को देखा जा सकता है। स्तरों के प्रवर्तन ढीले हैं और विनियामक ढाँचे अपर्याप्त हैं–जो प्रवेश में अधिक शुल्क वसूली, जिसे "प्रतिव्यक्ति शुल्क" (कैपिटेशन फी अथवा मैट्रिक परीक्षा के समय वसूल किए जाने वाले भारी शुल्क) कहा जाता है, नियमों से अधिक शिक्षणशुल्क वसूल करना, प्रवेशों, नियुक्तियों तथा डिग्री प्रदान करने में भ्रष्टाचार जैसी समस्याओं की गुंजाइश उत्पन्न कर देते हैं। इन मुद्दों ने निजी क्षेत्र की प्रतिष्ठा को कलंकित कर दिया है (गुप्ता 2008)।

चीन तथा भारत में निजी उच्च शिक्षा का विस्तार हो रहा है। यह उच्च शिक्षा प्रणाली का पहले से ही एक महत्वपूर्ण अंग है, और इस एक साधारण कारण से इसका विस्तार जारी रहेगा कि सार्वजनिक क्षेत्र सामान्यतः विकसित होती हुई आबादियों द्वारा माँग की जाने वाली पहुँच प्रदान करने के लिए आवश्यक वित्तीय संसाधन उपलब्ध करा पाने में असमर्थ है। ऐसी संभावना है कि निजी क्षेत्र मुख्यतः अकादमिक अनुक्रम की निचली सतह पर कार्य करना जारी रखेगा, इसकी प्रकृति व्यापकतौर पर व्यावसायिक रहेगी, और, जैसा कि अर्थशास्त्रियों का कथन है, मुख्यतः "माँग अवशोषक" बना रहेगा। दोनों देश एक ऐसा स्थिर एवं पारदर्शी विनियामक ढाँचा गठित करने में महत्वपूर्ण चुनौतियों का सामना कर रहे हैं जो निजी क्षेत्र के लिए बुनियादी नियम तथा गुणवत्ता आश्वासन एवं वित्तीय जवाबदेही प्रदान करता हो। लाभार्जक क्षेत्र की भूमिका तथा विदेशी निजी प्रदाता स्थानीय निजी विश्वविद्यालयों एवं कॉलेजों के साथ संपर्क कर सकते हैं अथवा नहीं, जैसे प्रश्न मुख्यतौर पर अनुत्तरित बने हुए हैं। जहाँ दोनों देशों में कुछ अपेक्षाकृत अधिक उच्च–गुणवत्तायुक्त निजी संस्थान मौजूद हैं, वहीं चीन

अथवा भारत में अमेरिकी अथवा जापानी मॉडल वाले पूर्णतः सर्वग्राही निजी अनुसंधान विश्वविद्यालय संभव नहीं हैं। ऐसे विश्वविद्यालयों को प्रारंभ करने और कायम रखने की लागत बहुत ऊँची होती है।

भविष्य

चीन तथा भारत पहले से ही उच्च शिक्षा में एक प्रमुख अंतर्राष्ट्रीय शक्ति हैं (अल्ट्बाख़ 2007)। जैसे–जैसे वे उच्च शिक्षा तक पहुँच के अंतर्राष्ट्रीय मानकों की ओर बढ़ रहे हैं, वैसे–वैसे चीन तथा भारत से एकसाथ मिलकर छात्रों की संख्या में होने वाली अंतर्राष्ट्रीय वृद्धि के आधे से अधिक के योगदान की आशा की जा सकती है। इसका अर्थ होगा अकादमिक पेशे में एक नाटकीय विस्तार होना, साथ–साथ प्रयोगशाला उपकरणों एवं सुविधाओं, उन्नत कंप्यूटरों, एवं अन्य बुनियादी ढाँचों का भी विस्तार होना। इनमें से कुछ माँगों को आंतरिकतौर पर पूरा किया जा सकता है, किन्तु यह संभव है कि चीन एवं भारत विदेशों पर भी दृष्टि डालें। विस्तार का एक भाग उन्नत स्नातक प्रशिक्षण के स्तर पर भी संपन्न होगा। दोनों देशों के पास आज परास्नातक एवं डॉक्टरेट डिग्रियाँ प्रदान करने योग्य पर्याप्त सामर्थ्य मौजूद है। सुविधाओं को जोड़े जाने की लागत बहुत ऊँची है। आगामी दशकों के दौरान दोनों देशों को उच्च शिक्षा को बहुत बड़ी मात्रा में अतिरिक्त वित्तीय सहयोग प्रदान करने की आवश्यकता होगी।

विस्तार का एक भाग निजी क्षेत्र तथा दूरस्थ शिक्षा के सतत् विकास पर निर्भर करेगा। दोनों देशों को अभी भी निजी उच्च शिक्षा क्षेत्र को उच्च शिक्षा प्रणालियों के साथ एकीकृत करना अथवा निजी क्षेत्र के लिए समुचित विनियामक एवं गुणवत्ता आश्वासन का ढाँचा गठित करना शेष है। निजी क्षेत्र के सम्बन्ध में कुछ दुविधाएं बरकरार हैं। आगामी वर्षों में यदि विस्तार को पूरी तरह से हासिल करना है तो निजी क्षेत्र को मुख्यधारा के साथ अवश्य ही एकीकृत कर दिया जाना चाहिए।

चीन तथा भारत अंतर्राष्ट्रीय उच्च शिक्षा में एक प्रमुख भूमिका निभाएगें। इन दोनों के द्वारा बड़ी संख्या में छात्रों को उन्नत अध्ययनों के लिए विदेश भेजना जारी रखे जाने की संभावना है और संभव है कि इनकी संख्या कुल विदेशी छात्रों की संख्या के एक–तिहाई से अधिक हो जाए। ऐसा बहुत अधिक संभव है कि चीन तथा भारत के स्नातकों की एक बड़ी संख्या विदेशों में ही बनी रहे यद्यपि पदों के लिए उपलब्ध बेहतर अवसरों को ध्यान में रखते हुए स्वदेश वापसी करने वालों के अनुपात में भी संभवतः भारी वृद्धि होगी। विगत कई दशकों में दोनों देशों के लगभग 80% स्नातक स्वदेश वापस नहीं आए हैं (अग्रवाल 2009)। इस प्रतिशत में भारी कमी आने की संभावना है हालांकि वापसी स्वदेश में मौजूद वेतनों एवं कार्य परिस्थितियों पर निर्भर करेगी। विशेषतौर पर, चीन अपने विश्वविद्यालयों में विदेश–प्रशिक्षित स्नातकों के लिए अवसर उत्पन्न कर रहा है।

दोनों देश विदेशी छात्रों की वृद्धिशील रूप से मेजबानी कर सकते हैं। अंतर्राष्ट्रीय छात्रों को आकर्षित करने के लिए चीन ने पहले ही योजनाएं प्रारंभ कर दी हैं और भारी सफलता हासिल कर रहा है। यदि उच्च शिक्षा प्रदाता संस्थानों के उन्नयन कर दिए जाते हैं तो चीनी एवं भारतीय अर्थव्यवस्थाएं अंतर्राष्ट्रीय अर्थव्यवस्था में प्रगति कर लेंगी और इन देशों को अकादमिक केन्द्रों के रूप में देखा जाएगा, विदेशी छात्र इनकी ओर आकर्षित होंगे। चीन के लिए पूर्वीय एवं दक्षिण–पूर्वीय एशिया से तथा भारत के लिए दक्षिण एशिया से सबसे बड़ी संख्या के आगमन की आशा हो सकती है।

चीन एवं भारत उच्च शिक्षा की विदेशी पहलों के लिए प्रमुख बाजार बन सकते हैं। 2009 तक, दोनों देश विदेशी शिक्षा प्रदाताओं से सम्बन्धित एक दर्शन पर विचार करते रहे हैं और विदेशी संलिप्तता की अनुमति प्रदान करने हेतु एक विनियामक रूपरेखा को लागू कर रहे हैं। अंतर्राष्ट्रीय भागीदारी से विस्तार सम्बन्धी आवश्यकताएं एवं गुणवत्ता में सुधार के प्रयास दोनों को ही लाभ हो सकता है, यद्यपि प्रत्येक देश को विदेशी प्रदाताओं के साथ कार्य करने हेतु राष्ट्रीयतौर पर लाभदायक एक नीतिगत ढाँचा विकसित करने की आवश्यकता होगी। मुद्दे जटिल हैं (मॅकब्यूमी एवं जिगुरस 2009; नाइट 2008 भी देखें), और अभी तक यह अस्पष्ट है कि संभावित 'सेवाओं में व्यापार पर सामान्य समझौता' (गैट्स) का कार्यान्वयन किस प्रकार से राष्ट्रीय नीतियों को प्रभावित कर सकता है (ओईसीडी 2007ए)।

क्या आगामी दशकों में चीन तथा भारत "अनुसंधान महाशक्तियों" के रूप में उभरेंगे और विश्वस्तरीय अनुसंधान विश्वविद्यालयों को स्थापित करेंगे? पूरी संभावना है कि चीन को अंतर्राष्ट्रीयतौर पर प्रतिस्पर्धात्मक अनुसंधान विश्वविद्यालय स्थापित करने में भारी सफलता मिल जाएगी। 985 एवं 211 परियोजनाओं द्वारा सहायता से विकसित विश्वविद्यालय महत्वपूर्ण प्रगति कर रहे हैं। सतत् विकास के लिए सतत् सहयोग की आवश्यकता होती है। मात्र कुछ अंतर्राष्ट्रीय प्रतिर्स्धात्मक विश्वविद्यालय यह नहीं सिद्ध करते कि चीन एक अनुसंधान महाशक्ति बन जाएगा, किन्तु इसके प्रमुख अनुसंधान–उत्पादक देशों में शामिल होने की संभावना है। यदि वर्तमान प्रवृत्ति जारी रही तो आगामी दो दशकों के दौरान इसके शीर्ष विश्वविद्यालयों के अंतर्राष्ट्रीय प्रमुख अनुसंधान संस्थानों में शामिल होने की संभावना है। अपेक्षाकृत यह कम संभव है कि भारत सफलता के इस स्तर को हासिल कर ले। इसके मौजूदा शीर्ष संस्थान, भारतीय प्रौद्योगिकी संस्थान, एवं कुछ अन्य, विश्वस्तरीय अनुसंधान विश्वविद्यालय बन पाने के लिए बहुत छोटे और विशेषज्ञतासंपन्न हैं, और वर्तमान योजनाएं ऐसा नहीं प्रदर्शित करतीं कि भारत किसी विश्वसनीय रणनीति को विकसित कर रहा है। मुख्य अकादमिक भाषा के रूप में अंग्रेजी के उपयोग तथा भारत में अनेक असाधारण सुप्रशिक्षित एवं प्रतिभाशाली विद्वानों एवं वैज्ञानिकों के उपस्थित रहने के बावजूद ऐसा संभव नहीं प्रतीत होता कि आगामी कई दशकों तक भारत अंतर्राष्ट्रीयतौर पर प्रतिस्पर्धात्मक विश्वविद्यालय स्थापित कर सकेगा।

दोनों देश अपने अकादमिक प्रवासियों के बेहतर उपयोग के संकेत प्रदर्शित कर रहे हैं, क्योंकि चीनी एवं भारतीय अनुसंधानकर्ताओं एवं विद्वानों की प्रायः उच्च शिक्षित बड़ी संख्या विदेशों में कार्यरत् है। इन प्रमुख समूहों को अकादमिक प्रगति में सहायता तथा अंतर्राष्ट्रीय अकादमिक समुदाय के साथ संपर्क स्थापित करने हेतु एकजुट किया जा सकता है।

जहाँ यह निश्चित है कि चीन तथा भारत विश्व की दो सबसे बड़ी अकादमिक प्रणालियाँ हैं, वहीं यह कम स्पष्ट है कि ये प्रणालियाँ अंतर्राष्ट्रीयतौर पर प्रतिस्पर्धात्मक होंगी। जैसा कि नोट किया जा चुका है, चीन ने अपने शीर्ष संस्थानों के साथ भारी प्रगति कर ली है और भारतीय प्रौद्योगिकी संस्थानों एवं कुछ अन्य संस्थानों के साथ भारत ने दिखा दिया है कि उच्च स्तरों को हासिल करना संभव है। फिर भी स्वयं इन प्रणालियों की समग्र उत्कृष्टता एवं प्रभावकारिता को सुधार की आवश्यकता है। गुणवत्ता, तथा क्या स्नातक श्रम बाजार के योग्य हैं अथवा नहीं, जैसे सम्बन्धित मुद्दों की समस्या प्रश्नों में बनी हुई है। सामान्यतः, समग्र स्तर एक ऐसी अकादमिक प्रणाली में गिरावट का संकेत देते हैं जिसका नाटकीय विस्तार हो रहा हो। बल्कि ऐसी संभावना

कम है कि ये देश इस प्रवृत्ति से बच सकें। ऐसा प्रतीत होता है कि कम से कम चीन एवं भारत उच्च शिक्षा की समग्र अकादमिक गुणवत्ता में महत्वपूर्ण सुधार होता नहीं देखेंगे। एक प्रभावी गुणवत्ता–आश्वासन प्रणाली स्तरों को सुनिश्चित किए जाने में सहायक हो सकती है, परंतु दोनों में से किसी भी देश में ऐसी प्रणाली लागू नहीं है जो समग्र निरीक्षण में समर्थ हो। एक छोटी संख्या में अनुसंधान विश्वविद्यालयों के शीर्ष पर तथा बहुत बड़ी संख्या में गैर–चयनात्मक कॉलेज एवं विश्वविद्यालयों के निचली सतह पर बने रहने के साथ संभवतः ये प्रणालियाँ और संस्तरीकृत हो जाएगीं।

चीन तथा भारत के भविष्य के आर्थिक विकास के लिए एक जटिल एवं विविधीकृत उच्च शिक्षा प्रणाली, जो कुछ विश्व–स्तरीय विश्वविद्यालयों को शामिल करती हो, की आवश्यकता है क्योंकि दोनों ही देश और अधिक परिष्कृत अर्थव्यवस्थाओं का निर्माण कर रहे हैं और उन्हें बड़ी संख्या में उच्चशिक्षित कर्मचारियों एवं अनुसंधान की आवश्यकता है। भविष्य संस्थानों की संख्या में विस्तार की आशा की जा सकती है। गुणात्मक सुधार भी संभव है, लेकिन अपेक्षाकृत कम सुनिश्चित है। यह स्पष्ट है कि चीन तथा भारत में उच्च शिक्षा इन प्रमुख देशों के अंदर के साथ–साथ अंतर्राष्ट्रीय शिक्षा प्रणाली पर महत्वपूर्ण प्रभाव डालेगी।

टिप्पणी

* मैं शंघाई विश्वविद्यालय, चीन के लियू मान काई एवं वू यॉन तथा पश्चिम बंगाल सरकार, कोलकाता भारत के पवन अग्रवाल एवं टाटा सामाजिक विज्ञान संस्थान, मुम्बई, भारत के एन. जयराम, और संपादन के लिए एडिथ होशिनों का ऋणी हूँ।

संदर्भ

Agarwal, P. (2006): "Higher Education Services and Trade Liberalisation" in R. Chanda (ed.), *Trade in Services and India: Prospects and Strategies* (New Delhi: Wiley-India), pp 299–358.

——— (2008): "India in the Context of International Student Circulation: Status and Prospects" in H de Wit et al. (ed.), *The Dynamics of International Student Circulation in a Global Context* (Rotterdam: Sense), pp 83–112.

——— (2009): *Indian Higher Education: Envisioning the Future* (New Delhi: Sage).

Altbach, P. G. (2005): "The Private Higher Education Revolution: An Introduction" in P. G. Altbach and D. C. Levy, *Private Higher Education: A Global Revolution* (Rotterdam, the Netherlands: Sense Publishers), 1–13.

——— (2006): "The Foreign Student Dilemma" in P. G. Altbach, *Comparative Higher Education* (Chestnut Hill, MA: Center for International Higher Education, Boston College), pp 225–48.

——— (2006): "Tiny at the Top," *Wilson Quarterly,* Autumn, pp 49–51.

——— (2007): "Fostering Asia's Brightest," *Far Eastern Economic* Review, January–February, pp 53–57.

Altbach, P. G. and J. Balán, ed. (2007): *World Class Worldwide: Transforming Research Universities in Asia and Latin America* (Baltimore: Johns Hopkins University Press).

Basu, A. (1974): *The Growth of Education and Political Development in India, 1898–1920* (Delhi: Oxford University Press).

Ben-David, J. and A. Zloczower (1962): "Universities and Academic System in Modern Societies," *European Journal of Sociology,* Vol 3(1), pp 41–82.

Chen, X. (2003): "The Academic Profession in China" in P. G. Altbach (ed.), *The Decline of the Guru: The Academic Profession in Developing and Middle-Income Countries* (New York: Palgrave-Macmillan), pp 107–35.

China, Ministry of Education (2007): *National Statistical Gazette of Educational Development* (Beijing: Ministry of Education).

Fazackerley, A. (2007): *British Universities in China* (London: Agora: the Forum for Culture and Education).

Gupta, A. (2008): "Judicial Interventions and Private Higher Education in India" in A. Gupta, D. C. Levy and K. B. Powar (ed.), Private *Higher Education: Global Trends and Indian Perspectives* (Delhi: Shipra), pp 239–53.

Gupta, A., D. C. Levy and K. B. Powar, ed. (2008): Private *Higher Education: Global Trends and Indian Perspectives* (Delhi: Shipra).

Hayhoe, R. (1999): *China's Universities, 1895–1995: A Century of Cultural Conflict* (Hong Kong: Comparative Education Research Centre, University of Hong Kong).

He, Q. (2002): "Academic Freedom in China", *Academe* (May–June).

Helms, R. M. (2008): *Transnational Education in China: Key Challenges, Critical Issues and Strategies for Success* (London: Observatory on Borderless Higher Education).

Indiresan, P. V. (2007) in P. G. Altbach and J. Balán (ed.), *World Class Worldwide: TransformingResearch Universities in Asia and Latin America* (Baltimore: Johns Hopkins University Press), pp 95–121.

Jayaram, N. (2003): "The Fall of the Guru: The Decline of the Academic Profession in India" in P. G. Altbach (ed.), *The Decline of the Guru: The Academic Profession in Developing and Middle-Income Countries* (New York: Palgrave-Macmillan), pp 199–230.

——— (2004): "Higher Education in India: Massification and Change" in P. G. Altbach and T. Umkoahi (ed.), *Asian Universities: Historical Perspectives and Contemporary Challenges* (Baltimore, MD: Johns Hopkins University Press), pp 85–114.

——— (2007): "Beyond Retailing Knowledge: Prospects for Research-Oriented Universities in India" in P. G. Altbach and J. Balán (ed.), *World Class Worldwide: TransformingResearch Universities in Asia and Latin America* (Baltimore: Johns Hopkins UniversityPress), pp 70–94.

Jha, A. (2009): "Abysmal Global Ranking of India's Best University" *Education World*, February, pp 64–72.

Kapur, D. and M. Crowley (2008): Beyond *the ABCs: Higher Education and Developing Countries,* Working Paper Number 139 (Washington DC: Center for Global Development).

Kaul, J. N. (1974): *Higher Education in India, 1951–1971: Two Decades of Planned Drift* (Simla: Indian Institute of Advanced Study).

Knight, J. (2008): *Higher Education in Turmoil: The Changing World of Internationalization* (Rortterdam, Netherlands: Sense Publishers).

Li, Y., J. Whalley, S. Zhang and X. Zhao (2008): *The Higher Educational Transformation of China and Its Global Implications,* Working Paper 13849 (Cambridge, MA: National Bureau of Economic Research).

Liu, N. C. (2007): "Research Universities in China: Differentiation, Classification, and Future World-Class Status" in P. G. Altbach and J. Balán (ed.), *World Class Worldwide: Transforming Research Universities in Asia and Latin America* (Baltimore: Johns Hopkins University Press), pp 54–69.

Ma, W. (2007): "The Flagship University and China's Economic Reform" in P. G. Altbach and J. Balán (ed.), *World Class Worldwide: Transforming Research Universities in Asia and Latin America* (Baltimore: Johns Hopkins University Press), pp 31–53.

Mahajan, N. (2007): "The Cream of India's Colleges Turns Sour," *Far Eastern EconomicReview*, January–February, pp 62–65.

McBurnie, G. and C. Ziguras (2009): *Transnational Education: Issues and Trends in Offshore Higher Education* (London: Taylor and Francis).

Min, W. (2004): "Chinese Higher Education: The Legacy of the Past and the Context of the Future" in P. G. Altbach and T. Umkoahi (ed.), *Asian Universities: Historical Perspectives and Contemporary Challenges* (Baltimore, MD: Johns Hopkins University Press), pp 53–84.

Ministry of Human Resource Development, India (2009): *India: UNESCO Country Report* (New Delhi: Ministry of Human Resource Development).

OECD (2007a): *Cross-border Tertiary Education: A Way towards Capacity Development* (Paris : Organisation for Economic Cooperation and Development).

——— (2007b): *Thematic* Review *of Tertiary Education: China* (Paris: Organisation for Economic Cooperation and Development).

Rumbley, L. E., I. F. Pacheco and P. G. Altbach (2008): *International Comparison of Academic Salaries: An Exploratory Study* (Chestnut Hill, MA: Boston College Center for International Higher Education).

SJTUIHE (2008): *Academic Ranking of World Universities,* Shanghai Jiao Tong University Institute of Higher Education, http://ed.sjtu.edu.cn/ranking.htm.

Surowiecki, J. (2007): "India's Skills Famine," New *Yorker*, 16 April, p 54.

The Hindu (2008): "Manmohan: We Are Destined to Become Knowledge Superpower", 20 December.

Tilak, J. B. G. (2007): "Knowledge Commission and Higher Education," *Economic & Political Weekly,* 24 February, pp 630–32.

Times Higher Education (2008): "World University Rankings," The Times Higher Education Supplement, www.thes.co.uk.

Trow, M. (2006): "Reflections on the Transition from Elite to Mass to Universal Access: Forms and Phases of Higher Education in Modern Societies since World War II" in J. J. F. Forest and P. G. Altbach (ed.), *International Handbook of Higher Education,* Vol 1 (Dordrecht: Springer), pp 329–46.

World Bank (2008): *World Development Indicators Database,* revised 10 September, http://sitere-sources.worldbank.org/DATASTATISTICS/Resources/ POP.pdf.

एल्डो मैथ्यूज द्वारा फ़िलिप जी. अल्ट्बाख़ का साक्षात्कार

"मासीफिकेशन के परिणाम अप्रत्याशित होते हैं"

एल्डो मैथ्यूजः आप एक ऐसे अग्रणी अमेरिकी शिक्षाविद् है जो लगभग एक अर्द्धशताब्दी से भारतीय उच्च शिक्षा पर नजदीकी दृष्टि रखते रहे हैं। भारतीय उच्च शिक्षा प्रणाली पर एक अनुसंधानकर्ता होने में आपकी क्या विशिष्ट रुचि है?

फिलिप जी. अल्टबाख़ः लगभग एक अर्द्धशताब्दी से मैंने भारतीय समाज एवं राजनीति, तथा शिक्षा को अंतहीन रूप से दिलचस्प पाया है। भारत की जटिलताएं तथा उत्कृष्टता के लिए इसकी संभावना सतर्क ध्यान दिए जाने की पात्र है। मुझे आश्चर्य है कि भारत के बाहर से, और भारत के अंदर से भी बहुत कम शोधकर्ताओं ने उच्च शिक्षा पर ध्यान केन्द्रित किए हैं। आखिरकार, भारत सर्वाधिक बड़े एवं सर्वाधिक महत्वपूर्ण विकासशील देशों में से एक है। यहाँ तक कि हाल के वर्षों में जब भारत की अर्थव्यवस्था विकसित हो चुकी है, भारत के विकास में उच्च शिक्षा की भूमिका का परीक्षण बहुत कम लोगों ने ही किया है।

ई.एम.: कोई चार दशकों पहले की तुलना में आज भारतीय उच्च शिक्षा प्रणाली कितनी अलग है? एक अंतर्राष्ट्रीय नजरिए से भारतीय उच्च शिक्षा प्रणाली की वर्तमान स्थिति का मूल्यांकन आप कैसे करते हैं?

पी.जी.एः यह एक जटिल प्रश्न है। अनेक विकासशील देशों की तुलना में स्वतंत्रताप्राप्ति के समय भारत के पास एक छोटी किन्तु प्रभावशाली उच्च शिक्षा मौजूद थी। हालांकि, स्वतंत्रता के पहले दशकों के दौरान उच्च शिक्षा पर बल नही दिया गया था, न तो गुणवत्ता और न ही मात्रा पर। बिना किसी प्रश्न के, 21वीं सदी में भारत पिछड़ गया है। भारत के किसी भी विश्वविद्यालय को अंतर्राष्ट्रीय श्रेणीकरण में नहीं पाया जा सकता। मात्र आईआईटी ही अंतर्राष्ट्रीयतौर पर जाने जाते हैं। भारतीय अनुसंधानकर्ता उत्कृष्ट कार्य करते हैं, लेकिन उनमें से अधिकांश भारत के बाहर रह रहे हैं। योग्य आयु समूह के मात्र 16 प्रतिशत लोगों के माध्यमिकोत्तर शिक्षा में भाग लेने के साथ ही भारत पहुँच के मामले में भी पीछे है।

यदि कोई परंपरागत विश्वविद्यालयों तथा उनसे सम्बद्ध कॉलेजों पर दृष्टि डाले, तो गत चार दशकों के द्वारा महत्वपूर्ण विस्तार के अतिरिक्त अधिक कुछ भी घटित नहीं हुआ है।

ई.एम.: आज अंतर्राष्ट्रीय उच्च शिक्षा में कौन–कौन सी प्रमुख प्रवृत्तियाँ, चुनौतियाँ, एवं चिंताएं हैं?

पी.जी.एः मैंने कई स्थानों पर लिखा है कि 20 शताब्दी के अंत तथा 21वीं शताब्दी की उच्च शिक्षा की वास्तविकता की केन्द्रीय वास्तविकता है मासीफिकेशन–उच्च

शिक्षा को अंतर्राष्ट्रीयतौर पर अभिजात्यों के लिए सुरक्षित रखे जाने से लेकर एक सामूहिक प्रवृत्ति में रूपांतरित किए जाने तक। यह एक प्रेरक शक्ति रही है, और एक प्रमुख चुनौती बनी हुई है। मासीफिकेशन अंतर्राष्ट्रीय तौर पर स्तरों में समग्र गिरावट, निजी क्षेत्र के अभ्युदय, बढ़ी हुई व्यावसायिकता एवं अन्य का कारण रहा है। मासीफिकेशन अप्रत्याशित सामाजिक गतिशीलता तथा आबादी के उन समूहों के लिए पहुँच का कारण रहा है जो माध्यमिकोत्तर शिक्षा के लाभ उठाने में कभी भी समर्थ नहीं रहे थे। भारत जैसे देशों, जो अभी भी मासीफिकेशन के शिखर पर हैं, के लिए चुनौतियाँ बहुत प्रचुर हैं–और भारत उच्च शिक्षा तक पहुँच के अर्थों में अपने अधिकांश प्रमुख प्रतिस्पर्धियों से पीछे बना हुआ है।

उच्च शिक्षा प्रणाली तक सतही पहुँच के एक बड़ी चुनौती बने रहने के साथ–साथ प्रणाली के शीर्ष पर विश्वस्तरीय विश्वविद्यालयों को स्थापित किए जाने की भी आवश्यकता मौजूद है ताकि अंतर्राष्ट्रीय अर्थव्यवस्था में भागीदारी के लिए परिष्कृत शिक्षा एवं अनुसंधान उपलब्ध कराए जा सकें। भारत अंतर्राष्ट्रीय अर्थव्यवस्था में भागीदारी को सहयोग प्रदान करने के लिए उच्च शिक्षा संस्थानों को स्थापित किए जाने की अपेक्षा इसमें भागीदारी करने में अधिक सफल रहा है।

अतः, भारत को अपनी उच्च शिक्षा प्रणाली के शीर्ष तथा सतह पर अत्यन्त गंभीर चुनौतियों का सामना करना पड़ रहा है।

ई.एम.: "उच्च शिक्षा के अमेरिकीकरण" पर हाल में की गई बहसों अथवा विश्व के विभिन्न भागों में अमेरिकी उच्च शिक्षा मॉडल के एकतरफा तौर पर अपनाए जाने पर आपके क्या विचार हैं?

पी.जी.एः सामान्यतः, अमेरिकी उच्च शिक्षा मॉडल अंतर्राष्ट्रीयतौर पर प्रभावशाली क्यों है इसके कारण यह हैं कि अमेरिका ऐसा पहला देश था जिसने सामूहिक उच्च शिक्षा हासिल कर ली थी और एक ऐसी अकादमिक प्रणाली का निर्माण कर लिया था जिसने शीर्ष से लेकर सतह तक पर्याप्त सफलता के साथ मासीफिकेशन का सामना किया था। अतः, अमेरिका को "सर्वश्रेष्ठ अभ्यास" के रूप में देखा जाता है। इसके साथ–साथ उच्च शिक्षा नीति के प्रति अन्य दृष्टिकोण भी मौजूद हैं, उदाहरण के लिए, पश्चिमी यूरोप जो और अधिक सावधानीपूर्वक विचार किए जाने योग्य हैं।

ई.एम.: विगत कुछ वर्षों के दौरान कानूनों की एक शृंखला के साथ भारत अपनी उच्च शिक्षा प्रणाली में सुधार करता रहा है। आपकी राय में भारतीय विश्वविद्यालयों को अंतर्राष्ट्रीय स्तर पर और अधिक प्रतिस्पर्धात्मक बनाने के लिए किस बात की आवश्यकता है?

पी.जी.एः यदि मेरे पास इस प्रश्न का बढ़िया उत्तर रहा होता तो मैं नोबल पुरस्कार जीत लेता। इसके अलावा, मैं सोचता हूँ कि भारतीय लोग इन अच्छे विचारों के सर्वश्रेष्ठ स्त्रोत हैं कि समाज में सुधार कैसे किया जाए। फिर भी, बिना किसी संदेह के भारतीय उच्च शिक्षा में सुधार के लिए निम्नलिखित तत्वों की आवश्यकता हैः

- पर्याप्त निधिकरण। उच्च शिक्षा में संसाधनों की हमेशा कमी रही है। उच्च शिक्षा पर भारत अपने प्रतिस्पर्धियों से कम व्यय करता है।
- परंपरागत विश्वविद्यालयों को सुधारा जाए–विशालकाय विश्वविद्यालय एवं उनके सम्बद्ध कॉलेज भारतीय उच्च शिक्षा के लिए बोझ हैं।

- केन्द्र सरकार एवं राज्यों के बीच बेहतर समन्वयन।
- उच्चशिक्षा का अराजनीतिकरण किया जाए।
- एक ऐसी व्यक्त उच्च शिक्षा स्थापित की जाए जिसमें विभिन्न तत्व एकसाथ मिलकर कार्य करें।
- एक व्यावसायिक–उन्मुख सामुदायिक कॉलेज प्रणाली विकसित की जाए जो कारगर हो और सम्मानित हो। भारत कई बार ऐसा करने में असफल रहा है।

ई.एम.: हाल ही का आपका एक सर्वाधिक दिलचस्प लेख चीन तथा भारत में उच्च शिक्षा प्रणाली के विकास का तुलनात्मक आकलन करता है। आप भारतीय एवं चीनी उच्च शिक्षा प्रणालियों की वर्तमान स्थिति की तुलना किस प्रकार करेंगे?

पी.जी.ए: दुर्भाग्यवश उच्च शिक्षा के मामले में भारत चीन से बहुत पीछे है। चीन के पास अनुसंधान विश्वविद्यालयों की एक कहीं बड़ी संख्या मौजूद है–और उनकी गुणवत्ता बेहतर है। चीन भारत (16 प्रतिशत) की अपेक्षा अपने अधिक (27 प्रतिशत) युवाओं को शिक्षित कर रहा है। सामान्यतः चीन उच्च शिक्षा पर अपेक्षाकृत अधिक व्यय कर रहा है।

भारत के पास अंग्रेजी का लाभ उपलब्ध है जो अत्यन्त महत्वपूर्ण है।

ई.एम.: अंतर्राष्ट्रीय उच्च शिक्षा प्रणाली में केन्द्र–परिधीय सम्बन्धों पर अपने अग्रणी विश्लेषणों के लिए आपको प्रेरणा कहाँ से प्राप्त हुई थी? क्या मैं कह सकता हूँ कि आपको अंतर्राष्ट्रीय–प्रणाली के परिप्रेक्ष्य एवं निर्भरता दृष्टिकोण से प्रेरणा प्राप्त हुई हो सकती है? क्या आप इससे सहमत हैं, और यदि हैं, तो इस रुचि को आप किसके साथ जोड़ते हैं?

पी.जी.ए: मेरे विचार 1960 के दशक में अनेक अलग–अलग स्त्रोतों से प्राप्त हुए थे। संभवतः सर्वाधिक महत्वपूर्ण था यह अवलोकन करना कि अकादमिक संस्थान और प्रणालियाँ विकास के विभिन्न चरणों में एकदूसरे के साथ किस प्रकार सम्बद्ध रहते हैं। मुझे शिकागो विश्वविद्यालय में कमेटी ऑन सोशल थॉट में प्रोफेसर एडवर्ड शिल्स के साथ अध्ययन का लाभ हासिल था। उनकी भारत में गहरी रुचि थी और उन्होंने भारतीय बुद्धिजीवियों पर एक महत्वपूर्ण पुस्तक लिखी थी। उन्होंने वेब के नजरिए से भी केन्द्र–परिधि सम्बन्धों के बारे लेखन किया था। 1960 के दशक में अनेक छात्रों की भांति मैं भी मार्क्सवादी चिंतन तथा निर्भरता एवं अंतर्राष्ट्रीय प्रणालियों से परिचित हुआ था। मैं इन बौद्धिक वर्णक्रम के पूर्णतः अलग–अलग पक्षों से इन बौद्धिक पहलुओं को संयोजित करने में सफल रहा।

ई.एम.: क्या उच्च शिक्षा से सम्बन्धित केन्द्र–परिधि सिद्धांत वर्तमान अंतर्राष्ट्रीय स्थितियों में विश्वसनीय है?

पी.जी.ए: मैं सोचता हूँ कि यह अवधारणा अभी भी काफी वैध है। उच्च शिक्षा में बड़ी ''शक्तियाँ'' सामान्यतौर पर उतनी ही महत्वपूर्ण बनी हुई हैं जितनी वे एक अर्द्ध–शताब्दी पहले थीं। अनुसंधान एवं विकास के लिए विशेषतौर पर तथा उच्च शिक्षा के लिए सामान्यतौर पर व्यय करना उत्तरी अमेरिका एवं पश्चिमी यूरोप में जारी है। विज्ञान की प्रभुत्वशाली भाषा के रूप में अंग्रेजी की भूमिका आज पहले

की अपेक्षा कहीं अधिक शक्तिशाली हो चुकी है। अंतर्राष्ट्रीय छात्रों एवं विद्वानों का प्रवाह दक्षिण से उत्तरी अमेरिकी एवं पश्चिमी यूरोप की ओर है।

कुछ महत्वपूर्ण परिवर्तन हो चुके हैं। एक "अकादमिक शक्ति" के रूप में चीन का अभ्युदय उल्लेखनीय है और यह परंपरागत शक्तिकेन्द्रों के केन्द्र में एक और अकादमिक केन्द्र को जोड़ सकता है। इंटरनेट एवं सूचना प्रौद्योगिकी के प्रभाव सामान्यतौर पर एक दूसरा प्रमुख कारक है। अनेक ने सोचा था कि इंटरनेट ज्ञान का लोकतंत्रीकरण कर देगा, परंतु ऐसा प्रतीत हो रहा है कि परंपरागत केन्द्रों के प्रभाव शक्तिशाली बने हुए हैं। ज्ञान उत्पादों तथा बहुराष्ट्रीय संचार कंपनियों के स्वामित्व व्यापकतौर पर परंपरागत केन्द्रों के हाथों में ही बने हुए हैं।

उदाहरण के लिए, ऐसा कोई कारण नहीं है कि भारत क्यों एक ज्ञान महाशक्ति नहीं बन सकता। अंग्रेजी का उपयोग, सुशिक्षित लोगों की एक बड़ी संख्या, तथा समुचित वैज्ञानिक बुनियादी ढाँचा आदि सभी सकारात्मक कारक हैं। परंतु भारत को उच्चशिक्षा एवं विज्ञान में कहीं अधिक निवेश करने—और स्वयं को एक केन्द्र के रूप में स्थापित करने के लिए रणनीति विकसित करने की आवश्यकता होगी।

ई.एम.: भारत में, हाल ही स्थापित अधिकांश निजी विश्वविद्यालय एवं कॉलेज बाजारोन्मुख पाठ्यक्रमों पर ध्यान केन्द्रित कर रहे हैं। क्या निजी संस्थान किसी देश के सामाजिक विकास में एक महत्वपूर्ण भूमिका निभा सकते हैं? क्या हमें निजी एवं सार्वजनिक उच्च शिक्षा में एक सटीक संतुलन की आवश्यकता है? इस विषय पर आपके क्या विचार हैं?

पी.जी.ए: शायद दुर्भाग्यवश, निजी उच्च शिक्षा क्षेत्र भारत तथा संपूर्ण विकासशील विश्व में उच्च शिक्षा में एक महत्वपूर्ण भूमिका निभाएगा। भारत तथा अन्य स्थानों के लिए चुनौती यह सुनिश्चित किए जाने की है कि "निजी उच्च शिक्षा सार्वजनिक कल्याण का कार्य करे।" जहाँ यह बिल्कुल भी आसान नहीं है, वहीं इसके लिए एक ऐसे सशक्त विनियामक ढाँचे के साथ—साथ इस समझ की आवश्यकता होगी कि निजी क्षेत्र उच्च शिक्षा का एक वैध अंग है। ऐसा विशेषतौर पर कठिन है क्योंकि अधिकांश निजी क्षेत्र "लाभार्जक" है और यह गुणवत्तायुक्त शिक्षा के बजाय लाभ में अधिक रुचि लेने वाला हो सकता है।

ई.एम.: निम्न जीईआर (सकल नामांकन अनुपात), क्षेत्रीय असमानताएं, महिलाओं की कम भागीदारी, अल्पसंख्यक, दलित, एवं अन्य संवेदनशील सामाजिक समूह, इत्यादि कुछ प्रमुख समानता—सम्बन्धित मुद्दे हैं जिनका सामना आज भारतीय उच्च शिक्षा द्वारा किया जा रहा है। इस प्रकार के मुद्दों से अन्य देश किस प्रकार निपटते हैं?

पी.जी.ए: बिना किसी प्रश्न के, भारत के पास विश्व में अल्पसंख्यकों, दलितों एवं अन्य वंचित सामाजिक समूहों के समावेशन के लिए एक सर्वाधिक ठोस कार्यक्रम उपलब्ध है। क्या ये कार्यक्रम पूरी तरह से प्रभावी हैं यह एक अन्य प्रश्न है। ऐसा ही यह प्रश्न भी है कि क्या इन कार्यक्रमों से उच्च शिक्षा के साथ—साथ इच्छित लोगों को भी लाभ मिले हैं। अमेरिका सहित अन्य देश भारतीय अनुभवों के अध्ययन से लाभान्वित होंगे। भारत भी ब्राजील, ब्रिटेन एवं अन्य देशों में दिलचस्प सामाजिक समावेशन के अध्ययन से लाभान्वित होगा। अंतर्राष्ट्रीय अनुभव से जो कुछ स्पष्ट

है वह यह कि सामाजिक समावेशन की समस्याएं जटिल हैं और इनका समाधान सहज नहीं है।

ई.एम.: आइए हम पीछे समय पर दृष्टि डालें। 1960 के दशक के अंत में, भारतीय उच्च शिक्षा प्रणाली विश्व की तीसरी सबसे बड़ी प्रणाली थी। इस अवधि में आपने अपनी पुस्तक द नॉलेज कॉन्टेक्स्टः कंपरेटिव पर्सपेक्टिव ऑन द डिस्ट्रीब्यूशन ऑफ नॉलेज में उल्लेख किया था कि ज्ञान के सृजन एवं वितरण के अर्थों में भारत तीसरी दुनिया के अनेक देशों तथा अमेरिका, यू.के. एवं फ्रांस के महानगरीय केन्द्रों के बीच परिधीय स्थिति में खड़ा था। चार दशकों बाद, आप वर्तमान ज्ञान–आधारित अर्थव्यवस्था में भारत की भूमिका के बारे में क्या सोचते हैं? भारतीय उच्च शिक्षा को अंतर्राष्ट्रीयतौर पर प्रतिस्पर्धी बनाने के लिए किस प्रकार के परिवर्तनों की आवश्यकता है?

पी.जी.एः बिना किसी प्रश्न के, भारत अंतर्राष्ट्रीय ज्ञान नेटवर्क के परिधीय क्षेत्र में बना हुआ है। विस्तृत हो रही उच्च शिक्षा प्रणाली के संदर्भ में लेखों, पेटेंटों, तथा वैज्ञानिक उत्पादकता के अन्य उपायों का इसका उत्पादन छोटा बना हुआ है। जहाँ इस विषय पर किसी व्यापक अनुसंधान की जानकारी नहीं है, वहीं मैं नहीं सोचता कि भारत तुलनात्मक रूप से चार दशकों पहले की अपेक्षा बहुत बेहतर स्थिति में है। अंतर्राष्ट्रीय ज्ञान प्रणाली में विकसित होने के लिए भारत को प्रभावी अनुसंधान विश्वविद्यालयों को स्थापित करना होगा, उन्हें पर्याप्त वित्तीय सहयोग उपलब्ध कराना होगा, और यह सुनिश्चित करना होगा कि अधिकांश योग्य शिक्षकों के मूल्यांकन किए जाए और उनके कार्य के लिए उन्हें पुरस्कृत किया जाए।

ई.एम.: इसी पुस्तक में आपने स्पष्टतः उल्लेख किया था कि रेप्रोग्राफी जैसी नई तकनीकों के लागू किए जाने ने किस प्रकार से सूचनाओं तक पहुँच को सुविधाजनक बना दिया है। चार दशकों के पश्चात्, इंटरनेट एवं डिजिटल तकनीकों ने विश्व में मौलिक परिवर्तन ला दिए हैं। आगे आप किस प्रकार के परिवर्तनों को देख रहे हैं?

पी.जी.एः शिक्षा एवं डिग्रियाँ प्रदान करने के लिए हम इंटरनेट के कहीं अधिक उपयोग को देखेंगे। यह भारत के लिए एक वास्तविक चुनौती होगी, क्योंकि इनमें से अनेक कार्यक्रम अंग्रेजी में होंगे, और भारतीय लोग लाभार्जक बहुराष्ट्रीय अकादमिक कंपनियों अथवा पश्चिमी विश्वविद्यालयों द्वारा प्रदान किए जाने वाले विदेशी कार्यक्रमों के लिए पंजीकरण के इच्छुक हो सकते हैं। इंटरनेट पहले से ही विद्वत्तापूर्ण संवाद का एक प्रमुख माध्यम बन चुका है और यहाँ भारत में अंग्रेजी के व्यापक उपयोग के कारण कुछ लाभ उपलब्ध हैं। फिर भी, इंटरनेट का प्रमुख स्वामित्व एवं नियंत्रण भारत के बाहर ही है।

ई.एम.: आपके विचार में एक विभेदीकृत उच्च शिक्षा प्रणाली किन तरीकों से आवश्यक है? एक विभेदीकृत प्रणाली की स्थापना द्वारा एक अच्छे अनुसंधान वातावरण को सुनिश्चित करने के लिए कौन–कौन से कारक अनिवार्य हैं?

पी.जी.एः भारत एक ''उच्च शिक्षा शक्ति'' बनने में तबतक सफल नहीं हो सकता जबतक यह शीर्ष पर पर्याप्ततौर पर वित्तपोषित अनुसंधान विश्वविद्यालयों की एक छोटी

संख्या, मध्य में शिक्षणोन्मुख विश्वविद्यालय एवं कॉलेज, तथा सतह पर सामुदायिक कॉलेजों के समान व्यवसायोन्मुख माध्यमिकोतार संस्थान के साथ एक स्पष्टतौर पर विभेदीकृत अकादमिक प्रणाली हासिल नहीं कर लेता। यह महत्वपूर्ण है कि इन संस्थानों को स्पष्ट किया जाए ताकि छात्रों को उनके बीच स्थानांतरित किया जा सके और यह भी उतना ही महत्वपूर्ण है कि प्रत्येक हिस्से के पास एक स्पष्ट मिशन हो तथा उसे सम्मान तथा पर्याप्त वित्तपोषण हासिल हो।

ई.एम.: समाप्त करने के पहले एक अंतिम प्रश्नः उच्च शिक्षा के अंतर्राष्ट्रीयकरण पर आपके विचार एवं भविष्यवाणियाँ क्या हैं? आपकी राय में, अंतर्राष्ट्ररीयकरण की रणनीति को लेकर भारत को किन प्रमुख क्षेत्रों में ध्यान केन्द्रित करना चाहिए?

पी.जी.एः भारत के पास उच्च शिक्षा के लिए कोई भी व्यवहार्य अंतर्राष्ट्रीयकरण रणनीति मौजूद नहीं है। अंतर्राष्ट्रीय उच्चशिक्षा की उभरती हुई दुनिया में प्रतिस्पर्धा करने के लिए इसे एक प्रभावी रणनीति और पर्याप्त सहयोग की आवश्यकता है। अंतर्राष्ट्रीयतौर पर गतिशील छात्रों एवं शिक्षकों की बढ़ती हुई संख्या, शाखा परिसरों की बढ़ती हुई संख्या तथा सीमापार संस्थागत सहयोगों, तथा निजी क्षेत्र की संलिप्तता के साथ अंतर्राष्ट्रीयकरण स्पष्टतौर पर उच्च शिक्षा में एक केन्द्रीय शक्ति बना रहेगा। वर्तमान समय में, भारत इनमें से किसी भी क्षेत्र में अच्छी स्थिति में नहीं है। आगे, अन्य देश छात्रों एवं कर्मचारियों के एक स्त्रोत के रूप में भारत पर अधिकाधिक दृष्टि डाल रहे हैं।

अंतर्राष्ट्रीय संलिप्तता के लिए एक कानूनी रूपरेखा के सम्बन्ध में भारत में जारी लंबी बहस को किसी बिन्दु पर समाप्त होना चाहिए। मेरे विचार में, सिर्फ विदेशी संस्थानों एवं पहलों के लिए दरवाजे खोल दिया जाना एक गलती होगी–कम से कम ऐसी संलिप्तता को नियंत्रित करने सम्बन्धी एक अत्यन्त प्रभावी विनियामक ढाँचे के अभाव में।

समाप्ति सम्बोधनः भारत की उच्च शिक्षा सम्बन्धी चुनौतियाँ

फ़िलिप जी. अल्ट्‌बाख़

1960 से ही भारत की उच्च शिक्षा की गाथा जटिल तथा भिन्नतापूर्ण रही है, और इस समय के दौरान हुए देश के विकास को प्रतिबिंबित करती है। इस अधिकांश अवधि के दौरान भारत का शैक्षणिक विकास आर्थिक एवं सामाजिक विकास की अपेक्षा पिछड़ा रहा है। स्वयं भारत के ही समान उच्च शिक्षा की वास्तविकताएं विरोधाभासी हैं। 2012 में भारत के पास छात्रों की संख्या के मामले में विश्व की तीसरी सबसे बड़ी शिक्षा प्रणाली मौजूद थी, जिसमें माध्यमिकोत्तर शिक्षा में 2.17 करोड़ छात्र नामांकित थे, जो 33,000 से अधिक कॉलेजों और 645 डिग्री–प्रदाता संस्थानों, अधिकांशतः विश्वविद्यालयों, और 12,748 डिप्लोमा प्रदाता संस्थानों में भाग ले रहे थे। ऐसा अनुमान है कि विश्व के कुल माध्यमिकोत्तर संस्थानों में से आधे से अधिक भारत में स्थित हैं–जिनमें से अनेक कॉलेज अलाभकारी तौर पर छोटे हैं। जनसंख्या में 18–22 वर्ष आयु का लगभग 16 प्रतिशत माध्यमिकोत्तर शिक्षा में है। प्रणाली में प्रवेश लेने वालों में से अनेक द्वारा डिग्री पूर्ण करने में असफल रहने के साथ ही पढ़ाई छोड़ने (भारतीय बोलचाल में अपव्यय) की दरें ऊँची हैं। गुणवत्ता सामान्यतः कमजोर है–निश्चिततौर पर उत्कृष्टता के द्वीप मौजूद हैं, परंतु समग्र प्रणाली औसत दर्जे की एक भीड़ है।

अनेक विकासशील देशों की भांति भारत भी मासीफिकेशन में बह गया है, अर्थात्, उच्च शिक्षा में नामांकनों में तीव्र विस्तार हुआ है जो पहुँच के लिए आबादी के विकसित होते वर्गों द्वारा अबाध माँग का एक परिणाम है। भारत की चुनौतियों में पहुँच के लिए बढ़ी हुई माँग द्वारा अपार वृद्धि हुई है, जिसके साथ आबादी की समग्र वृद्धि भी जुड़ी है। किसी भी देश में तीव्र विस्तार तथा समग्र गुणवत्ता साथ–साथ संभव नहीं हुए हैं, और इस मामले में भारत उन अनेक देशों से कतई अलग नहीं है।

1947 में स्वतंत्रता के समय भारत के पास अनेक लाभ उपलब्ध थे, किन्तु यह उनके फायदे नहीं उठा सका। अंग्रेजी उच्च शिक्षा की लगभग सार्वभौमिक भाषा थी, जो भारत को बाहरी दुनिया से तात्कालिक संपर्क एवं वैज्ञानिक जानकारियों तथा पाठ्यपुस्तकों तक पहुँच प्रदान कर रही थी। शीर्ष पर अनेक विख्यात विश्वविद्यालयों तथा विशेषज्ञतासंपन्न संस्थानों, तथा स्नातकपूर्व कॉलेजों की एक सम्मानजनक संख्या, जिनमें से कुछ अंतर्राष्ट्रीय स्तर के थे, के साथ भारत ने एक काफी परिपक्व उच्च शिक्षा प्रणाली विकसित कर ली थी, यद्यपि कि यह काफी छोटी थी। जहाँ पहुँच एक छोटे शहरी अभिजात्य वर्ग तक सीमित थी और अधिकांश उच्च शिक्षा संस्थान महानगरों में स्थित थे, वहीं कॉलेज तथा विश्वविद्यालय संपूर्ण भारत में पाए जा सकते थे।

यद्यपि यह प्रणाली स्वतंत्रताप्राप्ति के बाद की संपूर्ण अवधि में काफी तीव्रता से विकसित हुई, तथापि आबादी की वृद्धि तथा प्राथमिक एवं माध्यमिक शिक्षा के विस्तार का अर्थ था कि उच्च शिक्षा माँग की बराबरी नहीं कर सकी। जैसा लगभग सभी देशों में हुआ, कुल मिलाकर गुणवत्ता में गिरावट आ गई।

विगत कुछ वर्षों के दौरान भारत की उच्च शिक्षा की "उड़ान" और उच्च शिक्षा एवं हाल के आर्थिक विकास के बीच के सम्बन्धों के बारे में काफी बयानबाजियों के बावजूद इस बात के साक्ष्य बहुत कम उपलब्ध हैं कि उच्च शिक्षा में सुधारों पर आर्थिक सफलताओं का व्यापक प्रभाव पड़ा है। वास्तव में, एन. जयराम तथा मैंने (अल्ट्बाख़ एवं जयराम, 2010) तर्क दिए थे कि यदि उच्च शिक्षा में सुधार नहीं किया जाता तो भारत ऐसे युवा लोगों, जिन्हें यदि सुशिक्षित किया जाता है तो वे सतत् आर्थिक विकास का नेतृत्व कर सकते हैं, की एक बड़ी आबादी के "जनसांख्यकीय लाभांश" को गवाँ सकता है।

भारतीय उच्च शिक्षा का निरूपण करने वाली व्यापक प्रवृत्तियों में से कुछ का परीक्षण किया जाना उचित है। इन्हें महत्व के किसी विशेष क्रम में प्रस्तुत नहीं किया गया है। हालांकि, ये परस्पर सम्बन्धित हैं और समय के साथ विकास के एक पैटर्न का गठन करती हैं।

एक कठिन इतिहास

अधिकांश विकासशील विश्व की भांति भारत ने भी उपनिवेशवाद की एक लंबी अवधि का अनुभव किया है। इस महाद्वीप पर ब्रिटिश शासन सदियों तक जारी रहा था–जो अधिकांश अन्य देशों द्वारा अनुभव की गई अवधि की तुलना में अधिक दीर्घकालिक था। ब्रिटिश–शैली वाली उच्च शिक्षा का इतिहास 1823 का है, जब अनेक कॉलेजों की स्थापना की गई थी। 1858 में मुम्बई, कोलकाता, तथा मद्रास में विश्वविद्यालय स्थापित किए गए थे–लगभग उसी समय पर जब उच्च शिक्षा का विस्तार इंग्लैण्ड में ऑक्सफोर्ड एवं कैम्ब्रिज से परे किया गया था (कौर, 2003)।

जहाँ अंग्रेज सामान्यतः भारत में उच्च शिक्षा के बहुत उत्सुक समर्थक नहीं थे, वहीं उन्होंने इसकी स्थापना पर रोक नहीं लगाई। अहस्तक्षेप की एक अवधि के पश्चात् उच्च शिक्षा को औपनिवेशिक नीति के एक भाग के रूप में व्यवस्थित किया गया, यह सुनिश्चित करते हुए कि शिक्षा की भाषा अंग्रेजी हो और यह कि अकादमिक संस्थानों के संगठन एवं ढाँचे ब्रिटिश पैटर्न और नीति के अनुरूप हों। अंग्रेज अफ्रीका में अपने औपनिवेशिक कब्जे के दौरान उच्च शिक्षा के जितने समर्थक थे उससे कहीं अधिक वे भारत में इसके समर्थक रहे (एशबाई, 1966)। औपनिवेशिक अधिकारियों ने उच्च शिक्षा पर कुछ संसाधनों के व्यय किए, तथा औपनिवेशिक शासन के दौरान भारत में उच्च शिक्षा के मामूली विस्तार के लिए प्रोत्साहन भारतीयों द्वारा दिए गए थे। वास्तव में, नामांकनों को कम रखने के प्रयास किए गए थे ताकि एक विध्वंसक बुद्धिजीवी वर्ग अथवा बेरोजगार स्नातकों के उद्भव को रोका जा सके। ये दोनों ही लक्ष्य कम से कम आंशिकतौर पर विफल रहे, क्योंकि शिक्षित भारतीयों ने स्वतंत्रता आंदोलन का नेतृत्व किया था। अंग्रेजों ने यह सुनिश्चित करने का प्रयास किया कि कॉलेजों एवं विश्वविद्यालयों के स्नातक औपनिवेशिक प्रशासन तथा उभरते हुए भारतीय समाज एवं उद्योग की आवश्यकताओं को पूरा करने हेतु उपयुक्त रहें।

स्वतंत्रता के समय भारत में 19 विश्वविद्यालय तथा 695 कॉलेज मौजूद थे, जिसमें कुल मिलाकर 2.70 लाख से कम छात्र नामांकित थे। 20वीं शताब्दी के मध्य में नए स्वतंत्र हुए विकासशील देशों के स्तरों के अनुसार भारत बहुत अच्छी स्थिति में था। इसके पास सापेक्षिकतौर पर उच्च शिक्षा संस्थानों की एक व्यापक श्रृंखला मौजूद थी, यद्यपि उनमें से कुछ व्यवसायोन्मुख अथवा विज्ञानोन्मुख थे। इस छोटी सी प्रणाली की गुणवत्ता सापेक्षिकतौर पर ऊँची थी। आयु समूह के एक छोटे से भाग (1 प्रतिशत से भी कम) को सेवा प्रदान करते हुए भारत के पास निर्माण करने के लिए उच्च शिक्षा का एक बुनियादी ढाँचा मौजूद था।

भाषाः एक सतत् दुविधा

स्वतंत्रता के समय, संपूर्ण भारत में उच्च शिक्षा में शिक्षा की भाषा लगभग विशिष्टतौर पर अंग्रेजी ही थी। जहाँ भारत में अंग्रेजी साक्षरता के सटीक आँकड़े उपलब्ध नहीं हैं, वहीं अधिक संभावना नहीं थी कि 1950 में 5 प्रतिशत भारतीय भी अंग्रेजी में साक्षर रहे हों। अतः, भारतीयों की एक बहुत बड़ी संख्या के पास उच्च शिक्षा तक पहुँच उपलब्ध नहीं थी। भाषा नीति के सम्बन्ध में आधुनिक भारत के संस्थापकों के बीच बुनियादी मतभेद थे। महात्मा गाँधी ने राष्ट्रीय भाषा के रूप में हिन्दी के उपयोग के लिए जोरदार तर्क दिया था। जवाहरलाल नेहरू अंग्रेजी के उपयोग को जारी रखने के प्रति सहानुभूति अपनाए हुए थे। दक्षिण तथा देश के कुछ अन्य भागों के अनेकों राजनेता हिन्दी के विरुद्ध थे, और इसप्रकार, उन्होंने "संपर्क भाषा" के रूप में अंग्रेजी का पक्ष लिया और शिक्षा में क्षेत्रीय भाषाओं के उपयोग पर बल दिया। भारत के संघीय संविधान ने शिक्षा पर अधिकार व्यापकतौर पर राज्यों को प्रदान कर दिया, जिनके पास भाषाई मुद्दों पर निर्णय करने हेतु बहुत अधिक अधिकार मौजूद थे। स्वतंत्रताप्राप्ति के बाद की इन वास्तविकताओं का परिणाम देश के विभिन्न भागों में नीतियों के घालमेल के रूप में प्रकट हुआ।

उत्तर भारत में "हिन्दी पट्टी" वाले कुछ राज्यों ने हिन्दी के उपयोग पर बल दिया था, और स्नातकपूर्व शिक्षा के लिए केन्द्र सरकार ने पाठ्यपुस्तकों के प्रकाशन एवं अनुवाद हिन्दी में करने के कुछ प्रयास किए थे। केन्द्र सरकार द्वारा प्रायोजित लगभग सभी विश्वविद्यालयों एवं विशेषज्ञताप्राप्त संस्थानों के द्वारा शिक्षा के माध्यम के रूप में अंग्रेजी के उपयोग को जारी रखा गया। भाषा नीति के मामले में राज्यों में भारी भिन्नताएं थीं। अधिकांश दक्षिण राज्यों ने सभी स्तरों पर उच्च शिक्षा के माध्यम के रूप में अंग्रेजी के उपयोग को जारी रखा। भारत के अन्य भागों में राज्यों की नीतियाँ अलग–अलग रहीं। कुछ ने अंग्रेजी तथा एक क्षेत्रीय भाषा के संयोजित रूप का उपयोग किया। कुछ मामलों में, अलग–अलग विश्वविद्यालयों ने राजकीय नीति के बावजूद अंग्रेजी में शिक्षा को कायम रखने को प्राथमिकता दी। अतः, उच्च शिक्षा में भाषा नीति एवं व्यवहार पूरे देश में भिन्नतापूर्ण रहा और बना हुआ है।

विश्वसनीय आँकड़ों के बगैर, संभावना यही है कि भारतीय उच्च शिक्षा, विशेषतौर पर अधिक प्रतिष्ठित विश्वविद्यालयों एवं कॉलेजों तथा उच्च चयनात्मक संस्थानों जैसे भारतीय प्रौद्योगिकी संस्थान एवं भारतीय प्रबंधन संस्थान में अंग्रेजी के उपयोग में वृद्धि हुई है। निजी उच्च शिक्षा का अधिकांश भाग अंग्रेजी में ही कार्य करता है। अनुसंधान क्षेत्र पर अंग्रेजी का पूरा वर्चस्व है, और पत्रिकाओं एवं इंटरनेट पर अधिकांश विद्वत्तापूर्ण संवाद अंग्रेजी में ही संपन्न किए जाते हैं। जहाँ भारतीय उच्च शिक्षा में भाषाई बहस अभी

पूरी तरह से समाप्त नहीं हुई है, वहीं अंग्रेजी भारतीय उच्च शिक्षा की एक प्रमुख भाषा के रूप में उभर चुकी है। 21वीं शताब्दी में वैश्वीकरण के द्वारा उच्च शिक्षा को प्रभावित किए जाने के साथ ही इसकी हमेशा से सशक्त रही भूमिका में और वृद्धि हो गई है।

अंग्रेजी की परंपरागत भूमिका ने अंतर्राष्ट्रीय उच्च शिक्षा में भारत को महत्वपूर्ण लाभ प्रदान किए हैं। प्रोफेसर एवं छात्र अन्य देशों के अपने समकक्षियों के साथ सहजतापूर्वक संवाद कर सकते हैं, और गतिशीलता में वृद्धि हो गई है। भारतीय विश्वविद्यालय और अधिक सहजता से अंतर्राष्ट्रीय छात्रों को प्रवेश दे सकते हैं। भारतीय लोग अंतर्राष्ट्रीय ज्ञान नेटवर्क में सीधे योगदान कर सकते हैं (अल्ट्बाख़ 2007)। फिर भी, इसकी कुछ हानियाँ भी हैं। अंग्रेजी भारतीयों की मातृभाषा नहीं है, और किसी सीमा तक यह एक विदेशी भाषा बनी हुई है। बहुसंख्यक भारतीय अंग्रेजी नहीं बोलते और वे इसमें साक्षर भी नहीं हैं, जो उच्च शिक्षा के क्षेत्र में उन्हें महत्वपूर्ण हानि की स्थिति में डाल देता है और वे भारत में अंग्रेजी–माध्यम के द्वारा प्रदान की जाने वाली सामाजिक एवं आर्थिक गतिशीलता तक पहुँच हासिल करने में असमर्थ रह जाते हैं। जहाँ अंग्रेजी बोलने वाले भारतीयों की संख्या का कोई सटीक अनुमान उपलब्ध नहीं प्रतीत होता, वहीं 10 प्रतिशत एक विश्वसनीय संख्या प्रतीत होती है। इसके अनुसार 10 करोड़ से अधिक लोग अंग्रेजी भाषी हैं–जो ब्रिटेन, ऑस्ट्रेलिया, एवं कनाडा की संयुक्त आबादियों से अधिक है–परंतु भारतीयों का अभी भी एक मामूली प्रतिशत ही है।

साधारणता का समुद्र

भारतीय उच्च शिक्षा को साधारणता के समुद्र के रूप में निरूपित किया जा सकता है जिसमें उत्कृष्टता के कुछ द्वीप पाए जा सकते हैं। भारतीय छात्रों की एक बड़ी संख्या 174 विश्वविद्यालयों और उनसे सम्बद्ध 33,023 कॉलेजों में भाग ले रही है। जहाँ कुछ विश्वविद्यालय, सर्वाधिक उल्लेखनीयतौर पर सम्बद्ध कॉलेजों से रहित, तथा कुछ अन्य कॉलेज उच्च गुणवत्ता प्रदान करते हैं, जबकि अधिकांश अन्य खराब गुणवत्तायुक्त शिक्षा ही प्रदान कर रहे हैं। कुछ क्षेत्रों में स्नातक समुचित रोजगार हासिल करने में विफल हैं, अनेक छात्रों ने अभी भी अपनी डिग्रियाँ पूरी नहीं की हैं, और नियोक्ता डिग्रीधारकों की अपर्याप्त तैयारी के सम्बन्ध में शिकायतें करते हैं।

कुछ सीमा तक, भारतीय उच्च शिक्षा के अनुक्रम में सतह पर गुणवत्ता में गिरावट मासीफिकेशन का एक अपरिहार्य परिणाम है और इसे संपूर्ण विश्व में पाया जा सकता है। खराब अकादमिक योग्यता वाले छात्र उच्च शिक्षा तक पहुँच हासिल करने में असमर्थ हैं। भारत में, वंचित समूहों के लिए आरक्षण नीतियों की जटिल व्यवस्था ने इस समस्या में वृद्धि कर दी है–जबकि साथ–साथ यह उन्हें ऐसे अवसर प्रदान कर रही है जिनका पहले अस्तित्व नहीं था। मौजूदा मामूली प्रवेश मानकों में इन समूहों को छूट प्रदान की गई है, जबकि पर्याप्त माध्यमिक स्कूल उपलब्धियों से रहित छात्रों को कुछ अतिरिक्त सहायता प्रदान की जा रही है, जो उच्च–परित्याग दरों में योगदान कर रहा है।

विस्तार माध्यमिकोत्तर शिक्षा के परिदृश्य पर अपने साथ अनेक नए प्रकार के संस्थान लेकर आया है, जिनमें से अधिकांश प्रणाली की सतह पर स्थित हैं। अनेक "डीम्ड विश्वविद्यालय" मामूली गुणवत्ता वाले संस्थान हैं–यद्यपि कुछ पुराने सुस्थापित हैं। नए निजी विश्वविद्यालय भी ऐसी ही मिलीजुली तस्वीर प्रस्तुत करते हैं जिनमें से अधिकांश की गुणवत्ता अपेक्षाकृत और कम है। गत कई दशकों के दौरान इंजीनियरिंग, सूचना प्रौद्योगिकी, तथा अन्य क्षेत्रों में हजारों की संख्या में "गैर–वित्तपोषित" कॉलेज

उभरे हैं और वे विश्वविद्यालयों के साथ सम्बद्ध तथा डिग्रियाँ प्रदान करने में सक्षम हैं। पुनः, इन कॉलेजों की समग्र गुणवत्ता मामूली ही है, और अनेक अर्द्ध–लाभार्जक संस्थान हैं।

परंपरागत विश्वविद्यालय एवं उनके सम्बद्ध कॉलेज सुधारों का प्रतिरोध करने वाले सिद्ध हुए हैं। उनकी समस्याओं की व्यापक पहचान कर लिए जाने के बावजूद अपनी संरचना, भूमिका, तथा प्रशासन के अर्थों में ये संस्थान वास्तव में एक अर्द्धशताब्दी से अपरिवर्तित बने हुए हैं। कुछ सर्वश्रेष्ठ कॉलेजों को विश्वविद्यालयों से स्वतंत्र किए जाने और अपनी स्वयं की डिग्रियाँ प्रदान करने की अनुमति दिए जाने जैसे सुधारवादी कार्यक्रम प्रस्तावित किए जा चुके हैं, परंतु इनका कार्यान्वयन सीमित रहा है। सम्बद्धता प्रणाली द्वारा थोपी गई नौकरशाही उच्च शिक्षा के केन्द्र में बनी हुई है–और जबतक इसमें महत्वपूर्ण सुधार अथवा संशोधन नहीं कर लिए जाते, भारतीय उच्च शिक्षा में सुधार संभव नहीं होगा।

उत्कृष्टता के द्वीप

भारतीय उच्च शिक्षा प्रणाली की तमाम समस्याओं के बावजूद यहाँ अंतर्राष्ट्रीयतौर पर प्रतिस्पर्धात्मक, उच्च गुणवत्तायुक्त माध्यमिकोत्तर संस्थानों का एक छोटा सा क्षेत्र भी मौजूद है। यह महत्वपूर्ण है कि उनमें से सभी स्थापित विश्वविद्यालय ढाँचे के बाहर हैं। नियोजनकर्ता नए एवं नवप्रवर्तनकारी विचारों को परंपरागत विश्वविद्यालयों को सौंपने के इच्छुक नहीं थे। सर्वश्रेष्ठ रूप से ज्ञात इन संस्थानों में शामिल हैं भारतीय प्रौद्योगिकी संस्थान एवं भारतीय प्रबंधन संस्थान। अनेक अन्य भी मौजूद हैं। इनमें भारतीय विज्ञान संस्थान, बंगलूरू, टाटा मूलभूत अनुसंधान संस्थान, टाटा सामाजिक विज्ञान संस्थान, भारतीय सांख्यकीय संस्थान एवं अन्य शामिल हैं। राष्ट्रीय विश्वविद्यालयों में से कम से कम एक, जवाहरलाल नेहरू विश्वविद्यालय, नई दिल्ली, को केन्द्र सरकार की सहायता प्राप्त है और इसे बहुत अधिक सम्मान प्राप्त है।

ये संस्थान अनेक गुणों को साझा करते हैं। ये सभी सार्वजनिक हैं और केन्द्र सरकार द्वारा वित्तपोषित हैं। सभी अपेक्षाकृत छोटे हैं और परंपरागत विश्वविद्यालयों के ढाँचे से बाहर हैं। इन संस्थानों को महत्वपूर्ण स्तर की स्वायत्तता उपलब्ध है जो भारतीय उच्च शिक्षा प्रणाली में कुछ अनूठी है। ये सभी केन्द्र सरकार द्वारा की गई पहलें हैं, जिनमें राज्यों की संलिप्तता बहुत कम अथवा बिल्कुल भी नहीं है। जहाँ इनमें से किसी भी संस्थान को उदारतापूर्वक वित्तपोषित नहीं किया जाता (वास्तव में, अंतर्राष्ट्रीय स्तरों के हिसाब से ये सभी अल्प–वित्तपोषित हैं) वहीं उन्होंने भारी सफलताएं अर्जित की हैं।

ये सभी सफल नवप्रवर्तन बिना कोई असाधारण उच्च वेतन प्रदान किए तथा यह प्रदर्शित करते हुए कि कुछ भारतीय शिक्षक नए विचारों और ऊँचे स्तरों से भी आकर्षित होते हैं, शिक्षण एवं नवाचारों के उच्च स्तरों के लिए प्रतिबद्ध प्रोफेसरों को आकर्षित करने में सफल रहे थे।

योजना की असफलता

भारतीय उच्च शिक्षा विचारों के अभाव के कारण "विश्वस्तरीय" प्रणाली सृजित करने में असफल नहीं हुई है। विगत 40 वर्षों में कम से कम आधा दर्जन उच्चस्तरीय आयोगों ने बुद्धिमत्तापूर्ण रिपोर्टें जारी की हैं, जिनमें 1948 में राधाकृष्णन आयोग से लेकर हाल

में 2007 में राष्ट्रीय ज्ञान आयोग की रिपोर्ट, तथा 2009 में यशपाल समिति की रिपोर्ट शामिल हैं। इन रिपोर्टों के द्वारा अनेक विचारशील संशोधनों, प्रगतियों, एवं सुधारों की सिफारिशें की गई हैं। समय के साथ, इन रिपोर्टों के कुछ तत्वों को लागू किया गया है, परंतु किसी भी मामले में इन सभी को पूरी तरह से लागू नहीं किया गया है। योजना आयोग की पंचवर्षीय योजनाओं के द्वारा सामान्यतः उच्च शिक्षा पर कम ही ध्यान दिया गया है, यद्यपि कभी–कभार पहलों को रेखांकित किया गया है और निधियाँ प्रदान की गई हैं। वर्तमान 12वीं पंचवर्षीय योजना के द्वारा पहली बार उच्च शिक्षा पर कुछ व्यापक ध्यान केन्द्रित किया गया है।

यद्यपि उच्च शिक्षा के निधिकरण एवं निरीक्षण का अधिकांश कार्य राज्यों के हाथों में है, तथापि राज्यों के स्तर पर नियोजन अथवा नवाचारों के बहुत कम साक्ष्य उपलब्ध हैं। सामान्यतौर पर, राज्यों ने बस उच्च शिक्षा के विस्तार की माँग को पूरा करने भर के प्रयास किए हैं। कुछ राज्यों, जैसे केरल, के पास उच्च शिक्षा के लिए एक समग्र नीतिगत ढाँचा मौजूद है, जिसके परिणामस्वरूप, भारत में उनका नामांकन स्तर सर्वाधिक है, विशेषतौर पर महिला भागीदारी के मामले में। सामान्यतः, कोई भी स्पष्ट नीतिगत दिशा मौजूद नहीं है।

विश्वविद्यालय अनुदान आयोग, जो केन्द्र सरकार के नियंत्रण के अधीन उच्च शिक्षा के निधिकरण, नवाचार एवं नियोजन के लिए केन्द्रीय स्तर पर उत्तरदायी है, ने पाठ्यक्रम, शिक्षण, एवं अन्य क्षेत्रों में कुछ छोटे पैमाने के कार्यक्रमों को विकसित तो किया है परंतु सामान्यतः किसी बड़े पैमाने के नवाचार में कोई सक्रिय भूमिका नहीं निभाई है। एक राष्ट्रीय उच्च शिक्षा एवं अनुसंधान आयोग स्थापित करने का वर्तमान प्रस्ताव केन्द्र सरकार की अनेक पहलों को एकजुट करेगा और नियोजन, अनुसंधान, एवं नवप्रवर्तन पर प्रमुख ध्यान केन्द्रित करेगा।

केन्द्र तथा राज्यों के स्तरों पर उच्च शिक्षा के प्रति उत्तरदायी विभिन्न एजेन्सियों के बीच समन्वयन के अभाव, परिवर्तन लागू करने हेतु अपर्याप्त अधिकार, तथा अपर्याप्त निधिकरण जैसे विभाजित नियंत्रणों के परिणामस्वरूप यह कहना उचित है कि वर्षों के दौरान अच्छे प्रस्तावों की एक श्रृंखला के बावजूद उच्च शिक्षा की योजना सफल नहीं रही है।

प्रणालियों की आवश्यकता

मासीफिकेशन के लिए एक उच्चतर शिक्षा प्रतिष्ठान की आवश्यकता होती है, जिसमें संस्थान ऐसे विभिन्न प्रयोजनों एवं मिशनों को पूरा करते हैं जिन्हें विभिन्न उपयोगकर्ताओं को सेवा प्रदान करने और विभिन्न माँगों को पूरा करने के लिए तर्कसंगत तरीके से आयोजित किया गया हो। सर्वश्रेष्ठ आयोजन, जैसे कि प्रख्यात कैलीफोर्निया सार्वजनिक उच्चतर शिक्षा प्रणाली, विभिन्न प्रकार के संस्थानों को व्यक्त करता है, ताकि छात्र एक प्रकार के कॉलेज से दूसरे में गतिशील हो सकें। कैलीफोर्निया के मामले में, सार्वजनिक प्रणाली में सामुदायिक कॉलेज, चार–वर्षीय परास्नातक डिग्री विश्वविद्यालय, एवं अनुसंधान विश्वविद्यालय, जैसे–कैलीफोर्निया एवं बर्कले विश्वविद्यालय शामिल हैं, जो डॉक्टरेट प्रदान करते हैं। छात्र किसी एक प्रकार के स्कूल में प्रवेश ले सकते हैं और, यदि उनमें अकादमिक कार्य अनुमति देते हैं, तो वे किसी अलग प्रकार के संस्थान में स्थानान्तरण प्राप्त कर सकते हैं। इस प्रकार की प्रणाली में समुचित स्तरों पर लागतें संलिप्त हैं, ये पहुँच प्रदान करते हैं, और सुनिश्चित करते हैं कि विभिन्न सामाजिक

आवश्यकताएं पूरी की जाएं। सरकारी अधिकारी मिशन की "मंदगति" को रोकते हुए और यह सुनिश्चित करते हुए कि संस्थानों का अपने स्थापित मिशनों पर ध्यानकेन्द्रण बना रहे, विभिन्न स्तरों पर संस्थानों के मिशन एवं बजट को नियंत्रित करते हैं।

भारत ने कभी भी केन्द्रीय अथवा प्रांतीय स्तरों पर एक सुस्पष्ट अकादमिक प्रणाली विकसित नहीं की है, यद्यपि अनौपचारिक प्रणालियाँ समय–समय पर प्रकट होती रही हैं। भारत के सभी विश्वविद्यालयों के पास अनुसंधान का एक मिशन मौजूद है; कुछ दूसरों की अपेक्षा अनुसंधान में अधिक संलिप्त होने में बेहतर समर्थ हैं। राज्यों के स्तर पर कुछ ही विश्वविद्यालयों को अनुसंधान के लिए पर्याप्त बजट प्राप्त होते हैं, और कुछ ही के पास अनुसंधानोन्मुख अकादमिक कर्मचारी उपलब्ध हैं। स्नातकपूर्व कला एवं विज्ञान तथा व्यवसायिक कॉलेजों का तीव्र विस्तार भी व्यापकतौर पर बिना किसी नियोजन के किया गया है।

राज्य उच्चतर शिक्षा परिषदों की स्थापना सम्बन्धी हाल ही की केन्द्र समर्थित पहल राज्यों के स्तर पर अधिक तर्कसंगत उच्चतर नीति एवं नियोजन की दिशा में उठाया गया एक कदम है। हालांकि, बहुत कम संख्या में राज्यों, जैसे–केरल, ने इन परिषदों को पूरी तरह से लागू किया है और उनके पास समुचित समन्वयक निकाय उपलब्ध हैं।

भारत को राज्यों तथा केन्द्र दोनों ही स्तरों पर ऐसी उच्च शिक्षा प्रणालियों की आवश्यकता है जो तर्कसंगत तरीके से आयोजित और विभेदीकृत हो ताकि यह सुनिश्चित किया जा सके कि उच्चतर शिक्षा की निरंतर बढ़ती रही विविधतापूर्ण आवश्यकताओं को तर्कसंगत तरीके से पूरा किया जा सके।

राजनीति

भारतीय उच्च शिक्षा, अपने लिए अत्यधिक हानिकारक होते हुए, सभी स्तरों पर राजनीति से ग्रसित है। प्रायः कॉलेजों की स्थापना राजनेताओं के द्वारा एक संरक्षण ढाल के रूप में तथा समर्थकों के लिए पहुँच एवं रोजगार प्रदान करने के एक तरीके के रूप में की जाती है। विश्वविद्यालयों के स्थान निर्धारण भी कभी–कभी प्रांतीय अथवा स्थानीय राजनीति से प्रभावित होते हैं। कभी–कभी, राष्ट्रीय विश्वविद्यालय भी राजनीति में डूबे रहे हैं।

विश्वविद्यालयों एवं कॉलेजों के चुनावों का प्रायः राजनीतिकरण कर दिया जाता है। राष्ट्रीय, क्षेत्रीय, तथा स्थानीय राजनीतिक मशीनरी परिसरों की राजनीति में बहुत अधिक संलिप्त रहती हैं। प्रायः छात्रसंघों का भी राजनीतिकरण हो चुका है। अकादमिक निर्णयों के निर्धारण अकादमिक की अपेक्षा राजनीतिक दृष्टिकोणों से अधिक किए जाते हैं। राजनीतिक साजिश और अंतर्कलह परिसर जीवन को प्रभावित करते हैं। चरम मामलों में, परिसर राजनीति हिंसक हो सकती है, और सामान्य अकादमिक जीवन में व्यवधान असामान्य बात नहीं हैं। प्रायः, राजनीति वैचारिक नहीं बल्कि क्षेत्रीय अथवा जाति आधारित होती है।

विश्वविद्यालय एवं कॉलेज, जो बड़ी संख्या में कर्मचारियों को नियुक्त करते हैं और अत्यधिक माँग वाली वस्तु, अर्थात्, शैक्षणिक योग्यता, तक पहुँच प्रदान करते हैं, मूल्यवान राजनीतिक इंजन बन चुके हैं। अकादमिक संस्थान प्रायः स्थानीय शक्ति के केन्द्र होते हैं और इन्हें स्पष्टतौर पर संरक्षण के मूल्यवान संसाधन के रूप में देखा जाता है।

अपर्याप्त निवेश का एक पैटर्न

उच्च शिक्षा का कभी भी पर्याप्त निधिकरण नहीं किया गया है। 2011–12 में, भारत द्वारा माध्यमिकोत्तर शिक्षा पर अपने सकल घरेलू उत्पाद का मात्र 1.22 प्रतिशत व्यय किया गया था, जो तीव्रगति से विस्तार कर रही कुछ अन्य अर्थव्यवस्थाओं के मुकाबले मामूली निवेश था तथा यूरोपीय खर्चों के स्तर से बहुत नीचे था। प्रारंभ से ही, एक अर्थपूर्ण उच्च–गुणवत्तासंपन्न विश्वविद्यालय क्षेत्र का निर्माण किए जाने के बजाय व्यापक पहुँच एवं विस्तार सम्बन्धी माँगों को पूरा करने पर जोर दिया गया था, और यहाँ तक कि इस व्यापक पहुँच के लिए दी गई वित्तीय सहायता भी अपर्याप्त रही है।

राज्यों तथा केन्द्र सरकार के द्वारा उच्च शिक्षा को सहयोग दिए जाने का विभाजित उत्तरदायित्व अलग से हानिकारक था, क्योंकि इनके बीच समन्वयन कठिन था। किसी भी मामले में, अधिकांश उत्तरदायित्व राज्यों पर डाल दिए गए, जिनमें से अधिकांश आवश्यक सहयोग प्रदान करने में असमर्थ थे, और किसी भी मामले में वे उच्च शिक्षा के बजाय बुनियादी साक्षरता तथा प्राथमिक एवं माध्यमिक शिक्षा से अधिक सम्बद्ध थे। वास्तव में, भारत के स्वतंत्रताप्राप्ति के बाद के अधिकांश इतिहास में सभी स्तरों पर नीतिनिर्माताओं की चिंता उच्च शिक्षा के बजाय साक्षरता एवं बुनियादी शिक्षा से सम्बन्धित रही थी।

21वीं शताब्दी में, भारतीय आर्थिक रूपांतरण के प्रारंभ होने के साथ ही, उच्च शिक्षा को अधिक प्राथमिकता प्राप्त हो सकी। राष्ट्रीय ज्ञान आयोग (2007) की रिपोर्टों में विश्वविद्यालयों के महत्व पर बल दिया गया और पहुँच के विस्तार तथा गुणवत्ता में सुधार दोनों को प्रोत्साहित किया गया। इन सिफारिशों को लागू करने हेतु बहुत कम कार्य किए गए हैं। पर्याप्त निधिकरण के बिना उच्च शिक्षा का न तो समुचित विस्तार हो सकता है और न ही गुणवत्ता में सुधार संभव है।

गुरू का पतन एवं उत्थान

प्रोफेसर किसी भी अकादमिक संस्थान के हृदय होते हैं। अंतर्राष्ट्रीय एवं विशेषतौर पर विकासशील देशों के स्तरों के अनुसार, भारतीय अकादमिक पेशा अपेक्षाकृत बेहतर स्थिति में है। जहाँ अधिकांश भारतीय शिक्षकों को पास पूर्णकालिक नियुक्तियाँ हासिल हैं, वहीं अधिकांश निजी संस्थानों, विशेषतौर पर निजी कॉलेजों में कार्य–स्थितियाँ खराब हैं। उन्हें कार्यकाल की सुरक्षा हासिल है। क्रयशक्ति समता मानकों के अनुसार अन्य देशों के साथ तुलना करने पर उनके वेतन 2012 में 28 देशों में अकादमिक वेतनों पर किए गए अकादमिक अध्ययन में उच्च मध्य श्रेणी के अंतर्गत आते हैं (अल्ट्बाख़ एवं अन्य, 2012)। जहाँ भारतीय शिक्षक अपने वेतनों से अमीर नहीं बन सकते, वहीं सामान्यतः वे, कम से कम बड़े महानगरों के बाहर मध्यवर्गीय शैली में जीवनयापन कर सकते हैं। यह चीन सहित अन्य देशों के बहुत विपरीत है जहाँ अतिरिक्त आय का अकादमिक वेतनों का पूरक होना अनिवार्य है।

तथापि, अकादमिक पेशा कुछ गंभीर समस्याओं का सामना कर रहा है (जयराम, 2003)। स्नातकपूर्व कॉलेजों के शिक्षकों की बहुत बड़ी संख्या तथा विश्वविद्यालयों के विभागों में नियुक्तियाँ प्राप्त तथा परास्नातक छात्रों के शिक्षकों की छोटी सी संख्या के बीच हैसियत, कार्य–परिस्थितियों, तथा वेतनों में अंतर बहुत अधिक हैं। इसके बावजूद, विगत कुछ वर्षों में हुई महत्वपूर्ण वेतन वृद्धियों के कारण कॉलेज शिक्षक भी अपने वेतनों के आधार पर सामान्यतौर पर एक मध्यवर्गीय जीवनशैली जी सकते हैं।

उच्च स्तरीय नौकरशाही अकादमिक पेशे की विशेषता है और वे लोकसेवा विनियमन से बाध्य हैं। अधिकांश कॉलेज संरचना में अनुक्रमिक हैं और कॉलेज प्रशासन अथवा निर्णयन में भागीदारी के कम अवसर ही प्रदान करते हैं। विशेषतौर पर, कॉलेज शिक्षकों को बहुत कम स्वायत्तता, और जो कुछ भी वे पढ़ाते हैं उसपर बहुत मामूली नियंत्रण ही हासिल है–और शिक्षण भार वृद्धि की ओर प्रवृत्त है। यह देखा गया है कि कॉलेज शिक्षकों को हाईस्कूल शिक्षकों की अपेक्षा कम स्वायत्तता हासिल है (अल्ट्बाख़, 1979)। विश्वविद्यालयों से सम्बद्ध कॉलेजों की बड़ी संख्या में शिक्षण, पाठ्यक्रम, तथा परीक्षाओं के अनेक पहलुओं पर विश्वविद्यालयों के नियंत्रण हैं।

विश्वविद्यालय के विभागों में नियुक्त शिक्षकों की छोटी सी संख्या से अनुसंधान संपन्न करने की अपेक्षा की जाती है और उन्हें मामूली शिक्षण दायित्व तथा कहीं अधिक स्वायत्तता प्रदान की गई है। वास्तव में, भारतीय शिक्षकों के द्वारा प्रकाशित लगभग सभी अनुसंधान विश्वविद्यालय शिक्षकों द्वारा ही संपन्न किए गए हैं। वेतन भी बहुत अधिक अनुकूल हैं। विश्वविद्यालय शिक्षक परास्नातक छात्रों का अधिवीक्षण भी करते हैं और, इस प्रकार, अकादमिक पेशे की अगली पीढ़ी को शिक्षित करने में एक प्रमुख भूमिका निभाते हैं। विश्वविद्यालय के अनेक विभाग पाठ्यक्रमों को व्यवस्थित करने, परीक्षाओं को निर्धारित एवं प्रशासित करने, तथा सम्बद्धता प्रणाली के अन्य उत्तरदायित्वों को संपन्न करने हेतु कॉलेजों के साथ मिलकर कार्य करते हैं।

भारतीय शिक्षकों का उनके कार्यों के लिए मूल्यांकन नहीं किया जाता। उनके रोजगार मुख्यतः दीर्घजीविता एवं पदों पर निर्भर करते हैं। शिक्षण अथवा अनुसंधान में उत्पादकता के प्रयासों, यदि किए भी गए हैं, का मूल्यांकन बहुत कम किया जाता है, तथा वे जिनके प्रदर्शनों को मामूली समझा जाता है, को कार्य जारी रखने की अनुमति प्रदान कर दी जाती है। अधिकांश भाग के लिए वेतनों का आबंटन सेवाकाल तथा पद के आधार पर किया जाता है और अच्छे प्रदर्शन को पुरस्कृत करने अथवा अपर्याप्त कार्य को दंडित करने का कोई तरीका मौजूद नहीं है। जहाँ शीर्ष गुणवत्ता ही मानदंड हो, जैसे कि भारतीय प्रौद्योगिकी संस्थान, वहाँ इसके लिए किसी भी पुरस्कार की व्यवस्था के बजाय संस्थान की संस्कृति तथा परंपरा उत्तरदायी है।

भारतीय अकादमिक पेशा एक प्रकार की विरोधाभासी स्थिति में है (पटेल, 2012)। अन्य विकासशील देशों के साथ तुलना करने पर भारतीय माध्यमिकोत्तर शिक्षक बुरी स्थिति में नहीं हैं–न ही वेतन और न ही कार्य परिस्थितियों के मामले में। फिर भी, अधिकांशतः, उच्च शिक्षा प्रणाली का संगठन शिक्षकों को अपना सर्वश्रेष्ठ प्रदर्शन करने हेतु प्रोत्साहित नहीं कर पाता।

निरंतर प्रभुत्वशाली होता निजी क्षेत्र

भारत की उच्च शिक्षा प्रणाली हमेशा से ही सार्वजनिक एवं निजी संस्थानों का एक कौतुहलपूर्ण, और शायद अंतर्राष्ट्रीय तौर पर अनूठा संयोजन रही है। लगभग प्रारंभ से ही, अधिकांश स्नातकपूर्व कॉलेजों की स्थापना निजी हितों द्वारा की गई थी और उनके प्रबंधन लोकोपकारी समितियों, धार्मिक समूहों, तथा अन्य निजी एजेन्सियों द्वारा किए गए थे। इनमें से अधिकांश निजी कॉलेजों को सरकारी निधियाँ प्राप्त हुई और इस प्रकार वे "सहायताप्राप्त" कॉलेज थे। सभी विश्वविद्यालय सार्वजनिक संस्थान थे, क्योंकि अधिकांशतः राज्यों द्वारा स्थापित किए गए थे।

हाल के वर्षों में स्थिति में नाटकीय परिवर्तन आया है (अग्रवाल, 2009)। विगत कई दशकों के दौरान स्थापित अधिकांश निजी कॉलेज "गैर–सहायताप्राप्त" हैं और

इसीलिए शिक्षण शुल्कों एवं निधियों के अन्य निजी संसाधनों के माध्यम से अपने खुद के निधिकरण के लिए उत्तरदायी हैं। इसी प्रकार, अनेक "डीम्ड" विश्वविद्यालय भी निजी संस्थान हैं, जिन्हें कोई सरकारी निधि प्राप्त नहीं होती। कुछ गैर–सहायताप्राप्त कॉलेज एवं विश्वविद्यालय "लाभार्जक" प्रतीत होते हैं, यद्यपि उनके प्रबंधन एवं प्रशासन प्रायः पारदर्शी नहीं होते। हालांकि सब नहीं फिर भी अधिकांश अकादमिक अनुक्रम में निचली श्रेणी के हैं। गैर–सहायताप्राप्त कॉलेज अपने क्षेत्र के किसी न किसी विश्वविद्यालय से सम्बद्ध हैं, और विश्वविद्यालयों के लिए बड़ी संख्या वाले कॉलेजों का निरीक्षण करना निरंतर कठिन होता जा रहा है, विशेषतौर पर तब जब संस्थानों के वित्तीय पहलू स्पष्ट न हों।

जैसा कि अनेकों देशों में है, मासीफिकेशन ने उच्च शिक्षा में निजी क्षेत्र के उत्थान में योगदान किया है–राज्य सामूहिक पहुँच के लिए निधिकरण उपलब्ध कराने में अनिच्छुक अथवा असमर्थ रहे हैं, और निजी क्षेत्र ने इस शून्य में कदम रख दिया है। नए निजी क्षेत्र की दिशा पर सार्वजनिक नियंत्रण प्रायः समाप्त हो चुका है, और गुणवत्ता भी प्रभावित हुई है। भारत का मामला विशेषतौर पर जटिल है, क्योंकि सार्वजनिक–क्षेत्र के विश्वविद्यालय, जो नए गैर–सहायताप्राप्त निजी कॉलेजों को सम्बद्धता प्रदान करते हैं, इस नए क्षेत्र को वैधता प्रदान करने और निरीक्षण करने में सीधे संलिप्त हैं।

भारत ने सही क्या किया है?

यदि कोई भी उच्च शिक्षा में अंतर्राष्ट्रीय "सर्वश्रेष्ठ अभ्यास" अथवा "शीर्षस्थ विचारों" की खोज करता है तो मस्तिष्क में भारत से ऐसा कुछ विशेष सामने नहीं आता। जैसा यह निबंध स्पष्ट करता है, भारत की समकालीन उच्च शिक्षा की वास्तविकता की अधिकांश सफल प्रणालियों के साथ अनुकूल रूप से तुलना नहीं की जा सकती। जब ब्राजील एवं चीन जैसे ब्रिक्स विकासशील देशों के साथ तुलना की जाती है तो अधिकांश मानंदडों के अनुसार भारत उच्च शिक्षा की उपलब्धियों के अधिकांश मानदंडों पर पीछे छूट जाता है।

इसी के साथ, भारत ने स्वतंत्रताप्राप्ति के बाद की चुनौतियों के संदर्भ में महत्वपूर्ण प्रगति भी की है। भारत के नीतिनिर्माताओं ने स्वतंत्रताप्राप्ति के बाद प्रथम अर्द्धशताब्दी में साक्षरता तथा प्राथमिक एवं माध्यमिकोत्तर शिक्षा पर बल दिया है और विशेषतौर पर बढ़ती हुई आबादी को ध्यान में रखते हुए इन क्षेत्रों में महत्वपूर्ण प्रगति की है। जहाँ माध्यमिकोत्तर शिक्षा को वांछित सहयोग प्राप्त नहीं हुआ है, वहीं इसका विस्तार सतत् रूप से हुआ और इसतक पहुँच में व्यापक वृद्धि हुई है। ग्रामीण क्षेत्रों, वंचित समूहों, तथा विशेषतौर पर दलित समुदायों के युवा छात्रों सभी को उच्च शिक्षा तक पहुँच हासिल हो चुकी है।

जहाँ पिछली एक अर्द्धशताब्दी में भारतीय उच्च शिक्षा की समग्र गुणवत्ता, कुल मिलाकर, शायद नीचे गिरी है, वहीं यह ध्वस्त नहीं हुई है। सम्बद्धता प्रणाली की कठोरताओं तथा नौकरशाही की व्यवस्थाओं ने निःसंदेहात्मक रूप से इस प्रणाली में सुधार को बाधित किया है, परंतु इसी के साथ–साथ इनके द्वारा सतत् तनावग्रस्त एक प्रणाली में स्थिरता भी सुनिश्चित की गई है।

गत एक अर्द्धशताब्दी में भारत ने उल्लेखनीय प्रतिभाओं को जन्म दिया है। समस्या यह है कि उनमें से अधिकांश प्रतिभाओं ने देश छोड़ दिया है और विदेशों में अत्यन्त सफल रही हैं। भारतीय प्रौद्योगिकी संस्थान के स्नातकों से सम्बन्धित आँकड़े

उल्लेखनीय हैं–प्रत्येक स्नातक समूह का एक बहुत बड़ा भाग भारत छोड़ देता है और विदेशों में उल्लेखनीय सफलताएं अर्जित करता है। जहाँ उनकी एक छोटी सी संख्या भारत वापस आती है, वहीं विदेशों में बसा एक काफी बड़ा समूह भारतीय सहयोगियों एवं कंपनियों के साथ काम कर रहा है। फिर भी, यह कहना उचित है कि 21वीं शताब्दी में भी "प्रतिभा पलायन" जारी है।

भारतीय उच्च शिक्षा की अन्यथा असत्कारशील मिट्टी में माध्यमिकोत्तर संस्थानों का एक छोटा किन्तु दृश्य एवं प्रभावशाली समूह विकसित हो चुका है। भारतीय प्रौद्योगिकी संस्थान, भारतीय प्रबंधन संस्थान, तथा विशेषज्ञताप्राप्त शिक्षण एवं अनुसंधान विश्वविद्यालयों का एक समूह स्थापित अकादमिक प्रणाली के किनारों पर स्थापित किया गया था। इसके अलावा, भारतीय विश्वविद्यालयों के साथ सम्बद्ध हजारों कॉलेजों के बीच एक छोटी संख्या ने स्नातकपूर्व शिक्षा में उत्कृष्टता के उच्च स्तरों को हासिल किया है। ये उदाहरण स्पष्टतः प्रदर्शित करते हैं कि भारत में विश्वस्तरीय उच्च शिक्षा का निर्माण संभव है–बशर्ते विकास की स्थितियाँ सही हों।

भारत में उच्च शिक्षा में सुधार के लिए विचारों की कोई कमी नहीं है। विभिन्न रिपोर्टों एवं आयोगों ने आगे के लिए अनेक तरीके स्पष्ट किए हैं। छोटे–पैमाने के प्रयोग एवं नवाचारी संस्थान भी सफल सिद्ध हो चुके हैं। यदि इन विचारों एवं अनुभवों को सुधार के नमूनों के तौर पर प्रयुक्त किया जा सके, तो भारत आगे बढ़ने में समर्थ हो सकता है।

आगे की चुनौतियाँ

समकालीन भारतीय उच्च शिक्षा की चुनौतियों को ध्यान में रखते हुए गुणवत्ता में किसी सफलता के सम्बन्ध में आशावादी होना संभव नहीं है। ऐसा काफी असंभव प्रतीत होता है कि भारत के मौजूदा विश्वविद्यालय शीघ्र ही विश्वस्तरीय बन जाएंगे। यहाँ तक कि यदि चीनी शैली में भारत सरकार को भारी निवेश एवं उत्थान के लिए एक दर्जन के आसपास मौजूदा संस्थानों की पहचान भी करनी हो तो प्रबंधन, प्रशासन तथा अन्य क्षेत्रों में महत्वपूर्ण सुधारों की आवश्यकता होगी। मौजूदा विश्वविद्यालयों में बाधा उत्पन्न किए बिना यह पूरी तरह से नए संस्थानों को स्थापित करने में अधिक सफल हो सकता है। भारतीय प्रौद्योगिकी संस्थानों की स्थापना प्रदर्शित करती है कि ऐसा प्रयास सफल हो सकता है, यद्यपि उस मामले में ऐसा बहुत छोटे पैमाने पर किया गया था। सउदी अरब में किंग अब्दुल्ला यूनिवर्सिटी आफ सांइस एंड टेक्नोलॉजी का उदाहरण प्रदर्शित करता है कि संसाधनों का उदारतापूर्व अतिव्यय भी रातोंरात किसी विश्वस्तरीय संस्थान का निर्माण नहीं कर सकता। हालांकि, भारत के पास प्रवासियों का एक महत्वपूर्ण लाभ उपलब्ध है जिन्हें एक योग्य और वास्तविक उद्देश्य के लिए वापस देश की ओर लुभाया जा सकता है।

चुनौतियों की प्रचुरता के कारण निजी क्षेत्र आवश्यक रूप से भारत की भविष्य की उच्च शिक्षा प्रणाली का अंग बना रहेगा। किन्तु, अभी तक, सार्वजनिक कल्याण के लिए निजी क्षेत्र का दोहन समस्यापूर्ण रहा है। फिर भी समाधानों के तत्व मौजूद हैं। अनेक परंपरागत निजी गैर–लाभार्जक कॉलेज उत्कृष्ट स्नातकपूर्व शिक्षा प्रदान कर रहे हैं, ऐसा ही कुछ निजी परास्नातक व्यवसायिक कॉलेजों द्वारा भी किया जा रहा है। कुछ नए गैर–लाभार्जक विश्वविद्यालय अपने शैक्षणिक मिशन के प्रति पूर्णतः प्रतिबद्ध प्रतीत होते हैं।

निश्चित रूप से, सबसे बड़ी चुनौती पहुँच प्रदान करने हेतु प्रणाली के विस्तार किए जाने की है। 2012 में भारत ने प्रासंगिक आयु समूह के लगभग 16 प्रतिशत को प्रवेश

प्रदान किया था–जो चीन के 26 प्रतिशत तथा ब्रिक्स देशों से काफी नीचे है। अतः, भारत को माध्यमिकोत्तर शिक्षा के सतत् विस्तार की ओर संसाधनों एवं ध्यान समर्पित करने की आवश्यकता होगी। ज्ञान आयोग ने नोट किया था कि भारत में 1,500 और विश्वविद्यालयों की आवश्यकता होगी। ऐसा अनुमान लगाया गया है कि 2010 से 2050 के बीच चीन तथा भारत संपूर्ण विश्व के नामांकनों में वृद्धि के आधे से अधिक के हिस्सेदार होंगे।

इसी के साथ–साथ, यदि भारत की निरंतर परिष्कृत होती अर्थव्यवस्था में भविष्य में आवश्यक श्रमशक्ति की पूर्ति की जानी है तो को कुछ ऐसे कॉलेजों और विश्वस्तरीय विश्वविद्यालों की आवश्यकता होगी जो विश्व के सर्वश्रेष्ठ संस्थानों के साथ प्रतिस्पर्धा करने में सक्षम हों।

यहाँ स्पष्ट की गई ढाँचागत, राजनीतिक, तथा आर्थिक समस्याएं यह असंभव बना देती हैं कि प्रणाली की सतह पर विस्तार और शीर्ष पर उत्कृष्टता उपलब्ध कराई जा सकती है।

संदर्भ

Agarwal, Pawan. 2009. *Indian Higher Education: Envisioning the Future.* New Delhi: SAGE Publications.

Altbach, Philip G. 1979. 'The Distorted Guru: The College Teacher in Bombay'. In *The Indian Academic Profession,* eds Suma Chitnis and Philip G. Altbach, pp. 5–44. Delhi: Macmillan.

———. 2007. 'The Imperial Tongue: English as the Dominating Academic Language', *Economic and Political Weekly* (September 8): 3608–11.

Altbach, Philip G., Liz Reisberg, Maria Yudkevich, Gregory Androushchak, and Iván F. Pacheco, eds. 2012. *Paying the Professoriate: A Global Comparison of Compensation and Contracts.* New York: Routlege.

Altbach, Philip G. and N. Jayaram. 2010. 'India Garner the Demographic Dividend?' *Hindu*, December 8, p. 10.

Ashby, Eric. 1966. *Universities: British, Indian, African: A Study in the Ecology of Higher Education.* Cambridge, MA: Harvard University Press.

Jayaram, N. 2003. 'The Fall of the Guru: The Decline of the Academic Profession in India'. In *The Decline of the Guru: The Academic Profession in the Third World,* pp. 199–230. New York: Palgrave.

Kaur, Kuldip. 2003. *Higher Education in India: 1781–2003.* New Delhi: University Grants Commission.

National Knowledge Commission. 2007. *Report to the Nation.* New Delhi: National Knowledge Commission.

Patel, Pravin J. 2012. 'Academic Underperformance of Indian Universities, Incompatible Academic Culture and the Societal Context', *Social Change*, 42 (1): 9–29.

उपसंहारः भारत में उच्च शिक्षा–12वीं पंचवर्षीय योजना और उसके आगे

पवन अग्रवाल

जिस समय भारतीय उच्च शिक्षा पर निबंधों के समृद्ध संकलन का यह ग्रंथ प्रकाशन में जा रहा था, उसी समय भारत की 12वीं पंचवर्षीय योजना (2012–17) को अंतिम रूप दिया जा रहा था। प्रस्तुत निबंध योजना की एक झलक प्रदान करता है। जैसा कि इससे परिचित लोग जानते हैं, भारत की पंचवर्षीय योजनाओं में उन लक्ष्यों, नीतियों, उपकरणों एवं संसाधनों का उल्लेख किया जाता है जो उच्च शिक्षा सहित सभी क्षेत्रों में विकास की प्रक्रिया का मार्गदर्शन करते हैं।

भारत में योजना निर्माण नीति–निर्धारण का एक प्रमुख उपकरण है और इसमें एजेंडा निर्धारित करना, नीतिगत पाठ्य लिखा जाना, तथा इसके कार्यान्वयन हेतु एक रूपरेखा विकसित करना तथा कभी–कभी इसका मूल्यांकन भी शामिल होता है। नीति–निर्धारण व्यापक सार्वजनिक विचार–विमर्श के संदर्भ में किए जाते हैं। इसका कार्यान्वयन भी प्रायः सीधा–साधा नहीं होता। नीतियों को लागू किए जाने के प्रयासों में किसी का भी सामना प्रायः जटिल संगठनात्मक मुद्दों तथा उन लोगों के प्रतिरोधों से होता है जो वर्तमान प्रथाओं का परित्याग नहीं करना चाहते।

एक उत्तम नीति प्रक्रिया द्वारा नीतिगत–पाठ्य को सार्वजनिक विमर्श के साथ संरेखित करना चाहिए, तथा नीतियों के कार्यान्वयन का आधार बनने वाले परिवर्तनों में गतिशीलता उत्पन्न करनी चाहिए। इस निबंध और इस ग्रंथ द्वारा इस संरेखन में योगदान किए जाने की आशा है। इस निबंध के दो भाग हैं। पहला भाग 2012 से 2017 तक उच्च शिक्षा के लिए योजना में प्रमुख तत्वों तथा सुधार के एजेंडे का सारांशीकरण करता है। नीतिगत पाठ्य को एक विस्तृत परामर्शी प्रक्रिया के माध्यम से विकसित किया गया था जो अपने साथ–साथ उच्च शिक्षा समुदाय को कार्यवाही करने और वांछित परिवर्तन लाने के लिए प्रेरित करने का प्रयास करने वाली थी। दूसरा भाग 12वीं पंचवर्षीय योजना से परे जाता है और भारत की उच्च शिक्षा पर जनसांख्यिकीय, वैश्वीकरण, तथा प्रौद्योगिकी से सम्बन्धित तीन प्रमुख प्रवृत्तियों के प्रभावों पर चर्चा करता है। ये निहितार्थ एवं इन परिवर्तनों के प्रभाव पूरी तरह से ज्ञात नहीं हैं। परंतु यह भली–भांति स्पष्ट है कि इन घटनाक्रमों में ऐसी रूपांतरकारी क्षमताएं निहित हैं जो देश के उच्च शिक्षा क्षेत्र के भविष्य को आकार दे सकती हैं और भविष्य में नीति–निर्धारण का केन्द्र होंगी।

12वीं योजना की रणनीति एवं पहल

हाल की प्रगति एवं इसके निहितार्थ

हाल के वर्षों में, भारत में उच्च शिक्षा संस्थानों तथा प्रवेश दोनों की संख्याओं में नाटकीय वृद्धि हो चुकी है। उच्च शिक्षा में सकल नामांकन अनुपात (जीईआर) (18–22 वर्ष आयु समूह में मापित), जो 2006–07 में 15.2 प्रतिशत था, 2011–12 में बढ़कर 20.2 प्रतिशत हो चुका है। इसके 2017 तक 25 प्रतिशत की वृद्धि के साथ 25 प्रतिशत तथा 2020 तक 30 प्रतिशत हो जाने की आशा है। यह एक महत्वाकांक्षी लक्ष्य है यद्यपि यह अपने साथ विकास दर में एक अपेक्षित मंदी को शामिल करता है। गत पाँच वर्षों में निरपेक्ष अर्थों में नामांकनों के विस्तार तथा अगले पाँच वर्षों के अनुमानों को नीचे आरेख (चित्र–1) में प्रदर्शित किया गया है। इसमें मुक्त एवं दूरस्थ (ओडीएल) कार्यक्रमों के विस्तार में होने वाले नामांकन भी शामिल हैं। हाल के इस विकास के साथ ही भारतीय उच्च शिक्षा "अभिजात्य" से निकलकर "सामूहिक" उच्च शिक्षा (जीईआर के 15 प्रतिशत सीमा) की ओर बढ़ चुकी है, और अब सार्वभौमिक उच्च शिक्षा (जीईआर के 50 प्रतिशत सीमा) की ओर बढ़ रही है। 1973 में मार्टिन ट्रो द्वारा किए गए प्रारंभिक तथा 2006 में संशोधित एक कार्य के अनुसार उच्च शिक्षा, अभिजात्य प्रणाली में, शासक वर्ग के विचारों एवं चरित्र को आकार प्रदान करती है और उन्हें समाज में अभिजात्य भूमिकाओं के लिए तैयार करती है, जबकि सामूहिक उच्च शिक्षा का अधिक सम्बन्ध कौशलों के संचरण तथा समाज में तकनीकी एवं आर्थिक भूमिकाओं की एक व्यापक श्रृंखला के लिए स्नातकों को तैयार करने से जुड़ा हुआ है। सार्वभौमिक उच्च शिक्षा के अंतर्गत, संपूर्ण समाज तीव्र सामाजिक एवं तकनीकी परिवर्तनों को अपना लेता है। एक से दूसरे चरण में होने वाले संचरण उच्च शिक्षा के संस्थानों के आंतरिक संगठन तथा व्यापक समाज के साथ उनके सम्बन्धों को प्रभावित करते हैं (ट्रो, 2006)।

चित्र 1 नामांकन में वृद्धि 2006–07 से 2016–17 तक (लाख में)

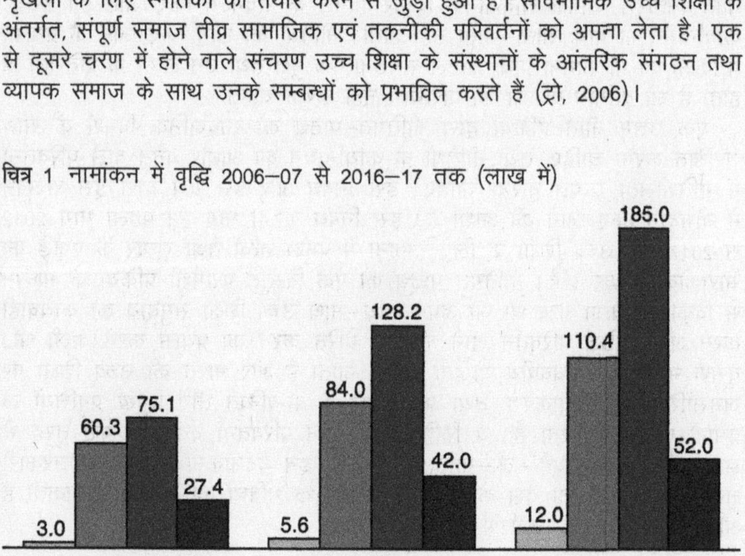

स्रोतः 12वीं पंचवर्षीय योजना, योजना आयोग, भारत सरकार ।

हालांकि, व्यापक अंतरप्रांतीय एवं ग्रामीण–शहरी असमानताओं के साथ भारत में स्थिति काफी–कुछ जटिल सी है। ऐसे संचरणों का अनिवार्य अर्थ यह नहीं होता कि पहले के चरणों के स्वरूप एवं पैटर्न पूरी तरह से अदृश्य हो जाएं। इसके विपरीत, अभी तक के अनुभव बताते हैं कि प्रत्येक चरण की विरासत कुछ संस्थानों में जीवित बची रहती है, जबकि समग्र प्रणाली अगले चरण में प्रवेश कर लेती है। अतः, जब भारत "सामूहिक" और अब "सार्वभौमिक" उच्चशिक्षा की ओर बढ़ रहा है, कुछ अभिजात्य एवं सामूहिक संस्थान भविष्य में भी जीवित बचे रहेंगे। उनमें से कुछ रूपांतरित हो जाएंगे, परंतु ऐसे किसी भी परिवर्तन के सार्वभौमिक उच्च शिक्षा की आवश्यकताओं को पूरा करने हेतु पर्याप्त होने की संभावना नहीं है। यह आवश्यक है कि नए संस्थान व्यवस्थागत परिवर्तन का नेतृत्व करने के लिए विकसित हों, ताकि यह प्रणाली समग्र रूप में सार्वभौमिक उच्च शिक्षा की नई आवश्यकताओं को पूरा कर सके। इस एक से दूसरे चरण के संचरण की अवधारणात्मक समझ भविष्य में विस्तार के लिए समुचित रणनीतियाँ तैयार करने हेतु महत्वपूर्ण है।

अंतर्राष्ट्रीयतौर पर, वैश्वीकरण की शक्तियों से नई तकनीकों एवं दबावों की उत्पत्ति के साथ–साथ अभिजात्य से सार्वभौमिक उच्च शिक्षा की ओर संचरण ने उच्च शिक्षा प्रणाली के लिए शैक्षणिक अवसरों में अधिक विविधता उत्पन्न किए जाने की आवश्यकता प्रस्तुत कर दी है। इसके लिए उच्च शिक्षा के डिजाइन, संगठन, परिभाषा एवं प्रयोजन के एक पुनर्परीक्षण की आवश्यकता होगी। इन कारकों को ध्यान में रखते हुए, 12वीं योजना एक ओर तो उच्चतर माध्यमिक कक्षाओं से उत्तीर्ण हो रहे छात्रों की बढ़ती हुई संख्या की आवश्यकतापूर्ति के लिए विविधतापूर्ण शैक्षणिक अवसर उत्पन्न करने, तो दूसरी ओर अर्थव्यवस्था एवं समाज की विविध आवश्यकताओं को पूरा करने का प्रयास करती है।

सरकारी एवं निजी क्षेत्र की भूमिकाओं को पुनःसंतुलित करना

12वीं योजना 11वीं योजना की विकास गति पर आधारित है और 11वीं योजना में प्रारंभ की गई पहुँच को व्यापक बनाए जाने की प्रक्रिया को जारी रखती है। हालांकि, पिछली योजनाओं के अनुभव इंगित करते हैं कि यदि ऐसे लक्ष्यों को प्रभावी रूप से हासिल करना है तो सरकार को अपने दृष्टिकोण में वृद्धिशील रूप से रणनीतिक रहना होगा। 12वीं योजना में सरकार की प्रस्तावित भूमिका शिक्षा की गुणवत्ता तथा विविधीकरण द्वारा आगे के विस्तार की नींव निर्मित करने की है। ऐसा इसलिए है क्योंकि निजी क्षेत्र के साथ–साथ अभिभावकों की प्रतिक्रिया जोरदार रही है और ऐसी संभावना है कि तीन चेतावनियों सहित भविष्य की प्रगति निजी क्षेत्र के प्रावधान पर भरोसा करना जारी रख सकती है। पहली, यह जोखिम मौजूद है कि अपर्याप्त गुणवत्ता आगे के विस्तार के लिए छात्रों की माँग को ठंडा करते हुए उच्च शिक्षा के मूल्य के प्रति सार्वजनिक भरोसे को क्षतिग्रस्त कर सकती है। दूसरी, तीव्र विस्तार का अर्थ यह भी होता है कि शैक्षणिक अवसरों की एक व्यापक श्रृंखला प्रस्तुत करने हेतु हो रहे संस्थानों के विविधीकरण के साथ–साथ उच्च शिक्षा को छात्रों सहित नियोक्ताओं की विविधतापूर्ण आश्यकताओं को पूरा करने की आवश्यकता होगी। तीसरी, यदि कोई वित्तीय सहायता नहीं प्रदान की जाती तो शुल्क–आधारित विस्तार अपेक्षाकृत गरीब परिवारों के छात्रों की शैक्षिक आकांक्षाओं को गंभीर रूप से क्षीण बना सकती है।

समानता के मामले में, संवेदनशील समूहों के लिए विस्तारित पहुँच हेतु किए गए अतीत के प्रयासों द्वारा समानता में सुधार के लिए अतिआवश्यक पहला कदम भी उठा लिया गया है। हालांकि, यह पहले से स्पष्ट है कि निरंतर परिष्कृत होते हुए श्रम बाजार,

जहाँ नियोक्ता मात्र डिग्रियों के बजाय विशिष्ट कौशलों और दक्षताओं की माँग कर रहे हैं, वर्तमान शिक्षा तक मात्र पहुँच प्रदान करना छात्रों की सफलता को सुनिश्चित नहीं कर सकेगा। यह आवश्यक है कि उच्च शिक्षा विविध तरीकों वाली बेहतर गुणवत्तायुक्त शिक्षा प्रदान करे ताकि प्रमुख कौशलों एवं दक्षताओं का सृजन हो सके, जो रोजगार पारिस्थितिकीतंत्र के लिए अनुकूल तथा उत्तरदायी दोनों ही हो। अतः, 12वीं योजना ऐसे दीर्घकालिक समाधानों की खोज पर ध्यान केन्द्रित करती है जिनका लक्ष्य स्वयं शिक्षा प्रणाली के अंतर्गत सफलता के लिए विविधतापूर्ण एवं उच्च–गुणवत्तायुक्त मार्ग विकसित करने का हो। यह छात्रों के लिए वित्तीय सहायता योजनाओं का एक बड़ा पैकेज भी प्रदान करेगी ताकि सभी पात्र छात्रों को शैक्षणिक अवसरों तक पहुँच हासिल हो सके।

12वीं योजना सरकार की भूमिका में एक रणनीतिक परिवर्तन करने, सार्वजनिक तथा निजी दोनों ही रूपों में प्रदान की जाने वाली शिक्षा के प्रति समान रूप से इसकी समर्थनकारी भूमिका को परिभाषित करने, और उच्च शिक्षा में विविधता के लिए गुणवत्ता का नया आधार निर्मित करने की ओर अपना जोर स्थानांतरित करना प्रस्तावित करती है। उत्कृष्टता के लिए दबाव विशेषतौर पर चुनौतीपूर्ण है क्योंकि उत्कृष्टता को मात्र संसाधन उपलब्ध कराए जाने के द्वारा हासिल नहीं किया जा सकता; इसके लिए ऐसे गुणवत्तासंपन्न अग्रणी संस्थानों की आवश्यकता होती है जो शैक्षणिक विषयवस्तु एवं सर्वश्रेष्ठ शैक्षणिक अभ्यासों को विकसित करने हेतु पर्याप्ततौर पर नवप्रवर्तनकारी हों।

देश की विविधतापूर्ण आवश्यकताओं को पूरा करने हेतु भविष्य के विस्तार के उद्देश्य से उच्च शिक्षा संस्थानों का अपने द्वारा प्रदान की जाने वाली शैक्षणिक सेवाओं में विभेदीकृत होना भी अनिवार्य है। यह आवश्यक है कि कुछ ऐसे बहुविषयी अनुसंधान विश्वविद्यालय विकसित किए जाएं जहाँ नए ज्ञान एवं शैक्षणिक विषयवस्तुओं को निरंतर विकसित किया जाता रहे। समानरूप से, यह महत्वपूर्ण है कि उच्च शिक्षा के अन्य प्रकारों वाले संस्थानों में प्रवेश लेने वाले छात्रों के लिए मार्ग खोलने हेतु प्रभावी अल्प–कालिक व्यावसायिक शिक्षण संस्थानों की स्थापना की जाए। यह अनिवार्य है कि ऐसी विविधता को प्रत्येक क्षेत्र में अग्रणी संस्थानों के एक उद्भव द्वारा नया आधार प्राप्त हो।

गुणवत्ता तथा विविधता पर ध्यान केन्द्रण में परिवर्तन का अर्थ यह भी है कि गुणवत्ता आश्वासन सम्बन्धी पुराने दृष्टिकोण निरंतर अपर्याप्त होते जाएंगे। जब वांछित परिणाम किसी विषयवस्तु में मात्र विशिष्ट ज्ञान न रह जाएं, बल्कि महत्वपूर्ण चिंतन से लेकर प्रायोगिक व्यावसायिक कौशलों के बीच के आनुवांशिक कौशलों एवं दक्षताओं में भी लागू हो जाए, तब अधिगम की गुणवत्ता का मापन साधारण राष्ट्रीय परीक्षाओं के माध्यम से नहीं किया जा सकता; उच्च शिक्षा संस्थानों को अपनी खुद की शिक्षा की निगरानी एवं सुधार के लिए अपने निजी गुणवत्ता आश्वासन तंत्रों को अवश्य विकसित कर लेना चाहिए। भूमिका के स्पष्ट विभेदीकरण का गठन करने वाले संस्थानों को प्राथमिकता दी जानी चाहिए।

समग्र एजेंडा

12वीं पंचवर्षीय योजना का औसत संस्थानों तथा नई अनुसंधान पहलों में 1 करोड़ नए स्थानों, पहुँच में सामूहिक असमानताओं में कमी, शिक्षण–अधिगम की उच्च गुणवत्ता द्वारा "तीन ई", अर्थात्, विस्तार, समानता, एवं उत्कृष्टता पर जोर जारी रहेगा। इन्हें शिक्षण, निधिकरण, प्रशासन, तथा अनुसंधान, तथा सार्वजनिक व्यय में भारी वृद्धि एवं

निजी क्षेत्र की सरकारी कार्यक्रमों में बढ़ी हुई पहुँच सम्बन्धी प्रतिमानों में एक परिवर्तन के जरिए हासिल किया जाएगा।

लक्षित परिणामों में वर्तमान संस्थानों की क्षमतावृद्धि करना; समेकित, एकीकृत, एवं प्रभावी समानता–सम्बन्धी योजनाएं; छात्र–केन्द्रित एवं अधिगम–परिणाम आधारित शिक्षण; शिक्षण एवं अनुसंधान के बीच सशक्त संपर्क; शिक्षा–विज्ञान एवं अनुसंधान में वैश्विक प्रवृत्तियों के प्रति संवेदनशीलता; संस्थागत विभेदीकरण एवं विशिष्टीकरण; तथा उत्पादक औपचारिक एवं अनौपचारिक गठबंधनों, नेटवर्कों, समूहों एवं संघों के माध्यम से संस्थानों के अंदर, विश्वविद्यालय प्रणालियों के अंदर तथा अंतर्राष्ट्रीयतौर पर समस्त शिक्षकों एवं डॉक्टरेट छात्रों के बीच शिक्षण एवं अनुसंधान में अधिक सहयोग आदि शामिल हैं।

विकास का एजेंडा

11वीं योजना न केवल निजी प्रावधान, बल्कि सरकारी प्रावधान में भी अभूतपूर्व वृद्धि द्वारा सक्षम "सामूहिक" उच्च शिक्षा के प्रारंभ की साक्षी रही थी। निःसंदेह, कुछ चिंताएं शेष हैं। पहली, बड़ी संख्या में संस्थानों की वृद्धि के बावजूद संस्थानों के संकेन्द्रण बड़े शहरों एवं कस्बों में ही होने के साथ उनके भौगोलिक प्रसार बहुत अधिक तितर–बितर रहे हैं। इससे बेहतर गुणवत्तायुक्त शिक्षा तक औसत छात्र की पहुँच कम हो जाती है। दूसरे, बुनियादी विज्ञान विषयों, कौशल–आधारित पाठ्यक्रमों तथा सामान्य शिक्षा में स्नातकपूर्व छात्रों, और सभी क्षेत्रों में परास्नातकों एवं डॉक्टरेट स्नातकों की संख्या कम बनी रहती है। तीसरे, औसत तथा गुणवत्ता के प्रत्येक स्तर दोनों में गुणवत्ता को लेकर चिंताएं विद्यमान हैं। आगे, ऊपरी स्तर के नीचे की गुणवत्ता तीव्र गिरावट की ओर प्रवृत्त है।

परिकल्पित रणनीतियों में, भारी सरकारी निधिकरण सहयोग के साथ नए संस्थानों की स्थापना पर विचार करना शामिल है ताकि मुख्यतः समाज के असेवित एवं अल्प–प्रतिनिधित्वप्राप्त वर्गों अथवा अनाच्छादित भौगोलिक क्षेत्रों तक पहुँच स्थापित की जा सके। विस्तार को आगे बढ़ाते हुए, उच्च शिक्षा प्रावधान में विविधता की आवश्यकता की पहचान छात्रों तथा नियोक्ताओं दोनों के दृष्टिकोणों से की जानी है। पर्याप्त अनुसंधान दक्षतासंपन्न तथा अंतर्राष्ट्रीयतौर पर प्रतिस्पर्धात्मक संस्थानों की स्थापना एवं उद्भव को प्रोत्साहित करने के प्रयास किए जाने आवश्यक हैं। शिक्षण–केन्द्रित संस्थानों को बेहतर गुणवत्तायुक्त शैक्षिक विकल्पों की एक व्यापक श्रृंखला प्रस्तुत करनी चाहिए, जिसमें उदार कलाओं से लेकर व्यावसायिक एवं तकनीकी शिक्षा शामिल हो। ऐसे संस्थानों का होना भी आवश्यक है जो प्रतिकारक शिक्षा के साथ मिलकर कौशल विकास के अवसर प्रदान करने वाली विश्वसनीय अल्पकालिक शिक्षा प्रदान करते हों। इस प्रयोजन के लिए एक नवाचारी सामुदायिक कॉलेज प्रणाली को प्रारंभ किया जाएगा।

निजी संस्थानों, जो वर्तमान समय में भारी तौर पर शिक्षण शुल्क पर निर्भर करते हैं, में सुधार के लिए एक द्वि–आयामी रणनीति की कल्पना की गई है। पहली है, शुल्क के लचीलेपन और अकादमिक सहयोग गतिविधियों के माध्यम से उनके नियमित राजस्व स्रोतों में वृद्धि की जाए। दूसरी है, उन्हें गुणवत्ता में सुधार के लिए अनुसंधान एवं शिक्षण सम्बन्धी पहलों, जिसमें सार्वजनिक सहयोगों में भागीदारी शामिल है, के माध्यम से प्रतिस्पर्धात्मक सार्वजनिक निधियों तक पहुँच उपलब्ध कराई जाए।

समानता का एजेंडा

12वीं योजना समाज के सभी स्तरों एवं शिक्षा को सम्बोधित करते हुए एक एकीकृत *छात्र वित्तीय सहायता कार्यक्रम* तथा एक ऋण गारंटी कार्यक्रम की स्थापना के माध्यम से समानता के लिए निधिकरण में एक भारी परिवर्तन प्रस्तुत करेगी। योजना में प्रस्तावित समानता उपाय अनेक योजनाओं, विशेषतौर पर वे जो एक से अधिक पहलुओं के प्रतिच्छेदित करती हैं, को समेकित करते हुए असमानता के प्रत्येक पहूल के प्रति एक विभेदीकृत प्रतिक्रिया प्रदान करेंगे। भारतीय भाषाओं में गुणवत्तायुक्त उच्च शिक्षा की एक राष्ट्रीय पहल की कल्पना की गई है। अंग्रेजी के महत्व को कम किए बिना यह पहल शिक्षा के एक माध्यम के रूप में भारतीय भाषाओं के जरिए शिक्षण–अधिगम की प्रक्रिया को प्रोत्साहित करेगी और कॉलेजों तथा विश्वविद्यालयों में भारतीय भाषाओं में मौलिक अनुसंधान एवं प्रकाशन को प्रोत्साहित करेगी।

दिव्यांगजनों के समेकन की एक राष्ट्रीय पहल की कल्पना की गई है। इससे प्रत्येक दिव्यांग छात्र एवं शिक्षक को सहयोग प्रदान किया जाएगा तथा उच्च शिक्षा संस्थानों एवं सेवाओं को सहयोग दिया जाएगा ताकि उन्हें दिव्यांग–अनुकूल बनाया जा सके। यह एक पाठ्यक्रम गठित करेगा और दिव्यांगता सम्बन्धी मुद्दों के बारे में जागरूकता, ज्ञान एवं संवेदनशीलता में वृद्धि के लिए सहयोग प्रदान करेगा।

गुणवत्ता का एजेंडा

गुणवत्ता में सुधार के लिए 12वीं योजना संस्थागत रूपरेखा का इस प्रकार कायाकल्प करेगी कि एक औसत संस्थान की गुणवत्ता संस्थान के अंदर किए गए सुधारों सहित व्यापक प्रशासनिक रूपरेखा में भी सुधार हों, जिसपर बाद के खंड में चर्चा की जाएगी। संस्थागत सुधारों का प्रमुख लक्ष्य कक्षाओं के वातावरण में परिवर्तन करना तथा सभी संस्थानों में अनुसंधान अथवा पेशागत विकास के वातावरण को स्थापित करना होगा। रणनीति के महत्वपूर्ण घटक होंगे संस्थागत संगठन में सुधार करना, अकादमिक सुधारों को गहन करना, स्नातकपूर्व शिक्षा का पुनर्निर्धारण करना, शिक्षकों एवं शिक्षण पर ध्यान केन्द्रित करना, तकनीक के अधिकाधिक उपयोग, अंतर्राष्ट्रीयकरण, उच्च शिक्षा में सामाजिक दायित्व को बढ़ावा दिया जाना, खेलकूद एवं स्वास्थ को बढ़ावा दिया जाना, संस्थागत सहयोग एवं समन्वयन, तथा आधिकारिक मान्यता प्रदान करने को सशक्त बनाया जाना। समग्र तौर पर अध्ययन के विभिन्न क्षेत्रों का विस्तार करने वाले गुणवत्ता सुधार कार्यक्रमों को भी अपनाया जाएगा।

संस्थागत संगठन में, मुख्य उद्देश्य वर्तमान संस्थानों की आंतरिक प्रशासनिक व्यवस्था, विशेषतौर पर विश्वविद्यालय सम्बद्धता प्रणाली में सुधार करना है। ऐसा इसलिए है क्योंकि मात्र बेहतर आंतरिक प्रशासनयुक्त संस्थान ही उच्च गुणवत्तायुक्त शिक्षा को सुनिश्चित एवं उसका प्रबंधन कर सकते हैं। एक पंच–आयामी रणनीति की कल्पना की गई है: पहला, बड़े विविधतासंपन्न एवं उच्च–गुणवत्तायुक्त कॉलेजों को सर्वग्राही विश्वविद्यालयों में परिवर्तित किया जाएगा; दूसरे, छोटे कॉलेजों को ऐसे समूहों का गठन करने हेतु प्रोत्साहित किया जाएगा जो एक अकेले, सर्वग्राही विश्वविद्यालय के रूप में कार्य कर सकें। तीसरे, कुछ वर्तमान सम्बद्धता प्रदान करने वाले विश्वविद्यालयों को दो अथवा तीन प्रबंधनीय इकाईयों में विभाजित किया जा सकता है। चौथे, अपने मौजूदा बुनियादी ढाँचों का और अधिक लाभ उठाने तथा बहुविषयक एवं अंतरविषयक

शिक्षा को संभव बनाने वाले नए कार्यक्रमों को प्रस्तुत करने के इच्छुक कॉलेजों को एक स्वायत्त ढाँचे के अधीन विलय के जरिए समेकित किए जाने की अनुमति प्रदान की जा सकती है। पाँचवा, सम्बद्ध कॉलेज प्रणाली को और अधिक कुशल प्रशासन की आवश्यकता है। इसके लिए, सम्बद्धता प्रदान करने वाले विश्वविद्यालय को अपने कॉलेजों की विकास परिषदों में सुधार करना चाहिए और समस्त अकादमिक, प्रशासनिक, तथा वित्तीय मामलों में कॉलेजों को अधिक स्वायत्तता प्रदान करते हुए तकनीक के प्रभावी उपयोग को अपनाना चाहिए।

अकादमिक सुधारों के अंतर्गत, सभी विश्वविद्यालयों को वर्तमान वार्षिक परीक्षा प्रणाली से एक विकल्प–आधारित क्रेडिट अर्द्धवाषिक प्रणाली में परिवर्तन के लिए प्रोत्साहित किया जाएगा। उन्हें एक सतत् आधार पर पाठ्यक्रम नवीकरण अपनाने के लिए सुविधाएं भी प्रदान की जाएगीं।

स्नातकपूर्व शिक्षा द्वारा समग्र शिक्षा प्रदान की जानी चाहिए और छात्रों को बौद्धिक अन्वेषण, हाथों–हाथ अनुसंधान, रोजगार कौशल प्रदान करना, प्रायोगिक अधिगम, सृजनात्मक चिंतन, नेतृत्व, नैतिक शिक्षा, सामुदायिक सेवा इत्यादि के अवसर प्रदान किए जाने चाहिए। इसके लिए, स्नातकपूर्व कार्यक्रमों को लचीला एवं प्रमापीय बनाना होगा, और स्नातकपूर्व स्तर पर बहुविषयक अधिगम एवं अनुसंधान को प्रोत्साहित किया जाएगा।

यह पहचान करते हुए कि शिक्षक एवं शिक्षण उच्च शिक्षा के मिशन के केन्द्र होते हैं, शिक्षकों एवं शिक्षण को 12वीं योजना में विशेष ध्यान प्राप्त होगा। प्रमुख रणनीतियों में स्नातक छात्रों को शिक्षण में शामिल करना, शिक्षकों के चयन में विभागीय स्वायत्तता, तथा कठोर सहकर्मी समीक्षा एवं छात्र पृष्ठपोषण के आधार पर परिवीक्षा के न्यूनतम पाँच वर्ष पूरा होने के बाद ही शिक्षकों की नियुक्ति की पुष्टि करना शामिल है। मौजूदा विश्वविद्यालयों में ही "टीचिंग एंड लर्निंग सेंटर्स" (टीएलसी) स्थापित किए जाएंगे।

बड़ी संख्या में शिक्षकों को तीन से छह महीनों के लिए विश्व के सर्वश्रेष्ठ विश्वविद्यालयों में पाठ्यक्रम शिक्षण एवं अनुसंधान करने के लिए भेजा जाएगा। संस्थागत सुधारों में न्यूनतम सुविधाओं और जवाबदेही के ढाँचे के साथ शिक्षकों के लिए ऐसे स्वस्थ कार्य–वातावरण पर ध्यान केन्द्रित किया जाएगा जो अधिक प्रतिबंधात्मक न हों। एक "राष्ट्रीय शिक्षक एवं शिक्षण मिशन" प्रारंभ किया जाएगा। यह व्यापकतौर पर शिक्षण को सम्बोधित करेगा और स्कूली एवं उच्च शिक्षा क्षेत्रों के बीच संपर्कों को सशक्त करेगा।

तकनीकी शिक्षा गुणवत्ता सुधार कार्यक्रम का विस्तार अगले चरण में किया जाएगा, जिसमें राजकीय तकनीकी विश्वविद्यालयों को सशक्त किए जाने, एआईसीटीई (अखिल भारतीय तकनीकी शिक्षा परिषद्) को सशक्त करना, और क्षेत्रवार कार्यक्रमों में वृद्धि किए जाने पर ध्यान केन्द्रित किया जाएगा। वास्तुकला एवं शहरी नियोजन इस चरण के हिस्से होंगे; और प्रबंधन शिक्षा के लिए पृथक पहलों को प्रस्तावित किया जाएगा।

अनुसंधान का एजेंडा

अनुसंधान क्षमता, जो पहले से ही ऊपरी प्रक्षेपपथ पर अग्रसर है, में वृद्धि के लिए यह आवश्यक है कि विश्वविद्यालय प्रणाली के लिए समग्र अनुसंधान के निधिकरण में वृद्धि की जाए, अंतर्राष्ट्रीय नियुक्तियाँ संभव की जाएं, डॉक्टरेट शिक्षा का विस्तार किया जाए, और उद्योग एवं सरकारी संस्थानों के साथ सशक्त संपर्क विकसित किए जाएं–ये सभी

कार्य ऐसे ढाँचे के अंतर्गत किए जाएं जो उत्कृष्टता के लिए प्रतिस्पर्धा एवं सहयोग पर बल प्रदान करता हो। इन रणनीतिक पहलों में अनुसंधान सम्बन्धी अनेक प्रकार के कार्यक्रमों के लिए सार्वजनिक एवं निजी दोनों संस्थानों की पहुँच वाले प्रतिस्पर्धात्मक निधिकरण, तथा अंतर्राष्ट्रीय अनुसंधान केन्द्र तथा संस्थागत सहयोग शामिल हैं। अनुसंधान–आधारित अंतर–विश्वविद्यालय केन्द्रों की सफलताओं के आधार पर उनकी संख्याओं तथा आच्छादन में वृद्धि की जाएगी।

अनुसंधान की समस्त पहलों को *इंडिया एक्सलेंस इनीशिएटिव* के अंतर्गत समेकित किया जाएगा। इसमें बहुविषयक अनुसंधान विश्वविद्यालयों की स्थापना, उत्कृष्टता केन्द्रों की स्थापना, तथा अनेक ध्यान–केन्द्रित राष्ट्रीय पहलें, जिसमें बुनियादी विज्ञानों में उत्कृष्टता हेतु एक राष्ट्रीय पहल, बौद्धिक संपदा अधिकारों हेतु एक राष्ट्रीय पहल, उष्मायन एवं उद्यमिता, तथा डिजाइन एवं नवाचार हेतु एक राष्ट्रीय कार्यक्रम आदि शामिल किए जाएगें। विभिन्न क्षेत्रों में उद्योग–संस्थागत सहयोग के लिए एक *उद्योग एवं उच्च शिक्षा सहयोग परिषद्* की स्थापना जाएगी

प्रशासनिक एजेंडा

उच्च शिक्षा का प्रशासन इस प्रणाली के बढ़ते हुए आकार एवं जटिलता की पहचान करते हुए एक आदर्श परिवर्तन से होकर गुजरेगा। सरकार को वर्तमान की अपेक्षा एक संवेदनशील और कम हस्तक्षेप वाली भूमिका निभाने की आवश्यकता है क्योंकि अकादमिक परिवर्तन व्यापकतौर पर प्रशासनिक आदेशों के बजाय प्रोत्साहनों की पुनर्संरचना के जरिए ही लाए जा सकते हैं। सभी संस्थानों के प्रति एक एकसमान विनियामक भूमिका के स्थान पर सरकार की भूमिका को सम्बद्ध संस्थान के प्रकार के अनुसार निर्धारित किया जा सकता है। जहाँ उच्चस्तरीय संस्थानों के लिए सरकार की भूमिका प्रोत्साहन देने वाली एवं मूल्यांकनकर्ता की हो सकती है, वहीं मध्यवर्गीय संस्थानों के लिए यह एक संचालक की भूमिका निभा सकती है, और इसे सबसे निम्नस्तरीय संस्थानों को सक्रियतापूर्वक नियंत्रित करना चाहिए। प्रशासनिक ढाँचे को पाठ्यक्रम में विविधता, बहुविषयक कार्यक्रमों एवं अन्य दृष्टिकोणों के जरिए संस्थानों को स्वयं को वृद्धिशील रूप से विभेदीकृत बनाने में भी सक्षम बनाना चाहिए।

उच्च शिक्षा के केन्द्रीय नियोजन तथा नियंत्रण से परे हटकर "संस्थान निर्माण" के लिए एक अधिक विकेन्द्रीकृत दृष्टिकोण अपनाने हेतु नीति में एक परिवर्तन किया जाएगा जिसमें अलग–अलग संस्थानों पर स्व–नियंत्रण, प्रशासन, एवं नवाचार के लिए क्षमता निर्माण हेतु दबाव डाला जाएगा। 12वीं योजना में सर्वाधिक महत्वपूर्ण बात होगी प्रणाली की नींव का निर्माण करना–ताकि इसे विस्तार के योग्य बनने हेतु तैयार किया जा सके।

राज्यों में प्रत्येक राज्य (छोटे राज्यों को छोड़कर) के लिए यह वांछनीय होगा कि उच्च शिक्षा के नियोजित एवं समन्वित विकास के लिए वे एक राज्य परिषद् की स्थापना करें।

इन लक्ष्यों को हासिल करने के लिए अब केन्द्र सरकार प्रशासन में निरीक्षण–आधारित प्रक्रियाओं से हटकर एक स्वतंत्र तृतीय–पक्ष सत्यापन द्वारा स्वायत्तता एवं जवाबदेही, अनिवार्य आत्म–प्रकटीकरण द्वारा विनियमन, तथा व्यक्तिपरक आकलनों के बजाय उद्देश्यपरक मूल्यांकन जैसे एक आदर्श परिवर्तन की वकालत कर रही है।

अगले कुछ वर्षों में, राष्ट्रीय स्तर पर एक नया प्रशासनिक ढाँचा लागू किया जाएगा, जिसमें राष्ट्रीय उच्च शिक्षा एवं अनुसंधान आयोग, राष्ट्रीय एवं राज्यस्तरीय

न्यायाधिकरण, एवं राष्ट्रीय मान्यता अधिकरण को शामिल किया जाएगा। उनकी प्रभावकारिता निम्नलिखित बिन्दुओं पर आधारित होंगीः (1) उच्च शिक्षा संस्थानों, छात्रों एवं चयनकर्ताओं की आवश्यकताओं की अपेक्षाकृत अधिक समझ; (2) संस्थानों को सहयोग प्रदान करने हेतु एक साधारण एवं सरल प्रक्रिया; (3) शैक्षणिक मानकों पर सीमा को ऊँचा उठाने में संस्थानों के साथ संलिप्तता; (4) संस्थानों को अपनी प्रबंधन प्रक्रियाओं को परिवर्तित करने में सहायता प्रदान करना; (5) व्यावसायिक शिक्षा की नई वास्तविकताओं के प्रबंधन; (6) देश के द्वारा बुनियादी विज्ञानों एवं मानविकी तथा सामाजिक विज्ञानों पर भी ध्यान दिए जाने की आवश्यकता के साथ आकांक्षाओं को प्रेरित करना; (7) अधिकांश लोगों के लिए अंतिम डिग्री, अर्थात्, स्नातकपूर्व शिक्षा में सुधारों पर ध्यान ध्यान केन्द्रित करना; (8) सभी स्तरों पर शिक्षण तथा अनुसंधान में उत्कृष्टता को इस समझ के साथ प्रोत्साहित करना कि स्नातकपूर्व छात्र लाभान्वित हो सकें और उनके शिक्षक अच्छे अनुसंधानकर्ता भी बने रहें; (9) उच्च शिक्षा में नए संस्थानों एवं नए प्रयोगों का उष्मायन एवं पोषण करना।

12वीं योजना अवधि के दौरान यह महत्वपूर्ण है कि उच्च शिक्षा में अकादमिक नेतृत्व इतना विकसित हो जाए कि यह संस्थागत विकास एवं सुधारों का मार्गदर्शन कर सके। इसके लिए, उच्च शिक्षा के किसी वर्तमान संस्थान में ही एक *उच्च शिक्षा अकादमिक नेतृत्व संस्थान* को सहस्थापित किया जा सकता है।

हाल के समय में, केन्द्र सरकार ने संस्थागत स्वायत्तता को बढ़ावा देने सम्बन्धी कई कदम उठाए हैं। सभी संस्थानों को संपूर्ण अकादमिक स्वायत्तता प्रदान की जाएगी जो अकादमिक उत्कृष्टता की उनकी उपलब्धियों, सार्वभौमिक अकादमिक मूल्यों को बढ़ावा देने, तथा पेशागत अकादमिक लोकाचारों के पोषण से जुड़ी रहेगी। अनुभवजन्य साक्ष्य इस विचार का समर्थन करते हैं कि बेहतर संचालित संस्थान अत्यधिक स्वायत्त हैं, विशेषतौर पर जब अकादमिक मामलों में स्वायत्तता को शिक्षकों को सौंप दिया गया हो। वित्तीय, संगठनात्मक, कर्मचारियों, तथा परिचालन सम्बन्धी पहलुओं पर स्वायत्तता जवाबदेही की समुचित आंतरिक प्रणालियों पर आधारित होगी। संस्थागत विकास में पुराछात्रों द्वारा दिए जा सकने वाले संभावित सकारात्मक योगदानों को ध्यान में रखते हुए 10 वर्षों से अधिक अस्तित्व में रहे सुस्थापित संस्थानों को प्रशासनिक निकायों में पुराछात्रों के समुचित प्रतिनिधित्व की व्यवस्था करनी चाहिए।

12वीं योजना में, छात्रों तथा अभिभावकों को संस्थानों तथा पाठ्यक्रमों के सम्बन्ध में ऐसी सटीक और अद्यतन जानकारियाँ प्रदान करने हेतु एक केन्द्रीकृत पोर्टल स्थापित किया जाएगा ताकि प्रवेश लेने हेतु संस्थानों एवं पाठ्यक्रमों के बारे में निर्णय लेने में उन्हें सहायता मिल सके। यह माध्यमिक स्कूल प्रमाणपत्र से लेकर विश्वविद्यालय एवं व्यावसायिक प्रमाणपत्र तक के एक राष्ट्रस्तरीय राष्ट्रीय अकादमिक भंडार के सभी आँकड़ों के एक संग्रह के अलावा है।

देश को अपेक्षाकृत ऐसी कम प्रवेश परीक्षाओं की ओर कदम बढ़ाने की आवश्यकता है जिन्हें एक पारदर्शी एवं उद्देश्यपरक तरीके से संपन्न किया जाता हो। हालांकि, विश्वविद्यालय अपने स्वयं के प्रवेश मानदंड निर्धारित कर सकते हैं और सामान्य प्रवेश परीक्षाओं के परिणामों का उपयोग छात्रों की छँटाई अथवा शैक्षणिक परीक्षाओं के परिणामों के साथ संयोजन में कर सकते हैं। इससे न केवल छात्रों की कठिनाईयों में महत्वपूर्ण कमी आएगी, प्रवेश–सम्बन्धी अनुचित अभ्यास कम होंगे, बल्कि छात्रों की प्रतिभा को मान्यता दिए जाने के तरीके में अनिवार्य विविधता भी उत्पन्न होगी। निरंतर बढ़ रहे विविधतापूर्ण अवसरों के साथ भारत के लिए यह अनिवार्य है।

निधिकरण सम्बन्धी रणनीति

2011–12 में देश ने कुल मिलाकर अपने सकल घरेलू उत्पाद (जीडीपी) का 1.12 प्रतिशत उच्च शिक्षा पर व्यय किया था। यदि परिवारों के द्वारा (अधिकांशतः शिक्षण शुल्कों के रूप में) तथा निजी क्षेत्र के द्वारा (अधिकांशतः पूँजी निवेश के रूप में) व्यय की गई राशि को एक साथ मिला दिया जाए तो लगभग इतनी ही राशि दोनों द्वारा व्यय की गई थी। 12वीं योजना उस समय प्रारंभ हो रही है जब देश गंभीर वित्तीय परेशानियों से गुजर रहा है, हालांकि, उच्च शिक्षा को अधिकाधिक सहयोग मिलता रहेगा और लक्ष्य होगा कि उच्च शिक्षा पर किए जाने वाले सार्वजनिक व्यय को 12वीं योजना के दौरान बढ़ाकर जीडीपी के 1.5 प्रतिशत तक कर दिया जाए।

12वीं योजना के लक्ष्यों को हासिल करने की रणनीतियाँ, एक अंशशोधित तरीके से, सक्रिय नियंत्रण से हटकर एक परिचालन एवं मूल्यांकनकर्ता की भूमिका की ओर सरकार की निरंतर परिवर्तित होती भूमिका में प्रतिबिंबित होंगी। ऐसा मात्र तभी संभव होगा जब, पहले से अधिक स्वायत्तता प्रदान की जाए और फिर संस्थानों को जवाबदेह बनाया जाए तथा सफलता के मानदंडों के आधार पर सहयोग प्रदान किए जाएं। सार्वजनिक तथा निजी दोनों ही संस्थानों में धन की प्रचुर आवश्यकता की पहचान करते हुए सरकार भारी तौर पर बड़े निवेशों के लिए प्रतिबद्ध होगी, परंतु अपनी निधियों का उपयोग रणनीतिक तरीके से करेगी ताकि विभिन्न निधिकरण धाराओं को विशिष्ट परिणामों एवं वांछित प्रभावों के साथ जोड़ा जा सके। केन्द्रीय निधिकरण राष्ट्रीय उच्च शिक्षा अभियान (आरयूएसए) नामक एक अग्रणी कार्यक्रम द्वारा किया जाएगा। अकादमिक एवं प्रशासनिक सुधारों के माध्यम से इसका ध्यान स्पष्टतौर पर ''तीन–ई'' (विस्तार, समानता, तथा उत्कृष्टता) पर केन्द्रित रहेगा।

वित्तपोषण में, एकमुश्त अनुदानों को मद–रेखीय बजटों का स्थान ले लेना चाहिए। जहाँ वार्षिक परिचालन बजट आबंटनों को मानदंड–आधारित होना चाहिए और एक निश्चित समयसारणी का अनुसरण करने वाला होना चाहिए, वहीं योजना आबंटन दीर्घकालिक (पाँच अथवा अधिक वर्षों) रणनीतिक योजनाओं पर आधारित होंगे और वार्षिक निधिकरण को रणनीतिक योजनाओं के अधीन परिणामों के सापेक्ष उपलब्धियों एवं प्रदर्शनों से जोड़ा जाएगा।

अंततः, कार्यान्वयन पर अधिक ध्यान केन्द्रित किया जाएगा ताकि योजना के वायदों को वास्तव में पूरा किया जा सके। प्रक्रियात्मक बाधाओं से छुटकारा पाने हेतु, जहाँ कहीं भी आवश्यक हो, अधिकारप्राप्त समितियों की एक व्यवस्था लागू की जाएगी। विभिन्न मंत्रालयों एवं एजेन्सियों के बीच परस्पर समन्वयन के लिए नए ढाँचे एवं संस्थागत तंत्रों को भी गठित किया जाएगा। विभिन्न लक्ष्यों के विरुद्ध प्रदर्शन के ऐसे संकेतक होंगे जो स्पष्टतौर पर पहचान करते हों कि किसका मापन करना है। उपलब्धियों की निगरानी निधियों के प्रवाह और उनके उपयोग तक ही सीमित नहीं होगी बल्कि इसमें परिणामों एवं प्रभावों हेतु कार्यक्रमों तथा पहलों के मूल्यांकन भी शामिल होंगे। जहाँ कहीं भी आवश्यक हो, इस प्रयोजन के लिए स्वतंत्र मूल्यांकन किए जाएंगे।

निष्कर्ष के तौर पर, यह अत्यावश्यक है कि 12वीं योजना अवधि में देश उच्च शिक्षा में आमूलचूल सुधार करे तथा एक ऐसी मजबूत, गुणवत्ता–प्रेरित प्रणाली लागू करे जो समाज के सभी वर्गों की पहुँच में हो। ऐसा न केवल देश की सतत् प्रगति को सुनिश्चित करने के लिए, बल्कि सामाजिक संशक्ति तथा देश के युवाओं की बढ़ती हुई आकांक्षाओं को पूरा करने के लिए भी आवश्यक है। ऐसी किसी भी उच्च शिक्षा प्रणाली के निर्माण

के लिए समाधानों की एक साझा समझ, तथा इन समाधानों को लागू करने के लिए उच्च शिक्षा में विभिन्न हितधारकों के प्रयासों को एकजुट करने की आवश्यकता होती है।

उच्च शिक्षा को प्रभावित करने वाली प्रमुख घटनाएं-भारतीय संदर्भ

जहाँ 12वीं योजना मध्यम अवधि में भारतीय उच्च शिक्षा के विकास के लिए रूपरेखा को परिभाषित करती है, वहीं भारतीय उच्च शिक्षा के भविष्य की दीर्घकालिक मुखाकृति एक बड़ी सीमा तक पहले ही उन घटनाओं द्वारा ढाली जा चुकी है जो विगत दो दशकों के दौरान घट चुकी हैं और अपरिवर्तनीय प्रतीत होती हैं। ये घटनाएं बाहरी वातावरण में होने वाले परिवर्तनों से सशक्ततौर पर प्रभावित हैं और प्रभावित होना जारी रखेंगी और उन तीन प्रवृत्तियों से उत्पन्न होती हैं जो किसी के भी नियंत्रण से परे गतिशील हैं: जनसांख्यिकीय परिवर्तन, वैश्वीकरण, तथा वैज्ञानिक एवं तकनीकी प्रगति, विशेषतौर पर नवीन सूचना एवं संचार प्रौद्योगिकी में। इनमें से प्रत्येक प्रवृत्ति का देश में उच्च शिक्षा के भविष्य पर महत्वपूर्ण प्रभाव पड़ेगा।

भारत का जनसांख्यिकीय लाभ

भारत में युवाओं की बढ़ती हुई आबादी के साथ वर्तमान जनसांख्यिकीय प्रवृत्तियाँ भारत में महिलाओं के बढ़ते हुए नामांकनों के साथ उच्च शिक्षा के सतत् विस्तार को इंगित करती हैं। अनेकों राज्यों में विशेषतौर पर शहरी क्षेत्रों में महिलाएं छात्र आबादी में बहुसंख्या का गठन करेंगी। छात्र आबादी का मिश्रण और अधिक विविधतापूर्ण होगा, जिसमें अंशकालिक अध्ययन करने वाले छात्रों सहित पुराने छात्रों की संख्या अधिक होगी (जैसा कि विश्व में अन्य स्थानों की प्रवृत्तियाँ सुझाती हैं)। अंतर्राष्ट्रीय छात्रों की संख्या में भी वृद्धि होगी। जहाँ उच्च शिक्षा में सामाजिक आधार का व्यापक होना जारी रहेगा, वहीं विभिन्न सामाजिक–आर्थिक समूहों के बीच शैक्षणिक अवसरों की असमानताएं बनी रहेंगी क्योंकि मौजूदा अंतराल बहुत बड़े हैं और वांछित गति से समाप्त नहीं हो रहे हैं। आर्थिक सहयोग एवं विकास संगठन (ओईसीडी) के हाल के एक अध्ययन ने भविष्यवाणी की है कि यदि 2030 तक उच्च शिक्षा में नामांकन प्रासंगिक आयु के 40 प्रतिशत तक बढ़ जाते हैं (जैसी की संभावना है), तो वैश्विक अर्थव्यवस्था की मानव पूँजी में भारत का योगदान उत्तरी अमेरिका का छह गुना तथा यूरोप का 3.5 गुना हो जाएगा (ओईसीडी, 2008)।

जहाँ भारत में युवाओं की आबादी बहुत विशाल है और उसमें वृद्धि जारी है, वहीं विकसित देशों तथा यहाँ तक कि चीन में इसमें गिरावट आ रही है। अतः, उच्च–कौशलयुक्त श्रमिकों के लिए अंतर्राष्ट्रीय माँग को पूरा करने हेतु भारत अपने जनसांख्यिकीय लाभांश का लाभ उठा सकता है। हाल के एक अध्ययन द्वारा अनुमान लगाया गया है कि विकसित अर्थव्यवस्थाओं एवं चीन को 2020 तक 4 करोड़ उच्च–कौशलसंपन्न श्रमिकों की कमी का सामना करना पड़ेगा। कॉलेज शिक्षा के वर्तमान अनुमानों के आधार पर संभावना है कि 2020 तक भारत के पास 60 लाख शिक्षित श्रमिकों का आधिक्य होगा। यदि भारत उच्च शिक्षा के इन अनुमानित स्तरों को पूरा करता है और उससे आगे निकलता है तो यह अंतर्राष्ट्रीय ज्ञान–आधारित कार्य के अपेक्षाकृत एक बड़े हिस्से पर अधिकार कर सकता है, उदाहरणार्थ अपनी ज्ञान–प्रधान वस्तुओं एवं सेवाओं के निर्यात में वृद्धि किए जाने के द्वारा (डॉब्स एवं अन्य, 2012)।

इस जनसांख्यिकीय प्रवृत्ति का लाभ हासिल करने हेतु भारत को उच्च शिक्षा की गुणवत्ता में महत्वपूर्ण सुधार करने की आवश्यकता होगी, जिसका अर्थ होगा कि अपने विश्वविद्यालयों एवं कॉलेजों, शिक्षकों, पेशेवर लोगों तथा व्यावसायिक शिक्षा में अधिगम की गुणवत्ता में सुधार के लिए अधिक निवेश किया जाए। अनेक अध्ययनों द्वारा प्रदर्शित किया जा चुका है कि भारत में कॉलेज स्नातकों में नर्म कौशलों, उच्चस्तरीय समस्या समाधान की योग्यताओं तथा रचनात्मकता के अभाव हैं, और यह कि इस अंतर को पाटने के लिए तृतीयक संस्थानों की गुणवत्ता में सुधार की आवश्यकता है। रोजगार की आवश्यकताओं तथा अंतर्राष्ट्रीय स्तरों को पूरा करने हेतु गुणवत्ता में महत्वपूर्ण वृद्धि करने के उद्देश्य से देश को मौजूदा सुविधाओं के उन्नयन करने, प्रणाली में व्याप्त बाधाओं को दूर करने हेतु तकनीक का लाभ उठाने, अनुसंधान एवं नवाचार को बढ़ावा देने जैसे अनेक कदमों के लिए अधिक धन व्यय करने की आवश्यकता है। यदि देश अपनी युवा आबादी की बढ़ती हुई आकांक्षाओं को पूरा करने के लिए पहुँच तथा गुणवत्ता का विस्तार करने में समर्थ नहीं होता तो यह अपने जनसांख्कीय लाभांश का लाभ उठाने में सफल नहीं होगा और विपरीत सामाजिक एवं राजनीतिक परिणामों के साथ युवाओं में असंतोष उत्पन्न करेगा।

आगे एक और चेतावनी यह है कि भारत का आबादी का पिरॉमिड स्थिरीकरण की प्रवृत्ति प्रदर्शित कर रहा है जिसमें 14 वर्ष तथा उससे नीचे की आयु के निम्न–आयुवर्ग स्थिर बने हुए हैं, जबकि प्रजनन योग्य आयु में पहुँच चुके अथवा उसके निकट के लोगों की बढ़ती हुई आबादी के कारण कुल आबादी में वृद्धि होना जारी है। इसका अर्थ यह है कि, यदि भारत तुरंत शिक्षा की गुणवत्ता में सुधार नहीं करता तो यह जनसांख्यिकीय लाभांश का लाभ गवाँ देगा।

उच्च शिक्षा, एक अंतर्राष्ट्रीय उपक्रम

उच्च शिक्षा अंतर्राष्ट्रीयकरण को प्रेरित करती है तथा उससे प्रेरित होती है। ऐसा विशेषतौर पर विज्ञान, इंजीनियरिंग, तथा व्यावसायिक अध्ययनों के अंतर्राष्ट्रीय पाठ्यक्रमों; विभिन्न दिशाओं में देशों की सीमा पार करते हुए विद्वानों, छात्रों तथा शिक्षकों की बढ़ती हुई गतिशीलता; तथा पहले–पहल परंपरागत अनुसंधान विश्वविद्यालयों के साथ प्रारंभ हुए और अब अनेक लाभार्जक विश्वविद्यालयों, जो व्यावहारिक, रोजगारोन्मुख डिग्रियाँ प्रदान करने में अंतर्राष्ट्रीय संचालन कर रहे हैं, से स्पष्ट है। अनुसंधान और यहाँ तक कि शिक्षण में सीमापार साझेदारियाँ, तथा विश्वविद्यालयों की अंतर्राष्ट्रीय अकादमिक श्रेणीकरण की बढ़ती हुई लोकप्रियता उन संदर्भों को परिवर्तित कर रही हैं जिनमें विश्वविद्यालय आज स्वयं को देख रहे हैं।

अपने क्षेत्र तथा पैमाने के मामले में अकादमिक अनुसंधान वृद्धिशील रूप से अंतर्राष्ट्रीय हो चुका है, और अब सहयोगात्मक तथा प्रतिस्पर्धात्मक दोनों ही शक्तियों से प्रभावित है। उत्तरी अमेरिका एवं यूरोप के अनुसंधान में एक स्पष्ट लाभदायक स्थिति में होने के बावजूद एशिया की उच्च शिक्षा धीरे–धीरे अपने वैश्विक प्रभाव को बढ़ा रही है (ओईसीडी, 2009)। अनेक देश, यहाँ तक कि वे भी जिन्होंने अतीत में अकादमिक उत्कृष्टता में बहुत कम रुचि ली थी, विश्वस्तरीय विश्वविद्यालयों तथा अंतर्राष्ट्रीय अथवा क्षेत्रीय शिक्षा केन्द्रों का गठन करने हेतु ठोस कदम उठा रहे हैं (विल्डेवसकी, 2010)। अपनी उच्च शिक्षा प्रणाली को शेष विश्व के साथ और अधिक घनिष्ठतापूर्वक संलिप्त करने के द्वारा भारत के पास इन घटनाओं का लाभ लेने का एक अवसर मौजूद है।

उच्च शिक्षा परिदृश्य में परिवर्तन ला रही प्रौद्योगिकी

हालांकि, सर्वाधिक गहरा परिवर्तन उच्च शिक्षा पर प्रौद्योगिकी के प्रभाव के द्वारा पड़ने जा रहा है। प्रौद्योगिकी आज उच्च शिक्षा के केन्द्रीय कामकाज–शिक्षण एवं अधिगम को प्रभावित कर रही है। इस संदर्भ में, किसी को भी आश्यर्च हो सकता है कि आर्थर सी. क्लार्क की प्रायः उद्धृत की जाने वाली टिप्पणी–''मामला जब प्रौद्योगिकी का हो तो अधिकांश लोग इसका अल्पकाल में न्यून एवं दीर्घकाल में अधि–मूल्यांकन करते हैं''–भली–भांति सही सिद्ध हो सकती है। जहाँ 1997 में प्रबंधन गुरू पीटर ड्रकर द्वारा कही गई बात–''आज से तीस वर्षों बाद बड़े विश्वविद्यालय परिसर निशानियाँ बनकर रह जाएंगे। विश्वविद्यालय जीवित नहीं बचेंगे,'' सच नहीं भी हो सकती है, वहीं नई तकनीकें उच्च शिक्षा में महत्वपूर्ण रूपांतरण प्रारंभ कर चुकी हैं और उनमें उच्च शिक्षा परिदृश्य को इस प्रकार से परिवर्तित करने की क्षमता है जिसकी कल्पना करना कठिन है (बियनसन, 2003)।

नई तकनीकें शिक्षण–अधिगम प्रक्रिया को न केवल लोगों द्वारा अधिगम करने के तरीकों तथा मस्तिष्क कैसे कार्य करता है, इसकी नई अंतर्दृष्टियों के साथ बेहतर संरेखित कर रही हैं बल्कि एक नए समुदाय–प्रेरित कक्षा वातावरण का निर्माण भी कर रही हैं। उपयोगकर्ता–सृजित, सहयोगपूर्ण अधिगम पुस्तकालय, जिनके जरिए संपूर्ण विश्व के सहभागी एक–दूसरे से शिक्षा और सबक ले सकते हैं, उभर रहे हैं। ये नेटवर्क वर्तमान में संभव की अपेक्षा अंतर्दृष्टिसंपन्न लोगों के एक कहीं बड़े समूह की नवाचारी उर्जा का दोहन करेंगे।

युवा पीढ़ी इंटरनेट पर मुक्त अधिगम स्थलों तथा सोशल मीडिया साइटों पर सूचनाओं, विचारों, तथा अनुभवों का अधिगम कर रही है और उन्हें साझा कर रही है। वितरित एवं सहयोगी शिक्षा 21वीं शताब्दी के कार्यबल को उस नई अर्थव्यवस्था के लिए तैयार कर रही है जो इन्हीं सिद्धांतों पर संचालित हो रही है। छात्र साझा सम्बन्धों के जालों में तथा कहीं अधिक समावेशी समुदायों में उलझ गए हैं जो अंततः संपूर्ण जैवमंडल में फैला हुआ है। अधिगम एक निजी अथवा पृथक्कृत अनुभव नहीं है, बल्कि एक सामुदायिक अनुभव है। इसका सम्बन्ध आभासी एवं वास्तविक क्षेत्र में विविधतासंपन्न लोगों को और अधिक वितरित एवं सहयोगी अधिगम समुदायों में संलिप्त करने से है। हम प्रायः किसी शिक्षक को सुनने की अपेक्षा शिक्षा देते समय बेहतर शिक्षा हासिल करते हैं। जब लोग एकसाथ मिलकर तर्क करते हैं, तो अकेले तर्क करने वाले लोगों की तुलना में उनके संयुक्त अनुभवों से वांछित परिणाम हासिल करने की संभावना अधिक होती है। समकक्षी अधिगम ध्यान केन्द्रण को अकेले व्यक्ति से एक परस्पर–आश्रित समूह की ओर स्थानांतरित कर देता है। छात्रों की भूमिका ज्ञान के अप्रतिरोधी प्राप्तकर्ता से अपनी स्वयं की शिक्षा में सक्रिय सहभागी में रूपांतरित हो जाती है (रिफकेन, 2011)। चिरस्थाई अधिगम समुदायों का निर्माण प्रतिदिन हो रहा है, जो छात्रों को निकटता, भूगोल, समय, और यहाँ तक कि भाषा की सीमाओं को पार करने की अनुमति प्रदान करता है।

संभवतः एक दशक से भी कम समय में मिश्रित अधिगम वातावरण बहुत आम बात हो जाएगी। वर्तमान व्यवस्था, जिसमें सभी छात्रों को एक ही दिन एक ही तरीके से एक ही पाठ पढ़ाया जाता है, में यह संभव होगा कि छात्रों को अनुकूलित तरीके से शिक्षित किया जा सके और ऑनलाइन उपयोगकर्ता नेटवर्क के द्वारा सुविधा प्रदान किए गए एक नई प्रमापीय्र प्रणाली का सृजन किया जा सके। शिक्षक–आधारित

अखंड शिक्षा से कंप्यूटर–आधारित अधिगम और उससे छात्र–केन्द्रित अधिगम तक का परिवर्तन आसन्न है।

ऐसे तकनीकी प्लेटफार्म विकसित किए जा रहे हैं जो गैर–पेशेवर लोगों को भी छात्र–केन्द्रित अधिगम उपकरण विकसित करने में समर्थ बना देंगे। इससे छात्रों को एक–दूसरे के लिए शिक्षण उपकरणों को विकसित करने का सामर्थ्य प्राप्त होगा तथा अभिभावकों को अपने बच्चों और अन्य बच्चों के लिए उपकरण विकसित करने में सहायता प्राप्त होगी। यह शिक्षकों के लिए अपने छात्रों तथा अन्य शिक्षकों के लिए उपकरण विकसित करना सहज बना देगा (क्रिस्टेन्सन एवं आइरिंग, 2011)। प्रौद्योगिकी शिक्षक की परंपरागत भूमिका, एक शिक्षण–केन्द्रित, कक्षा के सामने उपस्थित गुरू से हटाकर एक सुविधाप्रदाता शिक्षक के रूप में को परिवर्तित करना प्रारंभ कर रही है, जो अधिगमकर्ता सदिश एकल छात्रों को स्वयं के लिए खोज करने में सहायता एवं उत्प्रेरण प्रदान करता है।

उच्च शिक्षा के प्रति प्रौद्योगिकी की रूपांतरकारी क्षमता का अधिकांश भाग सकारात्मक होगा। नई तकनीकें एवं संगठनात्मक नवाचार, जो इन तकनीकों द्वारा संभव किए गए हैं, अधिगम को और अधिक सहजरूप से प्रेरणादायी बनाने, शिक्षण को व्यावसायिकतौर पर पारिश्रमिक प्रदान करने वाले, और उच्च शिक्षा को समाधानों एवं शक्ति के स्रोत के रूप में परिवर्तित करने के उत्साहपूर्ण अवसर प्रस्तुत करते हैं। यह उच्च शिक्षा प्रणाली को एक अधिक सस्ती, पहुँचयोग्य, एवं प्रतिक्रियात्मक प्रणाली बनाने की ओर ले जाएगा। भारतीय उच्च शिक्षा के लिए यह अत्यावश्यक है कि वह स्तर को ऊपर उठाने के लिए इन प्रवृत्तियों को प्रत्युत्तर प्रदान करे और उच्च शिक्षा तक पहुँच में अंतराल को समाप्त करे।

इस प्रकार, उच्च शिक्षा पर तकनीक का एक अकेला प्रभाव अनेकों विषमताओं को दूर करने में सहायक होगा जो भारत में उच्च शिक्षा को ग्रसित करती रही हैं। सूचना की उपलब्धता की विषमता उन ब्रॉडबैंड नेटवर्कों के जरिए समाप्त होती जा रही है जो उच्च अधिगम की शिक्षा को ऐसे अधिगम उपकरणों से सम्बद्ध कर रहे हैं जो अधिक सरलता से और व्यापकतौर पर, तथा उन ई–पुस्तकालयों के जरिए उपलब्ध होंगे जो एक साझा स्थल होंगे। पहुँच की विषमता का समाधान पूरे देश में छात्रों को उनके अपने स्थानों के साथ–साथ उन उच्च शिक्षा संस्थानों में उत्तम गुणवत्तायुक्त शिक्षा तक पहुँच प्रदान किए जाने के द्वारा हो रहा है जिनमें वे अध्ययनरत् हैं। पहले वर्णन किए जा चुके अनेक तरीकों द्वारा तकनीक के जरिए गुणवत्ता के स्तर को ऊपर उठाए जाने के साथ ही गुणवत्ता की विषमता समाप्त होना प्रारंभ हो जाएगी। अतः, भारत द्वारा पर्याप्त गुणवत्तासंपन्न सार्वभौमिक उच्च शिक्षा की दिशा में अनुमान के मुकाबले तीव्रगति से कदम बढ़ाना उच्च शिक्षा में संभवतः सर्वाधिक प्रभावशाली योगदान होगा।

निष्कर्ष

जहाँ यह स्पष्ट है कि उच्च शिक्षा बड़े परिवर्तनों के द्वार पर खड़ी है और हम अपने चारों ओर इन परिवर्तनों को होते देख रहे हैं, वहीं इसके दीर्घकालिक निहितार्थ स्पष्टतौर पर ज्ञात नहीं हैं। भविष्य के लिए तैयार रहने हेतु यह महत्वपूर्ण है कि इन परिवर्तनों की पहचान की जाए, उनके द्वारा प्रदान किए गए अवसरों के लाभ उठाए जाएं, तथा उनके द्वारा प्रस्तुत की गई चुनौतियों के लिए (लाक्षणिक समाधानों के बजाय) बुनियादी एवं गैरपरंपरागत समाधान खोजे जाएं। ऐसे समाधान प्रभाव उत्पन्न करने में प्रायः अधिक

समय लेंगे, और लोगों को अपने व्यवहारों तथा मूल्यांकन प्रणालियों में परिवर्तन करने की माँग करेंगे। 12वीं पंचवर्षीय योजना के लिए प्रस्तावित उच्च शिक्षा योजना का लक्ष्य ऐसे विचारों का प्रतिनिधित्व करना है तथा इस उपसंहार का उद्देश्य आगे की चर्चा के लिए राष्ट्रीय स्तर पर एक रूपरेखा उपलब्ध कराना है। अतः, यह आशा की जाती है कि भारतीय उच्च शिक्षा पर निबंधों का यह ग्रंथ एकीकृत विचारण की इस प्रक्रिया तथा अनुप्रयुक्त रचनात्मकता को देश के उच्च शिक्षा के मुद्दों को सम्बोधित करने हेतु सक्षम बनाएगा ताकि यह अपनी पूर्ण क्षमता को प्राप्त कर सके।

टिप्पणियाँ

प्रस्तुत निबंध, विशेषतौर पर इसका प्रथम भाग, 12वीं पंचवर्षीय योजना के उच्च शिक्षा सम्बन्धी दस्तावेज पर आधारित है जिसे 2011–12 के दौरान भारत तथा विदेशों से सैकड़ों अकादमिक शोधकर्ताओं एवं नीतिनिर्माताओं के साथ किए गए परामर्श के बाद तैयार किया गया है। मैं उनके योगदानों को कृतज्ञतापूर्वक स्वीकार करता हूँ। मैं विशेषतौर पर निखिल सिन्हा, रफीक दोसानी, सची हताकेन्का, एवं आनंद सुदर्शन के योगदानों को स्वीकार करना चाहूँगा।

संदर्भ

Bjarnason, Svava. 2006. Rhetoric or reality? Technology in borderless higher education. In *International handbook of higher education*, ed. James J.F. Forest and Philip G. Altbach, 377–391. Dordrecht: Springer.

Christensen, Clayton M. and Henry J. Eyring. 2011. *The innovative university: Changing the DNA of higher education from the inside out*. San Francisco: Jossey-Boss.

Dobbs, Richard, Anu Madgavkar, Dominic Barton, Eric Labaye, James Manyika, Charles Roxburgh, Susan Lund, and Siddarth Madhav. 2012. *The world at work: Jobs, pay, and skills for the 3.5 billion people*. June, report submitted to Mckinsey Global Institute.

OECD. 2008. *Higher Education to 2030: Volume 1—Demography*. Centre for Education Research and Innovation.

———. 2009. *Higher Education to 2030: Volume 2—Globalization*. Centre for Education Research and Innovation.

Rifken. Jeremy. 2011. *The Third Industrial Revolution: How lateral power is transforming energy, the economy, and the world*. New York: Palgrave Macmillan.

Trow, Martin. 2006. Reflections on the transition from elite to mass to universal access: Forms and phases of higher education in modern societies since WWII. In *International handbook of higher education*, ed. James J.F. Forest and Philip G. Altbach, 243–280. Dordrecht: Springer.

Wildavsky, Ben. 2010. *The great brain race: How the global universities are reshaping the world*. New Jersey: Princeton University Press.

अभिस्वीकृतियाँ

प्रोफेसर फिलिप जी. अल्ट्बाख़ से मेरी पहली मुलाकात 2003 में पुणे स्थित सिम्बायोसिस में हुई थी। भारत की उच्च शिक्षा में उनकी रुचि और समझ उल्लेखनीय थी और उनके सार्वजनिक व्याख्यानों एवं व्यक्तिगत अंतःक्रियाओं दोनों से स्पष्टतौर पर दृश्य थीं तथा साथ ही उस जुनून में भी जिसके साथ वह गत पाँच दशकों से भारतीय उच्च शिक्षा पर अपनी विद्वत्तापूर्ण पुस्तकों एवं लेखों का योगदान करते रहे हैं। हालांकि, ऐसा दो वर्षों बाद 2005 में हुआ कि प्रोफेसार अल्ट्बाख़ के साथ मेरा सतत् पेशेवर सम्बन्ध प्रारंभ हुआ। मैं फुलब्राइट कार्यक्रम के अंतर्गत भारत से उच्च शिक्षा पर एक न्यू सेंचुरी स्कॉलर था, जिसका नेतृत्व इसके प्रतिष्ठित विद्वान नेतृत्वकर्ता के रूप में प्रोफेसर अल्ट्बाख़ कर रहे थे। एक वर्ष तक जारी रहे इस कार्यक्रम के दौरान मैंने संपूर्ण विश्व में उच्च शिक्षा के उद्देश्य के प्रति उनकी गहरी प्रतिबद्धता की पहचान की और पाया कि भारत के लिए उनके हृदय में हमेशा से ही एक विशेष स्थान रहा है।

प्रोफेसर अल्ट्बाख़ 1968 में एक फुलब्राइट शोध प्रोफेसर थे, जब उन्होंने भारतीय उच्च शिक्षा के क्षेत्र में हो रही घटनाओं पर लेखन प्रारंभ किया था। तब से ही, वे भारत के उच्च शिक्षा क्षेत्र के एक उत्साही प्रेक्षक तथा उत्सुक टीकाकार रहे हैं। वर्षों के दौरान, मैं प्रोफेसर अल्ट्बाख़ की रचनाओं के अध्ययनों से अत्यधिक लाभान्वित होता रहा हूँ। मैंने पाया कि उनका लेखन हमारी विफलताओं के सम्बन्ध में हमारे सामने एक आईना रख देता है और हमें चुनौतियों से अवगत कराता है जबकि हमें उपलब्ध अवसरों के सम्बन्ध में अनेक सूत्र भी प्रदान करता है। मैंने जोरदार तरीके से महसूस किया है कि उनके लेखन समकालीन भारतीय उच्च शिक्षा पर एक सूचित विमर्श के लिए एक ठोस आधार प्रदान कर सकते हैं जो शोधकर्ताओं, नीतिनिर्माताओं तथा पेशेवर लोगों के लिए लाभदायक होंगे। और इस प्रकार इस पुस्तक के प्रकाशन का विचार उत्पन्न हुआ था।

जब मैंने प्रोफेसर अल्ट्बाख़ का ध्यान इस विचार की ओर आकर्षित किया तो वह अतिउत्साहित हो उठे थे। विगत कुछ महीनों में, वह इस ग्रंथ को प्रकाशित करवाने के लिए अथक परिश्रम करते रहे हैं। उन्होंने हमें अपनी रचनाओं के पुनर्प्रकाशन हेतु अनुमतियाँ दिलवाने में सहायता प्रदान की है, बल्कि इस ग्रंथ के लिए एक मौलिक निबंध भी लिखा है और एक विस्तृत साक्षात्कार भी दिया है। यह स्पष्टतौर पर उनकी सतत् प्रतिबद्धता को प्रदर्शित करता है। मैं भारत पर उनके मूल्यवान विद्वत्तापूर्ण योगदानों को एक साथ मिलाकर उन लोगों, जो भारत की उच्च शिक्षा में रुचि रखते हैं, के समक्ष प्रस्तुत करने की अनुमति प्रदान करने हेतु उनका अत्यधिक ऋणी हूँ।

प्रोफेसर अल्ट्बाख़ ने अपने विचारों के निर्धारण के लिए हमेशा ही रचनात्मक एवं विद्वत्तापूर्ण वार्तालाप की शक्ति में विश्वास किया है। अतः, मुझे लगा कि कुछ ऐसे प्रख्यात शिक्षाविदों को संक्षिप्त निबंधों के योगदान के लिए आमंत्रित किया जाए जो इस ग्रंथ में प्रोफेसर अल्ट्बाख़ की रचनाओं पर प्रकाश डालते हों और इसे समकालीन

वास्तविकताओं से सम्बद्ध करते हों। अतः, मैंने फजल रिजवी, नारायण जयराम, के.बी. पवार, एम. आनंदकृष्णन, के.एन. पनिक्कर, रफीक दोसानी, तथा अरविन्द राधाकृष्णन को इन निबंधों के योगदान हेतु आमंत्रित किया। उनमें से सभी ने इस ग्रंथ के लिए अपने मूल्यवान योगदानों के साथ प्रत्युत्तर दिए। यह प्रोफेसर अल्टबाख़ एवं उनके कार्य के प्रति उनके आदर को प्रदर्शित करता है। मैं इसके लिए उन सभी का बहुत अधिक आभारी हूँ।

योजना आयोग में मेरे सहयोगी रहे एल्डो मैथ्यूज ने प्रकाशक के साथ इस परियोजना के समन्वयन में तथा इस ग्रंथ में उनके कार्य के पुनर्प्रकाशन के लिए मौलिक प्रकाशकों से अनुमति प्राप्त किए जाने में मेरी सहायता की है। मैं उनके कठोर श्रम की प्रशंसा करता हूँ और प्रोफेसर अल्टबाख़ की रचनाओं को व्यापक अकादमिक समुदाय तक पहुँचाने के इस जुनून में मेरा साथ देने के लिए धन्यवाद करता हूँ। मैं प्रोफेसार अल्टबाख़ की रचनाओं के लिए अनुमति प्रदान करने हेतु मौलिक प्रकाशकों का धन्यवाद करता हूँ। इसे अलग से भी कृतज्ञतापूर्वक स्वीकार किया गया है।

योजना आयोग में मेरे वरिष्ठजन, श्री मॉन्टेक सिंह अहलूवालिया, डॉ. नरेन्द्र जाधव, तथा सुश्री सिंधुश्री खुल्लर ने इस परियोजना को प्रारंभ करने हेतु मुझे प्रोत्साहित किया था। मैं उन सभी के मूल्यवान सहयोग के लिए उनका धन्यवाद करता हूँ।

पवन अग्रवाल
नई दिल्ली, भारत

स्रोतों का परिशिष्ट

सभी लेखों और अध्यायों का वैसा ही ज्यों का त्यों पुनर्उपयोग किया गया है जैसा कि वे प्रथम प्रकाशन के समय थे।

सभी क्रॉस–रिफरेंस प्रकाशन के मौलिक स्रोत में पाए जा सकते हैं।

इस पुस्तक के लिए निम्निलिखित स्रोतों का पुनर्उपयोग करने की अनुमति देने के लिए आभार व्यक्त करता हूं।

खंड I: उच्च शिक्षा और आधुनिकीकरण

1. "The Permanent Crisis in Indian Higher Education", Philip G. Altbach
Quest, Vol. 60, January–March, 1969: 28–34.
Published by The Indian Committee for Cultural Freedom (ICCF), Mumbai (freedomfirst1952@gmail.com). Reprinted with permission.

2. "Problems of University Reform", Philip G. Altbach
Amrik Singh and Philip G. Altbach (eds), *The Higher Learning in India*, Vikas Publishing House Pvt Ltd (New Delhi, 1974), pp. 331–352.

3. "Higher Education and Modernization: The Indian Case", Philip G. Altbach
Giri Raj Gupta (ed.), *Main Currents in Indian Sociology, Vol. I: Contemporary India*, Vikas Publishing House Pvt Ltd (New Delhi, 1976), pp. 201–220.

4. "The Dilemma of Change in Indian Higher Education", Philip G. Altbach
Suma Chitnis and Philip G. Altbach (eds), *Higher Education Reform in India: Experience and Perspectives*, SAGE Publications (New Delhi, 1993), pp. 13–37.

5. "A World-Class Country without World-Class Higher Education: India's 21st Century Dilemma", Philip G. Altbach
International Higher Education, Vol. 40 (Fall), 2005: 18–20.

6. "Tiny at the Top", Philip G. Altbach
The Wilson Quarterly, 2006 (Autumn) 49–51.

7. "Vedanta University: A Flawed Pipe Dream", Philip G. Altbach
The Hindu, August 29, 2007.

8. "Can India Garner the Demographic Dividend?", Philip G. Altbach and N. Jayaram
The Hindu, December 1, 2010.

खंड II: अकादमिक पेशा

9. "In Search of Saraswati: The Ambivalence of the Indian Academic", Philip G. Altbach
Higher Education, Vol. 6, No. 2 (May), 1977: 255–275 (© Elsevier Scientific Publishing Company, Amsterdam).

10. "The Distorted Guru: The College Teacher in Bombay", Philip G. Altbach
Suma Chitnis and Philip G. Altbach (eds), *The Indian Academic Profession: Crisis and Change in the Teaching Community*, The Macmillan Company of India Limited (Delhi), 1979, pp. 5–44.

खंड III: क्षेत्रीय मुद्दे एवं चुनौतियाँ

11. "Bombay Colleges", Philip G. Altbach
Minerva, Vol. 8, No. 4 (October), 1970: 520–541.

12. "The University Context", Philip G. Altbach
Philip G. Altbach, *The University in Transition: An Indian Case Study*, Schenkman Publishing Co., Inc. (Cambridge, Mass.), 1972, pp. 1–36.

13. "Progressive State", Philip G. Altbach and Eldho Mathews
Times Higher Education, October 28, 2010: 44–47.

14. "Temples and World Class Universities", Philip G. Altbach
The Hindu, July 20, 2011, p. 11.

15. "Right Concept, Wrong Place", Philip G. Altbach
The Hindu, July 5, 2012.

खंड IV: वैश्वीकरण एवं मुक्त–द्वार नीति

16. "Beware of the Trojan Horse", Philip G. Altbach
The Hindu, July 15, 2008.

17. "Towards Creation of World-Class Universities", Philip G. Altbach and N. Jayaram
The Hindu, October 23, 2008.

18. "Is Open Door in Higher Education Desirable?", Philip G. Altbach
The Hindu, June 2, 2009.

19. "The Global Academic Revolution: Implications for India", Philip G. Altbach
Journal of Educational Planning and Administration, Vol. 25, No. 4 (October), 2011: 301–313.

खंड V: भारत में प्रकाशन एवं भाषा सम्बन्धी मुद्दे

20. "Book Publishing in a Developing Regional Culture: The Case of Maharashtra, India", Philip G. Altbach
International Social Science Journal, Vol. 31, No. 2, 1979: 328–340.

21. "'Neocolonialism' and Indian Publishing", Philip G. Altbach
Economic and Political Weekly, Vol. 6, No. 18 (May 1), 1971.

22. "Publishing in Developing Countries: India as a Case Study", Philip G. Altbach
Philip G. Altbach, *Publishing in India: An Analysis*, Oxford University Press (Delhi), 1975, pp. 33–103.

23. "Center and Periphery: The Case of India", Philip G. Altbach
Philip G. Altbach, *The Knowledge Context: Comparative Perspectives on the Distribution of Knowledge*, State University of New York Press (Albany, NY), 1987, pp. 45–62.

24. "The Imperial Tongue: English as the Dominating Academic Language", Philip G. Altbach
Economic and Political Weekly, Vol. 42, No. 36 (September 8), 2007: 3608–3611.

खंड VI: कैंपस राजनीति

25. "The Transformation of the Indian Student Movement", Philip G. Altbach
Asian Survey, Vol. 6, No. 8 (August), 1966: 448–460.

26. "Anatomy of Indian Student Unrest", Philip G. Altbach
Indian Express, December 15, 1968.

27. "Indian Campus Politics", Philip G. Altbach
Indian Express, December 26, 1968.

28. "Student Politics and Higher Education in India", Philip G. Altbach
DAEDALUS—Journal of the American Academy of Arts and Sciences, Vol. 97, No. 1, of the Proceedings of the American Academy of Arts and Sciences (Winter), 1968: 254–273.

29. "The Transition of the Bombay Student Movement", Philip G. Altbach
Philip G. Altbach, *Student Politics in Bombay*, Asia Publishing House (Bombay, Calcutta, New Delhi, Madras, Lucknow, Bangalore, London, New York), 1968, pp. 196–211. (©The University of Michigan/Indian University Exchange Program.)

30. "India and the World University Crisis", Philip G. Altbach
Philip G. Altbach (ed.), *The Student Revolution: A Global Analysis*, Lalvani Publishing House (Bombay, New Delhi, Calcutta, Madras), 1970, pp. 1–26.

31. "Student Politics: Historical Perspective and the Changing Scene", Philip G. Altbach
Amrik Singh and Philip G. Altbach (eds), *The Higher Learning in India*, Vikas Publishing House Pvt Ltd (New Delhi), 1974, pp. 139–166.

खंड VII: भारत एवं चीन–तुलनात्मक विश्लेषण

32. "Gigantic Peripheries: India and China in World Knowledge System", Philip G. Altbach
Economic and Political Weekly, Vol. 28, No. 24 (June 12), 1993: 1220–1225.

33. "Confucius and the Guru: The Changing Status of the Academic Profession in China and India", N. Jayaram and Philip G. Altbach
Journal of Educational Planning and Administration, Vol. 20, No. 4, 2006: 395–410.
34. "The Giants Awake: Higher Education Systems in China and India", Philip G. Altbach
Economic and Political Weekly, Vol. 44, No. 23 (June 6), 2009: 39–51.

संपादक एवं योगदानकर्ताओं के बारे में

संपादक

पवन अग्रवाल भारतीय खाद्य संरक्षा एवं मानक प्राधिकरण (एफएसएसएआई) के मुख्य कार्यकारी अधिकारी हैं। इससे पहले उन्होंने योजना आयोग में उच्च शिक्षा के परामर्शदाता के रूप में सेवाएं प्रदान कीं, जहाँ उन्होंने उच्च शिक्षा के लिए देश की 12वीं योजना की तैयारी का मार्गदर्शन किया। पूर्व में वे मानव संसाधन विकास मंत्रालय में निदेशक तथा विश्वविद्यालय अनुदान आयोग के वित्तीय परामर्शदाता के रूप में कार्य कर चुके हैं।

वह हार्वर्ड विश्वविद्यालय/एमरॉय विश्वविद्यालय में एक फुलब्राइट न्यू सेंचुरी स्कॉलर, आईसीआरआईईआर, नई दिल्ली तथा मेलबोर्न विश्वविद्यालय में सेंटर फॉर स्टडी ऑफ हायर एजूकेशन में अतिथि विद्वान एवं अध्येता रह चुके हैं। वे वर्ष 2011–12 के लिए ऑस्ट्रेलिया इंडिया इंस्टीट्यूट के इमर्जिंग लीडर्स फेलोशिप प्राप्तकर्ता तथा वर्ष 2012 के लिए ब्लूमबर्ग–यूटीवी पॉलिसीमेकर भी रहे हैं।

उन्होंने विश्वबैंक, एशियाई विकास बैंक, एशोसिएशन ऑफ कॉमनवेल्थ यूनिवर्सिटीज, इंटर–अमेरिकन डेवलपमेंट बैंक, साउथ एशिया नेटवर्क ऑफ इकोनॉमिक रिसर्च इंस्टीट्यूशंस, आब्जर्वेटरी फॉर द बॉर्डरलेस एजूकेशन, तथा इंडियन काउंसिल फॉर इंटरनेशनल इकोनॉमिक रिसर्च के लिए अध्ययन संपन्न किए हैं। उन्होंने भारत में उच्च शिक्षा सम्बन्धी मुद्दों की एक शृंखला तथा दक्षिण एशियाई संदर्भ में तुलनात्मक परिप्रेक्ष्य पर प्रकाशन भी किए हैं।

पूर्व में 2009 में वे सेज इंडिया के साथ *इंडियन हायर एजूकेशनः एनविजनिंग द फ्यूचर* शीर्षक से एक पुस्तक का लेखन कर चुके हैं।

योगदानकर्ता

एम. आनंदकृष्णन भारतीय प्रौद्योगिकी संस्थान, कानपुर (आईआईटी) में शासी परिषद् के अध्यक्ष हैं। उन्होंने 1960 में मिनीसोटा विश्वविद्यालय, अमेरिका से सिविल इंजीनियरिंग में पीएच.डी. की उपाधि प्राप्त की थी तथा आईआईटी, कानपुर में सिविल इंजीनियरिंग के प्रोफेसर थे। वे वाशिंगटन, डीसी स्थित भारतीय दूतावास के सर्वप्रथम विज्ञान परामर्शदाता थे। उन्होंने यूनाइटेड नेशंस सेंटर फॉर एस एंड टी फॉर डेवलपमेंट में, और बाद में अन्ना विश्वविद्यालय के उप–कुलपति के रूप में सेवा प्रदान की है। उनके द्वारा धारित अन्य पदों में तमिलनाडु उच्च शिक्षा परिषद् के उपाध्यक्ष; तथा मद्रास विकास अध्ययन संस्थान के अध्यक्ष पद शामिल हैं। उन्हें प्राप्त सम्मानों एवं पुरस्कारों में भारत के राष्ट्रपति से पद्मश्री (2002); ब्राजील के राष्ट्रपति से द आर्डर ऑफ साइंटिफिक मेरिट (1996); डिसटिंगविस्ड लीडरशिप अवार्ड ऑफ द यूनिवर्सिटी ऑफ मिनीसोटा (2003); तथा कानपुर विश्वविद्यालय से डॉक्टर ऑफ सांइस (होनोरिस काउसा) (2008) शामिल हैं।

रफीक दोसानी रैंड कार्पोरेशन में वरिष्ठ अर्थशास्त्री हैं। पूर्व में वे स्टैनफोर्ड विश्वविद्यालय में एक वरिष्ठ शोध विद्वान रहे हैं। *हायर एजूकेशन इन द ब्रिक* कंट्रीज शीर्षक से उनके

द्वारा सहलिखित नवीनतम पुस्तक का प्रकाशन 2012 में स्टैनफोर्ड विश्वविद्यालय द्वारा किया जाएगा। दोसानी ने सेंट स्टीफन कॉलेज, दिल्ली से अर्थशास्त्र (बी.ए.); भारतीय प्रबंधन संस्थान, कोलकाता से प्रबंधन (एमबीए); तथा नार्थवेस्टर्न विश्वविद्यालय से वित्त (पीएच.डी.) में अध्ययन किए हैं।

एन. जयराम भारतीय उन्नत अध्ययन संस्थान, शिमला के अध्येता हैं। उन्होंने भारत में उच्च शिक्षा के विभिन्न पहलुओं पर शोध किए हैं। इस विषय पर उनकी पुस्तकों में *सोशियोलॉजी ऑफ एजूकेशन इन इंडिया* तथा *हायर एजूकेशन एंड इक्वेलिटी ऑफ ऑपरट्यूनिटीजः क्रॉस–नेशनल पर्सपेक्टिव* (फ्रेड लेजिन एवं मैट इवांस के साथ सह–संपादित) शामिल हैं।

एल्डो मैथ्यूज योजना आयोग के शिक्षा विभाग में युवा पेशेवर हैं। योजना आयोग में नियुक्ति के पूर्व जवाहरलाल नेहरू विश्वविद्यालय (जेएनयू) से एम.फिल. डिग्री हासिल करने के बाद वे केरल राज्य उच्च शिक्षा परिषद् में एक अनुसंधान अधिकारी के पर कार्यरत् थे। वर्तमान में वे जेएनयू में "हायर एजूकेशन रिफार्म्स इन पोस्ट–माओ चाइनाः ए स्टडी ऑन द डिटर्मिनेन्ट्स एंड इंप्लीकेशंस" विषय पर अपने पीएच.डी. शोध प्रबंध को अंतिम रूप दे रहे हैं।

के.एन. पणिक्कर स्कूल ऑफ सोशल साइंसेज, जेएनयू, नई दिल्ली के भूतपूर्व प्रोफेसर एवं डीन; श्री शंकराचार्य विश्वविद्यालय, केरल के उप–कुलपति; तथा केरल राज्य उच्च शिक्षा परिषद् के उपाध्यक्ष रहे हैं। वर्तमान में, वे केरल ऐतिहासिक अनुसंधान परिषद्, तिरुअनंतपुरम के अध्यक्ष के रूप में सेवा प्रदान कर रहे हैं। उनके शोध का प्रमुख क्षेत्र आधुनिक भारत का बौद्धिक एवं सांस्कृतिक इतिहास रहा है, जिसपर उन्होंने सविस्तार प्रकाशन किए हैं।

के.बी. पवार उच्च शिक्षा में 52 वर्षों के व्यावसायिक अनुभव से संपन्न एक वरिष्ठ शिक्षाविद् हैं। उन्होंने पूना विश्वविद्यालय (अब पुणे) में भूविज्ञान के प्रोफेसर, शिवाजी विश्वविद्यालय, कोल्हापुर के उप–कुलपति, तथा भारतीय विश्वविद्यालय संघ, नई दिल्ली के महासचिव के रूप में कार्य किए हैं। वे एक सुविख्यात भूगर्भशास्त्री तथा राष्ट्रीय विज्ञान अकादमी, भारत के एक अध्येता हैं।

अरविंद राधाकृष्णन वर्तमान में स्कूल ऑफ लॉ, क्राइस्ट विश्वविद्यालय, बंगलौर में शिक्षण कर रहे हैं। उन्होंने 2004 में जवाहरलाल नेहरू विश्वविद्यलय से अपनी शोध उपाधि पूर्ण की थी। वे कॉमनवेल्थ लीगल एजूकेशन एशोसिएशन (सीएलईए) के एक सदस्य हैं। उनके शोध के वर्तमान क्षेत्रों में संघवाद, औपनिवेशिकोत्तर अध्ययन, तथा अंतर्राष्ट्रीय आतंकवाद शामिल हैं। उन्हें पत्रिकाओं एवं राष्ट्रीय समाचारपत्रों में अनेक प्रकाशनों का श्रेय प्राप्त है।

फ़ज़ल रिज़वी मेलबोर्न विश्वविद्यालय में ग्लोबल स्टडीज इन एजूकेशन में प्रोफेसर होने के साथ–साथ उर्बाना शेंपेन स्थित इलिनॉय विश्वविद्यालय के एक अवकाशप्राप्त प्रोफेसर भी है। फजल के हाल के अधिकांश शोध पहचान एवं संस्कृति के मुद्दों; छात्रों की अंतर्राष्ट्रीय गतिशीलता; तथा उच्च शिक्षा के वैश्वीकरण एवं अंतर्राष्ट्रीयकरण के सिद्धांतों पर केन्द्रित रहे हैं। उनकी नवीनतम पुस्तकों में: *ग्लोबलाइजेशन एंड द स्टडी ऑफ एजूकेशन* (विले, 2009) तथा *ग्लोबलाइजिंग एजूकेशनल पॉलिसी* (रूटलेज, 2010) शामिल हैं।